Joachim Raschke · Ralf Tils

Politische Strategie

Vorwort

Anderswo ist man mit Strategie weiter als in der Politik. Eine Segelyacht, die mit Aussicht auf den Gewinn des America's Cup ins Rennen geht, hat nicht nur eine Crew von 17 Leuten, sie hat auch einen Steuermann, einen Navigator und – einen Strategen. Der sorgt mit für den richtigen Kurs und hilft im Teamwork. Der unbefangene Umgang mit Fragen komplexer Steuerung führt zur Ausdifferenzierung von Strategie und Strategen. Die Sache scheint klar, nur in der Politik nicht.

Ein Buch, entstanden aus dem Erstaunen über die Lücke hinter einem Großbegriff der politischen Sprache, der ohne Substanz bleibt – eigentlich ist es diese intellektuelle Herausforderung, die uns angetrieben hat. Dass in der Politik alle über Strategie reden, sie offenbar auch für notwendig halten und dabei keine Systematisierung existiert, mit der man sich allgemein orientieren könnte, um im Einzelfall begründete Anwendungen zu machen, diese Vordergründigkeit bei einer hintergründigen Sache hat uns gereizt.

Dies ist ein Anfang. Irgendwann musste begonnen werden mit einer wissenschaftlichen Strategieanalyse, die an Praxis anschließt, um eine politologische Grundlegung und eine Optimierung politischer Praxis zu erreichen. Die einfache Grundidee hieß: doppelter Anschluss. Erst schließen wir an die Praxis an, später – hoffen wir – die politische Praxis und Wissenschaft an unser (oder anderer) Zwischenprodukt analytischer Transformation. Für Strategie darf man weder ein Rezept- noch ein Lehrbuch erwarten. Strategieanalyse kann nur das Gerüst für die Bauten sein, die jeder selbst entwickeln muss.

So unzufrieden wir mit der Politikwissenschaft waren, die sich in zu großer Entfernung zur politischen Praxis entwickelt und die Klärung von Strategiefragen allein dieser Praxis überlässt, so sehr konnten wir vom politologischen Wissensstand profitieren. Man musste das Fach nur gegen den Strich bürsten, um herauszuholen, was es für Strategieanalyse beitragen kann, ohne diese bisher systematisch zum Thema gemacht zu haben.

Die Anstrengung des Begriffs kann man sich beim Strategiethema nicht ersparen. Jedenfalls nicht am Anfang, beim Versuch einer Grundlegung. Wenn ein bisschen Klarheit besteht, kann man – und sollte man – Populärliteratur schreiben. Damit beginnen, hieße scheitern. Das zeigen viele Sekundäraufgüsse und schnelle Anwendungen von Machiavelli oder Clausewitz. Deshalb konnten wir uns auch nicht an die Empfehlung eines Buchs über strategisches Management halten: „Unnötigen Tiefgang vermeiden". Um ehrlich zu sein, wir haben es noch nicht einmal versucht.

Systematische Analyse und empirische Illustration haben sich ergänzt. Der empirische Hinweis, das Beispiel, die Fallstudie halfen, Gedanken zu klären. Sie sollen beim Lesen der Veranschaulichung und Überprüfung des Gemeinten dienen. Wir behaupten nicht, dass die Balance zwischen beiden das letzte Wort sein muss.

So wie Strategie auf Eigenaktion und Interaktion gerichtet ist, fand auch das Verfassen dieses Buch statt: eigenaktives und interaktives Produzieren. Den dialogischen Grundcharakter von Strategie konnten wir an der Arbeit über Strategie selbst erfahren. Ständig begleitende Diskussionen haben die Sache entschieden vorangebracht, sie veränderte sich wesentlich im Gespräch. Diese Einsichten aus unseren Diskursen waren eigenständig zu fixieren, bevor die wechselseitige Kritik wieder einsetzte. Beim Schreiben ist man allein. Zum Produkt stehen wir beide.

Wir haben nichts gegen den strategischen Umgang mit einem Buch über Strategie. Immer behält der Leser seine Freiheit gegenüber jeder vorgeschlagenen Ordnung. Sie reicht von der Möglichkeit, über ein Buch zu reden, ohne es gelesen zu haben,[*] bis zu der Gewohnheit, die eigene Ordnung an das Buch heranzutragen. Dann liest man sicherlich Einleitung und Schluss, um zu wissen, was die Autoren wollen und wie weit sie gekommen sind – und sucht sich mehr theoretische, empirische oder praktische Wege im Text. Für uns wäre es immer ein Werkstattbesuch, über den wir uns freuen.

Hamburg, April 2007   Joachim Raschke und Ralf Tils

---

[*] Pierre Bayard: Comment parler des livres que l'on a pas lu?, Paris 2007.

Inhaltsverzeichnis

Einführung

1 Einleitung: Aufgaben politischer Strategieanalyse 11
2 Kontexte 31
    2.1 Empirische und praktische Politikwissenschaft: Erklärung und Orientierung 31
    2.2 Demokratie und Strategie 37
    2.3 Strategie: Historische Spurensuche 43

Grundlagen

3 Grundmodell der Strategieanalyse 79
4 Strategie: Politische Praxis 83
    4.1 Strategische Denkweise und Praxis...84
        4.1.1 Voraussetzungen strategischer Denkweise 89
        4.1.2 Strategie- und Beratungsbedarf 92
        4.1.3 Strategiepraktiken 96
        4.1.4 Merkmale strategischer Denkweise 97
        4.1.5 Restriktionen und Anreize praktischer Strategieorientierung 100
    4.2 Strategischer Kompass 111
    4.3 Strategiestile 117
    4.4 Strategiewandel 120
    4.5 Resümee 123
5 Strategie: Begriff und Elemente 127
    5.1 Begriff 127
        5.1.1 Definition 127
        5.1.2 Abgrenzungen 133
        5.1.3 Dimensionen 135
        5.1.4 Strategisches, operatives, taktisches Handeln 137
    5.2 Elemente 140
        5.2.1 Strategischer Akteur 140
        5.2.2 Strategische Ziele 144
        5.2.3 Strategische Mittel 148
        5.2.4 Strategische Umwelt 152
        5.2.5 Strategische Handlungen 155
    5.3 Das strategische Moment 156
6 Orientierungsschema 161
    6.1 Organisation (Strategisches Zentrum) 168

6.2	Adressat	175
6.3	Horizonte	184
	6.3.1 Zeit	184
	6.3.2 Arenen	187
6.4	Objekte	193
	6.4.1 Themen	193
	6.4.2 Personen	200
	6.4.3 Symbole	205
6.5	Referenzen	211
	6.5.1 Problempolitik	213
	6.5.2 Konkurrenzpolitik	222
	6.5.3 Öffentlichkeit	234
6.6	Erfolgsfaktoren	243

7 Strategische Kalkulationen … 249

- 7.1 Maximen … 252
- 7.2 Bezugs-Kalküle … 254
- 7.3 Basis-Kalküle … 256

Strategy-Making

8 Strategiefähigkeit … 273

- 8.1 Zum Konzept der Strategiefähigkeit … 273
- 8.2 Elemente von Strategiefähigkeit … 281
  - 8.2.1 Führung … 282
  - 8.2.2 Richtung … 315
  - 8.2.3 Strategiekompetenz … 320
  - 8.2.4 Zum Verhältnis von Führung, Richtung und Strategiekompetenz … 332

9 Strategiebildung … 335

- 9.1 Zum Konzept der Strategiebildung … 335
  - 9.1.1 Strategiebedarf … 335
  - 9.1.2 Von der strategischen Emergenz zur konzeptionellen Strategie … 336
  - 9.1.3 Zuständigkeit für Strategiebildung … 339
- 9.2 Elemente konzeptioneller Strategiebildung … 344
  - 9.2.1 Ziele … 345
  - 9.2.2 Lage … 352
  - 9.2.3 Optionen … 363
  - 9.2.4 Entscheidung … 371
  - 9.2.5 Strategie … 374

10 Strategische Steuerung … 387

- 10.1 Zum Konzept strategischer Steuerung … 387
- 10.2 Elemente strategischer Steuerung … 390
  - 10.2.1 Strategieanwendung … 391

  10.2.2 Leadership 396
  10.2.3 Macht 403
  10.2.4 Erwartungen 420
  10.2.5 Leistungen 427
  10.2.6 Zum Verhältnis von Macht, Erwartungen und Leistungen 433
  10.2.7 Kontrolle und Lernen 434
  10.2.8 Resultat 439

Fallstudien zum Strategy-Making der SPD

11 Kohärentes und fragmentiertes Strategy-Making **441**

12 Kohärentes Strategy-Making **443**
 12.1 Antizipierender Aufbau stabiler Strategiefähigkeit (SPD 1958-) 443
 12.2 Wehners strategisches Konzept einer Großen Koalition.
   Regierungsfähigkeit durch Mitregieren (1966) 451
 12.3 Brandts Strategie einer sozialliberalen Koalition.
   Erster sozialdemokratischer Machtwechsel (1969) 459
 12.4 Schwächen im Strategisch-Operativen (Brandt 1969-) 462
 12.5 Schwächen in strategischer Linienführung (Schmidt 1974-) 479

13 Fragmentiertes Strategy-Making **495**
 13.1 Aufbau prekärer Strategiefähigkeit (SPD 1995-) 495
 13.2 Die Kampa-Strategie. Zweiter sozialdemokratischer Machtwechsel (1998) 501
 13.3 Situatives Regieren (Schröder 1998-) 507

Schluss

14 Resümee und Perspektiven **529**

Glossar 539

Danksagung 547

Abbildungsverzeichnis 548

Verzeichnis empirischer Illustrationen 549

Literaturverzeichnis 550

Personenregister 581

Einführung

1 Einleitung: Aufgaben politischer Strategieanalyse

In diesen Dingen glaubt jeder das, was ihm einfällt.
Carl von Clausewitz

Sicher, ein Wort, das wir in diesem Strategie-Buch – in einem affirmativen Sinne – nicht wiederholen werden, sicher kann man nur über den zunehmenden *Bedarf* an politischer Strategie sein. Nicht dagegen über ein weit verbreitetes *Bedürfnis* von Politikern nach Strategie. Es gibt Nachfrage, aber eine, die nicht wirklich weiß, was sie eigentlich will und deshalb ihren Adressaten nicht erreicht.

Ausgangspunkt ist der objektiv wachsende Strategiebedarf. Je komplexer und instabiler die Bedingungen der Politik, desto schwieriger, aber gleichzeitig notwendiger werden die Berechnungen anspruchsvollerer Handlungsformen, zu denen die strategische gehört. Und spezifische Kalkulationen sind, wie wir sehen werden, konstitutiv für den Strategiebegriff. Dieses Paradox wachsender *Kalkulationsnotwendigkeit* bei abnehmender *Kalkulationsmöglichkeit* ist eine doppelte Herausforderung. Strategie trotz und wegen wachsender Ungewissheit ist eine aktive Antwort auf eine Lage, die die einen stimuliert, die anderen entmutigt. Antwort geben Politiker, die am Anspruch strategischer Politik festhalten. Antwort könnte auch Forschung geben, mit wissenschaftlichen Beiträgen zur politischen Strategieanalyse.

Man muss nicht glauben, *Komplexität* sei neu, nur weil das Wort in den letzten Jahren besonders häufig verwendet wird. Auch *Instabilität* variiert nur in Graden und Erscheinungsformen. Aber der soziale und politische Wandel der vergangenen dreißig Jahre zeigt besondere Konturen von Herausforderungen. Die Lösung politischer Probleme ist schwieriger geworden, weil Wachstum nicht wie zuvor als Problemlöser wirkt, weil die Verschränkungen zwischen Nationalstaaten zunehmen, weil die Interdependenzen zwischen den Politikfeldern unser Wissen überschreiten, weil die gesellschaftlichen Adressaten von Problemlösungen nicht mehr die größeren Kollektive mit den berechenbaren Interessenlagen, sondern Bürger in pluralisierten und individualisierten Lebenslagen sind – um nur diese Punkte in Erinnerung zu rufen. Die Wähler haben an Autonomie und Optionsvielfalt dazu gewonnen, wo sie früher als Stammwähler „eingefrorener" Parteiensysteme[1] und Angehörige von Milieus stabile Basisgrößen in Berechnungen von Mobilisierungsprozessen abgaben. Die Medien expandieren, differenzieren sich aus und verändern – angetrieben durch den Wandel im eigenen Sektor – die Bedingungen von Informationsverbreitung und Politikvermittlung.

Zu diesen Hinweisen auf wachsende Komplexität und Instabilität in Umwelten tritt die Erfahrung einer internen *Krise kollektiver Akteure*, die wegen Fragmentierungsprozessen und neuen Führungs-Mitglieder-Konflikten zunehmend um Handlungs-, Strategie- und Regierungsfähigkeit ringen – schwierige interne Voraussetzungen der Bewältigung externer Herausforderungen. Strategie als Synopse auseinander laufender Entwicklungen, als Kalku-

---

[1] So noch 1967 die gut begründete These eines *Freezing* europäischer Cleavage-Strukturen und Parteiensysteme für den Zeitraum nach 1920 von Seymour Lipset und Stein Rokkan (1967: 50ff.).

lation wachsender Ungewissheit, als rationalisierende Intervention in einen Prozess von Trial-and-Error, eine solche realistische und sich selbst begrenzende Strategie ist eine, wie wir finden, unausgeschöpfte Möglichkeit des Umgangs mit der veränderten Lage.

Es gibt keinen allgemeinen Ruf der Politiker nach Strategie, keine Nachfrage, die eine systematische und umfassende wissenschaftliche Strategieanalyse hätte entstehen lassen. Tendenziell sehen viele Politiker Strategiefragen als ihr Monopol an, ein spezifisches soziales und politisches Kapital, das vor Konkurrenz und vor Transparenz geschützt werden muss. Zwar verwechseln sie dabei häufig Taktik mit Strategie, aber im Prinzip funktioniert das Monopol. Nur, wie meist, die Ergebnisse sind nicht so gut. Wenn sie gut sind, beruhen sie oft auf selbst erarbeiteten individuellen Fähigkeiten und Stärken Einzelner. Manch aktiver Politiker hat solches Potential selbst gezeigt oder das Potential anderer in Form von Beratung genutzt. Die Systematisierung von politischem Strategiewissen ist bislang ausgeblieben. Das sehen auch selbstkritische Politiker so, nur wirkliche Abhilfe gab es bisher kaum.

Personalisierung lenkt gelegentlich ab, kann aber die Probleme auch verschärfen, weil sich nun die Erwartungen an erfolgreiche Politik ungeteilt auf eine Person richten, die aber tatsächlich aus dem politischen System der Arbeitsteilung und Gegengewichte nicht entlassen ist. *Professionalisierung* der politischen Apparate ist der Versuch, sich beim Geschäft rationalisierter Strukturierung von Politik ein wenig helfen zu lassen. Nur: Es gibt keine gezielte Nachfrage, die genau weiß, was sie will, und an welchen Adressaten sie sich damit wenden soll.

Natürlich können Wahlkampf-, Partei-, Medienarbeit von *professionalisiertem Wissen* profitieren, und sie haben es getan in den letzten zwei bis drei Jahrzehnten. Aber die Erwartung, dass Demoskopen, Marketing- oder Medienberater strategisches Wissen mit im Köfferchen haben, mit dem sie ihre Dienste anbieten, geht fehl. Auch wo sie sich, von ihrem begrenzten Ansatzpunkt aus, zu strategischen Überlegungen aufschwingen, bleiben diese ausschnittsbezogen und ohne allgemeines Fundament (das bislang nicht existiert). Die Ebene einer Oppositions- oder Regierungsstrategie lässt sich auf diesem Weg kaum erreichen.

Die *Beratungsbranche* macht sich den unklaren Wunsch nach mehr Strategiewissen zunutze. Sie klebt auf ihre Institute und Produkte einfach das Etikett „Strategie" auf. So inflationiert seit ein paar Jahren nicht nur das Angebot der Consulting- und Public Relations-Firmen, sondern auch das Versprechen, Strategie sei einzukaufen. Tatsächlich laboriert die Branche in strategischer Hinsicht mit Ad-hoc-Aussagen, allgemeinen Formeln, unsystematisch aus strategischem Management und Kriegswissenschaft zusammengetragenen Versatzstücken. Es ist nicht drin, was drauf steht, und das kann auch gar nicht anders sein. Kommerzielle Politikberatung ist ein intermediärer Sektor zwischen Politik und Wissenschaft. Ihre Anschlüsse findet dieses Bindeglied in der Politik, Transformation muss sie selber leisten, aber ohne verwertbares wissenschaftliches Wissen liefert sie nur Handwerk, auf das die Praxis auch selber kommen könnte. Das Grundlagenwissen zu Strategie aber fehlt. So bleibt es beim unbeholfenen Pragmatismus, bei dem der eine besser, der andere schlechter abschneidet. Die Ergebnisse entsprechen individuellen Zufällen, nicht einer vorhandenen Systematik.

Die *strategisch aufgeklärte Praxis* lässt sich nicht täuschen. Sie nimmt, was sie von der Politikberatung gebrauchen kann, die Demoskopie, die Public Relations-Vorschläge, Marketing-Anregungen. Aber sie weiß, dass vertiefende strategische Reflexion von ihr selbst geleistet werden muss. Das Gespräch mit Spitzenpolitikern ist dafür kein Ersatz.

Keine Zeit, keine Diskussionsräume, keine professionellen Mindeststandards (wie zum Beispiel bei den Komplexen Sachwissen, Parlamentspraxis oder Medienumgang). Vertiefende öffentliche Strategie-Diskurse sind rar. Mit Strategiefragen ist jeder allein, jeder ein Bastler, jeder ein Geheimniskrämer.

Zur *Schwachstelle Politikberatung* kommt die *Leerstelle Politikwissenschaft* hinzu. Wer als Praxisakteur Interesse an Vertiefung hat, er kann nichts abrufen in der Wissenschaft. Kein Buch, keine Bücher und schon gar kein Praxis-Handbuch strategischer Politik. Die Wissenschaft hat sich im Großen und Ganzen an die naturwüchsige Arbeitsteilung gehalten, dass Strategie und Taktik zum Know-how und Handwerk der Praxis gehört, worüber sich wissenschaftlich nichts sagen lässt. Wir werden uns auf historische Spurensuche begeben, aber immer, von Thukydides über Machiavelli bis zu Clausewitz oder Lenin, waren die Landgewinne ein Vorsprung der sich selbst aufklärenden Praxis gegenüber einer Wissenschaft, die dazu nichts sagen konnte oder wollte.

Positives Potential politischer Strategie

Wie wir sehen, stehen dem Praxisbedarf die Schwachstelle Politikberatung und die Leerstelle Politikwissenschaft gegenüber. Unsere Position ist eine Reaktion auf diese Ausgangslage. Wir stellen fest: Strategie ist wissenschaftlich und praktisch nötig. Und wir behaupten: Strategie ist möglich, rational und demokratisch.

Die prinzipielle *Möglichkeit* politischer Strategie belegt die Realität. Der amerikanische Präsident Bill Clinton, der französische Staatspräsident François Mitterrand oder der britische Premier Tony Blair, der zusammen mit seinen Beratern eine strategische Ausrichtung seiner Regierung und den systematischen Aufbau strategischer Kapazitäten betrieb, sind nur drei Beispiele exponierter Vertreter, die sich an strategischer Regierungssteuerung versucht haben. Für die politische Auseinandersetzung vor Wahlen ist eine strategische Wahlkampfführung ohnehin bereits länger akzeptiert. Den Demonstrationseffekt weiterer Beispiele nutzt auch dieses Buch: die in den Text eingearbeiteten Beispiele und Fallstudien zeigen eine Fülle gelungener Strategien, die ihre Ziele erreicht haben, fehlgeschlagener Strategien, die falsch angelegt oder umgesetzt wurden, und fehlender Strategien, bei denen sich an eintretenden Folgen bzw. ausbleibenden Wirkungen die Möglichkeiten und der potentielle Nutzen von Strategien ablesen lassen.

Strategie ist *rational*, schon deshalb, weil die Praxis mit der wechselseitigen Unterstellung strategischen Handelns arbeitet. Wenn diese Akteurannahmen zutreffen, sind bei Strategiemangel Nachteile für die eigene Position zu erwarten. Es ist ein Ausdruck von Rationalität, dass ich mich, wenn der Konkurrent mutmaßlich strategisch handelt, selbst um Strategie bemühe. Wer mit Strategiehandeln Dritter rechnet und dadurch Wettbewerbsnachteile zu befürchten hat, muss sich selbst strategisch handlungsfähig machen.

Strategie ist *demokratisch*. Unbestreitbar setzt sich demokratische Politik Ziele. Die Wahl der Bürger zwischen Zielen und deren Trägern bleibt konstitutives Merkmal von Demokratie. Die Ziele sind meist ein Verbund von Gestaltungs- und Machtzielen. Das Angebot an die Bürger besteht nicht ausschließlich aus Gestaltungszielen – wer kennt schon die genauen Wahlprogramme? Es verknüpft allgemeine Richtungsbestimmungen mit einer realistischen Machtperspektive. Die Wähler entscheiden zwischen den vorhandenen Angeboten auf der Grundlage von Überzeugungen zur „Richtigkeit" der jeweiligen Politikansätze, aber auch auf der Basis von Annahmen zur Kompetenz der Aspiranten bei der rationalen Zielverfolgung – und zwar im Hinblick auf die Referenzen von Macht *und* Gestaltung. Wenn aber rationale Zielverfolgung ein inhärentes Kennzeichen von Demokratie ist, schließt das (neben anderen Möglichkeiten) die Verfolgung dieser Ziele durch Strategie mit ein.

Wenn die Diagnose des akteurzentrierten Institutionalismus richtig ist, dass sich Interaktionen und ihre Ergebnisse nur zur Hälfte aus ermöglichenden, beschränkenden und prägenden Effekten institutioneller Strukturen und institutionalisierter Normen erklären lassen (Scharpf 2000: 72), stellt sich die Frage: wie gestalten die Akteure die andere Hälfte? Eine radikale Antwort wäre: mit situativer Politik, die in der Problembearbeitung reaktiv, in der Informationsaufnahme reduziert, in der Alternativensuche beschränkt, im Erwägungshorizont möglicher Folgen kurzfristig bleibt. Unser Gegenmodell bemüht sich um eine *Rationalisierung mittlerer Reichweite*, die die Suche nach politischen Handlungsmöglichkeiten nicht allein der Situation überlässt, sondern auf eine strategische Akteurstrukturierung zurückgreift.

Die Rationalisierungschancen, die sich aus einer solchen Handlungsstrukturierung durch Akteure ergeben, stehen noch nicht fest. Wir unterstützen das Austesten der sich daraus ergebenden Möglichkeiten. Vor dem reinen Situationismus sollte zunächst das Eruieren und Erschließen strategischer Potentiale liegen. Ein solcher Test setzt die Ausarbeitung des spezifischen Inhalts und der besonderen Instrumente von politischer Strategie voraus.

Voraussetzungen, Aufgaben, Positionen politischer Strategieanalyse

Dieses Buch ist der Versuch, an der Entwicklung einer politischen Strategieanalyse mitzuwirken. Wir wollen einen wissenschaftlichen Beitrag zur *systematischen Grundlegung* von Strategie für Politik und Politikwissenschaft leisten. Aussichten zur weiteren Etablierung der Strategieanalyse in Wissenschaft und Praxis bestehen allerdings nur, wenn Politologen und Praktiker sich darauf einlassen und diesen Weg mitgehen. Folgen sie ausschließlich ihren jeweiligen Selbstreferenzen, kann es keine aufgeklärte politische Strategie geben.

In der *Praxis* ist erforderlich, dass politische Akteure strategische Politik wollen. Aus dem Bedarf muss ein stärkeres (und vor allem weiter verbreitetes) Bedürfnis der Akteure erwachsen. Sobald ein Wille vorhanden ist, muss man sich rational ausstatten zur Bewältigung dieser Aufgabe. Dafür lassen sich Voraussetzungen benennen: Bereitschaft zu einem Dauerprozess strategischer Selbstreflexion, Einsatz strategischer Instrumente, Anerkennung einer ausdifferenzierten, professionalisierten Strategiekompetenz, Bereitstellung von Ressourcen für das Strategy-Making, Zurechnung von Strategie als Führungsaufgabe (Führung als Organisator und Organisation als Beteiligungsakteur). Auch die *Politikwissenschaft* kann das Unternehmen negieren und an der Einschätzung festhalten, zum Feld politischer Strategie sei wissenschaftlich nichts beizutragen. Unsere Hoffnung wäre, dass sie ein Interesse an den Voraussetzungen, Bedingungen und Folgen strategischer Politik entwickelt. Ohne die Öffnungs- und Anschlussbereitschaft in Wissenschaft und praktischer Politik scheitert ein stärker elaborierter Approach politischer Strategie.

Was wir hier anbieten, ist aus wissenschaftlicher Perspektive (noch) keine Theorie und in praktischer Hinsicht keine einfache Strategierezeptur. Politische Strategieanalyse ist vielmehr ein wissenschaftlich und praktisch anschlussfähiger *Approach* der Politikforschung, der auf einem System generalisierungsfähiger Annahmen beruht, ein spezifisches Erkenntnisinteresse verfolgt und dabei auf einen besonderen Fokus gerichtet ist (vgl. Tils 2005: 60ff.).

Innerhalb der *Wissenschaft* kennzeichnet den Approach politischer Strategieanalyse neben der auf Strategieaspekte spezialisierten Betrachtungsperspektive politischer Wirklichkeit eine auf den Gegenstand zugeschnittene Verknüpfung von *Theorieelementen* und *Methoden*. Zu den Theorieelementen gehören Begriffsklärungen, Bezugsrahmen, auf Beschreibung und Erklärung zielende Verallgemeinerungen, Typologien, Modelle. Die methodischen Zugänge reflektieren den besonderen Anteil von Führung und vielfältiger strategischer Expertise am Strategy-Making. Sie betonen deshalb offene und „weiche" Forschungstechniken (wie Intensivinterviews, Hintergrundgespräche, rekonstruierende Recherche, diskrete Formen teilnehmender Beobachtung) sowie bestimmte Verfahren, die auch von strategischen Akteuren und Beratern angewandt werden (wie Szenariotechnik, strategische Früherkennung oder Potentialanalyse).

Für die *Praxis* kann der Approach eine eigenständige *Methodik* entwickeln. Methodik bezeichnet hier die Strukturierung des strategischen Denkens und Handelns durch eine spezifische Art und Weise des Vorgehens[2] und die Festlegung relevanter Referenzen. Die strategische Methodik besteht aus Kalkulationen, Verfahren (im Sinne von Instrumenten bzw. Arbeitstechniken) und verschiedenen Konzeptelementen (z.B. Orientierungsschema, Strategy-Making, Ziel-Mittel-Umwelt-Verknüpfungen).

Die Aufgabe, der wir uns mit diesem Buch stellen, liegt in einer politischen Strategieanalyse, die Strategie konzeptualisiert, einen Beitrag zur Optimierung strategischer Praxis leistet und strategische Kritik unterstützt.

Die *Konzeptualisierung* politischer Strategie ist ein notwendiger erster Schritt. Erst das Bestimmen eines fester umrissenen und operationalisierbaren Strategiebegriffs und seiner Elemente lässt uns den Gegenstand erkennen und bearbeiten: Was ist politische Strategie (und was nicht)? Woraus setzt sie sich zusammen? Die Inflationierung der Begriffsverwendung und dabei nach wie vor bestehende Unklarheiten über den Kern von politischer Strategie erfordern eine allgemeine Strategiedefinition und die genauere Kennzeichnung seiner einzelnen Bestandteile.

Daran schließt sich das Bemühen um Klärung der Voraussetzungen, Komponenten und Instrumente eines spezifischen Handlungsfelds an: Was gehört zum strategischen Denken und Handeln? Wie entwickelt man Strategien? Wie werden sie umgesetzt? Welche strategischen Instrumente existieren? Da Gestalt, Strukturierung und Funktionszusammenhang strategischer Handlungsfelder mit politischen Systemmerkmalen variieren, musste für das vorliegende Projekt eine Fokussierung erfolgen: sie liegt auf den besonderen Strategiebedingungen in Party-Government-Systemen.

Wir haben uns für ein Grundmodell entschieden, dessen besondere Bestandteile ein Orientierungsschema und das Instrument strategischer Kalkulationen sind. Die Gesamtheit strategischer Politik nennen wir Strategy-Making. Sie beruht auf den drei Säulen von Strategiefähigkeit, Strategiebildung, strategischer Steuerung und wird als Struktur und Prozess konzeptualisiert. Diese ausgearbeitete Konzeption politischer Strategie ermöglicht weitere Schritte in Praxis und Wissenschaft.

Optimierung als Aufgabe politischer Strategieanalyse setzt wechselseitige Verständigung über ein tragfähiges Referenzsystem voraus. Wenn Praxisakteure ein „Strategie-Fix" im Sinne von Rezeptwissen, geschlossenen Strategien oder verbindlichen Strategieregeln erwarten, müssen sie enttäuscht werden. Wir können nur Konzeptualisierungen anbieten,

---

2   Dies entspricht einem Methodenbegriff in einem weit verstandenen Sinne (vgl. Nohlen/Schultze 1994: 262ff.).

die es erlauben, über Transformationsprozesse des Strategieakteurs selbst oder durch Beratung die Entwicklung strategischer Orientierungen und Konzepte voranzutreiben. Erst die Verbindung eines grundlegenden Strategiegerüsts (das hier vorgestellt wird) mit eigenen Zielen, Mitteln, Intuitionen und spezifischem Kontextwissen führt zu den Handlungsentwürfen, die strategische Politik hervorbringen.

Optimierung heißt: Einsatz vorhandener Wissensbestände, Methoden und Instrumente für die Gestaltung strategischer Politik. Dazu bedürfen die entwickelten Grundkomponenten politischer Strategie einer spezifischen Form, die eine Umsetzung in strategische Handlungen erlaubt. Die gewählten Konzeptualisierungen sollen nicht nur an wissenschaftsimmanenten Kriterien wie Präzision, Realitätsnähe, Kohärenz oder Konsistenz, sondern auch an ihrer Anwendbarkeit in praktischen Handlungszusammenhängen gemessen werden – und an den damit zu erzielenden Ergebnissen. Allerdings: Politische Strategieanalyse versteht sich nicht als „Hilfswissenschaft" der Praxis. Sie reklamiert für sich eine eigenständige, unabhängig-kritische Wissenschaftsposition.

Die kritische Funktion gehört zur Wissenschaft, für *strategische Kritik* aber gibt es zusätzliche Gründe, die mit Eigenarten von Strategie verbunden sind. Strategie ist keine „Lehre" gesicherten Wissens und kein Rezeptbuch, das man Seite für Seite abarbeitet. Strategische Kritik kann diesen offenen Charakter von Strategie und Strategieanalyse bewusst halten, ja institutionalisieren und durch Anwendungen schulen. Strategische Praxis neigt zu Arkanpolitik und Intransparenz. Kritik kümmert sich darum nicht und spricht über strategische wie über andere Fragen demokratischer Politik. Strategische Kritik stellt sich auf die Grundlage eines legitimen Strategy-Making in der Demokratie. Sie verurteilt nicht Strategie in der Demokratie, sondern kritisiert konkrete strategische Praxis. Sie betreibt immanente Kritik.

An strategischer Kritik können sich die Praxis und die Wissenschaft beteiligen. Die wissenschaftliche Kritikfunktion kann sich nur auf das stützen, was in der Politikwissenschaft selbst ausgearbeitet ist. Maßstäbe sind Konzeptualisierungen der Strategieanalyse, empirisches Vergleichswissen sowie eine durch Nähe wie Distanz gespeiste und geschulte Urteilsfähigkeit. Halbwegs tragfähige Vorstellungen von Orientierungsgrößen und Erfolgsfaktoren sind Voraussetzungen für Realitätsnähe.

Die Kritik kann sich beziehen auf strategische Konzepte und Handlungen, auf Defizite in der Trias von Strategiefähigkeit, Strategiebildung, strategischer Steuerung, und eingeschlossen darin: Ziele, Mittel, Ziel-Mittel-Umwelt-Relationen, Kalkulationen, strategische Kompetenzen oder Strategieanwendungen. Sie kann sich aber auch richten auf nicht-strategisches Handeln, wo strategisches Handeln möglich, vielleicht auch nötig wäre.

Wie viel muss strategische Kritik wissen, um angemessen kritisieren zu können? Ohne historisch-empirisch gesichertes Wissen muss man insbesondere bei einer aktuellen strategischen Kritik mit Lücken operieren. (Öffentlich nicht mitgeteilte) Motive, (fehlende oder ungenaue) Formulierung strategischer Ziele, (öffentlich nicht zugängliche Teile der) Lageanalyse sind Beispiele für möglicherweise unzureichende Informationen, die dennoch einen erheblichen Raum für argumentative Strategiekritik lassen.

Strategische Kritik wird von „Fehlern", „Schwächen", „Ungereimtheiten" und Ähnlichem sprechen, wohl wissend, dass es im strengen Sinne bei Strategiefragen kein „richtig" oder „falsch" gibt. Sie argumentiert etwa mit mangelnder Plausibilität, ausgelassenen relativen Vorteilen, fehlender Stringenz, falsch eingeschätzten Mitteln oder nicht beachteten Kontextfaktoren.

Strategische Kritik ist, um voll wirksam zu werden, auf Öffentlichkeit angewiesen. Nur dann können gehaltvolle Diskurse über Strategie entstehen und erhält Lernen aller Beteiligten eine Chance. Fehlerkritik von strategischen Akteuren in der fehlerfreundlichsten Regierungsform, der Demokratie, gelingt selten. Es regiert die Angst vor Gegnern und (kampagnenfreudigen) Medien, die sich an eingestandenen Fehlern und Misserfolgen weiden. Umso wichtiger werden Wissenschaft und (kritische) Medien, ohne die öffentliche Strategiekritik keinen Ort hat. Solche Kritik muss nicht „konstruktiv" sein, in dem Sinne, dass sie nur erlaubt ist, wenn sie Alternativen vorweisen kann. Sie wird aber glaubwürdiger, wenn Strategieexperten aus Wissenschaft, Politikberatung und Medien zu offener Mitteilung von Unsicherheit und zur Selbstkritik eigener Analyse- bzw. Einschätzungsfehler bereit sind.

Vorbehalte und Einwände gegen strategische Politik

Es existieren *Vorbehalte* und *Einwände* gegen strategische Politik. Sie speisen sich aus unterschiedlichen Quellen (Wissenschaft/Praxis). Bevor wir unsere Position darlegen, die durch Realismus, Einbettung und Selbstbegrenzung gekennzeichnet ist, soll es um Kritikpunkte gehen. Sie lassen sich folgendermaßen zuspitzen: These der Unmöglichkeit, normative Bedenken, Einwand der Praxisferne.

These der Unmöglichkeit

Es gibt eine Neigung, Unsicherheit bzw. Ungewissheit der Umwelt als so unbegrenzt anzusehen, dass der Kollektivakteur demgegenüber nur noch hilflos sein kann, eine strategische Handlungsabsicht anmaßend erscheint. Die sachliche, soziale und zeitliche Komplexität von Entscheidungssituationen setzt rationalem Handeln in dieser Perspektive scheinbar unüberwindbare Grenzen. Begrenzte Informationsverarbeitungskapazitäten der Akteure (sachlich), Konflikte zwischen Entscheidungsbeteiligten sowie wechselseitige Erwartungsunsicherheit (sozial) und Zeitknappheit (zeitlich) limitieren die Möglichkeiten der Akteure, Entscheidungen zu treffen, die, gemessen an ihren Intentionen, als rational gelten können (vgl. Schimank 2005: 196).

Uwe Schimank (2005) und Helmut Wiesenthal (2006) haben – unter Zusammenführung breiterer wissenschaftlicher Diskussionszusammenhänge – entscheidungs- und steuerungstheoretisch eindrucksvoll dargelegt, wie begrenzt die Möglichkeiten der Akteure (und der Politik insgesamt) zur gezielten, rationalen Herbeiführung gewünschter Ergebnisse sind. Instabile kollektive Handlungsfähigkeiten, multiple Zeithorizonte, verschränkte Akteurkonstellationen, inkompatible Handlungslogiken, asymmetrische Machtverteilungen, mangelnde Problemantizipation, kognitive Begrenzungen, fehlende Kriterien „angemessener" Problemlösung, ausbleibende Alternativensuche, -bewertung und -auswahl, unvollständige Implementation, oberflächliche Evaluation sind nur einige der hierfür relevanten und bekannten Stichwörter. Sie zeigen mikro-, meso- und makropolitische Schranken rationaler Entscheidungen sowie rationaler politischer Gesellschaftssteuerung.

Wir teilen die Grundaussagen dieser Analyse und halten keineswegs unbeirrt am Glauben der Möglichkeit perfekter Rationalität fest, wie es die normativ-präskriptive Entscheidungstheorie tut (vgl. Schimank 2005: 224ff.). Allerdings betrachten wir auch die Kapitulation vor einem politischen Gestaltungsanspruch als unangemessene Reaktion. Unsere Position setzt anders an. Sie fragt: Was folgt aus Unsicherheit, Komplexität und begrenzter Ergebnisrationalität? Ein Defätismus, der das Bemühen um rationales Handeln einstellt, eröffnet keine tragfähige Perspektive. Wir bauen auf eine *kognitive* und *prozessuale Strukturierung* des Akteurumfelds, um einen möglichst strategisch-rationalen Umgang mit schwierigen Ausgangsbedingungen zu ermöglichen.

Auch Schimank verweist auf bestehende Chancen der Entscheidungsrationalisierung durch Methoden wie aktive Problemsondierung, „mixed scanning" oder einen „'something better' approach" (Schimank 2005: 313ff.). Und Wiesenthal belegt – trotz grundlegendem theoretischen Skeptizismus – die Realität gelungener Gestaltungsbemühungen: „Wenngleich nirgendwo ‚vollständig' rationales Handeln möglich zu sein schien, bestand doch eine weite Skala von mehr oder weniger problemgeeigneten und potentiell zielführenden Alternativen. Eine ‚absolute' Komplexitätsfalle für anspruchsvolle Reformpolitiken war nicht erkennbar." (Wiesenthal 2003: 533). Hier sehen wir Anknüpfungspunkte beim Versuch, sich von den Schwierigkeiten rationalen Handelns in modernen Gesellschaften nicht entmutigen zu lassen, sondern auf der Akteurebene nach Instrumenten praktisch möglicher Rationalisierung zu suchen. Mit dem Konzept von Strategie wollen wir daran mitarbeiten, Möglichkeiten einer spezifischen Art der Rationalisierung politischen Handelns auszuloten – ohne in Selbstüberschätzung zu verfallen.

Systemtheoretische Gesellschaftskonzeptionen verweisen auf die prinzipiell bedingte Unmöglichkeit politischer Gestaltung durch ausdifferenzierte und geschlossen operierende Teilsysteme (Luhmann 1981, 2000). Niklas Luhmann (1989: 4) ist der Auffassung, dass schon die Beschäftigung mit den Steuerungsmöglichkeiten der Politik wenig sinnvoll und die Frage falsch gestellt sei. Auf der Basis solcher Grundüberzeugungen können die Charakterisierungen von Strategie nur blass bleiben: „Programme lassen sich als Strategien bezeichnen, wenn und soweit vorgesehen ist, dass sie im Laufe des Vollzugs aus gegebenem Anlass geändert werden können." (Luhmann 1984: 432).

Die Perspektive der Systemtheorie mag allenfalls wissenschaftlich befriedigen. Politischen Akteuren, an die sich umfangreiche Steuerungserwartungen richten und die dementsprechend handeln müssen, hilft sie nicht. Wir sind – mit anderen (vgl. nur Mayntz/Scharpf 2005) – praktisch *und* wissenschaftlich von einem größeren Potential politischer Steuerungsversuche überzeugt und sehen, bei allen Restriktionen, auch empirische Belege, die eine solche Position stützen.

Der hier eingeschlagene Weg, *politische Steuerung* zu präzisieren, liegt in der Entwicklung eines Strategiekonzepts.[3] Strategie beruht auf einem komplexen Politikverständnis. Politische Strategieanalyse grenzt sich ab von einer „nur" materiellen Steuerungsperspektive, die die steuerungstheoretische Diskussion lange Zeit prägte. Nicht ausschließlich „Steuerung der Gesellschaft" bzw. später – skeptischer – „Steuerung in der Gesellschaft" (Mayntz 1996: 165) sind unsere Themen. Zu Strategie gehört auch die „Steuerung der Politik"[4], bei der es um das Ineinandergreifen der materiellen Politik und den damit verbundenen Prozessen sowie der vom Problemfeld losgelösten politischen Prozessdimension geht.

---

[3] Der Steuerungsbegriff der Steuerungstheorie und der strategische Steuerungsbegriff politischer Strategieanalyse meinen nicht das gleiche. Konzeption und Spezifizierung des Strategy-Making führen zu einem engeren Begriff strategischer Steuerung, der sich auf die Umsetzung vorhandener Strategiekonzepte (als Ergebnis eines Strategiebildungsprozesses) unter der Voraussetzung bestehender (bzw. fortlaufend zu reproduzierender) Strategiefähigkeit bezieht. Strategische Steuerung ist also kein Synonym eines allgemeinen, übergeordneten Begriffs politischer Steuerung, sondern ein Grundelement des Strategy-Making-Prozesses.

[4] Die etwas anderes ist als der Versuch einer „prozeduralen Steuerung" (Offe 1975), der unmittelbar auf die Gesellschaft bezogen bleibt.

Erst jüngst haben prominente Steuerungstheoretikerinnen wie Renate Mayntz selbstkritisch auf den Problemlösungsbias und die damit verbundene Selektivität der steuerungstheoretischen Perspektive hingewiesen (Mayntz 2001, 2004).

Einwände der Unmöglichkeit strategischer Rationalisierung könnten sich auch auf die ernüchternden Erfahrungen der *steuerungstheoretischen Planungsdebatte* beziehen. In diesem Kontext wurde politische Planung als eine „Technik der vorwegnehmenden Koordination einzelner Handlungsbeiträge und ihrer Steuerung über längere Zeit" (Scharpf 1973: 38) verstanden, bei der Ziele und Zielerreichungsmittel bestimmt und der zeitliche Instrumenteneinsatz antizipiert und festgelegt werden (vgl. Schmidt 2004: 552f.). Unabhängig von unterschiedlichen Vorstellungen zur möglichen Reichweite politischer Planung (holistische vs. bereichsspezifische Planung) war diese Debatte durch einen ausgeprägten Steuerungsoptimismus gekennzeichnet, der mit der Überzeugung einherging, die angestrebten Steuerungsziele wären durch vorausschauendes Denken und den richtigen Instrumenteneinsatz „geplant" zu erreichen (Lange/Braun 2000: 19ff.). Die durch ausbleibende Erfolge hervorgerufene Planungsernüchterung sollte nicht einfach in eine vorweggenommene Strategieernüchterung übergehen, da Strategie etwas anderes als Planung ist.

Strategische Akteure berücksichtigen strategische Interaktionen, bedenken problemübergreifende instabile Umweltbedingungen, arbeiten mit spezifischen sachlich, sozial und zeitlich übergreifenden Ziel-Mittel-Umwelt-Kalkulationen. Ihnen ist bewusst, dass Strategie nur ein Element des politischen Prozesses darstellt und nicht alles strategisch „planbar" ist. Strategische Analyse führt nicht zu einem Masterplan politischen Vorgehens im Sinne eines fertigen Handlungsprogramms, das sich durch übertriebene Rationalitäts-, Geschlossenheits- und Wirkungsannahmen auszeichnet (Raschke 2002: 234). Sie bleibt offen für veränderte Ausgangbedingungen, etwa als Ergebnis des Handelns anderer Akteure, ohne dass der Strategieakteur seine strategischen Ziele aus den Augen verlöre. Strategisch ist das Kalkulieren von Kontext- und Wirkungs-Ketten sowie die Fähigkeit, aus solchen Wechselbeziehungen strategische Schlüsse zu ziehen. Politische Strategieanalyse entwickelt gerade hierfür eigene Konzepte und Methoden.

Das Feststellen eines strategischen Unmöglichkeitstheorems wäre voreilig. Tatsächlich streben Kollektivakteure danach, bestehende Unsicherheiten und Ungewissheiten zu begrenzen – wenngleich alle Reduktionsanstrengungen auch nicht gewollte, problematische Konsequenzen nach sich ziehen. Helmut Wiesenthal (1990) hat demonstriert, wie intern entwickelte „multiple selves" zur Bearbeitung von Umweltunsicherheit dienen können. Eine strategische Strukturierung der Umweltwahrnehmung steht noch aus. Sie kann das Komplexitätsniveau für Akteure durch Konzentration auf *springende Punkte*[5] reduzieren und birgt ein bislang unausgeschöpftes Rationalisierungspotential. Das Ziel ist eine strategische Rahmung politischer Prozesse, die sonst vielfach rein situativen Logiken folgen würden.

Normative Bedenken

Normative Einwände gegen eine Akzentuierung des strategischen Moments in der Politik kommen aus Wissenschaft und politischer Praxis. Topoi solcher Kritik sind unter anderem Elitenzentrierung, Herrschaftstechnik, Arkancharakter, Partizipations- und Diskursfeindlichkeit. Sie kreisen um die Grundvermutung, Strategie sei im Kern „demokratiewidrig".

---

[5] Vgl. dazu das Kapitel 5.3.

Es gibt in dieser Debatte aber auch eine Art von Stellvertreter-Kritik: man greift Strategie an, meint aber eigentlich moderne Einflussmittel wie Marketing, Public Relations, Demoskopie oder Spin-Doctoring.[6] Bei den Linken existiert eine normative Empfindlichkeit gegenüber Strategie in Verbindung mit modernem Strategiewissen. Das war übrigens in den USA auch so, als die Demokraten die Modernisierung des Strategiewissens durch die Republikaner skandalisierten – das alles geschah in der Tendenz gleichlaufend, nur 30 Jahre früher als hierzulande (vgl. Müller 1994).

Auf theoretischer Ebene hat Jürgen Habermas einen einflussreichen Beitrag zum Pejorativen von Strategie geliefert. Was zunächst wie ein Versprechen aussieht, die Zentralstellung eines Begriffs strategischen Handelns in der Sozialtheorie eines führenden Soziologen, ist tatsächlich eine Enttäuschung für die politische Strategieanalyse. „Strategisches Handeln" ist in dieser Theorie lediglich eine Negativfolie für den breit entfalteten Begriff „kommunikatives Handeln" (Habermas 1981: 384ff., 1984). Ohne eigene Tiefenstruktur und Profil, ist der Strategiebegriff darauf reduziert, dass sich Akteure mit ausschließlich egoistischen Nutzenkalkülen gegenübertreten, und Entscheidungen eines „rationalen Gegenspielers" in Rechnung gestellt werden müssen.

Für die Entfaltung eines gehaltvollen Strategiebegriffs fehlt eine wichtige Voraussetzung: Kollektivakteure als Grundelemente von Gesellschafts- und Politikanalyse. Die Theorie ist ausgelegt auf Funktionssysteme und Individuen als Akteure der Lebenswelt (Joas/Knöbel 2004: 320ff.). Aufgrund der Theorieanlage bleibt – wie bei Niklas Luhmann – die Meso-Ebene kollektiver Akteure eine Leerstelle (Wiesenthal 1991). Im Funktionssystem Politik wird – durch theoretische Setzung – ausschließlich „strategisch", das heißt über „egozentrische Erfolgskalküle" (Habermas 1981: 385) gehandelt. „Strategisch" und „kommunikativ" sind nicht analytische Aspekte identischer Handlungen, sondern einander ausschließende Handlungstypen, die den Bereichen „System" und „Lebenswelt" zugewiesen werden. Damit werden die Spannungsverhältnisse zwischen wert- und machtorientierten Handlungsanteilen, zwischen egoistischen und „uneigennützigen" Zwecken, wie sie auch für den strategischen Prozess charakteristisch sind, wegdefiniert.[7]

Das führt zu *konstruierter* Eindimensionalität politischer Systeme. Es ist auch, aus der Perspektive unserer Arbeit, eine Banalisierung strategischen Handelns. Gleichzeitig wirkt durch die Festschreibung auf egozentrische Erfolgskalküle und die wechselseitige Instrumentalisierung von Menschen als bloße Mittel für egoistische Zwecke (Habermas 1984: 575ff.) unter der Hand eine Moralisierung fragwürdigen Handelns.

Der Habermassche Strategiebegriff ist reduktionistisch, individualistisch und verbaut empirische Analyse (für die er offenkundig nicht gedacht ist). Er wird alternativ (strategisch/nicht-strategisch) statt als Kontinuum konstruiert. Bei solchen Annahmen ist ein positives Potential strategischen Handelns nicht erschließbar. Der vor allem zur Konturierung von „kommunikativem Handeln" benutzte Gegenbegriff „strategischen Handelns" bildet die Spezifika von Strategie in politischen Zusammenhängen nicht ab. Er ist beispielsweise ungeeignet, Unterschiede zwischen strategischem und taktischem Handeln zu erfassen. Er unterstellt politischen Akteuren Strategiefähigkeit, die diese in einem voraussetzungsvollen

---

[6] Vgl. zum Beispiel Scheer in einem Beitrag über das Spin-Doctoring in der taz (02.10.2000) oder in seinem Buch über Politiker (2003).

[7] So werden beispielsweise bei der Richtungsbestimmung, einem unserer drei Zentralelemente des Aufbaus von Strategiefähigkeit, wert- ebenso wie vorteilsorientierte Gesichtspunkte angenommen (vgl. Kapitel 8.2.2).

Prozess erst schaffen müssen. Er löst die Probleme von Strategie durch einfache Zuschreibung an (individuelle) Akteure. Es räche sich, sagen Hans Joas und Wolfgang Knöbl (2004: 335), „dass die Habermassche Handlungstypologie von der Rationalitätskonzeption her aufgebaut und nicht auf der Basis einer vorgängigen reichhaltigen Phänomenologie unterschiedlicher Handlungsformen entwickelt wurde".

Praxisferne

Bei einem sind sich Praxisakteure über Lagergrenzen hinweg einig: Wissenschaft ist praxisfern. Manche sagen sogar, sie sei gefährlich für die Praxis, wenn man ihr freien Lauf lasse. Selbst ein in der Praxis erfolgreicher, strategiebewusster Professor sagt im Interview: „Eine Maxime heißt: ‚Misstraue immer Professorenmodellen'. Prinzipiell! Denn was die Professoren uns vorschlagen, ist immer auf *eine* Geschichte konzentriert, zum Beispiel auf die Eleganz eines Modells. Das ist Mist, wenn man es machen muss. Die ganzen anderen Aspekte, auf die es politisch ankommt – ob man eine Kopfpauschale eintreiben kann mit einem Ausgleich beispielsweise –, das juckt die halt nicht."

Und nun kommen Politologen auch noch mit Strategie und Taktik, der ureigenen Domäne der Politik. Der erste Reflex der Praxis: Politik läuft anders. Der ewige Zeitmangel, das dauernde Konkurrenz-, Konflikt- und Kompromissdenken, die Unberechenbarkeit der Politik. Das Leben mit Koffer, Newsticker und randvollem Terminkalender. Was sollen da analytische Differenzierung, Systematik oder gar Theorie? Dass Politik eher eine Instinktsache sei, kann selbst ein reflektierter Stratege wie Egon Bahr sagen: „Guter Instinkt ist besser als guter Verstand." (Bahr 1998: 277).

Denkfaulheit, Ressentiment oder gute Gründe? Von außen mischt man sich da lieber nicht besserwisserisch ein. Der Stolz auf den vollen Terminkalender soll niemandem genommen werden. Auf den überlegenen Instinkt allerdings kann man sich nur berufen, wenn man an der Spitze steht und über das Recht auf Handeln auch ohne Begründung verfügt. Selbst der Instinkt-Protagonist Egon Bahr musste einräumen, dass seine strategischen Argumentationen Voraussetzung dafür waren, Einfluss zu bekommen.

Für das Militär hat Carl von Clausewitz schon vor mehr als 150 Jahren beobachtet: „Beim Handeln folgen die meisten einem bloßen Takt des Urteils, der mehr oder weniger gut trifft, je nachdem mehr oder weniger Genie in ihnen ist. So haben alle großen Feldherren gehandelt, und darin lag zum Teil ihre Größe und ihr Genie, dass sie mit diesem Takt immer das Rechte trafen. So wird es auch für das Handeln immer bleiben; und dieser Takt reicht dazu vollkommen hin. Aber wenn es darauf ankommt, nicht selbst zu handeln, sondern in einer Beratung andere zu überzeugen, dann kommt es auf klare Vorstellungen, auf das Nachweisen des inneren Zusammenhanges an; und weil die Ausbildung in diesem Stück noch so wenig fortgeschritten ist, so sind die meisten Beratungen ein fundamentloses Hin- und Herreden (...)" (Clausewitz 1980: 182). Das galt für den Generalstab, aber es gilt noch mehr für die Demokratie. Strategie in der Demokratie, strategische Kritik, strategischer Diskurs – sie alle sind auf tragfähige Begriffe, reflektierte Methode, praktisch anschlussfähige Systematik angewiesen.

Strategie richtig verstehen

Unmöglich, undemokratisch, praxisfern: die Einwände führen nicht zu Entmutigung. Es geht darum, Strategie richtig zu verstehen. Dazu dienen strategischer Realismus, die Idee der Einbettung von Strategie und eine ausdrückliche strategische Selbstbegrenzung. Das sind unsere Antworten auf berechtigte wie unberechtigte Vorbehalte.

Strategischer Realismus

Strategie wird möglich, indem sie sich im Anspruch begrenzt. Auch gegenüber Anfechtungen der Unmöglichkeit. Das ist der Kern von *strategischem Realismus*. Argumentativ profitiert die These der Unmöglichkeit von der mangelnden Fähigkeit der Sozialwissenschaften, sicher prognostizierbares Wissen zu generieren: wenn wir vieles nicht sicher sagen, geschweige denn prognostizieren können, was hilft dann Strategie? Wir stellen uns auf die Seite der Akteure. Trotz aller kognitiven Grenzen und Handlungsunsicherheiten wird der Versuch aktiver, situationsübergreifender Politikgestaltung nicht aufgegeben. Auch weil man Wirkungsmechanismen nicht überschaut, aber als Politiker Verantwortung trägt, stellt sich – wider alle theoretischen Erkenntnisse – das Erfordernis zu handeln. Wilhelm Hennis hat den praktisch unauflösbaren Widerspruch zwischen Wissensmängeln und Handlungsdruck zugespitzt: „Unter einem Problem ist dabei jede Frage zu verstehen, die mehr als eine Antwort zulässt, aber fordert, *dass*[8] eine Antwort gegeben wird." (Hennis 1963: 93).

Theoretischer Unsicherheit steht *pragmatische Strukturierung* mit Sicherheitsgewinn gegenüber, für die ja ausreicht, dass sie – zumindest gelegentlich – positive Effekte im Sinne erhöhter Erfolgsaussichten und begründeter Erwartungen hat. Wer die Unmöglichkeitsthese in letzter Konsequenz vertritt, muss die praktische Politik mit ihren Zielsetzungen, Rationalisierungen und Mobilisierungen als reinen Selbsttäuschungsprozess verstehen. Unter einer solchen Perspektive kann man fast aufhören, über Politik weiter nachzudenken.

Wir interessieren uns für den Raum zwischen prinzipieller Unsicherheit und sicher prognostizierbarem Handeln. Dieser Raum ist gefüllt durch Formen des *praktischen Umgangs mit Unsicherheit*. Akteure bemühen sich um Verlässlichkeit in ihren Handlungsfeldern. Es fängt bei Institutionen an, die ermöglichend, begrenzend und prägend wirken, setzt sich bei selbst entwickelten, relativ stabilen Handlungsstrukturierungen fort, und endet beim Situationismus. So entstehen institutionalisierte, akteurstrukturierte und situative Handlungen.

Unsere konzeptionelle Arbeit konzentriert sich auf die mittlere Ebene und bietet spezifische Instrumente *strategischer Akteurstrukturierungen* an, die nicht auf andere Möglichkeiten der Handlungsstrukturierung, wie zum Beispiel Routinen oder Vertrauen, setzen. Orientierungsschema, Kalkulationen, professionelles Strategiewissen sind einzelne dieser Werkzeuge, die Kollektivakteuren oberhalb einer individualistischen Perspektive strategisches Denken und Handeln ermöglichen sollen. Die Ausformung kollektiver Strategie ist Aufgabe der Individuen selbst, die eigenverantwortlich, aber kollektiv gebunden agieren. Die strategische Reflexion der eigenen Organisation und des externen Kontextes hilft ihnen dabei.

Selbstverständlich ist die Annahme *begrenzter* Effekte strategischen Handelns. Strategie ist *eine* Variable im politischen Prozess, nicht mehr, nicht weniger. Auch gelten abgestufte Wirkungsannahmen – nicht in allen Arenen beispielsweise greifen Strategien gleich gut. Standardisierung (und damit Berechenbarkeit) der Handlungssituation und Kontrolle über die Steuerungsmittel sind zwei Kriterien, anhand derer sich die Wirkungschancen

---

[8] Hervorhebung im Original, *J.R./R.T.*

abstufen lassen. Wahlkampf, Partei, Regierung/Opposition – so sähe eine Abstufung der Arenen nach strategischen Wirkungsmöglichkeiten aus.[9]

Die Idee des *strategischen Kontinuums* ist ein weiterer Baustein unseres strategischen Realismus. Sie eröffnet eine große Bandbreite strategischer Erscheinungsformen und wirkt damit rationalistischer Einseitigkeit entgegen. Das strategische Kontinuum beginnt bereits mit strategischer Emergenz, erreicht unterschiedliche Grade strategischer Strukturierung und Zielgerichtetheit, umfasst Ansätze strategischer Denkweise und professioneller Strategiearbeit.[10] Das offene und ausgedehnte strategische Kontinuum verhindert „engstirnige" und praxisferne Strategievorstellungen, die allenfalls in Köpfen strategischer „Planer" stattfinden. Es wäre der Dünkel des grünen Tisches, der Praxis forcierte Modelle rationaler Strategie als Maßstab entgegenzuhalten, die schon an den Rahmenbedingungen von Politik scheitern müssen.

Genauso ist die *Strategiefähigkeit* des kollektiven Akteurs keine feststehende Größe. Graduelle Erscheinungsformen kennzeichnen auch dieses Element des Strategy-Making-Prozesses. Von zahlreichen, häufig unsicheren Bedingungen abhängig, variiert Strategiefähigkeit in Ausprägung und im Zeitverlauf sogar bei etablierten Akteuren erheblich. Ihr Aufbau ist schwierig, ihr Verfall droht immer. Die Grade reichen von höchst prekärer bis zu mehr oder weniger gesicherter Strategiefähigkeit. Selbst ausdifferenzierte Kollektivakteure müssen immer mit Zentrifugalkräften rechnen und können deshalb nie auf Dauer unangreifbar strategiefähig sein.

Durch solche realistischen Verflüssigungen des analytischen Instrumentariums, die harte Dichotomien vermeiden, lässt sich die Untersuchung an eine in strategischer Hinsicht begrenzte Praxis anschließen, ohne das Interesse an weiterer Rationalisierung aufgeben zu müssen. Das ist der Grund dafür, Umrisse strategischer Denkweise und Praxis[11] zu erkunden und das weite Spektrum möglicher Ausformungen von Strategiefähigkeit[12] und Strategiebildung[13] zu betonen.

Vorstellungen eines machtvoll und souverän steuernden politischen Kollektivakteurs sind immer verbunden mit empirisch falschen Annahmen über unitarische, homogene, geschlossen handelnde Akteure. Komplexe Kollektive bewegen sich immer in einem Spannungsverhältnis zwischen Ausdifferenzierung und Integration (vgl. Lawrence/Lorsch 1967). Das Nachzeichnen komplexer Binnendifferenzierungen strategischer Kollektivakteure ist schon fast identisch mit dem Schutz vor unrealistischen Annahmen über das Ausmaß strategischer Handlungsfähigkeit politischer Kollektivakteure. Strategischer Realismus heißt, die Schwierigkeit bei Aufbau und Erhalt von Strategiefähigkeit anzuerkennen. Binnendifferenzierung – wie immer entworfen – ist dabei eine wesentliche Schranke.

Das führt insgesamt zu einem Begriff *komplexer Strategie*, der – gestützt auf Realentwicklungen – im Grundlagen-Teil seine Umrisse erhält. Er darf nicht bei individuellen Akteuren stehen bleiben, oder gar kollektive wie individuelle Akteure behandeln, sondern muss sich der internen Komplexität und begrenzten Strategiefähigkeit von Kollektivakteuren stellen. Er muss sich der inneren wie der äußeren Organisation von Strategieprozessen

---

[9] Trotz dieser notwendigen Differenzierung hatten wir den Eindruck, dass es einen erheblichen, eher großen Kernbestand strategischer Denkweise und Know-hows gibt, der für alle Arenen anwendbar ist. Das legen auch die Interviews mit strategischen Akteuren nahe, die in mehreren Arenen professionell tätig waren.
[10] Vgl. Kapitel 9.1.2.
[11] Vgl. Kapitel 4.
[12] Vgl. Kapitel 8.
[13] Vgl. Kapitel 9.

zuwenden. Darf weder das Sortieren, Kombinieren, Kreieren, Kalkulieren des Strategie suchenden Akteurs noch die Kontextkomplexität relevanter Umwelten durch willkürliche Annahmen wegdefinieren. Er muss Raum für normative Bindungen (bis hin zu uneigennützigen Motiven) ebenso geben wie für instrumentelle Kalküle.

Ein komplexer Strategiebegriff entspricht einer – unserer Position –, die sich gegen Deduktion und Reduktion in der Strategieanalyse richtet.[14] Politische Strategie ist dreifach mit Komplexität verbunden. Strategie ist ein ausdifferenziertes Merkmal des politischen Prozesses. Ihre Professionalisierung und Institutionalisierung wachsen mit der Zunahme gesellschaftlicher und politischer Komplexität. Strategie selbst muss komplex sein, um sich auf der Höhe der Anforderungen von Akteuren und Umwelt zu bewegen.

Strategie ist kein Mittel, um die grundlegenden Handlungsprobleme politischer Kollektivakteure zu beseitigen, sondern allenfalls eines, um sie abzumildern. Labile Strategiefähigkeit von Kollektivakteuren, begrenzte Rationalität, Akteurfragmentierung, die fast unbegrenzten Mehrdeutigkeiten und Ambivalenzen von Kollektiven, Umweltunsicherheit, Interaktionsüberraschungen – all diese (und viele andere) Herausforderungen für zielgerichtetes Handeln schaffen auch Restriktionen für strategisches Handeln. Zugleich aber sind diese Grenzen veränderbar und – in Grenzen – für strategische Einwirkung offen.

Strategischer Realismus steht einer wirklichkeitsfremden Überforderung des Strategieansatzes entgegen. Nicht ein Handlungsprogramm im Sinne einer langfristig und präzise geplanten Serie von Schritten ist der Kern der Sache. Vielmehr ist von ineinander verschachtelten Bezügen, Orientierungsgrößen und Handlungsfeldern auszugehen, innerhalb derer mit strategischen Kalkülen Optionen erwogen werden und sich – revidierbare – Tendenzen zum Aufbau von Erfolgspotentialen durchsetzen.

Strategie ist nichts Isoliertes, nichts von außen Einschwebendes, nichts Monokausales. Nur im Zusammenwirken mit anderen Elementen der Politik lässt sich Strategie verstehen und erfolgreich praktizieren. Strategie ist nur ein, allerdings wichtiger Teil von Politik – für den Akteur und für die Erklärung.

Einbettung

Einbettung meint die Verknüpfung mit relevanten Kontexten. Solche Anbindung von Strategie wirkt einer Isolierung strategischer Gesichtspunkte entgegen, mit der das kontextorientierte Handeln der Akteure verfehlt wird. Unterscheidung ja, Isolierung nein. Spieltheorie ist der am radikalsten isolierende Theorieansatz, der mit voraussetzungs-, ort- und kontextlosen Akteuren operiert.

Die ursprüngliche Idee der Einbettung bezog sich auf die Verknüpfung ökonomischer Akteure (und Strukturen) mit weiteren ökonomischen und nicht-ökonomischen Akteuren, Aspekten und Strukturen (Baum/Dutton 1996). Analog dazu geht es bei politischer Strategie um verschiedene Arten der Einbettung: *kognitiv* beispielsweise hinsichtlich strategischer Denkweise und des Orientierungsschemas, *evaluativ* durch Bindungen an Werte des eigenen Akteurs und der Demokratie oder eingearbeitet in einen strategischen Kompass, *strukturell* hinsichtlich Realitäten und Restriktionen des Politikbetriebs und insbesondere der Organisation, *institutionell* hinsichtlich des demokratischen Prozesses im Party-Government-System, *prozessual* durch Anschlüsse an den Politikstrom aus Policy- und Politics-Elementen.

---

[14] Vgl. Kapitel 14.

Ohne Verständnis nicht-strategischer Politik kann politische Strategie nicht verstanden werden. Selbst die mehr oder weniger abstrakten Kalküle führen zu tragfähigen Ergebnissen nur, wenn sie in Verbindung mit Bezugsgrößen, Erfolgsfaktoren, kontextuellen Voraussetzungen gesehen werden. Auch das Grundmodell des Strategy-Making setzt auf Einbettung, insbesondere durch den Aufbau und die permanente Reproduktion von Strategiefähigkeit *vor* Strategiebildung und Steuerung. Strategiefähigkeit, Strategiebildung und strategische Steuerung bleiben in die Zusammenhänge der jeweils anderen Handlungsbereiche des Strategy-Making eingelagert.

Strategie ist Führungsaufgabe. Sie wird als Aufgabe nicht sachgerecht verfolgt, wenn die Spitzenakteure Führung nicht als ihre spezifische Verantwortung akzeptieren. Das muss sich in ihren Organisations- und Personalentscheidungen sowie in Beratungsprozessen widerspiegeln, die relativ entkoppelt sein können, zum Teil sogar müssen. Aber im Gesamtprozess strategischer Politik scheitert Führung, wenn sie die geistige und praktische Einbettung aus dem Auge verliert.

Sich auf Politik als einen Prozess mit einem Vorher und Nachher einzulassen, unterstützt auch das richtige Verständnis von Strategie. Strategie selbst ist Prozess. Ohne Anfang und Ende. Ohne Stillstellung, etwa damit die Analyse besser gelingt. Immer anknüpfend, verbindend und in eine offene Zukunft entwickelnd. Selbst „Ergebnisse" sind im Prozess sofort der Interpretation und kontroversen Aneignung ausgesetzt, bilden Ausgangspunkte neuer Politik. Strategie kommt nie zur Ruhe.

Strategie hat einen widersprüchlichen Charakter. Sie muss zugleich herausgelöst und eingebettet werden. Es braucht analytischen Scharfsinn, Abstraktion, intellektuelle Kälte, um das Element der Strategie aus dem lebendigen Strom der Politik herauszulösen und zu präparieren. Gleichzeitig braucht es Leistungen des Verstehens, des Berücksichtigens, der Zuwendung zu den Kontexten, in denen die Akteure sich bewegen. Diese widersprüchliche Aufgabe ist intellektuell und praktisch schwer zu bewältigen. Häufig kommt es zu einseitigen Lösungen: Mangel an Distanz zu den Kontexten auf der Seite der Praxis, Mangel an Einbettung bei der professionalisierten Strategiearbeit.

Strategische Selbstbegrenzung

Strategie ist nicht der einzige Erfolgsfaktor. Die Betonung „Aber sie ist ein Erfolgsfaktor!" soll nicht von einem Blick auf Begrenzungen abhalten, die wir positiv als Absicht strategischer Selbstbegrenzung verstehen.

Auch die „richtige" Strategie kann scheitern, wenn andere Erfolgsfaktoren nicht halten, was sie versprochen haben. Nicht immer ist das eine Fehlkalkulation des Strategen, es können auch Zufälle, unerwartete Kontextveränderungen oder das Versagen eines anderen Akteurs sein. Zwischen dem strategischen Konzept am Ende eines Strategiebildungsprozesses und den Handlungen im Rahmen strategischer Steuerung desselben Akteurs können Diskrepanzen auftreten, die mit grundlegenden Unberechenbarkeiten, Selbstüberforderungen, Fehleinschätzungen zu tun haben. Auch die Doppelrolle des Spitzenpolitikers als verantwortlicher Stratege und Akteur in einer Person[15] führt realistischerweise zur Erwartungsdämpfung. Manche Stärken des Spitzenpolitikers wie mitreißende Überzeugungskraft oder traumwandlerische Sicherheiten seines strategischen Kompasses können nur voll zur Wirkung kommen, wenn er sich nicht zu sehr den strategischen Unwägbarkeiten aussetzt.

---

15 Vgl. zu dieser konstitutiven Schwäche strategischer Politik Kapitel 4.1.5.

Strategie kann auch starr machen. Sie kann die Aufmerksamkeit so sehr auf das Situationsübergreifende fokussieren, dass der Akteur die von der Strategie abweichenden Chancen einer konkreten Situation nicht sieht. Strategieakteure mögen, im Glauben an die eigene richtige Strategie und die Ahnungslosigkeit aller anderen, die Kontrolle überziehen. Beim regierenden Tony Blair oder dem Duo George W. Bush und Karl Rove konnte man den Eindruck haben, dass der Suizid eines Geheimdienstmitarbeiters bzw. die versuchte Existenzgefährdung – in beiden Fällen von Leuten, die hinsichtlich von Massenvernichtungswaffen des Irak zu anderer Lagebeurteilung kamen – auch Folgen der Strategieversessenheit an höchster Stelle waren. François Mitterrand, ein anderer Großstratege, ließ missliebige Journalisten überwachen. Auch innerhalb der Demokratie gibt es Gefahren der Verselbständigung und Totalisierung von Ideologien und Instrumenten. Strategie mag, in Zeiten von Entideologisierung, für einige die Ersatzdroge sein. Das alles ist freilich meilenweit entfernt von unserer Auffassung strategischer Politik.

Strategie ist ein Hilfsmittel der Politik, kein Allheilmittel für jedwede Art politischer Probleme. Strategie ist ein notwendiges Element guter Politik, aber in einem balancierten System. Es gibt strategisch untersteuerte ebenso wie strategisch übersteuerte Systeme.[16]

Das lässt sich auch mit Max Webers Benennung grundlegender Politikerqualitäten – Leidenschaft, Verantwortungsgefühl, Augenmaß – verdeutlichen.[17] Verantwortungsgefühl und Augenmaß zeigen die Affinität zur Strategiefrage, die bei Max Weber nicht explizit thematisiert wird. Verantwortungsgefühl bzw. Verantwortlichkeit umfasst vor allem die Orientierung an Folgen, mit Rückwirkung auf Ziele. Augenmaß übersetzt Kari Palonen (2002: 101) als die „Fähigkeit der Einschätzung, d.h. der groben Messung von Dingen bei Abwesenheit der Möglichkeit zur exakten Messung", komprimiert in der politischen Urteilskraft als „Fähigkeit, die eigene und die gegnerische Politik klug und realistisch einzuschätzen". Max Weber (1919) selbst hebt die „Distanz zu den Dingen und Menschen", die „innere Sammlung und Ruhe" hervor – man wird hier eher an Strategie-Werkstätten denn an den hektischen Alltag heutiger Spitzenpolitiker denken.

Verantwortungsgefühl und Augenmaß stehen, komplementär und spannungsvoll, Leidenschaft gegenüber. Leidenschaft versteht Weber als „Hingabe an eine ‚Sache'", die man als Realitätsbezug und Zielbindung übersetzen kann. Strategie, könnten wir sagen, darf sich von Überzeugungen in Gestaltungszielen und Werten nicht lösen, sondern muss – verbunden mit Macht – Wege zu ihrer Realisierung finden. So gesehen, hat Max Weber mit seinen Verknüpfungen von Zweck- und Wertrationalität wie mit seinen – darauf abgestimmten – Erwartungen an Politiker ein Balancierungs-Programm strategischer Selbstbegrenzung vorgelegt. Ohne den Begriff, aber im Geiste strategischer Politik.

Geltungsbereich

Unser Wissenschaftsverständnis zielt auf Verallgemeinerbarkeit unter angegebenen räumlichen und zeitlichen Bedingungen, nicht auf Allgemeingültigkeit. Wir begrenzen den Geltungsbereich unserer politischen Strategieanalyse auf Kollektivakteure in der Innenpolitik westeuropäischer Party-Government-Systeme, insbesondere seit den 1960er Jahren.

---

[16] „System" meint hier ein ausdifferenziertes Strategiesystem, zu dem strategisches Zentrum und strategischer Apparat gehören.

[17] Wir folgen hier der Textinterpretation von Palonen (2002).

Party-Government-Systeme

Unsere Systemebene ist der Verbund von parlamentarischem Regierungssystem und Party-Government. Soweit wir die vergleichende Perspektive einnehmen, beziehen wir uns auf die europäische Ebene des Parteienstaates. Das präsidentielle System des amerikanischen Typs wird, wegen seiner überwiegenden Besonderheiten, von den Ausführungen zu strategischer Politik nur teilweise erfasst.

Das parlamentarische Regierungssystem kennzeichnet die Möglichkeit zur Abberufung der Regierung durch das Parlament, aus der sich die Verschränkung von Regierung und der sie tragenden Parlamentsfraktionen sowie der Gegensatz zwischen parlamentarisch gestützter Regierung und parlamentarischer Opposition ergibt.

Party-Government bezeichnet ein System mit drei grundlegenden Merkmalen.[18] Erstens treffen offizielle Akteure aus Parteien oder Akteure unter deren Kontrolle die Regierungs- bzw. Oppositionsentscheidungen. Zweitens beeinflussen die Parteien die Inhalte der Regierungs- bzw. Oppositionspolitik bei ihrer Vorbereitung, Entscheidung und Umsetzung wesentlich. Drittens kontrollieren sie die Rekrutierung des politischen Personals für öffentliche Ämter. Dieses Personal ist – vermittelt durch die Parteien – gegenüber der Allgemeinheit verantwortlich. In diesem „partyness of government" (Katz 1986: 45) kommt die Verflechtung von parlamentarischem System und Party-Government zum Ausdruck.

Im deutschen Sprachraum finden sich – mit normativ unterschiedlicher Konnotation – anschlussfähige Konzepte im „Parteienstaat" bzw. in der „Parteiendemokratie" (vgl. dazu etwa Helms 1999a, Stöss 2002). Wir benutzen Party-Government-System, Parteienstaat, Parteiendemokratie, ungeachtet unterschiedlicher Verwendungszusammenhänge und begrifflicher Konnotation, als Synonyme. Die Begriffe bringen die Zentralität politischer Parteien im Politikprozess zum Ausdruck (vgl. Strøm 2000b, Keman 2006,).

Das amerikanische präsidentielle System ist aufgrund seines spezifischen institutionellen Settings strukturell nicht auf starke Parteien angewiesen (keine Abberufbarkeit der Regierung durch das Parlament, nur schwache Parteistrukturierung der Präsidentenwahl).[19] Dadurch ergibt sich eine eigentümliche Struktur des Non-Party-Government, die Parteien zwar als zu berücksichtigende, nicht aber als dominante Akteure kennt.[20] In unserem Untersuchungsrahmen führt das zu einer differenzierten Abgrenzung vom präsidentiellen System. Der relativ parteiunabhängige Präsident und die geringe Parteienrelevanz verändern – bezieht man sie auf unser Grundmodell – durch die Dezentrierung von Parteien insbesondere die Bedingungen für das Orientierungsschema und den Aufbau von Strategiefähigkeit. In anderen Bereichen bleibt strategische Politik im präsidentiellen System anschlussfähig an generalisiertes Wissen, unter anderem bei strategischer Denkweise oder Strategiebildung. Bei strategischer Steuerung gibt es aufgrund der unterschiedlichen Rahmenbedingungen erhebliche Differenzen (z.B. andere Akteurkonstellationen, spezifische Steuerungslogik), zugleich aber aufgrund einer ähnlichen Handlungsperspektive auch Gemeinsamkeiten in relevanten Bezugsgrößen und verwendeten Kalkülen. In beiden Systemen geht es aber – auf unterschiedliche Art – um die strategische Steuerung demokratischer Kollektivakteure,

---

[18] In Anlehnung an Katz (1986: 42ff.) und Strøm/Müller (1999: 23).
[19] Vgl. dazu etwa Katz (1987) oder Pütz (2004a).
[20] Im präsidentiellen System der USA können Präsident und Abgeordnete stärker einer *Individuallogik* folgen und müssen nicht so viel Rücksicht auf die *Parteilogik* nehmen. Auch das Direktorialsystem der Schweiz ist eine Variante des Non-Party-Government.

deshalb bleiben die Erfahrungen amerikanischer Präsidenten für die Analyse des Kontextes von Demokratie und Strategie von größtem Interesse.

Kollektivakteure des Party-Government

Im Mittelpunkt dieser Arbeit stehen die Kollektivakteure von vier Arenen des Party-Government: Regierung, Opposition, Partei, Wahlkampf. Kollektivakteure sind Parteien (mit Selbststeuerung und Wahlkampfführung befasst), Parlamentsfraktionen (als Träger von Opposition und Regierung), Regierung (aus Regierungsmitgliedern und zentralem Steuerungsapparat). Das sind also Partei-Akteure sowie auf Parteien fokussierte, mit ihnen vielfach verflochtene und ohne sie nicht handlungsfähige Kollektivakteure. Diese Akteure haben wir im Blick bei unserer Abstraktions- und Systematisierungsarbeit.

Teilweise sind die Aussagen auch auf andere Kollektivakteure übertragbar, zum Beispiel auf Verbände oder soziale Bewegungen. Für alle gelten das Grundmodell,[21] die Strategiedefinition, deren Elemente und das strategische Moment,[22] die strategischen Kalkulationen[23] sowie Teile des Orientierungsschemas[24].

Bei den Kollektivakteuren des Party-Government interessieren uns besonders die Intentionen und Handlungen mit Öffentlichkeitsbezug. Dabei ist die Öffentlichkeitsrelevanz fast identisch mit Wettbewerbsrelevanz. Das umfasst bei weitem nicht den Gesamtbereich der Politik, da viele Routineaktivitäten nie das Licht einer weiteren Öffentlichkeit erblicken. Die Grenze allerdings ist nicht fixiert, so dass der eher unsichtbare Normalprozess politischer Problembearbeitung jederzeit in öffentlichkeits- und wettbewerbsintensive Politik umschlagen kann.

Innen-, nicht Außenpolitik

Obwohl die Grenzen zwischen Außen- und Innenpolitik durchlässiger geworden sind, gibt es gute Gründe, eine kontextorientierte, komplexe Strategieanalyse für Innenpolitik anders als für Außenpolitik zu strukturieren.[25] Egon Bahr meinte im Interview, Strategie in der Außenpolitik sei leichter als in der Innenpolitik. Vielleicht ist sie nicht leichter, aber offenbar ist sie anders. Wir deuten einige Differenzen kurz an.

Ein zentrales Problem von Kollektivakteuren als Freiwilligenorganisationen, nämlich der Aufbau und Erhalt von Strategiefähigkeit, stellt sich bei Außenpolitik nicht. Der Staat hat eine klare Institutionenordnung – stabiler Rahmen für Außenpolitik. Die Möglichkeiten professioneller strategischer Konzeptbildung und Steuerung scheinen in ressourcenstarken Außenministerien besonders günstig.[26] Das Orientierungsschema zentraler außenpolitischer Akteure wäre mindestens teilweise anders zu strukturieren. Konkurrenzpolitik verschwindet nicht aus der Außenpolitik, aber sie verliert ihre Position als zentrales Widerlager zu Problempolitik. Sie wird zu einem *sekundären* Resonanzboden („Was kann ich meinen Leuten zumuten?"), nach Klärung des außenpolitisch Wünsch- und Machbaren. Problempolitik gewinnt an Eigengewicht im Universum internationaler Handlungsfelder. Öffentlichkeit,

---

[21] Vgl. Kapitel 3.
[22] Vgl. Kapitel 5.
[23] Vgl. Kapitel 7.
[24] Vgl. Kapitel 6.
[25] Einige Elemente des Grundlagenteils wären sicherlich auch auf Außenpolitik anwendbar (Definition, Bezugsrahmen, strategisches Moment, strategischer Kompass, Strategiestile etc.).
[26] Dies zeigen unter anderem die Beispiele von Henry Kissinger (1979) und Egon Bahr (vgl. Kapitel 9).

der Begründungszwang und die reflektierte Kommunikation mit außen- und innenpolitischen Bezügen, hat zunehmende Bedeutung.[27]

Egon Bahr, selbst in verschiedenen Phasen ein zentraler außen- und innenpolitischer Strategieakteur, hebt zwei wesentliche Unterschiede zwischen Innen- und Außenpolitik hervor: die kleinere Zahl der beteiligten Personen und der geringere Einfluss von Öffentlichkeit in der Außenpolitik. „In der Außenpolitik habe ich es entweder mit Staaten oder mit internationalen Organisationen zu tun, das heißt, ich habe jedes Mal einen verantwortlichen Gesprächspartner. In der Innenpolitik gibt es den so nicht. Die Oppositionspartei X in einem Lande ist hochinteressant, aber für mich kein Verhandlungspartner. Innenpolitik ist ein viel komplizierteres Gebilde." Auch die öffentliche Meinung sei eingeschränkter: „Selbst bei großem öffentlichem Interesse sind die Inhalte und Einzelheiten außenpolitischer Verhandlungen meistens abgeschirmt." So sei der Anreiz, in der internationalen Politik den Strategieansatz zu verfolgen, wesentlich größer. Sicherlich sind solche Einschätzungen auch geprägt von eigenen Erfahrungen bilateraler Geheimdiplomatie. Multilateralisierung (gerade in Europa) und Öffentlichkeitsdruck haben zugenommen, und zeigen weiter steigende Tendenz.

Eine unabweisbare Differenz hat Bahr selbst an anderer Stelle formuliert: „Kritiker, besonders in der eigenen Partei, haben mir manchmal vorgehalten, ich dächte zu sehr in Kategorien von Staaten und Macht; nun, wo immer ich hinkam, hatte ich zu lernen, dass die Partner, unabhängig von Pass und Hautfarbe, gerade so dachten. Es gibt viele Definitionen für Politik, sie aber als Ergebnis des Kalküls zwischen Interesse und Macht zu bezeichnen, trifft bestimmt einen Kern. Dass darüber kaum auf offenem Markt gesprochen wird, ändert nichts." (Bahr 1998: 239f.).

Daraus folgt, dass der Ideologie-Faktor außenpolitisch eine geringere Bedeutung hat. Parteien, als wesentliche Akteure der Party-Government-Systeme, und soziale Bewegungen waren die wesentlichen Träger des „ideologischen Zeitalters" und haben damit die Innenpolitik geprägt. Ein Durchgreifen von Ideologie auf Außenpolitik war wesentlich schwieriger und hat sich, aufs Ganze gesehen, abgeschliffen.[28] Weil in der Außenpolitik Interesse und Macht so zentral sind, verhalten sich die Akteure auch anders. Sie schreiben sich ein ausgeprägtes Interesse- und Machtbewusstsein zu und glauben wenig an die wechselseitige Beeinflussbarkeit durch Überzeugungen, Rhetorik, Gemeinschaftsappelle, symbolische Politik, die in der Innenpolitik erhebliches Gewicht haben. Das alles sind mit Sicherheit zu erweiternde Kontextfaktoren.[29]

Aufbau des Buches

Diese Arbeit enthält neben der *Einführung* und dem *Schluss* im Kern drei Teile. Der erste Teil umfasst die *Grundlagen*, der zweite die drei Basiselemente des *Strategy-Making*, der dritte Teil enthält *Fallstudien zum Strategy-Making der SPD*.

Im *Einführungsteil* folgt nach der Einleitung (Kapitel 1) ein Kapitel zu Kontexten (Kapitel 2), in dem wir die für das Verständnis der Arbeit wichtige Unterscheidung zwi-

---

[27] Vgl. zum Beispiel Czempiel (1999).
[28] Wir sprechen hier von den westeuropäischen Party-Government-Systemen.
[29] Es überrascht nicht, dass dort, wo Rational-Choice und Spieltheorie im Rahmen neuerer Analysen auf dem Feld internationaler Politik Strategie strukturieren sollen, die These stark gemacht wird, es gebe keinen strukturellen Unterschied zwischen strategischer Außen- und Innenpolitik (vgl. Powell 1999, Lake/Powell 1999).

schen empirischer und praktischer Politikwissenschaft einführen (2.1), Überlegungen zum Verhältnis von Demokratie und Strategie anstellen (2.2) und uns auf eine historische Spurensuche zu Strategie begeben (2.3).

Der Teil zu den *Grundlagen* beginnt mit einer Darstellung unseres Grundmodells der Strategieanalyse (Kapitel 3), in dem detailliert Auskunft über die Struktur und den inneren Zusammenhang zwischen den einzelnen Elementen des Grundmodells gegeben wird. Das Kapitel 4 zur Praxis strategischer Politik führt ein in strategische Denkweise und ihre Umsetzung (4.1), und es zeigt den strategischen Kompass praktischer Politik (4.2), Strategiestile (4.4) sowie den Wandel von Strategie (4.4). Dieser Abschnitt endet mit einem Resümee (4.5.). Das fünfte Kapitel definiert den Begriff von Strategie (5.1), erläutert seine Elemente ausführlicher (5.2) und zeigt so die Grundkonstellation des strategischen Handlungsmodells. Es beinhaltet einen Strategieakteur, der berechnend Ziele, Mittel und Umwelt miteinander verknüpft und strategisch handelt. Das Kapitel schließt mit einer Zuspitzung des strategischen Moments (5.3), das zentrale Charakteristika strategischer Kognition bündelt. Anschließend präsentieren wir ein Orientierungsschema (Kapitel 6), das aus den Elementen Organisation (6.1), Adressat (6.2), Horizonten (6.3), Objekten (6.4), Referenzen (6.5) besteht. Ihm folgen Ausführungen zu strategischen Erfolgsfaktoren (6.6). Ein weiteres Kernelement des Strategischen, die strategischen Kalkulationen, erläutern wir in Kapitel 7. Dabei wird zwischen Maximen (7.1), Bezugs-Kalkülen (7.2) und Basis-Kalkülen (7.3) unterschieden.

Im Teil zum *Strategy-Making* werden dessen Basiselemente Strategiefähigkeit, Strategiebildung und strategische Steuerung ausführlich erörtert. Strategiefähigkeit (Kapitel 8) bildet den Ausgangspunkt, gefolgt von Strategiebildung (Kapitel 9) und strategischer Steuerung (Kapitel 10). Wir präzisieren jeweils das Konzept (8.1, 9.1, 10.1) und die dazugehörenden Elemente (8.2, 9.2, 10.2). Diese bestehen bei Strategiefähigkeit aus Führung, Richtung sowie Strategiekompetenz, bei Strategiebildung aus Ziel, Lage, Optionen, Entscheidung, Strategie und bei strategischer Steuerung aus Anwendung, Leadership, Macht, Erwartungen, Leistungen, Kontrolle, Lernen sowie dem Resultat strategischer Politik.

Der vorletzte Teil des Buches enthält *Fallstudien zum Strategy-Making der SPD*. Nach einer Einführung im elften Kapitel, widmet sich das Kapitel 12 dem kohärenten Strategy-Making der SPD. Darin werden der antizipierende Aufbau stabiler Strategiefähigkeit Ende der 1950er Jahre (12.1), Wehners strategisches Konzept einer Großen Koalition von 1966 (12.2), Brandts Strategie einer sozialliberalen Koalition von 1969 (12.3), Schwächen der Brandt-Regierung im Strategisch-Operativen (12.4) und Schwächen in der strategischen Linienführung bei Kanzler Schmidt (12.5) dargelegt. Fragmentiertes Strategy-Making zeigt das Kapitel 13, und zwar beim Aufbau prekärer Strategiefähigkeit nach 1995 (13.1), der Kampa-Strategie 1998 (13.2) und dem situativen Regieren von Kanzler Schröder (13.3).

Dem *Schlussteil* bleiben das Resümee und die Erörterung von Perspektiven (Kapitel 14) vorbehalten.

2 Kontexte

Es besteht die Tendenz, weniger auf die Wirklichkeit zu achten als auf die vorhandene Literatur.
Mahnung des Wirtschaftsnobelpreisträgers Reinhard Selten an seine Kollegen

2.1 Empirische und praktische Politikwissenschaft: Erklärung und Orientierung

Die Ausgangslage unseres wissenschaftlichen Beitrags haben wir beschrieben. Wenig unterstützt durch Politikwissenschaft und Politikberatung versuchen politische Akteure, Strategie in ihr Tätigkeitsfeld zu integrieren. Allerdings ist auch in praktischer Hinsicht vor Illusionen zu warnen: die empirisch beobachtbaren Strategieversuche politischer Akteure beruhen keineswegs auf einem einheitlichen Strategieverständnis und eingeführten Strategiepraktiken. Es handelt sich mehr um implizit-intuitives als explizit-systematisches strategisches Denken und Handeln.

Das *Ungleichgewicht* zwischen Politikwissenschaft und politischer Praxis im Bemühen um Strategie hat Konsequenzen für dieses Buch. Wir stehen vor der Situation eines „Mehr" an Strategie in der praktischen Politik und eines „Weniger" in der empirischen Politikwissenschaft. Das hier verfolgte Ziel einer systematischen Einführung von Strategie in die Politikwissenschaft, die sich zugleich der politischen Praxis öffnet und dort anschlussfähig wird, erfordert eine besondere Reaktion auf diese Ausgangslage. Sie besteht darin, dass sich politische Strategieanalyse sowohl als empirische wie auch als praktische Politikwissenschaft[30] versteht.

Der erste „Normalzugriff" *empirischer Politikwissenschaft* auf politische Realität erfolgt durch Deskription. Die Beschreibung politischer Sachverhalte (Ereignisse, Programme, Prozesse, Institutionen etc) dient der Erfassung der Wirklichkeit und dem Gewinnen von Informationen über sie. Schon Deskription kann gelegentlich einen begrenzten Nutzen für die Praxis-Akteure haben: wenn ihnen „der Spiegel vorgehalten wird" und allein das schon Wirkungen auslöst. Eine solche Verwendung steht jedoch nicht im Zentrum des Interesses der Wissenschaftler. Deskription und zusätzliche Systematisierung durch Definitionen, Typologien, Kategorisierungen, Modelle, Klassifikationen etc. folgen vor allem wissenschaftsinternen Zwecken des Ordnens und des Vorbereitens der Hauptaufgabe, dem Erklären. Erklärungen stehen im Zentrum einer empirisch-analytischen Politikwissenschaft.

Die *Perspektive* einer so orientierten empirischen Politikwissenschaft ist dementsprechend auf Erklärung gerichtet. Gesucht wird nach den wichtigsten Einflussfaktoren sozialer

---

[30] „Praktische Politikwissenschaft" ruft Assoziationen zu gleichnamigen – aber unterschiedlich ausgeformten – Konzepten etwa von Arnold Bergstraesser (1961), Wilhelm Hennis (1963, 1965) oder Dieter Oberndörfer (1962) hervor. Ein Anschluss an die mit diesen Wissenschaftskonzeptionen verbundene Orientierung auf praktische Handlungszusammenhänge und die Übernahme eines offenen Praxisbegriffs ist gewollt, nicht aber an die damit zugleich verbundenen „Traditionen", die stark normative und wertbezogene Elemente einschließen und Vorgaben der klassischen Philosophie folgen. „Vordenken" (so Oberndörfer 1962: 19) der Praxis ist der Anspruch, den das ältere und das hier eingeführte Konzept praktischer Politikwissenschaft teilen.

Phänomene und ihren korrelativen Verbindungen (vgl. Patzelt 2003: 112ff.). Zu diesen Zusammenhängen können Feststellungen über Interdependenzen zwischen Variablen getroffen (Variablenbeziehungen) oder Aussagen über ihre schrittweise Genese gemacht werden (Wirkungsbeziehungen). Auf diese Weise lassen sich einfache Variablenbeziehungen als statische Kausalzusammenhänge von „Ursache-Wirkungs-Ablauf-Mustern" als dynamischen Kausalmechanismen (Wirkungsbeziehungen) unterscheiden (vgl. Mayntz 2002: 24, Schimank 2002: 155).

Das *Ziel* ist die Gewinnung empirisch möglichst weit generalisierbarer Aussagen. Die Ontologie der meisten sozialen Phänomene legt in dieser Hinsicht allerdings Begrenzungen auf, die sich aus ihrer multikausalen Verursachung, Prozessualität, Historizität und Komplexität ergeben (vgl. Mayntz 2002). Deswegen produziert die empirische Politikwissenschaft wesentlich häufiger raum-, zeit- und kontextgebundene als gesetzesähnliche Aussagen.[31]

Als empirische Politikwissenschaft versucht politische Strategieanalyse zunächst, bestehende strategische Denkweisen und Praktiken zu erfassen und genauer zu beschreiben. Dazu gehören die Kennzeichnung spezifischer Strategiemerkmale (z.B. Alltags-Methodik, Mehrdimensionalität), die Suche nach Voraussetzungen (z.B. Phantasie, Urteilskraft) sowie besonderen Ausprägungen (z.B. Kompass, Strategiestil) strategischer Praxis. Ihr können empirische Fallstudien folgen, die sich den Voraussetzungen von Strategiefähigkeit sowie Prozessen der Strategiebildung und strategischen Steuerung widmen. Sie wären so angelegt, dass sie Erklärungen über das Zustandekommen, den Verlauf und die Ergebnisse von Strategy-Making-Prozessen generieren.

Beim Vorgang der Deskription zeigen sich zwischen empirischer und praktischer Politikwissenschaft keine Unterschiede. Beide bedienen sich der eingeführten Methoden empirischer Politikwissenschaft. Erst danach verzweigen sich ihre Perspektiven. Schon die Systematisierungsarbeit *praktischer Politikwissenschaft* verläuft nach anderen Gesichtspunkten. Sie richtet sich nicht nur nach wissenschaftsinternen Kriterien. Auch die mit ihr verbundene *Perspektive,* die der Orientierung praktisch handelnder Akteure folgt, steuert den Forschungsprozess.

Das *Ziel* praktischer Politikwissenschaft liegt im Hervorbringen strukturierenden Wissens für ziel- und erfolgsorientiertes Handeln. Der Akteur als handelndes Subjekt mit seinen Intentionen und seinem Handlungshorizont leitet die Systematisierungsbemühungen. Das Bemühen liegt darin, die berüchtigte „Paralyse durch Analyse" zu vermeiden. Die *Referenz* praktischer Politikwissenschaft ist die Praxis. Das unterscheidet sie von der empirischen Politikwissenschaft, deren Referenz in der Empirie liegt. Mit der Referenz Empirie erscheint die politische Realität als Untersuchungsgegenstand. Mit der Referenzkategorie Praxis wird sie als Tätigkeitsfeld verstanden und interpretiert. Das analysierte Phänomen ist in beiden Fällen das Handeln politischer Akteure – einmal jedoch als empirische Tatsache, das andere Mal als praktische Aufgabe. Praxis meint die offene Gestaltung, Empirie das „abgeschlossene" Handeln als vergangene, in die Gegenwart hineinragende oder prognostizierbare, d.h. aufgrund von Generalisierungen voraussagbare Tätigkeit.

Strategieanalyse als praktische Politikwissenschaft entwickelt so eine spezifische Wissenschaftsperspektive (neben sinnvollen anderen). Sie bemüht sich darum, mit wissenschaftlichen Mitteln zur Optimierung der Praxis beizutragen, indem sie sich den Kopf poli-

---

[31] Vgl. zu den spezifischen Gründen der begrenzten Verallgemeinerbarkeit policyanalytischer Erklärungen Schneider (2003b).

tischer Akteure zerbricht. Anders als die akteurorientierte empirische Politikwissenschaft versucht sie nicht, zu Erklärungszwecken das Handeln der politischen Akteure zu „lesen" und nach möglichen Handlungsmotiven zu suchen, sondern versetzt sich gedanklich in die Lage der Akteure selbst. Sie begibt sich auf die Suche handlungsbezogener Nützlichkeit der eigenen Forschungsergebnisse.

Dabei nimmt die praktische Politikwissenschaft das bereits vorhandene Wissen der politischen Praxis besonders ernst. Politische Akteure sind die Experten ihres Tätigkeitsbereiches und verfügen über ein umfangreiches „politisches Alltagswissen", das die sehr genaue Kenntnis der Inhalte, Prozesse und Strukturen des jeweils relevanten politischen Handlungsfeldes umfasst (Patzelt 2003: 34). Für die Entwicklung von Optimierungshilfen einer strategischen Praxis greift Strategieanalyse dieses Wissen auf und transformiert es in spezifischer Weise.

Sie strebt danach, der Praxis eine Sortierung und Systematisierung ihres Handelns anzubieten. Strategieanalyse knüpft damit an die Selbstreflexion der Praxis an und ergänzt sie. Die Systematisierung strategischer Denkweise und Praxis erfolgt durch analytische Differenzierungen, das Ordnen von Strategieaspekten und die Entwicklung von Orientierungshilfen. Sie sollen Praxisakteuren bei der strategischen Ausrichtung ihres Denkens und Handelns nützlich sein, aber auch einer strategischen Kritik dienen können.

Strategieanalyse in ihrer praktischen Variante unternimmt also den Versuch, zur Verbesserung der Praxis in Strategiefragen beizutragen. Dabei hilft nicht einfach der praktische Gebrauch eines im politikwissenschaftlichen Normalverfahren gewonnenen Wissens. „Sich den Kopf von Akteuren zerbrechen" (Wilhelm Hennis) – das ergibt sich nicht durch direkte „Anwendung" von generalisierten Erklärungen auf künftige Handlungen. Strategische Handlungen müssen gestaltet werden und bedürfen dazu geeigneter Ziele und Orientierungsmittel. Praktische Politikwissenschaft muss ein situationsübergreifendes Vor- und Mitdenken von Praxis ermöglichen. In diesem Sinne streben wir die Herausbildung eines (auch) praxisorientierten Zweiges der Politikwissenschaft an, in dem über *wissenschaftliche* Beiträge zur Praxis gezielt nachgedacht wird.

Das schließt direkte Verbindungen von empirischer Politikwissenschaft und Praxis nicht aus, sondern verhält sich komplementär dazu, vor allem dort, wo die Praxis ohne spezifische Transformationen nicht viel mit wissenschaftlichem Wissen anfangen kann. Für die Politikberatung ist die „Übersetzung" politikwissenschaftlicher Erkenntnis für praktische Handlungszusammenhänge das altbekannte und oft unlösbare Zentralproblem. Wenn sie gelingt, das heißt ihren Empfänger „wirklich" erreicht, kann man von gelungener *Einzeltransformation* sprechen. Meist dreht es sich um auf konkrete, kontextspezifische Einzelphänomene bezogene Ratschläge. Die Aufgabe von Strategieanalyse als praktisch orientierter Politikwissenschaft wäre eine andere: hier geht es um *generalisierte Transformationsleistungen* aus der Praxis heraus und in sie hinein.

Das Transformationsverhältnis zwischen Praxis und praktischer Politikwissenschaft wird ergänzt durch ein weiteres zwischen empirischer und praktischer Politikwissenschaft. Wir sehen also zwei Transformationsbeziehungen: für ihren praktisch-politikwissenschaftlichen Zugang transformiert Strategieanalyse sowohl Erfahrungen und Einsichten politischer Praxis als auch Erkenntnisse empirischer Politikwissenschaft (in ihren Strategiebezügen und aus den Bereichen nicht-strategischer Politikanalyse). Die Transformation von Wissensbeständen der empirischen Politikwissenschaft beruht vor allem auf zwei Mechanismen: Selektion und Verknüpfung.

Aktiv Handelnde benötigen Erkenntnisse zu grundlegenden Wirkungszusammenhängen strategischen Handelns – sonst wird Strategie rein voluntaristisch. Diese Erkenntnisse können auch auf Erklärungsmodellen empirischer Politikwissenschaft beruhen. Allerdings lässt sich nur ein kleiner Ausschnitt von dem, was die empirische Politikwissenschaft an Wissen produziert, direkt in praktisch-strategischer Hinsicht nutzbar machen. Für Praxiszusammenhänge muss also selektiert werden.

Eine erste *Selektion* besteht schon im Zugriff auf handlungstheoretisch (nicht funktionalistisch, systemtheoretisch etc.) fundierte Erkenntnisse, da man ohne Handlungsanalyse nicht auf Augenhöhe der Akteure kommt, sondern über ihre Köpfe hinweg geht. Weitere Auswahlkriterien sind die praktische Relevanz und die direkte Anwendbarkeit der vorhandenen politologischen Einsichten. So ist institutionelles Wissen in politikwissenschaftlich bearbeiteter Form für die Praxis im politischen Normalprozess von eher begrenzter Bedeutung. Es ist bei den handelnden Akteuren bereits als „gesunkenes" Wissen über institutionelle Wirkungszusammenhänge präsent und gewinnt an Gewicht insbesondere in Krisensituationen oder bei der Neugestaltung von Institutionen. Auch das Normativwissen der Politikwissenschaft wird in der Praxis eher selten gebraucht. Seine Relevanz nimmt vor allem dann zu, wenn die Grundlagen der Politik ihre Selbstverständlichkeit zu verlieren drohen. Problemlösungswissen dagegen ist ein Dauererfordernis politischer Praxis. Die Politikfeldanalyse bringt in dieser Hinsicht Policy-Wissen hervor, das die Praxisreife allerdings oft verfehlt. Bei der Umformung politikwissenschaftlicher Erkenntnisse in praktisch-problemlösendes Know-how auf dem aktuellen Wissensstand wird die Praxis – trotz aller Politikberatung – nicht selten allein gelassen (oder sie hat sich bereits abgewendet). Auch das Politics-Wissen unterschiedlicher Disziplinbereiche der Politikwissenschaft ist – vielleicht mit Ausnahme der Wahlforschung – in seinen ursprünglichen Formen für praktische Handlungszusammenhänge nicht unmittelbar anschlussfähig.[32]

Im Blickpunkt einer praktischen Politikwissenschaft stehen der Nutzen und die Operationalisierbarkeit der verfügbaren Informationen. Die Besonderheit einer solchen Perspektive wird deutlich, wenn man sich beispielhaft „typische" Forschungsergebnisse der empirischen Politikwissenschaft vergegenwärtigt: Weder Typologien von Parteien, noch Feststellungen zur Präsidentialisierung parlamentarischer Demokratien oder allgemeine Konzeptualisierungen eines Interdependenzverhältnisses zwischen Politik und Medien können für sich genommen bereits eine Änderung politischen Handelns induzieren bzw. anleiten. In unserer Perspektive bedeutet Selektion die Auswahl von Erkenntnissen der empirischen Politikforschung, die für strategische Handlungszusammenhänge bedeutsam und hilfreich werden können.

Neben Selektion bildet *Verknüpfung* den zweiten wesentlichen Mechanismus der Transformation empirischen Wissens für die politische Praxis. Strategieanalyse als praktische Politikwissenschaft integriert isolierte Erkenntnisse politikwissenschaftlicher Teilbereiche für strategische Kontexte. Sie bemüht sich um die Zusammenstellung und Zusammenschau nicht verbundener politologischer Forschungsgebiete, da sich für strategische Akteure häufig gerade ihre Verknüpfung als handlungsrelevant erweist.

Die strategische Praxis braucht miteinander verschränktes Problem-, Prozess-, Institutionenwissen (Policy, Politics, Polity). Ein besonderes Defizit der empirischen Politikwissenschaft zeigt sich dort, wo es in der Praxis politischer Strategie besonders spannend wird:

---

32 Vgl. den Durchgang durch akademische Wissensangebote im Hinblick auf einzelne Politics-Aspekte in den Exkursen des Kapitel 6.

Empirische und praktische Politikwissenschaft

bei der Verknüpfung von Policy- und Politics-Wissen. Das ist einer der zentralen Punkte, an denen politische Strategieanalyse ansetzt (vgl. Tils 2005).

Die Grenze zwischen praktischer und empirischer Politikwissenschaft wird durch die spezifische – auf Orientierung gerichtete – Transformation praktischer und wissenschaftlicher Elemente gezogen, nicht aber durch ihren Umgang mit Theorien und Normen. Normative und theoretische Wissenschaftsdimensionen können sowohl in die empirische wie auch die praktische Politikwissenschaft Eingang finden. Die Formulierung von Ansprüchen an die formale, prozessuale und inhaltliche Ausgestaltung strategischer Politik sowie deren Bewertung mit Hilfe von Normativpositionen bleibt innerhalb beider Wissenschaftstypen möglich und sinnvoll. Das gleiche gilt für den Umgang mit theoretischen Konzeptualisierungen. Auch Theorien bzw. Theorieelemente, das heißt zu einem mehr oder weniger komplexen System verknüpfte Aussagen, können zum Bestandteil empirischer und praktischer Politikwissenschaft werden.

Abbildung 1: Empirische und praktische Politikwissenschaft

	Empirische Politikwissenschaft	Praktische Politikwissenschaft
Perspektive	Erklärung	Orientierung
Ziel	Gewinnung empirisch generalisierbaren Wissens	Gewinnung strukturierenden Wissens für ziel- und erfolgsorientiertes Handeln
Referenz	Empirie	Praxis

(theoretische Wissenschaftsdimensionen ⇩⇩ oberhalb; normative Wissenschaftsdimensionen ⇧⇧ unterhalb)

Allgemeine Unterschiede im Realitätszugang zwischen empirischer und praktischer Politikwissenschaft lassen sich für das strategische Feld am Verhältnis von Erklärung und Orientierung konkretisieren. Während die empirische Politikwissenschaft für die Erklärung von Aktion und Interaktion vor allem „äußere" Merkmale heranzieht (innere Handlungszusammenhänge werden vorrangig unter dem Motivationsaspekt analysiert), konzentriert sich Strategieanalyse als praktische Politikwissenschaft auf die „inneren" Merkmale des Handelns. Mit ihrer auf Orientierung gerichteten Wissenschaftsperspektive versucht sie die Akteure bei der Strukturierung ihrer eigenen ziel- und erfolgsorientierten Handlungsprozesse zu unterstützen. Die dafür entwickelten Instrumente müssen auf der Ebene des praktisch handelnden Akteurs liegen. Für unseren Kontext sollen zum Beispiel die Reflexionen über Gestaltung, Auswahlprozesse und Optionen strategischer Ziele, das Orientierungsschema, die strategischen Kalkulationen oder das professionalisierte Strategiewissen solche Mittel für die Ausrichtung strategischen Handelns darstellen. Sie enthalten unter anderem Objekte, Referenzen, Horizonte, Erfolgsfaktoren, Heuristiken, Methodiken, Kalküle oder Maximen, die für das Hervorbringen strategischer Handlungen hilfreich sind.

Diese Orientierungsperspektive blendet die spezifischen Merkmale und Bedingtheiten des Akteurs tendenziell aus. Die Handelnden sind die strukturierenden Akteure und keine Erklärungsvariablen eines Kausalmodells. Für das Hervorbringen von Erklärungen wären andere analytische Bezugsrahmen erforderlich, die sich beispielsweise auf die Kontextabhängigkeit von Akteuren oder deren besondere Eigenschaften als Erklärungsvariablen beziehen. *Erklärungsmodelle* schlössen dann Einflussfaktoren für beobachtbare unterschiedliche Strategieausprägungen mit ein. Diese könnten in ideologischen Orientierungen, Interessenbindungen oder Organisationskulturen strategischer Kollektive liegen bzw. in Persönlichkeitsmerkmalen, Habitus oder Motiven ihrer Repräsentanten. Dazu kämen situative Faktoren. Zu suchen wäre nach weiteren Einflussfaktoren, die strategische Prozesse mitbestimmen und zu ihrer Erklärung beitragen könnten. Dazu gehörten auch Aspekte der Herstellung strategischer Handlungen, die durch strategisch nicht-intentionales Handeln entstehen.

Die *Erweiterung* der Politikwissenschaft um eine praktische Perspektive (nicht eine neue Disziplin oder Subdisziplin) kann hier nur angedeutet werden. Es ist das Feld politischer Strategie, das die Defizite des Faches und die Desiderate der Praxis besonders deutlich vor Augen führt. Ein Beispiel für die Anstoßfunktion einer politologisch-praktischen Perspektive ist die hier vorgelegte Arbeit selbst. Die erklärende Politikwissenschaft war bisher nicht darauf gekommen, empirisch (durch Interviews, teilnehmende Beobachtung etc.) zu untersuchen, welche Orientierungsgrößen und Instrumente politische Akteure tatsächlich verwenden, um in wechselnden Situationen strategisch handlungsfähig zu sein. Sie hat, soweit sie Strategiefragen überhaupt thematisierte, immer nur von außen als strategisch unterstellte Handlungen interpretiert.

Am Gegenstand politischer Strategie könnten Potentiale einer sich (auch) praktisch orientierenden Politikwissenschaft abschätzbar werden. Eine so angelegte Politikwissenschaft kann sich selbstverständlich erweitern und auf andere Felder (z.B. Gesetzgebung, Problembearbeitung) als politische Strategie beziehen, die ja nur einen kleinen Ausschnitt der Politik darstellt.

Strategieanalyse als praktische Politikwissenschaft ist zwar ein an Praxis angeschlossenes und prinzipiell auf „Rückführung" in Praxis zielendes Unternehmen. Praktische Politikwissenschaft bleibt aber Wissenschaft – mit eigener Systematik, Methodik, Sprache. Unmittelbare Allgemeinverständlichkeit kann nicht ihr erstes Ziel sein, eine Vermittlung in die Praxis müsste als zweiter Schritt folgen und setzt wahrscheinlich noch weitere Anpassungen in Form, Darstellung, Sprache sowie kontextbezogene Modifikationen voraus. Die Inhalte und Konzeptualisierungen dieses Buches beanspruchen allerdings – ihrer praktischen Wissenschaftsperspektive entsprechend – bereits in der hier vorliegenden Gestalt prinzipielle „Praxistauglichkeit".

Dieses Buch verfolgt damit insgesamt nicht weniger als das ambitionierte Projekt, eine politische Strategieanalyse mit *doppelter Perspektive* (Erklärung/Orientierung), *doppeltem Wissenschaftszugang* (empirische/praktische Politikwissenschaft), *doppeltem Anschluss* (Praxis/Politikwissenschaft) und *doppelter Transformation* (Praxis-Politikwissenschaft/ Politikwissenschaft-Praxis) einzuführen.

2.2 Demokratie und Strategie

Politische Strategie, wie wir sie verstehen, ist ein Kind der modernen Demokratie mit ihren gesellschaftlich verankerten Kollektivakteuren seit der Französischen Revolution. In diesem Prozess, in dem Kollektivakteure von unten Strategiebedarf entwickelten[33] wurde Strategie demokratisiert – soweit sie demokratisierbar war. Historisch-genetisch gesehen ist Strategie ein legitimer und notwendiger Bestandteil moderner Demokratie. Worin also liegt das Problem?

Strategie ist, vor allem, eine Führungsaufgabe und sie erfordert – nicht durchgängig, aber auch nicht zuletzt – Geheimhaltung. Führungszentrierung und Geheimhaltung als immanente Elemente von Strategie stehen im Spannungsverhältnis zu Kriterien der Partizipation und Transparenz.

Strategie in der Demokratie zeigt eine grundlegende Ambivalenz zwischen produktivem und destruktivem Potential. Solche Ambivalenz ist aber nicht ihre Besonderheit, die teilt sie mit Führung, Steuerung oder auch Maximal-Partizipation. Moderne Demokratie hat die Vielfalt von Zielen, Bewertungskriterien, Akteuren und Akteurdifferenzierungen sowie Institutionen entschieden ausgeweitet, sie hat dadurch die Probleme der Steuerung und Balancierung innerhalb der Demokratie vergrößert. Damit wurden jedoch gleichzeitig zusätzliche Probleme der Zweckentfremdung, Vereinseitigung, Ungleichgewichte geschaffen. Strategie kann demokratischen Prozessen helfen, sie kann aber auch Störfaktor sein. Zwei Grundfragen stellen sich für das Verhältnis von Demokratie und Strategie[34]:

- *Optimierung* von Demokratie durch Strategie. Das bedeutet Vergrößerung der Chancen rationaler Zielverfolgung.
- *Belastung* von Demokratie durch Strategie. Es gibt kritische Zonen, in denen Demokratie durch Strategie beeinträchtigt werden kann.

Beides hat in Demokratietheorien bisher keinen Niederschlag gefunden. Empirische Demokratietheorie hätte über Führung/Leadership oder Parteien- und Konkurrenzanalyse auf Strategie als Bestandteil des politischen Prozesses stoßen können. Dass es nicht geschah, lag einerseits an der Nicht-Vertiefung des Themas in diesen Bereichen, andererseits aber wohl auch daran, dass Strategie im Rahmen einer empirischen Demokratietheorie kein besonderes Problem aufwirft. Ihre Einarbeitung würde Demokratietheorie noch realitätsnäher, also besser machen.

Mehr als andere Theorievarianten bietet *komplexe Demokratietheorie* den Raum zur Anschließung der Strategiefrage. Die Vermittlung empirischer und normativer Faktoren, die Berücksichtigung konkurrierender Ziele, die gleichwertige Zuwendung zu Policy- und Politics-, Input- und Outputaspekten, die prinzipiell unbegrenzte Aufnahme real folgenreicher Differenzierungen (Akteure, Orientierungen, Entscheidungstypen etc.), mit all dem bewegt sich komplexe Demokratietheorie auf der Höhe einer Realität, die nur noch als

---

[33] Vgl. dazu die Abschnitte in Kapitel 2.3.
[34] Dies ist kein Beitrag zur ausdifferenzierten demokratietheoretischen Debatte, sondern lediglich der Versuch, das anzusprechen, was am Strategiethema in demokratietheoretischer Perspektive zum Problem werden könnte. Damit ist das Thema „Demokratie und Strategie" natürlich nicht abzuschließen, sondern bestenfalls aufzuschließen.

komplexe Demokratie zu beschreiben ist.[35] „Führungs-Demokratie", „partizipatorische Demokratie", „deliberative Demokratie", dies alles sind Reduktionen und einseitige Stilisierungen (häufig im Gegenzug zu anderen Stilisierungen), die sowohl empirische wie normative Komplexität verfehlen.

Strategie kann im Zusammenhang komplexer Demokratietheorie als eines der Mittel erfolgsorientierter Bewältigung von Komplexität verstanden werden. Strategie hat nicht nur ein Demokratie-, sondern auch ein Komplexitätspotential. Strategie kann helfen, kollektive Handlungsfähigkeit aufzubauen, die sonst an Komplexität scheitern könnte. Sieht man die eindrucksvolle Analyse hochgradiger Komplexität heutiger Parteien bei Elmar Wiesendahl (1998), fragt man sich, wie solche „lose verkoppelte Anarchie" überhaupt Leistungen zu erbringen vermag. Eine Antwort heißt: durch Strategie. Bei der Steuerung werden mit Strategie signifikante, folgenreiche Verbindungen in der Komplexität aufgebaut.

Wenn sie selbst hinreichend komplex strukturiert wird, könnte Strategie sogar ein Kandidat dafür werden, Komplexität – anders als allein durch Vertrauen (Luhmann 1968) oder Personalisierung (Grande 2000) – nicht-reduktionistisch zu bearbeiten. Wir sprechen von *komplexer Strategie*, wenn für sie – analog zu komplexer Demokratietheorie – ein hohes Maß an Eigenkomplexität entwickelt, sie beispielsweise nicht machtpolitisch reduziert wird.

Strategie und Partizipation sind keine grundsätzlichen Gegensätze. Unverträglichkeit kann nur behauptet werden bei normativer Überhöhung, Isolierung, Maximierung partizipativer Elemente. Dabei wären sie allerdings zuerst mit komplexer Demokratietheorie unvereinbar, dann erst mit Strategie. Die strategische Aufgabe ist Teil von Leadership-Funktionen, von „Führungsqualitäten", wie man sagt. Aber ohne verschiedene Formen von Beteiligung sind Erfolge strategischer Politik in Demokratien nur schwer möglich.

Dass Strategie in der Demokratie nicht nur auf Führung, sondern auch auf Partizipation angewiesen ist, wird uns weiter beschäftigen, aber auch Diskurs ist kein Gegensatz zu Strategie, zieht man einige überzogen-unrealistische und normativ überfordernde Annahmen ab.[36] Diskurs ist ein konstitutives und notwendiges, aber kein alleiniges oder hinreichendes Merkmal von Demokratie.

„Herrschaftsfreier Diskurs" ohne oder im Gegensatz zu Strategie ist für komplexe Massendemokratien in Flächenstaaten eine Utopie, zumal im modernen System von Party-Government. Ein vereinseitigendes und maximierendes Prinzip Diskurs, das nichts als das bessere Argument gelten lässt, würde sich, abgesehen von immanenten Problemen der

---

[35] Frieder Naschold war Ende der 1960er Jahre der Protagonist, der das Problem „Demokratie und Komplexität" erstmals schärfer formuliert hat (vgl. Naschold 1968, 1969a, 1969b). Fritz W. Scharpf hat das Programm für „komplexe Demokratietheorie" formuliert, in der Sache Kontur gegeben und sie weiterverfolgt (vgl. Scharpf 1975, zur weiteren Entwicklung der Überblick bei Schmidt 2003). Auf einen weiteren Begriff komplexer Demokratietheorie kann sich berufen, wer den Grundgedanken teilt, dass die Theorie sich empirisch und normativ auf der Höhe des Komplexitätsniveaus politischer Praxis bewegen muss, um sie angemessen beschreiben, erklären, bewerten und verändern zu können (vgl. dazu auch Guggenberger 1995: 47).

[36] Zum Modell deliberativer bzw. diskursiver Demokratie vgl. etwa Habermas (1992), Strecker/Schaal (2001). Zur Kritik am demokratietheoretischen Defizit diskursiv vereinseitigter Demokratiekonzepte vgl. Greven (1994), Schmidt (2000). Zu den sehr engen Grenzen und äußerst voraussetzungsvollen Erfolgsbedingungen für Diskurse, die an Wahrheit, Verständigung, Konsens gebunden werden, vgl. die empirische Studie des Vermittlungsausschusses von Spörndli (2004). Zur Vereinbarkeit von Parteien und deliberativer Demokratie vgl. auch Johnson (2006).

Identifizierung des besseren Arguments,[37] zuerst gegen Macht und Mehrheitsregel, dann gegen Führung und Parteienstaat, erst in der Konsequenz dieser Gegebenheiten moderner Konkurrenzdemokratien auch gegen Strategie richten.

Geht man von der normativen Überforderung des Diskursbegriffs ab, erschließen sich positive Zusammenhänge von Strategie und Diskurs. Allein schon die öffentliche Begründung alternativer Strategien und deren Kritik wären Diskursivitätsgewinne in einem Feld, das trotz aller Demokratisierung noch die Spuren von Arkanpolitik trägt. Es gibt ein modernes Interesse von Aktivbürgern, über Strategien von Kollektivakteuren (auch von Gegnern) Bescheid zu wissen, sie ebenso wie die Ziele, auf die die bezogen sind, zu kritisieren, Alternativen mit zu diskutieren.

Diskurs über Strategie ist möglich. Argument und Gegenargument können sich auf grundlegende Strategien (Reform/Revolution) oder auf Elemente eines strategischen Konzepts (z.B. „zu schwach beim Sozialen") beziehen. Es gibt strategische Argumente und Strategiediskurse. Sie können sich unter anderem auf kommunikative Rationalität, Moralverträglichkeit, Erfolgsträchtigkeit beziehen. Geheimhaltung ist kein prinzipieller Gegensatz zum Diskursideal, wenn die Chance zu unbegrenzter Publizität besteht. Strategie- und Steuerungskonzept sind nur Rahmen, deren Veränderung und Füllung durch Deliberation und Diskurs ebenso wie durch andere Interventionen möglich bleiben.

Analyse und Bewertung komplexer Demokratie, deren Legitimität als politische Ordnung gesichert ist, erfordern zumindest drei *Kriterien*: Effizienz, Partizipation, Transparenz.[38] In diesem Rahmen gibt es Spannungs-, aber keine Ausschließungsverhältnisse. *Effizienz*[39] gilt nicht nur in einer Engführung auf Problemlösung, sondern umfasst aus politisch-strategischer Sicht prinzipiell die Gesamtheit und das Zusammenwirken der verschiedenen Dimensionen des Orientierungsschemas, vor allem die externen Aktivitäten von Problem-, Konkurrenz- und Öffentlichkeitspolitik. Hier insbesondere sind strategische Fähigkeiten gefordert, sollen gezielt politische Erfolge auf der Leistungsebene erreicht werden.

Auch wenn die komplexe Demokratietheorie in *Partizipation* kein Maximierungsziel sieht, hält sie sie für grundlegend. Folgenreiche Partizipation muss postuliert werden, wo sie folgenreich in ein mehrdimensionales Demokratiesystem eingebaut werden kann. Das gilt für Wahlen ebenso wie für die Beeinflussung einzelner Entscheidungen, für Parteien wie für Verbände, Bewegungen, Initiativen (intern[40] und extern), nicht zuletzt gilt es für die Förderung von Beteiligung in allen gesellschaftlichen Bereichen. Die Empfehlung einer stärker strategischen Politik läuft dem nicht zuwider. Partizipation ist unter anderem für strategische Grundorientierung, Aufbau von Strategiefähigkeit, Durchsetzung strategischer Politik unerlässlich, als Widerstand anderer, Opposition, „Widerstreben" legitim. Die in komplexen Demokratiesystemen unvermeidbaren Einschränkungen umfassender Beteiligung sind eher erträglich, wenn die politischen Systeme stark sind bei „Entscheidungsfähigkeit" und „Wertberücksichtigungspotential"[41].

---

[37] So müsste erst noch der Einwand widerlegt werden, „dass in erster Linie Quantität und weniger die Qualität der Argumentation determiniere, welche Position gemeinhin als die besser begründete aufgefasst wird" (Spörndli 2004: 185).

[38] Zu einer frühen Fassung von Kriterien moderner Demokratie vgl. Lipset (1962). Die drei hier aufgenommenen Kriterien wurden bei der komplexen Demokratietheorie im weiteren Sinne zuerst durch Steffani (1973) formuliert. Vgl. dazu auch Wewer (1998) und Schmidt (2000).

[39] Von Steffani definiert als „Leistungsfähigkeit gemessen an der Zeit-Kosten-Nutzen-Relation" (1973: 20).

[40] Vgl. zum Beispiel Naschold (1969a) und Streeck (1987).

[41] Beides zentrale Zielbestimmungen bei Scharpf (1975: 75).

Transparenz steht, wenn auch als verkürzter Begriff, für Öffentlichkeit. Öffentlichkeit so weit wie möglich, Geheimhaltung soweit nötig – könnte eine Maxime sein, die zu Strategie überleitet. Wobei es nicht die strategischen Spitzenleute sein werden, die über demokratische Erfordernisse ihrer Organisationen hinaus Mitteilung machen werden. Es ist die Aufgabe kritischer Öffentlichkeit, nicht nur Werte, Ziele und Instrumente der Problemlösung, sondern auch Verfahren, Prozesse, Strategien zu durchleuchten und zu kritisieren. Für kritische Öffentlichkeit ist Geheimhaltung in der Demokratie immer eine besondere Herausforderung – „dahinter" zu kommen. Dass dadurch strategische Politik für Spitzenleute und Apparate schwieriger wird, muss die kritische Öffentlichkeit nicht kümmern. Sie will herausfinden, welche Absichten und Nebenansichten mit, für, ja gegen die Bürger verfolgt werden.

Führung ist eine wesentliche Voraussetzung für Effizienz, Strategie eine der Bedingungen für erfolgreiche Führungsleistung. Moderne Demokratie und korrespondierende Demokratietheorien haben das Eliten- und Führungselement aus funktionalen Gründen höher bewertet als die klassische Demokratie(theorie), dafür Konzepte der Repräsentation, Responsivität, Steuerung entwickelt. Gleichzeitig wurden Parteien als intermediäre Instanzen zur Hervorbringung des Volkswillens unter Bedingungen moderner Gesellschaft im Flächenstaat unerlässlich (vgl. Katz 2006, Keman 2006). Demokratie lässt sich danach nicht mehr allein vom Bürger her aufbauen, sondern in einem Akteurdreieck von Führung, Wählern und aktiven Parteimitgliedern. Keines der drei Akteurelemente für sich genommen kann Demokratie tragen. Jedes einzelne ist ein notwendiger Baustein moderner Demokratie. Alle drei stehen untereinander im Spannungsverhältnis. Strategie muss hier eingebettet werden.

Abbildung 2: Demokratie und Strategie

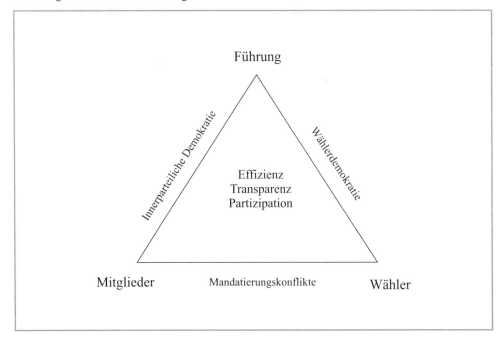

Strategie tangiert Mitglieder anders als Wähler. Was für aktive Mitglieder Herausforderungen hinsichtlich ihres Partizipations- und Transparenzanspruchs darstellen, können für die Wähler Bedingungen erweiterter Partizipation sein oder sie – hinsichtlich Transparenz – gleichgültig lassen.

Wähler haben Erwartungen an erfolgreiches strategisches Handeln der Führung, wie immer es innerhalb der Organisation zustande kommt (halbdemokratisch, demokratisch). Sie wollen gute Leistungen im Regierungs- bzw. Oppositionsprozess. Sie wollen für die Wahl die verbindliche Festlegung von Spitzenkandidat, Programm, Koalitionsaussage[42]. Durch Wahl wollen sie Politikern ein Mandat erteilen. Das alles setzt die strategische Vorstrukturierung durch Politiker und Parteien voraus.

Aktive Parteimitglieder sehen (stärker) auf das Binnenverhältnis und wollen die Autonomie der Führung begrenzen, das heißt ihren Einfluss auf die Strategie steigern. Häufig sind sie aber nicht in der Lage, strategische Entscheidungen aus sich selbst heraus zustande zu bringen. Weil sie nicht über Vorarbeiten eines strategischen Apparats verfügen, häufig nicht entscheidungsnahe operieren können oder weil sie in der Frage selbst (z.B. Koalitionspräferenz) gespalten sind. Ein Streit über Strategiefragen schwächt die Gesamtformation. Auch Mitglieder haben aber nicht nur Partizipations-, sondern auch Leistungserwartungen an die Führung (z.B. Wahlsieg, Regierungserfolg).

Im Hinblick auf Transparenz haben sowohl Wähler wie Mitglieder grundsätzlich ein unbegrenztes Interesse an Offenheit. Beide wollen wissen, was mit ihnen geschieht, was man mit ihnen vorhat, was Hintergrund und Hinterabsichten von Sachdebatten sind, wollen es diskutieren und kritisieren können. Daraus speist sich ihr Transparenzinteresse. Strategie muss transparent sein wie Demoskopie.

Die Parteiaktiven sind besonders nahe an der Führung dran, sind auf die eine oder andere Art an Entscheidungen beteiligt, sie wollen Parteiöffentlichkeit. Die Führung soll Geheimnisse mit ihnen teilen. Obwohl formell – über Parteitage – höchste Instanz, wird ihnen wichtiges Wissen vorenthalten, gleichzeitig erwartet die Führung ihre engagierte Mitwirkung an der Durch- und Umsetzung strategischer Entscheidungen. Das Dilemma vergrößert sich noch dadurch, dass Strategien häufig nur dann voll wirksam sind, wenn der Gegner sie nicht kennt – und das Interesse am Erfolg teilen die aktiven Mitglieder mit der Führung.

Die Transparenzerwartungen der Wähler wachsen eher. Dem entspricht auch der Medien-Trend zu Prozessberichterstattung unter Abschwächung inhaltlicher Interessen (vgl. etwa Farrell 2006: 129f.). Die Kenntnis von Strategien hat Rückwirkungen auf die Beurteilung von Sachpositionen und ist deshalb ein wissenswerter Teil öffentlicher Diskurse.

In Bezug auf Demokratie sind die Anforderungen von Wählern und Mitgliedern an die Führung insgesamt also alles andere als eindeutig. Wähler erwarten anderes als Mitglieder. Die Spannungsmomente zwischen Partizipation bzw. Transparenz und strategischer Politik sollen in der Arbeit weiter geklärt werden. Auch Schattenseiten bestimmter Varianten strategischer Politik wird dabei nicht ausgewichen.

In einer Prozessperspektive von Demokratie sind zwei regulative Größen zentral: Verantwortlichkeit und Responsivität. Während Responsivität für den politischen Gesamtprozess gilt, bezieht sich Verantwortlichkeit auf den engeren Wahlkampf-Wahl-Regierungs-Konnex.[43] *Verantwortlichkeit* meint die Möglichkeit, Repräsentanten kontrolliert zur Ver-

---

[42] In Mehrparteiensystemen, vor allem bei Lagerbildung.
[43] Zu den notwendig komplementären Begriffen Responsivität und Verantwortlichkeit vgl. auch Herzog (1989: 325f.) und Keman (2006: 160f., 170ff.).

antwortung zu ziehen. Manches davon ist in die institutionalisierte Kontrolle des Parlaments eingebaut. Für den Wähler gehört öffentliche Rechenschaft von Abgeordneten dazu, im Kern aber geht es um „Abrechnung durch Wahl" (Herzog 1989: 325). Empirisch lässt sich Verantwortlichkeit messen durch den Grad, in dem Regierungsparteien die Policy-Versprechen ausführen, die sie in Wahlkämpfen gemacht haben (Keman 2006: 170f.). Oppositionsparteien, die keine Gelegenheit zur Ausführung von Ankündigungen haben, stehen unter einem abgeschwächten Test von Verantwortlichkeit.

Responsivität bezeichnet ein Verhalten wechselseitiger „Antwortfähigkeit"[44] von Eliten, Bürgern/Wählern und Parteiakteuren. Dabei geht es um interaktive und kommunikative Akteurbeziehungen mit ständiger Rückkopplung. Antwortfähigkeit setzt einen Dreischritt voraus: Hören, Verarbeiten, Antworten. Responsivität wird vorwiegend als das Handeln von Abgeordneten bzw. Eliten verstanden und das ist auch richtig, da sie die gewählten Repräsentanten sind und die kontinuierlichen, umfangreichen Aktivitäten auf Elitenseite liegen. Zutreffend ist aber auch, entsprechendes Handeln von Bürgern/Wählern als responsiv zu bezeichnen. Auch sie nehmen Informationen auf, verarbeiten sie und antworten (auf Elitenhandeln). Dabei steht ihnen von der Demoskopie bis zur Demonstration ein weites Spektrum von Signalen und Einflussmöglichkeiten zur Verfügung.[45] Das gilt ebenso für Parteiakteure.

Eliten, Bürger/Wähler, Parteiakteure sind unabhängig voneinander Handelnde mit einer demokratischen Verpflichtung zu wechselseitiger Berücksichtigung. Dabei ist immer wieder mit Abweichungen und Konflikten zu rechnen. Aber auch diese sind in einen responsiven Prozess rückzukoppeln. Abweichungen können Gründe unter anderem in Gesichtspunkten von Problemlösung, Konkurrenz oder Öffentlichkeit haben. Eine Maximierung von Responsivität als vollständige Anpassung an Wählerwünsche ist nicht sinnvoll. Der „Sinn des parlamentarischen Repräsentativsystems" ist es auch, „'unpopuläre' Entscheidungen zu ermöglichen, Minderheiten zu berücksichtigen (...), Interessengegensätze auszugleichen, zukünftige Probleme zu antizipieren und für alle diese ‚abweichenden' Auffassungen, die Repräsentanten haben mögen, die Repräsentierten informierend zu gewinnen" (Herzog 1989: 324).

Responsivität kann bei der Analyse des demokratischen Prozesses als empirischer oder normativer Begriff verwendet werden. Für die praktische Orientierung strategischer Akteure geht er im stärker ausdifferenzierten Orientierungsschema auf, er ist aber auch dort – ungenannt – ein wesentliches Moment übergreifender Orientierung.[46] Auch die Verfolgung responsiver Intentionen, ob pragmatisch oder normativ begründet, bleibt also offen für strategische Kalküle. Zugespitzt lässt sich die demokratische Ambivalenz so zusammenfassen:

---

[44] Zur Kurzcharakterisierung von Responsivität kursieren eine Reihe von Begriffen: „Ansprechbarkeit", „Aufnahmefähigkeit", „Berücksichtigung" etc. Dietrich Herzog (1998: 298f.) beschreibt sie als die Fähigkeit von Repräsentanten, „aufgeschlossen zu sein gegenüber den Wünschen, Erwartungen oder Interessen der Wählerschaft, diese zur Kenntnis zu nehmen und in die politischen Entscheidungen einfließen zu lassen" oder kurz als „die ständige Berücksichtigung des Wählerwillens durch die Gewählten". Hans Keman definiert Responsivität als den Grad, in dem Parteien Präferenzen der Bürger in „public policy choices" übersetzen.

[45] Vgl. dazu das Kapitel 6.2.

[46] Durch die Rückkopplung mit Adressat (Bürger/Wähler) und Organisation (Partei) benennt er die korrespondierenden Akteure des strategischen Zentrums. Vgl. dazu ausführlich das Kapitel 6.

- Das *Demokratiepotential* von Strategie zeigt drei Facetten. Strategie kann – auch unter komplexen gesellschaftlichen und politischen Bedingungen – helfen, handlungsfähige Akteure aufzubauen und zu erhalten. Strategie fördert eine rationale, erfolgsorientierte Zielverfolgung und hat deswegen Potential, im demokratischen Prozess zu besseren Ergebnissen zu führen. Strategie ermöglicht Formen ergebnisorientierter Zusammenarbeit von Führung und Aktiven. Strategy-Making ist nicht ohne politische Eliten, aber auch nicht ohne Mitwirkung engagierter Aktiver möglich. Partizipationsnormen müssen spezifiziert, dürfen aber nicht aufgegeben werden. Das gemeinsame Interesse von Eliten und Aktiven ist die gleichzeitige Partizipations- und Leistungssteigerung.
- Das *Störpotential* liegt in der Verselbständigung von Strategie als Herrschaftswissen und Herrschaftsmittel, die ihre kollektive Rückbindung verlieren. Folgen können sein: Abschottung gegenüber Öffentlichkeit, Ausschließung von Partizipationswilligen, Instrumentalisierung von Akteuren, Partikularisierung von Interessen[47], Arroganz und Zynismus von Strippenziehern und grauen Eminenzen.

2.3 Strategie: Historische Spurensuche

Eine Geburtsstunde politischer Strategie ist schon deshalb nicht fixierbar, weil es für erfolgsorientierte politische Akteure immer schon einen gewissen Bedarf wenigstens rudimentärer Strategieüberlegungen gegeben hat. Zielüberlegungen, Elemente von Lageeinschätzung, Frage nach Alternativen, Entscheidungen zu situationsübergreifenden Ziel-Mittel-Zusammenhängen – irgendwie müssen sich verantwortliche, erfolgsorientierte Akteure mit solchen Fragen beschäftigt haben. Fragmentiert, unsystematisch, bei gegebenem Rationalisierungsniveau der Zielverfolgung.

Einfache, „rohe" Strategieformen sind die unterste Stufe in einem Kontinuum der *Elaborierung*, das bis zu komplexen, durchdachten Strategiekonzeptionen führt.[48] Prozesse und Bedingungen der Elaborierung politischer Strategie sind das, was uns bei der historischen Spurensuche interessiert. Strategische Praxis, Denkweise und Diskurs sind Dimensionen, in denen sich diese sehr langfristigen Wandlungsprozesse aufspüren lassen. Eine Systematisierung von *Praxis* geht historisch den Weg über Denkweise und Diskurse. *Strategische Denkweise*[49] ist in sich ein Strukturierungsansatz, besonders in Formen von strategischem Kompass, Stil und Annäherungen an das strategische Moment[50]. *Strategische Diskurse* entwickeln sich in anspruchsvollen Formen nicht vor dem 19./20. Jahrhundert. Davor genügt schon ein einzelner Text, zu dem Anschlusskommunikation und Kontroverse möglich sind, um einen rudimentären Diskussionszusammenhang zu stiften. Erst Diskurs aber schafft Möglichkeiten der Tradierung, Kumulation, Fortentwicklung. Einzelne, wie zum Beispiel Octavian/Augustus, mögen strategisch noch so versiert gewesen sein, so lange solche militärisch-politischen Fähigkeiten durch Beobachter oder die Akteure selbst nicht festgehalten wurden, konnten sie keine weiteren Wirkungen über diskursive Prozesse entfalten.

---

[47] Zum Beispiel die Verselbständigung individueller gegenüber kollektiven Interessen (Selbstüberschätzung, verschwiegenes Bedienen von Lobby-Interessen etc.).
[48] Vgl. zum strategischen Kontinuum das Kapitel 9.1.2.
[49] Vgl. dazu das Kapitel 4.
[50] Vgl. dazu das Kapitel 5.3.

Elaborierung von Strategie und Strategieanalyse, nach deren Entwicklung wir fragen, zeigt sich also in einem Kontinuum unterschiedlich entwickelter Strategieformen. Im historischen Prozess muss man weit unten ansetzen, weil es lange braucht, bis die Sache politischer Strategie Konturen gewinnt. Dies geschieht nicht durch lineare Entwicklung. Im Gegenteil, Diskontinuitäten über sehr lange Zeiträume sind das vorherrschende Merkmal dieses Prozesses. Von Kumulation strategischen Wissens keine Spur.

Unter den Bedingungsfaktoren für Elaborierung vermuten wir bei drei Komplexen besonderes Erklärungspotential: politisch-legitimer Bedarf der Praxis, reflexionswillige und -fähige Träger sowie öffentliche Diskurse.

(1) Der *legitime Bedarf* der politischen Praxis setzt voraus, dass objektive Bedarfe an Strategie mit der anerkannten politischen Ordnung und dem Aufgabenprofil politischer Akteure gut verbunden sind. Dafür gibt es drei Indikatoren: Legitimität von *Führung* und Führungspositionen als Kristallisationspunkte strategischer Politik. Legitimität *organisierter Kollektivakteure* (wie Bewegungen oder Parteien), mit einem strategischen Eigenbedarf und als Verursacher erhöhter Koordinationsnotwendigkeiten. *Komplexität* der Handlungskoordination und der Problemlösung. Veränderungen in diesen drei Dimensionen können objektive Bedarfe verstärken, dann erhöhen sie den Druck auf politische Akteure zu strategisch rationalisierter Zielverfolgung. Ohne Legitimitätsstützen wird dies Wirkungen eher im Arkanbereich der Politik haben, beschnitten um die Möglichkeiten weiterer Elaborierung durch öffentliche Klärungen.

(2) Die *reflexionswilligen und -fähigen Trägerpotentiale* sind rar und nicht von vornherein fest lokalisiert. Akteure dieses Prozesses kommen aus den Bereichen Militär, Politik, Öffentlichkeit, Wissenschaft. Zwischen Praxis und Theorie ist hier nicht grundlegend zu unterscheiden. Die Selbstreflexion der Praxis hat zu strategischem Wissen bisher mehr beigetragen als irgendeine Form abgetrennter Theorie – zumal wenn man Theorie eher aus dem Bereich von Wissenschaft erwartet. Praxisnahe Wissenschaft verfügt über die Kraft der Systematisierung und die Nähe zu den Perspektiven der Praxisakteure. Häufiger aber besteht Wissenschaft aus selbstreferentieller Systematisierung oder aus normativen Vorgaben für die praktische Politik. So ist ihr denkbares Potential für die Elaborierung von Strategie beachtlich, ihr tatsächlicher Beitrag dazu aber gering.

(3) Erst *öffentliche Diskurse* tragen dazu bei, Strategie zu einem normalen und transparenten Faktor des politischen Prozesses zu machen. Lange Zeit wurden tatsächlich verfolgte Strategien der Öffentlichkeit vorenthalten oder doch nicht transparent gemacht. Strategie als Geheimwissen blockiert Elaborierungsprozesse. Kollektive Selbstaufklärung, Systematisierungsfortschritte, Kumulation und Weitergabe von Wissen sind auf Offenlegung und Diskurs angewiesen. Offenlegung kann in die Institutionen des demokratischen Systems so eingebaut sein, dass sie als besondere Forderung gar nicht entsteht (direkt-demokratische Polis). Sie kann auch Teil der Aufklärungsbewegung sein, die seit dem 18. Jahrhundert unter dem Banner von „Öffentlichkeit" die Offenlegung aller staatlichen Geheimnisse erzwingen wollte und auf Diskurs als Quelle von Fortschritt setzte. Elaborierung durch öffentliche Diskurse kann verschiedene Gestalt annehmen: in Debatten Transparenz über zugrundeliegende Strategien herstellen; durch Ausstieg aus einem Inner Circle nachträglich bekannt machen, wie es beim strategischen Geschäft zugeht (Thukydides, Machiavelli); durch journalistische Dauerbeobachtung und Recherche informieren über die Innenseite strategischen Handelns; durch Strategiediskurse oder durch öffentliche Ratschläge, die auf springende Punkte der Strategie hinweisen, das strategische Beratungsniveau erhöhen;

durch systematische Analyse, die in die Praxis zurückfließt (Clausewitz[51]), die Rationalisierung strategischer Prozesse vorantreiben.

Will man die Vogelflug-Perspektive für diese historische Spurensuche beibehalten, ist es sinnvoll, zusätzlich einige charakteristische Unterschiede hervorzuheben. Als Wegweiser dient eine *Begriffsgeschichte* von Strategie, die sich im Vorhandensein bzw. Fehlen und der Art des Strategiebegriffs ausdrückt. Die späte Entwicklung eines analytischen Strategiebegriffs zu Beginn des 19. Jahrhunderts hat zur Dynamisierung von Strategiediskursen beigetragen, für die in den vielen begriffslosen Jahrhunderten davor der Fokus fehlte.

Immer muss man den Vorlauf der militärischen vor der politischen Strategie im Auge behalten. Der Bereich militärischer Strategie (und Taktik) ist in seiner formellen Elaborierung der Politik weit voraus, so dass sich hier von früh an Fragen eines Transfers stellen, vor allem in den Doppelrollen politischer und militärischer Führung. Dabei wird uns das Paradox beschäftigen, dass erst nach voller Ausdifferenzierung von militärischer und politischer Sphäre die analoge Begriffsbildung möglich wurde, die in den langen Zeiten großer Nähe, ja einer Vermengung von militärischer und politischer Macht nicht gelang. Auch deshalb müssen wir getrennt nach den Ursachenkomplexen *militärisch-funktionaler* und *politisch-legitimer Bedarf* fragen.

Die Träger strategischer Ambitionen sind lange zahlreicher als die Diskursakteure. Hier interessieren Beiträge zu Strategieentwicklungen, gleichgültig ob sie aus der Praxis, der Wissenschaft oder von Schriftstellern kommen. Dabei ist der diskursive, vor allem verschriftlichte Bereich nicht nur wegen seiner besseren Sichtbarkeit, sondern auch wegen seiner größeren Wirksamkeit überrepräsentiert.

Abbildung 3: Historische Strategieentwicklungen

	Strategiebegriff	Verhältnis politischer zu militärischer Strategie	Militärisch-funktionaler Bedarf	Politisch-legitimer Bedarf
Griechische Antike	deskriptiv	verwoben	gering	gering
Moderne (1789-)	analytisch	ausdifferenziert	hoch	hoch
	Trägerpotentiale strategischer Elaborierung	Öffentliche Diskurse	Repräsentativer Strategieautor	
Griechische Antike	militärische Schriftsteller Sophisten „Politikwissenschaftler"	Ansätze von Diskursöffentlichkeit	Thukydides	
Moderne (1789-)	Politiker politische Intellektuelle Generalstab Wissenschaftler Journalisten	Demokratische Öffentlichkeit und Diskursvielfalt	Clausewitz	

---

51 Vgl. Hahlweg (1980) zur umfangreichen Wirkungsgeschichte von Carl von Clausewitz.

Die Formen der Öffentlichkeit geben Auskunft über die Chancen von Strategiefragen, die Schwelle von Arkanpolitik zu überschreiten. Beispielhaft skizzieren wir drei für ihre Zeit, aber in Unkenntnis ihrer Zeitgenossen, „repräsentative" Strategieautoren (Thukydides, Machiavelli, Clausewitz). Repräsentativ meint, dass sich in ihnen strategische Möglichkeiten ihrer Zeit verdichten, ob auf politisch-militärischem, politischem oder militärischem Feld. Alle drei waren beruflich gescheiterte Außenseiter, ihre strategierelevanten Texte hatten eine erheblich verzögerte Wirkungsgeschichte.

Die Praxis beginnt früh, die Wissenschaft spät, sich den Herausforderungen des Strategieproblems zu stellen. Bei der Spurensuche halten wir es für wichtig, sie zu eröffnen. Nicht dagegen glauben wir, dass sie mit diesem Kapitel zu Ende wäre.

Antike

Erste Spuren elaborierterer politischer Strategie führen in die frühe Demokratie der griechischen Polis. Sie wuchs aus militärischen Aufgaben heraus, weil Krieg von Politik nicht zu trennen war. Sie blieb an Krieg gekoppelt, weil die Politik selbst als Ort für politische Strategie noch nicht „reif" war. Erst im Rückblick wird deutlich, wie nahe militärische und politische Strategie beieinander lagen. Die Zeitgenossen hatten weder einen analytischen Begriff von Strategie noch konnten sie *politische* Strategie in einem spezifischen Sinne denken. Strategie im heutigen, abstrakteren Sinne war in der Antike kein Begriff der politischen Sprache (vgl. Wohlrapp 1998).

Am Anfang waren die Strategen (*strategos, strategoi*). Das waren die zehn Beamten in der athenischen Demokratie, deren Aufgabe darin bestand, das militärische Kommando zu führen, also die Feldherren. Sie wurden gewählt und – nur sie – durften wiedergewählt werden. Für die Kandidatur war Grundbesitz in Attika Voraussetzung. Das zeigt: die Sache des Strategen war zu wichtig, als dass sie Zufällen beliebiger Kandidaten bzw. des sonst üblichen Loses überlassen werden sollte. Strategen wurden aber nicht aus den Bindungen der Demokratie entlassen. Sie blieben rechenschaftspflichtig und weisungsgebunden, mussten sich argumentativ vor großen Versammlungen rechtfertigen, konnten bei Fehlern in die Verbannung geschickt werden. Die Gleichheitsnorm war nicht aufgehoben, gleichzeitig war aber hier eine besondere Kompetenz gefragt.

Strategie (*strategia*) begann in der griechischen Polis,[52] aber sie bezeichnete zunächst ein Amt und die Ausführung des Amtes, noch nicht die Abstraktion rationalisierter Zielver-

---

[52] Dies ist die europäische Perspektive. In China gab es das frühe Meisterwerk von Sun Tsu (1993), das schon im 6. Jahrhundert v. Chr. im chinesischen Kulturkreis eine bis heute reichende militärtheoretische Tradition begründete. Rezeptionen für den europäischen Kulturkreis sind ungesichert, in jedem Falle marginal. Reale Bedeutung im Rahmen unserer europäisch zentrierten, historischen Spurensuche kommt Sun Tsu also nicht zu. Systematisch gesehen, ist bei einem heutigen Vergleich der theoretische Gehalt von Carl von Clausewitz ungleich größer einzuschätzen. Abgesehen von den unterschiedlichen Kriegsphilosophien (Gewalt vs. List und Täuschung), sind die systematischen Stichworte von Sun Tsu bei Clausewitz mit enthalten, aber grundlegender analysiert. So fehlen also auch ex post die Gründe, heute bei Transferüberlegungen an Sun Tsu anzuschließen – auch wenn es beim „wilden Strategisieren" mancher Zeitgenossen beliebt ist, sich auf ihn zu berufen. So konnte eine wahlpolitische Mitte-Strategie der SPD intern mit Sun Tsu begründet werden (im Rücken und auf dem Terrain des Gegners auftauchen) – war sie auch von ihm inspiriert, war es Zitat-Schmuck und was sagt solche assoziative Verwendung? Eindrucksvoll an Sun Tsu bleibt ein sehr frühes, scheinbar aus dem Stand erreichtes Niveau an Abstraktion und Generalisierung, das in Europa erst mit Friedrich dem Großen und Napoleon erreicht wird. Es kann nicht ausgeschlossen werden, dass Napoleon den Text von Sun Tsu kannte, weil eine zeitgenössische Übersetzung ins Französische erschien, die dann

folgung. Strategie war dem Begriff nach immer auf Militär und Krieg, nicht auf Politik bezogen. Es gab auch schriftliche Fixierungen früher Überlegungen systematischer Kriegführung, aber die blieben – aus heutiger Sicht – überwiegend taktischer Natur, auf lokale Gegebenheiten und Bedingungen von Gefechten bezogen. Die überlieferten Fragmente waren konkretistisch, mit geringem Abstraktionsgrad, sie trugen in sich kein Anstoß- und Anschlusspotential für Überlegungen politischer Strategiebildung. Schriften zu Kampftechniken führten im Titel den Begriff „Taktik", seltener den der „Strategik" (vgl. Goldschmidt 1960). Dicht geschlossene, relativ unbewegliche Schlachtreihen (Hopliten-Phalanx) dominierten, ergänzt um die Reiterei. „Taxis" hieß die taktische Einheit innerhalb der Phalanx (Howatson 1996: 486), in theoretischer Hinsicht bedeutete Taktik die Lehre von Gefechten. Komplexität und Dynamik militärischer Konflikte waren noch zu gering, als dass sich aus ihnen ein ausdrücklicher Bedarf an *strategischen* Überlegungen ergeben hätte. Auch auf militärischer Ebene fehlte noch ein analytisch-systematischer Begriff von Strategie.

Thukydides

Ganz anders lag die Sache bei Thukydides. Die Doppelrolle als militärischer Feldherr/Stratege und politischer Schriftsteller hat bei ihm zu einem einzigartigen Ergebnis geführt. Sein Scheitern als Strategos[53] und seine Bestrafung mit einer zwanzigjährigen Verbannung lösten ihn zwar aus der Praxis, aber mit dem Wissen und der Perspektive der Praxis. Lageanalyse, Optionsbildung, Machtkalküle, strategische Entscheidung und Steuerung – das alles ist zwar historischen Akteuren von Thukydides in den Mund gelegt, aber so, dass sie ohne ihn in der Weise wohl nicht hätten analytisch denken und reden können.[54] Der politische Denk- und Analysestil von Thukydides ist von seiner Anlage her so strategisch, dass man sich wundert, warum erst zweitausend Jahre später – ohne direkte Anknüpfungen – Fortführungen gesucht wurden: bei Niccolò Machiavelli.[55]

Thukydides verdichtet seinen strategischen Denkstil am eindrucksvollsten in seinen Ausführungen zu Perikles. Die historische Wahrheit über Perikles ist schwer zu finden, genau ihm zurechenbare Handlungen, Motive, Intentionen bleiben strittig (vgl. Will 1995, 2003). Aber darauf kommt es hier nicht an. Uns interessiert nicht, was genau von wem stammt, ob die Strategie von vornherein da war oder nachträglich behauptet wurde, für oder gegen wen Thukydides sie aufgeschrieben hat, ob sie richtig oder falsch war. Die Frage nach historischer Wahrheit oder Stilisierung tritt zurück hinter der nach dem strategischen Gehalt des Überlieferten. Wie viel auch immer in Perikles' strategischem Profil – so wie es Thukydides skizziert hat – dem Akteur zurechenbar ist, im Verbund von Thukydides und Perikles ist ihre strategische Modernität frappierend.

Militärische und politische Gesichtspunkte sind eng miteinander verknüpft. Es handelt sich zwar im formellen Sinne um Außenpolitik, aber weil Interessen und Motive der Bürger vielfältig tangiert sind und diese förmliche Beschlüsse über den Krieg fällen dürfen, sind

---

sehr schnell in Vergessenheit geriet (vgl. Leibnitz in Sun Tsu 1993: 134). Eine frühere systematische Rezeption hätte ein erhebliches Anschlusspotential enthalten können (vgl. auch Stahel 1996).

[53] Er traf mit seiner Flotte gegen die beim strategisch wichtigen Amphipolis überraschend angreifenden und siegenden Spartaner einige Stunden zu spät ein.

[54] Thukydides machte viele durch das zu Strategen, was „ein jeder in seiner Lage etwa sprechen musste" (Thukydides 1991: 35) – und er für ihn sagte.

[55] Das „Periklesporträt des Thukydides beeindruckte die Antike nicht. (...) in der Überlieferung der hellenistischen und römischen Zeit hat es kaum Spuren hinterlassen (...) Seine Wirkung entfaltete das Thukydideische Periklesbild erst in der Moderne (...)." (Will 2003: 229).

die Grenzen zur Innenpolitik sehr fließend. Die früheste europäische Spur zu politischer Strategie ist zugleich ein Beispiel für das schwierige, aber auch produktive Verhältnis von Strategie und Demokratie.

Thukydides/Perikles[56] denken in Akteuren (mit Motiven, Interessen, Präferenzen), in Dimensionen strategisch zugeschnittener Zweckrationalität[57] und in Machtbeziehungen[58] – alles nicht identisch mit strategischer Denkweise, aber notwendige Voraussetzungen dafür. Strategische Fragen werden mit Führungszentrierung[59] und Kollektivbezug[60] angegangen. Die strategische Führung muss sich im Kollegium der zehn Strategen durchsetzen und den demokratischen Volksakteur motivieren, mitnehmen, auf das strategische Ziel hin orientieren und zur Zustimmung bewegen. Das erfordert nicht nur strategische Handlungsfähigkeit und ein strategisches Konzept, sondern auch Autorität und Leadership.

Thukydides/Perikles betonen durchweg situationsübergreifende, erfolgsorientierte, kalkulierende Gesichtspunkte. Zu den Kalkulationen zählen nicht nur erfahrungsgestützte Maximen, sondern auch abstraktere Macht-Kalküle. Noch in das Lob strategischer Urteilsfähigkeit gehen kalkulatorische Momente mit ein. Am Beispiel des Themistokles – lange vor Clausewitz' „Takt des Urteils" – umreißt Thukydides diese Fähigkeit des strategischen Führers: „(...) durch eigene Klugheit allein, weder irgendwie vorbelehrt oder nachbelehrt, war er mit kürzester Überlegung ein unfehlbarer Erkenner des Augenblicks und auf weiteste Sicht der beste Berechner der Zukunft. (...) das Bessere und das Schlechtere konnte er im noch Ungewissen am ehesten voraussehn. (...) durch die Macht seiner Anlage, fast ohne Schulung, war dieser Mann fähig wie keiner, aus der Eingebung des Augenblicks das Entscheidende zu treffen." (1991: 107).

Thukydides/Perikles haben einen strategischen Umgang mit der Zeitdimension. Kurzfristige Handlungen werden zu längerfristigen Folgen und späteren Handlungsmöglichkeiten in Beziehung gesetzt. Bei der Entscheidung gibt es Gründe für das Auslassen kurzfristiger Vorteile bzw. für das Aushalten situativer Nachteile. Eine demokratische Versammlung davon zu überzeugen, einen Krieg sofort zu beginnen, der aktuell nicht zwingend ist – langfristig aber von Perikles für unvermeidbar gehalten wird –, erfordert hohe Zielgewissheit und Überzeugungsstärke.[61] Das gilt auch für die vorübergehende Inkaufnahme der Zerstörung des geräumten, attischen Landes – und damit des Besitzes vieler Bauern – zugunsten einer langfristigen Verbesserung der militärischen Position.

Das strategische Ziel – Sicherung der Vorherrschaft und Lebensweise Athens – war jedenfalls für Perikles so klar und für ihn nur durch Bündnispolitik und Krieg gegen Sparta erreichbar, dass er die strategische Konzeption darauf zuschneiden konnte. Sein Konzept bestand aus vier Komponenten: Konzentration der Kräfte („sie sollten sich nicht zersplittern"), Kernkompetenzen stärken („die Flotte ausbauen"), Kräfteverhältnisse kalkulieren („ihr Reich nicht vergrößern während des Krieges"), die Offensive (zur See) klug mit der Defensive (zu Land) verbinden („die Stadt nicht aufs Spiel setzen") (vgl. Thukydides 1991: 162). Folgten die Athener dieser Linie, „dann würden sie siegen." „Sie aber taten von allem

---

[56] Mit Wolfgang Will (2003) haben wir bei solcher Formulierung im Kopf: der wirkliche Perikles und der des Thukydides.
[57] Vgl. Buchheim (1991), ohne dass dieser Begriff bei Buchheim verwendet wird.
[58] Die vorherrschende Charakterisierung von Thukydides (vgl. etwa Münkler 1991).
[59] Thukydides über Perikles: „Es war dem Namen nach Volksherrschaft, in Wirklichkeit eine Herrschaft des Ersten Mannes." (1991: 162).
[60] Die Führer sprechen beispielsweise für „die Athener" oder „die Korinther".
[61] Öffentlich argumentiert hat Perikles mit Rechtsverletzungen.

Strategie: Historische Spurensuche 49

das Gegenteil (...)." Ihnen fehlte das strategische Zentrum („untereinander eher gleichen Ranges und nur bemüht, jeder der erste zu werden, gingen [sie][62] sogar so weit, die Führung der Geschäfte den Launen des Volkes auszuliefern"), schwächten sich selbst mit internen Konflikten („bis sie in ihren eigenen Streitigkeiten über sich selbst hergefallen und so zugrunde gegangen waren"), überdehnten ihre Kräfte und verloren ihre Kernkompetenz – beim Abenteuer Sizilien, bei dem sie auch „den größten Teil der Flotte" einbüßten. Am Ende war Athen verloren. Aber, so Thukydides nach Ende des Krieges, wo alle klüger, aber nicht alle strategisch informiert waren: Perikles hatte „die Kräfte richtig vorausberechnet". „Ein solcher Überschuss an Macht berechtigte damals Perikles zu der Voraussage, dass sie gegen die Peloponnesier allein sogar sehr leicht den Krieg gewinnen würden." (163).

Wie die strategische Konzeption zustande kam – mit Beratern, gewählten Strategen, Kollegen oder gar durch Beratung in der Volksversammlung – ist unbekannt. Bei der Entscheidung über den Krieg werden Kernelemente des strategischen Konzepts in die Überzeugungsrhetorik der Kriegsrede (109-114) eingebaut und der Führer selbst zeigt, wie Strategie zum Argument werden kann.

Strategische Steuerung fällt schon deshalb blasser aus, weil Perikles – von Amtsenthebung und Wiederwahl unterbrochen – nur zwei Jahre leitender Kriegführung bleiben, bevor er an der grassierenden Pest stirbt. Stilisiert ließe sich sagen, dass Thukydides die beiden Faktoren Kommunikation[63] und Leadership betont. Dass man, wie Thukydides suggeriert, 27 Jahre mit dem identischen Strategiekonzept ohne Adaption oder (Teil-)Revision auskommt ist unplausibel. Die Kämpfe zwischen einer Führung mit langfristigem strategischen Konzept und zweifelnden, widerstrebenden, sich verweigernden Bürgern, die ihre kurzfristigen Interessen geltend machen, führt dagegen ins Herz der Demokratie – auch 2500 Jahre später.

Die Griechen haben uns nicht die Idee politischer Strategie hinterlassen. Mit Sicherheit aber gab es, was wir strategische Denkweise politischer Akteure nennen. Wo wir deutlichere Spuren solcher Denkweise finden, beziehen sie sich beim Strategen, der auch Staatsmann ist, auf die Politik der Kriege. Die institutionelle Doppelrolle als Stratege und Staatsmann bildete einen besonderen Kristallisationspunkt. Allerdings war dies – angesichts scharfer Kontrollen und Sanktionsmöglichkeiten bis hin zur Todesstrafe – weniger Einladung als restriktive Möglichkeit. Von den Hunderten von Strategen, die es gab, wurden die Chancen eher selten ergriffen.[64] Es war nicht das Amt, das den politischen Strategen schuf. Einzelne politisch-strategische Köpfe nutzten dieses Amt, weil es für ihr besonderes Talent kein anderes gab. Von konzeptioneller Bearbeitung, losgelöst von der Kriegsfrage, keine Spur – mit der Ausnahme von Thukydides, dem erfolgreich gescheiterten Feldherrn.[65] Das muss, angesichts des Erfindungsreichtums der Griechen, Gründe haben.

Das „Könnensbewusstsein" der Griechen im 5. Jahrhundert, „einem Bewusstsein großer Möglichkeiten methodischen Handelns" (Meier 1983: 469), hätte sich gut auch auf politisch-strategische Fragen erstrecken können. Die „fachgemäße, rationale, kontrollierte Methodik" (472), zu der auch „neue Möglichkeiten (...) der militärischen Taktik und der

---

[62] Ergänzung durch *J.R./R.T.*
[63] „Wer (...) die Einsicht hat und sich nicht klar verständlich macht, ist gleich, wie wenn ihm der Gedanke nicht gekommen wäre." (Thukydides 1991: 157).
[64] Vgl. Bleicken (1995c: 586) zum „Sonderfall" Perikles auch unter diesen Bedingungen.
[65] Im Grunde war Thukydides von allem etwas: Feldherr, Politiker, Wissenschaftler (Historiker), vor allem aber galt seine Leidenschaft politisch-strategischen Fragen, was unter dem vorherrschenden Machtetikett der Rezeption meist verborgen bleibt.

außenpolitischen Berechnung" (477) zählten, hat in Athen ihren besonderen Ort und auch in Politikern ihre Personifizierung gefunden: „Der Sieg über die Perser, zu dem Themistokles' klare Erkenntnis der Lage und einige ganz außerordentliche, offenkundig richtige Beschlüsse der Athener entscheidend beigetragen hatten, war ein überraschender Beweis für das hohe Vermögen politisch-militärischer Berechnung überhaupt. Perikles vermochte durch eine lange Kette von Erfolgen zum Beispiel eines *einsichtsvoll-klugen*[66] (...) Politikers zu werden." (479f.). Die Zeiten, in denen „Zufall als eine faule Ausrede für mangelnde Berechnung" (429) galt, blieben allerdings – gerade in der Politik – von Neuerungsskepsis begleitet, die durch die Niederlage Athens im Peloponnesischen Krieg kräftige Nahrung erhielt.

Unser Erklärungsansatz hilft, das griechische „Theoriedefizit" zu erklären. Es fehlte ein legitimer Bedarf aus der praktischen Politik (1) heraus.[67] Träger für Elaborierungsprozesse (2) waren an sich vorhanden, aber ihre Aufmerksamkeit blieb auf anderes gerichtet, auch für sie stellten sich keine objektiven Probleme der Strategie. Öffentliche Diskurse (3) waren für die Erörterung von Strategiefragen nur begrenzt geeignet.

(1) Kein *legitimer Bedarf* der politischen Praxis. Demokratie in der Polis[68] arbeitete ohne Kollektivakteure und ohne stabile Führung, das heißt ohne die sich dadurch bietenden Kristallisationspunkte für Strategie und Beratung. Das Los, kurze Amtszeiten, hohe Fluktuation dienten der Egalitätsnorm und einer Verhinderung stabilen Führertums. Instabile Führung, wechselnde Anhängerschaften und Mehrheiten machten Politik zu einer höchst situativen Angelegenheit. Weder ideell noch strukturell waren Voraussetzungen für Bewegungen oder Parteien in einem irgendwie gearteten (vor-)modernen Sinne gegeben, also mit einem Minimum an Organisation, Programm, Führung.

Ohne institutionalisierte Führung und kollektive Konkurrenz fehlten auch Voraussetzungen für eine legitime Thematisierung strategischer Fragen im öffentlichen Diskurs – und den Feind, gegen den man in den Krieg zog, wollte man mit den eigenen strategischen Überlegungen nicht vertraut machen. Auch war die politische Komplexität in der frühen Demokratie und Agrargesellschaft gering. So bezogen sich die Inhalte der Politik größtenteils auf Außen- und Sicherheitspolitik sowie auf Ehrungen von Bürgern und Auswärtigen (vgl. Bleicken 1995c: 212ff.). Einzelne Führer, vor allem solche, die als Strategen länger im Amt blieben, mochten strategische Überlegungen entwickeln, aber weder Führung noch politische Strategie gehörten zu den Erwartungen der Bürger in der egalitären Demokratie.

Versammlungen und versammlungsnah konstruierte Gremien trugen ein Ideal der Entscheidung durch Debatte, bei dem es auf die Kunst der Überzeugung durch das gesprochene Wort ankam. Systematisierung rhetorischer Fragen, Regeln der Argumentation – das waren legitime Bedarfe. Strategie blieb Geheimwissen eines Führers oder musste als einfaches Argument den Weg in die Versammlungen finden.

(2) *Träger* für strategische Elaborierungsprozesse existierten, an ihnen lag es also nicht, dass die Strategiefrage nicht auf die Tagesordnung kam. Die Wissenschaft von der Politik[69] hatte ihren Schwerpunkt bei Fragen angemessener Institutionen, legitimer Regime

---

[66] Hervorhebung im Original, *J.R./R.T.*
[67] Auf den geringen militärischen Bedarf haben wir bereits hingewiesen, so dass auch ein Vorlauf des militärischen vor dem politischen Strategiedenken und dessen Anregungsfunktion nicht greifen konnten.
[68] Vgl. dazu Bleicken (1995c), Finley (1987, 1991), Hansen (1991).
[69] Wissenschaft wird hier in einem weiten Sinne verstanden, der jede Form systematisierender Wissensproduktion (normativ, deskriptiv, explanativ) einschließt – ungeachtet ihres Grades an Ausdifferenzierung und Institutionalisierung.

und der Moral, nicht bei Fragen politischer Prozesse, der Steuerung oder gar der politischen Strategie. Politik war Teil der „praktischen Philosophie", das heißt aber nicht, dass sie offen für jede Dimension praktischen Handelns gewesen wäre.

Aristoteles analysierte Politik, als es noch keinen gesicherten institutionellen Rahmen dafür gab. So galt sein Interesse den Institutionen einer guten, gerechten, stabilen Verfassung und – in diesem Rahmen – der Verteilung von Rechten und Pflichten. Politische Prozessanalyse war nicht sein Gegenstand. Soll die Verfassung bestimmte Qualifikationen berücksichtigen bei der Zuteilung von Staatsämtern? Das ist eine charakteristische Frage in Aristoteles' „Politik" (2003).[70] Die Frage: Welche Fähigkeiten braucht ein Politiker für gutes Regieren? steht nicht im Mittelpunkt. „Befähigung", „Tüchtigkeit", „Einsicht" verweisen auf einen Unterschied zwischen Regierenden und Regierten, geben aber keine Antwort darauf. Aristoteles interessieren die allgemeinen Voraussetzungen, nicht die Prozesse guten Regierens.

Der aristotelische Politikansatz aus sich heraus führt nicht zur Praxisorientierung des Faches im Sinne eines Vorausdenkens des handelnden Politikers. Er bleibt auf Politikbegriff, die Rahmenbedingungen (Verfassung, Regime) und die normative Bestimmung des guten Regierens beschränkt. Modi des Regierens, Entscheidungsprozesse, die Policy- und Politics-Dimension (in heutiger Sprache) werden nicht geklärt.

Einige Handlungsempfehlungen beziehen sich auf den engen Bereich von Verfassungsschutz und Pflege der Verfassung. Gegen einen radikalen Egalitarismus schärft Aristoteles das Bewusstsein für besondere Qualifikationen von Regierenden, gleichzeitig sorgt er sich um die Anbindung der Regierenden an die Regierten – dazu gehört seine Erkenntnis, dass „keiner gut regieren kann, der nicht sich gut hat regieren lassen". Sein Bild, „der Regierte ist wie der Flötenmacher, der Regierende aber wie der Flötenspieler, der das Instrument gebraucht", ist schön, aber das Informationsdefizit über die Regierenden behebt es nicht.

Aristoteles arbeitete am Bau einer tragfähigen Verfassung, ohne eine Tür für strategische Politik zu öffnen. Auch will er „sein Thema philosophisch behandeln", „nicht bloß auf das Praktische sein Augenmerk richten" – im Namen der Theorie die früh sich anbahnende Distanz zwischen der Wissenschaft und der Praxis von Politik. Die Grenze beim auch empirisch orientierten Aristoteles ist nicht so scharf wie bei Platon, aber sie ist Teil seiner langen Wirkungsgeschichte. Der Staatsmann als Verfassungsgeber ist eine große Rolle, *seinen* Kopf ist Aristoteles bereit sich zu zerbrechen, für ihn denkt er praxisnahe Unterscheidungen zwischen besten, möglichen und am leichtesten durchsetzbaren Verfassungen. Darunter aber erlischt das damals mögliche Interesse einer Politikwissenschaft.

Es gab zwei Bedarfe legitimen Wissens seitens der Politik. Erfolgreiche Kriegsführung – darum kümmerten sich (wie wir sahen) Militärs in den Grenzen von Taktik. Vor allem aber Rhetorik als die Kunst der Rede und Einflussnahme in der Versammlungsdemokratie. Das war ein Gebiet, mit dem sich die Wissenschaft im weiten Sinne intensiv und anhaltend beschäftigte. Rhetorik war verwertbar in einer Praxis, die in hohem Maße auf direkter mündlicher Kommunikation beruhte – für Feiern, Gerichte, nicht zuletzt auch in der Politik, bei Volksversammlungen oder in großen Gremien.[71]

Jochen Bleicken (1995c: 461) hat zentrale demokratische Funktionen der Rhetorik festgehalten: „Für die Demokratie war am wichtigsten, dass in der Rhetorik den Bürgern

---

[70] Die folgenden Zitate sind diesem Text entnommen.
[71] Vgl. Schindel (1992) zur historischen Genese von Rhetorik.

das Instrument zur Bewältigung eines demokratischen Entscheidungsprozesses an die Hand gegeben wurde, und es steht ohne Zweifel fest, dass Demokratie und Rhetorik sich hier wechselseitig befruchtet und vorwärtsgetrieben haben." Außerdem: „Für die Demokratie bedeutete diese neue Kunst ein Lebenselixier (...) Jetzt konnte jeder diese Kunst lernen, und erst jetzt war damit die politische Gleichheit Wirklichkeit geworden."

Warum entwickelten die Sophisten und andere eine Kunstlehre der Rhetorik, nicht aber der politischen Strategie? Man kann die Gründe dafür in größerer Plausibilität, Reichweite und Legitimität vermuten. Die Rede ist sichtbarer, Strategie unsichtbarer Teil von Politik. Rede ist konkret, Strategie abstrakt. Rhetorik ist zu dieser Zeit vielseitiger und auch nicht-politisch verwendbar. Rhetorik kann in der Demokratie allen helfen, Strategie ist zunächst Teil von Führungskunst. Rhetorik ist legitimer Teil von Redekultur und Versammlungsdemokratie, Strategie fehlt die unmittelbare Legitimität.

(3) *Öffentlicher Diskurs*. Es gab zwar kein emphatisches Öffentlichkeits-Postulat, aber genügend Freiheit für Diskurse. Daraus haben sich allerdings keine schriftlich festgehaltene Strategie-Diskurse entwickelt. In der Volksversammlung der griechischen Polis durfte über alles debattiert werden, auch über Strategie. In direkter Gegenrede ließen sich andere Vorstellungen militärisch-politischer Taktik und Strategie entwickeln. In offener Debatte konnte unter Anwesenden – gestützt durch die Rechenschaftspflicht – versucht werden, Hintergründe, verborgene Absichten, Geheimnisse offen zu legen. Wo Offenlegung eine Norm war, musste nicht erst ein Begriff von Öffentlichkeit entwickelt werden, der in der Moderne die Mitwirkung der Bürger wie die Offenlegung geheimen Herrschaftswissens des Fürsten signalisierte.

In der dominant mündlichen Kultur hätte Strategie eigentlich ein Thema sein können, aber man hatte keinen analytischen Begriff dafür und damit auch keinen Fokus einer gezielten Debatte. Es zeigte sich, dass ohne Schriftlichkeit und ohne begriffliche Schärfung kein vertiefender Diskurs zu entwickeln ist. Hinderlich waren auch die Unfähigkeit, „den Schleier moralisierender Betrachtung bei der Suche nach den politischen Realitäten beiseite zu schieben" sowie der „Mangel jeglichen anhaltenden Interesses an Politik".[72] Zudem fehlte es an Formen politischer Publizistik. Es gab aufeinander Bezug nehmende Lehrbücher militärischer Taktik und es existierten philosophisch-politische Diskurse, Strategie selbst aber war kein Gegenstand weiterführender, auch schriftlicher Diskurse.

Zwischenzeiten

Nach ersten Ansätzen in der griechischen Antike tat sich in der europäischen Strategieentwicklung erst wieder etwas in der frühen Neuzeit. Der Blick auf das, was hier als *Zwischenzeiten* zusammengefasst wird, soll vor allem klären, warum die Strategiefrage fast zweitausend Jahre nicht voran kommen konnte.

Römische Antike

In Rom[73] gab es sicherlich einen höheren Strategiebedarf als in der athenischen Polis, aber Elaborierung und Tradierung politischen Strategie-Wissens machten keine Fortschritte. Die tausendjährige Geschichte Roms war ein Laboratorium politischer Strategien, blieb aber

---

[72] So Finley (1991: 76), der als Ausnahme – für die römische Zeit – lediglich die Briefe von Marcus Tullius Cicero gelten lässt, die dessen Schriften korrespondieren.

[73] Vgl. zum Überblick etwa Bleicken (1995a, 1995b), Dahlheim (1995), Finley (1987, 1991).

fast ohne schriftliche Spuren. Die Glücksfälle der Indiskretion gegenüber dem herrschenden Politikbetrieb – wie Thukydides oder später Machiavelli – fehlten in der römischen Antike.

Der objektive Bedarf an Strategie wuchs, der legitime Bedarf an Elaborierung von Strategie dagegen blieb niedrig. Dieser widersprüchlichen Konstellation mag eine verstärkte Bedeutung von Strategiefragen bei gleichzeitiger Abdrängung in einen nicht-sichtbaren Bereich entsprochen haben.

Die Faktoren Offenlegung und Öffentlichkeit blieben immer schwach, aber aus unterschiedlichen Gründen. In der Aufstiegs- und Blütephase der Republik war Strategie integrierter Bestandteil einer relativ homogenen Elitenpolitik. Es gab strategisch zu entscheidende Fragen (z.B. bei der institutionellen Beteiligung der Plebs oder bei Schaffung und Ausgestaltung der italienischen Einheit), die wurden aber mit Hilfe *impliziten Strategiewissens* beantwortet. In der Krisenphase der späten Republik im letzten Jahrhundert v. Chr. wuchs in den Machtkämpfen der Politiker-Feldherrn der Strategiebedarf, strategisches Know-how wirkte als *Konkurrenzwissen*, das vor den Gegnern und einem Senat, der republikanische Tugenden reklamierte, geheim zu halten war. In der dritten Phase, dem Kaiserreich, wurden Strategiefragen zum *Arkanwissen*, das Volk und Feinden vorenthalten werden sollte. Die Orte strategischer Entscheidung wechselten: vom Senat beim impliziten Strategiewissen über die Hauptquartiere beim Konkurrenzwissen zum Palast beim Arkanwissen.

Lange Zeit blieben Strategiefragen eingebettet in die Beratungskultur von Senat, Magistrat und Consilium. Dies war eine Art von oligarchisch-kollektivem Beratungs-, Entscheidungs- und Kontrollsystem, in dem weder ambitionierte Einzelne noch ein analytisch trennbarer Aspekt von Strategie hervortraten. Vielleicht galt eine gemeinsame Verschwiegenheit der Senatsaristokratie über ihre Machttechniken und Strategieüberlegungen, die „draußen" niemanden etwas angingen.[74] Es gab auch keinen Grund, das Volk neugierig zu machen. Das Volk wurde zwar informiert, aber die Volksversammlung war kein eigenständiger Diskurs- und Entscheidungsfaktor wie im demokratischen Athen.

In der Spätphase der Republik erst agierten Spitzenakteure, die auf eigene Rechnung arbeiteten und sich dabei auf separate Teilkollektive stützten. Die eingehegte frühere Konkurrenz bei den Wahlen zu den höchsten Ämtern wurde nun überlagert von unregulierten, immer auch gewaltsamen Kämpfen um individuell geprägte Macht im Staat. Hier kann man nicht ohne Strategie erfolgreich sein, aber man kann sie nicht mehr mit anderen teilen.

Jetzt kumulierten die Gründe, strategische Argumente für sich zu behalten.[75] Es wuchs ein Geheimbereich für Strategiefragen. Strategiewissen wurde zum individuellen Kapital, das im Machtkampf Vorteile verschaffen konnte. War man erfolgreich, präsentierte man Tatenberichte im Stile der *Res Gestae* von Kaiser Augustus (1975) oder Kriegsbeschreibungen wie bei Julius Caesar (2004, 2006), keinen Einblick in die Strategiewerkstatt und in die Produktionsweise von Erfolgen. Die große Tat sollte durch strategische Transparenz – und vorhergehende Ungewissheit – nicht verkleinert werden. Ruhm sollte nur eine Vorder-, aber keine Rückseite haben.

Unabhängige Kräfte, die auf Offenlegung strategischer Begründungen zielten, waren schwach. Der Senat, das klassische Beratungszentrum, verlor zunehmend an Kraft und

---

[74] Es gab beim Adel, in Athen, aber mehr noch in Rom, eine „mündlich vererbte Familientradition politischer Führungskunst" (Patzer 1966: 34).

[75] Vogt (1960: 210) bemerkt, die Römer hätten „überhaupt nicht eben viel über die Methoden ihrer Machtpolitik geredet".

Einfluss gegenüber den entfesselten Feldherrn-Politikern. Eine kritische Öffentlichkeit hat sich nie gebildet. Sie kann sich in den Zeiten von Bürgerkrieg und Proskriptionslisten am wenigsten entwickeln und auch im Kaiserreich fehlten ihr die Voraussetzungen. Dass Rom eher eine Aktions- als eine Reflexions-Kultur war, in der die „Männer der Tat" zählten, wirkte da auch nicht unterstützend.

Sieht man die Bedingungen für objektiven und zugleich legitimen Strategiebedarf durch, fällt auf, dass die *Komplexitätssteigerung* am eindeutigsten war. Mehr Komplexität hieß sozial, dass es um zunehmende institutionelle und interaktive Koordination ging, um große, wachsende Menschenzahlen. In der Krisenphase der späten Republik entwickelte sich ein offenes Feld von Mobilisierungspolitik und klafften gesellschaftliche Machtverhältnisse und tradierte institutionelle Ordnung zunehmend auseinander. Im Kaiserreich differenzierte sich eine neue Verwaltungselite aus, wurden alte Eliten symbolisch gepflegt und das Volk ruhig gestellt (beide politisch entmachtet). In sachlicher Hinsicht ging es um Problembearbeitung in einem Mehrebenensystem mit zunehmend größeren Einheiten (Rom, Italien, Weltherrschaft), um mehrdimensionale Aufgaben (militärisch, politisch, administrativ, ökonomisch) und um die Klaviatur symbolischer und instrumenteller Politik. Auch in zeitlicher Hinsicht musste man sich zunehmend auf längere Wirkungsketten einstellen, die zu berechnen waren. Die Übergänge von einem Stadtregiment zu einem Großimperium haben die Verhältnisse derart umgewälzt, dass erfolgreiche Politik ohne strategische Einlassung auf die Komplexitätsfrage nicht denkbar war.

Gegenüber der athenischen Demokratie gründete die römische Politik von vornherein auf einem Macht- und Legitimitätszuwachs für politische *Führung*. Allerdings war das in der ersten, republikanischen Phase eher ein Typ kollektiver Führung, der dem Machtstreben Einzelner enge Grenzen setzte. Gleichheit unter Adligen war lange Zeit ein stabiler Wert. Die Regierung (Magistrat) war nicht nur eng mit dem Senat verbunden, sondern ihm im Zweifelsfalle untergeordnet. Auch in Rom gab es einige führungsfeindliche Regelungen wie Annuität (jährliche Amtszeiten) oder Kollegialität (z.B. Doppelspitze der zwei Konsuln). Die Konsuln waren stark genug, um Strategien zu verfolgen, strategische Entscheidungen aber waren Teil des Entscheidungshandelns des Senats.

Die Lösung der Konsulämter aus den Bindungen des Senats und aus den Fesseln der führungsfeindlichen Regelungen – ein Ansatzpunkt für individuell zurechenbare Strategie – war ein Signum der Krisen- und Übergangsphase, die von den Feldherren-Politikern bestimmt wurde. Individuen, nicht mehr das Senats-Magistrats-Kollektiv, wurden konkurrierende „strategische Zentren", die das Ineinandergreifen innenpolitischer Machteroberung und externer Expansion steuern mussten. Es entstanden nun individuelle Führungsmacht und objektiver Strategiebedarf, aber auf der Grundlage gespaltener Legitimität.

Das Kaiseramt hat Führung auf Dauer gestellt, alle Beteiligung und Kontrollen eliminiert und dabei doch nur Chancen anspruchsvoller, undemokratischer strategischer Politik geschaffen. Viele Kaiser haben – trotz zunehmender interner Beratung – vor dieser Aufgabe versagt. Zur Elaborierung von Strategie konnten sie schon wegen deren Arkancharakter nichts beitragen.

Anders als in Athen gab es von früh an *Kollektivakteure* in Form der eigentümlichen Klientelgruppen, ohne die man keinen politischen Einfluss gewinnen konnte. Dies waren Gefolgschaftsverhältnisse mit einer sozialen Schutzfunktion durch den Patron und einer politischen Hilfsfunktion für ihn. Sie waren ein Instrument in der Hand des Patrons, stützten ihn bei Wahlen und Abstimmungen, ohne selbst beraten, fordern, initiieren zu können.

Sie ermöglichten die begrenzte Konkurrenz unter Adligen, gleichzeitig mäßigten sie die Machtfrage, da die Größenverhältnisse zwischen den verschiedenen Klientelen über sehr lange Zeiträume stabil blieben. Wahlkämpfe waren zwar ritualisiert, aber doch auch häufig in ihrem Ausgang offen. Strategiebedarf existierte (Mobilisierung von Geld, Platzierung von Versprechen, Schwerpunkte der Werbung etc.), aber er hielt sich in Grenzen.

Das änderte sich, als das Gleichgewicht der Mobilisierung zerbrach. Die mit dem neuen Typ von Berufssoldaten gebildeten militärischen Klientelgruppen eröffneten seit Sulla einen Raum zusätzlicher politischer Mobilisierung, der diese Kollektivakteure zu einem Strategiefaktor machte. Es blieben stumme Akteure, ohne eigenen Willen und Willensbildung. Der Umfang ihrer Mobilisierung hing ab von der Größe der Kriegsführungs-Mandate (die noch vom Senat erteilt wurden). Ihr geschickter Einsatz in den innenpolitischen Machtspielen wurde ein durchschlagender strategischer Erfolgsfaktor (Überschreiten des Rubikon, Marsch auf Rom etc.). Im Kaiserreich wurden diese militärischen Klientelen, die wesentlich zum Untergang der Republik beigetragen hatten, von der zentralisierten Staatsmacht absorbiert. Das Problem strategischer Steuerung partikularer Kollektivakteure verschwand wieder.

Die vertikalen Klientelgruppen wurden überlagert von den horizontalen Tendenzgruppen (Optimaten, Popularen). Sie differenzierten die Senatsaristokratie politisch entlang der strategischen Frage eines Entscheidungsmonopols des Senats (Optimaten) oder von Volksbeschlüssen auch gegen den Willen des Senats (Popularen) – nicht durchgängig, nicht dauerhaft, nicht wirklich organisiert. Das alles waren neue Formen der Strukturierung und Mobilisierung von Kollektivakteuren – mit modernen Parteien hatten sie nichts zu tun. Auch blieb das Concordia-Ideal noch bis in die Wirren der späten Republik dominant, hielt das Legitimitätsdefizit partikularer Kollektivakteure an. Aber insgesamt hat dies sicherlich die Anreize für ein Strategizing der Politik verstärkt.

Viel Strategie in der tausendjährigen römischen Geschichte, aber wenige schriftliche Spuren. Die Wissenschaft, auch wenn man sie weit versteht, hat keine bleibenden Beiträge für eine Kontinuität von Strategieanalyse geliefert. Die römische Kultur war stolz auf ihren Beitrag zu den „Künsten" (*artes*) des Staatsmanns (Livius 1999: 7), aber ihr anschlussfähiger Systematisierungsbeitrag dazu war dürftig. Weder Geschichtsschreibung noch Staatsanalyse brachten in dieser Hinsicht Erkenntnisfortschritte.[76] Rhetorikwissen[77] blieb die für legitime politische Wirksamkeit wichtigste Wissenssorte, dazu kam Rechtswissenschaft. Militär, Rhetorik, zunehmend auch Recht steuerten zum politisch legitimen Wissen bei. Politische Strategie gehörte nicht dazu.

Julius Caesar war in dieser Hinsicht auch keine Ausnahme. In seinen Schriften (2004, 2006) fehlt es an Transparenz und einer eigenständigen Identifizierung strategischer Fra-

---

[76] Die Schriften von Titus Livius beispielsweise waren narrativ und stark normativ, ihre strategische Zuspitzung erfuhren sie erst 1500 Jahre später durch Niccolò Machiavelli, der sie für seine *Discorsi* zugrunde legte. Das war auch deshalb möglich, weil die Römer strategisch nichts ausgearbeitet hatten. Machiavelli fungierte also stellvertretend für sie, unklar bleibt, wie weit sie selbst so gedacht haben. Thukydides wurde in Rom nicht rezipiert, Perikles blieb unerwünscht (vgl. Will 2003).

[77] In der römischen Republik gab es dafür ähnliche Gründe wie in der griechischen Polis. Rhetorik war für politische Versammlungs- und Beratungsstrukturen wichtiger als Strategie. Marcus Tullius Cicero (2001) schrieb über Rhetorik, nicht über Strategie. Die Schrift seines Bruders Quintus Tullius Cicero „Commentariolum Petitionis" (2001) ist der erste uns bekannte Wahlkampf-Ratgeber. Entsprechend den Rahmenbedingungen handelte es sich um personenbezogene, individuelle Konkurrenz eines Popularitätswettbewerbs, mit schwacher Politisierung, ohne Parteien und ohne Programme. Strategische Qualitäten lassen sich am ehesten in der Beschreibung und Segmentierung potentieller Wähler erkennen.

gen, die Voraussetzungen für Elaborierungsbeiträge wären. Selbst in militärischen Fragen war das Genie Caesars eher auf erfolgreiche Praxis – und den Stil meisterhafter Berichterstattung – bezogen als auf die Explikation einer strategischen Denkweise und Methodik. Da auch Caesars politischem Handeln die Eindeutigkeit einer wenigstens ex post interpretierbaren strategischen Vorbildhaftigkeit mangelt,[78] bleibt in strategischer Hinsicht ein eher schmales Erbe. Dem „Caesarismus" fehlt eine Zielkomponente, um mehr als erfolgreiche Gefolgschaftsmobilisierung eines „freien, traditionsentbundenen Vertrauensmannes der Massen" (Weber 1980: 554) zu sein, die sich für beliebige militärische oder politische Zwecke einsetzen lässt.

Militär und Politik waren in Rom eng miteinander verknüpft. Ohne militärische Leistungen, ja die kriegerische Kultur, hätte es in diesem Ausmaß keine erfolgreiche Expansion gegeben. Militär war das Schicksal auch der Politik. Auf dem militärischen Feld gab es ein kumuliertes, weitergegebenes, zum Teil auch verschriftlichtes, überwiegend taktisches Wissen. Häufig existierte eine Personalunion militärischer und politischer Führung. Militärische waren oft politische Fragen. War dann auch militärische Taktik bzw. Strategie die Folie, auf der sich Vorstellungen von politischer Taktik bzw. Strategie bildeten? War der Feldherr der bessere Politiker, weil er das taktisch-strategische Handwerk gelernt hatte?

Auf einer sehr basalen Ebene gab es sicherlich Gemeinsamkeiten. Kampf, Erfolgsorientierung, Gegnerbeobachtung, Bündnisrelevanz, Kalkulationen waren nicht exklusiv für Militär oder Politik, wenn auch Kampf zum Beispiel auf der militärischen Ebene antagonistisch, politisch aber in einer gemeinsamen Ordnung gebunden zu denken war. Aufs Ganze gesehen spricht mehr für eine Divergenz- als für eine Konvergenzthese. Militärs haben Schwierigkeiten, eine sich ausdifferenzierende politische Sphäre angemessen zu verstehen. Das gilt verschärft für republikanische und demokratische Kontexte. Überzeugen ist etwas anderes als besiegen, verhandeln erfordert anderes als einseitiges Handeln, Zielfindung ist politisch ungleich schwerer als militärisch.

Der politisch-strategisch geniale Augustus (vgl. Bleicken 1999) war nicht durch Militär geprägt. Der militärisch geniale Julius Caesar war durch seine militärischen Erfahrungen und Erfolge bestimmt. Er scheiterte in seiner politischen Strategie. Caesar verstand wenig von politischen Institutionen, Traditionen, Identitäten, war in seinen politischen Zielen unterkomplex (die Ehre des Soldaten, Machterwerb), konnte nicht hinreichend von Militär auf Politik umdenken und umschalten (vgl. Meier 1982, Dahlheim 2005). Gerade auch unter dem Aspekt eines auf den ersten Blick nahe liegenden Transfers der früher elaborierten militärischen auf die politische Strategie, wären bei weiterer historischen Spurensuche die schwierigen Wechselwirkungen genauer zu untersuchen.

Mittelalter

Für fast 2000 Jahre – seit Beginn der römischen Kaiserreiche – war Monarchie die herrschende Staatsform in Europa. Die tausend Jahre mittelalterlicher Geschichte gehen an der Elaborierung strategischer Politik spurlos vorbei. Strategie hatte ihren Sitz im Innern von Monarchien, aber wir erfahren nichts davon. Fürsten, ihre Berater und relativ kleine Verwaltungsstäbe bestimmten den Gang der Entwicklung. Die Personalunion von Staats-

---

[78] Vgl. Raaflaub (1974) für den spannenden Versuch, im Gewirr unterschiedlichster Interpretationen Motive, Ziele und diesen entsprechende „Taktiken" (von Strategien wird hier nicht gesprochen) der Hauptakteure des Bürgerkriegs, Caesar und Pompeius, zu identifizieren.

oberhaupt, Regierungschef, oberstem Kriegsherr sowie die vielen Kriege in Zeiten ungefestigter Staatlichkeit führten militärische und politische Strategie eng zueinander.

Noch existierte keine Sprache zur Abgrenzung einer solchen Dimension, die antike Begrifflichkeit von Taktik und Strategie wurde erst später wieder aufgenommen. Auch waren die Sphären von Militär und Politik noch stark miteinander verwoben. Dabei war das Militärische der enger umgrenzte und grundlegendere Bereich in einer Zeit, da die Schaffung und Erhaltung von Fürstentümern wesentlich auf Gewalt beruhte.[79]

Beim Regieren waren Fürsten angewiesen auf Rat und Beratung.[80] Eine der wichtigsten Tugenden jedes Herrschers war „seine Bereitschaft, Rat anzunehmen" (Hennis 1981a: 165). Ratgeber, aus denen sich in langen Prozessen Regierungen entwickelten, und beratende Versammlungen, aus denen – wo Kontinuität bestand – moderne Parlamente hervorgegangen sind, gaben dem Herrscher auch Chancen, politische Strategien zu entwickeln, zu überprüfen, hinsichtlich ihrer Durchsetzungsmöglichkeiten abzuschätzen. Rat war noch nicht fachlich spezialisiert, sondern generalistisch, auf der Grundlage politischer Erfahrung und Wissens, orientiert vor allem an bewährter Urteilsfähigkeit.

Im Mittelalter[81] besonders wichtig war die Phase „vertraulicher Vorklärungen", die sich von den „erst danach inszenierten öffentlichen Beratungen mit garantiertem Ausgang" (Althoff 1997: 130) unterscheiden lassen. Nur wenige konnten an solcher vertraulichen Vorklärung teilnehmen, hatten also den für Gehör und Einfluss notwendigen direkten Zugang zum Herrscher. In diesem kleinen Netzwerk kamen, so lässt sich vermuten, „vertraute Ratgeber, die permanent am Hof anwesend waren" (197) in besonderer Weise für strategisierende Gesichtspunkte in Betracht. Wie auch immer die Beraterverhältnisse sich entwickelten,[82] der direkte Fürstenbezug setzte Chance und Schranke wirklicher Einflussnahme.

Strategie, wie sie auch ausgesehen haben mag,[83] existierte in den Köpfen der Fürsten und im Gespräch mit ihren Beratern. Dieser innere Bereich unterlag den Regeln von Arkanpolitik. Wer sie verletzte, spielte am Ende mit dem Leben. Die politische Forderung nach „Öffentlichkeit" kam erst gegen Ende des 18. Jahrhunderts auf. Erst dann konnte mit „Öffentlichkeit" die bis dahin gültige Legitimität von „Geheimnis" bekämpft und überwunden werden (vgl. Hölscher 1979: 124ff.). „An die Stelle der rationalen Kalkulierbarkeit politischen Handelns, das im frühneuzeitlichen System des europäischen Kräftegleichgewichts der Abschirmung seiner Pläne und Entscheidungen vor den Gegenzügen der außenpolitischen Konkurrenten bedurfte, um seine Zwecke zu erreichen, trat im Vormärz die innenpolitische Fundierung in den Bedürfnissen und Erfahrungen der ‚mittleren Klassen' (...)" (Hölscher 1978: 457f.). Das greift voraus, wäre aber auch historisch „nach hinten" zu verlängern, weil von den frühen Zeiten europäischer Staatsbildung bis ins 18. Jahrhundert hinein „die Geheimhaltung als notwendige Voraussetzung jeder erfolgreichen Politik" (Hölscher 1979: 128) gegolten hatte.

---

[79] Das Mittelalter hatte auch dem Militärischen nichts Neues hinzugefügt. Das verschriftlichte antike Kriegswissen erreichte über Byzanz Europa erst wieder in der Zeit der Renaissance (vgl. Hahlweg 1960: 10).

[80] Vgl. den aufschließenden Überblick bei Hennis (1981a).

[81] Vgl. Althoff (1997) zur mittelalterlichen Beratungspraxis.

[82] Wilhelm Hennis sieht ihre Abschwächung im Absolutismus, unter anderem gespiegelt in relativierenden Bemerkungen wie der von Niccolò Machiavelli: „Ein Fürst muss sich stets beraten lassen, aber nur wenn er will, nicht wenn die andern wollen."

[83] Reichhaltige Quellen, an denen sich der strategische Bewusstseins- und Erkenntnisstand eines Fürsten ablesen lässt – wie im Zeitalter der Aufklärung zum Beispiel bei Friedrich dem Großen – existieren, soweit wir sehen, für diese Jahrhunderte nicht. Möglicherweise könnte aber die Geschichtswissenschaft mit einem geschärften Strategiebegriff mehr zu Tage fördern als in dieser Hinsicht heute erkennbar ist.

Ohne kritische Öffentlichkeit und ohne „Dissidenten" der Arkanpolitik drang nichts nach außen. Fürsten und ihre Berater mussten sich strategischen Fragen stellen, aber es gab keinen Grund zu deren öffentlicher Erörterung. Noch Niccolò Machiavelli hatte ja lediglich aus der Not seiner Entlassung zur besten Schaffenszeit die Tugend einer schriftstellerischen Offenlegung strategischer Überlegungen von Regierenden gemacht, die wir sonst nicht erfahren hätten.

Diese zweite, autokratische Entwicklungslinie beeinflusst immer noch unser Bild von Strategie, häufig stärker als die demokratische Entwicklung, die doch die eigentliche Vorgeschichte heutiger strategischer Politik in der Demokratie ist. Strategie als Herrschaftsprivileg, als Geheimnis und Geheimwissen schloss fast alle von diesem exklusiven Geschäft aus. Mit der Fürsten-Rolle und den höfischen Beratern existierten mögliche Kristallisationspunkte für militärisch-politische Strategie. Der objektive Strategiebedarf war für die Staaten mit zunehmender Konkurrenz, Größe, Heterogenität, das heißt insgesamt wachsender Komplexität, unabweisbar. Die Ausscheidungskämpfe zwischen Fürsten und die Durchsetzung eines staatlichen Gewalt- und Steuermonopols beim säkularen Prozess der Bildung moderner Territorialstaaten erforderten monarchische Strategiefähigkeit. Der Strategiebedarf richtete sich auf die militärischen und außenpolitischen Kapazitäten, auf einen Primat der Außen- vor der Innenpolitik und auf die „Anpassung" innenpolitischer Verhältnisse an die Staatsinteressen.

Inwieweit politische Strategie tatsächlich Teil dieses Regierungsgeschäfts war, blieb nach außen verborgen. Fürsten und Adel hatten kein Interesse an öffentlicher Diskussion und daraus möglicherweise erwachsender Elaborierung. Auch Fragen militärischer Taktik und Strategie hatten kein Forum öffentlicher Erörterung. Das Militär lebte lange von mündlicher Weitergabe der für das Kriegshandwerk notwendigen Informationen (Brodie 1968: 282). Adel (Prinzen, Könige), die die Kriege leiteten, waren auch von der Lebensform her Aristokraten, das heißt üblicherweise keine Mitglieder einer schriftstellerischen oder wissenschaftlichen Community. So gab es, bis weit in die Neuzeit hinein, auch keinen Markt für entsprechende Literatur: die potentiellen Nutzer waren normalerweise auch deren Produzenten.[84] Unabhängige militärische Schriftsteller kamen erst im 18. Jahrhundert auf.

Auch die Wissenschaft brachte die Strategiefrage nicht voran. Wissenschaft fand im späten Mittelalter in den Universitäten einen eigenen, gesellschaftlich ausdifferenzierten Ort. Politikwissenschaft wurde als Teil der praktischen Philosophie gelehrt. Orientierungspunkt blieb über Jahrhunderte „der Philosoph" – jeder wusste, auch ohne Namensnennung, das war der eine, der zählte: Aristoteles.[85] Die gute Ordnung des Gemeinwesens, in einer normativ-institutionellen Sichtweise und christlich aufgeladen, bildete den Gegenstand der Lehre. Adressat waren nicht nur die auszubildenden Magister, sondern „indirekt immer auch (...) die Obrigkeit in Gestalt des Adels und der Fürsten. Die Theorie der gerechten Herrschaft beinhaltete wesentlich eine Anweisung zur guten Amtsführung der Fürsten." (Bleek 2001: 45).

Das überschnitt sich mit der Tradition der „Fürstenspiegel", die Thomas von Aquin 1265, parallel zur Übersetzung von Aristoteles' „Politik", begonnen hatte. Dabei entwickel-

---

[84] Der repräsentative Sammelband von Paret (1986a) „The Makers of Modern Strategy" setzt mit Niccolò Machiavelli ein, behandelt das 16. und das 17. Jahrhundert kursorisch, um dann eine sich verbreiternde, vertiefende und modernisierende Literatur ab dem 18. Jahrhundert zu präsentieren.

[85] Hinweis von Bleek (2001), auf dessen „Geschichte der Politikwissenschaft in Deutschland" sich auch die folgenden Ausführungen stützen.

ten gelehrte Autoren in aristotelischer bzw. christlicher Tradition ihre Vorstellung gerechter Herrschaft, mit denen sie sich direkt an Fürsten und Adel richteten. Sie formulierten vor allem moralische Standards, gaben aber auch Empfehlungen zur Fürstenerziehung und zu einigen Fragen praktisch-politischen Verhaltens. Die Tradition des Fürstenspiegels, über Qualifikationen, Tugenden und einige Führungsmodi nachzudenken, wurde bis zum Ende des 18. Jahrhunderts fortgeführt (vgl. Mühleisen/Stammen/Philipp 1997). Zu Fragen politischer Strategie ist man dabei nicht vorgestoßen.

Frühe Neuzeit

Die italienischen Stadtstaaten der frühen Neuzeit haben einen halben Schritt in die Moderne getan. Tatsächlich entstand die politische Moderne in Europa dann aus der Demokratisierung der monopolisierten, starken Fürstenmacht. Dieser Prozess beginnt 1789 in Frankreich. Die oberitalienischen Stadtstaaten aber waren ein frühes Kampffeld zwischen Republik und Fürstentum, mit einem aktivierten Volk und lebhafter Öffentlichkeit, mit Problemen nach innen und außen, im Kampf gegen andere Fürstentümer und Interventionsmächte. Herfried Münkler (1985, 1987, 1995) hat diese Sonderentwicklung und mit Niccolò Machiavelli einen ihrer Repräsentanten hervorragend analysiert. Darauf aufbauend können wir Machiavelli in wenigen Strichen als einen Repräsentanten der Strategieentwicklung zwischen Antike/Mittelalter und Moderne skizzieren.

Niccolò Machiavelli

Die Modernisierung von Strategie wurde durch das „neue Welt- und Menschenbild" der Renaissance[86] gefördert. Von der Ökonomie ausgehend, breiteten sich der „Geist der Rechenhaftigkeit", die Kalkulation von Gewinn und Verlust, Chancen und Risiken aus. Die Zeiterfahrung wurde umgestellt auf die messbare Zeit, die ein ganz anderes Operieren in der Zeitdimension ermöglichte. Das „Auseinanderfallen von Faktum und Norm" verschaffte Freiheiten, empirische und normative Größen eigenständig in Beziehung zueinander zu setzen. Politische Klugheit wurde immer stärker mit instrumenteller Rationalität identifiziert, dem „zweckgerichteten Einsatz adäquater Mittel". Solche veränderten, mit Strategiedenken eng verbundenen Rahmenbedingungen, ermöglichten – verdichtet in Florenz – den neuen Denkstil, der bei Machiavelli zu einem Meilenstein moderner Strategieentwicklung führte.

Machiavelli stand an einer Weggabelung zur Moderne: Fürsten-Strategie oder republikanische Führungs-Strategie – von Strategie in der Demokratie ist noch nicht die Rede. Obwohl „im Grunde" Republikaner, konnte er sich nicht definitiv entscheiden.[87] Er blieb zwiespältig. Nicht zuletzt wegen dieser normativen Unsicherheit war auch seine Wirkungsgeschichte ambivalent. Politische Strategie erhielt durch ihn den Geruch des Unmoralischen und Opportunistischen. Auch durch seine Betonung des Machtfaktors kam es zu einer Vorstellung von Strategie als normativ blindem Machtreduktionismus.

Im „Principe" ebenso wie in den „Discorsi" präsentierte sich Machiavelli als politischer Berater – im Ersten für den bindungslosen Fürsten, im Zweiten für die Republik (und

---

[86] Vgl. Münkler (1985: 23ff.), dort auch die folgenden Zitate.
[87] Sowohl auf der praktischen Ebene – mit den Medici *und* mit der Republik zusammenarbeiten? – als auch im Widerspruch zwischen „kommunalem Republikanismus" (Münkler 1985: 34) und der Monarchie für den angestrebten gesamtitalienischen Staat.

den Fürsten). Dass er beides in einer Beraterperson für möglich hielt, haben seine Glaubwürdigkeit und das Vertrauen in ihn schon unter Lebenden erheblich gemindert, unabhängig von seinen politischen Schriften, die erst nach seinem Tod publiziert wurden.

In analytischer Hinsicht war der Fortschritt Machiavellis unverkennbar – wenn er denn vor lauter moralischer Abscheu erkannt wurde. In seinen Begriff politischer Klugheit (*prudentia*) hat er, anders als in den moralisch determinierten Vorgaben der Fürstenspiegel-Tradition, strategische Denkweise und strategisches Know-how eingearbeitet. Den Menschen – und vielen Fürsten – fehle es an Klugheit: „Sie gehen drauflos, wenn ein augenblicklicher Vorteil sich zeigt, der sie blendet, so dass sie das darunter liegende Übel nicht sehen (...) nur wenige Menschen besitzen die seltene Gabe, Übel vorauszusehen und ihnen vorzubeugen." (XIII.)[88].

Anders als beim normativen Institutionalismus von Aristoteles, dominiert bei Machiavelli ein akteurs- und prozessorientierter Ansatz, der institutionelle Faktoren bei den Rahmenbedingungen würdigt und Normen zu Variablen macht. Wegen des „außerordentlichen Unterschieds zwischen der Art, wie man wirklich lebt und wie man leben sollte" (XV.), werden Wirklichkeit und Norm scharf unterschieden. Die Wirklichkeit wird – durch Kriterien erfolgsorientierten Handelns – zum Maßstab der Politik gemacht. Das öffnet den Blick auf im Handeln zu berücksichtigende Kontexte und auf Erfolgsfaktoren, denen sich strategisches Handeln bevorzugt zuwenden muss. Ziele und Normen determinieren das Handeln nicht, sie müssen mit Mitteln und Kontexten in Beziehung gesetzt und insgesamt, so Machiavelli, frei von moralischen Vorannahmen in ihren Beiträgen für Erfolg kalkuliert werden.

Die Neigung der Politik war auch zu Machiavellis Zeit groß, „sich bloß dem Spiele des Schicksals und des Zufalls" (XXV.) zu überlassen. Er verglich situative Politik mit einem „reißenden Strom", dem alle ausgeliefert sind und der vieles zerstört: „Dies (...) geschieht nicht, wenn er ruhig ist: Da kann man ungehindert Wälle und Dämme aufführen, die in Zukunft ihn abhalten, aus seinem Ufer zu treten, oder doch zum wenigsten die Heftigkeit des Stromes brechen." Dieser Dammbau ist strategische Politik – auch wenn Machiavelli den Begriff der Strategie nicht verwendet, weil der zu seiner Zeit nicht verfügbar war. Machiavellis Beitrag zur Strukturierung strategischer Denkweise lässt sich in einigen Stärken und Schwächen pointieren. Zu den *Stärken* gehören:

- Das Verständnis von *Macht* als grundlegender Dimension eines autonomen politischen und strategischen Prozesses. Nur durch Macht erhalten politischer Prozess und Steuerung hinreichend Konturen. Macht ist nicht Strategie, aber ohne sie gibt es keine Strategie.
- Mehr als andere vor ihm hat Machiavelli die Logik der *Mittel* durchdacht. Dabei half eine zum Teil skrupellose Entmoralisierung, Denkverbote zu überwinden und auch paradoxe Wirkungen zu erschließen – das Böse kann das Gute bewirken. Der Zusammenhang zwischen Zielen und Mitteln ist nicht eng determiniert. Man kann durch verschiedene Mittel zum gleichen Ziel gelangen. Wenn aber von zwei Akteuren bei gleichen Zielen und Mitteln der eine „Erfolg", der andere „Misserfolg" erzielt, liegt das an den „verschiedenen Umständen und Verhältnissen, welche ihrem Vorgehen günstig oder ungünstig sind." (XXV.). Es fällt schwer, „einen Weg zu verlassen, der bisher zum Erfolg führte." „Menschen, die sich fest vornehmen, beständig ein und denselben

---

[88] Dieses und die folgenden Zitate sind der Schrift „Der Fürst" in Machiavelli (1990) entnommen.

Weg einzuhalten, sind so lange glücklich, wie ihr Verhalten mit dem Glücke zusammenstimmt; sie scheitern aber, sobald dieses wechselt und sie sich mit ihm nicht ändern wollen." (XXV.).
- Die *Erfolgsorientierung* politischen Handelns gewinnt eigenes Gewicht. Handeln kann durch Erfolg statt durch Moral legitimiert werden. Die Suche nach Erfolgsfaktoren setzt ein. Beim „Principe" sähen, würde man sie systematisieren, die Erfolgsfaktoren etwa so aus: Militärische Stärke, Massenloyalität („Liebe des Volkes", und – soweit nötig – „Furcht"), Geschlossenheit, Verbündete, Leadership (*virtu*, vor allem Kriegskunst und politische Klugheit, einschließlich persönlicher Strategiekompetenz), Strategie. Dazu kommen umweltbezogene Gelegenheit (*occasione*) und Glück (*fortuna*). Die moralisch verurteilungswerten Faktoren wie List, Betrug, Wortbruch ließen sich unter Führungsstil zusammenfassen (XV.-XXI.), von dem ungewiss wäre, ob er zu den grundlegenden Erfolgsfaktoren gerechnet werden müsste.
- Das *kalkulatorische* Moment in der Politik wird geschärft. Dass es um eine frühe Stufe im Modernisierungsprozess geht, zeigt sich daran, dass Rezepte, Regeln, Maximen noch im Vordergrund stehen, abstraktere Kalkulationen dagegen schwächer ausgebildet sind. Berechenbarkeit setzt an Macht, Interessen, Institutionen an. Das SWOT-Instrument[89] ist vorgebildet durch ein Denken in Stärken und Schwächen, Risiken und Gelegenheiten.
- Der „politische Realismus" (Münkler 1985: 32) verschafft strategischen Überlegungen die notwendige Nüchternheit für Beobachtung und Analyse. Die Lage wird vor allem durch Macht und Interessen sowie Akteurskonstellationen bestimmt.
- Aufgabe politischer Führung ist das Vorausdenken. Dem Führer sollte „so schnell nichts begegnen, woran er nicht vorher schon gedacht hatte" (XIV). *Fortuna*. die der erfolgreiche Führer neben *virtu* und *occasione* braucht, ist der Komplementärbegriff zu berechnendem Vorausdenken. Man darf darauf aber nicht – wie in einer Lotterie – passiv hoffen.

Dem stehen analytische *Schwächen* gegenüber, die sich in zwei Punkten zusammenfassen lassen:
- Das *Akteursdefizit* zeigt sich, aus späterer Sicht, vor allem im Fehlen strukturierter, innenpolitischer Kollektivakteure, die der Strategiefrage ein anderes, demokratisches Gesicht geben. Bei Machiavelli dominiert die Perspektive des individuellen, nicht des kollektiven Strategieakteurs. Der Fürst hat Konturen, die Führung von Republiken bleibt blass, nie wird ein demokratischer Vermittlungsprozess mit innenpolitischen Kollektivakteuren gedacht. Wo es Protoparteien gab, wurden sie überwiegend negativ bewertet (vgl. Faul 1964). In der historischen Phase der Verfemung des Parteiwesens kann das nicht überraschen. Es führt aber von Machiavelli kein Pfad zu den demokratischen Akteuren der Moderne, den Bewegungen und Parteien, die eine Vergesellschaftung von Strategiefragen erst möglich machten. „Volk" erscheint als spontane oder gelenkte, nicht als kontinuierlich beteiligte und sich strukturierende Masse.
- Die *normative Beliebigkeit* nimmt dem strategischen Politikansatz seinen Halt. Wechselwirkungen zwischen Zielen und Mitteln geraten aus dem Blick. Das normative Vakuum wird machtpolitisch aufgefüllt. Auch unausgesprochen werden alle Mittel auf die Gewinnung, Erhaltung und Vermehrung von Macht bezogen. Was in der Außenpo-

---

[89] Vgl. dazu das Kapitel 7.

litik mit Staatsraison (als Orientierung an eigenen Interessen und Machtzielen) beschrieben werden kann, ist innenpolitisch ein Macht-Reduktionismus. Ein solch normativ-analytisches Defizit führt in den wertgebundenen Systemen Republik und Demokratie zu strategischen Fragwürdigkeiten. Es war aber auch nicht für jede Form von Fürstenherrschaft angemessen: Friedrich der Große widersprach im Namen des aufgeklärten Absolutismus.

Daraus ergaben sich das Übergewicht von Machtfragen und die beliebige Mittelwahl. Das hat die Rezeption als „Machiavellismus" bestimmt – obwohl damit nun wiederum Machiavelli reduziert wurde. Machiavelli steht zwischen der autokratischen und der demokratischen Entwicklungslinie, befangen in einer halben Modernisierung. Sein Strategieerbe ist von dieser Ambivalenz geprägt. Konsequente Erfolgsorientierung, Beliebigkeit der Ziele, bindungsfreie Mittelwahl, realistische Umweltberücksichtigung, bei alldem Machthypertrophie – dies war ein Steinbruch, aus dem sich unterschiedliche Interessen bedienen konnten. Aber es war kein Wegweiser.

Weitere Entwicklung

Machiavelli wurde in der deutschen Politikwissenschaft mit fast 200 Jahren Verspätung rezipiert. Aber er wurde nicht angenommen, moralisch „gereinigt" und weiterentwickelt. Moralische Immunisierung und Fürstenorientierung annullierten die Impulse, die von Machiavelli für eine strategische Regierungslehre hätten ausgehen können. Die Wissenschaft blieb im Wesentlichen bei der antiken Staatsphilosophie stehen, bis sie sich den Anforderungen des absolutistisch-merkantilistischen Staates öffnete. Die sich mit der Kameralistik, später der Staatswissenschaft im 17./18. Jahrhundert herausbildende Praxisvariante einer Politikwissenschaft war an den Inhalten des Regierens, den Staatstätigkeiten, vor allem der wachsenden Administration des entstehenden modernen Territorialstaats orientiert. Beamtenausbildung war ihr unmittelbarer Zweck. Dies führte zu einer Art von Regierungslehre und – modern gesprochen – zu Policy-Wissen, nicht aber zu einer Politics-Dimension, die im Verbund damit auch Wege zu strategischen Fragen hätten weisen können. Einerseits ist – in fortgeführter aristotelisch-christlicher Tradition – ein normativer Überhang charakteristisch. Andererseits dominieren in der staatswissenschaftlich-verwaltungsbezogenen Tradition die inhaltlichen Fragen der Staatstätigkeit. Ausgeklammert bleiben Prozess-, Macht- und Strategiefragen – aus der Wissenschaft heraus waren Anschlussstellen für Fragen strategischer Politik kaum erkennbar.

Selbst die Abrechnung mit Machiavelli musste in Deutschland der Fürst selber schreiben. *Friedrich der Große* verfasste seinen moralisch überhöhten Anti-Machiavell – als Kronprinz. In seiner eigenen Regierungspraxis als „Fürst" verwischten sich die Unterschiede. Eine Differenz blieb: sein innenpolitisches Programm des Rechts- und Wohlfahrtsstaates und sein Verständnis, erster Diener des Staates zu sein.

Der Strategiefaktor war für den Erfolg Friedrich des Großen unverzichtbar. Als Regierungschef eines kleinen, zersplitterten, ressourcenarmen und rückständigen Nachzüglerlandes musste er durch strategische Kalkulation, Steuerungsintelligenz und persönliche Motive – von denen Ruhmessucht wohl das wichtigste war – den Vorlauf der europäischen Großmächte zu kompensieren suchen.[90] Sein strategisches Profil aber bleibt äußerst selektiv.[91]

---

[90] Vgl. Kunisch (2004) zum derzeitigen Forschungsstand.

Hoch entwickelt in der Außenpolitik und im Militär- und Kriegswesen, war er innenpolitisch – typisch für absolutistische Staaten – nicht gefordert. Mit den Fixpunkten Ständehierarchie und autokratische Alleinherrschaft sah sich der absolute Monarch im Inneren keinen strategischen Interaktionen mit Kollektivakteuren ausgesetzt. Innenpolitisch hatte er deshalb keinen besonderen Strategiebedarf. Sicherlich brauchte er einen Kompass für die Entwicklung einer (ständischen) Leistungsgesellschaft. Dafür aber genügten Policy-Programme, die er von oben initiierte und kontrollierte. „Parteiungen", „Empörungen" „Spaltungen", „innere Kämpfe", mit solchen – aus der Sicht Friedrichs – Störfaktoren hatte er nicht zu rechnen, öffentliche Meinung hielt ihn nicht auf. Kenntnis der Eigenarten von Stämmen und Ständen reichte aus.

Autokratisches Herrschaftssystem, reflektierter Kompass, strategisches Ziel, monologischer Strategiestil – alles floss zusammen in dem, was Friedrich der Große „System" nannte: „(...) der Fürst muss sein System entwerfen und es selbst zur Ausführung bringen" (1752: 165). „Ein System kann aber nur aus einem Kopf entspringen; also muss es aus dem des Herrschers hervorgehen." (154). Ist der Herrscher „klug, wird er nur dem öffentlichen Interesse folgen, das auch das seine ist" (153). Nur wenn er selbst die Geschäfte führt, kann der „innige Zusammenhang zwischen Finanzen, innerer Verwaltung, äußerer Politik und Heerwesen" (153) gewahrt werden, kann er „auf ein gemeinsames Ziel steuern: nämlich die Stärkung des Staates und das Wachstum seiner Macht" (153f.). „Ein Fürst, der selbständig regiert, der sich sein politisches System gebildet hat, wird nicht in Verlegenheit geraten, wenn es einen schnellen Entschluss zu fassen gilt; denn er verknüpft alles mit dem gesteckten Endziel." (165).

Da er sich selbst alles Wesentliche zuschreibt,[92] akzeptiert er auch hohe strategische Kompetenzerwartungen: „Ein Staatsmann darf niemals sagen: ich habe nicht geglaubt, dass dies oder jenes geschehen könnte. Sein Beruf verlangt, dass er alles vorhersieht und auf alles gerüstet ist." (152). Da er allein entscheidet,[93] wahrt er auch „das Geheimnis, die Seele der Geschäfte" (154). Das Arkanprinzip („Ich verschließe mein Geheimnis in mir selbst") gilt besonders in der Außenpolitik[94], aber auch in der Innenpolitik erübrigt es die Mitteilung von Absichten und Begründungen. Strategie ist Geheimwissen.

Die militärische Selbstreflexion Friedrich des Großen war taktisch-strategisch hoch entwickelt, seine Abstraktionsleistung zeigte sich beispielsweise in Grundsätzen, die in die Moderne weiterwirkten.[95] Außenpolitisch waren seine Analysen vom gleichen realistischen Scharfsinn geprägt, aber es gab weder einen direkten Transfer noch die eigenständige Entwicklung von Systematisierungen politischer Strategie auf dem politischen Feld. Das „Sys-

---

[91] Eine informative Quelle dafür ist sein Politisches Testament von 1752, aus dem im Folgenden zitiert wird (Friedrich der Große 1752).

[92] Der König muss auch „Soldat und oberster Kriegsherr sein", er muss „den Krieg unbedingt zu seinem Hauptstudium machen". Zwingend sei, „dass das Militär in Preußen die erste Stelle einnehmen muss" (1752: 165).

[93] Die Begründung ist strikt anti-demokratisch („aus großen Versammlungen gehen keine weisen Beschlüsse hervor") und anti-diskursiv („die mündliche Debatte mit ihrem oft heftigen Widerstreit der Meinungen verdunkelt die Sachlage") (1752: 154).

[94] „Erforderlich ist, verschwiegen zu sein, sich selbst zu beobachten, der eigenen Affekte Herr zu sein, seine Absichten zu verdecken, seinen Charakter zu verhüllen und nichts sehen zu lassen als eine gemessene Entschlossenheit, durch Rechtsgefühl gemildert." (1752: 159).

[95] In Meyers Enzyklopädischen Lexikon (1978) wird für „Strategie" (Bd. 22: 663) festgehalten: „Ständiges Bestreben, die Initiative zu behalten; Angriff erst auf den einen, dann auf den anderen Gegner; Sammeln der eigenen Übermacht an den entscheidenden Punkten; Vermeiden lange hingezogener Kriege."

tem" Friedrich des Großen hat zum Aufstieg Preußens erheblich beigetragen, dann hat es den Fortschritt blockiert. In ihm verdichtete sich das *Ancien Régime* intellektuell noch einmal brillant und überlebte sich zugleich (vgl. Palmer 1986). Friedrich der Große starb drei Jahre vor Beginn der Französischen Revolution.

Moderne

Erst in der Moderne kommen Begriff, legitimer Bedarf, Träger- und Diskursbedingungen politischer Strategie zusammen.

Begriffsgeschichte

Seit dem späten 17. Jahrhundert wurde allmählich die alte griechisch-lateinische Militärsprache von Taktik und Strategie wieder aufgenommen. Zuerst in Frankreich, von dort aus in Deutschland. Begonnen wurde mit dem Nächstliegenden, der Taktik. Dann kamen deskriptive Begriffe im strategischen Bedeutungsfeld hinzu, aus denen heraus sich analytische Begriffe von Strategie als typisches Merkmal moderner Strategiesprache entwickelten. Mit ihnen konnte Carl von Clausewitz schon 1804 aufwarten.

Der Begriff militärischer „Taktik" kam Ende des 17. Jahrhunderts in Frankreich in Umlauf, er hat dort 1788 die Allgemeinsprache erreicht. Seit 1721 lässt sich die Rede vom „Strategen" als Feldherrn nachweisen, seit 1803 der Begriff „Strategie" als Feldherrenkunst, 1819 kam das Adjektiv „strategisch" hinzu. In Deutschland startete man, etwas verspätet, mit militärischer Taktik im frühen 18. Jahrhundert und hatte den Begriff im späten 18. Jahrhundert auf Umgangssprache bzw. Politik erweitert.[96] Über militärische Strategie konnte man in Deutschland Anfang des 19. Jahrhunderts reden und schreiben.[97] Der Militärschriftsteller Heinrich Dietrich von Bülow (1805: 1f.) konnte für sich reklamieren, der Erste gewesen zu sein, der 1799 eine systematische Unterscheidung zwischen Taktik und Strategie vorgeschlagen hat: Kriegshandlungen innerhalb oder außerhalb von „Kanonenschuss" bzw. „Gesichtsweite" eines Feindes. Diese Definition war konkretistisch und für Carl von Clausewitz so falsch, dass er aus seiner Polemik gegen Bülow Grundgedanken eines eigenen begrifflichen Systems von Strategie und Taktik entwickelte.[98]

Übergreifend lässt sich sagen: Taktik wurde etwa 100 Jahre früher als Strategie für die militärische Sprache reaktiviert. Noch einmal etwa ein Jahrhundert brauchte es, bis die Begriffe (jeder für sich), von der Militär- in die Allgemeinsprache und damit auch in die Politik einwanderten. Taktik als politischer Begriff war Ende des 18. Jahrhunderts verfügbar, die Begriffsgeschichte politischer Strategie begann kurz vor 1914.[99] Verbreitet aber war das Wort „politische Strategie" vor 1945 noch nicht.

Die große „Strategie-Debatte" der SPD vor dem 1. Weltkrieg, um nur dies Beispiel zu nehmen, wurde mit dem Zentralbegriff der „Taktik" – ersatzweise „Wege und Mittel",

---

[96] Recherchiert in einschlägigen französisch- und deutschsprachigen, etymologischen Lexika. Vgl. dazu auch – etwas ungenau – Hahlweg (1990).

[97] Nicht aufzuklären war, warum das Deutsche Fremdwörterbuch (1978) drei deutsche Quellen vor 1803 benennen kann, dennoch – wie andere Lexika – die Eindeutschung über das gleichbedeutende französische *stratégie* bestätigt. Die deutschen Lexika gehen davon aus, dass (militärische) Strategie in Deutschland seit „dem späten" bzw. „dem Ende des" 18. Jahrhunderts als Begriff verfügbar war.

[98] Vgl. Clausewitz (1937) zu den frühesten Spuren.

[99] Dann erst konnte in Frankreich zum Beispiel von *stratégie electorale* oder von *stratège* im politischen Sinne gesprochen werden.

„Kampfmittel" oder andere Umschreibungen – geführt.[100] Jahrzehntelang ging es der Sache nach um politische Strategie – der Begriff stand nicht zur Verfügung. Erst 1909 übertrug der „Chefstratege" des sozialdemokratischen Zentrismus, Karl Kautsky, den Strategiebegriff ins Politische. Noch die Zusammenfassung seiner strategischen Lehren in „Der Weg zur Macht" kam ohne den Strategiebegriff aus (vgl. Kautsky 1909). Kurz danach war die „Ermattungsstrategie" seine sprachlich-gedankliche Anknüpfung an militärische Strategie. Kautskys Empfehlung an die Sozialdemokratie lautete, die Bourgeoisie durch einen langen Prozess der Erringung von Wahlmacht niederzuringen (!). Die revolutionäre „Niederwerfungsstrategie" von 1789 habe sich mit den veränderten politischen Bedingungen überlebt.[101]

Auch nach solchen ersten Übernahmen des Strategiebegriffs blieb die sozialdemokratische Arbeiterbewegung in der Zwischenkriegszeit überwiegend beim Begriff Taktik, wenn sie sich auf Zusammenhänge bezog, die heute unstrittig als strategisch bezeichnet würden.[102] Anders die kommunistische Arbeiterbewegung, nachdem Josef Stalin 1924 Strategie bzw. Taktik auf die Politik kommunistischer Parteien übertragen hatte.[103] Zwar hatten die Kommunisten Probleme, Strategie und Taktik in der Anwendung immer klar zu unterscheiden, aber das ging nicht nur ihnen so, sondern bereitet bis heute vielen Schwierigkeiten auf dem komplexen politischen Feld. Wichtig war, dass die Begriffe hier erstmals für die politische Sprache eines Kollektivs adaptiert wurden.

Verhältnis politischer zu militärischer Strategie

Die Wiederaufnahme der griechischen Terminologie fand also zunächst im militärischen, viel später im politischen Sprachbereich statt. Lange Zeit muss es ein sicheres Bewusstsein gegeben haben, dass es sich dabei um typisch militärische Begriffe handelt. Friedrich der Große zum Beispiel hat Taktik intensiv in seinen militärischen, aber noch nicht in seinen politischen Schriften verwandt. Zwar versuchte gerade er – als der letzte klassische Feldherren-Fürst mit ausgeprägtem praktischem und strategischem Profil – eine Engführung von militärischer und politischer Sphäre herzustellen, aber auch sein Denken war durch den säkularen Prozess sozialer Differenzierung bestimmt.

Entsprechend dem oben angesprochenen Differenzierungs-Paradox ist der Transfer vom einen in das andere Teilsystem erst spät möglich: nach weitgehender, beabsichtigter Ausdifferenzierung[104]. Dabei werden sprachlich-begriffliche Klärungen von uns als eine der Voraussetzungen für eine Elaborierung von Strategieprozessen gesehen. Die langen Zeiten, die eine Adaption in fremden Funktionsbereichen beansprucht, spiegeln die Barrieren, die

---

[100] Vgl. dazu Schröder (1910) in seiner Aufarbeitung sozialdemokratischer Parteitage 1863-1909 sowie Lehnert (1977), dessen Titelbegriff („Strategiediskussionen") nur aus heutiger Sicht zutreffend ist.

[101] Vgl. Kautsky (1909/10a und b). Selbst innerhalb dieser Adaptionen ging Kautsky auch wieder auf den Taktikbegriff zurück, was zeigt, wie unsicher und ungeklärt die Begriffsverwendungen damals waren.

[102] Dies zeigt auch eine Durchsicht der dokumentierten Chronologie von Osterroth/Schuster (1975) oder die Auswertung von Hatzl (1977) für die österreichische Sozialdemokratie.

[103] Vgl. Weber (1981: 13f.). Strategie bedeutete bei Stalin „die Festlegung des Hauptstoßes des Proletariats auf der Grundlage der gegebenen Etappe der Revolution", Taktik „die Festlegung der Linie des Verhaltens des Proletariats für die verhältnismäßig kurze Periode von Flut oder Ebbe der Bewegung". Sprachlich übrigens eine etwas verquere Mischung militärischer und metaphorischer Anleihen. Häufiger scheint die Verwendung von „Generallinie" und „Linie" gewesen zu sein.

[104] Renate Mayntz (1988) hat am überzeugendsten ein handlungstheoretisches, am sinnhaften Handeln orientiertes Konzept funktionaler Differenzierung mit historischen Bezügen formuliert.

zwischen auseinander laufenden funktionalen Subsystemen bestehen. Gleichzeitig arbeitet eine moderne, abstraktere Rationalität an Neuverknüpfungen, die auf der sprachlichen Ebene noch am leichtesten gelingen mögen. Dabei werden Transfers begünstigt, wenn wenigstens teilweise analoge Strukturen existieren, die der sprachlichen Analogisierung eine gewisse Evidenz verschaffen.

Auch beim Transfer von militärischer Taktik bzw. Strategie auf die Politik ist solche Wechselwirkung von Widerständen und Affinitäten im Differenzierungsprozess zu vermuten. So gab es seit dem 17./18. Jahrhundert, seit der Stärkung des fürstlichen Absolutismus durch stehende Heere, Kritik an einem Übergewicht des Militärischen. Sie verdichtete sich erst später im Begriff des "Militarismus", aber schon immer führte sie die Furcht vor einer unangemessenen „Militarisierung" der Gesellschaft mit sich (vgl. Conze/Geyer/Stumpf 1978). Existierten in der an Autonomie gewinnenden Politik besondere Widerstände gegen das Militärische, die sich lange Zeit auch sprachlicher Anpassung widersetzten? Wären Taktik und Strategie in der politischen Sprache zum Beispiel um 1848 als „Militarisierung" verstanden worden? Gab es nicht auch teil-analoge Strukturen zwischen Krieg und Politik, zum Beispiel den kollektiven Kampfcharakter von Kriegen und innenpolitischen Konflikten, die einer Adaption entgegenkommen?[105]

Jedenfalls wird man in einer historischen Differenzierungstheorie Gründe für den auffälligen Sachverhalt suchen müssen, dass die militärisch gebundenen Begriffe eine lange Phase der Neutralisierung benötigten, ehe sie als nicht-militärische Begriffe in der Politiksprache verwendet wurden. Als sie – zuerst Taktik, sehr viel später Strategie – etwa in der Sprache der Arbeiterbewegung heimisch wurden, war dies begleitet von scharfen antimilitaristischen Positionen. Es war also keine Schizophrenie, wenn Rosa Luxemburg im gleichen Atemzug von Taktik und Militarismus sprach. Nur weil Taktik und Strategie gegenüber ihrem militärischen Ursprung bereits neutralisiert waren, bedeutete ihre Übernahme etwas anderes als „Militarisierung" der Sprache.[106]

Wie auch immer Zeitverschiebungen und sprachliche Übernahmen aus anderen Teilsystemen zu erklären sind, der Vorlauf des Militärischen wirkte nach. Die Führungsrolle im Rationalisierungsprozess modernen Strategiedenkens lag bis weit ins 19. Jahrhundert hinein bei den Theoretikern militärischer Strategie. Es hat Folgen, dass das militärische Teilsystem über Jahrhunderte – unter welchem Begriff auch immer – taktisch-strategische Reflexionen ermöglicht hat (vgl. Paret 1986a, Hahlweg 1960): mit Texten, Anschlüssen, Kritik, Weiterentwicklungen und Innovationen; in der neueren Zeit auch mit Elementen der Schulung.

Militärisch-funktionaler Bedarf

Erst als man für komplex gewordene militärische Operationen einen übergreifenden Begriff brauchte, hat man – im militärischen Bereich – an den älteren Strategiebegriff angeschlossen und ihm eine neue, „theoretische" Bedeutung gegeben.

Es lag an der Art der Kriege und der Kriegsführung, dass das erste Interesse sich auf Taktik, das Führen von Gefechten und begrenzten Schlachten richtete: „(...) until the early part of the nineteenth century, weapons and methods of fighting changed slowly, as did the conventions which guided those methods." (Brodie 1968: 282). Auch auf militärischer

---

[105] Vgl. zu Affinitäten und grundlegenden Unterschieden auch die Ausführungen zur römischen Antike.
[106] Dieser Unterschied wurde in Michels' Kritik an der Sozialdemokratie verwischt (1957: 38ff.).

Ebene markierte die Französische Revolution einen Bruch, der neue Anforderungen an Strategie stellte: „The significant innovations concerned the constitution and the utilization of armies, i.e. manpower and strategy. Citizen armies replaced professional armies. Aggressive, mobile, combative strategy replaced the slow strategy of siegecraft." (Palmer 1986: 91). Die begrenzten Kriege mit begrenzten Mitteln und Zielen, ausgetragen zwischen dynastisch geprägten Staaten, wurden zu tendenziell unbegrenzten Kriegen zwischen Nationalstaaten. Aus „Stellungskriegen" wurden „Bewegungskriege".

Massen, Komplexität, Dynamik, auf diese drei Stichworte lässt sich die „Revolution im Krieg" zuspitzen. Sie hatte Vorläufer, wurde aber wesentlich von der Französischen Revolution ausgelöst und von Napoleon in ihrem neuen Potential radikal genutzt (vgl. Paret 1986b, Willms 2005: 69ff.). Die allgemeine Wehrpflicht brachte mobilisierte *Massen* in den Krieg, die durch die Ideale der Revolution und den nationalen Gedanken erstmals auch politisch motiviert waren. Die gesteigerte *Komplexität* hatte viele Gesichter: die Koordination einer Massenarmee mit neu geschaffenen, großen Subeinheiten (Divisionen, Korps), die in sich die Waffengattungen kombinierten; waffentechnische Innovationen; ausgedehnte, zum Teil weit entfernte Kampfgebiete; die neue Verzahnung militärischer und politischer Aspekte. Die gewachsene *Dynamik* zeigte sich in der deutlich gesteigerten Mobilität – nun unabhängig von vorbereiteten Magazinen – und Operationsschnelligkeit der modernen Armeen.

So vergrößerten sich Variationen, Optionen, Reichweite militärischer Aktivitäten. Daraus ergaben sich sowohl erhöhte Anforderungen als auch Entwicklungsmöglichkeiten für Strategie. Strategie wurde wichtiger als Taktik. Längerfristiges Vorausdenken und Vorbereitungen, vermehrter Wissenseinsatz, abstrakteres Spiel mit Möglichkeiten – militärische Strategie begann, sich zu modernisieren. Da sich beispielsweise die Möglichkeiten der Offensive dramatisch erweitert hatten, musste grundlegender über die Vor- und Nachteile von Offensive und Defensive sowie über deren Wechselbeziehung nachgedacht werden. Napoleon hat damit begonnen,[107] Clausewitz hat es dann – unmittelbar anschließend an die Kriege nach 1792 – systematisch ausgeführt. Ein abstrakt-dynamischer Strategiebegriff war ein Desiderat der militärischen Entwicklung seit Ende des 18. Jahrhunderts. Seit der militärischen Revolution, die im Grunde eine politische Revolution war (Palmer 1986: 119).

Politisch-legitimer Bedarf

Erst in der Moderne seit der Französischen Revolution 1789 entstand eine Konstellation, in der neue politische Kollektivakteure (Bewegungen, Parteien) einen Strategiebedarf und Bedürfnisse strategischer Klärung hatten, moderne Öffentlichkeit Strategie als Debatten-Thema entdeckte und die strategischen Absichten der alten staatlichen Träger von Arkanpolitik auf öffentlichen Foren zum Thema gemacht werden konnten. Das alles geschah, unterhalb der Schwelle von Parteigründungen, in der Französischen Revolution. Es war so, als seien Dämme gebrochen, an deren Restaurierung später wieder gearbeitet wurde, ohne aber die Erinnerung an die demokratischen Potentiale der Strategiefrage auslöschen zu können.

---

[107] Vgl. Willms (2005: 76ff.) zur spezifischen Verbindung offensiver und defensiver Elemente im Rahmen einer Gesamtstrategie des offensiven Bewegungskriegs sowie insgesamt zu Napoleons strategischen Systemen und Prinzipien. Napoleon hat seine Strategievorstellungen nicht systematisch dargelegt, aber in seiner Korrespondenz und seinen Maximen (vgl. Napoleon 1852) ist ein neues, abstrakt-dynamisches Denken erkennbar, ebenso wie in seinen Feldzügen selbst. Brodie (1968: 283) sah erst in Napoleons „Maximen" Wege zu einem modernen Verständnis von Strategie.

Die Ziele des Volkes brauchten für ihre Realisierung strategische Selbstberatung. Die Ziele und Mittel der Herrschenden stießen auf strategische Kritik. Die Herrschenden selbst mussten sich neu orientieren. Vorher waren das politisch inaktive „Volk" und die „Mächtigen" (das heißt Monarchie/Adel) ihre Bezugspunkte, jetzt wurden es autonom beratende und entscheidende Kollektivakteure. Innenpolitische Interaktionen brauchten mehr Aufmerksamkeit, Berechnung und neues Interaktions-Know-how. Die organisierten Kollektivakteure entwickelten sich bei der Regierung und beim Volk zu Kristallisationspunkten eines erweiterten Feldes strategischer Politik. Regierende und Regierte wurden auf neue Weise miteinander verbunden.

Der freie Geist von Athen und Florenz hatte intelligente Dissidenten möglich gemacht, der freie Geist von Paris brachte Bewegungen auf den Weg, die politische Strategien entwickeln mussten. In den Versammlungen der Jakobiner, Cordeliers, Feuillants wurde mehr über Taktik und Strategie als über allgemein Wünschenswertes diskutiert. Maximilien de Robespierre, dessen politische Existenz wie die des Georges Jacques Danton und manch anderer erst in der Revolution begann, setzte sich wohl nicht zuletzt aufgrund seines taktisch-strategischen Kapitals durch. Von Beginn an hatte er Konkurrenz: „1789 hat andere, ebenso gefährliche und hartnäckige Strategen hervorgebracht." (Gueniffey 1996: 510). Gerade ist die Strategie ins Volk gegangen, kann sich jeder an Debatten über Wege und Mittel und an deren Realisierung beteiligen, setzt sich einer – erst bei den Jakobinern, dann in der Nationalversammlung – durch, der seine rhetorischen Schwächen durch Stärken bei Macht, Organisation, Ideologie und eben Strategie kompensiert: „Die Eroberung der Macht, das letzte Ziel all seines Handelns, berechnet Robespierre auf lange Sicht: ‚Bevor man sich auf den Weg begibt', schreibt er, ‚muss man das Ziel kennen, an dem man ankommen will, und die Wege, auf denen man gehen muss'." (Gueniffey 1996: 514).

Ein einziges Beispiel mag dies illustrieren. Robespierre setzte im Juni 1791 durch, dass die Abgeordneten der Nationalversammlung in die nächste Versammlung nicht wiedergewählt werden durften. Ihrer Zwangsrotation stimmten die Abgeordneten zu, weil viele sich keine Chance auf Wiederwahl ausrechneten und so ein ehrenwertes Alibi erhielten: „(...) der Gesetzgeber müsse es sich zur Pflicht machen, wieder in der Masse der Bürger unterzutauchen (...)" (Michelet 1988 II: 54). Robespierre konnte so seine Macht über die außerparlamentarischen Jakobiner – einen Steinwurf von der Versammlung entfernt – ausbauen. Die Jakobiner waren inzwischen zu einem Klub mandatshungriger Gelegenheitspolitiker geworden, die Mitte aber war zu schwach, um gegen diese Moral-und-Interessen-Strategie eine eigene Position aufzubauen. Dieser „Handstreich", den Anhänger Robespierres als „Meisterstreich" feierten, „mit dem er die gesamte in der Praxis seit 1789 geschulte politische Klasse aus dem neuen Parlament verdrängt" (Michelet 1988 II: 55), ist nur ein Beispiel für das schnelle Einziehen strategischer Berechnungen in das Spiel neuer politischer Akteure.

Und die mussten vieles bedenken und entscheiden, was mehr als die Politik des Tages und der Stunde betraf. Die Politik gegenüber den Akteuren des alten, absolutistischen Staates, die Entwicklung neuer Organisations- und Aktionsformen, die Konkurrenz von Klubs und politischen Führern, das Volk, das außerhalb der Organisationen in Bewegung war, neuartige Formen öffentlicher Meinung, die Differenz zwischen Paris und dem Land, die auswärtigen Mächte – der Strategiebedarf war in den offenen, tatsächlich beispiellosen Handlungssituationen fast unbegrenzt. Eine Strategie für das Ganze der Revolution hatte niemand. Vieles war Lavieren, Anpassung an schnell wechselnde Konjunkturen, Offenhalten von Optionen, aber erstmals seit den Griechen hatte Strategie wieder etwas mit Demokratie zu tun – wenn auch in neuen Formen.[108]

Soziale Bewegungen sind die Urform moderner Kollektivakteure. Aber sie sind keine institutionalisierbare Organisationsform. Es gibt Übergangsformen (z.B. Bewegungspartei), aber je mehr – und länger – Bewegungen als Partei, Verband, Verein institutionalisiert werden, desto weniger sind sie Bewegung. Die Variationen sind groß: in den USA mündete die Unabhängigkeitsbewegung nicht in die Parteien, die sich kurz danach bildeten; in Frankreich verhinderten die revolutionären Bewegungen für lange Zeit legitime Parteibildung; in Deutschland gab es starke Kontinuitäten zwischen Bewegungs- und Parteigeschichte. Unterschiedliche Konstellationen in den fördernden Rahmenbedingungen (Wahlrecht, Parlamentarisierung, Menschen- und Bürgerrechte) führten im 19. Jahrhundert zwar immer zu Parteien, aber in sehr unterschiedlichen Verlaufsmustern (Scarrow 2006). Auch das war ein Ergebnis strategischer Interaktionen.

In einem langen Prozess von Versuch und Irrtum mussten die Formen entwickelt werden, die Volk und Regierung auf demokratische Weise verbinden konnten. Parteiform, angemessener Parteityp, Wahlen mit inhaltlichen Entscheidungsalternativen und Wahlkampf – die politische Theorie hatte dafür nicht vorgedacht, bei den Akteuren gab es keinen Masterplan. Dennoch: wichtige Schritte und Etappen sind von Praxisakteuren strategisch bedacht worden. In Europa mussten sie schon deshalb lernen, strategisch zu denken, weil bereits Kollektivakteure existierten, gegen deren Widerstand neue Interessen und Politikformen durchgesetzt werden mussten: der Fürst-Regierung-Verwaltungs-Militär-Komplex des absolutistischen Staates, der noch das ganze 19. Jahrhundert über erheblichen Einfluss hatte.[109]

Politische Strategie in der Innenpolitik wird gebraucht, wenn Kollektivakteure von unten und von oben in folgenreiche Interaktionen eintreten, die vertiefter Ziel-Macht-Umwelt-Kalkulation bedürfen, um erfolgreich zu sein. Die neuen Akteure von unten mussten strategisch *alles lernen*: die Entwicklung erfolgversprechender Aktionsformen, die Unterscheidung zwischen günstigen und ungünstigen Gelegenheiten, die Festlegung von Freund, Feind und Verbündeten, die Wirkungsweise öffentlicher Meinung. Sie mussten beraten, erfinden, Durchsetzungsmöglichkeiten gegen Widerstand erproben. Die Staatsakteure mussten strategisch *umlernen*: die Gegner waren nicht mehr andere Fürsten, Feldherren und Heere, sie kamen aus den Häusern im eigenen Land, man konnte nicht – jedenfalls nicht gleich oder fortwährend – auf sie schießen, den Notstand verhängen, ihren Eigensinn brechen.

So trafen sich die zwei großen – von unten und von oben kommenden – Linien der Strategieentwicklung. Strategie wird in den sich über lange Zeiträume demokratisierenden Formen des Kampfes von Kollektivakteuren vergesellschaftet. Sie steht dann von Bedarf, Anspruch und Legitimität her prinzipiell jedem offen, verliert Privileg und Arkanum der

---

[108] Vgl. vor allem die „Geschichte der Französischen Revolution" von Jules Michelet (1988), zeitlich nicht zu weit entfernt von den Revolutionsjahren, geschrieben mit einer hohen Kunst des Nachspürens und Verstehens von Handlungsmotiven sowie strategischen und taktischen Intentionen bei den historischen Akteuren. Bei Furet/Ozouf (1996) findet die spätere Revolutionsforschung eine bemerkenswerte Präsentation, mit vielfältigen Bezugnahmen auf strategische Aspekte, wenn auch nicht, wie üblich, mit deren systematischer Aufarbeitung.

[109] Vgl. dazu etwa Tarrow (1994: 62ff.). Die USA nahmen nach Erringung der Unabhängigkeit eine andere Entwicklung. Demokratisierung des bestehenden Staates (Europa) ist eine andere Aufgabe als Schaffung eines demokratischen Staates (USA).

Regierungen alten Typs. Erwartungen auf Partizipation und Transparenz sind nicht mehr von Effizienz zu trennen. Erst bei Regierungen, die nicht mehr vom Fürsten, sondern von der Mehrheit des Volkes bestimmt werden, besteht dann auch die Chance weitreichender demokratischer Vergesellschaftung von Strategiefragen.

Soziale Bewegungen haben also den Anfang gemacht. Der nächste demokratische Kollektivakteur mit Strategiebedarf waren politische *Parteien*. Ging die Bildung von Bewegungen auf relativ spontane Handlungen zurück, war die Schaffung von Parteien – gegen die jahrtausende alte Tradition der Illegitimität von „Faktionen" und „Parteiungen" – selbst schon von strategischen Erwägungen begleitet. In den USA beispielsweise wirkten in den 1790er Jahren Alexander Hamilton und James Madison als strategische Köpfe bei einer Parteiengenese wider Willen. Andrew Jackson war der strategisch Ambitionierteste bei der Erneuerung, organisatorischen Festigung, mobilisierenden Stärkung des amerikanischen Parteiensystems in den späten 1820er Jahren.

In Deutschland war die erste Parteigründung aus der Arbeiterbewegung heraus ein gut begründetes strategisches Projekt. Ausgangspunkt war das Lassallesche Antwortschreiben von 1862. Das war keine reine Kopfgeburt, denn die bürgerlich-liberale Fortschrittspartei hatte 1860 den ersten Schritt getan. Aus einer Verbindung von Theorie und Strategie ergab sich Ferdinand Lassalles Antwort auf die ratlosen Leipziger Arbeitervereine. Sie suchten nach einem Mittel, mit dem sie als Bewegung erfolgreich bei der Verfolgung ihrer Ziele sein konnten. Lassalles Antwort hieß: gründet eine Partei! Nicht immer verlief es so schulbuchartig, aber immer war die moderne Partei ein Instrument strategisch-politischer Intervention – ob man es wusste, wollte, konnte oder nicht. Aufbau von Responsivität, Problemlösung, Positionierung in Konkurrenzbeziehungen, Mobilisierung von Anhängern, Mitgliedern, Wählern, Mitwirkung in Regierungs- und Oppositionsprozessen – immer war es schwierig, die Fluchtpunkte für Strategien dieser überkomplexen Organisationen in schwer berechenbaren Umwelten zu finden. Aber Strategiebedarf ist ihnen von Anfang an eingebrannt.

Neben Bewegungen und Parteien war *Wahlkampf* ein drittes Feld, das sich früher als andere der Strategiefrage öffnete. Am frühesten in den USA, wo sich weltweit die ersten Parteien gebildet hatten. Die kämpften zwar stark polarisiert im Zweiparteiensystem um die ihnen zugängliche Macht im Staat (vor allem um das Präsidentenamt). Gleichzeitig aber waren sie aufgrund ihrer pragmatischen politischen Kultur und einer anderen Entwicklungsgeschichte nicht befrachtet mit Problemen von Systemwandel und Ideologie wie die europäischen Parteien. Sie fingen früh damit an, Wahlkampf auch mit strategischen Gesichtspunkten zu planen. Erste Wählersegmentierungen, dabei auch schon Zielgruppenbildung, Issue- und Imagesteuerung, Experimentieren mit Techniken der Wählermobilisierung, Medienbeeinflussung, Ereignisinszenierungen, Emotionalisierung, Negative Campaigning – alles schon in der ersten Hälfte des 19. Jahrhunderts nachweisbar, einschließlich früher Formen von Wahlkampfmanagement und Beratung.[110] Institutionalisierte Konkurrenz war also auch ein Ausgangspunkt und ein gutes Anwendungsfeld für Strategie – aber nicht das einzige.

Die wichtigsten Antriebskräfte für innenpolitisches Strategy-Making und begleitende Reflexionen lagen also in der modernen Bewegungs-, Parteien- und Wahldemokratie. Regierungen mussten sich den, gegenüber dem Absolutismus neuen, innenpolitischen Strategieproblemen öffnen.

---

[110] Vgl. etwa Dinkin (1989), Müller (1994).

Trägerpotentiale des Elaborierungsprozesses

In mehreren Bereichen bildeten sich Träger für den Elaborierungsprozess moderner Strategie heraus. Mit den modernen *militärischen Institutionen* von Generalstab und Kriegsschule entstanden Kristallisationspunkte vertiefter strategischer Reflexion. Dort wurden „Theorien", Konzeptionen, Begriffe, militärisches Wissen über Strategie und Taktik gebraucht, produziert, zum Teil auch publiziert. Strategieliteratur, die diesen Namen trug, wurde im 19. Jahrhundert von Militärs geschrieben.

In Deutschland stand Gerhard Scharnhorst, der Carl von Clausewitz unterrichtete, für den Beginn dieser Entwicklung einer zeitgemäßen Professionalisierung der Offiziersausbildung (vgl. Paret 1993). Sie verlief zwar keineswegs gradlinig und Clausewitz bewegte sich nicht im Zentrum, sondern eher am Rande dieser Entwicklung.[111] Aber noch die praktizistische Wende im späten 19. Jahrhundert musste sich „theoretisch" legitimieren, wie es Alfred Schlieffen mit dem Konzept einer gegen die strategische ausgespielten „operativen" Führung tat.[112] Das Militär hatte – in Deutschland und den anderen europäischen Staaten – mit Generalstab und Kriegsschule Räume strategischer Debatte gefunden.[113] Deren Ergebnisse hingen von Rekrutierung, Orientierung, intellektuellem Niveau ab – Versagen, wie im Ersten Weltkrieg, inklusive. Die Institutionalisierung konnte nur vermehrte Chancen militärischer Elaborierung von Strategiefragen zur Verfügung stellen.

Politiker selbst entwickelten sich im 19. Jahrhundert zu einer Gruppe, die auch in der Innenpolitik von strategischem Wissen und Know-how abhängig wurde. Allein schon die Organisations- und Mobilisierungsfragen hatten die politischen Akteure der Französischen Revolution, seit 1848 auch in Deutschland vor schwierige strategische Probleme gestellt. Dazu kamen Ideologie-, Richtungs-, Bündnisfragen und die alles überragenden Probleme Reform oder Revolution, Reaktion oder Restauration (Gablentz 1964).

Selbst ein Mann der Außenpolitik und Fürstenherrschaft wie Otto von Bismarck musste sich nun in der Innenpolitik strategisch bewähren.[114] Er war ein Stratege zwischen den Zeiten: absolutistisch, aber schon ein wenig parlamentarisch. Es gab Parteien, aber noch keine Demokratie. Die Ambivalenzen Bismarcks waren Ausdruck der Widersprüche einer in ihrer politischen Modernisierung blockierten konstitutionellen Monarchie, die er steuern wollte.

Deutlich sein permanenter Wille zur Strategie, zur übergreifenden Kalkulation und zur Suche nach dem springenden Punkt[115]. Er operierte aber in unterschiedlichen, schwer zu vereinbarenden Orientierungsschemata: Staatsraison des absolutistischen Staates und Fürstenorientierung einerseits, die Realität – nicht Legitimität – von Parteien, Parlamentarismus und Mehrheitssuche andererseits. Konsistenz der Orientierungen und ein zuverlässiger strategischer Kompass[116] waren unter den gegebenen Rahmenbedingungen nicht möglich.

Innenpolitische Strategie oszillierte zwischen Öffnung und Schließung, Kooperation und Konfrontation, Reform und Repression. Feindbilder und Feinderklärungen, Verschwörungsdenken und Hass, autokratische Herrschaftsphantasien und autoritäre Praxis standen

---

[111] Man machte ihn zum Verwaltungsdirektor der Kriegsschule und verhinderte seine Lehrtätigkeit.
[112] Mit Schlieffen setzte sich eine Denkschule durch, „die aus taktischen Erfahrungen operative Konzepte entwickelt und mit diesen operativen Konzepten strategische Probleme lösen will" (Kutz 1990: 32).
[113] Vgl. etwa Görlitz (1967), Holborn (1986), Kutz (1990) sowie Gablentz (1965).
[114] Vgl. Pflanze (1998) und Bismarck (1928).
[115] Vgl. dazu das Kapitel 5.3.
[116] Vgl. dazu das Kapitel 4.2.

quer zu Ansätzen eines Arrangements mit den demokratischen Kräften. Allgemeines Wahlrecht („die damals stärkste der freiheitlichen Künste", Bismarck 1928: 381), Kampf um eine tragfähige konservative Basis (gesucht eine „Partei des konservativen Fortschritts", Bismarck 1928: 449), parlamentarische Mehrheitssuche (wechselnde Konstellationen), Kampf gegen den Katholizismus (die „Torheit des Kulturkampfs", Pflanze 1998: 139) und die Arbeiterbewegung (Sozialistengesetz) sowie Staatsstreichpläne von oben. Bismarck als ein im Kern antiparteilicher, antiparlamentarischer, antidemokratischer, aber auch experimenteller Politiker, politischer Spieler und „Meister der Realpolitik" (Pflanze) erprobte eine Vielzahl von Strategien. Dabei scheiterte er meist. Weil er anspruchsvolle Ziele verfolgte, war sein Scheitern besonders sichtbar.

An Otto von Bismarck zeigten sich die Grenzen einer autokratischen Regierungsweise und eines monologischen Strategiestils[117], in einem hochkomplexen, widersprüchlichen System aus partikularen Mächten und verweigerten Partizipationsansprüchen. Das führte auch zu permanenter Selbstüberforderung Bismarcks, zu einem Leben am Rande des gesundheitlichen und nervlichen Zusammenbruchs.[118]

Neben den Innenpolitikern als Strategen entstand ein neuer Typ *politischer Intellektueller*. Sie waren verbunden mit politischen Strömungen und den frühen Bewegungen gegen Ende des 18. Jahrhunderts, danach mit den stärker organisierten Bewegungen und Parteien im 19. und 20. Jahrhundert. Diese Intellektuellen bearbeiteten Perspektivfragen im Spannungsfeld von Ideologie und Strategie.[119] Obwohl der Mainstream beispielsweise der sozialdemokratischen Arbeiterbewegung ein vom Strategiestreit ungerührter Praktizismus war (vgl. Steinberg 1967), haben Intellektuelle wie Rosa Luxemburg, Eduard Bernstein und selbst noch der Alternativen verwischende Karl Kautsky erheblich zur intellektuellen Klärung strategischer Optionen beigetragen.

Wissenschaftler stießen erst spät zu den Trägergruppen hinzu. Die Verspätung der Sozial- und Politikwissenschaft gegenüber der Strategiefrage zeigt viele Facetten. Die deutsche Politikwissenschaft im 19. Jahrhundert kreiste bis zur Mitte des Jahrhunderts auch um Fragen, die durch die Revolution(en) und Bewegungen aufgeworfen wurden, behandelte sie aber nicht in einer strategischen Perspektive (vgl. Bleek 2001: 91ff.). Die Vernetzung hervorragender Staatswissenschaftler wie Robert Mohl und Friedrich Christoph Dahlmann mit der liberalen Bewegung reichte nicht aus – erst die Konfrontation mit der Praxis – in der Frankfurter Paulskirchenversammlung saßen 15 Politik-Professoren – brachte die Erkenntnis, wie grundlegend die Macht- neben den Ideen- und Wertefragen sind. Karl von Rotteck (1835) hatte schon im Vormärz einen erhellenden Artikel über Bewegungspartei veröffentlicht – er blieb aber rein interpretatorisch, war nicht praktisch orientiert und enthielt keine strategische Dimension.

Alles kommt auf die Fokussierung der Aufmerksamkeit an. Ideen, Regime, Verfassungen, Ordnungen, Institutionen, Rollen, Werte und Normen – das alles dominierte und war etwas anderes als Prozesse, erfolgsorientierte Zielverfolgung, machtorientierte Durchsetzung, Ergebnisse. Die prozess- und erfolgsorientierte Perspektive, Voraussetzung für die

---

[117] Vgl. dazu Kapitel 4.3.

[118] „Die Erwägung der Frage, ob eine Entschließung richtig sei, und ob das Festhalten und Durchführen des auf Grund schwächer Prämissen für richtig Erkannten richtig sei, hat für jeden gewissenhaften und ehrliebenden Menschen etwas Aufreibendes (...)." (Bismarck 1928: 458). Die Belastung wächst dadurch, dass der Politiker trotz grundlegender Ungewissheit gezwungen ist, so zu handeln, als ob er „die kommenden Ereignisse und die Wirkung der eigenen Entschließungen auf dieselben mit voller Klarheit vorausähe." (457).

[119] Vgl. Greiffenhagen (1986), Alemann et al. (2000). Vgl. dazu auch das Kapitel 4.4.

explizite Formulierung strategischer Probleme, hat in der modernen Politikwissenschaft erst seit Max Weber eine Fundierung. Er orientierte sich am Typ zweckrationalen Handelns, baute Macht – ohne Werte und Ideen herabzustufen – zentral in sein analytisches Programm ein, berücksichtigte moderne Kollektivakteure (systematisch Parteien, nicht Bewegungen), dachte strategisch, ohne einen Begriff von Strategie zu entwickeln.[120] Bei ihm, der in sich wie wenige andere das Spannungsverhältnis zwischen Politik und Wissenschaft austrug, kam Politikwissenschaft – soweit sein Werk hier zurechenbar ist – an die Schwelle expliziter Thematisierung der Strategiefrage.

Robert Michels und Max Weber waren die ersten Sozialwissenschaftler, die als Beobachter einen Parteitag besuchten. Sonst brauchte es lange, bis Wissenschaftler des etablierten Wissenschaftsbetriebs sich zu den Niederungen des politischen Kampfes herabließen.[121] Noch länger dauerte es, bis sie auf Strategieprobleme des Parteienkampfes stießen. Wer wie Karl Marx und nach ihm viele „abtrünnige" Wissenschaftler bürgerlicher Herkunft, wissenschaftlich geschult den Weg an die Seite von Bewegungs- bzw. Parteiakteuren fand, war dann unausweichlich mit Strategiefragen befasst – aber in praktischer Absicht. Die frühe Parteienforschung (Moisei Ostrogorski, Robert Michels) wurde zwar zu Recht „Krisenwissenschaft" genannt, vom Ansatz her aber war sie Struktur-, nicht Strategieanalyse. Noch die Pionierarbeit von Franz Neumann (1965) – 1932 erstmals, in einer Zeit verschärfter Strategieprobleme, publiziert – kam ohne Thematisierung strategischer Fragen aus.

Journalisten waren als Richtungsakteure – insbesondere parteigebundene oder -nahe Presse – und als Akteure journalistischer Dauerbeobachtung mit den Strategiefragen befasst, die die Kollektivakteure selbst bearbeiteten. Nicht immer sind die individuellen strategischen Fähigkeiten so groß wie beispielsweise beim „Naturtalent" Sebastian Haffner. Auch mögen systematische, konstruktive Eigenbeiträge nicht zu den besonderen Stärken des journalistischen Berufs gehören. Als Beobachter, Berichterstatter, Kritiker haben sie ihr Gewicht im Durchsetzungsprozess modernen Strategiedenkens. Ihre Informations- und Recherchearbeit ist häufig die wichtigste Quelle zur Rekonstruktion von Strategien – für das Publikum, gegnerische Akteure und die Wissenschaft.

Öffentliche Diskurse

Die Aufklärung hatte Grundlagen geschaffen, aber erst moderne Kollektivakteure seit der Französischen Revolution setzten Öffentlichkeit gegenüber der alten Arkanpolitik durch. Die Titel der diversen „geheimen Räte" zeichneten ihren Träger als Teilhaber eines Geheimnisses aus, das die Sphäre politischer Herrschaft bis zum Ende des 18. Jahrhunderts selbstverständlich umgab." (Hölscher 1979: 131). Die Emphase unbegrenzter Öffentlichkeit riss Dämme ein, in deren Schutz auch strategische Überlegungen der Herrschenden angestellt worden waren. Die Liberalen und Demokraten des 19. Jahrhunderts hatten aber Probleme mit der „Anerkennung eines berechtigten Arkanraumes. (...) Das alte Argument, dass politische Entscheidungen vor dem Gegner geheimgehalten werden müssen, um ihren beabsichtigten Effekt nicht zu gefährden, konnte nur dadurch überspielt werden, dass man die Gegnerschaft leugnete oder aufzuheben trachtete, konnte aber nicht widerlegt werden."

---

[120] Im umfangreichen Sachverzeichnis zu „Wirtschaft und Gesellschaft" (1980) taucht der Begriff Strategie nicht auf. Er war in die allgemeine und politische Sprache noch nicht weit genug vorgedrungen.

[121] Auch in der Geschichtswissenschaft waren es Außenseiter wie zum Beispiel Gustav Mayer.

(Hölscher 1979: 135). Auch bei grundsätzlicher Anerkennung des Öffentlichkeitsprinzips bleibt im liberalen und im demokratischen Staat die Frage legitimer Nicht-Öffentlichkeit.[122]

Seit dem 19. Jahrhundert können sich in der breiteren Öffentlichkeit oder in Fachöffentlichkeiten Diskurse mit einem Fokus auf strategischen Fragen bilden. Thesen, Systematisierungsversuche, „Theorien", Kritik, Kontroversen schaffen Anschluss- und Vertiefungsmöglichkeiten. Militärwissenschaftliche Fachöffentlichkeiten in verschiedenen Ländern versuchten, Theorie und Praxis napoleonischer Feldzüge zu verstehen und einzuordnen (vgl. Paret 1986b). Deutsche Generalstabsoffiziere bezogen sich auf das monumentale Werk von Carl von Clausewitz, suchten Anschlüsse oder Abgrenzungen – bis hin zu Fälschungen – sowie Kritik, bildeten Schulen von Praktizismus und Theorieorientierung, planten und verloren Weltkriege und setzen ihre Irrtümer fort (vgl. Kutz 1990, 2001). Man kann – mit Martin Kutz – sichtbare und vor allem folgenreiche Fehlorientierungen kritisieren, aber es handelt sich dabei um strategische Diskurse, wie es sie vor der Moderne nicht gegeben hat. Immer enthalten sie ein Klärungspotential.

Das gilt ebenso für die Politik. Die Revolutionen von 1789, 1848, 1917/1918 umfassen auch große strategische Diskurse. Das Projekt der Pariser Kommune von 1870/1871 wurde von Karl Marx mit seiner Schrift „Der Bürgerkrieg in Frankreich" in eine Strategie der Machteroberung transformiert. Auch wenn sie in die Kategorie der strategischen Irrtümer gehört, setzte sie, um den Bakunisten das Wasser abzugraben, einen Punkt in der offenen Strategiedebatte der Arbeiterbewegung. Mit den Klassikern und der internationalen Arbeiterbewegung verknüpft, arbeiteten sich die Parteien der deutschen Arbeiterbewegung jahrzehntelang an einem strategischen Diskurs ab, der alle Fragen von Machteroberung und Systemtransformation mit einschloss.[123]

Carl von Clausewitz

Clausewitz hatte ein sozialwissenschaftliches Profil – bevor es moderne Sozialwissenschaft gab. Er war handlungstheoretisch orientiert,[124] von seinen Intentionen her „Sozialwissenschaftler und Praktiker" (Kutz 1990: 17), mehr noch „ein nicht-kanonisierter sozialwissenschaftlicher Klassiker" (Vowinckel 1993: 14).

Clausewitz schrieb nicht über politische, sondern über militärische Strategie.[125] Inhaltliche Brücken gibt es am ehesten zur Außen-, keineswegs zur Innenpolitik. Wenn wir ihn hier als repräsentativen Strategieautor der Moderne für unsere innenpolitische Fragestellung schätzen, muss seine Modernität unabhängig von seinen Inhalten sein. Welche Erkenntnisleistungen sind aus Clausewitz zu gewinnen, wenn man sie aus der Thematik von Militär und Krieg herauslöst? Wir spitzen thesenhaft zu:[126]

- Strategie ist eine Art des Denkens, nicht dessen Ergebnis. Man kann nicht Strategie lernen, sondern nur strategisch denken lernen. Falsch wäre, von Strategie eine Lehre im Sinne positiver Vorschriften zu erwarten.

---

[122] Vgl. dazu das Kapitel 2.2.
[123] Vgl. zum Beispiel Lehnert (1977) für die SPD der Zeit vor dem 1. Weltkrieg.
[124] Vgl. Hetzler (1993), Vollrath (1984, 1993), Kutz (1990, 2001).
[125] Auch er hatte keinen Begriff „politischer Strategie".
[126] Wichtig dafür Kutz (1990, 2001), Hahlweg (1980), Paret (1986c, 1993), Aron (1980), Münkler (2003) und natürlich Clausewitz (1980) selbst.

- Strategie ist historisch spezifisch, nicht aus allgemeinen, immer gültigen Gesetzen ableitbar.[127] Sie ist in breite Kontexte mit ökonomischen, technologischen, sozialen, kulturellen, politischen Faktoren eingebettet.
- Strategieanalyse muss nach dem historisch jeweils Neuen suchen, das Bedingungen und Möglichkeiten von Strategie permanent umwälzt.
- Strategie[128] ist weder „Kunst" („hervorbringendes Können") noch „Wissenschaft" („bloßes Wissen"), sondern beinhaltet Teile von beidem, bezogen auf ein drittes: die strategische Interaktion. Dem Krieg am nächsten steht die Politik („der Schoß, in welchem sich der Krieg entwickelt"), auch sie ein Feld der „Konflikte menschlicher Interessen und Tätigkeiten". Der „innere Zusammenhang" kann durch Theorie „aufgehellt" werden.
- Theorie und Kritik hängen eng miteinander zusammen und sind grundlegend wichtig: „Die Einwirkung theoretischer Wahrheiten auf das praktische Leben geschieht immer mehr durch Kritik als durch Lehre; denn da die Kritik eine Anwendung der theoretischen Wahrheit auf wirkliche Ereignisse ist, so bringt sie jene dem Leben nicht nur näher, sondern sie gewöhnt auch den Verstand mehr an diese Wahrheiten durch die beständige Wiederkehr ihrer Anwendungen." (Clausewitz 1980: 312).
- Das letzte Ziel von Strategie ist erfolgreiche Praxis. Dafür braucht es eine Methode, die die Wechselbeziehungen von Empirie, Praxis und Theorie in mehrfachen Schleifen durchläuft.
- Die (theoretische) Strategieanalyse muss durch Abstraktion vom Konkreten[129] so elementarisiert werden, dass sie für vielfältige Konstellationen anschlussfähig bleibt.
- Das strategische Vermögen, das sich für den Akteur anders darstellt als für den Analytiker, ist insgesamt angewiesen auf Analyse-, Kritik- und Urteilsfähigkeit, verbunden mit Kreativität. Am wenigsten ist Strategie eine Rechenaufgabe mit formalisierbaren Größen und zweifelsfreien Ergebnissen.[130]
- Strategieanalyse arbeitet an einer (Re-)Konstruktion von Kalkülen.[131] Sie wird von Clausewitz am Beispiel von Angriff und Verteidigung paradigmatisch ausgeführt. „Kluge Berechnung" (Clausewitz 1980: 207) durchzieht den strategischen Prozess, wobei „gleich von vornherein ein Spiel von Möglichkeiten, Wahrscheinlichkeiten, Glück und Unglück hineinkommt" (208).
- Die Frage nach Erfolgsfaktoren ist in den Analysen angelegt. Die besondere Betonung moralischer, psychologischer, kultureller Faktoren gehört für die nachrevolutionäre Analyse dazu, verdrängt aber nicht Gesichtspunkte von „materiellen" Potentialen und Kräfteverhältnissen.

---

[127] Kutz (2001: 8) spricht von „Epochengebundenheit" der Strategie, von einem „unausgesprochenen, aber gedankenimmanenten Plädoyer" für „die Analyse des historischen Wandels".

[128] Als Element von „Kriegskunst" bzw. „Kriegswissenschaft". Zum Folgenden und zu den Zitaten vgl. Clausewitz: (1980: 301ff.).

[129] Clausewitz betrieb „historische Analyse als sozialwissenschaftliche Empirie", wobei die Revolutionskriege und die napoleonischen Feldzüge seine primäre Erkenntnisquelle waren (vgl. Kutz 1990: 14ff.).

[130] Clausewitz grenzt sich vom „Mathematischen" ab, das vor seiner Zeit als Krone von Strategie galt – ähnlich wie heute die Spieltheorie.

[131] Diese Aufgabe wird nicht programmatisch gefasst, auch nicht gegen eine ältere, primär an Maximen orientierte Vorgehensweise gerichtet.

- Ohne einen geschärften Strategiebegriff kann es keine triftige Strategieanalyse geben. Der deutliche Gegensatz zu Taktik ermöglicht es, das Strategische als besonderes Element im Handlungsprozess herauszuarbeiten und zu charakterisieren.
- Mit dem „Primat des Politischen"[132] über das Militärische und über militärische Strategie öffnet Clausewitz Politik für strategisches Denken, ohne selbst diesen Schritt zu vollziehen.[133] Krieg als ein durch und durch „politisches Instrument" (212), als eine Fortsetzung von Politik „unter Einmischung anderer Mittel" (990)[134] gibt der Politik eine Leitfunktion[135], von der schwer vorzustellen ist, wie sie ohne eigene strategische Gesichtspunkte dem strategisch strukturierten Militärischen gewachsen sein soll.

Politische Strategie ist nicht einfach Abfallprodukt militärischer Strategie, sonst hätte sie sich schneller aus Clausewitz entwickeln lassen. Es muss ein eigenes politisches Systematisierungsniveau erreicht sein, um Vorarbeit und Anschlussstellen, ebenso aber die Differenzen zu Militär und Krieg zu sehen, auf die Clausewitz sich ja ausschließlich bezieht.

Post-Skript nach 1945

Den breiteren Gebrauch des Strategiebegriffs, nun auch im ökonomischen und politischen Sinne, kann man erst für die Zeit nach dem Zweiten Weltkrieg ansetzen (Brodie 1968: 281).[136] In der Politik hat zum Beispiel die Neue Linke in den 1960er und 1970er Jahren zur Verbreitung des Strategiebegriffs beigetragen.[137] Modisch und inflationär wird die Strategiesprache seit den 1980er Jahren auf fast alle Bereiche ausgeweitet, Psychologie, Theologie und Therapie nicht ausgenommen.

In der systematischen Analyse war die Ökonomie der Politologie zeitlich voraus. Von einer Führungsrolle zu sprechen, ist schon aus sachlichen Gründen falsch. Strategisches Management, strategische Politik, militärische Strategie haben teilweise im methodischen und begrifflichen Bereich Schnittmengen, aufs Ganze gesehen aber völlig eigenständige Profile. Der wichtigste Grund liegt darin, dass die Handlungsbereiche, auf die sie sich beziehen, fundamental verschieden sind. Deshalb halten wir uns an die Regel, Anregungen aufzunehmen, aber keine Anpassung zu betreiben.

Seit den 1960er Jahren entwickelte sich aus der Betriebswirtschaft der Zweig des *strategischen Managements*. Die Entstehung des strategischen Managements wird im Fach selbst auf ein „spezifisches Führungsversagen" zurückgeführt. Es bestand darin, dass Führungsverantwortliche bei stabilen Umweltbedingungen vieles richtig gemacht hatten und dabei erfolgreich waren, dass sie aber mit den gleichen Mitteln bei veränderten Bedingungen versagten (Wüthrich 1991: 1). Vor allem war es die zunehmende Turbulenz von Märkten, die die Suche nach einer systematischer angelegten Unternehmensführung auslöste.

---

[132] Vgl. Kutz (2001: 20f.) zu dieser, im Vergleich zu „Politik" schärferen Formulierung.

[133] Clausewitz hat in seinen Beiträgen zu *politischen* Fragen (vor allem zur Außenpolitik) nicht von „Strategie" gesprochen, also den Begriff nicht vom für ihn seit Beginn des 19. Jahrhunderts selbstverständlichen militärischen Gebrauch auf das politische Feld übertragen.

[134] So die im Vergleich zum gängigen Zitat („mit anderen Mitteln") schärfere Variante.

[135] Vor allem für Kriegs- und Friedensziele sowie eine durch politische Gesichtspunkte bestimmte Kriegführung.

[136] Auf der Ebene der allgemeinen Lexika blieb Meyers Konversationslexikon bei einer Begrenzung des Strategie-Artikels auf das Militärische, während der Brockhaus von 1993 den Blick auf den politischen Bereich öffnete, ohne die politische – zum Beispiel neben der betriebswissenschaftlichen oder mathematischen – Dimension eigenständig auszuführen.

[137] Bei den Jungsozialisten beispielsweise als „Strategiekongresse", „Doppelstrategie", „Strategiedebatte".

Inzwischen gibt es eine mehr als 40jährige Forschungsgeschichte des strategischen Managements, die für eine sich entwickelnde politologische Strategieforschung Vorteile bietet. Fehlorientierungen, Irrtümer und manche Kontroversen muss die politologische Strategieanalyse nicht wiederholen. Sie kann in einigen methodischen, begrifflichen, auch konzeptionellen Teilen auf den dort erreichten Ergebnissen aufbauen, ebenso wie sie sich von Carl von Clausewitz anregen lassen kann. Sie muss nur jederzeit die Differenz von Politik, Militär und Wirtschaft vor Augen haben. Weder Krieg noch Markt sind für striktere Analogien tauglich.

In der Politikwissenschaft ist die Lage fragmentiert, von einem Forschungsstand in einem verbindlicheren Sinne kann nicht die Rede sein (vgl. Tils 2005). Im repräsentativen „Lexikon der Politik" gab es im Band „Politische Begriffe" zwar 739 Seiten, aber keine Eintragung zu Strategie. Anders dann im „Wörterbuch zur Politik" von Manfred G. Schmidt (2004), mit dem die lexikalische Besetzung eines Begriffs politischer Strategie durch die Politologen selbst begonnen hat.

Die akademische Distanz zur politischen Praxis war besonders ausgeprägt bei der *Spieltheorie*, die seit den 1960er Jahren zunehmend Eingang in die Politikwissenschaft fand und inzwischen zu einem zentralen politologischen Paradigma geworden ist. Sie arbeitet unseres Erachtens mit einem realitätsfernen Reduktionismus, der Akteurkonstellationen simplifiziert und die ausschließliche Orientierung der beteiligten Akteure auf das Handeln der Gegner bzw. Mitspieler unterstellt. Andere strategische Bezugsgrößen wie nicht direkt beteiligte Adressaten politischen Handelns, mediale Öffentlichkeit oder materielle Problemlösungsaspekte finden in den spieltheoretischen Konzeptualisierungen keinen angemessenen Platz. Ein kontextarmer Formalismus, der konstruktionsbedingte Vorwegfestlegungen vornimmt, Präferenzen exogen bestimmt und sich für die realen Kalkulationen strategischer Akteure wenig interessiert, schien uns kaum geeignet, als Basis einer politischen Strategieanalyse zu fungieren (vgl. auch Tils 2005: 54ff.). Die Spieltheorie bleibt – außer in Randbereichen – folgenlos für die Praxis. Sie wird von praktischen Akteuren auch nicht als Antwort auf ihre Strategieprobleme angesehen. Ebenso wenig hat die praktische Anschlussfähigkeit bei Vertretern dieser Theorie eine Rolle gespielt.

Außerhalb der spieltheoretischen Engführung hat, soweit wir für die deutsche Politikwissenschaft sehen, nur der konservative Berliner Politologe Otto Heinrich von der Gablentz (1965: 327ff.) den Vorschlag unterbreitet, Strategie zum festen Bestandteil von Politikwissenschaft zu machen. Dabei schloss er seine einführenden Überlegungen an Clausewitz an. Trotz Verspätung waren es dann eher die Bewegungs-, Parteien- und Wahlkampfforschung als beispielsweise die Regierungs- oder Verwaltungsforschung, die sich dem Strategiethema öffneten. Allerdings wurde keine vertiefte Systematik entwickelt.[138] Rudolf Heberle (1967: 255), der deutsche Altmeister der Bewegungsforschung, betonte – um nur den Bereich sozialer Bewegungen anzusprechen – die Relevanz von Strategiefragen wegen der „Tatsache, dass dieselben Ziele mit ganz verschiedenen und oft miteinander unvereinbaren Mitteln verfolgt werden können. Viele der historisch wichtigen Absplitterungen und Teilungen sozialer Bewegungen und politischer Parteien hatten ihren Anfang in Kontroversen über taktische oder strategische Fragen." Auch fügte er ein eigenes Kapitel „Strategie und Taktik" in sein Resümee mit ein.

---

[138] Wir verzichten an dieser Stelle auf Einzelnachweise. Bezugnahmen auf Beiträge, die relevante Aspekte thematisieren, durchziehen das gesamte Buch. Die Durchsicht der Literatur hat keinen für uns arenenübergreifend anschlussfähigen Ansatz gezeigt.

Innerhalb der politologischen Grundlagenforschung bleiben Renate Mayntz und Fritz W. Scharpf für uns zentrale Abgrenzungs- und Anschlussreferenz (vgl. Mayntz/Scharpf 1995, Scharpf 2000). Eigene Überlegungen wurden immer wieder im Lichte des akteurzentrierten Institutionalismus überprüft, angepasst, bestätigt, verworfen, oft aber auch im Widerspruch zu ihm fixiert – das betrifft insbesondere Konzeptualisierungen nach der „spieltheoretischen Wende" des Ansatzes, die nur Scharpf vollzogen hat. Am meisten direktes Anschlusspotential fanden wir bei Helmut Wiesenthal (1990, 1991, 1993a, 1995, 2006), einem Mann sozialwissenschaftlicher Theorie und selbstreflexiver, eigener politischer Praxis. Er hat auf der Theorieebene den Raum für eine politologische Strategieanalyse weit geöffnet – trotz manch theoretisch begründetem Steuerungspessimismus.

Grundlagen

3 Grundmodell der Strategieanalyse

> *Wird Wissenschaft verstanden als eine Art Baukasten, in dessen einem szientifischem Teil Baustein an Baustein ‚gesicherten Wissens' gefügt wird, während in dessen anderem nicht szientifischem Teil der dichte Nebel bloßen Meinens und reiner Spekulation herrscht, so verfallen wir einem Bild, das weder historisch noch sachlich der Geschichte der Wissenschaften entspricht. Es verdeckt, dass die Front der Wissenschaft gerade an der Grenze zwischen dem tatsächlich oder vermeintlich gesicherten Wissen, im Nebel des nur unsicher und undeutlich Erkannten liegt, dass Wissenschaft gerade da, wo sie versucht, in Neuland vorzustoßen, im höchsten Sinne Wissenschaft ist.*
> Dieter Oberndörfer

Das Grundmodell zeigt den inneren Zusammenhang der einzelnen Komponenten des hier entwickelten Strategieansatzes. Mit ihm kommt zugleich der (auch) praktisch orientierte Zuschnitt politischer Strategieanalyse zum Ausdruck. Anschlusssuche in Wissenschaft und Praxis gehen der analytischen Konzeption von Strategie voraus. Die Ergebnisse des Forschungsprozesses, so der Wunsch, sollen Wissenschaft und Praxis wiederum Anschlüsse ermöglichen.

Das Grundmodell der Strategieanalyse setzt sich zum einen aus den Elementen zusammen, die im Grundlagenabschnitt ausführlicher erörtert werden. Das sind die politische Strategiepraxis (Kapitel 4), der Strategiebegriff und seine Elemente (Kapitel 5), das Orientierungsschema (Kapitel 6) und die strategischen Kalkulationen (Kapitel 7). Das Grundmodell zeigt, wie insbesondere das Orientierungsschema und die strategischen Kalkulationen den Prozess des Strategy-Making durchwirken.[139] Strategy-Making ist ein dynamischer Prozess, für den hier drei Grundelemente herausgestellt werden: Aufbau von Strategiefähigkeit, Strategiebildung, strategische Steuerung.

Die Logik des *Grundmodells* entspricht der Logik des *Forschungsprozesses*. Zentraler Bezugspunkt der Überlegungen waren vorfindbare strategische Denkweisen von Akteuren der politischen Praxis. Das ist die erste Quelle des Modells. Wissenschaftliche Erkenntnisse und systematische Überlegungen bilden die zweite, wichtige Quelle, aus der sich die Konzeptualisierung politischer Strategie speist.

Trotz fehlender Ausdifferenzierung, Systematisierung und Präzisierung des praktischen Wissens strategisch orientierter Akteure, bestimmt ihr Realitätshorizont unser Blickfeld. In der strategischen Denkweise und Praxis liegen eine Fülle positiver Anschlussmöglichkeiten, die durch weitere analytische Bearbeitung optimiert werden können. Soll der mit unserem praktischen Anspruch verbundene Rücktransfer gelingen, dürfen die Strategiekon-

---

[139] Vgl. dazu die Abbildung 4.

zeptualisierungen die Praxis nicht überfordern – gerade in Kenntnis der realen, restriktiven Bedingungen politischer Strategie.[140]

Im Ergebnis erreicht erst die Zusammenführung von systematischen Überlegungen und praktischer Denkweise eine analytische Fundierung politischer Strategie. In der Logik des Forschungsprozesses entstehen aus den Quellen strategischer Praxis und wissenschaftlicher Ausarbeitung des Strategiebegriffs (und der dazu gehörenden Elemente) ein erfahrungsgestütztes Orientierungsschema und das Konzept strategischer Kalkulationen.

Strategische Kalkulationen sind die berechnenden Denkoperationen, die den gesamten Prozess der Strategy-Making durchziehen. Mit ihrer Hilfe werden die Voraussetzungen von Strategie geschaffen, Strategien entwickelt und umgesetzt. Über das Orientierungsschema erhalten sie eine signifikant strukturierte Form. Erst in der Verknüpfung von Kalkulation und Orientierungsschema findet das Strategy-Making seine besondere Gestalt.

Abbildung 4: Grundmodell der Strategieanalyse

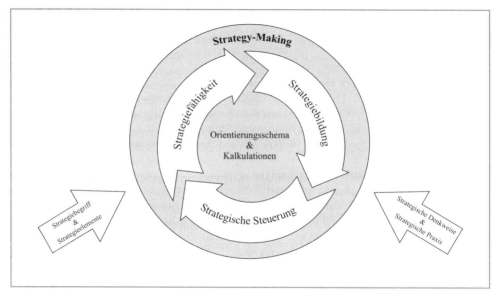

Das *Orientierungsschema* setzt sich aus zentralen Bezugsgrößen strategischer Akteure zusammen. Es orientiert Akteure und lenkt ihr Handeln im gesamten Prozess des Strategy-Making, also beim Aufbau von Strategiefähigkeit, der Entwicklung von Strategien und in strategischen Steuerungsprozessen. Das unterstreicht seine grundlegende Funktion als basale Orientierungshilfe.

In seiner spezifischen Form zieht das Schema die Grenze zwischen allgemeinen Grundlagen politischer Strategie und den besonderen Ausformungen, die Strategie in dieser Arbeit für den Kontext parteienstaatlicher Demokratien erhält. Während die sonstigen Bestandteile des Grundlagenabschnitts politische Strategie im Allgemeinen betreffen, erfordert das Orientierungsschema eine Zuspitzung und Reduktion auf die Bezugsgrößen spezifischer politischer Systeme. Ein derartiges Schema nimmt etwa für politische Akteure prä-

---

[140] Vgl. dazu das Kapitel 4.1.4.

sidentieller Systeme in Teilbereichen (z.B. Parteiendezentrierung der Organisation, Arenen) andere Gestalt an. Orientierungsschemata verändern sich in ihrer Zusammensetzung nicht zuletzt durch sich wandelnde politische Kontextbedingungen im Zeitverlauf und sind damit historisch kontingent.[141]

Abgesehen von einer solchen Systemdifferenz sind auch Unterschiede zwischen Handlungsperspektiven verschiedener politischer Akteure zu bedenken. Immer gilt das Schema für Kollektivakteure – über individuelle Akteurstrategien, soweit sie nicht eng mit dem Kollektivakteur verbunden sind, haben wir uns den Kopf nicht zerbrochen. Die hier vorgenommene Konzeptualisierung des Orientierungsschemas setzt bei einer partei- und parteiregierungszentrierten Handlungsperspektive an.[142] Orientierung und Perspektive verändern sich mit den Akteuren: Akteurdifferenzen führen zu Schemadifferenzen.

Neben den genannten Grundlagen besteht unser Modell der Strategieanalyse aus dem Prozess des Strategy-Making. *Strategy-Making* lässt sich als ein permanentes, simultanes Arbeitsprogramm in den drei grundlegenden strategischen Handlungsbereichen Herstellung von *Strategiefähigkeit*, *Strategiebildung* und *strategische Steuerung* beschreiben. Strategie wird damit als kontinuierlicher, dreidimensionaler, interdependenter Prozess erkennbar.

Empirische Beobachtungen und praktische Erfahrungen legen folgende Schlüsse nahe: Strategiefähigkeit ist nie ganz gesichert, eher permanent von Zerfall bedroht. Strategiebildung ist nie abgeschlossen, muss im Lichte von Erfahrungen und Veränderungen überprüft, modifiziert, revidiert werden. Strategische Steuerung ist schon durch Interaktion und überraschende Züge des Gegners ein unabgeschlossener Prozess. Sie erfordert zugleich die Reproduktion und Anpassung ihrer Voraussetzungen Strategiefähigkeit und Strategiebildung.

Deswegen haben wir den Prozess des Strategy-Making nicht als Sequenz- oder Ablaufmodell konzipiert. Es ist ein *Simultanmodell*, das für strategische Akteure eine mehrdimensionale Prozessorientierung und ständige Rückschleifen im Handeln voraussetzt. Alle drei Grundelemente bedürfen der fortlaufenden, miteinander vernetzten Bearbeitung. Nach der analytisch differenzierten Betrachtung der drei Bereiche wird dieser Zusammenhang insbesondere in den Fallstudien zum Strategy-Making der SPD deutlich.

Politische Strategie ist ein *Prozess*. Wechselwirkungen, unkontrollierbare Interaktionen, extreme Ungewissheit bleiben ihr Signum. Erklärung wie Orientierung sind dabei auf einen komplexen, offenen und dynamischen Rahmen angewiesen. Dieser Rahmen wird vom Grundmodell der Strategieanalyse bereitgestellt. Der Doppelperspektive unserer Arbeit entsprechend, durchziehen den Grundlagen-Abschnitt ebenso Bausteine einer Erklärungs- wie einer Orientierungsperspektive.

Strategie strukturiert sich für den Akteur anders als für den Beobachter. Während strategische Akteure vom Beobachter „sortiert werden", kommt es für den handelnden Akteur auf das „selbst sortieren" an. Der *Beobachter* braucht einen analytischen Bezugsrahmen, der den Handlungskontext strategischer Akteure von anderen strukturierten Handlungszusammenhängen unterscheidet. Die wichtigsten Größen eines solchen Bezugsrahmens sind dem Strategiebegriff und seinen Elementen zu entnehmen (ohne bereits selbst ein Bezugsrahmen zu sein). Die erläuterten Strategieelemente schließen an der Definition an (Ziele, Mittel, Umwelt) und fügen ihr die beiden inhärenten Bestandteile Akteur und Handlungen

---

[141] Vgl. dazu das Kapitel 4.4.
[142] Vgl. Kapitel 1.

hinzu. Mit ihnen können strategische Akteure, ihre Handlungen und ihre spezifischen Kalkulationen identifiziert und unterschieden werden.

Der handelnde *Akteur* benötigt ein Schema zur strategischen Orientierung. Dieses wird ebenfalls im Grundlagenteil dieses Buches entwickelt. Es enthält die Fundamentalgrößen, an denen strategische Akteure ihr Handeln ausrichten. Auf das Orientierungsschema kann aber zugleich in Beobachter-Analysen zurückgegriffen werden – wenn etwa die Orientierungen strategischer Akteure im politischen Prozess analytisch rekonstruiert, Erklärungen für Strategieerfolge, strategische Fehlleistungen, gescheiterte Strategien gesucht oder strategische Kalkulationen und Handlungen bewertet werden sollen.

Auch das Konzept der strategischen Kalkulationen unterstützt das Generieren von Erklärungs- *und* Orientierungswissen. Einerseits helfen Kalkulationen Akteuren, die sich strategisch orientieren, beim Entwickeln von Strategien. Anderseits können mit Hilfe allgemeiner Kalkulationen bzw. besonderer Kalküle und Maximen Rekonstruktionen und Erklärungen strategischer Denkprozesse bzw. Interaktionen stattfinden. Gleiches gilt für die Ausführungen zur strategischen Denkweise von Akteuren politischer Praxis. Sie können einerseits der Selbstreflexion strategischer Akteure dienen, anderseits zur Erklärung strategischer Tatsachen beitragen.

An den Fallstudien zur Strategiefähigkeit, Strategiebildung und strategischen Steuerung der SPD lassen sich weitere Verwendungszusammenhänge der vorgenommenen Strategiekonzeption zeigen. Sie dienen zunächst der Anwendung und Illustration einzelner Bausteine des Grundmodells. Sie können zugleich zur Formulierung strategischer Kritik beitragen und damit in einer Orientierungsperspektive die Strategieoptimierung unterstützen. Nicht zuletzt sind einzelne Bestandteile des Strategy-Making-Konzepts unmittelbar in Erklärungsanalysen strategischer Prozesse integrierbar. So weisen beispielsweise Führung, Richtung und Strategiekompetenz auf zentrale Voraussetzungen des Aufbaus von Strategiefähigkeit hin. Existieren hier substantielle Schwächen eines strategischen Akteurs, wird bereits dies eine Erklärung für das Ausbleiben von Strategieerfolgen sein.

Insgesamt kann das so zusammengesetzte Grundmodell der Strategieanalyse sowohl als Wegweiser durch das komplexe Konzept politischer Strategie dienen als auch durch die innere Struktur dieses Buches führen.

4 Strategie: Politische Praxis

> *In Fragen politischer Strategie ist jeder Autodidakt. Der Politiker ist Autodidakt. Alle sind eigentlich Autodidakten auf dem Feld.*
> Matthias Machnig

Womit muss man rechnen, will man politische Strategie nicht am Reißbrett entwerfen, sondern an Denk- und Praxisgewohnheiten der Politik anschließen?

John F. Kennedy und Bill Clinton zählten zu den stärkeren Präsidenten. Auch für strategisch konnte man sie halten. Aber es gab irritierende Begegnungen mit analytischen Beobachtern und Beratern. Der Historiker Arthur M. Schlesinger, der Kennedy beim Regieren begleitete und dabei die Innenseite der Macht ausleuchtete, berichtete: „Er scheute gewichtige Gespräche über sich selbst und die Präsidentschaft (oder sonst irgendein Thema). Wenn Frager ihn drängten, lenkte er sie ab: ‚Ich habe ein schönes Haus, das Büro ist ganz in der Nähe, und das Gehalt ist gut.' Einmal fragte ihn James Reston, auf welche Leistung er gern zurückblicken würde, wenn er mit seinem Nachfolger die Pennsylvania Avenue hinunter zu dessen Amtseinführung fahre. ‚Er sah mich an', schrieb Reston später, ‚als sei ich ein träumendes Kind. Ich versuchte es noch einmal: Brauche er kein festes Ziel vor Augen, an dem er seine täglichen Entscheidungen und die Rangordnung erforderlicher Maßnahmen orientieren könne? Wieder tödliches Schweigen. Erst als ich meine Fragen auf akute, greifbare Probleme lenkte, taute er auf und ließ eine Flut von Statistiken abrollen.' Reston schloss daraus, dass Kennedy keine umfassenden Pläne hatte; mir scheint jedoch, dass der Präsident einfach sprachlos war über die seiner Auffassung allzu theoretische Frage." (Schlesinger 1968: 576).

Auch Bill Clinton dachte in Themen, Fakten, Zahlen, nicht in übergreifenden strategischen Abstraktionen. Clinton, der sich schon mehrfach in harten amerikanischen Wahlkämpfen erfolgreich durchgesetzt, der als Gouverneur gearbeitet, sich in der Nominierungskampagne für den demokratischen Präsidentschaftskandidaten bewährt und schon zwei Jahre als Präsident regiert hatte, nun saß er – unter strengster Geheimhaltung – im Treaty Room des Ostflügels des Weißen Hauses bei einem Privatissimum, das ihm der Strategieexperte Dick Morris gab. Morris – sicherlich ein Übertreibungskünstler, aber auch ein scharfer Beobachter – fiel auf: „He never sees concepts or wholes; he sees collections of detail. (...) His perfectionism makes generalities hard to reach, unless all the specifics are arranged in exactly the right way. (…) He knows endless facts and perfectly encodes the exact advice he gets from each source, down to the slightest nuance. He carries these details in his brain while he works through a decision. But he finds it hard assigning relative importance to the various facts and opinions. He is slow to see patterns and slower still to process them to conclusions. His perfectionism does not permit the rough assumptions from which to build the general theories that are vital to decision making." Was haben sich der Detailspezialist und der Strategie-Freak dann noch zu sagen? „When he faced a decision, he would tell me the facts he considered crucial, the priorities that seemed right to him and then asked for advice. I would offer my theories about how to achieve his policy priorities, and would try to apply them to the decision at hand. He would subject these postulates to the exacting task of comparison with the data. When he was satisfied, the theories would serve as a basis for his decision. Where they didn't, I would go back to my polling data and think again about how to modify the theory to fit his policy priorities and actual experiences. This ongoing dialogue between the specific and the general, between the facts and the strategic construct ruled our relationship and helped make each of us more effective in the other's company." (Morris 1999a: 163f.).

Es gibt Schwierigkeiten, zu beschreiben, wie man strategisch denkt. Es gibt aber auch Schwierigkeiten, strategisch zu denken. Es kann sein, dass dies Ausdruck einer generellen, konkretistischen Orientierung selbst von Spitzenpolitikern ist, die okkupiert sind von den Forderungen des Tages. Allgemeine Zielorientierungen – was sie wollen und worüber sie in der Öffentlichkeit sprechen – mögen für sie noch nahe liegender sein als übergreifende Prozessorientierungen abstrahierender Strategie, über die man öffentlich nicht explizit spricht. Konfrontiert mit einem professionellen Strategen, gelingt die Transformation in deren Denkweise und Sprache. Aber viele Spitzenpolitiker würden von selbst nicht darauf kommen.

Carl von Clausewitz (1980: 182) hat festgehalten: ein großer Feldherr wie beispielsweise Napoleon ist der (große) Stratege, er praktiziert ingeniöse Strategie, muss sie aber nicht begründen. Der Generalstab aber könne nur auf dem Weg des strategischen Arguments Einfluss auf ihn nehmen. Das ist der Unterschied zwischen Akteur und Berater, impliziter und expliziter Strategie. Erst wenn Strategie explizit gemacht wird, ist sie auch intersubjektiv, diskutier- und verhandelbar. Der politische Spitzenakteur muss seine Strategie nicht systematisch und methodisch begründen – meist kann er es auch nicht. Nur könnte seine Politik oft besser sein, das ist die hier leitende Überzeugung, wenn er elaboriertes strategisches Know-how in seiner Nähe aufbaute und sich um eigene strategische Diskursfähigkeit bemühte.

Die Strategieanalyse kann sich weit von der strategischen Praxis entfernen, aber es macht keinen Sinn, wenn ihre Analysen und Ergebnisse – nicht nur ihre Sprache – an Praxis nicht mehr anschließbar sind. Dieser Punkt, die Anschlussfähigkeit systematischer Strategieanalyse, muss im Blick bleiben, wenn Strategie nicht ein Glasperlenspiel jenseits der praktischen Perspektive sein soll.

4.1 Strategische Denkweise und Praxis

Strategische Denkweise meint die Typisierung eines strategischen Denkmodus, unter besonderer Berücksichtigung seiner formal-methodischen Momente. Weiter unten werden in diesem Rahmen unterschiedliche Strategiestile unterschieden. Elemente und Aspekte strategischer Denkweise werden aus Informationen politischer Eliten, speziell von Akteuren im Spitzenbereich, gewonnen. Komplementär dazu ist die *strategische Praxis* zu sehen, also die Gesamtheit der Bedingungen und Gewohnheiten, unter denen politische Eliten bzw. Spitzenakteure strategische Politik betreiben, sowie die Muster ihres strategischen Handelns selbst.

Beides sind Großthemen, die hier nur in einem kleinen Format abgehandelt werden können. Prinzipiell sind Denkweise wie Praxis einer vertiefenden empirischen Analyse zugänglich – nur dass dies eigene Arbeiten wären. Henry Mintzberg (1991) kam zu desillu-

Strategische Denkweise und Praxis 85

sionierenden Ergebnissen, als er Spitzenmanager in Wirtschaftsunternehmen auf ihr strategisches Potential hin untersuchte.

Es gibt eine strategische Denkweise vor jeder Elaborierung von Strategiefragen. Immer ist erkennbar, ob jemand strategisch denkt und denken kann. Nur situative oder nur normative Orientierungen sind das Gegenteil von „strategisch". Was aber kennzeichnet strategische Grundorientierungen und Denkvorgänge, unabhängig von einzelnen Handlungsfeldern, und vor aller Methodik und Systematisierung?

In Aspekten, die wir beim strategischen Moment[143] hervorheben, zeigen sich auch besondere Fähigkeiten bei politischen Akteuren mit strategischen Qualitäten – der Zug zum strategisch Erfolgsorientierten, die Suche nach Übergreifendem, der Blick für den springenden Punkt beispielsweise. Immer geht es um das Überschreiten des Situativen, die Weitung der Perspektive durch Zusammenschau bestimmter, häufig unverbundener Elemente von Politik und zugleich die treffsichere Selektivität, die – während andere hin- und hereden – den einen (oder auch noch einen zweiten oder dritten) Punkt zum Angelpunkt machen.

Strategische Denkweise muss sich nicht selbst so beschreiben, nicht im methodischen Sinne elaboriert sein, und kann doch – zusammen vor allem mit tragfähigen Orientierungsgrößen – hinreichende Bedingung für strategisch erfolgreiches Handeln sein. Aber es gibt auch eindrucksvolle Selbstreflexionen, zum Beispiel in den folgenden Beobachtungen eines strategischen Kopfes:[144]

„Ich hänge sehr an der Unterscheidung zwischen Strategie und Taktik, die es im Schach gibt. Im Schach ist ein taktischer Spieler einer, der zwei, drei Züge voraus denkt, um einen positionellen Vorteil zu kriegen, und der dann immer wieder von einer Taktik zur anderen handelt, der aber – im Unterschied zu einem strategischen Spieler – am Anfang und in diesen Einzeltaktiken nicht das gesamte Spiel sehen kann. Und so ist es eigentlich auch in der Politik.

Eine Taktik hieße, ich habe dieses oder jene Thema, Zuwanderung, und überlege mir: was muss ich jetzt tun, damit ich morgen, übermorgen oder vielleicht zum Wochenende hin erfolgreich kommentiert werde und damit die Chancen meiner Gruppierung oder Partei optimiere.

Ein strategischer Umgang mit dem Thema wäre ein langfristiger: was macht der in den nächsten Jahren? Was ist, wenn es jetzt kurzfristig eine Niederlage gibt, langfristig los, oder umgekehrt? Wo stehen wir da, wenn wir dieses in Verbindung mit anderen Zügen, dieses Thema in Verbindung mit anderen Themen, arbeiten? Welches Gesamtbild ergibt sich am Ende des Spiels? Das wäre eine strategische Fragestellung!

Wir haben bei dem Wort ‚Strategie' so ein theoretisierendes Konzept im Kopf, nach dem Muster, die Strategen sind die Denker, die alle so viele Spielzüge in dem Schach sehen, also durchplanen. Ich glaube aber, dass Strategie zu einem bestimmten Prozentsatz, den man nicht bestimmen kann, immer eine intuitive Komponente hat, also etwas Künstlerisches ist. Die Schachspieler sagen ja irgendwann: sie sehen die künftige Partie. Sie sehen sozusagen, wie in einer darüber oder darunter gelegten grafischen Struktur intuitiv, und mit der anderen Gehirnhälfte, den möglichen Spielverlauf. Und ich glaube, dass es so etwas in der Politik auch gibt. Also, die Vorstellung, alles geht, man muss nur an die Wand glotzen und durchbrüten, bis zum letzten Zug – ist absolut nicht richtig. Sondern es ist eine

---

[143] Vgl. Kapitel 5.3.
[144] Es stört nicht, dass dabei Langfristigkeit zum Definitionsmerkmal von Strategie gemacht, und die Grundvorstellung mit dem Beispiel Strategie/Taktik dargelegt wird.

Verbindung aus planerischen Elementen und so einem intuitiven Erfassen von dem, was möglich ist, in der ferneren oder mittelfristigen Zukunft, und wie sich die einzelnen Sachen heute darauf verhalten. Also, dieses Bild, dass der Stratege der Kopflastige, nicht Intuitive sei, ist völlig verkehrt, nach meiner Überzeugung.

Mit der Botschaft meine ich nicht Folgendes: Sie machen ein Programm aus verschiedenen Vorschlägen und hinterher fragen Sie sich, was ist die Botschaft? Sondern: ich meine, es wird nur eine Strategie, wenn sie in den einzelnen Punkten die Botschaft und zum Beispiel die Widersprüche, die Einwände des politischen Gegners, die Fragen der Bevölkerung mit rein denken. Das ist Teil der Strategiefähigkeit! Also, Strategie ist kein materielles Spiel auf dem Brett, über das dann später geredet wird, sondern Strategie ist ein eigentümliches Konglomerat eines Sets von materiellen Vorschlägen in Verbindung mit Metaaussagen über das Spiel. Das ist vielleicht ein wichtiger Punkt: wann etwas zur Strategie wird.

Weil, es wird ja vieles, was man macht, nicht zur Strategie. Es ist einfach wieder weg. Dann muss man sich einmal die Frage stellen, warum? Warum versacken 90 Prozent dessen, was man macht, als wichtigtuerische Tagesdinger und nur ein ganz kleiner Teil wird zur Strategie? Man könnte auch sagen, nur wenn sie für etwas eine einfache Formulierung haben, was es bedeutet, was sie da tun, haben sie überhaupt eine Chance, dass es eine strategische Dimension kriegt.

Das mit der Modernisierung als Richtung[145] ist auch ein Beispiel dafür, was Strategie ausmacht. Sie müssen manchmal so denken, dass sie zuerst Funktionen bestimmen, auf die sie hinaus wollen in dieser Strategie. Und dann später die Knoten der Funktion ausfüllen. Erst die Funktion, und dann erst hat man die Punkte aufgeschrieben, in welche Richtung das gehen soll. Also, das Papier – das ist ja auch schnell gemacht worden – ist stärker in der Funktionsbestimmung als im materiellen Gehalt."

Den enormen Bedeutungsgewinn des Strategisch-Kommunikativen unterstreichen auch andere Spitzenleute. Ein Christdemokrat:

„Wenn ich Strategie mache, muss ich in der Lage sein, auch die kommunikativen Begriffe dafür zu finden, sie auszufüllen und dann auch durchzusetzen. Ich kann Politik und Strategie nie ohne Kommunikation denken. ‚Hartz IV' oder ‚Kopfpauschale' – ungeheure Missgriffe. Und dann noch die Unfähigkeit, zu erklären, was man damit eigentlich will. Strategie ist auch kein arcanum imperii, das nur ich im Kopf habe. Da muss ich frühzeitig Mitdenker finden, die das verbreiten, weiterbringen. Das ist dem Brandt hervorragend gelungen. Er hatte nicht nur solche Leute, eine ganze Generation ist ihm begeistert gefolgt – als Kohorte durch die Wählerlandschaft gefolgt, jetzt bei den Rentnern angekommen. Strategie in der Innenpolitik ist ohne eine politische Philosophie, ohne eine Zeitströmung nicht zu denken."

Ein anderer Spitzenpolitiker, mit einem besonderen Schwerpunkt bei internationaler Politik, beschreibt Elemente strategischer Denkweise – die schon in ein Orientierungsschema übergehen – so:

„Der Spitzenpolitiker hat ein Weltbild, nicht im Sinne von Ideologie, eine Vorstellung von Welt, denkt global, sieht, welche Funktion sollte mein Land in diesem globalen Kontext haben. Wie müsste im globalen Kontext die Gesellschaft meines Landes aussehen, wie sollte man interagieren? In diesem gesellschaftlichen Kontext, welche Funktion muss da

---

[145] Das ist eine Anspielung auf ein Konzept-Papier der Grünen von 2000 mit dem Titel „Wir geben der Modernisierung eine Richtung!"

meine Partei übernehmen? Welche Rolle hat da meine Partei zu spielen? Welche Programmpunkte, welche Themen soll sie vertreten? Wie kann sie diese Themen stark machen? Welche Interessengruppen bündelt sie, welche gesellschaftlichen Kreise spricht sie an? Also, dieser Gesamtkontext muss präsent sein. Davon muss man eine relativ genaue Vorstellung haben. Das ist die Voraussetzung. Und dann muss man sich in diesem komplexen Gefüge zurechtfinden, sich zutrauen, daraus abzuleiten und zu definieren, welche konkreten Schritte zu gehen sind. Welche längerfristigen Schritte daraus abzuleiten sind und was das dann operational heißt. Dieser Gesamtkontext muss schon da sein."

Welche Rolle spielt die Zeit?

„Ich selber habe am liebsten auf der Basis von Projekten gearbeitet, die drei bis fünf Jahre dauern. Das waren so Spannungsbögen. Man konnte entwickeln, Spannung aufbauen und irgendwann war sowieso die Luft raus, dann musste das erledigt sein oder es scheiterte. Das waren Projekte, die überschaubare Spannungsbögen haben, wo man weiß, man kann Interesse aufbauen, mobilisieren, man kann in der Hochphase bestimmte Effekte damit erzielen und bevor dann wieder alles abflaut, hat man bestimmte Dinge institutionalisiert.

Wahlperiode wäre ein sinnvoller Zeitraum, wenn man am Anfang einen Plan hat und sich nicht zu sehr nur auf die Tagespolitik und die formalen Vorgaben einlassen müsste. Jetzt, bei den Großreformen im Bereich der Sozialsysteme läuft doch ein solcher Versuch. Da nutzt ein tägliches Klein-Klein gar nichts. Dafür braucht man zwei, drei Jahre. Dann muss das vielleicht ein Jahr vor der Bundestagswahl fertig sein, damit sich auch noch Wirkungen entfalten können. Und dann, auf dem Höhepunkt des Ruhmes, steigen wir in den Wahlkampf ein. So ungefähr müsste das laufen. Aber ob man das genau so steuern kann, weil der Bundesrat da auch noch wiederum andere Rhythmen dazwischen schiebt, das weiß ich nicht, das ist nicht so leicht.

Beim Fusionsprozess mit Bündnis 90 zum Beispiel habe ich vom Ende zurück gerechnet und gesagt: in der Woche, in dem Monat müssen wir folgende Zwischenentscheidung gefällt haben. Wenn wir das nicht machen, verpassen wir den Fahrplan und scheitern. Und das musste ich den Leuten richtig heftig einreiben. So habe ich mir da ja auch manche Blessur geholt. Das musste sein, sonst wäre das nicht gegangen."

Das heißt auch, dass solches Zeitmanagement eigentlich eine Spezialaufgabe der Parteiführung ist oder doch von denen, die sie beim Vorausdenken unterstützen? Es müsste also Leute geben, die diesen mittleren Zeithorizont in seinen Konsequenzen präsent haben?

„Wenn man Prozesse selber organisieren will, dann braucht man einfach ein systematisches Prozessmanagement. Und davon gibt es sehr wenige, die in der Lage sind, so einen Prozess, so einen mittelfristigen Prozess über drei vier Jahre sich vorzustellen, vorzustrukturieren, zu sehen, wo sind die Slots und bis wann muss ich welche Entscheidung getroffen haben, welche Bündnisbildung brauche ich dafür, und so weiter, und das dann wirklich von Wegmarke zu Wegmarke umzusetzen. Roadmap nennt man das ja heute. Und die muss man ziemlich strikt durchmanagen, sonst hat man hinterher nur Ruin."

Wie operieren Grüne mit ihrer Kernkompetenz?

„Das machen wir über Leitideen. Es gibt ein paar grüne Leitideen, so drei, vier. Etwa Nachhaltigkeit, Generationengerechtigkeit, Friedenssicherung oder Krisenprävention. Und dann wird immer wieder heraus präpariert, in wie weit bestimmte Themen, auch Ressortfragen, diese Leitideen fördern, unterstützen. Und die dienen dann der Profilbildung. Das wird immer relativ genau rausgearbeitet. Vielleicht brauchen wir irgendwann wieder einmal etwas anderes. Aber, die Frage heute ist ja, wie können wir Regierungsfähigkeit und ein Profilinteresse nah verknüpfen."

Was ist das eigentlich Strategische? Das ist die eine Frage. Oft gibt es aber nur strategischen Talk, durchaus mit schönen Einfällen, aber zugleich eine eigentümliche Folgenlo-

sigkeit strategischen Denkens. Dann fehlt die Verbindung des Strategischen mit dem Operativen.

„Vom Ende her denken, das ist eigentlich der wichtigste Punkt. Ich habe eine bestimmte Zielsetzung, die will ich erreichen. Und ich kenne auch viele der restriktiven Elemente, die es da gibt. Dann muss mir klar sein, wenn ich Prozesse einleite, muss ich antizipieren können, was eine mögliche Lösung dieses Problems wird. So muss man sich sozusagen an das Problem heran robben.

Strategie heißt ja nicht, einfach nur den Weitblick zu haben. Das ist der große Korridor in die Zukunft. Strategie verbindet den Veränderungswillen mit der Realisierungsperspektive. Oft sind diejenigen, die sich als strategische Denker definieren, eigentlich die Leute, die über Zukunftskorridore reden, diese Zukunftskorridore aber nicht abgleichen mit möglichen Realisierungschancen. Oder möglichen Zwischenschritten, die ich auf dieser Realisierungsschiene brauche. Oder mit möglichen Bündnispartnern. Oder mit Situationen, die ich schaffen muss, um andere Personen in diesen Kontext mit einzubinden. Also die operative Ebene von Strategie."

Häufig sind aber Beschreibungen, die das Situative, Kurzfristige, Begrenzte in der Orientierung hervorheben. Taktik schlägt Strategie. Mikro ist stärker als Makro. Ressortgeht vor Gesamtsteuerung. Ein strategischer Insider der SPD unterstreicht die Kritik:

„Politik ist zu einem Großteil situativ. Es gibt nur ganz wenige Personen, die einen strategischen Leitkorridor haben. Und auch da muss man dann wieder stark differenzieren. Es gibt Leute, die eine fachliche Strategiebildung haben und da auch sehr weitreichend denken. Diese fachliche Strategiebildung steht nur begrenzt mit der politischen Profilbildung einer Partei in unmittelbarem Zusammenhang. Das kann sogar gegenläufig sein. Deswegen glaube ich, dass wir zum Teil strategische Optionen haben für Fachpolitiken – wie rational die dann im Einzelnen sind, ist nochmal eine ganz andere Frage. Aber dass es kaum oder sehr unterwickelt Diskussionen über die politische Profilbildung von Parteien gibt. Da wird vielfach sehr situativ, zum Teil auch intuitiv gearbeitet."

Auch ein grüner Spitzenpolitiker unterscheidet zwischen strategisch und situativ Orientierten:

„Es ist das, was man so das Näschen nennt. Ein Gefühl für die Situation. Das geht natürlich nur, wenn man viel gespeichert hat, an fachlichen Informationen, an strategischen Optionen, an Vorstellungen über Parteikultur, an Vorstellungen über die Entwicklung der Gesellschaft. Da denkt man nicht angestrengt darüber nach, sondern das ist dann Intuition. Ich glaube, das ist bei den meisten Intuition. Man kann sich damit fürchterlich vertun, aber es bleiben eben die übrig, die sich nicht so oft vertun wie andere."

Ist situatives Handeln nicht das Gegenteil von strategischem Handeln?

„Ich verstehe das so: man reagiert zwar in einer Situation, aber nicht auf die Situation. Man reagiert vor dem Hintergrund der eigenen strategischen Optionen – die sind verinnerlicht – intuitiv auf diese Situation. Man integriert die gesamte Situation in den verinnerlichten Plan."

Das setzt aber voraus, man hat strategische Optionen.

„Ja genau."

Aber es gibt eine ganze Reihe von Spitzenpolitikern, bei denen man nicht sicher ist, dass sie erarbeitete strategische Optionen im Kopf haben?

Strategische Denkweise und Praxis (Voraussetzungen) 89

„Ja, das sehe ich auch so. Da geht es dann um andere Dinge. Um die Behauptung der eigenen Position in der Partei zum Beispiel. Und dann wird geschaut, mit welchen Manövern festige ich die Position oder baue sie aus. Das ist der gesamte Horizont. Und was das insgesamt strategisch heißt, das wird nicht reflektiert.

Es gibt ja immer wieder mal Grundsatzdebatten. Da wird so etwas formuliert. Die Frage ist nur, wie nachhaltig das ist? Wer hält sich daran? Wen interessiert das wirklich? Oder ob man da rein pro forma die Strategiedebatte abhakt."

Orientierungsgrößen dienen – noch vor ihrer Füllung – einer Fokussierung von Aufmerksamkeit, ohne die strategische Operationen schwer möglich sind. Eine latente strategische Orientierung achtet auf Thematisierung, Konkurrenzbeziehungen, öffentliche Profilierung:

„Zunächst einmal haben die einen guten Instinkt, ein Suchraster dafür, was ein gefährliches Thema ist. Eine bestimmte Fragestellung wird sofort erkannt als hochproblematisch. Man kann ja zum Teil, wenn Sie große Interviews sehen, ‚Was nun, Herr Soundso?', Fragen im Vorfeld erkennen. Und dann gibt es sozusagen diesen Grundinstinkt: gefährlich. Da spielt zum Beispiel eine Rolle der Punkt: wie wirkt das auf mein Klientel? Wie hoch ist die Themenrelevanz? Also, bei bestimmten steuerlichen Fragen weiß ich eben, siehe Claudia Nolte im Wahlkampf, wenn ich da einen falschen Satz sage, hat das unglaubliche Folgewirkung. Das ist der erste Punkt.

Und zweitens gibt es ja auch eine bestimmte Erfahrung beim Umgang mit gefährlichen Themen. Eine bestimmte argumentative Kompetenz, eine bestimmte semantische Kompetenz und eine bestimmte fachliche Kompetenz. Diese drei Dinge sind zentral für öffentliche Wirkungen.

Politiker haben einen Kompass: Wie gefährlich ist ein Thema? Wie vorsichtig muss ich da sein? Wo wird es gefährlich? Wessen Interessen berühre ich? Wie wirkt das auf die eigene Klientel oder die Medien? Die haben ein ganz klares Gefühl, welche Interessen an bestimmten Stellen betroffen sind, wenn man zu bestimmten Festlegungen in der Sache kommt. In welchen gesellschaftlichen Breiten ist das ein Konfliktthema.

Wenn ich nur einen falschen Satz sage – brutto/netto Rudolf Scharping zum Beispiel – dann habe ich ein Problem. Es gibt aber auch im Positiven einzelne Sätze mit strategischer Bedeutung. Zum Beispiel dieser Satz, da haben wir lange daran gedoktert: ‚Wir wollen nicht alles anders, aber vieles besser machen.' Profilschärfung ist ein ganz, ganz wichtiger Punkt. Es zählt nichts, was nicht auch medial vermittelt ist.

Gegner und Verbündete: das ist ein ständiger Bezugspunkt. Das spielt eine Rolle, sowohl parteiintern als auch im Hinblick auf die Positionierung zu anderen Parteien oder auch im Hinblick auf Verbände oder ähnliches."

4.1.1 *Voraussetzungen strategischer Denkweise*

Prüfen wir einige *Voraussetzungen* strategischer Denkweise, bevor wir später nach Restriktionen und Anreizen einer Strategieorientierung fragen. Akteure lassen sich leiten von strategisch gefilterter eigener *Erfahrung*. Darin liegen ein Potential und eine Gefahr. Zu dem sozialen Kapital, das jeder erfolgreiche Politiker für sich aufgebaut hat, gehören neben Netzwerken und inhaltlichen Schwerpunkten in ganz erheblichem Umfang auch ein politisches Prozesswissen. Dabei ist die taktische Komponente sehr stark ausgeprägt, aber auch in strategischer Hinsicht hat sich einiges besser bewährt als anderes. Da es in Strategiefragen weder Schulung noch wechselseitigen Austausch noch Metadiskurse gibt, die Strategie in analytischer Hinsicht diskursfähig machten, ist die Gefahr erheblich, dass die eigenen Erfahrungen und Überlegungen übermäßig generalisiert werden und – als Spitzenpolitiker – die Qualitätsmarken „erfolgreich" und „richtig" erhält.

Solche Erfahrungen können eher vordergründig und begrenzt sein, wenn Politiker mit ihren unmittelbaren Erlebnissen strategisch argumentieren. Gespräche im Wahlkreis oder in Wahlversammlungen, deren Schlussfolgerungen montags in die Hauptquartiere befördert werden, sind bei Strategieberatern gefürchtet. Vor allem, wenn daraus abgeleitet wird, „die ganze Richtung" stimme nicht, statt – begrenzter – auf Zwischentöne, emotionale Intensitäten, kommunikative Schwierigkeiten zu achten.

Banal, aber folgenreich ist es auch, wenn dem strategischen Vordenker der CDU, Heiner Geißler, der in den 1970er Jahren auf den gesellschaftlichen Trend zur Ein-Kind-Familie und die Notwendigkeit für die Partei, sich rechtzeitig darauf einzustellen, verweist, entgegengehalten wird: „Wir haben doch alle drei Kinder. In welcher Welt leben Sie eigentlich?"

Prägende Erfahrungen können aber auch tiefer gründen, auf spezifische Rollen oder Kontexte in für den Politiker weichenstellenden Jahren zurück gehen.[146] Zum Beispiel das wilde Strategisieren bei den Jusos in den frühen 1970er Jahren, das mehr einem Räuber- und Gendarm-Spiel glich, in dem gerade mal um die erste Ecke, aber nicht viel weiter gedacht werden musste – wobei die Parteiführung versäumte, die Post-Adoleszenten mit Nachdruck darauf hinzuweisen, dass sie sich in einer Sonderwelt des sozialistischen Scheins bewegen.[147] Da sie sich jahrzehntelang immer wieder trafen, die Spielwiese in die Partei verlagerten, damalige Juso-Hierarchien reproduzierten, ihre ersten Siege durch halb- bis unernstes Reden in den „Strategiedebatten" jungsozialistischer Scheinwelten errangen, warum sollten sie später Strategiefragen als etwas anderes als Husarenritte, Überrumpelungen, dubiose Bündnisse verstehen, als eine Fortsetzung symbolischer Politik mit anderen Mitteln?

Oder die Beispiele, in denen frühere Ministerpräsidenten ihr landespolitisches Erfolgsmuster auf den Bund übertragen wollten. So Johannes Rau bei seinem schweren strategischen Fehler, im Bundestagswahlkampf 1987 auf die absolute Mehrheit der SPD als strategisches Ziel und auf die Parole „Versöhnen statt spalten" zu setzen, beides demobilisierend – das eine irreal, das andere unpolitisch. Hintergrund waren nicht nur seine Schwierigkeiten mit den aufstrebenden Grünen, sondern vor allem seine eigenen positiven Erfahrungen mit demselben Ansatz bei früheren NRW-Landtagswahlen.

Prägende Erfahrungen können noch grundlegender sein, wie bei Helmut Schmidt, Herbert Wehner und Willy Brandt. Bei ihnen haben gegensätzliche Generationen- und Milieuerfahrungen – vom Generalstab über die kommunistische Partei bis zur skandinavischen Arbeiterbewegung – zu sehr unterschiedlichen strategischen Denkweisen geführt.

„Aus Erfahrung lernen" ist in einem theoriearmen Feld eine der wenigen Chancen, sich strategisch zu qualifizieren. Da die eigene Erfahrung immer zu schmal ist, kann Geschichte zum Anschauungs- und Lernfeld werden. „Aus Geschichte lernen" heißt für den Strategieadepten nicht, Lösungen für Probleme oder direkte Handlungsempfehlungen zu suchen, sondern das Know-how des Strategy-Making zu studieren. Niccolò Machiavelli, Friedrich der Große, Carl von Clausewitz haben das getan, teils auf militärischem, teils auf

---

[146] Das sind bei politischen Eliten und Spitzenpolitikern eher Erfahrungen in den mittleren als in den frühen Jahren, vgl. Micus (2005). Früh auch schon Herzog (1975) für die politische Eliten-Forschung.
[147] Vgl. etwa Gebauer (2005), Glotz (2005), Micus (2005).

politischem Feld. Vor allen Abstraktionen waren es immer wieder „Fälle", an denen sie ihr strategisches Denken im Eigenstudium geschult haben.

Aber sowohl die individuelle wie die historische Erfahrungsorientierung setzen Grenzen. Als Gegengewicht wäre ein Möglichkeitssinn hilfreich. Damit ist hier eine spezifisch *strategische Phantasie* gemeint: die Fähigkeit, sich die Zukunft und Wege zu ihr anders als in linearen Entwicklungen des Bestehenden vorzustellen:

> „Eine der Hauptfähigkeiten strategischen Denkens ist immer die Hinterfragung und die partielle Relativierung der eigenen Position. Dadurch kriegt das etwas Spielerisches. Das ist absolut notwendig, denn das Spiel könnte auch anders gespielt werden. Und dann müssen sie gedankliche Rollenwechsel machen können."

Das Gedankenspiel muss so offen sein, dass Einfälle, Ideen, überraschende Wendungen entstehen können. Im strategischen Prozess muss Phantasie freigesetzt, dann aber auch wieder an die Lageanalyse und tragfähige Optionen zurückgebunden werden. Aus dieser Verbindung von Phantasie und Rationalität entsteht die spezifische Kreativität strategischer Denkweise.

Es scheint, als sei *strategisches Talent* selten, eine auffällige Mitgift, schulbar, aber durch Schulung nicht generierbar. Wahrscheinlich nicht anders als bei den vielen Klavierspielern und den wenigen Virtuosen. Es gibt viele Wege zur politischen Strategie. Der eine hat schon früh mit seinem Großvater Schach gespielt, sich im Studium für Logik, formale Grammatik und Spieltheorie interessiert und glaubt, dass das seinen Scharfsinn geschult hat, den er dann in der Politik bei strategischen Fragen gebrauchen konnte. Andere haben durch die Faszination von Wahlkämpfen und des Operierens gegenüber Gegnern dahin gefunden. Bei einem sozialdemokratischen Politiker entdeckte ein Major bei der Taktikausbildung am Sandkasten seine besonderen taktisch-strategischen Fähigkeiten. Ein anderer SPD-Spitzenpolitiker, der sich selbst als Stratege versteht, bildet die Fähigkeit zum abstrakten Denken beim Studium der Philosophie aus. Ein grüner Spitzenpolitiker interessiert sich im Geschichtsstudium für die großen historischen Konflikte, philosophisch für die Dialektik und schult seinen strategischen Verstand an Mao Tse-tung.[148]

Wahrscheinlich gibt es frühe Neigungen und Fähigkeiten, die – vielfach politikfern – ausgebildet und irgendwann auch auf Politik angewendet werden. Der Weg zur und dann auch in der Politik verbindet das strategische Potential mit einer existenziellen Dimension. Dabei forcieren eher Brüche, Konflikte, Niederlagen die Suche nach Strategie als Konformität, Konsens, Siege und frühe Popularität. Immer ist der Einzelne in Sachen Strategie als Bastler und Lernender unterwegs – in dieser Hinsicht besonders wenig mit anderen verbunden. Strategische Kompetenz ist aber nicht nur die Entwicklung einer spezifischen Rationalität:

Was macht einen guten Politiker aus?
„Die richtige Mischung von Intuition und Spielerischem mit Strategischem und Planerischem. Der intuitiv-künstlerische Anteil von Politik, die Leistungen der rechten Gehirnhälfte werden häufig unterschätzt. Eine Situation ganz erfassen, das Potential eines Be-

---

[148] Im Interview erinnert er sich an Maos Maxime „Die Massen sind unendlich weise, wir aber sind dumm bis zur Lächerlichkeit." Das helfe heute noch, die Mehrheit zu respektieren und vertiefter über den Sinn ihrer Meinungen nachzudenken.

griffs oder einer Wortprägung erspüren, ist genau so wichtig wie die analytische Fähigkeit."

Urteilskraft kann auch in Strategiefragen durch systematisch-methodisches Wissen nicht ersetzt werden. Idealerweise sind sie miteinander verbunden. *Strategische Urteilskraft ist akkumulierte praxisnahe Reflexion, orientiert auf den springenden Punkt des Handelns.*
  Carl von Clausewitz betonte in vielen Varianten den "feineren Takt des Urteils". Er schrieb ihm zu, dass er „aus natürlichem Scharfsinn hervorgehend und durch Nachdenken gebildet, das Rechte fast bewusstlos trifft" (Clausewitz 1980: 401). In der Tradition praktischer Philosophie unterstrich der Politologe Wilhelm Hennis (1981b, 1999) die Bedeutung von Urteilskraft in der praktischen Politik, ohne dabei Strategie zu erwähnen oder erkennbar zu machen. Ein Politiker, der stark auf „Urteilsfähigkeit" abstellte, war Helmut Schmidt (1998). Darin flossen für ihn Sachverstand, Erfahrung, unideologischer Pragmatismus und Weitblick zusammen, in die hinein – ohne analytische Begriffsschärfung – Strategie verwoben ist.
  Zur Urteilskraft gehört auch die Fähigkeit zu denken, was gewöhnliche Leute denken. Deren Denkhorizont darf nicht so fern sein, dass man sich nicht vergegenwärtigen könnte, was Normalbürger zu einer Position, zu einer Botschaft, zur Lösung eines Problems sagen.
  Gleichzeitig braucht man – mehr denn je – eine Urteilsfähigkeit, die juristische, technische, ökonomische Fragen auf den kulturellen Hintergrund, und das heißt häufig, auf den Wertkern zu beziehen vermag.

> „Was ist das Thema eigentlich kulturell? Was bedeutet das kulturell, wenn wir sagen: ‚Die sollen die Gehälter offen legen!' oder ‚Die Schule soll Kinder erziehen können.' Sie müssen das Allgemeinste, das Kulturelle im Fachspezifischen erkennen und formulieren können. Das heißt auch die Werthaltigkeit, weil die Kultur oft die Werte abklopft und verinnerlicht. Nur wenn sie politische Fragen als kulturelle Fragen verstehen, haben sie eine Chance mehrheitsfähig zu werden."

4.1.2 Strategie- und Beratungsbedarf

Es könnte ja sein, dass Spitzenpolitiker soviel zu tun haben, dass sie zu Strategiefragen nicht kommen. Häufig lässt sich aber beobachten, dass sie sich eines Mangels gar nicht bewusst sind. Man könnte es auch erfahrungsgestützte Besserwisserei nennen: „Ich bin erfolgreich, also bin ich auch strategisch." „Meine Erfahrung sagt mir, wie man's machen muss." „Optionen muss man so lange wie möglich offen halten." Hinzu kommt die ständige Überwucherung von Strategie- durch individuelle Konkurrenz- und Machtfragen, die eine „Objektivierung" und Versachlichung strategischer Erörterungen gar nicht erst entstehen lässt. Ob die politischen Hauptakteure einen Strategiebedarf haben, fragten wir einen strategischen Insider der Unionsparteien:

> „In deren Denken ist, glaube ich, keine sehr große Trennung zwischen Politik und Strategie. Das ist für die meisten eine Einheit."
> *Die reden selten in so kalten, wertneutralen strategischen Einschätzungen, wie wir das als Beobachter machen?*
> „Nein. Das ist aber allgemein in der Politik so. Es gibt ja den alten Scherz: Eine Strategie ist das, was man hinterher dazu erklärt. An dem ist aber etwas dran! Politiker handeln in-

tuitiv, aus Erfahrung, aus Machttrieb oder wie auch immer. Und wenn sie sehr gut sind, funktioniert das. Und wenn es dann funktioniert, kann man hinterher überlegen, das dann noch zu einer Strategie zu erklären. Aber es nicht der Impuls am Anfang: wir müssen jetzt einmal strategisch überlegen. Das sind meistens nicht die Politiker, sondern, wenn Politiker in ihrer Umgebung, egal in welcher Funktion – ob als Amtschef, als Abteilungsleiter, als Pressesprecher oder was auch immer –, wenn sie in ihrer Umgebung intelligente und strategisch begabte Leute haben, dann ergibt es sich, dass in der täglichen oder in der wöchentlichen Diskussion über strategische Fragen geredet wird.

Politiker aber handeln sehr situativ, glauben einfach, dass ihnen ihre Erfahrung und die Tatsache, dass sie so weit gekommen sind, ihnen eigentlich das Rüstzeug mitgegeben hat, das schon richtig zu machen. Jedenfalls teilen sie das nicht in ihrem Denken. Man sollte die bewusste strategische Entscheidung von Politikern nicht überschätzen.

Die innerparteiliche Machtabsicherung, die gegenseitigen Bündnisse und Netzwerke und so weiter, die sind häufig wichtiger als Sachfragen und langfristige strategische Überlegungen. Ein normaler Politiker macht sich doch zehn Mal mehr Gedanken darüber, was seine persönliche Karriere gefährden kann. Oder, wie er neue Karriereziele erreichen kann, als darüber, ein strategisches Defizit aufzuarbeiten. Das ist klar. So ist es halt."

Gibt es nur eine Möglichkeit, mehr strategische Rationalität in die Politik zu bringen – über die Chefposition?

„Ja, aber das bringt ja nichts, solange die Politiker sich das nicht zu eigen machen. Ein normaler Politiker ist nur dann für Strategiefragen offen, wenn er glaubt, dass eine bestimmte strategische Veränderung der Politik oder seiner Partei sich mit seinen persönlichen Karriereinteressen deckt. Also, wenn ich jetzt ein CDU-Politiker wäre und versuche, eine Lücke zu finden, um mich persönlich zu profilieren, und sage, es ist eigentlich nur noch offen die Funktion des Chefs des Reformflügels oder so. Dann bin ich an solchen strategischen Fragen massiv interessiert, wenn sich das deckt mit meiner Einschätzung, was für meine eigene Karriere am günstigsten ist. Also, das ist immer ein innerer Zusammenhang. Es gibt in der Politik keine Menschen, zumindest habe ich sie bis heute nicht kennen gelernt, die gewissermaßen frei von persönlichen Interessen solche Fragen diskutieren können. Sie diskutieren Strategiefragen, aber immer im Zusammenhang mit ihrer Position. Also, wenn Roland Koch Strategiefragen diskutiert oder ventiliert, dann immer im Zusammenhang, wie er sich am besten positionieren, wie er am meisten für sich erreichen kann, im Kampf gegen andere, die denken das immer mit."

Ließe sich etwas verändern hinsichtlich strategischer Beratung?

„Die Politiker, die Parteien, die Apparate müssten viel offener werden. Man müsste viel mehr strategische Begabungen von außen reinholen, Medienfachleute, Kommunikationsfachleute. Die Frage ist: besteht Vertrauen? Nehmen Sie Edmund Stoiber, der ist ja von Haus aus ein zutiefst misstrauischer Mensch. Oder Gerhard Schröder, der traut überhaupt niemand. Schon gar keinem Journalisten. Der versucht, Leute zu instrumentalisieren. Aber das hat ja mit Vertrauen nichts zu tun."

Vertrauen ist die Grundvoraussetzung für strategisch produktive Gespräche?

„Ja, der Kreis kann nicht größer als drei, vier Leute sein. Die Grundlage ist die totale Vertrauenswürdigkeit. Das ist ja häufig noch wichtiger als die Spezialbegabung. Das Beste ist, wenn beides übereinstimmt. Politiker reden nicht offen miteinander. Und bilden, wenn überhaupt, nur temporäre Seilschaften. Dann sind sie mal zwei Jahre offen unter einander, solange sie gleichgerichtete Interessen haben, gegen einen Dritten. Aber durch das permanente Konkurrenzverhältnis und die permanente Angst, der nimmt mir das Mandat weg, der nimmt mir das Vorstandsamt weg, also diese permanente Bedrohung oder das permanente Anvisieren neuer Karriereziele – das verhindert sehr viel Rationalität in der Politik.

Das muss man klar sehen. Das Irrationale und das Emotionale wird häufig in der Betrachtung der Politik unterschätzt."

Trotzdem – das ist ja systematisierbares Wissen.

„Ja. Man könnte es systematisieren. Obwohl: Der Kern von Beratung ist Erfahrung. Und es bricht immer ab. Strategisch Versierte gehen raus. Es gibt keine Kontinuität bei den Leuten, die strategisch beraten können. Die Politik lebt also von Glücksfällen. Die Politiker glauben, sie bräuchten es eigentlich nicht. Politiker wissen ja nicht, dass sie es brauchen, und sie sehen es nicht ein. Wenn, dann sehen sie es temporär ein."

In allen Parteiführungen gibt es Leute, die sagen, Politik sei strategisch nicht voraus zu denken. Einige haben prinzipielle Einwände oder Aversionen gegenüber Strategie in der Politik. Oder sie können mit ihr nichts anfangen im Tagesgeschäft:

„Deren Tag fängt morgens um acht Uhr an mit einer Tonne, mit einer Vielzahl von Einzelterminen. Gerade wenn man eine Spitzenposition hat, redet man morgens über Steuerpolitik, abends über Arbeitsmarktpolitik, zwischendurch ist man vielleicht noch Ministerpräsident, redet übers Saarland oder was auch immer. Dann bauen sich immer Einzelsegmente auf, die einem sagen: angesichts des unglaublichen Zyklus und der rapiden Geschwindigkeit von Politik geht das gar nicht mit der Strategie. Das sind die einen, das ist die eher pragmatische Variante.

Dann gibt es die anderen, die das eher unter prinzipiellen Gesichtspunkten wahrnehmen. Die sagen, Strategie führt in letzter Konsequenz dazu, dass gegen fachpolitische Rationalitäten entschieden wird. Die sagen, Strategien koppeln sich ab von nüchternen Entscheidungsbildungsprozessen, vom sachlichen Bezug. Da werde dann in bestimmten Sachfragen zurückgesteckt. Das ist ein Vorwurf, der ja auch der Kampa gemacht worden ist. Da ist gesagt worden: ‚Ihr habt bestimmte Inhalte nicht thematisiert.' Strategie, wird behauptet, lasse fachlich oder inhaltlich zentrale Punkte nicht zu, weil die nicht in die Gesamtlinie hineinpassen. Deswegen gibt es Leute, die prinzipiell sagen, das halten sie für ein Grundübel. Die glauben dann eher an die Mosaiksteine. Aus einer Vielzahl von Einzelpolitiken, einer Vielzahl von positiven Darstellungen in Einzelfragen ergebe sich ein Bild, das Profil einer Partei. Das halte ich in einer Mediengesellschaft für keine realistische Option mehr.

Ein anderer Punkt kommt hinzu. Strategieplanung muss man häufig mit Sachargumenten vorbereiten. Beispiel: die Kampagne der Union zur doppelten Staatsbürgerschaft wird inhaltlich, nicht strategisch begründet. Nicht nur öffentlich, auch in den Gremien läuft das nicht anders. Auch Edmund Stoiber und Wolfgang Schäuble reden ja nicht so miteinander. Die würden sich nicht einmal unter vier Augen sagen, also das Staatsbürgerschaftsrecht ist ein Spaltungsthema auf Seiten der Sozialdemokratie, das ist ein Mobilisierungsthema für uns, und deswegen besetzen wir dies. So reden die nicht miteinander. Sondern das Ganze wird dann vorbereitet über sachliche Argumente und aus der Präsentation bestimmter fachlicher Argumente ergibt sich dann eine bestimmte Positionierung in dieser Frage und eine bestimmte Kampagnenform. So etwas wird implizit vorbereitet, über die Präsentation fachlicher Argumente fälle ich gleichzeitig eine Werteentscheidung, wie ich mich in dieser Frage nun positioniere. Und eine mögliche Konsequenz ist dann die Kampagne."

Edmund Stoiber und Wolfgang Schäuble je für sich denken das noch nicht einmal als Argument?

„Die denken das Argument, das glaube ich schon, aber die würden es an keiner Stelle sagen. Im Planungsstab von Heiner Geißler zum Beispiel, da konnte man offen strategisch argumentieren. Die hätten gesagt, also das ist ein Spaltungsthema. Damit kann man etwas erreichen. Das hat einen bestimmten Zuschnitt und unter diesen Prämissen lassen sich dazu Argumente entwickeln.

Politiker kommunizieren anders. Auch die Art, wie Strategie entwickelt wird, ist eine andere. Die machen immer alles mit Sachargumenten. Und wie ich diese Sachargumente setze, das führt dann dazu, dass sich daraus konsequenterweise eine bestimmte Strategie entwickelt."

Das ist der Unterschied zu einer sozialwissenschaftlichen Art zu kommunizieren?

„Exakt, das ist eine sozialwissenschaftliche Art, so etwas auf der Grundlage zum Beispiel von Meinungsforschung sich anzueignen, die Themen in einer entsprechenden Art und Weise auch zu verorten. Ist das eher ein Positions- oder ein Valenzthema? Ist das eher ein Spaltungsthema? So reden die nicht miteinander. Das können die auch gar nicht. Dann würden sie an der Stelle zu erkennen geben, dass sie zu bestimmten Sachfragen ein hochinstrumentelles Verhältnis haben. Das können sie gegenüber niemandem zugeben. Dieses sehr instrumentelle Denken, zu sagen, das Thema behandle ich jetzt so, weil es in meine Strategie hineinpasst und nicht aus sachlichen Gründen. Das ist für einen Politiker nun auch hochschwierig, weil was sagt der damit über sich? Er sagt dann über sich im Kern: es ist beliebig. Ich nehme ein Thema, ich positioniere mich zu einem Thema so, wenn es in bestimmte Grundlinien meiner Politik hineinpasst, wenn es mir nutzt. Ich koppele es damit ab von der rein sachlichen Dimension. Deswegen spielt diese Überlegung, dies zu einem bestimmten Zeitpunkt zu bringen, dies in einer bestimmten Form zu präsentieren, das spielt im Hinterkopf schon ein Rolle. Das ist aber dann die Metaebene. Die erleben Sie nicht in Gesprächen."

Aber in vertrauensvollen Gesprächen?

„Nein!"

Aber zum Teil doch?

„Nein, nein! Gerhard Schröder und Oskar Lafontaine würden so nie miteinander reden. Die führen einen Metadiskurs und im Hintergrund gibt es dann strategische Festlegungen, die eine Rolle spielen. Aber die Diskussion findet auf der rein sachbezogenen Ebene statt."

Wie aber kommt man dann beispielsweise zur Auswahl von Themen. Da braucht man doch auch strategische Kriterien?

„Ach, das ist häufig viel banaler. Es gibt das Erfahrungswissen, durch welche Maßnahmen, durch welche Art der Darstellung wird ein Problem zu einem Thema, das über die öffentlichen Medien aufgenommen wird. Darin sind die geschult. Politikerdasein ist ja – bei den Spitzenleuten – ein Dasein in der Öffentlichkeit. Die haben ein bestimmtes Erfahrungswissen darüber, mit welchen Begriffen, mit welchen Themen muss ich eigentlich agieren, damit ich etwas setze. Das heißt aber noch lange nicht, dass dieses Thema, auch wenn es öffentlich Aufmerksamkeit findet, meinem Ziel dient, mich als Person entsprechend zu unterstützen, meine Partei zu unterstützen, darüber sagt das noch gar nichts. Dieses Erfahrungswissen müsste man spiegeln an einer Zielsetzung. Wenn die Zielsetzung lautet, ich muss neue Wählersegmente entwickeln, dann muss ich zum Beispiel nicht nur den Zugang zu den Medien finden und das Thema haben, wo ich für die Medien interessant bin, sondern ich muss eine spezifische Botschaft haben, mit der ich dieses Wählersegment ansprechen kann."

Aus dem Gesagten ergibt sich, dass die Spitzenpolitiker zwar strategisch orientiert sind, aber der Kontrolle bedürfen durch Strategiespezialisten mit einem professionalisierten strategischen Wissen. Also zum Beispiel zur Auswahl von Themen?

„So funktioniert das ja nicht, sondern es funktioniert darüber, dass man ihnen sagt, also wir schlagen jetzt mal folgendes Projekt vor. Und dieses Projekt hat eine gewisse Attraktivität. Man redet dann aber in letzter Konsequenz gar nicht über alle strategischen Facetten dieses Projekts, sondern da gibt es eine bestimmte Absicht bei denjenigen, die das planen, und das wird zum Teil gar nicht gesehen vom Spitzenpersonal. Die prüfen nur ab, ist das gefährlich für mich, ungefährlich? Bin ich da kompetent, werde ich dadurch öffentlich positioniert? Aber welchen Baustein das eigentlich macht im Rahmen einer Gesamtkonzeption, ist für sie gar nicht präsent.

Und das ist eigentlich das große Problem von Politikberatung und Politikentwicklung hier in Deutschland, dass wir diese Spezies von Personen, ich sag mal Philip Gould und etwas in der Preisklasse, eigentlich hier nicht haben. Leute, die auf Strategie spezialisiert sind, und im direkten Austausch mit der politischen Spitze stehen. Was wir hier haben, sind Zwitter. Bodo Hombach zum Beispiel ist ein politischer Zwitter, weil er einerseits jemand ist, der über strategische Kompetenz verfügt, aber nicht eigentlich in der Funktion als Berater arbeitet, sondern er ist gleichzeitig Politiker, er ist gleichzeitig jemand, der Eigeninteressen an der medialen Präsentation hat und, da kann man viele andere Facetten nennen. Wir haben nicht diesen Typus, der sagt, ich konzentriere mich auf diesen einen Job, die Funktion, die heißt Strategieplanung oder Strategieentwicklung."

4.1.3 Strategiepraktiken

Die Praktik des permanenten *strategischen Selbstgesprächs* hilft dem strategiebewussten Politiker beim Entziffern der Worte und Handlungen von Mit- und Gegenspielern, beim „Lesen" des Gegners. Auch bei der Suche nach den *Konjunkturen*, wie man im 18. Jahrhundert sagte, oder den W*indows of Opportunity*, wie man das heute nennt, bei der Sortierung von Optionen und vielem anderen. Dies kann durch Zuarbeit, Expertise und das Beratungsgespräch nicht ersetzt, sondern nur ergänzt werden:

> „Der Stratege muss Zeit haben. Dem schönen Traum, ich gehe spazieren und überlege, muss man sich von Zeit zu Zeit hingeben. Wenn Sie nicht mal ein bisschen Zeit haben, ist das eine hochgefährliche Sache. Meistens versucht man das durch eine Klausur hinzukriegen. Bei Lichte besehen ist das aber eine soziale Maßnahme, bei der alle am nächsten Morgen einen schweren Kopf haben."

Wichtig für strategisch Ambitionierte wie für die mit ewiger Zeitknappheit ist das informelle strategische Gespräch zur gedanklichen Klärung strategisch relevanter Entwicklungen. Der Spitzenpolitiker sucht sich dafür einerseits besonders fähige und durch besonderes Vertrauen privilegierte Akteure aus dem unmittelbaren Umfeld wie Stabschefs, Büroleiter, Pressesprecher, andererseits, in geringerem Maße, unabhängige Externe. Es ist zu wenig, sagt einer der Interviewten, aber „ein, zwei Leute, die da mitdenken, braucht man schon". Manche bevorzugen „kontroverse" Mitarbeiter:

> „Strategien muss man ja wegholen von dieser Aura des Genialen. Das ist das Geschäft, ein Werkzeug, eine Fähigkeit. Und dazu brauchen sie, weil das nichts Einsames ist, Widerspruch. Sie brauchen alltäglich in der kleinen Lage einen Widerspruch. Sagt einer: ‚Das ist doch eigentlich ganz anders!' oder ‚Das hält nimmer lang' oder ‚Warum drehen wir den Spieß nicht mal um!' Solche Leute, mit hoher Position, brauchen sie im Stab – nicht irgendwo in einer Abteilung – weil keiner so genial ist, dass er an alles denkt."

Strategiefragen haben einen hohen Diskussionsbedarf, lassen sich nicht zwischen Tür und Angel erledigen. Und: die dafür aufgewendete Zeit ist fast immer lächerlich gering. Die Grünen haben, als sie ihre Führungsfragen sortiert und ein strategisches Zentrum herausgebildet hatten, also nach 2000, sich unter Spitzenleuten intensiv auf die Verhandlungen mit

Strategische Denkweise und Praxis (Merkmale) 97

der SPD im Koalitionsausschuss strategisch vorbereitet. Der Parteirat war schon zu groß dafür und hatte zu wenig Zeit:

> „Das ging in bilateralen Telefonaten, die oft mehrere Stunden dauerten, bevor sich dann der grüne Teil des Koalitionsausschusses traf. Da hatten dann alle schon mehrere Durchgänge mit strategischen Überlegungen hinter sich. Nicht einmal, sondern mehrfach, auch darüber schlafen, das führt zu besseren Ergebnissen."

Gelegentlich suchen Spitzenpolitiker, was einer von ihnen den „Außencheck" nennt. Das ist nicht im engeren Sinne Beratung, sondern Überprüfung dessen, was man sich selbst strategisch erarbeitet hat. Hinweise auf Unstimmiges, Unrealistisches, Übersehenes oder auch eine Reaktion „Das ist alles richtig gedacht" – die Erwartungen sind bescheiden, aber manche wünschen sich zusätzliche Kontrollen auf unsicherem Feld:

> „Es ist nichts Einsames. Es ist etwas Kommunikatives. Es ist etwas mit Geduld. Das liegt auch an der Mehrschichtigkeit von Problemen. Deshalb muss man mit vielen Leuten reden und anerkennen, dass manche unter dem einen Aspekt Recht haben und andere haben bei anderen Aspekten Recht."

Gesprächspartner sind erfahrene Ehemalige, Journalisten, Bereichsspezialisten (Wirtschaft, Außenpolitik etc.), selten Leute aus der Wissenschaft oder nahestehende Intellektuelle. Das strategisch arbeitende Hirn mag vom fokussierten Gespräch profitieren, es zieht aber auch Gewinn aus Teil- und Nebenaspekten ganz anders gemeinter Gespräche, Diskussionen, Versammlungen, wenn sie seine Strategiekonstruktion berühren.

Die strategisch denkende Zentrale muss jeder Spitzenpolitiker selbst sein. Sein permanentes Selbstgespräch ist vor allem durch interne Beratung zu systematisieren und zu erweitern, durch externe Gesprächspartner zu kontrollieren und zu ergänzen. Fast alle seine Gesprächspartner können sich, mangels eigener Erfahrung, nicht wirklich in die komplexe Steuerungsperspektive eines Spitzenpolitikers hineinversetzen. Und immer bleibt die Differenz zwischen der Unverbindlichkeit des Rates und der Verbindlichkeit der Verantwortung:

> „Gesprächspartner und Strategieexperten kommen nie ins Feuer. Die müssen das nicht machen, das durchsetzen. Die Verantwortung macht das Geschäft. Und macht die Vorsicht und die Ängstlichkeit."

4.1.4 Merkmale strategischer Denkweise

Trotz ihrer Offenheit und Vielgestaltigkeit, einige Merkmale strategischer Denkweise lassen sich festhalten. Dazu gehört die Bedeutung fast habitualisierter *strategischer Orientierungsgrößen*, mit denen man in der immer schon unübersichtlichen Politik das Strategische anpeilen kann. Das liegt unterhalb dessen, was später zum Orientierungsschema ausgearbeitet wird, ist aber eine Grundlage dafür. Dazu gehören noch stärker als das eng Fachliche die kulturellen Dimensionen von Deutung und Bedeutung. Die politische Philosophie, der Zeitgenossen folgen können, spielt eine große Rolle. Immer wird das Öffentlich-Kommunikative genannt.

Strategische Orientierungsgrößen von Spitzenakteuren variieren empirisch, schon deshalb, weil sie jeder für sich selbst aufbaut – ohne Handbuch und Schulung. Gemeinsamkeiten und gewisse Systematisierungen gehen in unser Konstrukt eines Orientierungsschemas ein, das damit an Praxis anschließt, aber auch ihrer Systematisierung und Optimierung dienen soll. Die Einseitigkeiten einer reinen Policy- oder Politics-Analyse, wie sie in der Politikwissenschaft möglich sind, kann sich ein Spitzenpolitiker nicht erlauben. Themensuche, Problemlösung, Gegner-, Wähler- und Öffentlichkeitsbezüge fließen im Dauerprozess von Politik für ihn zusammen. Wieweit er dieser Vernetzung strategische Qualitäten entlocken kann, ist die offene Frage. Da die Partei für den einzelnen Aufstiegs- und Machtvehikel ist (und bleibt), außerdem demokratischen Transparenz- und Beteiligungsnormen unterliegt, haben Politiker Schwierigkeiten, die Partei als strategischen Akteur zu denken und in strategischen Aktionen einzusetzen.

Strategische Akteure bauen sich eine gewisse *Alltags-Methodik* auf. Vom Ende her denken – sagen alle. Den Weg in überprüfbare Zwischenschritte zerlegen, in größeren Zusammenhängen denken, solche methodischen Maximen sind überschneidend oder liegen im Vorfeld dessen, was hier zu Kalkulationen systematisiert wird.[149] Die Maximen und Kalküle, die in der strategischen Denkweise von Spitzenakteuren anzutreffen sind, scheinen die am wenigsten sortierten Bestandteile zu sein. Die Orientierungsgrößen, so stellt es sich uns dar, sind besser ausgearbeitet als die Methodik der Kalkulation.

Praxisnähe ist ein vielleicht zu schwacher Begriff für die – notwendige – Verstricktheit von Strategie-Akteuren in den praktisch-politischen Prozess. Es ist für sie schwierig, Distanz und strategische Reflexionsfähigkeit zu gewinnen. Gleichzeitig müssen sie die Strategie in der Nähe der Praxis halten, wach sein gegenüber den Gefahren von *Paralysis by Analysis*, das Strategische eng mit dem operativen Geschäft verknüpfen. „Erfolgsorientierung" ist für Strategieakteure keine begriffliche Formel, sondern eine Daueraufgabe. Gerade wenn sie strategisch besonders ambitioniert sind und erfolgreich sein wollen, drängen sie auf die enge Verzahnung mit der Praxis. Wahrscheinlich im untrüglichen Gefühl, dass sie sonst als Strategen in einer strategieabweisenden Praxis von vornherein verloren sind. Ein Beobachter politischer Eliten verschiedener Parteien fasst zusammen:

„Ganz gut sind Politiker bei Strategien, mit denen sie herausfinden, wie kann ich jemanden einbinden, wie vergrößere ich meine Basis, wie kriege ich Bündnisse hin. Alles, was ihren Aufstieg in der Partei mit ausgemacht hat. Auch: Wie überzeuge ich? Aber das ist meistens eine sehr politische Überzeugungsarbeit, an andere Politiker gerichtet. Absolute Profis sind Politiker bei Strategien für Verfahrensfragen. Zum Beispiel für Bundestagsdebatten, Abläufe der Gesetzgebung. Dieser Teil der Strategie ist sehr gut besetzt. Aber zum Beispiel eine Linie für politische Kommunikation: Fehlanzeige."

Mit übergreifenden Fragen von Regierungs- oder Oppositionsstrategien ist ein Abgeordneter oder Vorstandsmitglied normalerweise nicht befasst. Mit Wahlkampfstrategien haben, auf die eine oder andere Art, viele Erfahrungen. In ein, zwei Politikfeldern tauchen für Abgeordnete immer mal wieder „strategische" Fragen auf. Strategie ist für viele, was ihrem Aufstieg in Partei und Fraktion hilft.

Mehrdimensionalität schließlich steht für die Notwendigkeit, mehr zu denken als der hartnäckige Fachspezialist, der aktivistische Wahlkämpfer, der rollenbegrenzte Regierungsbeamte. Bevor die Probleme für strategische Zwecke wieder einfacher werden, müssen sie erst einmal komplexer werden. Sie müssen der in politischen Apparaten eingeschliffenen Sichtweisen, gängiger Eindimensionalität entkleidet werden.

---

[149] Vgl. Kapitel 7.

Deswegen braucht man für Strategieentwicklung höchst bewegliche, spielerische, aufgeräumte Köpfe. Keine Traditionalisten, Konventionalisten, Denkfaule. Für das Durchsetzen und Durchhalten strategischer Konzepte sind dann wieder andere Fähigkeiten gefragt. Beständigkeit, eine Entschlossenheit, die kognitive Dissonanzen hinter sich lässt, Überzeugungsstärke, aber auch wach bleibende Vorsicht und Änderungsbereitschaft angesichts eigener Fehler oder unabweisbarer Handlungserfordernisse.

Strategische Denkweise ist immer individuell – sie wird hier, für analytische Verwendungen, typisiert. Stärker noch individuell geprägt bleiben strategischer Kompass und Strategie-Stil, beides *Ausprägungen* auf der Grundlage strategischer Denkweise, im Zusammenspiel mit selbst erfahrener und selbst gestalteter Praxis.

Der *strategische Kompass* ist ein individuell aus präferierten Werten, grundlegenden Zielen, dominanten Wegen und Mitteln zusammengebautes Navigationsinstrument, mit dem – über die Orientierungsgrößen hinaus – positive, auch normativ bestimmte Grundlinien fixiert werden.

Zudem bilden sich individuelle, aber auch typisierbare *Strategiestile* aus. Sie bezeichnen die besondere Art des Umgangs mit strategischen Fragen, sind personen- und erfahrungsbedingte Ausformungen allgemeiner strategischer Denkweise. Gäbe es einen strategischen Diskurs, könnten Spitzenakteure darin ihre individuellen Begrenztheiten (und Stärken) erkennen und Lernprozesse anschließen.

Orientierungsschema und Kalkulationen überschneiden sich teilweise mit strategischer Denkweise, sind aber eigenständig genug, zum Teil auch praktischer Optimierung zugänglich, so dass sie in besonderen Kapiteln behandelt werden. Das gilt auch für den strategischen Kompass und Strategiestile, deren Rekonstruktion bei Spitzenakteuren vor allem für eine erklärende Politikwissenschaft lohnend wäre.

Abbildung 5: Strategische Denkweise

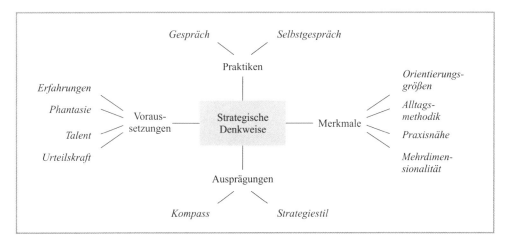

4.1.5 Restriktionen und Anreize praktischer Strategieorientierung

Der Gesamteindruck ist, dass – trotz der Findigkeit und Kompetenz Einzelner – Strategie dem politischen Kollektivakteur erst abgerungen und gegen widrige Umstände durchgesetzt werden muss. Vom „Strategiemangel in der deutschen Politik" spricht ein Interviewpartner. Es geht nicht unstrategisch zu in den Parteispitzen, aber das Professionell-Strategische hat offensichtlich geringe Chancen. Warum tut sich die politische Praxis in strategischen Fragen so schwer? Die Antwort liegt bei starken Restriktionen und geringen Anreizen.

Das etwas anspruchsvoller Strategische wird im politischen Betrieb fast erdrückt durch eine Vielzahl von *Restriktionen*. Ihnen stehen nur wenige Anreize gegenüber, die sich zudem meist erst einstellen, wenn man die Spitze politischer Organisationen erreicht hat, also erst spät im Karriereverlauf. Dann aber ist unsicher, ob man noch Entscheidendes dazulernen kann. Gäbe es nicht immer wieder Einzelne mit Spaß an und Talent für Strategiefragen, fehlten dem Kollektivakteur die Leute, die er für seine Strategiefähigkeit braucht.

Abbildung 6: Restriktionen und Anreize kollektiver Strategieorientierung

```
                    Rationale
                Strategieorientierung
                    ↑      ↑
        Restriktionen        Anreize
                    Faktiona-
                    lismus
   /    /    \    \         /    |    \
Karriere- Organisations- Rekrutierungs- Politik-   Erfolgs- Leadership- Spitzenkonkur-
prozess   prozess        prozess         prozess    faktoren erwartungen renzvorteile
```

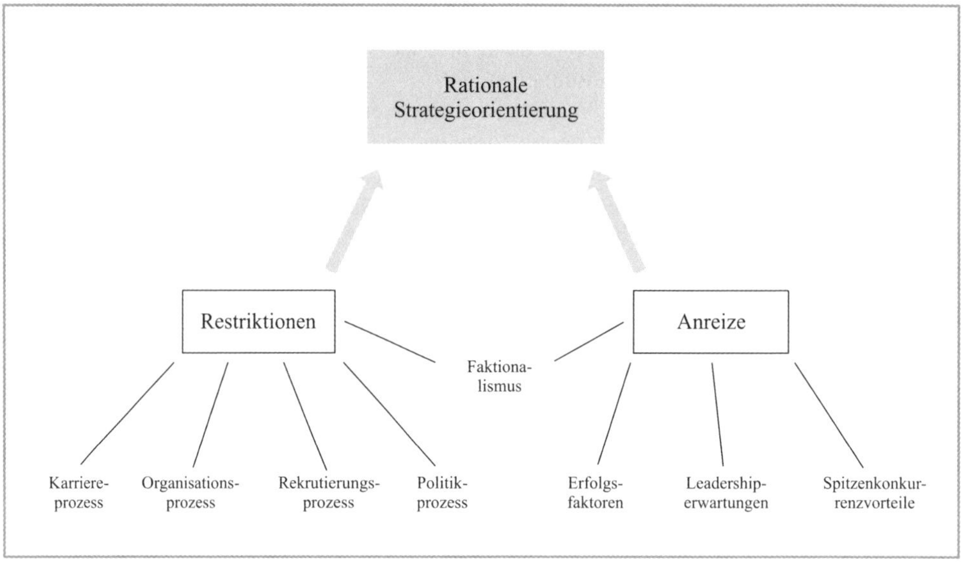

Karriereprozess

Die konstitutive Unsicherheit des demokratischen Politikers, dem Macht auf Zeit verliehen wird, schwächt eine zeitlich weit übergreifende Orientierung, wie sie für mittel- und längerfristige Strategie notwendig wäre. Allein schon die Sorge um die persönliche Wiederwahl und den „Aufstieg" schafft eine kurzfristige Perspektive. Das gilt für Mandate ebenso wie für Ämter in Partei und Fraktion. Die Tendenz zur „Verberuflichung" (Herzog 1982, Wiesendahl 2001), die die individuelle Stabilität erhöht, widerspricht dem nicht, ist sie doch durch verschärfte Konkurrenz innerhalb von Partei und Parlament (Mayntz/Neidhart 1989) erkauft. Die Vielzahl konkurrierender Individualstrategien erschwert Herausbildung und Durchsetzung rationaler Kollektivstrategien.

Sicherung der eigenen Position ist eng mit Karrierezielen verknüpft. Mit zu langem Verweilen in der gleichen Position hat der Abstieg bereits begonnen. Karrierewege sind durch institutionelle Hierarchien vorgezeichnet. Immer sind die Interessen des Kollektivs, für das man steht (Regierung, Partei etc.), überlagert von den persönlichen Interessen individuellen Fortkommens durch Politik. Bis man in einer Spitzenposition angekommen ist, dominiert – vor allem beim Typ des Office-Seeker – die individuelle Karrierestrategie. Strategien für das Kollektiv werden häufig instrumentalisiert im Kampf um den eigenen Aufstieg. Erst in der Spitzenposition erhöht sich der Druck auf eine „kollektivierte" Strategiesuche – ohne den Erfolg der Organisation gibt es dann kaum noch eigenen Erfolg. Erst als Amtsträger ist der Spitzenmann voll verantwortlich, dann aber als strategischer Amateur, ohne vorausgegangene professionelle Schulung.

Ein weiterer Aspekt der Karriere politischer Eliten wirkt restriktiv. Meist wird Aufstieg nur durch Policy-Kompetenz in ein bis zwei Feldern realisiert. Viele sind, aus Neigung oder erzwungenermaßen, Policy-Seeker. Das führt nicht selten zur Verengung strategischer Sichtweisen. Obwohl nicht notwendig und von einem balancierten Modell aus gesehen falsch, zeigen häufig die Power-Seeker (Office/Vote) eine besondere Nähe zu strategischen Fragen.

Die Stärke der Eigeninteressen setzt sich gegenüber dem Gesamtinteresse des Kollektivs durch. Karriere ist wichtiger als die Zukunft der Partei. Individuelle dominiert kollektive Strategie.

Organisationsprozess

Die interne Konkurrenz ist auch durch die ständige Vermischung von Strategie- mit Machtfragen charakterisiert. Interne Machtkämpfe sind Zentrifugalkräfte kollektiver Strategiesuche. Unter solchen Bedingungen haben Strategiefragen selbst ein hohes Spaltungspotential. Häufig fehlt es schon an einem tragfähigen Konsens über die Ziele, auf die sich Strategiebildung und Steuerung beziehen sollen. Dann überfordert der Aufwand für die strategische Verästelung schon kognitiv die Akteure in Parteigremien. Mental und sozial sowieso.

Der Mangel an Vertrauen unter Spitzenleuten ist konstitutiv. Gleichzeitig ist Vertrauen eine zentrale, notwendige Bedingung produktiver Strategieprozesse. Das ergebnisoffene, irrtumstolerante, gegenüber Instrumentalisierung gesicherte Strategiegespräch ist für Spitzenleute ohne sichere Vertrauensbasis nicht denkbar. In Gremien jeder Größe kann mit solchem Vertrauen nicht gerechnet werden. Dies allein ist schon eine grundlegende Restriktion demokratischer Strategiepolitik.

Institutionell ist vor allem die Hierarchisierung demokratischer Politik wirksam, die eine Nachfrage nach elaborierter Strategie allenfalls an der Spitze entstehen lässt. Dort, wo einzelnen Ämtern – wie dem Parteivorsitz – eine übergreifende Gesamtverantwortung zugewiesen ist. Darunter herrscht, wenn auch vielleicht nicht kollektive Unverantwortlichkeit, so doch zumindest das Prinzip verminderter Verantwortung.

Mangels Ressourcen und Wertschätzung kommt es in Parteien meist zu allenfalls schwacher Institutionalisierung von Strategiefragen. Schon gar nicht gibt es eine Schulung in Fragen kollektiver Strategie, wie beispielsweise beim Militär. So gibt es in der Politik keine Mindeststandards strategischen Wissens. Gleichzeitig ist dieses Wissen ein höchst individualisiertes Kapital, das mangels kollektiven Speichers vom Kollektivakteur nicht akkumuliert und tradiert werden kann. Ein strategischer Insider der SPD:

„Eigentlich sind die Gremien von Parteien kaum in der Lage dazu, strategische Fragen wirklich zu erörtern. Das ist eines der Kernprobleme. Da dominiert das Alltagsgeschäft, also wie verhalten wir uns zur Gesetzesinitiative X und dazu, dazu, dazu. Aber das ist nur an ganz wenigen Stellen eingebettet in bestimmte strategische Grundüberlegungen.

Da gibt es einen Mangel in allen Parteien, weil die Gremien dafür nicht da sind, übrigens auch nicht so zusammengesetzt werden. Meist wird ja nicht so gedacht. Es gibt auch keine entsprechende Vorbereitung für solche Diskussionslinien. Denn man braucht ja einen Vorlauf. Solche Diskussionspunkte müssen entsprechend vorbereitet werden. Da gibt es einen Mangel in den Organisationsstrukturen."

Wie lässt sich ein solches Strategiedefizit erklären?

„In allen Parteien gibt es natürlich unterschiedliche Werthaltungen und politische Richtungen. Bestimmte Überlegungen zur strategischen Ausrichtung der Partei stoßen dann sofort in den jeweiligen Spektren der Partei auf schwierige Diskussionen.

Oft ist es schwierig, bestimmte strategische Überlegungen mit bestimmten fachpolitischen Dingen kompatibel zu machen. Das heißt, zum Teil beißt sich eine fachpolitische Ausrichtung – wofür es viele gute Gründe gibt – mit übergeordneten strategischen Gesichtspunkten. Das ist ein weiteres Konfliktfeld.

Der dritte Punkt ist der ständige Mangel an Zeit. Ein weiterer Faktor ist Vertraulichkeit. Denn Politik hat heute keinen Raum – und das ist eines ihrer größten Probleme –, in dem sie ungeschützt Entscheidungsfindungsprozesse vorbereiten kann. Jedes Gremium ist durchlöchert. Da gehen bestimmte Halbdiskussionen, Halbsätze gehen raus, die dann in bestimmten Konstellationen sofort zu öffentlichen Debatten führen.

Es wird unterschätzt, wie wichtig eine wirkliche strategische Erörterung wäre. Das wird gar nicht wahrgenommen als ein wirklicher Mangel. Man verständigt sich dann sehr schnell auf dieses oder jenes Fachpolitische. Es gibt aber nicht eine Instanz, die sagt, wenn wir dieses tun, schafft das in der Konsequenz für die Positionierung der Partei an der und der Stelle folgende Probleme. Klassisches Beispiel ist das Staatsbürgerschaftsrecht 1999, wo man nicht bedacht hat, dass die Vorstellung des Gesetzentwurfs vor der hessischen Landtagswahl stattfand und die Vorlage für die Kampagne gab, die wesentlich zum Sieg von Roland Koch und zum Verlust der eigenen Bundesratsmehrheit beitrug.

Man muss allerdings dazu sagen: strategische Debatten können auch nervtötend sein. Sie können selbstreferentiell werden, Ideologie behandeln, abstrakt sein. Sie können zur Lähmung einer Partei führen. Auch deswegen ist man da immer eher zurückhaltend. Man macht ja auch nur alle 20 Jahre ein Grundsatzprogramm, genau aus diesem Grund. Damit man sich nicht in Grundsatzfragen verstrickt, die dann eher zu Polarisierung auch innerhalb der eigenen Partei führen."

Könnte man Strategiespezialisten institutionell einbauen?

„Als abgetrennter Bereich kann das nicht funktionieren. Wenn Sie beispielsweise im Kanzleramt oder in einer Staatskanzlei eine Abteilung ‚Strategie' aufmachen würden, die abgekoppelt wäre von bestimmten Fachabteilungen, ich sage ihnen, sie produzierten dort ziemlich Belangloses. Das wird von denen, die in der operativen Kompetenz stehen, nicht ernst genommen.

Ich glaube, Strategiebildung muss immer beides zueinander führen, den fachlichen Kontext, ohne jetzt ein tief gestaffeltes Wissen über alle Feinheiten des Steuerrechts zu haben, aber dennoch zu wissen, wie laufen die Prozesse dort, was ist dort zu erwarten, wer sind die wichtigen Akteure und so weiter. Das muss man wissen. Dann kann ich das Thema auch einbauen in strategische Überlegungen.

Früher, da gab es – zum Beispiel beim SPD-Parteivorstand beschäftigt – sehr kluge Leute, die waren aber so weit von der operativen Einbindung in Politik entfernt, dass sie ein bestimmtes Sachwissen nicht hatten, wichtige Abläufe nicht kannten, und damit werden sie auch uninteressant für Spitzenpolitiker. Weil, wenn die allgemein über Strategie reden, dann will der Politiker wissen, wie gehe ich jetzt mit diesem Steuerthema um, wie setze ich das, und zwar dann zum Teil sogar mit bestimmten fachlichen Facetten. Das heißt, dieser Strategieberater muss auch immer zumindest einen Konnex haben zur fachlichen Dimension. Sonst fällt er durch, er wird nicht ernst genommen, seine Ratschläge werden auch nicht genommen.

Es gibt Strategiebildung im Prozess, im Alltagsgeschäft. Was ich auf der Parteiebene brauche, ist: Wie kommuniziere oder wie vermittle ich eigentlich diese Einzelentscheidung mit einem Design meiner Partei? Dieses miteinander in Einklang zu bringen, das ist die Leistung. Es gibt keine strategische Beratung jenseits eines Eingebundenseins auch in operative Abläufe. Das bleibt dann relativ folgenlos."

Weil man nicht oft genug danach fragen kann und fast jede Antwortvariante interessant ist, noch einmal die Frage, ob man mit seiner Partei offen über strategische Absichten sprechen kann:

„Nein. Leute an der Spitze der Partei können eigentlich nie offene strategische Debatten zulassen. Die führen zu Unordnung in den eigenen Reihen. Strategie soll ja eigentlich ordnen, ist ein ordnender Prozess. Wenn ich aber eine Strategiedebatte eröffne, an der sich alle beteiligen können, schaffe ich zunächst einmal Unordnung. Weil dann üblicherweise die und die und die mitreden. Deswegen muss es eine Strategie auch im Hinblick auf die Partei geben. Spitzenleute setzen manchmal durch wichtige Entscheidungen eine Strategie durch. Dann gilt Faktizität – man schafft Fakten an bestimmten Punkten, Äußerungen durch was auch immer. Durch Reden, die ich halte, durch symbolische Handlungen. Zum Beispiel hat sich Wolfgang Clement mit Edmund Stoiber getroffen. Das hat ja auch eine bestimmte strategische Dimension. Darüber vermittle ich etwas und darüber lege ich dann auch solche Dinge fest. Und das hat dann eine bestimmte Form von Profilbildung, die sich dahinter verbirgt. Aber noch mal: In der Partei würde nie offen über solche Fragen gesprochen. Es würde Unordnung schaffen, da würden ganz grundsätzliche Diskussionen losgehen."

Das ist immer ein Krisensymptom, solche Strategiedebatten?

„Richtig, absolut."

Das heißt auch, dass also die Führungsleute über die Massenmedien ihre Mitglieder, ihre Aktiven informieren?

„Zum Teil auch ihre direkten Mitspieler auf der Spitzenebene."

Bei den Grünen ist es nicht anders:

„Ernsthafte Strategiediskussionen sind in den Gremien nicht möglich. Dafür fehlt es an Zeit und Geduld, die verschiedenen Alternativen einmal durchzuspielen. Zwei Stunden Sitzungszeit schließen, selbst wenn man wollte, einen wirklichen Strategieprozess aus.

Es gibt immer nur einzelne strategische Aspekte, die angesprochen werden (nächste Wahl etc.) – aber unzusammenhängend. Strategiediskussionen in Gremien kommen meist in Form von Fragen daher. Wenn man nicht ganze Strategien diskutieren kann, weist man auf kritische strategische Punkte durch Fragen hin. Ist das jemand mit hoher Position, kann das einiges auslösen."

Einen anderen fragen wir:

Die meisten, die sich strategisch äußern, sind Spezialisten für dieses oder jenes Sachgebiet, gibt es nur wenige übergreifend strategisch operierende Leute?
„Ja, und dann gibt es noch eine Schicht, die sind irgendwie so dazwischen. Das sind die Leute, die Themenkonjunkturen abreiten können. Die eigentlich keine richtige strategische Parteiposition, sondern die ein Thema haben, was Konjunktur hat, und die dieses Thema powern können und damit eine wichtige strategische Funktion haben und für diese Zeit der Themenkonjunktur es dann auch als Tagespolitiker schaffen, die Partei gut in Position zu bringen. Davon gibt es einige, Leute, die mehr sind als Fachpolitiker, aber weniger als Strategen."

Vorstände sind ungeeignet für Strategiedebatten?
„Ja, das lief über die informelle Subgruppe, man ging dann mit einer ähnlichen Haltung in das Gremium rein und hat, ohne dass man da groß debattierte, dann an einem Strang gezogen. Vorstände sind ja auch ein Gemisch von unterschiedlichen Charakteren. Da waren dann Ein-Punkt-Politiker genauso dabei wie Repräsentanten von gefühligen außerparlamentarischen Strömungen. Alles hatte sein Recht, aber nicht jeder war für die Strategiedebatte gebaut. Man muss sich informelle und inoffizielle Räume schaffen, die entsprechenden Personen suchen und dann ohne Tagesordnung einfach in einer Art von Brainstorming die Dinge diskutieren."

Schon die Einführung von Szenarien in die Arbeit von Vorständen oder Spitzengremien überfordert die Politiker. Einen Spitzenmann der Grünen fragten wir, ob er schon mal erlebt habe, dass man strategisch anhand von unterschiedlichen Szenarien diskutierte:

„Sonst nicht, aber ich habe das mal in meiner eigenen Vorstandszeit versucht, indem ich ganz nüchtern verschiedene Szenarien zum Fusionsprozess von Grünen und Bündnis 90 vorgestellt habe. Und da haben sie mich fürchterlich für verhauen."

Für die Methode?
„Ja, für die Methode. Schon die Methode selber war einfach nicht emphatisch genug. Ganz nüchtern Wirkungen kalkulieren – das entsprach nicht der Mentalität vieler Leute. Heute sagen sie mir: ‚Wenn Du das damals nicht gemacht hättest, wäre das alles schief gegangen.' Aber in der Situation selber hätte mich das fast den Kopf gekostet.
   Eine solche Methode gilt unter Politikern als fragwürdig. Das dürfen politische Neutren, wie Beamte, die dürfen das machen. Aber solche Verfahren sind für Spitzenpolitiker eigentlich nicht denkbar. Die dürfen die Führungsfrage nicht stellen, sie müssen sie beantworten. Wenn die anfangen zu räsonieren, gilt das als Führungsschwäche. Die Führungsfigur ist diejenige, die sofort weiß, welches Kalkül das Richtige ist, und dann auch noch in der Lage ist, das mit Emphase zu vertreten. Und alle, die Führungsansprüche haben in einer Partei, befinden sich in der selben Situation. Sie müssen immer wieder nachweisen, dass sie sofort wissen, was der richtige Weg ist und den dann auch noch überzeugend vertreten. Also, wer da lange hin und her räsoniert, der wird – in Anführungszeichen – degradiert zum wissenschaftlichen Berater."

Ist das überall in der Politik so?
„In den Ministerien lassen sich die Minister auch alternative Optionen vorlegen und entscheiden dann. Im Auswärtigen Amt zum Beispiel gehen die Beamten oft spieltheoretisch ran und analysieren ganz nüchtern, welche Vor- und Nachteile mit welchen Optionen verbunden sind. Manchmal trauen sie sich dann auch, eine Empfehlung abzugeben. Davon

lebt der Minister in vielen Fällen. Das geht gar nicht anders, wegen der Fülle der Probleme. Man kann gar nicht zu allen Fragen eine eigene, durchdachte Meinung haben.
Aber wenn es um strategische Fragen in der Parteiführung geht, wenn da jemand fragt: ‚Welchen Weg sollen wir denn gehen?' – dann ist das im Grunde die eigene Absetzung, die Abdankung. Wer diese Frage als Führungsfigur stellt, ist keine Führungsfigur."

Es gibt nur diesen einen Bereich, wo das auch erlaubt ist: Wahlkampfstrategie?

„Ja, sonst nicht. Außerhalb von Wahlkämpfen stellt sich die Partei als authentisch dar, repräsentiert durch eine Führungsfigur. Und in Wahlkämpfen geht es ja darum, Marktanteile zu gewinnen. Und da muss sich dieser authentische Körper irgendwie verbreitern. Er muss andere, die nicht dazu gehören, interessieren. Das ist im Grunde eine Marketingstrategie. Die Marketingstrategie ist Strategie. Aber der Akteur selber, die Partei, die wird nicht strategisch definiert. Die definiert sich über Führungsfiguren und die suchen ihren authentischen Ausdruck. Und wenn die Figur da oben sagt, ich kann das nicht mehr ausdrücken, weil ich nicht weiß, wohin, dann wird die schnell abgelöst."

Die Strategiearmut von Führungsgremien zeigt sich auch in der Tabuisierung von Schwächen. Vertreter von SPD und CDU erzählten uns, man dürfe in der internen Debatte nicht über Schwächen der Partei reden, weil das immer als ein Angriff gegen irgendjemanden verstanden würde. Wie aber soll man strategisch diskutieren, wenn Schwächen nicht thematisiert werden dürfen? Die Grünen, berichtet man uns, hätten jetzt einen „rhetorischen Trick":

„Die Schwächen werden alle als ‚Challenge' bezeichnet und damit als Aufgabe: hier müssen wir noch besser werden. Und dann kann man darüber wegspielen. Wenn etwa unser Fraktionsvorstand bei Fraktionssitzungen versucht, anfangs die tagespolitischen Debatten und Entscheidungen ein bisschen einzuordnen, dann macht er das vor dem Hintergrund: Was heißt das für die eigene Profilbildung? Wo werden da eigene Stärken heraus präpariert? Wo können wir unsere Schwächen überspielen? Doch, das passiert regelmäßig."

Ist der Strategiebegriff bei den Grünen positiv besetzt?

„Wir haben ja immer mal wieder Strategiekongresse anberaumt, die wurden dann schnell umdefiniert in Perspektivkongresse. Der Strategiebegriff ist negativ besetzt. Strategen sind unangenehme Zeitgenossen, die die Freiheit beschneiden, weil sie einen auf bestimmte Handlungen festlegen wollen. Das entspricht so gar nicht dem grünen Individualismus. Es möchte ja jeder, so aus der Tiefe und Fülle und Kompetenz und Persönlichkeit schöpfend, die Welt gestalten. Die soziale Plastik erschaffen."

Strategen sind auch kalt?

„Kalt sind die, berechnend."

Wächst der Strategiebedarf, wenn man von der Landes- auf die Bundesebene geht?

„Glaube ich schon. Je größer die Fülle der Aufgaben, desto mehr muss man vom Einzelthema abstrahieren. Und je abstrakter dann die Fragestellung, desto wichtiger die strategische Durchdringung. Wenn man sich nur mit einem Punkt zu befassen hat, braucht man keine Strategie. Man braucht einen Prozess, aber Strategie ist eigentlich mehr. Für mich ist Strategie eine relativ abstrakte Geschichte, die sich von den einzelnen programmatischen Dingen löst. Jedenfalls in der Lage ist, sich davon zu lösen. Die muss natürlich immer ihre Bindung daran haben, dabei aber Linien ziehen jenseits der Tagespolitik und auch jenseits der Programmatik. Themenprofil, längerfristige gesellschaftliche Entwicklung, globale Rahmenbedingungen, Gefühlslage der Mitgliedschaft, Seelenleben der Partei. So was, glaube ich, gehört dazu. Es gibt dennoch immer viele Zufälligkeiten. Weil immer Akteure da sind, die sich an diesem Kalkül nicht orientieren, sondern aus ihrer Selbsteinschätzung heraus versuchen zu intervenieren.

Auch wenn man strategisch denkt, man darf nicht nur kühl sein, sondern man muss in der Lage sein, das dann sehr emphatisch darzustellen. Also, die öffentliche Rede darf nicht nüchtern sein. Die muss auch in Strategiefragen emphatisch sein."

Glauben Sie, dass sich Politik verbessern ließe, wenn man stärker strategisch professionelle Komponenten einbeziehen würde?

„Je stärker die strategischen Vorgaben sind, desto größer das Aufbegehren des einzelnen Abgeordneten, der sich da überhaupt nicht einpassen lassen will. Und um so größer die Querschläger und die ganz individuellen Äußerungen, bis sie einen Grad erreicht haben, dass die auch nicht mehr über Fraktionsdisziplin einzufangen sind. Ich glaube eher, wenn man dieses Planerisch-Strategische überspannt, zustrickt, organisiert, dann gibt es antiautoritäre Gegenbewegung."

Tony Blair macht regelmäßig Gespräche mit Abgeordneten seiner Fraktion.

„Damit kriegt er sie für eine Zeit lang diszipliniert, aber die Quittung bekommt er bei der Wahl."

Die Übersteuerung ist sicherlich ein Problem. Aber das wäre dann nur der Extrembereich, wenn man von Übersteuerung redet?

„Ja, ich glaube, die Vorstände brauchen die strategischen Optionen. Nur kann man die Abgeordneten nicht so heftig dirigieren, die muss man mehr überzeugen. Um solche indirekte Orientierung geben zu können, braucht man aber selber eine relativ genaue strategische Option. Sonst bleibt ja alles völlig im Ungefähren. Aber wie eine Kaderpartei kann man eine demokratische Partei nicht organisieren."

Rekrutierungsprozess

Strategie als *Auswahlgesichtspunkt* im Rekrutierungsprozess hat nur eine geringe Bedeutung. Strategische Kompetenz gehört nicht zu den Auswahlkriterien, die für politischen Aufstieg wesentlich sind. Das schließt nicht aus, dass sie zu den Faktoren zählt, die Aufstieg erklären. Offenbar ist Strategie mit Führung eng verknüpft, ohne dass strategische Kompetenz im Auswahlprozess ein positives Argument darstellt. Wahlerfolge (die häufig andere organisieren und strategisch orientieren), Popularität, rhetorische Fähigkeiten, Sachkompetenz, Netzwerke und manches andere haben einen wesentlich höheren Stellenwert als Kompetenzen des Strategy-Making:

> *Lässt sich sagen, jemand der nicht strategisch kompetent ist, kann auch keine Führungsposition einnehmen?*
>
> „Wer nicht strategisch kompetent ist, kann zwar die Führungsposition bekommen, aber nicht lange halten. Lange halten können das nur die Strategen, die dürfen sich aber nie so nennen. Die dürfen nicht sagen: ‚Ich bin Stratege!'"

Konrad Adenauer wurde 1948/49 tatsächlich aufgrund ausgebuffter taktisch-strategischer Fähigkeiten zum Spitzenmann der Union, aber nicht mit diesem Argument. Ludwig Erhard dagegen wurde Kanzler auf Grundlage seiner Popularität und wirtschaftspolitischer Kompetenzzurechnung, obwohl er – am frühesten und schärfsten von Adenauer gesehen – unbeschwert war von Strategiefähigkeit, insbesondere in ihrer machtpolitischen Dimension. Bei der Rekrutierung von Kurt Georg Kiesinger als Bundeskanzler 1966 hat alles mögliche, aber nicht eine vermutete strategische Kompetenz eine Rolle gespielt. Wer Politik auch unter diesem Gesichtspunkt sah, wurde durch seine mäßigen strategisch relevanten Handlungen nach 1966 bestätigt. Helmut Kohl wiederum stand in seinem holzschnittartigen Strategieprofil eher in der Kontinuität von Konrad Adenauer – beide in der strategisch-operativen Feinsteuerung abhängig von Steuerleuten wie Hans Globke oder Wolfgang Schäuble.

Angela Merkel scheint in ihren strategischen Qualitäten deutlich besser als in ihren Kommunikations- oder Durchsetzungsfähigkeiten.[150] Stoiber dagegen ist 2002 wie 2005 durch strategisches Versagen aufgefallen und im Übrigen durch einen Schlingerkurs in sehr vielen Strategiefragen, was die Vermutung nahe legt, er habe seine Position nicht durch Strategiekompetenz erreicht. Gerhard Schröder war ein hervorragender Wahlkämpfer, aber ein schlechter Stratege. Oft fängt die eigentliche Karriere beim erfolgreichen Wahlkämpfer an, nie damit, dass die Parteifreunde sagen: „Das ist ein kluger Stratege, der muss an die Spitze."

Die grüne Partei hat in ihrer Doppelspitze die Kompetenzen gemischt – mehr durch Zufall als durch Absicht. Reinhard Bütikofer als Stratege, Claudia Roth als Kommunikatorin. Vielleicht ist das der tiefere Sinn des basisdemokratischen Relikts der Doppelspitze, beide heute relevanten Fähigkeiten, Kommunikation und Strategie, die ja nicht so häufig in einer Person vereinigt sind, nach vorne zu bringen.

Politikprozess

Ressort. Die Arbeitsorganisation der Politik ist, insbesondere im Rahmen von Parlament und Regierung, in Fachgebiete segmentiert. Es ist schwer, von dort zu übergreifenden Orientierungen zu kommen. Strategien erreichen dann häufig nur das Niveau von Politikfeld-Strategien. Eher führt eine hohe Identifikation mit fachpolitischer Rationalität zur Abwehr übergreifender strategischer Politik.

Doppelrolle. Die für Politik charakteristische Doppelrolle von Spitzenpolitiker und Stratege erschwert die Distanzierung von der eigenen politischen Aktivität mit ihrer eigenen Erfolgslogik. Als Akteur muss er führen, Richtung weisen, überzeugen im permanent laufenden Prozess. Als Stratege braucht er Distanz, Abstraktion, Antizipation. Hat er sich zu einem strategischen Konzept durchgerungen, gehört er selbst auch noch zu den wichtigsten ausführenden Akteuren. Vielfachüberforderungen, bei denen das Beiseiteschieben des Strategischen nahe liegt.

Der Spitzenpolitiker denkt den politischen Prozess primär mit sich als Akteur, der sich in Situationen zu bewähren hat, nicht von einer Strategie her, für die er exekutierend tätig wäre. Wenn Gerhard Schröder meint, ein theoretischer Überbau, prinzipiellere Begründung, „Gedöns" passe nicht zu ihm, dann werden solche Passagen aus Redeentwürfen zur Einführung der Agenda 2010 gestrichen, auch wenn ein strategischer Berater sagte, dass das bei einem Kurswechsel und der Einführung einer sozial schmerzhaften neuen Politik besonders wichtige Beiträge wären. Entweder der Analytiker schaut dem Akteur zu stark über die

---

[150] Horst Seehofer sprach in einem Interview von ihrer Fähigkeit, „dieses vernetzte Zusammenwirken verschiedener Faktoren zu kalkulieren". Vgl. zum Beispiel die Sichtbarmachung ihrer eigenen strategischen Denkweise im Interview mit Müller-Vogg bei Merkel (2004). Vgl. Meng (2006) und Schumacher (2006) zur Analyse ihrer strategischen Denkweise bzw. ihres Strategiestils.

Schultern, dann ist er kein guter Politiker.[151] Oder dem Politiker fehlt die hinreichende Distanz, um ein guter Stratege zu sein. Ein guter Führer, so Vorstellung und selbst aufgebautes Image, weiß immer schon, wo es lang geht. Am schwierigsten ist es, wenn der Politiker auf Grund charismatischer Qualitäten gegen strategisch gut begründete Überlegungen erfolgreich ist. Dann kommt zum Desinteresse die Unbelehrbarkeit.

Die strategische Überlegung, die Grünen dürften nach der Abservierung durch Gerhard Schröder und nach dem Abschmelzen der rot-grünen Wählerbasis 2005 keinen Wahlkampf führen, dessen Ziel die Fortführung von Rot-Grün wäre, war richtig. Ihr Spitzenkandidat Joschka Fischer hielt sich nicht daran, betrieb fast allein einen rot-grünen Wahlkampf, obwohl – demoskopisch eindeutig – die grünen Wähler Rot-Grün schon hinter sich gelassen hatten, und war damit erfolgreich. Immerhin 17 Prozent der grünen Wähler sagten, sie hätten die Grünen wegen Fischer gewählt (Infratest dimap 2005: 75). Der brauchte ein besonderes Motiv für seine extreme Kraftanstrengung unter aussichtslosen Bedingungen – auch wenn es irreale Züge trug. Viele Wähler wussten, dass ein rot-grüner Sieg unmöglich ist, bewunderten an Fischer aber den Kampf an sich. Ein solcher Politiker, der sich selbst als Thema und Kampf zu inszenieren vermag, ist gegenüber strategischer Beratung resistent. Gut für das Ergebnis der Grünen war, dass man ihm nicht blind folgte, sondern am Schluss – strategisch bedacht – eine Zweitstimmen- und Anti-Große Koalition-Kampagne gegen die SPD startete.

Die Doppelrolle als Spitzenpolitiker und Stratege erschwert Objektivierung, Methodisierung, Systematisierung, optionale Öffnung und den ganzen Stellenwert von Strategiefragen. Die Befangenheit in der eigenen aktiven Rolle des Führens, Entscheidens, Kommunizierens schwächt den Bedarf an Strategieberatung.

Strukturelle Überforderungen. In den Politikbetrieb sind Überforderungen eingebaut: Zeitdruck, Themenflut, sachliche Über-Komplexität, Vielfach-Referenzen, permanenter Interaktionsstress, Stimmungskonjunkturen, Öffentlichkeitsdynamiken – alles gleichzeitig und durcheinander. Helmut Schmidt klagte in seiner Zeit als Bundeskanzler vor der SPD-Bundestagsfraktion, das „sogenannte Regieren" bestehe zu 85 Prozent aus Vermittlung, zu 10 Prozent aus Verwaltung bzw. Durchführung, nur zu 5 Prozent aus Nachdenken und Entscheiden (Jäger 1987: 100). Wo sollen da Kapazitäten für strategische Reflexion und Beharrlichkeit entstehen? Ein führender Grüner hatte dafür ein Rezept:

> „In den Spitzen und in zugespitzten Entscheidungen ist es ja meistens so, dass alles Ruckzuck geht. Da kommt es darauf an, dass man auf Vorrat strategiefähig ist."

Faktionalismus

Faktionalismus wirkt ambivalent. Die innerparteilichen Gruppierungen fördern zwar das Denken über Kollektivstrategien, aber vielfach anhand der falschen Kollektive. In der Strömung gibt es eine doppelte Chance, strategisch denken zu lernen. Für die Strömung bei ihren Richtungs- und Machtambitionen innerhalb der Partei gegen andere Faktionen. Für die Gesamtpartei, deren Erfolg ja auch im Interesse der einzelnen Strömungen liegt (oder doch liegen müsste).

---

[151] Der Politologe und christdemokratische Stratege Wulf Schönbohm hat das in „Parteifreunde" (1990) für sich sehr schön beschrieben.

Die Substrategien für innerparteiliche Flügel können die Suche nach einer Gesamtstrategie aber auch blockieren oder substituieren. Bei der Substitution werden Konzepte und Strategien der Teilgruppe auf die Gesamtpartei projiziert, mit der fast immer falschen Annahme, eine Generalisierung des Teilinteresses sei identisch mit dem Gesamtinteresse. Auch dies ist eher eine Restriktion für die rationale Strategiefindung der Gesamtpartei:

Wo kann, wo konnte man strategisch diskutieren bei den Grünen?
„Es hat stattgefunden in den Strömungen, die sich ja regelmäßig getroffen haben. Allerdings nur in bestimmten Phasen, nämlich wenn innerhalb der Strömung eine gewisse Pluralität zugelassen wurde. Wenn man sich dort geeinigt hatte auf ein, zwei Führungsfiguren, die für bestimmte Strategien standen, dann waren danach die offenen Diskussionen schwierig.

Und eine zweite Schwierigkeit bestand im Milieudruck. Auf der linken Seite, aber bei den Realos war es genau so. Es hat sich irgendwann so ein durchschnittlicher Habitus herausgestellt, und wer davon signifikant abwich, war ein Abweichler und kam auch nicht mehr weit mit seinen Optionen. Bei der Linken ging alles Richtung radikaler Rhetorik. Wer da eine bestimmte Lautstärke unterschritt, machte sich verdächtig. Und bei den Realos ging es Richtung Anpassung. Wer da etwas zu schrill auftrat, war verdächtig. Also, in soweit waren die Diskurse dann auch eingeschränkt. Zwischen den Strömungen gab es keinen Diskurs."

War es in den Gremien besser?
„Die Vorstände haben das offiziell auch nicht gemacht, weil die Mitglieder meistens Agenten ihrer Strömungen waren. Nur hin und wieder haben sich informelle Kreise gebildet. Wirklich informelle Kreise von verständigungsorientierten Einzelakteuren. Zum Teil auch strömungsübergreifend, völlig informell beim Bier und so weiter, da gab es solche Diskussionen. So eine Art strategisches Brainstorming. Wo man einfach versuchte, zu Ende zu denken. Wo die Partei landet, wenn die jetzige Struktur, auch die interne Diskussionsstruktur so beibehalten wird. Oder, wenn man bessere Ergebnisse erzielen will, wo man nachsteuern muss, und zwar in der Gesamtpartei, und welchen Beitrag die Strömungen leisten können. Aber das waren Einzelinitiativen weniger Akteure."

Trotz der Einschränkungen sollte man den Anreiz zu strategischem Denken, der von parteiinternen Gruppierungen jedenfalls in ihrer vitalen Phase ausgeht, nicht gering schätzen. Bei den Grünen galt das viele Jahre für die Linken wie für die Realos. Vor allem in diesem Rahmen mögen dann zeitweise auch Auslesevorteile im Rekrutierungsprozess entstanden sein.

Wirkliche *Anreize* für eine kollektive Strategieorientierung gibt es allenfalls an der Spitze. Von der Führung wird auch „Weitsicht", also strategisches Vermögen erwartet. Das gilt aber nur für Einzelne und relativ spät. Im Ganzen schlägt durch: Strategie ist kein legitimes Diskursfeld und keine attraktive Spezialisierung.

Erfolgsfaktoren

Führung lässt sich für Erfolge feiern und ist durch Misserfolge gefährdet. Die Kenntnis von Erfolgsfaktoren wäre deshalb allererstes Führungswissen:

„Der taktische Fehler wird kurzfristig bestraft. Da sacken sie ab und dann geht es wieder. Der strategische Fehler hat lange Wirkungen, wie der strategische Erfolg auch. Eine Wirkung dieses Fünf-Mark-Fehlers war, dass er die Ökosteuer bis heute diskreditiert hat. Die ganzen kommunikativen Unfälle der Ökosteuer sind durch diese Geschichte vorgeprägt worden. Wie so ein Stigma, das sie aus der Haut nicht mehr rauskriegen."

Und wie wichtig ist dabei Strategie im Vergleich zu anderen Erfolgsfaktoren, fragten wir einen anderen Grünen:

„Eine Strategie ist keine Garantie für Erfolg, aber ohne Strategie ist der Erfolg unwahrscheinlicher."
Woran scheitert strategische Steuerung am ehesten?
„Die Parteistimmung insgesamt ist wichtig. Das muss ja mitgetragen werden, letztlich von der gesamten Partei. Und Strategien, die müssen vermittelt werden. Das ist in der Kriegsfrage anstrengend gewesen, das heißt man muss in sechzehn Landesverbänden diskutieren. Informell und auf Landesparteitagen. Und man braucht jedes Mal Leute, die auch als Referenten in Frage kommen. Die so etwas vertreten, die so eine Strategie darstellen können. Davon gibt es auch viel zu wenige. Also, Ressourcenmangel und Überkomplexität der Meinungsbildung einer Partei. Man muss mit völlig unvollkommener Steuerung leben. Vieles bleibt im Ungefähren. Das ist aber besser als beliebig. Man kriegt das nicht ganz geplant hin."

Soweit Strategie ein Erfolgsfaktor ist und damit Anreize schafft, sich strategisch zu orientieren, gehört zur positiven Leistungsbilanz eines Spitzenpolitikers strategisches Know-how, das er selbst besitzt oder sich besorgt.

Leadership-Erwartungen

Hier wirkt das Paradox: Individuelle Strategiefähigkeit ist kein Auswahlkriterium, aber ein Kriterium des erwarteten Leistungsprofils. Ein Spitzenpolitiker sagt, von ihm werde strategische Führung erwartet. Ambitionierte Akteure müssen sich also insgeheim auf spätere Leadership-Erwartungen vorbereiten.

Spitzenkonkurrenzvorteile

Unter Spitzenleuten beobachtet man sich permanent und hinsichtlich fast allem. Fähigkeiten strategischer Einlassungen gehören dazu. Man muss nicht genau wissen, was Strategie ist, um doch die andere Textsorte erkennen zu können. Die verbreitete Skepsis mischt sich mit dem Aufmerken für solche, ja auch irgendwie souverän wirkende Sätze. Nicht dass man genau wissen wollte, wie einer zu seinen strategischen Sätzen kommt oder sie begründet, aber dass Führung auch etwas mit Strategie zu tun hat, würde in einem Führungsgremium wohl jeder sagen. Anderes hält man üblicherweise für wichtiger, Ahnungen sind doch auch schon viel, Surrogate stehen hoch im Kurs, aber wenn einer im Verbund mit anderen Fähigkeiten auch noch strategisch beschlagen wirkt, bringt ihm das Vorteile. Daraus könnte ein Anreiz strategischer Orientierung erwachsen.

Es gibt Unterschiede zwischen großen und kleinen Gremien. Zu den großen Gremien und der breiten Öffentlichkeit sagt ein Christdemokrat: „Je größer das Gremium, umso gefährlicher." Man kann in den kleineren Gremien, wenn man strategisch denkt, diese Differenz ausspielen und daraus mehr als anderswo einen Vorteil ziehen. Die Ambivalenz allerdings bleibt auch hier: ist man zu sehr Stratege und zu wenig anderes (oder wird man so etikettiert), kann die Anerkennung trotz des mehr oder weniger diffusen Bewusstseins eines Strategiebedarfs rasch ins Negative kippen.

Da häufig behauptet wird, das politische System der BRD lasse strategische Politik nicht zu, und da einige dies als Ausrede benutzen, damit gar nicht erst anzufangen, zum Schluss die Stimme eines führenden Grünen:

> „Ich habe die feste Überzeugung, es gibt keinen systematischen Grund, dass in Deutschland die Strategiefähigkeit behindert würde. Null."

Strategiebewusste und individuell Strategiefähige halten Restriktionen für eine Herausforderung, sich in strategischer Hinsicht mehr anzustrengen und besser zu werden.

4.2 Strategischer Kompass

Der *strategische Kompass* dient als kognitiv-normativer Wegweiser in unübersichtlichem Gelände. Er ist ein aus präferierten Werten, grundlegenden Zielen, dominanten Wegen und Mitteln zusammengebautes Instrument normativ-instrumenteller Kursbestimmung. Er bezieht sich eher auf längerfristige, umfassendere Strategieorientierungen, muss also bei kürzeren strategischen Einheiten nicht greifen.[152]

Ähnlich wie bei Strategiestilen, aber mit stärkeren normativen Anteilen, sind mit der Verfestigung eines Kompasses persönliche Habitualisierungen verbunden. Mit ihm werden Linien, strategisch relevante Verhaltensmuster und Strategiemuster des jeweiligen Akteurs festgelegt. Strategisches Handeln selbst ist von ihm analytisch zu trennen.

Was für Strategie gilt, trifft auch für den strategischen Kompass zu: normative und instrumentelle Elemente gehen eine enge Verbindung ein. Kompass im engeren Sinne ist zwar nur ein *Hilfsmittel* zur Orientierung in (politischen) Landschaften. Im Anschluss an die politische Umgangssprache wird der Kompass hier aber gleichzeitig als Instrument der Kursbestimmung selbst verstanden. Zu den möglichen Elementen eines strategischen Kompasses gehören insbesondere

- „politische Philosophie",
- Großthemen bzw. Großprojekte,
- Verhältnis zur eigenen Partei (möglicherweise Leitbild),
- Verbündete und Gegner,
- Schwerpunkte öffentlicher Kommunikation,
- Strategiemuster.

In diesen Elementen bilden sich Wert- und Interessenprofile ab (Grundwerte und Interessen von Großgruppen). Aber auch hier gilt: Sie sind meist zu abstrakt, um als solche gewählt zu werden.

Dabei gibt es erhebliche Variationen, was strategischer Kompass jeweils bedeutet. „Politische Philosophie" klingt anspruchsvoll, kann aber schon in kleiner Münze strukturierend wirken. Nicht jeder hat ein Großthema/Großprojekt, das heißt ein langfristiges, „großes" strategisches Ziel, das die Optionen schon erheblich einschränkt. Auch Großprojekte können mehr instrumentell, ohne den Überbau einer politischen Philosophie auf den Weg gebracht werden. Häufig ist das Leitbild der eigenen Partei unscharf. Trotz deutlicher Ein-

---

[152] Vgl. zum Begriff strategischer Einheiten das Kapitel 5.1.1.

stellungen und Gewohnheiten werden durch Kontext und Situation andere Verbündete, Gegner, Strategiemuster als Präferenz „aufgezwungen".

Ein strategischer Kompass bildet sich nicht in Strategie-Werkstätten heraus, sondern in politischen Kämpfen, Deutungskonflikten und Erfahrungen. Strategieanalyse kann einen solchen Kompass überprüfen, das Bewusstsein für Voraussetzungen und Konsequenzen schärfen, alternative Optionen vorbereiten. Die Analyse kann dem Kompass den Glaubenscharakter nehmen, ihn praktisch-empirisch verflüssigen, aber sie kann ihn nicht schaffen, weil das normative Element auf andere Weise konstituiert wird. Strategischer Kompass ist die gewachsene Verbindung von Überzeugungen und kalkulierendem Verstand.

In den Fallstudien sozialdemokratischer Bundeskanzler sieht man exemplarisch Vor- und Nachteile des strategischen Kompasses.[153] Bei Helmut Schmidt war die Stärke seines (hyperstabilen) Kompasses zugleich seine Schwäche, weil er auf strukturelle Umweltveränderungen nicht reagierte. Bei Willy Brandt war die Schwäche seines (labilen) Kompasses in der Innenpolitik gleichzeitig seine Stärke, weil sie Responsivität hinsichtlich neuer Wertegruppen ermöglichte. Gerhard Schröder blieb mit seinem sprunghaften Regieren ohne strategischen Kompass weit hinter den Möglichkeiten seiner Formation zurück.

Strategischer Kompass ist zunächst ein individuelles Navigationsinstrument. Mit zunehmender empirischer Kenntnis von Variationen wird es kein Problem sein, ihn auch typologisch zu erschließen (zum Beispiel anhand der Grundelemente und spezifischer Kombinationen). Gerade wegen der Verinnerlichung, die mit Habitualisierung verbunden ist, haben Akteure mit strategischem Kompass oft Schwierigkeiten, sich selbst auf den Begriff zu bringen. Mehr als Strategiestile scheint das Konzept des strategischen Kompasses auch auf Kollektivakteure übertragbar. Dann wäre es zum Beispiel der durchschnittlich anzutreffende strategische Kompass der Führungsschicht einer Partei.

Empirische Illustration 1: Strategischer Kompass von Helmut Kohl

Jeder Politiker würde gern wissen, wie man es schafft, 16 Jahre lang an der Macht zu bleiben. Länger als Adenauer oder irgendein anderer demokratisch gewählter Kanzler in Deutschland. Das kann keine Kette von Zufällen sein, auch nicht bloße Taktik. Aber was ist dann das Strategische daran? Beobachter und Fachwelt sind sich darin einig, dass es nicht ein Großthema oder Großprojekt war. Europa-Politik, das einzige Politikfeld, das Kohl wichtig war, hatte für seine langlebige Regierung eher untergeordnete Bedeutung. Die Wiedervereinigung gab seinem 1989 von Abwahl bedrohten Regieren einen neuen Push, aber sie war nicht der archimedische Punkt der Kanzlerschaft Kohl, nicht nach 1990 und schon gar nicht vor 1989. Auch wenn man sagt, Kohl habe von zwei externen Anschüben profitiert – dem Zerfall der Schmidt-Regierung und dem Zerfall der Sowjetunion mit den sich daraus ergebenden Chancen für die deutsche Einheit – und das dadurch zugespielte Kapital in jeweils sieben bis acht Jahren abgewirtschaftet, hat man noch nichts erklärt zum strategischen Kompass, den man braucht, um erfolgreich durch turbulente Zeiten zu kommen. Kohls Erfolge erklären sich nicht zuletzt durch seinen machtzentrierten Kompass, der aber nicht nur machtstrategisch funktionierte.

---

[153] Vgl. die Kapitel 12 und 13.

(1) *Der Parteikanzler*. Helmut Kohl war der erste langfristig erfolgreiche Parteikanzler der Bundesrepublik. Konrad Adenauer und Helmut Schmidt benutzten ihre Partei soweit unbedingt nötig, sie waren Staatskanzler. Ludwig Erhard wollte „Volkskanzler" sein, war auch ungewöhnlich populär, ließ sich dann doch noch kurz vor seinem Abgang, von oben, zum Vorsitzenden der CDU machen. Es half nichts. Als er trudelte, kam ihm niemand zur Hilfe. Willy Brandt war polarisierender Parteikanzler wie Kohl, aber nur kurz und nicht osmotisch mit der Partei verwachsen wie er.

Die Popularität hält sich in Grenzen für einen Parteikanzler. Das muss er nicht nur in Kauf nehmen, sondern wollen. So versichert er sich seiner Klientel, zwingt die Unentschiedenen zur Entscheidung, buhlt nicht beim Gegner um gute Stimmung, die keine Stimmen bringt.

Kohls Parteinähe beruhte auf personalen, nur diffus auf ideologischen Bindungen. Er hatte – mehr als irgendeiner seiner christdemokratischen Vorgänger oder Nachfolger – die Fähigkeit, Loyalitäten herzustellen und zu erhalten. Selbst als weltweit agierender Kanzler verwendete Kohl ein Drittel seiner „Arbeitskraft und Zeit für die Partei (...) zwei Drittel blieben mir für die Regierungsgeschäfte" (Kohl 2005: 536). Gratulieren, kungeln, kondolieren, Stimmungen erkunden – bis hinunter zum Kreisvorsitzenden. Sachfragen verblassten gegenüber Personensteuerung.[154] Dass dabei auch immer noch „Bimbes"[155] verteilt wurde, erfuhr man erst später, machte aber die Formel aus Kommunikation, Personalpolitik, Geld, Parteiseele unter Erfolgsgesichtspunkten unschlagbar.

Wo ich bin, ist die Partei. Je nach Konstellation und Karriereabschnitt war das der Parteivorstand, die Fraktion oder das Kanzleramt. Häufiges Scheitern bei Parteiwahlen, Überstimmtwerden bei Sachfragen, Überleben von zwei Putschversuchen – alles kein Widerspruch zur Partei als verschworener Gemeinschaft durchaus gewöhnlicher Menschen, oben wie unten.[156] Und schon gar nicht im Widerspruch zur pluralen Volkspartei, die die CDU auch war, bestehend aus interessenpluralen Vereinigungen und ideologischen Strömungen. Dass fasste Kohl im Bild des indonesischen Hausboots: die Stabilität komme vom Hauptboot ebenso wie von den vielen kleinen, damit verknüpften Booten. Die Spitzenpolitiker aber gehörten ins Hauptboot.

Das Prinzip Partei als Basis von Politik war in Kohl habitualisiert. Er bediente es durch egozentrierte Organisations- und Personalpolitik, durch patriarchalische Geldzuwendungen sowie durch unablässige, möglichst direkte Kommunikation, mit Fraktion und außerparlamentarischer Parteiorganisation. Partei war Strategie, weil alle Politik, noch bevor sie inhaltlich geklärt war, darauf gründete: „Ich habe mich immer als Parteisoldat verstanden." (Kohl 2004: 310) Und: „Wenn man in der Parteiendemokratie Macht ausüben will, bedarf es einer breiten Basis, auf der man Politik gestalten kann. Auch das ist der Sinn politischer Parteien: dass sich Menschen mit unterschiedlichen Prägungen auf einen bestimmten Konsens, auf eine Programmatik, eine ge-

---

[154] Vgl. dazu das Kapitel 6.4.2.
[155] Sozusagen Deutsche Mark in pfälzischer Währung. Kohl war davon überzeugt, dass Geld die Politik bewegt, auch hinsichtlich der sozialdemokratischen Mehrheit im Bundesrat (sein Spruch: „Geld macht sinnlich").
[156] Typischerweise hatten damit intellektuelle Politiker wie Kurt Biedenkopf, Heiner Geißler, Rita Süßmuth, Richard von Weizsäcker die größten Schwierigkeiten.

meinsame Richtung, auf einen Personalvorschlag, auf gemeinsame Spitzenkandidaten verständigen. In der modernen Medienwirklichkeit und -wirksamkeit ist das für die komplizierte Organisation einer modernen Partei eine ganz große Herausforderung." (Kohl 2005: 242).

(2) *Polarisierende Mitte*. Kohl hat immer die Mitte gesucht, zwischen Konservativen und Progressiven in der eigenen Partei, zwischen FDP und CSU in der Koalition, zwischen SPD und Republikanern im Parteiensystem. Andere suchen Mehrheit statt Mitte, Kohl orientierte sich an der imaginären Zone einer breiten, gleichwohl ausschließenden Mitte.[157]

Seine Bonner Regierung nannte er in der ersten Regierungserklärung „Koalition der Mitte". So waren CDU/CSU keine Rechtsparteien und die SPD wurde als Linkspartei aus der Mitte verwiesen. Wie auch immer die Mitte jeweils konkretisiert wird, sie führt weg von den Polen, ja sie benutzt diese zur polarisierenden Abgrenzung aus der Mitte heraus. Sich selbst zur Mitte, die anderen zum Lager zu erklären – so profitiert man von Polarisierung, ohne dass man sie sich vorwerfen lassen oder durch profilierte Projekte einlösen müsste.

(3) *FDP aus Prinzip*. Nur *eine* Koalitions-Präferenz zu vertreten, ist riskant im Mehrparteiensystem. Bleibt diese andere Partei aber erhalten, ist es eine große Stärke. Kohl war 1966 – auf einsamem Posten – gegen die Große Koalition, und er hat jede Zusammenarbeit mit den Republikanern ausgeschlossen, auch als die noch stark waren. Von Phantasien, die Union könnte die absolute Mehrheit gewinnen, war er frei. Schon wegen des Erpressungspotentials der CSU wollte er diese Formation nicht. Er wusste: Adenauer ging es in der Alleinregierung nach 1957 schlechter als zuvor in der Koalition.

Damit band Kohl die FDP an sich. Zugleich gab er ihr Spielraum für die eigene Profilierung – Voraussetzung für den Erhalt der FDP als Mehrheitsbeschafferin der Union. Für einen „unverzeihlichen strategischen Fehler" (2005: 238) hielt Kohl, in der Großen Koalition 1966 die Einführung des Mehrheitswahlrechts zu verabreden, aber erst für die übernächste Bundestagswahl 1973. Das hätte der FDP 1969 einen großen plebiszitären Erfolg, gerade auch auf Kosten der Union, bescheren können. Tatsächlich verschaffte es der SPD, die vom Mehrheitswahlrecht 1968 wieder abrückte, die Chance, als Garant ihres Überlebens die FDP jahrelang an sich zu binden. Fehler über Fehler, die die Führung der Union seit 1966 im Umgang mit der FDP gemacht hatte, und die Kohl nicht wiederholen wollte.[158]

Die Ausschließung der SPD war ein strategisches Prinzip. In der offenen Konstellation der Vereinigung von 1989/90 hätten die meisten Politiker, auch unterhalb einer Koalition, ein Bündnis der „nationalen Konzentration" unter Einschluss der SPD gesucht. Wie Adenauer 1949 gegen sehr starke Tendenzen in seiner Partei die Große Koalition abgewehrt hatte, war es für Kohl 1989/1990 selbstverständlich, die Vereinigung ohne die Sozialdemokraten zu organisieren.

(4) *Innenpolitisches Basisprogramm*. Das innenpolitische Priorisierungsschema

---

[157] „Wir waren weder eine Rechts- noch eine Linkspartei, und es gab mit mir als Vorsitzenden weder einen Links- noch einen Rechtsruck. Wir waren die große Volkspartei der Mitte (...)." (Kohl 2005: 647).
[158] Vgl. Kohl (2004: 238, 248, 267, 279 und passim).

war immer klar. Erstens wirtschaftliches Wachstum plus Sicherheit im weitesten Sinne. Zweitens soziale Flankierung durch verlässliche soziale Sicherungssysteme, die den Möglichkeiten der Ökonomie folgen. Drittens – auf dem kulturellen Feld – ein gemäßigter Patriotismus, ein fast säkularisierter christlicher Werte- und Symbolhintergrund, das Hochhalten einer (klein-)bürgerlichen Alltagskultur mit ihren Familienwerten, Konventionalismen, Sekundärtugenden.

Ohne eigenes politisches Leitprojekt und mit nur wenigen Policy-Überzeugungen[159] hat Kohl zunächst auf der Programm-, dann auf der Regierungsebene eine Bandbreite von Positionen vertreten – gerade auch, was die jeweilige Balance zwischen Markt und Sozialstaat betraf. Er hat aber nie das Grundschema verlassen, es zur Abgrenzung, aber nie zu einer tiefer gehenden Ideologisierung benutzt. Schlachten für eine neue Wirtschaftsdoktrin (wie bei Margaret Thatcher oder Ronald Reagan), neoliberale Angriffe gegen den Sozialstaat, Glaubenskämpfe gegen die neue Ostpolitik, Kulturkämpfe aller Art – sie erschienen nicht auf dem Kompass des bürgerlich-milieusicheren Pragmatikers Kohl. Abgrenzung ja, Kreuzzüge nein.

„Geistig-moralische Führung" – eine plakative Oppositionsforderung gegenüber dem sonst schwer angreifbaren Helmut Schmidt, aber sie auszufüllen fehlten Neigung und Fähigkeit. Antikommunismus und Antisozialismus waren seit Adenauers Zeiten etablierte Strategien zur negativen Integration des bürgerlichen Lagers. Kohl hat sie fortgeführt. Entspannung, neue Ostpolitik, Krise und Scheitern des Kommunismus haben ihnen den Boden entzogen.

Mehrheitsfähige Mittel positiver Integration, jenseits von Interessen, standen nicht zur Verfügung – wenn man vom kurzfristigen Mythos nationaler Wiedervereinigungspolitik nach 1990 absieht. Der Kompass bewährt sich vorzugsweise auf bekanntem Gelände, er ist nicht gleichzeitig eine Wünschelrute für Innovationen. Er muss nicht auf Reformen eingestellt sein, sondern kann, wie bei der Kohl-Regierung, zu „Reformenthaltsamkeit" führen (Merkel et al. 2006: 460).

(5) *Kooperativer Dezisionismus*. Einsame Entscheidungen gab es im Kooperations-Karussell von Kohl selten. Späte Entscheidungen häufig. Akteure des innerparteilichen Pluralismus, Experten, der Koalitionspartner, Lobbygruppen – der von Kohl vor Entscheidungen geöffnete Raum war beträchtlich, seine Vorgaben hatten schwache Konturen. Für eigene Konzepte kämpfte er selten. Die Bindemittel Kommunikation und Kooperation vermittelten vielen Akteuren das Gefühl, bei Entscheidungen dabei zu sein. Die Öffentlichkeit dagegen blieb argumentativ unterversorgt. Kohl konnte entscheiden, aber nicht begründen. Selten hatte er von sich aus entscheidungsrelevante, sachorientierte Kriterien, in den meisten sachpolitischen Fragen der Innen-

---

[159] Ausnahme bildete Europa, das aber für die Wähler von eher geringer Bedeutung war. Hier hat er auch themenorientiert strategische Führung praktiziert (vgl. Dyson 1990). Die Wiedervereinigung hat er lange Zeit nicht im Sinne eines aktuellen strategischen Themas betrieben. Mit Honecker traf er sich 1987. Nach Kohls Einschätzung „bis 1989 die wichtigste und schwierigste Entscheidung in den deutsch-deutschen Beziehungen, die ich zu treffen hatte" (2005: 550), „ohne auch nur im Traum an eine rasche Wiedervereinigung zu denken" (566). Im eher unspektakulären „Bemühen um ein geregeltes Miteinander" (567) sah er die Tagesaufgabe. Als zwei Jahre später die Situation da war, hat Kohl außenpolitisch hervorragend strategisch agiert, während die innenpolitischen Gesichtspunkte bei ihm, wie immer, stärker durch macht- und wahlstrategische als durch fachpolitische Strategien bestimmt waren.

politik war er durch präzise Positionen nicht beschwert. Deshalb ist hier von „Dezisionismus" die Rede. Er war überzeugt davon, „dass Politik zu mindestens 80 Prozent darin besteht, Brücken zu bauen, Kompromisse zu schließen" (Kohl 2004: 497). Andere hatten Positionen, er baute Brücken.

(6) *Bekennende Normalität*. Kohls Mitte-Orientierung war auch alltagskulturell gestützt. Für einen Mann langjährigen Regierens keine einfache Sache. Kohl folgte einer klaren Regel: Bleibe der, der du bist. Tatsächlich ein Mann aus dem Volk: schlecht artikuliert, unförmig, lebenslustig, wohlwollend-autoritär. Schlank, elaboriert, kontrolliert waren die Eliten, Kohl hat sich nicht angepasst. Vom Establishment her gesehen, war er Außenseiter geblieben.

Sein ehemaliger, mehrjähriger Pressesprecher und enger Vertrauter, Eduard Ackermann, sagte, Kohl habe keine Idee geäußert, über die sich länger als zwei Minuten nachzudenken lohne. Kohl war kein Gegner von Demoskopie, aber er brauchte sie nicht wirklich.[160] Sein Bauch war die Sonde im Markt durchschnittlicher Meinungen. Und im Übrigen hatte er seinen strategischen Kompass.

Normalität als Habitus und als festgehaltene Regel eines täglichen Verhaltens, das lebensweltlich die politische Strategie stützte. Seine Unerschütterlichkeit bezog Kohl aus seiner bekennenden Normalität. Bei einem stärker intellektuellen Typus gilt ein Mangel an Anfechtungen und Selbstkritik als „elitäre Arroganz", bei Kohl war es die Standhaftigkeit des Biedermanns im Justemilieu. Einer, der sich die Butter nicht vom Brot nehmen lässt, weder von den Kollektiven noch von den Großkopferten und schon gar nicht von ambivalenten Intellektuellen.

Der Stolz darauf, zu wissen, wie der kleine Mann denkt, sich nicht zu weit von ihm zu entfernen und dessen Feinde mit ihm zu bekämpfen, war verbunden mit Borniertheit gegenüber neuen sozio-kulturellen Entwicklungen, die sich bei einer offeneren strategischen Betrachtung hätten vermeiden lassen. Zum Beispiel das Versäumnis, Ökologie als wertkonservatives Thema anzunehmen und in die Partei zu integrieren: „Ich gebe zu, dass wir und allen voran ich selbst damals den Fehler machten, Gruhls umweltpolitische Visionen nicht stärker bundespolitisch zu nutzen. (...) das plötzlich erwachte Umweltbewusstsein vor allem in Teilen der jüngeren Generation hätte in unserer Partei seinen Platz finden müssen." (Kohl 2004: 494).

(7) *Optimismus als Habitus und Strategie*. Es gibt zwei Arten von Optimismus: den von mutiger Problembearbeitung und den aufgrund von Problemverdrängung. Der zweite, der Optimismus des Darüber-hinweg-Redens, ist Kohls Spezialität. Bei den Vereinigungs- wie bei den Globalisierungsfolgen wirkt solch vorsätzlicher Optimismus nicht nur als, sondern auch statt Programm.

---

[160] Kohl holte sich zwar mit Wolfgang Gibowski als stellvertretendem Leiter des Bundespresse- und Informationsamts die Demoskopie in die Regierung, aber nach dessen eigenen Aussagen brauchte er ihn nicht. Wenn Kohl nach Daten fragte, dann nur, um sich zu vergewissern, dass sein eigenes Sensorium – wie erwartet – richtig arbeitet. Auch Elisabeth Noelle-Neumann, obwohl als Beraterin näher an Kohl dran, bestätigte: „Kohl hatte, wie Adenauer, ein unglaublich gutes Gespür für die Stimmung in der Bevölkerung." Insbesondere schrieb sie ihm die Fähigkeit zu „das künftige Meinungsklima in der Bevölkerung zu prognostizieren, eine wichtige Eigenschaft erfolgreicher Politiker (…). Wer die zukünftige gesellschaftliche Entwicklung voraussehen kann, ist seiner Umgebung insofern um einen Schritt voraus, als dass er sein Handeln längerfristig anlegen kann als diejenigen, die stets auf das Meinungsklima der Gegenwart reagieren." (2006: 223f.).

Zukunft positiv besetzen war seit langem eine Strategie der CDU. Zwar half die lustig-lärmende pfälzische Lebensart über manche Grausamkeiten des Lebens hinweg, aber man muss zum Optimismus schon entschlossen sein, will man in der Zukunft nur Chancen sehen. Darin stecken auch Alltagspsychologie und Marketing. Wer dem Optimismus als Grundlinie widerspricht, ist Miesmacher, Defätist, Opfer von Zukunftsängsten. Die Linke denkt zukunftsorientiert, aber nicht optimistisch. Nur wo die linke Mitte fähig war, einen eigenen Optimismus aufzubauen und vor dessen Banalitäten nicht zurückscheute, wie bei Bill Clinton oder Tony Blair, hatte sie Chancen auf eine eigene Zukunft. Insofern steckt in Optimismus ein strategisches Potential, das allerdings nur trägt, wenn es habituell gestützt ist.

Man kann sicherlich anders systematisieren und akzentuieren, dass bei Helmut Kohl aber ein strategischer Kompass besonders wirksam war, scheint schwer bestreitbar. Kohl selbst bestätigt das in seinem Selbstbild: „Im Gegensatz zu vielen anderen wusste ich, was ich wollte." (Kohl 2005: 1082). Er betonte „Standfestigkeit und Prinzipientreue" (108), grenzte sich ab von „wichtigtuerischen Analytikern" (104) oder von Politik als einem „Schachspiel für Strategen" (533). Als er Ronald Reagan würdigte, sprach er über sich selbst: „Er mochte kein Intellektueller sein, aber er verfügte über ein einleuchtendes politisches Koordinatensystem. Zudem bewies er politischen Instinkt und wusste, was er wollte. Da konnten Kritiker sagen, was sie wollten, Journalisten schreiben, was immer ihnen einfiel: Reagan hatte einen klaren politischen Kurs." (392). Dazu kommen Flexibilität, Reaktions- und Anpassungsfähigkeit, taktische Beweglichkeit. Denn „Politik hat (...) wenig mit Statik zu tun." (116).

4.3 Strategiestile

Strategiestile unterscheiden die besondere Art des Umgangs mit strategischen Fragen. Die Kategorie liegt unterhalb strategischer Denkweise. Sie ist personenbezogen, aber typisierbar. Durch „Stilbildung" kann versucht werden, den eigenen Stil zu gestalten, aus einer Verbindung persönlicher Fähigkeiten und Neigungen, Erfahrungen und Beobachtungen, institutioneller Chancen und erfolgsfördernder Bedingungen. Statt einer scharf geschnittenen, abstrakt-analytischen Typik versuchen wir hier eher, beobachtete empirische Vielfalt einzufangen.

(1) *Kontinuierlich vs. diskontinuierlich.* Der kontinuierliche Stil ist permanent auf der Suche nach strategischen Ansatzmöglichkeiten, nach Strategiebildung sowie nach Orientierung der Steuerung an strategischen Vorgaben. Der diskontinuierliche Stil erinnert sich der Strategie aus Anlass von Krisen, Schwierigkeiten, günstigen Gelegenheiten. Häufig sind solche Politiker nicht überzeugt von der Notwendigkeit strategischer Politik, bei sich bietenden Gelegenheiten aber in der Lage, das strategische Potential einer Krise auszunutzen. So hat zum Beispiel Gerhard Schröder, Repräsentant eines diskontinuierlichen Strategiestils, mit den Grünen zusammen die BSE-Krise genutzt, um ein neues Ministerium zu schaffen und die Umrisse einer neuen Landwirtschaftspolitik zu skizzieren, sich aber dann auf diesem Feld nicht weiter engagiert.

(2) *Systematisch vs. unsystematisch.* Der systematische Strategiestil operiert mit einem erarbeiteten Orientierungsschema, mit strategierelevanten Maximen und Kalkülen, mit einer selbst entwickelten Methodik strategischer Reflexion und Praxis sowie mit Interesse an strategischer Beratung. Dem unsystematischen Strategiestil fehlt es in solchen Hinsichten an Konsistenz, Nachvollziehbarkeit und Berechenbarkeit. Das ist zunächst eine Negativbeschreibung, die auch häufig in dieser Weise zutreffen mag. Das Unsystematische kann aber auch produktiv sein. Dann würde man von einem intuitiven Strategiestil sprechen. Man sucht eine Idee, beim Reden, beim Joggen, assoziativ, wie und wo auch immer. Joschka Fischer zum Beispiel, der Autodidakt, steht für einen solchen weniger analytischen als intuitiven Strategiestil – wobei die Methodik weniger die Qualität der Ergebnisse als die Möglichkeiten von Anschlüssen beeinflussen mag.

(3) *Policyzentriert vs. politicszentriert.* Ein policyzentrierter Strategiestil entwickelt strategische Überlegungen aus dem Sachgehalt und der Immanenz der Politikprobleme, unter Vernachlässigung oder gar Ausklammerung politischer Prozessaspekte.[161] Umgekehrt tendiert der politicszentrierte Stil zur Betonung von Macht- und Durchsetzungsaspekten auf Kosten des Problemgehalts. Obwohl wir selbst ein integriertes Strategiekonzept befürworten, ist in der empirischen Realität solche Selektivität verbreitet. Bei François Mitterrand zum Beispiel waren die meisten Policy-Positionen von Politics-Aspekten abgeleitet.

(4) *Operativ vs. interpretativ.* Folgenreich ist die Differenz zwischen einem operativen und einem interpretativen Strategiestil. Die politische Welt ist voll von strategischem Talk des bloßen Meinens, Kommentierens und Postulierens. Selten dagegen ist ein strategisch-operativer Stil, der sich bei der Steuerungspraxis an strategischen Vorgaben orientiert. Ein solcher konsequenzorientierter verbindet sich meist mit einem systematischen Strategiestil. Ein interpretativer Stil kann anspruchsvoll sein, größere Zusammenhänge und Entwicklungslinien vertiefen, er kann andere strategisch orientieren, aber er vernachlässigt die gezielte Um- und Durchsetzung solcher Interpretationen – eine Art halbierter Strategie. Dabei ist die Fähigkeit des Networkings besonders wichtig. Wie verbreite ich einen strategischen Gedanken bei den für die Durchsetzung von Linienführung relevanten Personen, was auf der Bundesebene einer Partei nur einige Dutzend Leute sein müssen. Ohne sie kann sich eine strategische Idee leicht als frei schwebend herausstellen.[162]

(5) *Kompassgesteuert vs. opportunitätsgesteuert.* Beim kompassgesteuerten Stil ersetzt der Kompass in vieler Hinsicht Strategie als ein elaboriertes Konzept. Vor allem, wenn der Kompass stark aus normativen Vorannahmen und solchen politischen Überzeugungen gebildet wird, die nicht mehr viel Raum für anspruchsvolle strategische Überlegungen lassen, sondern auf „Ausführung" drängen (zum Beispiel eine feststehende Koalitionspräferenz). Konrad Adenauer, Ronald Reagan oder Helmut Kohl verfügten über einen stabilen Kompass, der wesentliche Fragen von Strategie für sie schon mit beantwortete. So konnten sie an ihrer Seite hochkompetente strategisch-operative Steuerleute haben – bei Adenauer Hans Globke, bei Reagan die Troika James Baker, Edward Meese, Michael Deaver, bei Kohl über viele Jahre Wolfgang Schäuble – deren großer Freiraum darin bestand, strategisch

---

[161] Vgl. die komplementären Ausführungen zu strategischen Akteurorientierungen und -typen in den Kapiteln 5.2.1 und 5.2.2.

[162] In den Fallstudien wird sich zeigen, dass Helmut Schmidt und Willy Brandt – zu allem anderen – auch noch der Gegensatz von operativem und interpretativem Strategiestil grundlegend trennte (vgl. Kapitel 12.4 und 12.5). Alle acht Dimensionen des Strategiestils werden weiter unten illustriert am Beispiel zweier Spitzenakteure mit hohem Eigenanspruch als Strategen: François Mitterrand (Kapitel 8.2.1) und Helmut Schmidt (Kapitel 12.5).

kompetent innerhalb der Vorgaben ihrer Chefs zu agieren. Der opportunitätsgesteuerte Stil macht alles für sich bietende Chancen, bei Zielen, Mitteln, Umweltveränderungen. So kann man systematisch und kontinuierlich den politischen Prozess nach strategischen Chancen und Risiken absuchen, um sich daran zu orientieren. Dieser Stil verflüchtigt Prinzipien in Gelegenheitspolitik und kalkuliert die Vorteile einer politischen Philosophie, bevor er sich – vorübergehend – zu ihr entschließt. Folgt man einer sehr kritischen Analyse, ist zum Beispiel Hillary Rodham Clinton extreme Vertreterin eines solchen opportunitätsgesteuerten Strategiestils.[163] Auch Bill Clinton oder Angela Merkel[164] zeigen Züge dieses Stils, den wir hier als analytische Kategorie, nicht als moralische Verurteilung von „Opportunismus" einführen.

(6) *Staatsorientiert vs. gesellschaftsorientiert.* Der staatsorientierte Strategiestil denkt vom Staat her und betont die Handlungsmittel und -möglichkeiten des Staates. Dagegen denkt der gesellschaftsorientierte Stil von der Gesellschaft her, zum Beispiel von Klassenkonflikten, Wertewandel, sozialen Bewegungen, Diskursen, und betont Mittel und Möglichkeiten gesellschaftlicher Auseinandersetzungen. Auch hierin waren Helmut Schmidt und Willy Brandt Antipoden.

(7) *Integriert vs. fragmentiert.* Übergreifender lassen sich Stildifferenzen mit dem Gegensatzpaar integriert/fragmentiert einfangen. Eine innere Stimmigkeit zwischen den wesentlichen Grunddimensionen und das Fehlen signifikanter Einseitigkeiten kennzeichnen einen integrierten Strategiestil. Der fragmentierte Strategiestil dagegen lebt von Selektivität, Einseitigkeiten, Diskontinuitäten. Empirisch könnte diese Stiltypisierung in einem Kontinuum gebildet werden aus Werten in entsprechenden Dimensionen. Ein integrativer Strategiestil hätte hohe Werte bei: kontinuierlich, systematisch, policy- *und* politicsorientiert, operativ *und* interpretativ, kompass- *und* opportunitätsgesteuert, staats- *und* gesellschaftsorientiert. Dass es schwer ist, Spitzenpolitiker zu benennen, die einem integrierten Stil zuzurechnen sind, zeigt nur, wie schwer politische Strategie überhaupt ist. Tony Blair vor dem Irakkrieg zum Beispiel hätte es sein können[165] – aber hat er nicht mit einem Mal alles dementiert, was vorher seine Stärke war?[166]

(8) *Monologisch vs. dialogisch.* Die bisher eingeführten Stile sind Ausprägungen der kognitiven Dimension des Strategiestils. Die soziale Dimension fassen wir im Unterschied zwischen monologisch und dialogisch zusammen. Der eine Spitzenakteur wickelt das strategische Geschäft mit sich selbst ab. Ziel, Lage, Optionen, Entscheidung – alles wird im eigenen Kopf abgespult, nur das Ergebnis nach außen getragen. Auch Motive und Begründungen behält der monologische Stratege für sich. Herbert Wehner entspricht fast perfekt

---

[163] Vgl. Jensen: Die Frau ohne Eigenschaften, in: Süddeutsche Zeitung Magazin, H. 23 (09.06.2006). Vgl. – als Gegengewicht? – zu solch kritischer Analyse ihre Selbstauslegung in Clinton (2003).

[164] Die Kompassschwäche von Angela Merkel scheint vor allem mit Richtungsunsicherheit verbunden. Es fällt ein Überhang des Kalkulatorischen auf, der auch Richtungsfragen in erheblichem Maße kalkulatorisch und gelegenheitsorientiert angeht. Da die Kompassschwäche in nur geringerem Maße durch politischen Instinkt kompensiert wird, ist Merkels ausgeprägtes Kalkulationstalent für den Erfolg unabdingbar. „Verrechnet" sie sich (wie bei Kirchhof 2005), lässt sich das durch andere Faktoren nur schwer auffangen. Auch sind damit Glaubwürdigkeits- und Bindungsprobleme verbunden. Und ein Charisma der Kalkulation wurde noch nicht beobachtet. Vgl. zu Angela Merkel Langguth (2005), Meng (2006), Schuhmacher (2006).

[165] Vgl. für eine frühe Insider-Analyse der strategischen Qualitäten Blairs aus der Nahbeobachtung Gould (2001).

[166] Und ein zweites Mal bei seinem Abgang, bestimmt von ganz banaler Eitelkeit, frei von strategischen Erwägungen für seine Formation.

diesem Typus. Auch François Mitterrand behielt von seinen strategischen Überlegungen und Absichten das Meiste für sich.[167] Dagegen steht ein dialogischer Strategiestil, der auf das strategische Gespräch setzt, ohne von Notwendigkeiten der Geheimhaltung und begrenzter Öffentlichkeit auch in demokratischen Organisationen abzugehen.[168] Das Dialogische mag dabei eigenen Neigungen, Motiven der Demokratie oder auch der Effizienzsteigerung folgen. Jedenfalls steht dem großen Verschwiegenen nicht der eifrige Plauderer, eher ein kontrolliert geöffneter Stratege gegenüber. John F. Kennedy war Exponent eines dialogischen Strategiestils, optionshungrig, diskursiv, ergebnisorientiert.[169] Nach unserem Eindruck zeigt sich bei dieser Dimension ein besonders breites Feld von Abstufungen und Zwischenformen. Strikt monologisch oder durchgehend dialogisch sind wenige Spitzenakteure. Es variieren die Anteile des strategischen Selbstgesprächs, die Verknüpfungsformen mit stärker formeller bzw. informeller Beratung oder die Abhängigkeitsverhältnisse[170]. Insofern sind monologisch/dialogisch Deckbegriffe, hinter denen sich weitere Differenzierungen entwickeln ließen, hinsichtlich Kooperation, Delegation, Exklusivität, Beratungsoffenheit bzw. -resistenz sowie weiteren Formen des Arbeits-, Kommunikations- und Führungsstils, die sich zudem in Phasen verändern können. Ein weites Feld für vergleichende empirische Forschung.

4.4 Strategiewandel

Strategie im Zeitalter der Ideologien war etwas anderes als sie es heute, unter Bedingungen entideologisierter Parteien- und Mediendemokratie ist. Strategie in Zeiten des Herrschafts-Paradigmas (Raschke 1980) war auf Ziele des Systemwechsels und der Systemverteidigung zugeschnitten. Ein Prozess, der durch die französische Revolution von 1789 ausgelöst wurde und bis 1945 anhielt.

Die großen Zielbegriffe hatten systemischen Zuschnitt: Reaktion und Restauration als rechte, Revolution als ein linker Zentralbegriff, nicht zuletzt Reform, die bürgerlich bzw. konservativ oder sozialdemokratisch aufzuladen und anzueignen war.[171] Reaktion war Gegenbegriff zu Revolution, aber auch Reform gewann ihr Profil in Abgrenzung zu Revolution. Alle dynamischen Systembegriffe dienten als Folie großer Systemkonflikte und strategischer Angriffe auf politische Gegner.

Die Linke, die als erste eine entwickelte Strategiedebatte hatte, sprach über Reform oder Revolution. Und wenn Reform – gab es „revolutionäre Reform" oder was man später „systemüberwindende Reform" nannte? Und wenn Revolution – wie viel Demokratie ließ sich damit verbinden, was waren Form und Folgen einer „Diktatur des Proletariats"?

Sprechen wir vom strategisch avancierten Sektor: der Linken seit der zweiten Hälfte des 19. Jahrhunderts. Ideologie und Gesellschaft waren die Angelpunkte strategischen Denkens. Die Leitfiguren im strategischen Diskurs der organisierten Arbeiterbewegung

---

[167] Vgl. Attali (2005) und Kapitel 8.2.1.
[168] Eng verwandt damit ist ein beratungsoffener im Unterschied zu einem beratungsresistenten Strategiestil. Hier fließen Vorstellungen von Wünsch- und Machbarkeit, aber auch Besserwisserei, Misstrauen und Gelegenheiten mit ein.
[169] Vgl. Schlesinger (1968), Dallek (2005).
[170] So von eher intellektuell anspruchslosen Spitzenleuten zu ausgebufften Beratern (z.B. George W. Bush/Karl Rove) oder von operativ Untalentierten zu Steuerungsleuten (z.B. Ludwig Erhard/Ludger Westrick).
[171] Vgl. Kosselleck (1984), Gablentz (1964).

(Lehnert 1977) waren die Chefideologen der sozialdemokratischen Strömungen. Von Eduard Bernstein über den zentristischen Karl Kautsky bis zu Rosa Luxemburg. Sie alle arbeiteten an der Auslegung der ideologischen Gründungsväter Karl Marx und Friedrich Engels, der Abwehr konkurrierender Ideologien von Ferdinand Lassalle bis Lenin, und sie betrieben eine mehr theoretisch als empirisch geleitete Gesellschaftsanalyse, die sie über Wege zum Sozialismus informieren sollte. Vereinfachend lässt sich von *System-Strategie* sprechen, die gefragt war.

Das strategische Orientierungsschema baute sich damals noch anders auf als heute. Ideologie war die wesentliche Größe im Objektbereich, Gesellschaft die wesentliche Referenzgröße, die Organisation der Massenmitgliederpartei der ausschlaggebende strategische Akteur. Wenn die Regierung als „Ausschuss der herrschenden Klasse" gedacht wurde, musste man sich nicht genauer mit einem politischen System befassen, dem man die Existenz wenigstens teilautonomer Strukturen und Akteure absprach. Die Partei war, zusammen mit Gewerkschaften und Genossenschaften, Teil einer größeren sozialen Bewegung – diese abhängig von den „Bewegungsgesetzen" der Gesellschaft. Programmarbeit, Agitation und Propaganda (das Parlament als „Tribüne", die Parteipresse als Massen-Multiplikator[172]), Organisationsentwicklung und Suche nach Möglichkeiten direkter Massenaktion (Generalstreikdebatte etc.) waren Felder, auf denen Strategen – mit Vorschlägen – praktisch werden konnten. Theorie und Beobachtung waren die Erkenntnismittel, empirische Sozialforschung oder gar ein spezifisch empirisches Strategiewissen existierten nicht. Strategische Reflexion war nicht nur mit einem systemischen, sondern auch mit einem spekulativen Überhang versehen. Sie war von Ideologie schwer zu trennen.

Die davon abgekoppelte Praxis: eine sich professionalisierende Parlamentsarbeit, der „Praktizismus" von Kommunal-, realer Organisations- und Gewerkschaftspolitik, ein sich allmählich aufbauendes Wahlkampf-Know-how. Diese Praxis, die sich eigensinnig, unterhalb des strategischen Diskurses entwickelte, war noch nicht strategiewürdig. Da Wahlen zwischen 1871 und 1914, – mit einer Ausnahme[173] – eine stetige Zunahme sozialdemokratischer Wählerstimmen zeigten, konnten sie im vorherrschenden Schema eines evolutionären Sozialismus interpretiert werden.

Folgt man diesem Vogelflug-Stenogramm, sieht man, dass die Teilsysteme von Parlament und Regierung, von Öffentlichkeitsarbeit und Wahlkampf sehr langsam an Autonomie, Professionalisierung und Eigengewicht gewannen, ohne die Unterordnung unter die Imperative der Systemstrategie überwinden zu können. Die Zäsur lag nach 1945, nach der Ruhigstellung der Systemfrage.

Das gilt gerade für die Linken, die Weimarer Traditionen in die Bundesrepublik mit einbrachten und der CDU/CSU verzögert folgten. Erst in den 1950er und 1960er Jahren fand auch hier die Umstellung von Ideologie auf Markt statt, mit allen Konsequenzen, die das für die Anforderungen an Strategie nach sich zog. Die System-Strategie und ihre unentschiedenen Übergangsformen wurden definitiv abgelöst durch eine *Prozess-Strategie*, bei der wahl- und medienorientierte Bezüge immer stärker in ein Spannungsverhältnis zu Policy-Erfordernissen traten.

Geschlossene, beachtliche Teile des politischen Handelns strukturierende Ideologien hatten sich im Zuge der Entideologisierung der 1950er und 1960er Jahren aufgelöst. Erst

---

[172] Dort schrieben auch die Groß-Strategen.
[173] Die sogenannten Hottentotten-Wahlen, die zur Überprüfung von Ideologie, nicht zum Aufbau von Wahlwissen führte. Vgl. Groh (1973).

gewannen die Parlaments- und die Wahldemokratie, später die Mediendemokratie an Eigengewicht. Programm war nicht mehr aus Ideologie abzuleiten, Themen ergaben sich nicht aus Ideologie und Programm. Zunehmend unklarer wurde, wofür Organisation außer zu Wahlkämpfen, Parlamentsfraktionen außer zur Regierungsbeteiligung (oder der Regierung vorbereitenden Opposition) zu gebrauchen waren. Strategien bezogen sich nicht mehr auf Ideologie und Gesellschaft, sondern auf Parlament und Regierung, Wahlkampf und Medienöffentlichkeit, Gesellschaft wurde zur „Rahmenbedingung", Ideologie zu einem „Frame".

Die Marktlogik wanderte in die Politik ein, ohne sie ganz zu erobern. Die andere Seite der Politik war aber nicht mehr (geschlossene) Ideologie, sondern „Aufgabe" und „Problemlösung". Die Dynamik des Marktes, einmal akzeptiert, führt zur Systematisierung der Marktbearbeitung, zu Marketing und Management, und zu marktadäquaten Strategien. Die Lösung von Ideologie und der Bezug auf höchst variable Marktgrößen trug zur Verflüssigung politischer Prozesse bei. Issues wurden nicht aus Ideologie abgeleitet, sondern Steuerungsgrößen in Konkurrenz- und Machtprozessen. Kommunikation, die die Sicherheiten von Agitation und Propaganda verließ (Sicherheiten der Botschaft, des Absenders und des Empfängers), musste je Kontext neu konstruiert und strategisch vermittelt werden. Medien, Wähler, Parteienkonkurrenz gingen in Marktkategorien nicht auf, wurden ohne Marktanalogien aber zunehmend verfehlt. Nicht zuletzt, weil die anderen Akteure sich immer stärker als Teilnehmer auf politischen Märkten sahen (vgl. Raschke 2001b).

Diese Entwicklungen erforderten eine doppelte Veränderung im Strategieprofil: eine neue Art *personaler* und *strategischer Kompetenz*. Die personale Kompetenz bedeutet für Spitzenpolitiker, dass sie gute massenmediale Kommunikatoren, gute Wahlkämpfer und persönlich regierungsfähig sein müssen. Gleichzeitig müssen sie selbst und/oder ihre Organisationsspitzen über strategische Kompetenz verfügen. Sie brauchen Fähigkeiten strategischer Kommunikation, strategisch-kollektiver Wahlkampfführung und Regierungsfähigkeit sowie die Fähigkeit zur Steuerung der eigenen Organisation, auch nach ihr eigentlich fremden äußeren Erfolgskriterien.

Ideal ist die Vereinigung von personaler und strategischer Kompetenz in denselben Spitzenpolitikern. Beide Kompetenzen können aber auch relativ getrennt voneinander auftreten, so dass beispielsweise der charismatische Wahlkämpfer kein guter Stratege ist. Die These vom Strategiewandel sagt, dass ohne den Umbau der strategischen Kompetenz auf der Ebene der politischen Führung – in welchen Formen von Arbeitsteilung und kollektiver Führung auch immer – die Anforderungen im heutigen Party-Government verfehlt werden. Suboptimale Ergebnisse sind die Folge.

Bei diesem idealtypischen Wandlungsmuster wird auch die Kontextabhängigkeit von Strategie sichtbar, ihre Einbettung in größere Entwicklungen (Modernisierungsstand, politische Systemstrukturen, Paradigmen etc.), ihr Anschluss an ein zeitgemäßes Orientierungsschema. Diskontinuitäten, Ungleichzeitigkeiten, Übergänge sind Bestandteil dieser großen Entwicklungsrichtung.

Willy Brandt und Herbert Wehner zum Beispiel gehörten zu einer Generation, die strategisch noch von der Arbeiterbewegung geprägt war, selbst aber den Übergang zur politischen Marktgesellschaft, zu einem pragmatischen, markt- und mediennahen Strategieverständnis mit vollzogen haben – allerdings auf der Grundlage eines Stils des Übergangs. Bei Herbert Wehner beispielsweise erkennt man – öffentlich fast unsichtbar gemacht – ideologische Begründungen für die Anpassung an das neue Strategiemuster. Bei Willy Brandt gab es Befreiungserlebnisse, als er einige der Zwänge von Wahl- und Mediendemokratie wieder abschütteln konnte.

Bei den jüngeren Generationen beobachtet man eher Unterminierungen des neuen Strategietyps durch kulturelle Modernisierungen (Individualisierung, Pluralisierung, Narzismus, Bindungsverluste), Personalisierungsfallen der Mediengesellschaft[174], Missverständnissen der Entideologisierung[175] und Fehleinstellungen zu politischen Kollektiven[176]. Übermäßige Spezialisierung führt auch zu einseitigen Strategieverständnissen, die Balancen zwischen Policy- und Politics-Erfordernissen verfehlen. Dies sind nur Hinweise, um das Glatte und Gradlinige der Großentwicklung ein wenig „aufzurauhen". Auffällig ist jedenfalls, dass Teile der Generation im Übergang zu Volksparteien, offenen Wählermärkten und Mediengesellschaft die strategischen Steuerungsaufgaben ernster genommen haben als die mit diesen Strukturen politisch Sozialisierten. Wieweit sich darin ein spezifisches Versagen der „Enkel", der postmaterialistisch geprägten Generationen oder übergreifende Veränderungen etwa als verstärkte persönliche Anfechtungen postmoderner Politikentwicklungen spiegeln, müsste eine breiter ansetzende, vergleichende Analyse zeigen.

4.5 Resümee

Politik ist voll von Taktik, arm an Strategie. Strategie muss dem politischen Betrieb abgenötigt werden, nie tendiert er von selbst dazu. Er bleibt ohne Kontinuität und Kumulation, ohne ein Lernen, das Ergebnisse festhalten, speichern und weitergeben würde. Meist sind es Teilaspekte von Politik oder auch nur der individuelle Aufstieg, die einem Strategizing unterworfen werden. Selten gibt es Zeit, Räume und Ressourcen, Strategie übergreifend und vertiefend zu behandeln. Die Strategiemalaise hat viele Ursachen, wir heben drei heraus:

(1) *Die Permanenz von individuellen Macht- und Konkurrenzkämpfen*. Bei der Herstellung und Aufrechterhaltung von Strategiefähigkeit, die Führung und Richtung klären muss, gelingen bestenfalls Teilberuhigungen. Die Vertrauenslücke bleibt strukturell.

(2) *Das Strategie-Paradox der Organisation*. Dabei ist für die Auswahl der Spitzenpolitiker individuelle Strategiefähigkeit kein Kriterium, deren Leistungsfähigkeit in der Spitzenposition aber nicht zuletzt davon abhängig.

(3) *Die Doppelrolle als Spitzenpolitiker und Stratege*. Spitzenpolitiker sind verantwortliche Produzenten und die wichtigsten Anwender von Strategie in einer Person. Das erschwert die Strategiebildung durch Defizite an Distanz und unvoreingenommener Nüchternheit, die Anwendung durch strategierationale Übersteuerung, wo Präsenz gefragt ist, eher aber durch ein Vergessen strategischer Absichten, um in der Situation zu bestehen.

---

[174] Vgl. Leif/Raschke (1994). So führen Dauerpräsenz und forcierte Personalisierungstendenz der Medien zu Selbstüberschätzung sowie zu Illusionen über damit verbundene kollektive Wirksamkeit.

[175] Einerseits Reideologisierungen in subkulturellen Scheinwelten wie z.B. den Jusos der 1970er und 1980er Jahre. Andererseits generationenspezifische entideologisierende Abwehrreflexe, paradoxerweise nach der Reideologisierung der Studentenbewegung und ihrer Folgebewegungen, auch aus Angst vor einem Rückfall in die klassischen Ideologien. Damit wird die mögliche und notwendige kollektive Orientierung auch in entideologisierten Gesellschaften versäumt.

[176] Vgl. Glotz (2005), Scheer (2003), Micus (2005). Zum Beispiel Verwechslung individueller und kollektiver Wirkung sowie Fehleinschätzung kollektiver Bindungs- und Orientierungsbedarfe.

Wenn damit drei aus der Kategorie der wichtigsten Ursachen getroffen wären, hieße das gleichzeitig, dass sie nicht grundlegend zu beheben sind. Es macht keinen Sinn, Politik voraussehbar strukturell zu überfordern. Aber es gibt auch die These einer intellektuellen Selbstunterforderung von Politik (Meng 2006: 269). Einer ihrer Hauptgründe ist falsche Prioritätensetzung. Sie entsteht, weil man wegen begrenzter Erfolgsüberlegungen (unmittelbar und partikular) die weitergehenden Erfolgsmöglichkeiten (situationsübergreifend und komplex) auslässt.

Strukturelle Ursachen können abgeschwächt werden. Drei Gegenmittel zu den genannten Ursachenbündeln lassen sich herausheben:

(1) *Individuelles Strategieprofil von Leadership*. Strategische Politik stände von vornherein auf verlorenem Posten, wenn nicht politische Führer trotz widriger Umstände soviel Strategieverstand entwickeln oder besorgen würden, dass sie die von ihnen repräsentierten Kollektivakteure auch steuern können. Es gibt Strategieprofile von Einzelakteuren, bestehend aus einer selbst entwickelten strategischen Denkweise, gegebenenfalls einem strategischen Kompass und einem individuell ausgeprägten Strategiestil. Im Strategieprofil fließen kognitive, bewertende und praktische Elemente zusammen. Ohne „Schulung" versuchen Spitzenpolitiker so, einen wichtigen Teil ihres individuellen politischen Kapitals aufzubauen. Weil die Rückseite der Politik vielfach verborgen wird, ist häufig nur aus der Nahbeobachtung erkennbar, wie arm oder reich ihr persönliches strategisches Kapital ist. Strategiewandel bringt heute Erfordernisse strategischer Kommunikation nach vorne. Der politischen Kommunikation strategische Linien abzugewinnen, ist eine der schwierigsten, auch für kommunikative Talente schwer zu erbringenden Leistungen. Die weiter zunehmende Komplexität von Politik strapaziert die Fähigkeit, das systematisch Übergreifende, also die Strategie, in die Politik hinein zu bringen.

(2) *Verbreiterung strategischer Zeiten, Räume und Ressourcen*. Solche Verbesserung von Potentialen dient vor allem der Optimierung bei Strategiebildung und Steuerung, aber auch bei strategischen Diskursen. Leicht müsste es sein, den lächerlich geringen Anteil von Strategiefragen im Terminkalender führender Politiker zu vergrößern. Mehr als Einsicht in die Notwendigkeit anderer Zeitprioritäten brauchte es dafür nicht. Bei Räumen ginge es um Gelegenheiten, die Möglichkeiten für Spitzenpolitiker, Vertraute, interne und externe Berater schaffen. Sie bedürfen einer gewissen Abschottung, des Aufbaus und der Pflege von Vertrauensbeziehungen, der Verminderung von Meinungsintensität zugunsten analytisch-methodischer Gewinne. Ressourcen bedeuten in diesem Zusammenhang vor allem geeignete Manpower sowie Mittel für die Einwerbung externen strategischen Wissens.

(3) *Professionalisierung von Politikern und Beratung*. Diese Professionalisierung beginnt mit der Anerkennung strategischer Fähigkeiten als selbstverständlichem Bestandteil der Politikkompetenz von Führungsakteuren. Dabei käme es vor allem darauf an, strategische Kompetenz in der „Vorbereitungsphase" vor dem Erreichen von Spitzenpositionen zu erwerben. Man muss *in* Spitzenpositionen so viel lernen, dass die notwendigen basalen Fähigkeiten vorher entwickelt sein sollten. Ein Aha-Erlebnis im Amt, wie es Bill Clinton durch Dick Morris erfuhr, kommt eigentlich zu spät. Eine Professionalisierung strategischer Beratung könnte Standards setzen, die auch in die Politik ausstrahlen.

Der Unterschied zwischen praktischer und systematisch entwickelter Strategie ist signifikant. Die gemeinsame Schnittmenge kann Grundlage sein für ein Interesse von Politikern wie auch für eine Beratungsmöglichkeit professioneller Strategen. Politiker müssen die Umstellungen schaffen von ihrer Welt, in der Entschlossenheit und Überzeugungsstärke erwartet werden, zu der diskursiv-analytischen Welt strategischer Optionenvielfalt, in der Entschiedenheit sich spät und häufig gar nicht einstellt. Die Entwicklung professionalisierungsfreundlicher Strategiestile kann dabei helfen (kontinuierlich, systematisch, operativ, dialogisch, beratungsoffen).

Aktueller Strategiewandel erfordert von Politikern Strategien, die komplexer, wissensbasierter, „konstruierter" sind. Der Untergang alter Gewissheiten, die zunehmende Bewertung nach Leistung und Erfolg mögen die stärksten Antriebskräfte sein, aus den unverkennbaren Defiziten strategischer Denkweise und Praxis herauszufinden.

5 Strategie: Begriff und Elemente

Wenn in der Mathematik die kürzeste Verbindung zwischen zwei Punkten die Gerade ist, so ist sie in der Politik häufig die Katastrophe.
Ernst-Otto Czempiel

5.1 Begriff

5.1.1 Definition

Eine Definition von Strategie sollte zugleich offen und spezifisch sein. Offene Definitionselemente sind gerade beim weichen Gegenstand politischer Strategie notwendig und sinnvoll; nur so kann der Begriff für viele mögliche Formen strategischer Orientierung und Praxis – für das, was wir als strategisches Kontinuum beschreiben – angewendet werden. Spezifisch sollte die Definition sein, um nicht in Allgemeinbegriffen zweckrationalen oder instrumentellen Handelns unterzugehen.

Strategien sind erfolgsorientierte Konstrukte, die auf situationsübergreifenden Ziel-Mittel-Umwelt-Kalkulationen beruhen. *Strategische Akteure* sind strategisch denkende und (inter-)agierende Handlungsträger. *Strategisches Handeln* ist zeitlich, sachlich und sozial übergreifend ausgerichtet und an strategischen Kalkulationen orientiert. *Strategische Politik* meint eine an strategischen Bezügen orientierte und strategisch angelegte Politik; sie weist auf einen bestimmten Typ von Politik hin, der sich von anderen Politiktypen (Routinepolitik, situative Politik etc.) abgrenzen lässt.

Konstrukte

Strategien als Konstrukte zu fassen, ist die Konsequenz aus der Annahme, dass sie in einem strategischen Kontinuum von emergenten bis hin zu konzeptionellen Strategien existieren können.[177] Strategien setzen keine spezifischen Erscheinungsformen voraus. Ihre Qualität als Strategien erreichen sie nicht durch die Art ihres Zustandekommens oder den Grad ihrer Ausarbeitung, sondern durch den spezifischen Charakter der ihnen zugrunde liegenden Orientierungen und Kalkulationen.

Konstrukte werden hier als *praxissteuernde Handlungsanleitungen* verstanden. Sie sind weder Programm noch Regel, noch eine anders fixierte Handlungssequenz. Konstrukte grenzen ein Feld erfolgversprechender Handlungen ab und erhalten Sinn und Richtung durch ihr Fundament von Ziel-Mittel-Umwelt-Kalkulationen.

Konstrukte können in der Form loser, gedanklicher Entwürfe verbleiben oder zu umfassend und präzise ausgeformten Konzeptionen werden. Die Annahme, nur vollständig ausgearbeitete Konzepte hätten Strategiecharakter, geht an der Realität von Strategie vorbei. Wer nur elaborierte Erscheinungsformen als Strategien auffasst, verschließt den Blick für eine in Wirklichkeit wesentlich größere Bandbreite von Strategieausprägungen.

---

[177] Vgl. Kapitel 9.1.2.

Die mit dieser Begriffswahl einhergehende Assoziation eines „konstruktivistischen" Realitätszugangs von Strategie ist gewollt. Spezifische Akteurwahrnehmungen führen erst zur Entwicklung der gedanklichen Konstrukte, die ihr politisches Handeln leiten (vgl. Vowe 1994). Strategische Akteure greifen auf bestimmte Konstruktionen der Realität zurück, die sich verschiedenen „interpretativen Wahlstufen" (Tils 2005: 65ff.) zuordnen lassen. Die erste Wahlstufe betrifft die zentralen empirischen und normativen Annahmen („Weltbild") über Charakteristika und Funktionsweise des politischen Systemgefüges, für das strategische Überlegungen angestellt werden. Die zweite Stufe bildet der spezifischere strategische Orientierungsrahmen, der eine Auswahl besonders relevanter Strategieparameter enthält und damit eine Sortierungsfunktion für die strategischen Kalkulationen übernimmt, während es auf der dritten Stufe um die Auswahl konkreter Handlungspfade bzw. -alternativen geht.

Die Erfolgsbezogenheit strategischer Orientierung unterzieht die gewählten Konstrukte einer Realitätsprüfung. Sie sind also nicht beliebig konstruierbar, sondern müssen sich im Praxistest bewähren. Deswegen macht es auch Sinn, von „falschen" Strategien zu sprechen: diese erweisen sich als Konstrukte, die den Realitäts- und Erfolgsbedingungen nicht entsprechen. Strategie beinhaltet also zum einen das Erfordernis der Entwicklung von Sinnkonstrukten, zum anderen die Sanktionierung strategischer „Fehlkonstruktionen" durch die Wirklichkeit.

Erfolgsorientiert

Die Erfolgsausrichtung strategischer Konstrukte bezieht sich auf *wirksame Zielverfolgung*. Die Entwicklung solcher Konstrukte entspringt einer Akteurorientierung, die auf Erfolg zielt. Strategieerfolge bestehen nicht in der Verwirklichung eines allgemein wünschenswerten Zustands (z.B. „viel Macht haben"), sondern manifestieren sich im Erreichen eines strategischen Ziels (z.B. „Machterhalt einer spezifischen Koalitionsregierung").

Um Missverständnissen innerhalb der Strategiedebatte entgegenzuwirken: Erfolgsorientierung ist nicht das Gleiche wie Machtorientierung. Allerdings besitzt ausschließlich wertorientiertes Handeln ebenfalls keine strategische Qualität. Strategie liegt zwischen den Polen der einseitigen Orientierung an Macht oder Werten. Sie hat immer eine inhaltliche und eine instrumentelle Dimension.

Strategiehandeln setzt auf Optimierung durch eine Orientierung an Bedingungen, Folgen und Ergebnissen – dazu gehören Machtaspekte. Dennoch schließt strategisches Handeln die Ausrichtung der handelnden Akteure an Werten mit ein. Strategien können wert- *und* machtstrategisch angelegt sein. Alle Annahmen, Strategiehandeln würde per se nur Machtaspekte fokussieren, gehen fehl. Es kann strategisch erfolgversprechender sein, sich stärker an Werten als an Macht zu orientieren. Ein Beispiel ist das strategische Potential gewaltfreier Aktionen. Strategie geht es gerade um die innere Verknüpfung von Werten und Macht. Spannungsverhältnisse zwischen beiden Polen bleiben nicht aus. Sie werden im Strategiezusammenhang keineswegs zwingend in Richtung Macht aufgelöst.

Eine Besonderheit strategischer Erfolgsorientierung ist, dass sie am Ende des gedachten Weges ansetzt. „Vom Ende her denken" ist eine typische und sinnvolle Charakterisierung der strategischen Denkweise. Das bedeutet dann beispielsweise für eine Oppositionspartei, die an die Regierung strebt, sich programmatisch so vorzubereiten, dass sie nach einem Machtwechsel nicht erst mit ihrer grundsätzlichen Zielklärung beginnen muss – wie beispielsweise die SPD nach 1998.

Erfolgsorientierung achtet auf die Wirksamkeit des eigenen Handelns im angestrebten Sinne. Grundsätzlich stehen politische Akteure in einer doppelten, erfolgsorientierten Wirksamkeitskonkurrenz. Sie versuchen mit ihrem strategischen Handeln, „wirksamer als andere" zu sein. Zugleich suchen sie Wege, „wirksamer als mit anderen Mitteln" zu sein.

Ziel-Mittel-Umwelt-Kalkulationen

Zentrales Strategieelement sind spezifische Ziel-Mittel-Umwelt-Kalkulationen. Sie bezeichnen auf *gewünschte Zustände* (Ziele) gerichtete, systematisierende und *berechnende Überlegungen* (Kalkulationen) für *zielführende Handlungsmöglichkeiten* (Mittel) mit Blick auf den situationsübergreifend *relevanten Kontext* (Umwelt). Ziel-Mittel-Umwelt-Kalkulationen bilden eine Grundfigur strategischen Denkens. Sie werden für konkrete Zusammenhänge ausdifferenziert und dienen so der strategischen Orientierung. Strategische Akteure kommen auf diese Grundfigur in Situationen der Unübersichtlichkeit immer wieder zurück. In einer Erklärungsperspektive können Ziel-Mittel-Umwelt-Kalkulationen die Analyse in Kombination mit weiteren bereichsspezifischen Deutungsansätzen und Modellen stützen.

Strategische Ziele

Strategische Ziele sind *Zustände*, die Akteure anstreben und mit Hilfe strategischer Operationen zu erreichen suchen. Sie umfassen sowohl Macht- als auch Gestaltungsziele. So kann beispielsweise das Gewinnen einer Wahl ebenso strategisches Ziel sein wie die Durchsetzung einer Reform. Der Inhalt des Ziels soll die weitere Strategiebildung steuern können. Deswegen müssen strategische Ziele kalkulatorischen Überlegungen zugänglich sein, die sich auf Ziel-Mittel-Umwelt-Relationen beziehen. Es bedarf operationalisierbarer und nicht banaler Zielbestimmungen. Bloß Wünschenswertes („erfolgreich regieren", „Friedenspolitik betreiben", „die eigene Partei stärken") besitzt noch keine strategische Qualität. Strategische Ziele sind so zu formulieren, dass ein relevanter Umweltausschnitt erkennbar wird und Kalkulationen daran anschließen können. Das Ansteuern des gewünschten Zustands orientiert sich an der strategischen Lage und den Kontextbedingungen. Grenzen des Erreichbaren ergeben sich in unterschiedlichen Dimensionen. So müssen strategische Akteure beispielsweise für das Erreichen eines Machtziels Grenzen in den Bereichen Policy (z.B. Werte), Politics (z.B. politische Kultur) oder Polity (z.B. Verfassung) akzeptieren.

Strategische Mittel

Strategische Mittel werden hier als *Handlungsmöglichkeiten* definiert, die auf *Wegen* und *Ressourcen* beruhen. Handlungsmöglichkeiten sind Maßnahmen, mit denen politische Ziele verfolgt werden, zum Beispiel eine Kampagne, eine Koalition oder ein Gesetz. Sie haben je spezifische Ausdehnungen in Raum, Zeit und sozialer Wirkung.

Die Wege, auf denen politisches Handeln möglich ist, sind formell (z.B. Verfassung) oder informell (z.B. unkonventionelles politisches Verhalten) konstituiert. Solche Wege für Einfluss und Entscheidung verfügen über jeweils eigene Handlungslogiken, Legitimitätsausstattungen, Ressourcenanforderungen. Ob man über das Parlament oder die Straße oder über beides Einfluss sucht, hat instrumentelle Konsequenzen für die Verfolgung des strategischen Ziels. Verfassung, Gesetze, politisch-kulturelle Regeln schränken mögliche Handlungswege ein, aber auch innerhalb dieses Rahmens gibt es vielfältige Möglichkeiten und Notwendigkeiten der kalkulierenden Einschätzung von Optionen.

Ressourcen sind dem Kollektivakteur zuzurechnende bzw. von ihm potentiell zu mobilisierende materielle und immaterielle Hilfsmittel des Handelns. Das Gewicht materieller Ressourcen kann leicht überschätzt werden. Zahl von Mitgliedern, Finanzen, Infrastruktur oder Organisationspersonal sind relevante, aber in der Regel nicht durchschlagende Faktoren des strategischen Prozesses. Dagegen steht das überragende Gewicht von Strategiewissen, Information, Organisationseigenschaften (z.B. Entscheidungsstrukturen, Geschlossenheit, Image) und „psychischen" Fähigkeiten (z.B. Engagement, Motivation, Durchhaltevermögen).

Strategische Umwelt

Auch die strategische Umwelt wird bei uns aus einer akteurzentrierten Perspektive konzeptualisiert. Mit ihr wird der strategisch jeweils *relevante Kontextausschnitt* beschrieben, der für das strategische Handeln der Akteure in besonderer Weise Voraussetzung und Wirkungsfeld ist. Die Akteurumwelt besteht aus Interaktionsakteuren, Arenen und sonstigen institutionell verfestigten und gelegenheitsoffenen Gegebenheiten. Beziehungsgrößen in der Umwelt sind in erster Linie andere (Interaktions-)Akteure, nicht Institutionen. Arenen stellen abgegrenzte, institutionalisierte Felder von Akteuraktionen und -interaktionen dar.

Institutionen sind für Akteure die wichtigste Hintergrundvariable, sie begrenzen und ermöglichen Handlungen – mehr nicht. Strategie, die sich primär an den relativ gleich bleibenden Institutionen orientierte, würde einem irreführenden Schematismus aufsitzen. Strategische Akteure lassen sich eher über ihren Gebrauch von Institutionen zu politischen Zwecken erschließen als über einen institutionellen Determinismus. Zugespitzt lässt sich formulieren: Was die Menschen mit den Institutionen machen, ist unter dem Strategieaspekt wichtiger als was die Institutionen mit den Menschen machen.

Die Ausdifferenzierung der Umwelt erfordert strategische Differenzierung. So muss man sich in der Partei-Arena strategisch anders orientieren als in der Arena Regierung/Opposition.[178] Vom strategischen Zentrum[179] eines Kollektivakteurs her gesehen beginnt die Umwelt bereits in der Organisation (interne Umwelt), mit der die externe Umwelt gesteuert werden soll. Die eigene Organisationsumwelt hat damit einen Doppelcharakter. Sie ist sowohl Instrument des strategischen Zentrums in Außenbeziehungen, als auch ein Interaktionspartner der besonderen Art. Ohne interne Unterstützung kann man in der externen Umwelt nicht erfolgreich sein – aber diese Unterstützung muss erst gewonnen werden.

Strategische Kalkulationen

Kalkulationen sind systematisierende, berechnende Denkoperationen, die stabilisierte Sinnverbindungen zwischen einzelnen, erfolgsrelevanten Elementen entstehen lassen. Kennzeichen der Kalkulationen ist die kausale Verknüpfung zwischen den im jeweiligen Strategiezusammenhang bedeutsamen Faktoren. Die Kalkulationen stellen gedachte Wirkungszusammenhänge zwischen den angesteuerten Zielen, vorhandenen Mitteln und relevanten Umweltausschnitten her. Dabei wird nach dem erfolgreichen Einsatz von Mitteln

---

[178] Vgl. zu einzelnen Arenen das Kapitel 6.3.2.
[179] Vgl. dazu die Kapitel 6.1 und 8.2.1.

unter gegebenen Bedingungen in Bezug auf definierte Ziele gefragt. Bei strategischen Kalkulationen handelt es sich also um *erfolgsorientierte Vorteilsberechnungen*.

Strategische Kalkulationen umfassen auch die besonderen Formen von strategischen Kalkülen und Maximen. Strategische *Kalküle* sind elaborierte Vorteils- bzw. Erfolgsüberlegungen, deren Anwendung ein bestimmtes strategisches Know-how voraussetzt. *Maximen* bezeichnen priorisierende Grundsätze des Handelns, die schwächer als Regeln konturiert sind. Sie geben Leitlinien für das strategische Handeln vor. Kalküle und Maximen finden im Rahmen des Orientierungsschemas Anwendung. Das Orientierungsschema ist ein reduziertes Modell der wesentlichen Bezugsgrößen, an denen strategische Akteure ihr Handeln ausrichten.[180]

Situationsübergreifend

Situation bezeichnet ein zeitliches, sachliches und soziales Moment des rasch Vorübergehenden, thematisch Begrenzten, nur eine spezifische Akteurkonstellation betreffenden Ausschnitts der Realität. *Situationsübergreifend* meint dann die Ausweitung in zeitlicher, sachlicher und sozialer Hinsicht. Das Übergreifende bezieht sich auf mögliche Variationen im Zeitverlauf, auf verschiedene Sachzusammenhänge, mindestens aber Sachaspekte, und auf vielfältige Beziehungen zwischen relevanten Akteuren.

Handeln findet immer unter Rahmenbedingungen in Situationen statt. Situationen sind das Fluide, Wechselnde im Unterschied zur (relativen) Stabilität der Rahmenbedingungen. Das Typische, relativ Stabile an Situationen ist der Anteil der Rahmenbedingungen an ihnen – sonst nichts. Strategisches Handeln in Situationen kennzeichnet die Berücksichtigung der die Situation überschreitenden sachlichen und sozialen Aspekte. Allerdings nur denjenigen Anteil daran, der für das jeweilige strategische Ziel relevant ist. Rahmenbedingungen können eine besondere Bedeutung haben, müssen es aber nicht.

Situationsübergreifend meint nicht einen über alle Strategiezusammenhänge hinweg festzuschreibenden allgemeinen Zeitraum. Das Kriterium verhält sich relativ zur jeweiligen strategischen Einheit, die von Akteuren festzulegen ist. *Strategische Einheiten* sind konstruierte Rahmen, in denen sich alle weiteren strategischen Überlegungen und Handlungen abspielen. Sie haben eine zeitliche (lang, mittelfristig, kurz), sachliche (Themen, Aufgaben, Ziele etc.) und soziale Dimension (Akteurkonstellation, relevanter Aktionsraum etc.).

Die Bestimmung der strategischen Einheit erfolgt entweder über die Zeit- oder Sachdimension. Strategien sind beispielsweise für Zeitabschnitte wie eine Regierungsperiode, Wahl, einen Parteitag, aber auch für inhaltliche Aufgaben wie eine Gesundheitsreform, Verfassungsänderung oder Parteireform möglich.

Entgegen der weit verbreiteten Auffassung, Strategiebildung sei nur für langfristige und wichtige Ziele möglich, sind auch kurze Zeiträume und „nebensächlichere" Ziele strategiezugänglich. Selbst vergleichsweise knappe Zeitspannen wie einzelne Parteitage kommen als strategische Einheiten in Betracht. Voraussetzung ist allein eine Mehrzahl von sequentiellen Einzelsituationen (situationsübergreifend), für die sich Strategien entwickeln lassen und die strategische Steuerung erfordern. Die Differenz zwischen Strategie und Taktik bleibt auch bei solch kleinen Strategieeinheiten wirksam: Das situative Reagieren in Einzelsituationen, etwa während eines Parteitags, lässt sich als taktisches Verhalten kennzeichnen, das unterschiedlich stark an die konzipierte Strategie zurückgebunden ist.

---

[180] Vgl. dazu das Kapitel 6.

Konstitutives Element der strategischen Einheit ist die Entscheidung der Akteure über Zeitraum oder Sachzusammenhang, für den es um eine Strategieentwicklung gehen soll. Die jeweils anderen Dimensionen (zeitlich, sachlich, sozial) folgen der dadurch erzielten Präformation. Ist ein Zeitraum der Ausgangspunkt, ergibt sich daraus bereits eine bestimmte Bandbreite überhaupt nur wählbarer Ziele. So lässt sich beispielsweise mit der strategischen Einheit eines Parteitags allein kein Regierungswechsel erzwingen. Hat die Strategie ihren Ursprung in einer Sachfrage, resultieren daraus sinnvolle oder untaugliche Zeitspannen für die Umsetzung. Das Beispiel grundlegender Reformen des Sozialstaats macht das deutlich: sie sind kaum innerhalb von wenigen Tagen oder Wochen zu bewerkstelligen. Die soziale Dimension der strategischen Einheit bleibt grundsätzlich an die Bestimmung der Sach- oder Zeitdimension gebunden. Sie ist eine Konsequenz aus der festgelegten Strategieeinheit.

Wer, wie wir, von der prinzipiellen Wählbarkeit strategischer Einheiten durch Akteure ausgeht, kann nicht mit statisch-objektiven Festschreibungen weniger Grundeinheiten operieren. Das unterscheidet unseren Ansatz etwa vom Vorgehen eines Carl von Clausewitz, der für militärische Auseinandersetzungen einzelne Entitäten festlegt (Krieg, Gefecht), um sie dann mit dem Konzept von Strategie bzw. Taktik zu verbinden.

Danach ist Krieg ein Konflikt „großer Interessen, der sich blutig löst" (Clausewitz 1980: 303). In diesem Krieg finden Gefechte statt. Diese Einteilungen führen ihn zur feststehenden Abgrenzung von Taktik als „Lehre vom Gebrauch der Streitkräfte im Gefecht" (271) und Strategie als „Lehre vom Gebrauch der Gefechte zum Zwecke des Krieges" (271).

Eine Übertragung des Grundmodells von Clausewitz auf die Politik würde zu einer extremen Verkürzung des Politischen führen. Eine Analogie zum Krieg läge in der Politik beim Erobern staatlicher Machtpositionen. „Gefecht" wäre nur jener Ausschnitt von Konflikten, die direkt auf die „große Machtfrage" zu beziehen sind – also insbesondere der Wahlkampf.

Politik ist aber mehr als die Verteilung von Machtpositionen klar abgrenzbarer Akteure. Sie besteht nicht nur aus Staat und Machterwerb. Vielmehr existiert eine Pluralität strategischer Akteure (Parteien, Verbände, Bewegungen etc.), Ziele (Macht, Gestaltung, Integration etc.) und – analog zur Ebene der Gefechte – anderer Subeinheiten (Parlamentsdebatte, Kampagne, Parteitag etc.), für die sich kein einheitliches strategisches Bezugssystem ergibt. Eine Begrenzung von Politik auf Staats- und Machtfragen unterläge einem verengten Politik- und Strategieverständnis.

Deswegen ist es im Rahmen politischer Strategie sinnvoller, von subjektiv wählbaren strategischen Einheiten auszugehen, deren Ziele und Zeiträume bis zu einem gewissen Grad durch die Akteure selbst bestimmbar bleiben. Gleichwohl gibt es objektive Unter- und Obergrenzen strategischer Einheiten. Etwa, wenn diese nur noch den Bereich einer Einzelsituation (im Sinne einer ungerahmten, momenthaften Interaktion) betreffen oder sich im Endlosen verlieren (wie bei einer Epochenstrategie).

Allenfalls taktischem Handeln zugänglich sind *situative Einheiten*. Hier kommen typische Kennzeichen strategischen Handelns nicht zum Tragen, wie beispielsweise das Auslassen von Vorteilen des Augenblicks im Interesse längerfristiger Erfolgschancen oder das Hinnehmen der Niederlage im Jetzt zugunsten besserer Durchsetzungsmöglichkeiten zu einem späteren Zeitpunkt.

5.1.2 Abgrenzungen

Intentionale Strategie vs. strategisches Muster

Für das strategische Management hat Henry Mintzberg (1990, 1995) einen Strategiebegriff eingeführt, der auf strategischen Mustern von Handlungen beruht. Unbestritten kann eine Strategie auch aus verzweigten Such- und Experimentierprozessen erwachsen. Insofern ist die damit von Mintzberg in die Debatte des strategischen Managements eingebrachte dynamische Prozessperspektive auch für politische Strategie hilfreich. Sie macht deutlich, dass Strategien kollektiver Akteure eher aus dem Zusammenspiel unterschiedlicher Akteure hervorgehen und nicht so sehr aus der bruchlosen, hierarchisch gesteuerten Umsetzung strategischer Pläne bestehen. Dennoch gibt es gute Gründe, zwischen objektivem Muster und subjektiver Absicht zu unterscheiden – also an einem intentionalen Strategiebegriff festzuhalten.

Vorhandene strategische Muster werden erst durch eine Aufnahme in die Intentionen des Akteurs zur Strategie. Unbewusste und unbeabsichtigte Einheitlichkeiten im Verhalten stellen noch keine Strategie dar. Das strategische Handeln beginnt erst nach kognitiven Verarbeitungs- und Kalkulationsprozessen in den Köpfen der Akteure. Andernfalls könnte für strategisch absichtsloses Handeln nachträglich die Strategiekategorie reklamiert werden.[181] Eine sinnvolle Unterscheidung von strategisch und nicht-strategisch würde erschwert. Nachträgliche strategische Sinnzuschreibungen für abgeschlossene, nicht-strategisch intendierte Handlungen überdehnten den Raum von Strategie.

Die Annahme eines strategischen Kontinuums[182] macht deutlich, dass daraus nicht die Notwendigkeit strategischer „Planungsbüros" folgt, die das Strategiehandeln kollektiver Akteure nach Maßgabe eines vorher entwickelten Masterplans zu steuern versuchen. Strategien können auch aus Experimenten und Suchverfahren vieler Akteure im fortlaufenden politischen Prozess erwachsen. Von der Strategie eines Kollektivakteurs ist aber nur dann zu sprechen, wenn die relevanten Repräsentanten ihr politisches Handeln intentional an strategischen Überlegungen auszurichten versuchen – seien sie als erkennbares Handlungsmuster oder als konzeptionelles Konstrukt entstanden. Muster des Verhaltens werden also erst durch die bewusste, positive Entscheidung für die Umsetzung spezifischer strategischer Kalkulationen im fortlaufenden eigenen Handlungsprozess zu einer Strategie.

Für den, der Strategie – wie wir – in einer doppelten Perspektive von Orientierung und Erklärung behandelt,[183] gehören strategische Intentionen zum unverzichtbaren Kernbestand der Analyse. Eine strategisch orientierte Optimierung des Handelns setzt Strategiebewusstheit und strategischen Willen voraus. Ausschließlich beschreibenden bzw. erklärenden Ansätzen fällt es leichter, ihren Gegenstand anhand von strategischen Mustern allein zu erörtern. Das gilt insbesondere angesichts der Hindernisse, die sich bei der Erfassung strategischer Intentionen ergeben.

Empirisch ist es schwierig, bestimmte politische Handlungen auf eindeutige strategische Intentionen zurückzuführen. Häufig muss man – aus unterschiedlichen Gründen – unterstellen, einem beobachteten Handeln läge eine spezifische strategische Intention zugrunde. So ist es für Wissenschaftler, Journalisten, konkurrierende Politiker oder andere

---

[181] Wie das Kapitel 4 gezeigt hat, ist das ein durchaus beliebter Vorgang innerhalb der politischen Praxis.
[182] Vgl. Kapitel 9.1.2.
[183] Vgl. Kapitel 2.1.

Beobachter oft nicht möglich, die Intention des strategisch Handelnden verbindlich in Erfahrung zu bringen. Dann gibt es gute Gründe für einen methodischen Objektivismus, der aus manifestem Verhalten und begleitender Selbstdarstellung des betreffenden Akteurs den von ihm gemeinten strategischen Sinn heraus zu lesen versucht. Solche Interpretationen bleiben hypothetisch. Sie gewinnen an Plausibilität, je länger das Muster praktiziert wird und je mehr es durch Recherchehinweise aller Art (Aussagen, Hintergrundinformationen, Kontroversen etc.) gestützt wird. Methodisch ist aber eine realisierte Strategie immer etwas anderes als ein Muster, dessen Intention man nicht definitiv kennt.

Auch ohne zuverlässige Kenntnis der jeweiligen Intentionen gibt es Hilfsmittel, mit denen Strategie an Handlungen ablesbar wird. Das sind beispielsweise Informationen über strategisch relevante Personen (Präferenzen, Denkstile, Netzwerke, Beziehungen, biographische und andere Hintergrundfaktoren) oder über Beratungs- und Entscheidungsprozesse, erkennbare konsistente Handlungsketten über längere Zeit, öffentlich mitgeteilte Ziele, Begründungen, Argumentationen und Gegenpositionen (z.B. innerparteiliche Opponenten) sowie Hintergrundinformationen (z.B. Recherche massenmedialer Quellen, direkte Informationen).

Dies sind nicht nur wissenschaftliche Behelfe mangelnder Zugänglichkeit zu den Hauptakteuren. Auch politische Akteure bedienen sich im politischen Prozess regelmäßig annähernder Informationen für die Ausrichtung ihres eigenen strategischen Handelns, weil auch *unsicheres* Wissen über Interaktionsakteure besser als *kein* Wissen ist. In dieser Hinsicht fallen die Hilfsmittel einer Erklärungsanalyse und einer Orientierungsperspektive zusammen.

Strategie vs. Planung

Die Thematisierung von Strategie und der Versuch, hieraus eine analysefähige politikwissenschaftliche Kategorie zu entwickeln, bedeutet keine Wiederbelebung der älteren politikwissenschaftlichen Planungsdebatte. Politische Planung wurde als eine „Technik der vorwegnehmenden Koordination einzelner Handlungsbeiträge und ihrer Steuerung über längere Zeit" (Scharpf 1973: 38) verstanden, bei der Ziele und Zielerreichungsmittel bestimmt werden und der zeitliche Instrumenteneinsatz antizipiert und festgelegt wird (vgl. Schmidt 2004: 552f.). Unabhängig von unterschiedlichen Vorstellungen zur möglichen Reichweite politischer Planung (holistische vs. bereichsspezifische Planung) war diese Debatte durch einen ausgeprägten Steuerungsoptimismus gekennzeichnet, der mit der Überzeugung einherging, die angestrebten Steuerungserfolge wären durch vorausschauendes Denken, den richtigen Instrumenteneinsatz und genau bestimmte Handlungssequenzen „geplant" zu erreichen.

Strategie bedeutet im Gegensatz dazu die verstärkte Berücksichtigung strategischer Interaktionen zwischen den Akteuren, problemübergreifender, instabiler Umweltbedingungen, spezifischer sachlich, zeitlich und sozial übergreifender Ziel-Mittel-Umwelt-Kalkulationen sowie ein Bewusstsein davon, dass Strategie nur *ein* Element des politischen Prozesses darstellt. Strategische Analyse führt nicht zu einem Masterplan politischen Vorgehens im Sinne eines fertigen Handlungsprogramms, das sich durch übertriebene Rationalitäts-, Geschlossenheits- und Wirkungsannahmen auszeichnet. Sie bleibt offen für sich verändernde Ausgangbedingungen, etwa als Ergebnis des Handelns anderer Akteure, ohne dass der Strategieakteur seine strategischen Ziele aus den Augen verlöre.

Die Besonderheit strategischen Denkens liegt in den sachlich, zeitlich und sozial übergreifenden strategischen Kalkulationen. In diesen Denkoperationen werden Bereiche, Faktoren, Bezugspunkte zusammen gesehen, die – in verbreiteter Wahrnehmung – als getrennt erscheinen. Strategisch ist das Denken in Kontext- und Wirkungs-Ketten sowie die Fähigkeit, aus solchen Wechselbeziehungen strategische Schlüsse zu ziehen. Die politische Strategieanalyse entwickelt gerade hierfür eigene Konzepte und Methoden bzw. Methodiken, die unter anderem in Kalkülen oder Maximen liegen. Strategische Kalküle umfassen dabei nicht etwa allgemeine Kosten-Nutzen-Kalküle, die auch innerhalb der Planungsdebatte von Bedeutung sind. Sie stellen spezifische strategische Vorteils- und Erfolgsüberlegungen dar, die beispielsweise Adressat-, Horizont-, Objekt- und Referenzaspekte miteinander verbinden.[184] Strategische Kalkulationen leisten damit einen Beitrag zur Integration von Problemlösung und Machtstreben, die politische Akteure in ihren Handlungen leiten.

Damit tritt unser Verständnis von Strategie einem Rationalisierungsüberschuss entgegen, der von der 1:1-Umsetzung eines am Reißbrett entworfenen (strategischen) Plans ausgeht. Gleichwohl sind wir überzeugt, dass systematisierendes Vorausdenken, eine vertiefende Folgenanalyse und strategisches Kalkulieren dazu beitragen können, das eigene Handeln im politischen Prozess zu optimieren.[185]

Auch im strategischen Management ist die alte Kontroverse zwischen Planungs- und Inkrementalmodell, also Steuerungseuphorie und -pessimismus, mittlerweile entschärft (vgl. Bresser 1998: 11ff.). So sinnvoll es in der Politik erscheint, den Planbarkeitsanspruch zu senken, ist dennoch an der Möglichkeit von strategischen Konzepten für politische Prozesse festzuhalten. Mindestwirkungen liegen nicht zuletzt darin, komplexe Problemstellungen zu strukturieren und zu rationalisieren sowie Orientierungshilfen zur Bewältigung von Komplexität bereitzustellen, die für Handlungsentscheidungen und -ergebnisse einen gemeinsamen Bezugspunkt schaffen – und so zugleich zur Weiterentwicklung bzw. Revision von Strategien führen können.

Politikwissenschaftliche und ökonomische Planungsdebatten haben naive Vorstellungen der planerischen Steuerbarkeit und hierarchischen Beherrschbarkeit politischer wie wirtschaftlicher Prozesse widerlegt. Die Politikwissenschaft hat es aber bislang – anders als das strategische Management – versäumt, die Planungsdiskussion weiter zu entwickeln und nach den – trotz aller begründeter Skepsis – vorhandenen Rationalisierungsmöglichkeiten von situationsübergreifendem politischen Handeln zu fragen. Eine Variante eines neu ansetzenden politikwissenschaftlichen Rationalisierungsmodells situationsübergreifender Politik wird mit dem hier vertretenen Konzept politischer Strategie vorgelegt.

5.1.3 *Dimensionen*

Verschiedene Dimensionen politischer Strategie werden bereits auf der Ebene von Strategiebezeichnungen deutlich. Aus diesem Grund ist für uns folgende Klarstellung wichtig: die *Kategorie* Strategie ist analytisch zu unterscheiden vom *Namen* einer Strategie.[186] Das Beispiel strategischer Kalküle zeigt, wie es andernfalls leicht zu Verwischungen kommt.

---

[184] Vgl. zu Adressat-, Horizont-, Objekt- und Referenzkategorien das Kapitel 6 und zu strategischen Kalkulationen das Kapitel 7.

[185] Planungsskeptizismus, gleichzeitig aber Rationalisierungsoptimismus leiten auch die Überlegungen zum strategischen Kontinuum (vgl. Kapitel 9.1.2).

[186] Vgl. dazu auch Kapitel 9.2.5.

Kalküle etikettieren vielfach Strategien, ohne zwingend in ihnen aufzugehen (z.B. Angriffsstrategie). Damit erfolgt die einseitige Hervorhebung eines Merkmals, das der Strategie ihren Namen gibt – auch eine Blockadestrategie bleibt von Kooperationselementen durchsetzt. Die Bezeichnung einer Strategie ist deswegen analytisch von den zugrunde liegenden Kalkülen zu trennen. Im Ablauf kann man sich die Überprüfung von Vor- und Nachteilen eines Kalküls als Vorstufe einer Strategiewahl vorstellen. Fast immer werden mehrere Kalküle bei einer Strategie kombiniert. Das dominante Kalkül kann dann zum Namensgeber werden.

Für die Strategieanalyse ist auch eine „Angriffsstrategie" zunächst in ihre Teile (Zielrichtung, zugrunde liegende Kalkulationen, Handlungsbereiche und -ebenen etc.) zu zerlegen. Dabei werden regelmäßig eine Fülle unterschiedlicher Kalkulationen und Kalküle zum Vorschein kommen. Selbst wenn „Angriff" ein dominantes Merkmal einer Strategie sein sollte, kann diese einen anderen Namen tragen. Problematisch wäre es dagegen, von einer „Angriffsstrategie" innerhalb einer umfassender angelegten „Wahlkampfstrategie" zu sprechen. In diesem Fall würden wir der analytischen Klarheit wegen beispielsweise die Bezeichnungen Angriffskalkül bzw. Angriffselement der Gesamtstrategie (hier: Wahlkampfstrategie) vorziehen.

Im Ergebnis wird, das ist wichtig festzuhalten, die Strategie-Kategorie *deskriptiv* zur Benennung einer konkreten Strategie (Angriffsstrategie, parlamentarische Strategie) oder *analytisch* im Sinne eines praxissteuernden Konstrukts (also als definierter Begriff) verwendet. Die Analyse hat hierbei klare Grenzen zu ziehen.

Über diese Unterscheidung hinaus lassen sich eine Vielzahl unterschiedlicher Dimensionen, d.h. Merkmalsausprägungen, von Strategien festhalten. Diese können zur genaueren Charakterisierung von Strategietypen beitragen.

Es existieren *kurz-, mittel- und langfristige Strategien*. Diese auf den ersten Blick überraschende Feststellung folgt aus der Variabilität strategischer Einheiten.[187] Reserviert man den Strategiebegriff nicht für längerfristige Zeiträume, lassen sich Strategieeinheiten unterschiedlicher räumlicher, sozialer und eben auch zeitlicher Ausdehnung fixieren. Längerfristige Zeiträume sind dann keine Voraussetzung von Strategie, sondern eine spezifische Merkmalsausprägung. Strategisches Denken und Handeln bestimmen nach unserer Auffassung den Gegenstand – nicht sein zeitlicher Horizont. Auf diese Weise öffnet sich ein weit größerer Strategieraum. Außerdem kommt diese Auffassung dem Verständnis praktisch handelnder Strategen nahe.

So wie Strategien für ein Fußballspiel oder eine Partie Schach möglich sind, können in der Politik kurzfristige Strategien für wenige Stunden bzw. Tage bis zu einer Woche (z.B. Spitzenkandidatenduell, Parteitag) entwickelt werden. Mittelfristig angelegte Strategien umfassen eher Zeiträume von einigen Wochen bis zu wenigen Monaten (z.B. Wahlkampf, Koalitionsverhandlungen). Langfristige Zeiträume sind in der Politik bereits mehrere Monate und erst recht Jahre. Auch hierfür ist eine Strategiebildung möglich und sinnvoll (z.B. Legislaturperiode, Forcierung einer neuen Technologie). Skepsis ist allerdings angezeigt, wenn Policy-Strategien Entwicklungen in einzelnen Politikfeldern über Dekaden hinweg festzulegen versuchen. Diskontinuitäten und Dynamiken politischer Prozesse werden hier zu nur schwer überwindbaren Hindernissen.

Die angeführten Beispiele zeigen, dass Strategien ihre Ziele in verschiedenen Politikdimensionen suchen können. Es lassen sich also *Policy-, Politics- und Polity-Strategien*

---

[187] Vgl. dazu die Ausführungen zum Merkmal „situationsübergreifend" der Strategiedefinition im Kapitel 5.1.1.

unterscheiden, die inhaltliche, prozessuale oder institutionelle Veränderungen anstreben bzw. abwehren wollen. Der Zielbereich dient hier zur Kennzeichnung eines Strategietyps, dessen Umsetzung die anderen Politikdimensionen zumeist einschließt. Integrierte Strategien verfolgen bereits Ziele in mehreren Politikdimensionen. Gebräuchlichen Verständnissen, wonach zum Beispiel Policy-Strategien im Wesentlichen auf materielle Zielvorstellungen und inhaltliche Aspekte der Politik beschränkt bleiben können, wird damit widersprochen (vgl. Tils 2005). Solche Formen von Policy-Konzepten haben eher Programmcharakter. Das Ineinandergreifen der unterschiedlichen Politikdimensionen ist für die Entwicklung und Umsetzung strategischer Konzeptionen konstitutiv. Die Einbeziehung allenfalls politikfeldspezifischer Prozessaspekte in die strategischen Handlungsanleitungen führen zu „verkürzten" Strategien.

Es gibt *offene* Strategien, mit denen, öffentlich kommuniziert und für jedermann erkennbar, bestimmte strategische Ziele verfolgt werden. Die Nachhaltigkeitsstrategie der rotgrünen Bundesregierung ist ein Beispiel dafür. Strategien lassen sich aber auch als *verdeckte* Richtungswechsel einleiten (etwa über die Einführung einer neuen Politik in einem relevanten Politikfeld), ohne diese Neuausrichtung auf der allgemeinen Politikebene zu thematisieren. Beispiele eines solchen Strategiemodus wären etwa Änderungen in der Finanzpolitik der Grünen in der Zeit ihrer Regierungsbeteiligung oder die schrittweise programmatische wirtschaftspolitische Neuausrichtung der SPD durch Karl Schiller seit 1952 (Dortmunder Programm) als Vorlauf des Godesberger Kurswechsels.

Strategien können *explizit* entwickelt, diskutiert, ausgearbeitet, beschlossen, umgesetzt und evaluiert werden. Sie können aber ebenso *implizit* „gesunkenen" Regeln (z.B. Gewaltlosigkeit, die nicht mehr als Optionsfrage auftritt), parteispezifischen Selbstverständlichkeiten (im Sinne von Parteikultur) oder einem Alltagswissen entspringen, das verinnerlichte „Gesetzmäßigkeiten" der politischen Auseinandersetzung in intentionales Akteurhandeln übersetzt.

Die Verwendung von Strategiebehauptungen oder Strategiebegründungen zu Zwecken symbolischer Gewinne ist zu unterscheiden von der tatsächlichen Orientierung politischen Handelns an Strategien und dafür gedachter Begründungen. Es gibt also eine *dekorative* und *operative* Dimension von Strategie. „Dekorationen" fallen bei uns aus dem Bereich des Strategischen heraus. In der operativen Dimension wird Strategie zum Instrument politischen Handelns.

Die Liste möglicher Strategiedimensionen ist lang. Weitere Beispiele von Merkmalsausprägungen zeigen, wie sich bereits in der Strategiebezeichnung Grade der Ausarbeitung (Rahmenstrategie vs. Detailstrategie), Reichweiten (Gesamtstrategie vs. Bereichsstrategie), Kalküle (Imitationsstrategie vs. Innovationsstrategie), Arenen (Medienstrategie, Wahlkampfstrategie), Akteure (Regierungsstrategie, Parteistrategie), Objektbereiche (Personalisierungsstrategie, Themenstrategie) oder Adressaten (Wähler(markt)strategie, Organisationsstrategie) spiegeln können.

5.1.4 *Strategisches, operatives, taktisches Handeln*

Es gibt nicht den *einen* Gegenbegriff zu strategischem Handeln, sondern ein ganzes Spektrum nicht-strategischer Handlungstypen. Dazu gehören traditionales, emotionales, spontanes, situatives Handeln. Taktisches und operatives Handeln sind Handlungstypen, die ihren spezifischen Sinn in Abgrenzung zu strategischem Handeln erhalten.

Taktisches Handeln ist situationsbezogenes Handeln, das auf den Erfolg im Augenblick begrenzt bleibt. *Strategisches Handeln* haben wir als zeitlich, sachlich und sozial übergreifend ausgerichtetes und an strategischen Kalkulationen orientiertes Handeln definiert. Die kurzfristige, situative Erfolgsorientierung trennt taktisches von strategischem Handeln. Strategen sind anders als Taktiker bereit, für die situationsübergreifende Zielverfolgung den Erfolg des Augenblicks auszulassen.

Es existieren strategisch relevante und weniger relevante Handlungszusammenhänge. So haben Regierungserklärungen, Entscheidungen über Koalitionen, Wahlen eines Fraktionsvorsitzenden größeres strategisches „Potential" als die einzelne Face-to-Face-Kommunikation am Wahlkampfstand. Solche sachlich, zeitlich, sozial übergreifend bedeutsamen Handlungszusammenhänge lassen sich jedenfalls strategisch einsetzen. Sie müssen, sofern sie für eine Strategie von Bedeutung sind, als strategische Regierungserklärung, Koalitionsentscheidung bzw. Personenplatzierung genutzt werden.

Strategischer und taktischer Handlungstyp können in Verbindung gebracht werden: strategiegebundene Taktik beachtet bei der Auswahl der einzelnen Handlungsalternativen immer auch das übergeordnete Strategieziel. Trotz taktischer Schlenker oder Versuchen, Interaktionsgegner situativ auszuspielen, bleibt das Erreichen des Gesamtziels ein Fixpunkt dieser taktischen Orientierung. Strategieungebundene Taktik sucht den kurzfristigen Erfolg um seiner selbst willen. So entstehen in einer Bewertungsperspektive strategiekompatible oder strategiekonträre Taktiken.

Operatives Handeln ist ursprünglich eine Kategorie des Militärs. In unserem Zusammenhang meint operatives Handeln das Aus- und Durchführungshandeln des Kollektivakteurs aus der Leitungsperspektive. Soweit es sich allgemein an Plänen, Aufgaben, Aufträgen orientiert, ist es ist nicht zwingend strategisch. Aus dem breiten Strom operativen Handelns in der Politik interessiert uns an dieser Stelle vor allem das strategisch gebundene operative Geschäft. Das strategiegebundene operative Handeln bleibt in seiner tatsächlichen Orientierung an strategische Vorgaben angelehnt und wird als strategisch-operatives Handeln bezeichnet. Es ist ein Handlungsmodus bei der Um- und Durchsetzung strategischer Ziele im Rahmen der strategischen Steuerung. Operatives Handeln meint das ausführend-steuernde Umsetzungshandeln. So bezeichnet etwa operatives Wahlkampfmanagement das Agieren und Reagieren der Wahlkampfleitung auf der Basis ihrer Strategie.

Das operative Geschäft kann an die Strategie unterschiedlich stark angebunden sein. Der Ausarbeitungsgrad der Strategie und ihre konzeptionelle „Dichte" beeinflussen das operative Handeln. Es muss etwa bei Rahmenstrategien mehr berücksichtigen als das formulierte Konzept an Vorgaben und Leitlinien enthält. Daneben bestimmen natürlich die Intentionen der operativ Handelnden über die Nähe ihrer Aktionen zum strategischen Konzept. Über Rückmeldungen der operativen Ebene können sich auch reflexive Schleifen der Kontrolle und des Lernens für die Gesamtstrategie ergeben.

Im Militär ist die Grenze zwischen operativem und taktischem bzw. strategischem Handeln, anders als in der Politik, bereits (aufgrund von Konventionen) durch Arbeitsteilung und Hierarchie festgelegt. Die oberste Führung (strategische Führung) besteht aus den politischen und militärischen Spitzen, die für die Gesamtkriegsführung zuständig sind. Sie legt die Strategie fest. Darunter arbeitet die militärische Führung. Die operative Führung entspricht der oberen militärischen Führungsebene, sie leitet Operationen und führt in der Schlacht. Die taktische Führung ist auf der mittleren und unteren militärischen Führungsebene angesiedelt, sie führt im Gefecht. Jede militärische Einheit (zum Beispiel Korps,

Division, Bataillon) ist jeweils der strategischen, operativen oder taktischen Führung zugeordnet.

Derartige Abgrenzungen ergeben sich in der Politik nicht. Die oberste Führung im Militär ist weit von militärischem Handeln entfernt. In der Politik kommen wichtige Handlungen vom Spitzenpersonal selbst. Politische Einflussträger sind als lebendige Akteure mit mehr oder weniger Kampfeslust selbst stark in die politische Auseinandersetzung involviert. Das ist einer der Gründe, warum es Politikern schwer fällt, genügend strategische Distanz aufzubauen, von Personen unabhängig zu kalkulieren und sich damit strategischem Denken und Handeln zu öffnen.[188] Militär (und Management) ist institutionell ausdifferenziert, beim Spitzenpolitiker wird diese Differenzierungsleistung zum großen Teil in den Politiker selbst hineinverlegt. Während das strategische Entscheidungspersonal im Militär nicht selbst auf dem Schlachtfeld kämpft, wird das Reden – das „Schießen" der Politik – gerade dem Spitzenpolitiker abverlangt. Für ein Strategizing muss die Politik deshalb die Herstellung von Differenz organisieren (Strategieberatung, strategischer Apparat). Damit verbunden sind auch Rollenprobleme – wenn kluge Strategien zum Beispiel von anderen als dem Spitzenpersonal kommen.

Trotz der Unterschiede von Militär und Politik lassen sich Strategie, Operation und Taktik teilweise auch in politischen Zusammenhängen *institutionell* verorten. Strategisches und operatives Handeln sind den Einheiten des strategisches Zentrums und der operativen Leitung in besonderer Weise zugeordnet.[189] Taktisches Handeln dagegen durchzieht alle Handlungsebenen und -einheiten. Strategisches Zentrum und operative Leitung sind informelle Teile der allgemeinen politischen und operativen Führung von Kollektiven, die spezifische strategische Leistungen erbringen. Die Aufgabenteilung zwischen den drei Handlungsbereichen lässt sich organisieren. Wichtig ist die Koordination von strategischem, operativem und taktischem Handeln. Das gilt für Spitzenpolitiker, die Leistungen auf allen Ebenen zu erbringen haben, aber auch für lokale Politiker, die beispielsweise im Bereich taktischen Handelns über eine Einladung Rechtsradikaler zu einer Podiumsdiskussion nicht unabhängig vom strategischen Konzept der Gesamtpartei zum Umgang mit Rechtsradikalen entscheiden sollten.

Das Beispiel Koalition verdeutlicht die Differenz und den Zusammenhang zwischen strategischem, operativem und taktischem Handeln. Beim strategischen Ziel der Machtgewinnung ist die Koalition die strategische Entscheidung über einen Bündnispartner, die eine strategische und nicht nur situative Herangehensweise voraussetzt. Das operative Handeln betrifft die Bildung oder Führung einer Koalition entsprechend den Regeln eines praktischen bzw. theoretischen Wissens über Koalitionen. Taktisches Handeln bezieht sich auf Erwägungen, wie mit dem Koalitionspartner in einer spezifischen Situation, zum Beispiel einer Verhandlungssituation, umzugehen sei.

Auf der begrifflichen Ebene sind die drei Handlungstypen (strategisch, operativ, taktisch) aufeinander bezogen. Vom strategischen Akteur aus gedacht, bezeichnet die Begriffstrias eine Ausdifferenzierung von Handlungen und Handlungsebenen, die im Zusammenhang gesehen werden müssen und bei denen es häufig zu Überschneidungen kommt (strategisch-operativ, operativ-taktisch). Aus ihrem strategischen – und begrifflichen – Zusammenhang gerissen, können die einzelnen Typen aber auch isoliert auftreten. Taktisches Handeln kann unabhängig von strategischem sein, wie strategisches Handeln (z.B. auf der

---

[188] Vgl. Kapitel 4.1.5.
[189] Vgl. dazu auch die Kapitel 5.2.1 und 8.2.1.

konzeptionellen Ebene) ohne weitere Umsetzung auf der operativen und taktischen Ebene bleiben mag.

5.2 Elemente

Die folgende, erweiterte Erörterung wesentlicher Strategieelemente der Definition zeigt Strategie in ihrer Grundkonstellation. Ein strategischer Akteur (5.2.1) verknüpft berechnend Ziele (5.2.2), Mittel (5.2.3) sowie die Umwelt (5.2.4) und übersetzt das Ergebnis der Kalkulationen[190] in strategisches Handeln (5.2.5).

5.2.1 Strategischer Akteur

Die Kategorie des strategischen Akteurs ist eine Zuspitzung. Sie meint strategisch denkende und agierende Handlungsträger. Strategische Akteure sind nicht umstandslos mit individuellen, kollektiven oder korporativen Akteuren identisch. Alle Akteure müssen erst Strategiefähigkeit erwerben und fortlaufend reproduzieren, um strategische Politik betreiben zu können. Über den strategischen Akteur ist also nicht nur zu reden, um den Handlungsträger zu identifizieren, sondern auch als Aufgabenfeld (Aufbau von Strategiefähigkeit).

Prinzipiell können strategische Handlungsträger Individuen oder Kollektive sein. Unser Fokus richtet sich auf Strategien von *Kollektivakteuren*, nicht auf individuelle Strategien. Politische Karrierestrategien oder Medienstrategien für individuelle Ansehenssteigerung verweben sich zwar mit dem Kollektivakteur, sind aber analytisch von ihm zu trennen und werden hier nur als zusätzlicher Einflussfaktor relevant. Uns interessieren Individuen, soweit ihre Eigen- und Interaktionen das Handeln von Kollektivakteuren festlegen.[191]

Der moderne Strategieakteur ist ein Kollektiv – eine Partei, eine Regierung, ein Interessenverband. Individuen können in strategischer Hinsicht mehr oder weniger begabt sein, ihre strategische Wirksamkeit bestimmt sich heute über den Kollektivakteur, dem ihr Handeln zugerechnet wird und den sie repräsentieren. Die Strategiefähigkeit des kollektiven Akteurs entscheidet darüber, ob die Herstellung einer kollektiven Realität durch individuelles Handeln gelingt oder das Kollektiv in der „Kakophonie" der Stimmen vieler versinkt.

Politische Strategien von Kollektivakteuren können auf Konzepten von Individuen für die kollektive Einheit basieren. Sie können Konzepten kollektiver Teileinheiten (z.B. strategisches Zentrum, strategischer Apparat, Strömungen) für den Gesamtakteur entspringen. Nicht zuletzt können den Kollektivakteur formal repräsentierende Einheiten (z.B. Präsidium, Vorstand, Parteitag) Urheber strategischer Konzepte sein.

Strategische Akteure sind mehr oder weniger organisierte Akteure mit *variablen Organisationsstrukturen*. Ohne ein Minimum an formeller Organisation sind kollektive Akteure nicht strategiefähig. Auch soziale Bewegungen bestehen im Kern aus Organisationen („Bewegungsorganisationen"). Der passende Mix aus formellen und informellen Organisationsmitteln ist – jedenfalls beim jetzigen Wissensstand – typologisch nicht fixierbar. Stra-

---

[190] Ausführungen zu strategischen Kalkulationen, einem der Zentralbausteine von Strategie, erfolgen im gesonderten Kapitel 7.

[191] Dieses Verständnis grenzt sich ab vom „individualistischen" Strategiebegriff z.B. bei Crozier/Friedberg (1979) oder Bourdieu (1979: 203ff., 1992: 79ff., vgl. dazu auch Borgwardt 2002: 42ff.).

tegiefähigkeit hat ein weites Erscheinungsspektrum, zahlreiche Einflussfaktoren bestimmen den jeweiligen Grad an Strategiefähigkeit.

Fritz W. Scharpf unterscheidet zwischen kollektiven und korporativen Akteuren entlang interner Strukturen und schreibt ihnen – auf dieser Grundlage – unterschiedliche, „typische" Strategiefähigkeiten zu (2000: 105ff.).[192] Unser Begriff der Strategiefähigkeit fokussiert nicht nur auf die, für akteurinterne Konfliktlösungen besser oder schlechter geeigneten Entscheidungsstrukturen (z.B. Hierarchie, Abstimmung, Konsens) sowie die Konvergenz bzw. Divergenz der akteurinternen Wahrnehmungen und Präferenzen (so Scharpf 2000: 108), sondern ist komplex angelegt.[193] Es geht nicht in erster Linie um Strukturen des organisierten Gesamtakteurs, sondern um den für strategische Leistungen relevanten Ausschnitt. Daraus folgt, dass korporative Akteure weder generell noch tendenziell als privilegiert strategiefähig angesehen werden können.

Eingeordnet in das *Mikro-Meso-Makro-Schema*, liegt der Schwerpunkt unserer Untersuchung auf der mittleren Ebene sozialer Ausdehnung des Akteurs und des Handlungsraums (*zwischen* Individuen/Kleingruppen und Systemen) sowie entsprechenden Orientierungen.[194] Parteiführungen zum Beispiel bewegen sich auf dieser Mesoebene der Konkurrenz zwischen Kollektivakteuren bzw. der internen Einwirkung auf den eigenen Kollektivakteur.

Häufig agieren Partei- und Fraktionsführungen aber auch als Repräsentanten von Kollektivakteuren mit Einfluss-, Entscheidungs- und Wirkungsabsichten auf der Makroebene. Das gilt von vornherein für die Makroakteure Regierungen, die große Wählerschaften repräsentieren, gesamtstaatliche Leistungen erbringen und sich entsprechend orientieren.

Politische Strategieanalyse bewegt sich also, von der Akteur- und Orientierungsdimension her gesehen, hauptsächlich auf der Meso- und der Makroebene. Mikroanalyse ist gefragt, wenn Bedingungen und Prozesse in zentralen strategischen Handlungsbereichen untersucht werden, die durch die drei Aufgaben Strategiefähigkeit, Strategiebildung, strategische Steuerung charakterisiert sind. Es existieren also zwei Akteurvarianten – individuelle und kollektive –, aber drei mögliche Orientierungsgrößen: Individuum, Kollektiv, System.

Für das gesamte Strategy-Making ist ein Mikro-Meso-Makro-Paradox wirksam: Strategiefähig muss der Kollektivakteur als ganzer werden, wichtige strategische Vorarbeiten und Handlungen führen aber nur Einzelne bzw. kleine Gruppen im Namen des Kollektivs aus. Strategiebildung und strategische Steuerung werden von kleinen Zirkeln im jeweiligen Zentrum des Kollektivakteurs gemacht, sie sind aber nur mit dem Kollektivakteur umzusetzen und sie orientieren sich auf Bezugspunkte der Meso- oder Makroebene.

Die Ausführungen zu Handlungsräumen und Akteurorientierungen zeigen, dass die Mikro-Meso-Makro-Unterscheidung sowohl für Erklärungsanalysen als auch für das Gene-

---

[192] Zur Einschränkung verweist Scharpf darauf, dass es empirisch keine klare Trennungslinie zwischen den analytisch definierten Kategorien der korporativen und kollektiven Akteure gebe (106), Kombinationsvarianten zwischen den Akteurausprägungen dominierten (106) und diesen Strukturtypen nicht per se höhere oder niedrigere strategische Handlungsfähigkeit attestiert werden könne (109). Dennoch ist die Tendenz für ihn klar: begrenzt strategiefähigen kollektiven Akteuren stehen hoch strategiefähige korporative Akteure gegenüber.
[193] Vgl. dazu ausführlich das Kapitel 8.
[194] Vgl. Tils (2005: 36f.) zur zweidimensionalen Konstruktion des Mikro-Meso-Makro-Schemas, die einerseits Ausdehnung des Akteurs bzw. des Handlungsraums, andererseits den funktionalen Zusammenhang bzw. die Handlungsorientierung unterscheidet.

rieren von Orientierungswissen ergiebig ist. In einer Erklärungsperspektive können damit unterschiedliche Analyseebenen sortiert werden. Das erleichtert die Systematisierung und Strukturierung von Untersuchungen. Eine Orientierungshilfe ist die Unterscheidung etwa bei der Selbstreflexion strategischer Akteure über das Verhältnis der eigenen mikropolitischen Schritte zu den strategischen Zielen des Kollektivs auf der Meso- und Makroebene.

Die Vielzahl unterschiedlicher strategischer Aufgaben erfordert eine *institutionelle Ausdifferenzierung* des kollektiven Strategieakteurs. Nicht die Gesamtorganisation entwickelt Strategien und steuert strategisch, sondern assoziierte Individuen und ausdifferenzierte Teilakteure. Ihr möglicher Beitrag hängt vor allem von den jeweiligen Positionen und Rollen innerhalb des organisierten Kollektivs ab. Stärker als in anderen Zusammenhängen sind solche Positionen allerdings nur als Potential strategischer Einflussnahme zu verstehen. Angesichts der hohen inneren Komplexität von Kollektiven ist es notwendig, interne strategische Teilakteure zu präzisieren. Analytisch sinnvoll – wenn auch empirisch nicht immer trennscharf – ist die Dreiteilung von strategischem Zentrum, operativer Leitung und strategischem Apparat.[195]

Das *strategische Zentrum* ist ein Netzwerk von „Schlüsselfiguren", denen für die strategische Linienführung des Kollektivakteurs zentrale Bedeutung zukommt. Für Parteienkollektive erlaubt die – empirisch zutreffende – Konzeption der „lose verkoppelten Anarchie" (Wiesendahl 1998) die Vorstellung, dass ein mit anderen Teilen der Gesamtakteurs lose verkoppeltes strategisches Zentrum einen herausgehobenen Anteil am strategischen Handeln des Kollektivs hat. Dabei profitiert es von der internen Verteilung von Ressourcen (z.B. Beratung) ebenso wie von den Modalitäten der Zurechnung kollektiven Parteihandelns an individuelle Spitzenakteure.

Neben dem strategischen Zentrum ist die *operative Leitung* wichtiger Träger von Prozessen der Strategiedurchsetzung, also strategiegebundener operativer Handlungen – zusätzlich zu den allgemeinen operativen, nicht-strategischen Führungsaufgaben. Dieses strategische Umsetzungshandeln setzt spezifische Kenntnisse, Fähigkeiten und Entscheidungskompetenzen voraus. Sowohl die Akteure des strategischen Zentrums als auch die Träger der operativen Leitung müssen sich außerdem auf dem täglichen Feld taktischen Handelns bewähren.

Strategischer Apparat ist ein institutionalisierter Akteurzusammenhang für die professionell-methodische Strategieentwicklung und die Vorbereitung von Strategieentscheidungen. Zu ihm gehören Teile der operativen Leitung (in Parteien zum Beispiel Generalsekretär bzw. Bundesgeschäftsführer, die in hohem Maße multiple Rollen wahrnehmen) sowie im Apparat ausdifferenziert angesiedelte Strategieexperten.

Die *strategische Orientierung* des Strategieakteurs wird als eine an strategierelevanten Aspekten ausgerichtete Wahrnehmung der Umwelt charakterisieren. Strategische Orientierungen beruhen auf situationsübergreifenden Kalkulationen. Einzelne Handlungen mögen dazu passen – ob sie durch solche Kalkulationen ausgelöst wurden, lässt sich an ihnen ohne Binneninformationen häufig nicht ablesen. Auch bestimmten Positionen innerhalb von Kollektivakteuren können strategische Orientierungen nicht einfach zugeschrieben werden – an der Spitze steht nicht immer der beste Stratege. Oft sogar verdankt sich gerade die Spitzenposition anderen Eigenschaften bzw. Fähigkeiten.[196] Vor allzu eiligen, empirisch nicht gestützten Unterstellungen strategischer Orientierung ist deshalb zu warnen. Offenheit

---

[195] Vgl. dazu im Einzelnen das Kapitel 8.2.1.
[196] Vgl. Kapitel 4.1.5.

und Unsicherheit werden durch einen Zuschreibungs-Objektivismus eher verdunkelt als erhellt.

Abbildung 7: Ausdifferenzierung des Strategieakteurs

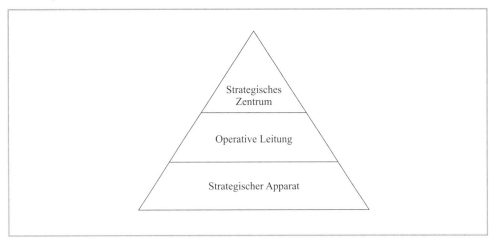

Strategische Orientierungen sind ein selektives Muster. Der strategische Ausrichtungsgrad von Organisationen hängt wesentlich von der strategischen Orientierungsfähigkeit ihrer internen, individuellen Organisationsakteure ab. Gemeint sind die strategischen Orientierungen der Individuen, die sie für den Erfolg der Organisation – nicht ihren persönlichen – entwickeln. Meist werden die Organisationen, da sie strategisches Verhalten nicht begünstigen, weit hinter diesem Strategiepotential zurückbleiben.

Die auf Motiven aufbauende, grundlegende Typologie vom Policy-, Office- und Vote-Seeker reserviert für den in spezifischer Weise strategisch Orientierten keinen eigenen Typus – möglicherweise weil er zu selten ist. Policy-, Office- und Vote-Seeking in einer kalkulatorisch verknüpfenden Ziel-Mittel-Umwelt-Perspektive zu integrieren – müsste sich die Praxis oder nur die Aufmerksamkeit verändern, um dies zu einem Typus zu machen? Es wäre gerade dieser primär strategisch orientierte Akteur, den eine Organisation *auch* braucht, um sich selbst strategisch orientieren zu können.

Auch ohne die Kategorie des Strategy-Seeker lässt sich auf der Grundlage des geläufigen dreidimensionalen Politikmodells (Policy, Politics, Polity) eine Typologie entwickeln, die sich auf die Gewichtung unterschiedlicher Politikdimensionen in der strategischen Ausprägung von Politikern bezieht. So kann man dem Policy-Strategen den Politics-Strategen gegenüberstellen und den integrativen Strategietypus hinzufügen.

Die dem Policy-Seeker verwandten *Policy-Strategen* zentrieren ihre Ambitionen auf die Durchsetzung von Gestaltungszielen – für sie das Kerngeschäft von Politik. Hier haben sie Sachverstand und Überzeugungen ausgebildet und sind zum strategischen Gebrauch von Machtmitteln zur Durchsetzung ihrer Ziele bereit. Im Unterschied zum nicht-strategischen Policy-Seeker prüfen sie politische Projekte auf deren strategische Qualität, können sie in breiteren Zusammenhängen und Konsequenzen begründen, verstehen sich auf Priorisierungen, suchen für ihre Ziele strategische Allianzen, sehen in Schlüsselprojekten den Hebel für politische Erfolge. Auch innerhalb dieses Typs gibt es ein breites Spektrum strategierelevanter Orientierungen, die vom machtfremden, prinzipienfesten Gesinnungspolitiker bis zu dem in Teilziele und einzelne Problemlösungsinstrumente verliebten Fachpolitiker reicht.

Der *Politics-Stratege* ist von der machtpolitischen Seite der Politik präokkupiert. Er interessiert sich in strategischer Absicht vor allem für Kräfteverhältnisse, für die Verwendung von Issues und Policy-Instrumenten zu Zwecken der Profilierung, für Prozesse von Machtgewinnung und Machterhalt. Die Zahl seiner inhaltlich-politischen Überzeugungen ist gering, sein Interesse für die sachpolitisch beste Lösung begrenzt. Diesen Typus muss man nicht zu einem Idioten der Machtpolitik stempeln, zu einem policyfremden Machtpolitiker. Auch er erscheint häufig in einem breiteren Spektrum, verknüpft mit der Suche nach sachgerechten, gemeinwohlverträglichen Politiklösungen.

Der *integrative Politik-Stratege* schließlich sucht bei strategischer Politik eine Policy-Power-Balance. Seine Orientierung an zielorientierter Machtpolitik schärft sein Bewusstsein für Wechselwirkungen und wechselseitige Abstimmungen von Gestaltungs- und Machtaspekten. Der Unterschied zum reinen Politics-Strategen ist klar: dieser denkt angesichts schnell wechselnder Machtkonstellationen zu kurzfristig und bleibt zu oberflächlich gegenüber dem Stoff von Politik, der eben nicht zuletzt aus Problemen und Problemlösungen besteht. Der integrativ orientierte Politik-Stratege vertritt dagegen allgemeine Leitvorstellungen, hat eigene Überzeugungen und interessiert sich übergreifend für Wege und Mittel, die ihn zu Gestaltungszielen führen könnten. Gleichzeitig weiß er, dass ohne einen starken Anteil Machtorientierung in der Politik Bedeutendes nicht zustande kommt. Die Beweglichkeit zwischen gleichermaßen wichtig genommenen Gestaltungs- und Machtaspekten und deren wechselseitige Verrechnung prägen seine strategische Grundorientierung. Dieser Typus entspricht am ehesten der hier vertretenen Idealvorstellung des politischen Strategen.

Das zentrale Strategiekennzeichen, die situationsübergreifend-kalkulatorischen Verknüpfungen von Zielen, Mitteln und Umweltfaktoren, legt eine weitere Typisierung von unterschiedlichen Ausgangs- und Schwerpunkten strategischer Orientierung nahe. *Zielzentrismus*, *Instrumentalismus* und *Kontextualismus* markieren drei idealtypisch zugespitzte Kalkulationsmuster, die unterschiedliche Ansätze synoptischer Ziel-Mittel-Umwelt-Verbindungen deutlich machen (Tils 2005: 29). Während die Zielzentristen von der Unumstößlichkeit ihrer wertrationalen Zielentscheidung ausgehen und dieser Priorisierung die Mittel- bzw. Umweltaspekte in der Kalkulation stark unterordnen, richten die Instrumentalisten ihre Strategie stärker an den ihnen zur Verfügung stehenden strategischen Mitteln aus und kalkulieren daran orientiert (das schließt die mittelbedingte Reformulierung der strategischen Ziele ein). Kontextualisten blicken vor allem auf die strategierelevante Umwelt und versuchen, die Formulierung der Ziele und Auswahl der Mittel an die strategische Lage anzupassen.

5.2.2 Strategische Ziele

Wir haben strategische Ziele definiert als gewünschte Zustände, die strategisch erreicht werden sollen.[197] Die Besonderheit strategischer Ziele liegt in ihrer hohen Relevanz für den gesamten Strategieprozess. Der Aufbau spezifischer Strategiefähigkeit, die Strategiebildung

---

[197] Vgl. Kapitel 5.1.1.

und die strategische Steuerung orientieren sich am vorgegebenen Ziel. Das strategische Ziel steuert also das Strategy-Making.

Der mit der jeweiligen Zielfestlegung stattfindende Fokuswechsel wird offensichtlich, wenn man beispielsweise an die Anforderungen denkt, die sich beim strategischen Ziel „Besiegen des Konkurrenten im Kampf um die dritte Kraft im Parteiensystem" gegenüber einer Zielmarke „Fünf-Prozent-Hürde überspringen" ergeben. Aspekte wie Gegnerbeobachtung, -interaktion oder -bekämpfung erreichen beim erstgenannten Ziel eine ganz andere Bedeutung und Intensität.

Erste Voraussetzung tragfähiger strategischer Zielbildung ist die eindeutige Klärung des gewünschten Zustands. Nur Zielgewissheit („Wir sind uns unserer Sache sicher") kann den Strategieprozess steuern. Zielunklarheit („Wir wissen nicht, was wir wollen") führt zu strategischer Unsicherheit („Wir wissen nicht, was wir tun sollen").

Es bedarf strategisch *operationalisierbarer Ziele*, d.h. die formulierten Ziele müssen strategischen Ziel-Mittel-Umwelt-Kalkulationen zugänglich sein. Präzise, aber nicht zu spezielle Ziele („1,75 Prozent mehr Stimmenanteile bei der nächsten Wahl") sind das Gebot. Unscharfe Postulate („Wir wollen nicht alles anders, aber vieles besser machen") erfüllen diese Anforderung nicht – auch wenn sie für kommunikative Zwecke sehr geeignet sein mögen.

Strategisch umsetzbare Ziele sind dadurch gekennzeichnet, dass sie sich zielgerichtet ansteuern lassen, der gewünschte Zustand präzisierbar, gegebenenfalls messbar wird und die Ziele in der „Aktionssphäre" (Sjöblom 1968: 71) des strategischen Akteurs verbleiben. Die Reichweite dieser Sphäre bestimmt sich nach dem strategischen Umfeld und den verfügbaren strategischen Mitteln. Der (ernsthaft gewollte) Versuch einer Kleinpartei, den Kanzler zu stellen, fällt nicht darunter. Sich „hochgesteckte" Ziele zu setzen, bleibt damit jedoch explizit möglich. Sie sollten allerdings im anvisierten Strategiezeitraum für den Strategieakteur prinzipiell erreichbar sein.

Nur klare, umsetzbare strategische Ziele ermöglichen die *Kontrolle* des eigenen Handelns. Sie lassen beispielsweise eine Prüfung zu, welche Maßnahmen der Zielverfolgung gedient haben oder welche „Wegstrecke" auf dem gewählten Zielerreichungspfad bislang zurückgelegt worden ist. Nicht konkretisierungsfähige Ziele liegen vor, wenn die erreichten Ergebnisse keine Rückschlüsse auf den Grad der Zielrealisierung erlauben.

Keineswegs sachgerecht ist es, jede Frage strategisch zu behandeln. Große Teile des täglichen Stroms der Politik (situativ, routinemäßig, aufgabenbegrenzt) sind von den beträchtlichen Anforderungen strategischer Reflexion und Steuerung freizuhalten. Zeitknappheit und nur begrenzt verfügbare strategische Ressourcen zwingen zu einer Auswahl strategisch behandelter Fragen. Es entspricht effizienzorientierter strategischer Denkweise, nur relevante Ziele des Kollektivakteurs für eine Durchdringung mit strategischem Know-how auszuwählen.

Die Zeitdimension begrenzt das Spektrum möglicher strategischer Ziele nicht, wohl aber ihre Prüfung unter Kosten-Nutzen-Aspekten. Mit dem Konzept der strategischen Einheit nehmen wir Abschied von der Vorstellung, Strategie sei ausschließlich für längere Zeiträume reserviert. Eine Konsequenz dieser Grundentscheidung ist, dass es kurzfristig, mittelfristig und längerfristig angestrebte strategische Ziele geben kann. Der „Preis" (Anforderungen an Strategiefähigkeit, Strategiebildung, strategische Steuerung, Ressourceneinsatz etc.) für strategisches Handeln steigt mit der zunehmenden Entfernung des Zielhorizonts. Das liegt nicht zuletzt daran, dass auf längere Sicht nur größere strategische Ziele verfolgt werden. Begrenzte strategische Ziele in weiter Zukunft sind unwahrscheinlich und sinnlos. Die Untergrenze strategischer Zielformulierung liegt bei zeitlich, räumlich und sozial begrenzten Einzelsituationen, für die nur Taktik zur Verfügung steht.

Die sich daraus ergebende Vielfalt möglicher strategischer Ziele ist groß: Das Ziel einer Sozialstaatsreform. Das Ziel einer Oppositionspartei, Regierungsmacht zu erobern. Das Ziel einer Regierungsformation, im Amt zu bleiben. Das Ziel einer Partei, regierungsfähig zu werden. Das Ziel, eine Partei programmatisch zu reformieren. Das Ziel, sie organisatorisch zu restrukturieren. Das Ziel, eine Partei politisch koalitionsfähig zu machen. Das Ziel, neue Koalitionsoptionen zu entwickeln. Das Ziel, Volkspartei zu werden. Das Ziel, die Fünf-Prozent-Hürde zu überspringen. Das Ziel, ein Rededuell der Spitzenkandidaten zu gewinnen. Das Ziel eines Führungswechsels an der Spitze einer Organisation. Das Ziel, einen Parteitagsbeschluss herbeizuführen. Das Ziel der Haushaltskonsolidierung. Das Ziel, eine neue Außenpolitik, eine Nachhaltigkeits- oder eine kinderfreundliche Familienpolitik durchzusetzen. Das Ziel der Verabschiedung eines einzelnen Gesetzgebungsprojekts.

Diese nicht systematisierte Beispielliste deutet an, für welch unterschiedliche Handlungskontexte strategische Ziele definiert werden können. Die bei uns im Zentrum der Analyse stehenden Bedingungen von Party-Government-Systemen weisen etwa auf die Möglichkeit der Formulierung arenenübergreifender oder arenenspezifischer Ziele hin. Arenenspezifische Ziele haben ihren Schwerpunkt in abgegrenzten Handlungsfeldern wie Regierung/Opposition, Wahlkampf, Partei, die sich durch unterschiedliche institutionelle Rahmenbedingungen, Akteurkonstellationen und Arenenlogiken konstituieren.[198] Ziele und Strategien für einzelne Arenen unterliegen dann je spezifischen Erfolgskriterien wie etwa Regierungseffektivität (Regierung/Opposition), Stimmenanteile (Wahlkampf), Organisationsstärke (Partei). Allerdings machen die Interdependenzen zwischen den Arenen eine ausschließliche Konzentration auf das jeweilige strategische Handlungsfeld meist unmöglich. Arenenübergreifende Ziele wie z.B. die Reform des Sozialstaats sind ohne strategisch koordiniertes Handeln in mehreren Arenen sowieso nicht zu erreichen.

Der Unterscheidung zwischen *Zielen* und *Zwecken*, wie sie sich bei Carl von Clausewitz findet, folgen wir nicht. Er stellt für den Krieg fest: „Man fängt keinen Krieg an, oder man sollte vernünftigerweise keinen anfangen, ohne sich zu sagen, was man mit und was man in demselben erreichen will, das erstere ist der Zweck, das andere das Ziel." (1980: 952). Die damit gemachte Unterscheidung legt fest, dass die Politik die Zwecke („mit dem Krieg") und die Strategie die Ziele („in dem Krieg") bestimmt (Münkler 2004: 82). Für die nicht-kriegerische politische Auseinandersetzung ist solch eine Differenzierung kaum hilfreich.

Die Politik kennt – außer in der Kriegsfrage – keinen letzten strategischen Zweck, der ihr zugrunde läge. Im politischen Kontext bestimmen von Akteuren formulierte Ziele und festgelegte strategische Einheiten die Kalkulationen und Strategiepfade. Die verschiedenen Ziele hängen vom Akteurwillen ab. Meist finden sich unterschiedlich ausdifferenzierte strategische Zielsysteme politischer Akteure, nicht aber ein allgemeiner Zweck ihres strategischen Handelns.

Da es immer eine Hierarchisierung von Zielen im allgemeinen Sinne gibt, wollen wir hinsichtlich der Beziehung von Zwecken und Zielen von *Ober-* und *Unterzielen* sprechen. Bedeutungszuweisungen einzelner Ziele hängen von den Intentionen der strategischen Akteure ab. Unterziele sind Teilpunkte bzw. Zwischenschritte für strategisch übergeordnete

---

[198] Vgl. zu Arenen das Kapitel 6.3.2.

Gesamtziele. Sie sind den operativen Handlungen näher als das Oberziel, auf das die gesamte strategische Kalkulation bezogen bleibt. Meist stellen kleinere strategische Teilziele den unmittelbaren Bezugspunkt des Handelns dar. Ein Beispiel wären symbolische Botschaften und formale Beschlüsse eines Sonderparteitags (Unterziel) für den Gesamtsieg in einer Wahlauseinandersetzung (Oberziel). Oberziele sind also der übergreifende, zugespitzte, grundlegendste Orientierungspunkt strategischen Handelns. Alle Zuordnungen und die Abfolge strategischer Handlungen werden in Bezug auf diesen letzten, anzusteuernden Orientierungspunkt vorgenommen.

Es existieren aber nicht nur strategische Ober- und Unterziele, die aufeinander bezogen bleiben. Eine weitere Variante ist das Nebeneinander unverbundener strategischer Ziele. Akteure verfolgen oft mehrere strategische Ziele zur gleichen Zeit, die keinen unmittelbaren, inneren Zusammenhang aufweisen. Hier sind ebenfalls Zielhierarchisierungen im Sinne von mehr oder weniger wichtig möglich.

Bei allen Fällen von Zielpluralität (hierarchisch, komplementär, parallel) gilt das Augenmerk strategischer Akteure möglichen *Zielüberschneidungen* und *-konflikten*. Sie lassen sich weder ausschließen noch endgültig beseitigen. Wichtig ist die Reflexion der daraus potentiell entstehenden Risiken für einzelne oder alle angestrebten Ziele, die möglichst weitgehende Koordination der jeweiligen Ziel-Mittel-Umwelt-Kalkulationen und die Vermeidung (absehbarer) wechselseitiger Zielvereitlung. Die Behandlung von Zieldisparitäten und -konflikten durchzieht das gesamte Strategy-Making. In diesem Prozess können Friktionen analysiert, akzeptiert, umgangen, geheilt werden. Möglicherweise scheiden unterwegs einige Zieloptionen wegen ihres Widerspruchs zu höherrangig bewerteten Zielen aus. Solche Wertigkeitsordnungen sind ebenso denkbar wie eine (Aus-)Sortierung von Zielen nach Kraftbeanspruchung oder Hindernisdichte.

Strategische Ziele determinieren keine spezifischen Ausformungen politischer Strategien. Sie lassen unterschiedliche Grade der Elaborierung zu. Unfertige strategische Denkweise und professionelle Strategiearbeit markieren die äußeren Pole eines strategischen Kontinuums,[199] das für die strategische Zielerreichung geeignet sein kann. Allerdings: je anspruchsvoller das strategische Ziel, desto mehr strategische Analyse und Kalkulation ist ratsam.

Eine für die politische Strategieanalyse zentrale Unterscheidung ist die zwischen *Macht-* und *Gestaltungszielen*. Positionen, Wahlerfolge, Entscheidungsbefugnisse, Durchsetzungsmöglichkeiten sind der Horizont von Machtzielen, veränderte inhaltliche Politiken und Problembewältigungsansätze der von Gestaltungszielen. Wird die abstrakte Systematisierung allgemeiner Akteurorientierungen in Party-Government-Systemen zugrunde gelegt (vgl. Müller/Strøm 1999), entsprechen Vote- und Office-Seeking in ihrer Verbindung als Power-Seeking einer Orientierung auf Machtziele, als Policy-Seeking der Verfolgung von Gestaltungszielen.

Die Wahl von Machtzielen ist nicht beliebig. Zwar sind die Typen politischer Macht in Grenzen wählbar: Regierungs-, Parlaments-, Wahl-, Organisationsmacht etc.[200] Mit zunehmender Institutionalisierung von Demokratie werden Wahl- und Regierungsmacht jedoch zu den grundlegenden Machtformen. Optionen können sich dann auf Differenzen zwischen Wahl- und Regierungsmacht beziehen. Ausarbeitung und Verfolgung einer operativen

---

[199] Vgl. Kapitel 9.1.2.
[200] Vgl. zur Macht im Steuerungsprozess mit Blick auf die Elemente des Orientierungsschemas das Kapitel 10.2.3.

Gesellschaftsstrategie (z.B. Sozialismus) werden unter diesen Bedingungen unwahrscheinlich. Politische Strategieanalyse muss sich allerdings, systematisch gesehen, nicht auf diesen heutigen Normalfall festlegen und begrenzen.

Für politische Akteure gilt immer das Doppelziel von Macht und Gestaltung. Weder lassen sich strategische Machtziele ohne Inhalte, noch strategische Gestaltungsziele ohne Macht erreichen. Beide, Macht- wie Gestaltungsziele, müssen durch den Filter der jeweils anderen Dimension. Sind strategische Gestaltungsziele machtverträglich? Sind strategische Machtziele kompatibel mit Gestaltungszielen?

Strategische Kontrollfragen sind dann etwa: Wie viele Konzessionen will man in der Atompolitik machen, um eine weitere Regierungsbeteiligung noch rechtfertigen zu können? Oder: Gefährdet eine instrumentelle Benutzung der Ausländerfrage im Wahlkampf die Toleranz gegenüber Immigranten und ihre gesellschaftliche Integration?

Trotz wechselseitiger Abhängigkeit lassen sich empirisch bestimmte Muster des Verhältnisses von Macht und Gestaltung feststellen. In der politischen Praxis ist häufig eine Dominanz des Machtziels zu beobachten. Dafür gibt es Erklärungen: Machtziele sind zeitlich vorgelagert (keine Gestaltung ohne Macht), bilden vielfach den kleinsten gemeinsamen Nenner heterogener Kollektivakteure und lassen sich gut operationalisieren. In der Regierung bestimmt nicht zuletzt der Machtanteil die Anspruchshöhe verfolgbarer Gestaltungsziele. Auch bei der Dominanz von Gestaltungszielen ist man sekundär auf das Mittel der Machtgewinnung als basaler demokratische Voraussetzung für die Gestaltung angewiesen.

Theoretisch ist denkbar, dass man bestimmte Gestaltungsziele nicht zum Gegenstand machtstrategischer Beurteilung macht und damit die an sich notwendige Verbindung von Macht und Gestaltung aufhebt. Solch gesinnungsethisches Handeln ist bei Parteien, die durch den legitimatorischen Messbarkeitstest von Wahlen gehen, allerdings eine unwahrscheinliche Extremposition. Selbst die NSDAP hat sich in der Wahldemokratie der Weimarer Republik auf die Macht-vor-Programm-Prämisse eingelassen – sie hat den Wählern ihre Eroberungs- und Ausrottungsziele nicht mitgeteilt.

Auch eine vorrangig an Gestaltungszielen orientierte politische Strategie bleibt also auf Aspekte der Machtgewinnung und des Machterhalts angewiesen. Das gilt für die Erklärungs- wie Orientierungsperspektive strategischer Analyse. Es gilt beispielsweise auch für Akteure in ideologisch gesteuerten Parteien, soweit ihre Orientierung als zweckrational gelten kann. Der Grenzfall wertrational gesteuerter Parteien ist kaum denkbar, es sei denn, sie verwechseln sich mit einer Bewegung – aber selbst diese führt, in unterschiedlichen Mischungsverhältnissen, stets machtstrategische Momente mit sich.

Je unverbindlicher und offener die Überzeugungen von politischen Akteuren werden, desto stärker geraten Gestaltungsziele unter den Druck einseitig machtstrategischer Betrachtung. Dann wird das Spannungsverhältnis von Macht- und Gestaltungszielen einseitig aufgelöst. Wird die Balance zwischen Macht und Gestaltung gewahrt, behalten Themen und Forderungen ihren Doppelcharakter: sie können Ziel wie Mittel von Politik sein.

5.2.3 *Strategische Mittel*

Strategische Mittel sind Handlungsmöglichkeiten, die auf Wegen und Ressourcen beruhen. Prinzipiell können alle Handlungen – unabhängig von Erscheinungsform und Reichweite – zu einem strategischen Mittel werden: von komplexeren Handlungsschritten wie Programmentwicklungen, öffentlichen Diskussionen, koalitionspolitischen Bündnissen bis hin zur Einzelhandlung eines Machtworts, einer Stellungnahme oder eines Gesprächs.

Handlungsmöglichkeiten stellen erfolgsorientierte Maßnahmen im Hinblick auf das strategische Ziel dar. Sie geben Antwort auf die Frage, „womit" der gewünschte Zustand im Einzelnen erreicht werden soll. Wir sprechen von Handlungs*möglichkeiten*, weil die kalkulierten, denkbaren Mittel zur Verfolgung strategischer Ziele gemeint sind. Es sind noch nicht die Handlungs*fähigkeiten*, die von Mobilisierung und Kontrolle der Ressourcen abhängen, und es sind nicht die strategischen Handlungen selbst, die von diesem berechnenden Vorausdenken abweichen können.

Die zugrunde liegenden strategischen Absichten der Akteure machen die Handlungsmöglichkeiten erst zu strategischen Mitteln – das ist eine der Konsequenzen unseres intentionalen Strategiebegriffs. Er kennt keine objektive Realität strategischer Mittel. Erst die mit den Maßnahmen verbundenen Intentionen stellen den strategischen Verwendungszusammenhang her: zeitlich, räumlich und sozial „gleiche" Handlungen können strategisch und nicht-strategisch eingesetzt werden. Der fortlaufende Handlungsstrom und seine rekursive Ausgestaltung zeigen die An- oder Abwesenheit strategischer Linienführung.

Strategische Mittel müssen von strategischen Optionen unterschieden werden.[201] Das eine sind Handlungsalternativen (strategische Mittel), das andere Strategiealternativen (strategische Optionen). Die strategischen Optionen enthalten eine Vielzahl unterschiedlicher Strategiemittel, erschöpfen sich darin aber nicht. Sie zeigen umfassendere strategische Handlungsvarianten auf. Strategische Mittel sind einzelne Maßnahmen innerhalb strategischer Optionen, deren (paralleles, synergetisches, interdependentes) Wirken zum Erreichen der anvisierten Ziele führen soll. Strategie meint schließlich das Endprodukt des Strategiebildungsprozesses, bei der zwischen unterschiedlichen Optionen und ihren Mitteln entschieden worden ist. Im Prozess der strategischen Steuerung werden strategische Mittel als Steuerungsressource wichtig.

Die strategische Relevanz der verschiedenen Mittel steht nicht von vornherein fest. Sie ergibt sich aus der Selektivität, die durch das jeweilige strategische Ziel, die entsprechende Umwelt, teilweise auch durch die strategischen Kalkulationen nahe gelegt wird. Strategiebildung wird häufig komplexere Maßnahmen ins Auge fassen (Kampagne, nicht Pressekonferenz) und sie miteinander kombinieren, im Rahmen strategischer Steuerung können auch Einzelmaßnahmen (Treffen des Bundeskanzlers mit dem Oppositionschef) besondere Bedeutung erlangen.

Die Unterscheidung zwischen „großen" und „kleinen" Mitteln ist praktisch wenig relevant – häufig sind es nicht einzelne, isoliert gedachte Maßnahmen, Wege oder Ressourcen, sondern beispielsweise die gebündelten Fähigkeiten einer Organisation oder eine günstige Gelegenheit, die bei der Wahl der Mittel entscheiden. Der simple Grundsatz, bei Mitteln „zu klotzen, statt zu kleckern" ist dann irreführend.

Politische Strategieakteure demokratischer Parteiensysteme finden zentrale strategische Mittel in den Objektbereichen von Themen, Personen und Symbolen.[202] Objekte sind wichtige Bestandteile des strategischen Orientierungsschemas und markieren die Elemente, mit deren Hilfe die Strategieakteure ihre strategischen Intentionen verfolgen. Themen, Personen und Symbole sind noch keine strategischen Mittel. Sie werden dazu erst durch

---

[201] Vgl. dazu das Kapitel 9.2.3.
[202] Vgl. zu den Objektkategorien das Kapitel 6.4. Themen, Personen und Symbole können zugleich auch auf der Zielebene angesiedelt sein.

Formen der Bearbeitung. Themenobjekte werden von Strategieakteuren beispielsweise durch Auswahl, Positionierung, Thematisierung so in strategische Mittel (Programme, Gesetzesinitiativen, Kampagnen) transformiert, wie es ihrer Einschätzung nach den eigenen strategischen (Macht- oder Gestaltungs-)Zielen am meisten dient. Auch Personen unterliegen etwa in Form von Personenwahl, instrumenteller, symbolischer oder kompensatorischer Personalisierung[203] strategischen Steuerungsversuchen und werden zu strategischen Mitteln „verarbeitet".

Strategische Mittel lassen sich nicht nur kombinieren, sondern auch hierarchisieren. Die Priorisierungen einzelner Mittel hängen wiederum von den Abwägungen, Einschätzungen und Intentionen der Strategieakteure ab. Leitlinien der Orientierung bilden dabei die angestrebten Ziele. Im Ergebnis führt das zu ausdifferenzierten Systemen von mehr oder weniger prioritären Handlungsvarianten, die auf unterschiedlichen Wegen zur Zielerreichung beitragen sollen. Für die Realisierung der Mittel wird auf den eigenen Ressourcenpool zurückgegriffen.

Häufig verkürzt sich der Mittelaspekt auf die Ressourcenfrage. Tatsächlich sind sie wichtiger Faktor der Mittelwahl. Prinzipiell ist aber das Zusammenwirken möglicher Maßnahmen, Wege und Ressourcen der springende Punkt für strategische Kalkulationen. *Ressourcen* selbst sind eine latente Energie, die erst durch Umwandlung zu politischer Macht wird (Etzioni 1975: 333-369). Der Akteur kann, muss sie aber nicht in Macht umwandeln. Ressourcen sind Grundlage, zugleich aber auch nur das Potential von Macht. Die Fähigkeit zum Handeln wird einerseits durch die Menge an Ressourcen bestimmt, auf die der Akteur rechnen kann, andererseits aber durch den Anteil an Ressourcen, den er in Macht umwandeln will. Kalkulationen beziehen sich sowohl auf die „Ressourcenausstattung" (im Sinne prinzipiell zugänglicher/verfügbarer Ressourcen) als auch auf die Abschätzung von Transformationskosten, die zur – allmählichen – Umwandlung von Ressourcen in Macht veranschlagt werden müssen, sowie auf Erfolge, die vom Einsatz umgewandelter Ressourcen erwartet werden können.

Unterschiedliche strategische *Wege* sind mit je eigenen Prozessdynamiken und Regelsystemen verknüpft: eine Medienkampagne strukturiert das strategische Handeln anders als der Gang durch gerichtliche Instanzen. Die Rahmenbedingungen, Akteurkonstellationen und Logik der Medien erfordern strategische Überlegungen, die sich von der Kalkulation einer juristischen Auseinandersetzung unterscheiden. Die Besonderheiten der jeweiligen Wege bestimmen nicht nur die Anforderungen an das strategische Handeln der Akteure, sondern eröffnen zugleich nur ein jeweils begrenztes Spektrum prinzipiell erreichbarer Wirkungen. So wird etwa die Parlamentsarbeit allein den Erfolg einer Regierung nicht gewährleisten können.

Über die allgemeine Effektivität und Effizienz potentiell einsetzbarer Mittel lassen sich relativ wenig verbindliche Aussagen machen. Strategen kalkulieren deshalb Wirkungserwartungen an das jeweilige strategische Mittel für spezifische Anwendungsbereiche, Interaktionszusammenhänge und Kontexte. Sie werden nicht immer das – gemessen am Ressourcenverbrauch – kostengünstigste Mittel auswählen, sondern auch auf das mutmaßlich wirkungsmächtigste Mittel zurückgreifen wollen. Ob es die erwarteten Wirkungen erzielt, lässt sich ex ante nicht sicher prognostizieren. Allerdings sind politische und strategische Erfahrungen wichtige Grundlage bzw. Quelle für die Auswahl geeigneter strategischer Mittel.

---

[203] Vgl. Kapitel 6.4.2.

Maßnahme (z.B. Personenzentrierung), Weg (z.B. Parlament) und Ressource (z.B. Gewalt) können, rückt man sie in den Mittelpunkt der strategischen Kalkulation, Strategien ihren Namen geben: Personalisierungsstrategie, parlamentarische Strategie, Gewalt-Strategie. Meist sind strategische Konzepte aber abstrakter und umfassender angelegt (z.B. Wahlkampfstrategie). Sie basieren auf verschiedenen Maßnahmen, Wegen und Ressourcen. Diese Mittel sind dann nicht die Strategie selbst.

Für das Entwickeln von Strategien kommt der Herstellung von *Ziel-Mittel-Relationen* grundlegende Bedeutung zu. Die Wahl der Mittel und die Zielgerichtetheit des eigenen Handelns lassen sich nur so kalkulieren. Gewissheit können die Ziel-Mittel-Kalkulationen angesichts der Fluidität und Dynamik der Umwelt nicht erzeugen, mehr Handlungssicherheit für den strategischen Akteur schon. Erst das In-Beziehung-Setzen von Handlungsmöglichkeiten mit den eigenen strategischen Zielen ermöglicht das Hervorbringen von Strategiealternativen. Dabei geht es um Aspekte wie Zweckmäßigkeit, Dringlichkeit, Verhältnismäßigkeit, Opportunität. Die Folge können Änderungen in den Mitteln (Zusammensetzung, Umfang etc.) wie Zielen (Modifikation, Aufgabe etc.) sein.

Die Beziehung zwischen Mitteln und Zielen stellt sich damit als reziprokes Verhältnis dar. Zwar wird man häufig nach geeigneten Mitteln zum Erreichen des angestrebten Ziels suchen. Eine umgekehrte Einflussbeziehung ergibt sich aber, wenn die eigenen, zur Verfügung stehenden Mittel den Akteur erst auf Ziele stoßen, die ihm vorher gar nicht zu Bewusstsein kamen (vgl. Joas 1992: 227).

Keineswegs zwingend ist die Vorstellung, dass strategische Ziele wertorientiert festgelegt würden und sich die strategischen Mittel dazu wertneutral verhielten. So wie strategische Ziele an Werten ausgerichtet sein können (oder sich an anderen Gesichtspunkten orientieren), müssen strategische Mittel nicht ohne Wertbezug bleiben. Die Kalkulationsprozesse sind insoweit offen. Die Mittelwahl hängt von den Abschätzungen *und* Bewertungen der Strategieakteure ab.

Zu den Kalkulationen gehören auch Überlegungen, mit welchen potentiellen Nebenfolgen man beim Einsatz bestimmter strategischer Mittel zu rechnen hat oder worauf man bei den Reaktionen der Interaktionsakteure gefasst sein muss. Die Eigenart künftiger Nebenfolgen besteht darin, dass nicht alle Resultate und weiteren Konsequenzen des eigenen Handelns ins Sichtfeld geraten. So wird es neben intendierten zu nicht-intendierten und nicht-antizipierten Nebenfolgen kommen. Gleichwohl stellt die Strategieanalyse Instrumente und Methoden bereit, die das Kalkulieren von Folgen unterstützen – ohne verbindliche Vorhersagen der Zukunft zu ermöglichen.[204]

„Neue" und „bewährte" strategische Mittel sind keine Kategorien, die das Kalkulieren vorrangig steuern können. Zwar erlauben strategische Erfahrungen und Kenntnisse Einschätzungen darüber, was sich schon häufiger als strategisch hilfreich oder weniger geeignet erwiesen hat. Die Erfolgsbedingungen der jeweils spezifischen strategische Lage zwingen aber dazu, nicht nur auf Bewährtes zurückzugreifen oder allein auf die Überraschung eines frischen Mittels zu vertrauen. Strategische Kalkulationen benötigen komplexere Analysen als ein „wie immer" oder „mal was Neues".

Es entspricht der inneren Logik von Ziel-Mittel-Hierarchien, dass (je nach strategischer Einheit) Ziele der unteren Ebene zu Mitteln der nächsten Zielebene werden können. Ziele können also Mittel sein wie Mittel zu Zielen werden können. Ein Beispiel verdeut-

---

[204] Vgl. dazu etwa den Exkurs zu strategierelevanten Verfahren (Prognose/Projektion, strategische Früherkennung, Szenarien) am Ende des Kapitels 9.

licht diesen Zusammenhang: das Verfolgen von Gestaltungszielen in Regierungsverantwortung setzt den Machtgewinn voraus. Das Ziel Machteroberung (untere Ebene) wird zu einem strategischen Mittel für die Gestaltungsziele (obere Ebene).

Während Ziele Setzungen darstellen, die bestehende Lage für die Mittel-Kalkulation sich einer Ist-Analyse erschließt, sind mögliche strategische Mittel der Zielverfolgung wie denkbare Umweltentwicklungen einer Potentialanalyse zugänglich. Der Zuschnitt und die Methodik einer Potentialanalyse, die das Generieren von strategischen Optionen unterstützt, werden im Zusammenhang der Strategiebildung erläutert.[205]

5.2.4 Strategische Umwelt

Die strategischen Ziele und ein Gutteil der Mittel (die Wege und nicht wenige Ressourcen) liegen in der Umwelt der strategischen Akteure. Ebenso wichtig ist, dass die relevante Umwelt – neben Arenen und sonstigen (institutionell mehr oder weniger verfestigten) Kontexten – aus Akteuren besteht, deren Handeln wesentlichen Einfluss auf den Erfolg des strategischen Akteurs ausübt. Umwelt- und Interaktionsorientierung sind deshalb für strategisches Handeln konstitutiv.

Das heißt nicht, dass Umwelt- und Interaktionsorientierungen in der Praxis stets vorausgesetzt werden können. Im Gegenteil: Selbstreferenz, Binnenorientierung, Umweltvergessenheit sind die Feinde strategischen Handelns in der eigenen Organisation. In dieser internen Umwelt, der eigenen Organisationsumwelt, sieht sich der Strategieakteur unterschiedlichen Erwartungen an Richtungsbestimmung, kollektive Kompetenz oder Mitwirkung ausgesetzt. Auch ist es nicht selbstverständlich und konsensual, welche Ausschnitte der Umwelt als relevant verhandelt und festgelegt werden. Die angemessen definierte Umwelt ist also für Strategie als erfolgsorientiertes Handeln von grundlegender Bedeutung.

Die Umwelt der Akteure ist höchst heterogen. Für unseren Zusammenhang zentral sind konkurrierende, strategiefähige Kollektivakteure – vor allem die mit hoher Konfliktfähigkeit. Sie tragen entscheidend zur konstitutiven Ungewissheit und Nichtvorhersagbarkeit politischer Interaktionen bei. Es gibt aber auch nicht bzw. begrenzt strategiefähige kollektive Akteure, zum Beispiel unter den sozialen Bewegungen. Auch individuelle Akteure haben unterschiedliche Relevanz. Sie können – höchste Bedeutung – Repräsentanten strategiefähiger Kollektivakteure in Führungspositionen sein, sie können aber auch, wie beispielsweise Wähler, nur durch ihre potentiellen Aggregat-Effekte relevant werden. Jede Kategorie (ob individuell oder kollektiv) erfordert eine andere Orientierung, die mehr passiven Akteure (Wähler, Medienrezipienten) und die eher aktiven Akteure (Konkurrenzparteien, intervenierende Redaktionen).

Interaktion ist nicht gleichzusetzen mit Kommunikation. Interaktionsakteure können sich unterscheiden von Adressaten. Ein Beispiel aus dem Parteienstaat: stoßen im Parlament Regierung und Opposition zu einer hitzigen Debatte aufeinander, versucht der eine den anderen erst gar nicht zu überzeugen (weil es auf diesem Wege nicht gelingt). Vielmehr reden beide „zum Fenster hinaus", um die Medien und über diese ihre potentiellen Wähler zu erreichen. Die Adressaten der Kommunikation sind also andere als die direkten Interaktionsakteure. Wird aber ernsthaft verhandelt zwischen Regierung und Opposition, zum

---

[205] Vgl. Kapitel 9.2.3.

Beispiel im Vermittlungsausschuss, verschwindet die Adressatenperspektive nicht vollständig, sie kann aber weit hinausgeschoben werden.

Die generell hohe Unsicherheit strategischer Entscheidungen wird dadurch verstärkt, dass sie in strategischer Interaktion stattfinden. Das heißt, dass die Strategien von Gegnern, Verbündeten und „neutralen" Dritten berücksichtigt werden müssen bzw. von diesen auch durchkreuzt werden können. Die akteurzentrierte Umwelt ist damit nicht so berechenbar wie politische Verfassungsinstitutionen, die legale Handlungskorridore festlegen. Zu den Institutionen treten Eigenstrukturen der Kollektivakteure, der repräsentierenden Personen und (nicht zuletzt) Akteurkonstellationen. Falsch ist die Annahme prinzipieller Unberechenbarkeit – dann wäre auch Strategie nicht möglich. Es existieren Grade der Berechenbarkeit. Strategie wird unberechenbarer, je größere Spielräume eine Institution ermöglicht, je diffuser oder instabiler die Eigenstruktur eines relevanten Akteurs ist, je stärker dort Konkurrenz zwischen Führungspersonen vorherrscht, je komplexer sich Akteurkonstellationen gestalten.

Die Umwelt setzt sich also aus stabilen und nicht-stabilen Elementen zusammen. Strategie nimmt Bezug auf die berechenbaren Dimensionen externer Akteure. Man kann – etwa durch Szenarien – mögliches Gegnerverhalten antizipieren und Reaktions-Reserven dafür aufbauen. Solches Vorgehen ist bereits fester Bestandteil guter wahlkampfstrategischer Arbeit. Ohne kalkulierbare Umweltanteile ist keine sinnvolle Strategiebildung denkbar. Auf die unberechenbaren Teile der Umwelt wird mit der dynamischen Anlage politischer Strategie reagiert – sie ermöglicht Anpassungsleistungen an die sich ständig ändernde Außenwelt. Da zum Kalkulationszeitpunkt immer auch unvollständige, unsichere und zum Teil unbestimmte Informationen vorherrschen (vgl. Lombriser/Abplanalp 1998: 25), sind dynamisierungsfähige Ziel-Mittel-Umwelt-Verknüpfungen nötig, die sich bei Veränderung der Informationsbasis nachjustieren bzw. neu ausrichten lassen.

Die Bestimmung der strategischen Relevanz einzelner Umweltausschnitte in der unübersehbar großen Gesamtumwelt ist eine der Hauptaufgaben strategischer Akteure. Nur die strategisch relevante Umwelt ist „strategische Umwelt". Auf diesen Ausschnitt beziehen sich die Kalkulationen. Die strategische Umwelt hängt von der „Systemeinbettung" des Strategieakteurs,[206] der von ihm bestimmten strategischen Einheit und seinem strategischen Ziel ab. Die Relevanzbestimmung wird durch strategisches Erfahrungswissen erleichtert. Zusätzliche Unterstützung kann ein Orientierungsschema bieten, das Umweltkomplexität für strategisches Handeln reduziert. Solche Orientierungsschemata unterscheiden sich je nach strategischem Akteur (Partei, Bewegung, Gewerkschaft). Sie sind – über ihre allgemeine Orientierungsfunktion hinaus – erforderlich, um die Komplexität strategischer Lageanalyse und Optionenbildung bewältigen zu können.[207]

Die unspezifische Analyse politischer, gesellschaftlicher, ökonomischer, kultureller Rahmenbedingungen bleibt für die Bestimmung der strategischen Umwelt zu allgemein. Nur die Komplexitätsfilter von strategischer Einheit, strategischem Ziel und Orientierungsschema (mit seinen Einflussvariablen) ermöglichen eine Konzentration auf die Umweltaspekte, die für den jeweiligen Strategiezusammenhang wirklich zentral werden. Dessen

---

[206] Damit sind Aspekte wie Ebenenansiedlung (Bundesstaat, Land, Kommune), funktionale Verortung (Regierung, Opposition, Interessenverband, zivilgesellschaftlicher Akteur) oder institutionelle Verankerung (Fraktion, Partei, Minister) gemeint.
[207] Vgl. dazu die Kapitel 9.2.2 und 9.2.3.

ungeachtet haben Kollektive mit unterschiedlichen Interpretationen von Relevanzstrukturen zu kämpfen.

Auseinanderfallende *Umweltinterpretationen* haben strategische Konsequenzen. Deshalb ist nicht einfach vernachlässigbar, dass Teilakteure hinsichtlich der relevanten Umweltfaktoren oft unterschiedliche Einschätzungen und Positionen vertreten. Das Aussprechen dessen „was ist" (Ferdinand Lassalle) führt nicht zu Ergebnissen, wenn strittig ist „worauf es ankommt". Verständigung über Relevanzstrukturen und Aushandeln von Umweltinterpretationen sind notwendige Bestandteile strategischer Klärungsprozesse (Eden/Ackermann 1998). Schon deshalb, weil hier lückenlose Übereinstimmung nicht zu erzielen ist, bleiben strategische Aussagen in aller Regel kontrovers.

Hinzu kommen die Schwierigkeiten objektivierender Analyse gegenwärtiger und zukünftiger Umwelt, der Ist-Zustände und der Potentiale, der Umweltveränderungen im strategischen Politikprozess. Neben die permanente Verständigung über Relevanzstrukturen tritt die Notwendigkeit fortlaufender Umweltbeobachtung. Auf Umwelt, lässt sich sagen, ist objektiv und subjektiv kein Verlass. Ihre Wirklichkeit ist ein Ergebnis, das sich im Laufe des Prozesses herausstellt – und auch dann nie Verbindlichkeit erlangt.

Trotz Instabilität und Dynamik der internen bzw. externen Umwelt und trotz Interpretationsvielfalt – Analysen und Festlegungen zu relevanten Umweltgrößen sind unabdingbare Voraussetzung jeder Strategiebildung. Ohne Relevanzbestimmung äußerer Einflussfaktoren fehlen notwendige Zuspitzungen und Fokussierungen des Strategieakteurs. Seine strategischen Kalkulationen finden keinen „Halt": Worauf ist in der inneren und äußeren Umwelt zu achten? Was sind die springenden Punkte? Die strategischen Kalkulationen müssen dann bereits bei Ziel-Mittel-Verknüpfungen enden. So kann keine Strategie entstehen.

Die Offenheit und Ausdifferenzierung der Umwelt macht eine einfache Schematisierung der Relevanzfaktoren selbst für Strategieakteure gleichen Typs (Partei-Partei, Bewegung-Bewegung, Verband-Verband) unmöglich. Eigenschaften des Strategieakteurs, seine strategische Lage und seine – (auch) formell konstituierte – Position im jeweiligen Handlungsfeld haben Differenzen in der strategischen Umwelt zur Folge. Strategisches Ziel, strategische Einheit und verfügbare Handlungsmöglichkeiten führen zu je spezifischen Sichtweisen der Außenwelt. Beispiele: Werden beim Ziel von Parteiregierungen, Neuwahlen zu erzwingen, Verfassungsakteure und -normen zu maßgeblichen externen Umweltfaktoren, kommt es für die Koalitions- und Regierungsbildung vor allem auf die Verfasstheit der eigenen Organisation und die „Beziehungsmuster" zu anderen Parteien an. Großparteien wiederum reagieren dabei auf andere Relevanzstrukturen als Kleinparteien.

Nicht nur, dass Strategie selbst Konstrukt ist, auch ihr Bestandteil *Umwelt* ist eine interpretative Formung der Wirklichkeit, die besonderen Prinzipien folgt. Die Hoffnung auf eine „objektiv" feststehende strategische Umwelt erfüllt sich nicht. Gleichwohl bleibt auch das Konstrukt der Umwelt nicht der Beliebigkeit des Strategieakteurs überlassen. Wer innen wie außen stets die „falschen" Faktoren einbezieht und kalkuliert, wird wenig strategische Erfolge feiern.

Ungeachtet aller Spezifizierung: der Blick auf bloße Einzelaspekte fördert die Strategiebildung nicht. Es geht einerseits um Komplexitätsreduktion, andererseits um die Nicht-Begrenztheit strategischer Überlegungen. Wer etwa die strategischen Kalkulationen bei priorität in einer Arena angesiedelten strategischen Zielen nur auf die Institutionen, Akteurkonstellationen und Logik der jeweiligen Arena richtet, nicht aber die Wechselwirkungen und Verschränkungen mit anderen Arenen und Interaktionszusammenhängen bedenkt, verfehlt das strategische Moment.[208] Selektive Analyse der strategischen Umwelt bedeutet also nicht eine Begrenzung des Blickfelds, sondern die präzise Auswahl der strategierelevanten Aspekte. Dabei kann weniger mehr sein. Allgemeine Erörterungen der „irgendwie" wichtigen Rahmenbedingungen (in allen politischen, ökonomischen, gesellschaftlichen, kulturellen Dimensionen) des jeweiligen Strategieakteurs sind nicht gemeint.

Strategische Umwelt ist keine statische Größe. Auf- und abtauchende Akteure, neue Konstellationen, modifizierte institutionelle Gegebenheiten schaffen veränderte äußere Bedingungen für strategisches Handeln. Daraus folgt: die Beobachtung der dynamischen Umwelt und die Berücksichtigung von Kontextänderungen in der strategischen Kalkulation wird zur fortlaufenden Aufgabe rekursiv vernetzter Strategiebildung und strategischer Steuerung.

5.2.5 Strategische Handlungen

Es existiert keine intersubjektiv unbestreitbare, „objektive" strategische Qualität von Handlungen. Strategische Handlungen sind nur solche, denen Akteure strategische Qualität zumessen.[209] Selbst eine bedeutsame Handlung wie eine Vertrauensfrage ist nicht per se strategisch. Eine Vielzahl von Handlungen, die prinzipiell als „Kandidaten" gelten können, werden erst durch Akteurzuschreibungen zu strategischen Handlungen. Sie erhalten ihren strategischen Sinn durch ihre Bedeutung für das jeweilige Konstrukt (Strategie).

Die „Subjektivierung" strategischer Handlungen hat ihre Ursache nicht zuletzt im hier vertretenen intentionalen Strategiebegriff. Eine Summe gleichgerichteter, aber nicht strategisch intendierter Handlungen ist keine Strategie, sondern allenfalls ein Handlungsmuster. In einer Erklärungsperspektive können strategische Handlungen gleichwohl Gegenstände objektivierender Analysen sein. Hier ergibt sich ihre Strategiequalität aus den Zurechnungen des Beobachters.

In Strategieanalysen lassen sich *strategisch gemeinte Handlungen* und *strategisch relevante Handlungen* unterscheiden. Strategisch gemeinte Handlungen werden hier als strategische Handlungen aufgefasst. Aus strategisch relevanten Handlungen resultieren strategische Konsequenzen bzw. strategierelevante Handlungsmuster.[210] Diese Unterscheidung eröffnet verschiedene, real auftretende Kombinationsmöglichkeiten: Intentionale Strategiehandlungen, die sich für die Strategie als folgenreich erweisen; strategische Handlungen ohne strategische Folgewirkungen; nicht strategisch gemeinte Handlungen, die strategisch relevant werden. Das bedeutet zugleich: Politik umfasst strategisch irrelevante Handlungen ohne Strategieintention und -folgen. Sie dominieren Politik sogar so sehr, dass es zur Aufgabe wird, Strategie nicht im Strudel von Alltagspolitik untergehen zu lassen.

Nicht nur für die Analyse, auch für den Akteur gewinnt die Kategorie strategisch relevanter Handlungen Orientierungsqualität. Strategische Relevanz bekommen Handlungen nur, wenn sie Bezüge zu Strategie aufbauen. Sie können als strategierelevante Handlungsmuster Ausgangspunkt neuer Strategien sein. Sie können für die Verfolgung strategischer Ziele fördernd/hemmend sein oder – unabhängig von Zielen – positive/negative strategische Folgen mit sich bringen. Handlungen können auch mehr oder weniger relevant sein für

---

[208] Vgl. Kapitel 5.3.
[209] Vgl. auch die Ausführungen zu strategischem Handeln weiter oben unter 5.1.4.
[210] Vgl. dazu auch Kapitel 9.1.2.

die Verfolgung strategischer Ziele. Sie mögen dann tragend oder beitragend, notwendig oder hinreichend, direkt oder indirekt sein.

Ob strategierelevante Handlungen zu strategischen Handlungen werden, hängt von ihrem Einsatz durch Akteure und Anschlusshandlungen ab. Strategische Handlungen können zugleich strategisch relevante Handlungen sein oder aber strategisch ins „Leere" führen. Relevanz hat in diesem Zusammenhang auch die Doppelbedeutung: „Wirkung von" und „Wirkung auf" Strategie. Strategie sucht sich Handlungen, die zielführend sind („Wirkung von"). Oder: die Politik wird von Handlungen anderer betroffen, die den eigenen strategischen Handlungsspielraum beeinflussen („Wirkung auf").

Die strategische Orientierung des Akteurs wendet die Aufmerksamkeit insbesondere strategisch relevanten Handlungen zu. Er versucht, diese strategisch einzusetzen – und so zu strategischen Handlungen zu machen. Die Kategorie strategischer Handlungen ließe sich intern für unterschiedliche Felder und Zusammenhänge politischer Strategie ausdifferenzieren: denkbar sind Ausprägungen wie personal-politische (Personalentscheidung), sachlich-politische (Positionsentscheidung), organisations-politische (Organisationsentscheidung), symbolisch-politische (Deutungsakt), kommunikations-politische (Öffentlichkeitsarbeit) Strategiehandlungen. Sinnvoll sind solche Klassifizierungen insbesondere für Erklärungsanalysen – sofern sie dort analytisches Potential entfalten.

5.3 Das strategische Moment

Mit der Kategorie des strategischen Moments wollen wir bündeln, was sich als zentrales Charakteristikum des Strategischen festhalten lässt. Dabei geht es um die Zuspitzung der Besonderheiten strategischer Orientierung und strategischen Denkens in der Politik. Das strategische Moment kennzeichnet die spezifisch *strategische Kognition*.

Man kann sich annähern, dann liegt dem strategischen Moment eine zugespitzte, erfolgsorientierte *Zweckrationalität* zugrunde. Die klassische Definition des Zweckrationalen findet sich bei Max Weber: „Zweckrational handelt, wer sein Handeln nach Zweck, Mitteln und Nebenfolgen orientiert und dabei sowohl die Mittel gegen die Zwecke, wie die Zwecke gegen die Nebenfolgen, wie endlich auch die verschiedenen möglichen Zwecke gegeneinander rational abwägt (…)." (Weber 1980: 13). Seine strategienah gefasste Begrifflichkeit der Zweckrationalität konzentriert sich auf Ziele im Lichte von Mitteln und Folgen. Der Kern des zweckrationalen Vorgehens besteht also im systematischen Herstellen von Verbindungen und Verknüpfungen zwischen diesen Elementen. Dazu gehört das Denken in Ketten: Zweck zu Mittel, Mittel zu Folgen, Folgen zu Zweck, Zwecke untereinander, und immer wieder rekursive Schleifen, um die jeweiligen Interdependenzzusammenhänge erkennen zu können. Bei einer Zweckrationalität dieser Art liegen die Bezüge zum strategischen Denken auf der Hand. Zweckrationale Strategieüberlegungen lassen sich jedoch noch spezifischer charakterisieren. Die „rechenhafte" Webersche Zweckrationalität transformiert sich zu einer durch Phantasie bereicherten Strategierationalität.

Aus der Vielfalt möglicher Ziele konzentriert sich strategisches Denken auf zeitlich, sozial und sachlich übergreifende Ziele, die nicht unmittelbar in einer Situation erreichbar sind. Es spitzt auf die wichtigsten Teilziele und die wichtigsten Faktoren zur Erreichung des Gesamtziels zu. Gedacht wird nicht in Situationen, sondern in situationsübergreifenden Handlungsketten, die zukünftiges Handeln strukturieren.

Bedingungen, die für die Verfolgung des strategischen Ziels von Bedeutung sind, beschäftigen das strategische Denken ebenso intensiv wie die Mittel – und nur von diesen spricht Max Weber. Von der Einschätzung der strategisch relevanten Lage, des Kontexts, der Konstellation und der verfügbaren Ressourcen sowie vom Strategiewissen hängt wesentlich ab, welche Schritte zur Zielverfolgung ausgewählt werden.

Folgen im strategischen Sinne meinen nicht nur den angestrebten Erfolg, sondern – ebenso wie bei Weber – auch die Berücksichtigung nicht-beabsichtigter Nebenfolgen. Gerade das Vorausdenken – ein Spezifikum strategischen Denkens – muss sich an solchen Nebenfolgen besonders bewähren. Deren realistische Antizipation kann eine strategische Absicht zunichte machen. Die Vermeidung bzw. Begrenzung unerwünschter Nebenfolgen wird zu einer strategischen Aufgabe.

Das klassische Konzept der Zweckrationalität zeigt für uns Anschlussmöglichkeiten, es führt aber nicht unmittelbar zu einer Spezifizierung des strategischen Moments. Die Bestimmung des strategischen Moments setzt bei der Eigenschaft von Strategien als *Konstrukten* an. Politische Strategie ergibt sich nicht umstandslos aus der Empirie, sie ist vielmehr das Ergebnis einer kognitiven Strukturierung von Akteur-Umwelt-Beziehungen durch den Strategieakteur. Das strategische Konstrukt trägt an Fakten und sichtbare Phänomene abstraktere Zusammenhänge und Verknüpfungen heran, die sich auf Ziele, Mittel und Umweltaspekte beziehen. Dabei erfordert Strategie Mut zu Interpretation und Abstraktion.

Da Empirie einen strategischen Sinn nicht unmittelbar in sich trägt, muss er ihr zugewiesen werden. Strategien sind Konstruktionen, die auf Interpretationen beruhen. Interpretierende Konstruktion bedeutet, dass Strategien sich zunächst einmal im Reich der Gedanken von strategischen Akteuren abspielen. Das gilt bei der Strategieentwicklung, aber auch im Prozess strategischer Steuerung, in dem das strategische Konstrukt als dynamisches Interpretationsschema und adaptive Handlungsanleitung das Agieren der Strategieakteure kognitiv strukturiert.

Abstraktion ist zentrale Voraussetzung jeder strategischen Konstruktion. Erst die Herauslösung von strategierelevanten Faktoren aus der Vielfalt konkreter empirischer Sachverhalte, ihre Isolierung und Verdichtung zu einem eigenständigen, komplexitätsreduzierten, auf spezifische Gesichtspunkte fokussierten „Wirklichkeitsbild" lässt die Entwicklung von Strategien zu. Strategische Abstraktion greift durch die vordergründige Fassade von Faktizitäten und scheinbaren Selbstverständlichkeiten der Politik hindurch. Friedrich der Große, strategisches Genie, ermunterte seine Offiziere, „sich mit kühnem Flug in die Wolken zu erheben", statt „methodisch im Staube zu kriechen" (Friedrich der Große 1758: 517).

Das *Erfolgsorientierte* ist auf den ersten Blick keine Besonderheit strategischen Denkens und Handelns. Schon Zweckrationalität ist ein Handlungs- und Rationalitätskonzept, das auf Erfolg zielt. Im Strategiezusammenhang wird Erfolgsorientierung jedoch zu einer auf das strategische Ziel zugespitzten Selektionsformel. Strategische Erfolgsorientierung verliert sich nicht in der Bedeutungsvielfalt allgemeiner Zwecke, Mittel und Nebenfolgen und ihrer rationalen Abwägung gegeneinander. Strategische Erfolgsorientierung meint die Fähigkeit, in praktischer Absicht vom gewünschten Ende her zu denken. Das setzt eine geschärfte Klarheit über das strategische Ziel voraus. Mittel, Wege und Ressourcen bleiben unmittelbar daran gekoppelt. Erfolg ist der Filter, durch den alle Überlegungen mit Blick auf das strategische Ziel hindurch müssen.

Auf dieser Grundlage – Strategien als erfolgsorientierte Konstrukte – besteht das strategische Moment aus einem Dreiklang: dem Kalkulatorischen, dem Übergreifenden und dem auf den springenden Punkt Zielenden.

Kalkulationen verstehen wir als die basalen Denkoperationen im gesamten Strategy-Making und haben sie deswegen – neben dem Orientierungsschema – ins Zentrum unseres Grundmodells gerückt.[211] Das *Kalkulatorische*, nicht das Emotionale oder Traditionale ist konstitutives Merkmal strategischer Denk- und Handlungsweise. Die Besonderheit der strategischen Berechnungsart liegt nicht in der Orientierung an unmittelbaren bzw. weiteren Vorteilen, sondern in der parallel stets mitlaufenden Berücksichtigung des strategisch angestrebten Erfolgs. Der Blick der kognitiven „Rechenoperationen" ist also nicht allgemein auf eigene Vorteile gerichtet (einfache Vorteilsüberlegungen), sondern behält dabei immer das strategische Ziel im Auge. So erklärt sich auch das Charakteristikum politischer Strategie, unmittelbar mögliche Vorteile zugunsten des übergeordneten Strategieerfolgs auszulassen.

Zusätzlich Kontur erhält das Kalkulatorische durch die Herstellung von Bezügen zu einzelnen Elementen des Strategy-Making wie dem Orientierungsschema, Aspekten der Strategiefähigkeit, Strategiebildung oder Steuerung sowie den vielseitig nutzbaren, abstrakten Basis-Kalkülen. Die Besonderheit des strategisch Kalkulatorischen liegt also auch in den Gegenständen bzw. Zusammenhängen der Berechnung und ihrer übergreifenden Verknüpfung.

Dieses *Übergreifende* ist der zweite Zentralbaustein des strategischen Moments. Das Abschätzen der Beziehungen zwischen Ziel, Mittel, Umwelt und deren Verbindung mit Kalkulationen gehört schon zur grundlegenden Definition von Strategie. Immer werden Bereiche, Faktoren, Bezugspunkte zusammen gesehen, die vielen separiert erscheinen. Strategen verbinden und verknüpfen verschiedene Ziel-, Mittel-, Umweltaspekte in strategischer Absicht und versuchen mit diesem synoptischen Zugang potentielle Wirkungszusammenhänge zu entschlüsseln. Strategisch ist das Denken in Kontext- und Wirkungsketten sowie die Fähigkeit, aus solchen Wechselbeziehungen praktisch-strategische Schlüsse zu ziehen.

Das Übergreifende geht auf in einer operativen Synopse[212], die Informationen unabhängig von partikularen Grenzen (Politikbereiche, Ressorts, Disziplinen etc.) pragmatisch und zielorientiert zusammenzuführen versucht. So wird Tendenzen des Auseinanderfallens und der Isolierung von Aspekten entgegengewirkt. Strategie heißt auch Warnung vor der Segmentierung von Politikdimensionen (Policy, Politics, Polity) ebenso wie vor der isolierten Betrachtung von Politikorientierungen (Policy, Office, Vote).

Das Übergreifende realisiert sich über Simultanität und Sequenzialität. *Simultanität* bedeutet die Analyse und Einfach- bzw. Mehrfach-Verknüpfung sachlicher (Politics-Policy, Personen-Symbole-Themen, Problemlösungen-Kommunikation etc.), sozialer (Bürger-Experten, Medien-Parteien, Fachpolitiker-Wahlkämpfer etc.) und zeitlicher (Vergangenheit-Gegenwart-Zukunft) Elemente. *Sequenzialität* meint die Folgenorientierung des strategischen Denkens und Handelns. Strategiebezüge werden in möglichst vielen denkbaren

---

[211] Neben der Spezifizierung von Kalkulationen im Definitionsabschnitt (vgl. Kapitel 5.1.1) haben wir den Kalkulationen und ihren Besonderheiten ein ganzes Kapitel gewidmet (Kapitel 7). Deswegen können wir uns hier zum Kalkulatorischen kurz fassen.

[212] Synopse ist ein sozial- und geisteswissenschaftlich flottierender, methodologisch ungeschärfter und deshalb frei verfügbarer Begriff. Er wird hier nicht in der politikwissenschaftlichen Tradition der 1960er Jahre verwendet (vgl. Schmitt 1995), sondern als sinnverwandter Begriff des strategisch Übergreifenden.

Konsequenzen analysiert, um – ohne Gewissheit, aber in Annäherungen – den Raum des strategisch Möglichen abzustecken. Das betrifft sowohl erwünschte wie nicht-gewollte Konsequenzen und Nebenfolgen. Unterstützende Verfahren wie Potentialanalysen oder Szenarien helfen beim Vordenken des politischen Handelns und der Entwicklung von alternativen Optionen.[213]

Der *springende Punkt* schließlich bezeichnet – mangels eines besseren Begriffs – den Blick für das, worauf es in der Vielfalt der Erscheinungen strategisch ankommt. Dabei geht es um Intuition, Kombinatorik, Urteilsfähigkeit für das Wesentliche, für folgenreiche Zusammenhänge, für zentrale Stärken und Schwächen, für Schlüsselfaktoren und ausschlaggebende Interaktionen. Synoptische Kompetenz, die Hilfsmittel politischer Strategieanalyse (z.B. Orientierungsschema) und ein besonderes Sensorium für Relevanz in komplexen Makroprozessen fundieren die Fähigkeit, das strategisch Ausschlaggebende zu entdecken. Zwar ist sie der Schulung prinzipiell zugänglich, dennoch liegen hier bis zu einem gewissen Grad auch Geheimnisse besonderer strategischer Begabungen. Carl von Clausewitz (1980: 234f.) spricht von „coup d'oeil", der abziele auf „das schnelle Treffen einer Wahrheit, die einem gewöhnlichen Blick des Geistes gar nicht sichtbar ist oder es erst nach langem Betrachten und Überlegen wird." (235).

Auch wenn der springende Punkt etwas genialisch anmutet, wird er ohne vorangegangene Informationsbeschaffung und Analyse kaum auskommen. Wir sind skeptisch gegenüber einem „Finger im Wind", der den springenden Punkt stets allein mit Hilfe strategischer Eingebung findet. Der Akteur muss durch Informationen und Analyse „hindurch", um strategisch treffsicher werden zu können.

Der springende Punkt als begrenzter, aber folgenreicher Aspekt in komplexen Wirkungszusammenhängen kann alles sein: ein Thema, ein Instrument, eine Person, ein Symbol, eine Arena, ein zeitliches Moment, ein Schwachpunkt des Gegners. Es kann auch ein Zusammenhang sein. Eine gedankliche Verbindung von für den Erfolg besonderen Elementen, ein Set von relevanten Gesichtspunkten (z.B. durch Parlamentsauflösung eine neue Mehrheit zustande bringen).

Der springende Punkt zeigt auch, dass Strategie nicht bloß *mehr* Komplexität bedeutet, sondern den Versuch einer Fokussierung auf das, worauf es strategisch jeweils ankommt. Die Irrtumsmöglichkeit ist darin enthalten, hebt aber die Notwendigkeit der Zuspitzung nicht auf. Dazu gehört der Mut, gängige gedankliche und kommunikative Schleifen aufzulösen. Wo strategischer Diskurs stattfindet, unterliegt auch der springende Punkt der Begründung und Kritik.

---

[213] Vgl. dazu den Exkurs zu strategierelevanten Verfahren am Ende des Kapitel 9.

6 Orientierungsschema

Politik ist eine völlig eigene und seltsame Kultur, bei der man sich sehr verlaufen kann, nach relativ kurzer Zeit.
Horst Becker

Wie orientieren sich Akteure im strategischen Feld? Nachdem in Kapitel 4 versucht wurde, einige Grundzüge strategischer Denkweise und entsprechender Praxis zu skizzieren, soll in diesem Abschnitt idealtypisch ein allgemeines Orientierungsschema umrissen werden, das empirisch gestützt ist (Interviews, Hintergrundgespräche, Biographien bzw. Autobiographien von Politikern etc.), hier aber systematisiert und zu Ende gedacht wird.

Strategisches Handeln steht nicht nur unter dem Einfluss von Ungewissheit und Ambiguität, sondern ist auch von Stress und Zeitknappheit geprägt. An die Stelle (potentiell) stärker elaborierter Konzepte tritt das Orientierungsschema, das mit einer Reduktion auf das strategisch-operativ Wesentliche arbeitet. Das Schema orientiert Akteure systematisch im gesamten Prozess des Strategy-Making (Strategiefähigkeit, Strategiebildung, strategische Steuerung). Daran wird seine grundlegende Funktion als basale Orientierungshilfe ablesbar. Es unterstützt den Strategieakteur beim Gewinnen von Orientierung.

„Was tun?" ist die zentrale Frage praktischer, „Warum?" die Frage empirischer Politikwissenschaft. Die damit verbundene Perspektivendifferenz kommt in unserer Arbeit durch die Unterscheidung von Erklärung und Orientierung zum Ausdruck.[214] Das Orientierungsschema dient, der Name zeigt das, zunächst und vor allem der Orientierung. Es kann aber auch analytisch für das Generieren von Erklärungen eingesetzt werden, indem es beispielsweise hilft, strategische Denkweisen zu rekonstruieren, Defizite strategischen Handelns nachzuweisen oder Gründe für Erfolge bzw. Misserfolge politischer Strategien aufzuzeigen.

Das Orientierungsschema ist in Denkprozesse integriert, in denen es kein feststehendes Entweder/Oder, Vorher/Nachher, Wichtig/Unwichtig gibt. Im Schema wird ein komplexer „Denkstrom" in analytische Kategorien zerlegt. Diese dürfen aber nicht als statisch und isoliert voneinander missverstanden werden. Typisch ist ein Denken, das die verschiedenen Elemente des Orientierungsschemas permanent miteinander verknüpft. Dabei treten an charakteristischen Stellen Spannungsverhältnisse auf. In einer Akteurperspektive werden diese Zusammenhänge als fortlaufender, hochgradig vernetzter Prozess erlebt.

Mit der systematisch-analytischen Zerlegung der komplex-fluiden Realität lassen sich Sortierungsvorteile und Erkenntnisgewinne erzielen. Indem eng Zusammenhängendes – zum Beispiel Symbole und Öffentlichkeit – zu analytischen Zwecken getrennt wird, werden eingeschliffene Engführungen aufgebrochen, erschließen sich vielseitige Anschlüsse. Symbole müssen zwar mediengerecht bearbeitet, aber gleichzeitig muss ihre Eignung für Problem- und Konkurrenzpolitik geprüft werden. Es gibt nahe liegende Anschlüsse (z.B. zwischen dem Problemaspekt von Themen und der Problempolitik), in letzter Konsequenz existieren jedoch keine privilegierten Beziehungen zwischen einzelnen Objekten und Um-

---

[214] Vgl. dazu Kapitel 2.1.

welt-Referenzen. Von durchschlagender Bedeutung bleiben die vielfältigen Interdependenzzusammenhänge aller Elemente (Organisation, Adressat, Horizonte, Objekte, Referenzen) des Schemas.

Strategie ist ein Konstrukt – das ist unser Ausgangspunkt. Um Strategie ganz zu verstehen, muss man sie in ihre Bestandteile zerlegen. Das Skizzieren und vertiefte Analysieren ihrer einzelnen Elemente ist notwendiger Schritt der „Dekonstruktion", um zu wissen, was bei Strategie zusammen kommt und im tatsächlichen Prozess als Einheit wirkt. Die Beibehaltung realer Komplexität auch im Analyseprozess droht den Strategen zu überfordern, lässt die notwendige Tiefenschärfe zu Einzelfragen vermissen und kann die besonderer Tragweite einzelner Elemente für die Gesamtstrategie kaum erschließen.

Das hier formulierte Orientierungsschema stellt nur eine spezifische Ausformung einer großen Bandbreite möglicher Schemata dar. Es nimmt Bezug auf Party-Government-Systeme europäischer Prägung.[215] In präsidentiellen Systemen kennzeichnen teilweise andere Parameter die Orientierung strategischer Akteure. Auf der Akteurebene konzentrieren wir uns entsprechend auf strategische Kollektivakteure, die von Parteiorientierungen beeinflusst werden. Das sind neben den Parteien selbst vor allem die Regierung und Opposition in ihren parteibezogenen Institutionen wie beispielsweise Kabinetten oder parlamentarischen Fraktionen. Dazu gehört aber auch die politische Verwaltung (Ministerialverwaltung), sobald ihre Arbeit parteipolitischer Einflussnahme unterliegt. Für weitere politische Kollektivakteure (Interessenorganisationen, Bewegungen etc.) ergeben sich partiell anders strukturierte Orientierungsschemata. Das gilt insbesondere in den Objekt- und Referenz-Kategorien, aber auch bei Adressaten und Horizonten.

Das Orientierungsschema setzt sich aus insgesamt zehn besonders wichtigen Parametern strategischer Politik zusammen: Zeit, Arenen, Organisation, Wähler, Themen, Personen, Symbole, Problempolitik, Konkurrenzpolitik, Öffentlichkeit.

Dies mag überaus schlicht wirken. Aber erstens muss das Schema einfach sein, um in der Flut von Handlungen orientierend wirken zu können. Und zweitens ist schon dieses Orientierungsschema komplex, wenn man sich einige der Dimensionen vergegenwärtigt, in denen Optionen gebildet werden müssen. Das fängt bei den „einfachen" Steuerungsgrößen Themen und Zeit an, setzt sich über Personen- und Symbolsteuerung oder das Ausbalancieren von Problem- und Konkurrenzpolitik fort, und endet noch immer nicht bei Arenenvielfalt und der eigendynamischen Referenz Öffentlichkeit.

Das Orientierungsschema zeigt die relevanten Bezugsgrößen strategischen Handelns. Die einzelnen Elemente des Schemas verbinden untereinander zwar vielfältige Interdependenzbeziehungen. Sie weisen aber keine stabilen Kausalzusammenhänge auf. Insofern ist das strategische Orientierungsschema etwas anderes als eine „cognitive map" im Sinne von Robert Axelrod (1976), die der Kartierung von Kausalannahmen dient (vgl. Vowe 1993: 50-51).[216] Es ist auch keine „strategy map" im Sinne der Ökonomen Colin Eden und Fran Ackermann (1998), die damit auf persönlichen Auffassungen, Werten und Wissensbeständen basierende kollektive Aggregate individueller Kognitions-Landkarten im Prozess der Strategiebildung meinen. Das Schema bildet sich nicht jeweils spezifisch heraus, es bildet vielmehr allgemein die entscheidenden Größen strategischer Orientierung ab. Die Verwendung des Schema-Begriffs soll verdeutlichen, dass es sich um „kognitive Generalisierun-

---

[215] Vgl. dazu Kapitel 1.
[216] Vgl. dazu auch den Abschnitt zu weiteren unterstützenden Verfahren im Exkurs über strategierelevante Verfahren am Ende des Kapitel 9.

gen" (Vowe 1994: 423) strategisch relevanter Parameter handelt, die den Strategieakteur bei der Organisation seiner Vorstellungen von Bezügen zur Außenwelt unterstützt.

Abbildung 8: Orientierungsschema im demokratischen Prozess

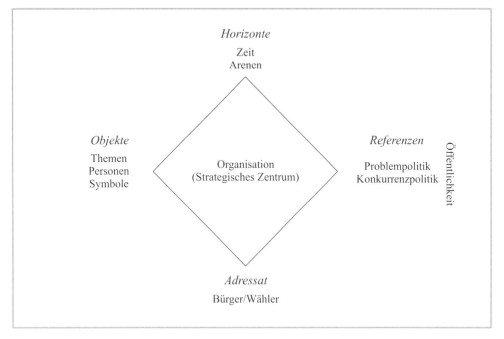

Das Schema nimmt keine hierarchische Ordnung der einzelnen Einflussfaktoren vor und unterscheidet nicht zwischen zunächst relevanten bzw. später bedeutsamen Aspekten oder sogar damit verbundenen Ketten („auf A folgt B"). Dennoch hilft es bei der Herstellung von Verbindungen, Zusammenhängen oder der Auflösung von Spannungsverhältnissen zwischen den einzelnen Bezugsgrößen. Wesentliche Funktionen des Schemas liegen in der Vereinfachung und Reduktion komplexer Umweltbezüge sowie der Unterstützung bei der Systematisierung und Routinisierung strategischer Denkprozesse. Das hier elaborierte Schema kann auf die politische Praxis zurückwirken. Dann entstünde aus locker verknüpften Orientierungsgrößen ein praktisches Handeln strukturierendes Denkschema.

Strategisches Ziel und strategische Einheit sind in unser Schema nicht einbezogen, sondern Voraussetzung für seine Anwendung. Auf dieser Grundlage bietet es Orientierungs- und Sortierungshilfen für das Strategy-Making. Es schafft ein Raster für bewusste strategische Denkoperationen. Das Unbewusste als möglicher Definitionsbestandteil strategischer Denkweise wird damit ausgeschlossen.

Ein Kernkennzeichen des Orientierungsschemas ist seine *überindividuelle Geltung*. Es zeigt nicht unterschiedliche subjektive Setzungen einzelner Strategen bzw. Strategiekollektive und stellt insofern kein von Akteur zu Akteur divergierendes „Individualschema" dar. Vielmehr wird für das Schema in Anspruch genommen, dass es die für die strategische Orientierung in Party-Government-Systemen zentralen Parameter benennt – auch wenn unterschiedliche Gewichtungen je nach Ziel, strategischer Einheit und Wertung des Strategieakteurs innerhalb und zwischen den einzelnen Bezugsgrößen möglich bleiben.

Unsere Strategie-Definition und ihre Elemente sind in das Orientierungsschema integriert. Legt man den Ausgangspunkt von Strategie zugrunde – die situationsübergreifenden Ziel-Mittel-Umwelt-Kalkulationen –, stellen *Zeithorizonte* das einzelne Situationen unterschiedlich weit übergreifende Moment dar und erscheinen *Arenenhorizonte* als spezifische Umweltaspekte in Form von Rahmenbedingungen, Akteurkonstellationen und Arenenlogiken. Die *Objekte Themen*, *Personen* und *Symbole* können als Mittel aufgefasst werden, mit denen strategische Akteure versuchen, Verhältnisse nach innen und außen in ihrem Sinne positiv zu beeinflussen. Sie tun das mit Blick auf ihre zentralen *Umweltreferenzen*, die aus einem Spannungsverhältnis von *Problem-* und *Konkurrenzpolitik* bestehen, das im Medium der *Öffentlichkeit* ausgetragen wird. Die selbstreferentielle Akteurkategorie *Organisation* dient – vom *strategischen Zentrum* aus gesehen – als Instrument zur Beeinflussung der externen Umwelt. Die Mitglieder der Organisation sind aber zugleich Einflussakteure der internen Umwelt auf das Strategiehandeln des Kollektivs. Organisation hat damit eine doppelte Qualität: einerseits Mittel (Objekt), andererseits (interne) Umwelt. Der *Adressat Bürger/Wähler* bleibt im demokratischen Prozess die zentrale Bezugsgröße der externen Umwelt, an der sich das gesamte politische Strategiehandeln ausrichtet.

Das Orientierungsschema enthält keine eigene Kategorie der Rahmenbedingungen (ökonomische, soziale, kulturelle Kontexte, politische Entscheidungsstrukturen etc.). Das Konzept von (ermöglichenden bzw. begrenzenden) Rahmenbedingungen, gleich welcher Art, ist für sich genommen zu unspezifisch für das strategische Handlungsfeld, das besondere Akteurkonstellationen, Zusammenhänge und Orientierungen kennt. Rahmenbedingungen werden deshalb so konzipiert, dass ihr Akteur- und Kontextbezug signifikant hervortritt. Sie erscheinen dann als Hintergrundgröße spezifischer strategischer Kategorien wie Problempolitik, Arenen oder Öffentlichkeit.

Bei verschiedenen Elementen des Orientierungsschemas fügen wir in einem Exkurs einige Gesichtspunkte zu gegenstandsbezogenem *Strategiewissen* bei. Dies sind kursorische Hinweise, die Angebote und Lücken pointieren, die wir – subjektive Einschätzung – in der Politikwissenschaft wahrnehmen oder die sich in der politischen Praxis zeigen. Vollständigkeit war weder gewollt noch möglich. Diese Exkurse dienen der Verdeutlichung von Desideraten der Praxis und einer Vergewisserung über strategische Anschlussmöglichkeiten im Fach.

Vermittlungsvariablen

Vermittlungsvariablen werden hier einige politisch relevante Faktoren genannt, die zwischen Objekten und Referenzen bzw. Adressaten vermitteln. Sie sind zwischen strategischen Akteuren umkämpft. Der Einzelakteur bemüht sich um Teilhabe, Beeinflussung, Nutzung dieser Faktoren, die ihm Vorteile verschaffen. Die Faktoren existieren auch ohne ihn. Vom Orientierungsschema des Einzelakteurs her gesehen, lassen sie sich nicht direkt ansteuern, sind aber indirekte Bezugsgrößen von erheblichem Gewicht (z.B. mit Themenmanagement auf die Agenda einwirken bzw. von ihr profitieren).

Agenda

Agenda, die Rangfolge dringlicher Themen, ist eine politische Steuerungsgröße, an der viele Akteure beteiligt sind und die auf viele Faktoren ausstrahlt: der Akteur mit seinen Themenstrategien, die Parteien in Konkurrenz um thematische Vorteile, die Medien mit ihren Eigeninteressen, die Tagesordnung zu bestimmen, die Bürger mit ihren Problemen, soweit sie diesbezüglich etwas von der Politik erwarten.

Die Beziehungen zwischen demoskopisch gemessener Bürger-Agenda und den Agenden von Kollektivakteuren, die mit Problemlösung befasst sind (Regierungen, Fraktionen, Parteien) vertragen strategische Reflexion. Da Politik vor allem aus der Bearbeitung von Themen besteht, sind sie auch das erste und größte Kampffeld. Dabei ringen Politik-Akteure (Agenda-Building) und Medien-Akteure (Agenda-Setting) mit- und untereinander. Adressat, Resonanzboden und eigensinniger Problemträger ist der Bürger.

Klima

Die Klima-Metapher dient der Berücksichtigung von Atmosphärischem, das nicht oder nicht in erster Linie von Issues erfasst wird. Stimmungen wäre am ehesten eine Übersetzung, die das Emotionale, Vage, Flüchtige zum Ausdruck bringt. Stimmungslage spielt den Begriff in die Lagebeschreibung hinüber.

Meinungsklima, über das sich Menschen zu moralisch aufgeladenen Themen orientieren, ist der engere, themengebundene Begriff (vgl. Kepplinger 1991). Emotionalisierung durch Krieg und Frieden, Gerechtigkeitsfragen, „große", insbesondere umverteilende Reformen sind Beispiele für themengebundenes Meinungsklima. Themenübergreifende Beispiele für eine Kennzeichnung von Klima wären: Zukunftsoptimismus bzw. -pessimismus, Politik-, Politiker- oder Parteienverdrossenheit, Verunsicherung und Sicherheitsbedürfnisse, Depression bzw. Aufbruchstimmung, politische Wechsel-, Krisen- oder Beruhigungsstimmungen, diffuse Ängste und vagabundierende Hoffnungen.

Das Strategy-Making kann – trotz seiner Neigung zu Rationalitäts-Annahmen – mit der Einbeziehung weicher, aber folgenreicher psychologischer Hintergrundfaktoren an Tiefenschärfe gewinnen. Allerdings sind Strategen und Berater hier oft auf ihre „Spürnase" oder auf Austausch mit Leuten angewiesen, denen sie ein besonderes Sensorium, „Feeling", Entzifferungsvermögen für Zeitströmungen zutrauen.[217]

Diskurse

Diskurs als „reflektierende und thematisch gerichtete Auseinandersetzung" (Krotz 1998) betont eine gewisse intellektuelle Vertiefung themenbezogener Kommunikation, zum Beispiel durch Verknüpfung von Sichtweisen, Begriffen, Thesen, Theorien (oder nur Theoriefragmenten). Neben Politikern sind daran Intellektuelle, Journalisten, Wissenschaftler, aber auch nicht-spezialisierte Bürger beteiligt.

Ein verwandter, weniger scharfer Begriff ist der der „kulturellen Hegemonie" (vgl. Kallscheuer 1995). Als neutralisierter sozialwissenschaftlicher Begriff steht er für Einfluss-

---

[217] Ein Interviewter erzählte, unter ausdrücklicher Betonung kultureller Strömungen für die Strategiebildung, wie er „in der ersten Stunde" in das Berliner Grips-Theater gegangen ist, ein anderer, wie er eine Präsentation Berliner Start-up-Unternehmer besucht hat, um den Zeitgeist zu erspüren. Andere lesen das Feuilleton oder sprechen aufmerksame Beobachter immer wieder auf diesen Punkt an.

nahme auf gesamtgesellschaftliche Deutungen. Man muss nicht tatsächlich über die ideelle Meinungsführerschaft verfügen (in pluralisierten Gesellschaften zunehmend unwahrscheinlich), entsprechende Einflussversuche reichen aus, um strategische Aktivitäten hier einzuordnen.

Beispiele solcher kulturellen Großströmungen mit diskursiver Ausarbeitung wären der Antikommunismus nach 1945, die soziale Marktwirtschaft der 1950er und 1960er Jahre oder der Neoliberalismus der letzten 20 Jahre. Helmut Kohls „geistig-moralische Führung" (vgl. Kohl 2005) war plakativ, gegen die Macher-Etikettierung von Helmut Schmidt gerichtet. Sie zeigte eher die Grenzen politischer Manipulier- und Instrumentalisierbarkeit solcher Usurpationen ohne intellektuellen und diskursiven Unterbau. Die großen politischen Ideen seit Mitte des 18. Jahrhunderts (Aufklärung), verbunden mit Teilinteressen und konkurrierenden Wertinterpretationen, haben dagegen nur noch sehr begrenzte Prägekraft (vgl. Meyer 2003: 179ff.).

Hintergrundvariablen

Strategische Hintergrundvariablen, die durch andere Faktoren (z.B. Objekte, Referenzen und Adressaten) hindurch wirken und direkt (z.B. Wertepolitik) oder indirekt (z.B. Themenwahl oder Programmpositionen) bearbeitet werden, können Ansatzpunkte strategischen Handelns sein.

Werte und *Interessen* sind analytische Hintergrundvariablen. Das cui bono? begleitet den politischen Akteur (und den Politologen) von Anfang an. Schon deshalb drängen sich Interessen der strategischen Perspektive bei der Suche nach erfolgversprechenden Anhaltspunkten und durchgreifenden Zusammenhängen auf. Dies gilt, obwohl enge und tradierte Konnexe zwischen Sozialstruktur und Interesse zerbrochen, die materiellen Grundlagen schwieriger als in den Formationen des Industriezeitalters zu bestimmen sind, kollektive Interessen ihre frühere Evidenz verloren haben.

Mit der Zunahme einer Plastizität von Interessen haben Werte in der Wissenschaft und – wie sich beobachten lässt – in der politischen Praxis an Bedeutung gewonnen. Auch sie greifen durch Objekte, Referenzen und Adressaten des Orientierungsschemas hindurch – durch ihre Modellierung bei Themen- und Symbolsteuerung kann der strategische Akteur über Anpassungen bei Problem- und Konkurrenzpolitik die Wähler erreichen, deren Optionen zunehmend wertgeprägt sind (Klein 2005).

Interessen sind Ziele, deren Verwirklichung für ein Individuum oder eine Gruppe von Vorteil bzw. Nutzen ist. Hier interessieren die materiellen Interessen, das heißt ökonomische Vorteilsüberlegungen, die in der Sozialstruktur verankert sind. Bei Interessen als handlungsleitendem Faktor geht es immer um *interpretierte* Vorteile. Dennoch sind Interessen keine reinen Vorstellungen. Sie verfügen über regelmäßig erfahrene, durch Ressourcen- und Regelkomplexe gestützte, allerdings ausdeutbare Anhaltspunkte. Eine erfolgreiche Interessen-Definition bedarf eines Minimums an Plausibilität und empirischer Evidenz. Tradierte, interessenstützende materielle Substrate (z.B. Klassen- oder Berufskategorien) sind entwertet, ohne dass sich bisher strategisch anschlussfähige, sozialstrukturell stabilisierte, breite Kollektivinteressen etabliert hätten.[218] Zu unterscheiden ist Interessenbewusst-

---

[218] Vgl. für die weitere Diskussion dieser Zusammenhänge Kapitel 6.5.2 und 8.2.2.

sein, das virulent und messbar ist,[219] von einer interessenmäßig politisierten Sozialstruktur, die heute schwerer greifbar ist.

Werte bezeichnen situationsübergreifende, normative Maßstäbe des Handelns. Als „relativ dauerhaft im Individuum verankerte, objektunspezifische Orientierungsmaßstäbe" werden sie „bei der Ausformung konkreter Einstellungen und bei der Steuerung von Verhalten wirksam" (Schmitt-Beck 1992: 527). Werte können, im Vergleich zu Interessen, zugleich die „härtere" wie die „weichere" Dimension sozialen Handelns sein. Härter sind sie bei wertrationalen Formen des Handelns, die Max Weber durch den Eigenwert der Ziele, unabhängig vom Erfolg, definiert hat. Sie können auch dann verfolgt werden, wenn sie keinen Vorteil versprechen, und wenn sie zum Scheitern verurteilt sind. Weicher sind sie, soweit sie eine allgemein akzeptierte Grundlage des Handelns darstellen, mit denen keine weiter differenzierende Auswahl von Handlungen möglich ist.

Werte sind eine weiche Steuerungsgröße, mit einer noch geringeren sozialstrukturellen Stützung als Interessen, dafür aber mit strategischem Potential. Sie kommen dem übergreifenden Element strategischen Denkens entgegen und sind von vielfältigen – auch strategischen – Bearbeitungen abhängig, um politisch wirksam zu werden.

Struktur und Bezugsgrößen des *Orientierungsschemas* nähern sich der strategischen Denkweise im Kontext der normalen Politikpraxis an.[220] In diesem Zusammenhang sind dann auch Kalkulationen, Kalküle bzw. Maximen[221] und die einfachen strategischen Grundorientierungen wichtig, die das Schema erweitern: vom Ende her oder in strategischen Ketten denken, ebenso Prüffragen strategischer Selbststeuerung und Interaktion wie zum Beispiel „Kann ich das durchhalten?" (etwa in Bezug auf andere Bezugsgrößen des Schemas).[222]

Der Ausgangspunkt strategischer Überlegung und Orientierung im Orientierungsschema lässt sich nicht fixieren. Auch müssen nicht stets alle seine Elemente durchkalkuliert werden. Die jeweils relevanten Bezugsgrößen ergeben sich aus der konkreten Fragestellung und strategischen Lage. Möglich sind viele Varianten. Häufig gehen die strategischen Überlegungen entweder von Objekten oder von Referenzen aus. Das eine sind Mittel, die der Strategieakteur in der Hand (zu meinen) hält, das andere – neben den Bürgern/Wählern – zentrale Bezüge seines Handelns. Ein Beispiel für strategische Gedankenketten in den Schemakategorien: erst Bündnis (Machtchance!) als Aspekt der Referenz Konkurrenzpolitik, dann Themen, oder aber: erst Themen (Gestaltungschance!) als eine Objektkategorie, dann Bündnis.

Objekte und Referenzen sind auch als strategische Steuerungsbereiche zu denken. Referenzen müssen allerdings mit Interaktionsakteuren geteilt werden. Sie werden damit für strategische Akteure noch weniger „verfügbar" als die Objekte und haben jeweils eigene Strukturen. Referenzen und Objekte sind partiell miteinander verbunden, erfordern aber eine spezifische Bearbeitung. So sind Konkurrenz und Themen aufeinander bezogen, aber mehr als Themen in Wettbewerbsbeziehungen. Themen beinhalten Problemlösungsdimensionen, die unabhängig von Wettbewerbsbeziehungen gedacht werden müssen. Konkur-

---

[219] Beispielsweise bei Fragen nach Gewinnern und Verlierern der gesellschaftlichen Entwicklung und bei Interessenberücksichtigung. Vgl. für die Bundestagswahl Infratest dimap (2005).
[220] Vgl. Kapitel 4.
[221] Vgl. Kapitel 7.
[222] Vgl. dazu auch die Ausführungen zur Lageanalyse und Optionenbildung im Kapitel 9.2.

renzpolitik umfasst auch themenunabhängige Macht- und Konfliktdimensionen, die bei der Steuerung in Rechnung gestellt werden müssen.

Themen- und Personensteuerung, Problemlösungsvorschläge und Wählerwille, Begriffe und Inszenierungen, konkurrenzorientierte Abgrenzung und gegenseitige Abstimmung, zeitliche Platzierung und Reihenfolge – so oder so ähnlich ist die Kernstruktur strategischer Orientierung aufgebaut. Dazu kommt die Unterscheidung nach Arenen. Oder einfacher: „Was?", „Wer?", „Wie?", „Warum?", „Womit?", „Mit wem?" „Gegen wen?" „Wann?", „Wo?". Und vor allem immer wieder: „Entlang welcher strategischen Linie?" – die entweder schon existiert oder gesucht wird.

Was machen wir bei der Illustration der einzelnen Elemente des Orientierungsschemas? Wir beginnen eine strategische Reflexion durch eigene Systematisierung teils erkundeter, teils vermuteter Praxisperspektiven im Lichte empirischer Politikwissenschaft. Selbstverständlich ohne jeden Anspruch auf Vollständigkeit. Auch hier kein Rezeptwissen, sondern Strukturierungsvorschläge auf mittlerer Abstraktionshöhe, als Anregung und Ausgangspunkt für weitere Systematisierungen und Praxisannäherungen.

6.1 Organisation (Strategisches Zentrum)

Im Party-Government ist Strategie organisationsvermittelt. Ohne den hinter der Organisation stehenden Kollektivakteur ist aber der Sinn des Organisationshandelns nicht zu erschließen. Organisation ist ein Instrument, das der Kollektivakteur Partei wählt, vor allem zur Einflusssteigerung. Organisation strukturiert, stabilisiert und verstärkt durch Festschreibung und Ressourcenverteilung. Aber welchen Zwecken sie konkret dient, lässt sich nur aus der internen Differenzierung des Kollektivakteurs und den Typen von Organisation erschließen.

Dass der Kollektivakteur für das Strategy-Making ein strategisches Zentrum, zugleich aber das Engagement der Aktiven braucht, dieses demokratische Spannungsfeld von Strategie hat Konsequenzen für die gesamte Organisationsfrage. Es verschärft sich durch den Machtzuwachs der Führung, die in Regierungsphasen nicht nur in der demokratischen Organisation agiert, sondern sich zugleich die hierarchische Organisation der Verwaltung bzw. des Regierungsapparats zunutze machen kann. Auch der Oppositionsführer ist, als Regierungschef im Wartestand, auf dem Weg zu hierarchischen Kontrollmöglichkeiten (Fraktion, Partei).

Es sind vor allem Spitzenpolitiker, von denen strategische Führungsleistungen erwartet werden. Dafür müssen sie in der Organisation erst einmal die Bedingungen für eine Verfolgung der strategischen Führungsaufgabe schaffen. Ohne strategische Mitwirkung der Aktiven läuft jedoch noch so kluges Strategisieren von oben ins Leere. Den Aufbau von Strategiefähigkeit müssen Führung, Eliten, Aktive mehr als anderes gemeinsam bewirken. Exklusivität der strategischen Führung greift vor allem bei der Strategiebildung. Strategische Steuerung ist auf Exklusivität strategischer Reflexion und Kalkulation des Zentrums ebenso angewiesen wie auf die Inklusion der Freiwilligenorganisation bei Mobilisierung und externer Intervention. Bei Wahlkämpfen, Kampagnen, großen öffentlichen Konflikten ist dieses notwendige Zusammenspiel von Exklusion und Inklusion mit Händen zu greifen, es durchzieht aber auch in weniger dramatischer Form den Gesamtprozess eines erfolgreichen Strategy-Making in der Demokratie.

Organisationen sind zielorientierte, arbeitsteilig strukturierte, Ressourcen vereinigende Akteurinstrumente. Die Strategierelevanz dieser vier Elemente lässt sich, nun stärker mit Blick auf Organisation als Partei, kurz anreißen:

(1) *Akteur-/Organisations-Differenz*. In der politischen Welt kommt erst der Akteur, dann die Organisation. Der Richtungs- und Willensakteur ist immer überschießend im Verhältnis zum Instrument der Organisation.[223] Deshalb die Häufigkeit von Richtungs- und Führungskämpfen, die besonders starke Ausprägung des Informellen und dessen verbreitete Verdichtung zu Flügeln oder Strömungen. Aus alldem sowie der gelebten Heterogenität der vielen Einzelnen resultiert die Rationalisierungsgrenze der Organisation. Zugleich auch eine andere Realität: Der strategische Blick muss durch die Organisation hindurch auf den vielgestaltigen und eigensinnigen Akteur gehen.

Dabei bleibt die Grundstrukturierung der Partei von größter Bedeutung: die *außerparlamentarische Parteiorganisation*, die *Fraktion* und die *Partei in der Regierung*. Die Partei in der Regierung besteht aus den Parteivertretern in den Regierungsämtern, die sich vor einer doppelten Organisationsperspektive sehen. Einerseits rückgebunden an die freiwillige Parteiorganisation, andererseits mit der Chance, hierarchische Verwaltungsorganisation als Instrument einsetzen zu können. Der Fraktionsapparat ist für die Opposition zwar nur ein mageres Surrogat des Regierungsapparats, aber die Doppelperspektive von Freiwilligenorganisation und Administration beginnt sich schon hier aufzubauen.

(2) *Ziele*. Werte und Ziele führen den kollektiven Akteur zusammen. In einer demokratischen Organisation muss er deshalb an der Zielbestimmung beteiligt sein – an der grundlegenden Zielfindung zum Beispiel des Grundsatzprogramms in herausragender Weise. Aber es gibt keine Einheit von Zielen und Strategie. Zwar gilt die Mitbestimmung auch für Strategien wie Gewaltfreiheit oder Reform, die programmatische Qualität haben. Sie gilt aber nicht, oder doch in sehr eingeschränktem Maße, für viele der prozessgebundenen Strategieentscheidungen. Organisationsziele sind breiter, weicher, mehrdeutiger als strategische Ziele. Aber wenn eine Kluft zwischen beiden entsteht, ist auch die Unterstützung für die strategische Politik gefährdet.

(3) *Arbeitsteilung*. Aus Arbeitsteilung bezieht Organisation ihre Stärke. Für strategisches Handeln dagegen entsteht daraus ein ausgedehntes Problemfeld. Führung und Beteiligung, Partei, Fraktion und Regierung/Opposition, Binnen- und Außenorientierung steigern Leistungsfähigkeit und strategische Handlungsmöglichkeiten, zugleich aber auch den strategischen Steuerungsbedarf. Sie müssen zusammen gebracht, koordiniert, balanciert werden. Strategie kann helfen, Responsivität und Effektivität zu vereinbaren (vgl. Wiesenthal 1993a).

(4) *Ressourcen*. Organisation, die immer auf der Zusammenlegung von Ressourcen beruht, ist auch ein Kampffeld für Ressourcenverteilung. Führung sucht die hinreichende Eigenausstattung mit Ressourcen für strategische Aufgaben, gleichzeitig die Mobilisierung von Mitgliederengagement für die Verfolgung strategischer Ziele. Das Anzapfen staatlicher Ressourcen, vor allem auf Parlaments- und Regierungsebene, entspannt das Apparat- und verschärft das Mitbestimmungsproblem.

---

[223] In unserer Behandlung von Organisation sind alle drei Perspektiven der Organisation angesprochen: die instrumentelle, prozessuale (hier vor allem Interaktionen von Führung und Aktiven) und die institutionelle. Vgl. dazu auch Bea/Haas (2001: 362ff.).

Im Hinblick auf die genannten organisatorischen Elemente ergeben sich einige *strategische Stellschrauben*. Dazu gehören vor allem:
- Führung
- Koordination
- Beteiligung
- Geschlossenheit
- Reziprozität

Führung

Spitzenpolitiker müssen selbst für eine leistungsfähige und responsive, flexible und teilautonome, kohärente Führung sorgen. Diese stellt sich nicht von allein ein. Strukturelle Voraussetzungen für ein strategisches Zentrum müssen geschaffen und reproduziert werden. Kommunikation, Vertrauen, Sachverstand, Beratung sind für Führung als Organisationsprozess notwendig. Insofern gibt es ein Interesse der Führung an sich selbst. Das ist aber nur die Voraussetzung für erfolgreiches Agieren gegenüber – und mit! – Aktiven und Eliten, deren Mehrheiten Führung tragen müssen. Zustimmung wird gesucht, soweit möglich, durch Konsens und Responsivität, soweit nötig im Durchgang durch Konfliktphasen.

Aus der Perspektive des strategischen Zentrums hat die Partei immer den Doppelcharakter von Objekt und Akteur. Die Partei steuern und von der Partei gesteuert werden. Im Strategiezusammenhang hat die Führung noch anderes vor mit den Aktiven, ohne sie darüber voll einzuweihen.

Schon in der hierarchischen Organisation, wie dem Militär, entstehen Probleme der Motivation und Führung des weiteren kollektiven Akteurs, weil Enthusiasmus, Kampfeswille, Tapferkeit sich in einem Befehl-Gehorsam-Verhältnis nicht automatisch einstellen. Der Doppelcharakter von Objekt und Akteur verschärft sich in der demokratischen Organisation. Die Mitglieder bringen in eine demokratische Organisation eigene Interessen, Erfahrungen, Motive, Vorstellungen ein, sie stellen Mitbestimmungsansprüche.

Erfordernisse der Autonomie, Flexibilität und Geheimhaltung des strategischen Zentrums stehen im Spannungsverhältnis zu Partizipation, Motivation und Diskurs der weiteren Organisation. Zentralisierungstendenzen, wie sie durch Ressourcenverlagerung (z.B. Parteienfinanzierung), Mediengesellschaft oder Globalisierung verschärft werden, forcieren auch die Strategieprobleme in demokratischen Organisationen. Wenn mit Zentralisierung die Monopolisierung aller wichtigen Entscheidungen an der Spitze verbunden ist, selbst die Führungsauswahl, wichtige Teile der Richtungsbestimmung und die ganze strategische Steuerung einer folgenreichen Mitbestimmung nicht mehr zugänglich sind, entstehen Krisen im strategischen Handlungsfeld demokratischer Organisation.

Knappe Mehrheiten, in Parlamenten häufig unvermeidbar, sind für Parteien ein massives Problem, vor allem, wenn sie sich wiederholen. In wichtigen Fragen dürfen Parteiführer weder im Vorstand noch auf einem Parteitag verlieren. Dabei zählt nicht nur die inhaltliche Legitimation von Entscheidungen, sondern die symbolische Sichtbarkeit von Führungs- und Handlungsfähigkeit. Sie unterliegen verschärfter Beobachtung durch Konkurrenz und Öffentlichkeit. Deshalb funktioniert „innerparteiliche Demokratie" heute eher im Grenzbereich als Mehrheitsherrschaft, normalerweise als Responsivität.

Ein Insider sagt: „Man braucht auch eine Strategie gegenüber der eigenen Partei. Wohin sie sich entwickeln soll, welche Themen sie aufnimmt, welches Image sie bekommen

Organisation (Strategisches Zentrum)

soll." Betrachtet man Initiative und Entscheidungsprozesse, wird organisatorische Führung wesentlich in einem Top-down-Modell praktiziert.

Für strategisches Führungshandeln gibt es selten Vorabfestlegungen, auf welche parteiinternen Segmente man sich mehr stützt: Aktive oder Mitglieder, Gruppierungen oder Nicht-Gebundene, Abgeordnete oder Funktionsträger. Unter dem Zwang breiter Mehrheiten und Konsense wird meist eine breite interne Bündnispolitik verfolgt. Interne Opposition wird eingebunden, eingedämmt, seltener repressiv bekämpft.

Koordination

Für wirksame Koordination zwischen unabhängigen, institutionellen Akteuren mit eigenen Funktionen und Interessen (Partei, Fraktion, Regierung, Ministerpräsidenten der Partei) braucht man ein anerkanntes strategisches Zentrum aus einem kleinen, informellen Netzwerk.[224]

Führungsautorität, endlose Kommunikation, positive und negative Sanktionen gehören zu den Steuerungsmitteln, wegen der Vielzahl eigeninteressierter Akteure bleibt die Wirkung begrenzt und abhängig von Kapazitäten und Konstellationen.

Beteiligung

Innerparteiliche Beteiligung sieht die Parteiführung vor dem Problem, gleichzeitig auszuschließen und mitzunehmen (Inklusion/Exklusion). Darauf gibt es zwei Antworten und einen Begriff: *Differenzierung*. Die Differenzierung nach Funktionen bedeutet Exklusion für Strategiebildung und -beratung, Inklusion beim Aufbau von Strategiefähigkeit und strategischer Steuerung. Die Akteur-Differenzierung arbeitet mit einer Rangordnung der Relevanz. Der Inner Circle ist zu klein, die ganze Partei zu groß für strategische Politik.

Mitglieder, verstanden als Nicht- oder Gelegenheits-Aktive (nicht als Sammelbegriff für alle mit formaler Mitgliedschaft), also die Mehrheit in allen Parteien, sind in direkter Interaktion selten zu erreichen und einflussfern (außer dort, aber auch darauf begrenzt, wo parteiinterne Referenden existieren). Für den strategischen Prozess sind die Mitglieder als Bezugsgröße weniger wichtig als die Wähler.

Parteitage sind für die demokratische Legitimation von Führungsauswahl und Richtungsbestimmung zentral, unabhängig davon, wie viel reale Teilhabe gegeben ist. Häufig ist der Parteitag nur Resonanzboden (des Zumutbaren). Aber er, nicht die Mitgliedschaft, ist auch der schlafende Riese, der die Führung das Fürchten lehren kann. Allerdings ist er nur ausnahmsweise bei großen Fragen und Alternativen eine genuine Entscheidungsinstanz – wegen seltener Zusammenkunft und inhärenter Grenzen als Initiative-, Beratungs- und Entscheidungsorgan. Allgemeine Legitimation ziehen Parteitage nicht zuletzt daraus, dass sich hier „Oben", „Mitte" und „Unten" (lokale Führungsgruppen) der Partei treffen.

Aktive ist tauglich als Kontrastbegriff zu Führung. Aktive sind aber als Gruppe zu groß, über die Parteiebenen verstreut, zu unterschiedlich in Orientierung, Wissen, Fähigkeiten, als dass die Führung sich auf sie tatsächlich beziehen würde. Die Führung orientiert sich am engeren Ausschnitt der *aktiven Bundespartei*. Darunter ist das Parteisegment zu verstehen, das – bei variabler Entscheidungsbeteiligung – auf die bundespolitische Meinungs- und Willensbildung der Partei einen weit überproportionalen Einfluss hat. Ihm

---

[224] Vgl. dazu das Kapitel 8.2.1.

kommt für das „Mitnehmen" (nicht: die Mitwirkung) der Partei bei der strategischen Steuerung überragende Bedeutung zu. Aus diesem Parteiausschnitt kommen

- der weitaus größte Teil bundespolitischer Initiativen,
- fast alle bundespolitisch relevanten Stellungnahmen der parteiinternen und öffentlichen Debatte,
- die Entscheidungsträger mit relevantem Widerspruchspotential für fast alle Fragen des laufenden Prozesses (abzüglich der „verbleibenden" Einflussmöglichkeiten von Parteitagen oder Partei-Referenden).

Aufgrund dieser Privilegierung im bundespolitischen Prozess ist es auch das innerparteiliche Segment, das am häufigsten interne Darlegungen des Spitzenpersonals hört sowie Chancen der Nachfrage und Diskussion hat. Hier, in den nicht-öffentlichen Fraktions-, Vorstands-, Präsidiumssitzungen und in der endlosen Flut von Telefon-, Handy-, SMS-Kommunikationen ist – außerhalb des engsten Führungszirkels – relativ am meisten über strategische Hintergründe, Absichten, Optionen in Erfahrung zu bringen und bei Bedarf zu diskutieren. Die oben beschriebenen Restriktionen sind davon unberührt – der Strategieprozess bleibt weit hinter seinen Möglichkeiten zurück.[225]

Wichtiger als die Einwirkung ist die Wirkung: Wenn man das Segment *aktive Bundespartei* für seine Politik – mit den entsprechenden strategischen Implikationen – gewinnt, hat man sehr große Chancen, auch die Partei als Ganze zu gewinnen. Auf diesem Wege zieht man die vielen mit, die beispielsweise im Wahlkampf aktiv werden, und prägt die Konstellationen auf Parteitagen. Wenn es hier zu gravierenden Spaltungen und Konflikten kommt, lahmt der Wahlkampf, wächst die Bedeutung von Parteitagen, die nur dann vor wirklich offene Alternativen gestellt werden.

Bei den Grünen bewegt sich die aktive Bundespartei in einer Größenordnung von ca. 150 Leuten, bei der SPD von vielleicht 450 Leuten. In eine solche, sehr grobe Schätzung geht die Zahl der Abgeordneten, der Vorstandsmitglieder, der Delegierten „kleiner Parteitage"[226] sowie des relevanten Regierungspersonals[227] ein. Dabei kommt es nicht auf eine zahlenmäßig exakte Abgrenzung an, sondern auf die Mehrstufigkeit der Wirkungszusammenhänge, die auch für Beteiligung gilt.

Wenn überhaupt, dann ist die aktive Bundespartei Resonanzboden strategischer Überlegungen der Parteispitze. Da sie auch in besonderer Weise Träger politischer Karriereinteressen ist, dadurch am unmittelbarsten von Erfolg und Misserfolg der Partei abhängig bleibt, ist schon von daher in diesem Segment ein besonderes Sensorium für Erfolgsfaktoren entwickelt.

Geschlossenheit

Geschlossenheit und Parteidisziplin stellen sich weder spontan noch durch Selbststeuerung aller beteiligten Akteure ein. Wie die Koordination bedarf Geschlossenheit der stetigen Einwirkung der Führung und ihrer Helfer. Appelle, die in den früheren Solidargemeinschaften – wenn sie nicht ideologisch erhitzt waren – ausreichten, sind heute durch Individualsteuerung ersetzt. Man braucht schon Anruf oder SMS, um anschließend einer Sprachregelung zu folgen oder sogar einmal zu schweigen. Individualisierung und Mediendemokratie

---

[225] Vgl. Kapitel 4.
[226] Zum Beispiel *Parteirat* (bei großer Mitgliederzahl mit einem Abschlag).
[227] Minister mit politischem Führungsstab und Ministerpräsidenten der Partei.

machen die Herstellung von Geschlossenheit zu einer Herkules- und Daueraufgabe der Führung. Gleichzeitig ist ihre Bedeutung für Wähler und Öffentlichkeit noch gewachsen. Wahlerfolge und demoskopische Konjunkturen korrelieren in verblüffendem Maße mit perzipierter Geschlossenheit. Für Wähler in entideologisierten Gesellschaften ist Geschlossenheit ein wichtiger Indikator geworden. Er informiert über die Handlungsfähigkeit der Parteien und über die Führungsfähigkeit der Spitzenpolitiker.

Reziprozität

Reziprozität ist eine starke Norm für die Beziehungen zwischen Führung und Aktiven (im weiten Sinne): wechselseitige Verpflichtungen auf Grund komplementärer Leistungen. Idealtypisch funktioniert das so: Aktive akzeptieren eine beachtliche Autonomie und Flexibilität der Führung, weil dies für deren Führungs- und Steuerungsleistungen notwendig ist. Führung akzeptiert Ansprüche der Aktiven an Führungsauswahl und Richtungsbestimmung, weil diese Geld, Wahlkampfaktivitäten und gesellschaftliche Multiplikatorenpraxis beisteuern.

Solidarität ist eine Hintergrundnorm, die für den Zusammenhalt einer Partei unerlässlich bleibt, allein aber die vielfältigen Handlungslogiken nicht mehr zusammen führen kann.[228] Pocht jeder der beiden Handlungspole, Führung und Aktive, nur auf seine Leistungen für die Organisation, fordert die Anpassung des jeweils anderen, zerbricht die notwendige solidarische Balance in der Freiwilligenorganisation.

Es ist nicht generell zu bestimmen, wie Reziprozität zwischen Führung und Aktiven aussieht. Vertrauensvorschuss in Erwartung späterer Leistungen; eher stilles Einverständnis mit der Norm als wechselseitiges Aufrechnen; pragmatischer Umgang mit Widersprüchen; mindestens gelegentliche praktische (und nicht nur rhetorische!) Bestätigung der Reziprozitätserwartung wären vorsichtig formulierte Beispiele. Ausschließung von Beteiligung scheitert ebenso wie ausschließliche Beteiligung. Ungleichgewichte durch eine Politik des imperativen Mandats waren nur Episoden,[229] anhaltend sind elitistische Fehlwahrnehmungen legitimer Beteiligungs- und Diskussionsinteressen. Häufig setzt sich die Führung über Reziprozitätserwartungen einfach hinweg. Nie allerdings gelingt es dauerhaft, die Interessen der Aktiven zu negieren. Kritikserien oder kleine Revolten sind auch Versuche, ein gewünschtes reziprokes Gleichgewicht wieder herzustellen.

Große innerparteiliche Revolten sind meist nicht nur Ausdruck enttäuschter Reziprozitätserwartungen, sondern werden zusätzlich durch innerparteiliche Macht- und Konkurrenzkämpfe (zum Teil auch Richtungskonflikte) überlagert. Der am längsten und von Führungspersonal vorbereitete Putschversuch richtete sich 1989 ausgerechnet gegen Helmut Kohl, dem am umfangreichsten mit seiner Partei kommunizierenden Bundeskanzler. Der von Heiner Geißler und Lothar Späth angeführte Putsch wollte – auf dem Hintergrund einer beängstigenden Niederlagenserie der regierenden Union – eine Kurskorrektur und (mindestens) die Ablösung von Kohl als Parteivorsitzendem. Trotz guter medialer Vorbereitung war der Aufstand chancenlos gegen die Mobilisierung des von Kohl dauerhaft gepflegten innerparteilichen Netzwerks (vgl. Kohl 2005). Erfolgreich dagegen war der zweite große Putsch der bundesrepublikanischen Parteiengeschichte, bei dem Oskar Lafontaine – mit

---

[228] Vgl. Raschke (1993: 686f.) zum Verhältnis von Reziprozität und Solidarität in Parteien am Beispiel der Grünen.
[229] Selbst bei den Grünen, die ein Jahrzehnt mit Basisdemokratie experimentiert haben, spielte das imperative Mandat in der Praxis immer nur eine Randrolle (vgl. Raschke 1993).

Unterstützung Gerhard Schröders – den amtierenden Vorsitzenden Rudolf Scharping aus dem Amt drängte. Dies gelang als Überraschungscoup auf dem Mannheimer Parteitag 1995, mit einer fulminanten Saalrede, allerdings auch auf dem Hintergrund einer verheerenden Niederlagenserie der SPD und gegenüber einem glücklosen und isolierten Vorsitzenden.

Schwächer als eine Norm der Reziprozität wäre es, Balancierung zwischen den verschiedenen strategischen Anforderungen als Daueraufgabe zu formulieren. Zustimmung, Geschlossenheit und Motivierung bedürfen der Ausbalancierung mit den Partizipations- und Mitbestimmungsinteressen der Aktiven.

Die (eher passive) Mitgliedschaft ist eine zusätzliche Machtressource. Sie kann – zum Beispiel bei Richtungsdifferenzen – gegen die Aktiven mobilisiert werden, aber sie kann deren, für die Partei notwendigen Leistungen nicht ersetzen. Auch für diese internen Steuerungsaufgaben ist die Führungsspitze auf ein professionelles Management angewiesen. Ohne gezielte Dauereinwirkung kann eine moderne Partei nicht gleichzeitig kalmiert, kanalisiert und aktiviert werden.

Organisationsfragen sind Machtfragen. Diese Maxime spiegelt eine Grundorientierung, die hinter Herbert Wehner zurückgeht und über ihn hinaus weist, für ihn als Strategen aber besondere Bedeutung hatte. Leute des Handgemenges und längeren politischen Überlebens wie Helmut Kohl oder Franz Müntefering wussten das besser als Edelgeister wie Ludwig Erhard, Kurt Georg Kiesinger oder Carlo Schmid. Kampf um Organisationsmacht, Organisationssteuerung, Organisationsreform – alles Ausdruck eines Bewusstseins, dass Strategie durch Macht hindurch und von ihr getragen sein muss.

Exkurs: Organisationswissen

Organisationen, ihre Führungen und strategischen Zentren haben massive Probleme bei objektivierender Selbstbeobachtung. Kritisches Organisationswissen ist zugleich Macht- und Herrschaftswissen: es kann nicht nur nach außen, zum Beispiel zur Effizienzsteigerung, eingesetzt werden, sondern auch intern zu Machtkämpfen. Diese Machtfunktion erklärt in erheblichem Maße die hohe Selektivität von Organisationswissen. Letztlich bestimmen Organisationsvorstellungen und Interessen der Führung die Art des gesuchten Organisationswissens.

Tabuisierung der Top-Ebene. Von sich aus hat die Führung kein Interesse an einer Untersuchung ihrer Strukturen, Konflikte und Kooperationen, Leistungen und Problemzonen, obwohl die Führungsebene für das gesamte Strategy-Making besonders wichtig ist.

Ungewöhnlich war deshalb die Einzelinitiative, im Rahmen von Organisationsreform eine Unternehmensberaterin um erste analytische Beobachtungen zur Führungsspitze der SPD zu bitten – das Ergebnis war vernichtend (vgl. Blessing 1993: 112ff.). Schon wegen der – herrschaftsmäßig kontrollierten – Zugangsschwierigkeiten sind externe, nicht beauftragte Analysen von Führungsstrukturen und -prozessen rar.

Top-down-Interessen. Weil die Führung die Organisation braucht, werden – wenn auch diskontinuierlich und unsystematisch – Studien über Mitglieder und Aktive auf den unteren Ebenen in Auftrag gegeben. Motive, Kommunikationsgewohnheiten oder Aufmerksamkeitsverteilungen können als Steuerungsgrößen für Führungen bzw. ihre Apparate interessant sein.[230]

Selbst die einfache Mitgliederstatistik enthält relevantes Organisationswissen wie Fluktuation, Alters- und Generationenstrukturen, Geschlechterzusammensetzung. Tatsächlich ist das Interesse der Führung an objektiviertem Organisationswissen über Mitglieder bzw. Aktive gering. Das erklärt sich durch verbreitete Vorstellungen von der Irrelevanz (aktiver) Mitglieder für den Organisationserfolg, insbesondere bei Wahlen (vgl. Wiesendahl 2006). Damit verbindet sich ein Desinteresse an reziproken Prozessen. Die regelmäßige Mitarbeiterbefragung, die sich in der modernen Verwaltung durchsetzt (nicht zuletzt, um Unzufriedenheiten rechtzeitig bearbeiten zu können), ist – paradoxerweise – für die Freiwilligenorganisation Partei bisher undenkbar.

Unerwünschtes Konfliktwissen. Die objektivierende Analyse von Strömungen, Faktionen, organisationsinternen Konfliktakteuren jeder Art ist aus Sicht der Parteiführung unerwünscht. Entstehen solche Studien doch, instrumentalisiert man darin enthaltenes Wissen. So hatte die Arbeit „Innerparteiliche Opposition" (Raschke 1974) die Erfolgsfaktoren für parteiinterne Oppositionsgruppen systematisch untersucht. Später war zu hören, im Apparat der Parteiführung sei die Studie gegen den Strich gelesen worden: so wusste man, wie man die Opposition gezielt bekämpfen konnte.

Auch die Grundhaltung einer Evaluations-Vermeidung ist hier einzuordnen. Das Vermeiden oder Verhindern selbstkritischer Evaluation zum Beispiel von Wahlniederlagen oder gar von Organisationsprozessen erklärt sich aus der Angst vor Konflikten, die aus kritischem Organisationswissen hervorgehen könnten.

Ein aufgeklärtes Gesamtinteresse der Organisation würde anderes Wissen hervorbringen. Ein vertieftes Interesse an Organisationsfragen haben (Teile von) Parteieliten allenfalls in Umbruchsituationen. Danach herrscht eher Desinteresse. Obwohl für eine längerfristige Strategieperspektive von größter Bedeutung, weil dadurch spätere Erfolgspotentiale erweitert oder begrenzt werden, begnügen sich die Führungsleute meist mit kurzfristiger Interessenverfolgung unter der Bedingung eines Maximums an Dispositionsfreiheit. Eine schonungslose, selbstkritische Organisationsanalyse, aus der eine strategische Option („Netzwerkpartei") entwickelt wird – wie das Matthias Machnig (2001) als Bundesgeschäftsführer der SPD getan hat –, geht an solcher Interessenlage vorbei.

6.2 Adressat

Demokratie ist eine Veranstaltung von und für Bürger. Sie bleiben, auch ohne idealistische Beimengungen, zentraler Bezugspunkt strategischer Politik in der Demokratie. Seitdem Wähler begonnen haben, (wirklich) zu wählen, seitdem sie ihre Unberechenbarkeit erhöht haben, sind sie – die das Spiel zwar nicht beherrschen, aber am längeren Hebel sitzen – der letzte und vielleicht schwierigste Bezugspunkt, an dem die Politik nicht vorbeikommt.

Demokratie ist ein komplexes System, in dem mehrere Werte und Ziele mit vielfältigen Institutionen und Verfahren verknüpft werden. Gleiche und geheime Wahlen sind ein historisch spätes Produkt demokratischer Praxis und Theorie. Seit 1945, als sich in den

---

[230] Zum Beispiel die im Auftrag des SPD-Parteivorstands von polis (Leitung: Horst Becker) durchgeführte Befragung von Mitgliedern und Funktionsträgern der SPD (vgl. Blessing 1993: 192ff.).

westlichen Demokratien die Systemalternativen verflüchtigt hatten, wurden Wahlen zentral für den demokratischen Prozess. Das galt für die Bürger, die Parteien, die Politiker.

Die Zentralität von Wahlen ist theoretisch mit guten Gründen bestreitbar (Schmitt 2005). Auch empirisch lässt sich zeigen, dass anderswo mehr Qualität von Information, mehr Intensität des Engagements, mehr Chancen der Interessenberücksichtigung bestehen. Die Wahl ist gleichzeitig ein Reduktions- und Aggregations-Mechanismus: idealtypisch wird nur eine Stimme gegen ein ganzes Politikpaket von Themen, Positionen, Personen, Images, Botschaften und auch Problemlösungsleistungen getauscht, wobei die Alternativen auf ein A oder B reduziert werden. Fast unmöglich für den Wähler, sich hier so präzise auszudrücken, dass man ihn richtig versteht. Und dennoch ist Wahl der grundlegende demokratische Mechanismus der Machtzuweisung. Als institutionalisierte Sanktion verfügt der Bürger nur über das Stimmrecht.[231]

Wie immer, schneidet Strategie die begrenzteren, folgenreichen Ansatzpunkte aus breiteren Kontexten heraus. Wahl ist ein privilegierter, operativer Fokus von Demokratie. Wähler sind ein Ausschnitt aus einer breiten Bürgerrolle. Strategie grenzt ein und fokussiert, um Wirkungsketten aufbauen zu können. Wenn sie gut ist, behält sie den Kontext im Blick, und sie operiert dort, wenn der Ausschnitt zu eng wird. Kontext heißt: Wahl mit Demokratie-, Wähler mit Bürgerhintergrund. Beide gesellschaftlich eingebettet, das heißt mit Bezügen zu Zivilgesellschaft, Markt und (institutionalisierter) Politik.

Worin besteht das, über die Wählerrolle hinausgehende *Bürger-Mehr*, das auf sie zurückwirkt und die Wähler häufig und zunehmend zu einem schwierig erreichbaren Adressaten strategischer Politik machen?

Andere Akteure: Interessenverbände, Initiativen, soziale Bewegungen. Diese themen- und interessenspezifischeren Organisationen bieten die direkteren Problem-Politik-Verknüpfungen. Sie alle haben mehr konkreten Problembezug als die aggregierenden, generalisierenden und konkurrierenden Parteien. Allerdings bietet keiner dieser Akteure ein funktionales Äquivalent für die Hauptfunktionen von Parteien. Sie wirken deshalb überwiegend komplementär, nicht alternativ.

Andere Gesichtspunkte: Bürger haben vielfach „parteilose" bzw. sich von Parteien entfernende Problembezüge. Sie sehen erst auf das Problem, dann auf vieles andere, auf Parteien als Problemlöser eher später und nicht so häufig, wie Parteien sich das vorstellen. Die Zahl der Bürger wächst, die keiner der Parteien bei relevanten Themen Problemlösungsfähigkeit zutrauen.

Während Parteien und Politiker häufig mit dem Input oder auch dem Output „fertig" sind, beurteilen Bürger Politik eher nach dem Outcome: was kommt bei ihnen wirklich an? Entgegen der Annahme vom nichts als Eigennutzen maximierenden Bürger mischen sich ins Bild „republikanische" Gesamtverantwortung, kollektive vor nur individuellen, altruistische vor egoistischen, gemeinwohlorientierte vor partikularen Interessen (Münkler/Krause 2001).

Das *Bürger-Mehr* ist eine Ressource für die Regierenden, die sich staatlicher Verantwortung zugunsten der Zivilgesellschaft zu entledigen versuchen. Gleichzeitig ist es ein Einfallstor für die Erosion tradierter, partei- und staatsbezogener Loyalitäten. Wahrscheinlich steigert Letzteres auf der Wählerebene nur die Unberechenbarkeit, ist aber unmittelbar folgenreich auf den unteren Organisationsebenen von Mitgliedern und Aktiven. Dort gibt es

---

[231] Zumal, wenn man das Stimmrecht für „Wahlen und Abstimmungen" zusammenfasst.

unter anderem Vorschläge, auf diesen Wandel mit neuen, entkernten Parteikonzepten zu reagieren (z.B. Netzwerk- oder Fraktionspartei).

So sehr Wahl als Institution in sich deutliche Grenzen zeigt, ist der *Stellenwert* von *Wahlen* für Strategieakteure noch gewachsen. Das spiegelt sich in Auffassungen einer permanenten Kampagnen wider, zum Teil als Organisation, vor allem aber als Orientierung. Dauer-Wahlkampf ist die Antwort auf eine Vielzahl von Zwischenwahlen (wie in Deutschland), die durch massenmediale Aufmerksamkeit an Bedeutung gewonnen haben. Die Orientierung an Wählern, ihren Einstellungen und Präferenzen, wird durch die kontinuierliche Veröffentlichung demoskopischer Zwischenergebnisse dramatisch gesteigert. So wurden Wähler durch Demoskopie zu Dauer-Wählern. Die Parteiapparate versuchen, ihnen durch forcierte Professionalisierung auf der Spur zu bleiben.

Welche Ausschnitte bzw. Wirkungsformen des Bürgers sind für Strategieakteure besonders relevant?

- Wähler
- Bürger als Befragte
- Medienvermittelte Bürger
- Bürger als Organisierte
- Direkte Bürgerkontakte
- Bürger-Proteste

Wähler

Strukturell sind Wahlen, wie ausgeführt, eine eher ungenaue Mitteilungsform für Bürgerwillen, ihre besondere machtpolitische Bedeutung und ihre Verbindlichkeit aber machen sie zu einer privilegierten Chance für Bürgereinfluss.

Wieweit sind die Adressaten *berechenbar*? Das ist für kalkulierende Strategieakteure eine wichtige, schwierig zu beantwortende Ausgangsfrage. Empirisch gesichertes Wissen darüber existiert kaum. Nicht nur deshalb – selbst besseres Wissen müsste ja nicht verbreitet sein – hängt die Antwort erheblich von den Bürger- und Wählerbildern ab, die Spitzenleute haben. Dabei fließen überschießende politische Menschen- und Weltbildelemente mit ein, die sozialisiert wurden und nicht frei zu wählen sind. Wie auch immer zustande gekommen, haben Spitzenpolitiker generalisierte Einschätzungen des Ausmaßes von Rationalität, Veränderungsbereitschaft, Mehrfachorientierungen von Wählern sowie Annahmen über deren pro- oder retrospektive Orientierungen:[232]

Ausmaß zugerechneter Rationalität

Über den Prozess des Zustandekommens von Wählerpräferenzen weiß man relativ wenig.[233] *Rationalität* kann in den Strukturen liegen, wenn die Wählerpräferenz auf Grund relativ stabiler Anhaltspunkte einen höheren Grad an Berechenbarkeit erhält. Rationalität kann, bei individuell offeneren Entscheidungsprozessen, auch über Interesse und Informationsgrad als möglichen Indikatoren eingeschätzt werden.

Politiker werden sich, nicht zuletzt vermittelt über eigene Erfahrungen auf Marktplätzen, in Sprechstunden, Studios oder wo auch immer, ein Bild über politisch-rationale Fä-

---

[232] Die folgenden Ausführungen dienen der Illustration einiger weniger, situationsübergreifender Merkmale des Wähler- bzw. Bürgerbilds von Politikern.
[233] Vgl. zur Kritik Gabriel/Keil (2005).

higkeiten von Bürgern machen. Es ist eine empirische Frage, ob sie dabei zu positiven oder negativen Ergebnissen kommen. Wegen der Gemengelage von hochtrabender Bürger-Rhetorik, realistischen Beobachtungen und Zynismus fällt es schwer, dazu auch nur eine begründete Hypothese aufzustellen. Denkbar ist eine hohe Ambivalenz und Unentschiedenheit des Urteils.[234]

Vor allem dürfen Politiker ihre Rationalitätsformen nicht mit denen der Bürger verwechseln. Die persönliche Bedeutung von Politik ist für die meisten Bürger gering, ihr politischer Aktivitätsgrad und die Einschätzung eigener politischer Einflussmöglichkeiten ebenso. Gleichzeitig sind eher Mehrheiten der Menschen, mit denen Politiker – zum Beispiel bei Wahlen – rechnen müssen, politisch interessiert. Sie bekunden Informationsbereitschaft, diskutieren mindestens gelegentlich über Politik und schätzen sich als politisch kompetent ein.[235] „Wähler sind keine Narren" (Key 1966), besser greift das Bild des „schlafenden Riesen" (Schattschneider 1975), mit dem man im Prinzip immer, aber nicht jederzeit rechnen muss.

Bei pragmatischem Herangehen könnten drei Vorannahmen greifen: eine Rationalitäts-, eine Schichtungs- und eine Übersetzungs-Prämisse. Die *Rationalitäts-Prämisse* lässt offen, wie umfassend und kontinuierlich Rationalität im Spiel ist, orientiert sich aber – gewissermaßen zur Sicherheit – an deutlichen Belegen für die Wirksamkeit politischer Rationalität. Diskutierendes Publikum; kenntnisreiche Meinungsführer, denen sich andere mit guten Gründen auf den Feldern anvertrauen, wo sie selbst nicht mehr für Informationsbeschaffung „ausgeben" wollen;[236] eine auffällig „rationale" Korrespondenz zwischen politischen Ereignissen und Wählerschwankungen;[237] Akzeptanz anfangs abgelehnter Maßnahmen nach intensiver öffentlicher Information und Debatte – es gibt viele Anhaltspunkte für Rationalitätsfähigkeit und -bereitschaft, deren Negierung für den Politiker selbst zu negativen Konsequenzen führen kann.

Die *Schichtungs-Prämisse* geht realistischerweise davon aus, dass politisches Interesse, Informationsgrad, Diskursfähigkeit sehr ungleich verteilt sind. Ralf Dahrendorf, Soziologe und Politiker (als der er sich auch darüber Gedanken machen muss), hat schon früh ein Modell mehrerer Schichten vorgeschlagen,[238] über deren Verbindungen, Durchlässigkeiten und unterschiedliche Erreichbarkeit man bis heute wenig weiß. Nur selten greifen (Medien-)Ereignisse – wie zum Beispiel große Kandidaten-Debatten im Fernsehen – unmittelbar auf informationsferne Schichten durch. Politiker müssen sich auf unterschiedlichen Kommunikationsebenen unterschiedlich bewegen, ohne scharfe Konturen vor Augen und ohne die Rückkopplungen wirklich kontrollieren zu können.[239] Jedenfalls wird ein politischer Akteur unter der Schichtungs-Prämisse mit unterschiedlichen Referenzen rechnen, wie auch immer seine Kalkulationen ausfallen mögen.

---

[234] Ein Meinungsforscher wies im Interview darauf hin, dass es beides gibt, den rationalen Wähler, der nicht nur inhaltlich ansprechbar ist, sondern auch angesprochen werden will, und den politikfernen Wähler, den man nur emotional erreicht, über Bilder, Personen oder ganz bestimmte Themen.

[235] So stimmten 60 Prozent der Aussage zu: „Wichtige politische Fragen kann ich gut verstehen und einschätzen" (1998). Dafür und für weitere empirische Belege vgl. Niedermayer (2001).

[236] Vgl. Schmitt-Beck (2000).

[237] Das zeigen auch die täglich erhobenen Meinungs- und Präferenzdaten im Rahmen des „Polit-Trackings" (vgl. Güllner 2002: 73ff.).

[238] Vgl. Dahrendorf (1974).

[239] Die Wissenskluft-These behauptet, dass sich das Informationsgefälle zugunsten der Höhergebildeten durch deren gezielte Mediennutzung zunehmend verschärft.

Die *Übersetzungs-Prämisse* hängt eng damit zusammen und sagt, dass Politiker ihre Sprache unterschiedlichen Kontexten anpassen müssen, um auf jeweiligem Rationalitätsniveau verstanden zu werden. Keineswegs aber ist die politische Insider-Sprache von vornherein rationaler als das für politikfernere Kreise Gedolmetschte.[240]

Ausmaß zugerechneter Veränderungsbereitschaft

Rationalitätsannahmen bleiben wichtig: Argumente, Anreize, Ankündigung oder Zwang,[241] Manipulation,[242] Schock – solche Alternativen werden aber überlagert durch die Frage nach Gewinnern und Verlierern. Dabei übersteigt die Zahl *subjektiver* Verlierer oft die der Gewinner, zumal, wenn der angestrebte Vorteil in der Zukunft liegt, die Belastung aber aktuell greift, oder eine stagnierende Ökonomie Reformbereitschaft zusätzlich blockiert.

Reformen sind der Reifetest für Politiker und Bürger, Mangel an argumentativem Leadership und abwägender Veränderungsbereitschaft können beide scheitern lassen. Wenn die Herrschenden nicht mehr können, die Beherrschten nicht mehr wollen, ist das System noch nicht zu Ende – wenn die Annahme stimmt, dass es den Ausweg in die Revolution nicht mehr gibt.

Einfache oder multiple Orientierungen

In einem System geronnener Gesellschaftskonflikte, dominanter Stammwählerschaften und starker Parteiidentifikation waren auch die daran angepassten Orientierungen vergleichsweise einfach. Die Bildung von Parteipräferenz war kein Such- und Abwägungsprozess, in dem gleichzeitig viele Gesichtspunkte für den einen wie den anderen (oder auch gegen alle Parteien) sprachen. Heute steht einer äußeren Reduktion von Parteigegensätzen eine innere Pluralisierung von Präferenzgesichtspunkten bei den Wählern gegenüber. Ein messbarer Ausdruck davon ist die wachsende Zahl von Unentschiedenen. Das erschwert die Kalkulation der politischen Strategen.

Retrospektive oder prospektive Orientierungen

Würdigen die Wähler mit ihrer Stimme die Bilanz (vor allem) der Regierung oder Zukunftsentwürfe und Versprechungen? Sind sie retrospektiv oder prospektiv orientiert? Die Wählerforschung sagt, dass Wähler stark retrospektiv, das heißt, an der Gesamtbilanz der Regierung orientiert sind (Schoen/Weins 2005). Sie wählen eher eine alte Regierung ab, als dass sie für eine neue Regierung wählen. Andererseits gibt es keine Dankbarkeit. Wahlkämpfer machen die Erfahrung, dass Regierungsparteien, die nicht auch klar sagen, wofür sie noch gebraucht werden, schlechtere Chancen haben. „Zukunftsfähigkeit" ist eine wesentliche Schlüsselvariable, in der verschiedene Kompetenzzurechnungen und Vertrauen in die zukünftige Handlungsfähigkeit einer Partei einmünden. Wie auch immer die Gewich-

---

[240] Ein Demoskop im Interview: „Auch diejenigen, die an eine Grundrationalität glauben, treten häufig zu anspruchsvoll, mit eigenem Anspruch beladen, an die Bürger heran. Sie überfordern die Leute. Wir malen den Politikern ein Quadrat auf, voll von dem, was die Menschen beschäftigt. Darin ein ganz kleines Quadrat, das ist das, was Politik angeht. Und in diesem Quadrat gibt es noch ein Miniquadrat, das ist das, was politische Kommunikation überhaupt erreichen kann."

[241] Zu dem gehört auch der „Sachzwang" mit dem Standard-Satz „Es gibt keine Alternative."

[242] Zum Beispiel „Zuckerbrot und Peitsche".

tung entschieden (und empirisch geklärt) wird, die Balance zwischen pro- und retrospektiven Anteilen im Wählerurteil bleibt ein wesentlicher Bezugspunkt für Strategieakteure.

Das heißt auch: sie müssen nicht nur die *Zustimmung*, sondern ebenso die *Erwartung* der Wähler steuern. Sie müssen den Bürger als Wähler gewinnen und mit dem Bürger erfolgreich regieren. Erwartungssteuerung hat Einfluss auf das Wählerurteil, zum Teil unabhängig von tatsächlichen Leistungen und erfolgsverkündender Öffentlichkeitsarbeit.[243] Die Erwartungen zukünftigen Handelns dürfen nicht übersteuert werden.

Von all diesen Zusammenhängen werden generelle Strategien des Wählerumgangs beeinflusst. Rationalitäts-, Veränderbarkeits-, Komplexitäts-, Pro-/Retrospektiv-Annahmen spiegeln sich in den Kalkulationen und Strategien selbst.

Der Wähler ist eine zu große Folie für spezifische strategische Orientierungen. Wieweit ergeben sich aus Strukturierungen der Wählerschaft strategische Ansatzpunkte? Erst eine *Segmentierung* der Wähler bringt ein Profil des für strategische Zwecke gemeinten Wählers. Allerdings liegen mögliche Erfolge nicht in der Addition von begrenzten Zielgruppen. Die großen Setzungen müssen übergreifend sein. Teil- bzw. Zielgruppenstrategien sind dann Muster im Teppich, der nicht Flickenteppich sein darf.

Wegen der wachsenden Differenziertheit und des rasanten Wählerwandels braucht man als strategischer Akteur aktuelles Wissen. Der Merkposten Wähler im Orientierungsschema sagt ihm nur, dass er diesen Punkt immer präsent haben muss. Dass er als zu klärender Bezugspunkt, nicht in der Einzelinformation, „in Fleisch und Blut" übergegangen sein muss. Darüber hinaus gibt es bei erfahrenen Spitzenpolitikern ein Wissen oder auch nur ein Gefühl für die „von uns nicht erreichbaren" Wähler. Auch für die unsicheren Kantonisten, für die Risiken anders berechnet werden müssen als für Kernwähler.

Bürger als Befragte

Demoskopie hat die Bürger noch einmal auf andere Art zum Sprechen gebracht. Erst nach dieser Art von Befragung können Politiker – methodisch kontrolliert – generalisierte Annahmen über die Verteilung von Orientierungen und Meinungen machen. Sie dürfen solche Äußerungen nicht als Direktive, sondern nur als Rohmaterial von Politik verstehen.

In der *dialogischen Demoskopie*[244] antwortet der Politiker den Bürgern, indem er auf deren Positionen reagiert. Er kann Instrumente und Problemlösungen verändern, für seine Argumentation lernen oder auch seine Policy-Pläne verwerfen. Durch neue Befragungen erfährt er die Antwort der Bürger und kann erneut darauf reagieren. So ist – via Demoskopie – ein Dialog möglich, der in seinen repräsentativen Qualitäten (unterhalb von Wahlen und Abstimmungen) durch nichts überboten werden kann. Meinungen von Bürgern können sich dabei ebenso verändern wie Meinungen und Maßnahmen von Politikern.

Medienvermittelte Bürger

Auch Massenmedien können Bürgern eine zusätzliche Stimme verleihen. Nicht so sehr durch Leserbriefe, Telefonaktionen, Bürgerforen, als vielmehr durch die mitlaufenden Verstärkungseffekte für Bürgerwillen, die sich aus Kundenorientierung (Quote, Auflage) oder journalistischem Rollenverständnis (Information, Kritik) ergeben. Daraus resultiert meist nicht die Richtung der Politik, aber eine zusätzliche Warnung vor ihren Fehlern. Medien

---

[243] Vgl. dazu das Kapitel 10.
[244] Vgl. dazu den Exkurs zu strategierelevanten Verfahren am Ende des Kapitel 9.

sind eine der wichtigen Informationsquellen, um zu wissen, wo die Bürger der Schuh drückt. Falsch läuft es, wenn sie zum alleinigen Dreh- und Angelpunkt politischer Orientierung werden. Denn Medien spiegeln Bürgerinteressen und -auffassungen nicht einfach ungefiltert.[245] Es gibt (politische) Eigeninteressen der Medien, die sie – begrenzt – in Gegensatz zu ihren Kunden bringen können. Dennoch achten strategische Politiker auch auf Medien, um ihre Adressaten besser zu verstehen.

Bürger als Organisierte

Als Mitglied oder Funktionsträger von Interessenorganisationen tritt der Bürger der politischen Führung öfter vermittelt, seltener direkt gegenüber. Einerseits wird der organisierte Bürger stärker themenbezogen wahrgenommen, andererseits entsprechend der zugeschriebenen Relevanz seiner Organisation. Die wird nach Kriterien wie Konfliktfähigkeit, Mitgliederzahl, Heterogenität, Zielaffinität, politische Interventionsfähigkeit „berechnet".

Der höchste Organisationsgrad der Bürger besteht bei den Interessenorganisationen[246] – im Vergleich dazu ist der parteiliche Organisationsgrad marginal. *Interessenorganisationen* alten und neuen Typs organisieren nahezu jeden Punkt gesellschaftlicher Interessen, wenn auch mit unterschiedlichem Gewicht. Dabei ist es sinnvoll zu unterscheiden zwischen Organisationen, deren Hauptfunktion auf *Intervention* gerichtet ist und solchen, die schwerpunktmäßig mit *Selbsthilfe* befasst sind (Raschke 1985: 266ff.). Die klassischen Interessenverbände sind die wichtigsten Träger kontinuierlicher politischer Intervention, aber ebenso gehören Vereine oder Bürgerinitiativen mit primär politischen Einflussabsichten dazu. Dieses Doppelgesicht der Zivilgesellschaft von (politischer) Intervention und (gesellschaftlicher) Selbsthilfe beeinflusst auch die Orientierungen der Strategieakteure.

Die der Selbsthilfe dienenden Organisationen, die primär auf unmittelbare Bedürfnisbefriedigung bezogen sind, entlasten die strategischen Akteure des Party-Government, weil so einiges in gesellschaftlicher Selbstorganisation geregelt werden kann, wofür der Markt nicht geeignet bzw. womit Politik überfordert wäre.[247] Der politische Interventionsbereich dagegen erhöht die Komplexität für den kalkulierenden Strategieakteur. Hier sind zahlreiche Fallen für ihn aufgebaut.

Interessenpolitische Affinität eines Verbands zur korrespondierenden Partei, personelle Verflechtungen, häufige Interaktionen, parallele Mobilisierungen – das alles nutzt der Partei. Gleichzeitig werden bei der Problemlösung und der Wahlkampfkonkurrenz Rechnungen für enttäuschte Erwartungen aufgrund besonderer Nähe vorgelegt. Die stehen quer zur erweiterten Logik von Problem- und Konkurrenzpolitik, die auch eine breitere Interessenberücksichtigung erfordern als es der einzelne, intervenierende Verband nahelegt. Der Unterstützungsvorteil verkehrt sich so in den Stress erschwerter Kalkulation, bei der Vorgegen Nachteile zu verrechnen sind.

---

[245] Vgl. zum Dreiecksverhältnis von Sprechern, Vermittlern und Publikum Kapitel 6.5.3.

[246] Dieser Begriff umfasst hier die auf den Policy-Prozess bzw. staatliches Entscheidungshandeln bezogenen Interessenverbände sowie die Vielfalt anderer Freiwilligenorganisationen wie Vereine, organisierte Initiativen, Selbsthilfegruppen. Soziale Bewegungen stehen zwischen unorganisiertem Protest und mehr oder weniger organisiertem Bewegungshandeln. Sie werden unter *Bürgerproteste* angesprochen.

[247] In Deutschland zeigen die Wohlfahrtsverbände einen hohen Grad an *Staatslastigkeit*, bei gleichzeitiger *Entpolitisierung*. Dass im gesamten dritten Sektor das manifeste politische Handeln begrenzt ist, belegt auch die Frage nach den Motiven für das Engagement in Freiwilligenorganisationen. „Politische Überzeugung" spielt – positiv – eine untergeordnete Rolle und trifft – negativ – auf den höchsten Ablehnungswert von zwei Dritteln der Befragten (Anheier/Priller/Zimmer 2000: 89).

Sind die Ankündigungen von Wähler-Sanktionen nur leere Drohungen von „Papiertigern"[248]? Verschreckt die demonstrative Nähe von Gewerkschaften bei den einen, Unternehmerverbänden oder katholischer Kirche bei den anderen die größere Zahl Nicht-Gebundener? An wen hält man sich bei einem Interessenverband, wenn dessen Führung anders redet als die Mitglieder denken oder die Mitgliedschaft ideologisch gespalten ist? Wie relativiert man die Vorteile von Repräsentanten mit Organisationsmacht im Hinblick auf die nicht oder schwach organisierten Interessen?

Ein Verband vertritt – selbst mit dem breiten Themenspektrum von Wirtschaftsverbänden, Gewerkschaften oder Kirchen – begrenztere Interessen als eine (große) Partei. Eine Partei wiederum ist interessenpolitisch schmaler aufgestellt als eine Regierung. Das Spannungsverhältnis zwischen Partikular- und Gemeinwohlinteressen besteht auf allen Stufen, vom Bürger bis zum strategischen Zentrum. Der Bürger ist Ausgangspunkt eines *doppelten* Vermittlungssystems von Verbänden/Vereinen/Initiativen und von Parteien. Am Ende des intermediären und des politischen Entscheidungsprozesses ist er Adressat strategischer Politik, die sich selbständig zwischen den Einflussversuchen partikularer Organisationsmächte und einem eigenständigen Urteil über gemeinwohlorientierte Problemlösung orientieren muss.

Starke und schwache Interessen, starke und schwache Organisationsmacht, organisationsinterne Spaltungen, partikulare und gemeinwohlförderliche Interessenorganisation – nie kann der Bürger als organisierter Interessenträger auf uneingeschränkte Responsivität der Strategieakteure rechnen. *Responsivität* muss sortieren, selektieren, kalkulieren. Das Vermittlungssystem organisierter Interessen hilft den strategischen Akteuren bei der Vorstrukturierung, erfordert dann aber von ihnen ein noch höheres Maß an Autonomie, strategischer Handlungsfähigkeit und Durchsetzungskraft, als wenn sie einer Gesellschaft gegenüber treten würden, die außer Unternehmen, Staatsapparat und Parteien nur atomisierte Individuen kennt.

Schon Abgeordnete nationaler Parlamente haben mehr Kontakte mit Interessenverbänden als mit Bürgern (Weßels 2000b: 45). Dies gilt potenziert für zentrale strategische Akteure. Nimmt man die Tendenzen zur Aushöhlung der Mitgliederrolle hinzu,[249] werden Interessenverbände zu „advokatorischen Organisationen" (Weßels 2000b: 44). Das wirft für Strategieakteure weitere Berechnungsprobleme auf: Eigenmächtigkeit von Verbandsführungen (Anpassung oder Radikalisierung), abnehmende Verpflichtungsfähigkeit von Interessenverbänden (die Konzessionen entwerten können), zunehmende Labilität von Verbänden, die als „reine Leistungsorganisationen (...) von ihrem Erfolg, ohne jeden weiteren Puffer, wie etwa Vertrauen" (Weßels 2000b: 46) abhängig werden.

Direkte Bürgerkontakte

Die direkte Interaktion mit Bürgern ohne Ämter in Organisationen bzw. Institutionen und ohne Medienfunktion ist für Spitzenpolitiker eher selten. Sie ist auf Wahlkämpfe konzentriert, in denen Spitzenleute Bürgern mit Persuasion und Agitation und fast immer mit Ein-Weg-Kommunikation begegnen.

---

[248] So die Charakterisierung amerikanischer Interessenverbände bei Morris (1999b: 105ff.).
[249] So Bernhard Weßels: „Statt Beteiligung von Mitgliedern kommt es zur Befriedigung der Bedürfnisse von Klienten." (2000b: 46).

Wichtiger ist für sie die *vermittelte* direkte Interaktion. Dabei wird ihnen zum Beispiel von Abgeordneten über Stimmungen sowie Ablehnung oder Zustimmung zu einzelnen Projekten in deren Wahlkreisen berichtet (vgl. Herzog et al. 1990). Dennoch: die Möglichkeiten, unverzerrt das ganze Spektrum des Bürgerwillens aus – unmittelbarer oder vermittelter – direkter Interaktion zu erfahren, sind äußerst begrenzt. Der Glaube, aus punktuellen Kontakten das Gesamtbild des Bürgers zu gewinnen, ist riskant. Alle Beschwörung von „Bürgernähe" hilft nicht: die virtuelle Kommunikation mit den Bürgern hat ein großes Gewicht.

Bürgerproteste

Proteste, ob mit oder ohne organisatorische Stützung, skandalisieren Unzufriedenheiten, bedürfen aber der Entzifferung und müssen für politische Problemlösungen anschlussfähig gemacht werden. Nicht zuletzt wegen der massenmedialen Verstärkungseffekte werden sie zu Themen, denen sich Politik stellen muss – ganz gleich was Politiker von Gründen und Ursachen des Protests halten. Soziale Bewegungen sind der – organisatorisch, ideologisch, symbolisch – weiter strukturierte Protest, der bei hinreichender Resonanz allein dadurch anhaltende Befassung seitens der Politik erzwingen kann.

Nicht jeder Protest und jede soziale Bewegung schreckt die Strategen des Party-Government auf. Unkonventionelle politische Aktivitäten können überraschen und gerade dann Wirkungen erzielen. Je mehr Kontinuität entsteht, formelle oder informelle Organisierung einsetzt, Demoskopie ein möglicherweise begrenztes und widersprüchliches Unzufriedenheitspotential erhebt, Lager-Affinität erkennbar wird, desto mehr Berechnung erfährt auch das Unkonventionelle. Bedrohlich wirkende Fernsehbilder können sich dadurch entdramatisieren (vgl. Gabriel 2000). Dennoch, es bleibt eine Perzeptions- und Bewertungsfalle. Entgegen der starken sozialstrukturellen Selektivität der Partizipation kann Protest repräsentativer erscheinen als er tatsächlich ist und es zu ungerechtfertigter Bevorzugung von Protestierenden kommen. Frei nach Bertolt Brecht: „die im Dunkeln sieht man nicht".

Ein *Resümee* ist schwierig – wie der Bürger selbst. Letztlich setzt sich der Adressat Bürger/Wähler für den Spitzenpolitiker aus einer Vielzahl von Mosaiksteinen zusammen, für deren Komposition er selbst die Verantwortung und bei Misslingen die Konsequenzen trägt. Wahlen konfrontieren ihn mit einem generalisierten und kanalisierten Bürgerwillen, Abstimmungen sind in Party-Government-Systemen eher selten und bleiben stark vom Parteieneinfluss überlagert. Zwischen den Wahlen dominieren punktuelle, themenspezifische Einflussnahmen, bei denen „starke" Organisationen im Vorteil sind. Die virtuelle Kommunikation via Demoskopie und Medien eröffnet den Spitzenpolitikern breite, responsive Einflussfelder. Die Bürger, so das paradoxe Fazit, sind als Adressaten zugleich *zentral* und *zentrifugal*. Sie entziehen sich einfachen Zuschreibungen, treten nie im Singular als *der* Bürger auf, sind in ihren Rationalitätskernen nicht leicht zu entziffern. Auf dieser Grundlage sind sowohl suchende, verstehende wie auch manipulative Strategien möglich. Am Ende steht die Beurteilung durch den Bürger bei Wahlen.

EXKURS: BÜRGER-/WÄHLERWISSEN

Das Wissen über Bürger ist letztlich nicht abgrenzbar. Es ließe sich aus einer Vielzahl von Untersuchungen mit anderen Schwerpunkten, aber implizitem Wissen zusammensetzen. Wegen seiner tendenziellen Unbegrenztheit und ungeklärter Bürger-Bilder sind die *Bürger* aber selten Fokus sozialwissenschaftlicher Analyse. So gibt es wenige Arbeiten, die verfügbares Wissen über Bürger zusammentragen und systematisieren.[250] Und auch sie bleiben hinter der nahe liegenden Komplexität des Gegenstands zurück.

Das Teilsegment des *Wählers*, so könnte man vermuten, ist angesichts einer breit fundierten Wahlforschung gut erschlossen. Tatsächlich ist er aber auch dort besser bekannt als Träger (sozial)struktureller Merkmale, als Teil von Theorien des Wählens, als Adressat von Wahlkämpfen denn als selbständiger Akteur in schwierigen und höchst ambivalenten Meinungs- und Präferenzbildungsprozessen (vgl. Gabriel/Keil 2005). In *Cleavage-Theorien* sieht man ihn in einem Maße kollektiv eingebettet und determiniert, wie er es heute tatsächlich nicht mehr ist. In *Rational-Choice-Theorien* erscheint er verkürzt als Nutzen maximierend – unter Ausblendung komplexer Deutungsprozesse. Im *sozialpsychologischen Ansatz* hat der Referenzrahmen des Wählers – mit der Betonung von Themen, Kandidaten und Parteiidentifikation – am meisten Ähnlichkeiten mit Referenzen eines strategischen Politikakteurs, und dennoch zeigen die wachsenden und weitgehend unverstandenen Phänomene der Nicht-Wahl oder der Unentschiedenheit, wie weit Politik und Wissenschaft von den inneren Prozessen des Wählers entfernt sind.

Wähler haben – um ein Beispiel zu nennen – häufig unzutreffende Bilder von der Politik, die Politiker dennoch berücksichtigen müssen, um nicht systematisch am Wähler vorbei zu reden. So folgen viele Wähler einem *Hau-Ruck-Modell* von Politik: Ziel, Entscheidung, Ausführung, Ergebnis – ohne Gewaltenteilung und in kurzen Zeitabständen. Wobei zwischen Ziel und Ergebnis nicht viele Komplikationen liegen dürfen. Der normale Prozess demokratischer Politik kommt immer weniger an – auch deshalb werden die symbolischen Ressourcen der Parteien immer wichtiger.

6.3 Horizonte

Horizonte sollen im Schema *Sichtfelder* der Strategieakteure kennzeichnen und zugleich begrenzen. Zeit und Arenen strukturieren die Reichweiten ihrer Orientierung. Organisation, Adressat, Objekte und Referenzen werden in Bezug auf diese zeitlichen oder räumlich-funktional-sozialen Kontexte gedacht und kalkuliert. Das heißt: Die Kalkulation der Horizontkategorien verläuft nicht isoliert, sondern im Zusammenhang mit den anderen Größen des Orientierungsschemas. Zeit und Arenen sind die Horizonte, in denen sich die Akteure strategische Aktionen und Interaktionen vorstellen.

6.3.1 Zeit

Die Relevanz der Zeitdimension ist schon im Strategiebegriff selbst angelegt, die situationsübergreifende Erfolgsorientierung gehört zu den konstitutiven Merkmalen. Die Ausdehnung der *Situationsüberschreitung* hängt von der zeitlichen Dimensionierung der strategischen Einheit ab (kurz-, mittel-, langfristige Strategie).[251] Da die alltägliche Politik extrem situativ und kurzfristig angelegt ist, bedeutet strategische Orientierung in der Zeitdimensi-

---

[250] Im deutschsprachigen Bereich zum Beispiel Herzog/Rebenstorf/Werner/Weßels (1990) und Niedermayer (2001).
[251] Vgl. dazu die Kapitel 5.1.1 und 5.1.3.

on, dem alltäglichen Politikprozess momentüberschreitende Bezüge abzunötigen, besser noch: aufzuzwingen.

Zeit durchwirkt den gesamten strategischen Prozess. Da strategisches Handeln situationsübergreifend intendiert ist, sich aber in Situationen manifestiert, interessiert bei Strategie immer das Ineinandergreifen längerfristiger und kurzfristiger Gesichtspunkte. Die Realisierung von Strategie in Situationen ist ein Problem des Umgangs mit Zeit. Dabei ist mit dem Faktor Zeit für den Strategieprozess eine dreifache Bedeutung verbunden: Zeit als basale strategische Orientierungsgröße, Zeit als äußerer, schwer steuerbarer Einflussfaktor strategischen Handelns und Zeit als strategisches Mittel der Politik.[252]

Zunächst ist Zeit eine Kategorie, die bei der strategischen Analyse politischer Prozesse und gezielter Strategiebildung im Blickfeld der Akteure bleibt (*strategische Orientierungsgröße*). Strategieakteure denken (auch) in „Zeitrastern", „Fahrplänen" und „Terminleisten". Sie antizipieren, welche Probleme wann potentiell relevant werden, wann im Zeitverlauf Gefahren lauern oder zu welchem Zeitpunkt sich günstige Gelegenheiten bieten könnten. Deshalb haben wir Zeit als bedeutsamen Horizont in das Orientierungsschema aufgenommen. Der strategisch orientierte Akteur muss denkbare Zeit-, Etappen- und Ereignisverläufe im Kopf durchspielen können und den Faktor Zeit in seinen Kalkulationen und Strategien berücksichtigen. Er versucht etwa, mögliche Reaktionen von Interaktionsakteuren oder potentielle Folgen von strategischen Entscheidungen zu antizipieren. Dabei kommt es auch zu Einschätzungen entsprechend Maximen wie „Die Zeit ist reif" oder „Es ist zu früh". Zeit wird für das strategische Denken also zu einer Strukturierungs- und Entscheidungshilfe – und zwar nicht nur in spezifischeren Ausformungen wie etwa der Szenario-Technik.[253]

Zeit kann für den Strategieakteur als *äußerer Einflussfaktor* restriktiv und ermöglichend wirken. Viele „Zeitfenster" sind nicht planbar, für den, der nicht geplant hat, sind sie aber auch nicht nutzbar. Sich präparieren für günstige Momente ist eine der Aufgaben strategischer Politik. Es gibt aber auch Krisen, auf die man nicht vorbereitet sein konnte, denen man aber mit einem Politik- oder Personenangebot antwortet, das sich als strategisch relevant erweist. Ein Beispiel ist das Handeln von Grünen und Schröder beim BSE-Skandal: Die Neuschaffung eines Ministeriums, eine personelle Neubesetzung und die Politikinnovation ökologischen Verbraucherschutzes sind das Ergebnis einer Krisenintervention.

Wir interessieren uns vor allem für die Bereiche, in denen Strategieakteure auf die Zeitdimension von Politik Einfluss nehmen können. Sie versuchen dann, Zeit als *Mittel strategischer Politik* einzusetzen. In dieser Perspektive ist *Timing* nur ein Sammelbegriff für vielfältige Formen strategischer Zeitsteuerung.

Sie kann im Setzen eines *zeitlichen Rahmens* bestehen, innerhalb dessen strategische Ziele verfolgt werden sollen (kurz-, mittel-, langfristig). Für Machterwerb und -erhalt mag sich das übergreifend über Legislaturperioden erstrecken, für manche Policy-Ziele über einen Zeitraum von mehreren Jahren (oder sogar noch länger). Ein besonderes Steuerungsproblem für die Zeitrahmung entsteht, wenn mehrere Strategieziele zwar gleichzeitig verfolgt werden sollen, aber jeweils unterschiedliche Zeitperspektiven erfordern und sich gegenseitig (negativ) beeinflussen (vgl. Sjöblom 1968: 92f.).

Strategisches Timing tritt zudem als *Ablauf-, Ereignis- und Entscheidungsplanung* in Erscheinung. Es orientiert sich dabei nicht ausschließlich an wichtigen Eigenaktionen[254],

---

[252] Vgl. zur Mehrdimensionalität der Zeit und ihrer Bedeutung für politische Akteure auch Böhret (1989).
[253] Vgl. dazu den Exkurs zu strategierelevanten Verfahren am Ende des Kapitel 9.
[254] Vgl. dazu das Kapitel 10.2.1.

sondern verknüpft die eigene Steuerung auch mit fremden Zeitvorgaben (z.B. dem Parteitag der Konkurrenzpartei). Strategische Fragen der Ablaufsteuerung beziehen sich aber ebenso auf die Kumulation bzw. Entzerrung kritischer Problembearbeitung oder das Vorziehen bzw. die Hinauszögerung eines Problems mit plebiszitären Entscheidungsqualitäten, so dass es auch noch die Wahlentscheidung strukturieren kann (vgl. Sjöblom 1986: 93f.).

Ein weiteres Mittel strategischer Zeitpolitik ist das *Platzieren von Handlungen*. Zum Beispiel – mit besonderen Gründen – am Anfang oder Ende einer orientierenden Zeiteinheit (Legislaturperiode, Wahlkampf etc.). Schon Niccolò Machiavelli empfahl, Grausamkeiten auf den Beginn einer neuen Regentschaft zu legen. Hier kann sich der Strategieakteur das Auseinanderfallen von Belastung und Wirkung zunutze machen: „Es ist politisch rational, unliebsame oder kostenintensive Programme am Anfang einer Wahlperiode einzuführen, deren Nutzen aber möglichst gegen Ende der Wahlperiode sichtbar werden zu lassen. Diese zeitliche Diskrepanz zwischen Kosten- und Nutzenanfall ist ein immer wieder eingesetztes Instrument, das vor allem auf den Vergessenheitseffekt setzt." (Böhret 1989: 20).

Strategieakteure lassen sich von *Zeitfenstern* nicht nur überraschen, sondern bauen sie systematisch auf. Strategische Anknüpfungspunkte für bewusst *gestaltete Gelegenheitsfenster* lassen sich bei konzeptionellen Erweiterungen des Policy-Windows-Konzepts (Kingdon 1984) finden. Michael Howlett entwickelt hierfür unter dem Aspekt der Vorhersehbarkeit von Politikfenstern die Typen „routine political windows" im Kontext des „politics streams" und „spillover problem windows" für den politischen „problem stream" (Howlett 1998: 498ff.). Während „routine political windows" wiederkehrende, möglicherweise institutionalisierte politische Gelegenheiten (Wahlen, Regierungserklärungen, Haushaltszyklen, große Konferenzen etc.) für problembezogenes politisches Handeln meinen, zeigen „spillover problem windows", dass Gelegenheitsfenster strategisch zu nutzen sind, indem Verknüpfungen des eigenen Anliegens mit Problemen hergestellt werden, die sich momentan ohnehin auf der politischen Agenda befinden. Strategisch gewendet, geht es also nicht mehr um die Vorhersehbarkeit, sondern die Herbeiführung von „political windows" und das konsequente Ausnutzen möglicher Spillover-Effekte.

Auch *Beschleunigung* oder *Entschleunigung* sind Zeitspiele strategischer Politik. Beschleunigung bedeutet Vermehren von Initiativen, erhöhte öffentliche Aufmerksamkeit und Medienresonanz, vergrößerte Chancen zur Mobilisierung eigener Ressourcen, Eröffnung weiterer Handlungschancen durch rasche Entscheidung, Aufbau von Druck. Damit kann man versuchen, Gegner unter Handlungsdruck zu setzen oder sich selbst Imagevorteile zu verschaffen. Entschleunigung heißt „auf Zeit spielen", vertagen, verschieben, verlängern, verlagern. Damit verfolgte Ziele können unter anderem das Gewinnen von Zeit für neue Optionen bzw. Handlungsmöglichkeiten (für einen selbst wie auch – etwa mittels Verhandlungslösungen – für den Gegner), die Ablenkung von eigenen Schwächen oder der Abbau von öffentlicher Aufmerksamkeit sein.

Die „hohe Kunst" strategischer Zeitpolitik besteht in einer *zeitlichen Kontextsteuerung*, die dafür sorgt, dass Sinnzusammenhänge nicht willkürlich zerrissen werden. Es macht einen Unterschied, ob man Politik in Phasen oder zusammenhanglos denkt. So lassen sich beispielsweise im Regierungsprozess drei typische Phasen abgrenzen: Die erste besteht aus dem Zusammenhang von Wahlkampf, Wahl, Regierungsbildung, Regierungsprogramm und könnte als *Transformation* bezeichnet werden. Daran schließt sich eine Phase der *Performanz* mit den Aufgaben übergreifende Regierungssteuerung, Umsetzung des Regierungsprogramms, Durchsetzung adäquater Problemlösungen an. Die dritte Phase besteht in der Zuspitzung des Regierungshandelns auf die nächste Wahl und der Herbeiführung einer dafür günstigen Ausgangsposition (*Finalisierung*).[255]

6.3.2 Arenen

In legitimen Regimezusammenhängen ohne (bedeutsame) Anti-Systemakteure ist die Ebene des Gesamtsystems weniger relevant für die Orientierung der Akteure im politischen Prozess. Deshalb greifen wir für den Horizont von Party-Government-Akteuren gleich auf die Subebene Arenen zurück. *Regierung/Opposition*, *Wahlkampf* und *Partei* können als Zentralarenen moderner Parteiendemokratien angesehen werden.

Arenen sind abgegrenzte, institutionalisierte Felder von Aktionen und Interaktionen.[256] Für die Akteure stellen sie sich als notwendige Grundlage von Handlungsdifferenzierungen dar. Die jeweilige Arena wirkt auf ihre strategischen Intentionen und ihr strategisches Handlungsrepertoire zurück. Arena im hier verwendeten Sinne ist – entgegen der Metapher – kein Ort, sondern eine Konfiguration von Faktoren, die Handlungen strukturieren. Wie die Objekte und Referenzen des Orientierungsschemas, können Arenen als virtuelle Größen reflektiert werden. Sie sind zugleich reale Handlungszusammenhänge, in denen Akteure sich begegnen. Gerade in strategischer Hinsicht sind die Spielräume wichtig, die sich aus der virtuellen Dimension des Orientierungsschemas ergeben. Hier können strategische Konstellationen und Kombinationen gedanklich durchgespielt werden.

Zur Arena gehören erstens die *institutionellen Rahmenbedingungen*. Sie fixieren grundlegende Regeln[257] formeller und informeller Art, die wesentlichen Einfluss auf die eher berechenbaren Teile strategischer Restriktions- und Chancenstrukturen haben. Die Rahmenbedingungen geben Hinweise auf Orte und damit verbundene Akteurkonstellationen, determinieren sie aber nicht. Arenen strukturieren das Handeln der verschiedenen Akteure in ihren Interaktionszusammenhängen durch unterschiedliche Orte hindurch und über sie hinweg. So kann beispielsweise die Pressekonferenz der Opposition am Tag zuvor für die Arena Regierung/Opposition genauso bedeutsam sein wie ihre verbale Auseinandersetzung mit der Regierung im Parlament.

Die *Akteurkonstellation* grenzt den strategischen Akteur und die relevanten Interaktionsakteure ein. Sie umfasst nicht den Adressaten strategischen Handelns, obwohl er in der Interaktion als gedanklicher Bezugspunkt stets präsent ist. Den Bürgern/Wählern begegnen die Zentralakteure in Arenen tatsächlich eher selten, in den virtuellen Dimensionen des Orientierungsschemas aber permanent. Verschiedene Arenen lassen sich durch jeweils

---

[255] Die zweite und dritte Phase überschneiden sich zum Teil. *Finalisierung* kann auch Teil des gesamten Regierungsprozesses sein, dennoch wird Regieren mit Heranrücken der Wahl zunehmend unter diesem Referenzpunkt gesteuert.

[256] Arenen werden hier, anders als beim klassischen Arena-Konzept von Theodore Lowi (1964), nicht als policyspezifischer Modus der Auseinandersetzung zwischen Akteuren mit Blick auf die Wirkungen der Policy konzipiert (vgl. dazu Windhoff-Héritier 1987: 47ff., Smeddinck/Tils 2002: 41ff.), sondern aus einer politikfeldbezogenen Perspektive herausgelöst. Unser Arenenhorizont unterscheidet sich in Struktur und Verwendungszusammenhang – trotz mancher Bezüge – auch von anderen Arenenkonzeptionen (vgl. etwa Jordan/Richardson 1987, Sjöblom 1968).

[257] Mit Gunnar Sjöblom gesprochen: „konstitutive Regeln" (vgl. Sjöblom 1968: 25ff.). Ähnliche, aber stärker ausdifferenzierte und auf andere Kontexte zugeschnittene „institutionelle Regeln" von Arenen finden sich etwa in Arbeiten von Elinor Ostrom und Kollegen (Ostrom/Gardner/Walker 1994: 37ff., vgl. auch Ostrom 1990).

typische Akteurkonstellationen charakterisieren. In diesem Sinne werden sie nicht als situative Akteurbegegnungen verstanden – obgleich diese natürlich fortlaufend stattfinden –, sondern als generalisierte Akteurzusammenhänge, aus denen sich in Verbindung mit spezifischen Rahmenbedingungen und Logiken die Arenen herausbilden. Die Formen der Akteurinteraktionen variieren innerhalb und zwischen den Arenen.

Arenenlogiken beeinflussen die Handlungsorientierungen der Akteure in den jeweiligen Arenen. Sie resultieren aus den arenenspezifischen Rahmenbedingungen, Akteurkonstellationen und Rollenerwartungen. Arenenlogiken präzisieren, worauf es bei der Interaktion im jeweiligen Feld vor allem ankommt. Sie beziehen sich also auf die arenenbezogenen *springenden Punkte*[258]. Die Logiken werden durch die Institutionen und Rollenerwartungen der Arena strukturiert. Das Handeln der Akteure in den Arenen determinieren sie nicht. Strategische Akteure orientieren sich auch an den Arenenlogiken, kalkulieren für ihre Handlungswahlen aber das gesamte Spektrum der Bezugsgrößen des Orientierungsschemas.

Arenenlogiken unterscheiden sich von den Orientierungen, die sich aus den Referenzen ergeben. Sie sind etwas anderes als die erweiterten Handlungsorientierungen der Referenzen.[259] Arenen begrenzen die Referenzen als Horizont und betten sie in jeweils besondere Aktionszusammenhänge ein. Arenenlogiken folgen aus den Bestimmungsfaktoren der Arena, Referenzüberlegungen aus den spezifischen Aspekten von Problem- und Konkurrenzpolitik sowie Öffentlichkeit. Gehandelt wird in Arenenzusammenhängen. In dieses Handeln fließen Gesichtspunkte von Arenenlogiken ebenso wie von Referenzüberlegungen mit ein. Der Oppositionsführer kann sich beispielsweise in seiner Erwiderung auf die Regierungserklärung des Kanzlers mehr mit dem kleinen Koalitionspartner befassen, weil er sich daraus Vorteile in der Referenz Konkurrenzpolitik verspricht. Er verlässt dann die typischen Bahnen des Regierungs-Oppositions-Spiels bei Regierungserklärungen im Parlament, weil er sich verstärkt an der Referenz Konkurrenzpolitik orientiert.

Die Referenzkategorien gelten arenenübergreifend und wirken – aufgrund der Orientierungen der Akteure – durch sie hindurch. Die Referenzen orientieren die Akteure also auch in den Arenen, erhalten dort aber ihre arenenspezifischen Ausformungen. Aus der Überlappung beider Orientierungssysteme resultiert eine Koordinationsaufgabe strategischer Akteure. Sie werden etwa darauf bedacht sein, in parlamentarischen Untersuchungsausschüssen (also im Parlament als integralem Bestandteil der Arena Regierung/Opposition) nicht nur ihrem Untersuchungsauftrag gerecht zu werden, sondern sich zugleich in der Konfrontation mit dem Gegner politische Vorteile zu verschaffen (Referenz Konkurrenzpolitik). Auch das altbekannte „Reden zum Fenster hinaus" besagt, dass Abgeordnete nicht versuchen, ihre Kontrahenten im Parlament zu überzeugen, sondern damit Öffentlichkeit und Bürger erreichen wollen. Adressat und Referenz wirken also in die Arenen hinein.

In ihren Beziehungen untereinander treten Arenen wechselseitig nicht als Referenzen in Erscheinung. Sie weisen vielmehr auf anders strukturierte Felder der Aktion und Interaktion hin. Das wird an einem Beispiel deutlich: innerhalb der Parteiarena stellt etwa die Regierungs-Oppositionsarena keine Referenz dar, vielmehr fließt das Verhältnis Regierung/Opposition als eine Ausprägung der Referenz Konkurrenzpolitik in die strategischen

---

[258] Vgl. dazu die Ausführungen zum strategischen Moment in Kapitel 5.3.
[259] Vgl. dazu das Kapitel 6.5.

Kalkulationen mit ein. Die Partei als Regierungs- bzw. Oppositionspartei wird damit zum sekundären Merkmal der Konkurrenzreferenz.

Trotz der Unterscheidbarkeit von Arenen durch spezifische Funktionen, Regeln und Akteure, sind sie gleichzeitig miteinander verschachtelt. So weist die Wahlarena vielfältige Überschneidungen mit der Parteiarena und der Arena Regierung/Opposition auf. Gerade solche Überlappungen von Arenen sind – neben den Überlappungen der Orientierungsreferenzen – strategisch von besonderer Bedeutung.

Überlegungen zu den Arenen haben ihren Ausgangspunkt beim formulierten strategischen Ziel. Aus der Verbindung von Zielen und Arenen lassen sich bereits Aussagen zu besonders relevanten, weniger relevanten oder irrelevanten Feldern der Aktion und Interaktion treffen. Die Rahmenbedingungen, Akteurkonstellationen und Logiken der Arenen führen möglicherweise auch zu Zieländerungen oder der Vermeidung bestimmter Arenen. Sie können auch bewirken, dass Akteure in die für eigene Ambitionen günstigen Arenen drängen. Denn durch ihre spezifischen Strukturen bieten Arenen Akteuren unterschiedliche Chancen. Die Wahl vorteilhafter und das Auslassen nachteiliger Arenen werden – soweit politisch bzw. rechtlich möglich – zu wichtigen Bausteinen einer Strategie. Öffnet man, wenn der Wahlkampf schlecht läuft, mit einem Parteitag eine zusätzliche Arena? Meidet man Regierungs-Oppositions-Begegnungen im Parlament, weil der Kontrast zwischen polarisiertem Wahlkampf und parlamentarischem Stil Medienkritik hervorrufen kann? Sucht man die Parteiarena, um Mobilisierungseffekte zu erzielen, oder birgt das Gefahren für die Interaktionszusammenhänge in der Arena Regierung/Opposition?

Von den für unseren Kontext vor allem relevanten Arenen (Regierung/Opposition, Wahlkampf, Partei) kann im Folgenden lediglich die Arena Regierung/Opposition kurz skizziert und überblicksartig in ihren strategischen Konsequenzen erörtert werden. Wie an einer ganzen Reihe von Punkten dieser Arbeit, eröffnet sich auch mit Blick auf die Arenen ein weiträumiges Feld strategischer Analyse, das an anderer Stelle weiter zu systematisieren und auszuarbeiten wäre.

Aus einer Systemperspektive erscheint die *Arena Regierung/Opposition* als *die* zentrale Arena von Party-Government-Systemen. Sie überschneidet sich mit den Arenen Wahlkampf und Partei im Rahmen institutioneller Arrangements. Die Arena Regierung/Opposition sorgt für die elementare institutionelle Einbettung der Austragung von Problem- und Konkurrenzpolitik. Parteien und parteipolitische Akteure dominieren dabei sowohl die Regierungs- wie auch die Oppositionsseite. Für die subjektive Orientierung des Akteurs gelten die realen Handlungszusammenhänge der Arena, in der er sich bewegt, in Verbindung mit den übrigen Elementen des Orientierungsschemas. Der Akteur handelt in überschaubaren Teilbereichen der Arena (wie zum Beispiel dem Parlament), muss sich aber komplexer orientieren.

Die *institutionellen Rahmenbedingungen* der Arena Regierung/Opposition in Parteiendemokratien strukturieren sich unter anderem über Prinzipien der Regierungsbildung, parlamentarische Entscheidungsregeln, Existenz und Kompetenzen zweiter Kammern, Wahlsystemausprägungen. Diese Systemmerkmale variieren je nach länderspezifischer Ausformung des Party-Government erheblich. Sie wirken auf die jeweilige Akteurkonstellation und Arenenlogik in der Beziehung Regierung/Opposition zurück.

Prinzipien der Regierungsbildung lassen sich etwa über die Unterscheidung eines positiven und negativen Parlamentarismus (Bergmann 1993) charakterisieren, also die Frage, ob die Regierung für die Amtsübernahme die Zustimmung des Parlaments benötigt (positiver Parlamentarismus) oder das Parlament der Regierung das Amt lediglich unter bestimmten Voraussetzungen entziehen kann (negativer Parlamentarismus). Positiver bzw. negativer Parlamentarismus drückt dann nicht nur eine stärkere bzw. schwächere Stellung des Parlaments aus, sondern beeinflusst auch das Kräfteverhältnis und die Beziehungsmuster zwischen Regierung und Opposition über die im Parlament vertretenen parteipolitischen Fraktionen.

Auch die *Entscheidungsregeln im Parlament* bleiben nicht ohne Wirkung auf das Spiel zwischen Regierung und Opposition. Anforderungen an Gesetzesinitiativen, die Rechte des einzelnen Abgeordneten, innerparlamentarische Arbeitsteilungen oder qualifizierte Mehrheitserfordernisse für bestimmte Gesetzesvorhaben eröffnen Regierung und Opposition jeweils spezifische Möglichkeiten der Gestaltung, Kritik oder Kontrolle politischer Handlungen. Es macht beispielsweise strategisch einen Unterschied, ob inhaltliche Vorhaben der Regierung mit einer Vertrauensfrage des Regierungschefs verknüpft werden können oder nicht. Ebenso stellen die Voraussetzungen für die Einsetzung von Kontrollgremien (z.B. parlamentarische Untersuchungsausschüsse), einem zentralen Instrument der nicht an der Regierung beteiligten Parteien/Fraktionen, wichtige Parameter in der Auseinandersetzung zwischen Regierung und Opposition dar.

Das Handlungsrepertoire der regierenden und opponierenden Akteure verändert sich mit der Existenz und Kompetenz *zweiter Kammern*. Insbesondere der Opposition erwachsen vielfältige Optionen zur Mitgestaltung, wenn sie über die Mehrheitsverhältnisse in der zweiten Kammer Regierungsvorhaben unterstützen, verändern oder blockieren kann. Der Einsatz einer zweiten Kammer als Vetoinstitution ist zwar voraussetzungsvoll, aber im Erfolgsfalle für die strategische Gesamtkonstellation folgenreich.[260]

Direkte bzw. indirekte Folgen für das Handeln in der Arena Regierung/Opposition haben auch Merkmale des *Wahlsystems*. Unterschiedliche Wahlsystemausprägungen führen etwa eher zu Zwei- oder Mehrparteienkonstellationen.[261] Das wiederum hat Konsequenzen für die Zusammensetzung von Regierungen, das Handeln im Parlament oder die kooperativen bzw. kompetitiven Orientierungen politischer Akteure. Darüber hinaus können Chancen der Wähler zum Stimmensplitting (z.B. bei personalisierter Verhältniswahl) zu anderen strategischen Verhaltens- und Beziehungsmustern im Umgang politischer Akteure mit Koalitionsfragen beitragen (vgl. Müller 2005: 83ff.). Nicht nur, aber auch deswegen ist die koalitionspolitische Positionierung und Festlegung von Parteien in Deutschland vor Wahlen von großer strategischer Bedeutung.

Diese Liste von Regierungs-, Gesetzgebungs- und Wahlinstitutionen als relevanten Rahmenbedingungen der Arena Regierung/Opposition ließe sich breiter und vertiefter entfalten. Auch die institutionell begründete Macht von Akteuren der Judikative kann in dieser Arena – etwa bei einer mit politisch folgenreichen Kompetenzen ausgestatteten Verfassungsgerichtsbarkeit wie in Deutschland – die strategischen Einflussbeziehungen zwischen Regierung und Opposition verändern.

Insgesamt zeigen sich bei den Rahmenbedingungen der Arena Regierung/Opposition in Party-Government-Systemen tendenzielle Einflussvorteile der Regierung für die Durchsetzung von Politikinhalten und die Steuerung politischer Prozesse (vgl. auch Strøm/Müller 1999: 19ff.). Die Oppositionsparteien bemühen sich um Gegensteuerung, stehen aber auf

---

[260] Vgl. dazu das Kapitel 10.2.3.
[261] Vgl. den umfassenden Überblick zu den unmittelbaren und mittelbaren Wahlsystemeffekten von Schoen (2005d: 584ff.).

schwächeren Füßen. Allerdings hängen die jeweils spezifischen Chancenstrukturen für Regierung und Opposition von der konkreten Ausgestaltung der institutionellen Arenenkontexte ab.

Die *Akteurkonstellation* der Arena Regierung/Opposition wird durch die parteipolitische Regierung und die sie im Parlament tragenden Mehrheitsfraktionen (Regierung) und den dieser Formation gegenüberstehenden, nicht an der Regierung beteiligten, aber parlamentarisch repräsentierten politischen Parteien (Opposition) bestimmt. Regierung setzt sich aus der von (koalitionären) Parteien dominierten Exekutivspitze, den ihr zugeordneten Administrationsbereichen sowie den sie tragenden Fraktionen zusammen. Die oppositionelle Seite der Arena zentriert sich um die große Oppositionsfraktion, mit ihren Bezügen zu den eigenen Parteigliederungen und (in föderativen Systemen) den von der Opposition (mit-)gestellten Länderregierungen. In nicht-bipolaren Mehrparteiensystemen umfasst die Opposition darüber hinaus auch die anderen parlamentarischen Oppositionsparteien mit ihrem jeweiligen außerparlamentarischen „Unterbau". Begegnungen zwischen Regierung und Opposition finden in Parlamenten, Gremien, Ausschüssen, Verhandlungsrunden, aber ganz wesentlich auch (direkt und indirekt) im Kontext öffentlicher Kommunikation statt.

Die *Arenenlogik* folgt der antagonistischen Grundkonstellation zwischen Regierung und Opposition. Die Regierung agiert (durch Tun oder Nichtstun), die Opposition stellt sich der Regierung entgegen und bezieht Gegenposition (Steffani 1978: 428). Sie bleibt auf die Regierung bezogen und strebt die Gesamt- bzw. Teil-Ablösung, den Macht-[262], Regierungs- bzw. Koalitionswechsel oder zumindest einen Politikwechsel[263] an. Im Kern zielen die Oppositions-Aktivitäten auf die Gewinnung von Regierungsmacht. Anderseits werden aber auch Ziele der inhaltlichen Mitgestaltung im Regierungsprozess verfolgt. Empirische Untersuchungen zum Verhalten der Opposition im Parlament haben gezeigt, dass dort nicht nur auf Regierungsablösung gerichtetes Handeln anzutreffen ist, sondern die Opposition häufig konstruktiv im Gesetzgebungsverfahren mitwirkt (vgl. Helms 1997, Schüttemeyer 1998). Mitwirkung und Ablösung bilden zwei miteinander verschränkte Ziele der Opposition. Die Notwendigkeit einer strategischen Entscheidung zwischen beiden Handlungsalternativen wird nicht einseitig aufgelöst. Dabei kann die inhaltliche Mitgestaltung instrumentell (Ziel einer verbesserten Position für den Machterwerb), aus Motiven der Verwirklichung inhaltlicher Gestaltungsziele oder aus gemischten Beweggründen eingesetzt werden.

Aus der Arenenlogik ergibt sich für die Regierung das Erfordernis, sich führungsstark, kompetent, richtungssicher, problemlösungsfähig zu präsentieren und – in einer Gesamtperspektive sowie in einzelnen Feldern – eine positive Leistungsbilanz vorzulegen. Die Regierung *regiert*. Sie will kompetenter, profilierter, einfach „besser" als die oppositionellen Akteure sein (bzw. so wirken). Die Opposition *opponiert*. Aus den vier grundlegenden, von der Oppositionsforschung unterschiedenen Systemfunktionen Kritik, Kontrolle, Alternative, Mitregierung (vgl. Helms 2002: 24) werden in einer aktionsorientierten, oppositionellen Lesart der Arenenlogik zentrale Handlungsalternativen der Einwirkung auf die Regierung – in Ablösungs- oder Mitwirkungsabsicht. Mit strategisch wählbarer Akzentsetzung geht es um unterschiedliche Ziele wie kritische Positionierung gegenüber der Regie-

---

[262] Machtwechsel wird hier als Ablösung der stärksten Regierungspartei bzw. des Regierungschefs verstanden.
[263] Politikwechsel ist eine ständig präsente, aber selten finale Zielvorstellung der Opposition. Allerdings gab und gibt es – selten – auch Parteiformationen (wie beispielsweise die Grünen am Anfang ihrer „politischen Karriere"), die explizit keine Regierungsverantwortung anstreben und sich auf die Forderung nach einem Politikwechsel beschränken.

rung und ihrer Arbeit, Selbstdefinition als „konstruktive Opposition", inhaltliche und prozessuale Kontrolle des Regierungshandelns, Präsentation von Sach- und Personenalternativen, Demonstration der Bereitschaft zur Regierungsübernahme („Regierung im Wartestand") oder Mobilisierung einer regierungskritischen Öffentlichkeit.

Der Vorteil nicht-direkter Zuständigkeit für staatliches Regierungshandeln erlaubt der Opposition bis zum gewissen Grad eine Art „strukturelle Unverantwortlichkeit". Während sich an die Regierung bei – von ihnen oder anderen – thematisierten Problemen immer gleich Erwartungen an Lösungsvorschläge und das Ergreifen von politischen Maßnahmen richten, kann die Opposition sich grundsätzlich zunächst auf das Benennen von Missständen und eine entsprechende Kritik der Regierung beschränken. Manchmal – nicht generell – eröffnet ein solches Verhalten sogar bessere Chancen für eine Regierungsablösung. Die tendenzielle Beschränkung auf die Kritikfunktion hatte beispielsweise der Union unter Angela Merkel in der Phase des Vorwahlkampfes 2005 bessere demoskopische Werte beschert, als ihr im Wahlkampf selbst formulierter Anspruch, den Bürgern tatsächlich zu sagen, was man im Falle eines Wahlsieges tun werde.

Neben die weniger durch formelle als vielmehr durch informelle Regeln strukturierte Wahlkampf-Arena und das komplexe Handlungsfeld innerparteilicher Auseinandersetzung (Partei-Arena) können, je nach Politikkontext, weitere Arenen treten. Beispiele wären *transnationale Arenen* wie die Vereinten Nationen, die europäische Union oder das Nato-Bündnis.

Auf dieser zweiten Ebene, die indirekt rückgekoppelt bleibt an die Politik in Party-Government-Systemen, ergeben sich jeweils andere institutionelle Rahmenbedingungen, Akteurkonstellationen und Arenenlogiken. Die mit den transnationalen Arenen verbundene – über den Nationalstaat hinausreichende – Agenda ragt in die nationalstaatliche Politik hinein und kann in seinen Konsequenzen für die Objekte, Referenzen, Adressaten sowie nationalen Arenen und Zeithorizonte reflektiert werden.

Akteure der transnationalen Arenen wirken beim Agenda-Setting und den Entscheidungen nationaler Politik mit. Ungeachtet eines möglicherweise international determinierten Zustandekommens der jeweiligen Problempolitik, bleiben Bürger, Öffentlichkeit und Konkurrenzpolitik bislang in hohem Maße dem nationalstaatlichen Rahmen verhaftet (vgl. Tils 2005: 81f.). Strategische Akteure in Party-Government-Systemen müssen Kriterien der transnationalen Arenen bei der nationalen Politik berücksichtigen, gleichzeitig tragen sie innenpolitische Orientierungen in die transnationale Politik hinein.

Bei einem – aus welchen Gründen auch immer verfolgten – Primat der Außenpolitik verringert sich die Relevanz des innenpolitischen Orientierungsschemas, sie wird überformt durch außenpolitische Zwänge und Chancen, denen dann *prinzipiell* Vorrang eingeräumt wird. Bei einem Primat der Innenpolitik werden außenpolitische Bezüge instrumentell für die Innenpolitik genutzt.

Darüber hinaus erschließt das hier entwickelte Orientierungsschema den Hintergrund von Mitakteuren in der transnationalen Arena. Regierungschefs anderer Parteiendemokratien handeln in ihrem nationalstaatlichen Rahmen auf der Basis ähnlicher Orientierungsgrößen und können erst dadurch auch in ihrem transnationalen Verhalten angemessen verstanden werden. In noch zu entwickelnden transnationalen Orientierungsschemata kämen andere Kategorien, wie etwa nationale Interessen gegenüber anderen Staaten, internationale Aufgaben oder zwischenstaatliche Kooperations- und Konfliktbeziehungen zum Tragen.

6.4 Objekte

Objekte sind vom strategischen Akteur unmittelbar *kontrollierbare Einflussmittel*. Diese Aussage gilt zumindest allgemein und bedeutet nicht, dass der Strategieakteur jederzeit, überall und gegenüber jedem Interaktionsakteur die eigene Objektkontrolle und -steuerung sicher stellen kann. Dennoch sind Objekte vom Strategieakteur in gewissem Umfang gestaltbar. Sie modulieren zugleich den strategischen Prozess.

In den Objekten spiegeln sich die Adressat-, Horizont- und Referenzkonflikte. Sie müssen an den Objekten entschieden werden. Mit Hilfe der Objekte versuchen Strategieakteure ihre strategischen Intentionen zu realisieren – und zwar unter Berücksichtigung der Horizonte, in Auseinandersetzung mit den Referenzen und mit Blick auf Wähler/Bürger als Hauptadressaten des demokratischen Prozesses.

Organisation ist in Party-Government-Systemen die zentrale Objekteinheit. Aus ihr heraus werden Themen, Personen und Symbole zu besonders wichtigen Elementen. Sie lassen sich – über ihren Organisationsbezug hinaus – unabhängig voneinander gestalten.

6.4.1 Themen

Der ständige Doppelcharakter von Politik als Policy und Politics wird besonders deutlich bei politischem Handeln, das sich auf sachliche Gegenstandsbereiche bezieht. Abgrenzbare inhaltliche Gegenstände der Politik werden hier als Themen gefasst.

Themen haben für den Strategieakteur zwei Dimensionen: sie sind zugleich *Probleme* und *Issues*. Als *Probleme* bezeichnen sie unerwünschte gesellschaftliche Sachverhalte/Zustände, für die eine Veränderung bzw. Lösung angestrebt wird. Probleme haben damit eine *objektive* und *subjektive* Seite. Kernelement ist die Diskrepanz zwischen real existierenden Ist-Zuständen und den von Akteuren gewünschten Soll-Zuständen (vgl. Sjöblom 1986: 75ff.). Politisch relevante Probleme sind gesellschaftlich unerwünschte Sachverhalte, die von politischen Akteuren als bearbeitungsbedürftig wahrgenommen werden. Erst auf dieser Stufe wird ein soziales zu einem politischen Problem, das Akteure in Interaktion definieren und mit Maßnahmen bzw. Programmen zu lösen versuchen. Es existieren zeitgleich immer wesentlich mehr soziale Probleme als die Akteure politisch bearbeiten können bzw. wollen. Als *Issues* sind Themen politische Streitfragen, deren Behandlung Einfluss auf die Machtverteilung hat.[264] Issues können sich auf soziale Probleme, aber auch auf – kontrovers diskutierte – Personen oder symbolische Fragen (Stil, Glaubwürdigkeit, Wählerbetrug) beziehen (vgl. Sjöblom 1986: 95).

In der Themenbearbeitung fallen Problem- und Issue-Dimension zusammen. Für die Analyse ist aber eine isolierte Betrachtung beider Dimensionen möglich und sinnvoll (vgl. Tils 2005: 87ff.). Da politische Akteure Themen bis zu einem gewissen Grad wählen können und in ihrer Ausformung über Gestaltungsfreiheiten verfügen, stellen sie im Orientie-

---

[264] Wir nutzen das Issue-Konzept in Anlehnung an Verwendungszusammenhänge innerhalb der Wahlforschung, ohne uns damit aber unmittelbar auf die Phase des Walkampfes oder die Wirkungen von Streitfragen für die konkrete Stimmenabgabe zu beziehen. Vgl. zum Issue-Begriff in der Wahlforschung den Überblick bei Schoen/Weins (2005: 226ff.). Bezüge ergeben sich auch zur Konzeptualisierung von Issues im Rahmen der Analyse politischer Kommunikation, da „Einfluss auf Machtverteilung" häufig mit kontroversen öffentlichen Diskussionen einhergeht (vgl. dazu Weßler 1998: 666).

rungsschema Objekte dar. Ausgangspunkt der Objektüberlegungen können sowohl Problem- wie auch Issueaspekte sein. Problempolitik bildet dagegen einen Referenzpunkt strategischen Handelns, der darauf hinweist, dass die Problembearbeitung im weiteren Verlauf von Akteuren in Interaktionszusammenhängen geleistet wird und ihre eigenen Orientierungen sich dabei verändern. Themen, Adressat, Organisation werden zu einem Dreiklang mit Abstimmungsbedarf, der mit Hilfe der Referenzen Problem- und Konkurrenzpolitik sowie Öffentlichkeit strategisch kalkuliert wird.

Die Problembearbeitung zur Verbesserung gesellschaftlicher Verhältnisse steht im Spannungsverhältnis zur Issuesteuerung mit dem Ziel einer Verbesserung der eigenen Position im politischen Wettbewerb. Problem- und Issuedimension können verzahnt werden, sie können sich aber auch unabhängig voneinander entwickeln – dann fallen gesellschaftliche und politische Interessen auseinander.

Themen als *Probleme* lassen weitere Differenzierungen zu. Ihre unterschiedlichen *Problemeigenschaften* geben wichtige Hinweise für die strategische Bearbeitbarkeit von Sachverhalten, die als änderungsbedürftig angesehen werden. Sie haben im Rahmen der Strategiefähigkeit Folgen für das notwendige Strategiewissen und die erforderlichen Problemkompetenzen strategischer Akteure. Die Mehrdimensionalität von Problemen zeigt sich in sachstruktureller, zeitlicher, räumlicher und sozialer Hinsicht. Hierfür ließe sich eine umfassende Systematik unterschiedlicher Problemdimensionen (ebenso: Issuedimensionen) entwerfen. An dieser Stelle belassen wir es bei der Andeutung einiger Sortierungsmöglichkeiten.

In der Dimension der *Sachstruktur* können etwa einfache vs. komplexe, ungeformte vs. geformte, zerlegbare vs. unzerlegbare, isolierte vs. interdependente Probleme unterschieden werden. Komplexe Probleme weisen anders als einfach strukturierte Probleme komplizierte Kausalmodelle relevanter Einflussfaktoren auf. Für geformte Probleme stehen Routinelösungen zu Verfügung, während für die Lösung ungeformter Probleme „Neuland" betreten werden muss. Manche Probleme lassen sich in Einzelbereiche zerlegen und auf diese Weise bearbeiten, andere nicht. Auch die Wechselbeziehungen mit anderen Problemen gestalten sich unterschiedlich und wirken auf die politische Bearbeitbarkeit zurück.

In *zeitlicher Perspektive* erfordern vergangene, gegenwärtige, zukünftige Probleme jeweils spezifische Lösungsansätze, langfristige Problemzusammenhänge wiederum andere als kurzfristige. Auch *räumlich* lässt sich differenzieren: Probleme mit geringer bzw. großer Reichweite oder ihre Ansiedlung auf lokaler, nationaler bzw. globaler Ebene. In der *Sozialdimension* schließlich stehen leicht erkennbare den verborgenen Problemen gegenüber (sichtbar vs. unsichtbar), existieren Verursachern eindeutig oder weniger eindeutig zuzuschreibende Probleme (zurechenbar vs. unzurechenbar), ergeben sich geringere oder größere Intensitäten der Betroffenheit.

Aus den sachstrukturellen, zeitlichen, räumlichen und sozialen Charakteristika der Probleme lassen sich Schlussfolgerungen im Hinblick auf ihre allgemeine „Lösbarkeit" und aktuelle gesellschaftliche Relevanz ziehen. Die Analyse aktueller gesellschaftlicher Relevanz verbindet die objektive mit der subjektiven Perspektive auf den Problemaspekt von Themen, ohne damit zugleich eine Issuebetrachtung zu beinhalten. Strategisch bedeutsam sind die Hinweise auf die Bedingungen, Möglichkeiten und Grenzen der Bearbeitung einzelner Themen und die Herstellung von Verknüpfungen zwischen Problemaspekten und ihrer gesellschaftlichen Wahrnehmung.

Auch Themen als *Issues* lassen sich dimensional aufgliedern. Differenzen zwischen Valenz-Issue, Positions-Issue, Issue-Publics, Issue-Affinity, Issue-Intensity oder Issue-Publicity drücken diese Mehrdimensionalität beispielhaft aus.

In der Wahlforschung eingeführt ist die Unterscheidung zwischen Valenz- und Positions-Issue (vgl. Stokes 1963: 372ff., Butler/Stokes 1969: 189). *Valenz-Issue*s bezeichnen politische Streitfragen, bei denen die allgemeinen, wertunterlegten Zielvorstellungen unter den konkurrierenden Parteien und in der Wählerschaft unumstritten sind (z.B. Bewertung von Korruption). Die politischen Auseinandersetzungen ranken sich dann darum, welcher Formation die bestehenden Zustände zuzurechnen sind bzw. wem das Erreichen angestrebter Ziele eher zugetraut wird. *Positions-Issues* zeichnen sich dagegen durch kontroverse Zielvorstellungen (Positionen) der Parteien aus.

Solche Issuedifferenzen haben Konsequenzen für die strategischen Kalkulationen bei der Themenbehandlung. So können Positions-Issues geeigneter erscheinen, eine Polarisierung der politischen Auseinandersetzung zu erreichen und damit ein Angriffs-Kalkül[265] stützen. Sie bergen jedoch zugleich Risiken, die den Akteur möglicherweise zurückschrecken lassen. Ein Beispiel wäre der zögerliche und ambivalente Umgang der Union mit der Beitrittsfrage der Türkei zur Europäischen Union. Der gesellschaftliche Rückhalt für einzelne Positionen ist dann nur einer unter mehreren entscheidungsrelevanten Gesichtspunkten (bei der Türkei-Frage wären das etwa auch die außenpolitischen Konsequenzen). Westbindung, Wiederbewaffnung, Ostverträge, Schwangerschaftsabbruch, Wiedervereinigung sind andere Beispiele für – auch auf der Wählerebene – folgenreiche Positions-Issues in der Geschichte der Bundesrepublik Deutschland.

Das Konzept der *Issue-Publics* macht deutlich, dass Sachfragen in verschiedenen Bevölkerungsteilen (und zugleich Wählersegmenten) auf geringeres oder größeres Interesse (familiarity) stoßen und dort für das Wahlverhalten relevant werden können (vgl. Campbell et al. 1960: 176ff.). Auch die Realität unterschiedlicher Issue-Publics wirkt auf den strategischen Umgang mit Themen zurück. Bestimmte Zielgruppen und ihre Bereichsöffentlichkeiten treten in den Vordergrund.

Gleiches ließe sich für neue, mit Blick auf strategische Zusammenhänge erst noch zu entwickelnde Issue-Konzepte festhalten. Denkbar wären etwa Kategorien wie Issue-Affinity, Issue-Intensity oder Issue-Publicity. *Issue-Affinity* weist dann auf die besonderen „Bindungen" und „Nähebeziehungen" zwischen bestimmten Themen und dem strategischen Akteur hin, die diese Themen insbesondere für seine spezifische Profilausbildung zentral erscheinen lassen. Das klassische Beispiel hierfür wäre die Affinität der Grünen zur Umweltpolitik. *Issue-Intensity* kennzeichnet in dieser Perspektive (in Anlehnung an Campbell et al. 1960: 176ff.) die jeweilige Meinungsintensität der Strategieadressaten hinsichtlich einzelner Themen. Hier ist etwa an die Brisanz von Themen für Sozialdemokraten zu denken, die unmittelbar mit Fragen sozialer Gerechtigkeit zusammenhängen. *Issue-Publicity* wäre eine mögliche Kategorie, mit der die allgemeine Öffentlichkeitswirksamkeit und öffentliche Attraktivität bestimmter Themen charakterisiert werden könnte. Themen mit gesicherter Aufmerksamkeit hätten dann ein hohes Issue-Publicity-Potential. Die Frage von Krieg und Frieden gehört dazu. Aber auch andere Großthemen wie Ausländerpolitik, innere Sicherheit oder Arbeitslosigkeit (die dann in Einzelfragen zerlegt und diskutiert werden) erregen in Deutschland zuverlässig Aufmerksamkeit.

---

[265] Vgl. dazu detailliert das Kapitel 7.3.

Themen (in ihren Problem- und Issuedimensionen) und dazu vertretene Positionen sind wichtiger Grundstoff der Politik. Sie beeinflussen die Kompetenzen, die den verschiedenen politischen Akteuren je Politikfeld zugeschrieben werden – neben den Leistungen in Regierung und Opposition. Themen sind die Grundlage für das, was zuerst in der Unternehmensforschung „Strategic Issue Management" (Lombriser/Abplanalp 1998: 32ff., vgl. auch Röttger 2001) genannt wurde und in der Politik als Management von Themen zentral ist (vgl. Hinrichs 2002). Themenfindung, Themenanalyse, Themenpositionierung, Themenkommunikation sind einzelne Bausteine dieses übergreifenden *Themenmanagements*.

Der strategische Akteur muss eine doppelte Wahl treffen: die des Themas und die seiner Position zum Thema. Beide Entscheidungen stehen in Wechselbeziehung zu den sozialen Problemen (Problempolitik) und den parteipolitischen Wettbewerbsbeziehungen (Konkurrenzpolitik). Kalkulationen müssen getrennt für die gesellschaftliche und die parteipolitische Ebene angestellt und dann zueinander in Beziehung gesetzt werden. Man ist nicht immer der politische Gewinner, wenn man zur Lösung eines gesellschaftlichen Problems beiträgt.

Themen müssen sich nicht durch gesellschaftlichen Druck „aufdrängen", sie können von strategisch operierenden Politikern unter politischen Nutzenkalkülen geschaffen werden (vgl. Sjöblom 1986: 91f.). Die von Kurt Biedenkopf in den 1970er Jahren kreierte „neue soziale Frage" ist ein solches Beispiel ähnlich wie das Irak-Thema im Bundestagswahlkampf 2002. Es gibt also einen permanenten Kampf nicht nur um die Problemlösungen, sondern um die Themen selbst. Er muss die Dringlichkeiten einer *gesellschaftlichen Agenda* berücksichtigen, kann also nicht vollständig an der Gesellschaft vorbei geführt werden. Der Kampf führt aber zu einer *politischen Agenda*, die meist nicht mit der gesellschaftlichen Agenda identisch sein wird. Bei der Auseinandersetzung um die politische Agenda setzen sich Themenstrategien von Regierungs- oder Oppositionsakteuren durch. Personalisierung, symbolische Politik, Neben- und Scheinprobleme haben da ebenso ihre Chance wie die partikularen Parteiinteressen, die versuchen, die Themenstärken ihrer Partei auch gegen die gesellschaftliche Agenda stark zu machen.

Ein wesentliches Ziel des Themenmanagements besteht darin, möglichst großen Einfluss auf politisch diskutierte Themen und Problemlösungen zu erlangen. Für den Strategieakteur geht es darum, die öffentliche Diskussion mit eigenen Themen und Positionen zu dominieren. Dominanz ist allerdings kein Selbstzweck, er muss aus Sicht des Akteurs mit positiver Rückwirkung (Sichtbarkeit, Profil, Kompetenz) auf das eigene Kollektiv verbunden sein und damit zur längerfristig hilfreichen Imagebildung beitragen. Die „Vorherrschaft" der Union in der Medienaufmerksamkeit im Zusammenhang ihrer Spendenaffäre 1999/2000 zeigt eine sicherlich nicht gewollte Dominanz.

Soweit politische Akteure Themen selbst mitbestimmen können, weil sie nicht als unaufschiebbare gesellschaftliche Probleme unmittelbare Antworten der Politik erzwingen, suchen sie nach für sie unter Profilierungsaspekten geeigneten Themen. Aktive Themenfindung wird zu einer zentralen Aufgabe strategischen Themenmanagements.

Die *Themenwahl* setzt Analyse und Bewertung voraus. Relevant dafür sind die *Vermittlungsvariablen* Agenda, Klima, Deutungs-Dominanz sowie die *Hintergrundvariablen* Werte und Interessen.[266] Diese können systematisch mit potentiellen Themen verbunden und analysiert, anschließend in einer akteurspezifischen Stärken- und Schwächen-Bewertung integriert werden (vgl. Hinrichs 2002: 49ff.). In der *Analyse* ergibt sich eine

---

[266] Vgl. zu diesen Elementen den Anfang des Kapitel 6.

Fülle von Fragen, die zum Teil empirische Antworten ermöglichen, aber auch subjektive Einschätzungen erfordern: Bei welchen Themen besteht hoher Problemdruck? In welchem Zeitraum werden Themen aktuell (kurz-, mittel-, langfristig)? Welche Themen werden durch bereits absehbare Ereignisse auf die Tagesordnung gesetzt? Wie setzt sich die aktuelle gesamtgesellschaftliche Agenda zusammen? Sind Trends sicht- und fühlbar? Welche Themen passen zum momentanen Klima? Welche Beziehung hat der Strategieakteur zu einzelnen Themen (Affinität, Verantwortlichkeit, Einflussmöglichkeiten)? Welche Akteure kommen bei den jeweiligen Themen ins Spiel? Welche Akteurkonstellationen und Positionierungen sind damit verbunden? Welche Wert- und Interessendimensionen berühren die Themen?[267]

Die Analyse verknüpft also Vermittlungs- und Hintergrundvariablen mit weiteren Aspekten wie themenspezifischen Kompetenzen und Images der politischen Konkurrenten, Demoskopiemessungen in Wählersegmenten bzw. der Gesamtwählerschaft, Themeneigenschaften in der Problem- und Issuedimension oder medialen Aufmerksamkeits- und Bearbeitungspotentialen.

Für den *Bewertungsschritt* kann unter anderem auf das Instrument der SWOT-Kalkulation[268] zurückgegriffen werden, mit dem sich die allgemeine Vorteilsstruktur von Themen in Beziehung zu den Fähigkeiten (Stärken/Schwächen) und Möglichkeiten (Chancen/Risiken) des Strategieakteurs setzen lässt. Themen können auf diese Weise in Matrix-Strukturen abgebildet werden. Gerade die Chancen und Risiken bei Themen ergeben sich nicht zuletzt aus den Stärken und Schwächen der politischen Gegner.

SWOT-Kalkulationen helfen bei der Identifizierung politisch aussichtsreicher Themen, bei denen Kernkompetenzen und Profilierungschancen zusammenfließen. Die Wahlforschung hat gezeigt (Saliency-Theorie), dass sich das Hervorheben von Themen der Politikfelder, in denen die eigene Leistungsbewertung durch die Wählerschaft traditionell positiv ausfällt, politisch auszahlen kann (vgl. Budge/Farlie 1983: 21ff.). Dennoch wird es strategisch auch um das Entdecken „neuer" Themen und Felder gehen, die sich mit den bisherigen Kernkompetenzen und Images verbinden oder zu ihrer Weiterentwicklung beitragen.

Kalkulationen zu Chancen und Risiken von Themen vermitteln hilfreiche Orientierungen für das Handeln, ohne Garantien für spezifische Wirkungen geben zu können. Themenmanagement bleibt *Risikomanagement*, bei dem auch komplexe Analysen nachholende Korrekturen nie ausschließen können (mit allen Unwägbarkeiten und negativen Konsequenzen). Aktives Themenmanagement verspricht dennoch größere Erfolge als passiver Inkrementalismus.

Sobald Themen öffentlichkeitswirksam werden und Akteure diese als politisch relevant einstufen, erfordern sie eine *Positionierung*[269] des Strategieakteurs. Sie umfasst den eigenen Standpunkt, die Verortung und Kontextualisierung von Themen und die Formulierung von Zielen sowie möglichen Mitteln der Problembearbeitung. Angesichts der Bürgererwartung einer Allzuständigkeit der Parteipolitik besteht der Zwang, prinzipiell zu jedem

---

[267] Dieser Fragenkatalog ließe sich ausbauen und systematisieren. Hinweise auf relevante Fragen der Themenanalyse finden sich auch in den Checklisten amerikanischer Politikberater (vgl. etwa Choate/Walter 1984: 78).

[268] Vgl. dazu das Kapitel 7.

[269] Hier ist die themenspezifische Positionierung gemeint. Strategieakteure können sich auch in Bezug auf Richtung, Bündnisse, Gegner etc. positionieren (vgl. dazu etwa die Ausführungen zum Koordinatensystem in Kapitel 6.5.2).

auf die Agenda gespülten Thema Position beziehen zu können. Auch bei der selbst initiierten Suche muss die Frage der eigenen Position mit der Themenwahl entschieden werden.

Die Positionierung orientiert sich an den zuvor analysierten Gesichtspunkten der Themenwahl, das heißt Kompetenz-, Leistungs- und Profilierungsgewinne und eine spezifische Imageformung stehen auch hier im Zentrum. Die gewählte Problemlösung ergibt sich dabei keineswegs zwingend aus fachlichen, finanziellen oder administrativen Überlegungen allein, sondern muss bei relevanten Fragen immer auch durch den Filter von Konkurrenz und Öffentlichkeit hindurch.

Die Behandlung von Themen und die eigene Positionierung ist mit den anderen Bereichen des Strategy-Making verschränkt. So gehört es zum Aufbau und der Reproduktion von Strategiefähigkeit auf der Ebene von Richtung, dass die Feinfestlegungen des Kurses mit den Positionen bei Themen abgestimmt sein müssen.[270] Kontextsteuerung ist ein wichtiger Parameter auf der Suche nach einer einheitlichen strategischen Linie. Hier liegen auch Kriterien der Auswahl und argumentativen Referenz für übergreifende Bezugsrahmen. Im Ergebnis muss die Position in den einzelnen Sachbereichen zum Gesamtprogramm und Image des Kollektivs passen (Konsistenzproblem). Themen und Positionen korrespondieren zudem mit der Verteilung gesellschaftlicher Interessen und Werte. Die Beziehung ist nicht deterministisch, aber auch nicht zufällig. In den Kernbereichen von Parteien-Themen-Wähler-Ketten zeigt sie eine Stabilität, an der strategische Intentionen ansetzen können.

Neben die Positionierung tritt die *Priorisierung*. Sie meint die Herstellung einer Themen-Rangordnung durch den Strategieakteur und muss keineswegs dem *Priming* der Massenmedien entsprechen. Die Liste der gewichteten Themen soll vor allem sein eigenes Handeln leiten. Die konkreten Priorisierungen hängen unter anderem von Problemdruck und Profilierungschancen ab. Das Themenranking des Strategieakteurs bleibt nicht ohne Konsequenzen auf die Verteilung von Aufmerksamkeits-, Informations-, Bearbeitungsressourcen sowohl in sachlicher als auch in personeller Hinsicht.

Das Themenmanagement beinhaltet auch den *Kampf um Wahrnehmung* (Hinrichs 2002: 47). Die Organisierung von Aufmerksamkeit setzt in einer ausdifferenzierten modernen Mediengesellschaft professionelle Standards voraus. Akteure im Party-Government haben hierfür je nach individueller Autorität, Eloquenz, Prominenz, Position bzw. kollektiver Kompetenz, Bedeutung (Klein-, Mittel-, Großpartei), Funktion (Regierung, Opposition) unterschiedlich gute Ausgangsbedingungen und zur Verfügung stehende Öffentlichkeits-Ressourcen.

Zentrale Aufgabe des Themenmanagements ist das *Agenda-Building*, das Einfluss auf die Medien- und Public-Agenda hat. Agenda-Building ist der Versuch politischer Akteure, für sie günstige Themen in der Medienberichterstattung und in den Köpfen der Bürger zu platzieren und zugleich eine für den politischen Gegner ungünstige Public- und Medienagenda herbeizuführen (Brettschneider 1998: 635). Agenda-Building ist ein umkämpftes Feld, bei dem Konkurrenzbeziehungen zwischen politischen Akteuren, Medienakteuren, Experten, Interessenorganisationen bestehen, aber auch unvorhersehbare Krisen, Großunfälle oder Naturkatastrophen ihre Wirkung entfalten, indem sie von Akteuren aufgebaute Themen hinwegfegen.

Die Themensetzung wird unter anderem beeinflusst von Themenmerkmalen, Zeitknappheit, begrenzten Kommunikationsmitteln und -ressourcen, Entwicklungsständen von Themen, Aufmerksamkeitszyklen bzw. -regeln der Medien und Adressaten oder den Stra-

---

[270] Vgl. Kapitel 8.2.2.

tegien der politischen Konkurrenz (vgl. etwa Riker 1993, Brosius 1994, Dearing/Rogers 1996, McCombs/Shaw/Weaver 1997). Vieles liegt nicht in der Hand der Akteure. Sie werden deshalb auch versuchen, Themen, die durch andere Faktoren in die Öffentlichkeit oder Medien vorgedrungen sind, für eigene Zwecke zu nutzen (Agenda-Surfing)[271].

Dem Strategieakteur stehen eine Vielzahl unterschiedlicher *Thematisierungsvarianten* zur Verfügung, zu denen Neuthematisierung, Dethematisierung (auch als Agenda-Cutting), Rethematisierung oder Strategic Diversion gehören (vgl. etwa Tils 2002a, Larocca 2004). Dethematisierung, Agenda-Cutting und Strategic Diversion zeigen, dass es oft nicht um *positive* Themensetzung geht, sondern um das Verhindern von Diskussionen, die für den Strategieakteur ungünstig erscheinen. Ebenso kann die angestrebte vorteilhafte Wirkung der öffentlichen Themenlandschaft für einen selbst im Hervorrufen von Negativeffekten beim politischen Konkurrenten liegen.

Agenda-Building umfasst auch das *Framing*.[272] Framing kann als Rahmung und Bewertung der Themen durch die Akzentuierung einzelner Themenaspekte und die Hervorhebung spezifischer Merkmale aufgefasst werden (Neidhardt/Eilders/Pfetsch 1998: 7). Framing als Themendefinition und Diskurssteuerung ist der Versuch, nicht nur zu beeinflussen, über *welches* Thema, sondern *worüber* bei einem Thema gesprochen wird. Zur kommunikativen Gestaltungsaufgabe wird, was in bestimmen Problembereichen die relevanten Aspekte sein und wie sie interpretiert werden sollen (vgl. Schön/Rhein 1994: 4f.). Botschaften, Begriffe, Problemsichten, Interessenfärbungen, Perspektiven, Verdichtungen, Fokussierungen können als Kommunikationsprogramm vorbereitet und in die Öffentlichkeit eingebracht werden.

Das gewünschte Ergebnis des *strategischen Framings* ist die Etablierung bestimmter Interpretations- und Deutungsmuster bei der öffentlichen Auseinandersetzung um Themen (Baringhorst 2004). Solche „Präsentationskontexte" (Kaase 1998a: 49) sind für den Verlauf öffentlicher Diskussionen und die Wahrnehmungen und Bewertungen des Publikums von hoher Bedeutung. So haben etwa ökonomische Debatten über Arbeitslosigkeit für Parteien ganz andere Effekte als ein Diskurs zur sozialen Dimension dieses Themas.

Gelungenes Framing führt zu den kommunikativen Problematisierungen, Fokussierungen, Interpretationen und Kausalattributionen, die der Strategieakteur intendiert hat und weist ihm selbst zugleich die Handlungskompetenz und Glaubwürdigkeit optimaler Problemlösung zu (Baringhorst 2004: 78-82). Auch beim Framing kommen Akteure wie Medien, Konkurrenten, Experten oder Interessenverbände ins Spiel, die ihrerseits versuchen, dem Diskurs eine für sie geeignete Richtung zu geben. Die Rahmungen themenbezogener Auseinandersetzungen sind umstritten wie die Themen selbst.

In der *prozeduralen* Dimension des Themenmanagements sind Timing und Ökonomie zu berücksichtigen (vgl. Raschke 2001a: 140). *Themenökonomie* soll die Überforderung sowohl des Strategieakteurs wie des Publikums verhindern, Profilierungschancen nicht verschenken und dennoch dafür sorgen, dass die unabweisbaren Problemlagen abgearbeitet werden. Eine themenökonomische Betrachtung akzeptiert, dass überhaupt nur ein limitier-

---

[271] Vgl. dazu etwa Brettschneider (2005: 499).
[272] Auf Elemente des Policy-Framing-Konzepts (Schön/Rhein 1994) kann nicht nur zur Steigerung des eigenen Reflexionsvermögens und zum Herbeiführen schlichtend-pragmatischer Konflikt- und Problemlösungen zurückgegriffen werden (vgl. Schneider/Janning 2006: 176ff.), sondern auch zu Zwecken strategischen Themenmanagements. Vgl. zu den kommunikationswissenschaftlichen Grundlagen des Framing-Paradigmas Goffman (1974) und Gamson (1992), zu theoretisch-konzeptionellen Designfragen auch Entman (1993) und D'Angelo (2002).

ter Themenhaushalt zur Verfügung steht, der von den Akteuren für sich selbst lohnend eingesetzt werden kann. Ein ökonomischer Umgang mit diesen Themen (etwa innerhalb einer Legislaturperiode) trifft Vorsorge, dass politische Erfolge sich nicht zu schnell „verbrauchen". Den Sozialdemokraten hätte die Missachtung dieses ökonomischen Prinzips im Bundestagswahlkampf 2002 fast den Machtverlust gebracht. Sie hatten für das Wahljahr keine gewinnbringenden Reformen „aufgehoben", so dass ihre Hoffnungen fast nur auf einem Konjunkturaufschwung und der Person Schröder ruhten. Die nachfolgende hektische Betriebsamkeit (Hartz-Kommission, Irak-Debatte etc.) war so gesehen Ausdruck einer fehlenden Themenökonomie.

Thementiming ist notwendig, da Themen ihre Zeit und ihre Unzeit haben. Beschleunigung, Verlangsamung, die Herstellung von Bezügen (z.B. zu vorhergehenden oder kommenden Wahlen) gehören zu den zeitbezogenen Optionen. Das Timing muss auf den Issue-Attention-Cycle in der Öffentlichkeit und aktuelle Anschlussfähigkeit in der Bevölkerung Rücksicht nehmen. Die Frage ist, ob bestimmte Themen gegenwärtig auf genügend gesellschaftlichen und öffentlichen Resonanzboden treffen (ablesbar etwa an Vermittlungs- und Hintergrundvariablen), um hinreichend Widerhall zu finden.

Schon Thematisierung, erst recht Themenmanagement ist eine reichlich komplexe Steuerungsaufgabe. Aus der Fülle gesellschaftlicher Themen wird nur ein Bruchteil aktuell politisch behandelt. Zugleich werden mehr Themen politisch bearbeitet, als strategisch wählbare Themen vorhanden sind. Hier eröffnet sich der große Raum politikfeldspezifischer, administrativ gesteuerter, öffentlichkeitsferner, wenig konkurrenzrelevanter Fachpolitik (non-public Policy-Agenda). Wenige Themen sind es schließlich, die über die Machtverteilung entscheiden. Dabei werden vor allem Themenaspekte in Verbindung mit Personen und Symbolen zentral.

6.4.2 Personen

Der Grundstoff von Politik sind Themen und Personen. Personenfragen durchziehen strategische Politik, ohne dauernd Entscheidungsfragen zu sein. Die wichtigste Personenfrage ist die der Führung. Sie sollte beim Aufbau von Strategiefähigkeit entschieden sein.[273] Sortierungen des Personalfaktors strategischer Akteure mit Hilfe des Orientierungsschemas sind unter vier Gesichtspunkten interessant:

- Besondere Aufmerksamkeit gilt Akteuren mit *eigener*, auch *strategischer Autonomie* in Handlungsbereichen, die für den Gesamterfolg relevant sind (z.B. Minister).
- Vertrauensgestützte *Beratung* beim Strategy-Making ist nur auf der Grundlage diskreter Personensteuerung möglich.
- Aus dem Elitenbereich kommen *interessierte Mitspieler* und *potentielle Konkurrenten*.
- Die *Unterstützung* beim Strategy-Making stellt sich nicht von selbst ein, sondern muss von personenbezogenen Aktivitäten vorbereitet und begleitet werden.

„Strategy follows people" (Hinterhuber 1999: 641) – diese Sentenz eines amerikanischen Wirtschaftsführers drückt die Überzeugung aus, dass die richtige Auswahl von Führungskräften die entscheidende Bedingung für eine erfolgreiche strategische Praxis ist. Auch der Umkehrschluss wäre richtig: Fehlbesetzungen sind kaum korrigierbar – außer durch Ablösung. Man muss dem Zusatz „the right person leads to the right strategy" nicht zustimmen,

---

[273] Vgl. Kapitel 8.2.1.

weil er einem personalistischen Determinismus folgt, und kann doch das Gewicht „der richtigen Person", wenn deren Fähigkeiten Strategiekompetenz mit umfasst, nicht hoch genug einschätzen. Dabei werden Strategiekompetenzen teilautonomer Akteure, Mitspieler, Berater, Unterstützer auch auf nachgeordneten Ebenen unterhalb der Spitzenebene des strategischen Zentrums gebraucht.

Für Helmut Kohl, einen Meister und Monomanen des Personenmanagements, war es Teil seines strategischen Kompasses: „Personalentscheidungen befinden nicht nur über Erfolg und Misserfolg von Regierungen und der sie tragenden Parteien, sondern sie sind tatsächlich der Kern politischer Führung und Gestaltung." (Kohl 2005: 124). Trotzig und selbstbewusst fügt er hinzu: „Im vielgeschmähten ‚System Kohl' konnte ich diesen Weg erfolgreich praktizieren." (124).

Das Gegenbeispiel ist das einer *Sachbezogenheit* (Ziele, Aufgaben, Programme etc.) bis hin zur „Sachbesessenheit". Im Kontrast zur Personenbezogenheit ist dies die Einstellung, mit der Erhard Eppler bekennt, in die Politik gegangen zu sein. Dort aber bringe das nur Probleme: „Denn die Fixierung auf Sache, Einsichten, Aufgaben, manchmal auch auf Theorien, hat mich daran gehindert, die Menschen so ernst zu nehmen, wie sie es verdienen. Lange Zeit hielt ich es für selbstverständlich, ja ich rechnete damit, dass anderen, wie mir, die Sache in jedem Fall vorgehe. Und das war unrealistisch, vielleicht sogar naiv, fast immer falsch." (Eppler 1996: 79). Und: „Bei den meisten Politikern kommen die Sachen lange nach den Personen." (96). Oder zugespitzt: es gilt die Regel, „dass Politik zu neun Zehnteln aus Menschen und nur zu einem Zehntel aus Ideen besteht" (92).

Personalpolitik, Netzwerkpflege und Konkurrenzkontrolle sind die wichtigsten Formen, in denen *Personen* die strategische Orientierung und Aufmerksamkeit der Spitzenleute erfordern.

Personalpolitik

Unter strategisch relevante Personalentscheidungen, wichtigster Teil der Personalpolitik als vom strategischen Zentrum zu erbringender Leistung, fallen:

(1) Die *Personenauswahl für steuerungsrelevante Positionen* als originäre Führungskompetenz. Unter dem Strategieaspekt, neben allen anderen Führungsqualitäten, ist Platzierung wichtig, da mit Personen auch Richtung und individuelle Strategiekompetenz festgelegt werden.

Beispiele sind die Besetzung des Generalsekretärs oder Bundesgeschäftsführers einer Partei, zentraler Ministerämter, des Chefs der Regierungszentrale. Wenn bei solchen Ämtern mit der Personalentscheidung 60-80 Prozent von *Richtung* und *Performanz* feststehen, ist deren strategische Bedeutung kaum bestreitbar. In Wahlkämpfen ist die Benennung einer „Mannschaft", die das Leistungs- und das Richtungspotential einer neuen Regierung symbolisieren soll, strategisch relevant.

Häufig hat der Spitzenakteur das *Ernennungsrecht*. Schwieriger kann es werden, wenn er das Vorschlagsrecht hat, demokratisch gewählte Gremien aber zustimmen müssen. Eine seiner schwersten Niederlagen erlebte Helmut Kohl bei der Wahl des Bundesgeschäftsführers 1981, als er mit seinem Kandidaten gegenüber dem vom Generalsekretär Heiner Geißler unterstützten Peter Radunski im Präsidium mit 1:13 unterlag. (Bösch 2002: 119). Er machte weiter, aber er vergaß nichts. Die Grenze des Zumutbaren war überschritten, als der Parteivorsitzende Franz Müntefering 2005 für den Posten des Generalsekretärs seinen engen Vertrauten Kajo Wasserhövel vorschlug, der Vorstand sich mit Andrea Nahles aber für eine Gegenkandidatin entschied. Alle drei scheiterten, ein neues Personaltableau wurde aufgemacht.

Zwei Akteure, für die Personalsteuerung einen hohen Stellenwert hatte, Konrad Adenauer und Helmut Kohl, bemühten sich stets um „genaue Personenkenntnis und die Kenntnis der Lebensumstände ihrer politischen Mitarbeiter" und kannten sich in deren Lebensgewohnheiten und Vorlieben „bis ins Detail" aus (Ackermann 1996: 14f.).

(2) Die *Quasi-Kooptation* im Rahmen demokratischer Regeln. Sie schafft Akteuren des strategischen Zentrums erweiterte personalpolitische Einflussmöglichkeiten. Dabei geht es um die Besetzung strategisch wichtiger Wahlämter, formell durch Anwendung demokratischer Prozeduren, faktisch durch Kooptation. Die von mitbestimmten Gremien eingeräumte Kooptation akzeptiert personelle Erfordernisse strategischer Führung, allerdings in den Grenzen allgemeiner Folgebereitschaft.

Gerhard Schröder verständigte sich mit Franz Müntefering unter vier Augen über seine Aufgabe des Parteivorsitzes und die Nachfolge von Müntefering. Kurt Beck und Matthias Platzeck einigten sich unter vier Augen, wer von ihnen Parteivorsitzender wird; daraufhin schlug Platzeck die Stellvertreter vor, die unter ihm die Partei führen sollten.

(3) Die *Besetzung des strategischen Apparats*.[274] Ohne strategierelevante Beratung, in welcher Form auch immer, kommt in der komplexen Innenpolitik heute keine Spitzenfigur mehr aus. Viele, auch prominente Beispiele, zeigen, wie stark sie tatsächlich auch von solchem professionalisierten Know-how abhängig sind.

Netzwerkpflege

Dazu kommt eine Netzwerkpflege, die für individuelle Karriereprozesse ihre Bedeutung hat, darüber hinaus aber auch eine Bedingung für erfolgreiches Strategy-Making ist. Dabei ist vor allem die Streuung und Kombination von Netzwerken der Spitzenleute für den kollektiven Nutzen des strategischen Akteurs bedeutsam. Sie können als Quelle von Unterstützung, in der tragenden Organisation und relevanten Arenen, ebenso wie von externer Beratung dienen. Eher kommunikativ genutzte externe Netzwerke, zum Beispiel mit ökonomischen oder kulturellen Eliten, können dem Erfahrungsaustausch, der Vertrauensbildung oder der öffentlichen Demonstration gesellschaftlicher Verankerung dienen.

Innerparteilichen Netzwerken kommt sicherlich besondere Bedeutung zu.[275] Auch als Bundeskanzler war Helmut Kohl ein unentwegter Netzwerkarbeiter in seiner Partei: „Auf allen Ebenen der Partei hielt ich das Netzwerk persönlicher Kontakte aufrecht und pflegte intensiv persönliche Beziehungen und Loyalitäten bis weit in die Kreisverbände der CDU hinein. Dabei war das Telefon unverzichtbar, denn so konnte ich weiterhin das direkte Gespräch mit Mandats- und Funktionsträgern der Partei ebenso pflegen wie mit Mitgliedern der Bundesregierung." (Kohl 2005: 131).

Konkurrenzkontrolle

Konkurrenzkontrolle soll Position und Autonomie des strategischen Zentrums sichern. Dazu gehört, die Einflussnahme interessierter und – durch ihre Position in Regierung oder Parteiführung – privilegierter Mitspieler zu begrenzen und Konkurrenz einzudämmen. Konkurrenzkontrolle ist für die Sicherung strukturierter Führung äußerst wichtig. Sie hat

---

[274] Vgl. Kapitel 5.2.1 und 8.2.1.
[275] Vgl. dazu auch Kapitel 6.1.

nicht nur Bedeutung für individuelle Machtsicherung, sondern erhält zugleich ein wesentliches Element von Strategiefähigkeit.[276] Wenn Akteure im weiteren Führungsbereich besonders relevant sind, haben sie häufig auch besonderes Interesse an Einflussnahme auf strategische Politik. Und sei es durch die Bestimmung des sektoralen Politikausschnitts, der die Optionen der Spitze einschränkt.

Die Hoffnung, Personalfragen seien mit ihrer Entscheidung auf längere Zeit stillgestellt, bestätigt sich nicht. Leistungs- und Richtungsbewertungen, öffentliche Kritik, Konkurrenz, neue Konstellationen, das Auf und Ab des öffentlichen und parteiinternen Rankings, vieles zwingt zur permanenten Beobachtung des Personalfaktors, auch unabhängig von konkreten Entscheidungsprozessen. So war und ist die Dauerbeobachtung christdemokratischer Ministerpräsidenten für Angela Merkel überlebenswichtig. Selbst kurz nach ihrer Wahl zur Bundeskanzlerin erklärte der niedersächsische Ministerpräsident Christian Wulff, „das Profil der CDU werde in Zukunft hauptsächlich durch die Ministerpräsidenten in den unionsgeführten Ländern bestimmt"[277]. Sie solle Parteivorsitzende bleiben, das Profil hätten andere festzulegen.

Die Spitzenleute müssen sondieren: Geht es bei Debatten nur um Alternativen strategischer Linienführung oder um den Aufbau interner Opposition? Sollen Opponenten bekämpft, ausgegrenzt oder eingebunden werden? Leistungen, Motive, Richtungstendenzen, Vernetzungen, Karriereposition, Konfliktfähigkeit, persönliche Eigenarten und Lebensumstände – vieles bedarf einer personenbezogenen Dauerbeobachtung und gegebenenfalls der Intervention.

Dabei gilt die „begrenzte Rationalität" in Personalfragen möglicherweise noch mehr als in Sachfragen, kann aber – doppelt nicht-rational – auf diese durchschlagen. Egon Bahr spricht vom „Geflecht von Schwingungen", vom „Faktor S": „Als ob allein die Sachlichkeit für sachliche Entscheidungen den Ausschlag gibt und die beteiligten Menschen frei von Neigungen und Abneigungen sind. (...) Chemie ist nicht parteigebunden. Ob zwei Menschen miteinander ‚können' oder nicht, beantwortet ihre Psyche und nicht ihre Parteizugehörigkeit. Verwandte politische Auffassungen können verwandten Seelen helfen, dass unterschiedliche Überzeugungen durch ähnliche Empfindungen gemildert werden, während unversöhnliche Charaktereigenschaften auch nicht durch gleiche parteipolitische Bindungen zu harmonisieren sind. Die Psyche ist stärker, als zugegeben wird und der Öffentlichkeit bewusst ist." (Bahr 1998: 481f.).

Personalführung und Personalentwicklung sind zwei feste Steuerungsgrößen des strategischen Managements, die allerdings nur begrenzt auf Politik übertragbar sind. *Personalführung* hat allenfalls dort eine Chance, wo formelle Hierarchie und Sanktionsmittel gegeben sind, im Kabinett und in der Administration. Dann hängt es auch von den Fähigkeiten zur Personalführung ab, ob Kabinett, Regierungszentrale und Ministerien zu leistungsfähigen Instrumenten einer Strategieverfolgung gemacht werden können. Die Fähigkeiten von Willy Brandt, Helmut Schmidt und Gerhard Schröder waren auch in dieser Hinsicht sehr verschieden entwickelt.[278] In demokratisch regulierten Gremien von Partei und Fraktion wird man von Personalführung in einem irgendwie verbindlichen Sinne nicht reden können.[279] Demokratische Organisation und schwache Sanktionsmittel sind Gründe dafür.

---

[276] Vgl. Kapitel 8.2.1.
[277] Quelle (7.12.2005): http://www.tagesschau.de.
[278] Vgl. dazu die Kapitel 12.4, 12.5 und 13.3.
[279] Ausgenommen die administrativ geregelten Bereiche.

Helmut Kohl und François Mitterrand konnten wegen ihrer besonders langen Amtszeit, aber auch wegen einer besonderen Begabung für Personenmanagement im weitesten Sinne, über die beide verfügten, ungewöhnlich breite, und sie lange Zeit stützende Netzwerke aufbauen.

Noch unwahrscheinlicher als Personalführung sind Projekte der *Personalentwicklung*. In der Politik hieße Personalentwicklung der längerfristige Aufbau eines Pools qualifizierter Politiker, aus denen *später* auch für Führungspositionen rekrutiert werden kann. Kurzlebigkeit, Unberechenbarkeit und Überlegungen, Talente groß werden zu lassen, aber nicht so groß, dass sie unmittelbar gefährden wie ein Shooting-Star, stehen dem entgegen. Häufig geht es in der Politik nicht um kühl-rationale Steuerungs- und Entwicklungs-, sondern um Machtfragen, die die Virulenz der Führungsfrage erkennen lassen. Nimmt Helmut Schmidt einen „Mann von Brandt", Tony Blair einen „Mann von Brown" in die von ihm geführte Regierung? Die Führungsfrage, selbst wenn sie ruhig gestellt ist, wirkt fort.

Willy Brandts Enkel-Projekt war von seiner Anlage her eigentlich ein ambitioniertes und attraktives Mentorenprogramm. Seine lange Amtszeit als Parteivorsitzender und sein richtungspolitisches Interesse (gegen die Schmidt-Linie) waren Voraussetzungen dafür. Schon der erste Versuch, 1987 einen der Geförderten (Oskar Lafontaine) als seinen Nachfolger zu platzieren, scheiterte. Bei der Wiedervereinigung versagten die von den Enkeln geführten Generationen (vgl. Peterson 1998, Seebacher 2004). Allein vier der Enkel scheiterten im Amt des Parteivorsitzenden (Björn Engholm, Rudolf Scharping, Oskar Lafontaine, Gerhard Schröder), so dass Peter Glotz schließlich mit guten Gründen von der „Enkeltragödie" (Glotz 2005: 310) sprechen konnte. Falsch ausgesucht, falsch entwickelt oder einfach ein in der Politik untauglicher Versuch?

Helmut Kohl, der ähnlich wie Brandt durch seine lange Wirkungszeit als strategierelevanter Mentor in Frage kam und zudem starke personalpolitische Ambitionen hatte,[280] versuchte einen Pool von Neuen und Jungen „aufzubauen". In seiner Mainzer Zeit als Ministerpräsident förderte er sehr fähige Leute wie Bernhard Vogel, Heiner Geißler, Klaus Töpfer, Roman Herzog, Richard von Weizsäcker, Norbert Blüm, die später (bundes-)politische Karrieren machten. Unter Kohl als Bundeskanzler expandierte die Position des Parlamentarischen Staatssekretärs, gedacht zum Aufbau von Jüngeren. Friedbert Pflüger, der dann zum späteren Kohl-Kritiker Richard von Weizsäcker überlief, hat aus der Nahbeobachtung Kohls breites Repertoire der Personalsteuerung festgehalten (Pflüger 2000). Angela Merkel, „sein Mädchen", hat Kohl eher behutsam aufgebaut – bevor sie ihn in die Wüste schickte. Kohl förderte, aber er forderte auch, nämlich unbedingte Gefolgschaft. Wahrscheinlich lag darin auch der Grund, warum viele der Geförderten sich von ihm abgewendet oder gegen ihn revoltiert haben.

Auch individuelle „Entwicklungen" sind extrem schwierig zu steuern. So zum Beispiel Helmut Schmidts Versuch, Hans Apel systematisch durch Ressort-Lernen (erst Finanzen, dann Verteidigung) als seinen Nachfolger aufzubauen – der verabschiedete sich mit dem Erfahrungsbericht „Der Abstieg" (Apel 1991).

---

[280] Neben ihren langen Amtszeiten teilten Brandt und Kohl ein Motiv: beide waren in jüngeren Jahren rebellisch gegenüber dem Establishment, nun sollte einer aus dem Establishment den Jüngeren ein bisschen helfen.

Objekte (Symbole)

EXKURS: PERSONENWISSEN

Hier ist nur ein schmaler Beitrag professionellen bzw. politologischen Wissens möglich. Politische Menschenkenntnis kann man nicht lernen, eher schon einen professionell informierten Umgang mit Personenfragen. Wegen der gerade in diesem Bereich grundlegenden Unterschiede zwischen Wirtschaftsunternehmen und Politikbetrieb sind Empfehlungen des strategischen Managements nicht übertragbar.

Am ehesten können Demoskopie, Wähler- und Wahlkampfforschung bei öffentlichkeitsbezogenen Aspekten Informationen liefern. So sind zum Beispiel (demoskopische) Popularitätswerte als Gesichtspunkte bei der Führungsauswahl oder bei der Beobachtung von Konkurrenz relevant. Auch unterhalb der Spitze können sie Hinweise auf Rekrutierung oder Auswechslung von Ministern für kritische, wählerrelevante Ressorts geben. Popularitätswerte, Personenprofile etc. dienen als Grundlage für Personalisierungsstrategien auf der Spitzen-Ebene (z.B. Image) oder für Auffangstrategien bei Schwächen des Spitzenkandidaten (z.B. Mannschaft).

Politologische Informationen könnten politischen Führern dabei helfen, eigene Fehleinschätzungen des Personalisierungsfaktors zu vermeiden – für die sie sehr anfällig sind. So ließ sich im Rahmen der empirischen Wahlforschung zeigen, dass von Parteiidentifikation und Themenorientierung *unabhängige* Kandidatenorientierungen unter den institutionellen Bedingungen des europäischen Party-Government eher begrenzt sind. Dagegen dominieren *themenspezifische* Kandidaten- und Parteiorientierungen (Brettschneider 2002). Aus solchen Wähleranalysen lässt sich strategisch anderes ableiten als aus der allgemeinen Personalisierungstendenz von Medien, die deren eigener Handlungslogik mehr folgt als der von Wählern.

Bei Fragen des Personenwissens sind die Spitzenleute *allein* mit ihrer Personal- und Menschenkenntnis sowie ihrem strategischen Geschick – unter dem Druck vielfältiger interner Interessen. Wenn sie wollen, auch mit dem Rat, den sie intern einholen. Dazu kommt, dass sie beim Aufbau von Strategiefähigkeit anderes Personal benötigen als zum Beispiel in der Regierungsphase – einige werden belohnt, andere in dieser Etappe versteckt.

6.4.3 *Symbole*

Symbol steht hier als Abkürzung für eine Grunddimension von Politik: die *symbolische Politik*. Sie beeinflusst gezielt durch verdichtete Deutung die Vorstellungen von Politik. Damit wird ein Unterschied bezeichnet zur *materiellen Politik,* bei der Politikergebnisse durch Policy-Instrumente hergestellt werden sollen. Materielle und symbolische Politik können, bezogen auf denselben Gegenstand, auseinander treten. Den Bürger erreichen beide: die Maßnahmen und die Deutungen der Politik. Er bezieht sie aufeinander und überprüft ihre Stimmigkeit. Erfolgreiche symbolische Politik kann seine Meinungen, Orientierungen und sein Verhalten verändern.

Alle Politik ist auch symbolisch. Aber erst, wenn man mit spezifischen symbolischen Mitteln Politik macht, wird daraus symbolische Politik. Die besonderen Mittel sind absichtsvoll verdichtete Deutungen, die sich unterschiedlichen Materials bedienen können, wie Sprache, Inszenierung, Bilder. Dabei ist symbolische Politik immer ein umkämpftes Feld. Verdichtete Deutungen setzen sich gegenüber anderen *auch* mittels Macht durch, ihre Konsequenzen sind immer machtpolitisch relevant. Deutungsmacht strukturiert in erheblichem Umfang den politischen Prozess.[281] Die Allgegenwart des gezielt Symbolischen ist in der Politik besonders relevant, da Bedarf und Produktion von Symbolik dort – verglichen zum Beispiel mit Sektoren wie Wissenschaft oder Technik – besonders groß sind.

Gerade für ein Massenpublikum leben breite Teile der Politik von Vorstellungen und Deutungen, die zu der sachlich-instrumentellen als eine zweite Realität hinzutreten. Die symbolische Realität bildet die materielle nicht einfach ab – das tut sie zwar auch, im Sinne von zum Beispiel sprachlichen Verweisungen, die Rentenerhöhungen eben Rentenerhöhungen nennen. Wichtig aber sind Deutungssteuerungen als Veranschaulichungen, Reduktionen, Überhöhungen, Zuspitzungen, Ablenkungen. Die Bedeutungen, die politische Objekte wie Gesetze, Personen, Haushaltstitel oder thematische Sachbezeichnungen annehmen, sind für viele ganz wesentlich durch intervenierende, absichtsvolle Deutungen beeinflusst. Der Prozess strategischer Verdichtung steht im Mittelpunkt dieses Einflussbereichs.

Es geht um Großbegriffe, Metaphern, Botschaften, kontextsetzende Deutungen, gezielte situative Interpretationen mit strategischen Konsequenzen, symbolisch aufgeladene Handlungen, Bilder, *große* und *kleine* Erzählungen. Die strategischen Seiten einer Sprach-, Bild- und Inszenierungspolitik sind eine erst zu klärende Größe und keinesfalls per se strategisch.

Bei symbolischer Politik handelt es sich um eine analytische Dimension, die in der Realität mit anderen vermischt ist. Immer machen die Menschen auch eigene Erfahrungen und sie machen sich selbst einen Reim auf das, was ihnen als Politik angeboten oder aufgezwungen werden soll. Die Fragen nach dem *cui bono*, nach Interessen, tatsächlichen Vor- und Nachteilen, Gewinnern und Verlierern einer Politik lassen sich durch symbolische Politik nicht ruhig stellen – aber auch die Antworten darauf versucht die Politik *symbolisch* zu beeinflussen.

Das Spannungsverhältnis symbolischer Politik besteht nicht nur gegenüber materieller Politik. Symbolische Politik lässt sich auf Themen/Positionen/Problemlösungen, aber auch auf Personen und Organisationen mitsamt deren Ideologien und Traditionen beziehen. Jeweils gibt es objektivierbare Sachverhalte, die einer versachlichenden, auf intersubjektive Überprüfung angelegten Klärung zugänglich sind. Die Wirkungen einer Policy, der Zustand einer Organisation, die Merkmale einer Person sind nie objektiv erfassbar, aber objektivierend beschreibbar, zum Teil messbar. Akteure können mehr an Objektivierung oder mehr an Instrumentalisierung orientiert sein.

Interessant sind also Grade und Formen der Verdichtung von Deutungen. Ausgehend von sachlichen Kernen, gibt es drei *Anwendungsformen* symbolischer Politik:

(1) *Entsprechung*. Symbolische Politik hält sich nahe an die sachliche Behandlung von – auf reale Effekte überprüfbare – Themen, Personen, Organisationen. Dann ist symbolische Politik unspektakulär, sucht sachdienliche Komprimierungen, allgemeinverständliche Übersetzungen politischer Fachsprache, sachnahe Vereinfachungen von Komplexität. Dabei meint Entsprechung keine 1:1-Relation, sondern eine Annäherungsgröße an sachliche

---

[281] An- und abgrenzend zu Klassikern wie Cassirer, Berger/Luckmann, Bourdieu, Edelman haben jüngst Göhler (2002) und Nullmeier (2005) zur Klärung des Begriffs symbolischer Politik beigetragen. Beide enden *vor* einer strategischen Wendung des Konzepts, sind aber anschlussfähig. Vor allem Göhler hat die Weichen für eine Herausarbeitung der spezifisch politischen Handlungsaspekte symbolischer Politik gestellt, gegen einen nichts sagenden oder einen alles kritisierenden Allerweltsbegriff. Vgl. auch Sarcinelli (2005: 124ff.) zu einem – wie hier – bewertungsoffenen Begriff symbolischer Politik, allerdings – anders als hier – in einer Definition, die symbolische Politik generell und nicht nur in spezifischen Verwendungen als *strategisch* versteht.

Objekte (Symbole)

Kernbereiche. Hier kann symbolische Politik nüchtern informierend, erklärend, verdeutlichend sein.

Schon die Sprache, in der über Wahlergebnisse geredet wird, hat eine symbolische Qualität. Sie gilt als nüchtern und sachnah, wenn sie die Ergebnisse in Prozentzahlen mitteilt, Gewinne und Verluste auf die vorhergehende Wahl der gleichen Ebene bezieht. Und das liegt ja auch im Entsprechungsbereich, verglichen mit den oft schamlosen Erklärungen von „Gewinnern", die willkürlich die letzten Umfragen, ihre eigenen Erwartungen, die letzte ihnen passende Wahl oder was auch immer zum Bezugspunkt wählen und so an Zahlen nachweisbare Wahlniederlagen in Wahlsiege umwandeln.[282] Aber schon die sachnahe Mitteilung bewegt sich mit den Prozent-Symbolen auf einer Ebene, die häufig etwas anderes erzählt als die absoluten Zahlen. Nicht selten war der sich – in Prozentzahlen – feiernde Sieger ein Verlierer, gemessen in absoluten Zahlen zur Vorgängerwahl.

(2) *Verstärkung*. Die Verstärkung des Gemeinten bedient sich zusätzlich zu kognitiven auch emotionaler, ästhetischer und normativer Einwirkungsmittel. Zum Beispiel stellt sie eine – vielleicht geringe – Senkung des Einkommensteuersatzes als Gleichheits- und Gerechtigkeitspolitik dar. Oder sie propagiert, wie Friedrich Merz, die Forderung nach einem vereinfachenden Steuersystem mit einem Bierdeckel, auf dem in Zukunft die individuelle Steuererklärung zu errechnen sei. Oder sie überhöht eine Person wie Willy Brandt als „Friedenskanzler". Oder sie stilisiert eine Partei wie die SPD zur „Partei der sozialen Gerechtigkeit". Wertbezüge, Idealisierungen, Übertreibungen aller Art kennzeichnen einen solchen Verstärkungs-Ansatz. Dabei ist das positiv Überschießende oft nicht leicht von negativen Begleiterscheinungen zu trennen, weil auch in der Verstärkung etwas den sachnahen Kern Verzerrendes liegt. Zudem ist die symbolische Beleuchtung von Stärken häufig begleitet vom bemühten Ausblenden von Schwächen der Politik, Person, Organisation.

(3) *Verfälschung*. Symbolische Politik kann auch manipulativ eingesetzt werden zum Aufbau eines schönen Scheins, zu einer sinnverändernden Selektivität und Verdrehung, zur Ablenkung und Kompensation, zur Täuschung und Illusion, zum Kaschieren, Kleinreden, Uminterpretieren. Das kann bewusst, halbbewusst, unbewusst geschehen, weil die Akteure eiskalt oder aber selbst emotionalisiert, normativ überdreht oder sonst in ihrer sachnahen Perzeption beeinträchtigt sind. Während im Irak der Bürgerkrieg erst richtig begann, erklärte der amerikanische Präsident George W. Bush auf einem Schlachtschiff mit einer Rieseninszenierung, die Mission sei erfüllt, der Krieg zu Ende. Das symbolträchtige „Ehrenwort", das Uwe Barschel in die Fernsehkameras sprach, war auf Lüge gebaut. Auch die Symbolik von Arbeitslosenzahlen verführt zu Verdrehungen, durch die Wahl des Bezugspunkts, maßlose Übertreibungen, Daueroptimismus – die alle zerschellen, wenn die das Publikum überraschende, unmittelbar symbolisch wirkende Zahl von fünf Millionen gemeldet wird.[283] Oder ein untypisches Detail wird zur „großen Linie" erklärt, zum Beispiel wird *eine* Abschreibungsmöglichkeit gestrichen und anschließend über „Gerechtigkeitspolitik" geredet. Auch die im Bereich der Personen-Politik typischen „Bauernopfer", wie etwa der Büroleiter Edmund Stoibers, Michael Höhenberger, in der Spitzel-Affäre um die parteiinterne Kritikerin Gabriele Pauli, symbolisieren oft nur Konsequenzen, die nicht auf die Politik

---

[282] Siehe weiter unten zur Anwendungsform der *Verfälschung*.
[283] Dies war, im Februar 2005, das Signal für einen dramatischen demoskopischen Verfall der SPD. Dieses Symbol des Leistungsversagens war durch triftige sachbezogene Erläuterung (im Zusammenhang der Hartz IV-Reform) und Uminterpretation („ehrliche Zahlen") nicht mehr einzufangen.

zurückwirken – und manchmal stellen sie durch einfachen Positionswechsel nicht einmal personelle Veränderungen dar.

Allerdings gibt es auch eine inhaltlich entleerte und verselbständigte symbolische Politik, die rationale und vertretbare Gründe hat. „Zukunftsoptimismus" in allen Varianten mag von widersprechenden Tatsachen ausgehen, aber dennoch (mit-)bewirken, was alle wollen: eine dynamische Gesellschaftsentwicklung, den Konjunkturaufschwung, das Wirtschaftswachstum. Ludwig Erhard rauchte zum Zeichen seiner Zuversicht auch in der Öffentlichkeit unentwegt seine Zigarre.

Gerade im Bereich symbolischer Politik wird der normative Diskurs häufig zu anderen Einschätzungen führen als die strategische Überlegung. Übereinstimmen könnte man im Symbolisierungsbedarf der Politik, der mit einem Orientierungsbedürfnis der Adressaten korrespondiert. Die Instrumentalisierung verdichteter Deutung für Zwecke politischer Gestaltung und Machtgewinnung werden die einen als Überschreiten einer Grenze diskursiver Demokratie, andere als zusätzliche Chance aktiver Politik sehen. Machtkämpfe haben Einfluss auf die vorherrschenden Deutungsmuster, die politische Kultur versucht, der Instrumentalisierung symbolischer Mittel Grenzen zu ziehen. Die Interpretation der (instrumentalisierten) Interpretation bleibt letztlich beim Adressaten demokratischer Politik, dem Bürger.

Symbolpolitik, hier synonym mit symbolischer Politik gebraucht, hat einen Grund in der Politik selbst, ihre Relevanz ist aber durch Faktoren wie allgemeines Wahlrecht, Massenmobilisierung, Sachkomplexität, Medialisierung im Verlaufe des 20. Jahrhunderts erheblich gewachsen. Gerade auch für Linke, mit ihren diskursiven Schrift- und Aufklärungskulturen (Fehér/Heller 1986), bedeutete dies einen massiven Umlernprozess. Symbolische Politik auf Fernsehen – dazu inzwischen Internet – einzustellen, ist dabei nur die jüngste Runde einer länger anhaltenden Herausforderung.

Symbolmanagement meint das Beherrschen der Klaviatur von Sprach-, Bild- und Inszenierungspolitik, mit der Deutung professionell verdichtet werden soll. Die konzeptionelle Priorität der Sprachpolitik (Botschaften, Begriffe, Wertbezüge, Ideen) ergibt sich vordergründig daraus, dass Politik zu einem Großteil Reden über Themen ist. Wichtiger aber ist, dass Sprachpolitik zum Inhalt der Politik und zu strategischen Zielen passen muss. Gemeinsam mit ihnen soll sie die Grundlage bilden, auf der die eher kurzfristig anzulegende Bild- und Inszenierungspolitik aufbaut. Bild- und Inszenierungspolitik sind also unter dem Verarbeitungsaspekt eher komplementär und sekundär, obwohl sie in ihrer Rezeption für politisch weniger Interessierte besonders wichtig sein mögen.

Strategische *Sprachpolitik* entsteht erst, wenn der „Kampf um Wörter" (Greiffenhagen 1980) in stärker systematisierter Form aufgenommen wird, als es in der spontanen, situativen Kommunikation des einzelnen Spitzenakteurs möglich ist. Die reflektierte Festlegung kommunikativer Leitlinien, die bewusste Auswahl und Definition zentraler Begriffe, die Verknüpfung des symbolischen Überbaus mit einzelnen Themen, Positionen und Personen, der Aufbau eines sprachlichen Kontrastprogramms zum politischen Gegner, all dies ist für mittel- und längerfristige Strategie, die über die Regelungseffekte hinaus auch die Orientierungen der Bürger erreichen will, unabdingbar.

In den semantischen Kämpfen zwischen politischen Konkurrenten sind vielfältige Strategien der Selbstaufwertung und Gegnerabwertung durch „Fahnen-" und „Stigmawörter" sowie deren Ausbau zu „Schlagwortnetzen" (im Sinne einer politisch-ideologischen Rahmung) so aufzuschließen, dass sie als sprachstrategische Bausteine in realen Großkonflikten erkennbar werden (Klein 1998a). Strategien der Begriffsbesetzung (Innovation, Umdeutung, Umwertung, assoziative Verknüpfung etc.), der Begriffsverteidigung und der Begriffsvermeidung (bzw. des Rückzugs aus Begriffen) versuchen, eigene Stärken auf- und auszubauen, wohingegen Strategien der „Begriffsdemontage, Attackierung von Begriffsmissbrauch und Festnageln auf Negativbegriffe primär auf Gegnerschwächung ausgerichtet sind" (Klein 1998a: 389).

Bei einer systematischeren Anlage von Sprachpolitik sind verschiedene Gesichtspunkte zu berücksichtigen, unter anderem:

- Sprachpolitik ist kognitiv anspruchsvoll, weil eine Fülle von Kriterien und Bezugspunkten zu berücksichtigen sind (vgl. Kuhn 2002). Deshalb besteht interner Klärungsbedarf.
- Sprachpolitische Entscheidungen sind kollektiv verbindlich zu machen, weil vieles davon nur wirken kann, wenn der Kollektivakteur im Ganzen folgt. Beispiel: Als die SPD 1960 moderne Kommunikation einübte und im Vorwahlkampf ihre Gemeinsamkeitslinie mit dem Slogan „Wir sind alle eine Familie" propagierte, forderte die damals scharf bekämpfte innerparteiliche Linke die Anwendung dieses Spruchs erstmal auf die Partei selbst – und machte ihn so in aller Öffentlichkeit lächerlich.
- Sprachpolitik ist auf einen hohen Wiederholungsbedarf angewiesen, weil nur so das Bild von einer einheitlichen Linie bzw. einem roten Faden entstehen kann.
- Sprachpolitik hat einen frühzeitigen Steuerungsbedarf. Wenn mit einer ungeeigneten Sprache begonnen wurde, lassen sich die Fehler kaum mehr revidieren. Beispiele aus dem Agenda 2010-Kontext, die nicht durch Sprach-Werkstätten gegangen sind: Ein-Euro-Job, Ich-AG, Job-Floating.

Bild- und Inszenierungspolitik hängen eng miteinander zusammen. Beide stehen im „Kampf um Bilder": inszenierte Bilder wie Bilder von Inszenierungen. Inszenieren lässt sich alles. Dazu muss es so eingerichtet und stilisiert werden, dass es Aufmerksamkeit und Resonanz bei den Medien findet, um so – eigentliches Ziel – die Wähler-Adressaten zu erreichen. Selbst geschaffene Ereignisse, absichtsvoll stilisierte Personen, Bilder produzierende Organisationen – die Symbolproduktion hat, zumal angesichts der Expansion elektronischer Medien, weite Betätigungsfelder. Nicht nur Abbildung und objektivierende Information – analog zu Entsprechungen –, sondern über Sachkerne hinausgehende, kreative Produktionen, die ein bestimmtes Bild schaffen, sind das Ziel: ein Kniefall (Brandt), ein Händedruck (Kohl/Mitterrand), ein Kuss (de Gaulle/Adenauer).

Aufgabe von Strategie ist es, in der Flut täglicher Symbolproduktion den Blick für übergreifende, folgenreiche Wirkungen zu schärfen und im Jahrmarkt der Symbole darauf hin zu arbeiten. Der bei Inszenierungspolitik konstitutive symbolische Überschuss muss einen strategischen Filter durchlaufen. Regierungs- und Oppositionschef, Parteitage, Wahlkämpfe sind besondere Kristallisationspunkte kollektiv relevanter Inszenierungspolitik. Image, das sich aus weit mehr als symbolischer Politik nährt, ist ein zentraler Bezugspunkt der steuernden Tätigkeit des strategischen Zentrums. Das Image von Leadership wird um so mehr Gegenstand strategischer Steuerung, als die öffentliche Aufmerksamkeit für die Spitzenpersonen zunehmen, ihre Möglichkeiten wirksamer Politiksteuerung aber abnehmen. Die Erforschung symbolischer Politik hatte von vornherein einen bevorzugten Gegenstand in der Steuerung von Führungsimage (vgl. Edelman 2005).

Situationsübergreifendes, strategisch gedachtes Symbolmanagement hat, mehr als Organisations-, Themen-, Personen-Management, Bedarf an professioneller Bearbeitung, darf also den Spitzenakteuren nicht allein überlassen werden. Schon deshalb, weil es hier um Kollektivakteure geht und um individuelle Symbolkompetenz von Spitzenakteuren nur, soweit sie kollektiv relevant sind. Individuelle Inszenierungen, zum Beispiel ob Joschka Fischer läuft, trinkt und wie viel er isst, gehen auf eigene Rechnung.

Strategisch in Rechnung zu stellen sind auch die latenten symbolischen *Wirkungen* von Personen und Organisationen, unabhängig von aktiver Sprach-, Bilder-, Inszenierungspolitik. Eine Organisation, die ergebnislos über längere Zeit streitet, hinterlässt – als Nebenwirkung – ein negatives Image in den Vorstellungen der Menschen. Anderes Beispiel: Trotz Otto Schily blieb die Kompetenzvermutung für Innere Sicherheit immer bei den Unionsparteien. Durch das Sheriff-Image Schilys wurde das neutralisiert und hat der SPD nicht geschadet. Das zeigt Möglichkeiten und Grenzen der latenten Image-Wirkungen einer einzelnen Person.

Mit welchen Personen lässt sich – aktiv oder eher passiv – *symbolische Personalisierung* von Themen und Positionen bewirken? Nicht zuletzt in der öffentlichen und Wahlkampfkommunikation werden so Tendenz, Richtung, Kompetenz, Tatkraft, Zielstrebigkeit, Glaubwürdigkeit für ein breiteres Publikum erkennbar. Ein Gewerkschaftsmann als Arbeitsminister, eine Mannschaft statt der Betonung des Spitzenmanns, ein Minister, der nicht für ein Ressort, sondern für eine Richtung steht – all das ist im strategischen Sinne symbolisch relevant.

Häufig sind die *unerwünschten Symbole* wirkungsvoller als die gezielt produzierten. Ein Härte abfordernder Kanzler mit Cohiba-Zigarre und Brioni-Anzug, ein in der Talkshow herumstotternder Spitzenkandidat, ein popularitätssüchtiger, sozialdemokratischer Minister mit adliger Gefährtin im Swimmingpool planschend – alles schwer einholbare Negativ-Symbole, mit kollektiven Rückwirkungen. Die Falle bei Inszenierungspolitik ist immer aufgebaut: „Der Grad der Inszenierung darf die tatsächlichen Ereignisqualitäten nicht ignorieren oder gar überlagern, sonst droht ein ‚Roll back' mit aus Sicht der Politik viel dramatischeren Konsequenzen, als sie ein Verzicht auf Inszenierungskomponenten je hätte nach sich ziehen können." (Meckel 2002: 283). Auch die ursprünglich zur Eigenwerbung gedachte FDP-Formel der „Besserverdiener" wurde zum lange nachwirkenden negativen Image-Symbol.

Es gibt viele, aber eher selten *große* Bilder von der Innenpolitik in Party-Government-Systemen. Wahlkämpfe und Parteitage liefern sie eher nicht, die Spitzenpolitiker möglicherweise bei Kriseneinsätzen[284] oder wenn sie sich mit den Großen dieser Welt zeigen, also außenpolitische Inszenierungen zu innenpolitischen Zwecken benutzen.

Die verbreitete Unterscheidung von *Herstellung* und *Darstellung* schafft eher eine falsche Orientierung, da sie eine klare Sequenz suggeriert, wo es in der Praxis eher auf Symbiose hinausläuft.[285] Für politische Produzenten ebenso wie massenmediale Vermittler und elektorale Abnehmer haben sich die Grenzen einer *nachträglichen* Darstellung verwischt. Gesichtspunkte symbolischer Präsentation müssen in die Politikproduktion mit hinein genommen werden. Dies nicht nur, um einen „falschen Eindruck" zu vermeiden, sondern um die Politik schon in der Initiative-, Beratungs- und Beschlussphase auf ihre kommunikativ-

---

[284] Zum Beispiel Ernst Reuter und Willy Brandt in Berlin-Konflikten, Helmut Schmidt bei der Elbeflut (1962), Gerhard Schröder bei der Holzmann-Rettung (1999) oder bei der Elbeflut (2002), Matthias Platzeck bei der Oderflut (1997).

[285] Vgl. auch Kapitel 6.5.3.

symbolische Vermittelbarkeit zu prüfen – und gegebenenfalls schon bei der Herstellung zu verändern. Politik hinkt den integrativen Erwartungen von Medien und Wählern hinterher. Die Diskursprozesse heterogener, beteiligungsorientierter Parteien und von Regierungskoalitionen erschweren solch frühzeitiges Strategisieren. Es ist ein besonderes Tätigkeitsfeld übergreifender, erfolgsorientierter Strategiearbeit. Dabei gilt auch hier die Priorität von Sprachpolitik vor Inszenierungs- und Bildpolitik.

Symbolische Politik kann Bestandteil einer strategischen Konzeption sein, sie kann wichtiger (in den USA, bezogen auf Präsident und Wahlkampf) oder weniger wichtig sein (in den eher fragmentierten, europäischen Party-Government-Systemen). Aber es ist noch nicht so weit, dass symbolische Politik am *Beginn* einer strategischen Kette stände, deren *Ende* Politik wäre.

EXKURS: SYMBOLWISSEN

Kommunikation umfasst neben Informationen Deutungen, die in symbolischer Politik zugespitzt werden. Eine nicht verengte Politische Kommunikationswissenschaft wäre dafür die Schlüsseldisziplin. Die einfachsten Prämissen hießen: nicht alles ist symbolisch und nicht alles Symbolische ist strategisch. Der Forschungsstand ist in systematischer Hinsicht eher weiter als im empirischen Einzelwissen, aber auch dieses ist in seinem strategischen Potential nicht ausgeschöpft (vgl. Jarren/Sarcinelli/Saxer 1998). Hier – wie in anderen Bereichen – gilt, dass geklärt sein muss, was strategisch wissenswert ist, bevor die Adaption solchen Wissens verbessert werden kann.

Stark praxisorientiertes, professionalisiertes Wissen bieten die heterogenen, überschneidenden Bereiche Public Relations, Werbung, Kommunikation, Marketing, verbunden mit den jeweiligen Öffentlichkeitskomponenten.[286] Meist ist deren Praxisnähe so stark wie ihre Wissenschaftsferne. Das vergrößert Anwendungsmöglichkeiten und verkleinert Chancen, zu grundlegenderem Wissen beizutragen. Politisch relevantes Wissen wird in diesem Bereich nicht aus der Wissenschaft selbst, sonder direkt aus der professionalisierten Praxis von Werbe- und Marketingfachleuten, Kommunikations- und Semantikexperten, Fernseh- und Print-Journalisten, Filmern und Designern bezogen.

Symbolische Politik ist noch kein kohärentes, empirisch ergiebiges Forschungsfeld der Politikwissenschaft, obwohl ihr Potential entdeckt ist (vgl. Edelman 2005, Sarcinelli 1987, 1998, 2005). Es fehlt an empirisch generalisierbarem Wissen. Dabei ist die Analyse und strategische Wendung bei sprachlicher Kommunikation (vgl. Klein 1998a, 1998b) weiter als bei visueller Kommunikation (vgl. Müller 2003). Oft ist die Wissenschaft mehr beeindruckt von den Erfindungskünsten der Praxis und rekonstruiert sie empirisch,[287] als dass sie selbst in diesem Bereich praxisrelevantes Wissen präsentieren könnte.

6.5 Referenzen

Die Referenzen Problem- und Konkurrenzpolitik sowie Öffentlichkeit sind die zentralen Bezugsgrößen in der externen Umwelt des strategischen Akteurs. Im Gegensatz dazu sind die Objekte Gegenstände der Bearbeitung in der internen Umwelt des strategischen Zentrums, d.h. der Organisation (Regierung, Fraktion, Partei etc.). Damit bilden sich analytische

---

[286] Vgl. dazu auch den Exkurs zu Öffentlichkeitswissen in Kapitel 6.5.3.
[287] Zum Beispiel für Wahlkämpfe Knieper/Müller (2004) oder für Parteitage Müller (2002).

Differenzen der Referenzkategorien zum Operieren des Akteurs in der Objektdimension ab. Während sich die Referenzen in Interaktionen und einer erweiterten Handlungsorientierung ausformen, ist die Beziehung zu den *Objekten* eher durch Eigenaktionen und eine selbstbestimmte Handlungsorientierung geprägt.

Eigenaktion meint die Festlegung des Kollektivs in Bezug auf Themen, Personen, Symbole (Selbstdefinition) und die vom Akteur betriebene Selbstpräsentation. Sie dient dazu, seine eigenen Intentionen zu gestalten, sich selbst erkennbar zu machen, eine von außen „ungestörte" Selbstfindung und -formung zu gewährleisten. Die Orientierung ist auf das eigene Kollektiv gerichtet, ohne unmittelbares Abzielen auf Interaktionen. Eigenaktion erfordert die Koordination zwischen strategischem Zentrum und der jeweiligen Organisation (interne Umwelt).

Die *selbstbestimmte Handlungsorientierung* folgt keineswegs nur dem „Eigeninteresse", obwohl es bei der Objektorientierung eine privilegierte Stellung einnimmt. Das Eigeninteresse des Akteurs lässt eine Vielzahl von Interpretationen zu, die bereits innerhalb der Organisation von Teilakteuren vertreten werden, häufig umkämpft sind und für den Gesamtakteur integriert werden müssen. Noch wichtiger ist, dass das Eigeninteresse im Spannungsverhältnis zu organisationsunabhängigen Sachaspekten, Vorstellungen, Interessen und Werten steht, die schon innerhalb der Organisation zur Geltung gebracht werden. So kann eine als sachlich notwendig erachtete Problembehandlung in der Organisation stark gemacht werden gegenüber den Vorteilen, die das Spielen eines Issues verspricht. Oder Werte bzw. Traditionen einer Organisation können gegen einen bei Wahlen erfolgversprechenden, populistischen Kandidaten sprechen. Solche Spannungsverhältnisse zeigen sich also nicht erst zwischen Umweltreferenzen (z.B. Problem- und Konkurrenzpolitik), sondern bereits in einzelnen Objektdimensionen.

Referenzen werden von Interaktionen und erweiterten Handlungsorientierungen bestimmt. Bei der *Interaktion* wird die eigene Position konfrontiert mit (gedachten) Interaktionspartnern der externen Umwelt aus den Bereichen Problem- und Konkurrenzpolitik sowie Öffentlichkeit. Der Adressat (Wähler/Bürger) ist in diesen Interaktionsbeziehungen der „unsichtbare Dritte". In den einzelnen Feldern von Problem- und Konkurrenzpolitik finden die konkreten Interaktionen meist ohne die Adressaten, aber mit Bezug auf sie statt. Wähler bzw. Bürger sind in der Dreieckkonstellation oft wichtiger als die kopräsenten Interaktionspartner. Bei der *erweiterten Handlungsorientierung* muss sich die eigene Position bewähren in der virtuellen und realen Auseinandersetzung mit externen Akteuren, die andere Sachaspekte, Ideen, Interessen und Werte repräsentieren. Dadurch verändern sich in einem permanenten Prozess auch die eigenen Positionen.

Reale Handlungen im Kontext der Arenen beeinflussen fortlaufend die konkrete Ausgestaltung der Referenzen. Die virtuelle Referenz *Expertenmeinung* wird im realen Handlungszusammenhang zu einer mehr oder weniger überzeugenden Problemlösungsalternative, die dann als konkretisierte problempolitische Referenz Grundlage weiterer strategischer Überlegungen darstellt. Es gibt also ein System von Rückschleifen zwischen konkreten Arenen-Handlungen zu Referenzen im virtuellen Teil des Strategieschemas.

Ausgangspunkte strategischer Überlegungen liegen meist in der Objekt- oder Referenzdimension. Der Strategieakteur sondiert und sortiert Themen, Personen, Symbole im Lichte der anderen Faktoren des Orientierungsschemas. Die Überlegungen können aber auch bei Referenzpositionen starten, wenn zum Beispiel Parteiakteure ihre themenstrategischen Erwägungen mit einer unabhängigen Expertenposition beginnen (Problempolitik) und den Anpassungsprozess an vermutete Parteiinteressen erst in einem zweiten Schritt anschließen.

Politische Kollektivakteure müssen Beiträge zur Bearbeitung gesellschaftlich relevanter Probleme liefern. Gleichzeitig ringen sie mit anderen Parteien um die Unterstützung der Bürger – dies alles im Forum massenmedial organisierter Öffentlichkeit. Sie agieren simultan auf ineinander verschachtelten Wirkungsebenen. Die widersprüchliche Einheit von Problemlösung, Konkurrenz und Öffentlichkeit bildet den strategischen Kern demokratischer Politik.

6.5.1 *Problempolitik*

Die Referenz Problempolitik bezieht sich auf die vertiefte Überprüfung eigener Problembearbeitungsvorstellungen des strategischen Akteurs im Lichte von Sachverstand. Problempolitik auf der einen Seite und Konkurrenzbeziehungen auf der anderen Seite bilden das zentrale Spannungsverhältnis, das strategische Akteure im Forum Öffentlichkeit bearbeiten. Die Erwartung und der Selbstanspruch gesellschaftlicher Problemlösung verbieten es politischen Akteuren einerseits, sich ausschließlich in wettbewerbsorientierten Auseinandersetzungen zu verlieren. Andererseits birgt eine puristische Problemorientierung angesichts der Konkurrenzmechanismen in Party-Government-Systemen und deren Folgen für die politische Machtverteilung hohe Risiken – und führt mit an Sicherheit grenzender Wahrscheinlichkeit zum Verlust von Gestaltungsmöglichkeiten.

Eine dauerhafte Entkopplung zwischen Problem- und Konkurrenzpolitik kann es aus strategischer Perspektive nicht geben. Politiker erleben die damit verbundenen Spannungen tagtäglich in der Auseinandersetzung mit politischen Sachverhalten und lösen sie typ-, lage-, situationsbedingt unterschiedlich auf. Wir beobachten zum einen die konkurrenzpolitische Überlagerung von Sachpolitik, zum anderen eine politische Problembearbeitung, die sich um die Vermittlung von Interessen und Werten bemüht. Bürger/Wähler als Adressaten der Politik werden im Bemühen um Responsivität in beiden Referenzdimensionen stets mitgedacht.

Den Kern von Problempolitik bilden *Leistungen der Problemlösung*. Die Performanzkategorie wird hier im reduzierten Verständnis einer *zielbezogenen Performanz* eingeführt (vgl. Roller 2004: 302ff., 2005: 21f.). Sie soll zugleich aus dem Kontext politischer Systemanalysen (Qualität von Demokratien) herausgenommen und auf spezifische Party-Governement-Akteure bezogen werden. Performanz bedeutet dann für die Regierung Problemlösungsleistungen im Sinne der effektiven Realisierung substantieller Problemlösungen, für die Opposition Problemlösungsleistungen im Sinne substantieller Kompetenz- und Lösungsangebote.

Die Referenz Problempolitik stellt keinen Hinweis auf „objektive" oder „optimale" Sachlösungen dar. „Richtige" oder gar „einzig richtige" Problemlösungen existieren nicht. Auch die Suche nach „endgültigen" und „vollständigen" Lösungen bleibt in der Politik praktisch aussichtslos. Viele Probleme scheinen politisch, das heißt mit Mitteln (national)staatlicher Politik, gar nicht mehr dauerhaft lösbar zu sein (Beschäftigungskrise, demografischer Wandel etc.) Der Anspruch *substantieller Performanz* orientiert sich daher an möglichst adäquaten Problemlösungsansätzen, die ein greifbares Maß an Rationalität, Stabilität und Balance für sich in Anspruch nehmen und zumindest einen Beitrag zur Problembearbeitung leisten können. Parteien wirken im Prozess der Entwicklung von Problemlösungen als Aggregationsinstanz der Ziel-, Mittel-, Interessen- und Wertevermittlung.

Adäquate Problemlösung bedeutet dann allgemein die Verringerung der Diskrepanz zwischen real existierenden Zuständen und gesellschaftlich gewollten Verhältnissen. Im Einzelnen geht es in der *Sachdimension* der Probleme um das Aufdecken der Problemursachen und die Entwicklung von Lösungsansätzen, in der *Sozialdimension* um die Berücksichtigung möglichst vieler unterschiedlicher Interessen bzw. die Maximierung der gemeinsamen Interessen (vgl. Scharpf 2000: 223, Fn. 16), in der *Zeit-* und *Raumdimension* um die Vermeidung bloßer räumlicher oder zeitlicher Problemverschiebungen.[288]

Anhand der Zeitdimension lässt sich exemplarisch zeigen, mit welch schwierigen Referenzkonflikten (Problem/Konkurrenz) politische Akteure konfrontiert sind. So muss eine sachrationale Rentenpolitik in langen Zeiträumen von über 30 Jahren denken. Problembearbeitung und Problemlösungswirkung fallen zeitlich weit auseinander. Aktuelle politische Entscheidungen (output) entfalten langfristig Wirkung (outcome). Die Entscheidung über die „Rente mit 67" macht dies deutlich: sie fällt im Jahr 2006, startet im Jahr 2012 und wirkt vollständig erst ab dem Jahr 2029. Die „politischen" Wirkungen solcher Entscheidungen im Konkurrenzverhältnis unter den Parteien realisieren sich allerdings, anders als die Problemlösungswirkungen, sofort und können (etwa bei Wahlen) unmittelbare Konsequenzen auf die bestehenden Machtverhältnisse haben.

Diese für politische Akteure undankbaren Gräben zwischen Problem- und Konkurrenzpolitik lassen sich strategisch nicht einfach überspringen. Sie fordern Politikern „harte Entscheidungen" (Müller/Strøm 1999) ab. Das heißt mit anderen Worten: Strategie bedeutet keinen harmonisierenden Ausgleich zwischen unterschiedlichen Ansprüchen und Erwartungen. Sie dient aber der (Selbst-)Vergewisserung über die Entscheidungsgrundlagen und -prämissen und kann damit zur Rationalisierung des eigenen Handelns beitragen. Man weiß besser, was man will, warum man es will und wie man es erreichen will. Strategische Analyse vermeidet in der Konfrontation mit den relevanten Bezugsgrößen Ad-hoc- und Situations-Entscheidungen, erfasst sichtbare Spannungsfelder und Wirkungszusammenhänge und verknüpft sie in strategischer Perspektive.

Die Referenz Problempolitik lenkt den Blick der Akteure auf Sachaspekte der Politik: in welchen Problembereichen sind politische Maßnahmen erforderlich und gewünscht? Welche Lösungskonzepte und -instrumente sind bekannt und stehen zur Verfügung? Wie effektiv, effizient, praktikabel erscheinen sie? Welche sozialen Wirkungen sind mit den spezifischen Lösungsvorschlägen verbunden?

Die bei der Beantwortung solcher Fragen zeitgleich wirksamen Restriktionen sind groß. Sie beeinflussen die Möglichkeiten zur Umsetzung prinzipiell denkbarer Lösungsansätze. Drei unter vielen seien hier genannt:

---

[288] Anders als in den Ausführungen zu Themen als Problemen und Issues (vgl. Kapitel 6.4.1) werden einzelne Problemdimensionen (sachstrukturelle, soziale, zeitliche und räumliche Aspekte) hier auf die Problem*lösung* bezogen (dort Problem*eigenschaften*). Die Kategorien scheinen analytisch nah beieinander zu liegen. Allerdings unterscheiden sich Objekte und Referenzen grundsätzlich (vgl. den Anfang des Kapitels 6.5): Referenzen sind externe Bezugsgrößen, die durch Interaktionen und erweiterte Handlungsorientierungen bestimmt werden, Objekte sind Gegenstände der interne Bearbeitung, die eher durch Eigenaktionen und eine selbstbestimmte Handlungsorientierung geprägt bleiben.

- Beschränkte finanzielle Rahmenbedingungen lassen nicht alles zu (oder nur sehr wenig von dem), was sachlich wünschenswert wäre. Schnelle Lösungen und aussichtsreiche Instrumente sind mit den verfügbaren Finanzmitteln oft nicht zu haben.
- Pfadabhängigkeiten begrenzen die Wahlfreiheit in sachlicher Hinsicht – noch völlig unabhängig von konkurrenzpolitischen Gesichtspunkten. Existierende Strukturen, bisherige Prozesse und vormalige Entscheidungen lassen es nicht immer zu, völlig neu anzusetzen – auch wenn es sachlich geboten scheint.
- Verschränkte Problemfelder erschweren isolierte Problemlösungen. Die Tatsachen wechselseitiger Interdependenzen, schwer durchschaubarer Kausalmodelle oder unerwünschter Nebenfolgen erzeugen mangelnde Erwartungssicherheiten im Hinblick auf gewollte und bewirkte Effekte.

Die sachliche Auseinandersetzung mit politisch relevanten Problemen erledigen die Politikakteure nicht für sich allein, sondern – und das ist die Besonderheit der Referenzen – in Auseinandersetzung mit Interaktionsakteuren, die ihnen eine *erweiterte Handlungsorientierung* aufzwingen. Problemlösungen entstehen in Prozessen der *Interaktion*, in die eine Fülle unterschiedlicher Auffassungen und Perspektiven einfließen und dabei auch die ursprünglich eingenommenen Positionen verändern.[289]

Das Orientierungsschema konstruiert die strategischen Parameter aus der Perspektive eines strategischen Zentrums. Die mit der Referenz-Kategorie angesprochenen Interaktionen beziehen sich vorrangig auf externe Umweltakteure. Allerdings verändern sich die Handlungsorientierungen der strategischen Kernakteure zum Teil auch durch Interaktionsprozesse, die in die eigene Organisation (interne Umwelt) hineinwirken. Das gilt gerade im Bereich der Problempolitik, in der auch innerhalb der eigenen Parteien – manchmal länger als vom Organisationszentrum gewünscht – um unterschiedliche Lösungsansätze gerungen wird. Insofern ist die Interaktion zwischen Strategieakteur und externer Umwelt häufig verwoben mit der internen Abstimmung einer einheitlichen Parteiposition. Sie wird teilweise auch über die Öffentlichkeit ausgetragen.

Interaktion

Die *Interaktion* der Problempolitik findet je nach Problemgegenständen und -bereichen in unterschiedlich zusammengesetzten Akteurkonstellationen statt, in denen sich Parteiakteure, Experten, Vertreter der Interessengruppen, Medienakteure, Repräsentanten administrativer oder transnationaler Einrichtungen bewegen. Der strategische Kollektivakteur sieht seine eigenen Positionen und Vorschläge konfrontiert mit anderen Auffassungen, Perspektiven, Informationen und Erkenntnissen, gegenüber denen diese sich „bewähren" müssen. Selten gehen Parteien aus dem Prozess der Problempolitik inhaltlich genauso hinaus, wie sie in ihn hineingegangen sind.

Empirisch erscheinen Problemlösungsprozesse als *Zentrum der Politik*. Ohne diese Referenz kommt Politik nicht aus – und verlöre auch ihre Legitimationsbasis. Problempolitik ist zeitlich, sachlich und sozial die Zentralgröße politischer Akteure. Es ist das Hauptfeld der Politik. Das gilt auch für die politische Kommunikation, die sich vorrangig um Inhalte rankt, auch wenn sie von Wettbewerbsgesichtspunkten durchsetzt bleibt.

---

[289] Die jeweiligen Durchsetzungschancen für bestimmte Problemlösungsvorstellungen hängen nicht zuletzt von der Macht und den Durchsetzungsfähigkeiten des Strategieakteurs ab. Sie werden bei uns als ein Aspekt strategischer Steuerung im Kapitel 10.2.3 thematisiert.

Erweiterte Orientierungen

Die erweiterten Orientierungen im Feld der Problempolitik richten sich an Bezugsgrößen aus, die für die wechselseitigen Orientierungen und Interaktionen bei der Problembearbeitung strategisch-operativ relevant sind. Wir wollen diese strategischen Parameter exemplarisch an drei Orientierungsgrößen veranschaulichen, und zwar in der Form von Orientierungen an *relevanten Interaktionsakteuren*, an *dominanten interaktiven Strategien* und an *unterschiedlichen Problemlösungsmaßstäben und -perspektiven*, die als divergierende Problemlösungslogiken erscheinen.[290]

Orientierung an relevanten Interaktionsakteuren

Aus Sicht des strategischen Zentrums gilt es für die Referenz Problempolitik diejenigen externen Akteure ausfindig zu machen, die für die Entwicklung und Umsetzung[291] der eigenen Problemlösungsvorstellungen von Bedeutung sind. Nicht an allen Auffassungen und Positionen, die Akteure der Außenwelt (Sachverständige, Medien, Interessenvertreter, Administration etc.) vertreten, wird man sich orientieren können und wollen. Die inhaltliche Auseinandersetzung erfolgt vielmehr mit *relevanten Interaktionsakteuren*. Manche Akteure werden einem dabei aufgezwungen, andere berücksichtigt man „freiwillig", aus eigenem Antrieb.

Welches sind aber die aus der Perspektive des Strategieakteurs im Problemlösungsprozess wichtigen Akteure? Die strategische Relevanzbestimmung kann auf Basis unterschiedlicher Auswahlkriterien erfolgen. Zentrale Argumente ergeben sich aus einer Tausch- oder Institutionenperspektive.[292] Manche Akteure drängen sich dem Strategieakteur sowohl aus einem tauschtheoretischen als auch einem institutionalistischen Blickwinkel auf.

Das *Tauschargument* stellt darauf ab, Akteure zu berücksichtigen, die für die Lösung spezifischer Probleme vom Strategieakteur im Hinblick auf Leistungen oder Ressourcen als nötig bzw. vorteilhaft angesehen werden (Schneider 2003a: 113). Das können Wissenschaftler sein, die überzeugende Problemlösungsalternativen beisteuern, Kenntnisse und Kapazitäten administrativer Akteure oder Handlungen organisierter Interessen oder unterstützende Stimmen im Feld der Medienöffentlichkeit.

Insbesondere organisierte Interessen als formierte Akteure erfüllen in diesem Prozess der Problempolitik wichtige Funktionen, indem sie wesentliche Leistungen erbringen: Bündelung und Repräsentation von Interessen, Übernahme von Kontrollaufgaben, gesellschaftliche Selbstregulierung (Schneider 2003a: 113). Das Leistungsargument ist nur eines unter mehreren. Daneben existieren auch langjährige Nähebeziehungen zu Interessenverbänden, die den Strategieakteur schon aus Gründen der Tradition, Loyalität oder Solidarität dazu bewegen, auf bestimmte Gruppen besonders Rücksicht zu nehmen. Solche Bindungen sind nicht selten mit indirekten Tauschvorteilen, etwa in Bezug auf Wählerstimmen, verknüpft.

---

[290] In ähnlicher Weise gehen wir anschließend bei den Referenzen Konkurrenzpolitik und Öffentlichkeit vor. Auch dort werden jeweils die referenzspezifischen Orientierungen an relevanten Interaktionsakteuren und an dominanten interaktiven Strategien behandelt. Dazu kommt, wie bei der Problempolitik, eine dritte Orientierungsgröße, die für Konkurrenz *Koordinatensystem* und für Öffentlichkeit *Kommunikationslinie* heißen soll.

[291] Soweit diese in den eigenen Einfluss- und Zuständigkeitsbereich fällt.

[292] Die von Schneider (2003a: 113ff.) für den Kontext von Erklärungsanalysen entwickelte Unterscheidung zwischen tauschtheoretischer bzw. institutionalistischer Eingrenzung spezifischer Policy-Akteur-Systeme wird auf diese Weise aktionsorientiert für den Strategiezusammenhang gewendet.

Zum Tauschgesichtspunkt treten *institutionelle Begründungen* für die Auswahl relevanter Interaktionsakteure hinzu. Bereits aufgrund der Formalstruktur des politischen Systems, die als verschachteltes Mehrebenengebilde aus Verfassung, Gesetzen, Rechtsverordnungen, Verwaltungsvorschriften, Satzungen etc. erscheint, ergeben sich Akteure, deren Auffassungen und Beiträge für die Problemlösung Gewicht haben. Sei es, dass sie für die Entscheidungsfindung nötig sind, sei es, dass sie auf andere Weise Einfluss auf den Prozess der Problemlösung nehmen können. Dementsprechend ist es für den Strategieakteur geboten, sich mit den inhaltlichen Positionen dieser Akteure auseinanderzusetzen. Das formelle Regelsystem kennt staatliche und nicht-staatliche Akteure (z.B. Parlamente, Verwaltungsorganisationen, Verbände), deren Mitwirkung bei der Problembearbeitung erforderlich ist. Darüber hinaus existieren informelle Strukturen, die die Einbeziehung bestimmter Akteure (z.B. Organisationen, Gremien) zu einer routinisierten Praxis haben werden lassen (vgl. dazu North 1990: 36ff.).

Für das strategische Zentrum kommen die relevanten Interaktionsakteure nicht nur aus der externen Umwelt. Ebenso wichtig ist die Klärung, wie umstritten die entwickelte Policy-Position innerhalb der eigenen Organisation ist. Die Diskussionen um geeignete Problemlösungsansätze reichen fast immer in die eigene Organisation hinein. Interne Objektbearbeitung und externe Problempolitik verschmelzen so zu einem fließenden Strom der policybezogenen Auseinandersetzung.

Orientierung an dominanten interaktiven Strategien

Strategische Akteure können ihre Orientierungen in Interaktionen wechseln und beziehen sich dabei auf dominante interaktive Strategien.[293] Dem Anspruch von Strategie entsprechend, sind damit situationsübergreifende, wechselseitige Orientierungen der Akteure gemeint. Wir heben die *Wählbarkeit* von Interaktionsorientierungen hervor. Sie ergeben sich keineswegs unmittelbar aus irgendwelchen kognitiven oder psychologischen Dispositionen der Akteure und sind zum Zeitpunkt des Eintritts in Interaktionszusammenhänge einfach „vorhanden". Akteure können sich vielmehr bewusst für einzelne Arten von Orientierungen entscheiden und sie für das Erreichen spezifischer Ziele einsetzen. Bei der Problempolitik beziehen sich strategische Interaktionsorientierungen auf Varianten gesellschaftlicher Problembearbeitung. Anders im Rahmen der Konkurrenzpolitik: dort sind Machtgewinn und Machterhalt die relevanten Größen.

Für Interaktionsbeziehungen der Problempolitik können strategische Akteure auf das Repertoire von kooperativen, kompetitiven, konfrontativen und autoritativen Interaktionsorientierungen zurückgreifen, wobei die Bezugsgröße inhaltlicher Problemlösung auf die Orientierung einwirkt.

Kooperative Interaktionsorientierungen haben im Feld der Problempolitik auch in Wettbewerbsdemokratien eine lange Tradition. Sie münden oft in kooperativen Arrangements der Beratung oder Entscheidung. Die Grundidee der Problempolitik-Kooperationen sind gemeinsame Leistungsvorteile im Hinblick auf die Problemlösung. Auch Kooperationen werden durch strategische Kalkulationen mit bestimmt.[294] Das gilt für Regierungen, denen angesichts schwindender Steuerungskapazitäten vertikale Kooperationen vielfach

---

[293] Orientierung an Strategie umfasst eigene Strategien und fremde Strategien (aktiv und reaktiv). Fremde Strategie heißt in diesem Zusammenhang: Zurechnung einer strategischen Intention zu einem Handlungsmuster, das als strategisch angelegt interpretiert wird.

[294] Wie das Kapitel 7.3 zeigt, kann Kooperation auch selbst ein Basis-Kalkül sein.

aussichtsreicher erscheinen als hierarchische Steuerungsmittel. Das gilt für Parteiakteure, die angesichts der Fragmentierung und Labilisierung von Akteurkonstellationen Kooperationen als Stütze brauchen. Regierungen und Parteien kooperieren mit Experten, Verbänden, Bewegungen und anderen Akteuren organisierter Interessen.

Beratungskooperationen erfolgen häufig über Kommissionen oder Räte (z.B. „Rürup-Kommission", „Herzog-Kommission", „Nationaler Ethikrat"), die externen Sachverstand erschließen sollen. Entscheidungskooperationen, bei denen Diskussions- und Verhandlungselemente mit dem Ziel der Entscheidungsfindung unmittelbar verbunden werden, versuchen die Bearbeitung komplexer Handlungsfelder oder die Auflösung gegenseitiger Blockaden (z.B. „Bündnis für Arbeit", „Energiegipfel", „Atomkonsens-Gespräche"). Initiator von derartigen entscheidungsbezogenen Konsensrunden ist meist die Regierung. Sie verhandelt entweder direkt mit Vertretern organisierter Interessen oder übernimmt die Rolle eines Moderators.

Formen des kooperativen Regierens kennen typischerweise zwei Arten von Ergebnissen. Entweder es kommt zum Abschluss einer Vereinbarung zwischen der Regierung und gesellschaftlichen Gruppen und damit zum Verzicht auf weitergehende staatliche Interventionen. Die Verhandlungen finden dabei im „Schatten der Hierarchie" (vgl. Scharpf 2000: 329ff.) statt: potentielle Gesetzesbeschlüsse dienen als Drohkulisse.[295] Oder das Verhandlungsergebnis wird anschließend in eine gesetzliche Form „gegossen" (wie z.B. beim Atomgesetz) und erhält damit die formelle Legitimation.

Kooperative Interaktionsorientierungen können auf Solidarität, Reziprozität oder Tausch[296] setzen. Solidarität meint das Eingehen auf andere Interessen, die nicht unbedingt den eigenen entsprechen bzw. deren Berücksichtigung sogar nachteilige Wirkungen auf einen selbst haben kann (vgl. Hegner 1986). Tausch organisiert den Austausch von genau definierbaren Leistungen und Gegenleistungen an politischen Märkten bei wechselseitigem Nutzen (vgl. Blau 1968). Bei Reziprozität wird Handeln mit einer nicht notwendigerweise weiter spezifizierten Erwartung auf eine spätere Gegenleistung verknüpft (vgl. etwa Gouldner 1960). Dieses Vertrauen auf spätere „Rückzahlungen" erlaubt auch einseitige Vorleistungen. Tausch, Reziprozität, Solidarität tragen zur Entwicklung je spezifischer Beziehungsstrukturen von leistungsbezogenem „do ut des" (Tausch) über ein allgemeines „Geben und Nehmen" (Reziprozität) bis hin zum grundsätzlich erwartungsfreien „Eintreten für Andere" (Solidarität) bei.

Kompetitive Interaktionsorientierungen werden als Hindernisse einer gemeinsamen, an sachlichen Gesichtspunkten orientierten Problemlösung angesehen (vgl. Scharpf 2000: 276ff.). Richtig ist: Wettbewerb als Strukturmerkmal verhindert eine dauerhaft auf Konsens gerichtete Problembearbeitung. Man kann das bedauern, unmittelbar ändern lässt es sich nicht.

Die Begrenzung des Spielraums für Gemeinsamkeit ergibt sich aus klaren Systemregeln. Wettbewerbsdemokratien setzen auf den Dualismus zwischen Regierung und Opposition. Beide sind grundsätzlich Gegenspieler. Das Spiel läuft regierungszentriert – eine *Regierung* steht einer *Regierung im Wartestand* gegenüber. Diese Systemstruktur ist aus dem

---

[295] Damit wird deutlich, dass auch kooperative Arrangements nicht ausschließlich auf kooperativen Orientierungen der Interaktionspartner basieren müssen. Dennoch bleibt die dominante interaktive Strategie auf Kooperation gerichtet.

[296] Aspekte des Tausches sind also (in unterschiedlicher Weise) sowohl bei der Relevanzbestimmung von Akteuren als auch bei der Orientierung an dominanten interaktiven Strategien von Bedeutung.

jahrhundertelangen Prozess einer Demokratisierung des Regierens hervorgegangen – sie erträgt viele Interpretationen, aber sie behält ihre Grundstruktur.

Dieser Zusammenhang wird bei uns über das Spannungsverhältnis zwischen den Referenzen Konkurrenz- und Problempolitik abgebildet. Die strategisch zu bearbeitende Aufgabe liegt darin, kompetitive Orientierungen auch in die Problemlösung zu integrieren. Viel läuft über Mischverhältnisse, bei denen man einerseits die eigene Profilierung gegenüber den Problemlösungsvorschlägen der Konkurrenten betreibt, anderseits ein offenes Ohr für das vorhandene Angebotsspektrum substantieller Problemlösungen behält. Manchmal überlappen sich Profilierungschancen und verfügbare Problemlösungsangebote, manchmal widerspricht die substantielle Problembearbeitung den Zielen des Differenzmanagements. Dann sind nach der strategischen Kalkulation „harte Entscheidungen" zu treffen.

Für die Orientierung an dominanten interaktiven Strategien im Bereich der Problempolitik meinen kompetitive Interaktionsorientierungen etwas anderes als Spannungen zwischen Problem und Konkurrenz. Hier kennzeichnet das Kompetitive den Kampf der Akteure um ihre Problemlösungsvorstellungen – natürlich nicht zuletzt auch in Auseinandersetzung mit ihren politischen Gegnern. Kompetitive Problemlösungsorientierungen suchen den argumentativen Wettstreit im öffentlichen und nicht-öffentlichen Raum.[297] Es geht um die Frage, wer über die „besten" Rezepte für die anstehenden Probleme verfügt – ohne dass sich das Ergebnis dieses Aushandlungsprozesses auch wirklich als beste Lösung erweisen muss.

Akteure mit *konfrontativen* Orientierungen gehen einen Schritt weiter. Sie reklamieren unvereinbare Differenzen zwischen den eigenen Lösungsangeboten und den Vorschlägen anderer. Verbindungen und Vermischungen der unterschiedlichen Konzepte sollen ausgeschlossen werden. *Autoritativ* ausgerichtete Problemlösungsakteure vermeiden inhaltliche Diskussionen und versuchen, die von ihnen für richtig befundenen Problemlösungsalternativen als einzig sinnvolle Möglichkeit erscheinen zu lassen. Eine derartige Orientierung setzt am ehesten Machtpositionen voraus, die eine autoritative Umsetzung dieser Lösungsvariante möglich macht. Andernfalls droht der Absturz ins Lächerliche.

Die Interaktionsorientierungen können das Problemlösungshandeln determinieren. So wird eine ausdrücklich konfrontative Orientierung an keinem Punkt eine kooperative oder fachlich angepasste Problemlösung zulassen. Im Prinzip aber gehen Interaktionsorientierungen und die unterschiedlichen Problemlösungsmaßstäbe und -perspektiven nicht ineinander auf, sondern entwickeln spannungsreiche Beziehungen.

Orientierung an Problemlösungsmaßstäben und -perspektiven

Die Maßstäbe für die Problemlösung ergeben sich nicht einfach aus dem behandelten Sachgegenstand selbst, nicht einmal aus den unterschiedlichen Sach-, Sozial-, Zeit- und Raumdimensionen des Problems. Ihre konkrete Ausgestaltung hängt auch von der eingenommenen Betrachterperspektive ab. Die erweiterte Handlungsorientierung zwingt Strategieakteure schon innerhalb der Referenz Problempolitik, nicht erst bei der kalkulatorischen Verknüpfung mit Konkurrenz und Öffentlichkeit, sich auf divergierende Problemlösungsmaßstäbe und -perspektiven einzulassen. Die *Problemlösungsmaßstäbe* und *-perspektiven* kön-

---

[297] Das ist die zentrale Differenz zwischen den dominanten interaktiven Strategien für die Referenzen Öffentlichkeit und Problemlösung. Öffentlichkeitsorientierungen sind zwar oft auch an die sachpolitische Dimension (und damit an Problempolitik) angeschlossen, richten sich aber, anders als die Problemlösungsorientierungen, ausschließlich auf den öffentlichen Diskussionszusammenhang.

nen so typisiert werden, dass sie als unterscheidbare *Problemlösungslogiken* erscheinen. Drei Logiken werden hier skizziert:

(1) Die *Interessenlogik*, die im Prozess der Problemlösungspolitik vorrangig über spezialisierte Verbände oder andere organisierte Interessenakteure artikuliert wird, zeigt auf, welche Partikularinteressen im jeweiligen Themenfeld existieren und für die Entwicklung von Lösungsansätzen Berücksichtigung fordern. Interessenakteure stellen etwa Informationen über den diskutierten Sachbereich, vermutete Wirkungszusammenhänge zwischen geplanten Maßnahmen und ihren Effekten oder über Möglichkeiten und Grenzen der Implementation spezifischer Programme zur Verfügung (vgl. Roose 2006: 4ff.). Sie ziehen aus diesen Kenntnissen – durchaus interessengeleitet – ihre eigenen Schlüsse und formulieren dementsprechende politische Forderungen. Dabei gehen Machtdemonstration und Information ineinander über.

Für die Referenz Problempolitik erweitern diese Kenntnisse die Orientierung des Strategieakteurs. Er erkennt Friktionen und Übereinstimmungen seiner Problemlösungsvorstellungen mit vorhandenen gesellschaftlichen Interessen und kann diese Informationen in seine Kalkulation einbeziehen. Häufig geht man schon deshalb auf die Interessenakteure ein, weil ihre Unterstützung bei der praktischen Umsetzung politischer Maßnahmen benötigt wird (z.B. in der Agrarpolitik, vgl. Wolf 2001) oder Aufgabenbereiche betroffen sind (z.B. in der Wirtschafts- oder Gesundheitspolitik), die nach staatlicher Delegation ohnehin schon selbstständig durch Verbände reguliert werden (vgl. Sebaldt/Straßner 2004: 210ff.). In der Öffentlichkeit kann die Zustimmung von Verbänden zu spezifischen Problemlösungsvorschlägen auch zu einem „Gütesiegel" werden, das positive Rückwirkungen auf den Strategieakteur hat (Roose 2006: 6). Strategieakteure reiben sich an der Interessenlogik, grenzen ihre Problemlösungsvorstellungen dementsprechend ab oder passen sie an.

(2) Die *Expertenlogik* präsentiert sich ebenfalls nicht als einheitlicher Maßstab oder als singuläre Perspektive. Sie zerfällt in intern ausdifferenzierte Wissenschaftsdisziplinen bzw. Sachgebiete und vielfältige Fachmeinungen. Die hier formulierte Kategorie der Expertenlogik nimmt keinen Bezug auf die vielfach diskutierten Probleme wissenschaftlicher Politikberatung im Dreiecksverhältnis zwischen Politik, Beratung und Wissenschaft (vgl. Falk et al. 2006). Die Transformationsprobleme von wissenschaftlicher Erkenntnis zu politischhandlungsbezogener Expertise sind bekannt (vgl. Saretzki 1997, 2005).

Expertenlogik soll hier eine Orientierung auf spezifische Sachaspekte der Problemlösung kennzeichnen, die für die Problempolitik geltend gemacht werden. Je nach diskutiertem Problem treten andere Experten (meist Wissenschaftler oder wissenschaftlich informierte Akteure) auf den Plan. Sie stellen auf wissenschaftlicher Basis aus den unterschiedlichsten Disziplinen (Wirtschafts-, Sozial-, Politik-, Natur-, Ingenieurwissenschaft etc.) spezifische Informationen zum Problem und denkbare Lösungsvarianten bereit und leiten daraus politische Forderungen im Hinblick auf die Problemlösung ab.

Die Expertenlogik konzentriert sich vor allem auf fachlich begründete Instrumentenvorschläge, die wissenschaftliche Beurteilung von Problemlösungsansätzen, teilweise auch auf die Bestimmung „richtiger" Policy-Ziele. Die Träger der Expertenlogik überreizen dabei regelmäßig ihre fachwissenschaftlichen Kompetenzen, indem sie über normative, lokale, disziplinäre, epistemische Grenzen hinweggehen (Saretzki 1997: 281ff.). Eine wertneutrale Expertenlogik kann es nicht geben.

Im politischen Prozess verschwimmen fachwissenschaftliche Diagnosen und darüber hinausgehende Wertungen und Auffassungen der Experten zu einem Konglomerat unterschiedlichster fachlicher Einschätzungen. Da die Expertenpositionen eigentlich immer different sind (innerhalb und zwischen Wissenschaftsdisziplinen), sehen sich Strategieakteure selten mit unverrückbaren, einheitlichen Expertenmeinungen konfrontiert. Gleichwohl kristallisieren sich in der allgemeinen Problemdebatte häufig Einschätzungen zu (aus wissenschaftlicher Perspektive) tragfähigen und weniger tragfähigen Problemlösungsansätzen heraus, die Rückwirkungen auf die Position der politische Akteure haben. Das strategische Zentrum muss kalkulieren, inwieweit sie einem solchen wissenschaftlichen Mainstream folgt oder begründet andere Standpunkte einnimmt. Bei einer disparat-kontroversen Expertenlogik sind die fachwissenschaftlichen „Zwänge", aber auch die „Sicherheiten", geringer.

(3) Die *administrativ-rechtliche Logik*, hauptsächlich getragen von administrativen Akteuren der Verwaltung, fragt nach der Rechtskonsistenz und -konformität der Problemlösungsvorschläge (Widerspruchsfreiheit, Rechtmäßigkeit, Systemgemäßheit etc.) und ihrer „administrativen Praktikabilität" (Mayntz/Lex 1982), die ein vollständiges, flexibles und durchführbares Programm voraussetzt (vgl. Smeddinck/Tils 2002: 259ff.). In einer administrativen Durchführungsperspektive soll das Programm wirksam und vollzugsfähig sein, zugleich den Bearbeitungsaufwand möglichst gering halten. Damit werden auch Kriterien der Effektivität und Effizienz in die Bewertung eingeführt.

Den administrativ-rechtlichen Filter durchlaufen fast alle Programmansätze, auf Seiten der Regierung meist schon im Vorbereitungsstadium innerhalb der Ministerialverwaltung, bei Vorschlägen anderer Akteure spätestens beim Gang durch die Entscheidungsinstitutionen. Die Einflusschancen der Träger administrativ-rechtlicher Logiken hängen auch von deren Strategien (Tils 2003) und den jeweils unterschiedlichen Kontextbedingungen der Politikformulierungsphase ab (z.B. politische vs. administrative Gesetzgebung, vgl. Tils 2002b).

Aus Sicht des Strategieakteurs können Problemlösungsvorschläge nicht völlig losgelöst von administrativ-rechtlichen Kriterien entwickelt werden. Bei rechtlich fragwürdigen Projekten droht der Gang zu den Gerichten, administrativ nicht praktikable Konzepte programmieren von vornherein Vollzugsdefizite. Zwar können beide Folgen auch bei Anpassung an Forderungen der administrativ-rechtlichen Logik nicht ausgeschlossen werden, allerdings haben deutlich sichtbare „handwerkliche" Fehler der Programme unmittelbare Konsequenzen: Strategieakteuren wird dann politische Kompetenz abgesprochen.

Für das strategische Zentrum gilt es, die verschiedenen Problemlösungslogiken prinzipiell in Rechnung zu stellen: als Möglichkeit sachlich richtiger und wichtiger Einwände sowie als Einflussfaktor. Es bleibt eine strategische Führungsaufgabe, bei nicht auflösbaren Widersprüchen zwischen den Maßstäben und Perspektiven der unterschiedlichen Logiken Entscheidungen zu treffen. Dabei wird es nicht immer möglich sein, allen Erwartungen und Ansprüchen gerecht zu werden.

Anspruchsvolles Leadership setzt sich zuweilen sogar dem besonderen Risiko aus, seine eigenen Überzeugungen gegenüber weit verbreiteten Interessen, Expertenauffassungen, administrativ-rechtlichen Forderungen durchzusetzen. Diese Überzeugungen können auch dem empirisch feststellbaren Wählerwillen widersprechen. Es gibt strategische Entscheidungen, die sich erst in längerer Perspektive als „richtig" erweisen und dann allgemein akzeptiert werden. Die Wiederbewaffnung unter der Kanzlerschaft Adenauers ist ein Beispiel für einsame Entscheidungen dieses Typs.

6.5.2 Konkurrenzpolitik

Konkurrenz ist heute einer der Wege, um Demokratie zu ermöglichen. So wie Repräsentation ist auch der Wettbewerb zwischen Parteien um Wählerstimmen erst spät eine Verbindung mit Demokratie eingegangen. Die organisierte Konkurrenz widersprach lange Legitimitätsvorstellungen von Demokratie und ist auch heute nicht bruchlos mit Vorstellungen kollektiver Selbstbestimmung und Problemlösung zu vereinbaren.

Parteienkonkurrenz ist eine politische Ordnung,[298] in der mindestens zwei Parteien um die Unterstützung der Wähler streiten. Für die Bürger institutionalisiert er die Chance, zwischen Paketen personeller, sachlicher, organisatorischer Alternativen wählen zu können. Parteienkonkurrenz hat einige dauerhafte, rechtliche Voraussetzungen, wie die Freiheiten der Parteigründung, Willensbildung, Meinungsäußerung, den leichten Zugang zum Wählermarkt, das Mehrheitsprinzip und das Prinzip, dass Macht auf Zeit verliehen wird.[299] Parteienkonkurrenz ist ein entscheidender Schlüssel zum Verständnis politischer Prozesse im Party-Government. Nur im Fall Großbritanniens mit seinem Zweiparteiensystem geht der Parteienmechanismus in Konkurrenz auf, in den anderen Systemen des Party-Government mit ihren Mehrparteiensystemen müssen normalerweise Regierungen aus Koalitionen gebildet werden. Dann tritt zur Hauptlogik der Konkurrenz eine Nebenlogik der Kooperation.

Untereinander stehen die Parteien in *Konkurrenz*[300] um Wählerstimmen und daraus abgeleiteter Macht. Durch ihre Aktivitäten in den verschiedenen Arenen zielen Parteien auf Stimmenmärkte. Konkurrenzhandeln kann einseitig sein, ohne wechselseitige Interaktionen oder Kommunikationen zu den Wettbewerbern, überwiegend aber ist es interaktiv. Aus den Konkurrenzbeziehungen leitet sich eine allgemeine – aber nicht in allen Interaktionen durchgreifende – kompetitive Orientierung parteipolitischer Akteure ab.[301] Die ist in westlichen Demokratien inzwischen selbstverständlich und internalisiert, so dass sie nicht (mehr) grundsätzlich zum Gegenstand von Optionen gemacht wird.

Etwas schwieriger ist es schon mit dem Verständnis von *Wahlen*, die ursprünglich bloße Verfahren zur Personenrekrutierung waren. Seit mehr als zweihundert Jahren unterliegen sie einem Prozess demokratischer Aufladung, der ihre Komplexität und die Schwierigkeiten ihrer Steuerung gesteigert hat. Aus Akklamation wurde Alternative, Personenrekrutierung wurde überlagert durch Formen von Personal- und Sachplebiszit, das freie Mandat des einzelnen Abgeordneten wurde überformt durch das inhaltliche Mandat des Kollektivakteurs Partei im Sinne einer Mandatstheorie.[302] Diese zusätzlichen Ausdrucks-, Auftrags- und Entscheidungsmöglichkeiten zeigen Aspekte einer Überforderung des Wahlmechanismus (Raschke 1998b), auf jeden Fall verstärken sie die Anforderungen an strategische Komplexitätssteuerung.

---

[298] Konkurrenz kann damit Ordnung und – als das Kompetitive – Interaktionsorientierung sein. In dieser Orientierung kommt Konkurrenz als Basis-Kalkül zum Tragen (vgl. dazu Kapitel 7.3).

[299] Vgl. etwa Grimm (1983) und Strøm (1989).

[300] Konkurrenz und Konflikt sind zu unterscheiden. Konkurrenz heißt dann: durch Wettbewerb geregelter Konflikt. Grundlegende Regeln werden durch die Verfassung, das Wahlrecht oder Vorschriften zum Zugang zu Parteifinanzen oder Medien gesetzt.

[301] Vgl. zu Wahlmöglichkeiten der strategischen Interaktionsorientierung, die über die Hintergrundfolie einer basalen Wettbewerbsorientierung hinaus gehen, die jeweiligen Abschnitte zu den *erweiterten Orientierungen* in den Kapiteln 6.5.1, 6.5.2 und 6.5.3.

[302] Vgl. dazu Kapitel 10.2.4.

Wahlen, Parlamente, Regierungen sind durch die Parteienkonkurrenz untereinander verbunden. Der Wettbewerb ist nicht auf die Wahl begrenzt, sondern durchzieht als Orientierung den gesamten Politikprozess zwischen den Wahlen. Durch Demokratisierung des Wahlrechts und des Regierungssystems verbinden Parteien zudem Staat und Gesellschaft und werden – in ihrem Gegensatz – zu einem zentralen Mechanismus von *Konkurrenzdemokratie*.

Parteienwettbewerb um staatliche Macht setzt sich historisch gegen Hierarchie- und Homogenitätsvorstellungen durch und etabliert eine Logik der Differenz-Mobilisierung. Akteure müssen sich durch Alternativen unterscheiden, aber Formen und Ausmaß der Differenz sind offen für strategische Optionen und Entscheidungen.

Der Kern von Konkurrenz ist *positive Differenzbildung* gegenüber Dritten – vor allem auf der Grundlage von Themen.[303] Differenzbildung steuert die Herstellung von Unterscheidbarkeit – Grundlage der Auswahl bei Wahlen und ein zentraler Anreiz für Mobilisierung. Die Unterscheidbarkeit kann sich auf vieles beziehen: Richtung, Kompetenz, Leistung, Personen, Symbole, Organisation, Bündnis. Parteien versuchen die Differenzen in den Vordergrund zu schieben, bei denen sie sich die größten Vorteile gegenüber der Konkurrenz versprechen. Sowohl die Dimensionen der Differenz wie auch ihre Reichweite unterliegen strategischer Überlegung. So kann ideologische Distanz zwischen Minimierung und Maximierung (d.h. Polarisierung) variieren. Akteure können aber auch den Aufbau von Leistungskonkurrenz bevorzugen.

Häufig kommt es zur impliziten Behauptung: wenn eine andere Richtung dran käme, gäbe es auch bessere Leistungen – vor allem im Sinne der Problemlösung. Tatsächlich ist das aber fast immer ein Spannungsverhältnis zwischen der Richtungs- und der Leistungsdimension, was sich daraus erklärt, dass Richtung sich aus Werten, Traditionen, Glaubenssätzen einer Partei und nicht – jedenfalls nicht primär – aus Gesichtspunkten der Problemlösung ergibt. Richtung passt mal besser, mal schlechter und manchmal gar nicht zu den Problemen.

Wie sehr die Bestimmung von Differenz strategischer Steuerung unterliegt, wird an Extremen am deutlichsten: beim Anpassungskurs der SPD, der in den Bundestagswahlen von 1961 und 1965 zur Minimierung von Unterschieden zu den Unionsparteien führte, oder beim Polarisierungskurs der Unionsparteien nach dem Verlust der Regierungsmacht 1969. In beiden Fällen war die Tatsache der Strategie*wahl* – und das Vorhandensein von Alternativen – auch an der innerparteilichen Kritik ablesbar.

Differenzbildung orientiert sich nicht nur gegenüber den relevanten Konkurrenten, sondern auch an erreichbaren Wählern und an potentieller Regierungsbeteiligung.[304] *Die Wähler sind keine Orientierungsgröße für den strategischen Akteur.* Vielmehr orientiert er sich an seinen Vorstellungen erreichbarer Wähler sowie deren zu erwartenden Reaktion auf die unterschiedlichen Dimensionen und Intensitäten der Differenz, die er selbst wählen kann.[305]

---

[303] Differenzbildung innerhalb von Konkurrenz ist, anders als die Logik der Arena Regierung/Opposition (vgl. Kapitel 6.3.2), nicht nur auf die Bipolarität von Regierung/Opposition bezogen, sondern umfasst alle im Wettbewerb stehenden Parteien. Auf positiver Differenzbildung fußt auch das kompetitive Kalkül (vgl. Kapitel 7.3).

[304] An dieser Stelle wird auf die Unterscheidung von Opposition und Regierung verzichtet, mit den Annahmen, dass Parteien prinzipiell in die Regierung wollen, und dass Regierung komplexere Anforderungen stellt als Opposition.

[305] Vgl. dazu Kapitel 6.2.

Wahlen führen zu *Regierungen*, wie auch immer die Transformationsregeln des Wahlsystems und die informellen Regeln der Mehrheitsbildung aussehen. Häufig sind Regierungen in ihrer Zusammensetzung und Politik durch Wahlkampf und Wahl vorstrukturiert. Wähler investieren in Regierungen Erwartungen, die sich mit ihrer Stimmabgabe verbinden.[306] Es ist für den strategischen Akteur sinnvoll, solche Vernetzungen des Konkurrenzmechanismus bei seinem Differenz-Management in Rechnung zu stellen. Auch wenn er sich selbst überfordert fühlt, werden ihm Wähler und Gegner Verletzungen der *Phasenlogik* vorhalten, die auf einem inneren Zusammenhang von Wahlkampf, Wahl, Regierungsbildung und Regieren beruht.

Interaktion

Die Interaktion mit anderen Parteien hat Rückwirkungen auf das, was der strategische Akteur „eigentlich" und „von sich aus" will. Es ist häufig schwer zu entscheiden, ob eine Partei sich selbst definiert oder durch Interaktion definiert wird. Parteienforscher haben immer wieder das Reaktive als für Parteien besonders charakteristisch hervorgehoben. Für die einzelne Partei sind nicht alle Parteien des Parteiensystems relevant, jedenfalls nicht von gleicher Relevanz. Es bedarf spezifischer Orientierungen, um die relevanten Interaktionsakteure zu identifizieren. Dabei gilt für Großparteien anderes als für Kleinparteien, beide müssen sich außerdem an Konstrukten von Lagern und Gravitationszentren orientieren.

Erweiterte Orientierung

Erweiterte Orientierung bedeutet beim Parteienwettbewerb, Orientierungsgrößen zu bestimmen, die für wechselseitige Orientierungen und Interaktionen im Parteiensystem strategisch und operativ wichtig sind. Viele Merkmale des Parteiensystems werden politologisch aus der System-, nicht, wie hier für die Referenz Konkurrenzpolitik erforderlich, aus der Akteurperspektive beschrieben.[307] In unserem Zusammenhang interessant ist ein strategisch perzipierter und interpretierter Ausschnitt des gesamten Parteiensystems. Aus Orientierungsgrößen, die sich so charakterisieren lassen, werden hier – wie bei der Referenz Problempolitik – erneut drei herausgehoben, und zwar die Orientierungen an *relevanten Interaktionsakteuren*, an *dominanten interaktiven Strategien* und an einem *ideologischen Koordinatensystem* der Parteienkonkurrenz.

Orientierung an relevanten Interaktionsakteuren

Aus der Parteienkonstellation, das heißt der aktuellen Gesamtkonfiguration eines Parteiensystems, erhalten strategisch vor allem die Parteien Aufmerksamkeit, zu denen Differenzen besonders deutlich und für andere erkennbar gemacht werden sollen.[308] Die primäre Orientierung einer Großpartei richtet sich eher auf die andere Großpartei, mit der sie um Aufmerksamkeit, Wähler, strategische Mehrheit etc. in ganz anderer Weise konkurriert als dies mit einer Kleinpartei möglich und sinnvoll ist. Kleinparteien aus der Sicht einer Großpartei

---

[306] Vgl. Kapitel 10.2.4.
[307] Vgl. zum Beispiel die klassischen Analysen des Parteiensystems bei Sartori (1976) und Lehmbruch (1988). Zum aktuellen Forschungsstand vgl. Stöss/Haas/Niedermayer (2006), Wolinetz (2006).
[308] Die Frage nach Bündnispartnern wird weiter unten angesprochen.

sind sekundäre Konkurrenz im selben Lager, Polarisierungs-Objekt des gegnerischen Lagers[309] oder irrelevant.

Die Relevanzstrukturen einer Kleinpartei stellen sich anders dar. Für sie kann eine der Großparteien zum „Gravitationszentrum"[310] werden, an dem sie sich abarbeitet. Ein Lager wird zum Kern- und Grenzbereich von Aufmerksamkeit. So schrumpft ein Parteiensystem und strukturiert sich neu.

Orientierung an dominanten interaktiven Strategien

Bei seiner Interaktionsorientierung in Mehrparteiensystemen kann der Parteiakteur selbst zwischen kooperativ und kompetitiv wählen bzw. beide Optionen miteinander verbinden. *Kompetitive* interaktive Strategien entsprechen der Basisorientierung von Party-Government-Akteuren in Konkurrenzdemokratien. *Kooperation* ist in Mehrparteiensysteme mit Koalitionszwang so eingebaut, dass sie den Wettbewerb zugleich unterbricht und bestätigt. Innerhalb einer Koalition sind die Beziehungen in der Regel durch starke Kooperation und begrenzte Konkurrenz charakterisiert. *Konfrontation*, die dritte grundlegende Option, steigert das Kompetitive, mit Versuchungen, dessen Grenzen zum Beispiel in Richtung „unkonventioneller Aktionsformen" oder von Feinderklärungen zu überschreiten; sie schließt Kooperation weitgehend aus.

Der Kern zielorientierter Kooperation ist Leistungs- oder Machtsteigerung durch Zusammenarbeit, bei der jeder der Beteiligten einen Nutzen hat.[311] Sie kann von schwachen Formen gelegentlicher Zusammenarbeit bis zu starken Formen eines Bündnisses bzw. einer Koalition gehen. Bündnis ist das koordinierte Zusammenwirken selbständiger, mindestens aber in Teilzielen konvergierender Akteure.

Der Akteur kann nicht nur aktiv eigene Orientierungen wählen, sondern muss auch reagieren. Dabei orientiert er sein Verhalten an den kompetitiven, kooperativen oder konfrontativen Strategien konkurrierender Parteien. Es schafft Probleme, um nur dies Beispiel zu nehmen, wenn man kooperativen Strategien eines Interaktionsakteurs konfrontativ begegnet.

So hat das numerische Ergebnis der Bundestagswahl 2005 nach einem hoch polarisierten Wahlkampf die beiden Großparteien in eine Große Koalition gezwungen. Entgegen allen Absichten, Programmen und Ausgangsstrategien hat der Zwang zur Kooperation alle Ansätze zur Konfrontation beendet und das Kompetitive neu kanalisiert. Das Beispiel zeigt, dass die erweiterte Orientierung *von außen* zur internen Neujustierung führen kann.

Orientierung an einem ideologischen Koordinatensystem der Parteienkonkurrenz

Die Parteienkonkurrenz orientiert sich an einem Koordinatensystem, das die politischen Achsen definiert, in denen sich Beziehungen zwischen Parteien, zwischen Wählern und Parteien sowie zwischen Parteien, Wählern und Regierung wesentlich entwickeln. Auf das Koordinatensystem beziehen sich Prozesse der Positionierung und Mobilisierung.

Durch die *Wahl* eines realitätstüchtigen Koordinatensystems versucht der Akteur den strategierelevanten inhaltlichen Sinn eines Parteiensystems zu entziffern. Das Koordinaten-

---

[309] So hat die Union zeitweise die Grünen besonders angegriffen, um damit die SPD in der rot-grünen Koalition zu schlagen.
[310] Zu Begriff und Konzept vgl. Rowold (1974: 373ff.).
[311] Vgl. dazu auch die Ausführungen zum Kooperations-Kalkül in Kapitel 7.3.

system ist die Konstruktion des politisch-ideologischen Großterrains, in dem sich die Konkurrenz-Akteure bewegen. Es dient ihnen als ideologische Landkarte. Man kann, zum Beispiel aus eigenen ideologischen Gründen, ein Koordinatensystem zurückweisen. Wenn es empirisch wirksam ist, bleibt das nicht ohne Konsequenzen.[312]

Die *Entwicklung* eines Koordinatensystems ermöglichte es Parteien, Wählern, Öffentlichkeitsakteuren, wechselseitig ihre Positionen und Handlungen durch ein vereinfachtes Schema zu verstehen. Solche sinnfälligen, für Kommunikationen und Handlungen anschlussfähigen Reduktionen politischer Komplexität sind eine Antwort auf die Anforderungen öffentlich kommunizierter, „ideologisierter" Massenpolitik seit 1789. Ausgangspunkt der Entwicklung war das Links/Rechts-Schema (1), das sich inzwischen zu einem mehrdimensionalen Koordinatensystem (2) entwickelt hat.

(1) Das *Links/Rechts-Schema* entstand in der Französischen Revolution, mit der ersten Weichenstellung tatsächlich im Herbst 1789 in Versailles (Raschke 1998a). Es war durch seine Werteabstraktion (Gleichheit, Freiheit, Brüderlichkeit und Gegenwerte) und seine große inhaltliche Reichweite auf verschiedenartige (Ungleichheits-)Strukturen anwendbar. Anfangs bildete es den Gegensatz von Bürgertum vs. Adel und Klerus ab, war aber auch dem industriellen Klassenkonflikt zu assimilieren. Dies geschah im späten 19. und im 20. Jahrhundert. Die Stärke des Klassenkonflikts gegenüber den anderen, aus den Reibungsflächen zwischen Vormoderne und Modernisierung entstandenen Spaltungslinien (Zentrum/Peripherie, Stadt/Land, Kirche/Staat) führte dazu, dass er auch das Links/Rechts-Verständnis prägen konnte.[313]

Klassisch, als Links/Rechts noch härtere Kategorien waren als heute, galt Gleichheit als zentraler Wert für den linken, Ungleichheit und Hierarchie für den rechten Pol.[314] Dabei gingen Werte Verbindungen mit Interessen ein. Der Klasse der Lohnabhängigen zum Beispiel wurde ein Interesse an Ungleichheit abbauenden Politikmaßnahmen und eine Präferenz des Egalitätswerts zugerechnet.

---

[312] Zum Beispiel Helmut Schmidts Weigerung zu akzeptieren, dass durch Postmaterialismus, neue soziale Bewegungen und Grüne eine neue Dimension in das Koordinatensystem eingezogen ist.

[313] Das Cleavage-Konzept ist wissenschaftlich fruchtbar, um die Entstehung europäischer Parteiensysteme aus gesellschaftlichen Konfliktstrukturen zu erklären, es war und ist aber kein tatsächlich orientierendes Koordinatensystem. Es setzt die Akteure der verschiedenen Cleavages nicht in Beziehung zueinander. Selbst wenn dies thematisch nicht wirklich möglich ist – zum Beispiel zwischen den auch im 20. Jahrhundert wirkungsmächtigen Arbeit/Kapital- und Kirche/Staat- bzw. Konfessions-Cleavages – brauchen Parteien und Wähler einen ideologischen Raum, auf den die Konkurrenz zu beziehen ist. Die Anschlussfähigkeit des Arbeit/Kapital-Cleavage an das Links/Rechts-Schema und seine Dominanz aufgrund Gruppengröße und gesamtgesellschaftlicher Relevanz führten zu einem Anpassungsdruck auf das Konfessions-Cleavage. Verständlich, dass vor allem Protagonisten des Konfessions-Cleavage sich einer solchen Unterordnung widersetzten, die Eigenständigkeit und das „Querliegende" ihres Großthemas betonten und tatsächlich die volle Absorption durch das klassenmäßig aufgeladene Links/Rechts-Schema verhindern, den Siegeszug dieses simplen Koordinatensystems aber nicht aufhalten konnten. Die Sitzordnung in den Parlamenten, um nur diesen auffälligen Indikator durchgesetzter Orientierung zu nehmen (zunächst und zumindest auf der Elitenebene), entsprach in der Paulskirche (nach einer kurzen Anfangsphase) und im Reichstag dem Links/Rechts-Schema. Dabei hatte das Links/Rechts-Schema zwar im Klassenkonflikt sein Fundament, reichte aber deutlich darüber hinaus und schloss zum Beispiel politische Großthemen (Republik, Demokratie) oder kulturelle Dimensionen (Aufklärung, Fortschritt) mit ein. Der Faschismus/Nationalsozialismus war auch die groß angelegte Behauptung eines Jenseits von Links und Rechts auf interklassischer Grundlage. Nach 1945 schloss die Politik bald wieder an die Weimarer Traditionen des Links/Rechts-Schemas an.

[314] Lange festzumachen am Sozialisierungs-Issue oder an anderen Themen, die auf grundlegende Art die Intervention des Staates in die Wirtschaft ansprechen. Aus der jüngeren Literatur vgl. nur Bobbio (1994).

Nach 1945 hatte das Links/Rechts-Schema weithin orientierende Qualität, faktisch bekräftigt auch durch bürgerliche Parteien wie CDU/CSU, die es rhetorisch bekämpften, sich selbst aber als Parteien der „Mitte" deklarierten, die ja ohne Links und Rechts keinen Sinn macht, und im Bundestag selbstverständlich entsprechend einem Links/Rechts-Spektrum Platz nahmen. Die Demoskopie zeigte, dass fast alle Bürger sich selbst und die Parteien mit dem Links/Rechts-Schema verorten konnten. Die Stärke des Links/Rechts-Schemas, seine Abstraktions- und Anschlussfähigkeit, ist zugleich eine Schwäche, wenn neue Konfliktlinien auftauchen.

Abbildung 9: Aktuelles Koordinatensystem

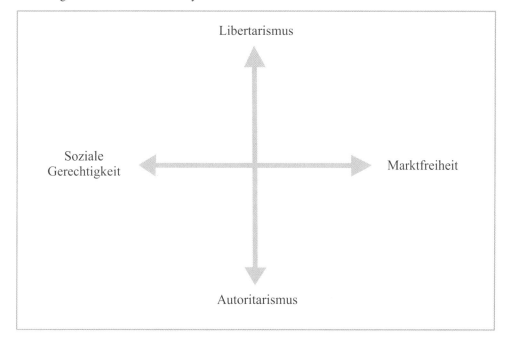

(2) Bei der Entwicklung des aktuellen Koordinatensystems war unklar, wie ein zweidimensionales Schema aussehen soll (und öffentlich geteilt werden kann) oder ob die neue Konfliktlinie in das fortwirkende Links/Rechts-Schema integriert wird. Eine solche Situation entstand, als die neuen sozialen Bewegungen und die aus ihnen entstehenden grün-alternativen Parteien Werte und Themen in die Politik brachten, die – analytisch gesehen[315] – quer lagen. In der Praxis hat Links/Rechts die neue Konfliktlinie[316] absorbiert (so auch Kitschelt 2003), aber um den Preis eines noch weiter geschwundenen Informationsgehalts der klassischen Richtungsbegriffe.

Das Links/Rechts-Schema hat sich in seiner Wertedimension verändert, von einem Gleichheit/Ungleichheits- zu einem Markt/Gerechtigkeits-Bezug. Gleichzeitig erweiterte es

---

[315] Vgl. Murphy et al. (1981).
[316] Sie ist, nach den gängigen Kriterien, kein neues Cleavage, dazu fehlen stabile sozialstrukturelle Verankerung und Organisationen. Aber es ist eine relevante Konfliktlinie (vgl. Schoen 2005a).

sich zu einem zweidimensionalen System. Neben Markt-/Gerechtigkeitsfragen etablierte sich eine zweite Achse zwischen den Polen Autoritarismus und Libertarismus (vgl. Kitschelt 1994, 2003, Stöss 1997, Klein 2005). Bestimmungen der eigenen Position müssen heute in diesem komplexen Koordinatensystem gefunden werden.

Der Wandel geht aber noch tiefer. Er ist begleitet von einem Prozess der Entstrukturierung und vom Evidenzverlust in der Interessenfrage. Das alte Links/Rechts-Schema hatte lange Zeit einen strukturellen Unterbau. Sozialstruktur und Organisation waren das strukturelle Substrat, das relativ stabile Interessendefinitionen trug. Werte waren der dazu passende Überbau. Für den linken Pol gesagt: Arbeiter, Gewerkschaft, Beseitigung bzw. Milderung von Lohnabhängigkeit, Egalität waren ein fester Verbund. Die strukturelle Basis ließ sich in objektiven, dauerhaften Merkmalen der Menschen abbilden. Die *Strukturevidenz* kam zwar nicht schlagartig zu Bewusstsein, ließ sich aber durch Bewusstmachung daraus sich ergebender Interessen und Werte, durch Interaktion und Sozialisation im Milieu langfristig politisieren und mobilisieren (vgl. Schoen 2005a). Politische Optionen bezogen sich auf Varianten der Selbstauslegung (z.B. im Ideologien- und Strategienstreit der Sozialdemokratie), nicht auf den gemeinsamen strukturellen Rahmen (z.B. die gemeinsame Definition als „Klassenpartei").

Damit war die Milieumobilisierung vorgezeichnet: strukturbasierte Politik korrespondierte mit „kollektivem", gruppenkonformem Wählen. Der Gegner ließ sich strukturell festlegen, die Bündnisfrage blieb ohne Brisanz. Innerhalb eines bipolaren Cleavages konnte man die Gegnerfrage so zuspitzen, dass sich die Bündnisfrage gar nicht mehr stellte (z.B. durch Ferdinand Lassalles Gegnerdefinition als „eine reaktionäre Masse"). Zwischen den Akteuren unterschiedlicher Cleavages war Bündnispolitik begrenzt, weil jede Spaltungslinie ihr eigenes Großthema hatte (z.B. das sozio-ökonomische vs. das religiöse).

Gesellschaftliche *Entstrukturierung* und *Evidenzverlust* kollektiver Interessen begleiten heute den Umbau des Koordinatensystems. Das Cleavage existiert weiterhin, aber mit deutlich begrenzter gesellschaftlicher Reichweite.[317] Arbeiteranteil und gewerkschaftlicher Organisationsgrad sind geschrumpft und auch innerhalb dieser strukturellen Einheiten ist die ökonomische, soziale und ideologische Heterogenisierung vorangeschritten. Heute ist strukturorientierte Konkurrenz- und Wählerpolitik auf dem Rückzug, Werteorientierung auf dem Vormarsch. Das Koordinatensystem kann nur noch in Randbereichen mit strukturalistischem Blick interpretiert werden. Evidenzverlust kollektiver Interessen ist die eine Konsequenz, die andere heißt Zentralität von Werten.

In der heutigen, verflüssigten Politik bleiben Interessen wichtig, aber der Bezug auf sie findet vorzugsweise in Einzelkategorien statt (Nachtarbeiter, Krankenschwestern etc.). Es fehlen übergreifende, sinnstiftende Interessenbezüge, wie sie für strategische Konzeptionalisierung notwendig wären.

Auf der Linken kam es im letzten Viertel des 20. Jahrhunderts zum Zerfall kollektiver, organisationsgestützter Interessendefinitionen. Interessen *der* Arbeiter, *der* Arbeitnehmer zerbröselten in sozialwissenschaftlicher Empirie und politischer Praxis. Appelle an solche homogenen Kollektivinteressen sind aus dem politischen Betrieb nahezu verschwunden: sie haben ihren Adressaten verloren, sind kontrovers und hochgradig anfechtbar geworden. Dennoch bleiben ökonomisch-soziale Interessen Triebkräfte politischen Handelns. Am stärksten dort, wo Strukturvorgaben den Interpretationsspielraum einschränken und so

---

[317] Vgl. Roth/Wüst (2006). Bei den letzten Bundestagswahlen betrug der Anteil gewerkschaftlich gebundener Arbeiter an allen SPD-Wählern nur noch ca. 10 Prozent.

etwas wie objektive Evidenz gewinnen, wie zum Beispiel bei Kapitalinteressen. Am schwächsten dort, wo das Abhängigkeitsmerkmal an kollektiver Evidenz verloren hat, die Differenzierungen stärker sind als die Gemeinsamkeiten, gegensätzliche Interpretationen plausibel erscheinen können – und genau dies trifft auf die Masse der Wähler zu.

Materielle Kerninteressen von Wählerschaften können nicht mehr über ein generalisiertes Merkmal wie Klasse erfasst werden. Sie variieren mit Einkommen, Bildung, Branche, Betriebsgröße, Art der Marktorientierung, sozialer Hierarchie, ohne dass sich auf dieser Grundlage handlungsfähige Großgruppen bilden würden. Es sind also eher Referenzgrößen strategischer Kombinatorik als Einflussfaktoren, die durch Vormobilisierung und primäre Richtungsbestimmung Parteien bei deren sekundärer Vermittlung vorarbeiten könnten: „Die Einordnung der individuellen in gesellschaftliche Interessen funktioniert nicht mehr. Den Leuten fehlt das Gesamtbild von Gesellschaft. Und jede Idee, was mit einem solchen Gesamtbild gegebenenfalls anzufangen wäre." (Meng 2006: 246f.).

Dieser Interessenwandel wird begleitet von der Tendenz, Werte aus ihren tradierten materiellen Verankerungen zu lösen. Auch ein Selbständiger kann sich im Zweifel für *Solidarität* statt *Leistung* entscheiden und die Grünen wählen.[318]

Werte, nicht (materielle) Interessen bilden die zentralen Hintergrundfaktoren eines zeitgemäßen Koordinatensystems. Die Ursachen sind: höherer Abstraktionsgrad und Anschlussfähigkeit (viele Themen passen zu wenigen Werten), höhere Reputation von Werten gegenüber Interessen, höhere Integrationsfähigkeit von Partei und Wählerschaft auf der Grundlage von Werten. Die Konsequenzen bestehen vor allem in der Gefahr einer Entkopplung von Werten und Interessen. Sie droht Werte freischwebend zu machen, wo eine wechselseitige Rückkopplung gefragt wäre.

Daraus ergeben sich Veränderungen für die strategische Konkurrenzorientierung. Das Koordinatensystem ist zunehmend weniger strukturell zu interpretieren. Die Sozialstruktur der Großgruppen und die Großorganisationen bieten der strategischen Orientierung immer weniger Halt.[319] Zentrale Steuerungsgrößen werden politisch relevante Werte.[320] Themen und Werte sind die miteinander verknüpften Bezugsgrößen, die sekundär Interessenanbindungen finden müssen.

Das Bild von der strukturbestimmten Wählerschaft ist ebenso falsch wie das einer völlig entstrukturierten, atomisierten Wählerschaft. Die gesellschaftlichen Strukturen verlieren an politischer Evidenz, die Autonomie des Wählers wächst. Die Mehrheit der Wähler ist aber durch Parteiidentifikation immer noch an Parteien (stärker oder schwächer) gebunden. Auch weniger oder gar nicht Gebundene orientieren sich in ihren Wahlentscheidungen an Strukturierungen strategisch-politischer Akteure. Die Bezugspunkte ihres Abwägens und Entscheidens sind Themen, Leistungen, Personen im Lichte von Werten (die in einem allgemein nachvollziehbaren Koordinatensystem abgebildet werden) und Interessen (die in

---

[318] In den Untersuchungen von Infratest dimap liegt hier die Scheidemarke in der Wertefrage. Die Gruppe der Selbständigen ist bei den grünen Wählern stärker als die der Angestellten/Beamten.

[319] In Deutschland stimmen die Cleavages von Arbeit/Kapital und Konfession zwar noch in ihren Zuordnungen, aber für immer kleinere Gruppen der Wählerschaft (vgl. Roth/Wüst 2006). Auch das Bewusstsein ändert sich: „Während die Literatur früher gruppenkonformes Wahlverhalten in erster Linie dadurch verursacht sah, dass die Bürger bewusst als Mitglieder eines Kollektivs stimmen, favorisiert sie heute stärker individualistische Erklärungen, in denen sich gruppenkonformes Wahlverhalten gleichsam als unbeabsichtigtes Resultat individuellen Handelns ergibt." (Schoen 2005a: 182)

[320] Die Bedeutung von Wertorientierungen für das Wählerverhalten und die wertbezogenen Defizite der Wählerforschung werden überzeugend dargelegt bei Klein (2005).

eher begrenzte Kategorien zerfallen). *Gesellschaftsstrukturierung* wird auf Wählermärkten tendenziell durch *Politikstrukturierung* abgelöst. Politikakteure schaffen im Wechselspiel mit zunehmend autonomen Wählern einen politischen Raum, der durch ein wertbestimmtes Koordinatensystem strukturiert wird.

Die „Unruhe" der Wählerschaft, die man heute Volatilität nennt, ist groß,[321] aber sie ist weder unbegrenzt noch ungerichtet noch unberechenbar. Verschiedene Daten und Untersuchungen zeigen, dass das Verhältnis zwischen Stabilität und Veränderung heute etwa 2:1 beträgt (vgl. Stöss 1997). Parteiidentifikation[322], die nicht mehr nur gesellschaftlich vererbt ist, ebenso wie Volatilität, die politische Bezugspunkte sucht, bewegen sich wie Parteien in einem politischen Raum, dessen Komplexität nur noch durch Wertabstraktion zu steuern ist. In der Logik von Stimmenmaximierung liegt nahe, dass sich strategische Akteure vorrangig, aber keineswegs ausschließlich am beweglichen Sektor orientieren. Kalkulations- und Professionalisierungsaufwand wachsen.

Praktisch gesehen, liegt der Nutzen eines wertbezogenen Koordinatensystems darin, als Kompass zur Orientierung in unübersichtlichem Gelände zu dienen, mit dem sich zudem Anschlusshandlungen identifizieren lassen. Ausgangspunkt ist – im günstigen Falle – eine aktuelle und präzise „Landkarte" der Wählerschaft. Auf ihr werden Gruppen eingetragen, die auf Wertorientierungen, Interessen, Lebenslagen, Erwartungen etc. beruhen. Homogenität/Heterogenität, Nähe/Distanz, Erwartungen/Enttäuschungen in Bezug auf die relevanten Parteien informieren die strategische Parteiperspektive.

Die Wertabstraktion eines solchen Koordinatensystems ermöglicht zwei Schritte: erstens die Bündelung in (ökonomische, soziale, kulturelle) Grundkompetenzen und zweitens die gezielte Suche nach passenden Themen. Die Verwendung eines derartigen Kompasses erlaubt auf einfache Art übergreifende strategische Denkoperationen zwischen Wählern, Konkurrenzpolitik, Wahlkampf, Themenmanagement, Problempolitik, Regierung, Opposition sowie Öffentlichkeit.[323]

---

[321] Bei der Bundestagswahl 2005 erreichte die – weit verstandene - Volatilität „eine neue Dimension: Niemals machten weniger Wahlberechtigte bei einer Bundestagswahl von ihrem Wahlrecht Gebrauch (77,7 Prozent), noch nie nutzten die Wähler so häufig die Möglichkeit des Stimmensplittings (24,4 Prozent der Urnenwähler), nie war der Anteil der Spät-Entscheider größer als bei dieser Wahl (29 Prozent), und der Anteil der Parteiwechsler lag höher als zuvor (28 Prozent)." (Hilmer/Müller-Hilmer 2006: 183)

[322] Laut TNS Infratest Sozialforschung ist die Parteibindung in den vergangenen 30 Jahren durchschnittlich um 1 Prozent pro Jahr gesunken (von 85 Prozent 1976 auf 53 Prozent 2006). Auch die Daten der Forschungsgruppe Wahlen zeigen den Abbau „starker Parteiidentifikation" und den dramatischen Anstieg jener ohne Parteiidentifikation seit den 1970er Jahren (vgl. Roth 2006).

[323] Eine von Rita Müller-Hilmer (2006) durchgeführte Wähleranalyse, die primär auf politisch relevanten Wertorientierungen aufbaute, zugleich aber soziale Schichtung und Interessenorientierungen differenziert berücksichtigte, bildete eine exzellente Grundlage für die strategische Beratung der SPD, die sich an solcher Methodik orientierte. Neben der Landkarte und dem Kompass bedurfte es dazu einer Verständigung über das (strategische) Ziel und die infrage kommenden Strategien im engeren Sinne. Dabei zeigte sich unter anderem, dass auf der Grundlage materieller Interessen keine sozialdemokratischen Wählerbündnisse geschmiedet werden können. Die einzige Klammer für die heterogenen Milieus ist eine gemeinsame Wertorientierung (soziale Gerechtigkeit), alles andere geht auseinander – die materiellen Interessen und die weiteren Wertfragen (zwischen Libertarismus und Autoritarismus).

Welche Ansatzpunkte hat nun der strategische Akteur – systematisch gesehen – im Rahmen eines Koordinatensystems? Grundsätzlich entscheidet er über Positionierung und Mobilisierung.[324]

Abbildung 10: Strategische Ansatzpunkte im Koordinatensystem

Positionierung	Mobilisierung
• Richtungsbestimmung	• Segmentierung
• Bündnis- und Gegnerbildung	• Ressourcenmobilisierung
• Richtungs- und Bündniswechsel	• Wandel

Positionierung. Der Akteur definiert sein Angebot in einem Rahmen, der ihm Optionen eröffnet, aber auch Selbstbindungen abverlangt – alles andere als eine „wilde" Konkurrenzpolitik, zum Beispiel nach dem Muster eines Bockspringens (leap-frogging).

Bei der *Richtungsbestimmung* geht es um die Standortbestimmung der Partei im ideologischen, durch Werte vermessenen Raum, in dem die eigene ideologische Position und ideologische Distanzen festgelegt werden. Dies geschah schon früh im materialistisch geprägten Links/Rechts-Spektrum, mit konkurrierender, untergeordneter, kulturell geprägter Zweitdimension wechselnden Inhalts.

Bei aller Streubreite der Wert- und Issue-Positionen des Kollektivakteurs und seiner Wählerschaft kommt es auf die Korrespondenz zwischen beiden an. So finden Partei und Wählerschaft eine je charakteristische Platzierung im Koordinatensystem. Hier lassen sich auch Brücken zur Wählerschaft benachbarter Parteien identifizieren, die allerdings nicht einen Einbahnverkehr regeln, sondern für Zu- wie für Abwanderung offen sind. Die dynamische Seite von Positionierung lenkt die Aufmerksamkeit auf Richtungsbewegungen von Parteien und Wählern, auf Wähler- und Parteienwanderungen. Soll man signifikanten Bewegungen der Wählerschaft mit Programm- und Koalitionspolitik folgen? Aus Platzierungen und Bewegungen in einem schlichten zweidimensionalen Koordinatensystem lässt sich eine ganze Heuristik strategischer Überlegungen und Konsequenzen gewinnen.[325]

Bündnis- und Gegnerbildung ist eine der zentralen Strategieaufgaben von Parteiakteuren. In gewissem Umfang können von den Wählern auch Bündnisidentifikationen aufgebaut werden, vor allem zwischen ideologisch nahestehenden Parteien und im Rahmen von La-

---

[324] Orientierungen, die sich auf den Bürger/Wähler als Adressaten richten (vgl. Kapitel 6.2), überschneiden sich mit den hier behandelten zur Konkurrenzpolitik. Während dort der Wähler als Teil einer breiteren Bürgerrolle behandelt wird, stehen hier die Konkurrenzorientierungen von Parteien und ihre Schwierigkeiten mit dem Wähler im Mittelpunkt. Eine *bürgerzentrierte* steht einer *parteienzentrierten* Perspektive gegenüber.

[325] Vgl. insbesondere Stöss (1997), Kitschelt (2003), Klein (2005).

ger-Konstellationen.[326] Bündnisse reduzieren Komplexität, da Ja oder Nein gesagt werden muss. Entschließt man sich für das Zusammengehen, öffnet sich ein großes Spektrum von Komplexität in einem labilen Gleichgewicht, vor allem, weil das Bündnis die wechselseitige Konkurrenz unterbricht, aber nicht beendet. Gute Bündnisse haben einen langen Vorlauf, erfordern systematische Pflege und können auch nach ihrem (z.B. durch das Wahlergebnis erzwungenen) Ende nachwirken. Sie erfordern ein komplexes Interaktions-, Orientierungs- und Identifikations-Management, das sich durch strategische Linienführung verbessern lässt.

Langfristige Gegnerbildung auf Wählerebene (Weßels 1993) ist schwächer ausgeprägt als es Koalitionspräferenzen sind. Auf der Akteurebene gehören Angriffe auf „geborene"[327] oder rollenbedingte[328] Gegner zum politischen Handwerk. Negative Campaigning ist im Wahlkampf immer eine Option. Der strategische Akteur muss die Vorteile der Mobilisierung durch Negativ-Abgrenzung abwägen gegen die Risiken des erschwerten Brückenbaus auf der Ebene von Wählern und Koalitionen.

Richtungs- und Bündniswechsel sind oft Großoperationen mit erheblichem Risiko und einem hohen Bedarf an Strategiefähigkeit, strategischer Reflexion und Steuerungskunst. Der Austausch von Aktiven und Wählern, der Umbau von Werte- und Interessenprioritäten, Programmatik und Image, die Neuformierung von Führung und Eliten – vieles spricht dafür, Richtungs- und Bündniswechsel als strategische Projekte erster Kategorie anzugehen.

Mobilisierung. Der Aspekt der Mobilisierung eröffnet strategische Optionen im Parteiensystem, die an eine Segmentierung der Wählerschaft und die Ressourcenmobilisierung rückgebunden bleibt.

Strategische *Wähler-Segmentierung* definiert den engeren Umweltausschnitt politischer Marktverhältnisse, der für das jeweilige strategische Akteurhandeln von besonderer Bedeutung ist. Ohne die analytische Zerlegung der Wählerschaft gibt es auch für politische Mobilisierungsstrategien keine operativen Ansatzpunkte. Kern- oder Randwähler, Stamm- oder Wechselwähler, entschiedene oder unentschiedene Wähler, Erst-, Wieder- oder Nichtwähler, begrenzte Zielgruppen oder unbegrenzte Öffentlichkeit – alles ist strategisch entscheidbar, mit jeweils spezifischen Erfolgschancen sowie Neben- und Rückwirkungen. Berücksichtigt man die steigende Zahl der Nichtwähler, den häufig geringen Stimmenanteil auch der führenden Regierungspartei, die hohe Fraktionalisierung vieler europäischer Parteiensysteme, wird demokratische Macht von immer weniger Wählern und immer mehr Parteien abgeleitet. Nichts ist zu verschenken, nichts dem Zufall zu überlassen, niemand wendet sich (wirklich) an alle. Knappe Ressourcen müssen zielgenau eingesetzt werden – da kann schon eine falsche Segmentierung die Weichen falsch stellen.

Ressourcenmobilisierung ist auf den zielgenauen Einsatz und die richtige Kombination knapper Ressourcen über die relevanten Kanäle zu den entscheidenden Punkten angewiesen – dies eröffnet ein weites Feld strategischen Ressourceneinsatzes. Am Beispiel Wahlkampf: die Unterscheidung von Medien-, Werbe-, Parteikampagne[329] hilft bei einer strategischen Ressourcensteuerung, die Wirkungen kennen und über Priorisierungen entscheiden muss. Aber auch außerhalb von Wahlkämpfen zählen Aufmerksamkeitsverteilungen, thematische Arbeitsschwerpunkte, Konfliktökonomie.

---

[326] Das Stimmensplitting im deutschen Wahlsystem prämiert Bündnispolitik.
[327] Zum Beispiel durch Traditionen und Werte-Polarisierung.
[328] Zum Beispiel Regierung vs. Opposition.
[329] So die immer noch hilfreiche Unterscheidung von Radunski (1980).

Der strategische Akteur braucht eine hohe Aufmerksamkeit für folgenreiche Veränderungen (*Wandel*). Das gilt zunächst für Konsequenzen aus Wählerwanderungen, das heißt Umfang, Richtung, Motive, Trends von Zu- und Abwanderung. Darüber hinaus gilt das Interesse Makroprozessen mit starkem Potential für Mobilisierung. Um nur wenige Beispiele zu nennen: Auf- und Abstieg (Expansion/Schrumpfung) sozialer Großgruppen; Aufkommen neuer Großthemen und Konfliktlinien; Politikperspektiven im Rahmen eines Paradigmenwandels; Prozesse des Dealignments, auch in der Form allgemeinen Rückgangs von Parteiidentifikationen; strukturelle Ressourcenverschiebungen (z.B. Ausbau staatlicher Parteienfinanzierung); mobilisierungsrelevanter Technikwandel (Fernsehen, Internet).

Strategisches Interesse gilt der Beeinflussbarkeit von Bedingungen der Nichtwahl (Caballero 2005) und der Wechselwahl (Schoen 2005b). Klassisch stehen Wechselwähler im Mittelpunkt des Interesses („Wechselwähler zählen doppelt"[330]), immer häufiger werden Wahlen aber wegen unzureichender Mobilisierung der eigenen Anhänger verloren.

Auf- und Abstiegsprozesse von Parteien werden oft als unbeeinflussbares Schicksal erlebt, Wachstumsprozesse können aber auch zum strategischen Ziel und Arbeitsprogramm gemacht werden. Eine Kleinpartei wie die Grünen kann sich das Ziel setzen, Mittelpartei[331] zu werden, müsste sich dafür aber programmatisch, organisatorisch, personell und strategisch entschieden umbauen. Die Kleinpartei FDP erhob 2001/2002 zum Ziel, mit einem Sprung Volkspartei zu werden – und scheiterte erbärmlich.[332] Die SPD verfolgte seit Ende der 1950er Jahre das Ziel, den Turm der 30 Prozent zu verlassen – Konsequenz war eine Generalrevision der Partei.[333]

EXKURS: KONKURRENZWISSEN

Obwohl Konkurrenz die zweite Haut der Akteure des Party-Government ist, reicht auch hier bloße Erfahrung nicht aus. Professionalisiertes, strategierelevantes Wissen umfasst mehrere Dimensionen:

Koordinatensystem. Empirisch-analytische Informationen über Entwicklungen des Koordinatensystems ermöglichen den Akteuren die Verortung des strategischen Wettbewerbs in einem realitätstauglichen Bezugsrahmen. Da Wahl- und Parteienforschung nur schwach vernetzt sind, werden hier Klärungen vor allem durch vernetzende Einzelwissenschaftler vorangetrieben. Insbesondere Herbert Kitschelt (2003) und Richard Stöss (1997) haben mit vielen Hinweisen möglicher praktischer Ausschöpfung Brücken zwischen Analyse und strategischer Praxis geschlagen.

Wähler-Segmentierung. Zielgruppenanalyse, Wähler-Marketing, die genaue Deskription und Analyse der für eine Partei sinnvollen Wähler-Segmentierung lebt von Informationen aus laufender Wahlforschung und aktueller Demoskopie. Demoskopie, nicht Wahlforschung, ist die wichtigste Beratungsinstanz. Sie selbst ist aber, in dem kommerziellen Kontext, in dem sie arbeitet, zur (aufwändigen) Klärung einiger grundlegenderer Fragen kaum in der Lage (Gabriel/Keil 2005).

---

[330] Vgl. Schoen (2005b: 367).
[331] Kleinpartei bis 10 Prozent, Mittelpartei zwischen 10 und 30 Prozent, Großpartei über 30 Prozent (vgl. auch Raschke 1993).
[332] Vgl. dazu die empirische Illustration in Kapitel 9.2.1.
[333] Vgl. Kapitel 12.1.

Konstellationsanalyse. Sie umfasst Gegnerbeobachtung[334] und die Analyse aktueller Konstellationsmuster. Gegnerbeobachtung ist eine auf aktuelle strategische Interaktionsakteure zugeschnittene Beschreibung und Analyse, deren Konsequenzen in Lageanalyse und Optionen bei der Strategiebildung sowie in die strategische Steuerung mit einfließen. Es ist naheliegend, dass die Praxis sich hier ihre eigenen Instrumente bzw. Auswertungsschemata zurechtgelegt hat.[335] Sie könnten ebenso aus zahlreichen Kategorien und Instrumenten, die in diesem Buch dargestellt sind, entwickelt werden. In die Analyse aktueller Konstellationsmuster können als Hintergrundwissen grundlegendere, auch historisch vertiefende Ergebnisse von Parteienforschung eingehen, insbesondere für Großparteien und Parteiensysteme.

Wahlkampfwissen. Relevantes, systematisiertes Wissen zu diesem Feld ist lange Zeit von reflektierten Praktikern geschaffen worden (z.B. Radunski 1980, Grafe 1994, Machnig 2002a). Inzwischen hat aber auch die Politikwissenschaft anschlussfähiges Wissen produziert (Timm 1999, Plasser 2004, Schoen 2005c, Farrell 2006, Schmitt-Beck 2007). Vor allem die Wirkungsforschung eröffnet breite Anwendungsmöglichkeiten. Das allmählich kumulierende Wissen empirischer Wahlkampfanalyse ließe sich in strategische Praxisempfehlungen transformieren. Selbst hier scheinen aber die Austauschbeziehungen bisher eher schwach entwickelt. Wissenschaftlich ist die geringe Vernetzung von Wahl-, Parteien- und Kommunikationsforschung hinderlich.

Koalitionswissen. Neben dem Wahlkampf ist die Koalitionsregierung in den westeuropäischen Systemen eine vergleichsweise standardisierte politische Grundsituation. Wie schwer es selbst unter diesen Bedingungen ist, gesichertes empirisches Erklärungswissen zu gewinnen, zeigt die Geschichte der Koalitionsforschung. Erst mit der Abkehr von deduktiven, modellorientierten Ansätzen, mit dem Verständnis von Koalition als Interaktion strategischer Akteure in der Einheit von Kooperation und Konkurrenz sowie der Mischung kooperativer und kompetitiver Strategien (vgl. etwa Timmermans 1998, Kropp 2001, Heinrich 2002) eröffnen sich strategische Anschlussmöglichkeiten.

6.5.3 Öffentlichkeit

Die Referenz Öffentlichkeit verweist auf das Forum öffentlicher Kommunikation. Dort wird das grundlegende strategische Spannungsverhältnis zwischen Problem- und Konkurrenzpolitik ausgetragen. In unserem Modell wird Öffentlichkeit als handlungsbezogene Orientierungsgröße gefasst.[336] Sie bezieht sich auf eine strategische Akteurperspektive und verzichtet auf die Formulierung normativ geprägter Funktionserwartungen. Unter einem interaktionsorientierten Fokus soll geklärt werden, wie Öffentlichkeit als Bezugspunkt der externen Umwelt für strategische Kalkulationen und das Strategiehandeln der Akteure relevant wird.

Öffentliche Kommunikation findet ihre Resonanz in unterschiedlichen *Öffentlichkeitsbereichen*. Sie reichen von der allgemeinen Medienöffentlichkeit über interne Parteiöffent-

---

[334] Vgl. dazu den Exkurs über strategierelevante Verfahren am Ende des Kapitel 9.
[335] Vgl. etwa Cecere (2002).
[336] Damit fokussiert sich der Blick an dieser Stelle auf einen engeren, für den Strategieakteur in einer Orientierungsperspektive unmittelbar relevanten Öffentlichkeitsausschnitt, als das gesamte Spektrum der Öffentlichkeit, das in Kapitel 2.2 thematisiert wurde.

lichkeit, problembezogene Fachöffentlichkeit bis hin zur Face-to-Face-Kommunikation der Versammlungsöffentlichkeit, die allerdings (fast) nur noch in der Arena des Wahlkampfs wichtig wird. Im Hinblick auf die Referenz Öffentlichkeit ist die über Medien vermittelte Massenkommunikation die zentrale Bezugsgröße strategischer Akteure. Hierauf stimmen sie ihr mediales Angebot vorrangig ab. Sie bemühen sich um die gezielte Einflussnahme auf die politische Agenda, die veröffentlichte und öffentliche Meinung – trotz prinzipieller Offenheit des Ausgangs. Wir wissen zwar einiges über gelingende Kommunikation, dennoch kennzeichnet auch strategische Kommunikation letztlich die Ungewissheit des „speaking into the air" (Peters 1999).

Im Bereich der selbst bestimmten Handlungsorientierung versuchen Strategieakteure mit ihren eigenen Themen, Personen, Symbolen kommunikativen Einfluss auf die Öffentlichkeit zu nehmen. Die fortlaufende Interaktion verändert diese Objekte, und manchmal auch das, was man ursprünglich wollte. Das kommunikative Interaktionsspiel erzwingt eine erweiterte Handlungsorientierung.

Der zentrale Bezugspunkt der Referenz Öffentlichkeit ist publizistische Aufmerksamkeit. Publizität ist für politische Akteure jedoch kein Selbstzweck – auch wenn manche Beiträge der politischen Kommunikationsforschung dies suggerieren. Publizität ist das zu erreichende Minimum, negative Publizität durch Affären, Skandale, interne Differenzen oder Konflikte sucht man zu vermeiden.[337] Präziser gesprochen geht es um *Positivpublizität*, die bei den Rezipienten medial vermittelter Öffentlichkeit günstige Bewertungen in ganz unterschiedlichen Dimensionen (Zielstrebigkeit, Sachkompetenz, Handlungsfähigkeit, Glaubwürdigkeit, Richtung, Wertbindung, Leadership etc.) hervorrufen.

Die Bedeutung massenmedialer Kommunikation für moderne Demokratien ist unbestritten. Der strategische Stellenwert der Öffentlichkeit beruht auf der Rückbindung von politischen Herrschaftspositionen und von politischen Entscheidungen an die Präferenzen der Bürger, die (zwischen Wahlen) vor allem über massenmediale Öffentlichkeit hergestellt wird (Gerhards 1998: 269f.). Politische Kommunikation ersetzt keine „schlüssige" Politik, aber ohne erfolgreiche Öffentlichkeitsarbeit kann Politik bei den Adressaten unter den Bedingungen einer medialisierten Gesellschaft nicht mehr „richtig" ankommen. Vor allem über Medien wird Politik sicht- und erfahrbar, findet eine Themenauseinandersetzung statt, erreichen Wertangebote und Deutungsmuster das Publikum (Machnig 2002c: 169).

Die Berücksichtigung der Referenz Öffentlichkeit und eine sich daran orientierende strategische Kommunikation bleibt strategische Daueraufgabe. Insofern hat die Rede vom „permanent campaigning" (vgl. Pfetsch 1999: 1f.) durchaus ihre Berechtigung. Die in der politischen Kommunikationswissenschaft ebenfalls eingeführte Unterscheidung zwischen Darstellungs- und Entscheidungspolitik (zusammenfassend Sarcinelli 2005: 107ff.) mag zwar in Erklärungsanalysen und zur Sortierung des Gesamtkomplexes politischer Kommunikation (interne Entscheidungsprozesse, externe Politikvermittlung etc.) ihre Berechtigung haben, kann Strategieakteuren aber für das Forum öffentlicher Kommunikation keine Orientierung vermitteln. Für einen kommunikativen Referenzrahmen politischer Strategie verschmelzen Darstellung und Entscheidung zu einer einheitlichen Realitätsebene, so dass nach anderen Bezugsgrößen gesucht werden muss.

---

[337] Vgl. Nolte (2005: 47ff.) zur knappen Ressource Aufmerksamkeit.

Interaktion

Öffentliche Kommunikation entsteht aus der Interaktion zwischen politischen und medialen Akteuren. Die politischen Sprecher und ihre vorrangigen Adressaten (Bürger/Wähler) treffen bei der Massenkommunikation nicht direkt aufeinander. Ihre Interaktionen werden über Kommunikateure vermittelt, so dass wir es mit einem Akteurdreieck aus Sprechern, Vermittlern und Publikum zu tun haben (Neidhardt 1994a, 1994b). Dabei treten neben Politikern nicht nur Journalisten auf, sondern auch Experten, Wissenschaftler, Verbandsakteure.[338] Sie alle gestalten medial vermittelte Kommunikation mit.

Der sichtbare Interaktionszusammenhang zwischen Medien und Politik (sowie in den Politikprozess integrierten Wissenschafts-, Vermittlungs-, Verbandsakteuren) lässt sich als *Bühne* interpretieren, auf der Stücke mit verteilten Rollen zur Aufführung gebracht werden (vgl. Sarcinelli 2005: 70ff., Hoffmann 2003). Politiker als legitimierte Entscheidungsträger, Journalisten als Kontrolleure und kritische Begleiter, Wissenschaftler als Informationslieferanten, Verbandsakteure als Interessenvermittler, Politikvermittlungsexperten als Souffleure – das ist nur ein kleiner Ausschnitt aus dem großen Repertoire medialer Politik.

Hinter der Bühne („backstage", Goffman 1990: 114ff.), im weniger sichtbaren Bereich der Interaktion, bestehen wechselseitige Abhängigkeiten, die sich aus exklusiven Informationen, Auftrittsmöglichkeiten, Rollenzuweisungen, Etikettierungen, Einflusschancen oder Aufträgen speisen (vgl. auch Plasser/Hüffel/Lengauer 2004: 345f.). Hier wird das Spiel durch die Spannungsverhältnisse von Publizität und Vertraulichkeit, Diskretion und Indiskretion geprägt.

Bürger/Wähler, *unsichtbare Dritte* in der direkten Öffentlichkeitsinteraktion, sind weniger von Medien „gesteuert", als diese sich das manchmal erhoffen. Die Adressaten öffentlicher Kommunikation sind selbständig, selektiv, selbstbewusst und sozial eingebettet. Empirisch belegbar ist, dass die Medien in den Prozess der Meinungsbildung und Entwicklung der Wahlabsicht hineinwirken, ihn jedoch nicht entscheiden. Die Medien sind relevant für die Realitätswahrnehmung, ohne sie zu determinieren (Marcinkowski 2002). Medienberichterstattung beeinflusst zwar die Bürgermeinung und das Wählerverhalten, indem sie Aufmerksamkeiten fokussiert, Themenbehandlungen rahmt, durch Berichterstattung mobilisiert oder latent vorhandene Einstellungen und Ansichten aktiviert (Brettschneider 2005). Die direkte Wirkung der Medien auf die Ausbildung von Überzeugungen und Wahlabsichten bleibt aber begrenzt. Schöner (und zugespitzter) drückt es der ehemalige Clinton-Berater Dick Morris aus: „Voters don't much care what the media thinks. They peer past the editorials, the headlines, and even past the front page to find out what they want to know and to get answers to the problems they consider important. No matter how little coverage a story gets or how slanted it is, voters will draw their own conclusions." (Morris 1999b: 121).

Erweiterte Orientierungen

Die erweiterten Orientierungen im Feld der Öffentlichkeit beziehen sich auf die Größen, die für die wechselseitigen Öffentlichkeitsorientierungen und -interaktionen strategisch-

---

[338] Der Adressatenzusammenhang stellt sich für einzelne dieser Kommunikateure unterschiedlich dar. Uns interessiert die Perspektive von Party-Government-Akteuren, deren Hauptadressat der Bürger/Wähler ist. Für Journalisten mag er dagegen als *Kunde*, für Interessenvertreter als *Klient*, für Wissenschaftler als *Problemverursacher* erscheinen.

operativ von Bedeutung sind. Auch für diese Referenz skizzieren wir sie in der Form von Orientierungen an *relevanten Interaktionsakteuren*, an *dominanten interaktiven Strategien* und an einem Integrationskonzept, das für die Referenz Öffentlichkeit *Kommunikationslinie* heißen soll.

Orientierung an relevanten Interaktionsakteuren

Strategische Akteure machen sich ein Bild des für sie relevanten Ausschnitts im Referenzfeld. Die Orientierung an relevanten Interaktionsakteuren erfordert die Ermittlung derjenigen Kommunikateure, die für das Generieren von Positivpublizität zentral erscheinen. Anders als in der Konkurrenzpolitik stellen sich Relevanzgrenzen der Öffentlichkeit höchst wechselhaft und fluid dar. Stabile Lager, Bündnis- oder Gegnerkonstellationen existieren im dynamischen Prozess öffentlicher Kommunikation kaum. Die Bestimmung relevanter Interaktionsakteure erfolgt nach Themenfeld, Kontext und Situation. Dennoch: Anhaltspunkte der Orientierung auf Relevanzakteure geben Art (Fernsehen, Hörfunk, Print), Typ (überregionale Qualitätspresse, Lokalzeitungen, Boulevard) Reichweite (Auflage, Verbreitung, Quote), politisches Profil (Richtung, Interessenanbindung, Werthaltungen) und Einfluss (Leitmedien, Elitensegment, Fachpresse) von Medien, Kompetenz, Rang und Bedeutung von Wissenschaftlern bzw. Wissenschaftsinstitutionen, Beziehung, Organisationsnähe und Affinität zu Interessenrepräsentanten von Zielgruppen (Beamte, Landwirte, Arbeiter).

Zu vermeiden ist das Missverständnis, wichtigster Bezugspunkt der Politik seien die Massenmedien selbst. Massenmedien sind in der Wahrnehmung politischer Akteure vor allem das Portal für den Zugang zu ihrer Wählerschaft (vgl. Fuchs/Pfetsch 1996). Anpassungen an die Regeln des Mediensystems sollen die Wahrnehmbarkeit ihrer Botschaften verbessern (vgl. etwa Mathes/Freisens 1990), nicht in erster Linie die Medien selbst überzeugen. Positive Resonanz in den Leitmedien von Fernsehen, Funk und Presse allein garantiert den Politikern keine Wahlerfolge, da der aktuelle Mainstream der massenmedialen Diskussion an den Wünschen, Interessen und Bedürfnissen der Wählerschaft vorbeigehen kann.

„Durch die Medien hindurch", nicht „für die Medien" ist die Leitorientierung strategischer Akteure. Dazu müssen sie einen *doppelten Filter* überwinden. Den *ersten Filter* bilden die Massenmedien. Sie sind selbst Akteure des politischen Prozesses (Page 1996), erbringen eigenständige Thematisierungsleistungen, positionieren sich inhaltlich und versuchen, den Prozess öffentlicher Kommunikation mitzusteuern – und entfalten Wirkung (vgl. Page/Shapiro/Dempsey 1987, Dalton/Beck/Huckfeldt 1998, Gerhards/Neidhardt/Rucht 1998). Zum Passieren dieses Filters ist die Berücksichtigung der Aufmerksamkeitskriterien (Nachrichtenfaktoren etc.) und Gesetzmäßigkeiten des Mediensystems (Zwänge der Nachrichtenproduktion etc.) erforderlich (Schulz 1997: 48ff.). Dazu kommt das „in Rechung stellen" von Orientierungssystemen, zum Beispiel die politische Ausrichtung von Journalisten und medialen Kollektivakteuren. Gezielte Kommunikationssteuerung über Hintergrundgespräche, Kontakte „unter Drei" oder (Vorab-)Exklusivinformationen, persönliche Netzwerke, mediengerechte Themenaufbereitungen, symbolische Inszenierungen, Bilder und kommunikative Leitbegriffe können Ausdruck strategischen Kommunikationshandelns sein.

Der *zweite Filter* liegt bei den Adressaten, den Bürgern und Wählern. Dort trifft öffentliche Kommunikation auf sozialstrukturelle, kulturelle und politische Prädispositionen, die zu einer – zumindest partiell – selektierten Informationszuwendung, -aufnahme und

-verarbeitung führen (Schmitt-Beck 1998). Zur selektiven Wahrnehmung tritt die politikbezogene, informell-persönliche Kommunikation zwischen Wählern, die einfache Ausgangssignal-Eingangssignal-Beziehungen zwischen Sprechern und Rezipienten verhindern (Schmitt-Beck 2000, 2003). Diese Filter erschweren aus Sicht strategischer Akteure die Vermittlung medialer Botschaften.

Daneben existiert in begrenztem Umfang die direkte, nach außen gerichtete Politikvermittlung „an den Medien vorbei". Hierzu gehören bezahlte (bzw. gesetzlich verankerte) Medienauftritte wie etwa Plakate, Anzeigen, Direktwerbung, Onlinemarketing oder Wahlwerbespots. Sie passieren den Filter der Massenmedien durch Geld oder Gesetz. Dazwischen gibt es Bereiche, in denen die Unterschiede zwischen Strategien „durch die Medien hindurch" und solchen „an den Medien vorbei" verschwimmen. Politiker gehen im Fernsehen zu Talkshows statt zu kritischen Magazinen. Unterhaltungssendungen und Plattformen eines unkritischen Journalismus haben insofern ähnliche Funktionen wie bezahlte politische Werbung. Aufmerksamkeit und positive Publizität in den Medien ist für politische Kollektive – anders als für Einzelpolitiker – kein Selbstzweck, sondern ein Mittel zu dem Zweck, die Zustimmung möglichst vieler Bürger/Wähler zu gewinnen.

Unterschiede zwischen *innen* und *außen* werden auch für die Referenz Öffentlichkeit zentral. Öffentlichkeit bezieht sich vorrangig auf relevante Interaktionsakteure in der Außenwelt strategischer Kollektive. Angesichts abnehmender Mitgliederzahlen und zunehmender Ressourcenprobleme kommen die Parteien – schon aus diesen Gründen – kaum an den Medien vorbei. Neben dem dominanten Prinzip „durch die Medien hindurch" dünnt die Politikvermittlung nach innen, in die eigene Organisation, nach dem Modus „an den Medien vorbei", aus. Bedeutung hat sie vor allem für die „politisch-weltanschauliche und sozio-emotionale Selbstvergewisserung" (Sarcinelli 2005: 182) der Mitglieder und die Bedienung ihrer „gesinnungsexpressiven und sozialintegrativen Kommunikationsbedürfnisse" (Wiesendahl 2002: 365). Parteiinterne Regionalkonferenzen, Wählerreisen, Multiplikatorentreffen zeigen – neben den begleitenden (und beabsichtigten) Medieneffekten – den fortwirkenden Einfluss direkter Interaktion. Neuere, auch nach innen gerichtete mediale Vermittlungsinstrumente wie Internet und Intranet bleiben in Reichweite und Anwendungsbereich bislang begrenzt (vgl. Wiesendahl 2006: 163ff.). Sie können aber in gewissem Umfang die Chancen selbstkontrollierter strategischer Steuerung erhöhen.

Das Bewirken von Positivpublizität setzt voraus, die Adressaten und ihre Rationalität ernst zu nehmen.[339] Die mancherorts zu beobachtende Neigung der Politik, den Bürger/Wähler für dumm zu halten oder für blöd zu verkaufen, kann sich im Strategiekontext (und nicht nur dort) rächen. Ein interviewter Strategieexperte: „Die Leute sind erstaunlich gescheit, auch wenn sie von Politik überhaupt nichts verstehen. Sie reagieren auf politische Ereignisse instinktiv so, dass man sagen kann: ‚Respekt, Ihr seid gar nicht so dumm, wie mancher Politiker meint'."

Orientierung an dominanten interaktiven Strategien

Strategische Kommunikationsakteure wählen ihre Interaktionsorientierung und orientieren sich dabei an dominanten interaktiven Strategien. Diese steuern ihr Kommunikationsverhalten über längere Phasen hinweg, schließen aber situative Orientierungswechsel nicht aus. Es ist eine strategische Interpretations- und Sortierungsaufgabe, situative von übergreifen-

---

[339] Vgl. dazu ausführlich Kapitel 6.2.

den Orientierungen der Interaktionspartner zu unterscheiden. Die eigenen strategischen Aktionen und Reaktionen fallen je nach Interpretation unterschiedlich aus. Kommt der Strategieakteur zur Einschätzung, hier lediglich einen cholerischen, situativ aufbrausenden Kollegen anzutreffen, kann er taktisch agieren. Vermutet er dagegen eine strategisch eingesetzte, situationsübergreifende Kommunikationsorientierung, wird er versuchen, eine strategische Antwort zu finden.

Für Interaktionsbeziehungen im Rahmen der Öffentlichkeit greifen strategische Akteure auf die unterschiedlichen Modi von *argumentativer* und *instrumenteller Kommunikation* zurück.[340] Während instrumentelle Kommunikation die in der Politik fast immer als „Sachfragen" gerahmten Kommunikationsgegenstände lediglich als Folie für ganz andere Ziele nutzt, steht die Sachauseinandersetzung im Modus argumentativer Kommunikation auch tatsächlich im Vordergrund. Das bedeutet jedoch nicht, dass es im Argumentationsmodus *nur* um Sachfragen ginge – auch dort werden mit der Sachdiskussion unterschiedliche Ziele verfolgt. Dennoch bleibt die sachliche Auseinandersetzung eine zentrale Bezugsgröße argumentativer Kommunikation.

Wir schließen uns einem allgemeinen Verständnis von Argumentation als einem Kommunikationsmodus an, „in dem empirische und normative Behauptungen mit dem Anspruch auf Gültigkeit erhoben werden" (Saretzki 1996: 33), ohne dass damit bereits Aussagen über spezifische kommunikative Interaktionsorientierungen der beteiligten Akteure verknüpft wären. „Verständigungsorientierung" ist kein integraler Bestandteil von Argumentation.

Das instrumentelle und argumentative Kategorienset soll hier nicht normativ bewertet werden – etwa in dem Sinne, dass das Argumentieren positive Assoziationen weckt und das Instrumentelle fragwürdig erscheint. Beide Kommunikationsmodi markieren lediglich verschiedene Behandlungsformen kommunikativer Sachverhalte, mit denen jeweils andere Ziele verfolgt werden.

Sowohl der argumentative als auch der instrumentelle Kommunikationsmodus lassen Verbindungen mit *kooperativen, kompetitiven, konfrontativen* und *autoritativen* Orientierungen zu.[341] Verbindungen dieser grundlegenden strategischen Orientierungen mit den zwei Kommunikationsmodi lassen für öffentlich-kommunikative Beziehungen eine ganze Reihe von Kombinationen zu. Kooperativ vs. autoritativ sowie kompetitiv vs. konfrontativ werden zu Gegensatzpaaren der Orientierung in beiden Kommunikationstypen. Sie bilden die Pole besonderer Ausformungen kommunikativer Auseinandersetzung. Dazwischen liegt eine große Bandbreite vielfältiger Mischverhältnisse.

Im Referenzbereich Öffentlichkeit richten sich *kooperative Orientierungen* auf die kognitiven Vorteile einer prinzipiell offenen Diskussion über kommunikative Objekte, von der man sich für alle oder einen selbst Nutzen (im Sinne von „besseren" Zielen, Informa-

---

[340] Vgl. zu einzelnen kommunikativen Kategorien des hier in eigen- und freihändiger Synthese entwickelten Modells öffentlicher Interaktionsorientierungen Saretzki (1996) und Neidhardt (1994a).

[341] Der Zusammenhang verschiedener Orientierungen mit den Basis-Kalkülen Kooperation und Konflikt ist unübersehbar, er zeigte sich ja bereits bei den Abschnitten zur Orientierung an dominanten interaktiven Strategien der Problem- und Konkurrenzpolitik (vgl. Kapitel 6.51 und 6.5.2). Den Orientierungen können übergeordnete strategische Kalküle zugrunde liegen – müssen aber nicht. Es handelt sich eher um ein Verhältnis von allgemeinen Strategiegrundlagen zu speziellen Strategieausprägungen. So kann eine Strategie, die auf dem Basis-Kalkül der Kooperation basiert, im Feld öffentlicher Kommunikation auch mit kompetitiven Orientierungen operieren. Kalküle und Orientierungen verfügen also über gemeinsame Wurzeln, aber unterschiedlich breite Anwendungsfelder (vgl. dazu auch Kapitel 7.3). Allerdings wirkt das Kalkül auf die Orientierungen zurück – so werden etwa für kooperative Strategien nicht alle Orientierungen „förderlich" sein.

tionen, Instrumenten, Programmen etc.) verspricht. Obwohl die institutionellen Rahmenbedingungen konkurrenzorientierter Party-Government-Systeme eine derartige Akteurorientierung als Dauerzustand nicht stützen, existieren solche, von kooperativen Elementen durchzogenen, ergebnisoffenen Kommunikationshaltungen. Häufiger werden *kompetitive Orientierungen* sichtbar, die den Wettstreit der Argumente und die positive Differenzbildung zur Konkurrenz suchen. Diese Orientierung stellt auf die kommunikative Erkennbarkeit des Vorteils der eigenen Ziele, Mittel und Problemlösungspakete ab.

Abbildung 11: Dimensionen öffentlicher Kommunikation

Kommunikationsmodus	argumentativ		instrumentell	
Orientierung	kooperativ	kompetitiv	konfrontativ	autoritativ
Kommunikationsmuster	Diskurs	Debatte	Agitation	Verlautbarung
Ziel	Erörterung	Überzeugung	Mobilisierung	Bestätigung

Den Übergang zum instrumentellen Kommunikationsmodus zeigen *konfrontative Orientierungen* an, bei denen das Sichtbarmachen der Unvereinbarkeit der eigenen Zielvorstellungen, Wertüberzeugungen, Instrumente mit den Auffassungen der Konkurrenz im Zentrum steht. Eine *autoritative Kommunikationsorientierung* lässt sich auf inhaltliche Auseinandersetzungen mit anderen kaum noch ein und wiederholt mit selbstsicherer Geste die (meist schon) bekannten eigenen Positionen. Gerade in Wahlkämpfen machen sich in der Politik autoritative Orientierungen breit.

Aus der Perspektive des Beobachters entstehen so verschiedene *Kommunikationsmuster*, die von Diskurs über Debatte bis hin zu Agitation und Verlautbarung reichen. *Diskurs* (in diesem Verständnis) ist dann die themenzentriert, ergebnisoffen und reflexiv angelegte kommunikative Auseinandersetzung, in die sich die Akteure ohne eine vorher festgeschriebene eigene Position hineinbegeben. Anders die *Debatte*, bei der Kontroversen im Mittelpunkt stehen und die Akteure versuchen, ihre eigenen Positionen zu vermitteln, argumentativ zu überzeugen, Deutungshoheit zu erlangen und den Wettstreit um die überzeugendsten Konzepte gegen die Kommunikationskonkurrenten zu gewinnen.

Instrumentelle Muster werden bei Agitation und Verlautbarung sichtbar. *Agitation* besteht aus der unversöhnlich-konfrontativen, positionellen Gegenüberstellung prinzipiell nicht vereinbar erscheinender Auffassungen und Überzeugungen, während das Muster der *Verlautbarung* in der selbstbezüglich-gebieterischen, Autorität beanspruchenden Verkündigung der eigenen Meinung und Position zum Ausdruck kommt. Hierbei tritt das Einlassen auf die Ansichten des Gegners völlig in den Hintergrund oder bleibt gleich ganz aus.

Zieldifferenzen zeigen die unterschiedliche Anlage der einzelnen Kommunikationsmuster deutlich. Kooperativ orientierte Kommunikateure suchen Sachlichkeit. Sie wollen eine pluralistische *Erörterung* von Sachverhalten und Problemen, bei der unterschiedliche Perspektiven, Argumente, Wertungen einbezogen werden. *Überzeugung* ist das Ziel einer kompetitiven Kommunikationsorientierung, bei der die Sprecher persuasive Wirkungen im Adressatenkreis entfalten wollen.

Gerade die instrumentellen Modi der Kommunikation gewinnen aufgrund ihrer bewussten Ablösung von der inhaltlichen Auseinandersetzung nur durch die mit ihnen verfolgten, besonderen Ziele an Plausibilität. *Mobilisierung* ist der Zweck konfrontativer Orientierung, bei der man den eigenen Positionen nahe stehende Adressaten in ihren Auffassungen bestärken und aktivieren möchte. Ähnlich gelagert suchen autoritative Orientierungen danach, Effekte der *Bestätigung* bei den anvisierten Adressaten (meist eigene Anhänger) zu erzielen.

Aus der Verbindung von Kommunikationszielen und Adressaten lassen sich strategische Schlussfolgerungen ziehen. Dabei hilft ein Adressatenschema, das zwischen Anhängern, Neutralen und Gegnern unterscheidet (vgl. Kepplinger 1994: 221f.). Grob vereinfachend, aber strategisch aufschließend sehen sich Politiker danach im Publikum diesen drei Gruppen gegenüber. Ihre strategische Grundanliegen sind die Bekräftigung der Anhänger und das Gewinnen von Neutralen durch Kommunikation. Dafür können sie das zur Verfügung stehende Kommunikationsrepertoire einsetzen (vgl. Neidhardt 1994a: 23f.).

Verlautbarung dient der Pflege der eigenen Klientel, die bei Notwendigkeit einer Mobilisierung durch den agitatorischen Umgang mit dem politischen Gegner unterstützt werden kann. Der politisch regelmäßig wichtigste Kampf um die Neutralen führt die politischen Kontrahenten regelmäßig zum Kommunikationsmuster der Debatte, bei der sie im argumentativen Wettstreit um Zustimmung für ihre Ideen und Konzepte werben. Das Feld der grundsätzlich nicht Festgelegten (Neutrale) vergrößert sich in modernen Demokratien. Zu ihnen gehört die wachsende Gruppe der nur unentschlossenen oder auch nichtgebundenen Wechselwähler. An diesen (noch) Unentschiedenen wird die hohe Bedeutung einer richtig orientierten Kommunikationsstrategie besonders sichtbar.

Orientierung an einer strategischen Kommunikationslinie

Um sich und den Adressaten kommunikativen Halt zu geben, entwickeln Strategieakteure eine sachlich, zeitlich und sozial übergreifende Kommunikationslinie, an der sie sich selbst orientieren können und durch die sie für andere ihre Erkennbarkeit erhöhen. Strategische Kommunikationslinien sind ein wichtiges Mittel der Differenzgestaltung. Auch sie währen nur zeitlich begrenzt, sind aber so anzulegen, dass sie die Kommunikation der Akteure über einzelne Wahlkämpfe oder kurzfristige Perioden hinaus rahmen können.

Kommunikationslinien verbinden Themen, Personen, Symbole miteinander und entwickeln daraus eine auf Großbegriffen basierende *Botschaft*, die eigene Zielrichtungen und Positionen übergreifend bündeln und kommunikativ zu transportieren vermag. Dabei wird auch der Versuch unternommen, vermeintlich oder tatsächlich Widersprüchliches zu harmonisieren, in Gleichklang zu bringen, auszubalancieren. Die SPD-Slogans „Innovation und Gerechtigkeit" oder „Sicherheit im Wandel" sind Beispiele dafür.

Die Entwicklung von Kommunikationslinien wendet sich auch gegen eine zu stark instrumentalistisch orientierte Perspektive und Sprache der Politik. Sie verhindert die in der Realität vielfach zu beobachtende Fokussierung der politischen Akteure auf Instrumentenfragen – ohne diese auszublenden. Die Politik redet oft zuviel über Instrumentierungen und Einzelmaßnahmen und zu wenig über Ziele und gesellschaftliche Gesamtentwürfe, um verstanden werden zu können.[342] Das ist nicht nur für die breite Bevölkerung in vielen der komplexen Politikbereiche kaum mehr nachvollziehbar – erinnert sei lediglich an Reformfelder wie Steuern, Gesundheit, Rente oder Arbeit.

Das Kreieren von Kommunikationslinien und dazugehöriger Botschaften ist ein schwieriges Geschäft. Einige Anforderungen lassen sich benennen. Die Kommunikationslinie muss allgemein und speziell sein: hinreichend *allgemein*, damit sie über verschiedene Themenfelder hinweg und durch Politikbereiche hindurch passt sowie „durchbuchstabiert" werden kann, *speziell* genug, damit sie zu keiner blassen Allerweltsformel wird. Kommunikationslinien werden auf Wiederholung angelegt, bieten vielfältige Anschlüsse und gewährleisten Zuordnungen von Themen und Personen.

Die Formel „Innovation und Gerechtigkeit" kann dies illustrieren. Sie vereinte die Pole Sicherheit und Ausgleich (Gerechtigkeit) sowie Veränderung und Erneuerung (Innovation) – jeweils ohne negative Begleitgeräusche in den Ohren der sicherheitsbedürftigen und doch veränderungsbereiten Bürger auszulösen. Sie ermöglichte Rückbindungen und Anschlüsse in zahlreichen Politiksektoren und an viele thematische Einzelfragen. Das Duo Lafontaine (als Protagonist von Gerechtigkeit) und Schröder (als Vorkämpfer der Innovation) bot hervorragende Personalisierungsmöglichkeiten, die zugleich für symbolische Verdichtungen genutzt wurden – die entsprechende Bildsprache platzierte beide beim Parteitag in Hannover jeweils unter die zugehörigen, angestrahlten Schriftzüge (Innovation/Gerechtigkeit) der rückseitigen Bühnenwand.

Botschaften der Kommunikationslinien benötigen Programmatik, Glaubwürdigkeit, Inklusion, Präzision, Individualisierung (vgl. Machnig 2002b: 151). Die *Programmatik* einer Botschaft verhindert leere Floskeln, denen zwar jeder zustimmt, die aber ohne inhaltliche Aussage bleiben. Sie macht erkennbar, an welchen Kriterien sich Problemlösungsvorschläge und Maßnahmen messen lassen sollten. Die *Glaubwürdigkeit* folgt einerseits aus der Konsonanz der Botschaft mit der Position des eigenen Kollektivs innerhalb des ideologischen Koordinatensystems. Zum anderen setzt sie die Bezugnahme auf das eigene Image voraus. An Images kann Kommunikation schnell anschließen, sie verstetigen und verstärken – wenn sie zur Botschaft passen. Andernfalls wirkt man unauthentisch und wird unglaubwürdig.[343] Eine Botschaft braucht *Inklusion*, die breite Adressatenkreise einschließt, *Präzision*, die anvisierte Zielgruppen auch anspricht (trifft), und *Individualisierung*, die eine Relevanz für die persönliche Lebensführung aufzeigt. In dieser Perspektive ist etwa „Modernisierung des Staates" keine inklusiv angelegte und präzisierte Formel, die eine Rückbeziehung auf die eigene Person nahe legt.

Die (zunächst interne) Durchsetzung einer Kommunikationslinie muss organisiert werden. Dazu sind Sprachregelungen zu treffen, die die wichtigen Repräsentanten des Kollektivs nach außen auch dauerhaft durchhalten, und zentrale Projekte zu definieren, an denen die Botschaft nachvollzogen werden kann. Eine Kommunikationslinie „Agenda 2010", die begrifflich ohne Botschaft bleibt und bei der sich noch nicht einmal die politischen Sprecher einig sind, wie sie ausgesprochen wird (Zwangig-Zehn/Zweitausendzehn), kann schon deswegen nicht funktionieren. Andersherum gilt aber auch: eine *nur* kommunikative Präsentationskunst kann politische Leistungen nicht ersetzen.

---

[342] Dieser Befund gilt gerade für Deutschland mit seiner legalistisch-administrativ geprägten politischen Kultur.
[343] Images sind eine kaum zu überschätzende Größe öffentlicher Kommunikation. Sie wirken häufig lange nach: Noch im Jahr 2005 muss sich der FDP-Chef Guido Westerwelle nach der Bundestagswahl in Koalitionsfragen am Etikett der Freidemokraten als „Umfallerpartei" abarbeiten, das bereits 1961 entstand.

EXKURS: ÖFFENTLICHKEITSWISSEN

Etabliert und weit gefächert ist inzwischen die politikwissenschaftlich orientierte Kommunikationswissenschaft (vgl. Schulz 1997, Kaid 2004, Jarren/Sarcinelli/Saxer 1998, Jarren/Donges 2002a, 2002b). Daneben finden sich auf einzelne Akteure fokussierte Wissenschaftsbeiträge, etwa über Parteien in der Mediendemokratie (z.B. Alemann/Marschall 2002). Dennoch ist das in praktisch-strategischer Handlungsperspektive unmittelbar anschlussfähige Öffentlichkeitswissen rar. Die erklärungswissenschaftlich orientierten Bände generieren wenig handlungsrelevantes Wissen. Man kann fündig werden (z.B. Plasser 2004, Schmitt-Beck 2007), muss sich aber sehr auf die Suche begeben – und vieles doch am Rande liegen lassen.

Zu den Fundgruben gehören auch Beiträge strategisch orientierter, praktischer Politikberater (vgl. etwa Radunski 1980, Gould 2001, Morris 1999b, Machnig 2002c), die jedoch zumeist nicht auf einer allgemeinen Systematik basieren und auf spezifische Kontexte wie beispielsweise Wahlkämpfe bezogen bleiben, sowie Arbeiten, die sich mit politischem Öffentlichkeitsmanagement (Öffentlichkeitsarbeit, Public Relations, Public Affairs, Politikmarketing) beschäftigen (vgl. etwa Dombrowski 1997, Bentele 1998, Cottle 2003, Faucheux 2003, Kreyher 2004, Karp/Zolleis 2004, Althaus/Geffken/Rawe 2005).

Systematisiertes, professionalisiertes strategisches Öffentlichkeitswissen, das auf Augenhöhe der Praxisakteure bleibt, ist ein noch weitgehend unerschlossenes Feld. Die Anbindung der Wissensproduktion an Praxis setzt zunächst die Klärung voraus, welchen Anforderungen strategisches Öffentlichkeitswissen genügen muss.

An praktischen Handlungszusammenhängen orientiertes strategisches Öffentlichkeitswissen hilft Akteuren (staatlichen Institutionen, politischen Parteien, organisierten Interessen etc.) beim Versuch der Öffentlichkeitssteuerung („für Medien", „durch Medien hindurch", „an Medien vorbei"), die mit den Aufgabenfeldern wie interner Kommunikation, Gestaltung von Medienbeziehungen, Themen-, Personen-, Symbolmanagement, personeller und organisatorischer Imagepflege oder Krisenkommunikation verbunden sind (vgl. Jarren/Donges 2002b: 98). Strategisch verwendbares Öffentlichkeitswissen gibt empirisch Auskunft über unentbehrliche Instrumente und Strategien medienöffentlicher Einflussnahme.

6.6 Erfolgsfaktoren

Welche Faktoren sind für den Erfolg notwendig? Was erklärt den Erfolg *erfolgreicher* Parteien, Regierungen und Oppositionsakteure? Von solchem generalisierten Wissen ist die Politikwissenschaft weit entfernt. Sie fragt üblicherweise nicht nach Erfolgs-, sondern nach Erklärungsfaktoren. Würde sie systematisch die Frage nach einer Erklärung von Erfolgen stellen, hätte sie schon eine praktische Perspektive eingenommen, mit der erfolgsorientiertes Handeln zu Ergebnissen führen soll. Politologische Erklärungsfaktoren können auch zur Erklärung von Erfolgen beitragen – die Frage nach Erfolgen muss aber erst gestellt sein.

Mangels wissenschaftlicher Unterstützung müssen sich Partei-, Regierungs-, Oppositionsakteure ihre – empirisch mehr oder weniger zutreffenden – *Vorstellungen* von Erfolgsfaktoren zurechtlegen. Häufig, und fast schon im besten Fall, ist dies ein isolierter Blick auf den im eigenen Politiksystem zuletzt erfolgreichen, analogen Akteur.[344]

„Die Bestimmung der Erfolgsfaktoren ist eine zentrale Aufgabe der Führung, denn sie beeinflusst unmittelbar die Strategiewahl. Eine Fehleinschätzung führt unweigerlich zu suboptimalen oder gar kontraproduktiven Strategien. Die Erfolgsfaktoren können je nach Branche verschieden sein oder im Verlaufe der Zeit stark variieren. Normalerweise sind es nicht mehr als drei oder vier zentrale Erfolgsfaktoren, die über Erfolg oder Misserfolg in einer Branche entscheiden." (Bea/Haas 2001: 115f.). Konzentration gilt auch für den strategischen Akteur: „Wir müssen (...) der Versuchung widerstehen, alles als gleich wichtig anzusehen, denn die Strategieentwicklung soll sich auf einige wenige Erfolgspotentiale stützen." (116).

Die Elemente des hier präsentierten Orientierungsschemas und des Strategy-Making-Modells enthalten systematisierte Aussagen über von Akteuren angenommene strategische Erfolgsfaktoren. Analog zu den Untersuchungen von Erfolgsfaktoren im Rahmen des strategischen Managements ließen sich diese auch von Politikwissenschaftlern empirisch erheben. Das Ergebnis könnte dann als Kontrolle der Bedeutung und Passung der Schemaelemente und der Strategy-Making-Komponenten dienen.

Erfolgsfaktoren sind wichtig für die Entwicklung erfolgversprechender politischer Optionen. Sie beziehen sich auf Akteur *und* Umwelt. Es braucht Untersuchungsinstrumente, um die strategie- und erfolgsrelevanten Faktoren für den strategischen Akteur selbst einschätzbar zu machen. Möglich, aber nicht so aussagekräftig wäre es, für politische Akteure – wie bei Wirtschaftsunternehmen – eine ausgedehnte Checkliste zur Fähigkeitsanalyse zu entwickeln (vgl. Lombriser/Abplanalp 1998: 136ff.). Interessanter, aber auch riskanter ist eine Bündelung, Zuspitzung, Gewichtung von Faktorenkomplexen, auf die es am Ende ankommt. Sowohl in der Umwelt als auch beim Akteur sind es nur wenige Erfolgsfaktoren, die letztlich zählen.

In der Ökonomie hat man die empirische Analyse strategischer Erfolgsfaktoren durch die sogenannten PIMS-Studien vorangetrieben (vgl. Bea/Haas 2001: 11ff.). Die beiden – im Hinblick auf Rentabilität wichtigsten – Faktoren sind marktbezogen: Marktattraktivität und relative Wettbewerbsposition. Danach folgen Investition und Kosten, erst danach Veränderungen von Schlüsselfaktoren wie Marktanteil oder Produktqualität. Daraus werden Konsequenzen gezogen. Für strategische Erfolge relevante Stärke gewinnt ein Akteur durch konsequente Orientierung an Wünschen der Kunden (in der Politik: Wählern) sowie durch einen Wettbewerbsvorsprung gegenüber den Wettbewerbern. „Erfolgsrelevante Stärken und Schwächen" eines Akteurs müssen ins Verhältnis gesetzt werden zu Konkurrenten und Anforderungen aus der relevanten Umwelt. Erfolgreich ist ein Akteur, der seine Stärken gezielt im Wettbewerb einsetzt.[345]

Politologische Strategieforschung, die erst am Anfang steht, kann noch kein empirisch geprüftes Wissen über interne und externe Erfolgsfaktoren haben. Mit begründeten Vermu-

---

[344] Lombriser/Abplanalp (1998) zeigen, dass auch in der Wirtschaft beim *Benchmarking* eine Blickverengung auf den nationalen Kontext stattfindet.

[345] Die aus dem strategischen Management bekannte Kategorie von *Erfolgspotentialen* als „erfolgsrelevanten Voraussetzungen, die spätestens dann bestehen müssen, wenn es um die Erfolgsrealisierung geht" (Gälweiler 1987: 26), ist in unserer Analyse am ehesten in der Kategorie *Strategiefähigkeit* enthalten (vgl. dazu Kapitel 8). Strategiefähigkeit ist wie Erfolgspotential ein Speicher, dessen Fähigkeiten in der Erfolgskonstellation abgerufen wird. Da Strategiefähigkeit als notwendige Bedingung erfolgreichen Handelns aber jederzeit vorhanden sein muss, kann die Zukunftsverlagerung von Erfolgspotentialen auch irreführend sein.

tungen im Sinne hypothetischen Wissens muss man aber nicht hinter dem Berg halten. Eine thesenhafte Liste enthält folgende Faktoren:

- Strategiefähigkeit
- Passende Strategie
- Gekonnte Steuerung
- Problemlösungs-Performanz
- Konkurrenzstärke
- Leistungen öffentlicher Kommunikation
- Führung/Leadership[346]

Der Erfolgsfaktor *Strategiefähigkeit* kann als gebündelter Indikator aus Bewertungen in zwei Dimensionen operationalisiert werden: zum einen der geklärten Richtungsfrage[347], die an einer dominanten politischen Linienführung erkennbar wird, zum anderen an der Strategiekompetenz[348], die der Kollektivakteur in den zentralen strategischen Kompetenzfeldern zeigt.

Passende Strategie als Erfolgsfaktor meint hier eine Strategie, bei der vorhandene Fähigkeiten des kollektiven Akteurs und Anforderungen bzw. Chancen der relevanten Umwelt korrespondieren. Ohne eine angemessene Entsprechung dieser relationalen Größen droht eine Überforderung des Akteurs bzw. seiner Umwelt. Allerdings distanziert sich die Vorstellung einer passenden Strategie von mechanistischen Annahmen, es gäbe nur eine einzige geeignete Strategie im jeweiligen Akteur-Umwelt-Verhältnis – etwa im Sinne einer Metapher der Passgenauigkeit von Schlüssel und Schloss.

Gekonnte Steuerung bezieht sich auf den Umsetzungsprozess entwickelter Strategien.[349] Dieser Erfolgsfaktor beschreibt eine konsequente und zugleich dynamisch-adaptive Strategieanwendung, die an den zentralen Steuerungsparametern (Macht, Erwartungen, Leistungen) ausgerichtet wird.[350] „Gekonnt" ist die Ausbalancierung von Macht, Erwartungen und Leistungen unter Maßgabe der eigenen strategischen Zielvorgaben.

Problemlösungs-Performanz weist auf die herausragende Bedeutung von Leistungen adäquater Problemlösung für den Erfolg von Politik und Politikern hin.[351] Auf der Regierungsseite sind damit substantielle Beiträge zur Realisierung effektiver Problemlösungen gemeint, insbesondere in zentralen Feldern wie der Ökonomie oder der inneren/äußeren Sicherheit. Für die Oppositionsseite kommt es darauf an, substantielle Kompetenz- und Lösungsangebote zu unterbreiten, die sie als regierungsfähig erscheinen lassen. Dazu gehört in politischen Mehrebenensystemen auch das Erbringen von Problemlösungs-Leistungen an den Stellen, wo die Oppositionsakteure über Regierungsmacht verfügen.

---

[346] Führung und Leadership sind in unserem Konzept systematisch *Strategiefähigkeit* und *strategischer Steuerung* zugeordnet, aber empirisch liegt es wegen der besonderen Bedeutung von Führung/Leadership nahe, diese Komponente als Erfolgsfaktor zu separieren. Von den übrigen Erfolgsfaktoren stammen drei aus unserem *Strategy-Making-Modell* (Strategiefähigkeit, passende Strategie, gekonnte Steuerung) und drei aus dem vorgelegten *Orientierungsschema* (Problemlösungs-Performanz, Konkurrenzstärke, Leistung öffentlicher Kommunikation).

[347] Vgl. dazu ausführlich das Kapitel 8.2.2.

[348] Vgl. detailliert das Kapitel 8.2.3.

[349] Vgl. zum strategischen Steuerungsprozess das Kapitel 10.

[350] Vgl. zu diesen Parametern im Einzelnen die Kapitel 10.2.3, 10.2.4 und 10.2.5.

[351] Vgl. dazu Kapitel 6.5.1.

Konkurrenzstärke setzt sich aus Wählerattraktivität, Wettbewerbsposition und Mobilisierungsfähigkeit zusammen.[352] Der beeinflussbare Bereich dieses konkurrenzpolitischen Erfolgsfaktors wird durch die Logik der Differenzbildung dominiert, bei der der Akteur versucht, sich durch Angebote in Bereichen wie Richtung, Kompetenz, Leistung, Organisation, Bündnis, Personen oder Symbolen positiv von den Wettbewerbern zu unterscheiden. Der politische Akteur arbeitet an einem Angebot für den Wähler, das ihn – im Vergleich zur Konkurrenz – für den Bürger/Wähler attraktiv macht. Die Attraktivität wird auch von Umweltfaktoren einer günstigen bzw. weniger günstigen Wettbewerbsposition (Lager- und Bündniskonstellationen, Schwäche der Gegner, ökonomische Ausgangslage etc.) beeinflusst. Der strategische Akteur zeigt Mobilisierungsfähigkeit, indem er seine Ressourcen zum Erreichen von Wählerattraktivität und für eine günstige Wettbewerbsposition einsetzt – und auf diese Weise in Wählerstimmen umzumünzen versucht.

Leistungen öffentlicher Kommunikation sind ein Erfolgsfaktor, wenn es dem Kollektivakteur gelingt, die eigene Politik überzeugend zu kommunizieren, das Verhalten des Kollektivs im politischen Prozess plausibel zu machen und dem Bürger/Wähler „kontextsetzende Orientierung" (Etzioni 1975: 182ff.) zu vermitteln.[353] Orientierungsvermittlung setzt eine Kommunikationslinie voraus, die Themen, Personen, Symbole miteinander verbindet und daraus eine prägnant-schlüssige Botschaft entwickelt.[354]

Der letzte von uns hier – in einem ersten Zugriff – angenommene Erfolgsfaktor ist *Führung/Leadership*.[355] Führung, als Element von Strategiefähigkeit im Sinne einer geklärten Führungsfrage und der Bildung eines strategischen Zentrums, sowie Leadership, als Prozessgröße strategischer Steuerung im Sinne realisierter politischer Führung, sind für Erfolg unverzichtbar. Obwohl Führung/Leadership intern wie extern immer umkämpft sind, gibt es für die darin liegenden Leistungen kaum Ersatz.

Wie wir gesehen haben, sind Aussagen zu Erfolgsfaktoren in Politikwissenschaft und politischer Praxis bislang rar. Ein interviewter Kommunikationsexperte und pragmatischer Stratege spricht von den drei *P*, auf die es ankomme: *P*rogramm, *P*erson, *P*artei. Kommunikation beginnt mit *K* und versteht sich – für ihn – sowieso von selbst. Ein anderer sieht in Strategie einen wichtigen Erfolgsfaktor: „Alle anderen Erfolgsfaktoren haben auch strategische Elemente – es gibt keine strategieunabhängigen sonstigen Erfolgsfaktoren."

In der Zuspitzung vergleichender Wahlkampfanalysen hebt Rüdiger Schmitt-Beck (2007) die überwiegend bereits *vor* Beginn von Wahlkämpfen entschiedenen Faktoren hervor und betont *Wirtschaft, Regierungsleistungen, Spitzenkandidaten, Mobilisierung, Parteianhängerschaft/Ideologie*. Öffentlichkeit und Kommunikationsfähigkeit sind mit den anderen Faktoren eng verwoben, sie tauchen als eigenständige, durchschlagende Erfolgsfaktoren eher selten auf. Systematisierungen und Hervorhebungen einzelner Faktoren variieren, aber es spricht viel dafür, dass sich zwischen reflektierter Praxis und praxisorientierter Wissenschaft ein engeres Feld relevanter Erfolgsfaktoren abgrenzen ließe.

Strategie wird, aus welchen Gründen auch immer, oft nicht genannt. Vielleicht liegt dies am Professionalisierungs-Defizit und an möglichen Fehler-Sanktionen im demokratischen Prozess. Auffällig, wie selbstverständlich und ausgedehnt Carl von Clausewitz die

---

[352] Vgl. Kapitel 6.5.2.
[353] Vgl. auch den Abschnitt zu kommunikativen Leistungen in Kapitel 10.2.5.
[354] Vgl. dazu den Abschnitt zu einer strategischen Kommunikationslinie in Kapitel 6.5.3.
[355] Vgl. zu Führung das Kapitel 8.2.1 und zu Leadership das Kapitel 10.2.2.

Erfolgsfaktoren 247

Kritik „falscher" Strategien betrieb, und Friedrich der Große selbst nach eigenen Siegen die dabei unterlaufenen Fehler schriftlich analysierte (vgl. Kunisch 2004).

Empirische Illustration 2: (Miss-)Erfolgsfaktoren im Unions-Wahlkampf 2005

Auch in der Politik gibt es natürlich Erfolge, die durch eine verfehlte Strategie verhindert oder beeinträchtigt werden. Zur Illustration nehmen wir das Beispiel des Abschneidens der CDU/CSU bei der Bundestagswahl 2005, das – angesichts hervorragender Ausgangsbedingungen – in den Unionsparteien als schwere Niederlage erlebt wurde. Zum Zeitpunkt der Nominierung von Angela Merkel lag die Union in Umfragen bei 48 Prozent, rund 20 Prozent vor der SPD, am Ende waren es 35,2 Prozent und damit betrug der Abstand zu den Sozialdemokraten nur noch 1 Prozent. Strategisch hatte sie bei zentralen Erfolgsfaktoren[356] schwere Fehler gemacht:[357]

(1) *Konkurrenzstärke.* Seit Jahren gibt es in Deutschland drei Mehrheiten, von denen die ökonomische bürgerlich, die soziale und die kulturelle rot-grün besetzt sind (vgl. Raschke 2003, 2004). Eine Unions-Strategie muss deshalb die ökonomische Mehrheit stark machen (insbesondere hier Differenz mobilisieren) und die soziale wie die kulturelle Mehrheit neutralisieren. Auf ihren schwachen Feldern darf sie dem Gegner keine Thematisierungs- und Mobilisierungschance geben. Gewarnt durch ihren strategischen Fehler, der sie 2002 auf dem kulturellen Feld den Sieg gekostet hatte (Frieden/Irak), schloss die Union diese offene Flanke 2005 sofort, als sich durch aggressive Statements von George W. Bush die Möglichkeit einer Iran-Intervention abzeichnete. Sie verweigerte irgendeine Form von Beteiligung, bevor daraus überhaupt ein Thema für die deutsche Innenpolitik entstehen konnte.

Auf dem Feld von Gerechtigkeit und Solidarität[358] dagegen war Angela Merkel sorglos, obwohl sie wusste, dass der größere Teil der Unentschiedenen der SPD nahestehende Wähler waren. Die Selbsttäuschung hatte viele Ursachen: sie glaubte an eine klare Priorität „Wachstum vor Sozialem" auch bei den Wählern; sie meinte das soziale Motiv durch die Formel „Sozial ist, was Arbeit schafft" beruhigt; sie hielt die SPD für eine Partei, die durch Hartz IV und anderes ihren sozialen Kredit verspielt hatte; sie sah die Union als Regierungspartei und war schon „gefühlte" Kanzlerin, die mit ihren Grausamkeiten bereits im Wahlkampf beginnen und mit dem Argument der Ehrlichkeit zusätzlich gewinnen könne; sie empfand sich durch den neoliberalen Mainstream der Medien gestützt und gleichzeitig in diese Richtung getrieben. Dazu kamen eigene Neigungen: die neoliberale Präferenz von Angela Merkel, die noch deutlicheren Ausdruck fand im Wahlprogramm der Partei.

So sah die Union in der Nominierung von Paul Kirchhof nur Chancen (Mut zur Reform, Vision etc.) und keine Risiken. Die lagen von vornherein in seinem Potential, eine für die Union schädliche Polarisierung herbeizuführen. Das konnte die sozial Motivierten zur SPD, die konsequent neoliberal Motivierten zur FDP treiben. Beides geschah.

---

[356] Wir konzentrieren uns hierbei auf die drei Erfolgsfaktoren des Orientierungsschemas.
[357] Vgl. zur Fehleranalyse der CDU/CSU vor allem den nicht veröffentlichten, treffsicheren Vortrag von Michael Spreng (2005) vor der Hamburger CDU und Hilmer/Müller-Hilmer (2006).
[358] Das Solidaritäts-Thema 2002 hieß Elbe-Flut.

(2) *Problemlösungs-Performanz*. Die Union hatte für die Ökonomie im Vergleich zur SPD die mit Abstand besseren Kompetenzwerte. Gleichzeitig gab es verbreitete Zweifel an den Problemlösungsfähigkeiten aller Parteien. Solche Unsicherheiten wurden verstärkt durch kontroverse Debatten über einzelne Instrumente, zunächst die Mehrwertsteuer, dann das Kirchhof-Rezept – ein zweites, im Gegensatz zum Wahlprogramm stehendes Programm mit unklarem Status.

Bei der Sozialkompetenz agierte die Union – auch unabhängig von Kirchhof – hilflos. Der Versuch, sozialdemokratische Wähler mit *mehr* Hartz IV zu gewinnen, war schon logisch äußerst gewagt, hatte doch gerade die Enttäuschung über diese Politik viele Wähler von der SPD entfremdet: „(...) der für eine Volkspartei wichtige Part eines Sozialexperten blieb nach dem Ausscheiden von Horst Seehofer aus der engeren Führungsmannschaft praktisch vakant" (Hilmer/Müller-Hilmer 2006: 193). Es fehlte ein unmittelbar greifendes *soziales* Angebot, gleichzeitig eine politische Philosophie, eine Gestaltungs-Idee, die den Bürger/Wähler durch ein Tal weiterer Tränen mitnehmen konnte.

Das Unions-Argument, wenn auch hart („ehrlich"), so doch handwerklich besser zu sein als Rot-Grün, geriet in den Turbulenzen um Kirchhof erheblich unter Druck. Den Test als konzeptionell sichere, handwerklich überzeugende, kompetente Regierungspartei, auf den die Union sich trotz ihrer faktischen Oppositionsrolle für drei Monate eingelassen hatte, verlor sie bei vielen Wählern.

(3) *Leistungen öffentlicher Kommunikation*. Die Medien können auch das Falsche verstärken. Wenn die Partei ihre Wähler nicht genügend kennt – zum Beispiel, wie im Falle der CDU, deren soziale Sicherheitsmotive verkennt – und die Medien aufgrund eigener Tendenzen dieses Profil forcieren, kann die Partei bei ihren Wählern nicht ankommen. Ziel der Partei kann ja nicht sein, den Medien zu gefallen, sondern „durch die Medien hindurch" zu den erreichbaren Wählern zu kommen.

Für die aber hatte eine in Instrumentendebatten verstrickte Union keine übergreifende, Hoffnung vermittelnde Positiv-Botschaft. „Extreme Schwarzmalerei des Standortes" (Spreng), Härte der notwendigen Maßnahmen und dann der dreifach abstrakte zentrale Wahlslogan „Deutschlands Chancen nutzen" – nach Auffassung von Michael Spreng war das, wie der ganze Unions-Wahlkampf, die Einladung zu „einer eiskalten Polarexpedition, obwohl die meisten lieber in den warmen Süden fahren". Das Fehlen durchgängiger Schlüsselbegriffe passte zum Defizit strategischer Kommunikationslinien. Dazu kam eine Vielzahl von „Kommunikationspannen", die die Ungewissheit über die Union zusätzlich nährten.

Am Ende, sehr spät, siegte „das Gefühl, dass diese CDU es auch nicht besser als die SPD kann und diese Kandidatin kalt und sozial gefühllos ist. Und diejenigen Wähler der CDU/CSU, die mit kalter Reformrhetorik zu begeistern waren, wählten das Original – die FDP." (Spreng). Strategieversagen und taktische Schwächen machten – an den Ansprüchen gemessen – aus einem sicheren Sieg eine Niederlage.

7 Strategische Kalkulationen

> *‚Unser Fehler ist es eben, dass wir zwei noch immer für Geld arbeiten, statt unser Geld für uns arbeiten zu lassen.' Aus dem Mund eines jungen unternehmungslustigen Herrn klang das großartig. Es steckte Erkenntnis darin und Strategie.*
> Martin Kessel

Das Eigentümliche strategischer Kalkulationen ist, dass sie mit vielen Unbekannten und vergleichsweise einfachen Rechenmitteln angestellt werden und dennoch folgenreiche Handlungen tragen müssen. *Kalkulation* ist mehr als eine Metapher für den strategischen Rationalisierungsprozess. Sie ist zwar kein betriebswirtschaftliches Instrument im strategischen Geschäft. Trotzdem kann, auch ohne verbindliches Rechensystem, die „Berechnung" und „Rechenhaftigkeit" strategischer Politik präzisiert werden.

Politik ist ein Feld zweckrationalen Handelns. Mittel gegen Zwecke, Nebenfolgen gegen (erwartete) Hauptergebnisse, Präferenz der Ziele – überall berechnende Einschätzungen bei der Auswahl von Handlungen. Strategisch interessant sind aber nur spezifische, situationsübergreifende Ziel-Mittel-Umwelt-Kalkulationen und entsprechende Kalküle, nicht die Berechnungen aller Art, die Politik durchziehen.

Wir hatten *strategische Kalkulationen* als systematisierende, berechnende Denkoperationen charakterisiert, die stabilisierte Sinnverbindungen zwischen einzelnen, erfolgsrelevanten Elementen herstellen.[359] Strategische Kalkulationen, verstanden als erfolgsorientierte Vorteilsberechnungen, sind die basalen Denkoperationen im Strategieprozess. Sie durchziehen das gesamte Strategy-Making und machen die Strategiebildung ebenso wie die Verwendung strategischer Konzepte im Rahmen strategischer Steuerung erst möglich. In elaborierterer Form werden sie mit dem Orientierungsschema zusammengebracht sowie in spezifischen Kalkülen ausgeformt. Das Orientierungsschema enthält die wesentlichen Bezugsgrößen, an denen strategische Akteure ihr Handeln ausrichten. *Kalküle*, bei denen wir Basis- und Bezugskalküle unterscheiden, sowie *Maximen* sind gedankliche Hilfsmittel, um die hochgradige Komplexität strategischer Operationen zu reduzieren und erfolgsorientiert zu zentrieren. Je größer die Komplexität, desto höher der Kalkulationsbedarf (vgl. Clausewitz 1980: 960ff.).

Von abstrahierenden Kalkülen abzugrenzen sind eher unspezifische, konkretistische Vorteilsüberlegungen, die umgangssprachlich ebenfalls mit dem Kalkül-Begriff belegt werden. Reichweite sowie Abstraktions- und Generalisierungspotential solcher *einfachen Vorteilsüberlegungen* sind begrenzter als – so die aufsteigende Hierarchie in der Abstraktionshöhe – Maximen, Bezugs- und vor allem Basis-Kalküle. Vielleicht kennt der Akteur für eine Konstellation (noch) keine Maximen und Kalküle, vielleicht existieren sie aber auch noch nicht oder sind gar nicht möglich.

Manche der elaborierbaren Kalküle (z.B. Angriff/Verteidigung) tauchen in der strategischen Denkweise implizit auf, so dass den Akteuren nicht bewusst ist, dass sie sich sys-

---

[359] Vgl. Kapitel 5.1.1.

tematisierbarer Kategorien bedienen. Auch sonst bestehen „Berechnungen" selbst bei Spitzenakteuren vielfach aus Ein- und Abschätzungen, ohne eigene Methodik, das heißt eben einfachen Vorteilsüberlegungen. Solche mehr oder weniger begründeten Vorteils-Vermutungen können sich anlehnen an

- den strategischen Kompass, mit dem sich ein Akteur in einem Feld gesteigerter Unsicherheit ein wenig Sicherheit aufbaut. Hier verfügt er auch schon über eine Reihe von Erfahrungen, Beobachtungen und Reflexionen, an denen Vorteilsüberlegungen etwas verbindlicher anschließen können.
- das Orientierungsschema des Akteurs. Hier lassen sich unter anderem Kombinationen zu Vorteilsregeln verdichten. Strategische Ketten beispielsweise überspannen mehrere Einzelfaktoren.[360]
- Interaktionsspiele, bei denen Handlungen wie Spielzüge in einem Schach- oder Kartenspiel gedacht werden können. Das Schachspiel allerdings bleibt ein Laienspiel, wenn nur über Zug und Gegenzug – oder auch noch drei, vier weitere Züge –, aber ohne übergreifendes System nachgedacht wird.[361] In Interaktionsspielen geht es um eigene Handlungen in Wechselwirkung mit Handlungen eines Gegners, über den Annahmen gemacht werden. Aktion, Reaktion, Aktion, die berechnende Erwartung unmittelbarer Gegenhandlungen – einige Schritte vorausgedacht und von Situation zu Situation realisiert. Die Vorteile werden auf Ausgangsbedingungen und Abläufe bezogen. Sie verändern sich mit den Handlungen des Gegners und sind hypothetische Konstrukte für offene Interaktionen, die Erwartungen fokussieren, Handlungen des Gegners eingrenzen, vor Überraschungen (ein wenig) schützen, eigene Handlungspfade öffnen sollen – vorausgesetzt, der Gegner lässt sie zu.[362]
- die Methodik des Szenarios, die für einfache Kalkulationen erfolgsorientierten Handelns auf dem Hintergrund von Entwicklungen, Abläufen, Interaktionen besonders geeignet ist.[363]

Zu den weniger spezifischen, aber hilfreichen Kalkulationen gehört die Denkregel, die auf Stärken/Schwächen und Chancen/Risiken abhebt: *SWOT*.[364] Diese Abkürzung für Strengths/Weaknesses-Opportunities/Threats ist eine einfache Heuristik, die in vielen Strategiezusammenhängen benutzt werden kann (Lage, Optionen, Steuerung etc.). Kalküle lassen sich daran anschließen, SWOT selbst aber bildet nicht unmittelbar ein Kalkül. Es ist nicht mehr als eine Beobachtungs- und Verknüpfungsregel.

Die SWOT-Kalkulation bezieht sich auf die Wechselbeziehungen zwischen Angeboten des politischen Akteurs und politischen Umwelten (wie Stimmen-, Themenmärkten oder Problemfeldern), auf die der Akteur antwortet und die er zum Teil auch strukturieren kann. Ihr liegt die Annahme zugrunde, „dass eine wirksame Strategie die Stärken und Chancen maximiert und die Schwächen und Gefahren minimiert" (Lombriser/Ablanalp 1998: 186).

Mit welchen internen Stärken können bestimmte externe Chancen genutzt werden? Wie können interne Stärken gegen externe Risiken wirksam werden? Wie andererseits ist zu verhindern, dass interne Schwächen auf Grund externer Risiken der Organisation scha-

---

[360] Vgl. dazu das Kapitel 9.
[361] Vgl. zu einer elaborierten Strategie im Schachspiel zum Beispiel den Klassiker Tarrasch (1931).
[362] Hier ließe sich anknüpfen an die „strategischen Spiele" bei Crozier/Friedberg (1979).
[363] Vgl. dazu den Exkurs zu strategierelevanten Verfahren am Ende des Kapitel 9.
[364] Vgl. zu diesem – im strategischen Management weit verbreiteten – Instrument etwa Ansoff (1984).

Strategische Kalkulationen

den? Wie kann erreicht werden, dass Schwächen überwunden werden, um externe Chancen zu nutzen?

Die Kalkulation besteht darin, eigene Stärken und externe Chancen zu betonen, ohne Schwächen und Risiken aus dem Auge zu verlieren. Der Kollektivakteur soll eigene Stärken nutzen, Schwächen abstellen oder auch – zum Beispiel durch positive Uminterpretation[365] – verteidigen. Schwächen des Gegners sollen angegriffen, Stärken des Gegners umgangen, neutralisiert, unterminiert werden.

Chancen sind zu ergreifen, vor allem in Bereichen eigener Stärke. Gegen Risiken soll vorgesorgt werden, durch Stärkenorientierung und offensiven Umgang mit eigenen Schwächen. Umgekehrt besteht das Durchkreuzen einer SWOT-Kalkulation des Gegners darin, ihn am Ausspielen seiner Stärken und am Kaschieren seiner Schwächen zu hindern.

So einfach, so klar diese Vorteilsheuristik des SWOT auch ist, schon sie stellt Parteiakteure vor Probleme. Über Schwächen darf man in Gremien nicht reden – sagten uns Vertreter der Großparteien: „Das ist auch so ein politischer Glaube: Schwächen darf man überhaupt nicht haben." Die Frage nach Schwächen, für die es immer auch Verursacher, Verantwortliche, Mitschuldige gibt, bleibt verknüpft mit Macht- und Konkurrenzfragen.

Neben der SWOT-Heuristik gibt es ein einfach und vielseitig anwendbares, schlichtes, aber orientierendes *Kosten-Nutzen-Kalkül*. In der einfachsten Form trägt man beispielsweise in zwei Spalten die Vor- und Nachteile bestimmter Optionen ein und kann schon so, unter Insidern mit hohem Informationsstand, zu hilfreichen Entscheidungsgrundlagen kommen (vgl. Fisch/Beck 2004: 72). Helmut Schmidt beispielsweise hat sich eines solchen Verfahrens 1966 bedient, um für die Bundestagsfraktion der SPD die Vor- und Nachteile einer Großen Koalition aufzulisten. Offensichtlich verschaffte dies den Befürwortern einer Großen Koalition einen argumentativen Vorteil und eine in ihrem Sinne günstige Zuspitzung der Entscheidungslage.

Strategische *Kalküle* sind elaborierte Vorteils- bzw. Erfolgsüberlegungen.[366] Die erwartete Wirkung kann sich auf strategische Mittel (Ressourcen, Handlungen, Handlungswege) in komplexen Wirkungszusammenhängen oder auf Strategien selbst beziehen (z.B. Angriffsstrategie). Strategische *Maximen*, denen wir uns weiter unten zuwenden, sind aufgrund von Erfahrungen, Reflexionen und Urteilen gewonnene subjektive Handlungsprinzipien. Während Kalküle Hilfsmittel für analytisch sortierende Denkoperationen darstellen, enthalten Maximen bewertende Setzungen mit Orientierungsabsicht.

Professionelles strategisches Know-how zeichnet sich nicht zuletzt durch die Verwendung von Kalkülen aus. Die empirische Beobachtung zeigt, dass politische Eliten gerade in diesem Bereich methodisch nicht sehr reflektiert sind. Ihre Kalkulationen bleiben meist implizit, also gegenstandsnah auf vergleichsweise niedriger Analyse- und Abstraktionsstufe. Sprache und Methodik strategischer Kalküle finden sich eher bei Beratern und strategischen Apparaten.

Kalküle konditionieren den Fokus der strategischen Analyse, stellen Beziehungen zwischen Zielen, Mitteln und Umwelt her, organisieren in spezifischer Weise strategische Aktion und Interaktion. Sie können das strategische Denken und Handeln des Kollektivakteurs

---

[365] Etwa eine interne Kontroverse nicht als Mangel an Geschlossenheit, sondern als Ausdruck notwendiger Debatten zu interpretieren, die die Gesellschaft ebenso wie die Partei führen kann.

[366] „Die ursprünglich auf dem Rechenbrett (...) verwendeten Rechensteine (calculi, griech. ψῆφοι) haben dem Kalkül seinen Namen gegeben, der sinngemäß dann auch auf die herstellbaren Tabellen für die Ausführung von Rechenoperationen (...) erweitert wurde." (Lorenz 1976: 672).

steuern und Interaktions-Beziehungen strukturieren. Die Typisierung von Kalkülen zeigt unterschiedliche Ansatzpunkte: *Bezugs-Kalküle* bilden sich hinsichtlich bestimmter, konkreter Bezugspunkte. Sie bleiben in Objekt und Reichweite begrenzt. *Basis-Kalküle* bezeichnen basale, vielseitig anschlussfähige Vorteils- und Erfolgsüberlegungen. Damit verbunden sind generalisierte Annahmen über Folgen des jeweiligen Handlungsmodus, insbesondere Ansatzpunkte, Wirkungs- und Wahrscheinlichkeitszusammenhänge, Reaktionen von Interaktionsakteuren.

Die kausal zugeschriebene Wirkung von Basis- bzw. Bezugs-Kalkülen beruht auf Erfahrungswerten und Einschätzungen, die empirischer Überprüfung prinzipiell zugänglich sind. So gibt es im Rahmen empirischer Untersuchungen starke Korrelationen zwischen Geschlossenheit und Erfolg als Partei, Regierung oder Opposition. Häufig allerdings ist ein solcher Wirkungsfaktor schwerer zu isolieren oder durch Handlungen von Interaktionsakteuren zu durchkreuzen. Dann ist die erfahrungsgestützte Urteilskraft, möglicherweise auch der strategische Kompass gefragt.

7.1 Maximen

Niccolò Machiavellis Empfehlung, Grausamkeiten gleich nach der Machtübernahme zu begehen, oder der Grundsatz, nichts zu versprechen, was man nicht einlösen kann, sind Beispiele für Maximen. Erfahrung, Beobachtung, Reflexion und Urteilskraft, aber auch Tradierungen bilden ihre Grundlage. Weit entfernt davon, generell gültig bzw. empirisch bewährt zu sein, liefern sie eher Merkposten, Warnsignale, Vorsichtsregeln, Ermunterungen, zu denen Akteure auf einem Feld ohne festen Boden gern greifen. Meist verdichten sie Erfahrungen, denen explizierbare Kalküle zugrunde liegen.

Maximen bergen die Gefahr von Scheinsicherheit. Scheinbar unmittelbar und einfach anwendungsfähig, sind sie tatsächlich in ihrem angemessenen Gebrauch von der Berücksichtigung vielfältiger Bedingungen abhängig. So verträgt sich die Maxime „Begehe Grausamkeiten gleich nach Amtsantritt" in der Demokratie nicht mit aufgebauten und legitimen Mandats-Erwartungen.[367] Sie steht bei Machiavelli in einem vordemokratischen Kontext.

Historisch sind Maximen verbreitet, nicht zuletzt wegen ihrer Anschaulichkeit und eines erwünschten Mangels an Abstraktion. Der Rationalisierungsprozess geht über Maximen hinaus, ohne sie zu ersetzen. Maximen bleiben vor allem in der Praxis Bestandteil strategischer Kalkulation. Gründe dafür sind nahe liegend: ihre Handlichkeit, niedrige Kosten theoretischer Reflexion, ein Gefühl relativer Sicherheit, Image-Vorteile für den „Strategen", den man daran erkennen soll. Manchmal begründen sie auch nur strategische Optionen, die anders zustande gekommen sind, nach außen.

Endlos variieren die Parteien die Maxime „Zwietracht beim Gegner, Eintracht bei sich selbst." So gab Angela Merkel auf dem Düsseldorfer Parteitag der CDU Anfang Dezember 2004 als Devise der nächsten Monate aus: „Attacke auf die anderen, kein Feuer auf uns selbst." Kurz danach diskutierte die eigene Partei – natürlich kontrovers – über die Extra-Zuwendungen der RWE an ihren Generalsekretär Laurenz Meyer und die Frage, ob er deswegen zurücktreten müsse.

Egon Bahr, der große Stratege der deutschen Ostpolitik, erschließt sich in seiner Autobiographie „Zu meiner Zeit" einige Zusammenhänge, die auch in unserer Arbeit relevant

---

[367] Vgl. Kapitel 10.2.4.

sind, über Maximen. Zunächst bekräftigt er ein offenes Strategiekonzept durch ein Bismarck-Zitat: „In der Politik kann man nicht einen Plan für lange Zeit festlegen und blind in seinem Sinne vorgehen. Man kann sich nur im Großen die zu verfolgende Richtung vorzeichnen (...)." (Bahr 1998: 181). Für Kräfteverhältnisse gelten die Maximen: „Man kann nicht auf die Straße gehen, wenn man dann ziemlich allein ist." Oder: „Eine Kraftprobe kann nur eingehen, wer nach eigener Einschätzung von der Bevölkerung verstanden und unterstützt wird." (68).

Die SPD mit ihrer Troika müsse bedenken: „Kollektive Führung ohne führenden Kopf bedeutet kollektive Schwäche." (86). Lageanalyse und Optionsbildung finden folgende Anleitungen: „Man muss die Wirklichkeit anerkennen, wenn man sie verändern will." (148).[368] „Weichenstellungen sind schwer korrigierbar." (32). Für öffentliche Kommunikation gilt die Maxime: „Keine Überforderung einer unvorbereiteten Öffentlichkeit" (155). Für einen Außenpolitiker bemerkenswert die Maxime: „Innenpolitische Stärke ist Fundament und Quelle außenpolitischer Stärke." (198).

Eine Liste politischer Maximen mit strategischem Gehalt wäre lang. Hier einige Beispiele:

- „Nichts ankündigen und beginnen, was man nicht durchhalten kann."
- „Es darf keine demokratische Partei rechts von der CSU geben."[369]
- „Das Fell des Bären nicht verteilen, bevor er nicht erlegt ist."
- „Das Eisen schmieden, so lange es heiß ist."
- „Es ist nicht gut, die Pferde mitten im Strom zu wechseln."
- „An wohlerwogenen Entscheidungen festhalten, auch wenn die Stimmung sich gegen sie wendet."
- „Sich eine strategische Reserve halten" (für Unvorhergesehenes).
- „Auf gleicher Augenhöhe agieren."
- „Kassandra wählt man nicht."
- „Vertrauen ist gut, Kontrolle ist besser."
- „Eine Koalition ist danach zu beurteilen, wie viel eigene Politik sie ermöglicht."
- „Der Weg ist alles, das Ziel ist nichts."
- „Kein Gesetz kommt so raus, wie es hier reingekommen ist."[370]
- „Wer in den Rathäusern keine feste Position besitzt, kann keine Mehrheiten in den Bundesländern und im Bund erringen."[371]
- „Keiner darf dem anderen zumuten, was er selbst als unzumutbar empfände." (Koalitions-Maxime).[372]
- „Niemanden vor vollendete Tatsachen stellen."[373]
- „Du musst Streit anfangen, und zwar wegen einer wichtigen Sache mit dem politischen Gegner. Wenn dies im Moment auch nicht möglich ist, musst du Streit beginnen wegen einer wichtigen Sache im eigenen Lager. Schlecht ist, wegen einer weniger

---

[368] Hier – anders als im Original – als selbständiger Satz formuliert, J.R./R.T.
[369] Vgl. Strauß (1998).
[370] So die von Peter Struck populäre gemachte Formel („das strucksche Gesetz") mit Maximen-Qualität, wonach der Bundestag an Gesetzesvorlagen immer Änderungen beschließt.
[371] Kohl (2005: 95).
[372] Kohl (2005: 535).
[373] Diese „Handlungsmaxime" rechnete Kohl (2005: 242) „zu den Mindeststandards politischer Führung".

wichtigen Sache zu streiten und mit den eigenen Leuten, aber am miserabelsten ist es, gar nicht zu streiten und nichts zu tun."[374]

Maximen enthalten häufig ein unsichtbares Bezugselement. Sie können zum Beispiel in der Zeit liegen: „Vom Ende her denken" oder „Wehret den Anfängen". Umgekehrt können Bezugs-Kalküle auch in der Formulierung eher Maximen ähneln. Die Differenz bleibt kognitiv: sind die Aussagen für abstraktere Überlegungen mehr oder weniger anschlussfähig? Im Ganzen gilt aber, dass es zwischen einfachen Vorteilsüberlegungen, Maximen und Bezugs-Kalkülen häufig fließende Grenzen gibt. Eine schärfere analytische Abgrenzung ist überflüssig, da sie praxisnah gebraucht werden und es dabei nicht auf die Fundierung elaborierter Entscheidungen, sondern eher auf einfache Denkhilfen ankommt. Man kann dadurch gewonnene Überlegungen leichter und ohne größeren Argumentationsaufwand wieder fallen lassen.

Der häufig lässige Umgang mit Maximen lässt sich am Beispiel von „divide et impera" (teile und herrsche) zeigen. Den Römern als zentraler Grundsatz ihrer Herrschaftspraxis zugeschrieben, sieht die historische Wirklichkeit anders aus (vgl. Vogt 1960). Die Römer haben diese Maxime nicht entwickelt. Sie kommt erst in der Renaissance auf, vor allem bei den Theoretikern der Staatsraison. Sie ist auch kein besonderes Kennzeichen der römischen Politik und schon gar nicht ihr wesentliches Merkmal. Damit werde, so Vogt, „ein untergeordnetes Mittel der Herrschaft zum Inbegriff großer Staatskunst" (201) gemacht. Beim Aufstieg Roms war „Sammlung", nicht künstliche Spaltung Kalkül und Strategie: „Das Teilen war ein Mittel mehr der Eroberung als der Herrschaft. Hatte es im Krieg seinen Dienst getan, so wurde es in der Aufrechterhaltung der Macht durch das Vereinen ersetzt, das sich aus den größeren Zielen der Reichsbildung ergab." (210). In der römischen Innenpolitik war eine Maxime des „divide et impera" völlig untauglich, weil sie praktisch und theoretisch auf die Eintracht des Staatsvolkes angelegt war. Als innenpolitische Maxime war sie schlicht systemwidrig und hat deshalb keine Rolle gespielt.

Auch unter heutigen Bedingungen ist es fraglich, ob „teile und herrsche" eine innenpolitisch tragfähige strategische Maxime sein kann. Vor allem deshalb, weil die Mittel zur aktiv betriebenen, erfolgreichen Spaltung des Gegners begrenzt sind. Dick Morris hat Mitterrands erfolgreiche Regierungspolitik strategisch mit der Maxime „teile und herrsche" interpretiert und damit ein beliebig anzuwendendes Kalkül unterstellt (Morris 2002). Tatsächlich bietet das singuläre französische Verfassungssystem einer doppelten Exekutive dafür besonders günstige Voraussetzungen, die aber nicht generalisiert werden können.

7.2 Bezugs-Kalküle

Bezugs-Kalküle sind auf gedachte, Vorteil versprechende strategische Handlungen gerichtet, die sich auf ausgewählte Faktoren in Wirkungszusammenhängen beziehen (Bezugspunkte) und für Erfolgsfaktoren hervorgehobene Bedeutung haben. Diese Definition soll ein wenig erläutert werden:

Die *Wahl der Bezugspunkte* ergibt sich durch Ziel und Kontext. Wichtig sind insbesondere die auf Interaktion aufbauenden Elemente des Orientierungsschemas: Organisation, Problem- und Konkurrenzpolitik, Öffentlichkeit. Aber auch vieles andere, etwa Erwartungen, Leistungen, Emotionalisierung, Verhandlung oder Zentralisierung/Dezentralisierung

---

[374] Diese Maxime zur Schärfung des politischen Profils findet sich bei Geißler (1995: 157).

kann den Bezugspunkt für generalisierende Kalküle bilden. Sämtliche Bestandteile des Strategy-Making kommen als Anwendungsobjekte von Bezugs-Kalkülen in Betracht.

Die *Vorteil versprechenden strategischen Handlungen* müssen oft nicht erst entdeckt werden. Sie können sich in Handlungszusammenhängen bereits herauskristallisieren. Strategische Akteure selbst sind auf der Suche nach springenden Punkten, unter Bedingungen knapper Zeit und Ressourcen sowie hoher Ungewissheit. Auch hier sind Handlungen meist zunächst gedachte Handlungen, die beim Kalkül abgewogen werden.

Schließlich grenzen die *erfolgsrelevanten Wirkungszusammenhänge* ein, um nicht jede halbwegs gesicherte Wenn-dann-Aussage in Betracht ziehen zu müssen. Die Zahl der Basis-Kalküle ist begrenzt, dafür sind sie vielseitig, also auch bei „kleinen" Gegenständen anwendbar. Die Zahl von Bezugs-Kalkülen ist tendenziell unbegrenzt, deshalb erscheint hier die Eingrenzung eines Relevanzbereichs sinnvoll. Dafür kommen die *Erfolgsfaktoren* in den Blick.

Sucht man nach Beispielen, lässt sich zuerst an das Orientierungsschema denken. Bei Problempolitik beispielsweise können Politikgestaltungsaspekte wie integral vs. sektoral, national vs. supranational, marktförmig vs. staatlich, zentral vs. dezentral Bezugspunkte für strategische Kalküle von Instrumenten-Wirkungs-Zusammenhängen sein. Auch Bezüge wie Finanzierbarkeit oder Markt-, Umwelt-, Sozialverträglichkeit können kalkulatorisch entfaltet werden.

Auf dem Feld der Konkurrenzpolitik kann das Koordinatensystem als Bezugspunkt dienen. So gibt es das verbreitete Mitte-Kalkül im Links/Rechts-Schema, das seine höchste Rationalität in einem Zweiparteiensystem unter der Bedingung von Normalverteilung entfaltet.[375] In Bezug auf Medien bzw. Öffentlichkeit sind Nachrichtenfaktoren ein Bezugspunkt, mit dem politische Akteure ihre massenmediale Wirkung „ausrechnen" können.

Etwas genauer wollen wir das Kalkül von *Geschlossenheit* erörtern, das auf Organisation bezogen ist. Verstärkung der Handlungsfähigkeit ist der allgemeinste Vorteilsaspekt, der sich mit Geschlossenheit verbindet. Extern bedeutet das auf der instrumentellen Ebene größere Durchsetzungsfähigkeit, auf der symbolischen Ebene das Image von Handlungskapazität der Organisation und von Führungsfähigkeit der Spitze. Intern liegen die Vorteile bei der Gewinnung kollektiver Zielklarheit unter dem Druck des Geschlossenheitspostulats sowie von Repräsentativität der Führung, die sich auf den – wie immer zustande gekommenen – kollektiven Willen berufen kann.

Die Verknüpfung mit Erfolgsfaktoren liegt für Problem-, Konkurrenz- und Öffentlichkeitspolitik so sehr auf der Hand, dass Geschlossenheit geradezu als *eine* Ausprägung der entsprechenden Erfolgsfaktoren gesehen werden kann. Ohne ein beachtliches Maß an Geschlossenheit des Regierungs-, Oppositions-, Parteihandelns kann eine Organisation nicht erfolgreich sein. Allein mit ihr natürlich auch nicht.

Schon die Maximierung von Geschlossenheit ohne Rücksicht auf andere Faktoren ist eine Fehlorientierung. Eine demokratische Organisation muss mehrere Ziele verfolgen.[376] Geschlossenheit markiert nur den Endpunkt eines demokratischen Organisationsprozesses. Initiative, Diskurs, Konflikte, Responsivität sind alles vorgelagerte Momente, an deren erfolgreichem Ende Geschlossenheit stehen kann. Alles andere wäre die Einstellung von Lebendigkeit und Authentizität (Etzioni 1975), die Friedhofsruhe bedeutet. „Freiheit der Diskussion und Einheit der Aktion" (Günther 1979: 42) war schon in der demokratischen

---

[375] Vgl. Downs (1968), Falter/Schoen (2005).
[376] Vgl. Kapitel 6.1.

Arbeiterbewegung eine Maxime, die solche Organisationsdialektik einfing. Im sozialdemokratischen „Projekt Kommunikationspartei" (vgl. Meyer/Scherer 1994: 128ff.) sind die Gewichte einseitig zugunsten Öffnung und Kommunikation verschoben – die Realität sieht anders aus. Zur Differenzierung in Phasen (erst Diskussion, dann Aktion) tritt eine der Hierarchieebene hinzu, wobei der Gesamtakteur Nutzen ziehen kann aus der Verbindung beweglicher Führung (die Positionen ventiliert) und einer geschlossenen Organisation (die auf einer Linie bleibt).

Auch in einer Organisation der „multiple selves" (Wiesenthal 1990) ist Geschlossenheit anders eingebettet. Das Sprechen zu und im Namen von korrespondierenden Wähler-Segmenten kann von bewussten, organisationsinternen Teilakteuren mit dem Geschlossenheits-Postulat kunstvoll verknüpft sein. Vor allem, wenn man Kontexte (z.B. Wahlkämpfe, parlamentarische Entscheidungsphasen), Konsense und Hierarchien hinreichend berücksichtigt.

Solche Gesichtspunkte betonen Einbeziehungen, Verhandlungen, informelle Absprachen, Kompromisse als Voraussetzung von Geschlossenheit in Freiwilligenorganisationen, in denen Teilakteure dazu gebracht werden müssen, harte, profilierte Forderungen zurückzustellen. Galbraith (1987) konstatiert die strikte Symmetrie zwischen interner und externer Machtausübung von Organisationen: „Organisation erreicht externe Unterordnung unter ihre Ziele nur dann, wenn die interne Unterordnung funktioniert. Stärke und Zuverlässigkeit ihrer externen Macht hängen von Ausmaß und Verlässlichkeit der internen Unterwerfung ab." (80). So funktioniert es in demokratischen Freiwilligenverbänden nicht. Damit wird die Einbettung von Geschlossenheit unterschätzt, die Macht- bzw. Herrschaftsdimension bei ihrer Herstellung überschätzt. Auch gibt es ein Eigeninteresse an Geschlossenheit, wenn man selbst von ihren externen Effekten profitieren kann. Dies ist am Beispiel von Abgeordneten und der in hohem Maße freiwillig akzeptierten Fraktionsdisziplin demonstriert worden (vgl. Saalfeld 1995).

Die von Hirschman (1974) eingeführte Trias von exit, voice, loyalty setzt an der Beziehung zwischen Führung und Aktiven an und ist strategisch gedacht, aber sie richtet den Blick auf „große" Entscheidungsalternativen, die bei der fortlaufenden Ausbalancierung zwischen voice und loyalty kaum weiter helfen. Exit ist die radikalste Option und Alternative zum Geschlossenheits-Postulat, wenn man eine grundlegend abweichende Position, aber keine organisationsinterne Durchsetzungschance hat.[377] Voice und loyalty benennen, ein wenig unterkomplex, zwei Logiken innerhalb der Organisation.

7.3 Basis-Kalküle

Strategisch relevante Kalküle erfassen jeweils besondere Vorteils- und Erfolgsmomente. Sie können miteinander verbunden, aber nicht aufeinander reduziert werden. Im Folgenden skizzieren wir einige Beispiele von Basis-Kalkülen, die auch Grundlage einer entsprechenden Gesamtstrategie bilden können. Basis-Kalküle kennzeichnen hohe Abstraktion und Anschlussfähigkeit. Maximen zeigen geringe Abstraktion und Anschlussfähigkeit. Bezugs-Kalküle liegen dazwischen.

---

[377] Etzioni (1967) sah in der Organisationskonkurrenz die „natürliche" Alternative zu organisationsinterner Opposition.

Auf den ersten Blick scheinen die nachfolgend erörterten Basis-Kalküle das Vorurteil zu bestätigen, Strategiefragen seien nichts als Machtfragen. Naheliegende Beispiele beziehen sich tatsächlich auf machtbezogene Vorteile. Aber das ist keineswegs durchgängig und zwingend. In unseren Beispielen können unter anderem Konzentration/Diversifikation oder Imitation/Innovation auch für policyimmanente Ziel-Mittel-Beziehungen fruchtbar gemacht werden. Darüber hinaus können machtbezogene Vorteile vielfach zur genuinen Förderung von Policy-Zielen gedacht und eingesetzt werden.

Die bipolare Struktur der folgenden Basis-Kalküle verweist auf Gegensätze und Spannungsverhältnisse. Gleichzeitig sind sie in ihren wechselseitigen Bezügen zu sehen, bei denen die Isolierung oder Maximierung zu Fehlorientierungen führt. Nicht nur das militärische Strategiedenken muss – im Anschluss an Clausewitz – „reciprocal polar tensions" aushalten und konstruktiv gestalten.[378] Im Folgenden illustrieren wir einige Beispiele für Basis-Kalküle:

- Angriff und Verteidigung
- Konzentration und Diversifikation
- Kooperation und Konflikt
- Imitation und Innovation
- Wachstum und Stabilisierung

Angriff und Verteidigung

Ein systematisches Nachdenken über Angriff/Verteidigung als Basis-Kalkül innenpolitischer Strategie hat in der Politikwissenschaft nicht stattgefunden.[379] Das Anregendste dazu findet sich bei Carl von Clausewitz, der wesentliche Teile seiner Kriegsanalyse um Angriff/Verteidigung herum aufgebaut und beide Optionen elementar durchdacht hat wie kein anderer. Das bleibt bei ihm präzise und bis ins Detail auf den militärischen Kontext bezogen. Es bedarf also der Transformation, will man einige Überlegungen daraus für den politischen Kontext nutzbar machen.

Öffentliche Kommunikation und das Gewicht symbolischen gegenüber instrumentellem Handeln, symbolisches „Besiegen" eines Gegners auf Grund eines Urteils des Publikums statt reales „Vernichten" eines Feindes durch Waffengewalt sorgen in der Politik für völlig andere Randbedingungen. Öffentlichkeit verändert die Charakteristik von Angriff/Verteidigung grundlegend. Jede Handlung muss nicht nur in Bezug auf direkte Wirkung beim Gegner, sondern auch und nicht zuletzt mit Bezug auf Publikum und Wählerschaft kalkuliert werden. Politische Kommunikation ist kulturell eingebettet und wird durch Medien vermittelt. Personenbezogene Angriffe beispielsweise, die Normen politischer Kultur verletzen oder eine massenmediale Eigendynamik entwickeln, sind anders zu beurteilen als direkte militärische Einwirkungen auf einen Feind.

Im Vergleich zum Gewaltkonflikt hat symbolisches Handeln in der Politik eine andere und weit größere Bedeutung. In der Politik kann die Symbolik sogar an Stelle von deren „eigentlicher" Aufgabe treten, Probleme zu lösen. Angriff im Krieg ist zwar *auch* symbolisch, vor allem aber auf reale Zerstörung und Vernichtung im feindlichen Land gerichtet.

---

[378] Vgl. Lanir (1993: 12), wobei allerdings bei den „Prinzipien des Krieges", die weltweit für die Militärführungen seit den 1920er Jahren Bedeutung haben und kodifiziert sind, Orientierungsgrößen, Kalküle, auch Kriterien der Strategiebildung unsortiert durcheinander gehen.

[379] Ausnahme sind die knappen Hinweise bei Gablentz (1965).

In der Politik ist Angriff im Kern symbolisch. Die unmittelbaren Konsequenzen sind eher gering – etwa wenn ein Minister auf Grund von Angriffen abgelöst wird. Umso stärker sind die Vorstellungen, die Menschen sich auf Grund von Angriff/Verteidigung über politische Akteure machen. „Zerstörung" kann sich bestenfalls auf ein Image oder eine aufgebaute Kompetenz richten. Eher geht es um stören, schlecht reden, destruieren, enthüllen, überraschen, Angst machen.

Die „Philosophie" des Krieges ist also grundlegend anders als die der Demokratie. Und dennoch gibt es Transfers. Der zugrunde liegende dualistische Konflikt ist politikrelevant. Häufig stehen sich zwei Gegner, Bündnisse, Lager gegenüber, vor allem bei Regierungs-Oppositions-Beziehungen und in Wahlkämpfen werden die Konfliktformen Angriff und Verteidigung gesucht.[380] Es geht um den „Sieg" über den Gegner vor Wähler-Publikum und Öffentlichkeit. Nötig wäre eine Sozialpsychologie von Angriff/Verteidigung in der Politik, die einiges von der Archaik und den elementaren Kalkulationen mit aufnähme, wie sie im Gewaltkonflikt enthalten sind.

Analogie und Abgrenzung greifen eng ineinander. Lassen sich Angriff/Verteidigung für den Krieg als die zentralen „Kriegsformen" herausarbeiten – so Clausewitz –, sind sie in der Politik nur Handlungselemente neben anderen. Problempolitik lässt sich von Konkurrenzpolitik nicht verdrängen. Eigenaktion hat großes Gewicht gegenüber Interaktion. Kalküle sind vielfältig und gehen in Angriff/Verteidigung nicht auf.[381] Ziele und Gegenstände von Angriff/Verteidigung sind politikspezifisch: Sie können sich auf Leistungen (Regierungs- oder Oppositionsleistungen) oder Fähigkeiten, Positionen oder Richtungen, Themen, Symbole oder Personen („persönlicher Angriff") beziehen.

Auch im Einzelnen darf nichts 1:1 übertragen werden. *Überraschung*, um dies als Beispiel zu nehmen, ist schon in den Analysen von Carl von Clausewitz ein ambivalenter Erfolgsfaktor. In der strategischen Politik hat er – bei aller Bedeutung auf dem Feld politischer Taktik – eher noch geringere Bedeutung.

Clausewitz unterscheidet bei „Überraschung" zwischen „eigentlichem Überfall" und der „unvermuteten Aufstellung größerer Kräfte auf gewissen Punkten" (Clausewitz 1980: 622). Die Grundannahme sei: „Der Verteidiger hat den Vorteil der Gegend, der Angreifende den des Überfalls." (623). Der Überfall aber sei in der Strategie, anders als in der Taktik, „ein unendlich viel wirksameres und wichtigeres Mittel" (623). Ein „Überfall in der Strategie" habe „nicht selten den ganzen Krieg mit einem Schlag geendigt" (623). Die große Einschränkung sei aber, „dass der Gebrauch dieses Mittels *große, entschiedene, seltene*[382] Fehler beim Gegner voraussetzt, daher es in die Waagschale des Angriffs kein sehr großes Gewicht legen kann." (623). Die zweite Variante der Überraschung, die unvermutete Konzentration auf bestimmte Punkte, hält er ebenfalls aus strategischer Sicht für überschätzt.

Im politischen Kontext entfaltet die Überraschung möglicherweise mehr Wirkung nach innen als nach außen.[383] Willy Brandt meinte, „Überrumpelung" sei die wichtigste politische Technik, und dachte dabei offensichtlich an interne Verhältnisse von Kollektivakteuren. Die Freiheiten von Spitzenakteuren bei der öffentlichen Festlegung ihres Kollektivs oder die Bedingungen von Entscheidungsgremien mit ihren oft langwierigen Bera-

---

[380] Auch hier gilt übrigens Clausewitz' Logik: ohne abwehrende Verteidigung kein Krieg bzw. Konflikt.
[381] Bei Clausewitz, auch schon bei Friedrich dem Großen, wird als zweites Kalkül vor allem *Konzentration* in das dominante Kalkül Angriff/Verteidigung eingearbeitet.
[382] Hervorhebungen im Original, *J.R./R.T.*
[383] Dies wäre empirisch zu prüfen.

tungs-, Verhandlungs- und Entscheidungsformen mögen Anreize für solche Techniken sein. Auch die immer zu erwartenden Indiskretionen eines internen Prozesses der Strategiebildung können Überraschungen erzwingen – nach innen wie nach außen.

Generell aber scheint uns der demokratische Prozess von so viel Deliberation, Kommunikation, öffentlicher Berichterstattung durchzogen, dass wirkliche Überraschungen das Überraschende sind. Gerade in strategischer Hinsicht verhindern demokratische Prozesse mit ihrer eingebauten Langwierigkeit, dass allein aus dem Überraschungsmoment längerfristige Vorteile entstehen. Wenn die CDU/CSU-Bundestagsfraktion 1958 auf die überraschende Wieder-Thematisierung der Stalin-Noten von 1952 oder 1960 auf Herbert Wehners überraschende Nato-Rede nicht unmittelbar gut reagieren konnte, so hat dieses für sich genommen der SPD nur einen kurzfristig-situativen, aber keinen strategischen Vorteil verschafft. Dies galt auch für Gerhard Schröders – Freund und Feind überraschende – Ankündigung der Vertrauensfrage bzw. Parlamentsauflösung im Mai 2005, die zwei Tage lang von der schweren Wahlniederlage der SPD in NRW ablenkte, danach aber uneingeschränkt ihrer Eigendynamik folgte.

Zur Charakterisierung von Basis-Kalkülen gehören eine allgemeine Vorteils-Logik, eine Checkliste von Erfolgsfaktoren und eine Checkliste von Optionsfaktoren. Wir illustrieren sie hier am Beispiel Angriff/Verteidigung.

(1) *Allgemeine Vorteils-Logik.* Sie enthält die allgemeine Charakterisierung des Vorteils, der mit einem Kalkül verbunden ist. Worin besteht die allgemeine Vorteils-Idee eines Basis-Kalküls? Der allgemeine Vorteil der *Verteidigung* liegt darin, Terrain- und Zeitvorteile nutzen zu können. Schon Carl von Clausewitz sah bei der Verteidigung Zeitvorteile des Abwartens und Vorteile der Gegend (vgl. Clausewitz 1980: 614f.). Er betonte, „dass alle Zeit, welche ungenutzt verstreicht, in die Waagschale des Verteidigers fällt" (614). „Jedes Unterlassen des Angriffs aus falscher Ansicht, aus Furcht, aus Trägheit, kommt dem Verteidiger zugute." (614).

Bei der Übertragung auf die Politik muss die Geographie der „Gegend" durch ein „politisches Terrain" ersetzt werden, das zum Beispiel in den Größen eines zeitgemäßen Koordinatensystems[384] vermessen wird. Die politische Zeit bestimmt sich durch strategisches Ziel und strategische Einheit. Der Verteidiger kann das politische Terrain so bestimmen und befestigen, dass sich darauf seine Stärken entfalten lassen. Hier strukturiert er selbst das Feld, auf dem ihn ein Angreifer aufsuchen muss. Der Zeitvorteil liegt in Informationsgewinnen durch reaktives Handeln. So kann man sich über den Gegner informieren und gezielt auf ihn vorbereiten.

Die Vorteilsperspektive der Verteidigung akzentuiert die Risiken des Angreifers und die Möglichkeiten, die eigenen Stärken bei der Wahl des politischen Terrains zur Geltung zu bringen. Verteidigung lässt die Zeit für sich arbeiten und bürdet dem Gegner das volle Risiko des Angriffs auf.[385] Sie findet ihre Grenzen dort, wo der Angreifer stark und gut genug ist, seine Risiken zu kontrollieren, und die Schwächen des Verteidigers zum Fokus des Angriffs macht. Für den *Angriff* können vielfältige potentielle Vorteile genannt werden:

- Initiative ergreifen,
- das Gesetz des Handelns bestimmen,
- den Gegner überraschen,

---

[384] Vgl. Kapitel 6.5.2.
[385] Dabei gilt auch Fehlervermeidung: wer nichts tut, tut auch nichts Falsches.

- zur Reaktion zwingen,
- Reaktionsschwächen provozieren: Langsamkeit, Uneinigkeit (bei neuem Thema/Anlass), Orientierungsdefizite,
- Schwachpunkte des Gegners aufdecken, sichtbar machen, öffentlich verstärken,
- mangelnde Geschlossenheit des Gegners ausnutzen, gegeneinander ausspielen (aber: durch Angriff kann Geschlossenheit beim Gegner hergestellt werden!),
- eigene Stärke demonstrieren,
- politisch besonders wichtig: Aufmerksamkeit erringen,
- Verunsicherung des Gegners, Schwächung seiner Moral,
- Ansehensminderung des Gegners.

Diese Vorteile sind politiknah formuliert. Sichtbar wird auch hier, dass das Kalkül Angriff/Verteidigung eine starke Affinität zur Politik aufweist, aber an öffentlich-demokratische Bedingungen adaptiert werden muss.

Im Kern bedeutet Angriff Initiative direkt auf Kosten des Gegners. Im Unterschied zu *Initiative*, die auch einer Logik der Eigenaktion[386] folgen kann, und zu einem unspezifischen Reden über *Offensive*, die auch vermehrte Aktivität heißen kann, findet Angriff in einer Interaktionsbeziehung statt. Die Absicht ist, dem Gegner zu schaden. Die Initiative zielt direkt auf Schwächung des Gegners, auch wenn sie politisch und speziell in der Mediendemokratie auf die intermediäre Hilfe der Medien angewiesen ist. Die Initiative verschafft dem Angreifer einen erweiterten Handlungsraum: er kann, jedenfalls zunächst, Zeitpunkt, Formation, Stoßrichtung und vieles andere festlegen. Der Angreifer bestimmt die Aktion, der Verteidiger die Reaktion. Und der Angreifer hat einen Informationsvorsprung: er kann Absichten und Potentiale des in Stellung gegangenen Verteidigers besser entziffern und abschätzen als umgekehrt (Clausewitz 1980: 911f.).

Den Vorteilen des Angriffs stehen einige erhebliche Nachteile gegenüber. Dies gilt besonders, wenn der Gegner gute Defensivstellungen aufgebaut hat: „einen tüchtigen Gegner in einer guten Stellung anzugreifen" ist „ein missliches Ding" (Clausewitz 1980: 889). Vor allem aber hängt der erfolgreiche Angriff von einem anspruchsvollen Set von Bedingungen ab, von denen insbesondere die Überlegenheit an Willen, Fähigkeiten und Ressourcen zählen.

Clausewitz, der Verteidigung im militärischen Kontext – wenn auch mit begrenzter Reichweite – für die „stärkere" Form hält (die das Erobern nicht einschließt), kann auch zahlreiche Nachteile des Angriffs benennen. Zum Beispiel:

- Der Angriff muss die Verteidigung, in die er übergeht, mit vorbereiten (Clausewitz 1980: 626, 633).
- Angriff basiert auf hohen Risiken und großen Kosten, also einem „unverhältnismäßigen Preis" (870).
- Aus der Beschleunigung von Entscheidungen, einer immanenten Tendenz des Angriffs, entsteht „Übereilung" (884).
- Selten gibt es strategische Angriffe, die unmittelbar zum Ziel führen. Zu rechnen ist mit einem „Kulminationspunkt des Angriffs" (879), der, auf dem Hintergrund einer (häufig) „abnehmenden Kraft" des Angriffs (877), zu „Umschwung" und „Rückschlägen" führt (879), zum „Erschöpfen des strategischen Übergewichts in dem strategischen Angriff" (941).

---

[386] Vgl. Kapitel 10.2.1.

Basis-Kalküle

Worauf alles ankommt, ist die angemessene *Verknüpfung* von Verteidigung und Angriff. Erst so zeigen sich die eigentlichen Vorteile von Verteidigung als aktiver, „entscheidungssuchender" Verteidigung.

Angriff und Verteidigung sind jeweils in sich heterogen. Verteidigung ist „mit mehr oder weniger offensiven Prinzipien durchdrungen" – ebenso ist Angriff „kein homogenes Ganzes, sondern mit der Verteidigung unaufhörlich vermengt" (871). Daraus ergibt sich ein „beständiges Wechseln und Verbinden von Angriff und Verteidigung" (871). Schon die Rast, die ein Angreifer einlegt, erfordert ein Umdenken auf Verteidigung. Das Prinzip geht weiter: jeder Angriff muss mit einem Verteidigen enden.

Es gibt keine sinnvolle Einzelstrategie, die nur auf eines der beiden Kalküle, Verteidigung oder Angriff, setzte. Eine reine Abwehrstrategie wäre Ausdruck von Passivität, eine reine Angriffsstrategie Zeichen von Abenteurertum. Das ganze Know-how bei diesem Kalkül liegt in der richtigen Verknüpfung von Verteidigung und Angriff. Sie muss sich der jeweiligen Vor- und Nachteile bewusst sein. Der Erhaltungs- und Sicherungs-Vorteil einer Verteidigung ist ebenso wichtig wie der Dynamisierungs- und Zugewinn-Vorteil des Angriffs.[387] Auch mental muss beides gelingen: „So wie Vorsicht der eigentliche Genius der Verteidigung ist, so ist es Kühnheit und Zuversicht beim Angreifenden." (Clausewitz 1980: 904). Aber auch hier gibt es kein festes System von Vorschriften und Regeln. Die Suche nach „bestimmten Größen" ist verfehlt, wo doch „alles unbestimmt ist und der Kalkül mit lauter veränderlichen Größen gemacht werden" muss (283).

Bei der Verbindung von Angriffs- und Verteidigungskalkül kommt es unter anderem auf Abfolge/Mischung und Dosierung an. Die *Abfolge/Mischung* gestaltet sich folgendermaßen:

- Phase des Abtastens („Vorschicken eines Minenhundes", „Versuchsballon").
- Eigene Verteidigung stabilisieren. Schwächen des Gegners beim Angriff beobachten und ausnutzen.
- Mit eigenem Angriff Schwächen des Gegners bei dessen Abwehr testen. Attackieren.
- Eigenen Angriff verstärken, ohne Verteidigung zu vernachlässigen.
- Kulminationspunkt des eigenen Angriffs erkennen[388] und über Abbruch oder Nachsetzen entscheiden.

Hier lassen sich einige analytisch gewonnene Empfehlungen von Clausewitz einordnen: „Ein schneller, kräftiger Übergang zum Angriff (...) ist der glänzendste Punkt der Verteidigung." (Clausewitz 1980: 634). Das Umschalten von Verteidigung auf Angriff nennt er „strategische Verteidigung" (633). Häufig droht dem Sieger „die größte Gefahr des Umschwungs erst (...) in dem Augenblick, wo der Angriff nachlässt und in Verteidigung übergeht." (942). Deshalb ist „der Wendepunkt des Angriffs zur Verteidigung" (942) für strategische Konzeptbildung so wichtig.

Dosierung meint:

- Die Vorteilsmomente von Angriff/Verteidigung lassen sich nur in der richtigen Dosierung entfalten. Kippt die innere Balance von Vor- und Nachteilen, gibt es ein Zuviel oder ein Zuwenig. Öffentlichkeit und Publikum haben gerade darauf großen Einfluss.

---

[387] Clausewitz (1980: 615) sieht den Zweck der Verteidigung im Erhalten, den des Angriffs im Erobern.
[388] In der medialisierten Politik zeigt sich das unter anderem an abnehmendem Interesse, wachsender Langeweile, Mitleidsgefühlen wegen Überreizung.

Medien belohnen zum Beispiel – wegen des größeren Nachrichtenwerts – den Angreifer, sie beziehen sich aber zugleich mit Vorliebe auf den Gewinner.
- Dosierung von Angriff/Verteidigung gilt auch im Verhältnis zu Eigenaktion und Positivdarstellung. Wenn sie den Raum für positive Selbstdarstellung übermäßig einschränken, kann die Nettobilanz am Schluss auch negativ sein. So kann ein überhitztes Negative Campaigning am Ende mit der Frage angreifbar machen, was man denn selbst positiv beizutragen habe.
- Auch die komplexen Rückwirkungen auf Selbst- und Gegenmobilisierung, auf die stabilen und die mobilen Teile von Öffentlichkeit bzw. Wählerschaft müssen bei Abfolge und Mischung ebenso wie bei der Dosierung berücksichtigt werden.

(2) *Checkliste Erfolgsfaktoren.* Eine Checkliste von Erfolgsfaktoren liefert bei der Anwendung strategischer Kalküle abstrakte, differenzierte Bezugspunkte der Vorteilsüberlegung. Woran lassen sich die Vorteile eines Basis-Kalküls überprüfen? Solche Referenzpunke können dem Orientierungsschema oder dem Strategy-Making-Modell entnommen werden. Besondere Bedeutung haben die Erfolgsfaktoren. Die allgemeinen Vorteilsüberlegungen differenzieren sich auch entsprechend den verschiedenen Erfolgsfaktoren.[389] Das soll hier nur tabellarisch angedeutet und nicht ausgeführt werden. Einer ersten Illustration dient Abbildung 12. Ähnlich verfahren wir bei Angriffen, die bezogen sein können auf Leistungen (Regierungs- oder Oppositionsleistungen), Themen/Positionen, Symbole oder Personen („persönlicher Angriff"). Zur Illustration dient Abbildung 13.

Kalkulatorisch legt der Akteur fest, welche Gewichte Angriff und Verteidigung in seinem strategischen Gesamtkonzept haben sollen. Eine Opposition wird sich hier in der Regel anders entscheiden als eine Regierung, eine kleine anders als eine große Regierungspartei. Die Wahl offensiver oder defensiver Strategieanteile wird aber nicht zuletzt auch von den Interaktionen mit strategischen Gegnern beeinflusst.

(3) *Checkliste Optionsfaktoren.* Die Checkliste von Optionsfaktoren benennt günstige Bedingungen für die Auswahl eines bestimmten Kalküls. Liegen die Bedingungen vor, um die zu erwartenden Vorteile eines Basis-Kalküls realisieren zu können? Zu diesen Bedingungen gehören das strategische Ziel, Gesichtspunkte der Lage und Einschätzungen zu verfügbaren Mitteln. Lage und Mittel können im Lichte der SWOT-Heuristik geprüft werden.

Carl von Clausewitz fasst die Komplexität von Bedingungsverhältnissen und Beurteilungsgesichtspunkten im Begriff des „rechten" bzw. „falschen" Maßstabs zusammen (1980: 859ff.). Falscher Maßstab ist eine strategische Fehleinschätzung der Zusammenhänge von Lage, insbesondere Gegnereinschätzung bzw. Kräfteverhältnissen, Zielen und Optionen. Man gebraucht den falschen Maßstab, wenn man seine Aktionen „auf ein viel weniger entscheidendes Handeln seines Gegners berechnet hatte" (860), wenn man also die Größe der Herausforderung durch den Gegner unterschätzt hat.

---

[389] Vgl. dazu auch das Kapitel 6.6. Der Erfolgsfaktor *Konkurrenzstärke* wird an dieser Stelle nur in seinen Elementen *Wählerattraktivität* und *günstige Wettbewerbsposition* behandelt. Die hier insgesamt herangezogenen vier Faktoren umfassen die Liste der Erfolgsfaktoren nicht vollständig und dienen lediglich der Illustration eines möglichen methodischen Vorgehens.

Abbildung 12: Vor- und Nachteile der *Verteidigung* bei Erfolgsfaktoren

Erfolgsfaktor	Vorteile	Nachteile
Strategiefähigkeit	• Erhalt prekärer Führungs- und Koordinationsfähigkeit • Kontinuität der Richtungsbestimmung • Geringere Beanspruchung der Ressourcenmobilisierung	• Status-quo-Orientierung • Motivationsprobleme
Wählerattraktivität	• Stabilisierung aufgebauter Profile • Image der Selbstsicherheit („La force tranquille") • Chancen kultureller Anstandsprämien (z.B. bei „überzogenen" Gegenerangriffen)	• Defensiv bei Angriffen auf eigene Schwächen • Passives Image
Wettbewerbsposition	• Stabilisiert Position im Koordinatensystem • Testet Verlässlichkeit der Bündnispartner	• Setzt nur auf bestehende Klientel statt auf Zugewinn • Gefahr der Abdrängung und Isolierung
Problemlösungs-Performanz	• Risikovermeidung bei umstrittenen und verliererträchtigen Problemlösungen	• Mangel an Reformfähigkeit

Abbildung 13: Vor- und Nachteile des *Angriffs* bei Erfolgsfaktoren

Erfolgsfaktor	Vorteile	Nachteile
Strategiefähigkeit	• Agenda-Beeinflussung • Motivierung durch Apell an eigene Werte/Stärken und durch das Erlebnis von Angriffsfähigkeit	• Interne Friktionen aufgrund von Angriffs-Streß • Gegner spielt eigene Heterogenität aus
Wählerattraktivität	• Komparative Vorteile durch Dramatisierung gegnerischer Schwächen • Entwertung von Alternativen • Ablenkung von eigenen Schwächen	• Risiken der Überschreitung kulturell verankerter Fairnessgrenzen • Schwer kontrollierbare Dynamik aufgrund von Gegenangriffen (z.B. auf eigene Schwächen)
Wettbewerbsposition	• Streitigmachen bzw. Erobern des gegnerischen politischen Terrains • Bündnisstärke profilieren	• Drohende eigene Verluste ohne deutliche Überlegenheit bei Kompetenzen und anderen Ressourcen
Problemlösungs-Performanz	• Dynamisierung von Problemlösungen bei hohem Problemdruck und überzeugenden eigenen Vorschlägen • Ausnutzen von Verstärkungseffekten bei breiterer Expertenunterstützung • Besetzung neuer Terrains bei eigenen Innovationen	• Unterschätzung restriktiver Bedingungen • Potentielles Negative-Image als „Ankündigungs"-Minister oder -Partei

Basis-Kalküle

Empirische Illustration 3: Angriff und Verteidigung im Bundestagswahlkampf 2005

Dem Machtwechsel 2005 in Deutschland ging auch eine Serie von Angriffs- und Verteidigungshandlungen voraus. Die CDU/CSU-Opposition – nur von ihr soll im Folgenden die Rede sein – setzte die Bundesregierung seit Herbst 2002 unter eine Daueroffensive: rot-grünes Chaos, Leistungsversagen („Schlusslicht Europas"), Wachstumsblockade. Zusätzlich zu den schlechten Daten trug diese Angriffs-Kampagne erheblich zu einem Klima der Dauer-Malaise bei. Eine geschickt kaschierte Blockadepolitik des Bundesrats hatte ihren Anteil daran, dass die Regierung unter ihren Möglichkeiten blieb. Die Serie sozialdemokratischer Wahlniederlagen schuf die legitimatorische Basis für Dauerbeschuss und die von der Opposition ausgestellte Unfähigkeitsbescheinigung.

Diese Offensive erreichte ihren Höhepunkt im Machtwechsel der NRW-Wahl vom 22. Mai 2005. Die dadurch ausgelöste Ankündigung von Gerhard Schröder, die Vertrauensfrage zu stellen und Neuwahlen herbeizuführen, war selbst eine *Defensiv*maßnahme, die das Scheitern eingestand und ein neues Wählermandat suchte. Die Chancen, der Vertrauensfrage, von außen gesehen, eine offensive Wendung zu geben, blieben ungenutzt.

Nun aber, unter dem Eindruck eines vorzeitigen Endes und der Selbstauflösung der Regierungsformation, vollzog sich ein Rollen- und Strategiewechsel – noch bevor die Bundestagswahl überhaupt stattgefunden hatte. Jetzt wurde die Union quasi schon vorab zur Regierungspartei, die ihre virtuelle neue Rolle und das Programm, das sie sich dafür gab, verteidigte. Die SPD wurde virtuelle Oppositionspartei, die mit Angriffen auf die Quasi-Regierungspartei stärker auffiel als mit der Verteidigung von Stärken – die es, auf Regierung bezogen, nicht mehr gab.

Rollentausch und Strategiewechsel drohten, die Unionsparteien im Wahlkampf zu schwächen, bis sie ein neues Gleichgewicht zwischen Fortführung ihrer Angriffsstrategie und einer unvermeidbaren Verteidigungsstrategie als Quasi-Regierungspartei fand. Die Angriffsstrategie der SPD verlor an Kraft, als sich zeigte, dass sie in erster Linie durch akute Schwächen der Union im Neufindungsprozess bedingt war.

Die SPD hätte die Wahl haushoch verloren, wenn die Union ihr nicht das Geschenk einer Fehlentscheidung auf einem zentralen Schwächefeld gemacht hätte. Das Geschenk hieß Paul Kirchhof, die offene Flanke war das Gerechtigkeitsdefizit der Unionsparteien. Die SPD musste nur noch die Widersprüche zwischen Kirchhof und der Union (zwei Programme) ausbeuten, die unmittelbaren materiellen Konsequenzen für große Bevölkerungsgruppen dramatisieren (Nacht-, Sonn- und Feiertagsarbeit, Pendlerpauschale, ehrenamtliche Arbeit etc.) und ein Schreckbild sozialen Kahlschlags an die Wand malen. Damit konnte sie innerhalb von drei Wochen so viele aus ihrer skeptischen, unentschlossenen Wählerschaft mobilisieren, dass es doch noch zu einem achtbaren Ergebnis reichte. Wesentliche Handlungen des Wahlkampfs 2005 sind mit Hilfe von Angriffs-/Verteidigungs-Kalkülen interpretierbar. Am Ende spielten Fehlkalkulationen der Unionsparteien die entscheidende Rolle dafür, dass sie so weit unter ihren Möglichkeiten blieben.

Konzentration und Diversifikation

Konzentrations- bzw. Schwerpunktsstrategien basieren auf dem einfachen Grundkalkül, dass ein konzentrierter Mitteleinsatz höhere Wirkung hat als eine breite Streuung und Zersplitterung der Ressourcen („nicht kleckern, sondern klotzen."). Dabei wird von zwar ressourcenknappen, aber grundsätzlich beweglichen Akteuren ausgegangen. *Konzentration* bündelt Kräfte.

Carl von Clausewitz hielt für evident, „dass die großen Erfolge die kleinen mitbestimmen; dass man also die strategischen Wirkungen auf gewisse Schwerpunkte zurückführen kann" (1980: 182). Das allgemeine Kalkül hieß dementsprechend „Stärke auf dem entscheidenden Punkt" (375). Dies war für ihn überhaupt „der erste" und damit wichtigste Grundsatz der Strategie (374ff.). Daraus ergab sich das Kalkül, „seine Kräfte zusammenzuhalten" (388), jede Teilung der Kräfte, außer für besondere Zwecke, zu vermeiden.

Man muss dies aus dem militärischen und zeitbedingten Zusammenhang lösen, um zu sehen, dass „die möglichst große Zahl von Truppen" oder – politisch übersetzt – der Mitglieder- bzw. Massenpartei nicht immer der *eine* Hebel des Erfolgs ist. Es hängt vom Kontext ab, worauf die Stärke beruht. Mitglieder sind nicht unwichtig geworden, aber öffentliches Elitenhandeln und Wirkung über Massenmedien beispielsweise haben für heute messbare politische Stärke erheblich an Bedeutung gewonnen.

Der „entscheidende Punkt" ist durch kluge Kombination von Raum und Zeit nur ungenau beschrieben. Die richtige Beurteilung des Gegners, Flexibilität und das Zusammenhalten seiner Kräfte durch eine „geschickte Führung" definieren erst den entscheidenden Punkt, der nicht von vornherein, objektiv und kontextunabhängig, feststeht.

Zur politischen Übersetzung gehört auch, daran zu erinnern, dass Themen, Personen, Symbole und Organisation die Objekte sind, mit denen versucht wird, – auch durch Konzentration – Stärke aufzubauen. Die Bindung des Konzentrationskalküls an Angriff/Verteidigung, wie sie Clausewitz vornimmt, ist politisch keineswegs zwingend.[390] Auch andere Interaktionen, ebenso wie die Eigenaktion, lassen sich nach dem Konzentrations-Kriterium kalkulieren.

Ein Interviewpartner verdeutlicht die praktisch-politischen Voraussetzungen *und* potentielle Folgen der Anwendung des Konzentrationskalküls: „Konzentration auf Winner-Themen statt auf Loser-Themen ist eine Strategie. Überhaupt Konzentration auf wenige Themen, Konzentration auf wenige Botschaften. Dies ist auch eine Frage der politischen Durchsetzungskraft. Ich kann das mit einer anderen Autorität durchsetzen, wenn ich stark genug bin und sage: ‚Passt auf! Jeder hat zwar hier sein Hobby-Thema, alles hochinteressant. Aber jetzt, für diesen Wahlkampf, konzentrieren wir uns alle auf die vier oder fünf Themen und die vier oder fünf Botschaften.' Wenn es dann schief geht, dann wird natürlich von den Vertretern der 20 Themen gesagt: ‚Daran lag es!'"

Es gibt also auch gute Gründe für *Diversifikation*. Dazu gehört die Risikominderung, falls eine Konzentrationsstrategie nicht greift oder die Möglichkeit gezielter Ansprache einzelner Zielgruppen. Abweichend vom einengenden ökonomischen Sprachgebrauch („neue Produkte auf neuen Märkten"), wird Diversifikation hier als bewusste Streuung von Mitteln verstanden. Themenvielfalt statt Schwerpunktthemen, Mannschaft statt Einzelkandidat, mehrere Botschaften statt einer einzigen. Was im militärischen Konflikt negativ vor

---

[390] Matthias Machnig zählt *Konzentration* zu den vier *K*, auf die es ankomme. Die anderen drei heißen bei ihm: *Koordination, Kontroverse, Kommunikation.*

allem als Zersplitterung der Kräfte erscheint, gewinnt in der Logik ökonomischer und politischer Märkte positiv den Anreiz zusätzlicher Tauschmöglichkeiten auf Grund einer Differenzierung von Bedarf bzw. Nachfrage.

Obwohl zwischen Konzentration und Diversifikation strategisch gewählt werden kann, schließen sie sich nicht aus. Häufig erschließen sich Potentiale erst durch eine Verbindung des Konzentrations- *und* Diversifikationskalküls. In Wahlkämpfen beispielsweise kann diese Logik der Verteilung von Wählerpräferenzen folgen. Beide Kalküle entsprechen übergreifenden gesellschaftlichen Entwicklungen und Anforderungen. Die Konzentrationsstrategie folgt verschärften kommunikativen Anforderungen der Mediendemokratie, die Diversifikationsstrategie einer forcierten Pluralisierung der Gesellschaft.

Kooperation und Konflikt (Konkurrenz/Konfrontation)

Auf einer sehr allgemeinen Ebene können Kalküle von Kooperation und Konflikt in strategische Kalkulationen eingehen. Da dies sehr grundlegende Kalküle sind, helfen Unterkategorien häufig weiter, was hier für Konflikt in der Aufsplittung von Konkurrenz und Konfrontation berücksichtigt werden soll.

Konkurrenz zwischen Parteien ist ein Grundelement der Ordnung westlicher Konkurrenzdemokratien und eine Orientierung von Akteuren in Interaktionen.[391] Hier wird Konkurrenz als ein vielseitig anwendbares Basis-Kalkül eingeführt. Der Kern des kompetitiven Kalküls besteht in positiver Differenzbildung gegenüber Konkurrenten und im Hinblick auf die Nachfrage der Wählerschaft. Unterscheidendes Profil und Attraktivität sind relationale Größen, die auf Stimmenmärkten Vorteile gegenüber anderen erbringen sollen. An dem entscheidenden Punkt sich selbst in gutem, die Gegner in schlechtem Licht erscheinen zu lassen – das ist die schlichte kalkulatorische Logik von Parteiakteuren.

Konkurrenz, als geregelter Konflikt, unterscheidet sich von Kooperation ebenso wie von Konfrontation, die die Steigerungsform von Konflikt darstellt. Gleichzeitig überschneidet sie sich mit beiden. Die Kalkulation muss diese Koordination von Konkurrenz/Kooperation (Koalition) und Konkurrenz/Konfrontation (feindlicher Wettbewerb) mit einbeziehen. Zudem erweitern Kooperation und Konfrontation das Feld zu gesellschaftlichen Akteuren, wohingegen sich Konkurrenz für parteipolitische Akteure nur auf konkurrierende Parteien bezieht.

Der Kern zielorientierter *Kooperation* ist Leistungs- oder Machtsteigerung durch Zusammenarbeit, bei der jeder der Beteiligten einen Nutzen hat. Voraussetzung solcher Kooperation ist die Vorstellung eines gemeinsamen Interesses trotz aller Interessenunterschiede und die Wahrnehmung gemeinsamer Nutzenmehrung trotz partikularen Nutzens der Beteiligten. Wenn der eine nur auf Kosten des anderen gewinnen kann (Nullsummenspiel), ist die Wahrscheinlichkeit der Kooperation gering.

In diesen Formulierungen wird die prekäre Balance zwischen Interessen- bzw. Nutzenaspekten der an Kooperationen beteiligten politischen Akteure sichtbar. Da die Bilanzierung permanent durch organisationsinterne und allgemeine Öffentlichkeiten vorgenommen wird, ist Kooperation ein anspruchsvolles, in fragmentierten Mehrheitsdemokratien bzw. Mehrparteiensystemen aber auch ein notwendiges strategisches Projekt von zentraler Bedeutung. Unterschiede zwischen Groß- und Kleinakteuren, überschneidende, aber auch

---

[391] Vgl. Kapitel 6.5.2.

differente Wertgrundlagen, unterschiedliche Zahl und Qualität von Optionen und vieles andere geben den Interessen ihre spezifische Färbung.

Reziprozität ist der Schlüssel zur Bilanzierung der wechselseitigen Interessen in einer autonomen Kooperationsbeziehung. Solidarität ist ein Grenzfall, überfordert aber normale Kooperation. Tausch kann ein Element der politischen Kooperation sein, vermag sie aber nicht zu tragen.[392] Kooperation basiert schon in sich auf komplexen Kalkulationen. In Wettbewerbsdemokratien steht Kooperation gegen Konkurrenz oder sie überschneidet sich mit ihr, wie bei Wahlbündnissen oder Regierungskoalitionen. Das verschärft die Anforderungen an rationale Kalkulation.

Konfrontation sucht Vorteile aus Handlungen, die Unvereinbarkeit von Interessen, Werten, Zielen sichtbar machen und auf Nicht-Kooperation zielen.[393] Dabei ist unerheblich, ob die Unvereinbarkeit nur behauptet wird oder auf Überzeugungen beruht, ob sie für Emotionalisierung und Mobilisierung instrumentalisiert oder aus Gründen legitimer Ordnung, der Exklusion (aus Regierung, Parlament, Gesellschaft) oder der Fundamentalopposition für unerlässlich gehalten wird.

Das konfrontative Kalkül greift von unten und außen ebenso wie von oben und innen. In der zur Parteienkonkurrenz domestizierten Interaktion mag es um die Nutzbarmachung archaischer Freund-Feindbeziehungen gehen, vor allem, wenn sie zeitlich begrenzt sind. Der grundlegende Konflikt über Systemziele lebt von Konfrontation – allerdings kann auch er sich darin nicht erschöpfen. Wenn Konfrontation nicht aus Verzweiflung betrieben wird, ist es ein risikoreiches Kalkül. Kräfteverhältnisse, kulturelle Bedingungen, Protest- und Repressionspotentiale entscheiden über Aussichten, durch Konfrontation gewinnen zu können. Die „Eigendynamik kollektiver Konfrontationen" (Bader 1991: 343ff.) trägt Beteiligte zu Handlungen, mit denen sie nie gerechnet haben.

Imitation und Innovation

In der Politik ist *Imitation* ein verbreitetes Kalkül. Sie kann sich – ebenso wie Innovation – auf Policies, Strukturen, Präsentationsformen etc. oder auf Strategien selbst beziehen. Zwar mögen die Chancen der Innovation größer sein, zugleich sind es aber auch deren Kosten und Risiken. Erfolgreiche Innovationen des politischen Gegners werden nachgeahmt, weil in diesem Feld extremer Ungewissheit jeder Hinweis auf scheinbar sicheren Erfolg dankbar aufgenommen wird – und die Erwartung besteht, er stelle sich auch bei Wiederholung ein.

Imitation spart die Entwicklungs- und einen Teil der Einführungskosten, Widerstände müssen nicht von Grund auf überwunden werden und aus Konstruktions- bzw. Kommunikationsfehlern des Innovators kann man lernen. Das alles gilt sogar dann, wenn man den Neuerer anfangs – gewinnbringend – wegen dessen Innovation angegriffen hat.

Imitation auf dem Feld weicher Erfolgsdaten – und das ist die Politik – bleibt ein kreativer Vorgang des Auswählens, Anpassens und Kombinierens zwischen immer unterschiedlichen Akteuren und Kontexten. Risiken, zum Beispiel der Vorwurf von Profillosigkeit oder die Entscheidung, das Original, nicht die Kopie zu wählen, begleiten allerdings auch die Strategie der Imitation.

---

[392] Vgl. dazu das Kapitel 6.5.1 für den Kontext von Problempolitik und das Kapitel 6.1 zum Reziprozitäts-Aspekt innerhalb von Organisationen.

[393] Das schließt Interaktionen nicht aus, z.B. zur Demonstration konfrontativen Handelns.

Innovation in politischen Marktprozessen bewegt sich meist auf eher bescheidenem Niveau. Strukturelle Innovation findet statt, wenn eine Partei den Pol eines neuen Cleavage ausbildet. Das geschieht in hundert Jahren sehr selten. Dabei entstehen Etablierungsvorteile des Pioniers. Auch politische Paradigmen, die grundlegenden Perspektiven, in denen Einzelprobleme behandelt werden, bewegen sich eher im Rahmen von Cleavage-Strukturen und haben ebenfalls eine lange Dauer (Raschke 1980). Nicht jede neue Partei ist eine Innovation, schon gar nicht in jeder Hinsicht. Die Linkspartei bei der Bundestagswahl 2005 war innovativ hinsichtlich der Zusammenführung einer ost- und westdeutschen sozialistischen Linken, nicht jedoch bei ihrem Programm.

Weithin sichtbare Programm-Innovationen, die starke, verankerte Interessen verletzen, sind besonders riskant. Dabei können die Kosten die Innovationsprämie auffressen, wie es beispielsweise mit Paul Kirchhofs Einheitssteuertarif von 25 Prozent im Jahr 2005 geschah. Innovationen bei Techniken des politischen Wettbewerbs wie Wahlkampf- oder Medientechniken finden häufiger statt,[394] sie sind weniger riskant und leichter imitierbar. Gerade hier entstehen besondere Image-Vorteile als „Innovator".

Parteien untereinander imitieren sich in Teilaspekten, als etablierte Parteien verteidigen sie aber die Aspekte ihrer Nicht-Imitierbarkeit und ihre dauerhaften Wettbewerbsvorteile, die sich auch als ihr „Marken"-Charakter beschreiben lassen.

Auch für die Problempolitik lassen sich die Kalküle Imitation und Innovation verwenden. In diesen Fällen ranken sich die berechnenden Überlegungen beispielsweise darum, ob erfolgreiche Problemlösungsansätze – etwa aus anderen Nationalstaaten oder Politikfeldern – imitiert werden sollen, oder aussichtsreiche neue regulatorische, marktwirtschaftliche, kooperative, planerische Instrumente der Problembearbeitung zur Verfügung stehen, die Chancen bergen, policyspezifische Innovationen hervorzubringen bzw. einen darüber hinaus gehenden „first mover advantage" einzustreichen.

Wachstum und Stabilisierung

Die Rede von Stimmenmaximierung täuscht darüber hinweg, dass Parteien keineswegs immer auf *Wachstum* zielen. Selbst Zielbestimmungen, in denen zwei oder drei Prozent Zugewinn oder „plus x" genannt werden, sind eher Ausdruck normaler Mobilisierungs- als ernst gemeinter Wachstumsabsichten. Wachstum als übergreifendes Kalkül rechnet mit besonderen Anstrengungen, gerichtet auf neue Marktchancen, die effizientere Mobilisierung bestehender Potentiale, die Einführung einer neuen Politik oder ein anderes Chancenmanagement. Wegen des übergreifenden Charakters von Wachstum und Stabilisierung sind hier Ziel, Strategie und Kalkül enger miteinander verbunden als sonst. Der Vorteil von Größe und Einfluss scheint auf der Hand zu liegen, bedarf aber besonderer Prüfung, denkt man an die Differenz von Vote und Office. Mehr Stimmen sind eben nicht in jedem Falle identisch mit mehr Einfluss.

Konzentration auf Chancennutzung eröffnet eine allgemeine Orientierung, die mit begrenzteren Kalkülen verbunden werden muss. Das Wachstumskalkül kann zum Beispiel Maßnahmen der Programmänderung rechtfertigen, für die Begründungen in der Sache sehr viel schwieriger sind. Wer sich auf das Wachstumskalkül einlässt, muss damit rechnen, sich als Akteur selbst zu verändern. Als Voraussetzung eines solchen Kalküls, wenn es ernst genommen wird, und als Folge – sowohl bei Erfolg wie bei Misserfolg.

---

[394] Zum Beispiel die Erfindung des „Kanzlerkandidaten", einer „Mannschaft" oder zeitgemäßer Farbsymbole.

Die SPD der späten 1950er Jahre ist das erfolgreiche Beispiel einer Partei, deren Führung sich den inneren Konsequenzen des Wachstumskalküls, in enger Verbindung mit Imitation, auf dem Weg zu einer „großen Großpartei"[395] gestellt hat. Das als „Kreuth" in die Geschichte eingegangene Strauß-Projekt 1976 war das gescheiterte Beispiel für ein Wachstumskalkül, das auf eine Diversifikation setzte, die von der Gesamtformation nicht getragen wurde. Offenkundig verrechnet hatten sich auch die Erfinder des FDP-Projekts „Strategie 18" – obwohl sie den Mut hatten, Konsequenzen des radikalen Wachstumskalküls (Verdoppelung!) wie Kanzlerkandidatur und Verweigerung einer Koalitionsaussage zu tragen.[396]

Stabilisierung ist auf Sicherung der bisherigen Position hin angelegt. Vorteile liegen in einer Begrenzung von Risiken, des Abwartens und Zeitgewinns, zum Beispiel in Konstellationen externer Turbulenzen oder eigener Unsicherheit. Die Grünen beispielsweise haben nie den Versuch gemacht, ihre Entwicklung auf ein Wachstumskalkül hin zu strukturieren. Für sie hätte das bedeutet, Chancen und Risiken einer „Mittelpartei" zu kalkulieren.

Resümiert man den Bereich der Basis-Kalküle, muss man ihn zunächst eine große und vordringliche Baustelle nennen. Wegen ihrer unterschiedlichen Referenzpunkte (Akteur/Angebote, Umwelt/Interaktionen) und spezifischer Vorteilsmomente schließen sich Basis-Kalküle wechselseitig nicht aus, sind vielmehr komplementär zu sehen. Das ist auch der Grund, warum sie nie allein, sondern nur in ihrer Kombination eine Strategie bzw. ein strategisches Konzept tragen können. Eine basale Grundstrategie, die auf nur einem Basis-Kalkül aufbaut, gibt es in der Politik nicht.[397]

Die Bandbreite möglicher Basis-Kalküle ist viel größer als hier präsentiert. Natürlich ohne abschließend sein zu können, lassen sich einige weitere Basis-Kalküle aufzählen: Aktivität vs. Passivität[398], Inklusion vs. Exklusion (Öffnung/Schließung)[399], Priorisierung vs. Nicht-Priorisierung[400], Offensive vs. Defensive[401], Reform vs. Revolution[402].

Für den militärischen Handlungsbereich hat Carl von Clausewitz eine Universalstrategie von Angriff/Verteidigung behauptet, der er alles andere als Teilgesichtspunkte unter-

---

[395] Vgl. Raschke (1993) zur Unterscheidung von Klein-, Mittel- und Großpartei sowie weiteren Größendifferenzierungen.

[396] Vgl. zum CSU- wie zum FDP-Beispiel die empirischen Illustrationen in Kapitel 9.

[397] Das gilt auch für den Fall, dass ein zentrales Basis-Kalkül der Strategie ihren Namen gibt (Innovationsstrategie, Diversifikationsstrategie, Kooperationsstrategie etc.). Vgl. dazu auch das Kapitel 5.1.3.

[398] In das Bedeutungsfeld von Aktivität gehört auch Initiative. Bei Hillary Rodham Clinton (2003: 317) wird – beiläufig – eine „passive Strategie" erwähnt. Passiv liegt zwischen offensiver und defensiver Strategie. Häufig merkt der Politiker nur an der sich einschleichenden Passivität, dass er keine aktive Strategie (mehr) verfolgt. Bis ihm intern – selten genug – gesagt wird oder er selbstkritisch merkt: „Du agierst ja gar nicht mehr". So ein Interviewpartner, der auch Kritik äußerte an Schröders beiden strategischen Pausen, der „ruhigen Hand" (2001) und der Periode nach Verabschiedung von Hartz IV (2004): „Generell zu sagen, jetzt machen wir ein Jahr Pause, das passt zu dieser Zeit überhaupt nicht. Das ist nicht Strategie." Dagegen steht die – unter anderen Umständen – positiv wirkende Formel François Mitterrands: „La force tranquille".

[399] Vgl. etwa Weber (1980), Kriesi et al. (1995).

[400] Mit diesem Kalkül kann Unterschiedliches festgelegt werden: Relevanzen, Präferenzen, Opportunitäten, Ablauflogiken.

[401] Offensive ist ein weiter gefasstes, weniger spezifisches Konzept als Angriff. Angriff ist in direkter Interaktion gegnerbezogen, wohingegen Offensive auch Formen der Selbststeuerung und das im weitesten Sinne „aktive" Design eines Strategiekonzepts mit umfasst. Initiative, Innovation und ein Sichzeigen können ebenso dazu gehören wie unmittelbare Angriffe auf den Gegner.

[402] Vgl. Gablentz (1964).

geordnet hat.[403] In gewaltgeprägten Vernichtungs- bzw. Niederwerfungsbeziehungen hat dies eine einfache Evidenz, die es in Markt- und Problemzusammenhängen nicht haben kann. In der Politik sind deshalb die Kalkulationen mit Basiskalkülen in sich komplexer angelegt. Das jeweilige strategische Konzept besteht aus unterschiedlichen Teilbereichen und beruht auf mehreren Kalkülen.

Wahrscheinlich hat die SWOT-Heuristik – in ihrer stupenden Banalität – die größte Anschlussfähigkeit. Schwerpunktkalküle werden an Stärken ansetzen, auch Angriff/Verteidigung und Kooperation/Konkurrenz können leicht auf die SWOT-Faktoren bezogen werden. Imitation geht von Stärken anderer Akteure aus, die sich insbesondere auf Märkten bewährt haben. Aufeinander beziehen und miteinander verbinden heißt aber nicht, aufeinander reduzieren.

---

[403] Zum Beispiel den Aspekt der Konzentration. Übrigens arbeitet Clausewitz nicht mit der Unterscheidung von Kalkül und Strategie.

Strategy-Making

8 Strategiefähigkeit

> *Strategiefähigkeit ist ein entscheidendes Element der Politik. Ohne die geht nichts. Es ist nicht das Einzige. In kurzer Hand können auch strategisch schlechte Leute sehr wichtig und erfolgreich sein. Aber langfristig ist alles, was eine erfolgreiche Partei macht, in irgendeiner Weise mit Strategiefähigkeit verwoben.*
> Fritz Kuhn

8.1 Zum Konzept der Strategiefähigkeit

Strategiefähigkeit meint die Kapazität zu strategischer Politik, die insbesondere durch Strategiebildung und strategische Steuerung verfolgt wird. Entwicklung von Strategiefähigkeit ist kein naturwüchsiger Prozess, sie setzt entsprechendes Bewusstsein, Willen und Ressourcen beim Kollektivakteur voraus. Strategiefähigkeit ist voraussetzungsvoll und prekär, es bedarf großer Anstrengungen, sie aufzubauen und zu erhalten. Diskontinuitäten sind normal. Ausgangspunkt ist die Entfaltung sozialer Gruppen, die – durch bestimmte Vorstellungen und Handlungen abgestuft – Akteurs-, Organisations-, Strategiefähigkeit hervorbringen.[404]

Akteursfähigkeit ist die Fähigkeit zur Konstituierung eines kollektiven Akteurs. Zur Herstellung einer allgemeinen Handlungsfähigkeit kollektiver Akteure gehören:

- Die Möglichkeit, dass individuelles Handeln von Repräsentanten dem Kollektivakteur zugerechnet wird. Dafür sind unter anderem Leistungen der Abgrenzung, der Entwicklung einer gewissen Kohärenz und Identitätsbildung erforderlich.
- Zielsetzung, für die Leistungen der Thematisierung, allgemeinen Orientierung oder der Entwicklung von Forderungen erbracht werden müssen.
- Interne und externe Strukturierung des Akteurs. In diesem Zusammenhang geht es vorwiegend um informelle Regel-Ressourcen-Arrangements, zum Beispiel um elementare Formen von Arbeitsteilung, Aufgabenbestimmungen, Ad-hoc-Abstimmungen und Koordinierungen.

Grundelemente sind also Zurechnung, Ziele und Strukturen (vgl. auch Jansen 1997: 201ff.). Soziale Bewegungen können auf der Stufe von Akteursfähigkeit stehen bleiben, meist entwickeln sie aber Bewegungsorganisationen, die mit Koordinierungsbeiträgen in die Gesamtbewegung hineinwirken.

Organisationsfähigkeit wird verstanden als Fähigkeit zur Entwicklung „akteursfähiger Organisationen" (Wiesenthal 1993a: 4) oder – was auf das Gleiche hinausläuft – organisierter Akteure. Im Kern besteht diese Fähigkeit zur Organisierung einer Gruppe bzw. eines kollektiven Akteurs in Kompetenzen der Formalisierung, Stabilisierung, Kontrolle von Zielsetzung, Positions- bzw. Rollenzuweisungen und Ressourcenzuordnungen: „Eine Organisation ist ein soziales System mit überdurchschnittlich spezifizierter Zielbestimmung

---

[404] So Wiesenthal (1993a). Jansen (1997: 195) definiert Strategiefähigkeit als Teil von Akteurskompetenz.

und überdurchschnittlich spezifizierter Struktur." (Endruweit 1981: 17f.). Der Aspekt der Zurechnung bleibt, erhält aber eine größere Verbindlichkeit, mit formalisierten Kontroll- und Sanktionsmöglichkeiten.

Organisation meint in diesem Zusammenhang Freiwilligen- bzw. Mitgliederverbände, die schon in der Systematik von Max Weber eine dritte Kategorie neben Betrieb/Unternehmen und Staat darstellen. Dabei gibt es höchst variable Entscheidungsstrukturen, die auch in ihren Auswirkungen auf Strategiefähigkeit erheblich differieren.

Organisation ist eine notwendige, aber nicht hinreichende Voraussetzung für Strategiefähigkeit. Generell ist Organisation eine Bedingung für die stabile Ausrichtung des Handelns – notwendiges Element des Strategiebegriffs. Formelle Mitgliedschaft ermöglicht die Bindung des Kollektivs an strategische Orientierungen und Entscheidungen. Formelle Leitungs- und meist auch Apparatstrukturen sind wichtige Bedingungen für die Chance zu kontinuierlicher Konzeptbildung und Steuerung in strategischen Prozessen.

Strategiefähigkeit – wie hier entwickelt – meint die Fähigkeit zu strategischer Politik, das heißt einer besonderen Qualität der Zielverfolgung und der spezifischen Fähigkeit kollektiver Akteure zu situationsübergreifenden, erfolgsorientierten Ziel-Mittel-Umwelt-Verknüpfungen. Strategiefähigkeit wird nicht nur als eine kognitive Kapazität verstanden, sondern zugleich als strategische Handlungskapazität eines (organisierten) Kollektivakteurs.[405] Sie verleiht ihm reale Chancen zur Entwicklung und Durchsetzung von Strategien.

Es gibt also Gruppen, aus denen sich keine kollektiven Akteure bilden (z.B. „Klasse an sich"), Kollektivakteure, die nicht mit Organisationen identisch werden (z.B. soziale Bewegungen), und es gibt Organisationen, die keine oder nur eine geringe Strategiefähigkeit ausbilden. Die Abstufung impliziert, dass Strategiefähigkeit eine „Steigerung" von Organisationsfähigkeit darstellt und diese voraussetzt.[406]

Strategiefähigkeit ist ein Potentialbegriff im Sinne einer realen Möglichkeit. Er steht für den „Speicher" allgemein strategierelevanter Fähigkeiten. Sie geben dem Akteur die Möglichkeit, strategische Konzepte zu entwickeln und zu verfolgen, gleichviel, welches besondere Profil er ausprägt. Später wird über parteispezifische strategische Kompetenzen zu sprechen sein, die dem jeweiligen Akteur sein charakteristisches, gespeichertes und abrufbares Stärkepotential verleihen.

Strategiefähigkeit ist stufenweise zu erfassen. Der Grenzfall heißt Strategie*un*fähigkeit, sonst aber existieren Grade der Strategiefähigkeit. Wenn hier von Strategiefähigkeit die Rede ist, wird – vereinfachend – meist an einen Bereich zwischen einem geringen und einem mittleren Grad gedacht. Eine konstant hohe Ausprägung kollektiver Strategiefähigkeit ist in Party-Government-Systemen selten.

Folgenreich ist die Unterscheidung zwischen *einfacher* und *erweiterter* Strategiefähigkeit, die auf das Anspruchsniveau abstellt. Es erfordert eine begrenztere Strukturierungsleistung, ein anderes Wissen und geringeres Know-how, um Aufgaben der vorparlamentarischen Partei- oder Wahlkampfführung oder der bloßen parlamentarischen Zähl-

---

[405] Ohne Zusatz meinen wir mit Strategiefähigkeit immer eine kollektive Kapazität. Im Übrigen wird – seltener – von individueller Strategiefähigkeit gesprochen.

[406] Möglicherweise ist bei Helmut Wiesenthal Strategiefähigkeit deshalb Teil der Akteurskompetenz von Organisationen, weil er Strategiefähigkeit weniger voraussetzungsvoll definiert. Nach ihm meint Strategiefähigkeit „die Kompetenz zur Verfolgung von Zielen in einem weiten Zeithorizont und einer sozialen Umwelt, die mit weiteren strategischen Akteuren durchsetzt und folglich prinzipiell unberechenbar ist." (Wiesenthal 1993a: 5).

Opposition[407] strategisch zu strukturieren. Bei dieser einfachen Strategiefähigkeit geht es vor allem um Organisations-, Artikulations-, Mobilisierungs- und Öffentlichkeitsfunktionen. Dagegen verlangt die erweiterte Strategiefähigkeit komplexe Strukturierungen im Feld antizipierten oder tatsächlichen Regierens. Die Opposition, die sich als Regierung im Wartestand sieht und insoweit Regierungsfunktionen antizipiert, sowie die Regierungspartei(en) selbst müssen an mehrheits- und sachverstandstauglichen Problemlösungen arbeiten – und ihr engeres Parteiinteresse damit vermitteln. Sie müssen lernen, den Staatsapparat zu bedienen und sie haben drastisch vermehrte Koordinationsaufgaben. Das übergreifende Moment im Strategischen wird beim Test auf die Regierungsfähigkeit in sachlicher, sozialer und zeitlicher Hinsicht entschieden gefordert. Im Falle von Koalitionsregierungen ist das Anforderungsprofil für die kleineren geringer als für die großen Regierungsparteien. Die großen Regierungsparteien stellen nicht nur den Regierungschef mit einer persönlichen Gesamtverantwortung, sondern kontrollieren über ihn auch den vielfach großen Apparat der Regierungszentrale.

Man kann Strategiefähigkeit als einen mehrstufigen Prozess sehen: von der Akteursfähigkeit über die Organisationsfähigkeit bis hin zu einfacher und schließlich erweiterter Strategiefähigkeit. Die auf jeder Ebene erbrachte Strukturierungsleistung ist Voraussetzung für das Erreichen der nächst höheren Stufe.

Veränderungen im Anspruchsniveau bei einzelnen strategierelevanten Elementen können die Differenz von einfacher und erweiterter Strategiefähigkeit kollektiver Parteiakteure veranschaulichen. Beim Strategieelement der *Führung* erlaubt einfache Strategiefähigkeit die Konzentration auf die Partei selbst, während bei der erweiterten Strategiefähigkeit Partei *und* Staat ins Blickfeld rücken müssen.[408] Die *Richtungsfrage* kann im Falle einfacher Strategiefähigkeit vor allem auf Identität und Konkurrenzkonstellation achten.[409] Erweiterte Strategiefähigkeit kommt ohne das Erbringen von substantiellen Leistungen der Problemlösung nicht aus. Bei der *Problempolitik* erfordert erweiterte Strategiefähigkeit die Berücksichtigung der Mehrheitsfähigkeit von Problemlösungsansätzen, einfach strategiefähige Akteure können für die Wahl problempolitischer Konzepte stärker autozentriert bleiben.[410]

Es ist möglich, (erweiterte) Strategiefähigkeit erst in der Regierung zu entwickeln. Allerdings sind Risiken und Belastungen bei *nachholendem* Aufbau von Strategiefähigkeit größer als beim *antizipierenden* Aufbau. Es gibt Parteien, die nur unter dem „Zwang der Verhältnisse" überhaupt fähig sind, einen beachtlichen Grad an Strategiefähigkeit zu entwickeln. Allerdings ist der antizipierende einem nachholenden Aufbau von Strategiefähigkeit überlegen. Rationale Wähler erwarten Strategiefähigkeit, wenn sie eine Oppositionspartei bei ihrem Bemühen um Regierungsbeteiligung unterstützen sollen. Die Fähigkeit, zeitgemäße Strategiefähigkeit in der eigenen Organisation aufzubauen, kann der Test dafür sein, auch die Gesellschaft als Ganze modernisieren zu können. Dennoch mag es unter dem Druck der Verhältnisse und in einem kompakten Lernprogramm gelingen, nachholend Strategiefähigkeit zu entwickeln. Komparative Studien müssten zeigen, ob deren Haltbarkeit ebenso groß ist wie bei der antizipierenden Strategiefähigkeit. Am geringsten dürfte die Belastbarkeit „unechter", simulierter Strategiefähigkeit sein.

---

[407] Darunter verstehen wir eine parlamentarische Oppositionspartei, die sich überwiegend dem Protest oder der Minderheitsartikulation widmet.
[408] Vgl. zu Führung das Kapitel 8.2.1.
[409] Vgl. zu Richtung das Kapitel 8.2.2.
[410] Vgl. zu Problempolitik das Kapitel 6.5.1.

Strategiefähigkeit kann mehr oder weniger institutionell gestützt sein,[411] entscheidend aber ist die innere Verfasstheit des Kollektivs: seine Selbststrukturierung als strategischer Akteur,[412] seine Orientierung auf Anforderungen anspruchsvoller Strategiefähigkeit und seine Kumulation strategischen Wissens. Die kritische Variable sind nicht die Institutionen, die vieles zulassen und ermöglichen, sondern die Akteure selbst.

Empirische Illustration 4: Zyklen der Strategiefähigkeit in Deutschland

In der Bundesrepublik Deutschland war die Leistungsfähigkeit der Parteien und Regierungen in hohem Maße an die Ausbildung von Strategiefähigkeit gebunden. Dabei kam es zu einem Zyklus, der Aufbau, Erhalt und Zerfall von Strategiefähigkeit umfasste. Konrad Adenauer machte es mit der CDU/CSU vor: Seit 1948 begann ein „Adenauer-Zyklus" der Strategiefähigkeit, die schon während seiner Regierungszeit an Kohärenz verlor (seit 1959) und in den Episoden von Ludwig Erhard (1963-1966) und Kurt Georg Kiesinger (1966-1969) zerfiel.

Adenauers Ausbooten von Konkurrenten, der Aufbau eines steuerungsfähigen Zentrums mit Kanzleramtschef Hans Globke und Fraktionschef Heinrich Krone (Parteivorsitzender war er selber), sein lange Zeit zuverlässiger und tauglicher strategischer Kompass, der die Grundrichtung festlegte, nach innen auf Einbindung, nach außen auf Polarisierung setzte – wie später nur an Helmut Kohl, ließe sich an Konrad Adenauer exemplarisch ein christdemokratisches Muster von Strategiefähigkeit aufzeigen.[413] Defizite integrierter, hierarchisierter Führung, der Richtungsklärung und – damit zusammenhängend – der strategischen Manövrierfähigkeit können die Schwächung christdemokratischer Strategie- und Leistungsfähigkeit in der zweiten Hälfte der 1960er Jahre erklären.

Die SPD folgte den Unionsparteien bei der Entwicklung zeitgemäßer Strategiefähigkeit.[414] Bei ihr umfasst der Zeitraum für Aufbau, Erhalt und Zerfall von Strategiefähigkeit ein Vierteljahrhundert (1958-1982). Man könnte, in Analogie zu Adenauer, von einem „Wehner-Zyklus" sprechen, wobei in beiden Fällen damit nur eine Zentralfigur für den gezielten Aufbau und Erhalt von Strategiefähigkeit über einen längeren Zeitraum herausgehoben wird. In der beginnenden Zerfallsphase waren Adenauer und Wehner in ihren Parteien noch präsent.

CDU und SPD sind Beispiele für antizipierenden Aufbau von Strategiefähigkeit. In beiden Fällen dauerte dies nur zwei bis drei Jahre. Anders als die CDU, die 1949 sehr schnell in die Regierung kam, musste die SPD noch etwa ein Jahrzehnt bis zum Machtwechsel in Bonn überbrücken. Gerade darin lag die große Leistung von Herbert Wehner, der die Partei nicht nur disziplinieren, sondern manövrierfähig halten musste.

Das persönliche Regiment Konrad Adenauers war für seine Nachfolger Ludwig Erhard und Kurt Georg Kiesinger ein Handicap beim Neuaufbau von Strategiefähigkeit aus der Regierung heraus. Für ihr Scheitern bei diesem nachholenden Aufbau

---

[411] Vgl. dazu insbesondere den Abschnitt zu fördernden Parteistrukturen im Kapitel 8.2.1.
[412] Vgl. dazu insgesamt das Kapitel 8.2.
[413] Vgl. zusammenfassend und mit dem „strategischen Blick" insbesondere Bösch (2002) und die im Abschnitt zum strategischen Kompass von Helmut Kohl (Kapitel 4.2) genannte Literatur.
[414] Vgl. dazu die Fallstudie in Kapitel 12.1.

lassen sich drei Faktoren herausheben: erstens die Schwächen ihres eigenen strategischen Profils, bei dem die Machtkomponente unterentwickelt war. Zweitens ihre Unfähigkeit – wenigstens kompensatorisch – das Kanzleramt zu einer effizienten Steuerungszentrale zu entwickeln. Drittens ihr Versäumnis, eine wirksame Verflechtung von Regierung, Fraktion und Partei herzustellen.

Diese Fehler wiederholte Helmut Kohl nicht. Mit ihm ist der zweite christdemokratische Zyklus des Aufbaus, Erhalts und Zerfalls von Strategiefähigkeit verbunden (1976-1998). Aber zuvor, nach dem Abgang Kiesingers, war zu sehen, wie leicht und an welchen Punkten der Aufbau von Strategiefähigkeit scheitern kann. Obwohl Rainer Barzel seit 1971 Partei- und Fraktionsvorsitz sowie Kanzlerkandidatur auf sich vereinigte, ihm also nichts an institutioneller Macht fehlte, erlitt er Schiffbruch beim Aufbau eines neuen Führungszentrums. Die Fraktion folgte ihm nicht bei der Zustimmung zu den Ostverträgen – sie *enthielt* sich in einer Schlüsselfrage! –, das konstruktive Misstrauensvotum gegen Willy Brandt verfehlte die Mehrheit, schließlich unterlag die Union deutlich bei der Bundestagswahl 1972. Es war weniger die Grundanlage seines strategischen Konzepts als Richtungsunsicherheit, Führungs-, Überzeugungs- und Durchsetzungsschwächen, die ihn scheitern ließen beim ersten ernsthaften Versuch, nach Adenauer Strategiefähigkeit der Union aufzubauen. Seine Misserfolge stärkten Konkurrenten, vor allem wenn sie – wie Kohl – innerparteiliche Vernetzung und Bündnispolitik betrieben. Als Barzel 1973 alle Positionen räumte, war die Union „führungsloser und zerrissener (...) denn je" (Bösch 2002: 108).

Strategiefähigkeit entsteht durch die Konzertierung von Partei und Fraktion auf das Ziel erfolgreicher Opposition oder Regierung hin. Wo Spitzenakteure mit der Zusammenführung beginnen, ist zweitrangig. Helmut Kohl baute die Strategiefähigkeit der Union von der Partei her auf. Als Ministerpräsident von Rheinland-Pfalz, mit vielen Gegnern in der Bundestagsfraktion, blieb ihm nur dieser Weg, aufgrund der Parteischwäche lag er nahe. 1973 wurde er Parteivorsitzender. Parteireform (Organisation und Programm), Öffnung zu den Ländern hin, Aufbau von Organisations- und Mobilisierungsmacht, erfolgreich scheiternde Wahlkampagne 1976 (48,6 Prozent!) – als er im selben Jahr den Fraktionsvorsitz übernahm, hatte er seine Konkurrenten im Wesentlichen ausgeschaltet,[415] seine Partei auf einen zu den Liberalen offenen Mitte-Kurs festgelegt.

Aber die Union bestand aus zwei Parteien und lange Zeit aus zwei strategischen Zentren, die in der CSU von Franz Josef Strauß, in der CDU von Helmut Kohl geführt wurden. Kohl gelang es, die Strategien von Strauß zu durchkreuzen[416] – mit der scheinbaren Konzession, Strauß 1980 die Kanzlerkandidatur zu lassen. Angesichts des geringen Risikos seiner Wahl gewann Kohl damit die Chance, ihn als ernst zu

---

[415] Die fähigen Parteistrategen Kurt Biedenkopf und Heiner Geißler stärkten zwar die Partei, versuchten sie aber auch als Machtmittel gegen Kohl einzusetzen, mit der gegen ihn gerichteten Forderung, Partei- und Fraktionsvorsitz zu trennen – beide Putsche scheiterten an Kohls starker Verankerung in der Partei (1979, 1989).
Kohl war so ehrlich, rückblickend einzuräumen, „dass es für mich persönlich besser war, nicht ins Kanzleramt einziehen zu müssen. Spätestens nach einem Jahr hätte ich einsehen müssen, dass mich das politische Milieu in Bonn im Stich ließ." (Kohl 2004: 439).

[416] Vgl. dazu die empirische Illustration in Kapitel 9.2.2.

nehmenden Konkurrenten dauerhaft auszuschalten.

Kanzlerschaft und effektives Kanzleramt, strategischer Kompass[417], das Festhalten am zentristischen Konzept von Strategiefähigkeit, der loyale, strategisch versierte Wolfgang Schäuble, der die Fraktion an der Seite der Regierung hielt, all das trug dazu bei, die Strategiefähigkeit der Union zu bewahren. Bis 1989 in relativ offener, danach in zunehmend hermetischer Form. Das Ziel des Machterhalts ging auf Kosten von Reformbereitschaft, aus dem Zentrum in einer pluralen Partei wurde das Ein-Mann-Regime im Kanzlerwahlverein, die selbständigen, kritischen Köpfe wurden durch Jasager ersetzt, der fähige Beraterstab löste sich auf. Aus den Vorteilen eines in der Union immer schwierig zu etablierenden strategischen Zentrums wurden die Nachteile eines stagnierenden Führungs-Absolutismus. Wie Adenauer hinterließ Kohl eine Formation, für die nicht Kontinuität, sondern Neuaufbau angesagt war.

Die SPD tat sich schwer bei ihrem zweiten Anlauf nach dem Regierungsverlust. Zwischen 1982 und etwa Mitte der 1990er Jahre wusste die Partei zwar immer noch, worauf es allgemein bei Strategie- und Regierungsfähigkeit ankam, aber sie war nicht in der Lage, sie zu entwickeln. In der Führungsfrage unentschlossen (Hans-Jochen Vogel, dann die Enkel), die Richtungsfrage ungeklärt (Rot-Grün oder was sonst?) – eine Experimentierphase. Ohne Klärung in den beiden Grundfragen war gezielte strategische Manövrierfähigkeit nicht möglich.

Der Aufbau einer täuschenden Strategiefähigkeit seit 1995 trug zunächst erheblich zum Wahlerfolg 1998 bei. In der Regierung bemühte sich die SPD dann um vielfältige Formen eines nachholenden Aufbaus von Strategiefähigkeit, gleichzeitig blieben aber Defizite aufgrund der unzureichenden Vorbereitung wirksam.[418] Die SPD beendete 2005 die rot-grüne Regierungszeit mit der Auflösung des strategischen Zentrums um Gerhard Schröder und Franz Müntefering und einer völlig ungeklärten Richtungsfrage. Das ließ sich zunächst in dem für die SPD erfolgreichen Kompromisscharakter des Koalitionsvertrags der Großen Koalition verdecken, kündigte sich aber schon im Oktober 2005 mit dem erzwungenen Rücktritt Müntefering an.

Müntefering versuchte, im Führungsvakuum nach dem schnellen Abgang Schröders ein neues strategisches Zentrum zu etablieren. Als Vizekanzler und Parteivorsitzender sah er sich als Nr. 1 in der SPD und als gleichberechtigter Partner für die Kanzlerin Angela Merkel. Für den Versuch, in der SPD ein Ein-Mann-Zentrum aufzubauen, brauchte er einen absolut loyalen Generalsekretär, als Transmissionsriemen, Frühwarnsystem und um das Entstehen einer sozialdemokratischen Opposition in der Großen Koalition von Anfang an zu verhindern. Dagegen standen Teile der in der Schröder-Zeit entfremdeten Führungsschicht, die die Partei „zurückerobern" wollten. Sie blockierten die Wahl des von Müntefering gewollten, subalternen Generalsekretärs Kajo Wasserhövel und provozierten damit – trotz Vorwarnungen – den Rücktritt Münteferings. Es gab keine weiteren Führungskräfte mit Interesse oder Fähigkeit, diesen Crash zwischen Müntefering und der Parteilinken zu verhindern.

Danach begann eine Experimentierphase, die bis Anfang 2007 noch nicht zur Stabilisierung eines neuen Zentrums geführt hat. Dem in der Partei gescheiterten Mün-

---

[417] Vgl. Kapitel 4.2.
[418] Vgl. dazu das Kapitel 13.

Zum Konzept der Strategiefähigkeit 279

tefering gelang es nicht, die Vizekanzlerschaft als Kristallisationspunkt eines regierungsbasierten Zentrums aufzubauen. Dem neuen Vorsitzenden Matthias Platzeck fehlten Verankerung in Partei und Regierung – er endete, bevor er begonnen hatte. Das strategische Zentrum kann nicht über einen einzelnen Minister, aber auch nicht allein über den Parteivorsitzenden geschaffen werden. Das ist auch die bisherige Erfahrung von Kurt Beck, der als nächster SPD-Vorsitzender an der Reihe war. Ohne Verankerung in Regierung und Fraktion, ist er vermutlich zu schwach, um allein ein strategisches Zentrum zu tragen. Damit bleibt die Strategiefähigkeit der SPD ungesichert.

Die Führungs- und Richtungskonflikte der Union seit 1998 können als Kampf um Strategiefähigkeit gesehen werden. Die Ablösung von Helmut Kohl durch die Wähler hinterließ ein Machtvakuum. Der neue Parteivorsitzende Wolfgang Schäuble hätte es füllen können, aber er scheiterte schnell an seiner Verstrickung in den Kohlschen Parteispendenskandal. Der schnelle Griff zur Macht gelang der Generalsekretärin Angela Merkel nur, weil Christian Wulff noch nicht Ministerpräsident war und Roland Koch gerade im hessischen Spendenskandal um sein Überleben kämpfte. Sie wurde zwar Vorsitzende, aber unter Vorbehalt. Die eingesessenen Repräsentanten der CDU warteten auf eine bessere Konstellation für sich oder ein Versagen von Angela Merkel. Sie erzwangen, mit brachialen Mitteln und im Zusammenspiel mit der CSU-Führung, Merkels Verzicht auf die Kanzlerkandidatur 2002 zugunsten von Edmund Stoiber. Mit dem Verzicht und ihrer hoch disziplinierten Wahlkampf-Unterstützung Stoibers erkaufte sie sich dessen Unterstützung für den Ausbau ihres strategischen Zentrums. Sie verdrängte Friedrich Merz vom Fraktionsvorsitz und vereinigte so die beiden wichtigsten Ämter der Oppositionspartei.

Formell war sie damit die Nr. 1 in der Union – in extremer Weise aber von Leistungen und fortlaufender Machtsicherung abhängig, ohne dauerhaft stützende Legitimität. Weder geliebt noch gefürchtet und nur in Grenzen als Nr. 1 geachtet, negativ stabilisiert durch die wechselseitige Blockade von Koch und Wulff, verhalf ihr Schröder durch die überraschende Parlamentsauflösung zur schnellen Spitzenkandidatur. Ein holpriger, kurvenreicher, unsicherer Weg zur Lösung der Führungsfrage, die sich erst durch die Kanzlerschaft einigermaßen beruhigte.[419] Die Richtungsfrage folgte auch hier der Führungsfrage. Als Kanzlerin einer Großen Koalition vollzog Angela Merkel, mit Anpassungen an die SPD in der Sozialfrage und einer Philosophie der kleinen Schritte, Konzessionen an die neue Konstellation. Gleichzeitig hielt sie an den neoliberalen Beschlüssen des Leipziger Parteitags von 2003 fest und bekräftigte für ihre Partei damit die Perspektive einer bürgerlichen Koalition – wenn sie denn, nach Ablauf der Großen Koalition, möglich würde.

Das strategische Potential der Kanzlerschaft zeigt sich deutlich bei Angela Merkel. Im Vergleich zu Partei- und Fraktionsvorsitz oder Kanzlerkandidatur hat das Kanzleramt – als Chance – eine andere Qualität.[420] Merkel hat sie bisher genutzt. Stoibers Versuche in alter CSU-Manier ein zweites Zentrum in München aufzubauen,

---

[419] Hier hatte Schröder nach der Wahl mit seinen irrationalen Attacken auf Merkel zur schnellen Solidarisierung der Unionsführung mit der Kanzlerkandidatin beigetragen.

[420] Kanzler sind in der Geschichte der Bundesrepublik nur durch Wechsel der Koalitionspartner oder Wähler abgelöst worden. Gerhard Schröder ist der erste Kanzler, der aus Angst vor seinen eigenen Leuten hingeworfen hat.

haben sich durch seine Wahlniederlage, vor allem aber durch seine Selbstentwertung bei der Regierungsbildung 2005 erledigt. Der Wichtigtuerei anderer Ministerpräsidenten, die sich als Führungsreserve aufbauen (Christian Wulff) oder die Richtung bestimmen wollten (Jürgen Rüttgers), hat der Dresdener Parteitag 2006 eine Lektion erteilt. Die Delegierten hatten offenkundig ein klares Bewusstsein der Prioritäten. Die Führungsfrage ist entschieden, statt Machtspielen potentieller Nachfolger geht es um die Stützung der Nr. 1. Merkel wurde mit 93 Prozent als alternativlos bestätigt, dem Generalsekretär Ronald Pofalla, den Merkel in ihrem strategischen Zentrum braucht, stärkte man der Rücken, die Anwartscheine ambitionierter Ministerpräsidenten entwertete der Parteitag mit eher blamablen Wahlergebnissen. Regieren, sagten die Delegierten, ist nicht die Zeit für offene Richtungskämpfe. Und: Die Union ist eine Volkspartei mit verschiedenen Strömungen. Einheit geht vor Klarheit, die Kanzlerin und Parteivorsitzende moderiert die Einheit.

Das ist zwar ein Minimalismus von Strategiefähigkeit, aber für eine machtbewusste Partei wie die Union, die sich nie als Programmpartei verstand, ausreichend, solange sie an der Regierung ist und der Kanzlerin die Führung nicht entgleitet. Die Defizite ihrer Strategiefähigkeit bleiben und werden die Union negativ begleiten. Die Partei hatte nicht die Kraft, ihre gefühlte Wahlniederlage von 2005 in ihren Ursachen aufzuarbeiten. Da sie im September 2005 mit einer neoliberalen Grundrichtung gescheitert ist, wäre der Klärungsbedarf für das Regieren und die Richtung bei der nächsten Bundestagswahl beträchtlich. Noch ein Jahr später sagt ein Stratege wie Wolfgang Schäuble: „Warum wir bei der Bundestagswahl schlechter abgeschnitten haben als erwartet, ist mir immer noch nicht wirklich klar."[421] Eine längerfristige Stabilisierung und in der Partei verankerte Linienführung kann so nicht entstehen. Die Führungsfrage ruht, ist aber nach Meinung einflussreicher Akteure nicht befriedigend geklärt. Das strategische Zentrum, das Angela Merkel aufbauen konnte, ist funktionsfähig, schließt aber wichtige Akteure aus. Christian Wulff und Roland Koch bleiben potentielle Konkurrenten mit erheblichem Störpotential.

Eine Verbindung evidenter Regierungsschwäche Merkels und eines anhaltenden Niedergangs von CDU und CSU könnte das Krisenszenario für ein Aufbrechen der Defizite an Strategiefähigkeit bilden. Selbst Helmut Kohl musste mit Putschversuchen leben – trotz seiner großen Legitimitätsreserven in der CDU. Die im Vergleich schwächere Angela Merkel hat Techniken und Strategien der Herrschaft über die Union entwickelt,[422] eine stabile Strategiefähigkeit ist damit noch nicht entstanden.

Aus diesem kursorischen Überblick lassen sich einige Hypothesen für weitere Forschung gewinnen:[423]

- Diejenigen, die Strategiefähigkeit aufbauen, profitieren auch von ihr.
- Kanzlerschaft und Kanzleramt sind hervorragende Stabilisatoren für die Strategiefähigkeit der heterogenen Großparteien. Ist eines oder sind gar beide schlecht besetzt, leidet die gesamte Formation.

---

[421] Interview „Die Partei ist verunsichert", in: Der Spiegel 48/2006: 26.
[422] Vgl. dazu insbesondere Langguth (2005), Schumacher (2006), Meng (2006).
[423] Die bisherigen Illustrationen deuten bereits an, dass die innenpolitische Geschichte der Bundesrepublik sich in ihren Grundzügen über Variationen der Strategiefähigkeit rekonstruieren ließe.

- Wachstum von Strategiefähigkeit gehen lange Oppositionszeiten voraus (jeweils ungefähr 10 Jahre bei SPD und Union). Strategiefähigkeit wächst mit Regierungsübernahmen (Union 1949, SPD 1998, Grüne 1998, Union 2005). Zerfall von Strategiefähigkeit hängt zusammen mit der Länge der Regierungszeit (Erosion bei der Union etwa ab 1959, bei der SPD etwa ab 1980) und einem geringen Grad von Strategiefähigkeit bei Beginn (SPD 1998).
- Antizipierender Aufbau von Strategiefähigkeit ist stabiler als nachholende Entwicklung.

8.2 Elemente von Strategiefähigkeit

Führung, Richtung und Strategiekompetenz sind Elemente im Sinne von konstitutiven Grundbestandteilen (Komponenten) von Strategiefähigkeit. Aus ihnen ergibt sich der Grad an Strategiefähigkeit. In der Regel gibt es mehr oder weniger strategiefähige Akteure. Dafür sind interne und externe Bedingungen anzugeben.

Zwischen den drei Elementen besteht eine Hierarchie: Klärungen in der Führungs- und Richtungsfrage sind Voraussetzungen elaborierter Strategiekompetenz. Sie sind aber auch – in unterschiedlichen Graden – zugänglich für die Anwendung strategischer Gesichtspunkte. Diese Fragen begleiten dieses Kapitel (und werden unter 8.2.4 noch einmal grundlegender diskutiert). Zuvor aber gilt es, die spezifischen Leistungen der Führung, der Richtung und der Strategiekompetenz, wie sie von strategiefähigen Akteuren erfordert werden, zu umreißen.

Abbildung 14: Elemente von Strategiefähigkeit

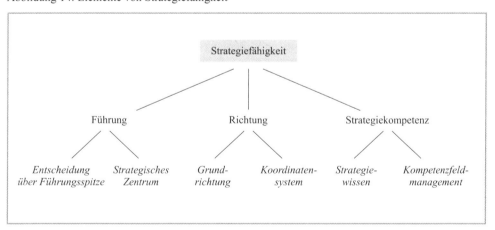

Drei markante Trends des Party-Government haben Auswirkungen auf den Strategiefaktor: *Zentrierung* bei der Führung, *Entideologisierung* in der Richtungsdimension, *Professionalisierung* bei der Strategiekompetenz. Verursacht durch Makrotrends wie Postindustrialisierung, Medialisierung, Politik-Professionalisierung, verstärken sie Notwendigkeit und Chancen strategischer Politik.

8.2.1 Führung

Rekrutierung und Auswahl von Führungspersonal ist eine Standardaufgabe für organisierte Kollektivakteure, besonders wichtig bei starker Binnendifferenzierung und konflikthaften Außenbeziehungen. Präsidien, Vorstände etc. werden als „Agenten" des größeren Kollektivs gedacht und institutionalisiert. In der Regel reichen sie aber als Träger strategischer Steuerung nicht aus. Sie sind für strategische Steuerung zu groß, zu heterogen, zu misstrauensanfällig.

Erinnern wir uns an die Vorklärungen. Strategische Führung und operative Leitung stehen in der Politik als Aufgaben fest, sie haben aber keine feste institutionelle Zuordnung wie beim Militär.[424] Institutionalisierte taktische Führung gibt es überhaupt nicht, sie tritt nur als taktisches Handeln verschiedenster Akteurseinheiten auf. Deshalb muss im Prozess der Entwicklung von Strategiefähigkeit strategische Führung erst ihren Ort und die notwendige personelle Abgrenzung finden. Dafür gibt es eine erhebliche Variationsbreite.

Strategische Führung, vor allem die Zuspitzung im strategischen Zentrum, muss sich aus der breiteren, allgemeinen politischen Führung herausschälen. Regierung oder Parteipräsidium sind dafür zu unspezifische Einheiten. Sowohl strategisches Zentrum als auch operative Leitung können sich empirisch sehr unterschiedlich zusammensetzen, hier wird vor allem nach „typischen" Mitgliedern bzw. Formationen im Party-Government gefragt.

Strategisches Zentrum ist nur im Singular zu denken. Zwei oder mehr Zentren hieße Spaltung der Partei. Das gilt vor allem dann, wenn Zentrum im umfassenderen Sinne der Erarbeitung, Durchsetzung und Steuerung strategischer Politik des kollektiven Gesamtakteurs verstanden wird. Möglich sind dagegen mehrpolige Einflusssysteme unterhalb dieser Ebene. Solche Pole können durch Strömungen, Cliquen, Führungszirkel gebildet werden. Sie können den Aufbau und die Wirksamkeit eines strategischen Zentrums be- oder verhindern, ersetzen können sie es nicht.

Existiert mehr als ein Zentrum, ist das ein Hinweis auf die nicht entschiedene Führungsfrage. Häufig sind damit nicht geklärte Richtungsprobleme verbunden. So war das zweipolige Strömungswesen der Grünen in den 1990er Jahren, die unterschiedliche Strategieakzente verfolgten, eine Ausnahme- und Übergangserscheinung.

Praxisakteure betonen die Bedeutung eines strategischen Zentrums. Ein Interviewpartner antwortete auf die Frage, ob man ein solches Zentrum benötige: „Das ist Voraussetzung. Das ist der Kern des Ganzen. Man braucht ein Zentrum und man braucht ein paar Akteure, die zweifelsfrei miteinander eine solche Konstellation organisieren und die auch bereit sind, in Konfliktfällen gegenüber anderen Akteuren Entscheidungen zu treffen, und zwar gemeinsam zu treffen. Dann kann man das hinbekommen."

Bei der Strukturierung des strategischen Akteurs[425] zeigten sich drei Ebenen, denen spezifische Funktionen zuzuordnen sind: strategisches Zentrum (Verantwortung, Entscheidung über die Strategie[426], Steuerung), operative Leitung (Steuerung, Beratung bei der Strategieentwicklung), strategischer Apparat (Beratung bei der Strategieentwicklung).

---

[424] Vgl. dazu auch die Kapitel 5.1.4 und 5.2.1.
[425] Vgl. Kapitel 5.2.1.
[426] Die Entscheidung über eine Strategie ist im Kern eine Entscheidung des strategischen Zentrums, wer auch immer sonst noch beteiligt ist.

Am Anfang stehen die Klärung der Führungsfrage (Hierarchisierung) und der Aufbau eines strategischen Zentrums (Zentrierung). Die Klärung einer faktischen Hierarchie heißt vor allem Antwort geben auf die Frage „Wer ist die Nr. 1?". Dies ist Grundelement von Strategiefähigkeit und Voraussetzung des weiteren strategischen Prozesses, der meist erst danach strukturiert stattfinden kann. Element von Strategiefähigkeit ist die Führungsfrage, weil Erarbeitung und Durchsetzung strategischer Politik in hohem Maße führungsgebunden ist. Auch wenn sie im Sinne einer Positionsentscheidung und Rangordnung „entschieden" ist, muss sie durch Führungs*fähigkeit*, die auch strategische Kompetenzen einschließt, bestätigt und damit gesichert werden.

Die Fähigkeit zur Zentrierung eines Kollektivakteurs ist mehr als die Durchsetzung in einer Personenkonkurrenz. Im Kern meint sie die Fähigkeit zum Aufbau eines strategischen Zentrums – Grundlage aller Bemühungen um kontinuierliche strategische Politik. Ein *strategisches Zentrum* (vgl. Herzog 1989, 1992) ist ein informelles Netzwerk mit sehr wenigen Personen (mit meist nicht mehr, manchmal weniger als drei bis fünf Personen), die in Führungspositionen platziert sind und über privilegierte Chancen verfügen, die Strategie einer Formation zu bestimmen. Aus den formellen Positionen allein ist nicht ableitbar, warum es gerade diese wenigen Personen sind, die das strategische Zentrum ausmachen, aber ohne formelle Macht hätten noch so kluge strategische Intentionen keine Chance. Überproportionale Chancen am strategischen Zentrum beteiligt zu sein, haben der Regierungschef, der Parteivorsitzende (falls nicht bereits in Personalunion dabei), zentrale Steuerungspositionen von Regierung (z.B. Chef des Kanzleramtes) und Partei (z.B. Generalsekretär) sowie der Fraktionsvorsitzende.

Die Häufigkeit tatsächlicher Interaktionen und Kommunikationen über strategisch zentrale Fragen können dabei ebenso wichtig sein, wie ein anerkanntes und antizipiertes Vetopotential mit geringerer Interaktionsdichte. Die empirische Abgrenzung eines strategischen Zentrums wirft deshalb häufig schwierige Fragen auf, zusätzlich erschwert durch den Arkancharakter solcher informellen Netzwerke.

Es gibt drei Dimensionen, mit denen sich ein strategisches Zentrum beschreiben lässt. Die erste heißt *Konzentration*. Der Konzentrationsgrad bezeichnet die Zahl der Personen, die einem strategischen Zentrum zugerechnet werden. Verdoppelung einzelner Positionen („Doppelspitze") zum Beispiel vermindern den wahrscheinlichen Konzentrationsgrad.

Verflechtung verschiedener Handlungsbereiche (Partei, Fraktion, Regierung bzw. Oppositionsführung), die zweite Dimension, ist schon allein zum Zweck der Koordination funktional ausdifferenzierter Institutionen notwendig. Nicht alle Vertreter formeller Spitzenpositionen müssen im strategischen Zentrum präsent sein und sind es auch nicht. Ebenso wenig steht von vornherein fest, welche formellen Positionen einbezogen werden.[427] Der Grad der Verflechtung gibt an, wie viele Spitzenakteure in Personalunion wichtige Führungspositionen in Partei, Fraktion und Regierung bzw. Opposition ausüben.

Die Entflechtung von Ämtern und Mandaten, das heißt ein geringer Grad an Positionsverflechtung, wirkt der Zentrierung in einem strategischen Steuerungszentrum entgegen. Dazu gehören institutionelle Mittel wie Ämtertrennung oder Inkompatibilität, denen verfassungs- oder parteipolitische Intentionen der Machtstreuung zugrunde liegen, aber auch eine nur faktische Aufteilung, die auf Ad-hoc-Intentionen zurück geht.

---

[427] Personalunion, d.h. die Vereinigung voneinander unabhängiger Ämter und Befugnisse in einer Person, und personelle Positionsverflechtung meinen das Gleiche.

Zentrierung, die dritte Dimension, bezeichnet den Grad zentrierter Entscheidungskontrolle innerhalb eines strategischen Zentrums. Normalerweise baut sich ein strategisches Zentrum von der formellen Spitzenfigur her auf. Das sind in parlamentarischen Demokratien der Regierungs- oder der Oppositionschef (letzterer meist mindestens als Fraktions-, zum Teil auch als Parteivorsitzender), im präsidentiellen Regierungssystem der USA und im semipräsidentiellen französischen System vor allem der Präsident. Je nach Größe des strategischen Zentrums, des Gewichts der Beteiligten, der konkreten Führungskonstellation etc. kann unterhalb auch einer unangefochtenen Nr. 1 eine erhebliche Variation des Einflusses auf strategische Entscheidungen existieren.[428]

Als Faustregel mag dienen, dass Konzentration, Verflechtung, Zentrierung positiv sind für Herausbildung und Erhalt eines strategischen Zentrums. Sie erfasst aber weder Ausprägungen noch Bedingungen in ihrer möglichen Vielfalt. Wem Gott ein Amt gibt, ließe sich ironisch abwandeln, gibt er nicht auch noch ein strategisches Zentrum. Amtsträger und Partei müssen selbst etwas dafür tun. Chancen zur Ausbildung eines funktionstüchtigen strategischen Zentrums werden durch eine Reihe von Bedingungen gefördert oder gehemmt:

- Institutionelle Ausprägungen des politischen Systems
- Fördernde Parteistruktur
- Führungskonstellationen im Party-Government
- Führungsauswahl
- Unterstützungskomplex des strategischen Zentrums
- Personenfaktor

Institutionelle Ausprägungen des politischen Systems

In allen institutionellen Ausprägungen westlicher Demokratien ist Strategiefähigkeit kollektiver Akteure möglich. Wesentlich kommt es auf die Akteure an. Institutionen schließen nicht aus und sie determinieren nicht. Sie schaffen in etwas unterschiedlicher Art Möglichkeitsräume.

Institutionelle Chancen zur Zentrierung strategischer Politik variieren mit Typen des Verfassungs-[429] und Parteienstaats. Dabei kommt es auf zweierlei an. Auf der individuellen Ebene geht es um hervorgehobene, ressourcenstarke Regierungschef-Rollen als Kristallisationspunkten für die Bildung eines strategischen Zentrums und für strategische Politik.[430] Auf der politischen Systemebene können sowohl starke Komplexität als auch starkes Veränderungspotential Anreize bieten. Starke Komplexität, verursacht unter anderem durch Gewaltenteilung, Mehrparteiensystem/Koalitionsregierung, zahlreiche Vetospieler, kann als objektive Schranke und damit als Entmutigung für strategisch angeleitete Politik wahrge-

---

[428] Der Zentrierungsgrad ist nicht zuletzt deshalb wichtig, weil auch Akteure mit Doppelrollen dabei sein können: „Mitentscheider" im strategischen Zentrum, gleichzeitig auf der zweiten Ebene in Rollen von operativer Leitung und Beratung.

[429] Verfassungsstaat wird hier als verfassungsmäßige Institutionenordnung verstanden, die durch Parteien zusätzliche, vielfach informelle Ausprägungen findet.

[430] Anthony King (1993), der Großbritannien-Experte, hält den französischen Präsidenten und den britischen Premier für die am wenigsten eingeschränkten Regierungsrollen, den amerikanischen Präsidenten stuft er hinsichtlich der Reichweite „freier" Entscheidung tiefer ein. Bert A. Rockman (1997: 50), der Kenner amerikanischer Verhältnisse, stimmt zu: „All things being equal (...) the French president and the British prime minister operate under circumstances more favourable to the exercise of discretion than does the American president. A relationship that does not hold all of the time may, nonetheless, hold most of the time."

nommen werden, sie kann aber auch als besondere Herausforderung für Manöver strategische Politik wirken. Starkes Veränderungspotential eines politischen Systems erhöht die Prämie, die mit einer strategisch angelegten Veränderungspolitik erzielt werden kann. Präsidentielle, semi-präsidentielle und parlamentarische Systeme variieren diese Elemente je spezifisch.[431]

Im *parlamentarischen System* sind Verfassungs- und Parteienstaat funktional so eng verknüpft, dass sich eine starke Verflechtung als Normaltyp durchgesetzt hat. Die parlamentarische Mehrheit, die einen Regierungschef wählt und im Amt hält, bedarf zur Stabilisierung der Fraktionsdisziplin in den Mehrheitsfraktionen. Entsprechendes gilt für die parlamentarische Opposition, die sich als Regierungsalternative präsentiert. Beides schafft Anreize für die Ausbildung kohäsiver Parteien mit definierter Führung. Allerdings ergeben sich in diesem System Positionen der Regierungs-, Fraktions- und (außerparlamentarischen) Parteiführung, die unterschiedlich verflochten und – informell variierend – in strategischen Zentren konzentriert sein können. Die charakteristischen Mehrparteiensysteme, die üblicherweise zu Koalitionsregierungen führen, erschweren eine Zentrierung beim Regierungschef und verstärken die Umweltkomplexität. Strategiefähigkeit in den europäischen Party-Government-Systemen muss über Parteien aufgebaut und mit Parteien vermittelt werden, die Zentralfiguren sind von Ressort-[432] und Parteipolitik eingemauert und haben typischerweise Probleme, genügend Autonomie für selbst verantwortete Strategiebildung und strategische Steuerung aufzubauen und zu nutzen.

Im *präsidentiellen Regierungssystem* US-amerikanischen Musters gibt es zwei Bedingungen, die vom Durchschnittstyp des parlamentarischen Systems deutlich abweichen: die Freiheiten des Präsidentenamts und die Schwäche der außerparlamentarischen Parteiorganisationen zwischen den Wahlen. Beides zusammen macht den Präsidenten nicht notwendig zu einer „starken", jederzeit durchsetzungsfähigen Figur im politischen System,[433] aber zu einem ungewöhnlichen Fokus strategischer Politik. Zwar ist er durch externe Checks and Balances bei der Durchsetzung von Entscheidungen vielfältig eingeschränkt, aber seine Definitionsmacht, seine Strukturierungschance und damit seine persönlich zurechenbare strategische Verantwortung sind größer als die von Regierungschefs in durchschnittlichen parlamentarischen Demokratien. Da es keine formelle Opposition und deshalb auch keinen klar definierten Oppositionsführer gibt, ist der Präsident in diesem System ohne Gegenspieler, der permanent die „geborene" Machtalternative zu ihm darstellen könnte. Sein wirklicher Herausforderer ist derjenige, der sich im Auswahlverfahren um die Präsidentschaftskandidatur in seiner Partei durchsetzt. Das entscheidet sich erst im Jahr vor der Wahl selbst.

Das präsidentielle Regierungssystem bietet, so die These, aufgrund seiner institutionellen Chancenstruktur größere Anreize für die Entwicklung strategischer Politik als die parlamentarischen Systeme des europäischen Party-Government. Dem entspricht der Vorsprung strategischer Politik in den USA im Vergleich zur europäischen Entwicklung. Dafür lassen sich einige Ursachen benennen:

- Der Präsident ist die „geborene" Figur eines strategischen Zentrums, und sie ist die einzige auf Seiten der Partei, die den Präsidenten stellt.

---

[431] Angesichts des schwach entwickelten Forschungsstands ist es selbstverständlich, dass wir uns hier nicht auf dem Feld empirischer Generalisierung, sondern der Hypothesenbildung bewegen.
[432] Über Minister- und Kabinettverantwortung.
[433] Häufig trifft, gerade in der Innenpolitik, das Gegenteil zu (vgl. etwa Rockman 1997).

- Die großen, in den vergangenen Jahren dramatisch gewachsenen Ressourcen des White House Office, erlauben ihm, einen relevanten strategischen Apparat aufzubauen und damit die Professionalisierung interner strategischer Beratung voranzutreiben.
- Die Verantwortung des Präsidenten ist institutionell so klar personalisiert, die Schuld für ein Politikversagen so wenig der eigenen Partei zuzuschieben, dass der Druck auf Ausschöpfung aller, eben auch strategischer Möglichkeiten für ihn sehr groß ist. Gelingt es ihm, den Kongress auf seine Seite zu ziehen, ist sein politisches Veränderungspotential auch innerhalb der auf Gewaltenteilung angelegten, fragmentierten Grundstruktur erheblich.
- Eine Vorstrukturierung des Strategiefaktors findet in den Nominierungs- und Wahlkampagnen statt, in denen üblicherweise Strategiespezialisten in die Teams eingebaut sind und, zusammen mit den anderen, wähler- und parteibezogene Strategiearbeit voranbringen. Viele von ihnen ziehen mit dem gewählten Präsidenten in das Weiße Haus ein.
- Der Kalkulationsbedarf ist groß und wächst angesichts der starken Fragmentierung des präsidentiellen Systems mit einer großen Zahl von Vetospielern weiter, zusätzlich verstärkt durch die allgemeinen Trends westlicher Demokratien (Problemkomplexität, Wählerunberechenbarkeit, Mediendemokratie).

In den parlamentarischen Systemen sind die Anreize für strategische Politik gebrochener. Vor allem gibt es

- einen geringeren Konzentrationsgrad des strategischen Zentrums, mit variierendem, häufig auch geringerem Verflechtungsgrad, sowie geringerer Zentrierung,
- stärkere Anreize zur Delegation strategischer Verantwortung, aufgrund der Chancen, sich, legitimerweise, in Parteien einzubinden – oder auf sie herauszureden,
- eine Überformung der Regierungszentrale durch bürokratisch-ressortmäßige Muster sowie das Gegengewicht starker Minister und des Kabinetts.

Im Falle *Großbritanniens* wird der Premierminister zum Kristallisationspunkt strategischer Politik. Die Zentrierungsmöglichkeiten politischer Entscheidungen sind durch das „Westminster-Modell" mit Zweiparteiensystem, Mehrheitswahlrecht, einer Zentralregierung, der Konzentration exekutiver Macht und einer insgesamt geringen Zahl von Vetospielern besonders groß. Dennoch müssen auch dort die günstigen institutionellen Voraussetzungen für die Herausbildung eines strategischen Zentrums erst genutzt werden.

In *Frankreich* bietet der Parlamentarismus mit Präsidialhegemonie, wie er sich in der V. Republik herausgebildet hat, eine besondere Herausforderung für die Zentrierung strategischer Politik. Er verbindet, bei doppelter Exekutive, Merkmale sowohl des präsidentiellen wie des parlamentarischen Systems mit dem europäischen Parteienstaat. Das politische Entscheidungszentrum, und damit potentieller Kern des strategischen Zentrums, ist der Staatspräsident. Die weitere Strukturierung hängt vor allem von der parlamentarischen Mehrheit der Nationalversammlung und dem Regierungs- bzw. Strategiestil des Präsidenten ab. Existiert eine konträre Mehrheit zwischen Präsident und Parlament (Kohabitation), kann der Premierminister ein zweites strategisches Zentrum aufbauen, mit dem er die Gesetzgebung steuert und die Beziehungen zum Präsidenten koordiniert. Der Präsident bleibt in jedem Falle Herr der Außen- und Sicherheitspolitik des Landes. Im häufigeren Fall identischer Mehrheiten leitet der Premierminister nur ein Sub-Zentrum, dessen Spielräume durch Persönlichkeit und Praxis des Präsidenten mehr oder weniger – meist mehr – begrenzt werden.

Ein institutionelles System also mit sehr hoher Komplexität,[434] das zugleich besonderen Bedarf und besondere Probleme strategischer Steuerung schafft. Präsident und Premier, identische oder konträre Mehrheit, eigene Mehrheit oder Koalitionsregierung, dominante oder minoritäre Koalitionspartei,[435] Präsident aller Franzosen, der Mehrheit, seiner Partei, seiner Strömung, Prärogative des Präsidenten in der Außenpolitik, geringeres, aber auch noch erhebliches Direktionspotential in der Innenpolitik – es gibt schon unter institutionellem Gesichtspunkt viele Bezugspunkte für das strategische Kalkulieren von Präsidenten. Dazu kommt das romanische Mehrheitswahlsystem der zwei Wahlgänge, der Präsidenten- und der Parlamentswahl, der „doppelten Logik des Parteienwettbewerbs" (Höhne 2006: 169), der Dialektik von Konkurrenz und notwendiger Lagerbildung, insgesamt eine enorme Komplexität des Wahl- und Parteiensystems.

Was in den präsidentiellen Systemen an Rollen-Individualisierung und darauf aufbauendem Strategizing von Politik tatsächlich möglich ist, wird mit der *Präsidentialisierungs-These*[436], die zunehmende Präsidialisierungstendenzen in den parlamentarischen Regierungssystemen behauptet, nur suggeriert. Sie ist unseres Erachtens ein schiefes Konstrukt, das strategische Akteure, orientierten sie sich daran, in die Irre führen würde.

Die Vertreter dieser These beschreiben zutreffend einige Verhaltensänderungen wie Autonomisierung oder Ressourcenstärkung der Führung, interpretieren sie aber als Rollenveränderungen („Präsidentialisierung"), das heißt als Teil institutionellen Wandel. Dabei gerät aus dem Blick, dass es sich um Veränderungen *innerhalb* des europäischen Party-Government-Systems parlamentarischen Typs handelt. Noch so viel „Präsidentialisierung" würde die Unterschiede zum präsidentiellen System nicht aufheben.

Die These nivelliert die strukturellen Differenzen zwischen dem europäischen Party-Government-System und dem US-amerikanischen Non-Party-System ebenso wie die zwischen der parlamentarischen Verantwortung bzw. Kontrolle des parlamentarischen Regierungschefs und der formellen Unabhängigkeit des amerikanischen Präsidenten.

Autonomisierung der Führung *im* Parteienstaat, darum handelt es sich, ist etwas anderes als Autonomisierung *gegenüber* dem Parteienstaat. Außerdem gilt speziell für unseren Zusammenhang: Autonomie- und Ressourcenzuwachs können strategisch oder nicht-strategisch genutzt werden. Sie stellen nur *Potentiale* strategischer Politik dar. Die Orientierung eines Regierungschefs mit fortgeschrittener „Präsidialisierung" an Parametern eines präsidentiellen Systems würde ihn unter den Bedingungen von Party-Government scheitern lassen.

Die bisherigen Überlegungen sind von den „großen" Institutionen und den Großparteien eines Systems her gedacht. Für die kleineren Parteien in Regierungskoalitionen und Oppositionskonstellationen wirken die institutionellen Rahmenbedingungen nicht, eingeschränkt oder nur indirekt. Die auch für sie notwendigen Zentrierungsprozesse profitieren weniger von einer Logik der Institutionen – und von deren Ressourcen.

Fördernde Parteistruktur

Ist die Parteistruktur kompatibel mit Erfordernissen strategischer Strukturierung als Regierungs- oder Oppositionspartei? Es fördert die strategische Zentrierung, wenn Staats- und

---

[434] Vgl. dazu jetzt vor allem Kempf (2007).
[435] Valéry Giscard d'Estaing vertrat als Präsident nur die Minderheit in der Koalition mit den Gaullisten, auf die er sich stützte.
[436] Vgl. jetzt vor allem Poguntke/Webb (2005).

Parteistrukturen Spitzenpositionen als Kristallisationspunkte vorsehen. Gibt es, wie bei den Grünen in Partei und Fraktion, eine Doppel-, zeitweise sogar eine Dreier-Spitze, erschwert dies – von den institutionellen Effekten her – strategische Politik. Blockierende Wirkung haben auch Unvereinbarkeitsregeln für Amt und Mandat. Ressourcen, vor allem Manpower und die Bereitstellung strategischen Wissens an der Organisationsspitze, sind für eine Professionalisierung der Strategiearbeit wesentlich. Sind zentrierungsfreundliche Regeln und stützende Ressourcen unzureichend entwickelt, müssen potentielle Strategieakteure versuchen, diese Voraussetzungen für sich selbst erst zu schaffen.

Strategie ist – auch – eine Sache von Zentrierung und Verbindlichkeit. Das bedeutet aber nicht, dass Strategie etwa nur in einer hochzentralisierten und strikt hierarchisierten Kaderpartei möglich wäre. Eine Parteistruktur muss nicht stromlinienförmig auf Strategieerfordernisse eingerichtet sein, es reicht, wenn sie deren Verfolgung ermöglicht. Eine strategisches Handeln ermöglichende Parteistruktur

- umfasst so viel Konzentration, Zentrierung und Verflechtung, wie notwendig sind, um ein handlungsfähiges strategisches Zentrum darauf aufzubauen,
- konzentriert so viele Ressourcen auf zentraler Ebene, wie für strategische Operationen erforderlich sind,
- verhindert oder schwächt eine informelle Strömungsstruktur, die die notwendige Zentrierung blockiert.

Für effektives strategisches Handeln ist mehr erforderlich, aber das kann oder muss nicht durch die Parteistruktur sichergestellt werden. Dazu gehören Organisations-, Abstimmungs- und Kommunikationsdisziplin ebenso wie hinreichende Autonomie und Flexibilität der Führung. All das ist durch viele, über die Organisationsstruktur hinausgehende Faktoren bestimmt. Die Entfaltung vielfältiger informeller Faktoren ist vor allem dann beeinträchtigt, wenn die Partei an Punkten Verbotsschilder aufrichtet, die für strategische Führung wesentlich sind. Zum Beispiel durch Verflechtungsverbote, durch rigide Regelungen zu Amtszeitbegrenzungen oder Rotation, durch Vorschriften dezentraler Ressourcenverteilung. Dann wachsen die Anstrengungen, die schon normalerweise für die strategische Zentrierung einer Partei erbracht werden müssen, ins kaum noch zu Leistende.

Was also sollte eine Parteistruktur ermöglichen? Die Herausbildung eines strategischen Subsystems an der Spitze, relative Autonomie und eine Ressourcenausstattung, die strategisches Handeln ermöglichen, sowie – jedenfalls in einem gewissen Umfang – die Bindungskraft der strategischen Führung für die Partei. Für letzteres sind insbesondere Strömungen eine Gefahr, wenn sie einen organisierten Verbindlichkeitsvorbehalt darstellen und Entscheidungsblockaden fördern.[437]

In *Großbritannien* musste beispielsweise die Führung um Tony Blair die Labour Party durch Parteireform erst im modernen Sinne strategiefähig machen. Traditionell wurde Labour von der Fraktion dominiert (Helms 1999b) und sah sich dem starken Einfluss von Parteitagen ausgesetzt. Dort hatten Gewerkschaften im Zusammenspiel mit der radikalisierten Parteibasis übermäßige Chancen, die Partei in programmatischer Grundrichtung und Image so festzulegen, dass die Möglichkeiten der Führung zu strategischer Politik drastisch beschnitten waren. Die Organisationsreformen und Veränderungen im Führungsverhalten auf dem Weg zu *New Labour* haben aber nicht nur die Einflussmöglichkeiten der Gewerkschaften reduziert. Parteimitglieder haben andere Mitwirkungs- und Gestaltungsmöglich-

---

[437] Vgl. das Kapitel 6.1 für weitere Zusammenhänge mit der Organisationsfrage.

keiten erhalten und neue Formen der Konsultation von Führung, Fraktion und Basis wurden etabliert.[438] Trotz des nach wie vor bestehenden Erfordernisses, die parteiinternen Machtverhältnisse auszubalancieren, ist damit die Strategiefähigkeit von Labour insgesamt gewachsen.

Frankreich ist ein markantes Beispiel für die Strukturierung von Parteispitzen durch zentrale Mechanismen des politischen Institutionensystems (vgl. Pütz 2004a, 2004b, 2005). Erst die Verfassung der V. Republik hat einen Zentrierungsschub in machtambitionierten Parteien ausgelöst. Entscheidend war dabei die Institution eines starken Präsidentenamtes mit Direktwahl, die wettbewerbsfähigen Parteien bessere Chancen gibt. Die Direktwahl ebenso wie die Kernstruktur des parlamentarischen Regierungssystems, der auch in Frankreich von der Parlamentsmehrheit abhängige Premierminister, erfordern kohäsive Parteien mit starker Führung. Zentralfiguren sind die mit den Parteien verflochtenen Präsidenten, Präsidentschaftskandidaten und Ministerpräsidenten – insbesondere, wenn sie nicht wie bei der Kohabitation auf Grund identischer Parteimitgliedschaft vom Präsidenten abhängig sind. Die Parteien passten sich in ihren Strukturen an.

In der sozialistischen Partei zum Beispiel standen wesentliche Parteiideale einer Konzentration, Zentrierung und Verflechtung der Parteiführung entgegen: „Die Idee der kollektiven Parteiführung mit einem Parteivorsitzenden als primus inter pares wurde durch François Mitterrand faktisch ausgehebelt." (Pütz 2004b: 201) Die Geschichte der späteren Regierungsjahre und der Zeit nach Mitterrand zeigt allerdings, dass weder der innerparteiliche Pluralismus und Faktionalismus noch die Führungskonflikte dadurch stillgestellt wurden. *Nach* Klärung der Führungsfrage und das heißt letztlich nach Eroberung des Präsidentenamtes steigen die Chancen strategischer Politik aus dieser individuellen Spitzenposition heraus.

Führungskonstellationen im Party-Government

Die drei – formell voneinander unabhängigen – Ämter des Regierungs-, Fraktions- und Parteichefs schaffen Möglichkeiten vielfältiger Kombinationen bzw. Nicht-Kombinationen im strategischen Zentrum.[439] Dazu kommen besondere institutionelle Ausgestaltungen, Traditionen (auch innerhalb von Parteifamilien), spezifische informelle Konkurrenz- und Machtverhältnisse sowie Personenbeziehungen. Eine solche Konfiguration von Staats- und Parteistrukturen, zusammen mit weiteren Faktoren, haben als „Führungskonstellationen" Einfluss auf Strategieprozesse.

Die einfachste, in unserem Zusammenhang aber aufschließende Typisierung bezieht sich auf die Zahl von Akteuren, die die Führung bestimmen: Einzelführung, duale Führung, kollektive Führung. Darin liegt eine typisierende Zuspitzung, die empirisch weiterer Qualifizierungen bedarf und mehr Überlappungen zeigt als im Idealtyp erkennbar. Sieht man das zusammen mit dem Dreieck Regierung/Opposition, Fraktion, Partei (vgl. Helms 1999b), lassen sich aber eine Reihe von Variationen einfangen.

(1) *Einzelführung*. Sie wird durch staatlich-institutionelle Regelungen geprägt, muss aber durch den Filter des Parteifaktors hindurch. Einzel-Führung ist im US-präsidentiellen System selbstverständlich und – ohne den Einflussfaktor Partei – im Regierungsprozess

---

[438] Vgl. dazu insgesamt Russell (2005).
[439] Vgl. dazu in der deutschen Politikwissenschaft die grundlegenden Arbeiten von Ludger Helms (1999b, 2002, 2005a, 2005b).

voll wirksam. Im britischen System, obwohl dem Party-Government-Muster folgend, haben Premierminister und Oppositionsführer eine starke Chance zur Einzelführung. Der Grund liegt darin, dass beide die Rolle des Parteiführers absorbieren und so keine Konkurrenz eines eigenständigen Parteivorsitzenden zu befürchten haben. Im Frankreich der V. Republik gilt die Dominanz des Präsidenten, der – entgegen den Vorstellungen Charles de Gaulles von parteiunabhängiger Präsidentschaft – inzwischen auch faktischer Parteiführer ist. In Großbritannien und Frankreich müssen sich die Spitzenfiguren, anders als in den USA, auch zwischen den Wahlen mit ihren Parteien abstimmen – bei einem hohen Grad autonomer Führung.

In den anderen parlamentarischen Systemen sind die Variationen größer. So wurde die Stärke des Regierungschefs innerhalb der Kern-Exekutive sechsmal als stark, siebenmal als mittel und viermal als schwach klassifiziert.[440] Diese verfassungsrechtlichen Unterschiede sind aber nicht entscheidend. Am wichtigsten ist die Personalverflechtung mit dem Parteivorsitz (vgl. Elgie 1995). Übernehmen Regierungs- bzw. Oppositionschef in Personalunion den Parteivorsitz, haben sie eine wichtige potentielle Konkurrenz ausgeschaltet. Auch das Gewicht der Parlamentsfraktion und des Fraktionschefs variieren. Tendenziell sind sie im Verhältnis zur Partei gewachsen (vgl. Helms 1999b), so dass der Fraktionsführer – zumal im Rahmen der üblichen Koalitionsregierung – tendenziell Anspruch auf angemessene Beteiligung am strategischen Zentrum erheben wird. Dazu kommen Variationen des Führungsstils und der politischen Kultur, die kooperative auf Kosten autoritativer Tendenzen stärken können.

Markante Rollen für Einzelführung stehen also vor allem im britischen und französischen Regierungssystem zur Verfügung. In den übrigen Systemen des Party-Government eröffnet sich ein breites Feld zwischen abgeschwächter Einzelführung und einer ebenfalls meist schwach ausgeprägten kollektiven Führung.[441] Strategische Zentren umfassen, so ist zu vermuten, in der Regel mehr als einen Akteur mit gewähltem Spitzenamt.[442]

In der Bundesrepublik Deutschland wurde mit dem Bundeskanzler zwar eine starke Institution geschaffen, dennoch setzt gelingende Einzelführung als Regierungs- oder Oppositionschef auch hier vor allem die Personalunion mit dem Parteivorsitz voraus.[443] Bei Konrad Adenauer hat sie zur Neutralisierung einer – bis in die 1960er Jahre – relativ apathischen Partei beigetragen. Allerdings war über viele Jahre der starke Fraktionsvorsitzende Heinrich Krone Teil seines strategischen Zentrums (vgl. Müller/Walter 2004: 34ff.). Bei Helmut Kohl diente die Personalunion erst des Oppositions- und Fraktionsführers, später des Regierungschefs dem Aufbau und der Mobilisierung einer schlagkräftigen Organisation, die ihn über eine sehr lange Zeit beim Opponieren, dann beim Regieren aktiv unterstützt hat. Das Dreiecksverhältnis zwischen Regierung, Fraktion, Partei, das auch Kohl im Regierungsprozess steuern musste (vgl. Gros 1998), war dadurch so entschärft, dass von Konturen einer Einzelführung gesprochen werden kann. Eine spät zustande gekommene, eher formell bleibende Personalunion zwischen Kanzler und Parteivorsitz – wie in den

---

[440] Vgl. dazu die Tabelle in Helms (2005b: 12). Großbritannien und Deutschland gehören zu den Ländern mit einem „starken" Regierungschef.

[441] Seltener scheinen die noch schwierigeren Formen dualer Führung. Insgesamt wird hier ein noch weitgehend unerschlossenes Feld komparativer Forschung sichtbar.

[442] Auch im Falle des britischen Premiers oder französischen Präsidenten gibt es strategische Zentren mit mehreren Personen, allerdings mit einem geringen Verflechtungs- und einem hohen Zentrierungsgrad.

[443] Helms (1999b) hat im Spannungsverhältnis von Partei und Fraktion den deutschen Fall als einen „integrativen" Typ charakterisiert.

Fällen Ludwig Erhard und Kurt Georg Kiesinger – lässt aber von selbst keine wirksame Einzelführung entstehen.

Kurt Schumacher war als Oppositionsführer das Pendant zu Konrad Adenauer – in einer demokratisch-autoritären Variante des Ein-Mann-Modells strategischer Entscheidung, bei hierarchischer, zum Teil charismatischer Durchsetzung. Auch dies basierte auf der Personalunion von Oppositions-, Fraktions- und Parteiführer (und der aktiven Ausschaltung konkurrierender Einflüsse). Später waren für die Sozialdemokraten – mehr oder weniger gelungene – Formen kollektiver Führung charakteristisch.

Auch vergleichend gesehen scheint es seltener, dass Parteistrukturen – unabhängig von staatlichen Einflussfaktoren – Einzelführung begünstigen. Auf Parteiebene gibt es häufig breitere Führungsarrangements oder flachere Hierarchien. Noch vor der Medienpersonalisierung sind es die konzentrierenden und zentralisierenden Wirkungen staatlicher Strukturen, die die kooperativeren Parteistrukturen überlagern.

Einzelführung wird seit Max Weber meist als charismatische Führung behandelt, dies ist aber – schon vor Entdeckung eines „non-charismatic personalism" (Helms 2000: 417) – viel zu eng. Von funktional begründeter Einzelführung bis zu moderaten Formen von Personalisierung sind empirisch viele Ausprägungen möglich.

(2) *Duale Führung*. Die duale Spitze ist eine schwierige Konstellation, vor allem bei einer personellen Trennung von Regierungschef und Parteivorsitz. Besonders prekär ist sie, wenn der Parteivorsitzende – oder auf andere Weise „zweite Mann" – eigene Ambitionen hat. Analoge Probleme hat die Opposition, wenn Fraktions- und Parteivorsitz nicht in einer Hand sind.

Die Fälle dualer Führung bei der SPD waren zu kurz und zu sehr durch singuläre Bedingungen getragen, als dass sie insgesamt positive Beispiele darstellen. Die duale Führung von Gerhard Schröder und Franz Müntefering war in ihren wechselnden Konstellationen nur möglich, weil Müntefering keine eigenen Ambitionen auf das Kanzleramt hatte. Die Konstellation Oskar Lafontaine als Parteivorsitzender, Gerhard Schröder als Bundeskanzler hielt nur ein halbes Jahr – Lafontaine wollte eine gleichberechtigte duale Führung, dazu noch mit latenter Dominanz- und Nachfolgedrohung. Das konnte nicht funktionieren.

Bei den Unionsparteien waren die Verhältnisse noch komplexer. Einerseits gab es das klassische Problem der Personalunion. Dabei war das Prinzip einer Personalunion von Regierungs- bzw. Oppositionschef und Parteivorsitzendem bei CDU und CSU durchgesetzt – es wurde von den meisten und meistens als Voraussetzung politischer Wirksamkeit gesehen. Helmut Kohl kandidierte 1971 gegen den Fraktionsvorsitzenden Rainer Barzel um den Parteivorsitz und scheiterte. Angela Merkel verdrängte im Herbst 2002 Friedrich Merz vom Fraktionsvorsitz, weil sie sonst als CDU-Vorsitzende gegenüber Merz, Stoiber (Ministerpräsident und CSU-Vorsitzender) sowie den anderen Ministerpräsidenten zum schwächsten Glied geworden wäre. Andererseits gab es den historisch gewachsenen Dualismus von CDU und CSU, der im Falle von bundespolitischen Ambitionen des CSU-Führers (Franz Josef Strauß, Edmund Stoiber) zu internen Konflikten führte. Sie spielten zwischen Ausscheidungskampf, (aufgezwungener) dualer Führung und scheinbarer Doppelführung. Das langfristige Ausmanövrieren eines nicht gewollten, internen Führungskonkurrenten erforderte einen sehr hohen Koordinationsaufwand und taktisch-strategisches Geschick.[444]

---

[444] Vgl. Kohl (2004, 2005). Allein an dieser Aufgabe wären die meisten gescheitert. Nebenbei ein schönes Beispiel dafür, dass die elaboriertere (Strauß) nicht unbedingt die klügere strategische Einlassung sein muss.

Einige Kleinparteien haben bessere, obwohl nicht wirklich gute Erfahrungen mit dualer Führung gemacht. Die zweifache Doppelführung in Partei und Fraktion bei den Grünen hat zwar positiv zur Integration ihrer innerparteilichen Heterogenität beigetragen, gleichzeitig aber Friktionen geschaffen und die Gesamtpartei in ihren Außenbeziehungen behindert. Eine andere Form von Doppelführung haben sich die beiden Platzhirsche Gregor Gysi und Oskar Lafontaine bei der Linkspartei nach 2005 gebastelt. Duale Führung galt für die Fraktion (gleichzeitig blieb Lothar Bisky Parteivorsitzender). Möglich war das nur angesichts abgeschwächter Friktionen. Im Falle von Gysi und Lafontaine funktionierte es auch darum, weil es für die Kleinpartei nicht um höchste (Regierungs-)Ämter ging, beide schon Ämterkarrieren hinter sich hatten und das Ganze für sie mehr ein demonstratives Projekt als ein Machthebel war.

Es gibt auch unechte Formen der dualen Führung. Zum Beispiel die scheinbare Doppelführung in einer Großen Koalition. So etwas wie vereinigte Strategiezentren auf Regierungsebene – sozusagen ein strategisches Zentrum als Joint Venture – bleibt unmöglich. Wahrscheinlicher ist der Versuch einer Koordination zweier Strategiezentren. Dabei gibt es einen strukturellen Vorteil der größeren Partei, wenn sie über einen guten und aktiven Kanzler sowie ein effizient geführtes Kanzleramt verfügt, das auch in dieser Konstellation Monopol der Mehrheitspartei bleibt.

Die erste Große Koalition auf Bundesebene (1966-1969) bildete kein dominantes strategisches Zentrum aus, sondern Formen unklarer, sich verändernder strategischer Pluralität. Bundeskanzler Kurt Georg Kiesinger suchte eher die Kooperation mit Herbert Wehner, die Fraktionsvorsitzenden Rainer Barzel und Helmut Schmidt hatten eine äußerst wirksame eigene Machtachse aufgebaut, gleichzeitig erfuhr Willy Brandt einen Machtzuwachs auf Kosten des heimlichen Parteiführers Herbert Wehner.[445]

In Großbritannien entwickelten Tony Blair und Gordon Brown über lange Jahre eine Form verdeckter dualer Führung: eine faktische Arbeitsteilung, die Brown als der Nr. 2 relevante Einflussbereiche gab, eine relativ starke Kooperation verfolgte und dennoch der Nr. 1 Substanz und ein entsprechendes Image als eigentlicher Führer ließ. Im sehr besonderen französischen Fall führt die doppelte Exekutive keineswegs zwingend zu einer dualen strategischen Führung. Die strukturelle Überlegenheit des direkt gewählten Präsidenten über den von ihm ernannten Premier ist – im Falle identischer Mehrheiten – so beträchtlich, dass von einer gleichberechtigten dualen Führung keine Rede sein kann. Eher von begrenzten strategischen Reservaten des Premierministers, für die sich der Präsident weniger interessiert – allerdings immer unter dem Vorbehalt seiner Intervention. Jedenfalls hat die von Charles de Gaulle vorgegebene autoritäre Prägung des Amtes nachgewirkt – auch beim einzigen Sozialisten, der bisher das Amt innehatte und für solche autoritäre Stilisierung höchst empfänglich war: François Mitterrand.

(3) *Kollektive Führung*. Kollektive Führung entsteht aus Notwendigkeiten zur Einbeziehung unabhängiger, einflussreicher Machtträger bzw. Institutionen als potentiellen Vetoakteuren. Sie kann auf einem Zusammenwirken von Regierungs-, Fraktions- und Parteivorsitz beruhen, wie zum Beispiel zu Zeiten von Helmut Schmidt, Herbert Wehner und Willy Brandt in den Jahren von 1974 bis 1982. Sie kann aber auch – vor allem zu Oppositionszeiten – von der innerparteilichen Machtverteilung her determiniert sein. So in der personell wechselnden sozialdemokratischen Troika seit 1964 (Brandt, Wehner, Erler usw.). Sie kann

---

[445] Vgl. dazu auch das Kapitel 12.

institutioneller Koordination, innerparteilicher Integration und der Kanalisierung von Führungskonflikten dienen.

Eine Chance kollektiver Führung liegt darin, die Fragmentierung von Parteien abbilden und symbolisch integrieren zu können – das wäre ein positiver Beitrag zum Funktionieren moderner Parteien. Andererseits kann kollektive Führung ein „Herd der Rivalität und strategischen Konfusion" (Walter 1997: 1308) sein. Über die drei Großen der Sozialdemokratie heißt es: „Sie diskutierten weder inhaltlich noch strategisch." (1308).

Mehrere Richtungen sind für Organisationen nicht unter jedem Gesichtspunkt dysfunktional (z.B. für die Interessenberücksichtigung), unter dem Strategieaspekt aber sind sie prekär. Besondere Herausforderungen stellen sich bei kollektiver Führung. Sie bietet spezifische Chancen und Risiken. Im Unterschied zu individueller Führung muss dabei Hierarchie im Rahmen von Egalität hergestellt werden. Die Letztbestimmung strategischer Politik liegt auch hier bei der formell verantwortlichen Nr. 1.

Chancen bieten unter anderem Arbeitsteilung und breitere Interessenberücksichtigung, die Einbindung potentieller Konkurrenz, das Führungsreservoir (Nachfolger aus derselben Führungsgruppe). Risiken können bestehen in Rivalität, in verdeckter Konkurrenz (nicht zuletzt über taktische Differenzen), in Formen „doppelter Führung" (Brandt), in faktischem Multi-Zentrismus – möglicherweise begünstigt durch starke Ressourcen auf der Ebene mehrerer Führungspersonen.

Bedingungen für ein Gelingen kollektiver Führung liegen unter anderem in Richtungskonsens, Fähigkeit und Bereitschaft zur Kooperation, Ämterverflechtungen, Selbstdisziplin und Zurückstellung persönlicher Interessen. Vertrauen ist eine generelle, hier aber besonders wichtige Basisbedingung für die Herausbildung eines strategischen Zentrums und für produktives Arbeiten. Experimentelles Denken, das Erwägen auch tabuisierter Optionen, das unsentimentale Kalkulieren finden nicht statt – außer im Schutz starken, wechselseitigen Vertrauens oder eines klaren Bewusstseins schlechterer Alternativen.

Trotz allem gilt: wirkliche kollektive Führung, auch eine, die sich bei strategischer Politik bewährte, ist auf dem Feld von Regierungs- oder Oppositionspolitik das Unwahrscheinlichste. In Frankreich und Großbritannien (auch bei den Unionsparteien in Deutschland) wurden bislang keine Formen kollektiver Führung entwickelt. Das bundesdeutsche sozialdemokratische Beispiel gab auf der Regierungsebene zwei von den drei Akteuren eine potentielle Vetoposition,[446] der Nr. 1 aber vor beiden anderen die Chance zur Bestimmung strategischer Politik – wenn dafür Ideen, Macht und genügend Energie vorhanden waren. Parteikulturen etwa von linkssozialistischen[447] oder grün-alternativen Parteien mögen *normativ* kollektiven Leitungsstrukturen etwas abgewinnen, staatliche Vorgaben und funktionale Erfordernisse strategischer Politik drängen stärker zu konzentrierten und zentrierten Führungsformen.

Führungsauswahl

Vom Modus der Entscheidung über die Spitzenpositionen hängt auch ab, wie stark strategische Erwägungen in die Führungsauswahl eingreifen und auch auf diesem Wege weiter wirken können. Führungsfragen werden meist nicht strategisch entschieden. Geringe strate-

---

[446] Der Einfluss über – bestenfalls – die Antizipation ihrer Vetomacht und über privilegierte Meinungsbeiträge machte sie noch nicht zu Teilhabern eines „arbeitenden" strategischen Zentrums.
[447] Vgl. Pütz (2004b) für das französische Beispiel.

gische Kompetenzen an der Führungsauswahl Beteiligter können sich restriktiv auswirken. Aber selbst unter kompetenten Akteuren ist eine strategische Fokussierung der Führungsfrage schwierig.

Man kann unterscheiden zwischen strategischen Auswahlgesichtspunkten und Strategie als Auswahlgesichtspunkt. Soll die Spitzenperson strategisch „passend" sein für eine bestimmte Anforderung oder soll sie besonders strategiefähig sein? Eine Spitzenfigur kann unmöglich alle Anforderungen gleich gut erfüllen. Welche ist wichtiger: Sachverstand, Kommunikationsfähigkeit, Parteirepräsentativität, Popularität, Wahlchancen, persönliche Regierungsfähigkeit? Ohne Debatte in kleinerem, nicht-öffentlichem Kreis gibt es überhaupt keine Chance, über Kriterien abzustimmen. Und im kleineren Kreis existieren andere, zusätzliche Restriktionen (z.B. Konkurrenz, Vertrauensmangel). Ergebnis ist eine äußerst begrenzte Rationalität bei Entscheidungen über Führungsfragen.

Zu differenzieren wären auch unterschiedliche Kalküle je nach zu besetzender Position. Wählt man beispielsweise einen Parteivorsitzenden nach Gesichtspunkten interner Repräsentativität, kann man nicht gleichzeitig berücksichtigen, dass der Kandidat später möglicherweise Anspruch auf die Kanzlerkandidatur erhebt. Je größer, je heterogener, je funktional unspezifischer sich der Kreis der Entscheider darstellt und je weniger die Auswahl fokussierbar ist, desto geringer sind die Aussichten, dass spezifischere strategische Erwägungen in Führungsentscheidungen eingehen. Die Wahrscheinlichkeit würde also sinken vom Präsidium über den Vorstand, den Parteitag bis zum Basis-Votum einer Partei.

Unter einem anderen Gesichtspunkt, dem der „strategischen Autonomie", wurde die Führungsfrage vergleichend analysiert (Scarrow/Webb/Farrell 2000). Die Parteiführung, so die Annahme, erreiche bei einer Wahl durch Mitglieder oder Abgeordnete mehr Autonomie als bei der Wahl durch Parteigremien, insbesondere Parteitage. Allerdings dienten zur empirischen Überprüfung lediglich formelle, statutarische Regelungen – ohne dass sich damit ein eindeutiges Ergebnis abgezeichnet hätte. Quantitativ stand die Entscheidung durch Parteitage immer noch im Vordergrund.

Möglicherweise kommt man dem Problem der Autonomie und auch dem von strategischen Erwägungen näher, wenn man die Führungsentscheidung vor allem als Aushandeln auf der Führungsebene versteht, mit formeller Ratifikation durch unterschiedliche Parteieinheiten. Über interne Differenzen hinweg ist es ein Interesse von Führungsgruppen, weder Vorstände noch Parteitage noch Mitglieder mit *offenen* Entscheidungsfragen zu befassen. Das erhöht ihre gemeinsame strategische Autonomie und zwingt sie – möglicherweise – intern zu einem etwas stärkeren Austausch strategischer Gesichtspunkte.

Beobachtungen sprechen dafür, dass dabei für die Beteiligten unter vielen relevanten Kriterien das Quantifizierbare und für den Machtgewinn Unverzichtbare im Vordergrund steht: Wahlerfolge bzw. gute Demoskopiedaten. Deshalb ließ Oskar Lafontaine Gerhard Schröder, Angela Merkel Edmund Stoiber, Gordon Brown Tony Blair den Vortritt. Die Entscheidung wurde im Übrigen immer nur unter den beiden Kontrahenten geklärt und anschließend von Gremien formell ratifiziert.

Strategischer Spielraum eröffnet sich auch, wenn der Amtsinhaber bei der Nachfolgefrage mitsprechen kann. So versuchte Konrad Adenauer, den von ihm für regierungs- und strategieunfähig gehaltenen Ludwig Erhard als seinen Nachfolger zu verhindern. Etwas anders gelagert, im Ergebnis aber ähnlich, verhinderte Helmut Kohl 1997/1998 den strategisch versierten Wolfgang Schäuble. Dagegen hatte Helmut Kohl 1980 Franz Josef Strauß den Vortritt gelassen, weil er nur so dessen innerparteiliches Destruktionspotential neutralisieren konnte.

Unwahrscheinlicher ist der Modus einer internen Verabredung zur Amts-Rotation. Im Falle von Gordon Brown wurde – so lange beide nicht ihr Schweigen brachen – öffentlich immer wieder vermutet, Blair „betrüge" seinen Genossen um die früher zugesagte freiwillige Rotation im Amt des Premierministers.

Führungs- als Strategiefragen zu behandeln, ist möglich, aber außerordentlich schwierig und voraussetzungsvoll. Es gelingt vor allem, wenn mindestens eine Person, die auch Teil des strategischen Zentrums ist, der direkten Konkurrenz entzogen sowie ohne eigene Ambition auf das Spitzenamt bleibt, und gleichzeitig überproportionalen Einfluss auf zentrale strategische Personalentscheidungen hat. Dazu gehört insbesondere die Entscheidung über den Spitzenkandidaten. Gerade weil die Eignung für außerparteiliche Handlungsfelder – Massenmedien und Wahlkampf – geprüft werden muss, kann hier die Strategiekompetenz bestehender Führung auf Führungsfragen angewendet werden.

Herbert Wehner und Franz Müntefering sind Beispiele für besonders einflussreiche Akteure im strategischen Zentrum ohne weitergehende, eigene Karriereinteressen. Wehner hat Willy Brandt durch Helmut Schmidt abgelöst, Müntefering hätte Gerhard Schröder 2005 durch einen anderen ersetzen können – wenn er einen gehabt hätte. In der politischen Agonie von Helmut Kohl gab es bei der Union niemanden in vergleichbarer Position, der Kohl beiseite schieben und damit die durchaus mögliche Verlängerung der bürgerlichen Mehrheit über 1998 hinaus hätte durchsetzen können. Wolfgang Schäuble scheiterte daran, gleichzeitig die Weichen neu zu stellen und der Kandidat zu sein. Machtverhältnisse und strategische Überlegungen bewogen die CDU-Vorsitzenden Kohl (1980) und Merkel (2002), obwohl qua Amt „geborene" Kanzlerkandidaten, Strauß bzw. Stoiber den Vortritt zu lassen. Nach deren Wahlniederlagen hatten sie selbst vergrößerten strategischen Manövrierraum.

Typisch für ein Führungsvakuum oder -patt scheint zu sein, dass sich Spitzenleute im Kampf gegen Konkurrenten durchsetzen und anschließend ein strategisches Zentrum aufbauen. Konrad Adenauer gegen Jakob Kaiser, Helmut Kohl gegen Rainer Barzel, Gerhard Schröder gegen Oskar Lafontaine. Vorstände, Fraktionen, Parteitage, Mitgliederabstimmungen und Ergebnisse von Parlamentswahlen – alles ist schon bemüht worden, wenn die interne Einigung unter den Führungsleuten nicht möglich war oder nicht ausreichte. Die größten Chancen, strategische Erwägungen wirksam zu machen, bestehen aber bei der Auswahl durch selbst nicht ambitionierte Strategen.

In den vergangenen Jahrzehnten gab es eine Zunahme von Mitgliederentscheidungen über Spitzenpositionen (z.B. Parteivorsitzende, Kandidaten). Sie sind durch Elitehandeln, zum Teil auch durch einschränkende Nominierungsregelungen vorgeformt (so dürfen in der britischen Labour Party nur Unterhaus-Abgeordnete kandidieren). Nicht immer bringen sie die eigentliche Alternative zur Abstimmung (zum Beispiel Gordon Brown gegen Tony Blair 1994), aus Sorge, der Verlierer habe dann definitiv seine Chancen verspielt und gehe der Partei verloren – und das bei immer zu knappen Führungskräften. Durch die stärkere Tendenz zu Gegenkandidaturen fördern sie möglicherweise die Chance, über Auswahlkriterien diskutieren zu können. Allerdings steht der unspezifische, heterogene, große Teilnehmerkreis einer strategischen Fokussierung entgegen. Gesichtspunkte der Korrespondenz zu Wähler- und Konkurrenzkontexten sowie einer besonderen Befähigung zu strategischer Politik sind beim Basisvotum nicht ausgeschlossen, haben aber – so unsere These – unter strategiefähigen Akteuren an der Spitze der Partei größere Aussichten, zur Geltung zu kommen.

Relativ sicher ist: Führungsfragen werden stärker von den Eliten selbst als von Parteigremien oder Mitgliedern bestimmt. Wieweit dies strategische Gesichtspunkte und Strategie als Gesichtspunkt tatsächlich fördert, bedarf empirischer Analysen, die sich explizit dem Strategieaspekt zuwenden.

Unterstützungskomplex des strategischen Zentrums

Die wenigen Personen des strategischen Zentrums machen natürlich nicht alles selbst. Ein strategisches Zentrum kann umso effektiver sein, je konzentrierter, verflochtener und zentrierter es ist. Wesentlich ist seine Effektivität allerdings von der Besetzung der zweiten und dritten Ebene abhängig, ohne die jedes Zentrum häufig wild herumrudern würde. Der Aufbau von Mehrstufigkeit und die damit einhergehenden Professionalisierungsprozesse können als Ausdifferenzierung (im Sinne funktionaler Differenzierung) des strategischen Zentrums, zugleich als Professionalisierung der Führung in Anpassung an veränderte Rahmenbedingungen verstanden werden.

Erst professionelle Unterstützung schafft Voraussetzungen anspruchsvolleren strategischen Handelns an der Spitze. Sie ist aber nicht auf eine einzelne Funktion reduzierbar, sei es die operativer Umsetzung, interner und externer Beratung oder auch die einer Mitwirkung an strategischen Entscheidungen ohne formelle Verantwortung.[448]

Die Überschneidungen und die Zusammenarbeit zwischen strategischem Zentrum und der operativen Leitung, den strategischen Apparaten sowie mit externen strategischen Beratern sind vielfach informell und ergeben ein gestaffeltes, mehrstufiges System. Idealtypisch bestehen drei Ebenen. Eine erste Ebene politischer Verantwortung und strategischer Entscheidungen (über Konzept und strategische Steuerung). Eine zweite Ebene strategisch-operativer Steuerung, der Beratung der politischen Spitze und, soweit man am strategischen Zentrum beteiligt ist, auch der Mitwirkung an strategischen Entscheidungen. Eine dritte Ebene der Beratung der zweiten Ebene und zum Teil der Führung selbst.

Diese Grundstruktur vollzieht sich in variierenden Ausformungen. Sie ist – wegen der Kompetenz- und Ressourcenfülle – auf Regierungsebene am deutlichsten entfaltet. Diese Struktur ist auch der Ausgangspunkt für die etwas komplizierte Gliederung des folgenden, für das Verständnis von Realabläufen strategischer Politik wichtigen Unterkapitels. Das *erste Raster* bilden die drei Ebenen. Das darüber gelegte *zweite Raster* macht Aussagen zu vier strategischen Handlungsbereichen: Regierung, Opposition, Partei und Wahlkampfführung (mit dem Schwerpunkt auf Regierung). Das *dritte Raster* differenziert zwischen intern Beteiligten und externen Beratern.

Regierung: 1. und 2. Ebene

Der Regierungschef hat – ob als Premier, Kanzler, Ministerpräsident oder als Präsident – die Chance, die von ihm kontrollierte Regierungszentrale zu einer strategischen Steuerungszentrale zu entwickeln. Umfang und Relevanz eines solchen strategischen Steuerungssektors hängen unter anderem von Aufgabenzuschreibung, Ressourcenausstattung, Personalrekrutierung ab.

---

[448] Deshalb steht über diesem Abschnitt nicht „Beratung", sondern „Unterstützungskomplex".

Elemente von Strategiefähigkeit (Führung)

Der Aufbau größerer und komplexerer Regierungszentralen hat in den westlichen Demokratien erst in den 1960er Jahren begonnen (vgl. Peters/Rhodes/Wright 2000, Helms 2005b). Ein britischer Premier beispielsweise konnte sich bis dahin intern nur Rat bei Beamten oder dem zuständigen Minister besorgen. Erst Harold Wilson hat 1964 damit begonnen, sich von außen politische Berater ins Prime Minister Office zu holen. Im Washingtoner White House gab es seit Anfang der 1960er Jahre unter John F. Kennedy, im Bundeskanzleramt unter Willy Brandt und Horst Ehmke seit 1969 ähnliche Entwicklungen. Damit antworteten die Regierungszentralen auf neue Herausforderungen in einem politischen Modernisierungsprozess.[449]

Gleichzeitig gab es neue Disziplinen und Kompetenzen (z.B. Sozialwissenschaften, Management, Demoskopie, Journalismus), die – zumal in der benötigten „politisierten" Form – nicht über die normalen Ausbildungs- und Rekrutierungswege von Beamten zu gewinnen waren. Solch neues Personal schaffte nicht per se professionalisierte, genuin *strategische* Apparate, aber die Potentiale und Ausgangsbedingungen dafür. Angesichts des unbefriedigenden Stands wissenschaftlicher Befassung mit Strategiefragen waren dies eher Träger fragmentierten Strategiewissens, bei Aufgeschlossenheit der politischen Führung konnte sich daraus in Lernprozessen aber eine strategische Professionalisierung on the Job entwickeln.[450]

Das Verhältnis zwischen politischer Spitze und der Spitze der Steuerungszentrale lässt sich in der Metapher „Kapitän und Steuermann" fassen. Auch im politischen Prozess besetzt ein „Steuermann" die zentrale Steuerungsposition unterhalb des Regierungs-, Oppositions-, Parteichefs. Dies ist – im Regierungsbereich – der Stabschef des Weißen Hauses oder von No. 10 Downing Street, der Generalsekretär im Elysee-Palast[451] oder der Chef des Bundeskanzleramtes in Berlin. Der Kapitän trägt die Gesamtverantwortung für die Fahrt des Schiffes, der Steuermann ist für dessen operativ-strategische Bewegung zuständig. Beide müssen eng zusammenwirken – zumal in der Politik ihre Wirkungsbereiche nicht so klar unterschieden sind wie auf See.

Klassische Kapitän-Steuermann-Duos in Deutschland waren Konrad Adenauer und Hans Globke, Willy Brandt und Horst Ehmke, Helmut Schmidt und Manfred Schüler, Helmut Kohl und Wolfgang Schäuble, Gerhard Schröder und Frank-Walter Steinmeier. Soweit die Kapitäne Erfolg hatten, verdankten sie es nicht zuletzt den hervorragenden strategisch-operativen Leistungen dieser Steuerleute. Fehlbesetzungen, wie Waldemar Schreckenberger unter Helmut Kohl, führten zum Schlingerkurs. Inadäquate Nachfolger, wie nach Horst Ehmke und Manfred Schüler, ließen auch gute Kapitäne schlecht aussehen.

Typischerweise braucht der Spitzenpolitiker, vor allem der Regierungschef, auf der zweiten Ebene eine Figur, die einen wesentlichen Teil der Strategieumsetzung für ihn organisiert – eben den Steuermann. Bei geklärter Führungsfrage wird man davon ausgehen, dass der Spitzenmann eine Person seines Vertrauens auf der Steuerungsposition platzieren kann, da sein eigenes politisches Schicksal in beträchtlichem Maße von ihm abhängt. Schwieriger scheint es, den für diese Position richtigen Mann oder die richtige Frau zu finden. Als wir

---

[449] Vgl. das Kapitel 4.4.
[450] Vgl. Müller-Rommel (1994) zu solchen Lernprozessen im Kanzleramt der 1960er Jahre. Dabei wurde zuerst versucht, Erkenntnisse moderner Management-Lehren zu übertragen (Werner Knieper), dann, moderne Planungstheorien bei einer Gesamtsteuerung der Politikproduktion anzuwenden (Reimut Jochimsen, Horst Ehmke).
[451] In der doppelköpfigen französischen Exekutive wirkt in Diensten des Premierministers ein zweiter Generalsekretär im Matignon.

den damaligen Kanzleramtschef Frank-Walter Steinmeier fragten, ob er „wie der Kanzler denkt" (damals Schröder), war er fast erschrocken. Er müsse – so sinngemäß seine Antwort – komplementär, von der Problem- und Arbeitsebene her denken, also Lücken schließen, die ein stark intuitives, situationsgebundenes Denken des Regierungschefs lasse.

Der Steuermann muss sowohl politisch wie administrativ agieren können. Er muss sich in vielen Politikfeldern auskennen und in der Lage sein, Politikprozesse zu organisieren. Er soll taktisch, operativ und strategisch gleich gut sein. In dieser Rolle gibt es weitgehende Entlastung von sichtbarem öffentlichen Handeln, aber Teilhabe an der Entscheidung und Verantwortung der Spitzenleute. Entlastet, aber verantwortlich – das ist die große Chance für einen politischen Spitzenmanager, zum zentralen Organisator strategischer Prozesse zu werden, ohne von der strategisch-praktischen Doppelrolle der Spitzenpolitiker[452] erdrückt zu werden.

Häufig allerdings sind diese Schlüsselfiguren überlastet mit administrativer Politikkoordination, vom Bemühen um „reibungsloses" Funktionieren okkupiert, das heißt, sie bleiben im Day-to-Day-Management befangen. Auch die – unter dem Rollenaspekt – viel gerühmten Hans Globke, Manfred Schüler und Frank-Walter Steinmeier,[453] die sich der Öffentlichkeit konsequent entzogen, hatten ihre Stärken doch offenbar mehr auf dem operativen als auf dem strategischen Feld. Bei Globke und Schüler ging das gut, weil Adenauer und Schmidt feste Überzeugungen und einen lange Zeit funktionierenden strategischen Kompass hatten.

Die Organisierung des Unterstützungskomplexes ist hochgradig kontingent, von vielen Zufälligkeiten und personellen Konstellationen abhängig, sie ist kaum standardisierbar. Die dreistufige Grundstruktur und die Kapitän/Steuermann-Anordnung treffen aber nicht nur die deutschen Verhältnisse, sondern auch verbreitete Strukturen des europäischen Party-Government im Rahmen stark bürokratisierter und hierarchisierter Administration.[454]

Die Figur des Steuermanns zählt sicherlich zu den politisierten Rollen im Stabsbereich politischer Spitzen. Dennoch gibt es unterschiedliche Rollen- und damit auch Rekrutierungsverständnisse. Gesichtspunkte operativer Effizienz sprechen offenkundig häufig für eine administrative Akzentuierung (am deutschen Beispiel: Hans Globke, Manfred Schüler, Frank-Walter Steinmeier, Thomas de Maizière). Das größere Strategiepotential „politischer" Besetzungen wird dagegen seltener gesucht (Horst Ehmke, Wolfgang Schäuble).

Spitzenpolitiker können die formelle Hierarchie, die über den Steuermann führt, umgehen, sich selbst für sie wichtige strategische Berater im Amt aussuchen oder direkt auf die dritte Ebene zugreifen. Dies kann komplementär geschehen und Teilbereiche umfassen (z.B. Außenpolitik, Weltwirtschaft oder Medien/Öffentlichkeit). Es können aber auch Improvisationen oder Notlösungen sein, wenn es nicht gelingt, die richtigen Leute zu finden und sie in die richtigen Positionen zu bringen.

Wenn sich mehrere individuelle Beratungsbeziehungen an der hierarchischen Formalstruktur vorbei oder um sie herum stabilisieren, kann man von „Küchenkabinett" sprechen. Willy Brandt und Helmut Kohl zum Beispiel hatten Neigungen zum Küchenkabinett, Helmut Schmidt, formell-hierarchisch orientiert, lehnte es ab.

Schmidt, mit dem Erfahrungshintergrund als Amtsleiter, Minister, Fraktionsvorsitzender, stellvertretender Parteivorsitzender und Bundeskanzler, hat drei Führungsmodelle

---

[452] Vgl. dazu das Kapitel 4.1.5.
[453] Vgl. nur Müller-Rommel (2000), Müller/Walter (2004), Knoll (2004).
[454] Vgl. etwa Peters/Rhodes/Wright (2000), Helms (2005a, 2005b), Poguntke/Webb (2005).

Elemente von Strategiefähigkeit (Führung)

unterschieden und sich für das einer „Führung im Team" ausgesprochen (Schmidt 1998: 497). Es beruhte auf der engen Zusammenarbeit der formellen Spitze des Hauses, dem Minister bzw. Bundeskanzler und den Staatssekretären. Dieser formell-kollegiale Führungsstil[455] unterschied sich von einem hierarchischen Führungsstil, der auf „Führung durch Befehl" beruhte – wie ein militärischer Führer oder „ein Generaldirektor, der seine eigenen Karten verdeckt hält und von einer höheren Ebene herab Weisungen gibt" (497). Ein drittes Modell hatte Schmidt verworfen: das eines „kleinen persönlichen Stabes", für ihn der Typ eines Küchenkabinetts. Es besteht nicht oder nur teilweise aus der formellen Leitung eines Hauses, kann vielmehr Büroleiter, Pressesprecher oder einen einzelnen Abteilungsleiter umfassen. Solcher handverlesene Stab hatte für Schmidt die Konsequenz, „dass die Staatssekretäre den Ministern gar nicht nahe genug waren, um Kritik anbringen oder gar regelmäßige Kritik üben und Alternativen vortragen und mit ihrem Chef durchdiskutieren zu können." (497).

Bei Helmut Kohl, doppelt so lange wie Schmidt im Amt des Bundeskanzlers, hat das Modell eines Küchenkabinetts funktioniert.[456] Es vertrug keine Fehlbesetzung wie Waldemar Schreckenberger als Kanzleramtschef in der Anfangsphase bis Ende 1984, konnte aber danach mit fähigen Kanzleramtschefs (Wolfgang Schäuble, Rudolf Seiters, Friedrich Bohl) in der Verbindung formeller und informeller Elemente längere Zeit sehr gut funktionieren.[457] Kompetenz und wechselseitige Beziehungen sind wichtiger als das Friktionspotential von Doppelstrukturen, am wichtigsten aber ist die Funktionsbestimmung. Helmut Schmidt wie Helmut Kohl waren durch einen starken strategischen Kompass geprägt. Beide brauchten ihr Team weniger zur Klärung strategischer Grundsatzfragen als zur strategisch-operativen und taktischen Feinsteuerung. Die rahmensetzenden Vorgaben des jeweiligen Kompasses waren intern so weit entziffert und akzeptiert, dass darüber nicht mehr geredet werden musste.

In welcher Form kann den Spitzenmann strategisches Wissen und Know-how aus dem Unterstützungskomplex erreichen? Das vorherrschende Muster – auch im amerikanischen Fall – ist die implizite Strategieberatung. Es gibt aber auch Ansatzpunkte für den Einbau von Strategieexperten in den Beratungs- und Entscheidungsprozess. Implizit ist eine Strategieberatung, die sich themen- und bereichsgebunden aus Sach- und/oder Prozessfragen

---

[455] Dazu kamen auch bei Helmut Schmidt aktive Informationsgewinnung und strategisches Suchverhalten, die sich nicht strikt an die Formalstruktur hielten.

[456] Bei der Analyse amerikanischer Präsidentschaften wird von Bert A. Rockman zwischen hierarchischer und kreisförmiger Stabsstruktur unterschieden. Die *hierarchische* Struktur platziert unter dem Regierungschef einen Stabschef mit eigener Verantwortung für den Koordinations- und Steuerungsprozess. Damit schafft sie auch zwei zentrale Figuren für den strategischen Prozess, der in hohem Maße durch ihre Arbeitsteilung und Kooperation geprägt und im Weiteren strukturiert wird. Bei der *kreisförmigen* Stabsstruktur bleibt der Chef im Zentrum des Prozesses politischer Beratung und Entscheidung wichtiger Fragen und zieht eigentätig „Berater" der verschiedensten Kategorie heran – vom Minister bis hin zu Bruder (Kennedy) und Ehefrau (Clinton). John F. Kennedy beispielsweise folgte der Empfehlung, „sein eigener Stabschef zu sein" (Schlesinger 1968: 113). Rockman (1996, 2000) resümiert, zuletzt sei das Steuern ohne Steuermann bei Bill Clinton gescheitert. Auch das in Deutschland praktizierte Küchenkabinett hat die hierarchische Grundstruktur nicht aufgehoben, sondern sie verbunden mit Elementen kreisförmiger Struktur.

[457] Eduard Ackermann, der wichtigste Mann für die Medienbeziehungen, war Abteilungsleiter ebenso wie Horst Teltschik. Ackermann „mehr Diener als Akteur" (Korte 1998: 27) war offenkundig in strategische Linienführung weniger involviert (vgl. auch Ackermann 1996) als Teltschik, der wesentliche Beiträge zu Kohls strategischer Strukturierung des außenpolitischen Feldes leistete, für das Kohl bei Amtsantritt noch keine Erfahrungen hatte. Die Strategen waren Schäuble und Teltschik. Vgl. dazu etwa Korte (1998: 25ff.), Dreher (1998), Müller/Walter (2004: 144ff.).

entwickelt. Solche *Gelegenheitsstrategen* können Experten für verschiedene Politikfelder, für Medien/Öffentlichkeit, Wahlkampf, Partei oder für die Koordination von Institutionen[458] sein, bei deren Tätigkeiten und Beratungen über ihre spezifische Kompetenz hinaus Strategisches an- und abfällt.

Dem steht die explizite Beratung von *Strategieexperten* gegenüber, bei denen strategische Analysen und Vorschläge nicht Nebenprodukt sind, sondern zum Leistungsprofil gehören. Das können *Bereichsstrategen* oder *strategische Generalisten* sein. Bereichsstrategen entfalten ihr strategisches Denken vorzugsweise an ihrem Schwerpunkt, ohne in anderen Bereichen auf ein vergleichbares professionelles Niveau zu kommen. Dagegen bewährt sich der strategische Sachverstand von strategischen Generalisten themen- und bereichsübergreifend.[459]

Abbildung 15: Typologie von strategischem Know-how auf der Stabsebene

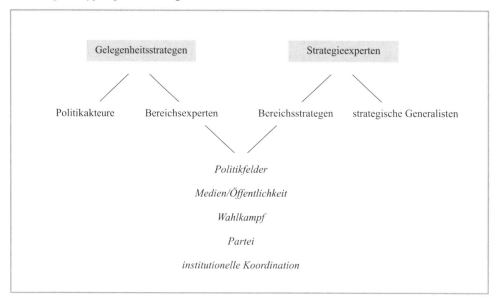

Implizites Strategiewissen dominiert nicht nur in den Ressorts, sondern auch bei den Steuerungsleuten, die vorwiegend mit allgemeinem Prozessmanagement befasst sind. Bereichsstrategen – nicht immer einfach abzugrenzen von implizit-strategischen Fachleuten – finden sich beispielsweise unter den Sonderberatern des Regierungschefs (z.B. für Außenpolitik, Wirtschaft oder Öffentlichkeit). Strategische Generalisten dagegen haben keinen festen Platz in den Steuerungszentralen, weder in den USA noch in den europäischen Party-Government-Systemen. Es fehlen auch Hinweise darauf, dass strategische Kompetenz bei der Rekrutierung der Stäbe ein besonderes Kriterium darstellte oder dass gar nach Strategieexperten systematisch gesucht wurde. Dies überrascht allerdings nicht, sondern ent-

---

[458] Vor allem die „Steuermänner", aber auch die mit der Koordination zu Fraktion/Parlament, Partei, zweiter Kammer bzw. föderativen Organen Beauftragten.

[459] An deutschen Politikern illustriert, war Egon Bahr ein hervorragender Bereichsstratege, Peter Glotz ein exzellenter strategischer Generalist.

spricht den restriktiven Bedingungen, wie wir sie für die politische Praxis insgesamt charakterisiert haben.[460] Je stärker Strategieberatung eher zufällig ist oder von Gelegenheits- und Bereichsstrategen getragen wird, desto mehr wachsen die Anforderungen an das eigenständige strategische Potential der Spitzenfigur, die an einem Puzzle arbeitet, für das es noch kein Bild gibt.

Regierungs- bzw. Steuerungszentralen zeigen eine Schwachstelle beim Einbau von Strategieexpertise. Da sie nicht vorgesehen ist, fällt sie vorwiegend als implizites Strategiewissen, allenfalls als Beiträge von Bereichsstrategen, zu wenig aber als Know-how von strategischen Generalisten an. Damit wachsen die Anforderungen kognitiver Synthese vielen Spitzenleuten über den Kopf. Vorsichtiger formuliert: sie bleiben hinter ihren Möglichkeiten zurück. Je weniger professionelle Synthetisierung auf den nachgeordneten Ebenen stattfindet, desto mehr müsste der Chef zum *Mastermind* werden – der er in der Regel nicht ist. So betreibt er ein System der Aushilfen, bei dem Büroleiter, Pressesprecher oder Stabschefs eigentlich überfordert sind.[461]

Möglicherweise hängt damit zusammen, dass sich manche Regierungschefs – auch außerhalb der formellen Strukturen – generalistisch-strategischen Rat besorgen. Das könnte Karrieren erklären wie die von Dick Morris und Karl Rove, Peter Mandelson und Philip Gould, Jacques Attali und manch anderen, die man nicht kennt, weil sie nicht geschrieben und ohne Aufsehen gearbeitet haben. Sie alle gehören zu den hoch politisierten Beratern, sind in der „politischen Familie" des Spitzenmannes verankert, ohne in der Regel „Mann der Partei" zu sein.

Diese strategischen Generalisten, mit im Einzelnen sehr unterschiedlichem Background, haben eine Gemeinsamkeit: sie sind keine Policy-Spezialisten. Das mag zunächst ein bloßer Effekt der Nachfrage des Spitzenmanns sein, der eine Wahl gewinnen oder seine Macht als Regierungschef erhalten will. Allerdings: wenn man unabhängig von Nachfrage auf das analytische Angebot schaut, stellt man fest, dass strategische Generalisten üblicherweise nicht aus dem Kreis von Policy-Experten herauswachsen, ohne dass die Generalisten zugleich reine Machttechniker wären – sie brauchen auch vertieftes Problemwissen, um kompetente Generalisten sein zu können.

Policy-Berater sind tendenziell Spezialisten. Weder trifft man auf Berater mit vertiefter Kompetenz in vielen, unterschiedlichen Politikfeldern noch auf gleichgewichtige bzw. ausgewogene Fähigkeiten zur Vernetzung mit Politics-Aspekten. Es scheint so zu sein, dass außerhalb der Policy-Domäne die Chancen größer sind, sich zu Generalisten zu entwickeln. Der strategische Rat von Generalisten, so unser Erklärungsversuch dieses empirischen Sachverhalts, bezieht sich auf generalisierende Institutionen unter stärkerer Berücksichtigung generalisierter Medien als sie bei Politikfeldern zur Verfügung stehen.

Wahl und Parlament sind Institutionen, die den Akteuren (Wähler, Abgeordnete, Regierende) generalisierende, machtrelevante Entscheidungen gegenüber einer Vielzahl von Themen und Kriterien abverlangen. Es ist nicht der Machtaspekt für sich, der ja auch bei

---

[460] Vgl. dazu Kapitel 4.
[461] Komplexität wird auch über die „engsten", „persönlichen" Berater reduziert. Dabei werden nicht selten die Redenschreiber der Spitzenleute in ihrem strategischen Potential überbewertet. Selbst in symbiotischen Beziehungen wie zwischen Theodore Sorensen und John F. Kennedy oder Michael Gerson und George W. Bush geht es um interpretative (und stilistische), nicht um strategische Expertise. In den Netzwerken, die Strategien erarbeiten, sind Redenschreiber nicht involviert. Nur bei einem Vertreter interpretativer Strategie wie Willy Brandt kann sich ein Redenschreiber wie Klaus Harpprecht (2000) als Großstratege (miss-)verstehen. Tatsächlich hat er den Chef vor allem bei dessen Interpretationen unterstützt.

der einzelnen Policy-Entscheidung und -Durchsetzung oder einer Parteireform relevant ist, es ist das Moment der Generalisierung in den machterzeugenden Institutionen Wahl, Parlament, Regierung/Opposition. Neben sachgerechten Problemaspekten sind Handlungen dort auf generalisierte Medien wie vor allem Kommunikation und Macht bezogen. Macht und Kommunikation ermöglichen Kalkulationen, die nicht gleichgültig sind gegenüber Problemen und Problemlösungen, aber übergreifend zu spezifischen Inhalten.

Die Konfigurationen von Stabsstrukturen folgen nicht einfach Effizienzkriterien. Schon eher unterschiedlichen Vorstellungen von Effizienz, mehr noch aber einem breiten Spektrum von Motiven, zu denen auch die Behauptung politischer Autonomie und intellektueller Selbständigkeit gehören können, die Angst vor Konkurrenz und politischem Machtverlust, aber auch so banale Gründe wie das Fehlen fähigen Leitungspersonals (z.B. wegen längerer Abstinenz von der Regierung). Starke Einflussfaktoren sind sicherlich Führungs-, Regierungs-, Strategiestil. Auch intellektuelle Verarbeitungskapazität oder Lernbereitschaft spielen ihre Rolle.

Kleinere Koalitionsparteien des europäischen Party-Government, ohne Zugang zu den Regierungszentralen, müssen sich anderweitig ein Steuerungszentrum aufbauen. Vizekanzler und ähnliche Positionen bedeuten – strukturell gesehen – nichts in diesem Zusammenhang. Das Bundeskanzleramt hat in politischen Funktionen zu keiner Zeit, weder unter CDU- noch unter SPD-Kanzlern, Vertreter der kleineren Koalitionspartei mit aufgenommen. Angesichts umfangreicher Parlaments- und Öffentlichkeitsarbeit bleiben kleineren Parlamentsfraktionen wenig Ressourcen für die strategische Beratung eines Zentrums.

Bringt ein vergleichender Blick auf westeuropäische Großstaaten Hinweise auf strategisch effiziente Strukturen? Ein Kanzleramt, um mit dem *deutschen* Beispiel zu beginnen, kann nicht die Schwächen eines Kanzlers und auch nicht die eines Kanzleramtschefs kompensieren.[462] Eine andere Besetzung und eine andere Verwendung könnten dagegen das strategische Potential der Regierungszentrale auch in Deutschland erhöhen. Ließe sich die bürokratisch-administrative Ressort-Koordination, die das Bundeskanzleramt vor allem leistet, in ein gesamtpolitisches und auch kommunikativ-strategisches Steuerungsinstrument umwandeln? Das Wichtigste für eine komplexe Gesamtsteuerung wären Arbeitszuschnitt, personelle Besetzung, strategische Zielprojektion der Leitungsebene und ein entsprechendes strategisches Selbstverständnis des Regierungschefs. Neben die Policy-Koordination müsste eine kommunikativ-konkurrenzbezogene Steuerung treten und die strategische Kompetenz müsste über den Einbau von Strategieexperten (als Bereichs- und als generalistische Strategen) besorgt werden.

Politische Planungsabteilungen scheinen so lange keine Lösung zu sein, wie sie nicht an das operative Geschäft angeschlossen werden. Die Nicht-Anbindung solcher Einheiten hat sie häufig überflüssig gemacht. Vor allem das strategische Kommunikationsmanagement wäre zu einem integralen Bestandteil der Leitungsstruktur im Kanzleramt zu machen. Bisher, zusätzlich eingeschränkt durch die organisatorische Entkoppelung vom Großapparat des Bundespresse- und Informationsamtes, funktioniert eine konzeptionell angebundene Regierungskommunikation allenfalls punktuell über die gelungene Abstimmung mit dem Regierungssprecher. Dafür muss dieser Mitglied des engsten Führungsstabs sein (z.B. Uwe-Karsten Heye, Klaus Bölling) und ein übergreifendes Regierungskonzept existieren.

Frankreich hat bei den Unterstützungsfunktionen eine eigene Tradition: das Kabinettsystem. Es besteht aus der Doppelstruktur eines Generalsekretariats, das die Aufgaben einer

---

[462] Vgl. dazu etwa die Fallstudie zur Regierung Schröder in Kapitel 13.3.

politisch-administrativen Koordination und Steuerung wahrnimmt, und eines persönlichen Kabinetts (mit einem „chef de cabinet"), das die Arbeit des Präsidenten (bzw. Premiers) organisiert. Dies doppelte System gibt dem Spitzenpolitiker vermehrte Möglichkeiten, sich einen strategischen Beratungsstab nach eigenen Vorstellungen aufzubauen.[463] Ohne rechtliche Einschränkungen bestehen große Freiheiten für den Präsidenten, allerdings ist die grundlegende Struktur relativ konstant, bei eher kleineren persönlichen Variationen.

Es handelt sich um eine hierarchisch-ressortorientierte Organisation, die aber zusätzlich über eher frei, das heißt auch strategisch verwendbare Einheiten verfügt. Der Generalsekretär ist Steuermann vor allem des Policy-Prozesses, mit vielfältigen Koordinationsaufgaben hinsichtlich fragmentierter politisch-administrativer Institutionen. Gleichzeitig ist er – potentiell – einer der wichtigsten Berater des Präsidenten für den gesamten Politikprozess. Sein Apparat ist nach Politikfeldern strukturiert, daneben existiert eine kleine Einheit für Medien- und Öffentlichkeitsarbeit. Im Policy-Making-Prozess ist der Generalsekretär der „point de passage", zwischen dem Präsidenten und anderen Mitgliedern des Generalsekretariats sowie dem Stab des Premierministers. Allerdings verfügt auch das Generalsekretariat nur über eine begrenzte Steuerungsfunktion im Policy-Making-Prozess, der in der fragmentierten V. Republik über mehrere exekutive Stufen verteilt ist.

Während das Kabinett des Premierministers für ihn breite politische Beratungsfunktionen bereitstellt, ist ein größerer Teil des Kabinetts des Präsidenten mit Aufgaben der Logistik und des Managements befasst. Dagegen ist der „directeur de cabinet" ein enger Vertrauter des Präsidenten, mit einer potentiell umfassenden politischen Beratungsfunktion.

Seit den späten 1960er Jahren bzw. der Präsidentschaft von Georges Pompidou gibt es eine Tendenz, „to appoint special advisers who occupy positions outside the normal structures of the presidential office. Their role is usually overarching, not being restricted simply to policy advice." (Elgie 2000: 238). Zwar gab es Spannungen zwischen solchen nicht vorgesehenen Beratern und Akteuren der offiziellen Struktur (z.B. unter Mitterrand zwischen Pierre Bérégovoy, dem Generalsekretär, und Jacques Attali), im allgemeinen aber haben die Sonderberater „simply provided an alternative rather than a rival, source of advice" (238).

Strategische Potentiale liegen beim Generalsekretär, soweit ihm die Aufgaben eines Generalmanagers Zeit und Kapazitäten lassen, dem Kabinettschef, mit seinen Potentialen und Chancen eines „Chefberaters", sowie frei zu schaffenden Sonderberatern. Eine engere, institutionell angelegte Verzahnung von Policy-Making, komplexer Prozesssteuerung und insbesondere der öffentlichen Kommunikation ist auch hier nicht erkennbar. Der Präsident kann sich durch Entlastung von erheblichen Teilen des innenpolitischen Policy-Making nicht nur Freiheiten für die Außen- und Sicherheitspolitik (für die er zuständig ist), sondern auch für strategische Beobachtung und Steuerung des Gesamtprozesses schaffen. Dazu kann er auf politisch Vertraute in seinem näheren Umfeld zurückgreifen, die er etwa unter Aspekten individueller Strategiefähigkeit rekrutieren kann.

Die im Kontext europäischer Party-Government-Systeme fortgeschrittenste Form eines strategisch operierenden Verbunds von Regierungschef und Regierungszentrale findet sich in *Großbritannien* während der Amtszeit von Tony Blair. Unter Blair ist die Steuerung von Öffentlichkeit, Wählern und Partei ganz in den Steuerungsapparat des Premierministers integriert worden. Spezialisierte Einheiten in Downing Street No. 10 und im Cabinet Office übernehmen, angebunden an den Premier selbst, die Organisation der vielfältigen internen und externen Abstimmungs-, Koordinations-, Kommunikationsprozesse und versuchen sich

---

[463] Vgl. zum Folgenden Elgie (2000: 232ff.).

an einer übergeordneten strategischen Regierungssteuerung. Kontroverse Diskussionen haben weniger die Versuche der organisatorischen Zentrierung strategisch relevanter Steuerungsfunktionen in der britischen Kernexekutive hervorgerufen – markantestes Beispiel war die Neuschaffung der Abteilung „Communications and Strategy" im Prime Ministers Office –, als vielmehr die Art und Weise, wie von diesen Organisationseinheiten zuweilen Politik betrieben wurde.[464]

Opposition, Partei, Wahlkampf: 1. und 2. Ebene

Wir sprachen bisher von der Regierungsebene. Aber auch die parlamentarische Opposition großer Parteien in Party-Government-Systemen – zumal im gut ausgestatteten deutschen Parlamentarismus – verfügt über die Ressourcen, sich – in kleinerem Maßstab – eine mehrstufige Parallelstruktur aufzubauen.[465]

Es gibt funktionale Äquivalente für den Steuermann auf Seiten der Opposition, wobei offen ist, wieweit die Aufgabe dem (ersten) parlamentarischen Geschäftsführer oder dem Generalsekretär der außerparlamentarischen Partei zufällt – je nachdem, ob der Oppositionsführer Fraktions- oder Parteivorsitzender ist bzw. wo er seinen Arbeitsschwerpunkt hat, wenn er beides vereinigt. Fraktionen sind zwar etwas anderes als die Regierungsadministration, aber die Fähigkeiten zu politischem Management sind bei der Steuerung einer großen Fraktion teils zu erlernen, teils unter Beweis zu stellen. Helmut Kohl hat sich im Kanzleramt aus diesem Reservoir bedient (Wolfgang Schäuble, Rudolf Seiters, Friedrich Bohl). Angela Merkel machte 2005 – in einer personellen Notlage nach dem Abgang von Laurenz Meyer – den als parlamentarischen Geschäftsführer erfolgreichen Volker Kauder zum Generalsekretär der Partei. Erst damit hat sie ihn verbindlich in ihr strategisches Zentrum eingebaut.

Opposition ist eine Erprobungsphase. Vieles spricht dafür, einen in der Opposition aufgebauten Führungsstab mit in die Regierung zu nehmen und dort in sehr ähnlichen Funktionen, nur mit anderen Positionsbezeichnungen, unerlässliche strategische Hilfsdienste ausführen zu lassen. Tony Blair hat so seinen Stab festgehalten, Helmut Kohl und François Mitterrand haben es mit ihren Leuten ebenso gehalten. In einer persönlich verbundenen, politischen Kernmannschaft von Helfern und Beratern um eine Spitzenfigur herum ist am ehesten das Potential für strategische Beratung zu erwarten. Jedenfalls, wenn die Spitzenleute wissen, was sie wollen und was sie brauchen.

Die Mehrstufigkeit unterhalb des strategischen Zentrums gilt prinzipiell auch für *Parteiführungen* der außerparlamentarischen Parteiorganisationen. Wie in den Regierungszentralen kam es hier seit den 1960er und 1970er Jahren zu Modernisierungsprozessen, die vor allem in einer zeitgemäßen Professionalisierung Niederschlag fanden (vgl. Mair/Müller/Plasser 1999, Dalton/Wattenberg 2000, Plasser 2003). Unterhalb der Ebene eines Generalsekretärs (bzw. äquivalenten Positionen) bauen sich Arbeitsstäbe auf, die durch höhere Grade an Politisierung und sozialwissenschaftlicher Professionalisierung gekennzeichnet sind, sowie ein breiteres Spektrum strategischer Orientierung aufweisen. Sie reichten von Gelegenheits- über Teilbereichsstrategen (vor allem für den Wahlkampf) bis hin zu einzelnen strategischen Generalisten. Strategische Probleme von Regierungs-, Oppositions- oder Wahlkampfparteien und der geringere Spezialisierungsgrad von Parteiangestellten, der

---

[464] Vgl. dazu auch das Kapitel 10.2.5.
[465] Vgl. etwa Helms (2002), Schüttemeyer (1998), Ismayr (2000), Falk et al. (2006).

Elemente von Strategiefähigkeit (Führung) 305

jedenfalls nicht im Policy-Bereich liegt, verstärken sich wechselseitig. Dabei bleiben die wichtigsten Trainingsfelder zur Ausbildung strategischen Know-hows (parteizentrierte) Wahlkämpfe.

Im Bereich der Partei ist die Aufgabe strategischer Führung weniger komplex. Sie hat häufig „nur" die beiden Schwerpunkte Wahlkampf- und Programmarbeit.[466] Der Schwerpunkt Wahlkampf war zum Beispiel – mit hoher Effizienz – in der Kampa-Konstruktion der SPD von 1997/1998 realisiert.[467] Franz Müntefering und Matthias Machnig waren damals die Scharniere zwischen einem leistungsfähigen strategischen (Wahlkampf-)Apparat und der Parteiführung um Oskar Lafontaine. Im Zusammenhang mit einer anderen strategisch ausgefeilten Kampagne, die zum großen Wahlsieg 1972 führte, wurde berichtet, wie der Bundesgeschäftsführer Holger Börner und der Parteivorsitzende Willy Brandt das unternehmerkritische strategische Konzept vor den Interventionen parteirechter Führungsleute wie Helmut Schmidt geschützt haben (Müller 1997).

In europäischen Party-Government-Systemen bleibt politische Strategie parteigebunden, das ist auf der Partei- und Wahlkampfebene klarer noch als anderswo. Werbung, Public Relations, Demoskopie werden eingekauft, politische Strategie wird im eigenen Haus produziert. Die Behauptung dieses Primats politischer Strategie setzt allerdings eine hohe Eigenprofessionalisierung der Parteiapparate voraus.[468]

Auch innerparteiliche strategische Führung ist natürlich von Kämpfen und Konflikten begleitet. Zugespitzt zum Beispiel im Statement von Kurt Biedenkopf (später auch Franz Müntefering), er sei Generalsekretär der Partei, nicht des Vorsitzenden. 1961/1962 unternahm Willy Brandt – seinerzeit stellvertretender Parteivorsitzender, gleichzeitig aber Regierender Bürgermeister von Berlin mit Abkömmlichkeitsproblemen – den eher harmlosen Versuch, eine ihm zuarbeitende „Planungsgruppe" aufzubauen. Diese Initiative stieß sofort auf die Kritik des anderen Stellvertreters, Fritz Erler, der – spitz – fragte, ob die Beratung im Präsidium oder durch einen Braintrust stattfinden solle.

Die dritte Ebene

Die dritte Ebene steuert der Steuermann – als Kanzleramtsminister, Generalsekretär, Wahlkampfleiter etc. – selbst. So kann er zur Drehpunktperson werden zwischen dem Spitzenakteur und dem strategischen Apparat – wenn ihm Teile des Stabes zugeordnet sind, er einer Grundsatz- oder Planungsabteilung vorsteht, Projekt- oder Arbeitsgruppen ihm direkt zuarbeiten. Es liegt an seinem Verständnis und seiner Wertschätzung strategischer Fragen, wieweit er – notfalls auch bei Desinteresse des Spitzenmanns – intern strategische Expertise aufbaut. Unklarheiten in der Sache, Konkurrenzangst, der Glaube, das alles selbst zu können, spielen auch auf dieser Ebene ihre (negative) Rolle.

Planungs- und Grundsatzabteilungen von Parteien, Ministerien oder Regierungszentralen können für interne strategische Beratung völlig bedeutungslos sein. Geringe professionelle Spezialisierung und diffuse Anforderungsprofile (selbst politische Hauptakteure können oft nicht sagen, was sie in dieser Hinsicht erwarten) erschweren die Etablierung strate-

---

[466] Strategische Organisationsarbeit hat bei den Führungsgruppen typischerweise einen geringen Stellenwert (vgl. dazu das Kapitel 6.1).
[467] Vgl. dazu auch das Kapitel 13.2.
[468] Vgl. Farrell/Webb (2000), Plasser (2003). Am Beispiel Österreichs, aber gleichzeitig generalisierend Plasser/Hüffel/Lengauer (2004), Plasser/Ulram (2004).

gischer Apparate. Eher nutzen Politiker das implizite Strategiewissen engerer Vertrauter (Büroleiter, persönliche Referenten, etc.).[469]

Solche internen Beratungs-Netzwerke bleiben aber in ihrem strategischen Potential begrenzt. Sie erledigen strategierelevante Gesichtspunkte häufig in Nebenfunktion, verfügen über zu wenig strategisches Spezialwissen, kommen nicht zur gemeinsamen Durchklärung fundierter strategischer Optionen. Ein Beratungs-Netzwerk um einen Minister herum, bestehend zum Beispiel aus dem Büroleiter, dem beamteten und dem parlamentarischen Staatssekretär, dem Pressesprecher, mag für operative Steuerung große Vorteile bringen, ist aber mit fundierter und kontinuierlicher strategischer Arbeit überfordert. Auch „Medienberater" können einzelne strategisch brauchbare Ratschläge geben, sind aber nicht in der Lage, das gesamte Strategiegeschäft zu erledigen.

Es gibt positive Beispiele der dritten Ebene[470]: der Wahlkampfstab der SPD 1972 unter dem damaligen Bundesgeschäftsführer Holger Börner (Müller 1997), der Planungsstab im Auswärtigen Amt unter Egon Bahr (Bahr 1998), die Kampa von 1998 unter Franz Müntefering und Matthias Machnig. Man hat den Eindruck, als sei die Standardisierung auch in dieser Hinsicht am weitesten bei strategischer Wahlkampfführung, die Ressourcendefizite bei Partei- und Fraktionsführungen am deutlichsten, und als hinkte auf der Regierungsebene, wo so vieles möglich wäre, die Organisierung strategischer Arbeit den Anforderungen zeitgemäßer Politik hinterher. Hier ist vieles strategisch implizit, je nach Struktur und Traditionen der Ministerialbürokratie zuweilen auch ohne oder mit nur schwachen Parteibindungen.

Externe Beratung

Selbstverständlich gibt es auch Formen externer strategischer Beratung. Das Zusammentreffen von Vertrauen, Informationen, analytischen und kreativen Fähigkeiten ist immer eher unwahrscheinlich, so dass Spitzenleute über die interne Beratung hinaus ebenso extern Teile für das Strategie-Puzzle einsammeln, das am Ende sie selbst legen müssen.

Die bekannten Beispiele deuten eher auf Bereichsstrategen hin, die in ihrem Sektor über besonderes Wissen verfügen: Demoskopen (Helmut Kohl und Elisabeth Noelle-Neumann, Gerhard Schröder und Manfred Güllner), Unternehmensberater und andere Wirtschaftsexperten (Konrad Adenauer und Robert Pferdmenges, Gerhard Schröder und Roland Berger, Angela Merkel und Jürgen Kluge), Medien- und Öffentlichkeitsexperten (Edmund Stoiber und Michael Spreng).

Schwieriger scheint es mit externem Erfahrungswissen zu sein. Ob beim Rat von Elder Statesman das Interesse an reflektierter Erfahrung, Anlehnungsbedürfnis oder Prestigeübertragung im Vordergrund stehen, ist schwer und nur im Einzelfall zu entscheiden. Die Neigung ehemals erfolgreicher Politiker, ihren persönlichen Weg zu verallgemeinern, ist beachtlich und muss für eine rationale Strategiefindung nicht immer förderlich sein. Möglicherweise lassen die selbst verarbeitete Beobachtung[471] oder auch die Ex-post-Analyse

---

[469] Rockman (2000: 255) entwickelt – am Beispiel des amerikanischen Präsidenten – eine Kategorie „enger Vertrauter", die nicht durch Position festgelegt sind. Aber auch hier gelten Vertrauen, Vertrautheit, Bewährung und Möglichkeiten, ins Unreine zu sprechen, häufig mehr als strategische Kompetenz.

[470] Bei entsprechender Größe und eigener Hierarchie können faktisch vier oder mehr Ebenen entstehen.

[471] So brauchte Angela Merkel sich offenbar von Helmut Kohl nicht erst zu beraten lassen, um einige seiner auch strategisch relevanten Herrschaftstechniken zu übernehmen, die sie in den 1990er Jahren bei ihm aus der Nähe beobachten konnte.

mehr Freiheiten, gelungene Problemlösungen mit den eigenen Prämissen und veränderten Bedingungen zu vermitteln.

Eine eigenständige, kontinuierliche und vertiefte externe Strategieberatung durch einen strategischen Generalisten (neben der formellen Schiene) schafft massive Probleme. Obwohl dabei Distanz, unbefangene Analyse, neue Ideen Vorteile versprechen, kann so die Konkurrenz der Apparate (und in den Apparaten) durch Rivalitäten zwischen innen und außen überlagert werden. Dick Morris empfiehlt dem amerikanischen Präsidenten: „All he needs to do is to understand that he must bypass his formal, paid staff with a part-time ‚kitchen cabinet' of outside advisors who work for him in fact but not in name. For every area of presidential focus, he needs non-governmental people to feed him information and opinions." (1999b: 145f.). Eine solcher Rat überspielt leichthin die massiven Friktionen mit Hierarchie und strategischem Apparat, die gerade Morris selbst mit einem solchen informellen, externen Zweitberatungssystem bei Präsident Bill Clinton erlebt hat (Morris 1999a). George W. Bush hat das Problem durch interne Institutionalisierung gelöst und seinen strategischen Generalisten Karl Rove zum stellvertretenden Stabschef gemacht.

Die Bedeutung von Medienleuten bei Strategieberatung wird häufig überschätzt – vor allem von ihnen selbst. Ohne systematische Verarbeitung sind auch hier bestenfalls Anregungen und Gedankensplitter möglich. Verkürzungen, Ad-hoc-Aspekte, Tages-Originalität, ein Schwanken zwischen Unfähigkeit und Unwilligkeit, sich den Kopf der Akteure strategisch zu zerbrechen – ernsthafte Strategieanalyse ist nicht unterhaltsam, sondern schwierig und anstrengend: wer will das seinen Lesern zumuten? Das Potential des schreibenden Journalismus liegt bei der Recherche verfolgter, weniger bei der Begründung zu verfolgender Strategien, die auf einem von Parteien geteilten Referenzrahmen beruhen müssten. Ein Interviewpartner sagte zur Bedeutung von Journalisten für die strategische Beratung von Spitzenleuten: „Das hat eine geringe Bedeutung. Wenn es so etwas gibt, dann ist das kein eigentlicher Beratungsprozess. Sondern: ein Politiker testet an der Stelle mit jemand aus der Medienwelt eine bestimmte Argumentation. Er überprüft sie, bevor er sie breiter streut. Aber das ist nicht eine Form von Strategieberatung."

Eine Zeit lang dachte man, dass externe strategische Beratung durch Think Tanks nur in Systemen ohne Parteienstaat (z.B. USA) stark sein können, weil sie ein funktionales Äquivalent für die Programmfunktion von Parteien bilden (Gellner 1995). Seitdem Großbritannien in den 1990er Jahren einen vitalen Think-Tank-Sektor entwickelt hat,[472] lassen sich Think Tanks auch als Antwort auf Defizite des Parteienstaats verstehen. Sie profitieren von Programmschwächen der Parteien, stehen in Wechselbeziehungen zur geöffneten, internen Beraterszene sowie stärker im Austausch mit Strömungen bzw. einzelnen Spitzenpolitikern als zur Gesamtpartei. Ihre Beiträge zielen eher auf projektorientierten *Policy Advice*, mit einem programmatischen, möglicherweise auch kommunikativen Überbau. Ihr Einfluss auf das politische Meinungsklima allerdings ist klarer erkennbar als der auf spezifische Policy-Prozesse. Beiträge zu einer strategischen Systematik, die für eine fundierte Beratung dieses politisierten Zweiges von Wissensvermittlung eigentlich notwendig wären, sind aus diesem Bereich bisher nicht bekannt geworden. So sind Think Tanks wohl nur eine Stimme im Konzert begründeter Vorstellungen, die durch strategische Apparate gefiltert werden müssen.

---

[472] Nach Experten-Einschätzung der avancierteste Sektor in Europa (vgl. Thunert 2006).

Fragmentierte Beratung

Die Fragmentierung der für strategische Politik infrage kommenden Institutionen erschwert den Prozess der Strategieberatung. Im parlamentarischen Regierungssystem kommt es zu widersprüchlichen Einflüssen normierter Gewaltenteilung einerseits, gedachter, auch gewünschter Trennung, Verflechtung und Kooperation zwischen unterschiedlichen Akteuren einer Formation andererseits. Dabei verbirgt sich hinter dem schlichten Etikett „Regierungspartei" eine komplexe Formation: Regierungszentrale, Ressorts, politische und administrative Subeinheiten, Fraktion, außerparlamentarische Parteiorganisation bis hin zu Vertretern dieser Partei in Landesregierungen (insbesondere die Ministerpräsidenten). Die Dachfunktion „Regierungspartei" überwölbt also eine Vielzahl von Institutionen und Akteuren mit Autonomieansprüchen, was strategische Koordination erheblich erschwert. Dabei ist oft unklar, wo der oder die eigentlichen Orte interner Strategiearbeit sein sollen.

Ambitionierte und fähige Parteizentralen wollen mitregieren, ein starker Regierungschef dagegen möchte auch noch den Wahlkampf seiner Partei mitbestimmen – eines ihrer letzten Einflussbereiche. Das führt zur Konkurrenz strategischer Apparate. Der Bundesgeschäftsführer der SPD, Matthias Machnig, hatte 2002 auf Parteiebene ein strategisches Beratungspotential zusammen, das in der Zusammenschau von Politik, Öffentlichkeit, Konkurrenz, Partei leistungsfähiger war als die dafür zur gleichen Zeit im Kanzleramt verfügbaren Ressourcen. Er durfte aber im „staatlichen Sektor" nicht tätig werden. Der damalige Kanzleramtsminister Frank-Walter Steinmeier, der über ein ausgeprägt administratives Steuerungsverständnis verfügt, bewachte seinen staatlichen Autonomiebereich gegenüber Versuchen der Parteizentrale, partei-, wähler- und öffentlichkeitsbezogene Aspekte stärker in die Regierungspolitik einzubeziehen. Bei der CDU hatte Heiner Geißler auf Parteiebene einen starken strategischen Apparat aufgebaut,[473] der von Helmut Kohl als konkurrierend wahrgenommen und schließlich mit Geißler selbst eliminiert wurde.

Der strategische Apparat der Parteiführung kann auch mit dem der Fraktionsspitze oder einzelner mächtiger Ministerpräsidenten konkurrieren. Strategisches Wissen ist eine zusätzliche Ressource in rivalisierenden Machtspielen. So hat sich beispielsweise Roland Koch, selbst eine Strategie-Maschine pausenloser Kalkulation, einen zuarbeitenden Apparat aufgebaut (vgl. Schumacher 2004). Verbunden mit Popularitätsdefiziten, einer Richtungspositionierung auf dem rechten Flügel der Union und internen wie externen Polarisierungstendenzen konnte ihm bisher sein erhebliches persönliches Strategiepotential bundespolitisch (noch) nicht zum Durchbruch verhelfen. Strategie bleibt auch hier – allerdings negativ – eingebettet. Mag sein, dass eine solche Kombination nur in der Krise Erfolg verspricht.

Prinzipiell sind trotz fragmentierter Beratung auch Kooperation und Effizienzsteigerung möglich, wenn man Aufgabenfelder klar abgrenzt und Rivalitäten unter Kontrolle hält. Allerdings tragen Strategiefragen immer wieder Spaltungspotential in sich. Es bleibt richtig: *eine* Strategie ist besser als keine. Dennoch gilt auch: zwei Strategien sind schlechter als keine.

---

[473] Dazu gehörten strategisch denkende „Alternativ-68er" wie Warnfried Dettling, Peter Radunski, Wulf Schönbohm.

Prozesse und Spannungsverhältnisse

Spannungsverhältnisse begleiten den internen Unterstützungs- und Beratungsprozess. Loyalität, Verschwiegenheit und Vertrauen sind grundlegend. Tabu bleibt, sich an interner Machtkonkurrenz zu beteiligen oder eine eigene öffentliche Rolle zu spielen. Als Bodo Hombach diesen Versuchungen nicht widerstehen konnte, waren seine Tage gezählt. Helmut Schmidt wütete gegen Kanzleramtschef Horst Ehmke, weil er ihn als Konkurrenten für die Nachfolge Willy Brandts sah. Als davor ein anderer Politiker die Regierungszentrale effizient führte, Carl Carstens, ging es ohne Konflikt ab. Das gelang auch deshalb, weil unter Kiesinger in der Union ein Machtvakuum existierte, Carstens öffentlich zurückhaltend war – und es keinen Helmut Schmidt gab.

Abgesehen von solchen Tabubrüchen und Konkurrenzen interessieren hier Kooperation, Reibungen und Konflikte, die im Beratungsprozess selbst entstehen. Dabei treffen Träger unterschiedlicher Rollen mit Eigeninteressen aufeinander. Interne und externe Berater wollen Einfluss, Spitzenpolitiker Autonomie und zusätzliches Wissen. Störfaktoren in der Vermittlung mindern die Chance professioneller Fundierung des Strategieprozesses.

Aus der Perspektive der Berater ist es wichtig, an die strategische Denkweise, den spezifischen strategischen Stil, den strategischen Kompass des beratenen Spitzenpolitikers anzuschließen. Die lange Arbeit am Strategieproblem braucht für die Vermittlung ein kurzes Ergebnis. In ein, zwei Sätzen, auf ein, zwei Seiten ist mitzuteilen, worauf es hinausläuft. Mit Herleitung, Begründung, alternativen Optionen darf man die Spitzenleute meist nicht aufhalten.

Im Interview sagte ein Insider: „Die beste Beratung für einen Spitzenpolitiker sieht so aus, dass er am Ende das Gefühl hat, das ist sein eigener Plan. Das ist das Geniale. Wenn man das hinbekommt, dann war man erfolgreich."[474] Das heißt, man wechselt nach den eigenen strategischen Analysen den Kommunikationsmodus und überlegt: wie bringe ich das unter? Einem wie Oskar Lafontaine musste man das über ein politisches Projekt nahe bringen, einem wie Gerhard Schröder eher mit einer machtpolitischen Komponente. Man agiert als Verkäufer und behält einen Großteil der gemachten Annahmen, der gedachten Alternativen, der kognitiven Ungewissheit für sich. Meist haben die Politiker keine Zeit, oft wollen sie es nicht genauer wissen. Eigene Überlegungen, die ihnen näher liegen, haben sie vielleicht auch schon angestellt.

Aus der Perspektive des Spitzenpolitikers geht es zuerst darum, eigene Autonomie, Optionsfreiheit, Flexibilität zu erhalten. Berater, die Zeit hatten nachzudenken, haben vielleicht Argumente aufgehäuft, gar ein „System" entwickelt, schaffen Druck allein schon durch ihre Vorlagen. Aber so nah sie auch dran sein mögen, der Spitzenpolitiker hält sie für ziemlich fern der eigentlichen Politik, in die er selbst verwoben ist. Zudem erkennt er die Vorlieben, die Wert- und Richtungspräferenzen der Berater, die durch das sachlich formulierte Angebot hindurchschimmern. Man sieht Positionskämpfe zwischen den Beratern,[475] ihre Eigenprofilierung, Interessen, vielleicht ihre intellektuelle Verstiegenheit. Es ist anstrengend, das alles mit zu denken und sich nicht allein darauf zu konzentrieren, den Vorschlag als kognitive Herausforderung zu verstehen. Die Verwissenschaftlichung des Hofnarren im 20. und 21. Jahrhundert (Böhret 2004) bereitet nicht nur der Beratung und Wis-

---

[474] Darin liegt allerdings auch ein Dilemma. Der Spitzenpolitiker ohne Distanz zu seiner Eitelkeit mag glauben, strategische Beratung sei überflüssig, weil er ja „von allein" auf die Pläne kommt.

[475] Ein Insider sagte uns: „Strategiefragen sind immer auch Positionskämpfe. Immer! Und zwar nicht nur aus sachlichen Gründen, sondern auch zur Positionierung der eigenen Person."

senschaft, sondern auch der Politik einige Schwierigkeiten. Die Spitzenleute brauchen Souveränität, selbstbewusste Urteilsfähigkeit, wahrscheinlich auch ein positives Bild vom (potentiellen) Nutzen der modernen Sozialwissenschaft, vor allem ein Bild von Politik, das nicht von Situationismus, Sozial-Darwinismus oder Irrationalität geprägt, sondern der Rationalisierung zugänglich ist.

Auch beim Ernstnehmen beider Rollen trennt die persönliche Verantwortung den Spitzenpolitiker noch von seinem besten Berater: „Ein Staatsmann braucht vor allem einen Sinn für Nuancen und Proportionen; er muss fähig sein, in der Masse der offensichtlichen Tatsachen das Wesentliche zu erkennen, und intuitiv spüren, welche der zahlreichen, in gleicher Weise plausiblen Hypothesen über die Zukunft sich wahrscheinlich als richtig erweisen werden. Und die persönliche Verantwortung ist entscheidend wichtig – die Kraft, die Verantwortung für eine Folge von Ereignissen zu übernehmen und ihnen eine bestimmte Richtung zu geben." (Kissinger 1979: 48). Er selbst, schreibt Henry Kissinger weiter, habe vor seiner Beratungstätigkeit – zuerst bei John F. Kennedy, dann bei Richard Nixon –, „wie die meisten Akademiker geglaubt, der Entscheidungsprozess sei in erster Linie eine intellektuelle Sache und man brauche nur in das Büro des Präsidenten gehen und ihn von der Richtigkeit der eigenen Auffassung zu überzeugen." (48). Seine Rollenwechsel. erst vom Wissenschaftler zum Berater, dann zum eigenverantwortlichen Politiker, haben den Blick für grundlegende Differenzen geschärft, die nicht gegen die – notwendige – Zusammenarbeit sprechen.

Ohne strategische Apparate mit professionellem Selbstbewusstsein und unmittelbarer Politiknähe kann Politik eigenen Steuerungsansprüchen (und Fähigkeiten!) nur schwer gerecht werden. Dabei bleiben die zuarbeitenden Akteure im Vorhof der operativen Macht und der politischen Letztverantwortung. Die Übernahme persönlicher Verantwortung, vor allem in der Doppelrolle als Spitzenpolitiker und Stratege,[476] schaffen einen Abstand zum Gesamtprozess der Strategieberatung, der eine zusätzliche Filterung und den Aufbau besonderer Vertrauensbeziehungen gut verträgt.

Die Beziehung kann nur funktionieren, wenn sich wenigstens der eine oder andere strategische Vorschlag als tragfähig erwiesen hat, die Berater weder über ihre Vorschläge noch über die Beratung selbst nach außen gesprochen – das heißt, strikteste Geheimhaltung praktiziert haben –[477], wenn die Berater sich weder durch Bewunderung noch durch Verachtung des Spitzenmannes leiten lassen, wenn das Primat der Politik über den strategischen Apparat nicht nur prinzipiell, sondern im ganzen Beratungsverfahren anerkannt bleibt.

Wahrscheinlich ist kein einheitliches Urteil über Nutzen und Elend von Beratung möglich, allein schon wegen der Vielfalt von Modalitäten und Urteilsvoraussetzungen. Man vergleiche nur die positive Sicht eines brillanten Beraters wie Egon Bahr („An ihren Beratern sollt ihr sie erkennen!", 1998: 224), mit der zunehmend skeptischen Position eines erfahrenen wissenschaftlichen Beobachters wie Richard E. Neustadt (2001)[478] oder der eher positive Differenzen und Vermittlungsmöglichkeiten betonenden Position von Henry Kissinger (1979: 48f., 63f.). Unter europäischen Bedingungen haben Margaret Thatcher,

---

[476] Vgl. Kapitel 4.1.5.
[477] Das ständige Problem der „leaks" im Weißen Haus. Dadurch werden Manövrierraum und Optionen des Präsidenten eingeschränkt.
[478] Neustadt beklagt die wachsende Beratungsinfrastruktur des amerikanischen Präsidenten und sieht ihn dadurch eingemauert.

François Mitterrand, Helmut Kohl, Tony Blair, um nur diese starken Staats- bzw. Regierungschefs zu nennen, trotz relevanter Beratungsstrukturen unter dadurch bedingtem Autonomieverlust offenbar nicht gelitten.

Bob Woodward (2003, 2004, 2006) hat uns glänzend darüber informiert, wie unter George W. Bush im Weißen Haus interne strategische Beratungsprozesse für die Außenpolitik ablaufen: unter Ausnutzung der Mehrstufigkeit, aber voll von Rivalitäten, Machtkämpfen und Konflikten innerhalb der Administration. Es sind ungewöhnliche Rekonstruktionen, bei denen beispielsweise der strategische Dilettantismus von George W. Bush dokumentiert wird. Solche Analysen haben in Deutschland und Europa noch nichts an vergleichbarer Recherche-Intensität gefunden, könnten unser empirisches Wissen über tatsächlich ablaufende Strategieprozesse aber erheblich vermehren.

Der Unterstützungskomplex strategischer Führung ist insgesamt ein großes empirisches Forschungsfeld. Daraus hervorgehende Empfehlungen könnten für strategische Politik besonders folgenreich sein. Wir schließen mit einigen Bemerkungen, die nicht abschließend gemeint sind:

Die grundlegende Differenz zwischen strategischer Führung und strategischer Beratung ist immer mitzudenken. Berater sind nicht von vornherein schlauer oder praxisferner als die Spitzenleute, sie haben nur andere Funktionen, Denkmöglichkeiten, Wissensarten.

Man kann überall nur von Potentialen sprechen, der tatsächliche Anteil des Strategischen im Unterstützungskomplex ist – durch Position und Ausstattung – lediglich als Chance gegeben.[479] Wieweit sie realisiert wird, hängt von den Personen auf beiden Seiten ab – ihren Vorstellungen von strategischer Politik, ihren Fähigkeiten dazu und ihrem strategieorientierten Gebrauch strategieindifferenter bürokratischer Strukturen.

Eine Vielzahl von Faktoren bestimmt die tatsächliche Gestaltung zwischen der Führung und dem Unterstützungskomplex im strategischen Feld. Die in diesem Kapitel behandelten Faktoren gehören dazu. Tatsächlich scheint der *personelle Faktor* bei der Ausgestaltung strategischer Unterstützung stärker zu sein als die Unterschiede zwischen Parteien, spezifischen Organisationskulturen oder institutionellen Rahmenbedingungen. Muster oder sogar Routinen der Organisation strategischer Beratung haben sich noch nicht herausgebildet.

In der zweiseitigen Beratungsbeziehung zählt der strategische *Will and Skill* der Spitzenpolitiker – trotz starker Restriktionen wie Zeitmangel, reflexionsfeindliche Terminpläne, Konkurrenz, Machtüberformung. Dazu kommt geistige Beweglichkeit, aktives Informationsverhalten, Neugier auf ausgearbeitete und begründete Optionen etc. Berater müssen analysestark, kreativ, kooperativ, diskret und vieles mehr sein.

Personenfaktor

Neben einem effizienten Unterbau ist die Anwesenheit strategiebewusster Führer im strategischen Zentrum das Wichtigste für die Entwicklung strategischer Prozesse. Die Voraussetzungen, die in den vorhergehenden Punkten erörtert wurden, mögen noch so ungünstig sein, bei strategiefähigen und -willigen Führern am richtigen Platz – gestützt durch strate-

---

[479] Formale Positionen sagen wenig über die tatsächliche strategische Beratung und den Beratungseinfluss. Allerdings wird man annehmen können, dass kontinuierlich einflussreiche Berater nicht zu weit vom Wirkungskreis der Spitze entfernt sind.

gisch-operative Leitung und strategisches Beratungswissen –, gibt es immer den Versuch der für strategische Politik notwendigen Zentrierung.

Dieses personengebundene Strategievermögen ist bisher nicht Gegenstand der Leadership-Forschung.[480] Bei der Analyse vom Leadership-Style fehlt die Frage nach einem spezifischen strategischen Segment. Also nach etwas, das in die Nähe von *strategischem Will and Skill* führte, zu strategischer Denkweise, strategischem Kompass, Strategiestil und strategischem Know-how. Führungsstil umfasst Orientierungs- und Verhaltensmuster wie „the leaders' work habits, how they relate to those around them, how they like to receive information, and how they make up their minds" – so die beschreibende Definition bei Juliet Kaarbo (1997: 553). Das alles ist wichtig für Führungs-Management, aber noch nicht unmittelbar einschlägig für Strategieprozesse.

Themenaufmerksamkeit, Aufgabenorientierung (Ziel und/oder Prozess), Muster des Konflikt- und Informationsmanagements beeinflussen die Aussichten erfolgreicher strategischer Steuerung, bedeuten aber nicht selbst schon strategisches Profil.[481] Es ist also besonders wichtig, wenn das Führungsprofil der Spitzenpolitiker *Will and Skill* und wohl auch habituelle Dispositionen für strategische Denkweise und Praxis mit umfassen.

Empirische Illustration 5: Strategische Führung – François Mitterrand

> Am Beispiel eines strategisch profilierten Führers, François Mitterrand, soll die Bedeutung des Personenfaktors illustriert werden. Er agierte unter Rahmenbedingungen, die für die Entfaltung von strategischer Führung besonders günstig sind, dem französischen Präsidialsystem.[482] Mitterrand hatte strategische Neigungen und Fähigkeiten, machte aber auch etwas aus den institutionellen Chancen.
>
> François Mitterrand, eher ein Macht- als ein Gestaltungs-Stratege und zugleich ein virtuoser Kalkulator[483], hat sich im komplexen französischen System nicht zuletzt durch strategische Überlegenheit gegenüber parteiinternen und externen Konkurrenten durchgesetzt. Dabei machte er zunächst aus der sozialistischen Partei einen strategiefähigen Faktor, baute dann – zu seinen Bedingungen – ein Linksbündnis mit den Kommunisten auf und führte es nach dem Wahlsieg 1981 in die Regierung, schließlich

---

[480] Eine jüngere Leadership-Studie (Lord 2003) umfasst zwar – so weit wir sehen erstmals – ein kurzes Kapitel „On Strategy". Darin wird Strategie aber militärisch und kriegsbezogen als Teil von Staatskunst des großen Führers verstanden – für die Analyse strategischer Politik eher irreführend. Lose Anknüpfungspunkte finden sich etwa im Rahmen stärker psychologisch orientierter Analysen, beispielsweise in der Erwähnung von Zielen und Strategien bei den „basic political beliefs" oder beim „operational code", der philosophische und instrumentelle Überzeugungen umfasst (Hermann 1986: 174). Im Rahmen der sonstigen politikwissenschaftlichen Leadership-Forschung haben wir keine expliziten Analysen der strategischen Dimension gefunden. In Kapitel 10.2.2 bemühen wir uns deshalb, anschließend an die bisherigen Forschungsergebnisse, besondere strategische Leadership-Aufgaben zu formulieren. Vgl. dort auch zur Abgrenzung von Führung und Leadership.

[481] Vgl. zum Bezugsrahmen bei Kaarbo (1997: 563ff.), in dem verschiedenes „Strategie" genannt wird, was Verhaltensmuster ist. Nur bei der fünften Variablen zur Charakterisierung von Führungsstil „Strategy for dealing with party relations" stimmen Begriff und Sache mit unserer Arbeit überein.

[482] Für Deutschland haben wir die strategischen Profile von Willy Brandt, Helmut Schmidt, Gerhard Schröder in den Kapiteln 12 und 13, den strategischen Kompass von Helmut Kohl in Kapitel 4.2 skizziert.

[483] Cole (1994b) nennt daneben eine Reihe von Fehlkalkulationen.

regierte er 14 Jahre lang das Land, mit wechselnden Premierministern, mit und ohne Kohabitation.[484]

Im Rückblick sieht alles ziemlich einfach und gradlinig aus. Tatsächlich gab es immer plausible alternative Optionen, meist von starken Akteuren vertreten. Mitterrand war ein von einem konservativen Hintergrund kommender Außenseiter, anfangs ohne organisatorische Macht, mit nur geringen ideologischen Bindungen, dabei einer Sprache und Symbolik, die die Linke repräsentieren konnten. Mitterrand hatte einen strategischen Kompass, der etwas unzuverlässig auf Probleme, um so sicherer aber auf die französische Landkarte der Macht ansprach und ihn dort erfolgreich führte: Zusammenschluss der zersplitterten Linken zu einer strategiefähigen Partei; Aufbau von Regierungsfähigkeit der vereinigten sozialistischen Partei; Formierung eines handlungsfähigen Linksbündnisses durch antagonistische Kooperation; Gewinn einer Wählermehrheit mit sozialistischer Dominanz; Stabilisierung der Linken in der Regierung[485] und ein pragmatisch-flexibles Regieren.

Andere haben inhaltliche Fragen für wichtiger gehalten als Machtfragen, dachten mehr in ideologischen Differenzen als in machtpolitischen Potentialen, wollten die offene Konfrontation mit den Kommunisten oder ein Bündnis an den Kommunisten vorbei, suchten oder fanden die Balance zwischen einer selbstbewussten Linken und einer veränderungsbereiten Mitte nicht. Die meisten hatten keinen vergleichbar ausgeprägten Sinn für die Dimension der Zeit im politischen Prozess – eine der basalen Kompetenzen individueller Strategiefähigkeit. Allerdings: die Grenzen des Reaktiven und Adaptiven hat auch Mitterrand nicht überschritten. Drei Merkmale lassen sich für Mitterrands strategische Führung hervorheben:

(1) *Dialektischer Strategiestil.* Charakteristisch für Mitterrand war das Zusammenführen des scheinbar Unvereinbaren im Interesse strategischer Landgewinne. In Epinay 1971 überwand das überraschende, geheim ausgehandelte Bündnis von Linken und Rechten den immobilen, sozialistischen Traditionalismus und setzte die Partei in Bewegung. Mit der Annäherung an die Parti communiste français (PCF) – ohne Aufgabe eigener Prinzipien – gelang es, auf deren Terrain Wähler zu gewinnen. Im Rahmen der Kohabitation ließ er Jacques Chirac bei wirtschaftsliberalen Reformen gewähren, um ihn anschließend bei seiner zweiten Präsidentenwahl mit eigenem Sozialprofil zu schlagen.[486]

(2) *Präsidentielle Personalisierung.* Mitterrand war einer der schärfsten Kritiker der de Gaulleschen Verfassung von 1958. Nach Einführung der Direktwahl aber stand er an der Spitze derer, die sich – und das war bei den Linken die schwierigere Leistung – auf den Boden der neuen Verfassung stellten. Mitterrand machte nun das Präsidentenamt und die daraus abzuleitende Präsidentschaftskandidatur zum Gravitationszentrum des neuen Systems und seiner Partei. Er wurde der gaullistischste Nachfolger Charles de Gaulles und disziplinierte durch Ausschöpfung legitimer Personalisierung des Präsidentenamts für einige Jahre seine Partei – ohne dass ihm hier ein nachhaltiger

---

[484] Vgl. zu Mitterrand etwa Attali (2005), Bell (2005), Cole (1994a, 1994b), Kempf (2007).
[485] In zweihundert Jahren französischer Geschichte hatte die Linke nur etwa zwei Jahre regiert.
[486] Morris (2002) hat dieses strategische Kabinettstück nach dem Scheitern des sozialistischen Wirtschafts- und Sozialprogramms rekonstruiert.

struktureller Umbau gelungen wäre.

(3) *Minimalismus konzeptioneller Gestaltung*. Mitterrand war kein Mann konzeptioneller Entwürfe. Nach 2 von 14 Jahren war er in der Innenpolitik konzeptionell erschöpft. Das in dieser kurzen Zeit Realisierte ging aus dem Programmfundus des zwischen Sozialisten und Kommunisten Ausgehandelten hervor. Ökonomie und Soziales zählten zu den schwächeren Politikfeldern Mitterrands, obwohl sie für das Linksbündnis im Mittelpunkt standen. Kraft und Engagement, seine Partei auf neue Verhältnisse einzustellen, fehlten ihm. So war die Parti socialiste français (PSF) die am wenigsten programminnovative Partei der westeuropäischen Sozialdemokratie (vgl. Merkel et al. 2006). Sein Prinzip von „adaptable political leadership" (Cole 1994b: 458) half Mitterrand beim erfolgreichen politischen Steuern über mehr als 25 Jahre. Mit einem länger verfolgten Projekt anspruchsvoller Reformpolitik hat er diese Zeit nicht belastet. Wie viele andere politische Führer vor und nach ihm wechselte er in die prestigeträchtigere – und zugleich den verfassungsmäßigen Kernbereich des Präsidenten ausmachende – Außenpolitik, „after expending vital political capital on contentious domestic issues" (Cole 1994b: 458). Der konzeptionelle Minimalismus erhöht die Chancen für Aufmerksamkeit und Durchsetzung in der machtpolitischen Dimension – von dem, was wir einen integrierten Strategiestil nennen, blieb Mitterrand weit entfernt.

Mitterrands Strategiestil war machtorientiert, mit einem kontinuierlichen und präzise eingestellten machtpolitischen Kompass. Mitterrand war eher intuitiv, mit der Phantasie und Beweglichkeit eines Spielers. Vom Bereich des Strategischen hat er nichts delegiert, auch operativ war er selbst präsent. Er war im Kern politisch, der Administration und der wissenschaftlichen Expertise begegnete er mit Skepsis und Distanz.[487] Mitterrand dachte grundsätzlich vom Staat her. Nur in der Machtgewinnungsphase waren ihm auch gesellschaftliche Bündnisse besonders wichtig. Im Kern war sein Strategiestil monologisch, trotz aller gern gepflegten kommunikativen Praxis. Insgesamt zeigte er in etwa das Gegenteil von strategischem Teamwork. Dabei waren Personalpolitik und Netzwerkarbeit für den monologisierenden, allenfalls konsultierenden Strategen von grundlegender Bedeutung.

Will man zusammenfassen, worauf es im Rahmen von Strategiefähigkeit mit Blick auf die Führung ankommt, können drei Aspekte noch einmal besonders hervorgehoben werden:

- Die Führungsfrage muss hinreichend geklärt sein, das heißt die Nr.1 steht fest und findet ausreichende Akzeptanz. Manifeste Führungskämpfe sollten eingestellt werden, latente Führungskonflikte begrenzt sein.
- Ein strategisches Zentrum muss um die Spitzenfigur herum aufgebaut werden. Es führt auf der Grundlage hohen wechselseitigen Vertrauens Personen zusammen, die relevante Beiträge zur Beratung, Entscheidung und Durchsetzung strategischer Politik leisten können. Die Fragmentierung der politischen Struktur und die Mehrdimensiona-

---

[487] Attali (2005) berichtet, Mitterrand habe die hohen Beamten verachtet. Vgl. auch Bell (2005: 90f.): „Mitterrand's staff and collaborators were less managerially and more politically organized than administration theory allows. But Mitterrand had a Byzantine system of courtiers and councilors beholden only to him and in which people manoeuvred to get his ear."

lität von Politik sind in der Binnendifferenzierung eines erfolgreichen strategischen Zentrums zu berücksichtigen.
- Die Organisierung eines mehrstufigen Strategieprozesses ermöglicht die Einbeziehung professionellen strategischen Know-hows. Strategische Führungskunst besteht auch darin, Reibungen zwischen strategischer Denkweise, Erfahrung und Intuition praxisgeschulter Spitzenpolitiker und der Analyse, Systematik und Synthese methodisch geschulter Strategieexperten produktiv zu kanalisieren.

8.2.2 Richtung

Richtungsbestimmung ist ein elementarer Vorgang des politischen Kollektivakteurs. Darin liegt die wesentliche Quelle für Orientierung, Motivation und Legitimation. Da grundlegende Richtungen mit der Existenz und dem Sinn der Organisation verknüpft sind, ist mit breiten Teilnahmeerwartungen sowie starken Identifikations- und Identitätsbedürfnissen der Mitglieder zu rechnen. Hier ist ein Feld, in dem rein normative gegenüber strategischen Gesichtspunkten stark gemacht werden, ausschließliche Normativakteure gegenüber Strategieakteuren erfolgreich sein können.

Wenn allerdings im Kernbereich von Richtungsfragen, unabhängig von Überzeugungen, nur machtpolitisch entschieden wird, ist Politik auf der schiefen Ebene, die bei einem wertindifferenten Machtmodell endet. In unserem zweckrationalen Handlungs- bzw. Orientierungsmodell erstreckt sich Strategie auf Macht- *und* Gestaltungsziele,[488] nicht zuletzt auf deren Wechselbeziehungen und Spannungsverhältnisse. Gerade Richtungsbestimmung braucht einen Bereich, der auch auf normativen Erwartungen, Begründungen, Überzeugungen aufbaut.

Bei der Richtungsbestimmung ist es sinnvoll, eine Dimension abzugrenzen, die strategischer Überlegung und Entscheidung zugänglich ist: das *Richtungsprofil*. Darunter lassen sich für die Ausrichtung des Kollektivs wichtige Themen, Koalitionspräferenzen, Richtungen von Problemlösungen oder instrumentelle Symbolisierungen fassen. Sie zeigen zwar Verbindungen zu grundlegenderen Wertorientierungen, gleichzeitig fließen aber auch stärker kontextbezogene machtpolitische Gesichtspunkte mit ein. Richtung als Voraussetzung rationaler Strategiefindung ist in der Dimension programmatisch-ideologischer Leitlinie zu bestimmen. Tatsächlich gibt es nur Grade hinsichtlich der Reife und Vereinheitlichung von Richtungsklärungen. Die Anschlussfähigkeit von Strategie wächst in dem Maße, wie die richtungspolitische Leitlinie geklärt ist.

Die Richtung enthält Selbstdefinitionen und Positionsbestimmungen im politischen Koordinatensystem. Das Koordinatensystem ist die Konstruktion des politischen Großterrains, in dem sich die Party-Government-Akteure bewegen. Bei rationalen Maßstäben müsste sich die Richtung im Koordinatensystem verorten lassen, das heißt, die Dimensionen beider Konstruktionen müssten sich entsprechen. Die Richtung eines Akteurs lässt sich in analytische Komponenten wie Werte, Ziele und Interessen zerlegen. Häufig werden sie nicht direkt benannt, sondern in spezifischen Verarbeitungsformen präsentiert. Dabei spielen Ideen eine besondere Rolle. *Politische Ideen* können verstanden werden als handlungsrelevante, zuspitzende Deutungen auf der Grundlage von Werten, Zielen und Interessen.

---

[488] Vgl. Kapitel 5.2.2.

Eine *historische Typisierung* zeigt drei Phasen, in denen sich die Konstruktion der Komponenten und die strategische Orientierung verändern:

(1) *Integralphase*. Für das europäische Politikmodell vom 19. Jahrhundert bis zum Ende des Zweiten Weltkriegs sind integrale Konstrukte von Wert-Interessen-Ideen-Verbindungen charakteristisch. Weltanschauungen und geschlossene Ideologien, Cleavages, Milieus, Links/Rechts-Schema, Integrationsparteien sind Beispiele solcher engen Kopplungen an sich trennbarer und dann auch stärker variabler Komponenten. Strategen sind meist nicht unterscheidbar von den Erfindern bzw. Vermittlern ideologischer Konstrukte. Die Strategien dieser Phase haben einen geringeren Komplexitäts- und Professionalisierungsgrad. Sie benötigen konventionell zu gewinnendes Wissen über Kontextbedingungen, aber noch kein empirisch geprüftes Wissen über die Wirksamkeit unterschiedlich konstruierter Angebote sowie über die variable Akzeptanz von Bürgern bzw. Wählern.

(2) *Entkopplungsphase*. Beginnend mit den späten 1940er Jahren ist das europäische Politikmodell in einer Übergangsphase, bei der die integralen Strukturen erodieren, ohne verschwunden zu sein. Das Neue setzt sich schrittweise unter dem Etikett der Modernisierung durch. Tatsächlich findet eine Ausdifferenzierung statt, bei der Werte, Ziele, Instrumente, Interessen und Ideen analytisch separiert, in ihrer empirischen Variationsbreite erkannt und je für sich strategisch wählbar werden. Entideologisierung, Programmangleichung, Milieuerosion, Dealignment, Wertedebatten, Übergang von Integrationsparteien zu Catch-all-Parteien vom Typ der „lose verkoppelten Anarchie" (Wiesendahl 1998) – dies sind Erscheinungsformen des Entkopplungstrends. Die Strategieakteure unterscheiden sich in der Konsequenz, mit der sie sich auf den Modernisierungsschub einlassen. Die einen bleiben traditionalistisch, ohne die alten Sicherheiten. Die Erneuerer bemühen sich, Strategien demoskopisch zu stützen. Sie nutzen die neue Variabilität zwischen Werten, Zielen und Interessen, suchen passende politische Ideen.

(3) *Phase variabler Konstruktionen*. In dieser aktuellen Phase haben sich der praktische Konstruktivismus auf Seiten der Politikanbieter sowie wachsende optionale Freiheiten bei den Politikabnehmern durchgesetzt. Ältere Politikmodelle besetzen nur noch Randpositionen. Werte können unabhängig von historisch eingespielten Mustern mit Zielen und Interessen kombiniert werden. Ziele sind weder aus „historischen Gesetzmäßigkeiten" noch aus Werten deduzierbar, sondern gewinnen relative Unabhängigkeit zwischen Werten und Instrumenten. Interessen verlieren jene Homogenität, die sie als Zurechnung zu Klassen, später zu Großgruppen hatten, sie bilden in sich eine stärkere dimensionale Vielfalt aus. Am Ende des „Zeitalters der Ideologien" muss gelernt werden, dass Ideen ein bleibender, Ideologien ein vorübergehender Faktor des politischen Prozesses sind. Einige glauben sich von jeder Anstrengung des Begriffs frei, dabei sind Ideen, weil häufiger wechselnd und Innovationen erfordernd, noch wichtiger geworden als zuvor. Ideen haben in der „zweiten Entideologisierungswelle" (Wiesendahl) ihr Format geändert, sind näher an die Policy-Ebene von Zielen und Instrumenten gerückt, zum Teil auch mit Kommunikations-, Marketing- und Demoskopiewissen verbunden worden.[489]

Heute sind Richtungsbestimmungen aus der Füllung und Kombination von drei Komponenten (Werte/Ziele/Instrumente, Interessen, Ideen) konstruierbar, damit auch strategisch wählbar und anschlussfähig:

---

[489] Vgl. auch den Zusammenhang mit dem in Kapitel 4.4 beschriebenen Strategiewandel.

(1) *Werte/Ziele/Instrumente*. Wir haben Werte als situationsübergreifende normative Maßstäbe des Handelns definiert.[490] Dabei verdienen in diesem Zusammenhang Grundwerte besondere Aufmerksamkeit. Gerade innerhalb von Organisationen geht es selten um ausschließende Wertpräferenzen, sondern eher um Wertinterpretationen, Spannungsverhältnisse, Priorisierungen, die zu unterschiedlichen strategischen Konsequenzen führen können.

Ziele meinen hier Gestaltungsziele, wobei für die Richtungsbestimmung vor allem einige „große" Ziele in Betracht kommen.[491] Die können eher auf sozioökonomischen oder soziokulturellen, innen- oder außenpolitischen Feldern liegen. Beispielsweise können die Grundwerte Gleichheit und Gerechtigkeit, bei Anwendung auf den sozioökonomischen Bereich, Zielen von Vollbeschäftigung, sozialer Sicherung, Umverteilung (als Ziel und Mittel) oder Mitbestimmung entsprechen.[492] Auch bei Zielen sind organisationsintern häufig Interpretationen, Zielkonflikte und Priorisierungen strategisch folgenreicher als der deklamatorische Zielkonsens.

Instrumente sind die auf Problemlösung gerichteten Mittel, mit denen die Ziele erfolgreich verfolgt werden sollen. Oft bleibt die Richtung unabhängig von Festlegungen auf der Instrumentenebene. Es gibt aber auch grundlegendere Differenzen auf der Instrumentenebene (z.B. Angebots- vs. Nachfragesteuerung), die – mindestens innerhalb der Organisation – unterhalb der Ebene von Wert- oder Zielkonflikten bleiben, aber dennoch für die strategische Ausrichtung erhebliche Konsequenzen haben. Richtungsdifferenzen *innerhalb* eines Kollektivakteurs beziehen sich häufig weniger auf Grundwerte als auf Ziele und Instrumente. Konflikte *zwischen* konkurrierenden Formationen, bei denen Unterschiede verstärkt werden sollen, treibt man gern auf die Ebene von Zielen und Werten hoch. Parteien brauchen die Fähigkeit, sich durch wertbezogene Policies zu definieren.

(2) *Interessen*. Interessen werden als Ziele verstanden, deren Verwirklichung für ein Individuum oder eine Gruppe von Vorteil bzw. Nutzen ist. Parteiakteure haben Landkarten von Interessen im Kopf und wissen, wo sie darauf zu Hause sind. Unterschiedliche Vorstellungen über Interessenberücksichtigung können für strategisches Anschlusshandeln relevant werden. Auch wenn die Kategorisierung von Interessen heute Schwierigkeiten macht, ist ihre Wirksamkeit auf der Ebene der Richtung unverkennbar.

(3) *Ideen*. Heute, in offeneren Verarbeitungsformen, mögen Schlüsselbegriffe, Großprojekte, kommunikative Linien an Leitideen anschließen. Leitideen sind beispielsweise soziale Marktwirtschaft, Umbau des Sozialstaats, ökologische Modernisierung, Ostpolitik als Friedenspolitik. Entideologisierung hat zwar den Systemcharakter von Ideen aufgebrochen, die Bedeutung von Ideen, an die beim Policy-Making operativ angeschlossen werden kann, aber eher erhöht.

Richtung ist die Bestimmung von Position und Bewegungsrichtung der Partei in einem *Koordinatensystem*. Die Wandlungen des Koordinatensystems wurden bereits beschrieben.[493] Für den strategiefähigen Akteur ist es wichtig, „in der Wirklichkeit" anzukommen. Dazu gehört auch die Wahl eines realitätstüchtigen Koordinatensystems. Man kann versuchen, ein bestehendes Koordinatensystem zu ändern, aber das ist als Ziel revolutionär und

---

[490] Vgl. zu dieser Definition und der Begriffsbestimmung von Interessen den Abschnitt zu den *Hintergrundvariablen* am Anfang des Kapitel 6.
[491] Vgl. Kapitel 5.2.2.
[492] So die Zuordnungen im Rahmen traditioneller Sozialdemokratie (vgl. Merkel et al. 2006: 26ff.).
[493] Vgl. dazu das Kapitel 6.5.2.

bedarf ungewöhnlicher Anstrengungen. Margaret Thatchers neoliberale oder George W. Bushs glaubens-fundamentalistischen „Revolutionen" waren bzw. sind solche Umwälzungsversuche. Im – abgeschlossenen – Falle von Thatcher zeigt sich: sie verändern, auf Zeit, die Gewichte innerhalb des Koordinatensystems, aber nicht dieses selbst. Dazu muss man offenbar in letzter Konsequenz revolutionär werden, wie die Kommunisten oder Faschisten.

Richtungswandel ist der Härtetest beim Aufbau von Strategiefähigkeit. Gleichzeitig ist er eine Art Pre-Test für Regierungsfähigkeit. Problemwandel, erfolgreichere Problemlösung der Konkurrenz, sozialstrukturelle Veränderungen, Werte- und Diskursverschiebungen – es gibt viele Herausforderungen für notwendigen Richtungswandel. So wichtig Führungswechsel und Organisationsreform bei grundlegenderen Veränderungen sein können, sie sind doch nur Voraussetzungen und Symbole eines Richtungswandels, der die Menschen wirklich interessiert, weil letztlich nur seine Konsequenzen in ihr Leben eingreifen.

Glaubwürdigkeit und Geschlossenheit sind Messlatten der Bürger, mit denen sie vor einem etwaigen Regierungswechsel einzuschätzen versuchen, was sie von den Versprechungen der Oppositionsparteien zu halten haben. Glaubwürdigkeit misst die Wahrscheinlichkeit, dass die Politiker sagen, was sie denken, und tun, was sie sagen. Geschlossenheit ist ein Indikator für Handlungsfähigkeit.

Zielwandel kann das Kernstück beim Aufbau von Strategiefähigkeit bilden. Er kann aber auch das Projekt eines bereits strategiefähigen Akteurs sein. Dann geht er über den Selbstwandel hinaus, sucht den Gesellschafts- und Politikwandel und ist auf die Steuerungskompetenz angewiesen, die zur Umsetzung eines Strategiekonzepts benötigt wird.

Auf der Linken der westeuropäischen Parteiensysteme gab es seit 1945 zwei große Veränderungsschübe. Die Transformation des sozialistischen Traditionalismus in einen sozialliberalen Reformismus hatte seinen Schwerpunkt in den 1950er und 1960er Jahren.[494] Unterschiedliche Anpassungen an Modernisierungen von Markt-Staat-Beziehungen stehen seit den 1990er Jahren im Mittelpunkt grundlegenderer Transformation westeuropäischer Sozialdemokratie. Gleichzeitig musste sie ihre Position in der wichtiger werdenden zweiten Dimension gegenüber libertären und autoritären Werten definieren (vgl. Kitschelt 1994, Merkel et al. 2006).

In beiden Transformationswellen sind die normativen von den strategischen Aspekten nur schwer zu trennen. Jedes Mal waren veränderte gesellschaftliche Problemlagen, ein Revisionsbedarf bei den Problemlösungen, Politikinstrumenten, kontextsetzenden Orientierungen sowie Wahlkrisen Auslöser für Richtungswandel. Auch dadurch erklärt sich die Gemengelage von Normativ- und Machtakteuren. Dabei ist das Gewicht normativer Begründungen in öffentlichen Diskursen sehr groß. Intern treten gerade auch bei grundlegenderen Richtungsveränderungen markante Strategieakteure auf.

Man darf Richtung nicht zu isolierten normativen Entscheidungen politischer Führer stilisieren. Zu oft sind sie eingebettet in Parteitraditionen, aktuelle Parteitendenzen und machtpolitische Erwägungen. Eher ist es so: Richtung und (einige) Basisüberzeugungen müssen geklärt sein, bevor Strategie greifen kann. Zu viele Überzeugungen behindern die strategische Beweglichkeit. Bei zu wenigen Überzeugungen hat Strategie keinen Anhaltspunkt.

---

[494] Vorläufer fanden sich vor allem in der skandinavischen Sozialdemokratie (insbesondere Schweden), Nachzügler vor allem in Südeuropa (vgl. Merkel 1993).

Die strategische Erfahrung kann zeigen, dass Ziele unter gegebenen und erwartbaren Bedingungen nicht durchsetzbar sind und deshalb geändert werden müssen, obwohl man sie normativ für richtig hält. Eine Strategie für solche Konstellation liegt darin, Kontinuitäten auf der Werteebene gegenüber Veränderungen auf der Forderungsebene zu betonen. Durch den tatsächlichen Bezug auf Werte bleibt diese Strategie von reinem Machtopportunismus unterscheidbar – wenngleich das in der Praxis häufig schwer zu unterscheiden ist. Eine andere Strategie passt Ziele und Instrumente im einen Politikfeld dem erfolgreichen Gegner ein Stück weit an, um auf einem anderen Politikfeld gleichzeitig die Unverwechselbarkeit der eigenen Position zu unterstreichen.

Richtungsfragen hängen mit Strategiefragen zusammen. Die tradierte Parteirichtung ist ein einfacher Bezugspunkt für Strategie, aber gerade sie ist häufig strategisch unterkomplex. Rascher gesellschaftlicher Wandel, Positionsveränderungen der Gegner, Präferenzwechsel von Wählern – es gibt, unabhängig von Überzeugungen, viele Gründe, die Richtung zu ändern.

Parteiakteure können sich auf existierende Wählersegmente berufen, wenn sie die „wahren" Ziele der Partei beschwören. Aber es sind gerade die Spitzenleute, die ihre Positionsbestimmung auch strategisch überprüfen müssen. Beim Scheitern – zum Beispiel wegen ungebundener Wähler – sind sie die unmittelbar Verantwortlichen. Passen sie sich – aus Angst vor internen Konflikten – an den Richtungstraditionalismus an, mögen sie Vorsitzende bleiben, scheitern aber an ihrer Führungsaufgabe.

Linienführung, ein wesentliches Kernelement von Strategie, bedarf der Bezugspunkte sowohl auf der Macht- wie auf der Gestaltungsebene. Mit für richtig gehaltenen Wert- und Gestaltungs-Zielen unter gegebenen Bedingungen Macht zu gewinnen oder zu halten – das ist das Grundmodell, basierend auf der grundlegenden Zweidimensionalität von Politik. Dem stehen zwei Grenzfälle gegenüber. Ziele entsprechend ihrer Eignung zur Machtgewinnung festzulegen – das ist das Grenzmodell einer Usurpation von Politik durch isolierte Macht-Strategie. Ziele ohne Rücksicht auf Bedingungen verfolgen – das ist der gesinnungsethische Grenzfall. Für einen zweckrationalen, strategischen Ansatz geht es um eine Balancierung und Rangordnung zwischen wertbezogenen Zielen und machtbezogenen Mittel-Umweltbeziehungen.

Nicht nur das Macht-, auch das Richtungselement kann sich verselbständigen. In allen Parteien gibt es Akteure eigenständiger Profilierungen von Programmen, Projekten, Ideologien. Aufgabe von Führung ist es, Verselbständigungen von Richtungs- wie von Machtspezialisten einzufangen und die integrierte, richtungsbezogene Strategieverfolgung stark zu machen. Eine besondere Aufgabe strategischer Führung ist es, die Richtungsbestimmung zu einer Politikprofilierung zu verdichten, welche die Unterscheidbarkeit gewährleisten kann. Dieses Geschäft der Zuspitzung erfordert definitiv über das Programmatische hinausgehende strategische Kompetenzen – aber es bleibt auf normative Inputs angewiesen.

Am Schluss auch hier der Versuch, unter dem Richtungs-Aspekt Wichtiges zu bündeln:

- Richtung ist eine Rahmenvorgabe, die ein Feld möglicher Positionsbestimmungen begrenzt. Sie grenzt sich vor allem durch Grundwerte, Leitideen und Kerninteressen von anderen Akteuren ab. Verknüpfungen, Gewichtungen, Ideenverbindungen sorgen in der Regel dafür, dass solche Richtungs-Korridore kollektiver Akteure unterscheidbar bleiben – selbst wenn zum Beispiel Grundwerte gleich oder ähnlich sind. Richtung bekommt ihre spezifischere Bedeutung durch fortlaufende Politik und Interpretation.

Es braucht Themen, die die Richtung bestätigen, und solche, die ihre Interpretation weiterentwickeln. Darüber erweitert sich der Spielraum für strategische Intentionen und Handlungen.
- Richtung wird auch über Programmarbeit festgelegt. Dabei sind die Aktiven einer Partei besonders stark beteiligt (z.B. Grundsatzprogramm). Bei der Richtungsbestimmung kommen in höherem Maße als sonst normative Gesichtspunkte zum Zuge. Richtungsbestimmung im mehr grundsätzlichen Bereich ist offen für Formen von Normativ- und Identitätspolitik – ohne Strategiepolitik auszuschließen. Machtpolitische Erwägungen werden auf diesem Feld jedoch noch weniger direkt vorgetragen als in anderen Bereichen.
- Bei der Richtungsfrage ist der Unterschied zwischen dem europäischen Party-Government-System und dem amerikanischen Präsidialsystem besonders deutlich. Der amerikanische Präsident muss bei seinen Wählerkalkulationen zwar auch Parteibindungen im Blick behalten, er ist aber, im Unterschied zu europäischen Regierungschefs, frei von Bindungen an einen inhaltlichen Parteiwillen, der die Bewegungen im Richtungskorridor kontrolliert.

8.2.3 Strategiekompetenz

Strategiefähigkeit wird als Dreiklang verstanden, bei dem die spezifische Strategiekompetenz ein Korrelat von Führung und Richtung ist. *Strategiekompetenz* ist die Fähigkeit, Anforderungen an strategisch handelnde Kollektivakteure entsprechen zu können. Sie hat zwei Komponenten: Wissen und Managementfertigkeiten. *Wissen* umfasst die in der Praxis durch Erfahrung, Lernen, Reflexion aufgebauten strategischen Kenntnisse sowie das professionelle Strategiewissen, mit deren Hilfe Strategiebildung und bewusste strategische Steuerung betrieben wird. Dazu kommen *Managementfertigkeiten* (Organisierung, Koordinierung, Durchsetzung etc.) in ausdifferenzierten Kompetenzfeldern, die eine systematischere Verfolgung strategischer Ziele ermöglichen. Das Vorhandensein von Strategiekompetenz ist feststellbar anhand von Strategiebewusstsein, bereit gestellten Ressourcen sowie einer wenigstens gelegentlichen praktischen Erprobung.

Kompetenzfelder

Strategiekompetenz wird hier über die Handlungsfelder erschlossen, die sich aus dem Orientierungsschema ergeben.[495] Dabei sollen Wissens- und Managementaspekte, mit denen sich das Kapitel 6 befasste, nicht wiederholt werden. Bei der knappen Kommentierung beschränken wir uns auf einzelne Aspekte, zum Beispiel den Stellenwert der einzelnen Kompetenzen, deren Veränderungen im Zeitverlauf sowie die Unterschiede zwischen individueller und kollektiver Kompetenzausprägung.

Organisationskompetenz

In Party-Government-Systemen ist generell ein sehr hoher Stellenwert von Organisationskompetenz zu erwarten. Noch wird Politik über Parteien abgerechnet. Organisation ist grundlegend nach innen und nach außen.[496] Sie hält die weiteren Aktivitäten zusammen und

---

[495] Die *Horizonte* (Zeit, Arenen) bedürfen dazu keiner eigenen Illustration (vgl. Kapitel 6.3).
[496] Vgl. dazu das Kapitel 6.1.

erlaubt extern Einschätzungen über die weitere Handlungsfähigkeit. Zwar wird eine außerparlamentarische Protestpartei nicht (primär) danach beurteilt, eine Parlaments- und potentielle Regierungspartei wird aber auf verbreitete Skepsis stoßen, wenn sie auf Partei- und Fraktionsebene wenig Organisationskompetenz zeigt. Ein frühzeitiges „Sie können es nicht" lässt sich gerade darauf stützen. Dies ist auch deshalb rational, weil Politik heute Organisation bedeutet. Organisationsunfähigkeit ist dann auch Politikunfähigkeit. Speziell geht es vor allem um drei Fähigkeiten:

- Durchsetzung und Akzeptanz eines handlungsfähigen, professionell arbeitenden strategischen Zentrums *in* der Organisation.
- Modernisierung der Parteistruktur, um sie für gegensätzliche Anforderungen fit zu machen. Demokratische Steuerungspartei oder effizient-demokratische Parteistruktur wären Kurzbezeichnungen solcher funktionalen Widersprüche.[497] Dazu gehört die Institutionalisierung eines strategie- *und* demokratiekompatiblen Leitbilds im Sinne einer demokratischen Steuerungspartei bzw. einer entsprechenden Parteistruktur.
- Fähigkeit zur kollektiven Selbststeuerung, das heißt wechselseitige Abstimmung zwischen Anforderungen demokratischer Partizipation und effektiver Steuerung bei den gemeinsamen Aktivitäten bzw. Organisationsleistungen wie etwa Mobilisierung, Koordination, Geschlossenheit.

EXKURS: DEMOKRATISCHE STEUERUNGSPARTEI

Der Politikwissenschaft gelingt es seit Jahren nicht, die Veränderungen in Struktur und Funktion gegenwärtiger Parteiformen auf einen weithin akzeptierten Begriff zu bringen. Die Volkspartei war – als Nachfolger der demokratischen Massenpartei – in den 1960er Jahren der letzte Typusbegriff, dem das Fach weitgehend zustimmen konnte. Seither gibt es zwar viele Versuche, den Wandel auf einen Begriff zu bringen, allerdings immer nur durch die isolierte Hervorhebung eines Merkmals: Kartell-, Fraktions-, Professionelle Rahmen-, Berufspolitiker-, Profi-, Netzwerk-Partei. Auch gelingt es nicht, fortbestehende Ausprägungen der demokratischen Mitgliederpartei in den Begriff zu integrieren. Die Mitgliederpartei war ja nie ganz verschwunden, häufig ist sie widerspruchsvolle Verbindungen mit der Volkspartei und den darauf folgenden Parteiformen eingegangen (vgl. Wiesendahl 2006).

In dieser Situation spricht einiges dafür, mit einem eher offenen Begriff zu operieren. Er muss zwei gegensätzlichen Anforderungen entsprechen: einerseits *strategische Steuerungsfähigkeit* gegenüber einer komplexen und fluiden Umwelt, andererseits *Demokratieverträglichkeit*, um partizipatorischen Ansprüchen gerecht zu werden. *Demokratische Steuerungspartei* wäre ein solcher parteientypologischer Begriff, der auch den Vorteil hätte, für Groß- und Kleinparteien gleichermaßen anwendbar zu sein. Er erfasst den Doppelcharakter aktueller Parteientwicklung, die zwischen partizipatorischer Mitgliederpartei und professioneller Wähler- und Regierungspartei vermitteln muss.

Wie viel und welche Ausprägung von Demokratie sich innerhalb dieses Typus der demokratischen Steuerungspartei durchsetzt, ist variabel je nach internen Kräfteverhältnissen, Kompromissbildungen, Zeitströmungen und externen Akteurskonstellationen. Aus der Sicht des Steuerungszentrums sind es abgerungene und zu funktionalisierende Anteile. So haben innerparteiliche Plebiszite über den Spitzenkandidaten zu positiver Mobilisierung öffentlicher Aufmerksamkeit beigetragen. Prüfung, Umfunktionalisierung, Abschwächung

---

[497] Vgl. dazu auch den nachfolgenden Exkurs.

und andere Bearbeitungsformen partizipativer Inputs durch Parteiführung bzw. strategisches Zentrum lassen sich auf den Begriff „konsultativer Demokratie" (Dalton/Wattenberg 2000: 268) bringen. Es gibt zwar „a trend toward more inclusive decision-making in choosing parliamentary candidates and party leaders, as well as in setting party policy", aber: "these democratising moves have not been accompanied by decentralization of authority" (268).

Der Kern der demokratischen Steuerungspartei liegt in der Steuerung, nicht im Adjektiv *demokratisch*. Zielorientierter Machtgewinn und -erhalt bleibt für Aktive, Eliten und strategisches Zentrum häufig ein gemeinsamer Bezugspunkt, der aber mit unterschiedlichen Schwerpunkten verfolgt wird. Logiken des Ideologisch-Partizipativen oder der Stimmen- bzw. Machtmaximierung können sich aber auch verselbständigen. Exemplarisch zum Beispiel in der britischen Labour Party zwischen den Extremen des radikalisierenden Trotzkismus der 1980er und eines modernistisch-anpassenden Campbellismus der 1990er Jahre.

Bürger- und Wählerkompetenz

Diese Kompetenz ist nicht so selbstverständlich, wie man vermuten könnte – und sie ist nicht jederzeit vorhanden. So war es, um ein historisches Beispiel zu nehmen, für sozialistische Parteien traditionalistischen Zuschnitts bei ihrem Umbau zu modernen Volksparteien ein regelrechtes Trainingsprogramm, vom Klassengenossen mit historischer Mission umzuschalten auf autonome Bürger und auf Wähler, die auch anders können. Willy Brandt und viele andere der sozialdemokratischen Reformer haben in den 1950er und frühen 1960er Jahren einen erheblichen Teil ihrer politischen Rhetorik gegenüber den eigenen Genossen auf diese Form einer „Verbürgerlichung" des Denkens verwandt. Tony Blair musste dies, weil dort die Godesberger Wende später stattfand, in der britischen Labour Party noch in den 1990er Jahren leisten.

Dabei ist es nicht nur eine Frage historischer Umstellung, sondern auch eine permanente Gefahr für Organisationen, von solcher Bürger- und Wählerzuwendung abzukommen. Die starken Tendenzen zur Binnenorientierung – gerade der demokratisch verfassten Freiwilligenorganisationen – wirken in dieser Richtung. Ideologisierung des Organisationslebens ist eine starke Versuchung. Der Rückzug aus lebensweltlichen Verankerungen in Vereinen und Verbänden, Initiativen und Nachbarschaften wirkt gleichfalls in diese Richtung. Es sind eher die von ihrer Rolle her auf externen Austausch festgelegten Akteure, insbesondere Abgeordnete und Führungsleute, die ihre Organisationsmitglieder immer wieder an die berechtigten Erwartungen von Bürgern und Wählern erinnern – und an deren Sanktionsmöglichkeiten.[498]

Themenkompetenz

Themen sind der Grundstoff von Politik.[499] Nicht zuletzt deswegen ist es für Parteien unabdingbar, sich Themenkompetenz anzueignen und sie fortlaufend zu reproduzieren. Qualifizierung, Rekrutierung, Programm- und Projektarbeit gehören zu den Möglichkeiten, Themenkompetenz längerfristig aufzubauen. Richtungsprofilierung steht in Wechselwirkung mit strategischer Themensteuerung und -kompetenz, aber sie determiniert sie nicht. Die

---

[498] Vgl. Kapitel 6.2.
[499] Vgl. dazu ausführlich das Kapitel 6.4.1.

politische Führung muss auch unabhängig von allgemeinen Richtungsentscheidungen auf Themenmärkten strategisch-operativ handlungsfähig sein.

Themenkompetenz hat eine materielle und prozessuale Komponente. Themenwissen erfordert Know-how sowohl in der Problem- wie in der Issuedimension von Themen. Das Themenmanagement beinhaltet unter anderem Bearbeitung des eigenen Themenvorrats (Konzeptbildung), Verzahnung von Themenfeldern, Themenpriorisierung, effektives Timing, Themenökonomie, Interdependenzkontrolle zwischen Themen als Objekten und den Referenzen.

Im Gegensatz zu Tendenzen programmatischer Nivellierung werden Parteien immer noch *Kernkompetenzen* zugerechnet. Jede Partei, die mitregieren will, muss zwar Nachweise für Allzuständigkeit abliefern, aber ihre wirkliche Kompetenz zur Problemlösung wird von ihr selbst wie vom Publikum sehr selektiv gesehen. Die Bestätigung und Aktualisierung von Kernkompetenzen ist für den Nachweis von Themenkompetenz besonders relevant.

Zurechnungen von Kernkompetenzen sind bemerkenswert langlebig. Jeder kennt die Einschätzungen bzw. (Vor-)Urteile: die SPD verstehe nichts von Wirtschaft und könne mit Geld nicht umgehen, setze sich aber für soziale Gerechtigkeit ein, die Grünen verfügten über Know-how nur in ökologischen Fragen, die Union vertrete eine Law-and-order-Politik, die Linkspartei wolle sozialpolitisch umverteilen. Ein strategisch agierender Akteur muss solche Vorannahmen bei den eigenen Absichten des Verstärkens, des Überspielens von Schwächen oder eines potentiellen Neuaufbaus von Kompetenzen in Rechnung stellen.

Themenkompetenz vermittelt sich kollektiv und individuell. Die einzelnen Fachexperten der Parteien können – auch unterhalb der Ebene von Ministern – beim Aufbau oder der Sicherung von allgemeiner Themenkompetenz bzw. spezifischer Kernkompetenz tragende Säulen sein. So war Friedrich Merz – bis zu seinem Abgang – Garant dafür, dass die wirtschaftspolitische Kompetenz der Union sich auch über ihn als fachpolitischen Akteur vermitteln ließ. Er hinterließ der CDU eine Kompetenz-Lücke, die so schnell nicht zu schließen war.

Personenkompetenz

Auch beim Personalfaktor muss ein Kollektivakteur – sich und anderen – zeigen, dass er die Parameter der Strategiefähigkeit beherrscht. Mit zunehmender Personalisierung der Politik ist dies in den Außenbeziehungen von eher wachsender Bedeutung, vor allem für die Großparteien.[500] Neben der Klärung der Führungsfrage geht es dabei um den Aufbau eines *Personen-Pools* mit entsprechender Qualifizierung, Vernetzung, Loyalität gegenüber der Führung.

Wird der Aufbau von Strategiefähigkeit in der Opposition begonnen, sind zunächst weniger Positionen als in der Regierung zu besetzen und die Öffentlichkeit orientiert sich an wenigen Spitzenfiguren. Auch sind in der Oppositionsphase andere Personenkompetenzen gefragt. Die Zahl der „Ministrablen" ist noch nicht ausschlaggebend. Wichtig sind Partei-, Wahlkampf-, Öffentlichkeitsmanager, eine Reihe sachverständiger Parlamentarier und viele engagierte Parteiarbeiter, die den Eindruck vermitteln, dass die Partei weiß, wer sie ist und mit wem sie wohin will.

---

[500] Vgl. auch Kapitel 6.4.2.

Personenmanagement ist in Umfang und Ausdifferenzierung noch begrenzt, aber immer gibt es auch öffentlich kritische Personalfragen mit Rückwirkungen auf Effizienz und Image der Organisation. Am Umgang damit zeigt sich, wie hilflos oder professionell die Partei mit diesem Faktor von Strategiekompetenz umzugehen versteht. Wechseln alle wichtigen Leute mit der Regierungsbeteiligung in Regierungsämter, kann beim Parteiakteur ein Leck an Strategiekompetenz entstehen. So war es bei der SPD beispielsweise 1998/1999, bis Franz Müntefering und Matthias Machnig nach einem halben Jahr Regierungsausflug wieder das Parteimanagement übernahmen. Die Strategiekompetenz des Gesamtakteurs veränderte sich dadurch signifikant.

Die Gesamttendenz im Regierungsprozess geht auf allmähliche Ausschöpfung des Personen-Pools und auf Verschleiß. Auffrischungen, soweit sie in der Regierungszeit betrieben werden, greifen voll erst in der anschließenden Oppositionsphase. Allerdings erweitern sich in der Regierung die Möglichkeiten aktiver Personalpolitik. Die Grünen, mit Bewegungsherkunft und zivilgesellschaftlichen Überzeugungen, hatten anfangs Probleme mit einer Patronage-Strategie, von der man aber weiß: wenn man sie nicht selbst betreibt, betreiben sie andere (vgl. Raschke 1993). Tatsächlich, soweit man sieht, haben die Grünen von allen Möglichkeiten Gebrauch gemacht, die sich boten.

Symbolkompetenz

Der Stellenwert symbolischer Politik wächst sowohl bei der Verstärkung wie bei der Verfälschung von Politik.[501] Zunehmende Komplexität, Medialisierung, Problemlösungsschwäche sind treibende Kräfte dieser Entwicklung. Die Komponenten einer Formation und ihre Symbolik müssen zueinander passen, soll Strategie erfolgreich sein. Die Interdependenzkontrolle wechselseitiger Beeinflussung zwischen symbolischer Politik, Themen, Personen und Organisation gehört zur hohen Kunst übergreifender, strategischer Aktivitäten. Dabei geht es um prägnante Symbolik, eine Begrenzung von Widersprüchen sowie um Gleichklang individueller und kollektiver Möglichkeiten symbolischer Politik.

Symbolkompetenz muss sowohl individuell wie kollektiv vorhanden sein. Da die mediale Vermittlung individuell erfolgt, hilft es einer Partei nichts, wenn eine strategische Linie erarbeitet wird, die individuelle Performanz aber unzureichend bleibt. Auch das Umgekehrte ist wahr: individuelles symbolisches Ausdrucksvermögen greift bei der öffentlichen Orientierung nicht ohne strategische Linienführung. So haben Joschka Fischers überschießende expressive Qualitäten – als Langstreckenläufer, verantwortungszerfurchter Riesenstaatsmann oder einsamer Wolf – viele bei der Frage, wofür die Grünen stehen, nicht klüger gemacht.

Da symbolische Politik eine Passform für andere Faktoren ist, setzt ihr Gelingen eine starke Zentrierung, Disziplinierung, Kontrolle dieser und der Faktoren Organisation, Themen, Personen voraus. In der Machtdimension ausgehungerte Oppositionsparteien wie die britische Labour Party 1997, die SPD 1966 und 1998 oder die Grünen 1998 boten dafür sehr gute Voraussetzungen. Im Regierungsprozess kommen – fördernd – staatliche Ressourcen, aber auch – hemmend – die Heterogenisierung des Gesamtakteurs hinzu.

Symbolkompetenz kann nicht nur gekauft werden. In Wahlkämpfen sind die Gewichte zwar zugunsten externer Berater verschoben. Aber ohne relevante Eigenbeiträge und ohne Dauer- und Letztverantwortung der Spitzenleute ist die Symbolkompetenz einer Formation

---

[501] Vgl. dazu im Einzelnen das Kapitel 6.4.3.

auf Sand gebaut. Auch darf das symbolische Repertoire nicht einseitig zugunsten von Sprach-, Bild- oder Inszenierungspolitik entwickelt werden, sondern muss alle Dimensionen im Auge behalten. So stark die Versuchung ist, symbolische Politik kompensatorisch und verfälschend einzusetzen, so wichtig ist gerade hier die Balancierung. Die Inszenierung des Leipziger SPD-Parteitags 1998 als „Krönungsmesse" war zwar ein Highlight der Inszenierung aus Sicht von Werbefachleuten, politischen Dramaturgen und Designern, das Bekanntwerden des Drehbuchs mit seinen minutiösen Anweisungen machte aber für viele daraus ein manipulatives Negativsymbol.

Problemkompetenz

Mittel- und längerfristig können Parteien ohne Beiträge zur Problemlösung nicht erfolgreich sein. Populistische Strategien vermögen solche Defizite nur zeitlich begrenzt zu überspielen. Tatsächliche und wahrgenommene Problempolitikkompetenzen sind für Wahlen, Koalitionsbildungen, Regierungspolitik wichtige Parameter.

Der gesellschaftliche Problemhaushalt bleibt steter Bezugspunkt der Politik. Erwartungen substantieller Problemlösungsbeiträge richten Bürger/Wähler an Politik, aber auch die Politiker an sich selbst.[502] Problemkompetenz setzt Problemlösungswissen und Problempolitikmanagement voraus. In der Wissenskomponente ist Expertise erforderlich, die für die Problemdefinition, Programmentwicklung und Politikformulierung Verwendung findet. Im Bereich des Problempolitikmanagements eröffnet sich ein weites Feld beteiligter Politikakteure. Es stellen sich vielfältige Ansprüche problempolitischer Steuerung. Die Managementkompetenz fordert den Akteuren die Fähigkeit ab, Erwartungen, Machtpotentiale und Leistungen in Übereinstimmung bringen zu können.[503] Problemkompetenz bedeutet also nicht nur isoliertes Problemlösungswissen, sondern auch das Vermögen, dieses Wissen in Politikkonzepte zu transformieren und politisch umzusetzen.

Die besondere Schwierigkeit kollektiver Parteiakteure besteht in der politischen Verarbeitungsdimension. Die Vielzahl individueller Akteure, die an der Problempolitik mitwirken, erschwert schon die Herstellung einer kohärenten problempolitischen Position innerhalb des Kollektivs. Bei noch weiter verzweigten Kollektiveinheiten wie zum Beispiel der Regierung ist das Feld beteiligter Akteure oft erheblich größer (politische Verwaltung, Kabinett, Regierungsfraktionen, Kommissionen, Fachpolitiker, Experten etc.).

Problempolitisch agierende Akteure werden von sich verändernden Problemstrukturen herausgefordert. Eine Entwicklung verweist auf zunehmend ineinander verschlungene Politikfelder. So wird beispielsweise im Feld der Umweltpolitik bereits seit längerem der Ruf nach integrativen Konzepten der Problembearbeitung lauter.[504] Dieses Problemfeld erfordere als Querschnittsthema, so die gängige Analyse, die Integration in andere Politikbereiche und könne nicht isoliert bearbeitet werden (vgl. Lenschow 2002). Die Nachhaltigkeitspolitik hat sich schon von ihrer Anlage und Konzeption her die Verbindung unterschiedlicher Politikfelder zur Aufgabe gemacht. Auch wenn die Umsetzung solcher problempolitischen Ansprüche in den vorhandenen sektoralen Problembearbeitungsstrukturen bislang kaum gelingt, zeigen sich hier neue Anforderungen, für die Politikakteure künftig problempolitische Kompetenzen entwickeln müssen.

---

[502] Vgl. dazu umfassend Kapitel 6.5.1.
[503] Vgl. Kapitel 10.2.
[504] Vgl. den umfassenden Überblick zu Politikintegration in der Umwelt- und Nachhaltigkeitspolitik bei Bornemann (2005).

Konkurrenzkompetenz

Wettbewerb zwischen Parteien ist konstitutiv für Parteiensysteme, da Macht wesentlich durch Wahlen verteilt wird. Gleichzeitig ist Konkurrenz eine zentrale Orientierungsgröße für strategische Parteiakteure. Strategiefähigkeit ohne Konkurrenzkompetenz ist nicht denkbar. Sie umfasst die Differenz- und Bündnis-Fähigkeit sowie die bereits unterschiedenen Orientierungsfähigkeiten, von denen die Wahl eines realitätstauglichen Koordinatensystems, auf das weitere Handlungen und Strategien bezogen werden können, am wichtigsten ist.[505] Konkurrenzkompetenz ist vor allem kollektiv definiert. Persönliche Popularität von Spitzenkandidaten kann die positive Bewertung einer Formation im Vergleich zur Konkurrenz nicht ersetzen.

Genetisch ist der Aufbau von Strategiefähigkeit so stark mit Differenz-Profilierung verbunden, dass die andere basale Fähigkeit, mit anderen gesellschaftlichen und politischen Gruppen zu kooperieren, eher vernachlässigt wird. Gerade in ihrer strategisch zugespitzten Form der Kompetenz, zielorientiert längerfristige und relevante Bündnisse aufzubauen, zu pflegen und zu erhalten, ist dies aber keine Banalität.

Strategische Allianzen[506] können auf der gesellschaftlichen oder der politischen Ebene und in verschiedenen Phasen des Entwicklungsprozesses einer Parteiformation aufgebaut oder beendet werden. Auf der gesellschaftlichen Ebene waren im Entstehungsprozess der SPD zum Beispiel Gewerkschaften und Genossenschaften strategisch relevante Bündnispartner, für die Grünen waren dies die neuen sozialen Bewegungen bzw. daraus hervorgegangene Bewegungsorganisationen (formative Bündnisse). Die Konzepte von Dealignment und Realignment, die für die Bindungen von Wählern an Parteien entwickelt wurden, könnten ebenso auf Lockerung oder Abbau solcher gesellschaftlicher Bündnisbeziehungen angewendet werden.

Auf der parlamentarisch-politischen Ebene können Koalitionen über die Arithmetik eines Wahlergebnisses hinaus zu strategischen Allianzen gemacht werden, wenn der wechselseitige Vorteil für die – auch – konkurrierenden Akteure in Interessen, Werten, Programmen gut verankert ist und es gelingt, personelle Netzwerke aufzubauen. Die Stilisierung zu einzigartigen Bündnissen hilft nicht, wenn diese Basis fehlt.

So konnte 1969 die sozialdemokratische Stilisierung der Koalition von SPD und FDP die freidemokratische Relativierung nicht verhindern, die von einem Zweckbündnis auf Zeit sprach – aus Gründen nur eines Politikfeldes (Ostpolitik) und aus Enttäuschung über die Behandlung seitens der CDU/CSU (Hans-Dietrich Genscher). Der Stilisierung eines „historischen Bündnisses" zwischen alten und neuen sozialen Bewegungen im SPD-Grundsatzprogramm von 1989 stand die Formel von „Koch und Kellner" gegenüber, in Umlauf gesetzt von dem, der die rot-grüne Koalition dann tatsächlich einging: Gerhard Schröder.

Helmut Kohl hat gegen viele Anfechtungen aus der Union das Bündnis mit der FDP auf eine prinzipielle strategische Ebene gehoben und verteidigt. Der SPD fehlte auf Bundesebene die meiste Zeit die Fähigkeit, ein strategisches Bündnis zu stabilisieren. Die Schwäche der SPD war immer auch eine Schwäche der Bündnis*kompetenz:* gegenüber der FDP, noch eklatanter in Bezug auf die Grünen. Ein strategisches Konzept wie das der „(Neuen) Mitte" steht ohne gesellschaftliche Bündnisse auf tönernen Füßen.

---

[505] Vgl. zu Konkurrenzaspekten ausführlich das Kapitel 6.5.2.
[506] So der Begriff im strategischen Management (vgl. Bea/Haas 2001: 425ff.), der hier aufgenommen wird.

Es gibt, gerade im Formationsprozess neuer Parteien, „geborene" Bündnisse. Soweit strategische Kalkulationen die Bündnispolitik steuern, sind die Einschätzungen wechselseitiger Vorteile – und Nachteile – durch Kooperation,[507] Chancen, aber auch Einschränkungen des Machtzugangs durch bündnispolitische Selbstbindung und mögliche Gefährdungen für die eigene Identität und Autonomie wichtige Faktoren. Angesichts der generell niedrigen Mobilisierungsstufe pluralistischer Gesellschaften und ihrer Großgruppen (vgl. Raschke 1985: 189f.) beschränken politische Akteure ohne strategische Bündnispolitik ihre machtpolitischen Chancen ganz entscheidend.

Öffentlichkeitskompetenz

Die Anforderungen an die strategische Öffentlichkeitskompetenz von Parteien, Regierung und Opposition sind in den letzten Jahren deutlich gewachsen. Die Fähigkeit zu politischer Kommunikation gehört inzwischen zum Kernbestand des politischen Leistungsbereichs von Party-Government-Akteuren. Erfolgreiche Öffentlichkeitsarbeit setzt Kenntnisse über die Entstehung und Wirkungsweise öffentlicher Kommunikation und kommunikatives Knowhow voraus. Parteiakteure müssen sich kommunikativ behaupten können gegenüber kampagneorientierten Medienakteuren, Wettbewerbern, autonomen Diskursakteuren, partikularen Verbandsinteressen oder Experten.

Öffentliche Kommunikation ist ein Kampffeld verschiedener Akteure.[508] Im Zentrum der Interaktion stehen vor allem die untereinander konkurrierenden Parteien und Medienakteure. Weil Parteien und Medien in diesem Kampf um Agenda und Bewertungen entsprechend ihren Eigeninteressen handeln, verliert, wer versäumt, strategische Kommunikationsfähigkeit zu entwickeln. Gegen eine Überschätzung des Medieneinflusses in diesem Kampf, aber auch gegen übertriebenes Spin-Doctoring von Parteien, richtet sich der Vorschlag von Dick Morris (1999b: 116ff.), nach je spezifischen Stärken und Schwächen von Parteien, Medien und Bürgern zu fragen. Seine These lautet vereinfacht: Parteien haben ihre Stärke bei Problemlösung und Priorisierung, Medien bei der Verdeutlichung und Verstärkung von Bürgerinteressen, die Bürger schließlich wüssten selbst am besten, wo sie der Schuh drückt.

Bei vorhandener Öffentlichkeitskompetenz sind politische Kollektive nicht nur passive Objekte der Medien, sondern definieren sich selbst. Durch ihre Angebote im Medienprozess („für die Medien", „durch die Medien hindurch", „an den Medien vorbei") versuchen sie, von ihnen gewünschte Wirkungen zu stimulieren. Sie sagen, wie sie gesehen und verstanden werden möchten. Idealerweise orientiert sich ihr Management medienbezogener Aktionen an einer strategischen Kommunikationslinie. Diese gibt den Strategieakteuren kommunikativen Halt und hilft beim Schaffen, Zuordnen und Verknüpfen von Ereignissen, beim Anstoßen von Diskursen oder der Organisierung von Konflikten zur besseren Unterscheidbarkeit.

Die durch die Medialisierung der Politik angetriebene Personalisierung eröffnet den Spitzenleuten Chancen, ihre Parteien kontinuierlich öffentlich festzulegen, dadurch strategisch zu steuern, und so einen erheblichen Teil der Umsetzung von Strategien selbst zu

---

[507] Vorteile liegen beispielsweise gerade im Zugang der Bündnispartner zu unterschiedlichen Gruppen, Ressourcen, Ideologien.
[508] Vgl. dazu umfassend das Kapitel 6.5.3.

übernehmen. Sie setzen dafür argumentative und instrumentelle Kommunikationsformen ein, verbunden mit jeweils unterschiedlichen Interaktionsorientierungen.

In der Kompetenzperspektive ist zunächst die Rekrutierung und Präsentation medienfähiger Spitzenleute wesentlich. Medienfähige Individuen repräsentieren und konkretisieren öffentlich den Willen der Gesamtformation. Damit leisten strategiefähige Parteien ihren Beitrag zur massenmedialen Personalisierung von Politik. Gelingt es ihnen, Kommunikationsdisziplin herzustellen, verbauen sie den Medien die Möglichkeit, konfliktverschärfend zu intervenieren.

Nur ein politische Kollektivakteur, der in der Lage ist, sich selbst aktiv zu definieren, das eigene Profil zu stilisieren, Erwartungssteuerung bei seinen Anhängern und Wählern zu betreiben und – gegen die Fremddefinitionen der Medien – Kontrolle über Selbstveränderungen zu behalten, nur ein solcher Akteur hat Chancen, durch den medialen Kommunikationsprozess so hindurch zu kommen, dass er sich selbst und dass seine Wähler ihn wieder erkennen. In einem Satz heißt das: Wichtiger als die Steuerung der Medien, die direkt nur sehr begrenzt möglich ist, ist die Steuerung der eigenen Partei.

Professionelles Strategiewissen und Wissensmanagement

Wir sprechen von einem professionalisierten strategischen Spezialwissen im Unterschied – zum Teil aber auch in Überschneidung – zu einem strategierelevanten wissenschaftlichen Wissen. *Professionelles Strategiewissen* ist für die Entwicklung von Strategiefähigkeit hilfreich, als Teil von Strategiefähigkeit ist sie für Strategiebildung und strategische Steuerung unabdingbar. Ohne professionelles Strategiewissen können heute anspruchsvolle Prozesse des Aufbaus von Strategiefähigkeit, von Strategiebildung und strategischer Steuerung nicht stattfinden. Professionelles, elaboriert gewonnenes Strategiewissen kann aus verschiedenen Elementen bestehen:

- Für die Generierung von Strategiewissen relevante Verfahren (Szenarien, Früherkennungssysteme, Demoskopie etc.).
- Strategisch unmittelbar relevantes, elaboriertes Praxiswissen im Sinne eines aufbereiteten Anwendungswissens. Auch wo es wissenschaftlich gestützt ist, bleibt seine Filterung und Fokussierung durch die Erfordernisse der (strategischen) Praxis bestimmt. Dazu gehört Policy-, Prozess- und Institutionenwissen.
- Überprüftes Gegenstandswissen im Sinne eines breiteren, als potentielles Reservoir dienenden sozialwissenschaftlichen Erklärungswissens.
- Überprüftes Wissen strategischer Praxis im Sinne eines empirisch-analytischen Strategiewissens. Dieses ist bisher nur in einem geringen Maße ausgearbeitet oder gar systematisiert, aber prinzipiell generierbar.

Insgesamt hat das professionelle Strategiewissen eine Zwischenstellung zwischen reflektierter, an Eigeninformation arbeitender Praxis sowie anwendungsbezogener, generalisierender Politikwissenschaft.[509]

---

[509] Ausführungen zu verschiedenen Bereichen des Wissens (Organisation, Bürger/Wähler, Personen, Symbole, Konkurrenz, Öffentlichkeit) finden sich in den Exkursen des Kapitel 6. Vgl. zu strategierelevanten Verfahren den Exkurs am Ende des Kapitel 9. Man muss nicht bei der Skepsis einer quantitativ orientierten Ökonomie stehen bleiben: „Strategische Informationen sind nur schwer operationalisierbar (qualitativ, soft facts), oft undifferenziert, langfristiger Natur und unsicher." (Bea/Haas 2001: 264).

Wissensmanagement, „die zielorientierte Gestaltung des Wissensprozesses" (Bea/Haas 2001: 342), ist auf dem Feld der Strategie besonders wichtig. Fertige, abrufbare Informationen existieren hier nicht. Die Wissensintensität ist bei strategischen Produkten sehr hoch, weil Kalkulationen, Synopsen und Synthesen auf häufig disparater empirischer Grundlage zu leisten sind. Strategie ist eigenständige Ressource mit potentiellem Wettbewerbsvorteil, da reichen bloß stützende, dann und wann herangezogene Informationen nicht aus.

Spitzenpolitiker können nicht selbst die Verfahren/Methoden und Bereiche professionalisierten Strategiewissens anwenden. Zumindest nicht in elaborierter Form, sondern allenfalls – zum Beispiel beim Szenario – in extrem reduzierter Form. Auch ein vom Handlungsdruck entlasteter „Großstratege" kann nicht allein das Potential professionalisierten Strategiewissens ausschöpfen – wegen dessen interdisziplinärer und dialogischer Grundstruktur. Einer kann nicht alles wissen und einer kann nicht alles denken, was für elaborierte Strategiereflexion gewusst und gedacht werden muss. Die für den Strategieprozess verantwortliche Führung muss Vorsorge treffen, dass sie im Bedarfsfalle auf vielfältiges, professionalisiertes Strategiewissen zurückgreifen kann.

Wissensmanagement stellt sich für Wahlkampf-, Partei-, Oppositions- oder Regierungsführung unterschiedlich dar, muss jeweils spezifische Elemente berücksichtigen. So braucht Regierungssteuerung profunde Policy-Expertise, Wahlkampfsteuerung muss Public Relations- und Werbungs-Expertise einschließen. Für alle vier Handlungsfelder ließe sich aber so etwas wie ein *ideales strategisches Kernteam* denken. Es bestünde aus einem (strategischen) Demoskopieexperten, einem Kommunikations- bzw. Medienexperten und einem Strategieexperten. Spezialwissen und übergreifende Relevanz sind die Gründe für genau diese Zusammensetzung. Sie kann auch nur dann als „ideal" bezeichnet werden, wenn die drei Akteure vertiefte Kenntnisse – quasiprofessionell, aber unterhalb des Expertenstatus – in folgenden Bereichen des Orientierungsschemas haben: Bürger/Wähler, Organisation, Themen, Symbole, Problem- und Konkurrenzpolitik. Man kann demoskopische, medienkommunikative und strategische Expertise auch zusätzlich extern besorgen (das geschieht meist), dann muss man innerhalb des Teams Anschlussfähigkeit für das externe Expertenwissen gewährleisten können.

Wir sprechen von spezialisierter strategischer Expertise, wohl wissend, dass sie beim heutigen Wissensstand noch kaum existiert. Sie wird vielmehr von Experten anderer Bereiche mitentwickelt. Klar ist, dass ein solches, wohlgemerkt idealtypisches Team nicht ausschließlich für Strategie existieren kann. Strategen beraten auch bei situativen Problemen mit, Demoskopie- und Kommunikationsexperten müssen – mehr als sonst – übergreifende Zusammenhänge mit berücksichtigen.

Strategisches Wissen ist nicht einfach abrufbar. Der im Zusammenhang von Wissensmanagement gebrauchte Begriff der *Wissensgenerierung* gilt in besonderer Weise für politische Strategie. Unter Verwendung vielfältiger Methoden und Wissensbereiche sowie in kooperativ-dialogischen Arbeitsformen muss für Strategiebildung und strategische Steuerung nützliches Wissen erst hervorgebracht werden. Das setzt zweierlei voraus: Ressourcen für *Wissensbeschaffung* und *Wissensverarbeitung*. Schließlich müssen die für konkrete Zusammenhänge erarbeiteten Konzeptionen durch *Wissensvermittlung* (interne und externe Beratung) an Spitzenakteure weitergegeben werden. Nicht Einzelakteure, sondern nur strategische Apparate können solchen komplexen Aufgaben des Wissensmanagements gerecht werden. Allerdings: schon in der Existenz solcher Apparate und im Vermittlungsprozess selbst liegt ein beträchtliches Konfliktpotential, das jede technokratische Verkürzung und

Harmonisierung solcher, durch professionelles Wissen gestützter Strategieprozesse ausschließt.[510]

Zu den Funktionsbestimmungen effektiv arbeitender strategischer Apparate gehören die gezielte, komplexere Beschaffung strategisch relevanten Wissens (Wissensbeschaffung), die anspruchsvolle Verarbeitung dieses Wissens, die alternative Optionen und längerfristige Folgen prüft (Wissensverarbeitung) und eine an den strategischen Horizont von Spitzenakteuren anschlussfähige Aufbereitung und Präsentation verarbeiteten Strategiewissens (Wissensvermittlung).

Bei der *Wissensbeschaffung* der Akteure des Party-Government geht es vor allem um die Rohstoffe strategischen Wissens, die erst durch Verarbeitung die Qualität strategischer Produkte annehmen (Lageanalyse, Optionen, Konzepte). Die Beschaffung strategischer „Fertigprodukte" ist eher unwahrscheinlich, da auch Think Tanks oder spezialisierte, externe Strategieberater nur begrenzte Inputs zur weiteren Verarbeitung liefern können.

Extern besorgt – das heißt meist gekauft – werden insbesondere Demoskopie und Kommunikationswissen in einem weiteren Sinne (vor allem Public Relations, Werbung, massenmediales Know-how). Aber auch konzeptionell innovatives, längerfristiges Policy-Wissen mit strategischem Potential, erarbeitet von spezialisierten Einzelakteuren, Kommissionen, Instituten bzw. von Think Tanks.

Intern wird strategierelevantes Policy-Wissen überwiegend aus der Ministerialbürokratie oder aus den Parlamentsfraktionen besorgt. Regierungs- und Parteiführungen leben davon, aber auch Parteiapparate holen sich im vernetzten System des Party-Government solche Informationen „unentgeltlich" aus dem Staatsapparat (z.B. für Programm- oder Wahlkampfarbeit).

Professionelles Prozess- bzw. Politics-Wissen ist in den Ministerien und in den auf Ressorts zugeschnittenen Fraktionen – abgesehen von administrativem und parlamentarischem Verfahrenswissen – eher rar. Schon rechtliche Vorschriften über eine strikte Trennung von Staats- und Parteitätigkeit (z.B. bei der Öffentlichkeitsarbeit), aber auch andere institutionelle Barrieren erschweren eine strategisch integrierte Politiksteuerung aus den Ressorts heraus.[511] Erst in der Steuerungszentrale einer Regierung bzw. Opposition wächst die Chance zu einer strategisch integrierten Politik, das heißt, einem systematisch an Problemlösung *und* Konkurrenz *und* Öffentlichkeit orientierten Politikmodus. Die normale Ressortorganisation stützt einen Typ bürokratischer Politik, das heißt einen an inneradministrativen Kriterien orientierten Politikmodus, soweit nicht die Leitung versucht, dem – sehr bewusst und quer zu den Strukturen – entgegen zu arbeiten. Parteiapparate dagegen spezialisieren sich auf Prozesswissen und haben dann Probleme mit der hinreichenden Integration von Problemlösungswissen. Mit strategischer Gegner- und Medienbeobachtung bestehen Felder, die nur von Parteizentralen aus adäquat bearbeitet werden können.

---

[510] Der exzellente Beitrag von Weingart (2006) verengt die Möglichkeiten der Wissenschaften auf Problemlösungswissen. Tatsächlich existiert sozialwissenschaftliches Wissen auch für den Politikprozess und sind integrierte Wissensarten möglich, die Policy-, Politics- und Polity-Wissen zusammenführen (z.B. Strategiewissen). Auch wird der Dualismus von Wissenschaft und Politik noch mehr aufgeweicht als dargestellt, wenn die Politikwissenschaft selbst eine Doppelgleisigkeit von empirischer und praktischer Politikwissenschaft entwickeln würde (vgl. Kapitel 2.1).

[511] Vgl. zur Ausnahme für deutsche Verhältnisse die dem Anspruch nach strategische Medienberatung von Schmidt-Deguelle (2002) beim ehemaligen Finanzminister Hans Eichel.

Wissensbeschaffung hängt auch von Ressourcenstärke ab.[512] Dabei ist die Ressourcenausstattung strategierelevanter Akteure sehr unterschiedlich. Generell sind Parteiorganisationen die armen Verwandten ihrer Fraktionen und ihrer Parteifreunde in Administration bzw. Regierung. Schon die Finanzknappheit erzwingt Arbeitsteilung zwischen der Partei innerhalb und der außerhalb des Staatapparats. Die externe Partei wird – unter professionellem Gesichtspunkt – immer mehr Wahlkampforganisation. Professionelle Gegner- oder Medienbeobachtung zum Beispiel sind für sie außerhalb von Wahlkampfzeiten nicht finanzierbar.

Typischerweise sind es eher die größeren Parteien, die intern über Ansätze eines strategischen Apparats verfügen und strategierelevante Expertise einkaufen können. Die Größe der Organisation verschafft Ressourcenstärke, sie verstärkt aber außerdem die Komplexität sozialer Gruppen, Interessen und Werte, die den Bedarf an professionellem Strategiewissen erhöht. Darüber hinaus forcieren professionell erhobene strategierelevante Daten (z.B. Demoskopie, Gegnerbeobachtung) selbst die Komplexität des Strategiewissens – sie sind immer auch Anlass für die Vertiefung strategischer Fragen.

Die Spitzenakteure können von ihren Apparaten besorgtes Wissen direkt abfragen, wenn sie es für eigene strategische Überlegungen brauchen. Im Übrigen geht der Rohstoff „Wissen" in die *Wissensverarbeitung* der strategischen Apparate mit ein.[513] Diese hat institutionell-organisatorische Voraussetzungen, die schon bei Führung diskutiert wurden.[514] Die unerlässlichen personellen Voraussetzungen – Kompetenz *plus* Vertrauen – können nicht oft genug betont werden. Der anspruchsvolle Prozess der Wissensverarbeitung wird vor allem im Zusammenhang mit Strategiebildung illustriert.[515]

Was immer nur mit Verständnis und Schutz der Spitzenebene möglich, für produktive Wissensverarbeitung aber notwendig ist, sind Räume für strategische Reflexionsarbeit. Sie müssen angeschlossen sein, nicht abgekoppelt. Das heißt: es wird von den Beratern auch wirklich etwas erwartet. Geschützte Räume bieten Handlungsentlastung. Die Mitarbeiter können in Ruhe nachdenken – stellvertretend für Spitzenpolitiker, die reden, reisen und herumsitzen. Die Leute des strategischen Apparats sind sich ihrer zuarbeitenden und dienenden Funktion bewusst – oder sie werden daran erinnert.

Da die wesentlichen Akteure des Wissensmanagements die zweite und dritte Ebene im mehrstufigen Strategieprozess sind (Steuerleute und strategischer Apparat), verlaufen die Prozesse der *Wissensvermittlung* von ihnen zur politischen Spitze. Strukturen, Prozesse und Probleme strategischer Beratung wurden in diesem Zusammenhang erläutert.[516]

---

[512] Natürlich ist auch die Positivbewertung professionellen Strategiewissens, die nicht vorausgesetzt werden kann, ein Einflussfaktor.
[513] Die Wissensverarbeitung externer Strategieberater wird hier nicht eigens thematisiert. Methodisch wird sich das nicht prinzipiell unterscheiden. Als individuellen Beratern steht ihnen aber hinsichtlich aktueller Informationen nur ein begrenzteres Wissensreservoir zu Verfügung.
[514] Vgl. Kapitel 8.2.1.
[515] Vgl. dazu das Kapitel 9.
[516] Vgl. Kapitel 8.2.1.

8.2.4 Zum Verhältnis von Führung, Richtung und Strategiekompetenz

Strategische Einflussakteure und Gesichtspunkte haben *Anteile* an der Festlegung von Führung und Richtung. Gleichzeitig sind Führung und Richtung *Voraussetzungen* rationaler Strategiearbeit. Erst der Dreiklang von Führung, Richtung, Strategiekompetenz führt zu ausgebildeter Strategiefähigkeit, die bei den Graden von Strategiefähigkeit einen höheren Wert erreicht.

Innerhalb der internen Ordnung dieser drei Grundfaktoren gibt es eine Zentralität von Führung und Richtung. Sie sind als notwendige Bedingungen für die Entfaltung von Strategiekompetenz vorrangig und vorgeschaltet. In einer Erklärungsperspektive stellt sich dies als Kumulation und Sequenz dar. In einer Orientierungsperspektive beschreibt es die Reihenfolge der Aufgaben: Erst Führung und Richtung, dann Strategiekompetenz und Strategie.

Der einfachste Fall ist, dass eine geklärte Führung mit entschiedener Richtung die Strategiekompetenz entwickelt, die zu erfolgreicher Zielverfolgung notwendig ist. Dabei kann eine Organisationsreform zur Durchsetzung bzw. Stabilisierung der neuen Führung und Richtung sowie zur effektiven Ausübung von Strategiekompetenz notwendig sein.

Beim Aufbau stabiler Strategiefähigkeit der *deutschen Sozialdemokratie* am Ende der 1950er Jahre gab es einen engen Zusammenhang von neuer Führung, Organisations- und Programmreform.[517] Nach der dritten Wahlniederlage 1957 setzte sich 1957-1960 eine neue Führung durch,[518] kam es 1958 zu einer grundlegenden Organisationsreform und dann zu einer Programmrevision, die 1959 in einem neuen Grundsatzprogramm, 1960 in einer neuen Außenpolitik kulminierte. Bei der *britischen Labour Party* der 1990er Jahre setzte sich, nach 18 Jahren Opposition, im Sommer 1994 erst eine neue Führung um Tony Blair durch, die dann in raschen Schritten eine Organisations- und eine Programmreform durchsetzte, bevor sie 1997 den Machtwechsel schaffte. In der *dänischen Sozialdemokratie* setzte sich – nach elf Jahren Opposition und vier vergeblichen Wahlen – eine Modernisierergruppe um Poul Nyrup Rasmussen erst mit einer grundlegenden Programmrevision durch,[519] dann 1992 mit einem hart umkämpften Führungswechsel,[520] bevor sie 1993 wieder an die Macht kamen und 1996 die neue Linie und Führung durch eine Organisationsreform[521] stabilisierte (vgl. Frenzel 2002, Merkel et al. 2006). In allen drei Fällen konnte die Gruppe der Modernisierer ihre Strategiekompetenz auf der Grundlage einer neuen Führung und Richtung entwickeln, wobei die Organisationsreform ihr bei der Durchsetzung bzw. Stabilisierung half.

Von der Idealkonstellation in der Reihenfolge erst Führung und Richtung, dann Strategiekompetenz gibt es empirisch eine Reihe von Abweichmöglichkeiten:

---

[517] Vgl. dazu das Kapitel 12.1.
[518] Erst auf der Fraktions-, dann auf der Parteiebene, 1960 schließlich mit dem Kanzlerkandidaten Willy Brandt.
[519] Sie dauerte vom Ende der 1980er Jahre bis zum neuen Grundsatzprogramm 1992.
[520] Die neue Führung hatte als vormalige Minderheit die Programmrevision initiiert und durchgesetzt. Rasmussen selbst war zuvor stellvertretender Parteivorsitzender. Die Integration nach der mit brachialen Mitteln erzwungenen Abwahl des Vorsitzenden Svend Auken gelang nicht zuletzt dadurch, dass man Auken in die neue Führung und Regierung mit einbaute.
[521] Dabei wurde die traditionelle Ex-officio-Mitgliedschaft der dänischen Gewerkschaften im Vorstand und bei den Delegierten aufgehoben.

(1) Nicht geklärte Führung kann bedeuten, dass mit verschiedenen Führungsaspiranten unterschiedliche Richtungen und darauf aufbauende, divergierende Strategien verbunden sind.

(2) Geklärte Führungsfrage führt nicht automatisch zu Richtungsklarheit. Die Spitzencrew kann unfähig sein zur Richtungswahl. Sei es, dass es ihr an normativer Entschiedenheit fehlt, sei es, dass sie übergreifende Richtungsbestimmung für unmöglich und deshalb situative Festlegungen für adäquat hält. Sei es, dass ihre Richtungsbestimmung nicht auf der Höhe der Herausforderungen ist, deshalb nicht greift und so permanent Unklarheit schafft. Nicht selten gibt es Widerstände aus der Partei, die der Richtungsbestimmung von oben nicht folgen wollen.

Es gibt den Fall, dass Führer in der von ihnen gewünschten Richtung durch die Partei blockiert werden, sie also weder die von ihnen für notwendig gehaltene Richtung noch eine dazu passende Strategie durchsetzen können. Auch hier bietet die britische Labour Party in den 1980er und frühen 1990er Jahren anschauliche Beispiele (vgl. Gould 2001).

Eine Führung ohne gesicherte Richtung muss Einschränkungen ihrer Strategiekompetenz hinnehmen. Die SPD unter Hans-Jochen Vogel oder unter Gerhard Schröder sind dafür ebenso Beispiele wie die Union 2002 unter Edmund Stoiber oder 2005 unter Angela Merkel. Der vergebliche Versuch von Merkel, 2004 eine neue sozial- und steuerpolitische Linie der Union auf der Grundlage einer neoliberalen Wende in der Grundsatzrede vom 1. Oktober 2003 aufzubauen, hat erheblich zum Kompetenzverlust der Partei beigetragen. Selbst bei denen, die die Unionsparteien unterstützen wollten, wurden Zweifel an deren Richtungsklarheit deutlich verstärkt.

(3) Auch möglich ist, dass eine ausgearbeitete Richtung nach einer Führung sucht. So kann die Reihenfolge in ein „Erst Richtung, dann Führung" verkehrt werden. Als Herbert Wehner eine Personifizierung der sozialdemokratischen Reformlinie suchte, bot sich Willy Brandt als der bei Landtagswahlen erfolgreiche Berliner Regierungschef an. Obwohl Wehner nicht besonders viel von ihm hielt und die Partei skeptisch war, sorgte er dafür, dass Willy Brandt 1960 zum Kanzlerkandidaten nominiert wurde – Basis für Brandts weiteren Aufstieg zur Nr. 1 der SPD.

(4) Die Reihenfolge kann sich auch so verkehren, dass Strategie vor Richtung geht. Sowohl bei emergenter Strategieentwicklung wie bei einem situativen Politikansatz kann aus einer spezifischen Akteurskonstellation oder einer Gelegenheitsopportunität eine Strategie erwachsen, deren Richtung sich die Spitzenpolitiker erst nachträglich aneignen. Paradoxerweise kann der Dreiklang der Strategiefähigkeit also auch vom letzten Glied her aufgebaut werden. So hat 1999 erst die Zufallsverkettung des Rücktritts von Oskar Lafontaine, des Regierungsverlustes von Hans Eichel in Hessen und dessen anschließende Ernennung zum Bundesfinanzminister zu einer Priorität der Haushaltskonsolidierung geführt. Diese gab der Schröder-Regierung auf dem ökonomischen Feld nach den Irritationen des ersten dreiviertel Jahres erstmals eine Linie. Auch die agrar- und verbraucherpolitische Neuausrichtung durch Renate Künast ergab sich erst aus dem strategischen Potential der BSE-Krise und durch den nachfolgenden Rücktritt des traditionell orientierten Landwirtschaftsministers Karl-Heinz Funke im Januar 2001. Eine Extremposition könnte man das Muster einer „leer laufenden" Strategie nennen – eine Strategie ohne Richtung. So lässt sich zum Beispiel Napoleon in seiner Schlussphase beschreiben: Schlachten gewinnen, ohne zu wissen, wozu. Das ist auch in der Politik möglich.

Führung und Richtung bilden nur Voraussetzungen für ein strategisches Potential. Ob sie genutzt werden, hängt zudem ab von Vorstellungen legitimer Strategiekompetenz. Typischerweise gab und gibt es zum Teil immer noch in Linksparteien oder auf linken Flügeln von Mitte-Links-Parteien Vorbehalte und Aversionen gegenüber einer modernen Strategiekompetenz, die sich oft an der Distanz zu Demoskopie, politischem Marketing oder strategischer Kommunikationssteuerung festmacht. Die britische Labour Party in ihrer Linksphase vor allem während der 1980er Jahre ist ein gutes Beispiel dafür (Gould 2001). Selbstverständlich hängt der Grad an Strategiekompetenz von mehr als nur den Faktoren Führung und Richtung ab, und ist Strategiekompetenz selbst nur ein Potential, das nicht ausschließt, dass strategische Fehler gemacht werden.[522]

Führungs- und Richtungsfrage sind in demokratischen Kollektiven nie *definitiv* geklärt. Deshalb ist die Macht zur Nachsteuerung von so großer Bedeutung. Auch nach Klärung gibt es in der Führungsfrage stille Anwartschaften, latente Konkurrenzverhältnisse, neue Aufsteiger. In der Richtungsfrage bleiben zurückgestellte Normativoptionen, plausible Alternativen, neue Themen. Macht ist nötig zur Aufrechterhaltung einmal erreichter Machtverteilung und normativer Grundpositionen sowie zur strategiekonformen Weiterentwicklung angesichts veränderter Verhältnisse. Keineswegs zuletzt ist die Macht der Nicht-Entscheidung notwendig, etwa zur Verhinderung offener Entscheidungen, durch die Führungs- und Richtungsvoraussetzungen strategischer Linien unterlaufen werden können.

Macht über die Prozesssteuerung von Führungs- und Richtungsfrage ist so wichtig, weil – und soweit – diese Fragen von Aktiven und Eliten als Gemeinschaftsaufgabe gesehen werden, weil sie durch die Aufgaben der Themen-, Personen- und Organisationssteuerung permanent tangiert werden, und weil das Zentrum selbst sich kontrollierte Innovationen und Abweichungen von der Grundlinie im strategischen Interesse vorbehält. All das wirkt einer quasi automatischen Ruhigstellung in der Führungs- und Richtungsfrage entgegen. Elitenspaltung dagegen ist in strategischer Hinsicht der GAU der Organisation. Ihr arbeitet Führungsmacht entgegen, mit Überzeugung und Integration, Belohnungen und Sanktionen, Drohungen und Versprechungen. Ohne Selbstdisziplin der Mitakteure allerdings bleibt dies unwirksam.

---

[522] Zwei Beispiele aus der SPD-Geschichte: In der Bundestagswahl 1961 verfolgte sie eine falsche, unpolitische, konsumorientierte Image-Präsentation von Willy Brandt (vgl. Hetterich 2000). Im Wahlkampf 1965 betrieb sie eine Übersteuerung der Anpassungs-Komponente bei real schon größerem Politisierungspotential.

9 Strategiebildung

Die Vorteile des Denkens vor dem Handeln sind unaufhebbar.
Peter Weingart

9.1 Zum Konzept der Strategiebildung

9.1.1 *Strategiebedarf*

Für welche Handlungsbereiche entwickelt man überhaupt Strategien? Grundsätzlich gilt: politische Strategie ist ein universelles Konzept, das in allen politischen Kontexten Anwendung finden kann. Die Basiselemente unseres Strategiebegriffs – situationsübergreifende Ziel-Mittel-Umwelt-Kalkulationen – eröffnen überall Potentiale erfolgreicher Optimierung. Dennoch bleiben große Teile des politischen Prozesses strategiefrei: man verfolgt dort keine Strategien und man braucht sie oft auch nicht. Breite Bereiche von Alltags- und Routinepolitik folgen diesem Muster. Sie orientieren sich an Aufgaben, die für Funktionsweise und Integration der Gesellschaft unerlässlich sind, aber wenig neue Impulse setzen. Man denke etwa an das weite Feld marginaler Änderungs-, Klarstellungs- und Anpassungsgesetze (vgl. Beyme 1997: 62ff.). Die Erfüllung solcher Standardaufgaben schlägt für die Regierenden wenig oder gar nicht positiv zu Buche, obwohl sie einen großen Teil von Politik ausmachen. Diese Tätigkeiten sind zwar prinzipiell öffentlich, gleichzeitig aber konfliktarm und finden schon deshalb faktisch weitgehend unter Ausschluss der Öffentlichkeit statt (Beyme 1994). Erst Leistungsdefizite im Aufgabenfeld der Alltags- und Routinepolitik können negativ auf Machtverhältnisse zurückwirken.

Einen besonderen Strategiebedarf gibt es für Politik, die zwei Kriterien in beträchtlichem Umfang genügt: *Chance öffentlicher Aufmerksamkeit* und *Wählerrelevanz*. Politik, die Öffentlichkeits- und Wählermärkte erreichen soll, ist der Fokus unserer Strategiekonzeptualisierungen. In solchen Politikkonstellationen entstehen lange Wirkungsketten, bei denen strategische Kalkulationen die Risiken vermindern können. Dies sind auch Bereiche, die (Miss-)Erfolgswahrnehmungen und Machtchancen wesentlich beeinflussen.

Auf dem Wählermarkt wird mit Politik gehandelt. Zu den für die Wähler wichtigen Problemen werden – öffentlich erkennbar – mehr oder weniger akzeptable Problemlösungsbeiträge gegen Stimmen getauscht. Im Angebot sind aber auch die Inszenierungen, die unter den weiten Begriff symbolischer Politik fallen, und die Begründungen, mit denen Politik gerechtfertigt oder bekämpft wird. Insbesondere die untereinander eng verzahnten Elemente von Problemlösung, symbolischer Politik, Öffentlichkeit und Wählermarkt erzeugen Strategiebedarf. Gleichzeitig ist Politik aber nicht nur Markt, Forum und Bühne, sondern auch Problembearbeitung ohne Aufmerksamkeit und Gewinnchance.

9.1.2 Von der strategischen Emergenz zur konzeptionellen Strategie

Entstehung, Bearbeitung, Manifestation von Strategie realisiert sich in einer großen Bandbreite von Graden strategischer Zielgerichtetheit, Reflexion, Strukturierung und formt auf diese Weise das Kontinuum zwischen *strategischer Emergenz* und *konzeptioneller Strategie*. Unterhalb strategischer Konzeptionen gibt es in der politischen Praxis strategierelevante Aktivitäten, die nicht einfach als Defizitformen angesehen werden können. Nicht immer ist formelle Strategiebildung möglich oder sinnvoll. Suchbewegungen, Experimente und die Praxis strategischer Denkweise bzw. Reflexion zeigen Aktivitäten, durch die dem politischen Prozess Strategisches abgewonnen werden kann. Wir nennen das strategische Emergenz.[523] Es gibt nur eine Grenze: nicht-strategisches Handeln, das sich selbst genug ist.

Abbildung 16: Strategisches Kontinuum

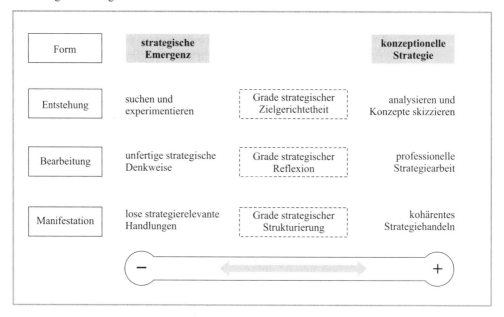

Den *großen* Gegensatz, den Henry Mintzberg einmal zwischen geplanter und emergenter Strategie sah, sehen wir nicht – abgesehen davon begibt sich Mintzberg selbst schon auf einen breiten Weg der Kompromissbildung (vgl. Mintzberg/Ahlstrand/Lampel 1999). Die Betonung einer sich aus Handlungsmustern herausbildenden Strategie (emergente Strategie) erhält bei ihm letztlich ihre Erklärung durch die wissenschaftsimmanente Gegenbewegung gegenüber den dominierenden Schulen von Planung und Design. Eigentlich stimmen wir darin überein, dass das Spektrum strategischer Erscheinungsformen weit ist –

---

[523] Bei Henry Kissinger (1979: 407ff.) findet sich ein selbst reflektiertes Beispiel, wie eine außenpolitische Strategie „sich entwickelt", wobei Emergenz mit Analyse, Erfahrungen und weiteren Analysen eng verknüpft sein kann.

unsere Gegenposition zu Mintzberg bezieht sich auf die Frage strategischer Intentionalität.[524]

Auch in den weniger elaborierten, tastenden Strategieprozess spielen Elemente formeller Strategiebildung wie Aussagen zu Lage und Potentialen, Optionsmöglichkeiten oder einzelnen strategischen Kalkulationen hinein. Das im Mittelpunkt dieses Kapitels stehende Modell der Strategiebildung zeigt Möglichkeiten eines systematischen Herangehens für den, der strategisch werden will und kann. Eine zweite Variante ist, dass politische Akteure ohne strategische Intentionen agieren und dennoch *strategierelevante Handlungen*[525] hervorbringen: weil sie keine Ressourcen für Strategieplanung haben, weil sie intern zu zerstritten sind, um sich auf eine Strategie zu einigen, weil sie bisher kein Konzept gefunden haben oder einfach, weil sie von strategischem Vorausdenken nichts halten.

Strategierelevante Handlungen werden auf zwei Wegen strategisch bedeutsam. Erstens durch Hervorbringung *strategischer Konsequenzen*, zum Beispiel durch eine neu entstehende Bündniskonstellation oder durch eine Personalentscheidung, die sich anschließend als strategisch folgenreich herausstellt. Zweitens durch Schaffung *strategierelevanter Handlungsmuster*, die zur Strategie werden können. Dabei handelt es sich um situativ oder taktisch gemeinte Handlungen, aus denen sich eine Strategie entwickelt, wenn sie wahrgenommen, positiv bewertet, aufgenommen und zu einer handlungsorientierenden Strategie gemacht werden. Ein Konzept also, das man selbst nicht entwickeln wollte oder konnte, das einem aber die Praxis zuspielt. Quelle von Strategie muss nicht immer der Kopf, es kann auch die Praxis sein.

Möglich ist auch, eigene, zunächst situative Antworten auf überraschende Ereignisse, die durch strategisches Handeln anderer gesetzt wurden (z.B. Mauerbau 1961, Terroranschlag auf New York 2001), strategisch weiterzuentwickeln. Die Frage nach eigenen Anschlusshandlungen, Reaktionen des Gegners, Interpretationen der Öffentlichkeit – das alles baut Druck zu reaktiver Strategiebildung auf.

Allerdings setzt es strategisches Bewusstsein voraus, die Praxis als Lehrmeister anzunehmen. Darüber hinaus ist strategische Dauerbeobachtung und (Selbst-)Reflexion notwendig, um die Identifizierung, Qualifizierung und Einordnung strategisch relevanter Handlungen professionell vornehmen zu können. In ungeprüfter Generalisierung eines Praxisausschnitts liegt leicht die Quelle falscher Gewissheit („es hat doch funktioniert"). Schließlich bedarf es eines strategischen Willens, um eine solche Lehre zur Richtschnur künftiger Praxis zu machen. Intention ist immer ein Grundmerkmal von Strategie. Aber die Entstehung der Intention kann auf *Theorie* oder *Praxis* zurückgehen. Konzeptionelle Strategie ist der Gegenbegriff zu strategischer Emergenz. Beide Formen setzen den strategisch operierenden Akteur voraus.

Die Stärke des Emergenz-Faktors beim Strategy-Making hängt von internen Bedingungen wie dem Grad der Strategiefähigkeit oder dem Strategiestil ab. Er kann auch durch externe Bedingungen gefördert werden. Im föderativen System gibt es unterschiedliche Politikausprägungen und unterschiedlich strategierelevante Handlungsmuster derselben Partei (z.B. Koalitionen). Unabhängig von der Frage, ob in bestimmten Konstellationen Druck der Bundes- auf die Landesebene zur Erzwingung koalitionskonformen Verhaltens

---

[524] Vgl. dazu auch das Kapitel 5.1.2. Wir sind der Ansicht, dass *Konzeption* und nicht *Intention* den Gegenpol zu *Emergenz* bildet (vgl. dazu etwa Mintzberg/Ahlstrand/Lampel 1999: 23ff.).
[525] Vgl. zur Differenz von *strategisch gemeinten Handlungen* und *strategisch relevanten Handlungen* auch das Kapitel 5.2.5.

ausgeübt werden soll, können landespolitische Variationen Beobachtungsstoff für Akteure der zentralen Ebene sein und so als Suchraum strategischer Emergenz, aber auch konzeptioneller Strategie dienen.

Ein Föderativsystem wie das der Bundesrepublik ist als strategisches Experimentierfeld besonders geeignet. Die Länder waren häufig Testlauf für neue Policies[526] und Personen, gelegentlich aber auch für Strategien. Die Berliner SPD unter Willy Brandt hat 1958 mit einem fulminanten Wahlsieg gezeigt, wie erfolgreich eine modernisierte Sozialdemokratie sein kann. Die grünen Regierungsoptionen sind in Landtagswahlen und Landesregierungen vorgetestet worden. Das rot-rote Tolerierungsmodell von Sachsen-Anhalt hatte deutlichen Einfluss auf die SPD-Debatte über ihr Verhältnis zur PDS. Stets gab es Freiraum für Innovationen (häufiger allerdings erst gegen den Widerstand von Zentralen), immer aber musste die dezentrale Innovation von Zentralen auf ihre Tauglichkeit für Generalisierung geprüft werden.

Auch auf der Bundesebene selbst gibt es ein *dezentrales Moment*, das strategisch interessant sein kann. Minister mit ihrer spezifischen Ressortverantwortlichkeit können eigene Wege gehen, die Einfluss auf die Strategie der Gesamtregierung bekommen. So brachte Hans Eichel 1999 das Konzept einer nachhaltigen Haushaltspolitik mit, das von Schröder anschließend für die rot-grüne Bundesregierung übernommen wurde. Auch Otto Schily hat – als konservativer Sozialdemokrat – vom Innenministerium her das Gesamtkonzept der regierenden SPD beeinflusst.[527]

Gezielte Strategiesuche in der politische Praxis ist etwas anderes als ahnungsloser Situationismus, verbunden mit dem Vertrauen, situatives Handeln werde sich irgendwie und von selbst als strategisch herausstellen. Neben der ebenenspezifischen Dezentralität ist das Moment des Vorläufigen relevant für strategische Emergenz. Strategie ist dann Teil von Suchbewegungen, von Experimentieren, von provisorischen Lösungen.

Auch konzeptionelle Strategie ist auf Bedingungen angewiesen. Henry Mintzberg und seine Kollegen (Mintzberg/Ahlstrand/Lampel 1999: 38ff.) sprechen in diesem Zusammenhang von der *Designschule*. Sie sehen vor allem eine Bedingung, unter der ein strategisches Konzept gut angewendet werden kann: Neukonzeption einer Strategie (60f.). Sie liegt vor, wenn eine Organisation eine wesentliche Neuorientierung vornehmen muss. In der Politik ist das häufig relevant.[528] Es gilt zunächst für formell definierte Situationen: wenn eine Partei in die Regierung oder wenn sie von der Regierung in die Opposition wechselt, ebenso für Wahlkämpfe, die nie nach ein und demselben Konzept ausgeführt werden können. Sodann gilt es für das Auftauchen neuer, voraussichtlich längerfristig relevanter Problemlagen (z.B. Ökologie, Ressourcenknappheit, deutsche Vereinigung) und die Verdichtung von Problemdruck (z.B. Massenarbeitslosigkeit, Schuldenstaat) sowie für grundlegendere Verschiebungen der Konkurrenzsituation (z.B. Dealignment, Realignment).

Dann kann auch die Zusatzbedingung der Ökonomen greifen, dass sich „die Anfänge einer neuen Stabilität herauskristallisieren, die ein neues strategisches Konzept begünstigt" (61) – die allgemeinen Rahmenbedingungen wahlkämpfender Parteien bleiben einige Monate, die von Regierung und Opposition einige Jahre, die neuer grundlegender Probleme

---

[526] Vgl. Schmid (1990) für Beispiele CDU-geführter Bundesländer.
[527] Bis hin zu seiner Erklärung, dass Law and Order sozialdemokratische Werte seien.
[528] Die zweite von den Ökonomen genannte Bedingung, Erstkonzeption einer Strategie für eine neue Organisation (Mintzberg/Ahlstrand/Lampel 1999: 60), ist für politische Akteure schon deshalb rar, weil zukunftsträchtige neue politische Organisationen selten sind und ihre Strategiefähigkeit am Beginn meist schwach ausgebildet ist.

und Konkurrenzverhältnisse möglicherweise noch länger im Wesentlichen unverändert. Es sind also die berechenbareren Elemente neuer Herausforderungen, die eine Entfaltung konzeptioneller Strategie begünstigen.

Dagegen sind „Bedingungen der Unsicherheit und Komplexität", „instabiler oder komplexer Umgebung" (57) stärker auf Handlungen angewiesen, die zu strategischer Emergenz führen. Das durchzieht Politik ohne Zweifel in einem hohen und wohl auch steigenden Maße. Aber gerade diese Zunahme an Unberechenbarem legt nahe, die strategische Steuerung des eher Berechenbaren konzeptionell vorzubereiten und bei der täglichen Praxis im Auge zu behalten. Die Alternative wäre der kurze Atem der Politik als Prinzip: die Reduktion auf situative Politik, von Strategie auf Taktik.

Sinnvoll ist also die Annahme, die Umwelt bestehe sowohl aus berechenbaren wie aus unberechenbaren Bestandteilen. Die Strategiefähigkeit des politischen Akteurs muss sich entsprechend *zweigleisig* entfalten. Für die – gemessen am Komplexitäts- und Stabilitätsgrad – eher *berechenbaren* Umweltmerkmale, muss er fähig sein, ein strategisches Konzept zu entwickeln und anzuwenden (konzeptionelle Strategie). Für eher *unberechenbare* Umweltmerkmale braucht er Fähigkeiten des Erkennens und der Durchsetzung strategischer Emergenz. Insgesamt ergibt sich daraus folgender Grundsatz: konzeptionelle Strategie, soweit möglich, strategische Emergenz, soweit nötig.

In der Praxis ist offen, ob beide Strategien sich komplementär – hierarchisch bzw. nebeneinander – oder konträr zueinander verhalten. Ohne eine strategische Führung und meist auch ohne einen strategischen Apparat sind die dafür notwendigen Beobachtungen, Bewertungen, Entscheidungen nicht zu leisten. Auch wenn *Entstehung* und *Manifestation* von Strategie im Falle strategischer Emergenz nicht den Ausformungsgrad konzeptioneller Strategie haben kann, sollte die *Bearbeitung* strategischer Fragen auch unter Bedingungen unberechenbarer Umwelt nicht auf *unfertiger strategischer Denkweise*, sondern möglichst auf *professioneller Strategiearbeit* basieren. Strategie mag dann das Ergebnis einer eher spontanen Praxis oder eines Suchprozesses sein, muss aber durch den Filter einer professionellen Prüfung, bevor sie vom politischen Akteur generalisiert wird.

9.1.3 Zuständigkeit für Strategiebildung

Wer ist zuständig für Strategiebildung? Letztlich immer das strategische Zentrum, unabhängig davon, wieweit die Spitzenleute sich durch eine zweite und dritte Ebene bzw. den strategischen Apparat (*Strategiewerkstatt*) vorarbeiten lassen oder auf emergenten Prozessen der Strategiebildung aufbauen. Strategy-Making im Ganzen ist ein demokratischer Prozess. Dagegen ist Strategiebildung im Kern ein Top-down-Prozess, der allerdings – schon vor der Umsetzung bzw. Steuerung – von Bottom-up-Prozessen begleitet sein kann. Strategische bzw. strategisch relevante Debatten und emergente Prozesse können wichtige Gesichtspunkte der Strategiebildung von unten nach oben befördern, konzeptionelle Verdichtung dagegen ist von gut strukturierten Top-down-Prozessen abhängig.

Funktionale Arbeitsteilung betrifft nicht nur Leitung und Vorbereitung, sondern auch den Arbeitsbereich. Idealtypisch sind dabei die übergreifende Gesamtverantwortung eines integrierten *strategischen Zentrums* und Bereichsverantwortlichkeiten *strategischer Teil-*

einheiten (Ressorts, Fraktionen, Wahlkampfführung, Parteiorganisationsführung) zu unterscheiden.[529]

Abbildung 17: Organisationseinheiten, Umwelt und Strategie

Organisation	Umwelt	Strategie
Strategisches Zentrum	Gesamt-Umfeld	Gesamt-Strategie
Strategische Teileinheiten	Arenen-Umfeld	Bereichs-Strategie

Selten gibt es eine *Strategiewerkstatt*, in der – abgeschirmt gegenüber Öffentlichkeit und innerorganisatorischen Konflikten oder Konkurrenzen – mehrere Optionen generiert werden können, über die anschließend eine rationale Entscheidung möglich wäre. Soweit überhaupt Alternativen explizit gemacht und begründet werden, sind sie meist mit Einzelakteuren, Gruppierungen, Positionen, Richtungen, Interessen verbunden – ebenso wie die vorherrschende, von den Machtträgern verfolgte Strategie. Ein strategischer Diskurs darüber wirkt in Tendenzunternehmen wie Parteien oder Regierungen meist konfliktverschärfend. Auseinandersetzungen über Strategien sind typischerweise mit Richtungs- und Machtkämpfen verbunden, das haben bereits viele Ausführungen und Beispielen unseres Textes gezeigt.

Ein negativer Höhepunkt solcher mit Machtkämpfen verknüpften Strategiediskurse waren die *Strategiekommissionen*, in denen führende Vertreter von CDU und CSU nach der Revision des Kreuther Beschlusses zusammentrafen. Die „unerquicklichsten Veranstaltungen zu meiner Bonner Zeit" (Kohl 2004: 452) – soviel Strafe für die Nordlichter musste sein, nachdem die CSU sich in offener Feldschlacht nicht hatte durchsetzen können.

Ausnahmen finden sich am ehesten bei Wahlkampf-Werkstätten wie zum Beispiel der Kampa. Aber auch das gilt nur mit starken Einschränkungen, obwohl gerade die Kampa-Innovation, mit ihrer Auslagerung aus der Parteizentrale, schon eine Antwort auf politische Einmischungen der Partei in Wahlkampfplanung darstellte. Nur wenn die demoskopischen Erfolgszahlen halbwegs stimmen und/oder eine starke politische Hand die für Strategiebildung und Steuerung notwendige relative Autonomie einer solchen Einrichtung schützen kann, sind notwendige Mindestbedingungen rationaler Strategiekonzeption gegeben.

In diesen ungünstigen Rahmenbedingungen liegt auch der Grund, warum von politischen Kollektivakteuren selten rationale Formen von Strategiebildung, die immer mehrere Optionen produzieren müssten, bekannt werden. Die Akteure vermeiden das darin steckende Spaltungspotential. Für eine gewisse Rationalisierung trotz dieser Grundstruktur sind sie auf Formen einer kritisch-diskursiven Medienöffentlichkeit und auf externe Beratung an-

---

[529] Vgl. Lombriser/Abplanalp (1998: 48ff.) zu Analogien auf Unternehmensebene.

gewiesen. Von außen kann noch eher geäußert werden, was innerhalb als Macht- oder Misstrauensfrage gilt.

Empirische Illustration 6: Strategiewerkstatt – Wahlkampfplanung[530]

Wie bereitet man eine Wahlkampfstrategie vor?
„Früher gab es bei uns eine Planungsgruppe, die einen Wahlkampf anderthalb bis zwei Jahre vorher angedacht hat. Dann haben wir uns eine Woche lang zurückgezogen. Auch mit auswärtigen Beratern, Forschern. Und dann ist diese ganze Speisekarte der politischen Planung abgehandelt worden.
Erstens: Politisches Kalendarium. Wurde vorgetragen – darüber wurde geredet. Zweitens: Forschungsergebnisse. Da wurde extra deshalb eine Startuntersuchung in Auftrag gegeben, wo man die Ausgangssituation, das Profil der Partei abfragte. All das, was man in tagesaktuellen Untersuchungen nie geliefert bekommt. Was sind die strategisch wichtigen Zielgruppen? Wer ist für uns erreichbar? Wo sind unsere Problemgruppen? Das wird dann präsentiert. Der dritte Tagesordnungspunkt war immer: Wir versetzen uns in die Wahlkampfstäbe des politischen Gegners. Und zwar ernsthaft. Dann ist der Herr Becker jetzt Frau Köcher. Und Herr Machnig (früher Herr Glotz) ist jetzt Herr Geissler. Und so fort. Und dann überlegen wir uns, wie wir die SPD möglichst hart in die empfindlichen Weichteile treffen können. Und wie wir uns selber profilieren wollen. Und das haben wir für CDU, FDP, für alle politischen Konkurrenten durchgespielt. Das war ein ganzer Tag, wo wir richtig ernsthaft darüber diskutiert haben. Dann haben wir immer einen Tagesordnungspunkt gehabt, der der schwierigste und auch frustrierendste war, dem man sich am mühsamsten näherte: Was ist die politische Philosophie des Ganzen? Das, was jetzt immer eingeklagt wird, damit haben wir uns früher richtig befasst, sehr früh. Das ist wirklich ein mühsames Geschäft, sich dem allmählich zu nähern. Dann haben wir als nächstes gefragt: Wie könnte diese politische Grundmelodie in Themen durchdekliniert werden? Was sind unsere Winner-Themen? Was sind unsere Loser-Themen? Wo können wir Initiativen ergreifen, die auch für Medien interessant sind. Und dann haben wir uns noch über Personalisierung unterhalten. Schließlich die Organisation des Ganzen. Wie soll der Wahlkampf organisiert werden?
Das war das Schema, nach dem wir eine solche Planungsklausur aufgebaut haben. Der Charakter dieser Planungsklausur war eher der eines gemeinsamen Brainstormings. Also, es wurde gemeinsam etwas erarbeitet. Gerade in solchen Brainstorming-Runden muss ja jeder Quatsch erlaubt sein. Auch jeder Unsinn, den man sich ausdenkt. Ohne dass dann die Meute sofort über einen herfällt, was ja immer die leichteste Übung ist, mit der Technik des typischen Diskussionsteilnehmers, der gar nichts sagt und sich irgendwann meldet und den ganzen bisherigen Diskussionsverlauf kritisiert. Man braucht da natürlich einen Kreis, wo Offenheit möglich ist. Man muss sich vertrauen. Dabei waren die Forschungsinstitute, dazu ein, zwei Leute von der Agentur. Das war ein Kreis von 10-12 Leuten. Manchmal haben wir uns bewusst noch jemand von

---

[530] Auszug aus einem der durchgeführten Experteninterviews.

draußen geholt, der mit Politik gar nicht viel im Sinn hatte, der aber einfach die SPD aus der Sicht des normalen Zeitungskonsumenten wahrgenommen hat."

Empirische Illustration 7: Strategiewerkstatt – Regieren vordenken

Die Strategiebildung für die neue Ostpolitik der sozialliberalen Koalition nach 1969 entstand im Planungsstab des Auswärtigen Amtes, dessen Leitung Willy Brandt 1966 übernommen hatte. Egon Bahr, seit Berliner Tagen sein Vordenker in Fragen der Deutschland- und Ostpolitik, hatte er zum Leiter des Planungsstabes gemacht:
„Der köstliche Luxus, insgesamt die Themen selbst zu wählen, addierte sich mit der Lust, frei schwelgen zu können beim Denken, weitgehend unbelastet von täglichen administrativen Pflichten. Nachdenken als Aufgabe, anständig bezahlt, gefüttert mit allen Informationen, die der große Apparat täglich ergänzt und die Wissenschaft bereithält, da stellte sich ein Gefühl der Genugtuung über unseren Staat ein, der sich das leisten wollte. (...) Die schönste Zeit meines Berufslebens habe ich im Planungsstab des Auswärtigen Amtes genossen." (Bahr 1998: 224).
Rekrutiert wurden Leute mit „operativen Erfahrungen", sie „sollten erstklassig sein und vor allem charakterlich in Ordnung" (225). "Zu unserem Hauptanliegen, der deutschen Frage, gab es nichts. Die Schubladen waren leer." (226). Egon Bahr begann die gemeinsame Arbeit mit der „Aufforderung, alle Beschlüsse zu vergessen, kein Tabu zu schonen, so zu tun, als wären wir auf der grünen Wiese und könnten unsere Politik neu erfinden unter der einzigen Vorgabe: Wie wird die Einheit möglich? Das Undenkbare denken. Die Diskussion ergab das überragende Interesse aller unserer Nachbarn, so sicher vor Deutschland zu sein, dass sie vor seiner Einheit keine Sorgen haben müssten. Folgerung: Wie muss Europa organisiert werden, um auch Sicherheit für Deutschland zu garantieren?" (226).
Ziel, Lage, Optionen („operativer" Zielverfolgung) waren das Analyseraster: „Methodisch wurden zunächst die Fragestellungen diskutiert. Das Ausscheiden falscher oder irrelevanter Fragen ist die halbe Arbeit." (227). Szenarien, Gegneranalysen waren Analyseinstrumente. So entstanden in sieben Monaten mehr als 600 Seiten, das Ergebnis wurde auf 26, für Politiker ohne Zeit auf 2 Seiten zusammengefasst. Die damaligen Erkenntnisse waren „fruchtbar", aber sie enthielten, wie Bahr – im Rückblick von mehr als zwanzig Jahren – selbstkritisch und mit dort genannten Gründen einräumt, „mehr Falsches als Richtiges" (229).
Folgenreicher wurde die zweite große Planungsstudie „Überlegungen zur Außenpolitik einer künftigen Bundesregierung", auch sie Ergebnis monatelanger Arbeit: „Die Abstraktion früherer Jahre, den Status quo anerkennen, um ihn zu überwinden, war nun in eine Konzeption deutscher Außenpolitik mit Handlungsanweisungen übersetzt worden. (...) Ohne die drei Jahre der Großen Koalition wäre der Grundriss für die Ostpolitik nicht entworfen worden; er erlaubte den unmittelbaren Start zur operativen Umsetzung im Kanzleramt, scheinbar aus dem Stand: denn das Gebäude auf dem Reißbrett war öffentlich nicht bekannt. Als Brandt die Studie las, während eines Blitz-

besuches in den USA in der Woche vor der Wahl, befand er: ‚Gar nicht so schlecht. Ich hoffe, wir können das bald brauchen.' Sie bewirkte jedenfalls, dass Gromyko später nicht einen einzigen Punkt aufwerfen konnte, den wir nicht vorher durchdacht hatten. Ihm konnte sofort geantwortet werden." (247).

Empirische Illustration 8: Strategiewerkstatt – „Siege kann man machen"

„Die Konzeption und inhaltliche Planung für den Wahlkampf der SPD 1972 war in einem sogenannten ‚Drehbuch' niedergeschrieben. (...) Der Wahlkampf 1972 musste aus dem Stand geplant und begonnen werden. Die eigentliche Planungsphase lag zwischen Mai und August 1972. Mit dem Misstrauensvotum Ende April wussten wir, dass es 1972 wahrscheinlich zu Neuwahlen kommen würde. Die Abteilung Öffentlichkeitsarbeit und die Werbeagentur ARE haben mit ersten konzeptionellen Arbeiten schon im März/April 1972 begonnen – ohne genaue Kenntnis des Wahltermins. Wir konnten dabei auf Vorarbeiten einer vom Parteivorstand der SPD eingerichteten ‚Arbeitsgruppe 72/73' zurückgreifen und ganz selbstverständlich auf die langfristig angelegten strategischen Linien der Regierung Willy Brandt und unserer Öffentlichkeitsarbeit seit 1969. Mit dem Material, das bis Mitte Mai erarbeitet war, zog ich zusammen mit meiner Familie und wenigen Freunden in einen kurzen Pfingsturlaub, der dann eher zu einer Klausur als zu einem Urlaub wurde. Im südfranzösischen La Bégude de Mazenc schrieb ich nach ausgedehnten Diskussionen jeweils am Nachmittag an der Grobfassung des Drehbuchs. Den danach in Bonn zusammen mit der Agentur und meinen Mitarbeitern ausgearbeiteten Entwurf gab ich am 16. Juni an den Bundesgeschäftsführer und Wahlkampfleiter Holger Börner weiter. Am 21. Juni ging das Drehbuch dann an den engeren Kreis des Präsidiums der SPD. Am 8. Juli, einem Samstag, sprach Willy Brandt mit mir auf dem Venusberg das Konzept und auch die einzelnen Kampagnen durch. Damit standen die Grundlinien und auch schon wichtige Teile der einzelnen Kampagnen fest. Das Drehbuch enthielt eine Beschreibung der politischen Ausgangslage und eine Prognose über die vermutliche Strategie der politischen Konkurrenten; die wahlstrategischen Ausgangsüberlegungen, Wahlziele, Zielgruppen und Wahlkampfdramaturgie wurden beschrieben; es wurden die Hauptaussagen des Wahlkampfs und Slogan-Vorschläge formuliert und dann nacheinander 52 Kampagnenvorschläge gemacht. Viele davon wurden letztlich umgesetzt. Außerdem enthielt das Drehbuch einen Mediennutzungsplan, Vorschläge zu Veranstaltungstypen, Anmerkungen zu Etat und Finanzierung, zu organisatorischer und personeller Ausstattung und nicht zuletzt ein Kapitel zur wichtigen Frage der Mobilisierung und Information von Mitgliedern und Sympathisanten. Das Drehbuch war eine wichtige Grundlage. Aber wir waren uns alle darüber im Klaren, dass Offenheit der Planung und Flexibilität in einem Wahlkampf ausgesprochen wichtig sind – bis zum Wahltag. Eine ganze Reihe von Wahlkampfelementen sind selbstverständlich nach Abschluss des Drehbuchs entwickelt worden." (Müller 1997: 32).

Sieht man diesen Bericht aus der Strategiewerkstatt zum historisch größten Wahlsieg der SPD im Einzelnen durch, sind viele Elemente bewusster Option und Entscheidung auch heute noch interessant:[531] die große Bedeutung, die der Mobilisierung von Anhängern und Sympathisanten, Mitgliedern und Aktiven beigemessen wurde; die offensive Auseinandersetzung mit zu erwartenden Angriffen des Gegners („Zerstrittenheit", „Sozialismus" etc.); eine rechtzeitige, konsequente, selbstbewusste Abwehr gegnerischer Angriffe; Entschlossenheit, die Angstkampagne der CDU zu unterlaufen, die Glaubwürdigkeit des Gegners in Frage zu stellen („das große Geld"); eigene Angriffe auf die gegnerische Uneinigkeit und Unentschlossenheit; natürlich Personalisierung (Willy Brandt), aber in engem Zusammenhang mit den Parteizielen; Zielgruppenvielfalt bei gleichzeitiger Konzentration auf Kernelemente, da Wahlkämpfe nie mit nur einem Thema gewonnen werden; die Notwendigkeit thematischer Klammern bzw. Verdichtungen; Issue-Kompetenz des Gegners „offensiv und mit vielfältigen Themen überlagern"; „Ein klares Profil macht unabhängig von den Inhalten Eindruck. Wer vorangeht und wer kämpft, hat recht. Er vermittelt den Eindruck von Stärke und Sicherheit."; Konfliktplanung als notwendiger Bestandteil einer strategischen Wahlkampfkonzeption[532]; Einbettung des Wahlkampfs in die längerfristigen Linien (bei der eigenen Position „wie für die Immunisierung gegen die Strategie und Taktik der CDU/CSU").

9.2 Elemente konzeptioneller Strategiebildung

Die Grundelemente konzeptioneller Strategiebildung werden hier in ihrer logischen Abfolge vorgestellt, mit dem strategischen Ziel als Ausgangs-, der entwickelten Strategie als Endpunkt. Freiheiten bestehen bei Variationen innerhalb der Elemente, in ihrer Abfolge aber bauen die Schritte aufeinander auf. Die Sequenz selbst strukturiert das strategische Denken.

Vor allem bei Strategiebildung tritt der Unterschied zwischen der strategischen Denkweise von Spitzenpolitikern und der professionellen Arbeit strategischer Apparate hervor. Professionalisierung hat ihre wichtigsten Anwendungsfelder bei Strategiebildung und strategischer Steuerung. In einer Typisierung zeigt die folgende Abbildung 19 für die jeweiligen Strategieentwicklungsschritte grundlegende Differenzen zwischen praktisch-politischer und professioneller Strategiebildung. Es lässt sich erkennen, dass professionelle Strategiebildung eine analytisch stärker strukturierte Entwicklung von Strategien zulässt. Vieles spricht deswegen für ein gestuftes Verfahren wechselseitiger Abstimmung zwischen den Entscheidungsträgern und beratender zweiter bzw. dritter Ebene.[533] Strategieräume, in denen Ergebnisse methodisch-systematischer Strategiebildung offen diskutiert werden können, erleichtern die Rationalisierung strategischer Entscheidungsprozesse.

---

[531] Vgl. Müller (1997) zu sämtlichen wörtlichen Zitaten dieser zusammenfassenden Übersicht.
[532] Dafür gab es drei Kriterien: (1) selbst den Streit anführen (agieren statt reagieren), (2) Konflikte dürfen die eigene Anhängerschaft nicht spalten, (3) einen Konflikt auswählen, mit dem man andere inhaltlich-programmatische Positionen ausbauen kann (Müller 1997: 149).
[533] Vgl. dazu auch das Kapitel 8.2.1.

Elemente konzeptioneller Strategiebildung (Ziele)

Abbildung 18: Strategiebildung

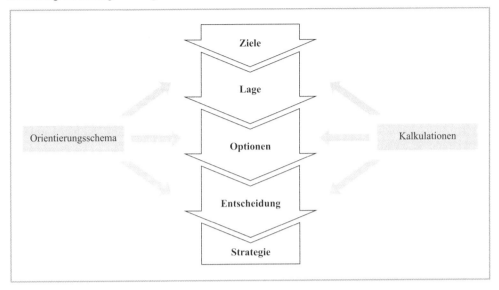

Die einzelnen Schritte der Strategiebildung können mehr oder weniger komplex ausfallen. Es hängt unter anderem davon aber, wer sie ausführt, wie viel Zeit, Informationen, Know-how zur Verfügung stehen. Analyseteile (bei Lage) und Konstruktionsteile (bei Optionen) können reduziert, ineinander geschoben, vereinfacht werden. Die Freiheit der Praxis und ihre eigene Pragmatik bleiben unberührt durch den folgenden Systematisierungsvorschlag. „Paralysis by analysis" ist auch hier zu vermeiden – obwohl der strategische Apparat nicht so ängstlich sein muss wie das strategische Zentrum.

Eine systematisch aufgeschlüsselte Strategiebildung enthält in den Grundschritten von Ziele, Lage, Optionen, Entscheidung, Strategie folgende Einzelelemente: Mit den *Zielen* wird auch über die strategische Einheit, den spezifischen Zeithorizont und relevante Arenen entschieden. Innerhalb der *Lageanalyse* treten spezifische Aufmerksamkeitsraster (Inside-out bzw. Outside-in-Perspektive; erweitertes Orientierungsschema; Veränderungssonde), Akteur/Umwelt-Analysen (Lage des strategischen Akteurs, der relevanten und weiteren relevanten Umwelt) sowie Verdichtungen über strategische Ketten und Stärken- und Schwächenanalysen in den Vordergrund. Bei den *Optionen* werden Ziel, Lage und Handlungsmöglichkeiten verknüpft, Potentialanalysen erstellt, Ideen generiert, Szenarien durchgespielt, Kalküle und Maximen angewendet, Optionen schrittweise verdichtet, bewertet und schließlich ausgewählt. Dem schließt sich die *Entscheidung* über eine *Strategie* an, die aus Strategie- und Steuerungskonzept besteht.

9.2.1 Ziele

Allgemeine Ziele sind nicht identisch mit strategischen Zielen. Strategische Ziele – und nur um diese geht es hier – sind handlungspraktisch in Wegen und Mitteln operationalisierte

Macht- oder Gestaltungsziele.[534] Zielentscheidungen können zwar zu ihrer Überprüfung durch einen Filter strategischer Realisierbarkeit hindurch geschickt werden, sie werden hier aber prinzipiell außerhalb des Prozesses von Strategiebildung gesehen. Allgemeine Ziele entstammen einem politischen Prozess, der anders konstituiert ist als der spezifisch strategische Prozess. Politische Zielgrößen müssen strategisch reformuliert und operationalisiert werden. Sofern das nicht möglich ist, bleiben sie Strategiebildung, strategischer Kalkulation und Steuerung unzugänglich. Die Formulierung von strategischen Zielen ist keine einfache Deduktion von den allgemeinen Zielen her. Schon dies ist ein Auswahlprozess unter verschiedenen Möglichkeiten, das strategische Ziel zu definieren. Da das festgelegte strategische Ziel selektiv im weiteren Prozess der Strategiebildung wirken soll, ist hier sorgfältige Klärung besonders wichtig.

Abbildung 19: Typen der Strategiebildung

	Praktisch-politische Strategiebildung	**Professionelle Strategiebildung**
Ziele	• Unschärfe	• Präzision • Operationalisierung
Lage	• Urteil • reduktionistisch • selektiv	• Begründung • komplex • empirisch kontrolliert
Optionen	• Monooptional • Vermengung von Optionen und Entscheidungen • Überzeugungsoptionen	• Multioptional • Analytisch-kalkulatorisch • Begründungsoptionen
Entscheidungen	• Starker Anteil nicht-strategischer Aspekte	• Kriterienorientierte Entscheidung
Strategie	• Nicht oder schwach operationalisierte Strategie	• Operationalisierte Strategie

---

[534] Vgl. dazu die Kapitel 5.1.1 und 5.2.2. Dort finden sich ausführliche Erläuterungen zur Charakterisierung, Modularisierung und Operationalisierung strategischer Ziele, die hier nicht noch einmal wiederholt werden sollen.

Abbildung 20: Einzelelemente der Strategiebildung

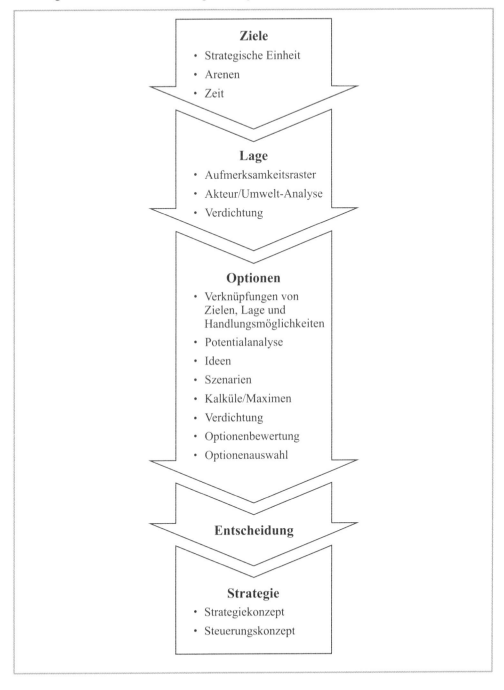

In jedem Falle ist die Formulierung eines strategischen Ziels nie ein bloß technisches Problem, sondern immer auch ein Politikum. Das gilt nicht nur für die politisch motivierten Zielvorstellungen, sondern auch für die aus strategischen Zielformulierungen folgenden politischen Konsequenzen. Einige Beispiele zeigen strategische Zielbestimmungen, die strategischer Bearbeitung zugänglich sind:

- In zehn Jahren Deutschland mit Blick auf die wirtschaftliche Leistungsfähigkeit wieder an die Spitze Europas bringen.
- In der nächsten Wahl die stärkste Partei werden.
- Strukturelle Mehrheitsfähigkeit erringen.
- Mit allen Parteien koalitionsfähig werden.
- Umbau der Sozialsysteme innerhalb einer Legislaturperiode mit den gleichwertigen Zielen von Wachstum und Gerechtigkeit.
- Aufbau von Regierungsfähigkeit vor der Regierungsbeteiligung.
- Nachholender Aufbau von Regierungsfähigkeit.
- Dritte Kraft im Parteiensystem werden bzw. bleiben.
- Regierungsbeteiligung sichern (Office-Seeking).
- Verfolgung eines Modernisierungskonzepts, in dem die Parteiziele erkennbar sind.

Meist verfolgen Kollektivakteure nicht nur ein einzelnes, isoliertes Strategieziel. Es existieren Ziele unterschiedlicher Richtungen und Felder. Wichtig ist ihre Hierarchisierung, Verknüpfung und – soweit möglich – die Vermeidung von Zielkonflikten.[535] In manchen Fällen lassen sich verschiedene Zielebenen (Ober- und Unterziele) sowie Zielbereiche (Problem- und Konkurrenzpolitik) auch verbinden. Ein Beispiel: Die Durchsetzung eines Reformprogramms hat klare Priorität gegenüber der Maximierung von Reformzielen. Kooperation mit institutionellen Vetospielern, die diesem Ziel dient, wird gesucht. Gleichzeitig verfolgt man die Schärfung des Profils auf Feldern eigener Stärke.

Das Anspruchsniveau, das mit der Formulierung eines strategischen Ziels angestrebt wird, ist normalerweise eine politische Vorgabe. Als voluntaristische Organisationen neigen Parteien zu überschießenden Zielen. In der Mediengesellschaft können durch Zielformulierungen auch Image- und Öffentlichkeitseffekte ausgelöst werden. Das gilt für zu bescheidene ebenso wie für verwegene strategische Ziele. Die Sekundäreffekte richten sich dann möglicherweise gegen die eigene Partei. Auch interne Mobilisierungseffekte, bei denen durch anspruchsvolle Ziele Mitglieder und Aktive besonders motiviert werden sollen, können so durch negative Außenwirkungen konterkariert werden.

Die deutschen Freidemokraten haben zwiespältige Erfahrungen mit folgenreichen Zielformulierungen gemacht: So führte 1961 das anspruchsvolle FDP-Ziel des Wiedereinzugs in die Regierung „mit der CDU, aber ohne Adenauer" zu einem eindrucksvollen Wahlergebnis (Zugewinn von über 5 Prozent), dann aber – da die Union zu einer Ablösung Adenauers erst 1963 bereit war – zu einem nachhaltigen Imageschaden der FDP („Umfallerpartei"). Beim *Projekt 18* der FDP haben die Marketingexperten die Politiker mit ihren Gesichtspunkten deutlich beeinflusst – zu deren Schaden. Das krachende Scheitern ihres Projektes – die FDP kam bei der Bundestagswahl 2002 auf ganze 7,4 Prozent – hat die Glaubwürdigkeit der Partei und insbesondere ihrer Führung auf lange Zeit erschüttert.

Die Festlegung strategischer Ziele hat unmittelbare Konsequenzen für Strategiebildung und Steuerung. Aus ihr lässt sich die *strategische Einheit* als zeitlicher, sachlicher und

---

[535] Vgl. Kapitel 5.2.2.

Elemente konzeptioneller Strategiebildung (Ziele) 349

sozialer Handlungsrahmen entwickeln.[536] Mit der strategischen Einheit werden auch Aussagen zu relevanten Arenen und Zeitaspekten getroffen. Der Informationsgehalt eines strategischen Ziels muss zusätzlich verstärkt werden, indem Träger des Ziels (Partei, Regierung, Opposition, Ministerium etc.) und allgemeine Mittel (Gesetz, Wahlergebnis, Koalitionsvariante etc.) präzisiert werden. Die weiteren Schritte der Strategiebildung strukturieren sich vom strategischen Ziel her.

Empirische Illustration 9: *Strategie 18 der FDP*

> Nie war Strategie so sehr zu einem öffentlichen Projekt gemacht worden. Selten hat Strategie so sehr versagt. Wer über das FDP-Projekt mit dem Verkaufsnamen *Strategie 18* schreiben will, muss bei Fritz Goergen anfragen, der zweite, der die Strategie mit ausgedacht hatte, Jürgen Möllemann, ist tot.
>
> Goergen berichtet von seinem Treffen mit Möllemann in der FDP-Landesgeschäftsstelle, und wir geben das Ganze wieder, weil es die Reduktion auf Marketing, Public Relations und Medien, aber auch das Intuitive mancher Strategiebildung genau abbildet: „Schnell waren wir bei der Frage, wie die FDP ihr dreifach tödliches Bild ändern könne: Das schlimme Image der *Partei der Besserverdienenden*[537], den schlechten Ruf als *Steigbügelhalter*[538] der CDU und das Zittern vor der Fünf-Prozent-Hürde. Er überlegte, sich mit dem provozierenden Anspruch auf die Titelseiten zu bringen, indem er ebenso wie Wolfgang Clement von der SPD und Jürgen Rüttgers von der CDU für das Amt des Ministerpräsidenten kandidiere. Reinhold Maier sei schließlich in Baden-Württemberg Ministerpräsident gewesen. Und Genscher hätte 1980 gegen Strauß fast ja gesagt zu dem Vorschlag, als Kanzlerkandidat aufzutreten. Dass es bei[539] einer solchen Vorgehensweise an einem jedenfalls nicht mangeln würde, nämlich an der nötigen Aufmerksamkeit, darüber waren wir uns einig. Welche Kübel von Spott sich in den Medien ergössen, war uns völlig klar. Das spielt dann keine Rolle, wenn der eigene Verein loyal und solidarisch steht. Im eigenen Landesverband traute sich Möllemann zu, dafür sorgen zu können. Ich bezweifelte das. Der halböffentliche Krieg um die Frage, welche Koalition, war auch dort voll im Gange. Den Ausschlag gab die übereinstimmende Einschätzung, welche Kronzeugen aus der ganzen FDP, seine zahlreichen kleinen und großen Parteifeinde, nichts lieber täten, als einen Ministerpräsidentenkandidaten Möllemann öffentlich madig zu machen. Wir verwarfen die Idee. Doch in dieser Diskussion erzählte ich Möllemann von der psychologischen Wirkung, die meine Wetten mit Bonner Journalisten im Bundestagswahlkampf 1983 hatten. Nach dem Koalitionswechsel von der Union zur SPD rechnete niemand mehr mit einem Sprung der FDP über die fünf Prozent. Demonstrativ hatte ich mit etlichen Bonner Korrespondenten gewettet, die FDP würde sieben Prozent der Stimmen nach Hause holen. Die Wetten sprachen sich rum. Hat er vielleicht Daten, die wir nicht kennen, fragte sich einer nach dem anderen. Die Spekulationen der Jour-

---

[536] Das gilt für den Normalfall, dass sich die *strategische Einheit* aus den Zielen entwickelt und nicht allein aus zeitlichen Vorgaben. Vgl. dazu ausführlich das Kapitel 5.1.1.
[537] Hervorhebung im Original, J.R./R.T.
[538] Hervorhebung im Original, J.R./R.T.
[539] Im Original heißt es fälschlicherweise „an", J.R./R.T.

nalisten wurden langsam weniger negativ und vor allem erfreulich uneinheitlicher. Die Front der negativen Prognosen bröckelte. Dass die FDP im März 1983 auch tatsächlich sieben Prozent errang, war Zufall. Eine Zahl als Symbol von Selbstvertrauen und Mut anstelle des Bildes vom Ministerpräsidentenkandidaten – das kann funktionieren, war der nächste Schritt in unserem Gespräch. ‚Wie bist Du auf die Sieben gekommen', wollte *JWM*[540] wissen. ‚Recht einfach', erzählte ich weiter, ‚sechs war gefährlich nahe an fünf, bei mehr als sieben hätten sie mich endgültig ausgelacht.' Und: ‚Reinhold Maier ist mit 18 (!) Prozent DVP – so hieß die FDP 1952 in Württemberg-Baden – Ministerpräsident geworden', sagte ich zu Möllemann, ‚aber 18 geht natürlich nicht.' Die Augen meines Gegenübers wurden ganz groß und funkelten: ‚Aber 8 geht!' Nach einer kurzen Pause setzte er hinzu: ‚Wenn es 10 werden, geht beim nächsten mal auch 18.' (...) Meine Anleihe bei der ‚Demokratischen Volkspartei (DVP)' von Theodor Heuss und Reinhold Maier gefiel ihm, aber in die Frage, was ihre moderne Interpretation bedeuten könnte, hatte er im Moment keine Lust einzusteigen. Ein anderer kam nicht mehr. Was ihn interessierte, war der eigene Anspruch auf Direktmandate und alle anderen Insignien einer ‚Partei der ersten Wahl'. Mit einem Wort, wir haben nie erörtert, welche Interpretation von Liberalismus eine ‚neue' FDP wählen sollte." (Goergen 2004: 52ff.).

Die Idee der *18* stand also am Beginn des Marketing-Projekts, das Möllemann und Goergen in NRW mit einer *8* begannen. Dort war die FDP 1995 mit 4,0 Prozent gescheitert. Das FDP-Projekt zur Landtagswahl im Mai 2000 hieß 8 Prozent, tatsächlich landete sie bei 9,8 Prozent. Das gab den Rückenwind für die *Strategie 18* auf Bundesebene.

Wie lässt sich das Projekt strategisch bewerten? Statt Führung, Richtung, Strategie – und zwar in dieser Reihenfolge – liefen die Dinge nach dem Muster Strategie, Führung, Richtung. Dadurch entstand Konfusion. Sollte die Partei nur über einen Strategievorschlag diskutieren? Wollte Möllemann die Führung der Partei an sich reißen? Ging es darum, die Richtung der FDP nach rechts zu verschieben?

Seine innerparteilichen Gegner wollten Möllemann, seine Zuspitzung auf den Kanzlerkandidaten und richtungspolitische Folgen seines Projekts verhindern. Möllemann experimentierte mit politischen Konsequenzen seiner Stimmenmaximierungsstrategie, die alle auf Zuwachs in einem rechtspopulistischen Bereich zielten (Jamal Karsli, Scharon/Friedmann-Debatte, Haider-Rhetorik, Tabu-Bruch-Symbolik). Richtungsveränderung ergab sich bei ihm als Konsequenz, nicht als Voraussetzung seines strategischen Konzepts. Auch hier galt: Wenn die Führungs- und die Richtungsfrage nicht geklärt sind, kann Strategie nicht wirklich greifen.

Aber auch die Dynamik einer Marketingidee, die auf Selbstsuggestion, emotionale Symbole, Mitlaufeffekte zielte, war unvereinbar mit den *politischen Voraussetzungen* solcher Event-Strategie in der FDP. Traditionen, Erbe, politische Kultur, divergierende Interessen innerhalb der Partei wurden nicht in Rechnung gestellt oder (fälschlicherweise) als leicht überspielbar eingeschätzt.[541] Möllemann hatte sich ein Marke-

---

[540] Hervorhebung im Original, *J.R./R.T.*
[541] Vgl. zum Beispiel Dittberner (2005), der die FDP als eine rationale, politische Ziele und Interessen nüchtern abwägende Parteiorganisation sieht.

tingkonzept für ein ganz normales Unternehmen ausgedacht, mit dem man – um Marktmacht zu gewinnen – alles machen kann. Irritationen entstanden auch dadurch, dass die Partei sich selbst schon im Debatten- und Entscheidungsprozess über die *Strategie 18* durch Emotionalisierung, Minderheiten-Bashing, Auto-Suggestion, Intoleranz veränderte. Möllemanns Public Relations-Populismus war für die FDP ein fremdes Element – von dem sie sich dennoch kurzfristig verführen ließ. Die vorgeschlagene Strategie war in sich unklar, unentschieden, fehlerhaft und voller Widersprüche. Das zeigt die Analyse von Einzelelementen der Strategiebildung:

Strategisches Ziel. Eine vollständige, informative Zieldefinition hätte die Unklarheiten aufgedeckt. Man wollte in einem Sprung Volkspartei werden. Deshalb eigene Kanzlerkandidatur, Verzicht auf Koalitionsaussage („Eigenständigkeit"), Äquidistanz zu den „anderen" Großparteien. Das war zwar verwegen, aber – wenn man sich in einen rhetorischen Rausch geredet hatte – erstmal plausibel. Ungeklärt blieb dabei, welche neuen Themen, Positionen, Zielgruppen man für eine solche Wachstumsstrategie brauchte. Das Mittel (18 Prozent) wurde zum Ziel, das inhaltliche Positionsbestimmungen erzwang, die von der Partei mehrheitlich nicht gewollt waren. Eine Debatte darüber hätte die Zielunklarheit gezeigt – sie wurde vermieden.

Lage. Es rächte sich, nur voluntaristisch eine Strategie zu erfinden, ohne vertiefte Lageanalyse zu betreiben. Dabei wäre auch die mangelnde Verträglichkeit der neuen Strategie mit den bisherigen strategischen Wählersegmenten und der Kernkompetenz der Partei aufgefallen. Für diese Rückkopplungen gab es keine Überlegungen, so verursachten sie Unbehagen und latenten Widerstand in der Partei.

Optionen. Auch eine wirkliche Optionenprüfung hätte Unstimmiges gezeigt. Im Zwei-Stimmen-Wahlsystem, das im Bund gilt, verliert man mit der *Strategie 18* die Wähler, die für oder auch nur gegen ein Lager wählen wollen. Eine Strategie zur Überwindung dieses Zwei-Stimmen-Wahlsystems war nicht erkennbar (auch nicht realistisch), dessen Abschaffung ein bloßer Wunsch.[542] In diesem Wahl- und Lagersystem schneidet man als Kleinpartei mit nur partieller Abweichung zur korrespondierenden Großpartei schlechter ab, wenn man keine Koalitionsaussage macht. Die Strategie war auf Möllemann zugeschnitten, ohne dass diese Bedingung klar benannt wurde – die Prise charismatische Führung, der Anti-Establishment-Diskurs, das Aufführen der Ausländer- und der Israelfrage waren auf der Führungsebene nur mit Möllemann möglich. Ein Marketing-, Macht- oder Ideologie-Projekt? In Optionen konnte darüber nicht unterschieden und dann eben auch nicht entschieden werden.

Entscheidung. Nur auf den ersten Blick sah der Entscheidungsprozess rational und demokratisch aus. Es gibt selten soviel Öffentlichkeit und Beteiligung an Strategiebildung wie in diesem Falle. Die *Strategie 18* wurde auf dem Nürnberger Parteitag 2000 von Möllemann vorgestellt, auf dem Düsseldorfer Parteitag 2001 mit großer Mehrheit beschlossen, auf dem Mannheimer Parteitag 2002 einhellig bestätigt. Allerdings: „Der Düsseldorfer Bundesparteitag hat die Debatte über die richtige Strategie – die ‚Strategie 18' der neuen FDP oder die alte Strategie der Funktions- und Koalitionspartei – leider nicht geführt." (Möllemann 2003: 140). Die Delegierten stimmten

---

[542] Möllemann plädierte auf dem Nürnberger FDP-Parteitag im Juni 2000 für die Einführung eines Ein-Stimmen-Wahlsystems nach NRW-Muster.

der *Strategie 18* zu, ließen sich aber von Westerwelle, der sie mit seinem Vorsitzendenamt unter Druck setzte („Auf jedem Schiff, das dampft und segelt, ist einer, der die Sache regelt. Und das bin ich!"), die Kanzlerkandidatur ausreden. Damit war für Möllemann der gesamte Strategievorschlag gescheitert. Die Kanzlerkandidatur war für ihn das „sprechende" Bild der *Strategie 18*: „Weil das strategische Bild Kanzlerkandidat darüber entscheidet, ob wir die FDP für das ganze Volk wirkungsvoll kommunizieren können, müssen wir die strategische von der Personenfrage trennen." (146). Es zeigt sich hier das Scheitern breiter, demokratischer, diskursiver Prozesse bei Beratung und Beschlussfassung über ein Strategiekonzept. Nur weil Möllemann im Zentrum nicht direkt ankam, ging er den Weg über den Parteitag. In der entscheidenden Situation des Düsseldorfer Parteitags überlagerte die Führungs- die Strategiefrage. Obwohl der Parteitag „die ,Strategie 18' samt Kanzlerkandidat mit überwältigender Mehrheit beschlossen" (141) hätte, billigte er faktisch dem Chef Westerwelle die von ihm beanspruchte Letztentscheidung über die Strategie zu. Was wie ein rationaler, sogar demokratischer Strategieprozess aussah, war immer ein ganz normales Element von Machtspielen.

Soviel Widersprüche bei Konzept und Entscheidung, so defizitär die *Anwendung* der Strategie. Die Kanzlerkandidatur, der von den Vätern des Konzepts als notwendig erachtete Baustein, wurde von Westerwelle nicht übernommen. Der von Westerwelle betriebene unpolitische „Spaßwahlkampf" dagegen wurde von Möllemann abgelehnt. Er wollte durch zugespitzte politische Fragen mobilisieren (z.B. durch Kritik an Scharons Israel-Politik). Möllemanns Einschätzung war, Westerwelle habe seine Strategie letztlich nicht verstanden und nicht gewollt. Offensichtlich ist nichts leichter, als eine von anderen angetragene Strategie von oben zu unterlaufen.

9.2.2 Lage

Rücksichtslose, ungeschminkte Lageanalyse ist erforderlich, weil sonst die Akteursbrille einen Schleier über die wirklichen Verhältnisse legt. Die Lageanalyse nimmt ihren Ausgangspunkt bei intersubjektiv überprüfbaren, objektivierbaren Tatsachen und Sachverhaltsbeschreibungen. Sie enthält sich Aussagen des Wünschenswerten oder gar von Wunschdenken. Die Qualität der Lageanalyse ist mitentscheidend für die Qualität der Strategie.

Wie wird strategische Lage definiert? Die Lageanalyse bezeichnet die analytisch informierte Beschreibung der Ausgangsbedingungen, für die eine Strategie entwickelt werden soll. Ihre zeitliche Ausdehnung hängt vom strategischem Ziel bzw. der korrespondierenden strategischen Einheit ab. Bei kurzfristiger Strategie bzw. einer strategischen Einheit von wenigen Tagen kann sie nahe an die Situation heranrücken. In der Regel steht sie aber zwischen kurzfristiger Situation und dauerhaften Rahmenbedingungen. Zeitlich ist sie also eher kurz- bis mittelfristig angelegt.

Lageanalyse ist gegenwartsnah. Sie kann aber auch bisherige und in der näheren Zukunft mit hoher Wahrscheinlichkeit zu erwartende, strategisch relevante Entwicklungen umfassen. Im Kern meint Lageanalyse also eine Ist-Analyse im Zusammenhang mit bisherigen und absehbaren Entwicklungen. Als strategische Lage unterscheidet sie sich von der „täglichen Lage", die primär situationsorientiert ist. Bei der Situation steht das Besondere

Elemente konzeptioneller Strategiebildung (Lage) 353

im Vordergrund, das häufig zufällige Zusammentreffen von Momenten und die zeitlich begrenzten Interaktionen.

Die Lage umfasst retrospektive, aktuelle und absehbar zukünftige Anteile. Sie arbeitet bisherige Entwicklungen auf, die zur aktuellen Lage geführt haben. In der Politik wird man häufig einen retrospektiven Zeitrahmen wählen, der nicht – wie in der Ökonomie – fünf bis zehn Jahre umfasst[543], sondern bis zur vergangenen Wahl oder bis zum Beginn der Legislaturperiode reicht – soweit man überhaupt bereit ist, in die Vorgeschichte der Lage einzusteigen, die häufig von (auch strategischen) Kontroversen begleitet war.

Die Lageanalyse ist nicht nur ein Schritt im Prozess der Strategiebildung, sondern zugleich Teil des Schulungsprogramms in strategischem Denken, dem dieser Prozess in seiner wichtigsten Nebenfunktion dient. Lageanalyse läuft immer Gefahr, zu sehr in die Breite zu gehen. Sie gewinnt ihre Qualität gerade durch plausible Zuspitzungen. Dem dienen Aufmerksamkeitsraster, die selektieren, und – im Anschluss an die im Mittelpunkt stehende, empirische Akteur/Umwelt-Analyse – Verdichtungen, die Brücken zu Optionen bauen.

Aufmerksamkeitsraster

Inside-out- bzw. Outside-in-Perspektive

Die Wechselwirkungen von Akteur und Umwelt sind unabdingbare Grundlage der Analyse. Insofern sind sowohl die Inside-out-Perspektive wie auch die Outside-in-Perspektive methodisch sinnvoll. Sie verhalten sich prinzipiell komplementär zueinander. Dennoch fokussiert jede der Perspektiven Aufmerksamkeit in unterschiedlicher Weise und legt möglicherweise andere Konsequenzen nahe. In der Praxis, in der häufig implizite Annahmen und erzwungene Verkürzungen wirken, können aus unbegründeten Bevorzugungen einer Perspektive Einseitigkeiten entstehen.

Es gibt eine Reihe von Argumenten für einen *ressourcenorientierten Ansatz*,[544] den man auch Kernkompetenz-Ansatz[545] oder angebotsorientierten Ansatz nennen kann. Er legt eine Dominanz für die Inside-out-Perspektive nahe:

- Die Organisation ist berechenbarer, stabiler, steuerbarer, also eher kontrollierbar als der Markt.
- Gerade um ein Segment längerfristig an sich zu binden und die Kopierbarkeit zu begrenzen, ist die „Verwurzelung" in der Organisation wichtiger als die bloße Jagd nach Marktchancen.
- Die primäre Orientierung am Markt führt zu inkonsistenten und instabilen Präferenzen auf Seiten der Organisation.
- Märkte werden zu beachtlichen Anteilen von Organisationen strukturiert. Der Wählermarkt in Deutschland hat immer noch einen Stabilitätsanteil von ca. 60 Prozent.

Vorausgesetzt ist dabei, dass sich Organisationen (Parteien) in einer grundlegenden Marktbeziehung sehen, das heißt, selbst eine Wechselbeziehung zwischen Organisation und Markt unterstellen. Viele der Organisationsfähigkeiten sind schon umweltorientiert, und das heißt immer auch marktorientiert gefasst. Solche Orientierung musste sich in marktfer-

---

[543] Vgl. Lombriser/Abplanalp (1998) für das strategische Management.
[544] Vgl. für die Ökonomie Bea/Haas (2001: 26ff.), Lombriser/Abplanalp (1998: 69ff.) und für Parteien Weibler/Peter (2001).
[545] Vgl. dazu auch Kapitel 8.2.3.

nen Parteien wie der SPD erst durchsetzen (vgl. Raschke 2001b). Die erhebliche Bedeutung von Traditionsanteilen im Parteiensystem ergibt gerade bei dieser Frage zum Teil andere Gewichte als bei den Ökonomen. Und selbst dort wird die Bedeutung gewachsener Beziehungen für die Nichtimitierbarkeit hervorgehoben. Mit dem Begriff der „Historizität" werden die Bedeutung je spezifischer Unternehmungskultur oder der Pfadabhängigkeit durch frühere Unternehmensentscheidungen als „Imitationsbarriere" unterstrichen (vgl. Bresser 1998: 306f.).

Akzeptiert man die Organisation-Markt-Beziehung, beschreiben Kernkompetenzen das Bündel von Fähigkeiten, das für eine erfolgsträchtige Wettbewerbsposition bei den Kernprodukten notwendig ist (Bea/Haas 2001: 28, 503ff.). Endprodukt ist das, was am Schluss angeboten bzw. verkauft wird – die vordergründige Seite des Wettbewerbs. Entscheidende Bestandteile des Endprodukts sind die Kernprodukte.[546] Merkmale einer Kompetenz stellen schwierige Erzeugbarkeit, Imitierbarkeit und Substituierbarkeit dar (Bea/Haas 2001: 28). Kernkompetenzen bezeichnen den *Zusammenhang* zwischen erfolgsträchtiger Wettbewerbsposition mit bestimmten Produkten und den Fähigkeiten, sie hervorzubringen.

Auf Politik angewendet, scheint es sinnvoll, unter „Produkten" *Themen* und *Problemlösungen* zu verstehen, mit denen die Partei gegenüber Konkurrenten eine Position gewinnt, die schwer zu erzeugen, zu imitieren, zu substituieren ist. Wie aber sollen die zugrunde liegenden Fähigkeiten eingegrenzt werden? Die Überschneidung mit Strategiefähigkeit ist offenkundig, dort werden allerdings vielfältige Kompetenzen aufgezeigt, während es hier auf eine spezifische Ausprägung ankommt. Sie ist akteurspezifisch und wirkt im Zusammenhang von Themen und Problemlösung, Wettbewerbsposition und Wählerresonanz. *Kernkompetenz* meint eine von Wählern anerkannte besondere Themen- und Problemlösungskompetenz. Strategiefähigkeit und Kernkompetenzen einer Partei können auseinander fallen, für ein dauerhaftes Wirksamwerden von Kernkompetenzen allerdings ist Strategiefähigkeit eine Voraussetzung. Ein entwickelter Begriff von Strategiefähigkeit kann auch helfen, die Schwierigkeiten zu umgehen, die eine Eingrenzung notwendiger Fähigkeiten im Zusammenhang mit Kernkompetenzen aufwerfen würde.

Kernkompetenzen sind das, was man umgangssprachlich das „Original" nennt, das die Wähler oft der Imitation vorziehen. In die notwendigen Fähigkeiten fließt mehr ein als eine gelegentliche Programm- oder Instrumentendebatte. Aufmerksamkeit, Engagement, Traditionen, Erfolge, kompetentes Personal, passende Instrumente, vieles fließt mit ein, damit Wähler einer Partei eine besondere Kompetenz für einen wertgestützten Themenbereich (soziale Gerechtigkeit, Ökologie, innere Sicherheit) zurechnen. Es geht also nicht um ein einzelnes Issue und nicht allein um einen Wert.

Manchmal wissen Führung und Aktive nicht genau, über welche Kernkompetenzen ihre Partei eigentlich verfügt. Lange Zeit konnten die Grünen aus sich heraus kein eigenes Kompetenzprofil im Sinne einer Kernkompetenz definieren – sie waren zu heterogen, zu viele thematische Teilinteressen standen gegeneinander, die Entscheidungsstrukturen waren zu schwach. Erst aufgrund einer Kanalisierung durch Ministerien in der Regierung und durch eine demoskopische Auftragsstudie, die ihnen empirisch verdeutlichte, dass ihre

---

[546] Das ökonomische Beispiel: Der Laserdruckmotor von Canon ist das Kernprodukt, der Laserdrucker von Hewlett Packard das Endprodukt. Der Marktführer Hewlett Packard mit einem Marktanteil von 85 Prozent wird von Canon beliefert (Bea/Hass 2001: 28).

Wählerschaft ihnen ein begrenztes Kernmandat gegeben hatte, konnte sich – eher von außen als von innen – eine strategische Positionierung durchsetzen.

Die *Schwäche* eines dominant marktorientierten Ansatzes liegt in der systematischen Vernachlässigung von Plänen und Aktivitäten, „die bisherige Marktgrenzen verschieben oder neue Märkte schaffen, also aktiv in den Wettbewerbsprozess eingreifen und bisherige Trends brechen" (Bea/Haas 2001: 26). Dagegen fördert die konsequente Anwendung der Outside-in-Methode das strategische Denken (Lombriser/Abplanalp 1998: 72). Die systematische Zuwendung zu Wählerpräferenzen, Zielgruppenpräzisierungen, Konkurrenzanalysen, erfolgsversprechenden Problemlösungen stärken Aufmerksamkeitsroutinen für strategisch relevante Faktoren. Es gibt Konstellationen, in denen die Kernkompetenzen eines Akteurs nicht zur Agenda passen. Dann ist die Outside-in-Perspektive wichtig zur frühzeitigen Vermeidung von Fehlsteuerungen.

Anders als bei Wirtschaftsunternehmen gehen die politischen Zentralakteure (Partei, Regierung, Opposition) allerdings nicht in Beziehungen zu Marktsegmenten und Wettbewerbsverhältnissen auf. Unterhalb von Issue-Märkten existiert eine breite Grundstruktur der Problempolitik und staatlicher Aufgaben, die auch ohne politische Marktvorteile betrieben werden muss. Die Abgrenzung eines (potentiell) marktrelevanten Umweltbereichs verringert eine prinzipielle Überforderung strategischer Politikakteure. Allerdings müssen sie die Grenzen zu den relevanten Politikmärkten flüssig halten, wollen sie der Gefahr unangenehmer Überraschungen vorbeugen. Das gilt vor allem für Problemlagen bzw. Bedürfnisse, die sich (noch) nicht in Issues verdichtet haben. Früherkennungssysteme des strategischen Managements, wie etwa das Konzept *schwacher Signale,* könnten in die Politik transferiert werden.

Wir gehen davon aus, dass sich für die Lageanalyse Inside-out-Perspektive und Outside-in-Perspektive meist ergänzen können.[547] Die Lageanalyse kombiniert dann interne und externe Akteurs-Umwelt-Perspektiven. Die Verkoppelung von Akteur und relevanter Umwelt trägt zu einer strategischen Zentrierung der Lageanalyse bei. Sowohl der Ausgangspunkt des organisierten Akteurs wie der der relevanten Umwelt sind sinnvoll: „Der marktorientierte Ansatz und der ressourcenorientierte Ansatz stellen letztlich keine Gegensätze dar. Strategische Erfolge lassen sich am Markt nur dann erzielen, wenn die Ressourcen den Anforderungen der Nachfrager entsprechen. Andererseits findet mit einer Fokussierung auf die Ressourcen nur eine sachliche und zeitliche Vorverlagerung des Wettbewerbsgedankens statt." (Bea/Haas 2001: 29).

Erweitertes Orientierungsschema

Das erweiterte Orientierungsschema ist ein zweites Aufmerksamkeitsraster. Die Faktoren, die die strategischen Wahrnehmungen und Kombinationen der Akteure üblicherweise strukturieren (Orientierungsschema), erweitert um Führung und Richtung (Strategiefähigkeit), bilden auch bei der Lageanalyse die ersten Auswahlgesichtspunkte unter einer Vielzahl möglicher Faktoren.

---

[547] So auch Lombriser/Abplanalp (1998: 71ff.).

Veränderungssonde

Strategisch relevante Veränderungen verdienen die besondere Aufmerksamkeit bei der Erarbeitung einer Lageanalyse. Im fortlaufenden Strategieprozess sind sie Warnlampen für strategische Neupositionierungen. Die Veränderungssonde wird zu einem weiteren Aufmerksamkeitsraster.

Es sind vielfältige Umweltveränderungen[548], die Überprüfungen und Neuorientierungen erfordern, um sowohl Chancen wie Bedrohungen nicht zu verschlafen. Als Beispiele seien nur genannt das Auftauchen neuer Konkurrenzakteure, große Zugänge zur oder Abgänge von der eigenen Unterstützungsbasis – die Strategien des „Bindens" bzw. „Folgens" nahe legen können –, relevante Veränderungen der Themenkonkurrenz oder Erwartungsverschiebungen beim Bürger/Wähler. Aber auch wichtige Veränderungen beim Akteur selbst können für die Lageanalyse relevant sein, zum Beispiel Nachlassen bei den Kernkompetenzen, Motivwandel, Ressourcenverschiebungen.

Wichtig sind Realitätsveränderungen, auf die sich frühere Strategien bezogen haben, und Voraussetzungen strategischer Reflexion, aus der frühere Strategien hervorgegangen sind. Sinnvoll ist es, die analytische Darstellung *bisheriger Strategien* des Akteurs in die Lageanalyse einzubeziehen. Das stärkt kontinuierliche strategische Reflexion und Verantwortung, fördert durchgängige Evaluation und Selbstkritik und ist Voraussetzung begründeter (Neu-)Orientierung anschließender Strategiebildung. In der politischen Praxis wäre dies ein Professionalisierungsschritt, der zur Versachlichung häufig richtungspolitisch besetzter Strategiefragen und zur Schulung von Spitzenpersonal beitragen könnte. Das gilt selbst dann, wenn von einem strategischen Vakuum oder von Konflikten ausgegangen werden muss, die in der Vergangenheit eine strategische Linienführung verhindert haben.

Akteur/Umwelt-Analyse

Die Differenz von Akteur und Umwelt bleibt konstitutiv. Die Aufmerksamkeitsraster heben einzelne Momente heraus, aber alle Momente zeigen sich am Akteur, relevanten Umwelten und deren Wechselbeziehungen. Am Ende der Strategiebildung sollen zielorientierte Akteure und relevante Umwelten durch korrespondierende Strategien verbunden werden.

Outside-in-Perspektive oder Inside-out-Perspektive sind auf der Basis methodischer Gesichtspunkte und nach Erkenntnisinteresse zu wählen und für die Lageanalyse gegebenenfalls zusammenzuführen. Die Analyse selbst ist auf das inhaltliche und methodische Wissen der Sozialwissenschaften angewiesen, insbesondere in den spezifischen Formen von Strategiewissen.[549] Wir beschränken uns darauf, einige Stichworte herauszuheben, um die Richtung der hier erforderlichen Analyse anzudeuten.

Lage des strategischen Akteurs

Die Selbstanalyse ist aufgrund von Mangel an Distanz, strömungs- und interessengebundener Perzeption bzw. Bewertung besonders kritisch und konfliktanfällig,. Sie kann aber dem strategischen Akteur nicht abgenommen werden – interne Arbeitsteilung (strategischer Apparat) und Objektivierungshilfen lassen allenfalls Abmilderungen der Schwierigkeiten zu.

---

[548] Vgl. Bea/Haas (2001: 265) zur Klassifikation von Umweltveränderungen.
[549] Vgl. dazu auch die Wissens-Exkurse in Kapitel 6.

So sind für den Aspekt der *Führung* allgemeine Gesichtspunkte der Führungskonstellation zu klären, beispielsweise (un-)geklärte Hierarchien, Modi und Probleme kollektiver Führung oder folgenreiche Rivalitäten, Funktionieren und Akzeptanz des strategischen Zentrums, Elitenkohärenz, Leadership oder Führungsimage. Integriert ergeben sich daraus Einschätzungen zur Führungskompetenz.

Im Hinblick auf die eigene *Organisation* kann sich der Check auf Entscheidungsfähigkeit (Selbstblockaden, Zeitbedarf für Entscheidungen etc.), Geschlossenheit (Grad interner Fragmentierung, Disziplin, Praxis der Konfliktbearbeitung etc.), Koordinationsfähigkeit, Ressourcenstärke (Aktive, Motivation, Geld etc.), Glaubwürdigkeit oder Fähigkeiten der Organisations-Kommunikation beziehen. Verdichtet zeigt sich die gegenwärtige Organisationskompetenz.

Für *Themen* werden etwa tatsächliche bzw. zugeschriebene Problemlösungskompetenz, Werte- und Interessenaffinitäten, Übereinstimmungen von Partei-, Wähler- und Policy-Agenden, Innovations-Themen oder thematische Kommunikationsfähigkeit überprüft und in Beurteilungen zur eigenen Themenkompetenz gebündelt.

Die Kompetenz bei *Personen* lässt sich feststellen, indem der momentane Eliten-Pool (Umfang, Nachwuchs, Erfahrung, Generalisten, Experten etc.), die Personenauswahl und Personenplatzierung sowie kommunikative Leistungsfähigkeiten der Führungsköpfe analysiert werden.

Lage der strategisch relevanten Umwelt

Die Umweltanalyse kann Bezug auf die Referenzen und den Adressat unseres Orientierungsschemas nehmen und dann beispielsweise für *Konkurrenzpolitik* untersuchen, wie sich die Wettbewerbskonstellation gestaltet (Machtverschiebungen, neue Akteure, Bildung oder Erosion von Lagern etc.), wie sich Positionen bzw. Stärken/Schwächen der relevanter Bündnispartner und der relevanten Gegner entwickeln oder welche „Strategievermutungen" als Entzifferung gegnerischer Strategien angestellt werden können. Integriert zeigt sich eine Wettbewerbskompetenz, die die Fähigkeit beschreibt, Verbündete und Gegner unter Aufrechterhaltung eigener Erkennbarkeit zu bestimmen.

Mit Blick auf die *Öffentlichkeit* sind Erkenntnisse über dominante öffentliche Diskurse, Medien-Agenda, medial vermitteltes Stimmungs- und Meinungsklima oder ein für eigene Thematisierungen anschlussfähiges Themenspektrum in der Öffentlichkeit möglich, die in Einschätzungen zur eigenen derzeitigen Öffentlichkeitskompetenz münden.

Auch zum *Wähler* sind Lageanalysen und -bewertungen durchführbar, indem Wähler segmentiert (Anhänger, Rand- bzw. Wechselwähler, Anhänger der anderen Parteien etc.), Zu- und Abwanderungsbilanzen bei der eigenen Wählerschaft erstellt oder Erwartungsentwicklungen (bei Werten, Interessen, Themen etc.) abgeschätzt werden.

Lage der weiteren, strategisch relevanten Umwelt

Für die Lageanalyse der weiteren, strategisch relevanten Umwelt sind – mit informierter Willkür – Faktoren und Trends des weiteren politischen Systems, aber auch ökonomischer und soziokultureller Teilsysteme heranzuziehen. Auch transnationale Wirkungszusammenhänge verdienen – durch den nationalen Relevanzfilter geschickt – Aufmerksamkeit.

Je Arena lassen sich einzelne *Checklisten* relevanter Faktoren erarbeiten. Auch hier soll es genügen, die Vielzahl in Betracht kommender Faktoren zu illustrieren. Zur Skizzierung der Lage gehören – mit unterschiedlicher Gewichtung für die einzelnen Arenen – unter anderem aktuelle politische Machtverhältnisse (z.B. Regierungsbeteiligungen, Blockierung durch eine zweite Kammer bzw. andere Vetomächte), Macht- und Interessenlagen relevanter gesellschaftlicher Interessengruppen, „kulturelle" Lage, Stimmungen, Issue-Zyklen, ökonomische Lage (z.B. Konjunktur, Strukturprobleme) oder internationale Konstellationen.

Problemlagen und Bedürfnisse sind – ähnlich wie staatliche Aufgaben – Größen, die eine Strategie nicht unmittelbar instruieren. Dennoch sind sie relevant, etwa als *Kontrollgrößen*, wenn sie noch nicht in Themen transformiert worden sind, aber als Themen „von morgen" frühzeitig Aufmerksamkeit verdienen, oder als *Bezugsgrößen* erweiterter Strategiebildung, die über den vordringlichen Strategiebedarf hinausgehen.

Verdichtung

Wie lässt sich die zur Breite tendierende Lageanalyse strategisch besser qualifizieren und im Hinblick auf die Optionenbildung kanalisieren? Wir schlagen eine Verdichtung durch *strategische Ketten* und durch *SWOT* vor.

Strategische Ketten

Das Orientierungsschema zerlegt analytisch die relevanten Bezugsgrößen. Als Vorarbeit zu den extrem verdichteten Optionen bedarf es eines Vorgangs der Selektion und Synopse (selektive Verknüpfungen), die im Rahmen der Lageanalyse mit dem Kettenmodell versucht wird.

Strategische Ketten sind ein *synoptisches Instrument*. Funktion ist die Prüfung strategisch relevanter Zusammenhänge für die spätere Optionenbildung. Der Modus verlangt Kettenprüfung des jeweiligen Faktors in ausgewählten Elementen des Orientierungsschemas (z.B. Themenfindung im Lichte von Problemlösung, Parteienkonkurrenz, Öffentlichkeit, Organisation, Wähler). Es ist so etwas wie ein synoptischer Check, mit dem einzelne Fragen auf strategische Wirkungszusammenhänge unter Berücksichtigung der Lage geprüft werden können.

Beispiel Mehrwertsteuererhöhung. Die CDU überlegte 2005, ob sie das Thema Mehrwertsteuererhöhung zum Zwecke der Senkung von Lohnnebenkosten in das Wahlprogramm schreiben und damit zum Gegenstand eines Mandats machen sollte, bei dem ihre ökonomische Kompetenz in den Mittelpunkt rückt. Sie prüfte den Aspekt der Problemlösung, bei dem die meisten Experten den Lohnkostenansatz stark favorisierten, nicht wenige allerdings die Nebenwirkungen von Mehrwertsteuererhöhungen für die Konjunktur skeptisch beurteilten. Unter dem Gesichtspunkt des Wettbewerbs konnte die Union damit Vorteile des entschiedenen, mutigen, ehrlichen Reformers erringen (Ankündigung von Steuererhöhungen im Wahlkampf!), gab aber gleichzeitig der Steuersenkungspartei FDP eine hervorragende Mobilisierungschance und wurde auch von der SPD und den Grünen angreifbar. Bei den Wählern konnte vor allem die große Gruppe der Rentner, die bei diesem Instrument zumindest kurzfristig nur Nachteile hat, gegen die Union aufgebracht werden – eine *Cross-pressure*-Situation für dieses wichtige Segment der christdemokratischen Kernwählerschaft. In der Öffentlichkeit mussten die positiven mittel- bis längerfristigen gegenüber den negativen kurzfristigen Wirkungen in den Vordergrund geschoben werden – eine starke Anforderung an die symbolischen Ressourcen der Partei. Noch vor Bewertun-

Elemente konzeptioneller Strategiebildung (Lage) 359

gen, die mit dem SWOT-Instrument verknüpft waren, vergegenwärtigten sich die Parteistrategen so Zusammenhänge, die sie an kritischen Punkten weiter prüfen konnten.[550]

Das Instrument strategischer Ketten knüpft an die charakteristische strategische Fähigkeit an, in Zusammenhängen zu denken.[551] Wesentlich ist die Verknüpfung zu Ketten mit mindestens drei Elementen: Kompetenzen des Akteurs, Problemlösungsleistungen und Erfolg versprechende Marktpotentiale bzw. Marktpositionen[552] – wobei in der Politik „Öffentlichkeit" als eigenständiger Faktor hinzukommt, mit Öffentlichkeitsakteuren, die über Interventionspotential verfügen. Strategische Ketten können je nach Arena unterschiedlich sein. Zum Beispiel haben tatsächliche Leistungen der Problemlösung im Wahlkampf verminderte Bedeutung.

Stärken- und Schwächenanalyse (SWOT)

Der Fokus von Lageanalyse richtet sich auf „strategische Größen" (Lombriser/Abplanalp 1998: 66). Darüber hinaus fokussiert die Lageanalyse auf Stärken/Schwächen und Chancen/Risiken, wobei das SWOT-Kalkül heuristisch verwendet wird. Der Fokus auf Stärken/Schwächen (des Akteurs) und Chancen/Risiken (der Umwelt) soll keine Engführung der Lageanalyse zur Folge haben und sie auch nicht mit Wertungen überfrachten – deshalb folgt sie der Akteur/Umwelt-Analyse. SWOT kann die Analysen aber so strukturieren, dass strategische Konsequenzen leichter anschließen.

Zu SWOT ist im Zusammenhang mit Kalkülen das für unseren Zusammenhang Notwendige bereits gesagt.[553] Hier können wir danach fragen, wie SWOT sich als Heuristik in die Lageanalyse einbauen lässt:

- SWOT bietet keine vom Akteur unabhängige, „objektive" Analyse der Lage, sondern die Vorstufe von Überlegungen, die zu Optionen führen.
- SWOT dient einer Bewertung einzelner Lagefaktoren durch Gewichtung im Hinblick auf die potentielle Handlungsrelevanz für den Akteur.
- SWOT-Aussagen beziehen sich auf aktuelle Informationen zu einem bestimmten Akteur.

Man kann Erfolgsfaktoren und Kernkompetenzen in die SWOT-Systematik einbauen, muss dabei aber die unterschiedlichen Reichweiten im Auge behalten.[554] Das ergäbe eine SWOT-Analyse unter besonderer Berücksichtigung von Erfolgsfaktoren und Kernkompetenzen.[555] SWOT stellt immer einen Akteursbezug her, Ketten ergeben sich nicht zwingend daraus. Sobald aber Ketten aus Objekten und Referenzen akteurbezogen gedacht werden, existieren Überlappungen. Ketten können auch unabhängig vom Strategieakteur durchgespielt werden.

---

[550] So haben sich die Strategen durch Fokus-Gruppen über die Ablehnung der Steuererhöhung informieren lassen. Noch größer war aber die Kritik, wenn dort geprüft wurde, ob die Union – nachdem sie es selbst zum Thema gemacht hatte – wieder von dieser Forderung abrücken sollte.
[551] Vgl. dazu Kapitel 5.3.
[552] Analogie zu Lombriser/Abplanalp (1998: 28).
[553] Vgl. dazu Kapitel 7.
[554] Deshalb folgen wir nicht der Definition von Erfolgsfaktoren bei Bea/Haas (2001: 110) als „erfolgsrelevante Stärken und Schwächen", die beide Begriffe ineinander schiebt.
[555] Vgl. zur Erfolgsfaktoren und Kernkompetenzen die Kapitel 6.6 und 8.2.3 und den obigen Abschnitt zu Inside-out- bzw. Outside-in-Perspektiven.

Zusammenfassend lässt sich für die Lageanalyse sagen, dass sie von begründeter, erfolgsorientierter Selektion, Synopse, Gewichtung und von tragfähigen empirischen Informationen lebt. Am Ende müsste die Verdichtung der Lageanalyse signifikante Zusammenhänge und Unterscheidungen zwischen wichtigeren und weniger wichtigen Faktoren hervorgebracht haben. Damit werden bestimmte Aspekte für die weitere Optionenbildung hervorgehoben, andere fallen heraus.

Schon die Lageanalyse braucht den Mut zu Zuspitzungen, die über eine konventionelle politologische Analyse hinausgehen. Diese muss differenzieren, „abgewogen"[556] argumentieren, Wissenslücken und -grenzen betonen. Die Zuspitzung der Lageanalyse bedarf einer genuin strategischen Fähigkeit, der Markierung *springender Punkte*[557]. Von strategischen Apparaten oder Beratern ausgearbeitete Lageanalysen werden in der Regel breiter ansetzen, sich bei der Arbeit der Zuspitzung im Vergleich zur verantwortlichen Führung zurückhalten – um die Führung nicht übermäßig zu steuern, gar zu manipulieren und eher ein empirisch-analytisches Gegengewicht hinsichtlich übermäßig dezisionistischen, widerlegbaren, überriskanten Annahmen von Führungsleuten zu schaffen. Falsche Weichenstellung durch unzureichende Lageanalyse ist möglich. Deshalb ist sie der Anfang und – wenn es schlecht läuft – auch schon das Ende eines gelungenen Prozesses der Strategiebildung.

Empirische Illustration 10: Bündnis- vs. Wachstumsstrategie (Kohl gegen Strauß)

> Einer der großen innenpolitischen Konflikte in den 1970er Jahren wurde über alternative Oppositionsstrategien ausgetragen. Helmut Kohl, der 1976 mit über 48 Prozent die absolute Mehrheit nur knapp verfehlt hatte, wusste, dass die Deutschen absolute Mehrheiten nicht schätzen. Bündnispolitik war für ihn der Schlüssel zum langfristigen Parteierfolg, die Pflege guter Beziehungen zur FDP fester Bestandteil seines strategischen Kompasses.[558] Bündnis war wichtiger als Wachstum. Anders Franz Josef Strauß, der aus Bayern absolute Mehrheiten der CSU gewohnt war, und der FDP nicht verdenken konnte, dass sie ihn 1962 aus dem Amt des Bonner Verteidigungsministers gezwungen hatte. Strauß suchte eine eigene absolute Mehrheit der Union: Wachstums- statt Bündnisstrategie.
>
> Dabei experimentierte Strauß mit der Idee einer neuen Formation (*Vierte Partei*), mit einer Polarisierungsstrategie, die der CDU aufgezwungen werden sollte („Sonthofen"), mit politischer Diversifikation durch organisatorische Differenzierung zwischen CSU und CDU („Kreuth"), schließlich mit dem Durchdrücken einer eigenen Kandidatur, die der CDU zeigen sollte, wie man so etwas macht und bei 44,5 Prozent der Wählerstimmen endete („Kanzlerkandidatur"). Tatsächlich erfolgreich war Kohls Bündnis-Strategie in Verbindung mit einem Mitte-Konzept. Beides führte ihn 1982 – trotz des schlechten Straußschen Wahlergebnisses von 1980 – ins Kanzleramt.
>
> Das Projekt *Vierte Partei* sah eine von der CSU formell unabhängige Partei vor, die andere Akteure hatte, aber Strauß' Idee ideologischer Diversifikation und organisatorischer Differenzierung aufnahm, um das rechte Potential außerhalb Bayerns auszuschöpfen. Eigenständige Organisation, potentielle Konkurrenz, mangelnde Effektivität

---

[556] Eine klassische akademische Bewertungsformel.
[557] Vgl. dazu das Kapitel 5.3.
[558] Vgl. Kapitel 4.2.

Elemente konzeptioneller Strategiebildung (Lage)

enthielten für Strauß beträchtliche Risiken – er hat mit dieser strategischen Idee gespielt, sie aber nie wirklich vorangetrieben.

Strauß' eigener Weg eines Wachstums durch organisatorische Differenzierung trug den Namen „Kreuth". Der dort mit 30:18:1 gefasste Beschluss sah die Auflösung der Fraktionsgemeinschaft von CDU und CSU im Bundestag vor. Die CSU wollte als selbständige Fraktion operieren und sich als Partei außerhalb Bayerns ausdehnen. Die CSU selbst sollte im deutschen Dreiparteiensystem die oft beschworene *Vierte Partei* werden. Programmatisch und personell rechts von der CDU positioniert, sollte die Union insgesamt dadurch gestärkt werden, dass die CDU die Mitte, die CSU das rechte Wählerspektrum ausschöpfen konnte.

Der Kreuther Beschluss war für Kohl „die tiefgreifendste Entscheidung im deutschen Parteiensystem seit siebenundzwanzig Jahren" (Kohl 2004: 425). „Ein Auseinanderbrechen der Fraktionsgemeinschaft hielt ich für den größten anzunehmenden Unfall innerhalb unseres Lagers seit Bestehen der Union." (Kohl 2004: 303). Der Beschluss von Wildbad Kreuth basierte auf einem von Strauß entwickelten strategischen Konzept, das in seiner Anlage verfehlt war. Es war eine untaugliche Strategie für den Machterwerb der Union auf der Grundlage einer absoluten Mehrheit. Lage, Potentiale, Interaktionen und Nebenfolgen waren falsch berechnet.

Nur bei einer mechanischen, nicht-dynamischen Betrachtungsweise von Wählerbewegungen entstand die absolute Mehrheit aus der Addition der (1976 mit dem Kandidaten Kohl errungenen) 48,6 Prozent und eines rechten Potentials.[559] Eine Neustrukturierung des Angebots führt zu komplexen Wählerreaktionen, mit vielfältigen Zu- und natürlich auch Abgängen.[560]

Die Fehleinschätzungen betrafen nicht nur die Wählerdynamik, sondern wesentlich auch die mit Kreuth eröffnete Konkurrenzdynamik zweier Parteien. Die bis dahin ausgetragenen Richtungskonflikte drohten – verbunden mit einer Wählerkonkurrenz der Parteien – unbeherrschbar zu werden. Außerdem schuf die neue Konkurrenz bei zahlreichen CSU-Akteuren – nicht zuletzt den Amts- und Mandatsträgern – negative Betroffenheiten. Die CSU als geschlossenen Block zu sehen, war eine falsche Lageeinschätzung. Der innerparteiliche Widerstand kam vor allem aus dem schwäbischen und fränkischen Raum, womit der Konflikt alte Spaltungslinien reaktivierte (Mintzel 1977: 407). Die Kandidatur der CDU in Bayern war nur für Strauß „kein Problem" (Kohl 2004: 390), eine bayerische CDU hätte sich nicht zuletzt aus abtrünnigen CSU-Mitgliedern zusammengesetzt.[561] Die Straußsche Maxime des „getrennt marschieren und vereint schlagen" war militärisch richtig, konkurrenzdemokratisch falsch. Unberücksichtigt im Kalkül blieben auch die negativen Rückwirkungen einer gegen die FDP gerichteten Strategie auf die Koalitionsmöglichkeiten mit den Freidemokraten in

---

[559] Die NPD kam 1976 auf 0,3 Prozent der Stimmen, die Sonstigen auf 0,9 Prozent bei der mit 90,7 Prozent zweithöchsten Wahlbeteiligung in der Geschichte der BRD.

[560] Strauß setzte insbesondere auf den Zulauf rechter FDP-Wähler. Tatsächlich hat die FDP unter der Bedingung der Mitte-Kandidatur Kohl 1976 0,5 Prozent verloren, 1980 bei der Rechts-Kandidatur von Strauß 2,7 Prozent gewonnen.

[561] So hatte Max Streibl – nach dem Tode von Strauß bayerischer Ministerpräsident – Helmut Kohl seinen Übertritt zur CDU zugesagt (Kohl 2004: 420f.). Die CSU-Landtagsfraktion forderte, den Kreuther Beschluss zurückzunehmen.

anderen Bundesländern und die Mehrheitsverhältnisse im Bundesrat.

Die gesteuerte ideologische Diversifikation setzte ein strategisches Zentrum voraus, das sich einig war. Das fehlte in der Union angesichts des Dualismus von Kohl und Strauß. Im Konflikt blieb die CDU geschlossen hinter der Linie von Kohl, im Falle der Aufrechterhaltung des Kreuther Beschlusses die eigene Partei auf Bayern auszuweiten. Die CSU war gespalten.

„Strauß verfolgte eine grundsätzlich andere Strategie als ich und zog aus ein und demselben Ereignissen völlig andere Schlüsse." (Kohl 2004: 422). Das letzte Ziel von Strauß war, die FDP überflüssig zu machen, das von Kohl, mit der FDP an die Macht zu kommen. Im strategischen Kompass von Kohl hatte die FDP eine positive, in dem von Strauß eine negative Funktion. Mindestens in diesem Punkt hatte der Kompass von Strauß eine geringere Realitätstauglichkeit. Das darauf gegründete strategische Konzept war eine grandiose Fehlkalkulation. Im Grunde war es die Idee eines Desparados, den Richtungs- und Führungskonflikt zwischen Strauß und Kohl durch die Wähler entscheiden zu lassen. Wobei schon in der Fixierung auf die absolute Mehrheit das Erpressungspotential einer von Strauß geführten CSU in einer Unionsregierung enthalten war – die Vetomacht würde im Vergleich zu einer Dreierkoalition unter Einschluss der FDP erheblich gesteigert.

Der Wahlsieg der schwarz-gelben Koalition 1983[562] war auch eine empirische Widerlegung der Straußschen Konzeption: „Seine Strategie, die absolute Mehrheit einer Partei zu erringen, hatte sich als falsch erwiesen. Strauß verweigerte sich sein Leben lang der Einsicht, dass dies seit den fünfziger Jahren in der Bundesrepublik nicht mehr möglich war." (Kohl 2005: 93).

Der Politologe Wolfgang Jäger hielt Strauß für einen „sonst analytisch und strategisch präzise Denkenden", dessen Unmut als zweiter, durch Kohl gebremster Mann seinen „nüchternen strategischen Weitblick" getrübt habe (Jäger 1987:44). Kohl sah in Strauß, rückblickend, einen „politischen Strategen (...) von hohen Graden. (...) Seine seziermesserscharfen Analysen teilte ich in den meisten Fällen. Nur zog ich daraus oft andere Konsequenzen als er. (...) Strauß spürte nicht erst in seinen letzten Lebensjahren, dass ich mir von ihm nichts vorschreiben ließ. Zu keinem Zeitpunkt überließ ich ihm das Gesetz des Handelns. Niemals war ich ein Kanzler unter Strauß, ein Kanzler, dem er die Politik diktierte. Sein Gefühl, von mir nicht ganz ernst genommen zu werden, verließ ihn nie." (Kohl 2005: 746ff.).

Aus unserem analytischen Blickwinkel ist „Kreuth" ein Beispiel für eine unterkomplexe, nicht-dynamische, Wechselwirkungen, Interaktionen und Nebenfolgen sträflich vernachlässigende strategische Konzeption. Da auch die alternativen Optionen einer Polarisierung („Sonthofen") und einer eigenen Kanzlerkandidatur von Strauß scheiterten, spricht manches dafür, dass es gar keine Strategie gab, mit der Strauß die Union beherrschen und die Wähler gewinnen konnte.

---

[562] Mit 48,8 Prozent das zweitbeste Unionsergebnis, die FDP erhielt 7,0 Prozent.

9.2.3 Optionen

Strategische Optionen sind nicht zu eng angelegte, auf das spezifische strategische Ziel bezogene, situationsübergreifende, instrumentelle Handlungsempfehlungen. Sie sind komplexer als die strategischen Mittel und Kalkulationen, die nur – wesentliche – Instrumente zu ihrer Konstruktion sind.

Unscharfe Zieldefinition, unsicheres Wissen über die Lageeinschätzung sowie über die Wirkung von Strategien und die Wirkungsketten mehrerer Faktoren schränken die Möglichkeiten rationaler Strategiebildung erheblich ein. Trotz aller Unsicherheit des Wissens ist man bei Optionenbildung nicht auf dem Feld eines methodenfreien Voluntarismus. Unsere Überlegungen zum Element der Lage mündeten in eine verdichtete Lageanalyse. Darauf baut die Optionsbildung auf.

Die Bildung von Optionen ergibt sich aus einer Reihe von Arbeitsschritten, die benannt, aber nicht in einem verbindlichen Arbeitsschema fixiert werden können. Auch hier gilt: methodisches Wissen ist wichtiger als Rezeptwissen, Aufgabennähe und Einbettung zählen mehr als Modellkonstruktionen. Am Ende ist bei der professionalisierten Strategiebildung die Konzipierung von zwei bis drei[563] Optionen wünschenswert, über die sich dann entscheiden lässt.

Die Modellierungen der Optionen haben erheblichen Einfluss auf die Entscheidung. Sie grenzen Alternativen aus, strukturieren die Entscheidung vor, verfestigen Entscheidungslagen. Gibt es einander ausschließende Optionen? Wird bei drei Optionen immer die mittlere gewählt? Vermeidet die mittlere Option Risiken, muss sich aber auch mit geringeren Chancen begnügen? Entzieht man sich scheinbar zwingenden Alternativen und kombiniert Elemente neu? Die intellektuelle Verantwortung bei der Optionsbildung ist groß.

Weder die genaue Zahl noch die Abfolge noch das Gewicht der einzelnen Arbeitsschritte lassen sich allgemein festlegen. Auch können sich vertiefte Analysen gelegentlich nur auf Teilelemente beziehen, die rein politisch zustande gekommenen strategischen Gesamtoptionen untergeordnet bleiben. Zum Beispiel die Frage, wieweit sich Negative Campaigning mit einer „konstruktiv" angelegten Wahlkampflinie vereinbaren lässt.

Allgemein geschieht die Bildung von Optionen durch *Synopse* und *Kalkulation*, spezifischer durch eine Reihe von Arbeitsschritten, die eine Verbindung politischer Kreativität und methodischer Kontrolle zustande bringen müssen. Solche Schritte und Inputs sind Verknüpfungen von Ziel, Lage und Handlungsmöglichkeiten, Potentialanalyse, Ideen, Szenarien, Kalküle/Maximen, schließlich die schrittweise Verdichtung und die Auswahl und Bewertung von möglichst zwei bis drei strategischen Optionen.[564]

Verknüpfungen von Ziel, Lage und Handlungsmöglichkeiten

An dieser Stelle im Strategiebildungsprozess kann allein schon die Zusammensicht von Ziel („Was wollen wir eigentlich?") und Lage („Wo stehen wir und womit müssen wir rechnen?") intuitiv zu ersten Einfällen möglicher Handlungsvarianten führen. Die Lageana-

---

[563] Mehr als eine, weniger als vier.
[564] Die Option ist nicht nur ein mögliches strategisches Konzept zur Verfolgung eines konkreten Ziels, unter Berücksichtigung der Lage, sie kann auch den Begründungszusammenhang meinen, der sie in den Kernpunkten trägt. Dazu gehört, neben den genannten Elementen, die Festlegung des Zeitrahmens und der Arenen, soweit dies nicht schon beim Ziel geschehen ist.

lyse droht immer in die Breite zu führen, so dass der Rückgang auf das strategische Ziel die Optionsbildung gedanklich disziplinieren kann. Ein kurzes Brainstorming[565] kann noch ungefilterte Assoziationen erschließen.

Potentialanalyse

Die Potentialanalyse erschließt Möglichkeitsräume, die nicht willkürlich gesetzt sind. Sie arbeitet mit Hinweisen auf „reale Möglichkeit" (Ernst Bloch). Was ist möglich auf der Basis von historischen Erfahrungen oder des Vergleichs mit anderen Ländern, gemessen an Akteurpotentialen bzw. besseren Lösungen ähnlicher Probleme?

Für die Ist-Aussagen der Lageanalyse werden so neue Bezugspunkte geschaffen. Differenzen zwischen strukturellen und aktuellen Verhältnissen, zwischen leistungsfähigeren und schwächeren Systemen (Benchmarking) sowie zwischen alten und neuen Möglichkeiten sind Beispiele solcher zusätzlicher Bezugspunkte. Potentiale im Sinne von Entwicklungsmöglichkeiten der Umwelt und des Akteurs können hier eigenständig behandelt werden und dann zu Options-Scharnieren überleiten.

Abbildung 21: Zeitbezüge von Lage und Potential

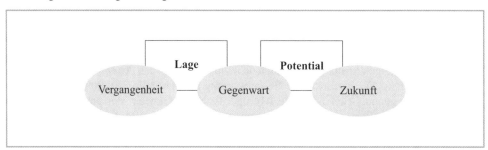

Es gibt Überschneidungen zwischen Lage- und Potentialanalyse,[566] aber auch gute Gründe, sie zu trennen, vor allem einen methodischen und einen psychologischen. Die *methodische* Differenz zwischen Lage- und Potentialanalyse ist der eine Grund, sie in der Praxis zu trennen. Die Lageanalyse sollte gekennzeichnet sein durch einen hohen Grad an Nüchternheit und Realitätsnähe. Hoffnungen und Befürchtungen haben hier keinen Platz. Die Potentialanalyse gewinnt demgegenüber an Fehleranfälligkeit, aber auch an Freiheitsgraden. Wissenschaft tut sich schwer damit und hält sich deshalb häufig dabei zurück. Selbstkritisch attestiert sich Sozialwissenschaft, ihre Stärke liege mehr im „Nachhersagen" als im „Vorhersagen" (Charles Tilly). Die Potentialanalyse kann durchaus von der besonderen Ungewissheit zukünftiger Entwicklungen profitieren. Sie ist frei für phantasievolle Vorstellungen über potentielle, auch anzustoßende Entwicklungen, kann bewusst und kreativ mit der unausweichlichen Ungewissheit umgehen. Dies alles unterhalb der „Spielebene" von Szenarien, zum Beispiel durch Heranziehung historischer Fälle, komparativen Wissens, spezifisch genutzter empirischer Sozialforschung.

Der zweite Grund zur Trennung von Lage- und Potentialanalyse ist *psychologischer* Art. Die Beteiligten am Strategiebildungsprozess verhalten sich anders, wenn sie wissen,

---

[565] Vgl. dazu den Exkurs zu strategierelevanten Verfahren am Ende dieses Kapitels.
[566] Mintzberg (1995) trennt die beiden Analysetypen nicht.

dass ein Abschnitt mit anderen kognitiven Regeln beginnt: aktiver, kreativer, „politischer". Auch die professionellen Berater müssen vom quasi-wissenschaftlichen Podest heruntersteigen – falls sie es je beansprucht haben. Gedankenfreiheit, fundierte Meinungsfreude, Irrtumsfreundlichkeit sind hier positive Werte.

Trotz der Unterscheidung und getrennten Platzierung gilt der pragmatische Gesichtspunkt, dass Lage- und Potentialanalyse aus arbeitsökonomischen Gründen auch ineinander geschoben werden können. Wenn die methodische und psychologische Differenz klar bleibt, ist so – vermittelt über das strategische Ketten- oder SWOT-Instrument – schneller auf die Konsequenzen von Optionen zuzusteuern.[567]

Gegenstände einer Potentialanalyse können die Faktoren sein, die schon der Lageanalyse zugrunde lagen, vor allem, soweit sie durch Relevanzüberlegungen kanalisiert sind. Wie bei der Lageanalyse gilt die Differenz zwischen objektiviert beschreibbaren Sachverhalten und den – ebenfalls messbaren – Vorstellungen, die sich Menschen davon machen. Diese Differenz selbst ist für Aussagen über Potentiale von großer Bedeutung.

Es geht darum, zunächst Entwicklungsaspekte zu überprüfen bzw. zu vertiefen, die im Rahmen der Lageanalyse bereits aufgefallen waren (z.B. Hinweise auf Wertewandel), ohne dass dort Vertiefungen sinnvoll gewesen wären. Den Hauptweg einer Abklärung realer, das heißt an der Wirklichkeit anknüpfender Möglichkeiten, bieten die beiden Instrumente der Potentialanalyse, *Lücken* und *Erfolgspotentiale*. Dazu das historische Potential mit einer eigenen Methodik des Aus-der-Geschichte-Lernens.

Strategische Lücken

Bezugspunkte für Potentiale zeigen sich an spezifischen strategischen Lücken. Eine erste Lücke liegt in der Differenz zwischen strukturellen und aktuellen Verhältnissen (Realisierungslücke). Längerfristig und durchschnittlich zu erwartende Verhältnisse geben die Messlatte des Möglichen: Faktoren der Wählerbindung, früher erreichte Standards der Parteistruktur, vernachlässigte, zuvor aber erfolgreiche Regierungsstrukturen etc. Eine zweite Lücke wird zwischen *leistungsfähigeren* und *schwächeren Systemen* erkennbar (Innovationslücke). Die systematische Analyse vergleichbarer Verhältnisse, Aufgaben, Strukturen soll bessere Lösungen bzw. Leistungen und die Wege dahin aufzeigen. Eine dritte Lücke besteht zwischen *alten* und *neuen Möglichkeiten* (Zukunftslücke). Die Aufmerksamkeit für längerfristige Entwicklungen von Bedürfnissen, Werten, Themen, Märkten liefert zwar weichere Maßstäbe zukünftiger Möglichkeiten, bei frühzeitigem, mutigem Einlassen aber auch Wettbewerbsvorteile, die langfristig wirksam sein können. Diese drei Lücken lassen sich an einigen Beispielen illustrieren:

(1) *Realisierungslücke.* TNS Infratest Sozialforschung hat – angeregt durch die Marktforschung – ein Instrument politisch-strategischer Demoskopie entwickelt: TRI*M.[568] Dabei werden aus der Sicht der Wähler vorhandene Stärken und Schwächen einer Partei ermittelt. Das soll der Partei helfen, Beziehungen zu den eigenen Wählern zu stabilisieren, zu potentiellen Wählern zu entwickeln, vor allem aber, die Beziehungen zu enttäuschten Wählern zu verbessern, indem deren Kritik gezielt bei Parteiaktivitäten berücksichtigt wird.

---

[567] Die Lehre des strategischen Managements verfährt durchgängig so.
[568] Das dreifache *M* steht für *M*easuring, *M*anaging, *M*onitoring. Die Darstellung des Instruments basiert – zum Teil wörtlich – auf Gothe/Müller-Hilmer (2002).

Das Instrument baut auf zwei Säulen auf: einem *Index*, der den Grad der Wählerbindung misst (stark, mittel, schwach), und einer *Stärken-Schwächen-Analyse*, die für eine Vielzahl von Faktoren einen Soll-Ist-Vergleich anstellt. Dabei wird aus Sicht der Befragten nach der Wichtigkeit und der Beurteilung der Realisierung dieser Faktoren gefragt. Die 40 bis 60 Faktoren beziehen sich auf inhaltlich-programmatische Positionen, Spitzenpolitiker und Erscheinungsbild/Image der Partei.

In der Auswertung werden die einzelnen Faktoren mit der Wählerbindung verrechnet. So können in der Analyse drei Dimensionen berücksichtigt werden: die *subjektive Wichtigkeit* der Faktoren für die Befragten, die *objektive (reale) Bedeutung* der Faktoren im Hinblick auf den Grad der Wählerbindung und die *Beurteilung der Realisierung* der Faktoren durch die Partei. Diese drei Dimensionen werden auf einem Grid (Skalenkreuz) dargestellt. Die vertikale Achse gibt die geäußerte Wichtigkeit, die horizontale Achse die reale Bedeutung der Faktoren wider. Das Urteil über den Grad der Realisierung wird mit Symbolen in die vier Felder eingetragen, die unterschiedliche strategische Relevanz für eine Partei haben.

Auf diese Weise entsteht ein demoskopisch fundiertes, praktisch gut kommunizierbares Instrument der Politikberatung – im Spannungsfeld realer Bedeutung, vorübergehender subjektiver Wichtigkeiten und Leistungsbeurteilungen. Die gemessenen Faktoren sind auch in unserem Orientierungsschema relevant.[569]

Obwohl vielseitig verwendbar, sind die „Motivatoren" besonders wichtig. Hier findet die Partei Hinweise auf Faktoren, die die Wählerbindung durch Verbesserungen bei Leistung bzw. Kommunikation steigern können. Die SPD zum Beispiel steckte 1999 und 2005 in schweren Wählerkrisen. Sie musste nicht neue, verborgene Chancen entdecken, eher suchte sie gegenüber enttäuschten Wählern nach Wegen zu ihrem früheren Mobilisierungsniveau.

Hinsichtlich des Gegners sind dessen Realisierungslücken interessant, insbesondere wenn sie – bei Mobilisierungsschwächen – Chancen eröffnen, mit politischen Angeboten auf sein Terrain vorzustoßen. So sind SPD und Grüne während der 1990er Jahre mit einer modernen Familienpolitik in einen klassischen Schwerpunktbereich der Union eingedrungen, als die Unionsparteien versäumten, Programmatik, Sprache und Personal auf diesem Feld dem gesellschaftlichen Wandel anzupassen.

(2) *Innovationslücke*. Ein politisches Benchmarking[570] der SPD suchte in anderen europäischen Ländern nach Beispielen, bei denen sozialdemokratische Regierungsparteien trotz eines Umbaus des Sozialstaats bei den Wählern erfolgreich waren. Im Bündnis für Arbeit orientierte sich eine entsprechende Arbeitsgruppe für den Bereich Arbeitsmarkt und Beschäftigung konsequent am Instrument des Benchmarking und kam dabei zu äußerst instruktiven Empfehlungen (Eichhorst/Profit/Thode 2001). Es lag nicht an ihr, dass die Politik nicht in der Lage war, die abgestimmten und politikfeldübergreifenden Strategiebündel umzusetzen.

Auch ohne das formelle Instrument eines Benchmarking kann ein „fallstudienorientierter Querschnittsvergleich" (Merkel et al. 2006: 20) wichtige Hinweise für eine Regierungspolitik geben, die Innovationsdefizite überwindet. Dabei geht man von den zentralen Herausforderungen der europäischen Sozialdemokratie aus – gefasst in den Dimensionen

---

[569] Vgl. Kapitel 6.
[570] Vgl. zum *Benchmarking* als Lernmethode das Kapitel 10.2.7.

Elemente konzeptioneller Strategiebildung (Optionen) 367

Abbildung 22: Das TRI*M-Instrument

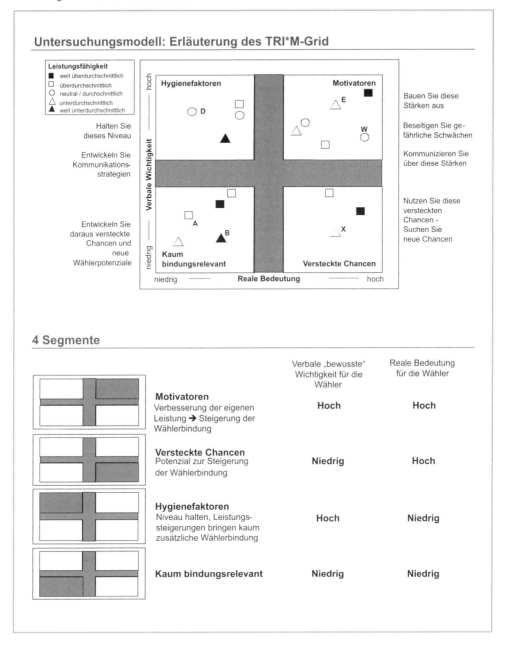

Globalisierung, europäische Integration und sozialer Wandel – und arbeitet die Bedingungen erfolgreicher und misslingender sozialdemokratischer Reformpolitik in anderen Ländern auf (Merkel et al. 2006). Bei einem solchen Vorgehen treten die Kontexte der Vorbildländer stärker als bei einem an Instrumenten und Prinzipien orientierten Benchmarking in den Vordergrund, was den Realismus schärft und mehr strategische Phantasie bei der Adaption gelungener Beispiele erfordert.

Auf der Ebene der Parteienkonkurrenz bestanden 1998 wesentliche Neuerungen der sozialdemokratischen Kampa darin, erfolgreiche Kampagnenführung im Ausland zu studieren und Innovationen in Großbritannien, USA, Schweden oder den Niederlanden zu imitieren bzw. zu adaptieren.

(3) *Zukunftslücke.* Die völlig konträren Einschätzungen des längerfristigen Wertepotentials, das seit Beginn der 1970er Jahre gemessen wurde (Ronald Inglehart) und hinter den studentischen Protesten der 1960er und 1970er Jahre sowie den neuen sozialen Bewegungen stand, haben bei Helmut Schmidt und Willy Brandt zu völlig unterschiedlichen Konsequenzen geführt. Schmidt, der die Bewegungen verachtete, förderte – wider Willen – das Wachstum der Grünen. Brandt, der Wertaffinitäten zur Sozialdemokratie sah, sicherte der SPD durch seine Öffnungspolitik den größeren Teil postmaterialistischer Wähler. Auf der Gegner-Ebene eröffnete die Vernachlässigung kultureller Modernisierung durch die Unionsparteien Rot-Grün ein beträchtliches politisches Wirkungsfeld (z.B. Frauen-, Kinder-, Familienpolitik).

Erfolgsfaktoren und Kernkompetenzen

Auch die Heranziehung von Erfolgsfaktoren und Kernkompetenzen als Potentialfaktoren kann im Zusammenhang der Analyse strategischer Potentiale bei der Entwicklung von Strategien den Blick für erfolgsträchtige Handlungsmöglichkeiten schärfen.[571]

Historische Potentiale

Ein guter Stratege lebt auch *in* und *von* der Geschichte. Neustadt/May (1988) haben an historischen Fallstudien und einer kleinen praxisorientierten Methodik, die sich an Aufgaben und Möglichkeiten eines politischen Stabes orientiert, das historische Anregungspotential für politische Entscheidungen – und auch strategische Entscheidungen – demonstriert. Vorgängerregierungen oder erfolgreiche Machterwerbsstrategien einer früheren Opposition können Anregungen liefern für Handlungspotentiale unter anderen Konstellationen.[572]

Ideen

Groß ist die Bedeutung von *Intuition* und *Ideen* bei der Entwicklung von Strategien: „Selbst innerhalb eines als Nutzenverfolgung gedachten Handelns tritt ja Kreativität auf, da die geeigneten Handlungsmittel oft nicht zuhanden sind, sondern erst geschaffen werden müssen, und da auch zur Konzipierung einer geschickten Strategie schöpferische Eigenleistungen erforderlich sind." (Joas 1992: 342). Dies gilt zwar – im Rahmen einer kreativitätsorientierten Handlungstheorie – für den Prozess des Strategy-Making insgesamt, es lässt

---

[571] Vgl. die Kapitel 9.2.2 (Kernkompetenzen) und 6.6 (Erfolgsfaktoren).
[572] Vgl. auch die strategisch angelegten historischen Fallstudien bei Morris (2002).

Elemente konzeptioneller Strategiebildung (Optionen)

sich aber insbesondere für das Erfordernis von Ideen im Strategiebildungsprozess geltend machen – die so genannten „guten" Ideen.

Intuition ist Teil eines Prozesses, aus dem eine Strategie hervorgeht. *Neue Mitte, Strategie 18* oder *Wandel durch Annäherung* sind Ideen und Bausteine, die nur in einem Kontext Sinn machen, in dem die strategische Option Teil eines gedanklichen Zusammenhangs darstellt, der nicht notwendigerweise durch systematische Analyse entstehen muss, aber in analytische Einzelschritte zerlegbar ist.

Szenarien

Vielfältig sind die Verwendungsmöglichkeiten von *Szenarien*[573] als Technik für Einzelfragen, Etappen, gedachte Gegnerreaktionen ebenso wie für komplexe alternative Strategiekonzepte. Ihre Bildung und Erörterung kann Ideen generieren, sie können aber auch als Test für schon erwogene Optionen dienen. In der Politik sind Szenarien, in größerem oder – häufiger – kleinerem Format eines der beliebtesten Hilfsmittel strategischen Nachdenkens.

Kalküle/Maximen

Die strategische Denkweise ist durchzogen von Kalkülen und Maximen,[574] wobei gerade diese Elemente nicht explizit und methodisch bewusst verwendet werden. Denkbar ist bei rationaler Optionsbildung die Hinzuziehung einer *Checkliste* von Kalkülen und ausgewählten Maximen. Die Auswahl, Kombination, Spezifikation von Kalkülen und Maximen findet nicht abstrakt, sondern im Rahmen der fallbezogenen Optionsbildung statt. Sie erfolgt im Lichte von Ziel, Lage und Potential, aber sie ist keine Ableitung daraus. Sie basiert auf Erfahrung, Anwendung strategischer Denkweise, Intuition und – soweit vorhanden – sozialwissenschaftlich geprüftem empirischen Erfahrungswissen.

Verdichtung

Die Diskussion einzelner Elemente führt auf der nächsten Stufe zur weiteren, *schrittweisen Verdichtung* alternativer strategischer Optionen. Dabei ist es für die Komplexitätsreduktion hilfreich, unplausibel erscheinende Variationen zu eliminieren.

Optionenbewertung

Bei der Bewertung von strategischen Optionen können einige *Kriterien* helfen:
- Einfachheit, Evidenz.[575]
- Praktikabilität, Machbarkeit (z.B. der Koordination, Implementation, Kommunikation).
- Kräfteverhältnisse („Kann ich eine Strategie durchhalten?").
- Grad des Risikos.
- Höhe politischer Kosten.
- Anzahl und Qualität zu erwartender Nebenfolgen.

---

[573] Vgl. dazu den Exkurs zu strategierelevanten Verfahren am Ende dieses Kapitels.
[574] Vgl. dazu ausführlich das Kapitel 7.
[575] So auch Lombriser/Abplanalp (1998: 236) für das strategische Management: „Eine Strategie soll leicht verständlich und gut mitteilbar sein."

- Gegner-Optionen („Mit welcher Antwort des Gegners muss ich bei dieser Strategie rechnen?").
- Eigene Anfälligkeit gegenüber Interventionen des Gegners.
- Imitier- und Substituierbarkeit.
- Konsistenz.
- Ziel-Mittel-Umwelt-Korrespondenz.

Optionenauswahl

Im Rahmen eines professionellen Prozesses der Strategiebildung werden mehr Optionen erzeugt und weniger frühzeitig selektiert als in der politischen Praxis von Spitzenakteuren üblich. Dennoch sind begründete Entscheidungen der Vorauswahl notwendig. Zu viele Optionen dürfen Apparate und Berater den Spitzenleuten nicht zumuten, um diese nicht zu überfordern. Der elaborierte Stratege Henry Kissinger ließ sich durch die „Standardmethode der Bürokratie" – bestehend aus drei Optionen – nicht täuschen, „wonach eigentlich nur eine Option realisierbar blieb, die in die Mitte eingeordnet wurde, damit man sie besser erkennen konnte. Ich sagte im Scherz, die klassische Auswahl wäre, die Politiker vor die Wahl zu stellen, ob sie sich für den Krieg mit Kernwaffen, die Fortführung der gegenwärtigen Politik oder die Kapitulation entscheiden wollten." (Kissinger 1979: 451). Er selbst gab zum Beispiel den Auftrag, *vier* Optionen zu entwickeln (578).

Empirische Illustration 11: „Neue Soziale Frage" als strategisches Projekt

Die *Neue Soziale Frage* sollte die CDU sozialpolitisch neu positionieren – unter Bezug auf gesellschaftliche Entwicklungen und durch Einführung eines neuen Deutungsrahmens. Die *Neue Soziale Frage* „proklamierte, dass neben dem alten Konflikt zwischen Kapital und Arbeit ‚Konflikte zwischen organisierten und nichtorganisierten Interessen' getreten seien. Die CDU sah sich nun als Anwalt der wirklich schwachen Nicht-Organisierten. Hierzu zählte sie besonders alte Menschen, allein erziehende Mütter oder nicht mehr Arbeitsfähige, später auch Arbeitslose, Jugendliche, kinderreiche Familien, Gastarbeiter oder Behinderte. Rund sechs Millionen Menschen würden zu dieser vernachlässigten Armutsgruppe gehören, wie die CDU mit Publikationen untermauerte. Damit reagierte die CDU auf die Auflösung der Milieu- und Vereinsstrukturen, indem sie sich zum Fürsprecher der Organisationslosen machte. Gleichzeitig gestand sie auf diese Weise zu, dass auch in der sozialen Marktwirtschaft der Wohlstand nicht für alle reichte. Die *Neue Soziale Frage*[576] erwarb sich aber nicht nur den großen Verdienst, frühzeitig auf soziale Randgruppen aufmerksam zu machen. Auch strategisch war der Entwurf in mehrfacher Hinsicht ein Geniestreich. Erstens demontierte er auf eine äußerst emotionale Weise die sozialpolitische Kompetenz der Sozialdemokraten. Damit schlug er die SPD auf ihrem ureigenen Feld. Die SPD wurde so zur Partei der Mächtigen umgedeutet. Zweitens entwertete die *Neue Soziale Frage*[577] die traditionelle Konfliktlinie zwischen Arbeit und Kapital, die für die Volkspartei stets ein Problem war. Drittens richtete sich der Ansatz wie Erhards Formierte Ge-

---

[576] Hervorhebung durch *J.R./R.T.*
[577] Hervorhebung durch *J.R./R.T.*

sellschaft gegen alle Verbände, meinte aber besonders die SPD-nahen Gewerkschaften. Diese wurden so als eine Organisation gebrandmarkt, die nicht den wirklich Schwachen helfe. Und viertens sprach die Union mit den unverschuldeten Armen soziale Gruppen an, die im Unterschied zu den Gewerkschaftern potentielle Unionswähler waren. Da diese Armutsgruppe zugleich im Zentrum der traditionellen bürgerlichen Fürsorge und der katholischen Subsidiaritätslehre stand, hatte die Union eine gewisse Kompetenz auf diesem Gebiet. (...) Zugleich ließ ein Engagement für die ‚würdigen Armen' auch das Wohlwollen der bürgerlichen Christdemokraten erwarten." (Bösch 2002: 35f.).

Dass das strategische Konzept nicht so griff, auch wenn es gut ausgedacht war, hatte verschiedene Gründe. Es fehlten überzeugende Policy-Konzepte zur Umsetzung. Subsidiarität war zu wenig, staatliche Politik kostete Geld. Die Strategie hatte *internes* Spaltungspotential, da die Konservativen in der Union zum Beispiel neue Staatsausgaben oder Umverteilungen fürchteten. Die Wirkkraft der *alten* sozialen Frage ließ sich nicht einfach wegdefinieren, so dass der Umfang der Sozialprobleme eher größer wurde und die Umlenkung von Aufmerksamkeit nur begrenzt funktionierte. Die Parteiführung machte aus der *Neuen Sozialen Frage* kein politisches Projekt, sondern versuchte daraus nur temporäre soziale Imageverbesserungen zu ziehen.

9.2.4 Entscheidung

Idealtypisch gesehen ist die Sache der Entscheidung bei der Strategiebildung klar: es geht um Entscheidung durch Auswahl zwischen alternativen strategischen Optionen. Aufgabe der Analyse ist, zwischen einem Rationalmodell der Strategiebildung und der inkrementalen Praxis zu vermitteln.

Entscheidungsstruktur

Wer entscheidet? Diese einfache Frage ist bei Strategiethemen besonders schwer zu beantworten. Nicht nur wegen des mehrstufigen Decision-Making, sondern auch wegen des stark informellen und impliziten Charakters wichtiger Strategieentscheidungen.

Im demokratischen Kontext gilt meist eine Kombination bzw. Durchmischung hierarchischer und demokratischer Entscheidungsstruktur (Scharpf 2000: 105ff.). Der Inhaber der formellen Spitzenposition ist einerseits demokratisch gewählt und Mehrheitsbeschlüssen unterworfen, andererseits hat er formelle Anordnungsbefugnisse gegenüber einem administrativen Apparat. Damit hat er auch Zugriff auf einen strategischen Apparat, so dass er mehr als andere an elaborierte Formen der Strategiebildung angeschlossen sein kann. Wie wir gezeigt haben, ist dies freilich nur ein Potential, dessen tatsächliche Nutzung von Person und Führungsstil abhängt.

Der Vorteil einer *hierarchisch-homogenen Entscheidungsstruktur* – die aber immer mit demokratische Strukturen verschachtelt ist – liegt auf der Hand: Zentrierung von Vorbereitung und Verbindlichkeit der Entscheidung. Solche Zentrierung eröffnet Chancen, ein gestaffeltes Strategieberatungs- bzw. Vorbereitungssystem zu schaffen, das der Spitze zugeordnet bleibt. In solch einem mehrstufigen Entscheidungsprozess rationaler Strategiekonzipierung liegen allerdings wesentliche Stufen außerhalb der demokratischen Gremien.

An Entscheidungen über elaborierte Strategiekonzepte sind die vorgelagerten strategischen Apparate, Berater, informellen Teile des strategischen Zentrums, die Nr. 1, das Präsidium, und – wenn überhaupt – ganz am Schluss größere, tendenziell heterogene Gremien wie Parteivorstände oder Parteitage beteiligt. Sie können häufig nur noch kommentieren und akklamieren.

Neben der Herrschafts- bzw. Führungsstruktur hat die *Machtfragmentierung* Einfluss auf die Möglichkeiten rationaler Strategieentscheidungen. Verfolgen verschiedene Machtträger oder gar Machtzentren innerhalb des jeweiligen Handlungskontextes von Regierung, Opposition, Partei unterschiedliche Ziele bzw. Strategien, werden Strategie- mit Machtfragen so verquickt, dass eine rationalisierte Entscheidung kaum möglich ist. Die Probleme einer fragmentierten Entscheidungsstruktur liegen in der machtpolitischen Aufladung von Strategieentscheidungen und unübersichtlicher, schwer zu handhabender Komplexitätssteigerung auf Grund heterogener Zielorientierungen.

Entscheidungsinhalt und -modalitäten

Wie und worüber wird eigentlich entschieden? Das ist in der politischen Praxis oft nicht klar. Ein Beispiel: bei Recherchen zum Wahljahr 1994 wurde berichtet, dass im Präsidium der SPD das ganze Jahr über *Strategie* nicht einmal gesprochen, geschweige denn entschieden worden sei. So sind auch hier einige Unterscheidungen notwendig, die zwar nicht nur für Strategiefragen gelten, in diesem Zusammenhang aber verstärkt wirksam werden:

(1) *Explizit vs. implizit.* Viele Strategieentscheidungen fallen implizit. Sie entsprechen dann den strategischen Intentionen und der fortlaufenden Praxis der einflussreichsten Akteure (z.B. Adenauer, Wehner, Brandt, Kohl, Fischer). Führungsvertrauen, an das appelliert wird, soll dann Strategievertrauen mit einschließen. Oder die Strategieentscheidungen werden verpackt in Entscheidungen über zentrale Sachfragen, strategisch relevante Personenfragen oder komplexe Programmaussagen. Rudimentäre strategische Konzeptionen (z.B. Reduktion auf eine Koalitionsoption) und Begründungen können eher Gegenstand impliziter Entscheidungen sein. Sobald ein strategischer Apparat an der Entscheidung selbst beteiligt wird, entstehen Rollenprobleme für die Spitzenpolitiker – vor allem, wenn ihr Führungsstil einen geringen Grad strategischer Rationalisierung aufweist. Dann kommt es beispielsweise zu verdeckten Formen der Entscheidung, bei denen der vorbereitende Stab seinen Einfluss sichert, indem er nur selektiv über seine strategischen Konzepte informiert. Ein zugespitztes – aber empirisch nachweisbares – Beispiel: der Wahlkampfstab einer Partei befasst sein Präsidium mit Plakaten und Slogans, aber nicht mit der elaborierten strategischen Philosophie der Kampagne.

(2) *Alternativ vs. alternativlos.* Selten werden strategische Optionen alternativ einem größeren Kreis von Akteuren zur Abstimmung gestellt. Im Bewusstsein darüber, dass Strategiefragen erhebliches Spaltungspotential innewohnt, werden einzelne Optionen oft als alternativlos präsentiert. Im Zweifel gilt dann der Vorrang von geringerem Konfliktpotential gegenüber größerem Rationalisierungspotential – und nicht selten soll damit bei der Strategieentscheidung gleichzeitig der eigene Führungsanspruch untermauert werden.

(3) *Elaboriert vs. einfach.* Einfache Strategieoptionen sind solche, die zum Standardrepertoire von politischen Führungsleuten gehören: Entscheidung für oder gegen Koalitionen, der Gang in Regierung oder Opposition, allgemeine Richtungsentscheidungen, strategische Personalentscheidungen. *Elaborierte* Strategiekonzeptionen beziehen sich beispielsweise auf komplette Wahlkampfdesigns, komplexe Regierungsvorhaben, strategische

Machteroberungskonzepte einer Opposition. Entscheidungen über solche Konzeptionen finden meist nicht in demokratischen Gremien statt, und wenn doch, nur in einem höchst rudimentären Ausformungsgrad, der die Komplexität hinter einfachen Formeln und Begriffen verbirgt.

(4) *Formell vs. informell.* Die Abhängigkeit der Strategiefragen vom Vertrauen zwischen Akteuren, Geheimhaltungsnotwendigkeiten gegenüber dem politischen Gegner, ihr internes Macht- und Spaltungspotential – dies und anderes drängt gerade Strategieberatungen in den informellen Bereich ab. In solchen informellen Runden können dann die faktischen Entscheidungen fallen, denen gegenüber formelle Beschlüsse nur noch dekorativ sind.

(5) *Konsensual vs. dissensual.* Ein um Konsens bemühter Entscheidungsstil – er dominiert in Parteien, Fraktionen, Regierungen – versucht, das in Strategiefragen steckende Spaltungspotential klein zu halten. Das bedeutet, konfliktträchtige Strategieentscheidungen aus Entscheidungsgremien fernzuhalten.

(6) *Decision vs. Non-Decision.* Wegen ihres Charakters als Macht- und Konfliktfragen kommt es bei Strategiethemen besonders häufig *nicht* zu formellen Letztentscheidungen über Strategiefragen (Decision). Einflussreiche Akteure versuchen vielfach sogar aktiv, solche formellen strategischen Entscheidungen zu verhindern (Non-Decision). In der Folge steigen möglicherweise ihre Chancen, die selbst gewollte strategische Ausrichtung durch Nicht-Entscheidung herbeizuführen – etwa durch implizite und nicht-formelle Festlegungen.

Entscheidungsrationalität

Strategieentscheidungen sind Entscheidungen unter Bedingungen hoher Ungewissheit. Von einem allgemein verfügbaren und praktisch bewährten Wissen ist wenig zu sehen. Darüber hinaus erschwert die starke Politisierbarkeit strategischer als machtpolitische – statt als handwerklich-politische – Fragen, sie als „kühle" Effizienzprobleme zu diskutieren und zu entscheiden. Wie verhält man sich unter solchen Bedingungen begrenzter, machtpolitisch überformter Rationalität?

Die Inhaber hierarchisch-demokratischer Spitzenpositionen, die am ehesten Ressourcen rationaler Strategieentwicklung kontrollieren, verfolgen ihr Interesse an Exklusivität elaborierten Strategiewissens. Die Nicht-Festlegung auf der demokratischen Ebene vermindert ihr Risiko, bei Misserfolg für eine „falsche" Strategie verantwortlich gemacht zu werden. Zudem erhöht es Autonomie und Flexibilität der Spitzenleute. All das verringert zusätzlich die Entscheidungsrationalität, weil den demokratisch beteiligten Akteuren wesentliche Informationen für eine rational anspruchsvollere Beratung und Beschlussfassung vorenthalten werden.

Gegenüber den *Strategieverantwortlichen* verhalten sich die *Beteiligten* konform – aus unterschiedlichen Motiven. Man entlastet sich von schwierigen Problemen, Verantwortung bleibt delegiert, Führungs- wird als Vorschussvertrauen verstanden. Häufig gibt es Formen unverbindlicher Strategiekritik, bei der Akteure – zum Beispiel nach verlorenen Wahlen – immer schon wussten, welche die richtige Strategie gewesen wäre, aber keine Strategiealternativen zur Abstimmung gestellt hatten. So behält man die Chance, nachträglich Recht zu behalten. Aber es gibt auch legitime Revisoren – sie unterlagen bei einer Strategieentscheidung, die sich später als ineffizient herausstellt.

9.2.5 Strategie

Am Ende des Strategiebildungsprozesses steht ein *Strategiekonzept*, das die Kernaussage der beschlossenen, verabredeten oder verordneten Strategie enthält. Da wir für den Prozess der Strategiebildung ein Kontinuum von emergent bis professionell unterstellen,[578] wird sich dies in der Fassung des Strategiekonzepts ausdrücken. Ebenso im *Steuerungskonzept*, das die Strukturierung der Umsetzungsprozesse einer Strategie enthält. Auch dieses kann eher rudimentär oder ausgefeilt sein.

Abbildung 23: Beispiele für Strategiearten

Klassifikationskriterium	Strategiearten	
Party-Government	• Regierungsstrategie • Parteistrategie	• Oppositionsstrategie • Wahlkampfstrategie
Orientierungsschema	• Organisationsstrategie • Wählerstrategie • Symbolstrategie • Konkurrenzstrategie	• Themenstrategie • Personalstrategie • Problemlösungsstrategie • Öffentlichkeitsstrategie
Politikebene	• Landesstrategie • Europastrategie	• Bundesstrategie • Globalstrategie
Basis-Kalküle	• Angriffsstrategie • Imitationsstrategie • Schwerpunktstrategie • Kooperationsstrategie • Wachstumsstrategie	• Verteidigungsstrategie • Innovationsstrategie • Diversifikationsstrategie • Konfliktstrategie • Stabilisierungsstrategie
Bezugs-Kalküle	• Doppelstrategie • Polarisierungsstrategie • Ermattungsstrategie • Mitte-Strategie	• Dreiecksstrategie • Bündnisstrategie • Anpassungsstrategie

---

[578] Vgl. Kapitel 9.1.2.

Strategiekonzept

Im Unterschied zum aufwändigen Prozess der Strategiebildung sollte das Ergebnis einfach und leicht verständlich sein. Die Kurzform der Beschreibung einer Strategie ist manchmal zufällig. Sie kann etwa das Ziel, ein Mittel, das dominante Kalkül oder den Geltungsbereich angeben.[579] Gelegentlich raunt sie auch nur den Ort, an dem eine Strategie entstanden ist oder zuerst kommuniziert wurde („Kreuth", „Sonthofen").

Es existieren eine Fülle von Klassifikationskriterien und entsprechend viele unterschiedliche Arten von Strategien (vgl. Abbildung 23). Hinter einfachen Strategienamen können sich komplexe Kalkulationen, reiche Erfahrungsschätze und viel Strategiewissen verbergen. Namen für Strategien dienen nicht nur der Kennzeichnung strategischer Besonderheiten, sondern sind zugleich für die kommunikative interne und externe Wirkung relevant. Sie entwickeln mehr oder weniger „Charme".

Gelungene Strategiebezeichnungen bündeln den strategischen Kern eines Konzepts – selbst wenn die Semantik nicht unmittelbar evident ist. Ein Beispiel ist das Konzept der *Dreiecksstrategie* von Dick Morris (2002: 89ff.). Dabei nimmt man dem Gegner etwas von seiner spezifischen Stärke, verbindet sie mit den eigenen Stärken und bietet so die Überwindung zweier begrenzter Positionen. Die Strategie basiert auf drei Prinzipien: „1. Solve the other side's problems. 2. Use solutions from both parties to do so. 3. Continue to focus on your own issue agenda." (92). Die Strategie verknüpft also drei Ansatzpunkte zu einem kohärenten Gesamtkonzept – so wie das Dreieck seine drei Pole zu einer geometrischen Form.

Der Kern einer Strategie sind die zentralen Mittel, mit denen ein strategisches Ziel verfolgt werden soll. Der Präzisierung und Verbindlichkeit hilft es, wenn das strategische Ziel, die strategische Einheit, der zeitliche Rahmen, die dominanten Kalküle sowie Hinweise auf die gemeinte Umwelt (z.B. Arenen) enthalten sind. Andernfalls wird man den Raum strategischer Emergenz kaum verlassen können Je höher die Grade strategischer Professionalisierung sind, desto ausgereiftere Strategiekonzepte lassen sich entwickeln.

Steuerungskonzept

Steuerungskonzepte zur Verfolgung politischer Strategiekonzepte können nur ausnahmsweise die Stringenz erreichen, die im strategischen Management möglich ist. Das wird am ehesten bei relativ standardisierten Handlungsbereichen wie Wahlkampf, am schwierigsten in komplex-dynamischen Bereichen wie strategischer Regierungssteuerung erreichbar sein. Erstrebenswert sind aber Zeit-, Ziel- und Aktionspläne.

Zeitpläne strukturieren, ausgehend von und im Lichte des Strategiekonzepts, wesentliche, voraussehbare bzw. geplante Ereignisse im Zeitablauf. Sie umfassen selbstorganisierte und gegnerische Eigenaktionen sowie relevante Interaktionen. Damit konstruieren sie einen zeitlichen Kontext, der für Phasenbildung, Aufmerksamkeiten oder zugespitzte Interaktionen informativ sein kann.

Zielpläne strukturieren die Umsetzung eines allgemein gehaltenen Strategiekonzepts durch konkrete Einzelziele und Einzelschritte.[580] Begrenztere Ziele sollen durch definierte

---

[579] Vgl. dazu auch Kapitel 5.1.3.
[580] Vgl. für das strategische Management Lombriser/Abplanalp (1998: 316ff.). Einige der dort genannten Aspekte und Kriterien sind direkt auf die Politik übertragbar, andere müssten erst noch durch weitere Schritte ins Politische transformiert werden.

Leistungen etappenweise realisiert werden. Bei nicht zu kurzfristigen, komplexen Strategievorhaben markieren die berühmten *Milestones* Zwischenergebnisse mit Schlüsselbedeutung. Rückbindung an das Strategiekonzept, Einbindung der Teileinheiten des Kollektivs, Festlegung von Verantwortlichkeiten, Realistik, Motivation, Klarheit und vieles andere sind Kriterien für die Wirksamkeit von Umsetzungszielen.

Aktionspläne präzisieren Maßnahmen, bezogen auf Großereignisse (z.B. Parteitage, Konferenzen), Handlungsbereiche (z.B. Medien), Teilprojekte (z.B. einzelne Policies). Hier spätestens sind Aussagen über Mittelzuweisungen notwendig. Auch diese letzten Schritte der Strategiebildung sind nicht frei von Macht- und Konfliktfragen, die den gesamten Prozess durchziehen.

Zeit-, Ziel- und Aktionspläne lassen sich ineinander schieben. Das dreihundertseitige Drehbuch eines Wahlkampfs kann vom Strategiekonzept bis hin zu Ressourcenzuordnungen alles enthalten, was für die Umsetzungsakteure präsent sein sollte. Eine Regierung dagegen ist nur sehr schwer mit einem Drehbuch für den Gesamtprozess zu führen. Koalitionsvertrag und Regierungserklärung können aber durchaus Teilfunktionen eines Drehbuchs übernehmen. In den Ressorts sind sie ohnehin bereits eine der wenigen verlässlichen Orientierungen an übergeordneten, verbindlichen Zielsetzungen. Sie mögen unter dem Gesichtspunkt Strategiekonzept dürftig, gleichzeitig hinsichtlich eines Steuerungskonzepts höchst informativ sein. Vor allem wenn sie Aussagen zu Instrumenten, Begründungen, Wechselwirkungen, Priorisierungen machen.

EXKURS: STRATEGIERELEVANTE VERFAHREN

Es gibt für das Generieren von politischem Strategiewissen keine spezifischen Verfahren. Aber es existieren Verfahren und Methoden, die Affinitäten zu den spezifischen Zwecken von Strategiebildung und strategischer Steuerung aufweisen bzw. auf sie zugeschnitten werden können. *Prognosen* und *Projektionen, strategische Früherkennung, Szenarien, strategische Gegnerbeobachtung, strategische Demoskopie* und *weitere unterstützende Verfahren* sind vielseitig einsetzbar. Für strategische Politik erweisen sich Früherkennung, Szenarien und Gegnerbeobachtung als besonders wichtig. Strategische Demoskopie verknüpft die verschiedenen Dimensionen des Orientierungsschemas. Andere Verfahren bleiben in ihrem Anwendungsbereich begrenzter. Ein Beispiel ist das Benchmarking, das – neben der Verwendung in klassischen Policy- bzw. Politikfeldanalysen – vor allem für strategisches Problemlösen relevant wird.

Ein sinnvoller Gebrauch der Verfahren und Methoden zu strategischen Zwecken setzt Klarheit über den strategischen Approach bzw. strategische Politik voraus. Die Spitzenleute erreichen Ergebnisse professionellen Strategiewissens meist in der gefilterten Form, in der sie zu Lageanalyse oder Optionen bereits verdichtet sind. Szenario-*Erwägungen* mögen dann eine Rolle spielen, aber nicht die Szenario-*Analyse* selbst. Die meisten Verfahren und Methoden professionellen Strategiewissens dienen also vor allem strategischen Apparaten bzw. Beratern.

Prognosen und Projektionen

Prognosen als „Wahrscheinlichkeitsaussagen über zukünftige Ereignisse" (Bea/Haas 2001: 266) sind in der Politik das Unwahrscheinliche. Gerade bei Politics-Aspekten ist die Prognosefähigkeit äußerst gering. Selbst in der hoch standardisierten Wählerforschung haben

Meinungsforschungsinstitute allenfalls das Potential zu kurzfristigen Prognosen. Die Grenzen von Prognosen für Politik ergeben sich nicht nur aus politischer Komplexität bzw. Dynamik oder Schwächen erklärender Theorien, sie sind Interaktionsbeziehungen immanent: „Prognosen sozialer Systementwicklungen, die wahr sind, treten nicht ein, weil Gelegenheit zur Gegenreaktion besteht. Prognosen dagegen, die eintreten, sind nicht wahr, weil sie trotz Gegenreaktion eintreten." (Krystek/Müller-Stewens 1999: 504). Dies kann eine Analyse, für die strategische Interaktion zentral ist, nicht überraschen.

Prognosen basieren auf der systematischen Beobachtung von Vergangenheit und Gegenwart, die nur bei Annahmen zutreffender Generalisierung und fortbestehender Bedingungen auf die Zukunft bezogen werden können. Beides ist meist nicht in zureichendem Maße gegeben. Zeitreihen, Trendanalysen, Indikatoren künftigen Verhaltens (z.B. Wertorientierungen) können helfen, strukturiertes Ex-post-Wissen zu schärfen (Bea/Haas 2001: 266ff.). Strategieanalyse wird vor Scheinsicherheiten und Fehlleitungen eines an Prognosen orientierten Verhaltens warnen.

Projektionen, die weichere Form von Zukunftsaussagen, lösen sich stärker von der Vergangenheit und schwächen Aussagen über die Wahrscheinlichkeit eintretender Ereignisse oder Entwicklungen ab. Szenarien und Früherkennungssysteme können dazu gerechnet werden (Bea/Haas 2001: 274ff.), aber auch mittelfristig orientierte, auf quantitativen Daten und bisherigen Regelmäßigkeiten beruhende Voraussagen zum Wählerverhalten mit geringerer Verbindlichkeit.

Strategische Früherkennung

Die „Frühwarnsysteme", die man in den 1970er Jahren für das strategische Management entwickelte, wurden zu „Früherkennungssystemen" (Bea/Haas 2001: 280ff.), als man sich nicht nur früh den verborgenen Bedrohungen und Risiken, sondern auch sich entwickelnden Chancen zuwenden wollte. Vor allem die Akteure des Marktsektors von Politik können in ihrem strategischen Handeln von Zeitvorteilen gegenüber ihren Konkurrenten profitieren. Das frühe Lancieren eines neuen Themas, frühzeitiges Nutzen von Chancen oder Risiken eines sich abzeichnenden Wertewandels, zeitnahes Reagieren auf schleichende Vertrauens- oder Glaubwürdigkeitsverluste – solche und viele andere Handlungen profitieren von Zeitgewinnen, die auf rechtzeitigem Erkennen von Chancen und Bedrohungen beruhen.

Gerade der politische Wettbewerb baut häufig auf simplifizierenden und reduktionistischen Parametern auf. Wählerprozente werden dann zum wichtigsten Orientierungsmaßstab. Das schöpft noch nicht einmal das quantitative Erkenntnispotential von Wahlergebnissen aus. Die für Mobilisierungen wichtigeren absoluten Wählerzahlen oder die Richtung von Zu- und Abwanderungen als Indikatoren inhaltlich bestimmter Unzufriedenheit werden unterschätzt. Weichere Indikatoren wie Wertverschiebungen, Vertrauensverluste, Diskrepanzen zwischen Parteiangebot und Agenda werden wegen der Wahlprozent-Mentalität nicht ernst genug genommen.

Strategische Früherkennung ist mehr eine Perspektive oder eine „Denkhaltung" (Krystek/Müller-Stewens 1999: 500)[581] als eine Methode. Sie richtet die Aufmerksamkeit auf Diskontinuitäten, zunehmend Einfluss gewinnende Faktoren, auf Diskrepanzen zwischen Potentialen und Anforderungen, auf schwache Signale.

---

[581] Diesem Beitrag entstammen auch die folgenden Zitate zur strategischen Früherkennung.

Die Idee der „schwachen Signale", die von Igor Ansoff in die strategische Management-Analyse eingebracht wurde, „geht davon aus, dass grundsätzlich kein Ereignis plötzlich eintritt, auch wenn man davon völlig überrascht wird. Jedes Ereignis hat bereits seine Entwicklungsgeschichte. Diskontinuitäten haben Vorboten, die auf ihr mögliches Erscheinen hinweisen." (501).

Subjektivität, Werthaltigkeit, Intuition, Kreativität, Ahnungsvermögen gewinnen bei der Entzifferung schwacher Signale besondere Bedeutung. Sie zuzulassen und nicht auf Stäbe abzuschieben, weil es ja um eine Verstärkung des strategischen Bewusstseins der Führung geht, macht nicht nur in der Politik große Schwierigkeiten: „Da zur Interpretation ‚Schwacher Signale' die individuellen Wertprämissen, z.B. von Mitgliedern eines Entscheidungsgremiums aufgedeckt werden müssen, begünstigen ‚Schwache Signale' die Politisierung von Entscheidungprozessen." (504). Wenn das der Führung eines Unternehmens aufgrund des daraus entstehenden gemeinsamen Commitments empfohlen wird, mag ein politisches Führungsgremium die Interpretation schwacher Signale gerade wegen der zusätzlichen Politisierung meiden – auf Kosten frühzeitigen Erkennens und zeitgerechten Handelns.

Der Aufbau eines „strategischen Radars" ist eine schöne Metapher, zugleich umreißt er den Weg, den man bei der Umsetzung strategischer Früherkennung gehen muss. Unterschieden werden die zwei Basisaktivitäten *Scanning* und *Monitoring* (505ff.). Scanning mit Hilfe eines 360-Grad-Radars bedeutet das gezielte Absuchen des Umfelds der Organisation. Monitoring besorgt zusätzliche, vertiefende und kontinuierliche Informationen zu einem als relevant identifizierten Merkmal. Beim Scanning beruft sich sogar die nüchterne strategische Management-Analyse auf Gefühle. Es geht um „ein ‚Erfühlen' des Ortes der Suche – da ja, bei aller Offenheit der Suche, nicht das gesamte Umfeld vollständig abgetastet werden kann – sowie ein ‚Erfühlen' der möglichen Entscheidungsrelevanz des Beobachteten." (506).

Fokusgruppen der Demoskopie, Gegnerbeobachtung, die schon vor der öffentlichen Thematisierung auf Schwächen des Gegners hinweist, Hintergrundgespräche mit basisnahen „Experten" – die Früherkennungsperspektive kann mit den verschiedensten Methoden und Instrumenten verbunden werden. Die alte Geheimdienstmaxime, dass die interessantesten Informationen in den Zeitungen stehen, bewährt sich auch hier. Abgelegene Kleinpublikationen, Datenbanken, Internet – vieles kommt als Quelle zur frühzeitigen Entdeckung schwacher Signale in Betracht.

Informationen über schwache Signale können in den Prozess der Strategiebildung einfließen. Sie lassen sich in Szenarien verarbeiten, die mit Trends ebenso operieren wie mit plausiblen Diskontinuitäten (z.B. Trend- oder Strukturbrüche), Entwicklungssprüngen, Krisen. Sie können als Trendreports in moderierte Kommunikation von Klausurtagungen eingebaut werden. Ihre latente Funktion für „Bewusstseinserweiterung" und „erhöhte Sensibilisierung für Optionen, Zusammenhänge, Gefahren, Gelegenheiten, Potentialveränderungen" (514) ist möglicherweise größer als ihre unmittelbare instrumentelle Bedeutung.

Szenarien

Szenarien als „systematisch und nachvollziehbar aus der gegenwärtigen Situation heraus entwickelte, mögliche Zukunftsbilder" (Geschka 1999: 521)[582] erlauben strategische Refle-

---

[582] Diesem Beitrag entstammen auch die folgenden Zitate zu Szenarien.

xionen auf der Grundlage von Annahmen zu möglichen Entwicklungen.[583] Die Szenariotechnik kann bei der Strategiebildung – vor allem für Optionen und Entscheidungen – und bei der strategischen Steuerung eingesetzt werden. Die vielseitige Verwendbarkeit zeigt sich auch darin, dass kleinere Szenarien zum Durchdenken begrenzter Teilabschnitte und Einzelschritte nützlich sein können.

Wegen der Bedeutung strategischer Interaktionen im Strategieprozess können im Rahmen von Szenarien *virtuelle Interaktionen* durchgespielt werden. Hier – wie sonst auch – ist die Informationsbasis, auf der wahrscheinliche Entwicklungen aufbauen, von großer Bedeutung. Gründliche Lageanalyse als Ausgangspunkt, begründbare Annahmen zu „Einflussfaktoren mit unsicherer Zukunftsentwicklung" (523) als Ergebnis alternativer und konsistenter Zukunftsbilder – in dieser Grundstruktur entscheidet sich, ob informierte Szenarien aufgebaut werden. Entwickelt man „Pfadszenarien", wird auch „der Weg aufgezeigt, der aus der Gegenwart heraus zu diesem Zukunftszustand hinführt" (523). Je nachdem, ob es sich um kurz-, mittel- oder langfristige Szenarien handelt, verändern sich Fragen, strategische Ziele und Informationsanforderungen – aber auch die Chancen hilfreichen Erkenntnisgewinns.

Eine gewisse Variation ist sinnvoll, um einer Verengung der Zukunftsprojektionen und damit auch der Erwartungen entgegen zu wirken. Ideal erscheinen drei bis fünf Szenarien. Ein einziges Szenario wäre eindimensional. Zwei Szenarien verleiten zu dem Glauben, die wahrscheinliche Entwicklung fände zwischen diesen beiden Alternativen statt. Durch Unterscheidungen von Extrem-, Trend- und Plausibilitätsszenarien sowie den Einbau hypothetischer Störereignissen und Reaktionen – und daran anschließender Entwicklungsmöglichkeiten – lassen sich weitere Differenzierungen in die Szenarioanalyse einarbeiten. Kreativitätstechniken wie Brainstorming und qualitatives Wissen (z.B. aus der Gegnerbeobachtung) werden bei der politischen Szenarioanalyse ein viel größeres Gewicht haben als beim ökonomischen Pendant. Bei der „intuitiven Auswertung" (531) werden strategische Antworten und Konzepte für die Szenarien entwickelt. Das kann Rückwirkungen auf alle Elemente des Strategy-Making haben.

Ein Hauptzweck der Szenarioanalyse liegt in der Sensibilisierung für unsichere, aber eingrenzbare Zukunftsentwicklungen. Sinnvoll wäre schon allein deshalb die Einbeziehung der politischen Führung in die Szenarioreflexion. Die mangelnde Einbeziehung der Führung und die damit entgangene Sensibilisierungschance kann sich bei der Strategieentscheidung und vor allem im Prozess strategischer Steuerung bemerkbar machen.

In der politischen Praxis arbeitet man bereits teilweise mit Szenarien als Stütze strategischer Analyse. Ein interviewter Experte:

> „Ich denke immer in Szenarien. Und in Zeitstrukturen. Zum Beispiel dieser Herbst 2002. Ich sehe: schlechter Auftakt. Dann sehe ich fünf oder sechs Themenfelder, die für die Regierung ein riesiges Problem darstellen: Nachtragshaushalt 2002, Haushalt 2003, Rentenversicherung, Krankenversicherung, Steuerschätzung im November und sechstens das Bundesverfassungsgerichtsurteil zur Zuwanderung. Darin ist alles enthalten. Und dann kommt noch hinzu, dass die Arbeitslosenzahlen rauf gehen. Das ist eigentlich mein Szenario für die nächsten Monate.
>
> Jetzt will ich es aber noch einen Schritt weiter denken. Dies hat eine fatale Konsequenz für das Frühjahr 2003, das wird aber entscheidend sein, weil da eine Reihe von Wahlen

---

[583] Vgl. auch die Ausführungen von Bea/Haas (2001: 274ff.), Lombriser/Abplanalp (1998: 126ff.), von denen hier einige Aspekte aufgenommen werden.

stattfindet. Jetzt ist meine Lernfrage, wenn das so ist, was ist mit meiner Kommunikationsstrategie, wie minimiere ich Risiken, zunächst einmal, wie neutralisiere ich vielleicht auch bestimmte Themen, wie schaffe ich es, jenseits von Problemthemen andere Themen zu etablieren, die auch ablenken von diesen schwierigen Themen? So würde ich an diese Fragen herangehen.

Unsere Leute, zum Beispiel im Kanzleramt, denken völlig anders. Die machen auch eine Planung in Form von strukturierten Zeitplänen, aber auf Verfahren und Modalitäten der Entscheidung bezogen, nicht in dem Sinne, was das eigentlich, wenn das so weiterläuft, auslöst auf einer kommunikativen Ebene, auf einer Profilebene, für die Wahrnehmung, für die Psychologie, die sich darüber in der Öffentlichkeit aufbaut.

Ein Szenario muss man ernst nehmen, es muss nicht so kommen, aber zumindest muss ich, wenn ich allein die sechs Punkte im Hinblick auf das Frühjahr sehe, eine Parallelstrategie haben. Es gibt gute Gründe für die Zeitpläne, wenn ich die Gesetze machen will, aber ich muss zumindest eine Parallelstrategie zu der Frage haben, wie es mir gelingt, trotzdem Profile für die Regierung aufzubauen. Wie gelingt es mir, trotzdem noch einmal andere Themen zu etablieren? Wie gelingt es mir, Zustimmung in der Öffentlichkeit zu organisieren? Das fällt weg, wenn ich allein einer administrativen Sachlogik folge, einer Zeitlogik des Parlaments, die ich gar nicht mehr in der Hand habe."

Ein anderes Beispiel stammt aus dem Zusammenhang der Bundespräsidentenwahl 1994:

„1994 habe ich dem Günther Verheugen in einem Top-Secret-Papier drei Szenarien aufgeschrieben. Szenario 1: Johannes Rau gewinnt im ersten Durchgang. O.K., dann wäre das kein Problem. Szenario 2: Er verliert im ersten, auch kein Problem. Szenario 3: Keiner der Kandidaten kriegt im ersten Wahlgang die Mehrheit! Was passiert dann zwischen dem ersten und zweiten Wahlgang? Da war mein Szenario: dann muss es unser Interesse sein, einen richtig vergifteten Knochen zwischen CDU und FDP zu schmeißen. Und der richtig vergiftete Knochen wäre gewesen: Rau zieht zurück und wir signalisieren die Unterstützung der FDP-Kandidatin Hildegard Hamm-Brücher. Dann wäre die FDP in einer ganz schwierigen Situation gewesen. Hätten sie dann ihre Hamm-Brücher zurückziehen können, wie sie es ja dann gemacht haben? Das wäre kaum gegangen. Und dann wäre wahrscheinlich Hildegard Hamm-Brücher Bundespräsidentin geworden. Da hat der Günter Verheugen mir gesagt: ‚Das Papier verschließt Du jetzt aber sofort in der tiefsten Schublade bei Dir. Das wird man mit Rau nicht besprechen können.' Das war die Einschätzung. Man kann mit ihm darüber nicht reden – was ich nicht einsehe. Also, jeder muss zu sich selber eine gewisse Distanz haben und die Fähigkeit zu überlegen, was mache ich, wenn ich die Mehrheit im zweiten Wahlgang nicht schaffe. Soviel Rationalität muss man doch einem Spitzenpolitiker unterstellen können."

Es war jedenfalls keiner da, der es ihm sagen konnte?

„Ja, das war das Problem. Es hat keiner sich getraut. Aber das ist richtig in Szenarien durchgespielt worden. Da sind Handlungsoptionen und dann muss die politische Führung eben entscheiden."

Strategische Gegnerbeobachtung

Gegnerbeobachtung ist kein eigenständiges Verfahren wie die zuvor behandelten, sondern definiert sich über den Gegenstand einer systematischen, kontinuierlichen Beobachtung und Analyse strategisch relevanter Kontrahenten. Da Gegnerbeobachtung aber für die Methodik und die Praxis strategischen Handelns von großer Bedeutung ist, soll sie hier kurz angesprochen werden.

Gegnerbeobachtung ist nicht per se strategisch[584] und nicht von selbst professionell. Alltägliche, mehr oder weniger systematisierte Gegnerbeobachtung betreiben alle strategischen Akteure. Sie ist Bedingung ihres Bestehens in aktuellen Auseinandersetzungen. Vieles von dem, was in Parteiapparaten unter diesem Schlagwort läuft, ist nicht strategische Gegnerbeobachtung, sondern taktisch-operative Gegnerbeobachtung. Das gilt vor allem in Wahlkampfzeiten, in denen Vorteile aus geschicktem Argumentieren, aus dem Ausnutzen akuter Gegnerschwächen, aus Ad-hoc-Reaktionen entstehen. Alles wichtig, aber nicht auf den Kernbereich des Strategischen zielend.[585]

Strategische Gegnerbeobachtung ist die Anwendung der Inhalte dieses Buchs auf den Gegner. Diese Form der Gegnerbeobachtung ist eine auf strategische Interaktionsakteure zugeschnittene Beschreibung und Analyse, deren Konsequenzen in die Strategiebildung und strategische Steuerung mit einfließen. Neben Kontinuität, einer Methodik von Beobachtung und Auswertung sowie Empfehlungen auf Grund von Analyse gehört dazu insbesondere die strategische Fokussierung.

Inhaltlich geht es zunächst einmal ganz elementar um die Identifizierung strategischer Gegner, sodann um das Identifizieren und Gewinnen von Informationen zu strategisch wichtigen Bezugspunkten beim Gegner. Beispiele: Führungshierarchie bzw. Führungs- und Richtungskonflikte; Lage und Optionen des Gegners; erkennbare strategische Intentionen und Konzeptionen; Zusammenhänge von tatsächlichem Verhalten; Einlassungen einzelner Spitzenakteure, verbindlichen Erklärungen der Organisation. Die Aufgaben sind, „das Spiel des Gegners zu lesen", zu erkennen, „worauf er hinaus will" und „sich den Kopf des Gegners zu zerbrechen". Hinter Absichten und Hinterabsichten zu kommen, ist wichtig, aber ebenso gilt es, Muster und Linien gegnerischen Handelns mit ihren Stärken und Schwächen zu erkennen. In einem Spiel strategischer Interaktion geht es darum, Reaktionen, Antworten, nächste Schritte, mögliche Überraschungen des Gegners durch Informationen, Kombinatorik, Ahnungen zu antizipieren und eigenes Handeln – auch – daran zu orientieren.

Methodisch können einige der in diesem Exkurs beschriebenen Verfahren gewinnbringend für die Gegnerbeobachtung eingesetzt werden (z.B. strategische Früherkennung, Szenariotechnik, strategische Demoskopie). Das SWOT-Instrument und Kalkulationswissen lassen sich zur Rekonstruktion und für das Verständnis des gegnerischen Strategiehandelns verwenden. Auch klassische sozialwissenschaftliche Methoden wie Medienauswertung, teilnehmende Beobachtung (Parteitage, Veranstaltungen, Pressekonferenzen etc.), Recherche können – vereinfacht und zweckgebunden – eingesetzt werden. Erklärungswissen mag einfließen, grundlegender aber sind die vom Akteur und seinem Gegner geteilte Situation und die offene Zukunft. Es ist diese Gemeinsamkeit von Handlungskontexten, die *beide* Gegner von wissenschaftlichen Beobachtern unterscheidet.

Neben dem direkten Nutzen für eine professionelle Strategieanalyse können positive indirekte Effekte entstehen. Der heuristische Nutzen für strategische Überlegungen ist vorhanden, weil Gegnerbeobachtung – ähnlich wie Demoskopie – den Ausgangspunkt für die

---

[584] Hier besteht eine Analogie zur Demoskopie, von der auch nur ein kleiner Ausschnitt als *strategisch* bezeichnet werden kann.

[585] Vgl. beispielsweise Cecere (2002) für solche Instrumente und Auswertungsschemata der Wahlkampfpraxis. Dokumentation, Zitatensammlungen und Negativ-Bilanzen, das Speichern gegnerbezogenen Wissens in Datenbanken, alles, womit man den Gegner in einer Kampagne schnell und gezielt in Schwierigkeiten bringen kann, hat dann Vorrang vor einer grundlegenden strategischen Gegneranalyse.

Gewinnung strategisch relevanter Fragen darstellen kann. Zudem hilft sie beim Erlernen und Üben von Strategisierung – alles was beim Gegner als strategischem Akteur gilt, gilt auch bei einem selbst.

Strategische Demoskopie

Demoskopie liefert situationsgebundene Momentaufnahmen, und sie erfasst nur einen politischen Teilaspekt: Meinungen, Stimmungen, Erfahrungen von Wählern. Steckt in ihr dennoch *strategisches Potential*? Ein erfahrener Meinungsforscher sagt: „Ungefähr 70 Prozent der Fragen, die die Demoskopie üblicherweise stellt, haben überhaupt nichts mit Strategie zu tun." Ein strategisch aufschließendes Frageinstrument, führt er aus, umfasst eine *Wählermarkt-Analyse* unter dem Aspekt der Parteibindung, das heißt Nähe und Distanz zu den Parteien. Die wichtigen Wählersegmente sind zum Beispiel Stammwähler, Nahestehende mit derzeitigen Problemen, stark verunsicherte Unsichere, potentielle Wechsel- oder Nichtwähler. Das alles mit Sozialprofil und für die eigene Partei wie für den Gegner. *Inhaltliche Profile* dieser Segmente umfassen Themen, Kompetenzzurechnungen, eigene Wertorientierungen und Wertzurechnungen an die Parteien. Dabei sind besonders wichtig die Grundwerte der Parteien und emotionalisierende Themen, die Betroffenheiten ansprechen oder auslösen, darunter auch Querschnittsthemen (wie Familie) oder lebensweltlich relevante Themen (wie Gesundheit). Zum strategischen Frageinstrument gehören außerdem selbstverständlich *Personen* einschließlich ihrer Images sowie die Images von Parteien.

Schickt man die Ergebnisse durch eine Stärken/Schwächen-Analyse, konnte man beispielsweise der SPD 2002 sagen, dass sich unter den Verunsicherten besonders viele Menschen aus den unteren sozialen Schichten befinden, die nicht mehr über rationale Themensetzung und Themendiskussion, sondern allenfalls über eine große Emotion erreichbar sind. Dass Bush mit Kriegsreden und „der liebe Gott" mit übermäßigem Regen an der richtigen Stelle diese Anlässe lieferten, liegt naturgemäß außerhalb der Reichweite von Demoskopen.

Wichtig für ein strategisches Potential der Demoskopie wäre der Aufbau von Kommunikationsprozessen, in denen Meinungsforscher begründete strategische Hinweise zum Beispiel auf Gewinner- und Verliererthemen geben. Das ist auf beiden Seiten voraussetzungsvoll. Es kann nur gelingen, wenn Demoskopen strategisch denken können (keineswegs vorauszusetzen) und die politische Seite fähig ist, die richtigen Fragen zu stellen (seltener als man denkt). Es setzt weiter voraus, dass man an die Strukturierbarkeit von Politik glaubt, sich Zeit nimmt, die mit Entscheidungsgewalt ausgestattete Spitze mit einbindet und schließlich ein Vertrauensverhältnis besteht, das auch rückhaltloses Reden ermöglicht.

Was tatsächlich meistens abläuft, wird von den Interviewpartnern nüchterner beurteilt. Oft fühlt man sich als Datenlieferant. Man trägt zum Beispiel beim Parteivorstand vor, die Diskussion ist relativ kurz und „man weiß nicht, was die davon halten". „Es gibt ganz wenige strategische Köpfe, denen ich begegnet bin. Ich habe selten strategische Debatten erlebt, auch zum Beispiel nach Präsentationen, wenn wir zuspitzen: drei Empfehlungen, fünf offene Fragen, das könnte man ja aufarbeiten. Es gibt zwei, drei, die in dieser Denke drin sind, alle anderen erzählen von sich und ihren Problemen, müssen Farbe bekennen oder irgendwas sonst, aber strategisches Denken ist sehr vielen Politikern ziemlich unvertraut." Mit den Politikern selbst kann man es also nicht richtig besprechen, so hält man sich an die Professionellen in den Stäben.

Aber es gibt auch Überforderungen von Demoskopen. Gerade weil es in deutschen Wahlkampfstäben – im Unterschied zu den USA – noch nicht die etablierte Rolle eines

Strategen gibt, kann man zu viel oder Falsches von ihnen erwarten.[586] Ein erfahrener, strategisch versierter Demoskop meint: „Der häufigste strategische Nutzen ist, dass wir Unfug verhindern." Erhebung bzw. Erfahrung sagen einem: „Lass das sein!", „Mach das nicht mit dem Aufwand!", „Mach das nicht flächendeckend!".

Ein professioneller politischer Stratege betont allerdings die Initialzündung von Demoskopie für strategische Reflektion:

> „Für mich war Meinungsforschung immer so etwas wie der Anlass, strukturiert zu denken. Weil man über diesen Prozess auf bestimmte Widersprüche, auf bestimmte Probleme der eigenen Position hingewiesen wird. Dem konnte man, weil die Daten immer so waren, wie sie waren, nicht ausweichen. Und wenn man auf dieser Grundlage einen kontinuierlich angelegten Prozess von Politikberatung hätte, dann glaube ich, würde sich das auch ein wenig verschieben. Dann würde man bei der Demoskopie sehr viel häufiger an Punkte kommen, die auch für Strategie bedeutsam sind. Das heißt, man braucht ein Instrument, das einem die Plattform bietet, solche Diskussionen auch führen zu können."

Eine andere Funktion heißt Kontrolle, zum Beispiel der eigenen Erfahrung:

> „Spitzenpolitiker vertrauen dem, was sie direkt erleben, häufig mehr, als zum Beispiel demoskopischen Daten. Das beeinflusst sie stark, aber dieser Bezugspunkt wird häufig nicht sichtbar gemacht. Und das kann zu fatalen Fehleinschätzungen führen. Es gab eine Reihe von Wahlkämpfen in den zurückliegenden Jahren, da kam das Spitzenpersonal der SPD zurück und sagte: ‚Ist eine tolle Stimmung, wir schaffen es, die Leute standen bis auf die Flure.' Zum Beispiel der 1990er Wahlkampf von Oskar Lafontaine war, was die engere Klientel der SPD angeht, ein hoch mobilisierter Wahlkampf. Viele junge Leute mit dabei. Aber das Ergebnis war 33,5 Prozent. Die Wahrnehmung einer Begeisterung hatte also mit dem eigentlichen Entwicklungsprozess nur wenig zu tun. Das führt dann zu Fehleinschätzungen und zu falschen strategischen Entscheidungen. Deswegen braucht man dieses Korrektiv der Meinungsforschung."

Riskant ist es aber auch, wenn Strategieberater nicht selbst ins Feld gehen:

> „Wenn sie diesen direkten Kontakt nicht haben und nur vom Schreibtisch aus Strategiebildung betreiben, kann das völlig an der Realität vorbeiführen. Deshalb braucht man beides. Man braucht den Bezug zu denjenigen Personen, über die man redet, bestimmte Wählersegmente. Aber man braucht auch die Instrumente der Meinungsforschung."

Politiker haben zwar nicht immer lange und vertiefte Kommunikation. Aber sie *haben* Kommunikation. Sie erleben zum Beispiel, mit wie viel Intensität sich jemand gegen den Doppelpass ausspricht. Solche Intensität lässt sich in Befragungen meist nicht abbilden:

> „Das ist wahr. Aber man kann sehr differenziert Gebrauch machen von den Instrumenten der Demoskopie. Zum Beispiel kann ich die Ablehnung eines bestimmten Themas über quantitative Methoden der Meinungsforschung testen. Dann kann ich mir dieses Phänomen aber in Fokusgruppen sehr viel genauer noch einmal anschauen. Dann lässt sich abtesten, welche Argumentationslinien greifen da, welche führen zu besonderer Ablehnung. Welche Begrifflichkeiten haben eine besonders ablehnende Funktion und so weiter. Das kann ich

---

[586] Allerdings sind in Kontexten, in denen Strategie stärker etabliert ist, auch Demoskopen aus ihrer Tätigkeit heraus eher in der Lage, strategische Kompetenz aufzubauen. Beispiele sind etwa Dick Morris oder Philip Gould.

wirklich testen und dann viel besser Rückschlüsse ziehen, auch im Sinne von konstruktiven Rückschlüssen. Der Spitzenpolitiker, der die Ablehnung eines Themas merkt, nimmt dann entweder das Thema in der nächsten Wahlkampfrede nicht mehr auf oder er versucht eher zufällig, eine neue, vielleicht eine abgeschwächte Argumentation, zu verwenden, statt zu sagen: ‚Prüft doch einmal, wie macht man das denn mit dem Thema und bestimmten Positionen'."

Ein versierter Politiker sagt: „Demoskopie ist ein gutes strategisches Instrumentarium, wenn sie schon wissen, was sie wollen. Wenn Demoskopie eingesetzt wird, damit sie wissen, was sie wollen *sollen*, dann geht es schief." Man braucht also Orientierungsgrößen oder ein Orientierungsschema, das zutreffende Einordnungen demoskopischer Daten ermöglicht. Demoskopie wird vor allem für kurz- bis mittelfristige Kontexte gefragt, insbesondere im Zusammenhang mit Wahlkämpfen. Dagegen ist das Potential für Regierungs- und Ressortsteuerung in Deutschland nach Experteneinschätzung „absolut unausgeschöpft".

Instrumente sind nicht nur die übliche Repräsentativbefragung. Attraktiv ist die Panel-Befragung, die eine langfristige Komponente in sich trägt. Von besonderer Bedeutung, auch für strategische Beratung, sind die *Fokusgruppen,* bei denen in kleinen Gruppen ausgeredet werden kann. Sie sind ein Instrument der Früherkennung für Stimmungen und Trends. Man braucht viel Erfahrung, so ein Experte, um diese offenen Gespräche richtig lesen zu können: „Wenn man auf die entscheidenden Momente achtet, kriegt man schon raus, was im Moment wirklich passiert oder was in Zukunft passieren könnte." Über Assoziationsketten erhält man interessante Ergebnisse, wie beispielsweise Begriffe, Personen, Politiken, Organisationen gesehen werden. Es wäre gefährlich, eine Strategie nur anhand von Fokusgruppen zu entwickeln. Aber als Vorbereitung und Ergänzung einer anschließenden Quantifizierung sind sie eher von noch wachsender Bedeutung (vgl. Mauß 2002).

Demoskopie, so lässt sich resümieren, ist ein unerlässliches Hilfsmittel des Strategy-Making – nicht mehr, nicht weniger:

> „Demoskopie ist, für sich genommen, nicht komplex genug für Strategieüberlegungen. Dafür braucht man weitere Handlungskontexte. Ich muss zum Beispiel genau wissen, welche Themen stehen auf den unterschiedlichen politischen Bühnen auf der Agenda, welche Akteure spielen an der Stelle welche Rolle? Dann brauche ich Leute, die Themen auch unter kommunikativen Aspekten bewerten und sagen: ‚So und so mach ich das'. Und daher glaube ich: Demoskopen können eine Debatte über Strategiebildung sehr befördern, als Katalysator eines solchen Prozesses. Aber sie sind selber nicht Personen, von denen ich sage, sie können zur Strategiebildung beitragen."

Demoskopie bedarf weiterer Einbettung, um den immanent begrenzten Kontext zu überwinden. Aus ihr hervorgehende Empfehlungen sind keine Optionen, wie sie bei kontextorientierter Strategiebildung zu entwickeln sind. Es ist ein weiter Weg von Demoskopie über strategisch relevante Demoskopie zu strategischer Demoskopie.

Möglicherweise ist der Weg von Demoskopie zu Kommunikation näher als der zu Strategie – obwohl kommunikative Demoskopie ein Teil ihrer strategischen Öffnung wäre. Kommunikative oder *dialogische Demoskopie* ist eine Art unsichtbarer, virtueller Dialog, mit dem Wirkungen politischer Maßnahmen, politischer Sprache, von Positionen oder auch nur Absichten getestet, bei Nichtverstehen, Unverständnis, Widerspruch geändert und dann zur Stellungnahme erneut vorgelegt werden können.[587] Die Fokusgruppen können dabei in besonderer Weise Brückenfunktion haben.

Dies ist eine skeptisch-nüchterne, die Begrenzungen des strategischen Potentials betonende Einschätzung. Politischen und öffentlichen Einfluss suchende Meinungsforscher wie Elisabeth Noelle-Neumann (als Beraterin von Kohl) im rechten oder Manfred Güllner (als Berater von Schröder) im linken Spektrum würden für ihr Metier wohl mehr Ansprüche anmelden – ohne damit der Realität näher sein zu müssen.

Weitere unterstützende Verfahren

Von Interesse im Rahmen der Strategieentwicklung und für die Orientierung bei strategischer Steuerung sind einige andere Verfahren, die sich beim Umgang mit komplexen Aufgabenstellungen bewährt haben (vgl. Fisch/Beck 2004). Dazu gehören:

(1) *Mind Mapping.* Dies ist das bekannte Instrument erster Orientierung oder auch zwischengeschalteter gedanklicher Strukturierung, bei der die Komponenten eines Problems, Begriffs, einer Lage oder Strategie graphisch veranschaulicht werden. Das ist assoziationsoffen und dient gleichzeitig der Sammlung und Systematisierung wesentlicher Kategorien bzw. Gesichtspunkte. In die sternförmig angeordnete Struktur von Ästen und Zweigen kann gleichzeitig die Zeitdimension eingetragen werden (z.B. für eine Aufgaben- und Ablaufplanung).

(2) *Cognitive Mapping.* Dieses Instrument kognitiver Landkarten präsentiert vermutete kausale Wirkungszusammenhänge oder gedachte Zielsysteme, bei denen man sich mehr Klarheit über die Zusammenhänge zwischen verschiedenen Zielen, Mitteln, Umweltfaktoren und Strategien verschaffen kann: „Eine Problemsicht oder die Darstellung einer Entscheidungslage in Form einer kognitiven Landkarte ist deutlich komplexer und umfassender als man es sich als Einzelentscheider ‚im Kopf' ohne dieses Hilfsmittel vorstellen kann." (Beck 2004: 67). Einer unserer Interviewpartner gab ein Beispiel, wie er gelegentlich überprüft, ob er richtig liegt: „Strategisches Denken heißt auch, überlege noch einmal, ob das eigentlich stimmt. Oder: Schreib mal auf ein Blatt den Set deiner Annahmen! Was sind deine Annahmen? Schreib das mal auf und stelle zur Diskussion, ob sie stimmen. Und dann vielleicht noch drunter: Aber werde nicht verrückt, weil, man kann auch alles bezweifeln." Eden/Ackermann (1998) haben ihr Konzept von Strategy-Making auf einem anspruchsvollen Ansatz des Cognitive Mapping aufgebaut, dessen sozialen bzw. interaktiven Bedingungen und Effekten sie hohe Aufmerksamkeit widmen, ohne dass man dem Chancen einer Übertragung auf politische Verhältnisse geben könnte.

(3) *Brainstorming.* Dies ist ein leicht zu arrangierendes Gruppenverfahren zur Ideenfindung und Lösungssuche. Der freie, nicht bewertete Gedankenfluss zu einer gut formulierten Fragestellung soll neue oder neu akzentuierte Ideen und Gesichtspunkte hervorbringen, die auch in einer Mind Map festgehalten werden können.

(4) *Teufelsanwalt-Verfahren.* Diese Vergegenwärtigung des Gegners kann für bestimmte strategische Reflexionen besonders interessant sein, weil sie gezielt virtuelle Interaktionszusammenhänge herstellt. Dabei vertritt ein Mitglied des strategischen Teams – als Advocatus Diaboli – Positionen des Gegners, trägt denkbare strategische Gesichtspunkte des Gegners vor oder simuliert gegnerische Schachzüge. Gekonnt gemacht, kann das Ver-

---

[587] Dies wurde virtuos praktiziert im Umfeld von Tony Blair (vgl. Gould 2001). Vgl. auch Metzinger (2004).

fahren eigene Schwächen, aber auch Angriffschancen gegenüber Kontrahenten aufzeigen und auf Überraschungen vorbereiten.

10 Strategische Steuerung

> *Wie von unsichtbaren Geistern gepeitscht, gehen die Sonnenpferde der Zeit mit unsers Schicksals leichtem Wagen durch; und uns bleibt nichts, als mutig gefasst die Zügel festzuhalten, und bald rechts, bald links, vom Steine hier, vom Sturze da, die Räder wegzulenken. Wohin es geht, wer weiß es? Erinnert er sich doch kaum, woher er kam.*
> Johann Wolfgang von Goethe

10.1 Zum Konzept strategischer Steuerung

Der Handlungsbereich strategischer Steuerung ist der letzte Schritt im Prozessmodell des Strategy-Making. Unser analytisch ausdifferenzierter *Steuerungsbegriff* schließt an den Aufbau von Strategiefähigkeit sowie den Prozess der Strategiebildung an und bezieht ihn auf die Anwendung von Strategie. Strategische Steuerung kann nur wirksam werden, wenn Strategiefähigkeit aufgebaut worden ist und durch Maßnahmen erhalten bleibt. Auch Strategiebildung, die zu einer Strategie als emergentem oder konzeptionellem Konstrukt führt, ist Voraussetzung für Steuerungsprozesse. Steuerung bedeutet dann die Umsetzung einer im konzeptionellen oder emergenten Modus entstandenen Strategie durch einen – in unterschiedlichen Graden – strategiefähigen Akteur. Dieser versucht seine strategischen Absichten (Ziele) auf realisierbaren Pfaden mit ihm zur Verfügung stehenden Mitteln im politischen Prozess erfolgreich durchzusetzen. Veränderte Ausgangslagen, neue Situationen sowie (vor allem) das aktive und reaktive Handeln anderer Akteure erfordern eine Flexibilisierung der Strategieanwendung.

Gerade weil die Steuerungssemantik unmittelbare Assoziationen zur Steuerungstheorie hervorruft, muss festgehalten werden, dass *strategische Steuerung* kein Synonym des in der politikwissenschaftlichen Steuerungstheorie verwendeten Begriffs *politischer Steuerung* ist. Sie meint einen spezifisch strategischen Steuerungsprozess, der eine integrative Steuerungsperspektive erfordert. Hier werden deutliche Unterschiede zur Steuerungstheorie sichtbar. Denn trotz aller Ausdifferenzierung, Heterogenität und theoretisch-konzeptioneller Differenz verbindet die unterschiedlichen Stränge der politologischen Steuerungstheorie ihr gemeinsames Verständnis vom Steuerungsgegenstand, der sich in allgemeiner Form auf die politische Steuerung gesellschaftlicher Verhältnisse bezieht (vgl. etwa Braun 1995, Burth/Görlitz 2001). Diese Auffassung von politischer Steuerung als Gesellschaftssteuerung konzentriert den Blick auf Gesichtspunkte, die sich an der inhaltlichen Dimension des Steuerungsbereichs orientieren. Eine solche Perspektive bleibt selektiv und durch einen Problemlösungsbias gekennzeichnet (Mayntz 2001, 2004). Sie versteht Steuerung als Steuerung der Gesellschaft über Problemlösung. In der hier entwickelten Terminologie ließe sich die dabei zu Tage tretende Perspektive am ehesten als isolierte Problempolitiksteuerungsorientierung kennzeichnen.

Strategische Steuerung dagegen begrenzt den Blick auf *strategische* Steuerungsprozesse und erweitert ihn unter diesem Aspekt zugleich analytisch. Der hier verwendete Steuerungsbegriff differenziert zwischen unterschiedlichen Steuerungsperspektiven und integriert sie für den Strategiekontext. Es gibt einen Dreiklang, der um die Öffentlichkeitskategorie ergänzt wird: das Einwirken des Strategieakteurs auf sich selbst nennen wir Organisationssteuerung, seine Beeinflussung machtbezogener Prozesse Konkurrenzpolitiksteuerung, sein auf Problemlösungsversuche gesellschaftlicher Verhältnisse gerichtetes Handeln soll Problempolitiksteuerung heißen. Wesentliches Forum der Auseinandersetzung um Steuerungsprozesse in diesen Dimensionen ist die Öffentlichkeit. Kommunikationssteuerung wird so zu einem weiteren Feld strategieorientierter Steuerungsversuche. Das Orientierungsschema bleibt also auch im strategischen Steuerungsprozess wirksam. Die Objekte, Horizonte und Adressaten des Orientierungsschemas durchziehen alle Bereiche als zentrale Bezugs- und Handlungsgrößen der Strategieakteure. Sie sind in die einzelnen Steuerungsbereiche eingelagert und gehen darin auf.

Organisationssteuerung meint die organisatorische Selbststeuerung kollektiver Party-Government-Akteure in Bezug auf die Elemente des Orientierungsschemas. Diese Art der Selbststeuerung allerdings ist analytisch zu unterscheiden von der Selbststrukturierung strategischer Akteure, die wir als Aufbau von Strategiefähigkeit thematisieren. Organisationssteuerung umschreibt das an den strategischen Zielen orientierte Manövrieren des eigenen Kollektivs durch die Dynamiken des Politikstroms.[588]

Konkurrenzpolitiksteuerung rankt sich um Zentralkategorien der Politics-Dimension von Politik: Macht, Mobilisierung, Konflikt, Kooperation. In modernen Party-Government-Systemen wird sie durch die Wettbewerbsbeziehungen zwischen Parteien in Regierung und Opposition geprägt, die um die Unterstützung der Bürger/Wähler kämpfen.

Problempolitiksteuerung nennen wir den Prozess intentionaler Einflussnahme der Akteure auf die Bearbeitung gesellschaftlicher Problemlagen. Ausgangspunkt und zentrale Bezugsgröße politischen Handelns bildet hier die Policy-Dimension von Politik: die Suche gilt substantiellen Problemlösungen, die man durch- und umzusetzen versucht.

Kommunikationssteuerung kennzeichnet schließlich den Versuch politischer Akteure, öffentliche Kommunikationsprozesse inhaltlich und prozedural so zu beeinflussen, dass sie das Erreichen der eigenen Ziele unterstützen. Von besonderer Bedeutung dafür ist das Gewinnen von Aufmerksamkeit und Zustimmung zur eigenen Position innerhalb der öffentlichen und veröffentlichten Meinung.

Unser Verständnis von Steuerung bezieht sich auf verschiedene Funktionszusammenhänge des hier entwickelten Orientierungsschemas. Strategische Steuerung führt Organisations-, Konkurrenzpolitik-, Problempolitik- und Kommunikationssteuerung in einem *einheitlichen Steuerungsprozess* zusammen. Strategisch ist die verknüpfte Analyse aller Steuerungsbereiche und ein Akteurhandeln, das sich nicht ausschließlich an der eigenen Organisation, den politischen Konkurrenten, gesellschaftlichen Problemen oder der Öffentlichkeit orientiert, sondern sie alle als Elemente eines einheitlichen Politikprozesses begreift und zu integrieren versucht.

Steuerung im hier verstandenen Sinne bezieht sich also auf einen ausdifferenzierten politischen Prozess. Der Prozess selbst stellt sich als ein Strom unzähliger Einzelsituationen dar, die parallel verlaufen, sich kreuzen, überlappen oder ineinander fließen. Das Akteur-

---

[588] Diese Kernbereiche strategischer Steuerung werden in diesem Kapitel dann für die einzelnen Steuerungsparameter analysiert.

handeln findet in den einzelnen Situationen statt und formt auf diese Weise die Gesamtheit des politischen Prozesses aus.

Situationsübergreifendes Handeln in Situationen ist strategisches Handeln. Strategie ist zwar ein situationsübergreifendes Konstrukt, sie wird aber Situation für Situation praktiziert. Das Paradox entschärft sich, wenn man die taktischen von den strategischen Anteilen einer Situation unterscheidet. Taktisch ist das nutzenorientierte Eingehen auf Besonderheiten der Situation, die durch das – gröbere – Raster strategischer Orientierung fallen. Der strategische Anteil bezeichnet Handlungen mit einem Bezug zu situationsübergreifenden Strategien. Handlungen können zugleich einen taktischen wie einen strategischen Anteil haben.[589]

In die falsche Richtung würde ein Konzept der Strategieimplementation weisen. Implementation wäre ein irreführender Begriff aus einem anderen Politikzusammenhang. Strategien sind Handlungen rahmende Konstrukte, nicht aber „Gesetze". Strategisches Handeln braucht in besonderer Weise die Offenheit für weitere Einflussfaktoren, die auf die strategische Praxis einwirken. Die Dynamik des politischen Prozesses erfordert eine flexible strategische Praxis. Gerade weil in der politisch eher typischen Rahmenstrategie so vieles offen bleibt, ist die „Füllung" durch viele Handlungen im Steuerungsprozess besonders wichtig. Auch das verstärkt die Bedeutung des Emergenten bei der strategischen Steuerung.

Überraschende, unvorhersehbare Ereignisse können Akteure zu Situations- und Lagedefinitionen herausfordern, die von ihren strategischen Vorgaben abweichen. Sie enthalten außerdem ein Interaktionsmoment, weil sie nicht nur dazu zwingen, auf das Ereignis, sondern auch auf dessen Interpretation durch den Gegner zu reagieren. Strategische Interventionen des Gegners oder massenmedialer Akteure (z.B. Kampagnen) werden nicht immer den bei der Strategiebildung antizipierten Strategien folgen. Auf dieses Überraschungspotential sollte nicht nur taktisch, also situationsbegrenzt, sondern strategisch geantwortet werden.

Die immer wieder neue Entscheidbarkeit und gleichzeitige Notwendigkeit der eigenen Festlegung zeigt die Kontingenz strategischer Steuerung. Viele Wege können zielführend sein, das erleichtert und erschwert das strategische Geschäft. Die Frage des „Wie nun?" wird für die Akteure angesichts des strategischen Möglichkeitsspektrums zur Herausforderung. Von außen betrachtet stellt es sich so dar: Situation für Situation entwickelt sich der strategische Prozess aus einer Vielzahl von Einzelentscheidungen, die aufeinander Bezug nehmen oder auch isoliert getroffen werden.

Strategische Steuerung benötigt Zeit – und zwar Zeitspannen und den richtigen Zeitpunkt. Die Entwicklung einer Strategie geht meist schneller als ihre Umsetzung. Sie ist zugleich leichter als ihre Anwendung, da die Umweltgrößen virtuell bleiben und damit für weniger Irritationen sorgen als die realen Interaktionsakteure. Für die Strategiebildung benötigt man vor allem Systematik, Wissen und Kreativität, strategische Steuerung erfordert einen langen Atem und das richtige Timing.

Die Entwicklung einer Strategie wird zentralisierter ablaufen als ihre Umsetzung im strategischen Steuerungsprozess, die fast immer auf ein großes Maß an Unterstützung und Mitwirkung angewiesen bleibt. Dafür ist eine erfolgreiche Kommunikation nach innen (in die eigene Organisation hinein) und nach außen unerlässlich, die die Strategie und ihre

---

[589] Vgl. dazu auch das Kapitel 5.1.4.

Ziele überzeugend vermitteln kann – ohne alle ihr zugrunde liegenden Kalkulationen und Schachzüge transparent zu machen.

Strategische Steuerung ist *eingebettet* in den allgemeinen Politikprozess.[590] Die strategische Qualität von Handlungen ist oft nicht unmittelbar erkennbar. Sie erschließt sich erst in breiteren Kontexten, letztverbindlich erst durch Kenntnis zugrunde liegender strategischer Intentionen.[591] Dazu kommt, dass Strategie im allgemeinen politischen Steuerungsprozess zumeist nicht im Mittelpunkt steht. Die Kapazitäten der Politiker für die strategische Dimension im politischen Prozess sind begrenzt. Ein Großteil der Aufmerksamkeit gilt situativer Politik, strategische Anteile müssen „erkämpft" werden. Das ist nicht nur eine Orientierungsfrage, sondern auch Folge der begrenzten Zeit- und Aufmerksamkeitsressourcen politischer Akteure, die den besonderen Anstrengungen der Doppelrolle von Strategieentwickler und Strategieanwender ausgesetzt sind.[592]

Die Aufgabe strategischer Steuerung liegt in der Balancierung von Offenheit und Strukturierung: Offenheit für die Dynamiken des allgemeinen Politikprozesses und Strukturierung – zumindest eines kleineren Ausschnitts – dieser Prozesse durch den strategischen Akteur.

10.2 Elemente strategischer Steuerung

Strategische Steuerung ist der Versuch der *Strategieanwendung*, die aus dem breiten Strom politischer Handlungen einige als für die Verfolgung strategischer Ziele besonders hervorhebt. Der Anwendungsprozess setzt eine *Strategie* voraus.

Die Um- und Durchsetzung strategischer Ziele im Steuerungsprozess ist auf *Leadership* angewiesen. Das Erfüllen von Führungsfunktionen durch Akteure des strategischen Zentrums wird zu einer zentralen Bedingung erfolgreicher Steuerung. Leadership durchzieht sämtliche strategischen Steuerungsbereiche (Organisation, Problem- und Konkurrenzpolitik, öffentlichkeitsbezogene Kommunikation).

Drei Steuerungsparameter (Macht, Erwartungen, Leistungen) bilden die Hintergrundfolie der Strategieakteure in den Grundsituationen von Problem- und Konkurrenzpolitik im Medium der Öffentlichkeit. Die Akteure greifen für ihr Steuerungshandeln auf Themen, Personen, Symbole zurück und agieren mit Blick auf die strategischen Horizonte (Zeit, Arenen). *Macht* bestimmt dabei ihre Durch- und Umsetzungsmöglichkeiten. *Erwartungen* sind dynamische Bezugsgrößen der externen Umwelt, die aber selbst zu Steuerungsobjekten der Strategieakteure werden können (Erwartungssteuerung). *Leistungen* stellen die „Bringschuld" strategischer Akteure für Wähler/Bürger als Adressaten von Politik dar. *Kontrolle* und *Lernen* werden hier als integrale Bestandteile des Steuerungsprozesses gesehen, die zu Adaptionen oder sogar einer Revision der gesamten Strategie (inklusive neuer Strategiebildung) führen können. Alle Bemühungen der Akteure münden in ein mehr oder weniger zufrieden stellendes *Resultat* strategischer Steuerung.

---

[590] Vgl. Kapitel 1.
[591] Vgl. Kapitel 5.1.2.
[592] Vgl. dazu auch das Kapitel 4.1.5.

Abbildung 24: Strategische Steuerung

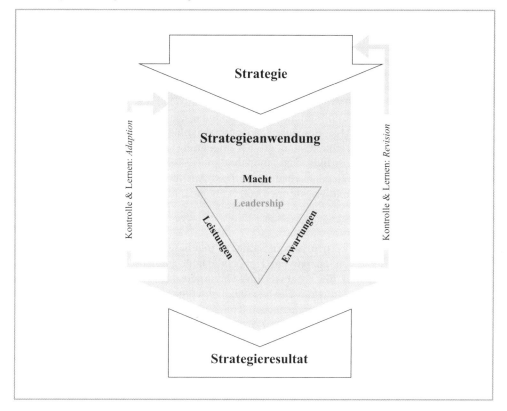

10.2.1 Strategieanwendung

Bisher kreisen die Überlegungen um die Frage „Welche Strategie?". Jetzt wollen wir wissen, was mit Strategien nach dem Strategiebildungsprozess und vor dem Strategieresultat passiert. Gleichgültig, ob die Sache Umsetzung oder Anwendung genannt wird, gemeint ist die aktive Transformation strategischer Absichten in operative Politik – die eigentliche Verfolgung strategischer Konzepte, wie elaboriert sie auch immer sein mögen.

Im strategischen Steuerungsprozess gilt die besondere Aufmerksamkeit den *strategisch relevanten Handlungen*.[593] Strategieanwendung versucht strategisch (positiv) folgenreiche Handlungen bewusst herbeizuführen und nicht bloß als zufälliges Ergebnis des allgemeinen Handlungsstroms entstehen zu lassen. Strategierelevante Handlungen sind also einerseits festzustellen, andererseits als strategische Handlungen zu platzieren. Dazu gehören beispielsweise Handlungen, die Bündnisse anbahnen oder aufbauen, Grundsatzreden, mit denen kontextsetzende Orientierungen entwickelt bzw. verbreitet werden, oder sichtbares Engagement für Entscheidungen, mit denen Identifikationen entstehen sollen, und viele

---

[593] Vgl. zu *strategischen* und *strategisch relevanten Handlungen* das Kapitel 5.2.5.

andere Handlungen, die in einen gewünschten, deutlichen Zusammenhang mit den strategischen Intentionen gebracht werden können. Solche strategierelevanten strategischen Handlungen sind über den Tag hinaus weisende Vorgänge von Selbst- und Interaktionssteuerung. Sie treten seltener auf als man erwarten könnte.

Neben diesen herausgehobenen Handlungen gibt es eine Fülle von Handlungen, ohne die eine Strategie nicht umgesetzt werden kann, denen allerdings keine Schlüsselfunktion zukommt. Zum Beispiel die Wiederholung und bloße Variation den Gegner attackierender Aussagen in einem Angriffswahlkampf, kleinteilige politische Verhandlungs- und Argumentationsprozesse oder die fortlaufenden Medienkontakte und öffentliche Selbstpräsentationen. Insgesamt also das Meer der täglichen Routinehandlungen.

Das zentrale Prozesselement strategischer Steuerung ist die Anwendung des entwickelten strategischen Konstrukts, das – in elaborierten Fällen – aus Strategie- und Steuerungskonzept besteht.[594] Strategieanwendung umfasst Ausführung, Adaption und Revision, die sich als die basalen Vermittlungsformen von Strategie und Situation bezeichnen lassen.

Ausführung

Von Ausführung ist zu sprechen, wenn Strategie relativ problemlos praktiziert werden kann. Sie ist durchsetzt von operativem Handeln. Dafür braucht es ein Handlungsprogramm. Trotz aller Dynamik des Prozesses und Unvorhersehbarkeit der Ereignisse können Umsetzungsschritte für die Strategie selbstverständlich vorgedacht und geplant werden.

Die „Spezifikation"[595] eines strategischen Konzepts bedeutet – als sachliche Aufgabe – einerseits die Ausfächerung in konkretere Einzelschritte, Leistungsanforderungen, Meilensteine (Zielpläne), andererseits den Entwurf von Aktionsplänen (zeitlich gegliederte Einzelmaßnahmen), Schlüsselprojekten, Sofortmaßnahmen, Budgets etc.[596] Solche Spezifikationen setzen Vorstellungen zu einzelnen Handlungsschritten in ihrem inneren Zusammenhang mit der verfolgten Strategie voraus (Steuerungskonzept). Sie beruhen auf Entscheidungen über deren Priorisierung und zeitliche Reihung (Zeitpläne).

Im Rahmen von Wahlkämpfen ist das eine Selbstverständlichkeit. Dort gibt es Pläne für Werbe-, Organisations-, Medienkampagnen (vgl. Radunski 1980). Wenn man Glück hat, kann ein ausgearbeitetes strategisches Konzept – zum Beispiel das Drehbuch eines Wahlkampfs – ohne größere Zusatzanstrengungen umgesetzt werden. Für andere, weniger standardisierte Bereiche ist solche vorplanende Spezifikation schwieriger, aber – in offener, flexibler Form – nicht ausgeschlossen. So haben die praktischen Vordenker des Wiederaufstiegs der SPD nach 1995 in Phasen mit jeweiligen, aufeinander aufbauenden Aktivitätsschwerpunkten gedacht und das Parteileben daran orientiert.[597]

Die Umsetzung eines strategischen Konzepts enthält neben der sachlichen Detailsteuerung auch einen organisatorischen Aspekt. Es geht um die Klärung von Zuständigkeiten, die Modifikation des Aufbaus der eigenen Organisation durch die Schaffung geeigneter Einheiten oder das Entwickeln geeigneter Verfahren für horizontale und vertikale Koordinationserfordernisse.[598] Auch hier durchdringen Grundvorstellungen zur Planbarkeit von

---

[594] Vgl. Kapitel 9.2.5.
[595] So für das strategische Management Bea/Haas (2001: 189ff.).
[596] So die im strategischen Management beschriebenen Umsetzungselemente, die – entsprechend zugeschnitten – auch in der Politik angewandt werden können (vgl. Lombriser/Abplanalp 1998: 316ff.).
[597] Vgl. dazu die Fallstudie zur Kampa-Strategie in Kapitel 13.2.
[598] Vgl. für das strategische Management Bea/Haas (2001: 193ff.).

Adaption

Adaption meint die regelmäßige Abstimmung der Strategie mit den gegenwärtigen Umständen und Gegebenheiten der Umwelt auf der Basis von Kontroll- und Lernprozessen[599]. Diese Berücksichtigung der Umwelt kann zweierlei bedeuten: Erstens das Entscheiden in Situationen entlang der Linien des strategischen Konzepts als Strategieanwendung durch *Ausfüllung* und *Bearbeitung*, zweitens *Modifikationen* und *Anpassungen* der Strategie an unvorhergesehene Umweltveränderungen im Steuerungsprozess, die nicht den grundlegenden Charakter einer Revision haben. Adaption füllt damit die weite Zone zwischen Präzisierung, Justierung und moderater Umgestaltung.

In der Politik lässt sich – im Vergleich zur Wirtschaft – weniger durch strategische Konzeption festlegen. Dadurch wächst der Bedarf an nicht antizipierter Steuerung. Strategische Konzepte sind fast immer eine relativ offene Orientierungsgröße, aus der sich strategische Praxis nicht unmittelbar ergibt. Das Konzept markiert das künftige Handeln allenfalls grob, es ist auf Aus- und Auffüllung angewiesen. Selbst im Falle einer ausgearbeiteten, relativ detaillierten Strategie bleibt für das Ungeplante ein breiter Raum, der nicht durch nur taktisches und situationsgebundenes Handeln erschlossen werden kann.

Situativ zu entscheidende Aktivitäten müssen mit strategischen Vorgaben abgestimmt werden, ohne dass die Handlungsempfehlungen schon im strategischen Konzept enthalten sein können. Die nicht reaktive Rückkopplung von situativer Politik an das Strategiekonzept bedarf ständiger Aufmerksamkeit: Stimmt die Praxis mit dem Konzept überein? Entfernt sie sich zu weit davon? Läuft sie ihr zuwider? Auch wenn sich die konsequente Strategieverfolgung nicht immer gegenüber den vielfältigen Ablenkungen und Zerstreuungen der Tagespolitik behaupten kann, erfordert das Festhalten an der eigenen strategischen Linie permanente Überprüfungsanstrengungen.

Moderate Abänderungen der Strategie werden erforderlich, wenn sich das erarbeitete Konzept erkennbar von den realpolitischen Umweltentwicklungen löst – und der Strategieakteur nicht mehr glaubt, in absehbarer Zeit Korrespondenz zwischen Strategie und Umwelt herbeiführen zu können. Bei gleich bleibenden Zielen müssen nun andere Mittel und Wege gefunden werden. Abweichende Vermittlungsvariablen (Agenda, Klima, Diskurse)[600], nicht anschlussfähige Handlungen der Interaktionsakteure, Veränderungen der Konstellationen können den Strategieakteuren modifizierende Adaptionen abfordern, ohne dass damit gleich eine völlig „neue", anders gelagerte Strategie entsteht.

Revision

Revision soll schließlich die Korrektur zentraler Bausteine des strategischen Konzepts bezeichnen. Hier gelangt der Strategieakteur nach eingehender Prüfung (Kontrolle und Lernen) zur Einschätzung, dass es mit dynamischen Anpassungen allein nicht mehr getan ist, sondern nur eine grundlegende Neuausrichtung der Strategie Erfolg verspricht. Revisionsentscheidungen führen zu erneuten Strategiebildungsprozessen – in extremen Fällen sorgen sie sogar für die Aufgabe des Versuchs strategischen Handelns.

---

[599] Vgl. dazu das Kapitel 10.2.7.
[600] Vgl. dazu den Anfang des Kapitel 6.

Revision als *Strategiewechsel* ist die Umstellung einer Strategie, der es nicht gelingt, die Praxis erfolgreich zu strukturieren. Ihre Mittel verpuffen, weil sich die gesamte Anlage der Strategie als falsch erweist, sich die Umwelt abweichend darstellt oder sich die Interaktionspartner dauerhaft nicht „strategiekonform" verhalten. Die neu zu entwickelnde Strategie muss anders ansetzen – meist schon auf der Ebene strategischer Ziele.

Insgesamt entsteht die strategische Steuerungspraxis – in allen drei Formen der Anwendung (Ausführung, Adaption, Revision) – durch kreative Vermittlung von Strategie mit wechselnden Situationen. Rahmenkonzept und Rahmensteuerung werden ergänzt durch sachliche Spezifikation und Feinsteuerung, grundlegende Abweichungen können eine Revision der Strategie erzwingen. Die strategische Bearbeitung des Ungeplanten, aber Strategierelevanten verlangt stets eine an wechselnden Situationen orientierte strategisch-operative Flexibilität.

Eigenaktion/Interaktion

Eigenaktion und Interaktion markieren zwei grundsätzlich unterscheidbare Handlungstypen im strategischen Steuerungsprozess. Wir hatten *Eigenaktion* als Selbstdefinition und Selbstpräsentation charakterisiert. *Interaktion* meint dagegen die (gedachte bzw. reale) Konfrontation und Auseinandersetzung des eigenen Kollektivs mit Interaktionsakteuren.[601]

Während Interaktion also die wechselseitige Bezugnahme und Beeinflussung von Akteuren meint und das fortlaufende Entziffern der Handlungen der Interaktionspartner erfordert, hat die Kategorie der Eigenaktion idealtypisch die monologischen, von externer Beeinflussung gelösten Formen eines Für-sich-Handelns im Blick. Mit dem Aktionsmodus der Eigenaktion will der Akteur sich *vor* den Veränderungen, die Interaktion immer an ihm vornimmt, präsentieren und strategische Vorteile aus der Nicht-Interaktion ziehen. Die Abgrenzung ist schwierig wegen einer grundlegenden sozialen Orientiertheit an anderen, macht aber insbesondere im Kontext von Strategie Sinn, weil sowohl der Handlungszusammenhang wie auch das Ausmaß, in dem man sich berechnend auf andere bezieht, strategischer Kalkulation offen steht.

Die Differenz zwischen Eigenaktion und Interaktion existiert zunächst *virtuell*. Vieles muss strategisch vom Akteur her gedacht werden: welche Vorstellungen hat man vom eigenen Kollektiv und welches Idealbild soll der Kollektivakteur möglichst repräsentieren? Dazu kommen die kognitiven Schwierigkeiten, von vornherein die Interaktion zu denken – verstärkt durch das immanente Problem der Ungewissheit über die Antworten des strategischen Interaktionspartners.

Die Differenz existiert jedoch auch *real*. Häufiger als angenommen besteht der strategische Prozess nicht aus Interaktionen. Sie werden zum Beispiel vermieden, wenn die strategische Kalkulation darin besteht, den Gegner nicht aufzuwerten oder ihm auszuweichen, weil er zu stark ist. Es gibt einen Raum der Eigenaktion gerade für sehr kleine und für sehr große Kollektivakteure. Die einen werden nicht beachtet, die anderen müssen nicht beachten.

Strategische Handlungen bestehen häufig aus einer Mischung von Eigenaktion und Interaktion. Eigenaktion stellt in der Regel einen Anteil virtueller und realer Aktionen. Es ist die Praxis der Selbstdefinition und Selbstpräsentation, die mit dem Wunsch nach möglichst wenigen Interventionen durch andere verbunden ist. So sehr sich strategisches Den-

---

[601] Vgl. dazu auch das Kapitel 6.5.

ken und Handeln in der Interaktion bewährt, so wenig kommt es aus ohne einen beträchtlichen Anteil der Eigenstrukturierung des Kollektivakteurs. Allerdings ist man nie allein in der sozialen Welt, so dass eine intendierte Eigenaktion durch Aktionen des Gegner sofort – aber eben nicht automatisch! – zu einer strategischen Interaktion werden kann.

In einer Typisierung können als Eigenaktion Ereignisse wie Parteitage, Kampagnen, Pressekonferenzen zur selbst bestimmten Darlegung der eigenen Ziele bzw. Programme oder auch der Ausschnitt einer leistungsorientierten, problemlösenden Regierungstätigkeit ohne primären Bezug zur Opposition gelten – auch wenn solche Eigenaktionen jeweils Anteile organisationsinterner Interaktion aufweisen. Selbstdefinition und Selbstpräsentation arbeiten mit der eigenen Organisation und den Objekten (Themen, Personen, Symbole): Geschlossenheit der Organisation, Partei innovativer Themen, Kollektiv mit „starkem" Personal, Formation, die „mehr Demokratie wagt".

Kollektive Akteure können nicht als „fertig" vorausgesetzt werden. Eigenaktionen sind die Aktivitäten, die der Kollektivakteur aus eigenen Stücken und außerhalb der strategischen Interaktion bewirken kann. Es bedarf auch der Eigenaktion, um in Interaktionen steuernd tätig werden zu können. Das betrifft sowohl Selbstdefinition und Selbstpräsentation wie auch Leistung.

Eine Regierung, eine Opposition, eine Partei hat – je spezifische – Leistungen auch unabhängig von der Konkurrenz zu erbringen. Als Regierung sind das Leistungen der Problemlösung und Administration, die man ausführt, als Opposition hält man sich mit alternativen Vorschlägen bereit, beides gestützt und vorbereitet durch die entsprechende Partei. Leistungserbringung der Problemlösung setzt neben Problempolitikinteraktionen immer auch einen Anteil von Eigenaktion voraus: die selbständige Entwicklung von Programmen und Problemlösungsansätzen sowie deren Präsentation. Gedachte Interaktionen der Orientierungseinheit Konkurrenzpolitik spielen immer mit, aber Sach- und Aufgabenbezug hat bei der leistungsorientierten Eigenaktion ein Eigengewicht.

Politische Kollektivakteure brauchen also Eigenaktion zur Erbringung ihnen zuzurechnender Leistungen bei der Problempolitik. Verbunden damit und zusätzlich können und müssen sie für die – stärker richtungsbetonte – Eigenprofilierung sorgen, die sie auch unabhängig von direkter Interaktion erkennbar und unterscheidbar macht. Demonstratives Handeln, das den Akteur zeigt, wie er – von Freund und Feind – gern gesehen werden möchte, ist dann durch Eigenaktion geprägte Selbstprofilierung in programmatischer, personeller, symbolischer, organisatorischer Perspektive.

Die Unterscheidung von Leistungs- und Richtungskontrolle bei den Oppositionsfunktionen spiegelt diesen Doppelcharakter der politischen Regierungs- und Oppositionsaktivitäten angemessen wider. Leistung wird gefiltert durch Richtung, aber nur begrenzt kann Leistungsversagen durch Richtungsbehauptung überspielt werden. Es existiert ein innerer Zusammenhang zwischen Selbstpräsentation und Leistung.

Interaktionen ergeben sich – analytisch gesehen – sowohl mit der internen Umwelt (in den Bereichen Themen-, Personen-, Symbol-, Organisationssteuerung) als auch mit der externen Umwelt (Konkurrenz-, Problem-, Öffentlichkeitssteuerung). Vom strategischen Zentrum aus betrachtet, müssen die Machtfaktoren für den strategischen Erfolg über alle Steuerungsbereiche hinweg in den Eigenaktionen und Interaktionen zur Geltung gebracht werden. Die Platzierung von Schily als Innenminister der rot-grünen Bundesregierung bedeutete einerseits die Durchsetzung dieser eher parteifremden Figur innerhalb der SPD (Personen-, Organisationssteuerung), anderseits die Schließung einer offenen Flanke im

Bereich innerer Sicherheit gegenüber der konkurrierenden Union (Konkurrenzpolitiksteuerung). Personelle Festlegungen haben zugleich Rückwirkungen auf die Themen-, Symbol-, Problempolitik- und Kommunikationssteuerung des Kollektivs: mit Schily ist thematisch, symbolisch, öffentlich und von der Problemlösung her nur eine bestimmte Innenpolitik möglich.

Selbst bei eigentlich typischen Interaktionshandlungen wie etwa Fernsehduellen oder Parlamentsdebatten greifen Anteile von Eigenaktion und Interaktion ineinander. Auch hier werden Gegnerattacke und Selbstpräsentation miteinander verwoben, um in Abgrenzung zur Konkurrenz die eigene Position zu verdeutlichen und in einem besseren Licht erscheinen zu lassen.

Dem politischen Prozess liegen Machtkonstellationen und Konflikte zugrunde. Jeder für sich und gegen andere tritt mit den gleichen, aber nicht gemeinsamen Regeln an. Kooperativ, kompetitiv, konfrontativ, autoritativ sind zentrale Orientierungen strategischen Kollektivhandelns.[602] Diese grundlegenden Interaktionsorientierungen bleiben auch für die Eigenaktion der Akteure nicht ohne Folgen. So beruht beispielsweise die Eigenaktion von Parteien sehr oft auf kompetitiven bzw. konfrontativen Orientierungen, sie ist dann sozusagen eine monologische Form von Konkurrenz im Unterschied zur interaktiven Konkurrenz. In den Kategorien unseres Orientierungsschemas gesprochen bedeutet das: auch die Eigenaktion richtet sich regelmäßig an den Interaktionszusammenhängen und erweiterten Orientierungen der Referenzdimensionen aus – nur dass der Ausgangspunkt bzw. die primären Bezugsgrößen die Selbstdefinition und Selbstpräsentation des Akteurs durch Handeln ist.

10.2.2 Leadership

Im strategischen Steuerungsprozess umfasst Leadership Steuerungsleistungen, die in besonderer Weise an Positionen im strategischen Zentrum gebunden sind, ohne von ihnen determiniert zu sein. Für Leadership gibt es keine oder allenfalls sehr begrenzte funktionale Äquivalente. Es wirkt sich in der internen und der externen Umwelt aus, das heißt innerhalb der Organisation und in den Steuerungsbereichen von Problem- und Konkurrenzpolitik sowie der Öffentlichkeit. Nach innen trägt Leadership zur Bündelung der Handlungen des strategischen Kollektivakteurs bei, nach außen soll es die Durchsetzung der eigenen Strategie in den von Widerstand geprägten Interaktionen fördern. Das komplexe und zum Teil gegenläufige Zusammenspiel von innen und außen erschwert die Aufgabe der Führung zusätzlich.

Wir haben Führungsfragen bereits im Abschnitt zur Strategiefähigkeit thematisiert.[603] Dort ging es vorrangig um positionelle und organisatorische Aspekte, die für den Zusammenhang von Steuerung dynamisiert werden müssen. Im Kern ist *Führung* im Rahmen von Strategiefähigkeit als *Struktur*, im Rahmen von strategischer Steuerung als *Prozess* zu verstehen (*Leadership*). Leadership kennzeichnet damit die im Prozess zu realisierende politische Führung. Dafür lassen sich spezifische Anforderungen und Bedingungen formulieren.

Ohne nach innen (internes) und außen gerichtetes (externes) Leadership werden die meisten Strategien kaum durchzusetzen sein. Das ist ein Grund dafür, dass Leadership für sich genommen immer ein Feld der Aufmerksamkeit und gezielter Aktivitäten sein muss, zum Beispiel durch Stärkung der Führungsautorität mittels „harter" Entscheidungen, ver-

---

[602] Vgl. dazu ausführlich das Kapitel 6.5.
[603] Vgl. dazu Kapitel 8.2.1.

bunden mit einem entsprechenden Imageaufbau durch Kommunikation. Wenn Leadership nachlässt, muss daran gearbeitet werden.

Nie ist Leadership freischwebend. Es kommt nur interaktiv zustande, bedarf der organisatorischen Stützung, ist in hohem Maße institutionell vorgeformt und benötigt eine stabile Machtbasis (Helms 2000). Im Party-Government realisieren Parteiführungen Leadership in Regierung und Opposition. Wer mit dem Volk oder mit den Medien als primärer Machtbasis regieren will, wird unsanft daran erinnert, dass Macht ohne Parteianbindung diffundiert.

First Leader (Regierungschef, Oppositionsführer, Präsident) haben besondere Leadership-Aufgaben. Ohne ihre Leistungen würde sich die für Steuerung verfügbare Macht erheblich verringern. Immer läuft Reziprozität als Anforderung von Eliten, Abgeordneten, Aktiven, Wählern in ihrer Beziehung zu Leadership mit. Die Mitspieler wollen nie nur den Leader größer machen, sondern suchen für ihre Interessen, Ideen, Emotionen eine – wenn auch zum Teil nur indirekte – Beziehung auf Wechselseitigkeit.

Leadership wird jedoch nicht nur von individuellen Akteuren erbracht, sondern tritt auch als „collective leadership", als Leadership von „aggregate bodies" in Erscheinung (Paige 1977: 1). Für den Strategiezusammenhang trifft genau dies zu: die zentralen Führungsakteure und das strategische Zentrum leisten Leadership in der Regel gemeinsam. Trotz der besonderen Bedeutung der Nr. 1 ist Führung im Strategieprozess eine Kollektivaufgabe der informell abgegrenzten Steuerungseinheit des Zentrums. „Einsame Entscheidungen" und „Sonderwege" des Leaders, für die er in diesem engen Zirkel erst nachträglich Unterstützung zu mobilisieren sucht, bleiben eher die Ausnahme. Das liegt auch daran, dass enge Verbindungen zwischen formellen Positionen und realen Machtmöglichkeiten bestehen und dieser Zusammenhang auf Leadership zurückwirkt (Blondel 1987: 14). Die Leader sind zumeist auf die Unterstützung der Mitglieder des strategischen Zentrums angewiesen, da diese als Inhaber formeller Schlüsselpositionen wesentliche Aufgaben der Gesamtführung der jeweiligen politischen Formation übernehmen. Auch unter dieser Perspektive bedeutet Leadership nicht individuelle Monopolisierung von Entscheidungsmöglichkeiten, sondern kollektive Einbettung.

Die politologische Leadership-Forschung ist ein heterogenes Feld (Helms 2005a: 737f., Schmidt 2004: 547, Elgie 1995: 2ff.), in dem eine Fülle unterschiedlicher Analysezugänge versucht und vielfältige Begriffsbestimmungen hervorgebracht worden sind (vgl. etwa Paige 1977, Burns 1978, Kellerman 1986, Blondel 1987, Elgie 1995, Tucker 1995, Kaarbo 1997, Elcock 2001, King 2002, Greenstein 2004, Helms 2005b). Wir finden normativ oder empirisch orientierte Forschungsansätze, psychologisch, soziologisch oder historisch akzentuierte politikwissenschaftliche Analysen, personenzentrierte, strukturdominierte und interaktionistische Approaches (vgl. Helms 2000, 2005c) - aber (bislang) keine systematische Thematisierung der Aspekte von strategischem Leadership.

Unter Rückgriff auf einzelne konzeptionelle Elemente der bisherigen Forschung, lässt sich Leadership für den Kontext strategischer Steuerung auf ein Bündel von fünf spezifischen Aufgaben zuspitzen, für die das strategische Zentrum und die Nr. 1 einen besonderen Beitrag zu leisten haben:[604]

---

[604] Unter dieser Perspektive kann das Leadership-Konzept, entgegen der von Pelinka (1997) formulierten Kritik – die allerdings insbesondere für manche unter dem Etikett von Leadership laufenden historisch-biografischen Beiträge durchaus zutrifft –, analytisch aufschließend sein.

- Führungssicherung
- Richtungsnavigation
- Entscheidungsdurchsetzung
- Mobilisierung
- Orientierung

Führungssicherung

Auch wenn es paradox erscheinen mag: Die erste Aufgabe strategischer Führung ist die Sicherung der Führung selbst. Wir hatten die Klärung der Führungsfrage neben Richtung und Strategiekompetenz als zentrales Element der Strategiefähigkeit eingeführt. Die Aufgabe der Sicherung ihres Führungsanspruchs lässt die Leader aber auch im Prozess strategischer Steuerung nicht ruhen. Strategy-Making ist insgesamt ein rekursiver Prozess, bei dem die Reproduktion der Strategiefähigkeit auch die strategische Steuerung durchwirkt.

Die Führungssicherung bleibt ein besonderes Wirkungsfeld von Leadership und spezifischer Verantwortung der Leader, da diese Aufgabe sonst niemand übernimmt. Ständig droht Gefahr, dass die Führung ihnen von anderen streitig gemacht wird. Es gibt immer „Anwärter", die sich Hoffnung auf die Nachfolge oder das vorzeitige Beerben der Nr. 1 machen. Das muss nicht in „Putschversuchen" münden, wie bei der CDU in den achtziger Jahren, sondern vollzieht sich meist verdeckter, durch versteckte Attacken oder das Hinhalten und Mürbemachen mit Hilfe von internen Vetopositionen. Die Ministerpräsidenten der unionsgeführten Bundesländer haben auf diese Weise der Spitzenkandidatin und späteren Kanzlerin Angela Merkel das Leben schwer gemacht – und tun es noch.

Die Bedeutung der Führungssicherung hat auch eine ganz praktische Seite, die zugleich ihre Relevanz unterstreicht. Führungspolitiker wenden einen Großteil ihrer Zeit dafür auf, ihren Führungsanspruch zu untermauern und dauerhaft zu festigen. Diese Aufgabe bindet eine Menge Kraft, Aufmerksamkeit sowie Ressourcen und bildet bei (fast) allen Handlungen im Steuerungsprozess eine mitlaufende Orientierungsgröße. Das Agieren und Verhalten der Spitzenpolitiker erschließt sich oft erst unter Berücksichtigung dieses Aspekts der Führungssicherung und kann deswegen weder für die politikwissenschaftliche Analyse noch für eine praktisch anschlussfähige Methodik strategischen Steuerungshandelns ausgeblendet bleiben.

Richtungsnavigation

„A political leader is one who gives direction", sagt Robert Tucker (1995: 15) und weist damit zugleich auf einen zentralen Leadership-Auftrag im strategischen Steuerungsprozess hin: Richtungsnavigation. Die allgemeine kollektive Richtungsbestimmung ist nach dem hier zugrunde liegenden Konzept Bestandteil der Strategiefähigkeit und sollte im strategischen Steuerungsprozess bereits vorliegen. Dessen ungeachtet bleibt die Justierung des „course of action" (Tucker 1995: 31) Daueraufgabe strategischen Leadership – noch gesteigert im Falle ungesicherter Strategiefähigkeit.

Richtungsnavigation wird als Gesamtheit der Maßnahmen zur Bestimmung der eigenen Position und des eigenen Kurses im Steuerungsprozess verstanden. Inhärenter Bestandteil des Führungsanspruchs ist es, sich dieses Recht auf besondere Einflussnahme in Fragen der politischen Ausrichtung nicht nehmen zu lassen. Der besondere Beitrag der strategischen Führung im Steuerungsprozess liegt in der fortlaufenden, auf Problem- und Konkurrenzpolitik bezogenen operativen Steuerung der Richtung (Ausführung), Ausfüllung, Bearbeitung, Anpassung und Modifikation (Adaption), seltener in einer kompletten Neuausrichtung (Revision).

Zur Navigation in Richtungsfragen kann auch gehören, sich responsiv gegenüber „popular desires" (Elgie 1995: 23) zu verhalten, die innerhalb des politischen Systems im Zeitverlauf an Bedeutung gewinnen. Denn im Normalfall ist Leadership auf die Verstetigung von Zustimmung zur eigenen Politiklinie orientiert, die eine Aufnahmefähigkeit gegenüber aktuellen Bedürfnissen in der eigenen Partei oder bei den Bürger/Wählern voraussetzt. Die Leadership-Forschung spricht von „transactual leadership" (Burns 1978), wenn es zu solchen Formen interaktiver Führung kommt, bei der Führer und Geführte wechselseitig aufeinander Bezug nehmen und die Leader Unterstützung nicht zuletzt durch das Eingehen auf die Wünsche ihrer Umwelt generieren („give-and-take leadership", Burns 2003: 23).

Eine besondere Gestalt nimmt Richtungsnavigation im Falle von „transforming leadership" (Burns 1978, 2003) an, bei der die Leader breit- und tiefgreifende, nicht-inkrementale Veränderungen anstreben (substantielle Politikwechsel, grundlegende Institutionenreformen etc.). Fast immer wird es sich in diesen Konstellationen nicht bloß um eine Richtungsjustierung, sondern um eine Neuausrichtung (Revision) des bisherigen politischen Kurses handeln. In der Konsequenz sind damit zugleich Fragen der Strategiefähigkeit berührt.

Eine transformierende Führung muss sich nicht immer auf weitreichende Wirkungen des eingeschlagenen Kurses beziehen (outcome). Als Messgröße ebenso denkbar ist beträchtlicher Widerstand der „followers" und die Haltung bzw. der Umgang des Leaders mit dieser Ausgangslage. Auch das Festhalten an den eigenen Prinzipien („stand on principle", vgl. Morris 2002) kann sich auf diese Weise zu „transforming leadership" entwickeln. In jedem Fall erhöht diese Form des Leadership die Anforderungen an die persönlichen Eigenschaften der Führer (Standfestigkeit, Überzeugungskraft, Beharrungsvermögen etc.) und den notwendigen Ressourceneinsatz zur Durchsetzung der eingeschlagenen Richtung.

Entscheidungsdurchsetzung

Ähnlich komplex wie die Entscheidung *über* Strategien[605] bei der Strategiebildung gestaltet sich im Steuerungsprozess das Entscheiden auf der Basis *von* Strategien. Nicht nur die Revision, auch die Anwendung und Ausfüllung von Strategien bedarf fortlaufender Entscheidungen über Themen, Personen, Symbole, Arenen, Kommunikationslinien, zeitliche Rahmungen etc. Hierfür trägt die politische Führung besondere Verantwortung. Ihr spezifischer Beitrag für die Entscheidungsdurchsetzung setzt individuelle Entscheidungsfähigkeit, Führungsmacht und Handlungs- bzw. Entscheidungsfähigkeit des strategischen Zentrums voraus.

Leadership im Kontext der Entscheidungsdurchsetzung bedeutet dann die Mitwirkung an der Herbeiführung von Entscheidungen innerhalb der eigenen Organisation wie Regierung, Opposition oder Partei (*interne Entscheidungsdurchsetzung*). Mittel sind etwa das Abfordern von Gremienentscheidungen oder Überzeugungsarbeit bei den formell zu beteiligenden Entscheidungsträgern – worauf immer sie beruhen mag. „Überzeugende" Gründe mögen Druck, Sanktionen, Belohnungen oder Argumente sein, manchmal auch nur die Angst, den Chef zu verlieren. Die Verschachtelung von Macht- mit Inhaltsfragen, die mehr-

---

[605] Vgl. Kapitel 9.2.4.

stufigen Entscheidungsprozesse, die unausgesprochenen Strategieimplikationen, all das verdeutlicht die Notwendigkeit, Führung in organisationsinternen Prozessen auszuüben.

Leadership zeigt sich aber auch bei Entscheidungsprozessen in externen Entscheidungsinstitutionen wie der Legislative (*externe Entscheidungsdurchsetzung*). Besondere Erwartungen an die Führung ergeben sich hier im Hinblick auf das Entwickeln und die Umsetzung von Handlungsoptionen, die eine erfolgreiche Entscheidungsdurchsetzung in den jeweiligen Kontexten ermöglichen. Ebenso kommt es bei der Umsetzung von Entscheidungen auf das Agieren der Nr. 1 an, die das Heft in die Hand nehmen muss, da nur sie hinreichende Autorität, Repräsentativität und Verbindlichkeit gegenüber den anderen beteiligten Akteuren garantieren kann.

Mobilisierung

Leadership sucht nach positiver Wahrnehmung im Hinblick auf Führungsanspruch, Richtungsvorgaben und Entscheidungen. Solche Resonanz fällt der Führung in der Regel nicht einfach zu, sondern muss von ihr erarbeitet werden. Zentrales Element hierfür ist die Mobilisierung (Tucker 1995: 59ff.). Sie kann als Tätigkeit des Organisierens von Unterstützung mit verschiedenen Überzeugungsmitteln charakterisiert werden. Motivations- und Überzeugungsarbeit durch Argumente ist dafür zentral (Tucker 1995: 60f.), schließt aber den Einsatz autoritativer Instrumente für die Mobilisierung nicht aus. Allerdings können Drohung bzw. Nötigung oft nur eine erzwungene und damit widerwillige Mobilisierung sicherstellen, die schnell wieder zu zerbröckeln droht, sobald der Druck nachlässt. Der wiederholt „erforderliche" Einsatz von Machtworten und Vertrauensabstimmungen des Bundeskanzlers Gerhard Schröder belegt das. Aktive, durch kognitive Überzeugung geleitete Unterstützung erweist sich meist als verlässlicher und dauerhafter.

Wir hatten bereits für die Durchsetzung von Entscheidungen unterschiedliche Mittel der Entscheidungsmobilisierung angesprochen. Der Aspekt von Mobilisierung weist auf ein größeres Feld von Akteuren, die es im Hinblick auf das Konzept der Führung zu gewinnen und in Bewegung zu setzen gilt. Es geht nicht nur um Entscheidungsträger in konkreten Einzelsituationen, sondern auch um größere Kollektive wie die eigene Partei, die Administration, ganze Bevölkerungsteile oder sogar die Gesamtgesellschaft (Blondel 1987: 16).

Mobilisierung verweist erneut auf die Interaktivität von Leadership. Politische Führung ist kein Selbstzweck, sondern notwendige – aber noch nicht hinreichende – Voraussetzung erfolgreicher strategischer Steuerung. Die Geltendmachung von Entscheidungs-, Richtungs- und Führungskompetenz reicht nicht aus. Die politische Führung muss den Rückhalt in Regierung, Partei, Fraktion bzw. beim Bürger/Wähler selbständig einwerben und gestalten – am wirkungsvollsten und tragfähigsten durch inhaltliche Überzeugungskraft.

Orientierung

Die Vermittlung kontextsetzender Orientierung hängt eng mit dem Aspekt von Mobilisierung zusammen, verweist jedoch auf die kommunikative Seite der Herstellung von Führung und Unterstützung. Orientierung erschöpft sich nicht in der Vorgabe einer Richtung, sondern soll denjenigen, deren Zustimmung erforderlich ist bzw. die bei der Umsetzung mitwirken sollen, einen Sinnzusammenhang aufzeigen, für den es sich lohnt, aktive Unterstützung zu gewähren. Orientierung durch Leadership bezieht sich vor allem auf Bürger/Wähler und Öffentlichkeit, teilweise aber auch auf die eigene Organisation.

Das Setzen von Orientierungsmarken durch den Leader beinhaltet die Beantwortung von zwei grundlegenden Fragen: Wo stehen wir? und: Wo wollen wir hin? Ausgangspunkt ist also eine allgemeine Gültigkeit beanspruchende Definition der aktuellen politischen Problemsituation (Tucker 1995: 47ff.), die im Folgenden mit visionären Leitbild- oder Zielvorstellungen verknüpft wird. So soll eine Orientierung entstehen, bei der klar wird, welchen politischen Zustand man anstrebt und wie er aus Sicht der Führung erreichbar erscheint. Die Verwendung der Wir-Formel signalisiert, dass es sich nicht um die persönliche Lage bzw. individuellen Ziele des Führers oder die Belange einer einzelnen politischen Formation handelt, sondern die Probleme Angelegenheiten der politischen Gemeinschaft darstellen und die aufgezeigte Vision Zwecke aller verfolgt.

Die Vermittlung von Orientierung durch den Leader bleibt in der Beschreibung des Handlungshorizonts abstrakt. Dabei wird auf eine detaillierte und konkrete Darstellung möglicher Instrumentierungen und Maßnahmen weitgehend verzichtet. Die Orientierungsfunktion erfüllt das Herstellen von Bezügen zu übergeordneten Werten, die als Richtschnur und Normativmaßstab für die Ausrichtung des künftigen Kurses wirken sollen. Die Mobilisierungskraft vermittelter Orientierung verspricht groß zu sein, wenn Bezüge zu fundamentalen Werten wie Freiheit, Gerechtigkeit, Sicherheit, Gemeinschaft hergestellt werden können, die Bedürfnissen, Erwartungen und Hoffnungen großer Teile der Bevölkerung entsprechen (Burns 2003: 211).

Personale Führungseigenschaften wie Verlässlichkeit, Geduld, Glaubwürdigkeit, Kommunikationsfähigkeit, Sachkompetenz, Erfahrung, Standfestigkeit oder Lernfähigkeit beeinflussen zwar die Möglichkeiten, die fünf Leadership-Aufgaben zu erfüllen, führen aber nicht zu einem „notwendigen" oder „optimalen" Persönlichkeitsprofil strategischer Führer. Erfolgreiches Leadership lässt sich auf der Basis unterschiedlichster Fähigkeiten realisieren und formt dabei vielgestaltige Führungsstile aus (z.B. autoritativ/kooperativ, aktiv/passiv, positiv/negativ)[606]. Ebenso wenig existieren für alle Konstellationen zutreffende, allgemeine Regeln über wirksame oder weniger wirksame Mittel strategischen Leadership. Auch die emotionalen Leader-Follower-Beziehungen können sich sehr abwechslungsreich gestalten, sowohl in ihrem Ausgangspunkt als auch in ihrer dynamischen Entwicklung (vgl. Popper 2004).

Die Umstände und *Bedingungen* von Leadership variieren unter jeweils systemspezifischen, institutionellen Strukturen. Wir hatten die Auswirkungen institutioneller Rahmenbedingungen politischer Systeme auf die Ausbildung von Führungszentren im Rahmen der Strategiefähigkeit bereits thematisiert.[607] Hier sollen – unserer Grundunterscheidung von Führung als Struktur und von Leadership als Prozess folgend – noch einmal einzelne, für den Steuerungsprozess wichtige institutionelle Bedingungen für die Möglichkeiten und Grenzen von Leadership angesprochen werden.

Mit Robert Elgie (1995: 13ff.) lassen sich unterschiedliche Strukturierungen von Regierungssystemen und ihre Rückwirkungen auf Leadership-Potentiale kennzeichnen. Es sind relationale Systemeigenschaften, die Führungsakteuren in ihrem Verhältnis zur internen und externen Umwelt spezifische Handlungsmöglichkeiten (constitutional resour-

---

[606] Vgl. dazu etwa die Leadership-Typologie amerikanischer Präsidentencharaktere bei Barber (1972).
[607] Vgl. dazu Kapitel 8.2.1.

ces/constraints) zur Ausübung von Leadership eröffnen (vgl. Elgie 1998).[608] Aus einer *Regierungsperspektive* können in dieser Hinsicht (1) institutionelle Strukturen innerhalb der Kernexekutive, (2) Beziehungen zwischen Exekutive und anderen Akteuren des Regierungssystems (Parlamente, Gerichte, föderale Regierungsebenen etc.), (3) parteiinterne Verhältnisse und Parteistatus unterschieden werden.

(1) Leadership-Potentiale innerhalb der Kernexekutive hängen unter anderem ab von den Patronagerechten des Regierungschefs, der formal konstituierten Abhängigkeit bzw. Unabhängigkeit seiner Minister (z.B. Richtlinienkompetenz, ministerielle Entscheidungsgewalt), seiner Agenda-Kontrolle innerhalb des Kabinetts bzw. den administrativen Stabsressourcen der Regierungsspitze. Das sind keine determinierenden Größen, sie aber eröffnen der Spitze größere oder kleinere Handlungsspielräume politischer Führung im Regierungsprozess.

(2) Im Hinblick auf andere Akteure des Regierungssystems wirken etwa formale Ausgestaltungen der Beziehung von Kernexekutive zum sonstigen administrativen Unterbau, konstitutionelle Regulierungen des Verhältnisses zwischen Exekutive und Legislative, Befugnisse von (Verfassungs-)Gerichten oder relationale Strukturen zwischen nationalen und subnationalen Einheiten (föderale, regionale, unitarische Systeme) auf die Leadership-Möglichkeiten ein.

(3) Auch Organisation und Status der eigenen Regierungspartei beeinflussen die Realisierungsmöglichkeiten von Führung. Eine wichtige Leadership-Ressource ist die personale Identität von politischer Führung und Parteivorsitz. Daneben fällt Leadership in organisatorisch gefestigten, homogenen Parteistrukturen leichter als in einer disparaten, von Faktionalismus geprägten Partei. Nicht zuletzt hängt das Leadership-Potential auch vom Status der eigenen Partei in den Legislativorganen ab. Einparteien- und Koalitionsregierungen, Minderheiten- und Mehrheitsregierungen, Minimal-Winning-, Minimum-Winning- und Surplus-Majority-Koalitionen eröffnen je spezifische Möglichkeitsräume politischer Führung.

In der *Oppositionsperspektive* kehrt sich die Blickrichtung um. Hier wird nach den Leadership-Möglichkeiten der Oppositionsführung gefragt, die sich zum Teil spiegelbildlich zu den Potentialen der Regierung entwickeln. Das gilt etwa, wenn die Opposition in föderalen Systemen untergeordnete Regierungsebenen besetzt und daraus Vetooptionen resultieren, die von der Oppositionsführung für Leadership genutzt werden. Oder die Oppositionsminderheit verfügt im Parlament über weit reichende Kontrollmöglichkeiten der Regierung bzw. Mehrheitsfraktionen und die Führung setzt diese zu Leadership-Zwecken ein. Leadership von Oppositionsspitzen hängt aber ebenso vom Grad der Strategiefähigkeit der Oppositionsparteien ab (strategisches Zentrum, Klärung der Führungs- und Richtungsfrage) und wirkt zugleich auf sie zurück.

Analytisch lassen sich die Führungsleistungen *Leadership* und *Management* unterscheiden. Leadership fielen verstärkt die beschriebenen Aufgaben von Richtungsbestimmung, Entscheidungsdurchsetzung, Mobilisierung und Orientierung zu. Management hätte vor allem Aufgaben operativer Umsetzung, Koordinierung, Kontrolle. Die vorsichtige Formulierung unterstreicht, dass dies bloß eine grobe und tendenzielle Arbeitsteilung ist,

---

[608] Die Kategorie der „relational properties" hat Elgie zwar zur Bestimmung von demokratischen Regimetypen entwickelt (in der Gegenüberstellung zu „dispositional properties"), sie lässt sich aber auf unseren Leadership-Zusammenhang übertragen.

die eher einer Erwartung als der Realität entspricht. Immer gibt es Überschneidungen, vor allem der personelle Faktor kann zu ganz anderen faktischen Gewichtsverteilungen führen.

Anders als Leadership, das eine Aufgabe der Führung im Steuerungsprozess darstellt, markieren die im Folgenden ausgeführten drei Elemente *Macht*, *Erwartungen* und *Leistungen* zentrale Steuerungsparameter, die Strategieakteuren im Prozess Orientierung vermitteln können. Für das strategische Steuerungshandeln bilden diese Parameter die Bezugsgrößen, mit deren Hilfe das eigene Agieren in den besonders relevanten internen und externen Handlungsfeldern (eigene Organisation, Problem- und Konkurrenzpolitik, öffentliche Kommunikation) strategisch ausgerichtet werden kann.

10.2.3 Macht

Macht ist ein universelles Medium von Politik. Sie bildet eine stets relevante Hintergrundgröße, die alle Bereiche des Strategy-Making durchwirkt. So bedarf es beispielsweise der Macht zur Realisierung und Sicherung von Strategiefähigkeit. Im Prozess der Strategiebildung erfolgen Analysen von Machtverhältnissen für die Strategieentwicklung. Machtpositionen sind auch für die Entscheidung über Strategien nötig. Stehen andere Elemente im Vordergrund, wie etwa Organisation oder Themen, über die Macht gewonnen oder verloren wird, bleibt Macht eine indirekte Größe.

Eigenständige Analysekraft entwickelt die ständig implizit mitlaufende Machtdimension als Orientierungsparameter im strategischen Steuerungsprozess. Sie kann das strategische Zentrum auf den Umfang und das Ausmaß der eigenen Handlungspotentiale hinweisen, also die zur Verfügung stehenden Aktionsmöglichkeiten und limitierenden Handlungsgrenzen.

Macht bedeutet aktive Wirk- und Durchsetzungsmöglichkeiten in sozialen Interaktionen – auch und vor allem gegen Widerstand (vgl. Weiß 1995: 306f.). Damit sind fünf fundamentale Aspekte des Machtbegriffs und -konzepts angesprochen (vgl. Wiesenthal 2006: 120ff.): Macht realisiert sich in sozialen Beziehungen.[609] Macht fokussiert auf den Durchsetzungsaspekt in Interaktionen.[610] Macht kann auf unterschiedlichen Machtmitteln basieren. Macht kennzeichnet Potentiale, Chancen oder Möglichkeiten zur Durchsetzung, nicht aber Akte der Durchsetzung selbst. Macht zielt vor allem auf die Realisierung der eigenen Präferenzen gegen Widerstreben aus der Umwelt.

Im Strategiezusammenhang stellt Macht Bezüge zum strategisch verfolgten Ziel her: Macht wird zum Erreichen des Ziels eingesetzt. Sowohl reale als auch fiktive Macht kann zur Zielerreichung beitragen, denn: „Reputation of power, is Power" (Hobbes 1997: 48). Machtdemonstration um ihrer selbst Willen ist keine strategische Zielgröße. Große Machtfülle erleichtert die Zielverfolgung, kann aber bei dauerhaft-dominanten Machtkonstellationen unerwünschte Gegenreaktionen hervorrufen, nicht nur bei den unterlegenen Interaktionsakteuren, sondern auch beim „Zuschauer" (Zustimmungsverluste, Mitleidseffekte etc.).[611]

---

[609] Vgl. dazu die auf politische Parteien fokussierten Ausführungen bei Panebianco (1988).
[610] Das schließt die Durchsetzung von Nicht-Entscheidungen mit ein (Bachrach/Baratz 1972).
[611] Stärken und Schwächen einer Organisation zeigen und entwickeln sich (auch) unabhängig von Macht. Stärken können, müssen aber nicht auf Machtpotentialen beruhen, ebenso wie Schwäche nicht mit fehlender Macht gleich zu setzen ist. Oft korreliert jedoch beides miteinander.

Wichtig ist die Unterscheidung zwischen Macht und Einfluss (Wiesenthal 2006: 121), auch wenn diese Differenz in vielen sozialwissenschaftlichen Beiträgen aufgelöst wird. Politische Macht in Form von Einfluss, etwa in diffusen Varianten als Beeinflussung politischer Auffassungen oder – etwas spezifischer – als Anteil an Entscheidungen von Kollektivakteuren (vgl. Birch 1995: 137ff.) verliert als Kategorie an analytischer Kraft, und hier noch wichtiger, an praktischer Orientierungsfähigkeit. Deswegen sind wir an einer „Härtung" des Machtbegriffs interessiert. Zu diesem Zweck liegt eine Bezugnahme auf Max Webers Machtkonzept besonders nahe. Dort kommt es auf die Möglichkeit zur Durchsetzung des eigenen Willens gegen Widerstreben an, egal worauf diese Chance beruht (Weber 1980: 28f.). Auch für strategische Beziehungen in ihrer Gestalt als relationale Interaktionsprozesse wollen wir von Macht erst dann sprechen, wenn es sich um Momente der Durchsetzung gegen potentielles Widerstreben handelt. Nur in einer solchen Konturierung kann der Steuerungsparameter Macht den strategischen Akteuren im Prozess Orientierung vermitteln – Einfluss haben zu viele.

Macht verstanden als aktive Wirk- und Durchsetzungsmöglichkeit beruht auf mobilisierten Ressourcen. Ressourcen repräsentieren latente Energie als Grundlage von Macht, sind aber nicht selbst Macht (Etzioni 1975: 334ff.). In unserem Verwendungszusammenhang kennzeichnen Ressourcen vom Strategieakteur mobilisierbare, materielle und immaterielle Hilfsmittel, mit denen Machtbeziehungen gestaltet werden können. Ressourcen müssen für den Machteinsatz nicht nur mobilisiert, sondern auch transformiert, das heißt auf die spezifischen Zwecke in den verschiedenen Steuerungsbereichen zugeschnitten werden. Uns interessiert im Folgenden die Macht, mit der strategische Absichten im Steuerungsprozess verfolgt werden können.

Immaterielle Ressourcen sind dafür die wichtigeren: Führungs-, Organisations- und Wissenspotentiale, organisatorische Geschlossenheit, funktionale Einbettung im politischen System, rhetorische und intellektuelle Fähigkeiten der Repräsentanten von Kollektivakteuren, Kompetenzzurechnungen, Wählerbindungen etc. Materielle Ressourcen wie Geld, Manpower, Infrastruktur haben natürlich ihre Bedeutung nicht verloren und hängen eng mit immateriellen Ressourcen zusammen, wenn beispielsweise die materielle Ausstattung eng mit formellen Positionen im Parlament und in der Administration verknüpft ist. Dennoch: die Formel „mehr materielle Ressourcen = mehr Macht" greift zu kurz.

Es muss zwischen Macht *nach innen* und Macht *nach außen* differenziert werden. Und zwar nicht nur im Hinblick auf das jeweilige Handlungsfeld, sondern auch hinsichtlich unterschiedlicher Anforderungen und Aufmerksamkeiten. Machtausübung nach innen gerät besonders im Handlungsfeld der internen Organisation ins Blickfeld, externe Machtkonstellationen bei Steuerungsversuchen im Außenverhältnis, die mit Hilfe der eigenen Organisation erfolgen. Intern verfügt das strategische Zentrum – trotz aller Anforderungen an Reziprozität – über eine gewisse Autonomie bei der Entwicklung und Verfolgung von Strategien. Deutlich schwieriger ist es, diese Strategie in externen Bezügen zu realisieren. Die Machtfrage stellt sich deshalb nach außen noch drängender als nach innen. Das Hauptaugenmerk im Steuerungsprozess liegt auf der externen Durchsetzung strategischer Intentionen.

In analytischer und orientierender Absicht können für die Steuerung vier faktisch verschränkte, strategisch besonders wichtige *Machtkomplexe* unterschieden werden: Organisations-, Problempolitik-, Konkurrenzpolitik- und Kommunikationsmacht.

Organisationsmacht

Organisation kann nicht als bloßes Instrument zur Ausführung von Strategien gesehen werden. Sie besteht aus Menschen mit eigenen Interessen und eigenem Willen, häufig auch mit eigenen Strategievorstellungen. Diese Vielfalt von Akteuren in Regierung/Opposition, politisierter Verwaltung, Parlamentsfraktion, Parteiorganisation muss für ein strategisches Konzept gewonnen, Widerstreben notfalls überwunden werden. Es gibt einen Unterschied zwischen „durchsetzen der Konzeption" und „die Konzeption durchsetzen". Ersteres geschieht *in* der Organisation, letzteres *mit* der Organisation in der externen Umwelt.

Das Durchsetzen der Konzeption im organisatorischen *Innenverhältnis* ist eine Frage, die im strategischen Steuerungsprozess bereits geklärt sein sollte. Bedingung dafür ist Strategiefähigkeit und Strategiebildung, an deren Ende die interne Entscheidung über die einzuschlagende Strategie steht. Da Strategiefragen auch Machtfragen sind, Strategiefähigkeit nie vollständig gesichert ist und Strategiebildung ein rekursiver Prozess bleibt, gestaltet sich der Steuerungsprozess nicht selten auch innerhalb der Organisation kontrovers. Die Folge sind Auseinandersetzungen über und um das strategische Konzept, die mit Machtaspekten verknüpft werden.

Das relative Gewicht externer Staats- oder Medienmacht gegenüber der von Eliten und Aktiven geteilten Organisationsmacht der außerparlamentarischen, nicht-exekutiven Teile politischer Parteien verschiebt sich zuungunsten der letzteren, ohne dass die politische Spitze frei würde von einer organisatorischen Letztkontrolle. Häufig unterliegt sie Täuschungen über ihre Freiheiten jenseits der Organisation und die Belastbarkeit interner Beziehungen, die auf ein Mindestmaß an Reziprozität angewiesen sind.

Letztlich bedarf es für die erfolgreiche Umsetzung einer Strategie – wie im strategischen Management – der Bereitschaft der Organisationsakteure, die Strategie anzunehmen (vgl. Mintzberg/Ahlstrand/Lampel 1999: 60). Neben hinreichenden Ressourcen ist der Wille, einen substantiellen Beitrag zur Umsetzung der Strategie zu leisten, für den Erfolg im strategischen Steuerungsprozess von besonderer Bedeutung.

Allerdings ist der Anteil der aktiv in den Steuerungsprozess involvierten Organisationsakteure in der Politik kleiner als in der Ökonomie. In die strategische (Neu-)ausrichtung eines Unternehmens und die Umsetzung dieses Prozesses sind (fast) alle Unternehmensteile und Mitarbeiter in zentraler Weise involviert. Anders in der Politik: die 500 000 Mitglieder einer Großpartei übernehmen beim eigentlichen Steuerungshandeln des Kollektivs Partei keine aktive Rolle – sie sind für die institutionen- und medienorientierten Schritte der Strategieanwendung nicht erforderlich. Strategisches Zentrum und Teile der wenigen hundert relevanten Aktiven[612] legen den Kurs des Kollektivs fest – manchmal unterstützt durch Parteitage – und vollziehen die Umsetzung. Der Rest ist Zurechnung.

Die Mobilisierung und aktive Teilnahme größerer Teile der Partei am Steuerungsprozess ist fast nur in Zeiten des Wahlkampfs von Bedeutung. In Ausnahmefällen entsteht sie bei kontroversen Kernfragen, die Grundpositionen des Kollektivs berühren, von selbst – vielleicht ausgelöst durch die Führung, aber von ihr nicht unbedingt gewollt. Die Zerreißprobe der Grünen anlässlich des militärischen Auslandseinsatzes im Kosovo ist solch ein Beispiel. Zuweilen wird die Gesamtpartei aber auch in Konstellationen einer Entscheidungsunfähigkeit der Spitze bzw. zu Legitimationszwecken einbezogen (z.B. Mitgliederbe-

---

[612] Vgl. Kapitel 6.1.

fragungen zu Spitzenkandidaten). Den Normalfall stellen führungszentrierte Steuerungsprozesse dar.

Die nach innen gerichtete Formierungsfähigkeit des Kollektivs zeigt sich abhängig einerseits von Führungs- und Steuerungsleistungen des strategischen Zentrums, andererseits von einer effektiven Organisationsstruktur (Arbeitsteilung, Ressourcenverteilung etc.). Allgemeinverbindliche interne Entscheidungsregeln und -abläufe, routinisierte Abstimmungs- und Koordinationsmechanismen sowie Leadership bilden das Fundament, auf dem eine von Führung und Aktiven getragene organisatorische Selbststeuerung erfolgen kann.

Auch intern werden dabei von den beteiligten Akteuren Machtmittel für die Entscheidungsdurchsetzung, Mobilisierung oder Sicherung von Unterstützung eingesetzt. Argumentieren, überreden, versprechen, drohen, anweisen, sanktionieren, belohnen, verhandeln, tauschen sind dabei positive bzw. negative Steuerungsmittel, die ihre „Kraft" aus dem Innehaben von Positionen und den damit verbundenen Verteilungsressourcen (Ämterpatronage, Geldmittel, Kandidatenauswahl etc.), kommunikativen Fähigkeiten oder Informationsasymmetrien beziehen. Regelmäßig nehmen die vorhandenen Machtmittel mit aufsteigender Hierarchiestufe in der Organisation zu – ohne allerdings ausschließlich einem exklusiven Elitezirkel vorbehalten zu sein. Die Verteilung von Machtressourcen kennt vielfältige Erscheinungsbilder.

Wie unterschiedlich die einsetzbaren Instrumente aussehen, lässt sich am Beispiel von innerparteilichen Konflikten zwischen Parteivorsitz und anderen Parteirepräsentanten illustrieren. Während die Auseinandersetzung von der Spitze aus mit Machtmitteln zu steuern versucht wird, die sich aus der eingenommenen Führungsposition und damit verbundenen Legitimationsbasis ergeben, nutzen die innerparteilichen Gegner die mediale Aufmerksamkeit, die sich auf den Parteivorsitz richtet. Nicht innerparteiliche Unterstützung, sondern Konflikte erzeugen Medienöffentlichkeit. Deswegen eröffnet ein medienöffentlich ausgetragener Streit mit der Organisationsspitze Profilierungsmöglichkeiten für die eigene Person und Position – vorausgesetzt, die „Herausforderer" verfügen über eine hinreichend autonome Machtposition bzw. Sprecherfunktion für spezifische Belange innerhalb der Partei. Die Konflikte zwischen den CDU-Ministerpräsidenten Jürgen Rüttgers (NRW) und Peter Müller (Saarland) und der Parteivorsitzenden bzw. Regierungschefin Angela Merkel um die sozialpolitische Ausrichtung der Union im Jahr 2006 zeigen genau dieses Muster.

Sofern der Organisation (und ihrer Führung) die dauerhafte Selbstformierung gelingt, kann sie sich auf die Durchsetzung der Strategie im *Außenverhältnis* konzentrieren. Das Mandat zum eingeschlagenen Kurs wird nicht einmalig erteilt, sondern muss fortlaufend bestätigt und erneuert werden. Dies gilt trotz der Tatsache, dass mit formalen Führungspositionen Rechte und Erwartungen der Kursbestimmung verbunden sind. Je besser der Gleichklang zwischen Führung und Gesamtorganisation und je mehr Freiheitsgrade die Führung bei der Steuerung im Außenverhältnis hat, desto durchsetzungsfähiger ist das Kollektiv bei den externen Interaktionen in politischen Koalitionen, den Entscheidungsinstitutionen oder der Öffentlichkeit (vgl. Panebianco 1988: 23).

Die Rückversicherung der Spitze über Strategieziele sowie Wege und Mittel bei der Strategieverfolgung erfolgt selten formell (z.B. Parteitage, Mitgliederbefragungen), häufig dagegen informell über kommunikative Abstimmungs- und Beratungsschleifen innerhalb eines engeren Ausschnitts der Organisation – bisweilen auch gar nicht, wie die vorher niemandem bekannte Rede Herbert Wehners zur außenpolitischen Kehrtwende der SPD vor dem Bundestag aus dem Jahr 1960 zeigt.

Das zentrale Kollektivelement führungszentrierten Steuerungshandelns ist der Mechanismus der Zurechnung. Nur im Wege der Zurechnung wird das Handeln der Führungsakteure zum Handeln *der* Organisation. Kollektivakteure handeln vermittelt über ihre Repräsentanten. Diese agieren und kommunizieren als Stellvertreter der gesamten Einheit und konstruieren damit erst die Realität eines Gesamtkollektivs. Dieser Mechanismus setzt aber die Kollektivzurechnung individueller Handlungen durch die Beobachter voraus. Nur wenn sie die Sprecher- und Repräsentationsfunktion des Individuums für das Kollektiv anerkennen und seine Handlungen nicht nur individuell interpretieren, kann das Bild eines identischen, einheitlich handelnden Kollektivakteurs entstehen.

Auch andere Formen der Zurechnung beeinflussen die faktische externe Organisationsmacht. So wird etwa interne Führungsstärke zu einem Gradmesser von strategischer Handlungsfähigkeit nach außen. Die Beobachter schätzen sie ein anhand von Faktoren wie der Durchsetzungsfähigkeit der Spitze in wichtigen Teilen der Organisation (Präsidium, Fraktion, Parteitag etc.), der Unanfechtbarkeit ihrer Position oder der kommunikativen Geschlossenheit. Schlechte Abstimmungsergebnisse in Partei oder Fraktion schwächen Machtpositionen von Spitzenleuten nach außen. Das auf unterschiedlichen Wegen vermittelte Gesamtbild hat direkte Folgen für die Selbst- und Fremdeinschätzungen der internen Organisationsmacht und wirkt sich über Zurechnungsmechanismen zugleich unmittelbar auf die Machtbeziehungen zu externen Interaktionsakteuren aus.

Problempolitikmacht

Problempolitikmacht beschreibt den Ausschnitt von Politik, auf den es für strategische Akteure im Steuerungsprozess bei der Durchsetzung ihrer Ansätze zur Problemlösung ankommt. Aus der Vielzahl externer Interaktionsakteure (Parteien, Experten, Interessengruppen, Medien, Administration), die für die strategische Orientierung und Steuerung im Rahmen der Problempolitik Bedeutung gewinnen,[613] treten in einer Machtperspektive zwei Akteursgruppen besonders in den Vordergrund: parteiliche und institutionelle Vetospieler.

Das sind diejenigen Akteure, die eine Durchsetzung der Problemlösungsvorschläge des Strategieakteurs in den Entscheidungsinstitutionen (Regierung, Parlament, Zweite Kammern etc.) verhindern können. Sowohl Regierung wie auch Opposition stellen Vetospieler in Rechnung, obwohl gerade aus Regierungsperspektive Kalkulationen zu Vetospielern besonders nahe liegen, da die Regierung in den für die Durchsetzung relevanten Institutionen überwiegend das Heft des Handelns in den Händen hält (Gesetzesinitiativen, Einbringen von Maßnahmenpaketen zur Problemlösung etc.) und in der Außenwahrnehmung die Problemlösungsverantwortung trägt – aufgrund von Vetospielern aber nicht immer über hinreichende Macht verfügt.

Der Rückgriff auf Kategorien des Vetospieler-Ansatzes von George Tsebelis (1995, 1999, 2000, 2002) ist sinnvoll, weil wir einen Machtbegriff verwenden, der sich auf den Aspekt des Überwindens von Widerstand konzentriert. Viele gewinnen Einfluss bei der Entstehung von Problembearbeitungsansätzen, aber Vetospieler sind mit Blick auf das eigene Machtpotenzial die entscheidenden Größen, da sie über den Erfolg oder das Scheitern der Entscheidungsdurchsetzung mitbestimmen können. Gleichwohl bleibt die Bezug-

---

[613] Vgl. dazu das Kapitel 6.5.1.

nahme auf Tsebelis selektiv.[614] Uns interessieren nicht Fähigkeiten politischer Systeme zur Produktion von Policy-Wandel bzw. Analysen tatsächlicher Änderungen des Status quo (Tsebelis 1995, 1999), sondern strategische Kalkulationen der Akteure, die sich auf ihre Fähigkeiten und Möglichkeiten beziehen, problempolitische Entscheidungen zu realisieren.

Vetospieler sind die individuellen bzw. kollektiven Akteure, die einer Änderung des (Policy-)Status quo zustimmen müssen (Tsebelis 1995: 289, 293, 2002: 19ff.). Sie markieren Grenzen der Entscheidungsmacht des strategischen Akteurs im Hinblick auf Problemlösungen (Problempolitikmacht). Vetospieler wirken nicht bloß bei der konkreten Ausgestaltung eines Policy-Konzepts mit, sondern können es durch Verweigerung der Zustimmung auch zu Fall bringen. Dieser Gesichtspunkt wiederum markiert die Grenze zwischen Einfluss- und Veto-Akteuren.

In der Terminologie des Vetospieler-Ansatzes lassen sich institutionelle und parteiliche Vetospieler unterscheiden. Institutionelle Vetospieler sind mit konstitutionellen Zustimmungsvorbehalten ausgestattet, als parteiliche Vetospieler werden alle Partner einer Regierungskoalition bezeichnet. Je nach politischer Systemstruktur (Tsebelis 2002: 78ff.), Politikfeld und Entscheidungsgegenstand ergeben sich unterschiedliche Konstellationen institutioneller und parteilicher Vetospieler (Tsebelis 1999).

Im strikten Sinne ist die Zustimmung parteilicher Vetospieler für eine Veränderung des Status quo weder notwendig noch hinreichend (Tsebelis 1995: 302), da sich – je nach Konstellation – von Fall zu Fall auch andere legislative Mehrheiten finden lassen (vgl. Merkel 2003: 165). Der notwendige partnerschaftliche Zusammenhalt einer Regierung führt allerdings dazu, dass die Regierungsvorschläge in der Regel von allen Koalitionären gebilligt werden (müssen). Prinzipiell verfügen alle Koalitionspartner über ein Vetorecht. Es zeigt sich weniger in der Realisierung als in der Vorwirkung.

Für den parteilichen Strategieakteur einer Koalitionsregierung ist das Veto ein nur begrenzt einsetzbares Instrument von Problempolitikmacht. Das gilt vor allem für die kleinen Koalitionspartner, aber auch für koalierende Großparteien. Dauerkonflikten um Politikinhalte, die über Vetorechte ausgetragen werden, hält keine Koalitionsregierung stand – sie zerbricht daran. Nicht überraschend hat deswegen die Bedeutung von Koalitionsverträgen für die inhaltliche Ausgestaltung der Politiken von Koalitionsregierungen zugenommen (vgl. Müller/Strøm 2000a, De Winter 2002: 196ff., Keman 2006: 164).

Koalitionsverträge werden immer länger, detaillierter und enthalten zum Teil bereits sehr genaue Konturen der materiellen Politiken für die folgende Legislaturperiode, die zwar keine rechtlichen, aber sehr wohl faktische Bindungen der Regierungspartner und des administrativen Unterbaus erzeugen. Durch die überwiegende Veröffentlichungspraxis verpflichten sich die koalierenden Partner zugleich selbst in der Öffentlichkeit hinsichtlich ihres Arbeitsprogramms und einzelner Politikinhalte. Das schließt Änderungen nicht aus. Gleichwohl kann ein geltend gemachtes Veto eines Koalitionspartners, das im Widerspruch zu Koalitionsvereinbarungen steht, schnell zur Soll-Bruchstelle der Regierung werden. Derartige Vetokonflikte bleiben die Ausnahme und bedürfen aus strategischer Sicht sorgfältiger Kalkulation sowie hinreichender Erfolgspotentiale. Die Belastungsfähigkeit einer Koalition ist begrenzt, nicht nur im Hinblick auf „Brüche" des Koalitionsvertrages, sondern auch im Hinblick auf die kollegial-kollektive Arbeitsfähigkeit einer Gesamtregierung.

---

[614] Auch konzeptionelle Schwierigkeiten, die mit diesem Approach bei der wissenschaftlichen Analyse politischer Prozesse verbunden sind, werden nicht ausgeführt (vgl. dazu etwa Birchfield/Crepaz 1998: 180ff., Strøm 2000a: 279f., Merkel 2003: 186ff., Benz 2003: 208ff.).

Auch Gerichte können zu Vetospielern werden (vgl. Alivizatos 1995, Tsebelis 2002: 226ff.), zumindest wenn sie – wie Verfassungsgerichte – allgemein verbindlich über den materiellen Gehalt von Verfassung entscheiden: „If a court makes constitutional interpretations, then it has to be considered another veto player. Other actors in the political system have to find out whether some particular change of the status quo will cause the court to invalidate it, based on its interpretation of the constitution, and avoid such changes." (Tsebelis 2000: 465). Die Besonderheit dieser Art Vetospieler ist allerdings, dass sie ihre Vetooptionen nicht selbständig geltend machen können, sondern von anderen Akteuren ins Spiel gebracht werden müssen, das heißt nur auf Anrufung tätig werden. Auf diese Weise haben in den letzten Jahrzehnten beispielsweise in Deutschland verschiedene Oppositionsakteure versucht, das Bundesverfassungsgericht als Vetospieler in Policy-Fragen zu aktivieren (vgl. Stüwe 2002). Aufgrund der Entscheidungsautonomie des Gerichts, die es durch seine Praxis der Rechtsprechung immer wieder untermauert hat, bleiben allerdings sowohl Ausgang der Verfahren[615] als auch ihre Rückwirkungen auf die Politik risikobehaftet.

Die maßgebliche Perspektive eines dynamischen Modells von Vetoakteuren im strategischen Steuerungsprozess ist die von Regierungen. Vetopunkte bedeuten für sie: trotz grundsätzlicher Entscheidungsmacht (im Falle von Mehrheitsregierungen) über die Ausgestaltung materieller Politik innerhalb des politischen Systems können, neben anderen institutionell autorisierten Akteuren, auch Oppositionsakteure – beispielsweise über zweite Kammern – Mitentscheidungsrechte erhalten. Aus einer Oppositionsperspektive ist die Regierung immer ein Vetospieler, der sämtliche Initiativen blockieren kann. Die Problempolitikmacht der Opposition ist damit grundsätzlich stärker begrenzt.

Hat eine parlamentarische Opposition als institutioneller Vetospieler jedoch die Chance, wichtige Entscheidungen der Regierung zu verhindern, eröffnet sich für beide ein folgenreiches Feld strategischer Interaktion. In der Bundesrepublik gilt diese Konstellation, wenn die Opposition des Bundestags im Bundesrat über die Mehrheit verfügt. Seit 1949 war dies in rund 40 Jahren der Fall (vgl. Sturm 2003: 28). Dann greifen die Dimensionen der Orientierungseinheiten eng ineinander. Die Verhinderung einer Policy-Entscheidung hat starke Auswirkungen auf die Konkurrenzbeziehungen zwischen Regierung und Opposition. Die Konstellationen in diesem Verhältnis werden wesentlich von dem in der Öffentlichkeit ausgetragenen Definitionsstreit beeinflusst, ob es um „Blockade" oder „richtige" Politik geht.

Das Betreiben bzw. die Entkräftung von Vetopolitik erfordert auf beiden Seiten komplexe Kalkulationen und Strategieentscheidungen. Institutionelle Bedingungen legen langfristig Chancen für Vetomächte fest, parteipolitische Kräfteverhältnisse mögen mittelfristig stabil sein und auch wichtige Teile der Themenstruktur einer Legislaturperiode gehören zu den eher berechenbaren Elementen der Umwelt. Insofern könnte im Rahmen einer Oppositionsstrategie festgelegt werden, wieweit die Nutzung von Vetomacht dazu gehören soll. Für die Regierung ginge es um Varianten des Umgangs mit der Vetomacht der Opposition

---

[615] Empirisch hat sich gezeigt (vgl. Stüwe 2002), dass die Erfolgsaussichten für die Opposition je nach Klageart (Organstreitverfahren, Bund-Länder-Streitverfahren, abstrakte Normenkontrolle) unterschiedlich ausfallen. Als relativ am erfolgreichsten haben sich Organklagen erwiesen, bei denen das Bundesverfassungsgericht traditionell eher die Opposition stützt. Für die Problempolitikmacht relevanter sind die abstrakten Normenkontrollverfahren, bei denen materielle Politik (Gesetze) auf ihre Verfassungsmäßigkeit überprüft werden. Dort hatte die Opposition mit dem Gang nach Karlsruhe zwischen 1951 und 2000 in 19 von 68 Fällen durchschlagenden Erfolg.

(z.B. überspielen, umspielen, ausspielen). Vor allem von der Feinsteuerung strategischer Interaktion hängt ab, mit welchen Strategien man erfolgreich sein kann.

Allerdings sind nicht ausschließlich parteiliche und institutionelle Vetospieler entscheidende Machtakteure der Problempolitik. Außerhalb des Bereiches formeller Zustimmungspflicht existieren weitere Akteure, die zwar – um konzeptionell scharf zu bleiben – keine Vetospieler darstellen, aber machtpolitisch zentrale Bedeutung für die konkrete Entscheidungsfindung haben. Da die Grenzlinien zu Einflussakteuren zu verschwimmen drohen, werden an dieser Stelle nur besonders privilegierte, *vetoähnliche Akteure* ohne innerstaatlich institutionalisierte Zustimmungsrechte angesprochen.[616]

Europäische Rechtsetzungen in Bereichen, in denen die Mitgliedsstaaten nationalstaatliche Kompetenzen auf die supranationale Ebene übertragen haben, begrenzen die Problempolitikmacht nationaler Regierungen.[617] Die von europäischen Entscheidungsorganen formulierten Normen bilden nachfolgend eine institutionalisierte Grenze möglicher Problemlösungsvarianten. Mitgliedstaatlichen Regierungen fehlen dann Handlungskompetenzen und Regelungsbefugnisse oder sie sehen sich in den jeweiligen Politikfeldern gegenläufigen Policy-Entscheidungen von Rats- bzw. Ministerratsmehrheiten gegenüber. Dies sind jedoch in den meisten Fällen keine Vetospielerkonstellationen, sondern stellen beschränkte Handlungskorridore dar.

Allenfalls über Kompetenzstreitigkeiten bzw. kontroverse Norminterpretationen zwischen europäischen Institutionen – hier vor allem der Kommission in Verbindung mit dem Europäischen Gerichtshof – und den jeweiligen nationalen Regierungen können sich Vetokonstellationen entwickeln, die allerdings über die jeweiligen Party-Government-Systeme hinausragen. Ähnliches gilt für Regelungsbereiche, in denen andere internationale Organisationen und Regime etabliert worden sind, die völkerrechtliche Verpflichtungen für die Einzelstaaten auslösen (UN, WTO, Weltbank etc.).

Unter Umständen entwickeln auch einzelne Interessengruppen zum strategischen Akteur vetoähnliche Beziehungen. Im Falle besonderer Bindungen können sie zu kaum umgehbaren „Mitregenten" (Schmidt 2002: 24) der Problempolitik werden. Solche speziellen Näheverhältnisse sind für den Strategieakteur ein zweischneidiges Schwert: einerseits stärken sie ihn, andererseits können sie seine Problempolitikmacht erheblich begrenzen.

Das Beispiel Sozialdemokraten und Gewerkschaften zeigt diese Ambivalenz. Konkurrenzpolitisch ergeben sich erhebliche Vorteile, weil gewachsene informelle, institutionelle und organisatorische Verknüpfungen auf allen Ebenen (Führung, Aktive, Mitglieder, Wähler) Bindungen erzeugen, die das Vote-Seeking in einer wichtigen Kerngruppe der Partei erleichtern (Merkel et al. 2006: 105). Problempolitisch gestaltet sich das Verhältnis komplex: einerseits ist die abnehmende Einheit, Größe, Verpflichtungsfähigkeit der Gewerkschaften zu konstatieren, die wirkungsvoll abgestimmte Kooperationen zwischen Partei und organisatorischer Arbeitnehmervertretung für Prozesse der Problembearbeitung erschweren. Andererseits profitieren die Sozialdemokraten in der Problempolitik nach wie vor, wenn über die traditionell engen Beziehungen Duldungsreserven der Gewerkschaften mobilisiert, Widerstände kanalisiert und begrenzt werden können (vgl. Merkel et al. 2006:

---

[616] Konzeptionell problematisch – weil Zuordnungen unscharf werden und die Operationalisierung des Ansatzes erschweren – spricht Tsebelis in ähnlichen Zusammenhängen, etwa bei machtvollen Interessengruppen oder „influential ministers" (Tsebelis 2000: 447), von „additional" oder „de facto" Vetospielern (Tsebelis 1995: 306ff.).

[617] Das Gleiche gilt für innerstaatliche normierte Veränderungssperren wie verfassungsrechtlich garantierte Grundrechte, Vertrauensschutz, Rückwirkungsverbot etc.

105ff.). Die Gewerkschaften sind lediglich vetoähnliche Akteure, weil es formell nicht auf ihre Zustimmung ankommt, ihr Verhinderungspotenzial sich vielmehr aus der sozialdemokratischen Wahrnehmung der Kräfteverhältnisse und der Gestaltung parteilich-gewerkschaftlicher Interaktion ergibt.

Um einen Eindruck davon zu gewinnen, wie kalkulierende Strategie mit institutionellen oder parteilichen Vetospielern umgehen kann, sollen im Folgenden einige Illustrationen zeigen, wo Strategien in Vetokonstellationen ansetzen können und wie sich strategische Manöver gegenüber den Vetomächten steuern lassen. Das gesamte Strategiespektrum ist unendlich viel größer.

Drei Parameter sind laut George Tsebelis für die Veränderungselastizität politischer Systeme verantwortlich: Anzahl der Vetospieler, ihre programmatische Kongruenz und die vetospielerinterne Kohäsion (Tsebelis 1995: 289). Auf dieser Basis kommt er zu folgenden generellen Hypothesen (Tsebelis 1995: 298, 301, 1999: 446, 2002: 25):

- Je höher die Anzahl der Vetospieler, desto geringer die Wahrscheinlichkeit von Policy-Change.
- Je größer die programmatische Distanz zwischen den einzelnen Vetospielern, desto geringer die Wahrscheinlichkeit von Policy-Change.
- Je größer die innere programmatische Einheitlichkeit der einzelnen (kollektiven) Vetospieler, desto geringer die Wahrscheinlichkeit von Policy-Change.

Die Kritik an Tsebelis hat gezeigt, dass der Vetospieler-Ansatz – trotz akteurtheoretischer Terminologie – statisch und eindimensional von institutionellen Vetopunkten auf die Veränderungen des Status quo schließt und dabei die Handlungsorientierungen und -strategien der Akteure vernachlässigt (Birchfield/Crepaz 1998, Benz 2003). Akteure können Vetos strategisch einsetzen, das heißt geltend machen oder aber darauf verzichten, und sie können von anderen Akteuren in ihren Vetopositionen beeinflusst werden. Im strategischen Steuerungsprozess werden gerade die bei Tsebelis konstant gedachten Elemente zu Ansatzpunkten der Einflussnahme: Anzahl der Vetospieler, programmatische Kongruenz, inhaltliche Kohäsion. Machtbezogene Strategien der Problempolitik sollen zur Durchsetzung eigener Problemlösungsvorstellungen in den Entscheidungsinstitutionen führen – gleichzeitige positive Effekte auf die eigene Wettbewerbssituation sind erwünscht.

Ein erster Ansatzpunkt im Steuerungsprozess liegt in der Vereinfachung und strategischen Konditionierung der Akteurkonstellation (*Anzahl Vetospieler*). Strategieakteure suchen ihre Handlungsfelder auf potentiell blockierende Akteure ab und versuchen, ihnen Gründe der Blockade zu nehmen, das heißt: aus eigenem Interesse „Nein" zu sagen. Die gezielte Verringerung der programmatischen Distanz zum Vetospieler erhöht beispielsweise den Druck auf Zustimmung, da andernfalls der Vorwurf taktisch-egoistischen Blockierens erhoben werden kann. Policy-Positionen sind nicht in allen Fällen eine ex ante feststehende Größe. Richtiges Timing spielt für diese Form der Verringerung von Vetoakteuren – wie für die anderen auch – eine entscheidende Rolle. Geeignete Zeitpunkte liegen *vor* der öffentlichen Positionierung der potentiellen Vetoakteure, da diese eine Selbstbindung beinhalten und bei nachträglichen Positionsverschiebungen Glaubwürdigkeitsverluste drohen. Dadurch reduzieren sich die Räume inhaltlicher Flexibilität. Konstitutionelle Anpassungen wären eine alternative Möglichkeit, die Anzahl von Vetospielern zu verringern. Grundlegende institutionelle Reformen sind allerdings eher unwahrscheinlich und bleiben die Ausnahme (vgl. Scharpf 1985). Die Bemühungen um eine Föderalismusreform in Deutschland zeigen, welch großer politischer Kraftakte sie bedürfen. Häufiger wird versucht, die Zahl der Vetospieler über die Definition von Programminhalten oder die Gestaltung von Verfahren zu begrenzen (vgl. Scharpf/Reissert/Schnabel 1976: 55ff., Benz 2003: 219f.). Verzicht auf Eingriffe, Kostenexternalisierungen oder das Umspielen von Vetoakteuren durch eine Reformulierung der Problemlösungskonzepte, so dass Zustimmungserfordernisse entfallen (Entscheidungssegmentierung), sind mögliche Varianten. Als Grundannahme für die Anzahl von Vetoakteuren kann gelten: Zweiparteienkonflikte sind strategisch meist vorteilhafter als Mehrparteienkonflikte. Unter Umständen lassen sich aber auch aus komplexeren Vetokonstellationen neue Handlungsspielräume erschließen.

Schwieriger und seltener ist die Veränderung *programmatischer Kongruenz*. Aber auch die inhaltliche Übereinstimmung zwischen Vetospielern kann Einflussversuchen des strategischen Akteurs unterliegen. Eine denkbare Konstellation wäre ein „Bündnis" zweier Vetospieler aufgrund weitgehender programmatischer Übereinstimmung, beispielsweise ein Koalitionspartner der Regierung (parteilicher Vetospieler) im Zusammenwirken mit der oppositionsdominierten zweiten Kammer (institutioneller Vetospieler). Hier ginge es für den Strategieakteur darum, die Einheit der Gegnerschaft etwa durch programmatische Angebote an einen der Vetoakteure aufzubrechen und damit die Vetokoalition auseinander zu treiben. Die empirisch eher geringe Relevanz solcher Fälle ist offensichtlich – die schlechten Erfolgsaussichten eines kleinen Koalitionspartners gegen ein Vetobündnis aus Großpartei und institutioneller Opposition ebenso.

Gängig und erfolgversprechend sind dagegen Angriffe auf die *innere Kohäsion* eines Vetospielers. Geschlossenheit erhöht die Manövrierfähigkeit aller an strategischen Interaktionen beteiligten Akteure. Heterogenität – vor allem offener Dissens – ist für die Gegenspieler eine Einladung zu Manövern, die Entscheidungsprozesse und Strategien des Kontrahenten zu beeinflussen. Der Fall Deutschland zeigt, wie heterogen *die* Opposition sein und welche Rückwirkungen das auf den institutionellen Vetoakteur Bundesrat haben kann: unterschiedlich zusammengesetzte Länderkoalitionen sind nicht in der Lage, sich auf ihr Stimmverhalten zu einigen und enthalten sich dementsprechend bei kontroversen Fragen; spezifische Interessen der Länder stimmen nicht mit den bundespolitischen Interessen der parteipolitischen Mehrheit im Bundesrat überein; Ministerpräsidenten wollen sich gegenüber der bundespolitischen Parteiführung profilieren (vgl. Merkel 2003: 168).

Für den strategischen Akteur kann es sinnvoll sein, gerade in solche Kohäsionslücken hineinzustoßen.[618] Die aktive Spaltung des Vetospielers („teile und herrsche") kann beispielsweise betrieben werden durch die Wahl eines Spaltungsthemas, die Informalisierung der Konfliktregelung oder die finanzielle Vorteilsgewährung für Teilkollektive des Vetospielers (sog. Bilateralisierung, vgl. Scharpf/Reissert/Schnabel 1976: 56). Gerade die letzte Variante, das „Abkaufen" von Vetopositionen, hat sich dabei als zielführend erwiesen. Das zeigt zum Beispiel die bilateralisierte Verhandlungsstrategie der rot-grünen Bundesregierung im Konflikt mit dem oppositionsgeführten Bundesrat um die Steuerreform im Jahr 2000. Die Kohäsion des Oppositionsblocks erodierte, als den Bundesländern Berlin, Brandenburg und Mecklenburg-Vorpommern besondere finanzielle Hilfen für ihre Infrastruktur

---

[618] Tsebelis unterscheidet Kohäsion von Parteidisziplin: „Cohesion refers to the difference of positions within a party *before* [Hervorhebung im Original, *J.R/R.T.*] a discussion and a vote take place inside the party. Party discipline refers to the ability of a party to control the votes of its members inside parliament." (Tsebelis 1995: 311). Für den strategischen Akteur ist jedoch nicht entscheidend, ob die Kohäsion oder aber die Parteidisziplin des Gegners „gebrochen" wird.

in Aussicht gestellt wurden. Der Vetoakteur Bundesrat zerfiel und die Regierung konnte die Steuerreform durchsetzen (vgl. Merkel 2003: 171ff.).

Die weitestgehenden Oppositionsstrategien in Vetokonstellationen sind Blockade bzw. Diktat, das heißt die Annahme der eigenen Position als Bedingung für Zustimmung. Die Regierung muss im Extremfall zwischen Politikverzicht und der Unterwerfung unter eine Blockade entscheiden. Die mittleren Strategien bewegen sich auf der Linie der Zustimmung mit größeren oder kleineren Kompromissen, Paketlösungen, Tauschgeschäften. Alternative bzw. kumulative Strategievarianten sind Versuche der Reduktion von Vetopunkten bzw. Angriffe auf Kongruenz und Kohäsion der Vetoakteure.

Die jeweiligen Akteurstrategien sind eingebettet in Machtverhältnisse und situative Kontexte. Daraus lassen sich exemplarisch einige Faktoren hervorheben, die beeinflussen, ob es zum Erfolg oder der Verhinderung einer Blockade kommt. Sie tangieren die Strategieentscheidung. Je stärker die Kompetenzzurechnung für einen Vetospieler bei einem Blockadethema, desto größer die Wahrscheinlichkeit, dass die Blockade selbst in günstigerem Licht gesehen wird (Kompetenz). Eine Blockade zur Durchsetzung einer stark legitimierten Position hat größere Aussichten, Akzeptanz zu finden, als die Kumulation von Blockade und einer mehrheitlich abgelehnten Position (Richtung). Relevant ist auch der Zeitpunkt. Am Beginn einer Legislaturperiode, mit Aussicht auf eine langfristige Blockierung für notwendig gehaltener Veränderungen, ist eine harte Vetospieler-Strategie riskant. Die Popularität von Hauptakteuren auf beiden Seiten, die generelle Bewertung von Regierung und Opposition („Regierung am Ende ...") oder der Problemdruck, der Handlungserwartungen gegenüber der Politik fördert, sind ebenfalls kalkulierbare Größen (Agenda, Klima, Diskurse)[619].

Strategien für eine erfolgreiche Blockade wie für das erfolgreiche Überwinden von Vetopositionen sind außerordentlich komplex. Schon vereinfachte Referenzrahmen führen in der Anwendung zu vielfältigen Wechselbeziehungen, Widersprüchen, Nebenfolgen. Umfassendere Strategiekonzepte und Teilstrategien unterschiedlicher Reichweite bzw. Radikalität müssen aufeinander bezogen werden. Als sei das nicht genug Komplexität, greifen auch bei Strategien gegenüber Vetospielern längerfristige und situative Momente ineinander. Die direkte Interaktion mit Vetospielern ist stark durch taktisch-operative, situationsgebundene Gesichtspunkte bestimmt. Strategische Orientierung kann dafür sorgen, dass gleichzeitig längerfristige Aspekte berücksichtigt werden. Zum Beispiel dürfen kurzfristig notwendige Kooperationen mit der Opposition längerfristige Bündnisse mit dem Koalitionspartner nicht irritieren oder gar zerstören. Auch Gegnerschaft muss trotz Kooperation möglich bleiben. Oder: in die Entscheidung, auf welchen Gebieten man Kompromisse mit Vetospielern sucht – und auf welchen nicht –, werden übergeordnete strategische Themeninteressen mit einbezogen.

Konkurrenzpolitikmacht

Unabhängig von Inhalt und Durchsetzung der Problemlösungskonzepte können sich die Akteure durch ihre Positionierung in Vetospielerkonstellationen positiv bzw. negativ profilieren. Die jeweilige Wettbewerbssituation der am Vetospiel Beteiligten bleibt davon nicht unbeeinflusst. Handlungs-, Regierungs- oder Reformunfähigkeit sind für die Regierung negative Verhaltensprofilierungen, gegenüber der Opposition verdichtet sich das Negativ-

---

[619] Vgl. dazu auch die Ausführungen zu den Vermittlungsvariablen in Kapitel 6.

profil im Vorwurf der Blockade. Positive Profilierungen gehen in Richtung von „Reformfähigkeit", „konstruktive Opposition", „Regierungsfähigkeit", „Regierungsbereitschaft". Es ist auch eine Machtfrage, wer sich hier durchsetzt – und wirkt zugleich positiv oder negativ auf die Machtkonstellation zwischen den Kontrahenten zurück.

Das Spiel um ein Blockade-Image bzw. die Demonstration von Handlungsfähigkeit ist riskant, aber gewinnbringend, da die Bürger auch solche Gesichtspunkte in ihre Wahlentscheidungen einfließen lassen. Welches Image sich durchsetzt, hängt in der öffentlichen Bewertung davon ab, ob es breit wahrgenommen und geglaubt wird – was auch immer Insider und Experten zu wirklichen Motiven oder Kalkülen wissen. Auch wenn sie aufgehalten wird, ist es für eine Regierung wichtig, ihren Willen und ihre Fähigkeit zu entschlossenem Handeln sichtbar zu machen. Gerade vor Wahlen muss ein Vetospieler viel Energie aufwenden, um den Eindruck von Blockade zu zerstreuen, auch wenn dies sein eigentliches Ziel ist.

Konkurrenzpolitische Machtkalkulationen im Steuerungsprozess gehen über diese Image-Fragen hinaus. Sie beziehen sich auf das gesamte parteienpolitische Akteursspektrum: Groß- und Kleinparteien, Kern- und Randkonkurrenz, Bündnis- und Koalitionsparteien, potentielle Partner und Dauergegner. Das fortlaufende konkurrenzpolitische Steuerungshandeln entwickelt sich auf der Basis des Strategie- und Steuerungskonzepts – Spezifizierungen, Anpassungen, Weiterentwicklungen eingeschlossen. Fundament der kalkulierenden Steuerungsüberlegungen bleiben die Elemente des Orientierungsschemas, der Vermittlungs- und Hintergrundvariablen.

Die Regierung verfügt im konkurrenzorientierten Machtspiel über Startvorteile. Sie ist zentraler Agenda-Setter der Problempolitik und kann davon bei konkurrenzpolitischen Steuerungsbemühungen profitieren. Die Regierungszentrierung des Spiels um Aufmerksamkeit bedeutet jedoch keinen generellen konkurrenzpolitischen Vorteil, weil mit der Problempolitikmacht auch die Erwartungen an adäquate Problemlösungskonzepte steigen. Die Akteure richten ihre Strategien an den problempolitischen Strukturierungspotentialen der Regierung aus.

Politische Akteure sind in doppelter Hinsicht getriebene: vom Zeit- und vom Problemdruck. Der Tag ist gefüllt mit inkohärenten Einzelereignissen, die in der überwiegenden Zahl dem Kontext der Problempolitik entstammen und Entscheidungen anmahnen: nicht immer materielle oder prozedurale Entscheidungen, aber zumindest kommunikative Positionsbestimmungen. Auch deswegen sind Orientierung gebende strategische Zielvorstellungen, ein Handlungen leitendes strategisches Grundkonzept und der dazu passende individuelle strategische Kompass im brutalen Zeittakt der Entscheidungsinstitutionen (Parlament, Administration etc.) wichtig. Es gibt den eigenen Aktionen Richtung – auch unter machtpolitischen Aspekten der Konkurrenz. Es verhindert das „Verheddern" in isolierten Einzelfragen der Problempolitik, das sonst ohne Bezug zu den Machtverhältnissen im politischen Wettbewerb bleibt.

Das Erfordernis einer Verzahnung von machtpolitischen Problem- und Konkurrenzaspekten wird auch in anderer Zeitperspektive sichtbar. Es geht nicht nur um die Herstellung strategischer Bezüge unter Zeitdruck, sondern ebenso um das Verhindern einer Ungleichzeitigkeit im Arbeitsprogramm. Eine auf die Legislaturperiode gerichtete Regierungsformel „Erst sachnotwendige Problemlösungsarbeit, dann konkurrenzpolitische Profilierung" ist risikoreich. Sie negiert nicht nur (mögliche) Zwischenwahlen, die die Belastungsfähigkeit einer Gesamtformation überfordern können – wie das Beispiel des unaufhaltsamen (Landtagswahl-)Abstiegs der SPD unter Kanzler Gerhard Schröder nach den sozialstaatlichen Reformen belegt. Sie erschwert zugleich die Berücksichtigung machtpolitischer Verschiebungen als Nebenfolge problemlösungsorientierter Politik und die Sicherstellung eigener Reaktionsfähigkeit auf veränderte machtpolitische Lagen.

Die Risikobereitschaft des strategischen Zentrums wirkt auf konkurrenzpolitische Machtverhältnisse zurück. Das Festhalten an den Prinzipien des eigenen Projekts gegen den Widerstand von Konkurrenz, Öffentlichkeit und (möglicherweise) eigener Organisation ist voraussetzungsvoller als interaktive Führung und eine Politik der kleinen Schritte – kann aber in längerfristiger Perspektive konkurrenzpolitisch erfolgreicher sein. Beispiele wie Charles de Gaulle (nationale Unabhängigkeit), Konrad Adenauer (Wiederbewaffnung) oder Margaret Thatcher (Thatcherismus) zeigen das.

Die machtpolitischen Steuerungsmöglichkeiten werden durch bestehende – unter Umständen selbst mit herbeigeführte – Konstellationen des Parteiensystems beeinflusst. So verändert beispielsweise eine sich neben der Sozialdemokratie etablierende Linkskonkurrenz nicht nur deren Ausgangsposition für die Entwicklung von Problemlösungen (etwa die Gefahr eines sozialpolitischen Überbietungswettlaufs), sondern auch die konkurrenzpolitische Machtposition (vgl. Merkel et al. 2006: 100ff.). Die Veränderungen beziehen sich einerseits auf richtungs- und koalitionspolitische Fragen, andererseits – damit eng verknüpft – auf die sich daraus ergebenden Machtperspektiven. Ist etwa die Linkspartei aus Sicht der Sozialdemokraten in stabilisierten Parteiensystemen nicht „koalitionsfähig", verkleinert sich der machtpolitische Handlungsspielraum erheblich.

Kontroverse Auseinandersetzungen zum Zwecke der Profilierung sind nicht nur mit politischen Gegnern notwendig, sondern – in begrenzter Form – auch mit dem Koalitionspartner, da die Konkurrenzsituation durch Koalitionen nicht aufgehoben wird (vgl. De Winter 2002: 199ff.). Kooperation und Wettbewerb laufen parallel und müssen ausbalanciert werden. Es entwickeln sich komplexe Spannungsverhältnisse von Gemeinsamkeit und Abgrenzung, die aber grundlegende Vertrauens- und Arbeitsverhältnisse nicht erodieren lassen dürfen. Personelle und institutionelle Vorkehrungen sowie taktische bzw. strategische Entscheidungen der Akteure sind für diese Balance – und damit die Chance auf den Erhalt der Koalition – notwendig.

„Coalition politics is strategic" (Müller/Strøm 2000b: 4). Das wird deutlich, wenn Koalitionsakteure konkurrenzpolitische Macht nicht nur für die eigene Profilierung im Verhältnis zum Wettbewerber einsetzen, sondern ebenso zur Störung des Gegners. Das Kalkül liegt in einem erhofften wettbewerbspolitischem Vorteil durch Schwächung des Konkurrenten. Beispiel: In der vom NRW-Ministerpräsidenten Jürgen Rüttgers im Herbst 2006 erneut angestoßenen CDU-internen Debatte, ob ältere Arbeitslose das höhere Arbeitslosengeld I – aufgrund ihrer ausgedehnten Beitragszeiten – länger als die jüngeren erhalten sollen, klinkt sich auch der SPD-Vorsitzende Kurt Beck ein. Koalitionspolitischer Räson („man habe der Kanzlerin Angela Merkel ja keine Ratschläge zu erteilen") folgt der kaum verhüllte Angriff, der die ohnehin stattfindende Debatte um die Führungsfähigkeiten von Merkel zusätzlich anheizen und damit ihr persönlich und der Union insgesamt schaden soll. Wäre man selbst in der eigenen Partei in einer solchen Situation, so Beck, würde man um seine Position kämpfen, und überhaupt, gelte das Wort von Gerhard Schröder, dass klar sein muss, wer Koch und wer Kellner sei. Die zugrunde liegende Doppel-Kalkulation scheint klar: einerseits die SPD aus der Defensive gegenüber der überraschend sozial auftretenden CDU zu bekommen, in die sie das von vielen – gerade an diesem Punkt – als ungerecht empfundene eigene Projekt der Hartz-IV-Reformen geführt hat, andererseits zusätzliche Unstimmigkeiten in der Union zu produzieren. Weniger eindeutig als die Kalküle sind Wirkung und Erfolg solcher Manöver.

Kommunikationsmacht

Kommunikation ist keine institutionell-entscheidungsbezogene Größe und entzieht sich damit einer Konzeptualisierung über Vetopunkte. Dennoch sind öffentlich-mediale Kommunikationsräume in hohem Maße vermachtet. Das relevante Akteursspektrum ist heterogen (Politiker, Journalisten, Experten, Wissenschaftler, Verbandsakteure), die Interaktionsbeziehungen vielschichtig, Machtbeziehungen fluid.[620] Macht in Kommunikationsbeziehungen umfasst die Chancen zur Platzierung und Etablierung eigener Themen und Botschaften auch gegen den Widerstand und den Einsatz kommunikativer Machtmittel der Interaktionsakteure.

Die Kommunikationsmacht strategischer Akteure ist immer begrenzt. Machtverteilungen ändern sich je nach Kontext und Situation – auch wenn die Akteure zuweilen den Eindruck haben, sich in stabilen Machtbeziehungen zu bewegen. Kohl beispielsweise hat sich oft beklagt, er habe als Bundeskanzler „gegen weite Teile der verfassten öffentlichen Meinung" (Kohl 2005: 535) regieren müssen. Empirisch haben sich eindeutige Dominanzmodelle als kaum haltbar erwiesen (vgl. etwa Sarcinelli 1994: 37ff., Jarren/Donges 2002b: 127ff., Tenscher 2003: 46ff.). Keine der beteiligten Akteursgruppen aus medialem bzw. politischem Sektor kann öffentliche Kommunikation allein steuern, wir sehen vielmehr wechselseitige Abhängigkeitsverhältnisse (Bennett/Livingston 2003), in denen Deutungsmacht stets neu verteilt wird.

Wie alle Interaktionsakteure der Öffentlichkeit benötigen auch Interessenakteure Kommunikationsmacht zur Durchsetzung ihrer Belange (vgl. Vowe 2007). Die Überwindung des Medienfilters verlangt die Anpassung an die vorherrschende Selektionslogik.[621] Nähebeziehungen zu Medienakteuren, Intensität der Öffentlichkeitsarbeit und Status der jeweiligen Verbände beeinflussen ihre öffentliche Resonanz (vgl. Hackenbroch 1998). Ungeeignete Themenbereiche und Präsentationsformen haben mit Aufmerksamkeits- und Akzeptanzproblemen zu kämpfen. Die kommunikativen Chancen zur Durchsetzung solcher Belange sinken. Interessenakteure können sich jedoch auch in anderer Weise von Schattenseiten des kommunikativen Machtspiels bedroht fühlen (vgl. Vowe 2003: 109f.). Publizität wird für sie zum Störfaktor, wenn sich die eigenen Anliegen wirkungsvoller über interne Kommunikationskanäle platzieren lassen oder die publik gemachten Interessen in der öffentlichen Wahrnehmung als gemeinwohlschädlich angesehen werden. In diesen Fällen bedeutet mediale Öffentlichkeit abnehmende Kommunikationsmacht und zunehmende Gefährdung der Interessendurchsetzung durch Transparenz.

Trotz aller Dynamik und Veränderlichkeit öffentlich-medialer Prozesse lassen sich für Party-Government-Akteure – keineswegs abschließend – einzelne kommunikative Machtfaktoren hervorheben, die für die Entwicklung strategischer Kommunikation zu berücksichtigen sind und für die Entfaltung von Macht in Kommunikationsbeziehungen zentral werden: Position, Geschlossenheit, Timing, Framing und Korrespondenz.

---

[620] Vgl. dazu insgesamt das Kapitel 6.5.3.
[621] Vgl. dazu auch das Kapitel 6.5.3.

Strukturell variieren die Durchsetzungschancen von Kommunikationsangeboten mit der Besetzung spezifischer *Positionen* innerhalb des politischen Systems. Unterschiedliche Akteure treffen hier auf bessere bzw. schlechtere Voraussetzungen. Die besseren Chancen der Regierung liegen unter anderem in ihrer Tätigkeit und Verantwortung begründet: „Governments are active setting national priorities and proposing policy innovations, taking collectively binding decisions, and implementing them in their programs. As to the politics aspect, government constantly work on legislative and political coalition building. Finally, the leadership function is expressed in the executive's role of crisis management, in maintaining international commitments and entertaining foreign relations." (Pfetsch 1999: 8).

Oppositionshandlungen bleiben demgegenüber vielfach reaktiv und bei der Formulierung von Kritik und Darstellung der Alternativen an den Regierungsinitiativen orientiert. Die eigenständige Durchsetzung oppositioneller Themen ist schwierig – insbesondere für Kleinparteien. Kurzum: folgenreiche Aktivitäten der Regierung sind öffentlich-medial interessanter als die ihnen folgenden Argumentationen der Opposition. Erst im Wahlkampf verschieben sich Möglichkeiten zur Agenda-Beeinflussung, so dass (annähernde) Waffengleichheit entsteht. Dann „verblasst" die fortlaufende Regierungstätigkeit, und von Opposition wie Regierung erbrachte Leistungen sowie künftige Leistungserwartungen rücken ins Zentrum der Auseinandersetzung.

Nicht nur die Position, auch die mit der Regierungsübernahme verbundenen staatlichen Ressourcen und verfügbaren Institutionen zur Gestaltung der Öffentlichkeitsarbeit begünstigen die Regierungsakteure.[622] Die Pflicht zur Information der Bürger/Wähler wird zugleich zur Chance ihrer Beeinflussung. Regierungsvorteile beim Kampf um Aufmerksamkeit sind jedoch kein Erfolgsgarant (Kaase 1998b: 103f.). Für den Strategiezusammenhang wird das bereits am kommunikativen Ziel deutlich: es lautet nicht Publizität, sondern Positivpublizität.[623] Durch institutionelle Positionen bedingte öffentliche Präsenz ist notwendige, aber nicht hinreichende Bedingung für Kommunikationsmacht. Ausschlaggebend bleiben die positiven bzw. negativen Perzeptionen und Bewertungen der Wähler/Bürger – und für sie stellt sich nicht allein die Frage, wer redet, sondern wie sie das finden, was gesagt wird. Darüber entscheiden vor allem die Kommunikationsinhalte und individuellen kommunikativen Fähigkeiten der Akteure, die institutionalisierte Positionen besetzen.

Geschlossenheit trägt – wie in anderen Bereichen des Strategy-Making – auch in kommunikativer Perspektive zur Eroberung bzw. Festigung von Machtpositionen bei. *Kommunikative Geschlossenheit* kennzeichnet die Homogenität, mit der Kollektivakteure in die öffentlich-medialen Kommunikationszusammenhänge eintreten. Die sich daraus ableitende Macht basiert auf Zuschreibungen durch Interaktionsakteure und Beobachter: Je geschlossener ein Kollektiv auftritt, desto besser fallen die Einschätzungen zu seiner Handlungs- und Konfliktfähigkeit aus.

Oft kommt es weniger auf die „reale" als auf die „gezeigte" kommunikative Geschlossenheit an. Allerdings droht im Falle bloß suggerierter Harmonie der schnelle Zerfall des Gleichklangs, wenn eingeleitete Störmanöver strategischer Interaktionsakteure greifen. Auf der anderen Seite bleibt erstaunlich, wie Akteure – unabhängig von der Überzeugungskraft der jeweiligen Argumentationen – allein über den Umstand der Geschlossenheit Gewichte innerhalb von kommunikativen Machtbeziehungen verschieben können. Gerade weil das so

---

[622] Vgl. zu den relevanten Institutionen und Akteurgruppen in Deutschland etwa Marx (2006).
[623] Vgl. Kapitel 6.5.3.

ist, lohnen berechnende Überlegungen, wie sich beim politischen Gegner kommunikative Unruhe auslösen lässt.

Die Zentralität der Führung für die Herstellung kommunikativer Geschlossenheit und die hohe Bedeutung funktionierender Koordinationsmechanismen liegen auf der Hand. Vor allem durch abstimmende Aktivitäten der Spitze wird sich Geschlossenheit des Kollektivs organisieren lassen. Einerseits sitzt das strategische Zentrum an den für die Koordinierung kommunikativer Einheitlichkeit notwendigen Schaltstellen, andererseits verfügen nur Akteure der Spitze auch intern über die notwendigen Machtmittel, die zur Herstellung der kommunikativen Disziplin erforderlich sind. Interne Kommunikationsmacht wird auf diese Weise zur notwendigen Voraussetzung des Aufbaus externer Kommunikationsmacht.

Ein weiterer Relevanzfaktor für die Entfaltung von Macht in Kommunikationsbeziehungen ist das geeignete *Timing*. Dass auch Themen „ihre Zeit" haben, wurde schon thematisiert.[624] Richtiges Timing zeigt sich in verschiedenen Dimensionen. Aus dem weiten Feld kommunikativer Zeitpolitik können hier nur einzelne Aspekte angesprochen werden.

Strategische Akteure suchen nicht nur nach Themen, die zum jeweiligen zeitlichen Kontext passen, sie suchen auch nach Zeitpunkten, die ihnen in kommunikativen Bezügen bessere Durchsetzungschancen vermitteln. In einer Biographie über die Kanzlerin Angela Merkel ist beschrieben worden, wie sie versucht, ihre eigene Politik zu takten, um mit den ihr wichtigen Projekten hinreichend medial-öffentliches Scheinwerferlicht erreichen zu können: „In einem Kalender, der über die ganze Legislaturperiode reicht, werden die Wochen in verschiedenen Blautönen markiert. Zunächst geht es um die Termine wichtiger Wahlen und die heißen Wochen davor. Dann werden die großen Ferien in Sommer und Winter gekennzeichnet, schließlich Jahrestage, Jubiläen und Großereignisse, die im Zusammenhang mit politischen Entscheidungen stehen könnten. Das letzte Jahr wird praktisch komplett gemarkert, denn da herrscht bereits wieder Wahlkampf. Am Ende sind nahezu alle 200 Wochen einer Legislaturperioden eingefärbt. Nur wenige bleiben übrig, in denen nichts angestrichen ist. Das sind die Wochen der Wahrheit." (Schumacher 2006: 181).

Die Rangliste unterschiedlich „bedeutender" Ereignisse führt zu Konkurrenzsituationen um die endlichen Aufmerksamkeitsressourcen von Medien und Öffentlichkeit – sie lässt sich aber über geschicktes Timing in gewissem Umfang strategisch steuern. Zeitsteuerung kann unterschiedliche Ziele verfolgen: manchmal ist Bühnenlicht gewollt und mangels rivalisierender Veranstaltungen sicher, manchmal lassen sich kommunikative Inhalte an festliegende Großereignisse koppeln, manchmal wird es um Nicht-Kommunikation und das Handeln im Schatten medialen Interesses gehen, manchmal kann den Gegnern die Aufmerksamkeit bei deren Hauptereignissen entwendet werden, indem man selbst Aufmerksamkeit versprechende Handlungen platziert. Die potentiell entstehende Kommunikationsmacht bleibt nicht unbeeinflusst von den Randbedingungen konkurrierender Aufmerksamkeit.

Zum Timing gehört auch, als individueller und kollektiver Strategieakteur hinreichend reaktionsschnell zu sein. Da die Steuerungsfähigkeit jedes einzelnen Akteurs in politischen Kommunikationsprozessen begrenzt ist, wird für ihn umso wichtiger, bei Themen, die von anderen platziert wurden und so auf die politische Agenda gelangt sind, zumindest reaktionsfähig zu sein – und zwar relativ schnell. Zu den Erstaunlichkeiten von Kommunikationsprozessen in der Politik gehört, dass zwar viele Themen und Gegenstände lange gar nicht öffentlich behandelt werden, wenn sie aber erst einmal auf die öffentliche Bühne

---

[624] Vgl. Kapitel 6.4.1.

gelangt sind, allen relevanten Akteure eine zügige Positionierung abverlangen.[625] Wer sachpolitisch nicht mitreden kann, wird auch machtpolitisch in der öffentlichen Auseinandersetzung – zumindest in kommunikativer Hinsicht – kaum eine bedeutende Rolle spielen können. Allerdings lässt sich über Reaktionsschnelligkeit nicht automatisch Kommunikationsmacht generieren – neben die notwendige Bedingung der Reaktionsfähigkeit tritt das weitere Erfordernis einer (in- und extern) tragfähigen Position des Kollektivakteurs.

Kommunikationsmacht entfaltet sich auch über kommunikative Rahmungen – und zwar in einem doppelten Sinne. *Framing*[626] bestimmt einerseits über Machtverhältnisse in Kommunikationsprozessen und wird anderseits von ihnen bestimmt. Wer im Rahmen medial-öffentlicher Kommunikation gegenüber anderen durchsetzen kann, worüber bei einem politischen Thema gesprochen wird – und worüber nicht –, in welchen Interpretations- und Deutungssystemen die Diskussion stattfindet und welche Sachgesichtspunkte besondere Betonung finden, hat erheblich höhere Chancen Kommunikationshoheit – im Sinne der Etablierung des eigenen Problemlösungsansatzes als dem aussichtsreichsten – zu erlangen.

Thematische Frames treffen Auswahlentscheidungen über wahrgenommene Realitätsaspekte, heben diese in kommunikativen Bezügen besonders hervor, entwickeln spezifische Problemsichten, interpretieren Kausalzusammenhänge, bewerten normativ und zeigen Lösungsmöglichkeiten auf (Entman 1993: 52). Kurz: Frames definieren und diagnostizieren Probleme, urteilen über sie und empfehlen Lösungen. Sie zeigen Muster der Wahrnehmung, Interpretation, Präsentation, und basieren auf Entscheidungen der Selektion, Akzentuierung und Exklusion (Gitlin 1980: 7). Diejenigen, die dominante Horizonte des Verstehens und Deutens in Öffentlichkeitszusammenhängen begründen können, verfügen über kommunikative Machtvorteile gegenüber ihren Kontrahenten.

Andersherum bestimmen aber bereits kommunikative Machtverhältnisse darüber, wer sich mit seinem Frame in der öffentlichen Diskussion durchsetzen kann. Das ist die zweite Seite der Beziehung zwischen Macht und Deutungssystem. Bei der Auseinandersetzung um die kommunikativen Rahmungen machen viele Akteure ihren Einfluss geltend: Medien, Experten, Wissenschaft, Interessenakteure. Es ist keine Machtfrage, die allein zwischen den konkurrierenden Parteien entscheiden wird. Die zentrale Bedeutung des Framing für den Verlauf und das Ergebnis politischer Prozesse zeigt sich immer wieder – die deutsche Abtreibungsdiskussion (Gerhards/Neidhardt/Rucht 1998) oder die medial-öffentliche Auseinandersetzung um den Atomausstiegsprozess (Rüdig 2000) sind lediglich zwei Beispiele dafür.

Der letzte hier angesprochene, Macht beeinflussende Faktor soll als *kommunikative Korrespondenz* bezeichnet werden. Gemeint ist eine Anpassung der eigenen Kommunikationsinhalte an die Empfangshorizonte von Kommunikateuren und Adressaten, um so deren Perzeptionsbereitschaft zu erhöhen. Je höher die erzielte Übereinstimmung ist, desto wahrscheinlicher wird das Durchdringen des Kommunikationsprozesses mit den eigenen Themen und Botschaften.

Auch auf Seiten der Kommunikateure – den Übermittlern von Kommunikationsinhalten an die eigentlichen Adressaten und, machtkommunikativ besonders bedeutend, eigenständig wirksamen Akteuren öffentlicher Meinungsbildung – bestehen Wahrnehmungsfil-

---

[625] Vgl. dazu auch das Kapitel 6.4.1.
[626] Vgl. Kapitel 6.4.1.

ter.[627] Diese zu überwinden, setzt die Erhöhung der Empfangsbereitschaft und des Interesses der Akteure voraus. Das kann über die Anpassung an die Logik der Medien gelingen. Publizität über Medien ist unabdingbare Voraussetzung, um überhaupt vernommen zu werden, Positivpublizität das zentrale Scharnier, über das Kommunikationsmacht aufgebaut und gegenüber den Konkurrenten ein- und durchgesetzt werden kann.

Korrespondenz gegenüber den Adressaten weist auf deren Bedürfnisse, Wünsche, Hoffnungen hin. Das Machtpotential in Kommunikationsbeziehungen erhöht sich für diejenigen Interaktionsakteure, denen es gelingt, sich mit ihren kommunikativen Inhalten auf die bei den Bürgern/Wählern aktuell besonders ausgeprägten Erwartungshorizonte zu beziehen. Wir denken dabei etwa an eine möglichst weitgehende Passgenauigkeit der eigenen Kommunikation mit Rangfolgen dringlicher Themen, atmosphärischen Signalen, gegenwärtigem Meinungsklima, dominanten Diskursen (Vermittlungsvariablen) und eine Entsprechung des angesprochenen Werte- und Interessenspektrums (Hintergrundvariablen) der relevanten Zielgruppen mit den kommunikativen Botschaften des Strategieakteurs.[628] Kommunikative Korrespondenz garantiert noch nichts, kann aber eine wichtige Voraussetzung für die Stärkung eigener Macht im Kommunikationsprozess sein.

10.2.4 Erwartungen

Erwartungen sind ein zweiter, zentraler Parameter strategischen Steuerungshandelns. Sie können sich auf politisches Handeln (action), kommunikative Orientierungsangebote (communication), politische Entscheidungen (output), aber auch auf Politikergebnisse (outcome) beziehen. Weil Erwartungen nicht mit objektiv-eindeutigen Signalen an die Akteure verbunden sind, stellen sie eine strategische Interpretationsaufgabe dar. Sie sind gerade dann nur interpretativ zugänglich (z.B. über Hintergrundanalysen oder Demoskopie), wenn sie nicht als explizite Forderungen im politischen Prozess sichtbar werden.[629]

Hauptsächlicher Träger strategisch relevanter Erwartungen sind die Bürger/Wähler. Vor allem ihre Wünsche, Hoffnungen, Ansprüche leiten das Denken und Handeln der Strategieakteure. Daneben werden eine Fülle anderer Akteure sichtbar, die Ansprüche an die Politik stellen und diese Erwartungen zum Teil als Forderungen artikulieren: Wissenschaftler und Experten, die (endlich) möchten, dass ihre Erkenntnisse und Vorschläge in politisches Handeln umgesetzt werden, Interessenakteure, die mit ihren Belangen Berücksichtigung verlangen, oder Journalisten, die über Medien selbst zu aktiven Akteuren des Politikprozesses werden und Beachtung ihrer Position erwarten.

Responsivität[630] als Berücksichtigung von Erwartungen ist für Strategieakteure im Steuerungsprozess eine *politische Erfolgsbedingung*. Die Rückbindung an eigene politische Versprechen sowie die Sensibilität und Aufnahmefähigkeit für neue Anliegen ist ein zentraler Steuerungsparameter erfolgreicher politischer Strategien. Da sich die Strategieakteure fast immer widersprüchlichen Ansprüchen gegenüber sehen, sind sie zu Entscheidungen gezwungen: welchen Erwartungen sollen sie nachkommen, welche bewusst enttäuschen? Derartige Entscheidungen setzen strategische Reflexionen und Kalkulationen voraus.

---

[627] Vgl. ausführlich Kapitel 6.5.3.
[628] Vgl. zu Vermittlungs- und Hintergrundvariablen den Anfang des Kapitel 6.
[629] Vgl. Easton (1965: 41f.) zur Unterscheidung von Erwartungen (expectations) und Forderungen (demands).
[630] Vgl. dazu das Kapitel 2.2.

Elemente strategischer Steuerung (Erwartungen) 421

Erwartungen können hinsichtlich Zeitdimension, Intensität und Trägergruppen unterschieden werden. So existieren zeitlich fixierbare *Wahlerwartungen*, dynamische *Prozesserwartungen*, weit verbreitete *Generalerwartungen* und begrenztere *Spezialerwartungen*, zentrale *Kernerwartungen* neben weniger bedeutsamen *Randerwartungen*. Diese Merkmalsausprägungen sind analytische Größen und können sich dementsprechend vermischen, so dass beispielsweise einige besonders wichtige Kernerwartungen wie wirtschaftliche Prosperität oder innere Sicherheit zugleich von vielen geteilte Universalerwartungen darstellen.

Für strategische Steuerung ist die Dynamik sich fortlaufend verändernder Erwartungen von besonderer Relevanz. Bereits bei der Strategiebildung werden Erwartungsdimensionen im Rahmen der Lageanalyse und der Entwicklung von Optionen berücksichtigt und einbezogen. Im Steuerungsprozess geht es vor allem um Erwartungsausfüllung, -anpassung und -steuerung. *Erwartungsausfüllung* meint die Spezifikation der Strategie im Hinblick auf Erwartungshaltungen (Strategieanwendung als Ausführung), *Erwartungsanpassung* die zielgerichtete Abstimmung der Strategie mit sich dynamisch entwickelnden Erwartungsströmen (Strategieanwendung als Adaption) und *Erwartungssteuerung* schließlich die aktive Einflussnahme auf die Erwartungen selbst.

Abbildung 25: Erwartungsdimensionen

Zeit	Trägergruppe	Intensität
Wahlerwartungen	Generalerwartungen	Kernerwartungen
↕	↕	↕
Prozesserwartungen	Spezialerwartungen	Randerwartungen

Die Erwartungsinterpretationen gehen von einem durch Wahl erteilten Auftrag aus (*Wahlerwartungen*). Das Mandat ergibt sich aus dem von den politischen Parteien gemachten Programmangebot und der Reaktion der Wähler. Beides wird über Wahlkampf und Wahlergebnis vermittelt. Der genaue Inhalt des Mandats ist weder eindeutig, noch leicht zu entschlüsseln. Erst die interpretative Zusammenschau von Parteiangeboten, Wahlkampfthemen, Wahlmotiven, Wählerbewegungen kann zeigen, was die Bürger/Wähler beschäftigt und wie ihre Erwartungen an die politischen Entscheidungsträger aussehen.

Dass die Politiker sich durchaus einem Wahlauftrag verpflichtet fühlen, der aus dem vorherigen Angebot, Wahlkampf und Wahlergebnis resultiert, hat die Mandatstheorie empirisch zeigen können.[631] Regierungsentscheidungen nach Wahlen, aber auch das Verhalten der unterlegenen Oppositionsparteien, machen deutlich, dass sich die Parteien bei der Ausgestaltung ihrer Politik an dem orientieren, was sie vorher in ihrem Wahlprogramm und im

---

[631] Vgl. den Überblick zu Annahmen und unterschiedlichen Ausformungen der Mandatstheorie bei McDonald/Budge (2005: 19ff.).

Wahlkampf versprochen haben – und sich ganz überwiegend auch daran halten (Klingemann/Hofferbert/Budge 1994).

Dennoch wäre es ein Missverständnis, sich in strategischen Steuerungsprozessen an einem vermeintlich „imperativen" Mandat zu orientieren. Schon der Mandatsbegriff suggeriert die harte Fassung eines spezifischen Auftrags, der so nicht erteilt worden ist. Es gibt unterschiedliche Erwartungen verschiedener Wählersegmente, deren strategische Konsequenzen für die eigene Politik der Analyse und Interpretation bedürfen. Die kalkulierende Bewertung kann zu weit auseinander liegenden Schlussfolgerungen führen.

Die Union versucht beispielsweise seit der letzten Bundestagswahl 2005, nicht nur diejenigen Erwartungen zu berücksichtigen, die ihre Wähler auf der Basis des formulierten Wahlprogramms an sie richten. Sie will auch vom Unionsprogramm abweichende Sozialerwartungen nicht vollständig enttäuschen – vor allem semantisch, zum Teil aber auch programmatisch –, die viele Wähler letztlich zu einer Wahlentscheidung gegen die Union bewegt haben. So wie meist kein einheitlich-allgemeiner Wahlauftrag existiert (eher vielfältig segmentierte Wähleraufträge), können verschiedene strategische Ziele zu Orientierungen an sehr unterschiedlichen Erwartungen bzw. deren Trägern führen.

Die Interpretationen müssen sich einerseits um ein Verstehen des Erwartungsspektrums bemühen, es andererseits in die strategischen Kalkulationen einbeziehen, und schließlich aufgeschlossen gegenüber Veränderungen im Erwartungshorizont bleiben, die sich erst im Verlauf des dynamischen Politikprozesses einstellen.

Veränderungen manifestieren sich in artikulierten bzw. beobachtbaren Erwartungen, die den ursprünglichen Wahlauftrag modifizieren oder transformieren (*Prozesserwartungen*). Manche Erwartungen erweisen sich als stabil – wie beispielsweise der Wunsch nach einem Abbau der Arbeitslosigkeit –, einige wandeln sich dramatisch, andere kommen und gehen. Aus diesem Grund wäre das Beharren auf einem einmal festgestellten Wahlauftrag trügerisch. Permanente Erwartungssensibilität lautet die Anforderung, der sich strategische Akteure stellen müssen. Dafür ist die dauerhafte, genaue Beobachtung der Wähler/Bürger (z.B. über Demoskopie), relevanter Interessengruppen, Medien und Parteien erforderlich.

Erwartungssortierung ist eine weitere Strategieaufgabe. Generalerwartungen lassen sich von Spezialerwartungen unterscheiden. Sie müssen jeweils kalkulatorisch auf das eigene Kollektiv und die eigene Position rückbezogen werden. *Generalerwartungen* richten die Bürger/Wähler an alle politischen Formationen. In modernen Demokratien beziehen sich diese etwa auf materielle und physische Sicherheit (Wohlstand, soziale Grundsicherung, wirtschaftliche Prosperität, äußerer und innerer Frieden etc.). *Spezialerwartungen* bezeichnen die Ansprüche und Forderungen an bestimmte Parteien, die meist in einem inneren Zusammenhang mit ihrer programmatischen Ausrichtung und ihrem politischen Profil stehen. Soziale Gerechtigkeit bei der Sozialdemokratie, Schutz von Umwelt und Natur bei grünen Parteien oder Sicherung individueller Freiheit durch Liberale wären Beispiele für solche besonderen Erwartungsausprägungen.

Auch die Gewichtung von Erwartungen wird Strategieakteuren abverlangt. Substantielle *Kernerwartungen* sind aus Sicht der Bürger/Wähler unverzichtbar, offensichtliches Versagen führt zu unmittelbaren politischen Konsequenzen (z.B. nachlassende Zustimmungsraten, Wahlniederlagen). Die weicheren, weniger zentralen *Randerwartungen* zeigen zwar Wünsche an, stellen aber keine essentiellen Aspekte dar. Es sind Zusatzforderungen, die sich an die Akteure richten. Mangelhafte Performanz in diesen Bereichen wird weniger hart bestraft.

Die Erwartungsorientierung der Akteure zeigt sich nicht ausschließlich in der Übernahme strategisch relevanter Erwartungen. Die Kalkulationen können auch dazu führen, sichtbaren Erwartungen nicht nachzugehen, neue Erwartungen zu wecken oder bestehende zu modifizieren. Strategische Akteure versuchen, solche Prozesse gezielt zu steuern. Da Erwartungen eine relative Größe sind, lassen sie sich auch beeinflussen.

Die *Erwartungssteuerung* nimmt Einfluss auf das Verhältnis von Erwartungen und eigenen Leistungen (auch: Leistungsmöglichkeiten). Es bedarf des Aufbaus und Abbaus sowie des kommunikativen Umgangs mit Erwartungen durch Interpretation und Einordnung. So senkt beispielsweise die von der Kanzlerin Angela Merkel propagierte Politik der „kleinen Schritte" den Erwartungshorizont (Meng 2006: 87), während etwa das Hochreden der Erwartungen, die blinde Erfolgskommunikation des ehemaligen Umweltministers Jürgen Trittin im Prozess des Atomausstiegs (vgl. Raschke 2001a: 170ff.) schließlich zu einem Missverhältnis von formuliertem Anspruch und Politikergebnis führte. Konrad Adenauer dagegen hat gezeigt, wie die zeitliche Verknüpfung von populären und unpopulären politischen Maßnahmen zu einem Mittel erfolgreicher Erwartungssteuerung werden kann (Noelle-Neumann 2006: 176).

Voraussetzung für eine Balancierung von Erwartung, Forderungsniveau und Leistung ist ein Gespür für das Erreichbare und die entsprechende Anpassung der formulierten Angebote bzw. Versprechen. Nicht immer ist es sinnvoll, nur solche Erwartungen zu wecken, die sicher erreichbar erscheinen. Dann können Mobilisierungs- und Unterstützungsanreize verloren gehen. Die Angebotsstruktur darf die Verbindung zu sich eigendynamisch entwickelnden Erwartungen nicht abreißen lassen.

Gelungene Erwartungssteuerung stimmt das Regierungs-, Oppositions- und Parteihandeln ab mit den Wahl- und Prozesserwartungen der für die eigene Strategie als relevant erachteten Akteure. Sie setzt Interpretationen der Lage, strategische Kalkulationen, Priorisierungen, Balancierungen und kommunikative Vermittlungsleistungen voraus. Die Berücksichtigung ebenso wie die Steuerung von Erwartungen lassen sich auf die vier Zentralbereiche von Organisation, Kommunikation, Problem- und Konkurrenzpolitik beziehen.

Organisationserwartungen

Organisationen sind zeitgleich mit Erwartungen von innen (Mitglieder, Aktive) und außen (Bürger/Wähler, Interessenakteure, Medienvertreter etc.) konfrontiert. Es bleibt eine strategische Sortierungsaufgabe, an welchen Erwartungen man sich für das eigene Handeln vorrangig orientieren will. Da sich die verschiedenen Erwartungshorizonte überlappen und Wechselbeziehungen ausbilden, fällt Separierung und Klassifikation – wichtig, weniger wichtig, unwichtig – schwer. Dennoch hilft dem Akteur im Steuerungsprozess das Herausarbeiten einer Rangliste der für die strategische Zielverfolgung als besonders relevant eingestuften Erwartungen dabei, den Überblick zu behalten und die Konzentration auf die für ihn wichtigen Aspekte zu lenken. Optimal – aber selten erreichbar – wäre natürlich die gelingende Positivverschränkung der gesellschaftlichen, parteilichen, parlamentarischen und gouvernementalen Erwartungsspektren.

Es gehört zu den Paradoxien moderner Politik, dass ihr hauptsächlicher Adressat, der Bürger/Wähler, von den Parteien einerseits das stellvertretende Führen gesellschaftlicher Debatten erwartet, anderseits die damit notwendigerweise verbundenen Kontroversen innerhalb parteipolitischer Kollektive als Zerstrittenheit erlebt. Gefordert sind lebendige Parteien, deren Lebendigkeit nicht sichtbar wird. Die Kritik reibt sich an widerspruchs- und diskussionslos der Führung folgenden Organisationen („Kanzlerwahlverein"), schreibt aber gerade den folgsamen Kollektiven die für notwendig gehaltene Handlungsfähigkeit zu. Auch wenn diesem unauflösbaren Widerspruch strategisch nicht zu entrinnen ist, erfordert die entsprechende Erwartungshaltung eine sorgfältige Balancierung von themenorientierten parteipolitischen Diskussionen und über Geschlossenheit demonstrierte Handlungsfähigkeit.

Parallel zur generellen Abnahme von Parteimitgliedschaften gehen die Bindungen zwischen Parteiorganisationen und ihren Mitgliedern zunehmend zurück (vgl. Kitschelt 2000). Dennoch lassen sich für Mitglieder, Aktive und Wähler immer noch unterschiedlich hohe Erwartungshaltungen und divergierende Erwartungsdimensionen feststellen. Wähler wollen von der favorisierten Partei in erster Linie ihre Interessen, inhaltlichen Auffassungen und Wertvorstellungen kompetent wahrgenommen und vertreten wissen. Mitglieder und Aktive möchten mehr. Zusätzliche Erwartungen beziehen sich auf aktive Gestaltungsmöglichkeiten, Mitbestimmungsoptionen, die Erfüllung von politisch-ideologischen Verbundenheits- und Identifikationsbedürfnissen, oder auch politische Ämter und Aufstiegschancen (vgl. Wiesendahl 1998: 153ff.). Hier wird ein Spannungsfeld breit gefächerter Erwartungen deutlich, das vom Strategieakteur nicht generell, sondern nur kontextspezifisch, unter Berücksichtigung der jeweiligen Strategie und den ihr zugrunde liegenden Kalkulationen, aufgelöst werden kann.

Problempolitikerwartungen

Es entspricht dem Akt der Delegation, dass die Bürger mit der Wahl Kompetenzen, Ressourcen und Verantwortung an die Politiker übertragen und in der Folge erwarten, dass diese angemessene Problemlösungskonzepte entwickeln und durchsetzen. „Dynamische Repräsentation" (Stimson/Mackuen/Erikson 1995), bei der sich öffentliche Politik responsiv gegenüber den Problempolitikerwartungen der Bürger/Wähler zeigt, ist eine Zielgröße strategischer Politik.

Mögliche Handlungsschwierigkeiten nationalstaatlicher Politik angesichts der Überstaatlichkeit komplexer Problemlagen und globalisierter Güter-, Dienstleistungs- und Finanzmärkte, befreien nationalstaatliche Regierungen und Oppositionen nicht von Verantwortungszurechnungen und Erwartungen der Bürger/Wähler (vgl. Dahl 1999: 925ff.). Sie sollen – nach wie vor – für die wahrgenommenen politischen Probleme adäquate Lösungen herbeiführen.

Am Ende ist der demokratische Mechanismus ganz einfach: problempolitische Erwartungsenttäuschungen führen zur Wähler-Strafe des Machtentzugs bei Wahlen. Nur die Entstehung von Erwartungsenttäuschung ist komplex und kontrovers, sie bleibt mal mehr, mal weniger an die „wirklich" erbrachten Leistungen angekoppelt. Tatbestände, Ursachen, Begründungen und Zurechnungen des Problempolitikerfolgs bzw. -versagens sind immer mehrdeutig und umstritten. Deswegen kommt es für den Strategieakteur im Steuerungsprozess nicht nur darauf an, problempolitische Erwartungskorrespondenz herzustellen, sondern sie auch vermitteln zu können.

Die Auseinandersetzung dreht sich besonders um *Erwartungsmaßstäbe* – in diesem Bereich liegt damit zugleich ein besonderer strategischer Steuerungsauftrag. Sie lassen sich gesamtgesellschaftlich oder über Teilgesellschaften charakterisieren: „Eine politikskeptische Gesellschaft, die am liebsten professionell verwaltet werden will, wird mit weniger zufrieden sein als eine Gesellschaft, die sich nach ambitionierten Idealen sehnt. Eine Gesellschaft, die ganz gern in immer mehr voneinander unabhängige Teile zerfällt, wird den Gesamtentwurf nicht vermissen. Für ihre Teilgesellschaften zählen die jeweiligen Politiken." (Meng 2006: 160).

Sowohl das Ganze (Gesamtpolitik) als auch einzelne Teile (Teilpolitiken) können zu Erwartungserfüllung oder -enttäuschungen führen. Den Kernerwartungen kommt dabei eine besondere Rolle zu. Für den Strategieakteur ist die Balancierung von aufgebauten Erwartungen und eigenem Leistungsvermögen wichtig. Das Versprechen endgültiger Lösungen für Probleme, die sich schon strukturell einfachen Lösungen entziehen (z.B. Arbeitslosigkeit, demographischer Wandel) und dementsprechend in modernen Gesellschaften eigentlich nur besser oder schlechter dauerhaft bearbeitet werden können, programmiert Erwartungsenttäuschungen. Sie fallen auf den sich selbst überschätzenden Akteur zurück. Anders herum schafft das systematische Zurückschrauben jeglicher Erwartungen für die Bürger/Wähler keine Anreize, dem politischen Erwartungsminimierer überhaupt Macht zu übertragen.

Auch im Hinblick auf problempolitische Ansprüche muss der Strategieakteur die relevanten von den irrelevanten Erwartungen und Forderungen trennen. Beständig existieren allgemeine „öffentliche" Problemlösungserwartungen, die vor allem über die Medien vermittelt werden und denen sich politische Akteure angesichts ihrer Präsenz nur schwer entziehen können. Allerdings entwickeln sich – das ist wichtig für Strategie – medial produzierte Öffentlichkeitserwartungen manchmal auch unabhängig von Wählerschaftserwartungen. Ein Beispiel ist die in Deutschland in den letzten Jahren deutlicher hervorgetretene Diskrepanz zwischen einer neoliberal ausgerichteten Medienlandschaft und den starken sozialen Gerechtigkeitsansprüchen großer Teile der Bevölkerung. Strategische Akteure sind dann aufgefordert, nicht einem medialen Erwartungshorizont hinterherzulaufen, der den eigentlichen Erwartungen ihres Wahlklientel widerspricht.

Konkurrenzpolitikerwartungen

Erwartungen richten sich nicht nur an Organisation, Problempolitik und öffentliche Kommunikation. Der wesentlich über Medien ausgetragene politische Wettbewerb wird selbst zum Gegenstand von Politik und erzeugt entsprechende konkurrenzpolitische Erwartungen. Das Feld konkurrenzpolitischer Erwartungen ist unübersichtlich und maßgeblich durch politische Traditionen und kulturelle Mentalitäten geprägt. Strategieakteure sind im Steuerungsprozess mit widersprüchlichen Erwartungshaltungen konfrontiert, die zu komplexen Anforderungen konkurrenzpolitischer Erwartungsnavigation führen.

Anders als beispielsweise in angelsächsischen Staaten, entwickelte sich in Deutschland – historisch und kulturell bedingt – eine Tradition der Abneigung gegen „unsachliche", auf Streit und Konflikt angelegte Auseinandersetzungen zwischen den politischen Konkurrenten (vgl. Almond/Verba 1963: 151ff., Mergel 2003). Solche kulturellen Besonderheiten beeinflussen etwa im Bereich politischer Wahlkämpfe die Möglichkeiten (Art, Ausmaß, Intensität) eines Negative Campaigning (vgl. Holtz-Bacha 2001). Strategieakteure internalisieren kulturelle Schranken, achten aber gleichzeitig darauf, die konkurrenzpolitischen Erfordernisse der Erkenn- und Sichtbarkeit nicht zu vernachlässigen – und sei es dadurch, Aktionen der Polarisierung zwar durchzuführen, aber gleichzeitig verdeckt zu halten bzw. zu überspielen. So kann es gelingen, polarisierende Wirkung zu entfalten, aber nicht das Bemühen um Polarisierung ins Zentrum der Aufmerksamkeit zu rücken.

Daneben bestehen Befürchtungen, dass konkurrenzpolitische Überlagerungen der Problempolitik ein Hindernis effektiver Problemlösung darstellen. Weil kompetitive Orientierungen der Politiker und entsprechende Interaktionsformen im Spannungsverhältnis zu einvernehmlich-gemeinsamen Problemlösungen stehen (Scharpf 2000: 276ff.), resultieren aus einer solchen Grundhaltung verbreitet Erwartungen, die politischen Akteure mögen ihren Streit doch endlich beiseite legen, und sich den „Sachfragen" bzw. der wirklichen Problemlösung zuwenden.

Der Wunsch nach Harmonie und „sachlicher" Politik kollidiert mit gegenläufigen Erwartungen, die sich auf die klare Unterscheidbarkeit der parteipolitischen Wettbewerber richten. Bürger/Wähler wollen erkennen können, wofür die jeweiligen Parteien im Unterschied zu ihren Konkurrenten stehen. Nur die Sichtbarkeit von Alternativen belegt konkurrenzpolitische Entscheidungen bei Wahlen mit einem tieferen Sinn. In dieser Perspektive garantieren gerade Konflikte die Sichtbarkeit konkurrenzpolitischer Alternativen. Geringe programmatische Differenzen in zentralen Politikfeldern, beispielsweise zwischen konservativen und sozialdemokratischen Großparteien mancher Party-Government-Systeme (vgl. Budge et al. 2001, Klingemann/Volkens 2002, Klingemann et al. 2006), werden zum bearbeitungsbedürftigen Problem.

Erwartungen der Unterscheidbarkeit fordern vom Strategieakteur die Sicherstellung der Erkennbarkeit. Fehlenden programmatischen Differenzen wird einerseits über sachbezogene Gewichtungen und Akzentverschiebungen begegnet, anderseits durch ein Ausweichen auf andere Felder und Objekte, wie etwa die Betonung von Unterschieden über Symbole oder Personen. Insgesamt erhöht die Widersprüchlichkeit konkurrenzpolitischer Erwartungen die Anforderungen an strategische Kalkulationen und verdeutlicht die Notwendigkeit, die konkurrenzorientierte Erwartungssteuerung mit der eigenen Gesamtstrategie abzustimmen.

Kommunikationserwartungen

Die Bevölkerung will nicht nur eine überzeugende Politik, sie will auch überzeugt werden. Insbesondere darin liegt der Anteil kommunikativer Politik. Die Annahme, Zustimmung der Bürger/Wähler bekämen nur Politiken, die ihnen selbst zu Gute kommen, ist unbegründet. Die weit verbreitete Akzeptanz, über steuerliche Belastungen Hilfen für die deutschen Flutopfer des Sommers 2002 zu finanzieren, oder die grundsätzliche Bereitschaft der Deutschen, einheitsbedingte Lasten zu tragen, zeugen beispielhaft davon. Auch die Analyse wohlfahrtstaatlicher Reformen in unterschiedlichen europäischen Staaten hat gezeigt, dass die Akzeptanz durchgreifender Veränderungen erheblich von der Gestaltung und Ausformung medial-öffentlicher Kommunikation abhängt (vgl. Schmidt V. 2002). Kommunikation kann dazu beitragen, den Sinn von Einschnitten bzw. verschärften Maßnahmen zu vermitteln und damit die Bereitschaft, Lasten zu tragen.

Die Gestaltung und Erfüllung kommunikativer Erwartungen ist das Aufgabenfeld strategischer Kommunikation. Wir hatten bereits auf die Bedeutung von Frames und Kommunikationslinien für den politischen Prozess hingewiesen.[632] Hier treten, unter Verwendung dieser Instrumente, vor allem Aspekte der Erwartungssteuerung und Orientierungsvermittlung in den Vordergrund. Primäre Ziele sind der Aufbau realistischer Erwartungshorizonte sowie die Etablierung eines sachlich, zeitlich und sozial übergreifenden Orientierungsrah-

---

[632] Vgl. dazu die Kapitel 6.4.1, 6.5.3 und 10.2.3.

mens, der die Zu- und Einordnung unterschiedlichster Politikentscheidungen in einen größeren Sinnzusammenhang leistet und durch eine derartige Perspektivierung Akzeptanz generieren kann.

Die Möglichkeiten von Strategieakteuren, eine persuasiv angelegte Kommunikation zu etablieren, die sich vorrangig Bürgern/Wählern zuwendet, sind nicht grenzenlos. Institutionelle Rahmenbedingungen wirken auf die Chancen der Akteure, vornehmlich „kommunikative Diskurse" mit der Bevölkerung initiieren zu können, oder aber, wie in politischen Systemen mit hoher Machtverflechtung (z.B. Niederlande, Deutschland), auch stärker „koordinierende Diskurse" führen zu müssen (vgl. Schmidt/Radaelli 2004: 197ff.). Die Wahlfreiheit der Akteure ist jedoch nur relativ beschränkt. Es bleibt möglich, Bürgern/Wählern besondere Kommunikationsangebote zu unterbreiten, koordinierende Kommunikationserfordernisse nach innen zu verlagern oder Verbindungen zwischen kommunikativer Koordination und Akzeptanzkommunikation zu suchen.

Mehrdimensionale Erwartungsbeziehungen ergeben sich im Verhältnis politischer Strategieakteure zu Medienakteuren. Zunächst verfügen Journalisten über eigene Erwartungen, die auf die Berichterstattung abfärben. Darüber hinaus beeinflussen Journalisten mit ihrer Arbeit die inhaltlichen Ausformungen und Ranglisten der Erwartungen von Bürgern/Wählern. Die Anspruchshöhe bleibt nicht unbeeindruckt von in den Medien aufgebauten Erwartungshorizonten – auch wenn die Bürgererwartungen nicht immer im gleichen Takt steigen und sinken.

Die Reflexivität medialer Akteure führt aus strategischer Perspektive zu einem weiteren, anders gelagerten Erwartungsproblem. Die von Journalisten beobachtete zunehmende Rationalisierung politischer Kommunikation (Adaption der Medienlogik, Spin-Doctoring etc.) führt zu Widerstand. Die Erwartung, man solle als Journalist professionell manipuliert und in Richtung einer bestimmten Berichterstattung gelenkt werden, produziert Gegenreaktionen, die in der Betonung journalistischer Unabhängigkeit liegen und zur Entlarvung dahinter vermuteter Kommunikationsstrategien führen (Neveu 1998: 450). Diese werden von den Medienakteuren mit besonderer Aufmerksamkeit antizipiert, entziffert und öffentlich freigelegt (Kriesi 2003: 217). Allzu offensichtliche kommunikative Steuerungsversuche strategischer Akteure können so Negativwirkungen erzeugen.

Die rigiden kommunikativen Steuerungsbemühungen durch die strategische Kommunikationsabteilung und dessen früheren Leiter (Alastair Campbell) innerhalb der Core Executive der britischen Regierung unter Tony Blair zeigen dies exemplarisch. Der stark zentralisierte Kommunikationsstil in der ersten Legislaturperiode rief Diskussionen und Kritik hervor (vgl. Heffernan 1999, Paterson 2000). Dem übersteuerten Versuch, die öffentliche Berichterstattung und Meinungsbildung durch intensives Medienmanagement und ausgeprägtes Spin-Doctoring zu lenken, folgte der durch die Medienakteure und ihre Berichterstattung stark forcierte Eindruck eines inhaltlich entleerten Premiers Blair, der sich als medialer „Kontrollfreak" entpuppt (vgl. Becker 2000).

10.2.5 Leistungen

Zwischen Erwartungen und Leistungen bestehen enge Verbindungen und Wechselbeziehungen. Beide Steuerungsparameter lassen sich aber analytisch separieren, da der Fokus im einen Fall auf die Umwelt, im anderen Fall auf den Strategieakteur selbst gerichtet ist. Während Leistungen in den relevanten Steuerungsbereichen vom Strategieakteur selbständig erbracht werden müssen, weisen Erwartungen unmittelbar auf andere Akteure als externe Bezugsgröße strategischen Handelns hin. Beide Parameter können sich unabhängig voneinander entwickeln. Der Strategieakteur versucht, Erwartungen und Leistungen in Übereinstimmung zu bringen und mit den ihm zur Verfügung stehenden Machtmöglichkeiten abzustimmen.

Besondere Leistungsbezüge der Ausübung politischer Herrschaft im Teilsystem Politik sind neueren Datums: „Erst im Laufe der historischen Entwicklung ist der Leistungsaspekt politischer Systeme immer weiter in den Vordergrund getreten. Dem Staat ist ausdrücklich die Erfüllung eines ständig wachsenden Katalogs von Aufgaben für die Gesellschaft zugewiesen worden, wofür dem zum Bürger gewordenen Herrschaftsunterworfenen als Steuerzahler die Gegenleistungsrechnung aufgemacht wird." (Mayntz 1988: 39). Heute kann die Umstellung des politischen Teilsystems auf Leistung als weitgehend vollzogen gelten.

Die Bürger/Wähler erbringen – neben den Steuern, die immer fällig werden – ihre maßgebliche Gegenleistung, die Wahl der politischen Leistungsproduzenten, nur denjenigen gegenüber, die sie zufrieden stellen. Sie treffen eine Auswahl aus dem Spektrum politischer Akteure, die sich um Leistungen bemühen und zur Wahl anbieten. Einbezogen sind Regierung *und* Opposition, auch wenn die Regierung im Hinblick auf die Erbringung von Leistungen unter besonderer Beobachtung und in herausgehobener Verantwortung steht.

Leistung soll hier als Erfüllung von Aufgaben, Zielen und Erwartungen definiert werden. Leistungen beziehen sich auf Ergebnisse von Handlungen und deren Bewertung durch andere. Auch die Aufgabenkategorie entobjektivieren wir, mit der Folge, dass alle drei Leistungsaspekte (Aufgaben, Ziele, Erwartungen) über Akteurswahrnehmungen und -festlegungen konzeptualisiert werden.

Aufgaben haben am ehesten einen objektiven Kern. So erscheinen einer Gesellschaft unmittelbar drängende Problemlagen zuweilen als zwingende Angelegenheiten der Politik – denen sich niemand entziehen kann. Institutionell vorgegebene Aufgaben (wie etwa Verfassungsaufträge) entfalten gegenüber den Akteuren stabil orientierende Wirkungen und lassen so manchmal vergessen, dass auch Normen und Institutionen durch Akteurhandeln entstanden sind und durch Akteure verändert werden können. Gleichwohl zeigt das jeweils begrenzte Spektrum politischer Problembearbeitung und die Vielzahl unbearbeiteter Probleme, dass Aufgaben politisch definiert werden.

Aufgaben kennzeichnen Felder, auf denen die Gesellschaft Leistungsbemühungen der Politik als notwendig erachtet (Innere Sicherheit, Arbeit, Bildung etc.). Versucht man der Kategorie Aufgaben eine empirische Referenz zu geben, wird man vor allem bei der demoskopisch ermittelbaren Public-Agenda der Bürger/Wähler, der Medien-Agenda und bei den erfassbaren Agenda-Building-Bemühungen politischer Akteure fündig.

Ziele sind konkrete, gewünschte Zustände im Hinblick auf Aufgaben, die Akteure für sich setzen oder andere ihnen zuweisen und an denen sie sich in der Folge selbst messen oder gemessen werden. Die enge Verbindung von Erwartungen mit Zielen und Aufgaben ist offensichtlich. (Leistungs-)Erwartungen knüpfen sich an als wichtig angesehene Aufgabenbereiche und formulierte Ziele.

So einfach der Zusammenhang von Leistung als Erfüllung von Aufgaben, Zielen und Erwartungen klingen mag, so komplex gestalten sich die damit zusammenhängenden Politikprozesse. Die Formel „Leistungsproduktion = politischer Erfolg" greift zu kurz. Leistungen determinieren den Erfolg von Regierung bzw. Opposition nicht, dazu müssen sie noch durch den Filter der Öffentlichkeit und die Bewertungsprozesse der beteiligten Akteure. Aber ohne relevante Leistungen fehlen dafür die notwendigen Voraussetzungen.

Die zunehmende Leistungsorientierung der Bürger/Wähler deutet eine Tendenz an, die jedoch „klassische" Einflussfaktoren auf das Wahlverhalten nicht überflüssig macht (vgl. Weßels 2000a: 152ff.). Gruppenbindungen, Richtungspräferenzen, Werte- und Interessenhintergründe, Parteiidentifikationen, Themen oder Kandidaten bleiben als Erklärungsvariablen, aber auch als Orientierungsgrößen für die Wahlentscheidung wirksam. Das kann dazu führen, dass Wähler bestimmten Parteien trotz negativer Leistungsbilanz die Treue halten, weil sie Richtung und Werte teilen oder das Kandidatenangebot überzeugend finden. Trotzdem müssen Parteien sich darüber im Klaren sein (und sind es auch), dass die Wählerschaft auf Dauer erkennbare und relevante Leistungen erwartet.

Für den Strategieakteur bedeutet das zunächst einmal, überhaupt Leistungen erbringen zu müssen. Ein umfangreicher Output allein erfüllt die Leistungserwartungen jedoch nicht: „Viel" machen (Gesetze, Anträge, Programme etc.), bedeutet noch lange nicht, dass man in der Wahrnehmung der relevanten Akteursgruppen auch das „Richtige" macht. Outcome, Effektivität, Effizienz oder Equity sind weitere Referenzgrößen in den umfangreichen, dynamischen Perzeptions- und Bewertungsprozessen, die vor den (vorübergehend) abschließenden Urteilen bei Wahlen zu den Ergebnissen problempolitischen Handelns – also den Leistungen der jeweiligen politische Akteure – stehen. Wie wir sehen werden, sind es aber nicht nur solche problembezogenen Aspekte, die in die Leistungsbeurteilungen einfließen.

Fragt man nach den Gruppen, die an unterschiedlichen Etappen der Formulierung von Leistungsanforderungen, ihrer Messung und Bewertung beteiligt sind, eröffnet sich ein weitläufiges, heterogenes Akteursfeld. Es reicht von Bürgern/Wählern, Wissenschaftlern, Experten, Medien- und Interessenakteuren bis hin zu den Politikern selbst. Auch die Politiker als Leistungsproduzenten beteiligen sich über eigene Zielfestlegungen und die Definition gesellschaftlicher Aufgaben aktiv an der Leistungsbestimmung.

Leistungen lassen sich mehrdimensional beschreiben und charakterisieren. Die definitiven Bewertungskriterien sind vielgestaltig und umstritten. Ausschlaggebende Maßstäbe für Leistungen hängen etwa ab von Auffassungen zu besonderen Aufgaben, relevanten Zielen, eigenen Erwartungen, grundlegenden Wertpriorisierungen oder spezifischen Interessen. Können die deutschen Hartz IV-Reformen beispielsweise aus der Perspektive und innerhalb des Rahmens eines wertenden Bezugssystems vom vorsorgenden Sozialstaat als überwiegend erfolgreiche Leistung Anerkennung finden, wird die Beurteilung auf der Basis klassischer Sozialstaatserwartungen negativ ausfallen. Leistungen und ihre Bewertungen bleiben also variable Größen.

Auch auf Seiten der Leistungsproduzenten besteht prinzipielle Wahlfreiheit, welchen Aufgaben, Zielen und Erwartungen man sich stellt – mit den möglichen Konsequenzen muss man leben. Als etwa Anfang der 1990er Jahre in Deutschland ein gesellschaftlicher und politischer Grundkonsens darüber bestand, dass die Wiedervereinigung *die* zentrale Aufgabe der kommenden Regierung darstellen wird und nur die Grünen im Wahlkampf vom Wetter reden wollten, fiel ihr Wahlergebnis entsprechend aus. Es war der vorübergehende Abschied von der bundespolitischen Bühne.

Welche Leistungsbereiche fordern den Strategieakteur heraus? Es sind nicht nur die zunächst ins Auge springenden substantiellen Ergebnisse politischer Arbeit: Problembearbeitung und -lösung. Sicher ist die Leistungserbringung im Bereich der Problempolitik ein zentraler Gradmesser der bewertenden Gesamtschau. Aber auch innerhalb und mit der Organisation sind Leistungen zu erbringen, genauso wie in den Feldern der Konkurrenzpolitik und Öffentlichkeit. Die unterschiedlichen Leistungsbereiche zeigen an, dass sich Strategieakteure neben Problemlösungsleistungen auch um symbolische, personelle, thematische, organisatorische, wettbewerbsbezogene und kommunikative Leistungen bemühen.

Insgesamt sind für Bewertungen und Urteile also keine „objektiven" Leistungen ausschlaggebend – die so auch nicht feststellbar wären. Strategische Akteure müssen schon aus Eigeninteresse am Deutungskampf um Aufgaben, Ziele, Erwartungen, Maßstäbe und Urteile teilnehmen. Einfluss auf die Ergebnisse der Leistungsbewertungen erlangen nicht die feststellbaren Leistungen selbst, sondern die mit ihnen mehr oder weniger eng verknüpften *Leistungsprofile* der Akteure. Sie ergeben sich aus Handlungsergebnissen, die den jeweiligen Akteuren zugerechnet bzw. in der Zukunft zugetraut werden. Leistungsprofile zeigen also Akteurleistungen, die andere als solche wahrnehmen. Allgemeine Leistungsprofile setzen sich – angebunden an messbare Leistungserfolge – zusammen aus Einzelprofilen zu den spezifischen Leistungsbereichen von Organisation, Problem- und Konkurrenzpolitik sowie öffentlicher Kommunikation.

Organisationsleistungen

Für die Leistung organisatorischer Selbststeuerung muss der politische Kollektivakteur auf sich selbst einwirken, um auf der für strategisches Handeln notwendigen Höhe der Situation zu bleiben. Dimensionen der Strategiefähigkeit sind dabei als Variablen zu verstehen, deren jeweilige Ausprägung für den Erfolg strategischer Steuerung bedeutsam ist. So muss, um ein zentrales Beispiel für Organisationsleistungen zu nehmen, die Geschlossenheit der Partei (insbesondere ihrer Führung) im strategischen Prozess immer wieder hergestellt werden. Wie bereits mehrfach betont, ist Strategiefähigkeit insgesamt zwar ein grundlegendes, aber kein statisches Strukturmerkmal des kollektiven Akteurs. Sie ist Voraussetzung *und* Objekt im strategischen Steuerungsprozess. Struktursteuerung führt zur Ausbildung und zur Erhaltung von Strategiefähigkeit. Prozesssteuerung aktualisiert den Kollektivakteur als kontinuierlich interventionsfähig.

Damit Organisationen als Ganzes Leistungen erbringen können, die Aufgaben, Zielen und Erwartungen gerecht werden, sind Voraussetzungen zu schaffen. Die organisatorischen Leistungsvoraussetzungen greifen von der sachlichen auf die soziale Ebene über. Arbeitsteilige Organisationsmaßnahmen ebenso wie die Koordination zwischen Organisationen (z.B. Regierung, Fraktion, Partei) strukturieren – über Verantwortung, Ressourcenverteilung, Kontrolle etc. – soziale Positionen und Entwicklungsmöglichkeiten. Das Leistungsvermögen von Organisationsfestlegungen ist mit Interessenfragen verbunden, das heißt mit potentiellen Konflikten und Widerständen, die eine noch so gute Strategie und die dafür erforderliche organisatorische Leistungserbringung „von innen" scheitern lassen können.

Schon bei der Ausbildung von Strategiefähigkeit und der Strategieentwicklung war der beträchtliche Einfluss von Macht-, Konkurrenz-, Richtungsfaktoren festzustellen. In der kontinuierlichen Praxis des Steuerungsprozesses sind diese unvermeidbaren Störfaktoren leistungsorientierter Strategieverfolgung unverändert am Werk. Es ist strategische Steuerungsaufgabe, mit Hilfe von tagtäglicher Mikropolitik die Voraussetzung für die Leistungserbringung sicher zu stellen, nämlich das strategieorientierte Wirken der Organisation als Ganzer.

Problempolitikleistungen

Die Korrespondenz von Aufgaben, Zielen, Erwartungen und problempolitischen Leistungen erfordert die besondere Aufmerksamkeit der Strategieakteure, da Problempolitikleistungen ein zentraler Gradmesser der gesamtpolitischen Leistungsbilanz sind. In erster Linie ist es die Regierung, die problempolitische Leistungen erbringen muss. Die Opposition zeigt ihre Ansätze für die Problemlösung auf und findet ihren Part im Prozess der Problempolitik, der in der Mitwirkung, aber ebenso in der Realisierung von Vetopunkten liegen kann. Leistungs- und Kompetenzbewertungen orientieren sich daran.

Problempolitische Leistungsbereiche und entsprechende Anforderungen an die Leistungserbringung unterscheiden sich nicht allein zwischen Regierung und Opposition, sondern bereits innerhalb dieser Akteurgefüge. So können sich auf der einen Seite Wertungen einzelner Ressortleistungen von der allgemeinen Problempolitikbilanz einer Regierung entfernen. Auf der anderen Seite wird die Opposition als Ganze in ihrer problempolitischen Leistungsfähigkeit möglicherweise nicht in gleicher Weise wahrgenommen wie einzelne ihrer Teile (z.B. Fraktion, Führung).

Diese Wertungsdiskrepanzen sind auch deswegen strategisch schwer zu steuern, weil Logiken und Orientierungen der Akteure in den einzelnen Teilbereichen von Regierung und Oppositionen auseinander fallen (vgl. Tils 2003). Die Differenz zwischen Regierungs- und Ressortsteuerung zeigt das exemplarisch (Raschke 2001a: 105). Die ressortübergreifende Wertschätzung der problempolitischen Regierungsleistung wird dabei nicht einfach durch die Addition der verschiedenen Fachpolitiken erreicht. Die einzelnen Ressortleistungen müssen sich vielmehr in ein gesamtpolitisches *Problemleistungsprofil* der Regierung integrieren. Strategieaufgabe ist die Integration und Balancierung unterschiedlicher problempolitischer Leistungsbereiche, um zu einer positiven Gesamtperformanz zu gelangen.

Zur Bedeutung einzelner Leistungsmaßstäbe der Problempolitik (z.B. Output, Outcome) lassen sich – wie bereits angesprochen – kaum allgemeingültig-verbindliche Aussagen machen, da die perzipierten Leistungen zwar an reale Entwicklungen angekoppelt bleiben, aber dennoch stark vom öffentlich-medialen Deutungskampf der Akteure und den Wahrnehmungs- und Bewertungsprozessen auf Seiten der Adressaten beeinflusst werden. Eine Konzentration des Strategieakteurs ausschließlich auf problempolitische Leistungserbringung – so wünschenswert sie sein mag – ist für ihn gesamtpolitisch wenig ertragreich.

Konkurrenzpolitikleistungen

Zum einen forciert die Medienberichterstattung zunehmend den Blick auf konkurrenz- und machtpolitische Aspekte problempolitischer Auseinandersetzung, zum anderen beschleunigen die Party-Government-Akteure diesen Prozess durch ihre Selbstpräsentationen (vgl. Weisbrod 2003). Konkurrenzverhältnisse werden zum Politikum und damit zugleich besonders leistungsrelevant.

Die intensiven Diskussionen um Gewinner und Verlierer oder die „politische" Bedeutung einzelner Verhaltensweisen von Spitzenpolitikern, die Thematisierung von Wahlkampfleistungen und ihrer Protagonisten (Campaigner, Wahlkampfzentralen etc.) oder die unzähligen „Wasserstandsmeldungen" zum aktuellen Kräfteverhältnis der politischen Wettbewerber sind nur einer kleiner Ausschnitt umfangreicher konkurrenzpolitischer Thematisierungen. Hier kommen Interessen am Wettbewerb zum Ausdruck, die nicht notwendig tiefere Bezüge zu politischen Inhalten aufweisen, denen aber auch die Bürger/Wähler bis zu einem gewissen Grad neugierig folgen und an die sie konkurrenzpolitische Erwartungen knüpfen – mit Rückwirkungen auf ihre Wahlentscheidung.

Konkurrenzpolitische Leistungen erscheinen mit Blick auf unterschiedliche Bezugsgruppen in jeweils eigenständigem Licht. Wir hatten bereits für den Öffentlichkeitskontext zwischen Anhängern, Neutralen und Gegnern unterschieden.[633] Diese Differenz kann auch im Zusammenhang der Konkurrenzpolitikleistungen Orientierung bieten und Basis strategischer Kalkulationen sein. Die Ansatzpunkte eigener Handlungen und ihre Wirkungen auf die Rezipienten verzweigen sich für die einzelnen Akteurgruppen.

Anhänger, Neutrale und Gegner beobachten die an der Konkurrenzpolitik beteiligten Akteure aus spezifischen Perspektiven und entwickeln eigenständige Erwartungen. Typisierend kann als Grundhaltung von mitfiebernder Anteilnahme der Anhänger, abwartender Beurteilung der Neutralen und argwöhnender Skepsis der Gegner ausgegangen werden. Konkurrenzpolitische Leistungen erbringt der Strategieakteur, wenn er durch eigenes Agieren und Kommunizieren wettbewerbspolitische Vorteile gegenüber den Konkurrenten erzielt. Solche Erfolge bekräftigen und mobilisieren die Anhänger, ziehen Neutrale auf die eigene Seite, entmutigen und frustrieren Gegner.

Kommunikationsleistungen

Im Kern müssen Strategieakteure drei kommunikative Leistungen erbringen: überzeugende Vermittlung der eigenen *Politikinhalte*, des eigenen *Handelns im politischen Prozess* und einer *kontextsetzenden Orientierung*. Die kommunikative Überzeugungsarbeit beschränkt sich damit nicht nur auf die „richtige" Politik, sondern schließt plausibles Agieren in politischen Interaktionen („richtiges" Verhalten) und einleuchtende Richtungsvorgaben („richtige" Leitlinien) mit ein. Nur wenn der Strategieakteur sich an dieser kommunikativen Leistungstrias orientiert, kann er das gesamte Spektrum von Zielen, Aufgaben und Erwartungen erfüllen.

Die Vermittlungsanforderungen sind Prozessen der Veränderung unterworfen (vgl. Blumler/Kavanagh 1999). So wandelt sich beispielsweise die Wahrnehmung politischer Inhalte, findet das Prozesshandeln der Akteure zunehmend Aufmerksamkeit (mit Rückwirkung auf die Leistungsbewertung), können Professionalisierungstendenzen und die Zunahme kompetitiver Politikvermittlungen konstatiert werden. Strategische Akteure beobachten die für die eigenen Ziele relevanten Veränderungsprozesse politischer Kommunikation und passen die von ihnen verwendeten Kommunikationsmittel und -stile entsprechend an.

Auch wenn politische Akteure vielfach *proaktiv* versuchen, kommunikative Leistungen zu erbringen, erwächst hieraus noch keine allgemeine Erfolgsregel. Ebenso kann *reaktive* oder sogar *passive* Kommunikation Mittel der Wahl sein (vgl. Jarren/Donges 2002b: 110, Plasser/Hüffel/Lengauer 2004: 312). Proaktive Ansätze versuchen (vor allem) über Eigenaktionen Einfluss auf Kommunikationsprozesse zu nehmen. Selektive Thematisierung, Nachweis von Problemlösungskompetenz, Aufmerksamkeitssteuerung, mediengerechtes Ereignismanagement sind Beispiele dafür. Reaktion mag angezeigt sein, wenn unerwünschte Aufmerksamkeiten entstehen, die nur noch durch direkte bzw. indirekte Gegenmaßnahmen kontrollierbar erscheinen. Passivität kann sinnvoll sein, wenn sich in Konstellationen, in denen es für den Strategieakteur nichts zu gewinnen gibt, die Kommunikationsprozesse auch ohne eigenes Zutun in die gewünschte Richtung entwickeln. Die

---

[633] Vgl. Kapitel 6.5.3.

Bandbreite möglicher Techniken der kommunikativen Leistungserbringung ist groß (vgl. Dombrowski 1997: 77ff.).

Auch bei der Ausrichtung des eigenen kommunikativen Steuerungshandelns zeigt sich die Bedeutung der allgemeinen strategischen Grundregel, dass erst die kalkulierende Zusammenschau von Zielen, zur Verfügung stehenden Mitteln und relevanten Umweltbedingungen eine Entscheidung ermöglicht, die für die spezifische Konstellation Erfolg verspricht.

10.2.6 Zum Verhältnis von Macht, Erwartungen und Leistungen

Wir haben Macht, Erwartungen und Leistungen als zentrale Steuerungsparameter des Strategieprozesses eingeführt. Erwartungen bilden die *Nachfrageseite*, eigenes Leistungsvermögen und Machtpotentiale weisen auf die Möglichkeiten der *Angebotsseite* hin, für die der Strategieakteur Sorge zu tragen hat. Erwartungen sind die externen Bezugsgrößen, in deren Licht sich Macht- und Leistungsgrenzen beurteilen lassen.

Alle drei Elemente sind wechselseitig abhängige, aber auch unabhängige Größen. Sie können sich parallel entwickeln und – im Idealfall – ineinander aufgehen. Genauso real sind aber klaffende Lücken, die zwischen ihnen entstehen. Der Strategieakteur ist nicht bloß passiver Beobachter dieses Dreiecks, sondern kann (und muss) die Parameter selbst und ihre Beziehungen zueinander steuernd beeinflussen. Wie erfolgreich er dabei ist, hat Konsequenzen für den strategischen Gesamterfolg.

Die Entsprechung von Macht, Erwartungen und Leistungen stellt sich keineswegs von selbst ein. Fehlende Macht und hohe Erwartungen können zu mangelhaften Leistungsbewertungen führen. Leistungen, die an den Erwartungen vorbeigehen, bleiben unter Umständen ohne positive Rückwirkungen auf den Akteur, der sie erbracht hat. Viel Macht führt nicht notwendigerweise zu zufrieden stellenden Leistungen der Politik – wie beispielsweise die politischen Bewertungen Großer Koalitionen zeigen. Die Kasuistik solch gegenläufiger Entwicklungen ließe sich ausbauen. Aus strategischer Perspektive besonders gefährlich sind Erwartungshorizonte, die sich erkennbar von der verfügbaren Macht und erreichbaren Leistungen abkoppeln.

Die zunehmende Leistungsorientierung der Bürger/Wähler bleibt nicht ohne Folgen. Auf Seiten der politischen Akteure stellt man sich diesen Erwartungen. So wurde etwa der von Willy Brandt schon 1960 kreierte Spruch „Wir wollen nicht alles anders, aber vieles besser machen" (Brandt 1978: 47) zu einem wichtigen Slogan der SPD im Wahlkampf 1998. Damit kündigte man keine richtungspolitische Kursänderung an, wohl aber bessere Leistungen. Leistungsversprechen sind riskant, wenn die aufgebauten Erwartungen enttäuscht werden. Denn wahrgenommenes Leistungsversagen kann einen Machtwechsel befördern. Während die Kernwähler sich erwartungsenttäuscht zurückziehen, votieren gerade die richtungspolitisch nicht festgelegten Wähler und Randwähler der jeweiligen Parteiformationen in diesen Fällen regelmäßig für die politischen Konkurrenten.

Wie das Beispiel zeigt, sind die politischen Akteure zum Teil an ungünstigen Entwicklungen im Verhältnis der Parameter mitschuldig. Auch Versprechen der Vollbeschäftigung oder die Behauptung, die Rente sei „sicher", tragen zum Aufbau unrealistischer Erwartungen bei. Das Überschätzen eigener Machtstärke kann zu Leistungsversagen führen. Gerade weil die Politikakteure mitwirken am Auf- und Abbau eigener Macht, Steigern und Abschwächen von Erwartungen sowie dem Erbringen von Leistungen, eröffnet sich hier Raum für strategische Kalkulation.

Alle drei Steuerungsparameter sind – in Grenzen – selbst steuerbar. Wir haben sowohl Macht und Leistungen als auch Erwartungen über die Bereiche Organisation, Problem- und Konkurrenzpolitik, Kommunikation hinweg als Größen kennen gelernt, die der Strategieakteur bearbeiten kann. Dem Setzen von Steuerungsimpulsen gehen im Idealfall vertiefte Analysen, erfolgsorientierte Kalkulationen und strategische Entscheidungen voraus. Es existieren *Wahlmöglichkeiten* darüber, wie man versucht, den Dreiklang von Macht, Erwartungen, Leistungen zu beeinflussen.

Am Beispiel der in Deutschland weit verbreiteten und tief verankerten Erwartungen sozialer Sicherheit können einige Optionen illustriert werden. Zunächst lässt sich konstatieren, dass eine Diskrepanz zwischen den Sicherungserwartungen der Bürger/Wähler und den zur Verfügung stehenden Mitteln nationalstaatlicher Politik (Instrumente, Handlungskapazitäten etc.) besteht. Mit Blick auf die drei Steuerungsparameter wäre strategisch zu analysieren, kalkulieren und entscheiden, an welcher Stelle der Strategieakteur Einfluss zu nehmen versucht: ist der Aufbau problempolitischer Macht das Mittel erster Wahl? Soll vorrangig Kommunikationsmacht investiert werden, um Deutungshorizonte zu verändern? Lässt sich das eigene Leistungsspektrum erweitern? Sind Bemühungen aussichtsreich, die Erwartungen der Bürger/Wähler zu modifizieren? Die Zusammenschau und kalkulatorische Verknüpfung derartiger Überlegungen kann in ein strategisches Konzept der Macht-, Erwartungs- und Leistungssteuerung münden.

Die Dreifach-Balancierung von Macht, Erwartungen und Leistungen kann als *die* zentrale strategische Aufgabe im Steuerungsprozess angesehen werden. Gelingt es, die drei Steuerungsparameter in ein Verhältnis der Korrespondenz zu befördern, ist ein bedeutender strategischer Erfolgsfaktor realisiert. In diesem Herstellungsprozess von Macht-, Erwartungs- und Leistungsentsprechung entwickelt sich politische Führung (Leadership) zu einem wesentlichen Baustein.

10.2.7 Kontrolle und Lernen

„Dogmatiker sind keine Strategen", und „Führungsfähigkeit bedeutet nicht mangelnde Lernfähigkeit", sagt ein Experte in unseren Gesprächen – und liegt damit unseres Erachtens richtig. Wir unterstreichen für den Steuerungsprozess vor allem anhaltende (selbst-)kritische Wachheit und Korrekturbereitschaft der Strategieakteure, ohne konkrete Prüfungs-, Kontroll- und Lernroutinen vorschlagen zu können (und zu wollen).

Die Offenheit der Akteure im Steuerungsprozess entwickelt eigene Qualitäten. Die Rückbeziehung beobachteter Entwicklungen auf ein strategisches Konzept und Steuerungskonzept kann zu neuen Bewertungen sowohl der Strategie wie der Praxis führen. Neue Praxismuster können auch der Ausgangspunkt neuer Strategien sein. In beiden Varianten sind Kapazitäten gefragt, die sich bewusst auf die anspruchsvolle Aufgabe strategischen Lernens konzentrieren.

Das strategische Management postuliert komplexe und umfangreiche Kontrollkonzepte.[634] Zielkontrolle (Soll-Soll-Vergleich), Planfortschrittskontrolle (Soll-Wird-Vergleich), Ergebniskontrolle (Soll-Ist-Vergleich), Prognosekontrolle (Wird-Wird-Vergleich), Prämis-

---

[634] Vgl. den Überblick bei Bea/Haas (2001: 211ff.).

senkontrolle (Wird-Ist-Vergleich) zeigen ein ganzes Universum unterschiedlicher Kontrollarten an. Strategische Prämissenkontrolle, deren Aufgabe die Überprüfung der explizit gemachten Prämissen auf ihre Gültigkeit ist, strategische Durchführungskontrolle mit ihren Zwischenzielen, an denen gemessen werden kann, ob die Strategierealisierung Fortschritte macht, oder die Kontrolle strategischer Potentiale als Check der Entwicklungsfähigkeit der Organisation deuten umfangreiche Arbeitsprogramme der Überprüfung an. Wir sind jedoch skeptisch, ob sich derartig umfassende Kontrollkonzepte angesichts der Realität praktischer Politik verwirklichen lassen.

Kontrolle und Lernen bleiben Randphänomene politischer Prozesse. Sie sind nicht in die Alltagsroutinen integriert. Die Gründe dafür sind vielfältig: Überlastung der Akteure, Informationsdefizite, Komplexität der Probleme und Konstellationen, die Gefahr der eigenen Überprüfbarkeit durch Kontrollmechanismen, lose Umsetzungskonzepte, die die Frage aufwerfen, was denn eigentlich kontrolliert werden kann und soll. Diese – bei weitem – nicht abschließende Liste deutet bereits das kleine Spektrum und die engen Grenzen möglicher politischer Kontrollbereiche an.

Auch in strategischer Perspektive zeigt die politische Praxis fragile Strategiefähigkeit der Akteure, rudimentäre Strategiebildung, wenig ausgereifte Strategie- und Steuerungskonzepte, dynamische, nicht von einzelnen beherrschbare strategische Steuerungsprozesse. Da das gesamte Strategy-Making ein offener, schwach strukturierter Prozess bleibt, müssen ihm auch Kontroll- und Lernschritte abgerungen werden. Mindestvoraussetzung dafür sind die Bereitschaft der Akteure zu potentiell folgenreichen Selbstreflexionen, geeignete Orte und Akteurzusammensetzungen, die offene Analysen und strategische Kritik zulassen, sowie hinreichende zeitliche und organisatorische Ressourcen. Gegen die eigene „Betriebsblindheit" können zudem Blicke von außen (Experten, Berater etc.) wirken.

Wir vertreten einen Kontrollansatz, der eng mit Lernprozessen verbunden wird. Kontrolle und Lernen beinhalten – möglichst – systematische Prozesse der Selbstbeobachtung und Selbstreflexion, die zu Konsequenzen wie Adaption oder Revision der eigenen Strategie führen können. Kontrolle und Lernen stehen nicht am Ende des strategischen Prozesses, sondern begleiten ihn vom Beginn bis zum Schluss. Durch Kontrolle ausgelöste Lernerfolge erzeugen kein Rezeptwissen, das in der Zukunft universell anwendbar ist. Wichtig wäre jedoch der Aufbau abstrahierenden Erfahrungswissens, von dem künftig profitiert werden kann.

Kontrolle im Steuerungsprozess bedeutet Analyse von Akteur und Umwelt sowie überprüfende Rückbeziehung der gewonnenen Erkenntnisse auf die Strategie. Die Umweltreflexion zielt sowohl auf strategieabhängige als auch -unabhängige, interne und externe Faktoren. Im ersten Fall werden Umweltveränderungen sofort auf ihre konkrete Relevanz für Strategie und Akteur überprüft. Im zweiten Fall erfolgen eher ungerichtete Umweltanalysen, die erst in einem zweiten Schritt mit Strategie, Akteur und Steuerungsprozess verbunden werden können (aber nicht müssen). Das nicht ausschließlich strategiefokussierte Betrachten der Umwelt eröffnet andere Erkenntnismöglichkeiten, die sich eventuell auch für die Strategie als wertvoll erweisen.

Kontrolle macht nur Sinn, wenn es irgendein Konstrukt intendierter Strategie gibt – mag es so offen und flexibel sein wie es will. Voraussetzung sind Festlegungen (Ziele, Mittel etc.), da nur solche überprüft werden können. Die Fixierungen müssen nicht schriftlich niedergelegt sein, aber sich im Handeln des Strategieakteurs manifestieren. Soweit es Strategie- und Steuerungskonzepte gibt, ist überprüfbar, ob die Praxis sich auf die formulierten Ziele zu bewegt, sich der Mitteleinsatz bewährt oder wie sich die Interaktions- und Wettbewerbsverhältnisse mit anderen Akteuren durch die Strategie verändern. Ein enges Verständnis von Vollzugskontrolle erscheint allerdings unter den besonderen politischen Ausgangsbedingungen von vornherein verfehlt.

Kontrollvorgänge gehen in Lernprozesse über, wenn sich die Kompetenz des Akteurs erhöht. *Lernen* als Kompetenzzuwachs entspricht einem offenen, vielseitig verwendbaren, nicht-normativen Ansatz, der unterschiedliche Bezugsmaßstäbe für Lernfortschritte zulässt (vgl. Ventriss/Luke 1988, Dodgson 1993, Wiesenthal 1993b, 1995). Im Zusammenhang strategischer Steuerungsprozesse enthält die Zunahme von Kompetenzen eine Wissens- und eine Managementkomponente.[635] Lernen bedeutet dann, neues Wissen zu generieren bzw. zusätzliche Fertigkeiten zu entwickeln – und beide Elemente für das eigene Handeln im Steuerungsprozess fruchtbar zu machen.

Im Strategiekontext ist der Druck zu lernen groß, das zur Verfügung stehende, einfach lernbare und stets abrufbare Wissen eher klein. Dazu kommt, dass für die erfolgreiche Umsetzung der Strategie permanent gelernt werden muss, ohne dass der erzielte Kompetenzgewinn dem Akteur umfassende Sicherheit gewähren oder strategischen Erfolg garantieren kann. Es lässt sich sogar zuspitzen: Wenn man nichts lernt, hat man strategisch verloren. Wenn man aber lernt, ist strategisch noch nichts gewonnen.

Auch wenn Organisationen *in toto* lernen können und die grundsätzliche Differenz zwischen individuellen und kollektiven Lernprozessen unaufhebbar bleibt (vgl. Wiesenthal 1993b, Malek/Hilkermeier 2003), ist unsere Perspektive strategischen Lernens zunächst und zuallererst auf Individuen (Spitzenakteure) und kollektive Teilgruppen (strategisches Zentrum) gerichtet. Organisationslernen nach diesem Verständnis setzt dann Übertragungs- und Transformationsvorgänge von Einzelnen bzw. Gruppen auf das Kollektiv voraus (vgl. Kissling-Näf/Knoepfel 1994). Die Übertragung individueller bzw. teilkollektiver Lernergebnisse auf soziale Entitäten ist ein komplexer, an Hindernissen reicher Vorgang – und in den innerorganisatorischen bzw. gesamten demokratischen Prozess eingebettet.

Kollektives Lernen setzt bei Strategieprozessen, die von strategischem Zentrum und Leadership geprägt sind, Lernprozesse der Führung voraus. Kenntnis, Akzeptanz und Anwendung neuen Wissens sowie neuer Fähigkeiten dieser Gruppe können beispielsweise durch den strategischen Apparat bzw. externe Berater unterstützt oder angeregt sein. Das Zentrum versucht, soweit die Umsetzung der Lernfortschritte nicht von ihm allein geleistet werden kann, andere (Teil-)Akteure des Kollektivs zu gewinnen. Meist geht es nicht um alle Mitglieder, sondern nur um einen für den Steuerungsprozess relevanten Ausschnitt des Kollektivs. Neue Informationen, Kenntnisse, Fertigkeiten, sich daraus ergebende Handlungsmöglichkeiten müssen vermittelt und darauf basierende Änderungen des strategischen Handlungskonzepts durchgesetzt werden.

Nicht nur die Übertragung von Lernerfolgen auf das Kollektiv findet in Interaktionsprozessen statt. Kollektivlernen selbst ist Lernen in *Interaktionen* (vgl. Levitt/March 1988: 331f.). Diese Dynamik erschwert den Kompetenzzuwachs zusätzlich. Gelernt werden muss in einer Umgebung von Interaktionsakteuren, die selbst Lernprozesse durchlaufen. Sie sind damit keine statischen Größen, sondern verändern sich permanent von innen heraus. Lernerfolge, etwa über das Verhalten von politischen Wettbewerbern, können schon morgen Makulatur sein. Der (teilweisen) Vergänglichkeit neuer Erkenntnisse kann sich der Strate-

---

[635] Vgl. zum so verstandenen Kompetenzbegriff auch das Kapitel 8.2.3.

gieakteur nicht entziehen. Er wird sie aber in Rechnung stellen und versuchen, ihr durch fortwährende Umweltbeobachtung und eigene Flexibilität zu begegnen.

Klassische Lernkonzepte der Organisationsforschung lassen sich (modifiziert) auf den Kontext politischer Strategie übertragen – und deuten damit ein Spektrum möglicher strategischer Lerntypen und -stufen an, die real existieren und gezielt bearbeitet werden können, indem man Voraussetzungen für spezifische Arten von Lernprozessen schafft.

Als Auslöser für Lernprozesse kommen exogene und endogene Faktoren in Frage, oft wirken beide Stimuli zusammen (Dodgson 1993: 387). Die Unterscheidung zwischen *strategischem* und *taktischem* Lernen richtet sich vorrangig auf die Komplexität des Lernprozesses (vgl. Dodgson 1991: 139f.). Kompetenzzuwächse in sachlich, zeitlich und sozial ausgedehnten Aufgabengebieten entsprechen strategischem Lernen, für eng begrenzte Gegenstände und Bereiche lernt man taktisch. Drei unterschiedliche Typen des Lernens haben Argyris und Schön (Argyris 1976, Argyris/Schön 1978) eingeführt: einfaches (single-loop), komplexes (double-loop), reflexives (deutero) Lernen. Lernsubjekte sind einerseits individuelle Organisationsmitglieder, andererseits Organisationen als Ganzes (Argyris/Schön 1996: 15ff.).

Einfaches Lernen meint individuell das Bemühen um regelkonformes Verhalten und präzise Reaktionen auf externe Signale. Kollektives Lernresultat sind modifizierte oder andere Regeln (Argyris/Schön 1978: 18ff., 1996: 20f.). Dieser Lernmodus zielt auf Rationalisierung und Leistungsverbesserung, etwa durch Korrektur von Fehlern in der Regelbefolgung oder Effektivitäts- bzw. Effizienzsteigerungen (Wiesenthal 1995: 139f.). Transferiert auf den Strategiezusammenhang, der ohne Regeln auskommen muss, werden Bestandteile der Strategie zum Lerngegenstand. Einfaches strategisches Lernen liegt im Wesentlichen auf der Ebene von Adaptionen[636], die, ausgelöst durch Kontroll- bzw. Lernprozesse, zu Modifikationen bzw. Anpassungen der Strategie führen. Die Veränderungen betreffen nicht die Grundanlage und Ziele des Strategiekonzepts, sondern bewegen sich vor allem im Bereich von Mitteln und Wegen für die Zielerreichung.

Komplexes Lernen weist darüber hinaus. Hier werden die Tauglichkeit der Regeln (unter dem Blickwinkel erzielter Resultate) hinterfragt und Möglichkeiten grundlegender Veränderungen von Annahmen und Programmen erörtert (Argyris/Schön 1978: 20ff., 1996: 21ff.). Individuelle Organisationsmitglieder erreichen komplexeres, spezifischeres oder konsistenteres Wissen über eigene Aufgaben und externe Umweltfaktoren, das Kollektiv versetzt sich in die Lage zu grundlegenden Richtungswechseln (Wiesenthal 1993b: 11). Für den Kontext von Strategie erreicht komplexes Lernen zunächst einmal ein höheres, breiter gefächertes Analyseniveau. Die komplexere Orientierung und Vermehrung strategischer Alternativen kann außerdem zu umfassenderen Änderungen der Strategie führen. Komplexes Lernen schließt Revision[637] als grundlegende Änderung der Strategieanlage bzw. Strategiewechsel und neue strategische Ziele mit ein.

Reflexives Lernen schließlich betrifft die Analyse der Lernvorgänge selbst. Das Lernen über Lernen („learning how to learn") umfasst Reflexionen zu bisherigen Lernprozessen, ihre ermöglichenden, fördernden, hemmenden Umstände, und die Entwicklung neuer „Lernstrategien" (Argyris/Schön 1978: 26ff., 1996: 28f.). Unter individueller Perspektive sind die „learning skills" Gegenstand reflexiven Lernens, für die Kollektivebene werden die kognitiven Rahmungen der Organisationsgestaltung wählbar gemacht (Wiesenthal 1995:

---

[636] Vgl. dazu Kapitel 10.2.1.
[637] Vgl. Kapitel 10.2.1.

144).[638] Löst man reflexives Lernen von seiner ursprünglich rein (meta-)kognitiven Charakteristik (Dodgson 1993: 381), und bezieht diese Lernstufe auch auf das Generieren von Handlungswissen, beinhaltet Deutero-Lernen im Rahmen politischer Strategie die Reflexion des eigenen strategischen Lernverhaltens und seiner organisatorischen und prozessualen Voraussetzungen. Das Resultat solcher Überlegungen könnte in der Verbesserung der individuellen Lernfähigkeiten und der Optimierung kollektiver Lernstrukturen bzw. -prozesse liegen.

Die Organisationsforschung hat gezeigt, dass *nur* einfaches Lernen zwar durchaus respektable Lernergebnisse produziert, aber zur Steigerung der Handlungsfähigkeit kollektiver Akteure kaum ausreicht (Wiesenthal 1993b: 8, 15). Offenheit für komplexe Lernprozesse kann die Erfolgsaussichten strategischen Handelns erhöhen, weil sie die hinreichende Flexibilität für die Möglichkeit grundlegender Richtungswechsel sicher stellt. Reflexiv lernende Strategieakteure analysieren die eigenen Lernkapazitäten im Strategieprozess und versuchen, diese zu optimieren.

Benchmarking ist eine Methode „vergleichenden Lernens" (Eichhorst/Profit/Thode 2001: 2). Durch Benchmarking werden die eigenen Aktivitäten und Leistungen mit denen wichtiger Konkurrenten oder potentieller Vorbilder verglichen. Dabei zeigen sich eigene Schwachstellen und gute Praktiken erfolgreicher Vergleichsakteure. Die *Best Practises* anderer können imitiert oder in das eigene Konzept eingebaut werden.

Unterschiedliche Kontexte – insbesondere bei internationalen Vergleichen – legen die Konzentration auf „Kernprozesse" nahe, die entscheidend zum Erfolg beitragen (Lombriser/Abplanalp 1998: 162), oder auf „allgemeine Prinzipien" und „Grundkonzeptionen", die den erfolgreichen Maßnahmen zugrunde liegen (Eichhorst/Profit/Thode 2001: 2ff.). Dies führt zu einem strategischen Benchmarking, bei dem die Erfolgsfaktoren im Mittelpunkt stehen.

In der Politik gibt es Benchmarking zu Politikfeldern wie Beschäftigungs-, Gesundheits-, Bildungspolitik, das sich auf Instrumente und Ergebnisse in vergleichbaren Ländern bezieht. Aber auch die erfolgreiche Wahlkampfpraxis vergleichbarer in- und ausländischer Parteien, Organisationsreformen, Medienstrategien können systematisch beobachtet und zur eigenen Orientierung herangezogen werden.

Aussagen zu Einzelelementen sind – obwohl sie aus Kontexten herausgelöst, zugleich aber darin gesehen werden müssen – Benchmarking eher zugänglich als komplexe Strategien. Aber auch diese können, sofern sie klar fokussiert sind (Beispiel: Reformpolitik zum Umbau des Sozialstaats), einem Benchmarking-Prozess unterworfen werden. Bausteine, Konzepte, tragende Prinzipien rücken in den Mittelpunkt, sorgfältige Kontextkontrolle ist wichtig.

Ein besonderes Problem der bisherigen Praxis strategischen Lernens liegt darin, dass das in individuellen und teilkollektiven strategischen Lernzyklen aufgebaute Wissen nicht systematisch gebündelt, weitergegeben und gesichert wird. Individuelle und kollektivierte strategische Wissensbestände haben kurze Verfallszeiten. Erworbenes Erfahrungswissen,

---

[638] Das Kollektiv selbst kann, wie Wiesenthal zu Recht anmerkt, als soziale Entität keine kognitiven Leistungen erbringen.

das lernbar wäre und neue Potentiale für künftige Strategieprozesse erschließen könnte, geht schnell wieder verloren. In der Sicherung strategischen Wissens und Know-hows liegen zusätzliche Aufgaben politischer Strategieanalyse und praktischer Politik.

10.2.8 Resultat

Am Schluss des Strategy-Making steht das Resultat strategischer Bemühungen. Es setzt sich zusammen aus den Eigenaktionen des strategischen Akteurs, vielfältigen Interaktionen unter seiner Beteiligung und etlichen Handlungszusammenhängen, die ohne ihn stattgefunden haben. Wenn es gut läuft, das heißt die Folgen dem Willen des Strategieakteurs entsprechen, kann von Erfolg gesprochen werden. Strategischer *Erfolg* ist identisch mit Zielerreichung,[639] strategische Erfolgsfaktoren sind die Elemente, mit denen sich die angepeilten Erfolge erklären lassen.[640]

Wird als strategisches Ziel die Steigerung des Wähleranteils um einen bestimmten Prozentsatz gesetzt, ist der Erfolg relativ leicht in quantitativen Messgrößen zu bestimmen. Häufig sind Zielbestimmung und Erfolgsmessung in der Politik jedoch nur in qualitativen Größen möglich. Dann wird es komplexer: ab wann ist man beispielsweise regierungsfähig, kann der Prozess der Entwicklung neuer Koalitionsoptionen als abgeschlossen gelten oder ist das Ziel „Sicherung des Sozialstaates" erreicht?

Bei den genannten Beispielen stellt sich das häufig relevante Probleme einer Bestimmung geeigneter Messzeiträume. Zwar legt die strategische Einheit Anfangs- und End-Fixpunkte fest, doch Politik ist ungeduldig. Für die Beteiligten ist es schwer, lange Durststrecken ohne sichtbare Erfolge durchzuhalten. Erwünscht sind Zwischenstandmeldungen des Erfolgs, bei denen sichtbar wird, dass man auf dem richtigen Weg ist. Auch wenn Strategie das Auslassen kurzfristiger Vorteile im Interesse situationsübergreifenden Erfolgs charakterisiert – das Durchschreiten langer, tiefer Täler der Erfolglosigkeit für den späten Strategieerfolg setzt hohe Strategiefähigkeit voraus.

Relevanter wird das Problem der Erfolgsbestimmung bei den in der politischen Praxis vielfach vorfindbaren unfertigen, losen, suchenden Strategien. Wo Führung, Richtung und Strategiekompetenz fehlt, strategische Einheit, Ziele und Mittel vage bleiben, wo Emergenz statt Konzeption herrscht, dort wird auch das Messen von Erfolgen im Ungefähren eines Konzerts der Vielstimmigkeit untergehen.

Daneben existieren andere Gründe dafür, dass sich die Abschätzung von Erfolg und Erfolgsfaktoren oft im Bereich von Plausibilitäten abspielt. Schwierige methodische Fragen werfen beispielsweise die Identifizierung und Isolierung der vielfältigen Einflussfaktoren, die Bestimmung ihres relativen Gewichts oder die Abgrenzung der gültigen zeitlichen Einheit auf. Der politische Prozess ist überwuchert von interessenbestimmten Aussagen zu solchen Wirkungszusammenhängen.

In Organisationen müssen die Voraussetzungen für eine schonungslose Analyse des Erreichten erst geschaffen werden. Dazu gehören – meist an Führung gebundene – interne, geschützte Bereiche, die freies Sprechen und offene Kritik gestatten, hinreichend Zeit, um eine umfassende Aussprache zu ermöglichen, und genügend Ressourcen, die gezielte Vorbereitungen für die fundierte Erfolgsprüfung zulassen. Für die Weiterentwicklung der ak-

---

[639] Das gilt in der Politik wie im strategischen Management (vgl. Bea/Haas 2001: 114).
[640] Vgl. dazu das Kapitel 6.6.

tuellen Strategie und die Auslösung von Lernprozessen für künftiges Strategy-Making könnten sich derartige Arrangements als hilfreich erweisen.

Ungeachtet aller organisatorischen Maßnahmen bleibt als Grundproblem bestehen, dass empirische Zusammenhänge zwischen eigenen Strategiehandlungen und Resultaten im Politikprozess schwer nachweisbar sind. Dazu kommt: umfassend-vollständige Erfolge sind in der Politik eher selten. Viel hängt vom formulierten Strategieziel ab, aber oft werden die Akteure lediglich Teilerfolge erzielen, Misserfolg haben, erfolgreich Scheitern oder misslungenen Erfolg ernten.

Teilerfolge lassen zwar in einzelnen Strategiebereichen Verbesserungen sichtbar werden – wie zum Beispiel die Herausbildung eines strategischen Zentrums oder die Entwicklung eines Strategie- und Steuerungskonzepts. Dennoch erreicht der Akteur seine selbst gesteckten Strategieziele nicht vollständig.

Misserfolg bedeutet das weitgehende Verfehlen der eigenen strategischen Ziele, sei es selbst verschuldet oder durch Handeln der Interaktionsakteure bedingt. Hier stehen angestrebte und erreichte Zustände im Missverhältnis.

Erfolgreiches Scheitern[641] kann Fälle kennzeichnen, in denen Strategieakteure – gemessen an ihren eigenen Ambitionen – nicht zum Ziel gelangen, aber in strategischer Perspektive dennoch wichtige Leistungen erbringen. Ein Beispiel wäre das Verfehlen selbst formulierter Wahlziele, gleichzeitig das Erreichen dauerhafter Mobilisierung der eigenen Anhängerschaft.

Misslungener Erfolg meint schließlich Strategien, die ihre strategischen Ziele zwar erreichen, aber gleichzeitig unerwünschte Nebenfolgen produzieren. Im Ergebnis können erzielte Erfolge auf diese Weise überlagert oder sogar durchkreuzt werden. Hier lässt sich beispielsweise ein erfolgreiches Umspielen von Vetospielern in der Problempolitik vorstellen, bei dem der Strategieakteur aber auch einen künftigen Koalitionspartner verliert.

Am Ende wäre es ein bisschen zu wenig, für Strategie allein im Weg das Ziel zu sehen. Nicht nur wegen Aufwand, Anstrengung und Kräfteverschleiß, die damit verbunden sind. Auch im Lichte des Resultats: Strategie wird sich immer auch am Erfolg messen lassen müssen. Sonst könnte man ebenso mit guten Gründen beim tagtäglichen, situativ orientierten „Durchwursteln" bleiben. Neben der weiteren Verfeinerung des strategischen Instrumentariums ist es vor allem eine Frage der Praxis, ob die systematische Anwendung politischer Strategie für das Erreichen von Erfolgen in der Politik (mit-)ursächlich werden kann.

---

[641] Eine von Seibel (1992) inspirierte Kategorie.

Fallstudien zum Strategy-Making der SPD

11 Kohärentes und fragmentiertes Strategy-Making

Strategy matters more than tactics.
Dick Morris

Die folgenden Fallstudien zeigen zweierlei: sie belegen, wie verwickelt das Strategy-Making in der Realität ist, und sie demonstrieren, dass die politische Praxis mit unseren Instrumenten in strategischer Hinsicht erschlossen werden kann. Im Zentrum der Fallstudien stehen keine „Enthüllungen" bisher unbekannter Vorgänge und Ereignisse. Es geht um eine neue Sichtweise auf die in der Regel bekannten Tatbestände.

Empirische Fallstudien könnten strikt nach den in dieser Arbeit vorgestellten analytischen Schemata geschrieben werden – wenn dafür hinreichend Material vorläge. Zeitgeschichte und empirische Politikwissenschaft haben aber bisher nicht mit dem Strategiefokus gearbeitet, so dass keine vertieften Strategieanalysen entstanden sind. Manches, zum Beispiel zum „inneren" Prozess der Strategiebildung oder zu Intentionen im Steuerungsprozess, ist nicht gefragt worden, ganz einfach weil die Fragestellung noch nicht ausgearbeitet war. Dennoch hat uns überrascht, wie viel bei Zeitgeschichte und Politikwissenschaft „abfällt", wenn man sie nachträglich mit der Strategiefrage durchforscht. Um nicht ein Buch im Buche entstehen zu lassen, präsentieren wir im Folgenden einige analytische Kurzessays, die im Lichte selektiver Bezugnahme auf unser Instrumentarium geschrieben wurden. Damit werden die Forschungslücken ein wenig überspielt, es entsteht Raum für sich überschneidende Elemente des Strategy-Making,[642] das „Unsystematische" der Praxis[643] sowie das eigene strategische Urteil.

Die SPD hatte große Schwierigkeiten, ein erfolgreiches Strategy-Making zu entwickeln. Deshalb liefert sie auch die Kontrastfälle eines kohärenten und fragmentierten Strategy-Making. Dies verstehen wir nicht als Verfallsgeschichte – als gäbe es nach den Enkeln keine Zukunft mehr. Eher umreißen die Fälle die besonderen Schwierigkeiten der Sozialdemokratie, bei der Führungs- und Richtungsfragen traditionell kontroverser, die Unterordnungsbereitschaft geringer, die externen Herausforderungen für eine progressive Reformpartei stärker und damit die strategischen Aufgaben noch größer sind als zum Beispiel in der CDU (obwohl auch dort die Stromlinienförmigkeit der Adenauer-Zeit lange vorbei ist).

Der Kontrast zwischen Kohärentem und Fragmentiertem ist idealtypisch zu verstehen und zeigt bei den empirischen Fällen lediglich eine übergreifende Tendenz an. *Kohärent* bezeichnet hier einen höheren Grad an Strategiefähigkeit sowie eine Entsprechung zwischen dieser grundlegenden und den darauf aufbauenden Variablen von Strategy-Making, der Strategiebildung und strategischer Steuerung. Die Kohärenz zeigt sich unter anderem darin, dass das Spaltungspotential unterschiedlicher politischer, personeller, strategischer

---

[642] Zum Beispiel wächst die Strategiebildung in den Kapiteln 12.2 bzw. 12.3 mit strategischer Steuerung zur Durchsetzung dieser Konzepte zusammen.
[643] So ist etwa die Strategiebildung bei Herbert Wehner in eine Person verlagert, die über diesen Prozess keine Auskunft gibt. Dennoch gewinnt seine Strategie aus den Kontexten, seinen Handlungen und seinen Argumentationen hohe Transparenz (vgl. Kapitel 12.2).

Vorstellungen[644] im Gesamtprozess unter Kontrolle gehalten wird und das Führungspersonal einen höheren Grad individueller Strategiefähigkeit erreicht. *Fragmentiert* ist ein Strategy-Making mit einem schwächeren Grad an Strategiefähigkeit, deren Unklarheiten in der Führungs- und Richtungsfrage sich bei Strategiebildung und Steuerung fortsetzen. Die Kontrolle zentrifugaler Kräfte, soweit sie versucht wird, gelingt nur unzureichend, und der Grad individueller Strategiefähigkeit ist geringer. Vorübergehende Verfallserscheinungen von Strategiefähigkeit (z.B. unter Brandt) oder Erholungen (z.B. unter Schröder) sind bei solcher Typisierung, soll sie empirisch greifen, mit eingeschlossen. Individuelle Strategiefähigkeit von Spitzenleuten wirkt durch Interaktion und Zurechnung unmittelbar auf die Strategiefähigkeit des korrespondierenden Kollektivakteurs zurück, deshalb muss sie in diesem Zusammenhang betont werden.

Kohärentes Strategy-Making der SPD begann mit dem antizipierenden Aufbau stabiler Strategiefähigkeit nach 1958 (12.1). Daraus entwickelten sich die unterschiedlichen Machteroberungskonzepte von Wehner und Brandt, die 1966 zur Großen Koalition (12.2) und 1969 zur sozialliberalen Koalition (12.3) führten. Die Bundeskanzler Brandt und Schmidt konnten die SPD-Formation lange Zeit erfolgreich zusammenhalten, obwohl Schwächen im Strategisch-Operativen bei der Regierung Brandt (12.4) oder in strategischer Linienführung bei der Regierung Schmidt (12.5) erkennbar waren.

Fragmentiertes Strategy-Making der SPD war charakteristisch für das Jahrzehnt 1995 bis 2005. Es begann mit dem Aufbau einer täuschenden und instabilen, wie wir sagen prekären Strategiefähigkeit nach 1995 (13.1). Fragmentierung in verschiedene Machtzentren mit unterschiedlichen politisch-strategischen Vorstellungen prägte auch die Strategiebildung für den Machterwerb; dabei setzte sich die Kampa mit einem hochprofessionellen Konzept erfolgreich durch, ohne dass die politischen Richtungsgegensätze zwischen Lafontaine und Schröder geklärt wurden (13.2). Prekäre Strategiefähigkeit sowie aufgeschobene Führungs- und Richtungsfragen waren die großen Handicaps der Regierung Schröder, die durch sein strategiearmes, vorwiegend situatives Regieren deutlich verschärft wurden (13.3). Auch hier passen – im Fragwürdig-Negativen – die Bausteine des Strategy-Making von Strategiefähigkeit über Strategiebildung bis zu strategischer Steuerung zusammen.

Am Beispiel sozialdemokratischer Hauptakteure der letzten 50 Jahre lassen sich so unterschiedliche Strategiestile und Profile erarbeiten, die den individuellen neben dem für das Strategy-Making zentralen kollektiven Faktor hinreichend zur Geltung bringen. Herbert Wehner, Willy Brandt, Helmut Schmidt sowie Oskar Lafontaine, Gerhard Schröder, Franz Müntefering hatten unterscheidbaren, persönlich zurechenbaren Einfluss auf den strategischen *Will and Skill* der Sozialdemokratie. Die einen in einer stärkeren, die anderen in einer schwächeren Phase.

---

[644] Zum Beispiel zwischen Wehner und Brandt in der Koalitionsfrage.

12 Kohärentes Strategy-Making

> *Und was den Begriff der Strategie angeht, der ja vielfältig und inflatorisch gebraucht wird: Nehmt Euch ein Beispiel an Herbert Wehner – der redet zwar nicht von Strategie, aber er hat eine!*
> *(Lebhafter Beifall)*
> Helmut Schmidt

12.1 Antizipierender Aufbau stabiler Strategiefähigkeit (SPD 1958-)

Der Aufbau von Strategiefähigkeit geht immer auf abgestimmtes und zielorientiertes Elitehandeln zurück. Aber gerade politische Eliten handeln häufig nur unter dem Druck von Krisen. Für Parteieliten zentral sind Wahlkrisen. Die SPD erfüllte die Erfahrungsregel, dass drei Wahlniederlagen ausreichend sind, um den Kurs zu ändern. Die erste Niederlage überrascht, die zweite irritiert nachhaltig, erst die dritte Wahlniederlage lässt für den Großteil der Eliten und Aktiven keinen Zweifel mehr: die Verhältnisse sind andere, deshalb muss die Partei selbst sich ändern. Für die SPD war 1957 die dritte Wahlniederlage in Folge. Anläufe zur programmatischen Reform gab es seit 1952, aber erst jetzt war Schluss mit den vordergründigen Erklärungen und Ausflüchten, erst jetzt konnten die Reformer die Machtfrage stellen und mit einer grundlegenden Organisationsreform für sich entscheiden. In nur zwei Jahren (1958/1959) hat die SPD dreierlei zustande gebracht: einen innerparteilichen Führungswechsel, einen Richtungswechsel und den Aufbau zeitgemäßer Strategiefähigkeit, die Führung und Richtung voraussetzte und in deutlich gewachsener strategischer Manövrierfähigkeit ihren Ausdruck fand.

Hatte eine Partei wie die SPD, die 1963 ihr hundertstes Jubiläum feierte, mit Strategie nicht genug Erfahrung? Was immer Strategiefähigkeit in den Zeiten von Sozialismus als dem Versuch eines Systemwechsels gewesen sein mochte, unter den Bedingungen der Wahl-Demokratie, wie sie sich in Deutschland vor allem seit 1949 herausbildete, hatte sich die Struktur der SPD überlebt. Die Sozialdemokraten mussten von sich aus definieren, was moderne Strategiefähigkeit ist.[645] Ein bisschen schielten sie auf Erfolgsrezepte der Union, Wahl- und Öffentlichkeitspolitik lernten sie bei der Demokratischen Partei der USA, den Rest dachte jeder für sich – Brandt lehnte sich an die skandinavischen Sozialdemokraten an, Wehner wusste, was bei den Kommunisten geklappt hatte, Schmidt wollte „einen effizienten Laden".

Was die SPD nach 1945 an Strategiefähigkeit entwickelt hatte, konnte man offensiv nicht mehr vertreten. Es war das Ein-Mann-Strategiezentrum Kurt Schumachers, dessen Direktiven durch besoldete, bürokratisch-binnenorientierte Funktionäre in die Partei vermittelt wurden. Mit dem Tode Schumachers entfiel die Grundlage für dieses autoritative Strategiemodell, von dem eine Funktionärsherrschaft ohne Strategie übrig blieb.

Schumacher selbst war strategisch ambitioniert. Er hatte eine Reihe von strategischen Projekten ersonnen, die auch in die Beschlusslage der Partei eingingen, ohne sie wirklich

---

[645] Der damals kursierende Begriff hieß „Regierungsfähigkeit".

zu erfassen. Sozialismus als politische Gegenwartsaufgabe (das hieß Abschied von allem deterministischen Denken), Einheit von Sozialismus und Demokratie, scharfe Trennung von Sozialdemokratie und Kommunismus (gegen das Projekt Einheitspartei), Öffnung der Partei, Gewinnung der Mittelschichten – das alles waren Projekte, aus denen sich allmählich eine moderne Sozialdemokratie hätte entwickeln lassen. Aber Schumacher war „zwar Führer, aber nicht eigentlich Repräsentant der Nachkriegssozialdemokratie" (Klotzbach 1982: 63). Mit ihm erhielt die Partei „einen neuen Kopf, aber keine neuen Glieder" (Narr 1966: 105). Ohne die vielen Umsetzungsschritte eines breiteren, mit diesen Projekten identifizierten Führungskerns, ohne einen strategischen Apparat und ohne die Aneignungsbereitschaft der Partei war diese formal demokratische Ein-Mann-Diktatur ein freischwebendes strategisches Zentrum, das für den weiteren Reformprozess der Partei ohne Folgen blieb.

Schumacher zeigt aber auch die besondere Fehleranfälligkeit eines autoritativen Strategiemodells. Gute strategische Reflexion lebt von einem Minimum strategischer Deliberation. Nur sie ermöglicht die kritische Überprüfung, auf die ein so komplexes und ungewisses Geschäft wie strategische Politik angewiesen ist, wenn die Kritik nicht erst durch interne Opposition betrieben werden soll. Niemand erzwang eine Überprüfung der – an sich richtigen – Mittelschicht-These Schumachers, dass die Sozialdemokratie nur mit ihrem Industriearbeiterstamm, ohne erhebliche Gewinne aus den Mittelschichten, nicht mehrheitsfähig ist. Die Frage hätte gelautet, welche politischen, semantischen, symbolischen Angebote die SPD machen muss, um hier Terrain zu gewinnen. Ebenso war klar, dass die SPD katholische Arbeiter, die über das Zentrum den Weg zur SPD gefunden hatten, für sich neu erschließen musste. Wie aber konnte das mit einem aggressiven Antiklerikalismus und Schumachers Beschimpfung der katholischen Kirche als „fünfter Besatzungsmacht" geschehen?

Wer stellte die Bündnisfrage, wo doch die bundespolitische Isolierung der SPD mit Händen zu greifen war, für eine Partei, die 1949 auf ganze 29,2 Prozent kam und ohne einen einzigen potentiellen Koalitionspartner dastand? Wer sagte Schumacher in einem strategischen Werkstattgespräch, dass sein durchgängiger, verbal zugespitzter Konfrontationskurs gegenüber der CDU/CSU, verbunden mit der Behauptung, die Union sei von einer undemokratischen Rechten beherrscht, die Reihen dort schließen würde? Eine Konfrontationslinie, die ja auch im Widerspruch zur Praxis stand, bei der die beiden großen Parteien mehr als 90 Prozent der Gesetze gemeinsam verabschiedeten. Eine Linie gegen alle Evidenz der Wahlergebnisse, die eine bürgerliche Mehrheit zeigte: „Statt sich auf die möglicherweise längerfristige Existenz einer neuartigen bürgerlichen Volkspartei in Gestalt der CDU umzustellen und damit die bisherige Kalkulation gegnerischer wie eigener Möglichkeiten zur politischen Machteroberung zu revidieren, hielt Schumacher starr an der These der Unausweichlichkeit und politischen Notwendigkeit des Zerfalls der Union fest." (Klotzbach 1982: 112).

Schumacher monopolisierte zwar die strategische Entscheidung, aber nicht die strategische Klugheit. Letztlich war er „ein Prinzipienpolitiker, der in den Kategorien des Entweder-Oder dachte und agierte" (Klotzbach 1982: 114) und kein umsichtiger Stratege. Seine prophetisch-charismatische Ausstrahlung täuschte über dieses Defizit hinweg.

Mit dem Vorsitz von Erich Ollenhauer folgte die SPD noch einmal dem Modell der Ein-Mann-Führung vor dem Übergang zu kollektiven Führungsformen – aber ohne Charisma und ohne Strategie. Ollenhauer war die Inkarnation des sozialdemokratischen Traditionalismus, der, wie alles Gewohnheitshandeln, nicht strategisch ist. Die binnenorientierte Sekretärsstruktur verschloss der Partei Wege zur Gesellschaft jenseits des engen SPD-Rahmens. Der Immobilismus war Ausdruck eines sehr schwachen Grades an Strategiefähigkeit.

Führung (und Organisation)

Gegen den bürokratisierten Parteiapparat bildete sich eine öffentlichkeitsnahe Gegenelite aus Bundestagsfraktion und Landesregierungen. Sie musste auch die Regeln kippen, die eine umweltvergessene, bürokratisierte und schon insofern strategieunfähige Parteiführung überhaupt erst ermöglichte. Das geschah 1958 mit der Organisationsreform von Stuttgart, die die besoldeten, namenlosen Nur-Sozialdemokraten abschaffte und damit die Führung weit öffnete für die Auch-Sozialdemokraten, die öffentlichen Amts- und Mandatsträger.

Die Gegenelite setzte sich erst in der Fraktion, dann in der Partei durch. Die Umwälzung auf der Führungsebene begann mit der konflikthaften Etablierung einer neuen Fraktionsführung nach der verlorenen Bundestagswahl 1957. Unterhalb des Fraktions- und Parteivorsitzenden Ollenhauer bildete sich auf der Stellvertreterebene ein neues Machtzentrum mit Fritz Erler, Carlo Schmid und Herbert Wehner heraus. Ein halbes Jahr später setzten die Reformer ihren Vormarsch beim Stuttgarter Parteitag fort (Mai 1958).

Die befreiende strukturelle Tat der Organisationsreform von 1958 war die Abschaffung einer gesonderten Kategorie hauptamtlicher, gewählter Vorstandsmitglieder, die den Kern des Apparats und des die Partei dominierenden Traditionalismus bildeten. Mit den beiden neuen Stellvertretern des weiterhin amtierenden Vorsitzenden Ollenhauer, Waldemar von Knoeringen und Herbert Wehner, wurde die Weichenstellung für das neue Machtzentrum der Partei vorgenommen. Knoeringen war spezialisiert auf ein engeres bildungs- und kulturpolitisches Feld, ohne weitergehende Macht- und Führungsambitionen. Wehner, der dem linken Flügel zugerechnet wurde und Hoffnungen der Reformer trug – also schon damals aus der Ungewissheit über seine Person Profit schlug –, wurde erst am Ende einer komplizierten Nominierungsgeschichte zum Stellvertreter gewählt. Er drängelte sich nicht vor, sondern verzichtete im Gegenteil – wie angekündigt – mit Demuts- und Bescheidenheitsgesten anschließend auf das Stellvertreteramt im Fraktionsvorstand. Gegenüber Knoeringen und Ollenhauer war er der dynamische und härtere machtpolitische Faktor. Er nahm die ältere Tradition einer Dominanz der Partei über die Fraktion faktisch in Anspruch und errang die Pole-Position in der Gesamtformation. Formell nur Stellvertreter, wurde Wehner faktisch der erste Mann im strategischen Zentrum der Nach-Godesberg-SPD. Zwischen 1960 und 1966 konnte er sich zwar innerparteilich nicht in allen Einzelfragen durchsetzen, gegen ihn aber war keine Initiative erfolgreich.

Willy Brandt, der rechte Flügelmann in der Partei, 1954 und 1956 bei der Wahl in den Vorstand durchgefallen, war für Herbert Wehner die Wahllokomotive. Wehner setzte ihn 1960 als Kanzlerkandidaten,[646] 1962 als stellvertretenden Parteivorsitzenden, 1964 – nach dem Tod Ollenhauers – als Vorsitzenden durch. Da Brandt als Regierender Bürgermeister in Berlin blieb, störte er Wehners Kreise in Bonn nicht. Fritz Erler war der allseits anerkannte Spitzenmann der Bundestagsfraktion. Da er selbst sich nur für eingeschränkt wählerwirksam hielt, konkurrierte er nicht mit Brandt um die Kanzlerkandidatur.

---

[646] Bei der gleichzeitigen Wahl zum Parteivorstand auf dem Hannoveraner Parteitag vom November 1960 landete Brandt mit seinem Stimmenergebnis auf dem 22. Rang!

Wehners Formel für diese kollektive Führung besonderen Typs war, dass „keiner am anderen vorbeikönne". Aufgrund seiner kommunistischen Vergangenheit blieb er selbst ohne weitere Ambitionen, nahm für sich aber das Recht in Anspruch, über die Platzierung der anderen in den Spitzenpositionen zu entscheiden. Schon kurz vor der Bundestagswahl 1961, der Parteivorsitzende Ollenhauer war noch im Amt, wollte Wehner Willy Brandt an dessen Stelle schieben: „,Der muss weg. Du musst es machen.' Ich widersprach", berichtete Brandt später aus diesem vertraulichen Gespräch, „nicht heftig, eher gedehnt, denn ich war verstört und erschrocken über den Ton, der einer Partei wie der unseren fremd und nicht würdig war. (...) Wehner merkte sich meine Reaktion, die eines Zauderers und Schwächlings. Und ich merkte mir seinen Vorstoß, den eines Mannes, der die Figuren und die Politik nach Belieben verschiebt." (Brandt 1989: 327f.).

1966, nach Erlers Tod, stand das Führungstrio – das man damals Triumvirat, später Troika nannte – fest: Herbert Wehner, Willy Brandt, Helmut Schmidt. Erler war über viele Jahre der engagierteste Reformer, mit hohem persönlichem Risiko. Wehner agierte als der unerbittliche Machtpolitiker ohne inneren Überzeugungskern, der spät mit auf den Reformzug sprang.[647] Brandt und Schmidt waren reformorientierte Machtpolitiker, mit klaren Vorstellungen von einer modernisierten SPD in einer modernen Gesellschaft. Die neue Führung wäre nicht zustande gekommen ohne die innerparteiliche Reformbewegung, die im Laufe der 1950er Jahre zur Ausbildung einer Gegenelite führte. Als kollektive Führung entstand sie, weil nach Schumacher und Ollenhauer niemand stark genug war, in der Partei eine Einzelführung aufzubauen. Als intern gesteuerte Kollektivführung war sie möglich, weil Herbert Wehner nichts mehr werden konnte, aber über Position, Härte und Autorität zu funktionaler Platzierung anderer Spitzenleute verfügte. Als kollektive Führung war sie erfolgreich, weil über lange Zeit der richtige Mann am richtigen Platz war, alle Beteiligten den strategischen Sinn der so aufgestellten Führung verstanden und in ihrer Zusammenarbeit über einen bemerkenswert langen Zeitraum dazu beitrugen, dass die konstruktiven die destruktiven Tendenzen überwogen. Nur so konnten sie die Zweckgemeinschaft, die es immer war, zusammenhalten.

Die langjährige kollektive Führung von Wehner, Brandt, erst Erler, dann Schmidt war nicht geplant. Sie ist nicht nur durch die Personen, sondern auch durch den vielfach zufälligen Ablauf der Ereignisse und sukzessive Besetzung entstanden. Weil eine neue, relevante Parteilinke sich erst im Laufe der 1960er Jahre gegen die etablierten Reformer herausbildete (Müller-Rommel 1982), musste sie in der neuen Führung noch nicht berücksichtigt werden – das erhöhte die Homogenität zusätzlich. Organisierte Richtungskämpfe ließen sich so von der Ebene des strategischen Zentrums fernhalten – es konnte sich ganz seinen kleineren Richtungsdifferenzen und persönlichen Empfindlichkeiten widmen (vgl. Rupps 2004).

Richtung

Die neue Grundrichtung eines Sozialliberalismus bzw. Liberalsozialismus wurde nun, nach jahrelangen Debatten, verbindlich festgehalten und zugleich symbolisiert im Godesberger Programm von 1959. Zwei Punkte lassen sich herausheben: Marktwirtschaft mit Betonung

---

[647] Die Empfehlungen Wehners waren noch nach der vernichtenden Wahlniederlage von 1957 rückwärtsgewandt: Reaktivierung einer Kaderpartei (die die SPD ja nicht war), Konzentration auf die Arbeiterschaft und „die arbeitende Bevölkerung", auf Betriebe und Gewerkschaften – also in etwa das Gegenteil von Volkspartei und Öffnung zu den Mittelschichten, wie sie die Reformer beschäftigten. Vgl. dazu Klotzbach (1982: 412), Leugers-Scherzberg (2002: 192ff.).

des freien Unternehmertums statt sozialistischem Wirtschaftssystem mit Sozialisierung (eine Entwicklung mit sehr langem Vorlauf) und Weltanschauungspluralismus (als Öffnung der Partei, vor allem gegenüber dem Katholizismus).

Das Ringen und die Argumente in diesen inhaltlichen Fragen bedeuteten gleichzeitig eine strategische Weichenstellung gegenüber zwei Großgruppen: den rasch wachsenden neuen Mittelschichten aus Angestellten und Beamten, Kindern des Wirtschaftswunders mit schwächer werdenden Parteibindungen, für die eine Politik der Marktwirtschaft und Modernisierung wichtig war, sowie den katholisch gebundenen Arbeitnehmern, vor allem Arbeitern, denen eine Brücke gebaut wurde, die SPD guten Gewissens wählen zu können.

In anderen Fragen beseitigte man – ohne dass etwas grundlegend neu war – ganz einfach Zweideutigkeiten im öffentlichen Bild der Partei, etwa bei der Frage der Landesverteidigung oder der pluralistischen Demokratie. Politisch und strategisch von größter Bedeutung war die durchgängige Unterscheidung von Werten und Forderungen bzw. Mitteln der Wertzielverfolgung. So wurde ein inhaltlicher Manövrierraum geschaffen, der hohe Flexibilität vereinbar machte mit der Kontinuität der von Partei hervorgehobenen, zum Teil parteispezifisch interpretierten Grundwerte (Freiheit, Gerechtigkeit, Solidarität). Die wachsende organisationspolitische Autonomie der Parteiführung erhielt so eine komplementäre sachpolitische Autonomie.

Die Wertetrias konnte in Ziele umgesetzt werden, die sich in der Formel Wachstum plus Umverteilung auf den Punkt bringen lassen. Die Nachfragepolitik des Keynsianismus stellte die wirtschaftspolitischen Instrumente, der expandierende Sozialstaat die gesellschaftspolitischen Hebel zur Verfügung. Markt, Wachstum und Gerechtigkeit waren mit diesem Instrumentarium gleichzeitig und gleichberechtigt zu verfolgen. Modernisierung trug nun ein sozialdemokratisches Gesicht, Sozialisierung plus Umverteilungspriorität war jetzt Traditionalismus (vgl. Merkel 1993, Merkel et al. 2006).

Auch das Koordinatensystem der neuen Elite wurde umgebaut. In einem entpolarisiert gedachten und die Entpolarisierung vorantreibenden Parteiensystem verstand man die beiden Großparteien als Parteien einer rechten und linken Mitte, die FDP als Scharnierpartei. Sozialstrukturell wurde die SPD als Arbeitnehmerpartei gesehen. Im Kern die gewerkschaftlich gestützte, protestantische Industriearbeiterschaft, geöffnet zu den katholisch gebundenen Arbeitnehmern, zur Dienstleistungsarbeit und zu den aufstrebenden neuen (abhängigen) Mittelschichten. Diese sich ausdifferenzierende Arbeitnehmerschaft erforderte auch eine personelle und programmatische Ausdifferenzierung des Angebots der Partei.

In den ersten Jahren nach der Godesberger Wende wirkte Ollenhauer als Brücke zu den traditionellen Stammwählergruppen, der so dem Modernisierer Brandt die Ausflüge in soziales Neuland ermöglichte, ohne dass die Basis wegbrach (Walter 1997). Eine ähnliche symbolische Funktion übernahm dann Wehner – durch Sprache, Habitus und Lebensform. Erst in den 1970er Jahren wuchs Willy Brandt in die Rolle eines Gesamtintegrators, der dann sogar noch genügend soziale Phantasie und Kraft hatte, nach 1968 neue Brücken zu den postmaterialistischen Mittelschichten zu bauen.

Das neue, sich mit dem Godesberger Programm durchsetzende Parteileitbild war das der *Volkspartei*. Symbolisch überhöht hieß das „Partei des ganzen Volkes", tatsächlich wurde es weiterhin von dem Bewusstsein begleitet, Arbeitnehmerpartei – und übrigens auch Mitgliederpartei – zu sein. Zum Volksparteianspruch gehörten Öffnung, repräsentative und populäre Führung (mit besonderer Relevanz der Führungsfrage), Wähler- und Öffentlichkeitsorientierung.

Strategiekompetenz

Die gewachsene Strategiekompetenz der SPD ließ sich nach 1958/1959 an einer deutlichen Verbesserung ihrer strategischen Manövrierfähigkeit ablesen. Die Klärung der Führungs- und Richtungsfrage schuf die Möglichkeit, die Umstellung von Ideologie auf Markt die Grundorientierung für den Aufbau von Themen- und Problem-, Öffentlichkeits- und Bündniskompetenz[648], unter Verwendung eines zeitgemäßen Strategiewissens und getragen von einer Organisation, die zunächst vor allem durch Geschlossenheit das neue Image verstetigen sollte.

Themen- und Problemkompetenz

Die strategiefähige Führung der SPD setzte die innenpolitische Priorität als Normalfall erfolgreicher Opposition durch – ein deutlicher Bruch mit der zuvor steuerungsschwachen SPD. In den 1950er Jahren wollte man zwar mit Innenpolitik punkten, landete aber regelmäßig bei außenpolitischen Schwerpunkten. 1961, 1965, 1969 wurden innenpolitische Wahlkämpfe geführt, passend zur Modernisierungslinie, die die Partei programmatisch und parlamentarisch aufgebaut hatte. Selbst den Wahlkampf 1972 hat Willy Brandt nicht nur als Plebiszit über die neue Deutschland- und Ostpolitik betrieben, sondern mit einer kräftigen gesellschaftspolitischen Unterfütterung.

Eine der Voraussetzungen für eine Themensteuerung, die eigene Kernkompetenzen stärkt, ist das Räumen von Positionen auf Themenfeldern, bei denen man angreifbar ist und der Gegner seine volle Stärke entfalten kann. Das war für die SPD am Ende der 1950er Jahre die Deutschland-, Außen- und Sicherheitspolitik. Gedanklich war die anpassende Revision von einem breiteren Führungskreis vorbereitet, aber erst Herbert Wehners in dieser Form unabgesprochene Bundestagsrede vom 30. Juni 1960 hat die SPD für Gegner, Öffentlichkeit und für die Partei selbst sichtbar und verbindlich auf eine Linie festgelegt, deren Botschaft Gemeinsamkeit mit der Union hieß.

Die Steuerung von Anpassung und Differenz war eine neue Führungsaufgabe, bei der sowohl die Spitzenleute wie auch die Aktiven nur durch Lernprozesse vorankamen. So war unklar, wie stark innenpolitische Differenzen sein und wie sehr sie herausgestellt werden sollten – wenn schon gute Gründe für eine außenpolitische Begradigung sprachen. Soll die Politik der Gemeinsamkeit auch auf die Innenpolitik ausgedehnt werden, und wie sollen dann die Wähler die Differenz erkennen, die sie für eine Wahlentscheidung brauchen? Der aktiven Personalisierung, die 1961 mit der erstmaligen Kanzlerkandidatur und der Person Brandts betrieben wurde, fehlte es an Durchschlagskraft, da die entpolitisierende Image-Kampagne nicht an Themen gekoppelt war. Brandt verlor an Boden durch den „Verzicht auf eine ausgeprägt politische Profilierung" (Klotzbach 1982: 514).

Besonders schwierig ist es, eine *Partei* auf einem strategisch für notwendig erachteten Anpassungskurs zu halten – Parteiaktive rufen immer nach dem großen Unterschied. Die Angst vor einem Nachwirken der Konfrontationslinien aus den 1950er Jahren hat zu einem überzogenen Anpassungskurs geführt. Diese Anpassungslinie hat die Parteiführung, vor allen anderen Herbert Wehner, von 1960 bis 1966 außerordentlich strikt durchgehalten. In der Großen Koalition nach 1966 hat sie diesen Kurs dann durch Bereichsopposition aufgelockert. Dies war für die Aktiven eine Schulung neuen Typs: Themensteuerung hängt nicht

---

[648] Bündniskompetenz verstanden als ein Teil von Konkurrenzkompetenz (vgl. Kapitel 8.2.3).

nur von Überzeugungen, sondern auch von taktisch-strategischen Kalkülen ab. Und: man folgt der Führung auch dort, wo sie Opportunitätsstrukturen nutzt.

Neben Themenanpassung und Stärkung thematischer Kernkompetenzen bedurfte die längerfristige Themeninnovation strategischer Steuerungsfähigkeit. In diesen Jahren entwickelte sich der Zusammenhang von Modernisierung und Gerechtigkeit als sozialdemokratisches Großthema. „Gemeinschaftsaufgaben", vor allem auf den Feldern Bildungs-, Sozial- und Gesundheitspolitik, neue Konzepte und Instrumente der Wirtschafts- und Finanzpolitik wuchsen in das Profil der SPD hinein. Die Partei erwarb sich in einem längerfristigen, geduldigen Prozess das Image von Problemlösungskompetenz, das sie in der Regierung seit 1966 über viele Jahre bestätigte.

Bündniskompetenz

In einem Mehrparteiensystem wie dem der Bundesrepublik gibt es keine Machtchancen ohne Bündniskompetenz. Um so verblüffender, dass die SPD seit den Tagen Kurt Schumachers keine aktive Bündnispolitik betrieben hatte. Sie war von einer eigenen absoluten Mehrheit ebenso weit entfernt wie von einem potentiellen Koalitionspartner. Dem Attentismus der Ollenhauer-Zeit entsprach die Ausblendung der Koalitionsfrage. Insofern stellte die gezielte Suche und Pflege eines Bündnispartners, die Wehner gegenüber der CDU/CSU, Brandt gegenüber der FDP betrieb, einen klaren Bruch zur SPD der 1950er Jahre dar. Dies war mehr noch als anderes eine Führungsfrage, da die SPD über keinen „geborenen" Bündnispartner verfügte wie zum Beispiel die CDU mit der FDP im Rahmen des bürgerlichen Lagers.

Öffentlichkeitskompetenz

Die Führung arbeitete seit Godesberg am Aufbau einer öffentlichen Kommunikation, die an Begriffen und Botschaften, nicht nur an Sachthemen und Problemlösungen orientiert war. „Gemeinsamkeit", „Bestandsaufnahme", „neuer Stil", „großes Gespräch", „Gemeinschaftsaufgaben" waren Beispiele solcher Orientierungsbegriffe. Vom Spitzenpersonal kontinuierlich verwendet, bauten sie allmählich das Image der SPD um, das zuvor durch Negatives bestimmt war („Nein-Sager", „Regierungsunfähigkeit", „Sicherheitsrisiko" etc.).

Die Konzentration und Zentralisierung aller öffentlichen Kommunikationsaktivitäten der Bundespartei in einer Hand – der von Herbert Wehner – ermöglichte die kommunikative Steuerung aus dem Zentrum. Auch die kommunikative Zentralisierung des Wahlkampfs hat sich seit der Kampagne 1961 drastisch verstärkt. Als ideal galt der Wahlkampf „aus einem Guss", so wie für die Zeit zwischen den Wahlen das einheitliche Erscheinungsbild höchste Priorität erhielt. Die Kommunikationsdisziplin wurde durch die damals hohe Selbstdisziplin und die grundlegende Übereinstimmung der Spitzenleute, nicht zuletzt durch die einschüchternde Kontrolle des Autokraten Wehner gesichert.

Die „Öffnung" der Partei förderte die Abkehr von ihrer zuvor dominierenden Binnen- und Milieuorientierung. Öffnung als umfassende Formel strategischer Kommunikation war zugleich Image-Botschaft und Kommunikationsregel. Sie signalisierte ungebundenen Mittelschichten, katholischen Arbeitnehmern, sich verbreitenden Intelligenzschichten, dass die SPD auf sie zugehen wollte. Gleichzeitig unterstrich sie die Eigengesetzlichkeit und Relevanz von Subsystemen wie Medien und Wissenschaft sowie den Wunsch der Partei zu fairer Kooperation. Das waren die Jahre, da die Springer-Presse Willy Brandt als den Regierenden Bürgermeister von Berlin und Reformer unterstützte, und wissenschaftliche Experten begannen, Konferenzen und Parteitage der SPD zu bevölkern.

Organisationskompetenz

Die Voraussetzungen strategischer Organisationskompetenz waren 1958 durch Zentrierung und Verflechtung geschaffen worden. Die Neunergruppe des wöchentlich tagenden Präsidiums wurde zum formellen Zentrum, von dem „die grundlegenden politischen Initiativen und wichtigsten Wegmarkierungen" (Klotzbach 1982: 570) ausgingen. Innerhalb des Präsidiums bildete sich ein informelles strategisches Zentrum heraus, eine kollektive Führung mit meist drei Personen und interner Vetomacht. Das tatsächliche Parteimanagement lag in den 1960er Jahren bei Herbert Wehner. Durch ihn nahm es Züge eines autoritären Parteiregimes an. Aus Angst, zum ewigen Verlierer zu werden, ertrug die Partei das für ein paar Jahre.

Organisationskompetenz hieß jetzt nicht mehr nur, den Funktionärsapparat intakt zu halten. Sie umfasste nun die Fähigkeit zur Steuerung einer zur Umwelt geöffneten Partei, in Übereinstimmung mit sich selbst. Für die Godesberger Linie und für die Anpassungsstrategie musste die Partei nach innen überzeugt, hilfsweise diszipliniert werden. Die Reformer profitierten von den fortwirkenden Normen der Organisationsdisziplin („Einheit in der Aktion") und des Primats der Partei über die Fraktion. Wehner, der vor seiner Wende 1958/1959 eher dem linken Flügel zugerechnet wurde, ein Mann des Apparats war und nicht nur Überzeugungs-, sondern auch erhebliches Einschüchterungspotential hatte, nutzte in den ersten Jahren den Organisationstraditionalismus für reformerische Zwecke. Die Geschlossenheit, die vor allem er erzwang, verhinderte nicht nur Richtungskämpfe, sondern führte bis zur Bildung der Großen Koalition 1966 auch zu einer Verarmung der innerparteilichen Debattenkultur. Unter Wehners autoritärer Führung entstanden Probleme der Übersteuerung, die dann eruptiv zu Mini-Revolten führten. Zum Beispiel auf dem Nürnberger Parteitag 1968, wo die nachträgliche Billigung der Große Koalition fast gescheitert wäre.

Strategiewissen

Die neue Führungsspitze, bestehend aus Wehner, Brandt, dazu Erler, später Schmidt, brachte Personen mit hohem, implizitem Strategiewissen – „brillante Strategen", wie der Zeithistoriker sagt (Rupps 2004: 28) – ins Steuerungszentrum der Partei. Die mentale Öffnung schlug sich auch darin nieder, dass das Interesse für externes, professionelles Strategiewissen stieg. Vereinzelt wurden Meinungsumfragen in Auftrag gegeben, um die Akzeptanz einer Politik zwischen den Wahlen zu überprüfen.[649] Vor allem aber veränderte sich das Strategiewissen, das zur Gestaltung von Wahlkämpfen herangezogen wurde, bei denen man auf der Höhe der Zeit sein wollte und dies tatsächlich erreichte (vgl. Hetterich 2000).

Auch hier kommt es zu einem radikalen Bruch. Zuvor war die Wahlkampfführung apparatbestimmt, ohne oder bloß mit marginaler Mitwirkung externer Expertise für Demoskopie, Werbung, Medien, befangen in den klassischen Traditionen politischer Propaganda und Agitation in Partei-, Milieu- und Ideologiekontexten. Der gesamte (geschäftsführende) Vorstand befasste sich mit Einzelheiten des Wahlkampfs. Der Wahlkampfleiter war stolz

---

[649] So hat die Partei 1960 nach der Wehner-Rede im Bundestag die Akzeptanz der außenpolitischen Wende demoskopisch prüfen lassen (vgl. Bouvier 1990: 65).

darauf, seit 1928 Wahlkämpfe der SPD geleitet zu haben. Nach 1960 kam es zur allmählichen Herauslösung der Wahlkampfführung aus den normalen Leitungsstrukturen. Expansiv war die Heranziehung externer Expertise, vor allem in den Bereichen Demoskopie und Werbung. Willy Brandt veranlasste, dass schon seit 1959 Wahlkämpfe in Großbritannien und den USA genauer studiert wurden.[650] Schließlich bemühte sich die Partei um den Aufbau einer professionellen Eigenkompetenz, um auf der Höhe der externen Wissensentwicklungen bleiben und strategische Koordination auf neuem Niveau betreiben zu können. Das alles war nur vor dem Hintergrund eines radikalen Mentalitätsbruchs, aber auch des raschen Ausbaus staatlicher Parteienfinanzierung seit Anfang der 1960er Jahre möglich.

Resümee

Es gab keinen diskutierten und beschlossenen Masterplan zum Aufbau moderner sozialdemokratischer Strategiefähigkeit, aber es gab eine Trägergruppe, klare Vorstellungen über die Notwendigkeit von Organisations- und Programmreform sowie einen starken Elitenkonsens über die Klärung der Führungs- und Richtungsfrage. Auf dieser Grundlage zeigte sich die strategische Manövrierfähigkeit der SPD seit 1960 grundlegend verbessert.

Die SPD der späten 1950er Jahre ist damit ein Musterbeispiel für den antizipierenden Aufbau moderner Strategiefähigkeit, die sich zunächst in der Opposition, dann 16 Jahre lang in der Regierung bewährte. Zieht man ihre Vor- und Nachgeschichte ab, umfassten Aufbau, Erhalt und Zerfall moderner Strategiefähigkeit einen Zeitraum von einem Vierteljahrhundert. Diese Phase zeitgemäßer Strategiefähigkeit ging definitiv Anfang der 1980er Jahre zu Ende, als das strategische Zentrum zerbrach und die SPD in zwei Richtungen zugleich gehen wollte.

12.2 Wehners strategisches Konzept einer Großen Koalition. Regierungsfähigkeit durch Mitregieren (1966)

An die Macht wollten sie alle in der damaligen Führungsspitze der SPD. Aber er allein hatte das strategische Konzept, dies könne nur als Partner in einer Großen Koalition mit der CDU/CSU geschehen. Und er hatte die Härte, es durchzuboxen. Aber auch Wehner kam erst 1960 auf das Konzept, drei Jahre nach der vernichtenden Wahlniederlage von 1957. Es war eine im Modus strategischer Emergenz entstandene Strategie. Und es war eine Geheimstrategie – die jeder sehen konnte.

Herbert Wehner war Einzelgänger, Geheimniskrämer, ein Mann mit Hinterabsichten, der in mehreren Welten lebte. Er hat mit niemandem seinen spezifischen Plan zur Machtbeteiligung der SPD erörtert oder ihn schriftlich fixiert. Dennoch ist er aus seinen Handlungen und begleitenden Äußerungen klar rekonstruierbar. Er hat sein Konzept gegen Alternativen und Widerstand verteidigt, im Dezember 1966 zum Erfolg geführt und damit die Regierungsfähigkeit der SPD unter Beweis gestellt. Die Strategie, die 1969 zum Machtwechsel führte, kam dann allerdings von einem anderen. Willy Brandts Konzeption einer sozialliberalen Koalition war ein langjähriger Gegenentwurf, für dessen Verwirklichung die Bedingungen erst 1969 reif waren.[651]

---

[650] Sein in dieser Hinsicht wichtigster Mitarbeiter, Klaus Schütz, besorgte Beratung durch amerikanische Wahlkampfexperten.
[651] Vgl. Kapitel 12.3.

Entstehung des Strategiekonzepts

Herbert Wehner war weder Reformer noch Traditionalist. Er war ein kommunistisch sozialisierter Sozialdemokrat, der nicht nur „Was tun?" fragte, sondern auch etwas tun wollte. Als 1957 die Stunde der Reformer begann, gehörte er nicht dazu. Er hatte bei Kurt Schumacher besonderes Vertrauen genossen, als Mann des linken Flügels das Jahrzehnt mit Deutschland- und Außenpolitik bestritten. Hörte man ihn zur Organisationsreform, musste man denken, die Zukunft der SPD läge im Umbau zu einer basisverwurzelten Kaderpartei. Nicht Demoskopie, Marketing und moderne Kommunikationsstrategie, sondern ein „zentrales Büro", von „Sekretären" geleitet, das die „Ermittlung, Zusammenfassung und Auswertung der Meinungen, Bedürfnisse und Strömungen in den breiten Bevölkerungsschichten" bündeln soll.[652]

Warum dieser rückwärtsgewandte Zug eines ruhelosen Aktivisten? Wehner dachte in den Vorstellungen eines sozialistischen Gesamtdeutschlands, in dem – dank ostdeutscher Stärke – die SPD die geborene Mehrheitspartei sein würde. Weil er die Wiedervereinigung, die die SPD zur politisch führenden Kraft in Deutschland aufsteigen ließe, als aktuelle und prinzipiell lösbare Frage sah, durfte die Partei im Westen nichts tun, was ihre Chancen im Osten mindern könnte. Sie durfte auch keine Parteireform machen, weder programmatisch noch organisatorisch, die auf die Ostdeutschen wie eine Kapitulation vor dem Adenauer-Staat hätte wirken können (Soell 1976: 299).[653]

Noch in dem von Wehner mitinitiierten Deutschlandplan vom März 1959 wurde an der Idee einer Konföderation beider deutscher Staaten gefeilt. Da war die Sowjetunion bereits zu einer offensiven und aggressiven Deutschlandpolitik übergegangen, Nikita Chruschtschow hatte schon sein Berlin-Ultimatum gestellt. Wehner war ein „hochzylindriger Motor"[654], der die Partei bei ihrem Projekt einer Wiedervereinigung als Demokratisierung[655] antrieb, auch als ein Weg kaum noch erkennbar war.

Wehner eroberte nach der Wahlkatastrophe 1957 zusammen mit den Reformern Einflusspositionen, ohne ein Reformer zu sein. Er war das Chamäleon, das von linken und rechten Erwartungen getragen wurde. Für die Linken repräsentierte er das deutschlandpolitische und sozialistische Credo, für die Rechten – das waren damals die Reformer – eine kraftvolle Dynamik, die zu neuen Ufern führt. Im Oktober 1957 wurde er zusammen mit den ausgewiesenen Reformern Fritz Erler und Carlo Schmid in die Fraktionsführung gewählt, im Mai 1958 auf dem Stuttgarter Parteitag in die ausschlaggebende Position der Parteiführung. Von nun an galt seine personalpolitische Machtmaxime, dass „keiner am anderen vorbeikönne" (Soell 1976: 301).

Die Richtung des Godesberger Programms haben andere bestimmt, Wehner hat „nur" mit einer emotionalisierenden Rede („Glaubt einem Gebrannten") geholfen, die Unterstützung dafür bei den Linken und Traditionalisten auf dem Parteitag im November 1959 zu verbreiten. Das Programm war ebenso wenig wie die vorhergehende Parteireform Teil von Wehners Strategie – erst nachträglich wurden sie auch für ihn zur notwendigen Bedingung

---

[652] Vgl. dazu Leugers-Scherzberg (2002: 197f.), verbunden mit der Einschätzung: „Zweifellos verarbeitete Wehner damit Erfahrungen aus seiner Arbeit für das ZK der KPD und die Komintern (...)".

[653] Vgl. auch Leugers-Scherzberg (2002: 226) zu Wehners Annahme über „zweifellos beachtliche Kräfte" in der DDR, „durch die das Potential der Demokratie wesentlich vergrößert worden wäre".

[654] So Brandt auf dem SPD-Parteitag in Hannover 1960.

[655] Vgl. dazu, im Kontext, Leugers-Scherzberg (2002).

seines Machtkonzepts. Bis Mitte November 1959[656] hatte Wehner ein anderes, primäres Referenzsystem, nämlich die Chancen der sozialistischen bzw. „demokratischen" Kräfte in einem, durch den Ost-West-Konflikt gespaltenen Gesamtdeutschland. Im Zweifel war der Wechsel der sowjetischen Strategie für ihn wichtiger als der Ausgang einer Bundestagswahl in der BRD. Deshalb hat Wehner in den zwei Jahren, die nach der Wahlkatastrophe 1957 vergangen waren, nicht wirklich im Sinne der Reformer agiert (ohne ihnen im Wege zu stehen). Er reagierte aber rasch nach der „strategischen Wende der sowjetischen Politik" (Leugers-Scherzberg 2002: 227) Mitte November 1959. Koexistenz wurde nun dort als „eine Form des internationalen Klassenkampfs" verstanden, das heißt zu einer Verschärfung des Kampfes zwischen den Systemen umgedeutet. Auf der außenpolitischen Bühne waren schon 1958 mit der Berlin-Krise und im August 1959 mit dem Scheitern der Genfer Außenministerkonferenz die verhärtete sowjetische Linie und die Festschreibung der deutschen Teilung erkennbar geworden. Wehner zog strategische Konsequenzen. Der Bezugsrahmen aller machtpolitischen Überlegungen reduzierte sich nun von einem Gesamtdeutschland auf die Bundesrepublik. Die Gesamtorientierung wurde defensiv, die Verringerung der inneren Konflikte gewann Priorität, „das Bündnis mit den fortschrittlichen Kräften des Bürgertums" (Leugers-Scherzberg 2002: 228) wurde Wehners bündnispolitische Maxime. Gemeinsamkeit – vor allem in der Außenpolitik – avancierte zur politischen Hauptforderung, gleichzeitig wurde die Abgrenzung nach Links verschärft.

Der andere Protagonist der Gemeinsamkeits-Kampagne, die seit 1960 auf vollen Touren lief, hieß Willy Brandt. Er war geprägt durch seinen Berliner Erfahrungshintergrund. Lagerübergreifende Koalitionserfahrungen bis hin zu Allparteienregierungen und eine Tradition außenpolitischer Gemeinsamkeit in der langen Krisengeschichte Berlins bestimmten die „Linie Brandt" (Schwarz 1983: 202). Starke Westbindung und Nähe zu den USA gehörten seit langem zu den außenpolitischen Konstanten Brandts. Wehners letzte Konsequenz einer Selbstregelung der deutschen Frage in Gestalt des Deutschlandplans hatte Brandt nicht mit gemacht. Von sehr unterschiedlichen Referenzsystemen kamen beide also zu ähnlichen strategischen Konsequenzen – ohne dass die Unterschiede im strategischen Stil und in den weiteren Folgerungen dadurch eingeebnet worden wären.

So war schon die logische Verbindung zwischen dem Gemeinsamkeits-Postulat[657] und einer Regierungsbeteiligung „aller demokratischen Kräfte" nicht zwingend. Außenpolitische Gemeinsamkeit kann auch unabhängig von der Koalitionsfrage gesehen werden, wie es zum Beispiel in den USA traditionell der Fall war. Zudem konnte allseitige Regierungsbeteiligung wörtlich eine „Allparteienregierung" sein, sie konnte in ihrem Kernbereich aber auch nur „Große Koalition" bedeuten.

Plattform und Plakat der Gemeinsamkeit war Wehners Bundestagsrede vom 30. Juni 1960, inhaltlich seit längerem vorbereitet, aber mit niemandem abgestimmt. Im ersten Satz postulierte er „das höchsterreichbare an Übereinstimmung bei der Bewältigung der deutschen Lebensfragen". Die von ihm in der Rede persönlich Angesprochenen waren alle Vertreter von CDU und CSU. Und der Schlusssatz konnte als Offerte für eine Große Koalition verstanden werden: „Das geteilte Deutschland (...) kann nicht unheilbar miteinander verfeindete christliche Demokraten und Sozialdemokraten ertragen."

Wehners strategische Wende 1959/1960 schloss von vornherein das Ziel einer Großen Koalition mit ein. Nur eine Ausnahme: „Eine Allparteienregierung habe ich persönlich für

---

[656] Zufällig wurde das Godesberger Programm auch am 15. November 1959 verabschiedet!
[657] Von Brandt auch auf die Innen-, nach Wehners Verständnis nur auf die Außenpolitik bezogen.

richtig gehalten 1961, nach dem Bau der Berliner Mauer." (Gaus 1966: 118). Im Frühjahr 1961 hatte Wehner die ersten persönlich-geheimen Gespräche mit Karl Theodor von und zu Guttenberg (CSU). Schon damals verständigte man sich über die wesentlichen Projekte einer Großen Koalition, wie sie dann 1966 zustande kam. Die langjährigen, von Wehner mit viel Sorgfalt gepflegten Kontakte zu den christdemokratischen Politikern Guttenberg und Lücke, Krone und Lübke bildeten das schmale, aber effektive Netzwerk der von einer Großen Koalition Überzeugten, die über Eigenmacht oder Zugang zu den Machthabern verfügten.

Wehners strategischer Plan einer Großen Koalition lässt sich mit Elementen unseres Analyseschemas rekonstruieren: *Ziel* war, der SPD durch eine Koalition mit der CDU/CSU den Nachweis von Regierungsfähigkeit zu verschaffen. Nur dieser Nachweis würde sie zu einer normalen Regierungspartei machen. Eine Partei, die seit mehr als 30 Jahren nicht mehr auf zentraler Ebene regiert hat, muss sich das Gütesiegel der „Regierungsfähigkeit" direkt von der scheinbar geborenen Regierungspartei („CDU-Staat") abholen – als Juniorpartner in einer Großen Koalition. Ein sozialdemokratischer Regierungschef war nicht Wehners primäres strategisches Ziel – 1969 wurde er gegen Wehner, der weiterhin an einer großen Koalition unter einem CDU-Kanzler festhielt, durchgesetzt. Das Ziel lag im Aufbau der SPD als zweiter großer, gleichberechtigter Volkspartei – eine machtpolitische Vision.

Die *Lage* hatte sich Ende der 1950er Jahre verändert. Die Option sozialdemokratischer Machtpolitik über die Wiedervereinigung war durch die strategische Wende der sowjetischen Politik und die Blockade in der Deutschlandpolitik verbaut. Machtpolitik musste nun im Rahmen der Bundesrepublik neu definiert werden. An der CDU/CSU führte kein Weg vorbei. Gegen die SPD stand die bürgerliche Hegemonie aufgrund der klaren Dominanz der Union (1957 absolute Mehrheit der Stimmen) und der FDP als Reservepartei des bürgerlichen Lagers. Die FDP sah Wehner nicht in ihren innen- und außenpolitisch progressiven Potentialen, sondern als bürgerliche Klassenpartei, mit einseitigen wirtschafts- und gesellschaftspolitischen Interessen. An einen Machtwechsel unmittelbar durch eine Wahl war angesichts der Stärke der Union[658] und des Fehlens eines potentiellen Koalitionspartners auch mittelfristig nicht zu denken.

Die Bildung von *Optionen* trug Herbert Wehner in sich selbst aus. Von außen stellt es sich so dar: „Gemeinsamkeit" war eine Richtungs- und Kommunikationsformel. Gleichzeitig diente sie Wehner – auf die Unionsparteien gezielt – für eine aktive Bündnispolitik. Die Forderung nach einer Allparteienregierung war eine Zwischenetappe, die auf dem Hintergrund von Berlin-Krise und Mauerbau innerparteilich und gegenüber der Öffentlichkeit plausibler und legitimer war als die Forderung nach einem Zweierbündnis mit dem bisherigen Hauptgegner, einer Großen Koalition. Die Fokussierung auf die CDU/CSU bildete – neben der aktiven Komponente, die Koalition auch unabhängig von Wahlen zu suchen – den Kern des Wehnerschen Strategieprojekts. Das Zertifikat der Regierungsfähigkeit war nur direkt von der Großpartei des „Adenauer-Staats" zu holen, deren Wähler, die man für eine eigene Mehrheitsfähigkeit brauchte, nur durch Kooperation („Umarmung") und direkten Vergleich zu gewinnen. Die FDP stand damals gesellschaftspolitisch rechts von der Union, galt als bürgerliche Interessentenpartei und in einer denkbaren rot-gelben Koalition – die sie selbst nicht wollte – als unsicherer Kantonist. Die acht Mandate Mehrheit, die

---

[658] 1957 betrug der Abstand zwischen CDU/CSU und SPD 18,4 Prozent, der zwischen dem bürgerlichen Lager und der SPD 26,1 Prozent. Die Wähler hatten sich bei den Bundestagswahlen 1957 und 1961 mit 58 Prozent für das bürgerliche Lager ausgesprochen.

1961 rechnerisch erstmals eine SPD/FDP-Verbindung hätte vorweisen können, waren gleichzeitig die Mindestzahl von acht Überläufern zur CDU/CSU, mit der die SPD damals glaubte rechnen zu müssen. Eine alternative strategische Option hätte darin bestehen können, die innere Entwicklung der FDP abzuwarten (oder auch von außen zu fördern) und auf Situationen hinzuarbeiten, in denen Fragen einer flexibilisierten Deutschland- und Außenpolitik sowie der inneren Liberalität einen größeren Stellenwert bekämen. Nur das Bündnis mit der FDP bot mittelfristig die realistische Chance, einen sozialdemokratischen Kanzler stellen zu können. Nachträglich hat Egon Bahr, der mit Willy Brandt ein Anhänger der Kleinen und ein Skeptiker der Großen Koalition war, dem Wehnerschen Ansatz Recht gegeben. Rückblickend hielt er selbst 1966 noch zu früh für eine sozialdemokratische Kanzlerschaft: „Die SPD war nicht reif, die Bundesregierung zu führen. In Berlin hatten wir uns zum Teil über die Genossen in Bonn mokiert, die glaubten, eine Resolution oder eine Erklärung nach einer langen Sitzung sei schon Politik. Die Große Koalition war unentbehrlich, um die Annäherung an wirkliche politische Macht zu proben, den Umgang mit großen Apparaten zu lernen, um sich in die Bundesverantwortung einzuleben und die Bevölkerung nicht nur daran zu gewöhnen, sondern ihr auch zu beweisen, dass Sozialdemokraten in Bonn regieren können. Es ist schon gut begründet, warum einige Jahre auf großer Fahrt als Erster Offizier nötig sind, bevor einer als Kapitän das Kommando auf der Brücke übernehmen darf." (Bahr 1998: 193).

Der Ort der *Entscheidung* über das strategische Konzept einer Großen Koalition lag wie die Optionenbildung in Wehner selbst. Er hat ihn seinen Vertrauten auf christdemokratischer Seite früher mitgeteilt als seinen Parteifreunden, selbst denen an der Spitze der Partei.[659] Das Konzept fußt auf bestimmten Kalkülen: Die außenpolitische Revision sollte die Schwächen der SPD beheben und das Feld für ihre gesellschaftspolitischen Stärken öffnen, die im Bereich innerer Reformen lagen. Gleichzeitig war es auch eine Dreiecksstrategie, die durch Anpassung und Kooperation die Unterschiede zum dominanten Gegner verwischte, um gleichzeitig die sozialdemokratische Besonderheit vor allem in der Gerechtigkeitspolitik zu unterstreichen.[660]

Anwendung des Strategiekonzepts

Ungewöhnlich an Herbert Wehner war die radikale Konsequenz, mit der er sein Projekt eines „historischen Kompromisses" verfolgte. Ein normaler Parteipolitiker, zumal einer mit Karriereplänen, neigt zu mehr Rücksichtnahmen, Kompromissbildungen, zur Aufteilung von Verantwortung. Wehner war der Sonderfall eines demokratisch nachsozialisierten, kommunistischen Spitzenpolitikers, der die Praxis härtester Linienkämpfe gelernt und überlebt hatte, selbst aber nicht um die Position des Parteivorsitzenden oder Kanzlers konkurrierte, da er sich als ehemaliger Kommunist in vorderster Position als Belastung für seine Partei sah.

Das Risiko des strategischen Projekts war sehr groß. Der im Grunde glatte Verlauf und schlussendliche Erfolg täuschen darüber hinweg. An vielen Stationen gab es – gut begründete und in der Partei auch vertretene – Handlungsalternativen. Partei und Wählerschaft hätten dem Anpassungskurs nicht folgen müssen. Sie taten es aber mit kontinuierlichem

---

[659] Die engere Parteiführung hat Wehner erstmals im November 1962 über seinen Gesprächskontakt zur anderen Seite informiert. Die Kontakte hatten aber bereits seit spätestens Mitte Oktober 1961 begonnen (vgl. Wirz 1997: 147f.).

[660] Vgl. zum Konzept der Dreiecksstrategie auch das Kapitel 9.2.5.

Wählerzuwachs von 1961 bis 1969. Die innere Schwäche des Gegners CDU/CSU, die den sozialdemokratischen Erfolg mit ermöglicht hat, war nur eine günstige Rahmenbedingung, nicht schon der Garant des Erfolgs.

Wehners Weg seit 1960 war nur vom Ende her gesehen, dem Eintritt in eine Große Koalition 1966, eine Erfolgsgeschichte. In ihrem Verlauf war es eine Geschichte „erfolgreichen Scheiterns".[661] Gleichzeitig erzählt die Geschichte, dass ein strategisches Konzept nichts gegen seine Ausführung ist. Ohne Zielstrebigkeit, Energie, Ausdauer, Härte, Enttäuschungsfestigkeit, Opportunitätswachheit, Entschlossenheit und wohl auch Skrupellosigkeit bleiben Konzepte, was sie am Anfang sind: bestenfalls gute Ideen.

Die Forderung nach einer *Allparteienregierung*, die die Parteiführung nach der Bundestagswahl 1961 beschlossen und auch im direkten Gespräch mit Adenauer durchgehalten hat, hatte aus der Perspektive Wehners einen Kernbestand schwarz-roten Zusammengehens – zumal sie von der FDP entschieden abgelehnt wurde. Da die Widerstände in der Union gegen eine Große Koalition sehr stark waren, hätte ein solches Bündnis „allenfalls auf dem Umweg über eine Allparteienkoalition angestrebt werden können" (Schwarz 1983: 227). Objektiv half die Debatte über eine Allparteienregierung 1961 Adenauer, die FDP unter Druck zu setzen und seine Amtszeit in einer bürgerlichen Koalition zu verlängern.

Wehner hat sich auch durch Ereignisse wie die *Spiegel-Affäre* vom Herbst 1962, die die kritischen Teile der Gesellschaft und die Jüngeren aufwühlten, von der Umarmungsstrategie nicht abhalten lassen. Er und die Parteiführung bemühten sich um größte Zurückhaltung: „Sie waren bis an die Grenze oppositioneller Selbstverleugnung bestrebt, die ganze Angelegenheit im Rahmen justizieller Verantwortung zu halten und sich zum Delikt selber nicht oder nur höchst sparsam zu äußern. (...) Eine Behandlung des ‚Spiegel'-Komplexes als Politikum großen Stils [hätte auch][662] eine Störung des Wehner-Konzeptes bedeutet, das darauf abzielte, gerade im politischen Krisenfall über ein Zusammenwirken mit der Union die Anerkennung der sozialdemokratischen Regierungsfähigkeit zu erzwingen." (Klotzbach 1982: 522). In der offenen Krise zwischen CDU/CSU und FDP wegen der Spiegel-Affäre dienten die Verhandlungen über eine Große Koalition unterschiedlichen Zwecken: Teilen der Union dazu, einen Kanzler Erhard zu verhindern; Adenauer, seine Amtszeit zu verlängern; Wehner, um „eine Pionierarbeit" (Wehner 1968: 255) mit den Zielen Regierungsfähigkeit und Mitarbeit der SPD durchzuführen. Der Versuch scheiterte an der Wahlrechts- und der Kanzlerfrage. Wehner hatte in den Vorgesprächen einer unbefristeten Kanzlerschaft Adenauers und der Einführung der relativen Mehrheitswahl bereits zur kommenden Bundestagswahl zugestimmt. Der Widerstand kam vor allem aus der Bundestagsfraktion, aber auch Teile der Parteiführung waren skeptisch.

Wehners Standardargumentation für eine Große Koalition war angereichert mit einer situativen Strategieidee. Ludwig Erhard sei „Stimmenmagnet" der Union, der einzige, den sie habe. Wenn man ihn jetzt als Nachfolger Adenauers ausschalte, verbessere man die eigene Position entschieden, weil eine solche Kandidatur nicht als „Konserve" aufrechtzuerhalten sei.[663] Die Hauptursache seines Scheiterns an der Fraktion lag darin, „dass dem arkanpolitischen Einzelgänger Wehner ein schwerer Kalkulationsirrtum unterlaufen war,

---

[661] Breit dokumentiert u.a. bei Bouvier (1990), Klotzbach (1982), Morsey (1994), Schönhoven (1998, 2004), Schwarz (1983). Vgl. zum strategisch erfolgreichen Scheitern auch das Kapitel 10.2.8.
[662] Ergänzung durch *J.R/R.T.*
[663] Tatsächlich war es 1965 vor allem die Person Erhards, die der Union noch einmal einen fulminanten Wahlsieg einbrachte.

als er glaubte, die Abgeordneten vor scheinbar vollendete Tatsachen stellen zu können. Die machtbewusst gewordene und Mitsprache fordernde SPD-Fraktion war nicht bereit, diese Methode zu schlucken, und wusste sich in ihrer Haltung einig mit breiten Teilen der Basis im Lande, die auf Wehners robust-ruppigen innerorganisatorischen Umgangsstil ohnehin mit Missbehagen reagierten und letzte Vorbehalte gegen den einstigen Spitzenfunktionär der KPD nie überwinden konnten." (Klotzbach 1982: 528). Dass sein Einzelgängertum und seine dominant machtpolitische Orientierung ihn davon abgehalten hatten, mit anderen zusammen ein perspektivisches Sachprogramm für eine Große Koalition auszuarbeiten, bei dem die „Kröten" etwas in den Hintergrund getreten wären, kam als Schwäche des Akteurs Wehner noch dazu. Objektiv gesehen hatte Wehner Adenauer abermals geholfen, seine Amtszeit zu verlängern.

In der 1964 anstehenden *Bundespräsidentenwahl* war Wehner ebenfalls der Entschiedenste. Er brachte die engere Parteiführung dazu, Heinrich Lübke für eine zweite Wahlperiode nicht nur zu unterstützen, sondern zu nominieren. Starke Kräfte wollten einen eigenen sozialdemokratischen Kandidaten, konnten sich aber gegen die Unterstützungslinie nicht durchsetzen. Da die Regierungskoalition in dieser Frage gespalten war – die FDP präsentierte einen eigenen Kandidaten, die Union zögerte –, ermöglichte erst die SPD-Unterstützung die Wiederwahl des CDU-Mannes. Lübke galt zwar weithin als wenig überzeugende Besetzung, brachte der SPD aber zwei Vorteile. Er war engagierter Verfechter einer Großen Koalition und seine Unterstützung war eine weitere Demonstration schwarzroter Zusammenarbeit und sozialdemokratischer Zuverlässigkeit.

Noch der *Wahlkampf 1965* stand im Schatten des Langzeitprojekts Große Koalition. Die engere Parteiführung begrüßte im Frühjahr 1965 die Bildung einer Großen Koalition in Niedersachsen – ungeachtet des Preises eines Schulkonkordats zwischen Landesregierung und Vatikan. Auch im Wahlkampf selbst spielte die Begleitmelodie *für* eine Zusammenarbeit der beiden Großen, verstärkt durch den bei den Konservativen entlehnten Slogan „Sicher ist sicher". Die innenpolitischen Alternativen der SPD traten eher in den Hintergrund. Die „autokratische Wahlkampfführung Wehners" (Krebs 1996: 88) neutralisierte innerparteiliche Kritik und hielt die SPD in einem Schwebezustand zwischen Nicht-mehr-Opposition und Noch-nicht-Regierung. Die glatte Bestätigung der bürgerlichen Regierungskoalition war eine kalte Dusche für das sehr kleine Große Koalition-Netzwerk um Herbert Wehner und Karl Theodor von und zu Guttenberg, das nun schon seit mehr als vier Jahren bestand. Die Grenzen für die Ruhigstellung der Partei waren erreicht. Weitere vier Jahre hätte sich die Partei Wehners Strategie wohl kaum unterworfen.

All diese *Formen des Scheiterns* waren insofern *erfolgreich*, als sie den Gegner, die Öffentlichkeit und – nicht zuletzt – die eigene Partei mit der Vorstellung von der Regierungsfähigkeit der SPD vertraut machten. Was wäre in der Regierungskrise 1966 geschehen, ohne die lange Vorstrukturierung und die Beharrlichkeit Wehners? Die deutsche Innenpolitik trudelte in einem strategischen Vakuum, da „eine klare Strategie bei keiner Partei erkennbar war" (Schönhoven 1998: 380). Die FDP, geplagt von Führungsschwäche und Heterogenität, verabschiedete sich selbst aus dem Spiel, obwohl ihre Mehrheit eigentlich eine Fortsetzung der bürgerlichen Regierung mit neuer Aufstellung wollte. Die Union hatte unter Erhard kein neues Zentrum aufgebaut, war der FDP müde geworden und suchte mit Mehrheitswahlrecht und Großer Koalition den Weg, als geborene Mehrheits- und Regierungspartei zu überleben.

Als Wehner Willy Brandt mit seinen Neigungen zu einer sozialliberalen Koalition überspielen konnte und mit aktiver Unterstützung Helmut Schmidts sowie – aus dem Krankenhaus – dem Segen Fritz Erlers die Geschlossenheit der SPD-Führung zusammen hatte, ließ sich auch die Fraktion mitziehen. Trotz Mehrheitswahlrecht, trotz Franz Josef Strauß und Kurt Georg Kiesinger, trotz der Rettung der Union, die mit der Großen Koalition auch verbunden war. Das – widerstrebende – Votum des Parteitags wurde erst 1968 eingeholt, als die schwarz-rote Koalition schon fast am Ende war. Strategisches Konzept, Vorbereitung und Entschlossenheit eines Zentrums, in dessen Mitte Wehner stand, haben den Ausschlag gegeben.

Interpretation

Nicht zuletzt Konzept und Durchsetzung der Großen Koalition haben Wehner zur Anerkennung als „großem Strategen" verholfen. Es ist das Beispiel für eine Strategie und deren systematische Anwendung sowie für die Differenz, die eine Strategie ausmacht: ohne das Konzept und die Steuerungskunst von Herbert Wehner hätte es 1966 vermutlich keine Große Koalition gegeben. Deshalb noch ein kurzer Blick auf besondere Voraussetzungen und Grenzen des Projekts.

Besondere Voraussetzungen. Wehner war der gut platzierte Spitzenpolitiker ohne weitere Karriereambitionen. Er besaß eine unangefochtene Position im strategisch-operativen Bereich. Willy Brandt war, entgegen der Aufforderung Wehners, nach der Bundestagswahl 1965 nicht als Oppositionsführer in den Bundestag gegangen. Er hatte zudem auf die weitere Kandidatur als Kanzlerkandidat verzichtet und stand damit – obwohl Parteivorsitzender – nicht im Zentrum der operativen SPD-Politik. Fritz Erler führte die Fraktion, Herbert Wehner bestimmte die Gesamtkoordination. Da Wehner nicht mehr werden wollte, als er war, konnte man ihn nicht auf dem normalen Weg - der Konkurrenz - bekämpfen.

Das Besondere war nicht das strategische Konzept selbst, sondern die Konsequenz bei dessen erfolgreicher Durchsetzung. Dabei halfen Wehner sein „kommunistischer Habitus" (Peter Merseburger) und der Einbau einiger Elemente des leninistischen Strategiemodells: hochzentralisierte strategische Leitung (mit dem Leitbild Kader- in der Mitgliederpartei und einer Art von „demokratischem Zentralismus"); Dominanz strategischer Machtziele (Systemwechsel, Machtwechsel, Machtbeteiligung); rascher Linienwechsel (als Direktive von oben, ohne vorbereitende Debatte); harte Linien-Kontrolle („Generallinie", „Losungen", Sprachregelungen); von oben dekretierte „Hauptgegner" und Verbündete; (tendenzielle) Illegitimität innerparteilicher Opposition. Das alles eingebaut in eine Konkurrenz-Demokratie mit Mindestanforderungen an innerparteiliche Demokratie – das heißt entsprechenden Abschwächungen – und mit der notwendigen inhaltlichen Entkernung. Ein machtstrategisches Schema besonderen Typs.[664]

Grenzen. Das Fehlen eines inhaltlichen Projekts gehört insgesamt zu den Schwächen des Wehnerschen Strategieprofils. Wozu, außer für ein Machtinteresse, findet das Ganze statt? Es war eine reduzierte Machtstrategie, vorzugsweise mit den Mitteln von Koalitions- und Personalpolitik. Dabei bewegte Wehner sich zwischen bewunderter „Härte" und kritisierter „Übersteuerung". Wenn die Mitwirkung des Gegners für den eigenen Erfolg notwendig ist, darf man sich durch symbolische Nachgiebigkeit (inner- und außerparteiliche Gegner sagten: „Anbiederung") nicht aufhalten lassen. Weder durch den Skandal der Spie-

---

[664] Vgl. zur Diskussion leninistischer Traditionselemente neben Leugers-Scherzberg (2002) auch Dowe (1996).

gel-Affäre, noch durch eine Verlängerung der Amtszeit des in der Partei verhassten Konrad Adenauer, nicht durch die Verlängerung der Amtszeit eines blassen, der Großen Koalition aber freundlich gesonnen Bundespräsidenten Heinrich Lübke, auch nicht durch das von der Partei immer abgelehnte Mehrheitswahlrecht. Beim Mehrheitswahlrecht musste man mit der Verletzung kurz- und mittelfristiger Parteiinteressen durch langjährige Festschreibung der Oppositionsrolle rechnen, gleichzeitig wurden dadurch die Koalitionschancen mit der FDP verbaut.

Das Urteil über die strategischen Qualitäten von Wehner bleibt höchst kontrovers. Nur zwei Beispiele von Nah-Beobachtern, die verdeutlichen, dass die Frage nicht auf der Meinungsebene entschieden werden kann, vielmehr durch gezielte Forschung weiter aufgeklärt werden müsste. Günter Gaus (2004: 263) rühmte: „Herbert Wehner war nach meiner Beobachtung ein Taktiker wie ein Stratege von hohen Graden. Dabei hat er im Taktischen das Strategische kaum je aus den Augen verloren." Dagegen Hans-Dietrich Genscher, der ja auch etwas von Strategie und Taktik versteht: „Sein strategisches Denken war ausgeprägt, wurde indessen überinterpretiert. Wenn ihm unterstellt wurde, siebenmal ‚ums Haus gedacht' zu haben, hat er höchstens zweimal ums Haus gedacht." (Genscher 1997: 188).

12.3 Brandts Strategie einer sozialliberalen Koalition. Erster sozialdemokratischer Machtwechsel (1969)

Es gab in der SPD-Führung keine kollektive Beratung über die strategischen Grundlinien, die über 1969 hinausführen sollten. Die Koalitionsfrage wäre dabei das Schlüsselprojekt gewesen. Sie umschloss die Entscheidung für einen sozialdemokratischen Kanzler und den Reformhorizont. Auch in der engeren Parteiführung ist darüber vor der Bundestagswahl nicht offen geredet worden. Die Hauptakteure hatten Koalitionspräferenzen, die in ihre politische Vorstellungswelt eingebettet waren. Sie personifizierten strategische Optionen. Herbert Wehner und Helmut Schmidt tendierten zur Großen, Willy Brandt zur Kleinen Koalition. Am Wahlabend des 28. September 1969 standen beide gegen Brandts Kurs: „Wehner und Schmidt konnten meinem Modell wenig oder nichts abgewinnen, beide hätten lieber jene Große Koalition weitergeführt, die Kiesinger, mindestens so sehr wie ich, bereits abgeschrieben hatte." (Brandt 1989: 269).

Für Wehner war die Große Koalition nach seiner Wende 1960 ein strategischer Glaubensartikel. Politik in der Bundesrepublik sollte zwischen den beiden Großen ausgemacht werden. Auch Helmut Schmidt vertrat Vorstellungen eines allein legitimen Dualismus der beiden Großparteien. Beide waren Verfechter eines Mehrheitswahlrechts, das ein Zweiparteiensystem institutionalisieren sollte. In einer solchen Konstellation hätten sie, um einen späteren Ausdruck des Bundesverfassungsgerichts aufzunehmen, „den abschließenden Ausdruck des Volkswillens" gesehen. Brandt dagegen hatte seit den frühen 1960er Jahren eine Präferenz für eine Koalition mit der FDP. Eine über viele Jahre durchgehaltene machtstrategische Option, die mit den Themen innere Liberalität und einer neuen Berlin-, Deutschland- und Ostpolitik verknüpft war.

1960/1961 hatte Brandt den Kurs der „Gemeinsamkeit" mitgeprägt und die Forderung nach einer Allparteienregierung ins Spiel gebracht. Die verblasste nach 1961, zumal ihre Plausibilität an eine Not- und Krisensituation gebunden war. Was blieb, war eine seit der Bundestagswahl 1961 veränderte Lage: erstmals gab es eine rechnerische Mehrheit für eine SPD/FDP-Koalition. Nutzte Wehner die Spiegel-Affäre 1962, um sein Projekt einer Großen

Koalition nach vorn zu bringen,[665] war die Affäre für Brandt eine „Zäsur" – „tiefer, als wir es damals erkannten": „Die Intellektuellen, ohnedies nicht in harmonischem Einvernehmen mit der konservativen Führung der CDU, protestierten in breiter Front gegen den Missbrauch der Macht, für den Strauß eine Symbolfigur geworden war. Es bereitete sich, hinter der schroffen Absage an die Arroganz der ‚Staatspartei', das aktive Engagement von Schriftstellern, Journalisten, Künstlern, Akademikern für die Sozialdemokratie vor." (Brandt 1978: 55). In Berlin hatte Brandt 1963, nach dem Bruch einer Großen Koalition über Berlin- und deutschlandpolitische Fragen, trotz seines triumphalen Wahlsiegs (61,9 Prozent) und entgegen einer öffentlichen Empfehlung Wehners (der ihm eine Fortführung der Großen Koalition nahe legte), die FDP mit drei Senatoren an der Stadtregierung beteiligt.[666] Er hatte „zu sondieren versucht, ob durch Verständigung mit den Freien Demokraten eine veränderte innenpolitische Konstellation vorbereitet werden könne" (Brandt 1978: 167).

In der Regierungskrise von 1966 versuchte Brandt, die Koalitionsfrage offen zu halten: „Bei einigen von uns Sozialdemokraten herrschte eine nicht geringe Neigung, ein Regierungsbündnis mit der FDP zu erproben, auch wenn sich die Allianz nur auf eine hauchdünne Mehrheit hätte stützen können. (...) Schon lange hielt ich Fühlung mit führenden Persönlichkeiten der Freien Demokraten." (Brandt 1978: 173). Er sorgte dafür, dass die Koalitionsentscheidung möglichst lange offen gehalten wurde, brachte die inhaltlichen Argumente für eine SPD/FDP-Koalition in die Debatte, bremste – im Interesse der FDP – bei vorschnellen Festlegungen in der Wahlrechtsfrage. Kurz, Brandt lotete aus, was in einer sozialliberalen Koalition möglich wäre, wohingegen Wehner und Schmidt darauf achteten, dass nicht doch noch Weichen für ein solches Bündnis gestellt wurden.[667] Am Ende gaben für Brandt nicht seine Präferenz, sondern die nüchterne Realitätseinschätzung den Ausschlag, sich widerwillig der Großen Koalition anzuschließen.[668] „Das unkalkulierbare Risiko der Kanzlerwahl, die unsicheren Mehrheitsverhältnisse im Bundestag und die fehlende Übereinstimmung in sozial- und gesellschaftspolitischen Fragen gaben für Brandt letztlich den Ausschlag, sich gegen die eigentlich von ihm gewünschte sozialliberale Koalition auszusprechen." (Schönhoven 1998: 395f.). Egon Bahr beobachtete: „Ziemlich widerwillig trabte er an die Spitze der Karawane." (1998: 193).[669] Immerhin konnte etwa gleichzeitig, mit wohlwollender – allerdings nicht öffentlich demonstrierter – Unterstützung von Brandt in NRW eine sozialliberale Koalition gebildet werden.

Die „Weichenstellung für das neue Regierungsbündnis" (Brandt 1978: 297) war die Wahl des Bundespräsidenten Anfang 1969. Da die CDU/CSU nicht bereit war, einen sozialdemokratischen Kandidaten zu unterstützen (für diesen Fall galt – eine Idee Wehners – der katholische Gewerkschaftsführer und Anhänger einer Großen Koalition Georg Leber

---

[665] Brandt war praktisch nicht beteiligt. Siehe dazu auch den kurzen, fast missmutigen Hinweis in seiner Autobiographie (Brandt 1978: 56).

[666] Brandt hatte in Berlin 1957 eine Große Koalition übernommen und nach der Wahl 1958 fortgesetzt. Da die FDP an der Fünf-Prozent-Hürde scheiterte, wurde seine Koalitionspräferenz zu der Zeit nicht auf die Probe gestellt.

[667] Zum Beispiel durch ein gemeinsames Misstrauensvotum gegen Ludwig Erhard und die Nominierung eines sozialdemokratischen Kanzlerkandidaten.

[668] 1965 hatte eine sozialliberale Regierung rechnerisch zwei Mandate über der Kanzlermehrheit, 1961 waren es sieben, 1969 fünf Mandate.

[669] Herbert Wehner musste den – strategisch unsinnigen, emotional aufrichtigen – Wunsch von Willy Brandt, Forschungsminister und nicht Außenminister sowie Vizekanzler in einer Großen Koalition zu werden (das heißt, sich in einer Nische zu verstecken), vom Tisch wischen.

Brandts Strategie einer sozialliberalen Koalition (1969) 461

als Favorit), konnte Brandt als Hauptinitiator das sozialliberale Projekt vorantreiben: „Für mich kam es nun darauf an, einen Kandidaten zu präsentieren, der eine gute Chance hatte, von den Freien Demokraten mitgewählt zu werden." (Brandt 1978: 299). Dies war Gustav Heinemann: „Er galt als Symbol für liberale Rechtsstaatlichkeit. Der unruhigen und beunruhigten Jugend war er mit Verständnis begegnet." (299).

In der Bundestagswahlnacht des 28. September 1969 war Willy Brandt nach eigenem Bekunden – entgegen dem lange Zeit ungünstigen Hochrechnungstrend – „hellwach": „Ich war entschlossen, das Risiko einzugehen, selbst wenn die ‚kleine' Koalition aus SPD und FDP nicht die ganze Legislaturperiode durchhalten würde. Der Weg in die Große Koalition war ausgeschlossen: CDU/CSU und SPD hatten sich in den wesentlichen Zielen wieder zu weit voneinander entfernt." (Brandt 1989: 294). Und: „Der Machtwechsel von 1969 war das Gebot der Stunde." (264). Schmidt hatte zuvor die Latte für eine sozialliberale Koalition so hoch gelegt, dass sie kaum Aussicht auf Erfolg haben konnte.[670] Wehner war für die Fortsetzung der Großen Koalition, die Kleine Koalition erschien ihm als Abenteuer, in der Wahlnacht noch beschimpfte er die FDP als „alte Pendlerpartei". Für Willy Brandt war dies mehr als eine taktisch bedingte Koalition, es war ein strategisches Bündnis: „Ich sah das Zusammengehen mit den Freien Demokraten nicht als eine bloße Zweckkoalition, sondern als ein ‚sozial-liberales' Bündnis, das – nicht nur in der Außenpolitik – die richtige Grundlage bot, einige der Aufgaben anzupacken, die für die Bundesrepublik in den siebziger Jahren zu lösen waren." (301). Brandt hatte das Bündnis schon vor der sozialliberalen Erneuerung der FDP präferiert. Immer floss ein die Priorität für eine neue Ost- und Deutschlandpolitik, die mit den Unionsparteien nicht möglich war. Daneben waren auch Vorstellungen innenpolitischer und kultureller „Liberalität" wirksam, die mit den Unionsparteien nicht verfolgt werden konnten. Das hatte sich bei der Frage nach Dialogfähigkeit mit der kritischen Jugend nach 1967/1968 besonders deutlich gezeigt.

Der Strategiefrage des Bündnisses war eine Richtungsfrage vorgeschaltet: welche Ziele und Themen waren mit welcher Koalition voranzubringen? Die Strategie- war aber auch eine Machtfrage. Warum hat sich Brandt gerade hier gegenüber den beiden anderen Hauptakteuren der Troika, Wehner und Schmidt, durchgesetzt? Ein Grund lag in der *Stärkung der Position Brandts* in den vergangenen Jahren: seine Übersiedlung und Präsenz in Bonn seit Beginn der Großen Koalition, Brandts Hineinwachsen in die leitende Gesamtverantwortung durch seine Regierungsrolle als Vizekanzler, die allmählich abnehmende Bedeutung Wehners bei der Kontrolle des Parteiapparats und die zunehmend realisierte Parteiführung[671] Brandts. Ein weiterer Grund war sein langjährig aufgebautes *Netzwerk zu FDP-Spitzen*, vor allem zum Vorsitzenden Walter Scheel – ein sozialliberales Netzwerk, als Gegengewicht zum schwarz-roten Netzwerk, an dem Wehner gearbeitet hatte. Auch seine *Politik der Vorentscheidung* half: die Wahl Gustav Heinemanns zum Bundespräsidenten war Beweis für die sozialliberale Handlungsfähigkeit der FDP. Dazu kam Brandts *Zurückhaltung in der Wahlrechtsfrage*. Obwohl Befürworter des Mehrheitswahlrechts, hat er es, mit Rücksicht auf die FDP, nie offensiv vertreten, wie z.B. Wehner und Schmidt. Nicht zuletzt zeigte Brandts *Entschlossenheit* Wirkung, die selbst seine engsten politischen Freunde überrascht hat, und mit der seine Kontrahenten nicht rechnen konnten. So hat er von seinem Amt als

---

[670] Als sichere Basis für eine solche Koalition galt ihm eine Mehrheit von ca. 20 Mandaten (Soell 2003: 848f.).
[671] Dazu gehört auch, dass er seit 1968 mit Jürgen Wischnewski über einen Bundesgeschäftsführer eigener Wahl verfügte.

Parteivorsitzender, das das Recht zur Verfolgung auch nicht beschlossener Initiativen beinhaltet, vollen Gebrauch gemacht. Hinter dieser Entschlossenheit stand seine Leidenschaft in der Sache und seine Mission: der Westpolitik Adenauers eine neue Ostpolitik an die Seite zu stellen, die Deutschland in Europa ankommen lässt. Das einzige ausgearbeitete Policy-Projekt der neuen Regierung war unter Brandt entstanden, bei Egon Bahr im Auswärtigen Amt.[672] Es gab Strategiebildung, aber keine kollektive oder transparente. Strategisch war die Verknüpfung von Gesichtspunkten wie Themen, Problemlösung, Konkurrenz, Öffentlichkeit, nicht zuletzt die Bereitschaft, einen Umweg mit zu gehen (Große Koalition),[673] ohne das eigentliche Ziel – eine sozialdemokratische Regierung der Reformen – aus den Augen zu verlieren.

12.4 Schwächen im Strategisch-Operativen (Brandt 1969-)

Auf den ersten Blick zerfällt die Regierung Brandt in zwei sehr ungleiche Phasen. Eine erfolgreiche bis zum triumphalen Wahlsieg im November 1972 und eine gleich danach einsetzende, von Versagen und Scheitern geprägte zweite Phase, die mit Brandts Rücktritt im Mai 1974 endet. Tatsächlich waren die Strategiedefizite, die zum abrupten Ende der kaum begonnenen Ära Brandt beitrugen, in der ersten Legislaturperiode schon voll erkennbar. Sie wurden in der Erfolgswahl 1972 durch Positivfaktoren überlagert, danach durch personelle Fehlentscheidungen an der Spitze des Kanzleramts verschärft. Strategische Unsicherheiten der Führung, Unklarheiten von Profil und Linie schlugen sich schon im Tief nach dem Misstrauensvotum (April 1972) nieder, dann im schnellen Niedergang nach der Wahl. Die Frage war immer: wofür steht die SPD, außer für die neue Ostpolitik? Diese Frage verschärfte sich, nachdem die Ostpolitik abgehakt war.

Brandt und das strategische Zentrum der Troika

Mit der FDP zu regieren, das hatte Willy Brandt 1969 allein entschieden. Herbert Wehner und Helmut Schmidt, damit unzufrieden, haben gegrummelt, von ihren Vetomöglichkeiten aber keinen Gebrauch gemacht. So ähnlich muss man sich wohl auch das strategische Regieren dieser Troika vorstellen. Das strategische Zentrum, das sie bildeten, hieß in ihrem Fall nicht, dass sie grundlegende strategische Fragen gemeinsam beraten und beschlossen haben. Eher, dass sie sich untereinander verständigten über ihre strategische Platzierung in Regierung, Fraktion und Partei, dann aber getrennten, positionsabhängigen Gebrauch von strategischen Steuerungsmöglichkeiten machten und sich untereinander ein Vetorecht vorbehielten. Dennoch reichte eine solche minimale Kohäsion für die erste Legislaturperiode aus.

Dass Willy Brandt als Parteivorsitzender und Spitzenkandidat Kanzler würde, verstand sich von selbst. Er war die Nr. 1 – nun aber mit herausgehobener strategischer Gesamtverantwortung. Die stand unter verschärfter Leistungskontrolle, insbesondere seitens der strategischen Reserve (mit Namen Wehner und Schmidt). Was aber war die zweitwichtigste Position? Beide, Wehner und Schmidt, wollten Fraktionsvorsitzender werden. Mit dieser Position ist man nicht in die Kabinettsdisziplin eingebunden, besorgt der eigenen Regierung

---

[672] Vgl. zu dieser Strategiewerkstatt die empirische Illustration in Kapitel 9.1.3.
[673] Vgl. Brandt (1978: 180) zu seiner eigenen Ambivalenz bei der Bewertung der Großen Koalition. Ähnliche Einschätzungen finden sich bei Bahr (1998).

die regelmäßige Unterstützung und kann im Gegenzug dafür besonderen Einfluss auf die Regierung ausüben.

Helmut Schmidt war zuvor Vorsitzender der SPD-Fraktion und hatte, zusammen mit Rainer Barzel, die Regierung der Großen Koalition wesentlich gesteuert.[674] Die FDP habe sich, so wird berichtet, 1969 in den Koalitionsverhandlungen (!) gegen einen Fraktionsvorsitzenden Schmidt ausgesprochen (vgl. Rupps 2004: 163), von dem sie offenkundig eine Minderung ihres Einflusses fürchtete. Wehner wollte nicht (mehr) Minister sein, als Einflussposition im Zentrum des Geschehens blieb der Fraktionsvorsitz. Schließlich haben Brandt und Wehner, hier an einem Seilende ziehend, Schmidt in die Regierung gezwungen. Da das Außenministerium schon länger der FDP zugesagt war, blieb für Schmidt das Verteidigungsministerium. Horst Ehmke war über dessen Entscheidung „erstaunt, da sie Schmidt in seiner politischen Bewegungsfreiheit einengte" (Ehmke 1994: 105). Es gab aber keine Alternative. Die Troika privilegiert, solange man zu ihr gehört, sie diskriminiert, wenn zwei sich gegen den Dritten zusammen tun. Die Eigeninteressen der in diesem Punkt verbündeten Brandt und Wehner setzten sich gegenüber dem Eigeninteresse von Schmidt durch.

Institutionell am stärksten war die Position von Brandt, am schwächsten die von Schmidt. Wehner hatte eine strategische Einfluss- und Kontrollposition. Bis 1972 besorgte er Brandt Unterstützung (bis hin zum Kauf gegnerischer Abgeordneter) und er quälte ihn nicht besserwisserisch, wie Schmidt es als Fraktionsvorsitzender wohl getan hätte. Im Gegenteil, er stützte ihn verschiedentlich gegen Schmidt. Erst 1974 war es genau die Position des kontrollierenden Fraktionsvorsitzenden, mit der Wehner die Ablösung von Brandt betreiben konnte. Schmidt blieb das Mosern und Mobben in der Regierung, dazu das Sichaufbauen und Bereithalten als Kanzlerreserve.

Allerdings warb Schmidt auch zeitweise bei Brandt darum, mit ihm zusammen ein engeres, steuerndes Zentrum zu betreiben. Er habe „das Bedürfnis nach häufigerem gemeinsamen Gespräch manchesmal sehr eindringlich empfunden. Ich verstehe gut, dass Du einige ständige Gesprächspartner in Deiner unmittelbaren Nähe brauchst und Dir herangezogen hast. Ich bitte nur herzlich darum, Herbert Wehner und mich nicht auf die Diskussionen im Gesamtpräsidium oder Gesamt-Kabinett zu beschränken; denn diese beiden Gremien umfassen neben den Genossen von Substanz offensichtlich auch solche taktlosen, die notorisch gegenüber Leuten aus Presse- und Informationsdiensten bruchstückweise, bisweilen verfälscht sogar (...) Diskussionsbestandteile preisgeben. Dies wäre durchaus zu ertragen – wenn[675] die eigentlichen Führungspersonen einigermaßen einheitlich auftreten. Dazu bedürfen sie des persönlichen Kontaktes." (Brandt 2000: 463f.). Brandt ging darauf nicht ein. Ihm fehlte sowohl zu Schmidt wie zu Wehner ein Grundvertrauen und als unverträgliche Charaktere erlebten die drei sich sowieso.[676] Brandt selbst erhoffte Teamarbeit im Kabinett, vor allem bei den wirtschafts- und finanzpolitischen Themen, er sah „die Lösung der meisten unserer Probleme wirklich in ‚kollektiven' Antworten" statt – wie Schmidt erwartete – in der klaren Ansage durch die Nr. 1, „wo die Reise lang geht" (Brandt 2000: 462).

---

[674] Der FAZ-Journalist Karl Feldmeyer nannte die Große Koalition, „in ihrem Kern, dort wo sie funktionierte, eigentlich eine Regierung Barzel/Schmidt" (zitiert aus der Süddeutschen Zeitung vom 28.08.2006).

[675] Hervorhebung im Original, J.R/R.T.

[676] Herbert Wehner wurde regelmäßig Montag früh bei einem Frühstück durch Horst Ehmke, den Chef des Kanzleramtes, informiert. Nur in der Anfangsphase der sozialliberalen Koalition hatte Brandt häufiger direkt mit Wehner gesprochen (vgl. Meyer 2006).

Wehner besetzte mit dem Fraktionsvorsitzenden eine zentrale Position, aber latente Konkurrenz bestand zwischen Brandt und Schmidt, denn nur Schmidt konnte Brandt eines Tages beerben. Wehner hatte von vornherein die Rolle des nicht-konkurrierenden Kontrolleurs, des Wächters über die Regierungsfähigkeit der Gesamtformation. Überraschenderweise gab es noch einen zweiten Fall latenter Konkurrenz und damit einen Störfaktor im strategischen Zentrum: Horst Ehmke. Der hochpolitische Kanzleramtschef und enge Vertraute Brandts, verbaute Schmidts Weg zu Brandt und später vielleicht einmal dessen Weg zur Kanzlerschaft – so jedenfalls waren die häufig thematisierten Wahrnehmungen und Sorgen des drängelnd-ehrgeizigen Schmidt aus Hamburg.

Die sozialdemokratische Staatsführung war mit der Parteispitze eng verflochten. Als Vorsitzender und stellvertretende Vorsitzende saßen alle drei im Präsidium, das heißt, sie hatten eine beträchtliche Chance, die Partei an der Seite der Regierung zu halten. Aber auch hier war der Einfluss asymmetrisch. Brandt war Vorsitzender und hatte schon 1968 mit Jürgen Wischnewski einen Mann seines Vertrauens als Bundesgeschäftsführer – und das hieß damals, als obersten Parteimanager – platziert. Wegen des Aufstiegs der Linkskräfte in der Partei bedeutete die hervorgehobene Position Brandts aber auch größere Komplexität, erhöhte Verantwortung und Angreifbarkeit hinsichtlich der strategischen Parteisteuerung. Wie integriert man Partei- und Regierungslogik und macht daraus Politik aus einem Guss? Es war Helmut Schmidt, der gerade hier eine Angriffsfläche fand gegenüber der strategischen Steuerungskunst Brandts. Ihm lastete er eine übergroße Nachgiebigkeit gegenüber der SPD-Linken an.

Zu den positionellen kamen personelle Unterschiede. Die drei Spitzenleute unterschieden sich unter anderem hinsichtlich Motiven, Führungs- und Regierungs- sowie Strategiestilen. Brandt war der einzige aus der Troika, der mit der neuen Ostpolitik ein inhaltliches Zentralprojekt hatte. Das strukturierte zunächst seine Regierung und deckte danach seine Schwächen auf, als das Projekt – mit dem Wahlsieg 1972 – beendet war. Wehners Projekt hieß Erhalt der Regierungsfähigkeit, Schmidts Projekt lautete Kanzlerschaft.

Brandt bemühte sich um einen kooperativ-kollegialen *Führungs- und Regierungsstil*, den Helmut Schmidt – Anhänger eines autoritär-direktiven Regierungsstils – häufig als Hauptursache der Regierungsschwäche attackierte. Unabhängig von Stilfragen, hielten der ebenfalls autoritäre Wehner und Schmidt Willy Brandt persönlich für entscheidungsschwach – eine Ansicht, die, in milderer Form, auch von engen Vertrauten wie Horst Ehmke oder Egon Bahr geteilt wurde.

Der *Strategiestil* Brandts war diskursiv, intuitiv, offen[677] und interpretativ, im Unterschied zu den stärker monologischen, analytischen, geschlossenen und konsequenzorientierten Strategiestilen von Wehner und Schmidt. Darin spiegeln sich, neben Persönlichkeitsstrukturen, unterschiedliche strategische Traditionen: bei Brandt Erfahrungen mit der demokratisch-sozialistischen Arbeiterbewegung in der Krise, bei Schmidt Prägungen durch die militärische Strategie-Tradition und Wehner stand in den Traditionen der kommunistischen Kaderpartei.

Die Troika war eine kollektive Führung, aber sie war keine Führung im Kollektiv. Brandt avancierte zum Spitzenmann der SPD vor allem wegen seiner Wählerattraktivität, nicht wegen seiner Regierungskünste. In Berlin und im Auswärtigen Amt nach 1966 konnte er nur zeigen, dass er ein hervorragender Außenpolitiker war. Offenkundig hatte er nun Probleme mit der strategischen Steuerung komplexer Regierungsgeschäfte. Als Kanzler trat

---

[677] Das heißt, Brandt arbeitete mit vergleichsweise wenigen Festlegungen.

er aus der kollektiven Führung heraus und musste sich allein bewähren. Allerdings hatte er dafür, wenn er es richtig anstellte, einen enormen strukturellen Vorteil: das Kanzleramt.

Wie sah die *zweite Ebene* des strategischen Zentrums aus? Hinsichtlich der Ostpolitik, die im Mittelpunkt der Aufmerksamkeit stand, hat Brandt alles richtig gemacht. Er holte mit Egon Bahr den Konstrukteur und Strategen der neuen Deutschland- und Ostpolitik als Staatssekretär ins Kanzleramt und kooperierte mit ihm so problemlos-effizient, wie er es zuerst in Berlin, dann im Auswärtigen Amt getan hatte. Bahr brachte etwas ganz Ungewöhnliches mit: die Ergebnisse einer strategisch-operativen Konzeptbildung der neuen Ostpolitik, die er als Leiter der Planungsabteilung des Auswärtigen Amtes (1966-1969) mit einem hervorragenden Stab und exzellenter Methodik erarbeitet hatte. Nur mit dieser Vorarbeit waren das atemberaubende Tempo und die handwerkliche Präzision der neuen Politik möglich.[678] Geschwindigkeit und Genauigkeit haben viele Zeitgenossen, die diesen Vorlauf nicht kannten, verblüfft, und zur breiten Akzeptanz des Projekts trotz massiver Destruktionsversuche der Opposition erheblich beigetragen. Bahr hatte eine Rolle, die strategische Konzeptbildung und Steuerung mit operativem Management verband. Sein Mangel an Verwaltungserfahrung und diplomatischem Know-how wurden durch wache Intelligenz, taktische Cleverness und strategisch-analytischen Scharfsinn kompensiert. Er spielte in der Premier League eines Henry Kissinger, damals Sicherheitsbeauftragter des amerikanischen Präsidenten – beide Meister strategisch-operativer Konzeptbildung und Praxis. Dass sie sich wechselseitig kritisch beäugten, versteht sich angesichts solcher Voraussetzungen von selbst.

Die Hauptbesetzung im Kanzleramt hieß Horst Ehmke. Der war für vieles gut (und besser!), nur gerade nicht für das, was Willy Brandt im Kanzleramt komplementär zu seinen eigenen Schwächen brauchte. Er war ein politisch-strategischer Kopf, aber kein Administrator. Ehmke wirkte als energischer Kanzleramtschef, der gerade auch öffentlichkeitsbezogen und im Spiel mit der Opposition manche Defizite überdeckte. Er half Brandt und Bahr bei der innenpolitischen Absicherung der Ostpolitik. Aber für die „vielgliedrige" Innen- und Gesellschaftspolitik (Brandt 1974: 7) hatte er keinen mit Bahr vergleichbaren Vorlauf, kein Konzept und nicht die richtige Methode. Brandt fehlte ein Egon Bahr für die Innenpolitik, das heißt für den weiten Bereich der „inneren Reformen". Die von Brandt angestrebte „kompensatorische Arbeitsteilung" (Ehmke 1994: 201) zwischen ihm und Ehmke funktionierte in der Innenpolitik nicht. Brandt überforderte Ehmke doppelt: in der Rolle eines „zweiten Mannes", der ihm das aktive politische Management von Partei und Regierung abnimmt – das wäre etwas anderes gewesen als Bahr, der extern teilweise die Rolle eines Chefdiplomaten spielte – und als Chefstratege, der den innenpolitischen Prozess strategisch strukturiert.[679]

---

[678] Vgl. dazu auch die empirische Illustration in Kapitel 9.1.3.
[679] Egon Bahr bestätigte im Interview den „Konstruktionsmangel". Allerdings wies er auf seinen langen Vorlauf mit Willy Brandt hin: „Wir brauchten manchmal nur einen halben Satz zu sagen, dann wusste der andere schon, wie es weitergeht. Man dachte in die selbe Richtung und hatte einen langen, gemeinsamen Diskussionsprozess hinter sich." Im übrigen hielt er die strategisch-konzeptionelle Strukturierung der Innenpolitik für eine Überforderung der Position des Kanzleramtschefs. „Der Chef des Kanzleramtes kann das gar nicht. Er ist ‚general manager' der Regierung. Er ist der Mann mit der Ölkanne, der überall rumläuft, damit die Mechanismen funktionieren und dass die Ziele, die man sich in der Regierungserklärung gesetzt hat, eingehalten werden."

Brandts Ausweichen bei „notwendigen Streitentscheidungen"[680] konnte durch Arbeitsteilung nicht aufgefangen werden. Er „hatte eine Abneigung gegen ‚Machtworte' und begegnete Männern wie Wehner und Schmidt als innerparteilichen Machtfaktoren mit einer bis zur Konfliktscheu reichenden Vorsicht." (Ehmke 1994: 202). Zu Recht, weil eigentlich unerfüllbar, blieb Ehmke gegenüber den Erwartungen Brandts skeptisch: „Er hätte mich wohl am liebsten in der Rolle eines zweiten Mannes gesehen, der ihm in Partei und Regierung abnahm, was er selbst nicht machen wollte." (204). Dieses Missverständnis Brandts über die Rolle eines Chefs des Kanzleramts vermochte Ehmke auch nicht mit dem Hinweis auszuräumen, er könne „keine selbständige politische Rolle" (205) spielen. Brandt wollte für sich im Grunde eine präsidiale Rolle, die sich auf eine Strategie der großen Linien und Worte beschränkt, dabei einen Großteil des strategisch-operativen Geschäfts Leuten seines Vertrauens überlässt. Für die Innenpolitik aber fehlten nicht nur Ehmke, sondern auch ihm selbst die Voraussetzungen dafür. Hier war die Fähigkeit zur Linienführung, über die er in der Außenpolitik verfügte, nur schwach entwickelt.

Ehmke selbst blieb ambivalent. Er konnte die widersprüchlichen Erwartungen als Ersatzchef, Administrator, Innenpolitik-Stratege nicht auflösen. Aber schon in dieser zwiespältigen Rollenwahrnehmung war er zu sehr Politiker, um nicht Helmut Schmidt, der auf seine Chance wartete, im Wege zu stehen. Schmidt war von Anfang an gegen die Berufung Ehmkes und hätte sich mit einer noch stärker politisch akzentuierten Rolle Ehmkes – worauf Brandts Vorstellungen hinausliefen – nicht abgefunden.

Ehmke hatte ein anspruchsvolles, aber realitätsuntaugliches Konzept einer planenden Gesamtsteuerung erdacht. Dabei hatte die Planungseuphorie das Strategiedenken überwuchert und in eine falsche Richtung gelenkt. Ehmke brachte seine Philosophie gesteuerten Regierens auf den Punkt: „Politik ist Elektronik plus Management, der Rest lässt sich auf kleinen Zetteln erledigen." (Knoll 2004: 189). Das Projekt blieb schon bei der Erfassung aller Vorhaben der Ministerien stecken. Die beabsichtigte Aufgabenplanung der gesamten Regierung, die Aufgaben, Ressourcen, Programme verbindlich aufeinander abstimmen sollte, scheiterte, bevor sie begonnen hatte. Der letzte Grund war ein Missverständnis strategischen Regierungssteuerns (vgl. Raschke 2001a: 102ff.).[681] Dieses Konzept war nur auf dem Hintergrund der damaligen Planungseuphorie und – so unsere These – eines Desinteresses des pragmatisch orientierten Brandt an einer solchen Art innenpolitischer Steuerung verständlich.[682] Es peilte eine fiktive Sicherheit durch Gesamtplanung an und scheiterte so diametral an den Erfordernissen integrierter, zugleich aber selektiv-gezielter Rahmensteuerung, die auch den Ressorts hinreichende Autonomie lässt.[683]

Die *dritte Ebene* des strategischen Zentrums – die Beratung der Berater – war von Bahr bei seinem strategischen Vorlauf im Auswärtigen Amt exzellent besetzt worden. Er

---

[680] Ehmke (1994: 202) spricht von Brandts „Neigung, schwierige Entscheidungen möglichst lange vor sich herzuschieben oder ihnen gar auszuweichen".

[681] Dass Horst Ehmke auch anders konnte, zeigt sich an einem Strategiepapier, das wichtige Dimensionen der Strategiebildung sinnfällig integrierte, und das er – befreit von der Bürde des Kanzleramtschefs – für Willy Brandt in der Schlussphase von dessen zweiter Regierung ausgearbeitet hatte (vgl. Brandt 2002: 116ff., Vermerk Ehmke für Brandt, 27. Feb. 1974).

[682] Nachher wusste Brandt sehr gut, dass der Ansatz „zum Teil wohl noch zu praxisfern angelegt" (Brandt 1978: 310) war. Zudem sei er am „Beharrungsvermögen der Apparate und an der Eigenwilligkeit von Ressortchefs" gescheitert.

[683] Brandt zweifelte trotz des Misserfolgs nicht daran, „dass man sich im Laufe der Zeit mit Grundsätzen einer abgestimmten Ablaufkontrolle vertraut machen wird." (Brandt 1978: 310). Aber auch dies ist administrativ, nicht politisch-strategisch formuliert.

konnte von den Ergebnissen bei seiner strategisch-operativen Praxis im Kanzleramt auch ohne Unterbau zehren. Ehmke dagegen fehlte eine entsprechende Einheit. Zwar gab es eine Planungsabteilung im Kanzleramt, deren Leiter Reimut Jochimsen aber war in das Projekt einer inhaltlichen Gesamtplanung auf quantitativer Grundlage verliebt und konnte deshalb vor lauter Bäumen in Form von Plänen und Gesetzesvorhaben keinen strategischen Weg durch den Wald sehen.[684]

Richtung

Die ganz großen Linien waren unter den regierenden Reformern Godesberger Zuschnitts nicht strittig. Aber kleinere programmatisch-ideologische Unterschiede können sich auf der Ebene der Regierung und ihrer Sachzwänge vergrößern (z.B. in der Haushalts- und Finanzpolitik). Zudem wuchsen die Koordinationsprobleme mit der außerparlamentarischen Partei. Sie drohte, bei zu großer Eigenständigkeit, Richtungsdifferenzen oder Gruppenkämpfen das Image der Regierung von außen negativ zu bestimmen.

Sozialliberales Godesberger Programm, das die Partei auf die linke Mitte festlegte, der Wille zu einer neuen Ostpolitik, die in der Großen Koalition begonnen, dann aber blockiert worden war, schließlich ein breites Spektrum innerer Reformen markierten eine politische Grundrichtung, in der die Führung übereinstimmte. In der Koalitionspräferenz, bei der sich Brandt gegen Schmidt und Wehner durchgesetzt hatte, und in der Einschätzung der APO bestanden Differenzen (integrieren vs. abgrenzen). Die Koalitionsfrage wurde mit der Entscheidung für die FDP stillgestellt – Wehner, der sich ja mit Linienwechseln auskannte, und Schmidt akzeptierten schnell die neue Grundlage.

Die APO und der ihr zugrundeliegende Wertewandel waren der Ausgangspunkt für eine strategische Weggabelung, die die SPD in den nächsten Jahrzehnten begleitete. Seit 1968 stritt man in der Partei, wie man die außerparlamentarische Opposition und die „rebellische Jugend" einschätzen solle: war Öffnung oder Grenzziehung der richtige Weg? Exponenten der Debatte waren Jusos und Parteilinke auf dem Öffnungspol, Helmut Schmidt auf dem Abgrenzungspol, Brandt und Ehmke vermittelnd, mit deutlicher Tendenz in Richtung Öffnung. Thematisch erreichte das insbesondere Partei- und Parteitagsdebatten, den öffentlichen Diskurs sowie Wahlkämpfe, nicht aber den Regierungsalltag. Auf der Führungsebene hatte sich niemand so weit wie Brandt auf die Themen zu bewegt, die man später neue Politik oder postmaterialistischen Wertewandel nannte. Demokratisierung, Stärkung von Bürgerrechten, Ökologie, Lebensqualität spielten auch in Brandts persönlichem Wertesystem vielfach eine größere Rolle als Fragen materieller (Um-)Verteilung. Das für Brandt zentrale Friedensthema war sowohl an Werte der klassischen Arbeiterbewegung wie an die verständigungsorientierten Werthaltungen des Postmaterialismus bzw. der späteren neuen sozialen Bewegungen anschließbar (Schmitt 1990).

Auf diesem Hintergrund zeichnete sich für die SPD ein Gegensatz strategischer Gesamtlinien ab: *Mainstream* oder *Gesamtintegration*. Dabei stand Brandt für die Gesamtintegration, die sich zusätzlich zur traditionellen Basis um die Intelligenz und insbesondere die neuen postmaterialistischen Strömungen kümmerte. Helmut Schmidt war der Protagonist für eine Mainstream-Politik, die sich am durchschnittlichen Arbeitnehmer und am jederzeitigen Wählerwechsel zwischen Union und SPD orientierte (vgl. Leif/Raschke

---

[684] Die gut besetzte Abteilung V war ganz auf das Planungsprojekt zugeschnitten, trug auch selbst die Bezeichnung „Planung" (vgl. Knoll 2004: 181ff.).

1994). Es war ein Streit über die Partei-, nicht über die Regierungspolitik. Da Verflechtung jedoch auch Zweiweg-Kommunikation bedeutet, war die regierende Parteiführung um den Vorsitzenden Brandt gefordert: die Partei- und Wahlkampfpolitik von heute konnte die Regierungspolitik von morgen sein. Der Strategiebedarf bei einer Linie der Gesamtintegration ist größer als bei einer Mainstream-Strategie – gerade an diesem strategischen Konzept einer Gesamtintegration fehlte es aber. Es war nicht erkennbar, wie Brandt die neuen postmaterialistischen Themen über einen symbolischen Gebrauch hinaus in eine sozialdemokratische Gesamtpolitik und vor allem in seine Regierungspolitik integrieren wollte.

Konsequenzen für die Strategiekompetenz

Zwischen Willy Brandt und Helmut Schmidt gab es weder einen offenen Führungs-, noch einen offenen Richtungskonflikt. In beiden Bereichen wirkten aber Spannungen und latente Konflikte, die die strategische Linienführung beeinträchtigten. Dabei waren es vor allem Schwächen, Unsicherheiten und Unklarheiten Brandts, die Schmidt ins Spiel brachten. Fragen von Führung, Richtung, Strategiekompetenz waren so miteinander verwoben, dass Kritik an einer Stelle – etwa die häufig thematisierte „Führungsschwäche" Brandts – immer auch auf die beiden anderen Faktoren ausstrahlte. Die Strategiekompetenz war beeinträchtigt durch Schwächen bei Führung und Richtung, vor allem aber durch die dem Akteur Brandt persönlich zurechenbaren Defizite. Kollektive Führung in der Kanzlerdemokratie kann die Schwächen der Nr. 1 kaum auffangen. Auch kann die erreichte kollektive Strategiefähigkeit durch Schwächen individueller Strategiefähigkeit an der Spitze beeinträchtigt werden.

Strategiebildung der Regierung Brandt

Das Defizit bei der Bildung strategischer Ziele wird deutlich in der mangelnden Stringenz der Regierungserklärung, die innen- und gesellschaftspolitisch nicht auf den Punkt kam, im Fehlen eines roten Fadens selbst noch bei den innenpolitischen Rückblicken der Hauptakteure Brandt und Ehmke, die sie nach ihrer Regierungszeit schrieben, sowie natürlich in der unsortierten Praxis selbst. Auffällig ist die Dürftigkeit spezifisch strategischer Ziele außerhalb der Deutschland- und Ostpolitik. Selbst das am deutlichsten fixierte, das bündnispolitische Ziel einer langfristigen Koalition mit der FDP, war klar nur in seinem Bezug auf die Ostpolitik, für andere Ambitionen – zum Beispiel die Demokratisierung – aber konzeptionell nicht durchgearbeitet und nur sehr begrenzt belastbar.

Wie meistens (und aus strukturellen Gründen) war das strategische Potential der Regierungserklärung 1969 recht begrenzt. Dazu kam: die neue Regierung war ohne eingespielte Mannschaft, stand unter hohem Zeitdruck, die Regierungserklärung wurde auch noch mit der programmatischen Aufgabe überfrachtet, den Koalitionsvertrag zu ersetzen – das alles bedeutete erhöhten Koordinationsaufwand (vgl. Vorrink/Walther 2002). So muss man sich nicht wundern, dass das Dokument strategisch wenig informativ oder gar irreführend war, wo es nur gewünschte, aber nicht durchdachte Priorisierung ankündigte (z.B. bei Demokratisierung und Bildungspolitik).

Der deutschland- und ostpolitische Teil dagegen war präzise in der Angabe von „Richtung und Rahmen", wie der Konstrukteur der neuen Deutschland- und Ostpolitik, Egon Bahr, später schrieb. Aber Hintergründe zum Gesamtentwurf einer strategischen Konzeption enthielt auch dieser Teil nicht: „Die operative Strategie zur Durchsetzung einem Meinungsbildungsprozess zu unterwerfen, wäre auch in einer Demokratie tödlich. (...) wenn Brandt die Anerkennung der DDR als Staat im Parteivorstand der SPD diskutiert hätte, wäre mindestens wochenlanger Streit entbrannt; mit einer solchen Ankündigung im Wahlkampf hätten wir die Wahl verloren, und die sozial-liberale Entspannungspolitik hätte es gar nicht gegeben." (Bahr 1998: 278f.). Bahr hatte die operative Strategie ausgearbeitet, auf diesem – unsichtbaren – Hintergrund hatten die in der ersten Regierungserklärung mitgeteilten programmatischen und strategischen Ziele eine hohe Verbindlichkeit.

Für den Bereich der Innenpolitik existierte weder das eine noch das andere. Hier dominierten locker sortierte Programmansagen. So trat neben die übliche Ansammlung von Ressortprogramm die von Brandt selbst beigesteuerte „Philosophie" dieser Regierung, die auf Reform, Demokratisierung, Aufbruch einstimmte. Sie blieb aber, was sie in der ersten Stunde war: ein frei schwebender Überbau, mit nur schwachen Verbindungen zu operativer Politik. Auch in den autobiographischen Rückblicken von Brandt (1974, 1978, 1989) und Ehmke (1994) gibt es viel Variation und wenig Verbindlichkeit. Selbst im Rückblick entsteht kein zusammenhängendes Konzept, das Leitbegriffe mit Zielen und Zentralprojekten stringent verknüpft.

Strategische Steuerung

Strategische Steuerung gelang nur dort, wo sich andere als Brandt auf das Geschäft strategisch-operativer Steuerung verstanden und von ihm Gelegenheit zu dessen Ausübung bekamen. Das galt für Egon Bahr hinsichtlich der Ost- und Deutschlandpolitik sowie für Albrecht Müller und andere hinsichtlich des Wahlkampfs 1972. Bei den inneren Reformen dagegen gab es keinen wirklichen Kompass und keine strategische Trägergruppe.

Themen und Problempolitik

Bei der Themensteuerung und Problempolitik blieben vor allem zwei Punkte unklar: der Stellenwert der Innen- gegenüber der Außenpolitik und das spezifische Profil der inneren Reformen.

Gewichtung: In den Konsequenzen unklar war Brandts Aussage vor der SPD-Fraktion, „ein Bundeskanzler der inneren Reformen" sein zu wollen, eine Ankündigung, die Erwartungen weckte, aber nicht die Praxis orientierte. Sie hätte auch in Gesprächen und Verhandlungen mit der FDP und in deren Aussagen eine nur schmale Basis gehabt. Tatsächlich ist die Themenpräferenz für die Außenpolitik bei Willy Brandt besonders deutlich[685] – die Etappen seines Abstiegs sind innenpolitisch markiert.

Profilbildung: Das gewünschte Profil innerhalb der innenpolitischen „Reformflut" wechselte und blieb selbst im Rückblick unklar. Brandt hob in der Regierungserklärung Bildungs-, Wissenschafts-, Forschungspolitik hervor. Das war einerseits ein großes FDP-Thema, andererseits wegen der Kompetenzschwäche des Bundes zur Profilbildung der Bundesregierung wenig geeignet. Später sprach er von drei Hauptthemen: „Friedenssicherung, lebendige Demokratie und gesellschaftliche Erneuerung" (Brandt 1989: 281). Als Klammern für verschiedene Themen waren Demokratisierung, Liberalisierung, soziale Gerechtigkeit, Modernisierung im Spiel, aber die Zurechnungen wechselten und Fokus bzw. Zentrierung des Ganzen blieben unklar.

---

[685] Vgl. zuletzt Seebacher (2004).

Demokratisierung war Brandts spezifischer Input, auch sein Link zur APO und eine Differenz, die er zur Union aufgebaut hatte. Gut als ideologischer Überbau und für symbolische Politik, gab es wenig instrumentelle Politik, die daraus folgte. Die Senkung des Wahlalters auf 18 Jahre wäre auch mit einem kleineren Begriff durchgekommen. Bei der Demokratisierung der Hochschulen gab es erhebliche Kontroversen (auch unter Sozialdemokraten) und bei einer Demokratisierung von Betrieben/Unternehmen („Mitbestimmung") schon wegen der FDP nur magere Ergebnisse. Demokratisierung war ein Dach ohne Haus. Ein Großprojekt gesellschaftlicher Demokratisierung wurde weder gesucht noch gefunden, die objektive Grenze staatlicher Demokratisierung nicht thematisiert. Die übermäßige Erwartungssteigerung führte gerade hier zu gesteigerten Enttäuschungen. Letztlich war Demokratisierung eine Mobilisierungsformel, die Einladung an jüngere Generationen des Wertewandels – aber was hatte sie dann an einem scheinbar strategischen Platz der Regierungserklärung zu suchen? Der Radikalenerlass stand im Widerspruch zu einer Demokratisierungsstrategie und hat Brandt viel an Glaubwürdigkeit und Vertrauen gekostet. Auch er ist nur verständlich als innenpolitische Absicherung der Ostpolitik und bestätigt so deren strategische Dominanz. Er schloss – unterhalb der Ebene eines Parteiverbots der DKP – eine vor Verabschiedung der Ostverträge offene Flanke (Baring 1982: 389ff.).

Liberalisierung war – wie auch für einen sozialdemokratischen Regierungschef? – kein Zentralbegriff, faktisch fasste er aber vieles zusammen, was die Regierung als Reformpolitik betrieben hat: Rechtspolitik, Scheidungsrecht, Schwangerschaftsabbruch. *Ausbau des Sozialstaats* bzw. eine Politik *sozialer Gerechtigkeit* war ein Merkmal sozial-, aber nicht freidemokratischer Regierungstätigkeit. Für Brandt gehörte das zur Sozialdemokratie, aber nicht zu seinen erkennbaren strategischen Zielen. Für die Wahl und den Wahlerfolg war es dann wichtiger als vieles andere. *Modernisierung* war kein durchgängiger Zentralbegriff, aber er blieb mitlaufend wichtig, von der Partei im Wahlkampf 1969 positiv besetzt („Wir schaffen das moderne Deutschland"). Ein großer Begriff, dem mal viel, mal wenig (z.B. nur Infrastrukturpolitik) zugeordnet wurde.

Viele Themen, große Begriffe – die Innenpolitik blieb ein Baukasten, an dem ziemlich beliebig herumgeschüttelt wurde. Brandt selbst – stark in der Selbstkritik – räumte später ein, „dass die innenpolitischen Vorhaben nicht immer sorgsam genug vorbereitet und im Zeitablauf nicht genau genug aufeinander abgestimmt waren. (...) Schließlich sind wir vielleicht auch an der Aufgabe gescheitert, Probleme der Gesellschafts- und Wirtschaftspolitik für die Öffentlichkeit hinreichend einsichtig und attraktiv zu machen." (1978: 305).

Bei ökonomischen Themen, die bei Zurücktreten der Ostpolitik sofort in die erste Reihe rückten, fehlte eine Profilbildung. Auf diesen Feldern war die Strategie- und Entscheidungsschwäche von Brandt besonders ausgeprägt. Inflation und wachsendes Haushaltsdefizit tangierten die Voraussetzungen sozialdemokratischer Reformpolitik: „Die Probleme wären nur mit einer gemeinsamen Kraftanstrengung aller Ressorts gemildert worden, dazu aber fehlte es den Kabinettsmitgliedern an Solidarität und dem Kanzler an Entschiedenheit." (Kieseritzky 2001: 56).

In der Sache ohne hinreichende Kompetenz und festes Urteil, war Brandt selbst in den Konflikten zwischen den Ministern Alexander Möller, Karl Schiller und Helmut Schmidt handlungsunfähig. Zwischen ihnen ging es nicht primär um Sachkontroversen, was sich schon daran zeigt, dass die Nachfolger der jeweiligen Finanzminister dessen Politik, die sie zuvor heftigst angegriffen hatten, fortführten. Bei diesen drei Akteuren gilt das Wort von den „berstenden Egos" wirklich, im Kern war es ein Ausscheidungskampf unter drei politischen Spitzenfiguren mit überproportionaler wirtschafts- und finanzpolitischer Kompetenz.

Für Brandt stellte sich ein strategisches Dilemma der Personalpolitik. Schiller schien für ihn so unverzichtbar wie Helmut Schmidt, jeder mit strategischem Stellenwert für Wähler und Öffentlichkeit, Schmidt auch für die Partei. Brandt hat nicht entschieden, sondern den Ausgang des Konflikts abgewartet. Er verließ mehrfach wütend den Kabinettssaal, spielte mit Rücktrittsgedanken. Die strategische Nicht-Entscheidung hatte ihren Preis: am Ende war er selbst der Verlierer, Schmidt – nach dem Abgang von Möller und Schiller – der Gewinner. Über diese Fragen entstand das Image der Entscheidungsschwäche und die Charakterisierung eines „halbierten", das heißt auf Außenpolitik reduzierten Kanzlers – so die Formulierung von Günter Gaus, die Brandt tief verletzte.

Organisation

Bei der Steuerung der eigenen Organisation fielen die Ergebnisse besser aus. Willy Brandt war nur kurz Bundeskanzler, aber lange Parteivorsitzender. Das hatte Gründe. Er verstand sich nicht nur auf das Handwerk der Parteipolitik, sondern auch auf das des Parteistrategen. Brandt hatte wesentliche Parameter strategischen Parteihandelns im Blick: Responsivität für relevante, anschlussfähige gesellschaftliche Strömungen, Integration einer als Volkspartei notwendig heterogenen Organisation, Geschlossenheit als Voraussetzung für Handlungsfähigkeit, Steuerung der Differenzbildung zum politischen Gegner je nach gesamtstrategischer Zielorientierung.

Mehr als andere Sozialdemokraten mit einem Sensorium für gesellschaftliche Entwicklungen begabt, suchte Brandt erst Öffnungen zu den Angestellten und zur technischen Intelligenz, die seit den 1950er Jahren die Sozialstruktur signifikant veränderten, später zu den postmaterialistischen Mittelschichten, die seit den späten 1960er Jahren eine politische Einflussgröße wurden. Sein Denken war eher gesellschaftszentriert. Partei verstand er als Umschlagstelle gesellschaftlicher Entwicklungen. Anders als für primär etatistisch und administrativ orientierte Sozialdemokraten, balancierte er die in Umbruchzeiten widersprüchlichen Erwartungen an Unterstützung der Regierung und Transformation breiter gesellschaftlicher Wert- und Interessenansprüche aus.

Brandt bemühte sich um Gesamtintegration, um die interne Balance durch eine zentristische Politik, die die Linke akzeptierte, ihr aber Grenzen setzte, der Parteirechten symbolisch widersprach, doch große Teile ihrer Politik durchführte. Auch hier war Brandt kein Mann operativen Parteihandelns durch Programmarbeit oder Organisationsreform, für die Partei jedoch ließ sich – anders als in der Regierung – sein präsidiales, gesamtintegratives Rollenverständnis produktiv machen. Jedenfalls erschlossen sich so Potenziale, die bei Engführung der Partei an der Seite der Regierung verschlossen geblieben wären.

Konkurrenzpolitik

Die Konkurrenzpolitik war erfolgreich, aber nicht ganz frei von Illusionen. Hans-Dietrich Genscher, der starke Mann der FDP in den 1970er und 1980er Jahren, hat es in seiner Autobiographie unmissverständlich formuliert: Die sozialliberale Koalition hatte aus Sicht der FDP eine Basis vor allem in der neuen Ostpolitik und dem nachwirkenden Verdruss über die schlechte Behandlung seiner Partei in der Koalition mit der Union. In den wirtschafts-

und sozialpolitischen Fragen dagegen stand man auch nach 1969 den Unionsparteien näher als der SPD (vgl. Genscher 1997: 188f.).

Insofern lag eine strategische Fehleinschätzung der FDP vor. Es war die Überschätzung des sozialliberalen Flügels, der zwar das – bald vergessene – Freiburger Programm, aber nicht die Regierungspolitik bestimmen konnte. Willy Brandts Stilisierung zu einem „historischen Bündnis" wirkte als Einladung an die FDP, sich hemmungslos zu bedienen, was sie vor allem 1972 bei der Regierungsbildung – in weitgehender Abwesenheit Brandts – auch tat. Ihre Realfunktion als bürgerliche Bremserpartei hat es keineswegs verhindert.

Als strategisches Konzept, das es eben nur begrenzt war, passten die Teile nicht gut zueinander: Öffnung zur neuen Linken *und* emphatisches Bündnis mit der FDP. Die „Neue Mitte" war ja nicht nur, wie Ende der 1990er Jahre, eine Position der SPD, sondern sollte ausdrücklich die gemeinsame sozialliberale Positionierung der Regierung sein. Auch dieser idealisierenden Konstruktion fehlte das Fundament in der Ökonomie.

Die Minimalbasis des Bündnisses, die privilegierte Partnerschaft zwischen Willy Brandt und Walter Scheel, erhielt seit Ende 1972 Risse, so dass wechselseitig eine Koalition *faut de mieux* übrig blieb. Interessenpolitik hinter den Fassaden großer Begriffe. Immerhin: der strategische Wille zu einer Kleinen Koalition – von erheblicher Rationalität in einem Dreiparteiensystem – unterschied Brandt von Wehner und Schmidt.

In der Polarisierungsfrage agierte Brandt mehrdeutig. Seine Distanz zum politischen Gegner war, gemessen an Positionen in Sachfragen, kaum größer als die Helmut Schmidts. Ebenso wenig hat die Innenpolitik der Regierung Brandt eine Position der linken Mitte überschritten.[686] Brandt war als Person mit seinem skandinavischen, später berlinpolitischen Erfahrungshintergrund stark auf Konsens orientiert. Ebenso setzte der innenpolitische Kurs der Anpassung und der Gemeinsamkeits-Politik seit 1959 auf eine Minimierung der Gegensätze. Aber Brandt folgte der strategischen Intuition, dass insbesondere Wahlkämpfe zwischen Lagern zu Mobilisierungszwecken einer wenigstens symbolischen Polarisierung bedürfen – und dass man einer vom Gegner betriebenen Polarisierung nicht nur defensiv begegnen darf. Diesen Bedarf an Polarisierung hat er 1969 und vor allem 1972 bedient.

Im Wahlkampf 1972 zeigte sich wieder das Erfolgsmuster von mit Brandt verbundenen strategischen Projekten. Brandt inspirierte die Linie und stand für das Projekt, blieb aber für die strategische Konzeption und operative Steuerung auf kongeniale, sehr selbständig agierende Partner angewiesen. Beim Wahlkampf war das das Team um Albrecht Müller und Holger Börner (Müller 1997). Was beim Regieren auseinander lief, die nur schwach geordnete innenpolitische Themenvielfalt, war im Wahlkampf ein Vorteil. Hier wirkte es als Füllhorn für viele Zielgruppen, nach dem Motto „Wer manches bietet, wird für viele etwas bringen". Ein breites Reformspektrum materialistischer (Ausbau des Sozialstaats) und postakquisitiver[687] Themen, überwölbt von einer allgemeinen, progressiven Aufbruch-Philosophie, sprach die traditionell sozialdemokratisch orientierten wie die ideologisch distanzierteren Arbeitnehmer ebenso an wie Frauen, Jugend und die sich abzeichnende gesellschaftliche Strömung des Postmaterialismus.

Brandts Offenheit zog viele der SPD bis dahin ferner stehende Wähler an. Seine hohe Identifikation mit der Partei zwang solche Wähler, SPD zu wählen, wenn sie ihm folgen

---

[686] Baring (1982: 200) hielt die Große Koalition in wirtschafts- und sozialpolitischen Fragen für weiter links stehend als die sozialliberale Koalition.

[687] Wie Ronald Inglehart den von ihm in diesen Jahren entdeckten Wertewandel zuerst nannte. Dazu gehörten im Wahlkampf Frieden, Lebensqualität, Umweltschutz und vieles andere.

wollten. In der von ihm angenommenen Polarisierung ging er mit einem Bekenntnis zum „demokratischen Sozialismus" gegen die christdemokratische Gleichsetzung von Sozialismus und Kommunismus in die Offensive. Der Erfolg war kein Selbstgänger – Helmut Schmidt traf sich im August, mitten im Wahlkampf, um mit Parteirechten Konsequenzen der von ihm erwarteten Niederlage (!) zu besprechen (Vogel 1996 18f.). Der Wahltriumph war Ergebnis einer Verbindung der Stärken Brandts mit den Fähigkeiten eines strategischen Teams. Eines von beiden hätte nicht genügt.

Öffentlichkeit

Auch auf dem Feld öffentlicher Kommunikation, einer Stärke des „ersten Medienkanzlers" Willy Brandt (Kohl 2004: 298), bleibt die strategische Bilanz zwiespältig. Brandt hatte eine besondere Aufmerksamkeit für die Sprache der Politik. Ganz anders als zum Beispiel Kohl, nahm er auf das, was er redete und schrieb, sehr großen Einfluss.[688] Auch in seinem Umkreis waren bemerkenswerte Stilisten tätig (vgl. Münkel 2005). Hatte diese öffentliche Kommunikation strategische Qualitäten?

Brandt verfolgte semantische Strategien über Schlüsselbegriffe. Längerfristig getragen haben sie vor allem dort, wo sie präzise mit einem Politikprojekt verbunden waren. Auch dies lag auf dem Feld der neuen Ostpolitik – und nur dort. „Frieden" und „Friedenspolitik" war über Verbindungsglieder wie „Entspannung", „Gewaltverzicht", „Anerkennung der Grenzen", „geregeltes Nebeneinander" eng mit dem Neuansatz der Ostpolitik verkoppelt. Die Union hatte den Begriffen und solcher kontextsetzenden Orientierung nichts Vergleichbares entgegen zu halten (Bergsdorf 1983).

Anders war es mit den innenpolitischen Schlüsselbegriffen. Keinem von ihnen gelang es längerfristig, positiv erlebtes Abstraktes mit plausibel Konkretem zu verbinden. „Reform" war nichts als eine kurzfristig wirksame Aufbruchsformel, die – unscharf, wie sie blieb – rasch inflationierte. „Demokratisierung" (1969), „Lebensqualität" und „Neue Mitte" (1973) wurden weder in sich durchgearbeitet und geschärft, noch verbindlich, kontinuierlich und nachvollziehbar mit Einzelthemen verknüpft. So dienten sie kurzfristig der Mobilisierung und Differenzbildung zum Gegner, konnten aber keine längerfristigen Orientierungen aufbauen, weder für die Politikgestaltung noch für die Öffentlichkeit oder die Wähler.

Das sachpolitisch nicht Gedeckte, weit Überschießende der innenpolitischen Großbegriffe führte zwangsläufig in die Erwartungs-Enttäuschungs-Spirale. Da der euphorische Reformbegriff und die Steigerung der Demokratieerwartung („ ... wir fangen erst richtig an") *nach* der Wahl 1969 forciert wurden, ist es ein Beispiel strategisch besonders unvernünftiger Erwartungssteigerung. Es konnte damit nichts gewonnen, aber vieles verloren werden – wie es dann auch geschah.

Dabei hat Willy Brandt in seiner individuellen Öffentlichkeitskommunikation fast alles richtig gemacht. Er war politisch und persönlich interessant für die Journalisten, fand hohe Aufmerksamkeit und positive Resonanz, betrieb (mit seinen Mitarbeitern) geschickte Imagepolitik, verstand sich auf große Inszenierungen (Mauerbau, Kennedy-Besuch, Kniefall in Warschau), betrieb eine offene Informationspolitik, pflegte positive Beziehungen zu relevanten Verlegern, Chefredakteuren, prominenten Journalisten, verstand als Journalist – der er selbst war – die Anforderungen des Metiers, schneller als andere (auch die des aufsteigenden Leitmediums Fernsehen). Das alles verhinderte nicht, dass er in seiner Schwä-

---

[688] Brandt verwandte „viel Zeit" (1978: 305) für die Arbeit an allen seinen Texten.

chephase nach 1973 unerbittlich „heruntergeschrieben" wurde, weil für die Journalisten das bröselnde Denkmal ebenso attraktiv war wie der aufsteigende Held, dessen Aufbruch zu neuen Ufern und der Nobelpreis-Olympier. Die Falle der starken Personalisierung bedeutete, dass sein höchstpersönliches Epos sich von Partei und Politik abkoppelte. Brandt stand für die neue Ostpolitik, den inneren Reformen hat er kein Gesicht gegeben. Die neue Deutschland- und Ostpolitik war innenpolitisch durch den Wahlsieg von 1972 ratifiziert und erledigt – wofür war Willy Brandt dann noch unabdingbar?

Die Schwächen strategischer Kommunikation zeigten sich auch bei Brandts irritierender Gleichgültigkeit gegenüber der institutionalisierten Öffentlichkeitsarbeit und deren strategischem Potential. Conrad Ahlers, stellvertretender Regierungssprecher nach 1966 und Regierungssprecher nach 1969, versuchte erst gar nicht den Rollenwechsel vom individualisierenden Journalisten zum repräsentativen Sprecher. Er war deshalb unwillig und unfähig, als Regierungssprecher eine Linienführung für Regierung und Partei (mit) zu entwickeln und zu vertreten. Obwohl die Fehlbesetzung sowie der dadurch für Regierung und SPD entstehende Schaden offenkundig waren und Herbert Wehner den lange von ihm Geförderten nun öffentlich beschimpfte, wollte Brandt – als einziger – Ahlers 1973 erneut zum Regierungssprecher machen. Mit seinem Kandidaten Günter Gaus scheiterte Brandt, und da „der SPD sonst niemand einfiel" (Ehmke 1994: 224), überließ man den Posten der FDP. Brandts Verständnis und seine hohe individuelle Kompetenz für öffentliche Kommunikation waren auch hier begleitet von eklatanten Schwächen im Strategisch-Operativen.

Verlust von Steuerungsfähigkeit

Im November 1972 landete Willy Brandt den höchsten Wahlsieg, den in Deutschland je ein sozialdemokratischer Reichs- oder Bundeskanzler errungen hat. Im März 1973 bestätigte ihn der Parteitag mit einem Ergebnis, das noch nie ein sozialdemokratischer Parteivorsitzender erreicht hat. Ein Jahr später war die Kanzlerschaft Brandt am Ende. Wie immer gibt es dafür viele Ursachen. Keine vernünftige Erklärung aber kommt ohne die Faktoren des Strategy-Making aus. In der Krise zeigten sich überscharf die Grenzen von Brandts individueller Strategiefähigkeit. Wäre er hier stärker gewesen, hätte auch Günter Guillaume nicht das Ende seiner Amtszeit bedeutet. Auch alles Intrigante und Boshafte von Wehner und Schmidt erklären nichts: nach seinem rauschenden Wahlsieg hätte Willy Brandt als Kanzler alles durchsetzen können, was ihm wichtig war. Gerade für das sachlich, personell, organisatorisch Wichtige fehlte es ihm in dieser entscheidenden Situation, in der er auf sich allein gestellt war, an strategischem Wissen und Willen. Es war ein Drama Brandt, das vorübergehend auch die Strategiefähigkeit seiner Partei in Frage stellte. Tatsächlich verbesserte sie sich, nachdem Brandt zurückgetreten war.

An erster Stelle der Ursachenliste steht Brandts Unvermögen, die Spitze des Kanzleramts so zu besetzen, dass auch seine Defizite kompensiert und Schwächeperioden überbrückt werden konnten. Helmut Schmidt hatte, als er widerwillig das Wirtschafts- und Finanzministerium übernahm, Brandt schon im Sommer 1971 abgehandelt, nach der Wahl Horst Ehmke nicht mehr als Chef des Kanzleramts zu berufen – und Brandt gab nach, ohne über eine gleichwertige oder gar bessere Reserve zu verfügen. Er widerrief seine Zusage auch 1972 nicht, obwohl doch in seiner Hilflosigkeit offenkundig wurde, dass diese Frage

Schwächen im Strategisch-Operativen (Brandt 1969-) 475

gerade für ihn existenziell wichtig war.[689] Er nahm hin, dass Egon Bahr, sein strategisch-analytisches Alter Ego, zwei Mal sein Angebot ablehnte, Chef des Kanzleramts zu werden. Bahrs Begründung, in seinem Politikfeld weiter arbeiten zu wollen, negierte die Notlage, in der Brandt sich Ende 1972 befand.[690] Aber die Ablehnung war vermutlich schon deshalb richtig, weil Bahr tatsächlich eher außenpolitischer Bereichsstratege als strategischer Generalist war.[691] Er selbst hatte Zweifel, ob er der richtige Mann als Kanzleramtschef sei. Nie verstand Bahr sich als „politischer Manager" und tatsächlich war ja auch später seine Zeit als Bundesgeschäftsführer – Brandt zuliebe – nicht seine beste.[692] Bahr hat dann den Berliner Ex-Senator Horst Grabert statt seiner vorgeschlagen. Der aber war nach allgemeiner Ansicht eine komplette Fehlbesetzung an der Spitze des Kanzleramts. Und wen hatte Brandt im November 1972 gesucht, nachdem Schmidt ihm Horst Ehmke gestrichen hatte und Egon Bahr nicht wollte? Er suchte „einen parteilosen StS als Chef BKA"[693]. Als sei diese zentrale Steuerungsfunktion vor allem und überhaupt durch Parteilosigkeit wesentlich zu charakterisieren! Es ist selten, dass man richtig findet, wenn man falsch sucht.

Wir erwähnten schon, dass Brandt sich von der FDP mit Rüdiger von Wechmar ein Mitglied des kleinen Koalitionspartners als seinen Regierungssprecher aufzwingen ließ. Dazu steht der absurde Satz in seinem November-Vermerk: „Kommt es zur Betrauung von W[echmar][694], wird dies von der FDP anerkannt werden." Als ginge es nicht um *seine* Akzeptanz, da doch die Presse- und Öffentlichkeitsarbeit für den sozialdemokratischen Regierungsteil seit 1966 und eben auch in der ersten Regierung Brandt eine große Schwachstelle und die ewige Klage der Partei war.

Die Unfähigkeit von Willy Brandt zu eigener strategischer Weichenstellung zeigt sich an zwei Dokumenten besonders deutlich: dem Vermerk, aus dem wir bereits zitierten, mit dem er – wegen einer Kehlkopfoperation sprechunfähig – die Koalitionsverhandlungen personal- und organisationspolitisch steuern wollte, und der Regierungserklärung. Der Vermerk, um den sich später Verratsvorwürfe gegenüber Herbert Wehner rankten, enthält kaum Festlegungen oder auch nur Priorisierungen. Statt dessen viele offene Fragen, Erörterungen, Abwägungen, Eventualitäten. Ein Papier also, mit dem man alles oder nichts machen konnte, das also ebenso gut ungenutzt in Wehners Aktentasche schmoren konnte – bis es den Weg ins Archiv fand.

Auch die Regierungserklärung war ohne jeden strategischen Orientierungsgehalt. Eine Analyse zeigte den „ausschweifenden Duktus" (Vorrink/Walther 2002: 189). Kritisch konnte man darin eine „Sentimentalisierung und Idyllisierung der Politik" (Bergsdorf 1983: 251f.) sehen. Schon hier hatte also die Literaten-Fraktion (Klaus Harpprecht, Günter Gaus) die Regie übernommen – vor der nicht nur Egon Bahr grauste. Klaus Harpprecht, schrieb Bahr, sei „mit der Welt der Literatur vertrauter als mit der der Politik" (Bahr 1998: 428). Aus Harpprechts Insider-Bericht (2000) werden, entgegen seiner Absicht, die strategischen

---

[689] Später hat er dies als Fehler gesehen: „Ich hätte mich, nach diesem Wahlausgang, an die einmal gegebene Zusage besser nicht gehalten und Ehmke belassen, wo er hingehörte – in die Zentrale." (Brandt 1989: 306).
[690] Im Interview räumte Egon Bahr ein: „Ich habe wahrscheinlich einen Fehler gemacht, es ausgeschlagen zu haben."
[691] Vgl. zu dieser Unterscheidung das Kapitel 8.2.1.
[692] Auch Ehmke (1994: 225) hielt Bahr als Leiter des Kanzleramts für ungeeignet.
[693] Brandt (2001: 393, StS steht für Staatssekretär). Mit ihm (N.N.) sowie Egon Bahr und Herbert Ehrenberg als Parlamentarischem Staatssekretär deute sich, notierte Brandt, für das Kanzleramt „eine starke Dreierlösung" an.
[694] Ergänzung durch *J.R./R.T.*

Schwächen Brandts und seiner Zuarbeiter (zweite und dritte Ebene) während der zweiten Legislaturperiode gut erkennbar.[695]

Die Schwächung des Kanzleramts bedeutete die Schwächung Brandts in einer Phase gravierender Herausforderungen, die nur mit einer starken Steuerungszentrale zu bestehen war. Die Unklarheit über seine Linie in der Regierungspolitik schlug sich in der Unfähigkeit nieder, in der Steuerungszentrale die richtigen Leute für die richtigen strategischen Projekte zu finden.

Wie die Partei war auch die Troika nicht zuletzt durch den Dauerdruck einer seit 1969 drohenden feindlichen Machtübernahme durch die Unionsparteien zusammengehalten worden. Nach dem großen Wahlsieg 1972 entfiel diese Außenbedrohung. Durch die noch gemeinsam von der Troika geschaffte Befriedung und Kanalisierung der Parteilinken auf dem Hannoveraner Parteitag war der Binnendruck auf die Führung geschwächt (Baring 1982) – so entstand Raum für die Zentrifugalkräfte innerhalb des Triumvirats. Die objektiven Schwächen Brandts als Kanzler provozierten Wehner als Wächter über die Strategie- und Regierungsfähigkeit der SPD sowie Schmidt als die strategische Kanzleralternative. Die persönlichen Beziehungen zwischen den drei Spitzenleuten waren Schwankungen unterworfen. Mal konnte man besser mit dem einen, dann wieder mit dem anderen. Entscheidend war der Erfolg der Gesamtformation und da hatte der mit den geringsten Eigeninteressen den schärfsten Blick. Und das war Herbert Wehner.

Schmidt schrieb im Sommer 1972 die Mängelliste der Brandt-Regierung auf und traf sich geheim mit Exponenten des rechten Parteiflügels. Wehner kündigte Brandt und Schmidt schon im Juni 1972 an, beim nächsten Parteitag nicht mehr als stellvertretender Parteivorsitzender zu kandidieren (seine Enttäuschung führte zu Rückzug). Schmidt und Wehner hatten sich im Laufe der Jahre ein festes Bild von den Führungs- und Steuerungsschwächen Brandts gemacht. Der grandiose Wahlsieg widerlegte dies nicht, sondern verstärkte es durch dessen Konsequenzen. Selbst Egon Bahr räumte ein: „Wer an wichtiger Stelle Zügel schleifen lässt, zwingt geradezu andere, sie aufzunehmen." (1998: 428). Und die „Schwächeperiode" Brandts dauerte, so sein Freund aus der Nahbeobachtung, „mehr als ein Jahr".

Nach Wehners abwertenden Äußerungen über Brandt, die in Moskau deutschen Journalisten serviert oder jedenfalls von ihnen so aufbereitet wurden,[696] fand Brandt nicht die Kraft, den Machtkampf mit Wehner aufzunehmen und dessen Rücktritt als Fraktionsvorsitzender zu erwirken. Schließlich war Wehner in der Guillaume-Affäre ausschlaggebend für den Rücktritt Brandts. Er musste ihn nicht auffordern zu gehen und hat dies offenkundig auch nicht direkt getan. Für den geschwächten Brandt reichte aus, dass Wehner ihm keine Unterstützung zusagte.

Wehner allein traf die strategische Personalentscheidung, Brandt durch Schmidt zu ersetzen. In der kritischen Situation drängte Schmidt nicht, sondern wartete ab. Die Machtverhältnisse hatte Wehner richtig eingeschätzt. Es gab keinen nennenswerten Widerstand, auch kein Aufbäumen von Brandt. Der verfügte über keine strategischen Reserven: persönlich waren Mut, Selbstvertrauen und Dynamik von 1969 verbraucht, Helmut Schmidt hatte

---

[695] Dazu gehört auch die von Harpprecht (2000: 324ff.) forcierte Idealisierung der „Neuen Mitte" als historisches Bündnis und grundlegende Gemeinsamkeit von FDP und SPD.
[696] Entscheidend aber war vor allem die öffentliche Wirkung des Autoritätsverfalls.

schon lange gegen ihn gearbeitet, auf die geschlossene, stabile Unterstützung von Fraktion und Partei konnte Brandt nicht mehr rechnen.[697]

Die Führungs- war mit einer Richtungskrise verbunden. Die SPD hat auf dem Hannoveraner Parteitag 1973 den Wechsel zu einer profilierten Mitte-Links-Mehrheit vorgenommen – für die Regierungsebene war das zunächst ohne Bedeutung. Dort gab es weiterhin die strategische Ziellosigkeit nach dem Ende der ostpolitischen Weichenstellung. Die Orientierungsdefizite Brandts im Bereich innerer Reformen wurden nun nach außen voll erkennbar. Damit fehlte auch hier einer Strategie der klare Bezugspunkt.

Führungs- und Richtungsschwäche führten zum Verlust strategischer Steuerungsfähigkeit: von den Koalitionsverhandlungen, bei denen die trickreiche FDP die SPD aushebelte und die Entfremdung zwischen den beiden Parteien vorantrieb, bis zu einer Serie von Pannen im Steuerungsprozess, insbesondere bei ökonomischen Fragen (Fluglotsen, ÖTV-Streik, Ölpreiskrise) – ganz abgesehen von den Apparatfehlern im direkten Zusammenhang mit der Guillaume-Affäre.

Zusammenfassung

Willy Brandt war ein Diskontinuitäts- und Partialstratege. Stark in der Außen- und Parteipolitik, strategisch schwach in der Innen- und Personalpolitik. Seine besonderen Schwächen lagen im Strategisch-Operativen und in der Verlässlichkeit eines Orientierungsschemas, das ihn jederzeit hätte strategisch „ticken" und agieren lassen. Seine besonderen Stärken waren ein Sensorium für neue und für längerfristige Entwicklungen sowie für einige sprachliche Verdichtungen. Er war stärker, wenn es um Projekte, Aufbrüche und Krisen ging, schwächer beim kontinuierlichen Strategy-Making.

Brandts Probleme mit einem richtigen Verständnis und einer effizienten Besetzung der Steuerungszentrale waren größer als seine Schwierigkeiten mit kollektiver Führung. Wenn er die Probleme mit sich und dem Kanzleramt in den Griff bekommen hätte, wäre er auch mit den Problemen der Troika fertig geworden. Brandt hatte ein beachtliches strategisches Potential – auf bestimmten Gebieten. Wenn er gewusst hätte, was ihm fehlte, danach gesucht und dann auch gefunden hätte, wäre es nicht zum schnellen Ende Brandts gekommen. Als Vorsitzenden-Präsident wäre Brandt der Mann gewesen, der Regierung und Partei hätte zusammenhalten und mit präsidialem Stil regieren können.

Wahr ist, dass die Troika ihm nicht half, sie behinderte ihn, aber sie hat ihn nicht – sozusagen aus eigenen Stücken – verhindert. Von einer Blockade durch die Troika kann nicht die Rede sein. Zwar war Schmidt der Dauerkritiker und Konkurrent an der Seite, Wehner der Zuchtmeister im Rücken. Aber Brandt fehlte die Bereitschaft, sie – vor allem den sachkompetenten Schmidt – in ein operativ-strategisches Zentrum mit einzubinden. Den Test seiner individuellen Strategie- und Regierungsfähigkeit verlor er. Die Troika dagegen erfüllte ihre Funktion, sowohl die Führungskontrolle auszuüben als auch die Führungsreserve bereit zu halten.

Die Richtungsfrage brach zwar in der Godesberger SPD unter dem Einfluss der APO und des postmaterialistischen Wertewandels wieder auf, sah Brandt und Schmidt auf unterschiedlichen Positionen. Sie verstärkte Brandts Schwierigkeiten ebenso wie Schmidts Angriffsmöglichkeiten, war aber in letzter Instanz nicht ursächlich für das Scheitern der Regie-

---

[697] Zu Führungskrise und Abgang Willy Brandts vgl. u.a. Baring (1982), Jäger (1987), Brandt (1989), Ehmke (1994), Bahr (1998), Merseburger (2002), Schreiber (2003), Meyer (2006).

rung Brandt. Die komplexere, anspruchsvollere, den gesellschaftlichen Wertewandel aufnehmende Linie von Brandt war politisch nicht ausgearbeitet, führte aber zu Erwartungssteigerung. Sie war deshalb besonders angreifbar – von Links und von Rechts, von der linksliberalen Öffentlichkeit ebenso wie von Schmidt, schließlich von Wehner, der als Machttechniker letztlich nur die Konsequenzen zog.

Die letzte Ursache des frühzeitigen Scheiterns von Brandt lag in seiner persönlichen Schwäche im strategisch-operativen Bereich. Das ist, was in einer Regierung zählt, so dass seine Stärken zwar zum fulminanten Wahlsieg 1972 beitrugen, im Zweifel aber für das Überleben in der Regierung weniger wichtig waren. Im strategisch-operativen Bereich war Brandt dort am stärksten, wo solche Projekte eigenständige, kompetente Akteure fanden und ihm die Rolle des Vorsitzenden-Präsidenten (mit relevanten Eigenbeiträgen) erlaubten.

Brandt war weniger ein Mann der operativen Politik, als ein Mann der Deutung und Interpretation, der sprachlichen Formung und der allgemeinen, symbolisch orientierten Linienbestimmung. Ein Mann des historischen Woher und des tentativen Wohin. „Demokratisierung" oder „Neue Mitte" waren für Brandt Leitbegriffe, die Fragen der begrifflichen Schärfung, Operationalisierung und Realisierbarkeit nicht nur vorauseilten, sondern diese – sich mit der Symbolebene begnügend – scheinbar überflüssig machten. Brandt hätte, auf der operativen Ebene, eines Gegengewichts bedurft. Horst Ehmke war zu wenig, Horst Grabert zuviel Administrator. Beide waren nicht von der Art, wie man sie für politisch-strategisch-administrative Rahmensteuerung braucht. Als Brandt allein war und nichts vorbereitet hatte, agierte er auch strategisch am schwächsten: nach der Wahl im November 1972.

Individuelle Faktoren verstärkten die Schwächen des Führungs- und des Strategiestils: Entscheidungsschwäche, Kompetenzdefizite in der Wirtschafts- und Sozialpolitik, geringe personenbezogene Konfliktfähigkeit, mangelnde Durchsetzungshärte, eingeschränkte physisch-psychische Belastbarkeit (Erschöpfbarkeit, Depressionen). Solche persönlichen Eigenschaften blockierten ihn, dazu kam die Unfähigkeit, sich durch „kompensatorische Arbeitsteilung" und entsprechende strategische Personensteuerung Leute an seine Seite zu stellen, die er zum Ausgleich seiner Schwächen brauchte. Allerdings war dieser Mangel an Wahrnehmung und Konsequenz nicht zufällig oder leicht behebbar, sondern Teil der insgesamt vorhandenen Grenzen individueller Strategiefähigkeit Willy Brandts.

Brandt selbst hatte in strategischer Hinsicht eine höchst ambivalente Haltung. Einerseits positiv eingestellt gegenüber Planung, „Regierungskonzept" (1974: 7), strategischem Brainstorming, kommunikativer Linienführung. Andererseits war er assoziativ und intuitiv (nicht analytisch), emergenz-strategisch, glaubte nicht an die Berechenbarkeit von Politik.[698] Sein strategischer Kompass orientierte ihn verlässlich auf dem Feld der Außenpolitik, in der Innenpolitik sowie macht- und personalpolitisch führten Kompass und Orientierungsschema zu weniger zuverlässigen Ergebnissen. Brandts Strategiepotential entfaltete sich als Parteivorsitzender und als Vorsitzender der Sozialistischen Internationale. Bei einem strategischen Projekt im historischen Horizont der gespaltenen Arbeiterbewegung wie dem einer „Sozialdemokratisierung des Kommunismus" konnte er seine genuinen Fähigkeiten realisieren.[699] Als Regierungschef war er zu sehr von den strategisch-operativen

---

[698] Vgl. dazu aus der Nahperspektive auch Seebacher (2004).
[699] Vgl. dazu die eindrückliche Analyse von Bahr (1998: 547ff.) über die strategische Wirkungskraft von Ideen und Werten, wie sie Willy Brandt in besonderer Weise – öffentlich nicht sichtbar – verfolgt hat.

Leistungen anderer und damit von glücklichen Umständen abhängig. Mit Egon Bahr haben wir die Frage der individuellen Strategiefähigkeit von Willy Brandt erörtert:

Mal ganz schlicht: War Willy Brandt ein Stratege? In welchem Sinne, mit welchen Einschränkungen?
„Donnerwetter!"
War das eine dumme Frage?
„Nein, ich sage das deshalb, weil ich natürlich über Brandt 1000fach nachgedacht habe und hunderte Male interviewt und befragt worden bin. Niemand hat gefragt: ‚War Brandt ein Stratege?' Es gibt die Analyse von Weizsäcker, der sinngemäß gesagt hat: Brandt und Bahr konnten nur im Zusammenwirken die in ihnen liegenden Möglichkeiten voll entfalten. Und um auf Ihre Frage zurückzukommen, ich kann sie nicht genau beantworten. Brandt hatte eine Vorstellung, wo er hin will. Und er hatte einen Instinkt, einen ungeheuren Instinkt, dass etwas nicht ging. Er hat seine Vorstellung nicht aus den Augen verloren. Aber ich sage jetzt mal, den Umbau in eine Konzeption, was man mit Strategie bezeichnen könnte, die hatte er, glaube ich, nicht so. Sie haben völlig Recht, das ist die Voraussetzung – ob ich einen Planungsstab habe oder nicht, ist egal –, einen Menschen zu haben, der drei, vier andere um sich schart und beauftragt wird, nachzudenken, wie geht das innenpolitisch. Mit welchem Ergebnis möchte ich innenpolitisch in der übernächsten Legislaturperiode ankommen. Nicht in der nächsten."

Wie war der strategische Denkstil von Willy Brandt? Er war sehr intuitiv und kombinatorisch, deutlich weniger analytisch als Sie selbst zum Beispiel. Stimmt das?
„Er hatte einen unglaublichen Intellekt, der sofort bis in große Tiefen hinein für sich analysieren konnte. Stimmt das, stimmt das nicht? Ist es machbar, ist es nicht machbar? Ist es falsch, ist es richtig? Insofern war er eine ganz verlässliche Größe. Verlässlich unter dem Gesichtspunkt, wenn er ja sagt, dann könnte es gehen, wenn er nein sagt, hat es keinen Zweck. Sah er wahrscheinlich schneller und besser als jemand, der genau nachdenken muss."

Die Weitsicht und diese schwer zu fassende Urteilsfähigkeit waren charakteristisch für Brandt?
„Ja, die Urteilsfähigkeit hat ihn ausgezeichnet. Unbedingt, ja, ohne Frage."

Gibt es ein Beispiel, wo Sie gezweifelt haben und er sicher war?
„1969 sagte er: ‚Schreib mal auf, die außenpolitische Regierungserklärung.' Ich hab' gefragt: ‚Wie lang soll das sein, wann willst Du das haben und so?' Das hat er bekommen und Scheel hat es auch bekommen, wir haben zu dritt zusammen gesessen. Und er hatte den Satz eingefügt: Die DDR ist ein Staat, auch wenn sie kein Ausland ist. Und das war für mich zweifelhaft, nicht im Ergebnis, da war es ja klar, aber das vorweg zu nehmen. Und da hat er gesagt: ‚In wichtigen Dingen ist es manchmal wichtig, sein Herz über die Hürde zu werfen.' Und Scheel hat es entschieden: ‚Ich glaube, wir machen es so, wie der Bundeskanzler das will.' Psychologisch-strategisch war das ein erstklassiges Beispiel."

12.5 Schwächen in strategischer Linienführung (Schmidt 1974-)

Von allen sozialdemokratischen Kanzlern verstand sich Helmut Schmidt am besten auf das Regieren. Unbestreitbar war er ein strategischer Kopf. Dabei lagen seine Stärken im Strategisch-Operativen, seine Schwächen bei einer strategischen Linienführung, die die SPD überzeugend mit der Regierung verknüpfte. Die Hauptursache dafür bestand nicht, wie er selbst meinte, in der kollektiven Führung der SPD (vor allem in der Trennung von Regierungs- und Parteichef), sondern in der Begrenzung seines eigenen strategischen Horizonts.

Strategisches Zentrum: Helmut Schmidt als Nr. 1

Erstmals war einer aus der Troika allein in der Regierung. Helmut Schmidt war in der SPD nicht unumstritten, aber als Regierungschef unangefochten die Nr. 1. Es gab keine unmittelbare Konkurrenz für ihn, keinen Konkurrenten, der sich schon auf der Bühne gezeigt hätte. Hans-Jochen Vogel oder Hans Apel waren als Nachfolger im Gespräch – mehr nicht.

In der Ära Schmidt gab es drei lose verkoppelte Bereiche: Schmidt (Regierung), Brandt (Partei), Wehner (Fraktion). Kollektive Führung hieß wechselseitige Begrenzung von Macht, Arbeitsteilung, lose Kopplung und reduzierte direkte Konkurrenz. Allerdings war vor allem die Balance zwischen Schmidt und Brandt prekär.

Die Verflechtung der sozialdemokratischen Staatsexponenten mit der SPD-Führung war wichtig, aber eine Personalunion der beiden Spitzenämter hätte Schmidt insgesamt geschwächt.[700] Dessen Mosern über die Linksverschiebung der Partei seit etwa 1968 förderte sein überparteiliches Image als Staatsmann. Beim Versuch, diese Entwicklungen als Vorsitzender aktiv zurück zu drängen, wäre er mit hoher Wahrscheinlichkeit gescheitert. Eine zerrissene SPD hätte schon bei der nur ganz knapp gewonnenen Bundestagswahl 1976 nicht mehr die notwendigen Prozente auf die Waage gebracht. Tatsächlich mussten zwei aus der Troika daran arbeiten, damit der dritte – Helmut Schmidt – erfolgreich sein konnte.

Schmidt hat diese Konstellation nie akzeptiert und den strategischen Vorteil dieser Arbeitsteilung kognitiv nie nachvollzogen – eine seiner strategischen Schwächen, die dank Brandt folgenlos blieb. 1974 hatte Schmidt akzeptiert, dass Brandt nach seinem Kanzler-Rücktritt Parteivorsitzender blieb. Nach seinem eigenen Rücktritt 1982 schrieb Schmidt an Brandt, es sei ein großer Fehler von ihm gewesen, nicht den Parteivorsitz übernommen zu haben. In den Jahren dazwischen hatte er Brandt Wechselbädern von gelegentlichem Dank und mehr – meist interner – Schmähung für dessen Vorsitzendenarbeit ausgesetzt.

Willy Brandt[701] dagegen hatte ein klares Bewusstsein von Arbeitsteilung und „möglichst breiter Unterstützung" des Kanzlers durch die Partei. Jeder habe „seine spezifische Verantwortung mit dazu gehöriger Legitimation. Mein Auftrag ergibt sich aus der Wahl durch den Parteitag, und dort ist auch der Ort, wo ich Rechenschaft zu geben haben werde." Angesichts „realer Gefahren des Auseinanderdriftens" der Partei sei es die besondere Pflicht des Vorsitzenden gewesen, sich um den Zusammenhalt der Partei und gleichzeitig um die Unterstützung des Kanzlers zu bemühen, schrieb er an Schmidt: „Und zwar auch in Situationen, die mir einiges abverlangten, und gelegentlich unter Bedingungen, die bis hart an die Grenze meiner Selbstachtung gingen. Ich meine, wesentlich mit dazu beigetragen zu haben, dass es auf den Parteitagen zu einigen schwierigen Gegenständen Mehrheiten gegeben hat, die Du als Regierungschef für unentbehrlich gehalten hattest. In Wirklichkeit musst Du selber wissen, dass Du ohne mich kaum länger, sondern wohl eher kürzer und vielleicht mit weniger Erfolg im Amt gewesen wärst."

Helmut Schmidt wollte die Gefolgschaft der SPD und nicht nur die – zum Teil widerstrebende – Akzeptanz seiner Politik in der Partei. Schmidt und Brandt trennten unterschiedliche Parteiverständnisse, Richtungsunterschiede und – nicht zuletzt - Strategiediffe-

---

[700] So auch Jäger (1987), Niclauß (2004).
[701] Die nachfolgenden Zitate stammen aus Brandt (2002: 389ff.).

renzen. In seinem Beschwerdebrief an Willy Brandt von 1982 übte Schmidt Kritik am „Opportunismus gegenüber der gegenwärtigen dritten Wiederkehr einer bürgerlich-deutschen Jugendbewegung, gekennzeichnet von idealistischem, realitätsfeindlichem Romantizismus". Dazu Brandt: „Das war bedenkenswert, aber noch nicht die Antwort auf die Frage, ob die heraufziehende Partei der Grünen so schnell so groß werden und der Sozialdemokratie so viele junge Leute abspenstig machen musste." (Brandt 1989: 344). Wie schon die Formulierung zeigt, war das für Brandt mehr ein Strategie- als ein Richtungskonflikt.

Brandt hielt Schmidt den Rücken frei, aber er schaltete die Partei nicht mit der Regierung gleich. Im Gegenteil, er ermöglichte, dass sich parallel zur Schmidt-Regierung eine neue SPD ausbildete. Brandt hielt seine Hand über den intellektuellen Hauptkontrahenten von Schmidt, Erhard Eppler. Der verfolgte das Projekt, durch die SPD ein Bündnis zwischen Arbeiterbewegung und den neuen sozialen Bewegungen zu schmieden.[702] Mit den „Enkeln" etikettierte und förderte Brandt eine Nachfolgeelite - außerhalb des Einflussbereichs von Schmidt.

Nach wie vor gab es wenig tatsächliche Kommunikation und Beratung im Kreis der Troika, dieser „bisher einzigartigen Konstellation von drei Führungspersonen an der Spitze von Regierung und Regierungspartei" (Schmidt 1998: 449). Klaus Bölling beobachtete, „dass Schmidt mit jedem Jahr mehr die Fremdheit zu Willy Brandt gespürt hat".[703] Am Ende (ab Dezember 1981), wurde in der Troika überhaupt nicht mehr geredet. Davor trafen sie sich in den Gremien, haben untereinander aber mündlich und schriftlich eher wenig kommuniziert.[704] Die Troika war eine Realität auch ohne Kommunikation. Sie wirkte nicht als strategische Steuerungsgruppe, sondern als Vetogruppe. In wichtigen Entscheidungsfragen hatte jeder der drei eine Vetomacht. Das zwang zu wechselseitiger Beobachtung und zur Antizipation eines möglichen Vetos.

Helmut Schmidt hat den Test der individuellen Strategiefähigkeit als Nr. 1 im Amt des Kanzlers glänzend bestanden. Er besaß hohe Fachkompetenz in den wesentlichen Politikfeldern und verfügte über eine beachtliche Steuerungskompetenz aus der Regierung heraus. Es fehlte ihm nicht an Konflikt- und Entscheidungsfähigkeit, aber an der Fähigkeit, Regierung und Partei enger zu verzahnen. Dabei glaubte er, dies liege ausschließlich an Brandt und an der Parteilinken, nicht auch an ihm.

Für den Beratungsbedarf bei der strategischen Feinsteuerung, die im Rahmen des ungewöhnlich stark festgelegten Gesamtprogramms noch zu leisten war, hatte sich Helmut

---

[702] Das fand seinen programmatischen Niederschlag dann im Berliner Programm von 1989. Zum breiten Ansatz von Eppler gehört, dass die von ihm kreierte Unterscheidung von struktur- und wertkonservativ „auch strategisch gemeint" war – das eröffnete Anschlussmöglichkeiten im konservativen Bereich (vgl. Eppler 1996: 150).

[703] Es ging nicht nur um Richtung, das Naturell beider war grundverschieden und „Schmidt hielt Brandt eben doch für eigentlich schwach", so Klaus Bölling im Interview.

[704] Wehner an Brandt am 18. Oktober 1980: „(...) es ist wohl vergeblich, darauf zu hoffen, dass wir doch noch mal miteinander sprechen (...)" (Brandt 2002: 315). Brandt sagte, er und Schmidt hätten in ihren Vorgesprächen vor Präsidiumssitzungen über Ärzte und Frauen gesprochen (Seebacher 2004: 48). Schmidt bekundete, er habe mit niemandem so eng zusammengearbeitet wie mit Alexander Möller (in der Fraktionsführung 1966-1969) und mit den informellen Beratungsgremien („Kleeblatt"), erst in den beiden Ministerien, dann im Kanzleramt (Schmidt 1998: 430). Helmut Schmidt, als einziger Überlebender der Troika, nutzt die Möglichkeit zu nachträglicher Idealisierung für die Geschichtsbücher („mein Freund Wehner" etc.). Klaus Bölling dagegen erinnert sich an eine Redensart von Wehner „Sagen Sie das Ihrem Herrn Oberleutnant" – das war das Schmidt-Bild von Wehner.

Schmidt in den ersten Jahren eine optimal besetzte Steuerungscrew zusammengestellt. Diese *zweite Ebene* des strategischen Zentrums rekrutierte er nach formal-funktionalen Kriterien. Der Chef des Kanzleramts koordinierte die Politik politisch-administrativ, der Regierungssprecher steuerte den medienbezogenen Prozess öffentlicher Kommunikation, der Parlamentarische Staatssekretär[705] koordinierte die Politik gegenüber Fraktion und Partei. Schmidt selbst sah sich als Alleskönner, der keinen Kompensationsbedarf auf irgendeinem Feld habe. Er kannte mehrere Ressorts auf dem Niveau des Ministers, war erfolgreich in Medienkommunikation, hatte – überaus effizient – von 1966-1969 als Fraktionsvorsitzender gearbeitet, war seit 1968 stellvertretender Parteivorsitzender. Er kannte sich aus und hatte feste Grundsätze, dennoch profitierte er von Erörterungen in einem homogenen Kreis pragmatischer, urteilsfähiger, ergebnisorientierter, erfahrener Berater.

Das Kleeblatt, wie sich die Viererbande aus Kanzler, Kanzleramtschef, Parlamentarischem Staatssekretär und Regierungssprecher nannte, tagte in der Regel nur einmal wöchentlich am Dienstag. Es hatte für seine kurz- bis mittelfristig orientierten Erörterungen keinen professionellen Unterbau strategischen Know-hows.[706] Es lebte von seinem hohen Informationsgrad, der dort versammelten Urteilskraft, aber auch von der Begrenzung auf einen engeren, strategisch-operativen Horizont[707]. Längerfristige sowie eher interpretative denn entscheidungsorientierte Erörterungen waren aus diesem Zirkel ebenso ausgeschlossen wie Personen, die dafür besonders befähigt waren. Dadurch wurde Schmidts Strategiestil in seinen Stärken wie Schwächen reproduziert und bekräftigt. Schmidt hat dort „Meinungen vorgetragen, deren Haltbarkeit, deren gedankliche Festigkeit er im Gespräch mit uns testen wollte" (Bölling). In einer solchen vertrauensvollen Runde war er auch bereit, sich Widerspruch anzuhören.[708]

Die Glanzzeit des Kleeblatts dauerte ganze vier Jahre, von 1976 bis 1980. Wie Brandt machte Schmidt den Fehler, die vorzügliche Erstbesetzung – mit guten Gründen (Erschöpfung!) – laufen zu lassen, ohne gleichwertigen Ersatz zu haben. Als es schon zu spät war in der Regierungskrise, holte er Klaus Bölling und Jürgen Wischnewski zurück, der ehemalige Kanzleramtsminister Manfred Schüler wollte sich nicht noch einmal dem mörderischen Arbeitsstil aussetzen.

Die tägliche Steuerungsrunde der „Morgenlage", die ohne Schmidt tagte, war ohne strategische, häufig sogar ohne politische Qualität, eine Runde von lediglich technischer Koordination (Thies 1988: 35ff.). Die Planungsabteilung des Kanzleramts, nun unter der Leitung von Albrecht Müller, war ein Relikt der Brandt-Zeit – vor Auflösung geschützt durch seine Bedeutungslosigkeit für die strategische Steuerung Helmut Schmidts.[709]

---

[705] Das waren bis 1976 Marie Schlei, die vor allem die Kontakte zur Fraktion pflegte, und seit 1976 Jürgen Wischnewski, ausgestattet mit Gewicht und Vertrauen auch bei Brandt und Wehner.

[706] Schmidt suchte und brauchte für seinen Strategie- und Regierungsstil kein sozialwissenschaftliches Wissen.

[707] Viele Fragen bezogen sich auf das tagtägliche Management. Sehr oft wurde über das Spannungsverhältnis zwischen Kanzleramt und Parteiführung gesprochen, auch über Personalien, über die nachlassende Fähigkeit Wehners, Unterstützung der Fraktion für die Regierung zu organisieren, oder über die Spannungen in der eigenen Partei.

[708] Vor allem von Klaus Bölling, der zwar „Schmidtianer", aber auch ein angesehener Journalist und eigenständiger Geist war. So hat Schmidt verschiedentlich vorgetragen, es sei ein Fehler von ihm gewesen, mit der Kanzlerschaft nicht auch den Parteivorsitz zu übernehmen. Bölling sagte dann: „Herr Bundeskanzler, Sie würden nicht gewählt werden."

[709] Der einzige Ratschlag, den Schmidt von Müller annahm, war ausgerechnet der vom fernsehfreien Tag in der Woche – die Leute vom Kleeblatt rauften sich die Haare ob solcher Bevormundung.

Richtung

Die SPD hatte in der Ära Schmidt keinen Führungskonflikt, sie lebte aber mit den latenten Spannungen einer nun faktisch dualen Führung.[710] Der Richtungskonflikt war mehr als latent, er wurde durch die beiden Spitzenfiguren Schmidt und Brandt nicht nur kanalisiert, sondern auch symbolisiert.

Helmut Schmidt hat nicht zunächst den Sozialismus und dann erst die Marktwirtschaft gelernt, sondern war von vornherein sozialer Demokrat und Marktwirtschaftler. Er, der sich selbst als einen „konservativen Sozialdemokraten" (Schmidt 2003: 248) bezeichnet, rückte die Partei in der Regierung auf eine Position zwischen Mitte und Mitte-Rechts. Der Vorsitzende Brandt stützte zugleich Schmidt als Regierungschef und den Mitte-Links-Kurs der Partei. Es gab also eine doppelte Linienführung, die Mainstream-Linie Schmidts und die Linie der Gesamtintegration von Brandt, der den Postmaterialismus und die neuen Bewegungen für die SPD gewinnen wollte. Man kann auch sagen, Brandt verfolgte eine Doppelstrategie: die Unterstützung Schmidts an der Regierung, gleichzeitig die Unterstützung einer gesellschaftlichen Öffnung.

Der Richtungskonflikt der SPD brach in voller Schärfe erst auf, als die SPD an der Regierung war – in Reaktion auf die gesellschaftlichen Veränderungen nach 1968. Helmut Schmidt war der einzige aus der Troika, der sich – ein ungewöhnlicher Vorgang für einen Spitzenmann – am organisierten Richtungskonflikt aktiv beteiligte. Wie bereits erwähnt, besprach er im August 1972 mit Hans-Jochen Vogel und anderen am Brahmsee eingehend die Lage angesichts einer von ihnen erwarteten Wahlniederlage. Schmidt hatte eine vernichtende politisch-strategische Analyse der Regierung Brandt aufgeschrieben, die Schuldige für das schnelle Scheitern der ersten sozialdemokratisch geführten Regierung seit 1928 dingfest machen sollte. Neben den Schwächen des Kanzlers Brandt waren dies vor allem dessen Nachgiebigkeit gegenüber der Neuen Linken inner- und außerhalb der Partei. Wenige Wochen später errang Brandt den größten Wahlsieg der SPD-Geschichte, aber das Treffen blieb der Ausgangspunkt für die Organisierung der Parteirechten, die 1973 begann, später den Namen „Seeheimer" trug und nach eigenem Verständnis damit gegenüber der Parteilinken gleichzog (vgl. Gebauer 2005). Hätte Brandt 1972 nicht gesiegt, wäre Schmidt auch offiziell der Frontmann der Parteirechten geworden.

Helmut Schmidt wurde 1974 Bundeskanzler, weil die Partei ansonsten kein gleichwertiges Kaliber aufzubieten hatte. Es gab keine Alternativen in der Diskussion, auch von der Parteilinken nicht. Den Richtungskampf kanalisierte man dadurch, dass man Einflusszonen abgrenzte. Der Regierungssektor wurde durch Schmidt kontrolliert und entlang seiner Richtungsvorgaben gesteuert. Den Parteisektor kontrollierte Brandt entlang seiner Strategie der Öffnung und personellen Förderung einer Mitte-Links-Richtung. Die Bundestagsfraktion durchzogen beide Linien, wobei Wehner für die Unterstützung der Regierung sorgte, ohne die Fraktion von den Strömungen der Partei abkoppeln zu können.

Konsequenzen für die Strategiekompetenz

Bei unangefochtener Führungsposition und größerer Richtungssicherheit (im Vergleich zu Brandt) und Stärken im strategisch-operativen Regierungsgeschäft gelang es Helmut

---

[710] Herbert Wehner war in dieser Phase zu schwach, um eine eigenständige Rolle zu spielen. Im Richtungskonflikt eher auf der Seite Schmidts, standen allein schon die nachlassenden gesundheitlichen Kräfte einer Intervention entgegen. Zudem war sein Thema, die Regierungsfähigkeit der SPD, nicht gefährdet.

Schmidt viele Jahre, den Regierungssektor gegenüber der Unruhe und den Richtungskämpfen der Partei abzuschotten. Willy Brandt hat ihn dabei durch Arbeitsteilung und Integration der Partei entlastet. Hätte Schmidt ähnliche Schwächen bei der Regierungssteuerung gezeigt wie Brandt nach 1973, hätte sich diese Balance wohl kaum halten lassen.

Strategiestil Helmut Schmidt

Die individuelle Strategiefähigkeit von Schmidt hat zum insgesamt erfolgreichen Strategy-Making der SPD nach 1974 also erheblich beigetragen. Was kennzeichnet den besonderen Strategiestil Schmidts? Die *Kontinuität* blieb eines der auffälligeren Merkmale. Berechenbarkeit und Stetigkeit bedeuteten so etwas wie Schmidtsche Grundwerte. Für ihn war es eine politische Tugend nach guter Analyse und kluger Entscheidung über Optionen an Entscheidungen auch gegenüber Widerständen, Stimmungen und sonstigen Anfechtungen festzuhalten. Das galt auch für seinen strategischen Kompass und das Koordinatensystem.

Sein Strategiestil war *systematisch*. Schmidt hatte ein relativ festes Schema, mit dem er zu Entscheidungen – auch in strategischen Fragen – kam. Ziele waren auf das Realisierbare begrenzt, sie hatten dem Kriterium zu genügen, dass „einer, der das, was er anfängt, was er anpackt, wirklich zustande bringen kann" (Rupps 1997: 140). Wichtig war Schmidt „die geistige Durchdringung der Möglichkeiten und der Folgen möglichen Handelns" (141). Nüchterne Lage-Analyse und Optionsbildung waren also zentral, wobei er „Hoffnungen, Pessimismus und Optimismus als ‚für mich verbotene Kategorien' ausschloss" (141). Nach der Entscheidung waren „Stetigkeit und Beharrlichkeit bei der Verfolgung der gesetzten Ziele" (143) das Wichtigste. Schmidt hielt es für überflüssig, eine wohlerwogene Entscheidung zu überprüfen, es sei denn, die Bedingungen hätten sich grundlegend verändert. Er war davon überzeugt, dass seine „Entscheidungstechnik" ihn immer wieder zu denselben Ergebnissen führen würde.

Von einer „Elaborierung" des Beratungsprozesses durch Verfeinerung von Systematik und Methoden hielt Schmidt nicht viel. Selbst im Bereich der Ökonomie misstraute er Theorien, „wissenschaftlicher Akribie", Prognosen. Er setzte ganz auf Erfahrung und Urteilskraft (Schmidt 1998: 124). Für die Politik selbst hat Schmidt nichts erwogen, was über den systematischen Horizont eines guten Spitzenpolitikers hinausgeht (den er auf seinem eigenen systematischen Niveau erwartet hat). Immer wieder hob er erfahrungsgestützte Urteilskraft als die entscheidende Qualität im Beratungsprozess hervor. Schmale Systematik, viel Sachverstand und breit gestützte Urteilsfähigkeit – so stellte sich Schmidt auch strategische Politik vor. Erste Priorität bei seinen Anforderungen an den guten Politiker hatte „charakterliche Zuverlässigkeit", danach folgten „Urteilsfähigkeit, Intelligenz, fachliches Können, Beredsamkeit", für einen Kanzler auch „bundespolitische Erfahrung" (453). Eine spezifisch strategische Kompetenz wird nicht hervorgehoben.

Schmidt war ein Mann der *Problemlösung*. Sein Strategiestil war primär auf Politikgestaltung gerichtet, dabei an vermutetem Gemeinwohl und Sachverstand orientiert. Häufig hatte er Vorstellungen des „objektiv Notwendigen", die im Widerspruch zu Mehrheiten standen. Wähler- und Öffentlichkeitsgesichtspunkte rutschten eher auf die sekundäre Position von Nebenfolgen. Längere Kommunikationslinien tauchten auch dann nicht auf, wenn er in umfangreichen, selbst geschriebenen Konvoluten[711] die Genossen aus der Troika mit

---

[711] Vorzugsweise um Jahreswenden herum, wenn etwas mehr Zeit war.

seiner politischen Bilanz und Vorausschau versorgte. Sie blieben an Politikfeldern orientiert.

Schmidts Strategiestil war *operativ*, an Entscheidung und Durchführung orientiert. Der Horizont blieb eher kurz- bis mittelfristig. Die Lage, nicht die Entwicklung, die Tagesaufgabe, nicht die weitere Perspektive, das Kerngeschäft, nicht die Reform, das operative, nicht das interpretative Handeln standen für ihn im Mittelpunkt. Schmidt wollte mit Taten, nicht mit Worten Politik machen. Seine besten Leistungen lagen auf strategisch-operativem Feld. Sie waren vor allem mit Krise verknüpft: die Terrorismus-Bekämpfung mit Konsequenz und Augenmaß, die Wirtschaftskrise 1977/1978 mit der Verknüpfung von National- und Weltwirtschaft, die Inszenierung des Endes der sozialliberalen Koalition mit Hans-Dietrich Genscher bzw. der FDP als Hauptschuldigen.[712]

Es ist schwierig zu sagen, in welchem Maße Schmidt einen *integrierten* Strategiestil verfolgte. Seine Entscheidungen waren intensiv und umsichtig vorbereitet, aber sie zeigten auch Ausblendungen. Vor allem dort, wo sein normativ bestimmter Kompass weitere strategische Überprüfungen in der Politics-Dimension zu erübrigen schien. Das galt vor allem im Verhältnis zur eigenen Partei. Schließlich war Schmidts Strategiestil *monologisch* im Kernbereich, dialogisch nur in einem sekundären Überprüfungsverfahren.

Schmidts *strategischer Kompass* war für ihn so dominant, dass er für ihn aufwendigere Prozesse der Strategiebildung ersetzte.[713] Schmidt war *staatsorientiert*. Er dachte nicht von der Gesellschaft, sondern von den Handlungsmöglichkeiten des Staates her. Helmut Schmidt lässt sich als ein „passionierter staatlicher Administrator" (Bölling 1982: 74) kennzeichnen. Strategie musste den Filter des Staatshandelns durchlaufen.

Strategiebildung der Regierung Schmidt

Die Gesamtstrategie Schmidts war schon fertig, als er das Amt des Kanzlers antrat. In Diskussionsbeiträgen und Reden insbesondere seit 1973, dann auch in seiner ersten Regierungserklärung vom Mai 1974 hatte er einen roten Faden entwickelt, der einer strategischen Orientierung seiner Regierung eine sichere Grundlage verschaffte. Er bestand – diesseits von Reform und Parteipolitik – aus einer festen Verbindung von Kernaufgaben und Kernzielen, die durch solides staatliches Handeln verfolgt werden sollten. Als ihn 1974 ein Journalist fragte, ob er nicht so etwas wie ein politisches Langzeitprogramm habe, das er gern noch durchführen wolle, antwortete Helmut Schmidt: „Die wichtigste Aufgabe für mich ist, den Staat anständig zu regieren." (Schmidt 1975).

Strategischer Kompass: Basis-Konsens und Mitte

Zum „Basis-Konsens" (Schmollinger/Stöss), der die Bundesrepublik im Jahrzehnt von 1958 bis 1968 in besonderer Weise geprägt hat, gehörten das sozial abgefederte Wachstum, die Westbindung und eine führungszentrierte Repräsentativdemokratie. Schmidts Modell reduzierter Ansprüche betonte – in einer anti-ideologischen und gegenüber Parteien eher skeptischen Stoßrichtung – Kernaufgaben des Staates, die in einem möglichst breiten Konsens erledigt werden sollen. Das Kerngeschäft bestand in der Herstellung wirtschaftlicher und sozialer, innerer und äußerer Sicherheit. Wachstum, technischer Fortschritt, Korpora-

---

[712] Zuvor schon hatte sich Schmidt im Krisenmanagement bewährt. So 1962 als Innensenator bei der Hamburger Flutkatastrophe oder 1968 als Fraktionsvorsitzender bei der Notstandsgesetzgebung.
[713] Vgl. dazu den nachfolgenden Abschnitt.

tismus, starker Staat, Reformen, Westbindung waren Mittel für diese Ziele. Dem Basis-Konsens entsprach eine Definition politischer Mitte, die etwa so einfach wie ein Kompass zu handhaben war: Mitte sind Wähler, die das eine Mal SPD und das andere Mal CDU/CSU wählen können.

Ebenso schlicht, aber präzise war das Leitbild Partei. Prägnant Schmidts Dreischritt: „Neben ihren großen Vorzügen vor anderen Regierungsformen hat Demokratie auch ihre Schwächen und Versuchungen. Demokratien bedürfen der Führung und der Führer (...) Die Führer bedürfen der Parteien, auf die sich stützen können (...)" (Schmidt 1998: 519). Führungsorientierte, disziplinierte Volksparteien, in denen nach der Entscheidung zu einer Frage die Debatte eingestellt wird, waren für Schmidt mehr als anderes im Kern homogene Gefolgschaftsbünde.

Die Grundorientierung spannte strategische Ketten von Werten (besonders wichtig die Funktions-Werte Sicherheit und Wachstum) über Themen und moderate Problemlösungen sowie disziplinierte Volksparteien zu den Wählern der Mitte und den großen Interessen von Gewerkschaften in einer Sozialpartnerschaft mit den Unternehmern. Der Kompass war für Schmidt seit den 1950er und 1960er Jahren derselbe geblieben, aber die politische Landschaft hatte sich verändert. Die Nadel zeigte nun etwas anderes an als in den früheren Jahren. Ein komplexeres Navigationsgerät für die nun zunehmend zerklüftete Landschaft fehlte.

Strategisches Grundkonzept: Stabilisierung und Krisenbewältigung

Stabilisierung und Krisenbewältigung waren die übergreifenden strategischen Ziele. Das Konzept hatte sich in Reibung an der Brandt-Regierung entwickelt und entsprach dem, was der strategische Kompass für Lage und Optionen angab. Zu seinen Elementen gehörten:

- Reduktion des *Erwartungshorizonts*. Schmidt sah in der Explosion der Erwartungen einen Grundfehler der Regierung Brandt. Dafür sprachen seine Skepsis als konservativer Sozialdemokrat sowie die Wirtschafts- und Haushaltskrise, die teuren Reformen die Grundlage entzogen. Daraus ergab sich der Verzicht auf kostspielige und kontroverse Reformen.
- Konzentration auf das *Kerngeschäft*. Wirtschaft, soziale, innere und äußere Sicherheit. „Wir konzentrieren uns auf das Wesentliche und Notwendige" hieß es in der Regierungserklärung.
- Breiter *Konsens*. Dieser war auch als Gegensteuerung zu den starken Tendenzen der Polarisierung gedacht. Schmidt hatte schon früher bemerkt, er hätte die neue Ostpolitik langsamer und konsensualer angelegt. Er betrieb auch die Entideologisierung der Koalition mit der FDP als eine reine Zweckmäßigkeitsfrage. Gleichzeitig funktionalisierte er die FDP als Bremsklotz gegen die SPD-Linke.

Kompass und Grundkonzept legten so viel an Regierungsstrategie fest, dass es weniger Probleme bei aktueller strategischer Steuerung gab als bei Brandts tastenden Versuchen einer – anspruchsvolleren - Gesamtintegration. Schmidts Strategiestil passte vorzüglich zu seinen politischen Vorgaben. Im Ergebnis stützten die strategischen Inputs, die Schmidt machen konnte, seine politischen Ziele und seinen – allerdings auf die Regierung begrenzten – Führungsanspruch.

Strategische Steuerung

Die Steuerung war kompassgestützt, aber das macht weitere strategische Überlegungen natürlich nicht überflüssig.

Organisation

Trotz der Doppelführung Schmidt/Brandt sorgten beide dafür, dass Parteitag, Führungsgremien und Fraktion die Regierung Schmidt durch Beschlüsse unterstützten. Die Handlungsfähigkeit der Regierung wurde sichergestellt. Aber es gab eine relevante innerparteiliche Linke, die seit 1973 artikulationsfähig in den Vorständen vertreten war, und es gab seit Mitte der 1970er Jahre mit Erhard Eppler einen intellektuellen Gegenspieler zu Helmut Schmidt, der die Partei bei technik- und wachstumskritischen Themen mit den neuen sozialen Bewegungen verbinden wollte und so Schmidt weniger machtpolitisch als durch Grundlagenkritik herausforderte.

Der Parteivorsitzende Brandt sorgte für Geschlossenheit nach Diskussion, nicht durch „Befehl" wie er kritisch gegen Schmidt einwandte. Brandt war für Responsivität und Öffnung, Schmidt für Führung, Gefolgschaft und Schließung (gegenüber den Wertewandel-Generationen). Die Organisationssteuerung lag bei Brandt, aber Schmidt hat häufig gemosert, gemobbt (auch gegen Brandt) und gegiftet – nicht zuletzt aus seiner verqueren Position, als Bundeskanzler zugleich der wichtigste Sprecher des rechten Parteiflügels zu sein.

Zunächst gelang, unterstützt von Brandt, die Kanalisierung der durch die APO neusozialistisch inspirierten Parteilinken mit Hilfe des Orientierungsrahmens (Jäger 1987: 22ff.). Das bewegte sich noch weitgehend auf der Ebene traditioneller Links-Rechts-Konflikte, für deren Steuerung die Partei Erfahrungen hatte. Schwieriger war es bei dem dann aufkommenden Grundsatzkonflikt unterschiedlicher Paradigmen. Die waren durch Resolutionen nicht ausräumbar und führten, wo doch entschieden werden musste – wie bei Atompolitik oder Nachrüstung –, zu Formelkompromissen nach dem Motto „Mit Helmut Schmidt und Erhard Eppler für und gegen Atomenergie".

Im Kern war es ein Strategiekonflikt zwischen Schmidt und Brandt, bei dem Brandt vor Eppler und der Parteilinken stand und tat, „was ihm lag und oblag: vermitteln, zusammenführen, zusammenhalten." (Eppler 1996: 141). „Ich wollte möglichst viele der unruhigen, auch träumerischen jungen Leute in der Sozialdemokratie angesiedelt wissen und auf diese Weise verhindern, was vielleicht nicht zu verhindern war – ihre eigene parlamentarische Vertretung." (Brandt 1989: 344). Der eigentliche Prellbock für Schmidt war Brandt: „Nichts fürchtete Brandt so sehr wie einen Sturz Schmidts, den man ihm, Brandt, hätte anlasten können. Sogar im kleinen Kreis des Präsidiums tat Brandt alles, um eine Konfrontation mit dem Kanzler zu vermeiden, und er nahm dabei unzählige Demütigungen in Kauf. Der Kanzler war meist unzufrieden mit seiner Partei und ihrem Vorsitzenden. Und er sagte dies, ohne auf Brandts Gefühle Rücksicht zu nehmen. Brandt steckte die Kritik fast immer wortlos ein. Immer wieder wunderte ich mich über Brandts Selbstdisziplin, über seine Fähigkeit, seine Meinung und seine Gefühle zurückzustellen, Verletzungen, wenn nicht zu verbergen, so doch hinzunehmen." (Eppler 1996: 144f.). Kein Wunder, dass Brandt wenigstens auf innerer Distanz beharrte: „Mehr als loyales Mittragen kann man nicht erwarten." (Brandt 2002: 182).

Themen und Problempolitik

Aus Schmidts Sicht kam es für den Regierungsbereich zu einer effizienten Themensteuerung und Problemlösung. Gleich zu Beginn ließ sich Schmidt eine Liste von 251 „Vorhaben" aus der Regierungszeit Brandts vorlegen, sortiert nach „politischer Brisanz, finanzieller Absicherung und Bund/Länder-Problematik" (Jäger 1987: 14). Damit wurde ein breites Spektrum von Reformthemen abgeräumt, Mitbestimmung und Hochschulrahmengesetz wurden zu Ende geführt.

Materialistische, nicht postmaterialistische Themen bestimmten das Profil der Regierung Schmidt. Wirtschafts- und Finanzpolitik mit Auswirkungen auf die Sozialpolitik standen im Zentrum, dazu die Fragen innerer und äußerer Sicherheit. Helmut Schmidt war der einzige unter den erfolgreichen Kanzlern mit vertieftem ökonomischem Sachverstand. In der ökonomischen Krise und wenn andere Großthemen der Profilierung fehlen, ist dies ein ganz wesentliches soziales Kapital. Dem „Weltökonom" Schmidt hat es geholfen, die ökonomisch heterogene Koalition von FDP und SPD zwischen Angebots- und Nachfragepolitik hindurch zu steuern. Das Zurückfahren der Reformpolitik, das sowohl Überzeugungen wie der knappen Haushaltslage folgte,[714] vermied Zukunftsfragen mit erschwerter Konsensbildung, von der Ökologie über eine längerfristige Rentenreform bis hin zu einer Ressourcenverlagerung vom Sozialen zu Bildungs- bzw. Forschungsinvestitionen.

Auch Schmidt machte Fehler bei der strategisch-operativen Steuerung. Die „Rentenlüge" 1976 – gleichzeitig eine „klassische" Schwäche bei übergreifender Wahl-Regierungs-Steuerung – war eine solche Fehlsteuerung (Jäger 1987: 65ff.). Eine andere war das Negieren der innenpolitischen Nebenfolgen des Nato-Doppelbeschlusses 1979, der durch seine Anlage (Dreijahresfrist der möglichen Nachrüstung) eine Einladung zur Dauermobilisierung war. Er schwächte die SPD und spielte der Friedensbewegung und den Grünen in die Hände. Beide Male ging es um policyorientierte Lösungen, unter Verkennung bzw. Vernachlässigung der Reaktionen von SPD, Wählern und Öffentlichkeit.

Die Stromlinienförmigkeit, die Schmidt sich für Regierung und Partei wünschte, kam auch bei der Themensteuerung nicht zustande. Es gab eine nachgeordnete Agenda der Partei, soweit die sich – mit Unterstützung Brandts – für die postmaterialistischen Themen der neuen sozialen Bewegungen öffnete. Vieles davon war symbolische und diskursorientierte Politik, aber bei Atomenergie und Nachrüstung kam die innerparteiliche Opposition der Regierung direkt ins Gehege. Im Wahlkampf 1980 hatte Schmidt nichts an Themen anzubieten, die sozialdemokratisch identifikationsfähig gewesen wären. Selbst ein moderater Genosse wie Hans Koschnik kritisierte die „‚absolute Personalisierung'" ohne „zukunftsorientierte Thematisierung sozialdemokratischer Politik" (Jäger 1987: 191).[715] Deutschland war eben keine Präsidial-, sondern eine Parteiendemokratie.

Das korporatistische Gerüst lieferte die Vorgaben für die strategische Steuerung der großen Interessen. Deren Einbindung sah Schmidt für erfolgreiches Regieren als unerlässlich (Schmidt 1998: 202ff.). Unabhängigkeit, Kooperation und Partnerschaft waren die drei Säulen. Die Regierenden brauchten Unabhängigkeit bei der Suche und Verwirklichung des Gemeinwohls, da Gewerkschaften und Unternehmer Vertreter von Partikularinteressen sind. Kooperation, nicht zuletzt in der Dreierbeziehung, sollte wechselseitigen Respekt,

---

[714] Ehmke (1994: 172ff.) verweist im Gegensatz zu Schmidt, der in seinen öffentlichen Äußerungen meist nur auf die Finanzlage abstellte, auf Möglichkeiten kostenarmer Reformen.

[715] Eine ähnliche Kritik findet sich bei Bahr (1998).

Verständnis und Information stärken. Sozialpartnerschaft galt als notwendige, zu fördernde Voraussetzung solchen korporatistischen Arrangements. Über mehrere Jahre ist es Schmidt gelungen, die Gewerkschaften für seine Stabilitäts- und Wachstumspolitik zu gewinnen, am Ende fehlte auch diese Unterstützung. Das lag weniger an Schmidt als an den strategischen Eigeninteressen der beteiligten Akteure, die sich in der Wirtschaftskrise auseinander entwickelten. Schmidts „Meisterschaft" lag in „umfassender, möglichst lautloser Abstimmung mit den Betroffenen im Vorfeld einer Entscheidung". Dennoch konnte auch er in der ökonomischen Krise die „scharfe parteipolitische Polarisierung" der großen Interessenverbände nicht verhindern (Jäger 1987: 173).

Personen

Bei der Personensteuerung ging Schmidt ebenfalls andere Wege als Brandt. Schmidt stellte ein Kabinett effizienter Unauffälligkeit zusammen, ein Instrument in der Hand des Kanzlers. Dies folgte der Logik, dass ein Kabinett der Besten – wie es die Stars im ersten Kabinett Brandt waren – nicht das beste Kabinett ist. Es folgte auch den Bedürfnissen Schmidts, der Minister als Staatssekretäre brauchte (Bahr 1998: 483).

Patronage als Mittel zur Einbindung von Linken in den Regierungsapparat fand nicht statt. Teils wollten Linke nicht ins Kabinett Schmidt (Erhard Eppler, Horst Ehmke), teils sah Schmidt sie als Gegenspieler. Björn Engholm und Gunter Huonker, die in die Regierung gingen, waren jedenfalls keine führenden Linken und unter Schmidt als solche nicht erkennbar. Die Konstruktion der „Enkel" war Brandts Angebot an die personalpolitische Förderung einer – nach der Ära Schmidt – regierungsfähigen Parteilinken.

Die Partei war allerdings auch personalpolitisch keine gegenüber der Regierung geschützte Zone. So verhinderte Schmidt 1976 die Berufung Horst Ehmkes als Bundesgeschäftsführer – aus Angst vor einer weiteren Stärkung der Linken an der Seite Brandts (Ehmke 1994: 272ff.). Stattdessen schlug er Egon Bahr vor, zwar ein Vertrauter Brandts, aber richtungspolitisch kaum involviert. Schmidt gelang es, 1979 Jürgen Wischnewski als stellvertretenden Parteivorsitzenden durchzusetzen, mit dem Ziel, die Parteiführung stärker an das Kanzleramt anzubinden (Walter 1997: 1311). Im Ergebnis scheiterte auch dieser Versuch personalpolitischen Hineinregierens in die Partei.

Konkurrenzpolitik

Helmut Schmidt fand die *Koalition* mit der FDP vor, als er begann – es war nicht sein Bündnis, obwohl er es für die von ihm als notwendig angesehene Politik zu nutzen verstand. Die FDP stärkte vor allem die angebotspolitische Komponente seiner Wirtschaftspolitik, sie unterstützte ihn bei Atom- und Nachrüstungspolitik. In der Logik von Schmidts Politik war eine Große Koalition passender, er hatte damit ja auch gute Erfahrungen und wollte sie 1969 eigentlich fortsetzen. In den Jahren der Polarisierung – vor allem durch die Straußsche CSU – brachte er 1976, auch zur Zähmung der Eigenständigkeits-Strategie der FDP, eine SPD-CDU-Koalition unter Ausschluss der CSU ins Gespräch. Mit der hilfreichen Bedingung funktionierender Koalitionen, einem guten Einvernehmen der Spitzenpersonen, konnte er beim Regieren mit der FDP nicht dienen: er mochte Hans-Dietrich Genscher nicht, und er traute ihm nicht. Man blieb, bis auf die Schlussphase, geschäftsmäßig kühl.

Allenfalls mit einer stromlinienförmigen, ihm bedingungslos folgenden SPD hätte Schmidt die Koalition mit der FDP verlängern können – aber das war eine unzeitgemäße Fiktion, die Schmidt aus früheren Zeiten mitgeschleppt hatte. Es reichte für den Erhalt der Koalition auch nicht aus, dass er persönlich in den kritischen Punkten der FDP näher stand als den eigenen Parteilinken.

Koalitionstrennungen folgen, außer bei Wählervoten, in hohem Maße den schwer beeinflussbaren Nutzenkalkülen des ehemaligen Partners. Für Hans-Dietrich Genscher, den starken Mann der FDP nach Abgang Walter Scheels ins Präsidentenamt, waren die Koordinaten klar. Die „geborene" Koalition war eine bürgerliche, außer beim Vorliegen besonderer Gründe. Die neue Ostpolitik, einer der beiden Gründe für eine sozialliberale Koalition, war von ihm weitergeführt und 1982 von der CDU nachträglich gebilligt worden. Die schlechte Behandlung der FDP durch die Unionsparteien seit Adenauers Tagen, der zweite Grund, schien durch seine gute Beziehung zu Helmut Kohl obsolet. Die Rückkehr ins bürgerliche Lager erhielt Dringlichkeit durch das Wählervotum 1980, bei dem Wechselwähler der Union die FDP stark gemacht hatten, durch die Verstärkung des rechten Flügels in der Bundestagsfraktion, durch die wachsende ideologische Distanz zur SPD-Linken, nicht zuletzt durch die Verschlechterung der Wirtschaftsentwicklung seit 1980. Genscher wollte vor 1984 die Koalition wechseln, um nicht von der SPD in deren Abwärtstrend gezogen zu werden, einer absoluten Mehrheit der CDU zuvor zu kommen und den Kampf gegen die stärker werdenden Grünen um den dritten Platz im Parteiensystem zu gewinnen. Längerfristig war durch diese Entwicklungen die Koalitionsfähigkeit der FDP gefährdet.

So klar die Kalkulation, so schwierig die Umsetzung. Die FDP-Linke und erhebliche Teile der Wählerschaft hatten ideologische Gründe, an einer Koalition mit der SPD fest zu halten. Die Chance, die FDP-Linke durch eigene Angebote stärker an die Koalition zu binden, wollte Schmidt nicht nutzen. Dazu hätte er ihr bei rechts- und minderheitspolitischen Forderungen wie der Abschaffung des Paragraphen 175 oder der Anerkennung „alternativer Lebensformen" entgegenkommen müssen. Das verweigerte er.

Schmidts Linie war in der Gesellschaft mehrheitsfähig, aber die Koalition war es Anfang der 1980er Jahre nicht mehr.[716] Es gab keine Strategie, mit der man die Koalition gegen die FDP-Rechte und die SPD-Linke hätte retten können. Im Gegenteil: die FDP empfahl sich 1980 erfolgreich damit, den populären Schmidt gegen seine Partei zu stützen – eine Anschlusskalkulation an Schmidts überparteiliche Strategie, mit hohem Eigenprofit für die FDP. Während Willy Brandt mit anderen an einer neuen strategischen Allianz bastelte (Rot-Grün), blieb Helmut Schmidt nur die strategisch-operative Inszenierung des Exits[717] – eine „Meisterleistung" (Jäger) mit kurzfristigem Wählereffekt, aber längerfristiger Perspektivlosigkeit in der Koalitionsfrage. Und die ist machtpolitisch in Deutschland immer noch die Schlüsselfrage.

Aufs Ganze gesehen, war die Beziehung zwischen der regierenden SPD und der *Opposition* von CDU/CSU in den 1970er Jahren durch Polarisierung gekennzeichnet. Helmut Schmidt unterlief diese Polarisierung größtenteils – und profitierte so von ihr. Soweit sich die SPD-Spitze an der Polarisierung beteiligte, war es vor allem Willy Brandt, der die harten Bandagen anzog. Wäre Schmidt Parteivorsitzender gewesen, hätte er sich dieser Polarisierung kaum entziehen können oder die SPD in die Defensive gebracht.

---

[716] In den Landtagswahlen seit 1981 verlor sie die Mehrheit.
[717] Vgl. den strategischen Insider-Bericht von Klaus Bölling (1982), der selbst zu diesem strategischen Manöver einiges beigetragen hat.

Schmidt agierte als der überparteiliche Staatsmann, politisch irgendwo in der Mitte zwischen allen zentrifugalen Tendenzen platziert. In der Schlussphase des Wahlkampfs 1976 übernahm Brandt den Polarisierungspart, nachdem anfangs der Staatsmann Schmidt mit dem „Modell Deutschland" geworben hatte. Im Wahlkampf 1980 war Schmidt – im Kontrast zu Franz Josef Strauß – die Lichtgestalt, allerdings drang er auf eine so starke Personalisierung des Wählervotums, dass die Gründe für eine Wahl der SPD vielfach nicht mehr erkennbar waren.

Erst als die sozialliberale Koalition schon fast am Ende war, nannte es Schmidt im Parteivorstand – selbstkritisch – einen Fehler, dass die SPD sich seit 1976 nicht um eine Kooperation mit der CDU-Führung bemüht habe. Aus seiner Sicht, da er die Grünen entschieden ablehnte, war dies die einzige strategische Alternative zu einer Koalition mit der FDP – aber er hatte auch hier die lange Linie aus den Augen verloren.

Alles eigene strategische Geschick hätte nicht geholfen, wenn die Unionsparteien drei strategische Züge gemacht hätten, mit der die Zeit der SPD/FDP-Koalition deutlich verkürzt worden wäre: ein frühzeitiges Einschwenken auf die neue Ostpolitik (dem wesentlichen Grund für die sozialliberale Koalition 1969), das Vermeiden einer Strategie extremer Polarisierung à la Sonthofen (die die FDP an der Seite der SPD hielt, statt ihr Anreize zum Wechsel zu bieten), schließlich die Kandidatur von Strauß 1980 (die liberale Unionswähler zur FDP trieb, deren Lösung von der SPD aber verzögerte, gleichzeitig grüne Anti-Strauß-Wähler bei der SPD festhielten, die erst 1983 zur neuen Partei gingen). Die eigene strategische Klugheit hätte also nicht viel genützt, wenn die anderen strategisch etwas klüger gewesen wären. Die andere externe Hilfe für Schmidt war übrigens die Konjunktur, die seit dem Frühjahr 1978 die Koalitionskonflikte entdramatisierte.

Zwar entdeckte die CDU/CSU-Opposition in den 1970er Jahren die *Vetomacht des Bundesrats*, wo sie seit 1972 über eine eigene Mehrheit verfügt, Schmidts Strategie unterlief aber die Blockadeversuche. Einerseits verfolgte er eine Strategie „Große Koalitions-Staat" (Manfred G. Schmidt) – eine gemeinsame Linie mit der Opposition zum Beispiel bei Hochschulrahmengesetz oder Schwangerschaftsabbruch. Andererseits profitierte er von der Auflockerungsstrategie der FDP, der es 1976 gelang, die Unterstützung einzelner CDU-Länder für das Rentengesetz zu gewinnen, das für den Polen-Vertrag Voraussetzung war. Da Schmidt keine eigene Reformpolitik betrieb, war er durch die Vetomacht der Unionsparteien im Bundesrat nicht wirklich eingeschränkt.

Öffentlichkeit

Die „staatsmännische Selbstinszenierung" als „starken, überlegenen Mann" bediente sich nicht zuletzt des Fernsehens: „Er war der erste Spitzenpolitiker, der seine Fernsehwirkung bewusst einzusetzen verstand." (Ehmke 1994: 264f.). „Helmut Schmidt war (...) ein großer Kommunikator. Vor allem beherrschte er das Fernsehen – das wichtigste Medium des technischen Zeitalters. Der glänzende Redner und Darsteller vermochte getroffene Entscheidungen der Bevölkerung zu vermitteln und sich eine plebiszitäre Mehrheit zu schaffen, die vom Parteiensystem weitgehend unabhängig war und nur demoskopisch ermittelt werden konnte." (Jäger 1987: 272). Alles richtig, aber wo lagen trotz hoher persönlicher Befähigung die Grenzen seines kommunikativen Strategieansatzes?

Helmut Schmidt hat sich – auch – inszeniert, aber ohne die überaus erfolgreiche Mediensteuerung seines Regierungssprechers Klaus Bölling wäre das Staatsmann-Image nicht so in die Breite transportiert worden. Alles Schroffe, gegenüber großen Teilen der Journalisten-Zunft Verächtliche, Schmidts „tiefe Aversion gegen das Fernsehen" (Bölling), all das wurde durch das Vertrauen, das die Journalisten ihrem hoch angesehenen, argumentativen Kollegen[718] entgegen brachten, weggedrückt.

Schmidt hatte sich selbst von der Aufgabe entlastet, öffentlich ein neues Framing durchzusetzen. Das war für ihn aus doppeltem Grund nicht notwendig: keine Reformpolitik und Übereinstimmung mit dem *Common Sense* jener Jahre. Anspruchsvollere Formen strategischer Kommunikation waren also nicht gefragt. Nicht nur Abwehr-Gestus auf dem Hintergrund eigener Erfahrungen, sondern auch Missverständnisse bei der Diskussion über „geistige Führung". Bei der Orientierung auf dem Hintergrund zerbröselnder Milieus und Weltanschauungen ging es um Wertbezüge und „Visionen" in der Weichzone zwischen Wunschbildern und regulativen Ideen: um eher weiche, nicht um harte Orientierungen. Schmidt dachte in Abgrenzung zu geschlossenen Weltanschauungen (z.B. Marxismus) und von einer entideologisierten Aufgabenbearbeitung her – da gab es keine Zwischenebene normativer und kognitiver Rahmenorientierungen. Schmidt verzichtete auf „große Worte". Er verwarf Brandts Schlüsselbegriff „Reform" und suchte kein Äquivalent dafür. Es gibt keine „gutgemeinte Begriffsbestimmung des Wortes ‚Reform'" (Rupps 1997: 161) aus Schmidts Mund. Dafür hatte die politische Funktionssprache Konjunktur: Stabilität, Leistung, Wachstum, Sicherheit, Effizienz.

Zum Regieren brauchte er keine Demoskopie und deren Bedeutung war für ihn tatsächlich marginal. Seine allgemeine Verachtung Genschers wurde nur noch übertroffen durch die Verachtung Genschers als Demoskopie-Nutzer. In den Worten von Klaus Bölling: Genschers „Überzeugungen werden von der Lektüre der Allensbach- und Infratest-Berichte mehr als nur gestreift. Er inhaliert demoskopische Zahlen wie ein Drogensüchtiger." (1982: 42). Schmidt kam aus einer anderen Zeit: „Man hatte damals keine PR-Agenturen, um die Schlagworte und Wahlparolen zu erfinden, vielmehr war das Aufgabe der Parteivorstände (...)" (Schmidt 1998: 407). Auch die ideale Sprechersituation fügt sich dem Grundschema ein: „In der ganzen Zeit meines späteren Lebens habe ich am liebsten zu Arbeitern und Angestellten gesprochen, die Johannes Rau einmal die ‚kleinen Leute' genannt hat, und mich am liebsten auf die von ihnen gewählten Betriebsräte und Gemeindebürgermeister gestützt." (Schmidt 1998: 410). Die Partei, kritisierte Schmidt die Parteilinke, solle „dem Volk aufs Maul schauen und auch zum Volk reden." Er selbst war ein – erfolgreicher – Kommunikations-Traditionalist.

Resümee

Man kann darüber streiten, wer mehr zum Erhalt der Troika beigetragen hat, die unerlässliche Rahmenbedingung für die Regierung Schmidt war. Wehner, Brandt und Schmidt haben sich nicht gemocht, sie waren sich wechselseitig suspekt, aber sie haben zusammengehalten, bis die Partei selbst, nicht die kollektive Führung zerbrach.

Helmut Schmidts Stärke lag im Strategisch-Operativen des Regierungsgeschäfts, seine Schwächen in der partei- und gesellschaftsbezogenen Linienführung und Integration. Schmidt war ein großer Könner im Geschäft der Regierungssteuerung, wobei drei Faktoren es ihm erleichterten zu brillieren. Das Kanzlerreservoir der SPD war zu seiner Zeit verbraucht, so dass er aus der Troika die Vorteile ziehen konnte, ohne ihren Nachteil der Füh-

---

[718] Gleichzeitig war Böllings enges Verhältnis zu Schmidt, sein hoher Informationsstand, sein Sitz im – wie er sagte – „Nukleus der Macht" (Tenscher 2002: 259) nach außen erkennbar.

rungskonkurrenz ertragen zu müssen. Sein im Vergleich zu Brandt bescheideneres Politikprogramm verringerte die Anforderungen an strategische Steuerungskompetenz. Brandt erhielt ihm die Strategiefähigkeit der Partei auch unter den Bedingungen postmaterialistischen Wertewandels. Schmidt war erfolgreich unter der Bedingung einer doppelten Reduktion: auf den Mainstream und auf administratives Regieren. Er gewann seine Stärke durch Reduktion, die begleitenden Schwächen wurden ihm nicht zugerechnet. Er betrieb eine Externalisierung der Probleme einer Parteiregierung an Wehner (Fraktion) und Brandt (Partei).

Schmidt persönlich zurechenbare Erfolgsfaktoren waren strategischer Kompass, (lange Zeit) kluge Besetzung der Spitze des Kanzleramts, Sachverstand in den relevanten wirtschaftlichen Themenbereichen, Führungs- und Entscheidungsstärke. Diese Faktoren trugen wesentlich zur Verlängerung der SPD-Ära bei. Dem stehen Strategiedefizite Schmidts gegenüber, so unter anderem:

- Die Verkennung des strategischen Vorteils, der für ihn unter den gegebenen Bedingungen in der Trennung von Kanzleramt und Parteivorsitz lag. Er selbst wäre nicht in der Lage gewesen, die SPD als Ganze strategisch zu steuern.
- Das Fehlen einer *strategischen* Antwort auf den gesellschaftlichen Wertewandel, der sich in den neuen sozialen Bewegungen und den Grünen ausdrückte. Schmidt kam hier nur auf eine normative Ablehnung und Zurückweisung. Durch seine schroffe Ablehnung hat er eine zusätzliche Aufbauhilfe für die postmaterialistischen Strömungen inner- und außerhalb der SPD geleistet.
- In seiner Stärke, der Begrenzung auf das operative staatliche Handeln, lag zugleich seine Schwäche: die Ausblendung längerfristiger, gesellschaftlich vermittelter strategischer Linienführung.
- Seine Selbstgewissheit und sein sicherer strategischer Kompass ermöglichten eine starke Performanz. Aber es war nur *ein* Programm, dem er folgte. Die damit einhergehende Schwäche strategischer Selbstreflexion verhinderte komplexere Antworten auf die sich verändernden Bedingungen.

Klaus Bölling resümiert: „In der deutschen Politik war er als strategischer Denker Konrad Adenauer ebenbürtig. Er hatte nur das Pech, dass die Ostpolitik als Symbolfigur den Lübecker gefunden hat und die deutsche Einheit eben Helmut Kohl." So blieb von Schmidt nur der Krisenmanager, ihm fehlte das große Thema. Wo er der Linken voraus war, beim Zusammendenken von Ökonomie und Politik bzw. beim Umbau des Sozialstaats, hat er keine Spuren hinterlassen. Weil er es nicht zum „großen Thema" machte und weil er an der Parteilinken und den Gewerkschaften gescheitert ist: „Seine große analytische Kraft und seine Stärke als Stratege korrespondierten leider nicht mit dem Selbstverständnis seiner eigenen Partei. Deshalb wird er für künftige Historiker wohl unter Adenauer und Brandt rangieren." (Bölling).

13 Fragmentiertes Strategy-Making

> *Im Großen und Ganzen verbraucht man in einem hohen Amt intellektuelles Kapital; man erwirbt es nicht.*
> Henry Kissinger

13.1 Aufbau prekärer Strategiefähigkeit (SPD 1995-)

Zwischen 1982 und 1995 verfehlte die SPD Qualitäten kollektiver Strategiefähigkeit. Erst seit 1995 kam es zu einer Rekonstruktion strategischer Handlungsfähigkeit, die im Vergleich zum ersten Zyklus nicht nur eine wesentlich verkürzte Lebensdauer aufwies, sondern auch von Täuschung und Instabilität begleitet wurde. Instabilität insofern, als Strategiefähigkeit im Regierungsprozess mehrfach neu formiert werden musste, um funktionsfähig zu bleiben. Täuschung, weil das für die Öffentlichkeit hergestellte Bild nicht den inneren Verhältnissen entsprach. „Wir sind bereit" hieß der erfolgreiche Slogan, der verdeckte, dass Führungs- und Richtungsfrage im Wesentlichen ungeklärt waren.

Im Herbst 1995 hatte sich eine dramatische Kluft zwischen der SPD und der CDU/CSU aufgetan: die Sozialdemokraten sanken auf Werte unter 30 Prozent, die Union bewegte sich um die 47 Prozent, nahe der absoluten Mehrheit. Sicherlich war die Schwäche des späten Kohl die Hauptursache für den Machtwechsel 1998, aber ohne ein Mindestmaß neu aufgebauter Strategiefähigkeit der SPD wäre er nicht zustande gekommen. Deren Haltbarkeit war allerdings zeitlich eng begrenzt, was das spektakuläre Auf und Ab im sozialdemokratischen Regieren nach 1998 wesentlich mit erklärt.

Führung

Mit dem Abgang von Helmut Schmidt als Bundeskanzler blieb 1982 nur noch ein Machtzentrum der Partei übrig: Willy Brandt als Vorsitzender einer SPD, die sich in der Opposition neu orientieren und strukturieren musste. Der neue Fraktionsvorsitzende (seit 1983 Hans-Jochen Vogel) und die beiden stellvertretenden Parteivorsitzenden (Johannes Rau und Vogel) waren Männer des Übergangs, um Koordination und Integration bemüht, aber ebenso wenig wie der späte Brandt zu einer strategischen Neuausrichtung der SPD in der Lage. Die unangefochtene Führungsrolle von Brandt brachte ihm, dem politisch Überlebenden der ersten Troika, Befriedigung, aber der Partei keinen Zugewinn.

Ein formell besetztes und unangefochtenes strategisches Zentrum ist ohne Mission und strategische Ziele kein Steuerungs-, sondern ein Verwaltungszentrum, das ältere Ziele fortschreibt. Ohne entschlossenen Versuch richtungsweisender Führung findet nicht einmal der Test auf Strategiefähigkeit statt. So konnten auch Kanzlerkandidaten nominiert werden, die nicht wirklich im strategischen Zentrum verankert waren: Vogel 1983, Rau 1987, Lafontaine 1990. Seit Rau waren die Kandidaten der SPD stets Ministerpräsidenten, die sich in ihren Landtagswahlen besonders bewährt hatten und allein schon dadurch zu Hoffnungsträgern bei der Bundestagswahl wurden.

Die 1980er Jahre waren ein Jahrzehnt des Übergangs. Abgang der alten Führung (Schmidt, Wehner), Wartestellung der Enkel-Generation (Lafontaine hatte es 1987, nach dem Rücktritt Brandts, abgelehnt, den Parteivorsitz zu übernehmen). Die Scharnierakteure Brandt und Vogel verhalfen der jüngeren Generation nicht zum Aufbau eines neuen Zentrums unter ihren Fittichen. So folgte ein Jahrzehnt der Ausscheidungskämpfe, von 1990 (Kanzlerkandidatur Lafontaine) bis zum fluchtartigen Rücktritt Oskar Lafontaines 1999, der nur noch einen Enkel an der Spitze übrig ließ: Gerhard Schröder. Es war auch ein Jahrzehnt der Suche nach einem neuen strategischen Zentrum und dessen angemessener Besetzung.

In der ersten Hälfte der 1990er Jahre gab es in fünf Jahren vier Vorsitzende – zuvor war Willy Brandt 24 Jahre lang Vorsitzender gewesen. Dabei schlug Lafontaine nach der verlorenen Bundestagswahl 1990 zum zweiten Mal die Chance aus, als Partei- und Fraktionsvorsitzender ein neues Zentrum der Partei zu begründen: „Die Partei hätte dann nicht erst den Umweg über Engholm und Scharping gehen müssen, um schließlich doch bei Lafontaine zu landen. Und das sozialdemokratische Machtzentrum wäre dann eindeutig in der Bonner Fraktion etabliert gewesen, statt sich über mehrere Staatskanzleien sozialdemokratisch regierter Bundesländer zu verteilen. (...) Er blieb in Saarbrücken, wo er weiterhin die Rolle des begnadeten politischen Talents, des großen Rhetorikers, des Klügsten unter all den vielen Enkeln spielte." (Walter 1997: 1318).

Oskar Lafontaine war der Leitwolf der Enkel-Generation, gegen den keiner der anderen in offener Feldschlacht gewinnen konnte. Man konnte versuchen, ihn plump auszuspielen, wie Rudolf Scharping 1994, dann biss er den Konkurrenten nachträglich weg. Oder er wurde subtil ausgespielt, wie durch Gerhard Schröder bei der Frage der Kanzlerkandidatur 1997/1998, dann blieb er im Rennen. Wenn nichts half, konnte man ihn durch Mobbing in die Enge drängen, wie es Schröder und Hombach aus dem Kanzleramt 1998/1999 taten. Da musste das Alphatier warten, bis der andere das Kanzleramt räumte – also lange.

Lafontaine war in den 1980er Jahren ein Modernisierer mit starker Resonanz, sowohl bei den neuen sozialen Bewegungen wie bei der Wirtschaft. Er führte einen neuen Typ spielerischer Gesamtintegration ein, mit zielgruppenbezogener, eher kurzzeitiger Themenbesetzung. Dies reichte vom postmaterialistischen Öko-Pazifismus über den Marktliberalismus aufsteigender Branchen und Schichten, die Wachstums- und Gerechtigkeitserwartungen der Kernklientel bis hin zum selektiven Rechtspopulismus absteigender Arbeiterschichten. Diese Konstruktionen und Sammlungsversuche zerbrachen bei der Bundestagswahl 1990 an der „nationalen Frage", die sich als Ernstcharakter der Politik gegen Lafontaines ausweichende Diskursstrategien (über die ökonomische Rationalität von Verfahrensfragen) wie gegen spielerisch fabrizierte Wähleralliancen durchsetzte. Die Wählerverluste waren 1990 im Kernwählerbereich der SPD besonders groß, die Unterstützung der Medien brach ab, ja verkehrte sich in ihr Gegenteil. Ohne die Wiedervereinigungs-Thematik, in der Lafontaine wie der Großteil seiner Generation versagte (Sturm 2006), hätte eine reale Chance zur Gesamtintegration allein durch Oskar Lafontaine als der Nr. 1 bestanden. Die bislang letzte. Sein Scheitern als Modernisierer und Gesamtintegrator, die veränderte Themenlage der 1990er Jahre und die Übernahme seiner früheren Rolle als Modernisierer, Parteiprovokateur und Medienliebling durch Gerhard Schröder drängten Lafontaine zunehmend in die Rolle eines Traditionalisten und Repräsentanten von Teilinteressen.

Björn Engholm war ein Modernisierer, Erfolg hatte er aber nur bei der asylpolitischen Kurskorrektur der Partei. Er war ohne Sinn für die Notwendigkeit, ein strategisches Zentrum aufzubauen. Es fehlte an Richtungsvorgaben ebenso wie an Kommunikation und Vernetzung vor allem mit den starken, bundespolitisch ambitionierten Ministerpräsidenten (Lafontaine, Schröder, Scharping), die „einen Primat der Bundestagsfraktion, wie zu Zeiten Vogels, nicht anerkannten. Die Macht in der SPD war dadurch fragmentiert. Das Gravitationszentrum lag nicht mehr allein in Bonn; die Partei hatte sich seit den späten achtziger Jahren föderalisiert und segmentiert. (...) Engholm gelang es nicht, die verschiedenen Machtzentren der SPD miteinander zu verzahnen; er bemühte sich kaum darum. Dadurch lösten sich die Führungsstrukturen in der SPD auf. Sie verlor insgesamt an Geschlossenheit, an willensbildender Kraft, sicher auch an Disziplin." (Walter 1997: 1322f.). Nicht einmal den Versuch zu unternehmen, die eigene Machtressource – die Parteizentrale – zu nutzen (Engholm besuchte sie selten und telefonierte kaum) und sich mit der Fraktion zielorientiert zu koordinieren, bedeutete einen Tiefpunkt an Führungskraft in der Nach-Godesberg-SPD.

Eine weitere Episode bei der Klärung der sozialdemokratischen Führungsfrage war Rudolf Scharping. Der rheinland-pfälzische Ministerpräsident konnte sich im Machtvakuum nach dem Abgang Engholms dadurch platzieren, dass er sich mit Hilfe eines innerparteilichen Anti-Schröder-Bündnisses via Urabstimmung ins Amt des Parteivorsitzenden hieven ließ. Dabei profitierte er von absichtsvoll herbeigeführten Verfahrensmängeln: dem Fehlen eines zweiten Wahlgangs. In der Konsequenz hatte ihn – bei drei Kandidaten – die Mehrheit der Abstimmenden nicht gewählt (vgl. Leif/Raschke 1994). Aus der Sicht der beiden machtbewusstesten Enkel, Schröder und Lafontaine, war es eine Usurpation sozialdemokratischer Macht, die ihnen oder doch einem von ihnen zustand: fragwürdig im Verfahren und inakzeptabel in der Person des unerfahrenen Youngsters und Außenseiters Scharping. Schröder sah sich um seine Chancen betrogen, Lafontaine um die Kanzlerkandidatur geprellt, mit der er nach der Wahl Scharpings zum Vorsitzenden fest gerechnet hatte. Die daraus folgenden Risiken hätte Scharping durch Erfolge begrenzen können. Erfolgreich war er aber nur bei Machtakquisitionen – auf Kosten anderer. Dem Partei- fügte er den Fraktionsvorsitz hinzu, und er ließ sich schon 1995 durch Präsidiumsbeschluss die Kanzlerkandidatur für 1998 zusichern. Selbst hohe formelle Machtkonzentration ist gegenüber einer Konstellation der stärksten parteiinternen Gegner, breiter und anhaltender Pressekritik sowie dauerhafter demoskopischer Malaise kaum zu halten. Im Gegensatz zu Engholm hatte Scharping zwar ein ausgeprägtes Bewusstsein von der Notwendigkeit eines Machtzentrums und strategischer Steuerung. Aber groteske Selbstüberschätzung – als könne gerade er ohne Arbeitsteilung auskommen – und falsche innerparteiliche Bündnispolitik – Lafontaine erst ausgetrickst, dann sich von ihm abhängig gemacht, Schröder erst zum Wirtschaftssprecher ernannt, dann ausgebootet – programmierten sein Scheitern. Scharpings „Machtanmaßung" wurde auf dem Mannheimer Parteitag 1995 mit einem Putsch beantwortet. Noch war man in der Phase hemdsärmeliger Ausscheidungskämpfe zwischen Machtbewerbern, Inhalte spielten keine Rolle. Da Lafontaine sich nun innerlich für gereift und gefestigt hielt, konnte er – mit achtjähriger Verspätung – die ausschlaggebende Position des Parteivorsitzenden einnehmen. Den Fraktionsvorsitz, als ausführende Position, behielt der entmachtete Scharping. Schröder wurde aufgewertet und wieder als Wirtschaftssprecher eingesetzt.

Unter den verbliebenen Machtspielern, Lafontaine und Schröder, hieß die einzige noch interessante und offene Frage: Wer wird Kanzlerkandidat? Das Rationalitätsargument demoskopischer Stärke sprach klar für Schröder. Um sicher zu gehen angesichts der innerparteilichen Machtverhältnisse, die klar Lafontaine favorisierten, inszenierte Schröder mit der ganz normalen Niedersachsen-Wahl ein Wählerplebiszit, das ihn schon am Wahlabend des 1. März 1998 faktisch zum Kanzlerkandidaten machte. Dennoch verstand Lafontaine Kandidatur und Kanzlerschaft immer noch als geliehene, eigentlich ihm zustehende und nur in enger Abstimmung mit ihm zu gebrauchende Macht. Die Machtfrage war nach der Niedersachsen-Wahl entschieden, aber nicht geklärt.

Das galt schon für die Verhältnisse nach dem Mannheimer Putsch im Herbst 1995. Lafontaine blieb in Saarbrücken, in Bonn bildete sich ein eigenständiges, aber nicht konkurrierendes Machtzentrum um Franz Müntefering. Er war der Herr des Parteiapparats, der – ähnlich wie früher Herbert Wehner – die Partei wirksam strukturieren und steuern konnte, ohne die Nr. 1 zu sein. Aus dieser Perspektive relativierte sich die Bedeutung der Machtspiele, die die Enkel so sehr beschäftigten. Sie selbst wurden zu Mitteln strategischer Planung und Instrumenten des Machtwechsels im Staat – der eigentlichen Aufgabe der Partei.

Es war ein Tri-Zentrismus, der sich ausgebildet hatte. Seit Schröder wieder mit im Boot war, bestanden drei auf Machteroberung zielende Zentren. Der Parteivorsitzende und potentielle Kanzlerkandidat Lafontaine trug die Gesamtverantwortung und betrieb einen wesentlichen Teil der Interaktionssteuerung (informell, über das Parteipräsidium und über den Bundesrat). Daneben agierte der zweite potentielle Kanzlerkandidat Schröder, der vor allem Selbstpräsentation betrieb (als Kandidat und als Repräsentant des Modernisierungs-Segments im Parteiangebot). Das dritte Zentrum um Franz Müntefering arbeitete seit 1996 an der politischen Vorbereitung, Planung und Steuerung der Wahlkampagne, wozu auch die Koordinierung der beiden Kandidaten und die Steuerung der Kanzlerkandidatenfrage gehörten.[719]

Dies war eine labile Konstruktion, ein reines Zweckbündnis auf Zeit, zugeschnitten auf die Erfordernisse von Machteroberung, zusammengehalten durch das Bröckeln des Kohl-Denkmals nach bald 16jähriger Regierungsdauer sowie durch die eigene Aussicht auf baldigen Machtgewinn. Ermöglicht wurde sie durch Selbstdisziplin und die konzertierte Disziplinierungsmacht von Lafontaine und Müntefering. Es war voraussehbar, dass dieses instabile System in Turbulenzen geraten würde, wenn Lafontaine nicht mehr die faktische Nr. 1 wäre und Müntefering nicht mehr die Integration und Kontrolle der Partei betriebe. Dieser Zustand war nach dem Wahlsieg 1998 erreicht, er war mit ursächlich für die dramatische Krise der Schröder-Regierung 1999. Instabilität, auch auf der Führungsebene, blieb ein Grundmuster der sozialdemokratisch geleiteten Bundesregierung.

Richtung

Die durch Godesberg gesetzte Grundrichtung bildete unverändert das Fundament der Partei. Das neue Grundsatzprogramm von 1989 schrieb Godesberg nicht um, sondern fort. Allerdings fasste es am Ende des Jahrzehnts die sozialdemokratischen Diskurse der 1980er Jahre zusammen, für die Themen und Perspektiven der neuen sozialen Bewegungen große Bedeutung hatten. Wiedervereinigung und Zusammenbruch des osteuropäischen Kommunismus haben aber Themenlage und Perspektiven in den 1990er Jahren grundlegend verändert. Anhaltende Massenarbeitslosigkeit, Probleme von Wachstumspolitik, Staatsverschuldung, gesellschaftliche Spaltung, demographische Frage, Umbau des Sozialstaats, Kriegsfragen sind unvollständige Stichworte veränderter oder zugespitzter Problemlagen. Die Grundausstattung sozialdemokratischer Volksparteipolitik (Werte, Pluralismus, Marktakzeptanz etc.)

---

[719] Vgl. Kapitel 13.2.

war unbestritten, nun ging es um die Fragen „Traditionalismus oder Modernisierung?" und „Welche Modernisierung?" – auf der Grundlage eines akzeptierten Sozialliberalismus.

Diese in den 1990er Jahren notwendige Programmarbeit hat, in einer kohärenten und verbindlichen Form, in der SPD nicht stattgefunden – im Unterschied zu den meisten Parteien der westeuropäischen Sozialdemokratie (vgl. Merkel et al. 2006). Die konzeptionell-programmatische Arbeit wurde auch durch die permanente Führungskrise blockiert. Dennoch gab es, neben der traditionalistisch-gewerkschaftsnahen Linie, zwei Grundtendenzen. Man kann sie Markt-Gerechtigkeits- und Gerechtigkeits-Markt-Tendenz nennen. Die Markt-Gerechtigkeits-Tendenz ist primär marktorientiert und berücksichtigt nachgeordnet Gerechtigkeitsaspekte. Diese marktliberale Grundlinie denkt im „Paradigma des aktivierenden Wettbewerbsstaats" (Frenzel 2002: 160). Ihre Maxime heißt: „politics favoring markets" (160). Die Gerechtigkeits-Markt-Tendenz dagegen behandelt Gerechtigkeitsfragen nicht als nachgeordnet oder als Nebenfolge (im Sinne von „Gerecht ist, was Arbeit schafft"), sondern als gleich- oder höherwertig. Die Maxime lautet: "politics within markets" (161). Die Tendenz umfasst ein breites Spektrum von Positionen, denen gemeinsam ist, dass sie bei Problemlösungen und Profilierungen ausgehen vom sozialdemokratischen Zentralwert sozialer Gerechtigkeit.

Die beiden Protagonisten standen in unterschiedlichen Lagern. Schröder war Anhänger der marktliberalen Tendenz innerhalb der Sozialdemokratie, Lafontaine stand mit neokeynesianischen und verteilungspolitischen Positionen für den Vorrang der Gerechtigkeitsfrage. Die Differenz wurde verdeckt durch die nach außen zielende Formel „Innovation und Gerechtigkeit", von der unklar blieb, ob sie Addition oder Synthese war. Was – von außen gesehen – „nur" ein Balanceproblem hätte sein können, stellte sich intern als Grundsatzproblem heraus. Das Schröder-Blair-Papier, mit dem Schröder ohne Behandlung der Gerechtigkeitsfrage radikal eine Marktposition bezog, beseitigte die letzten Zweifel. Zumal das Papier nach dem Abgang Lafontaines herauskam, in einer Situation, in der der Parteivorsitzende Schröder schon eine integrierende Position hätte einnehmen müssen. Im Herbst 1999, nach seinem Abgang, sprach Lafontaine (1999: 10) vom „fundamentalen Richtungsstreit in der SPD" – er auf der einen, Schröder auf der anderen Seite.

Die Formel „Innovation und Gerechtigkeit" und die Inszenierung einer dualen Führung, die beide Pole zusammen hielt, war nur Surrogat vermiedener Programmarbeit. Sie diente der Vorspiegelung einer Einheit, die so nicht bestand. Von außen war das nicht, jedenfalls nicht mit Sicherheit zu erkennen. Waren es Differenzen über ökonomische Theorien, wirtschaftspolitische Konzeptionen, einzelne Instrumente, wenn auch von grundlegenderer Bedeutung (Mittel), griff es auf Ziele oder gar Werte aus, waren es Akzentunterschiede oder unvereinbare Gegensätze?[720] Eine SPD mit einem erkennbaren „fundamentalen Richtungsstreit" hätten im Herbst 1998 viele ihrer Wähler nicht unterstützt. Im besten Falle haben die Spitzenakteure sich selbst und damit ihre Wähler über ihre unterschiedlichen An- und Absichten getäuscht. Im schlechtesten Falle geschah dies fahrlässig oder sogar vorsätzlich.[721]

---

[720] Vgl. dazu auch die SPD-Analyse von Egle in Merkel et al. (2006).
[721] Vgl. auch Kapitel 13.2.

Strategiekompetenz

Der Tri-Zentrismus von Lafontaine, Schröder, Müntefering zeigte Strategiekompetenz in allen Dimensionen – aber nur bis zur erfolgreichen Machteroberung durch die Bundestagswahl im Herbst 1998. Danach rächte sich im Regierungsprozess alles, was unklar und unentschieden geblieben war. Drei Beispiele:

Themenkompetenz. Die zur Wahl hin erkennbare Zuordnung von Themen zum kunstvollen Trapez zwischen Innovation und Gerechtigkeit zerfiel, als das Führungsduo zerbrach. Gegenpositionen bei für den Wahlerfolg wichtigen Themen wurden später auf der Linie des politischen Gegners geräumt (z.B. Renten- und Steuerreform).

Organisationskompetenz. Die Organisationskompetenz war nicht strukturell fundiert. Nur Müntefering konnte die Kampa gegen den Parteiapparat durchsetzen. Nach seinem Abgang regredierte die Organisationskompetenz zweimal so gravierend, dass sie nur durch Krisenmanagement zu retten war – in der Phase von Otmar Schreiner und Olaf Scholz als Generalsekretären.

Bündniskompetenz. Rot-Grün und Große Koalition gleichzeitig zu spielen, war eine beachtliche strategische Leistung in der Vorwahlzeit. Die Beschimpfung der Grünen durch Lafontaine nach seinem Abgang, Schröders vorübergehender Flirt mit der FDP und seine fast ausschließliche Beschränkung der Bündnispflege auf die Person Fischers waren Zeichen bündnispolitischer Instabilität, die in der Krise als Loyalitätsdefizite wirksam wurden.

Resümee

Der Doppelführung von Gerhard Schröder und Oskar Lafontaine entsprach ein Dualismus der Richtungen. Konträre Markt- und Gerechtigkeitsprofile der beiden Protagonisten vor 1998 bauten sich zu einem argumentativen Hinterland und Prioritäten auf, die bei offener Austragung die Partei beschädigt hätten. Dank des dritten Zentrums um Franz Müntefering gelang eine fast perfekte Stärken/Schwächen-Steuerung. Aus Schwächen drohender programmatischer Spaltung wurden Stärken gemacht, die in der Formel „Innovation und Gerechtigkeit" sowohl an bewährten SPD-Orientierungen anknüpften wie auch Zukunftsfähigkeit signalisierten. Dass die Gegensätze elegant überbrückt wurden, hat der Machteroberung sehr geholfen, der späteren Machtausübung aber deutlich geschadet. Weil die Richtungsfrage nicht geklärt war, gelang es den Protagonisten nicht, eine erfolgreiche, inhaltlich kohärente Regierungsstrategie zu entwickeln.

Dies ist Vorgeschichte und Erklärungszusammenhang für zwei darauf aufbauende Handlungsstränge, die in anderen systematischen Zusammenhängen weiter geführt werden. Zum einen ermöglichte das Machtzentrum Müntefering, in Kooperation mit Lafontaine und Schröder, die *Strategiebildung* für den zweiten sozialdemokratischen Machtwechsel 1998.[722] Zum andern wurde die situative *Regierungssteuerung* Schröders nach 1998 begleitet, ja verfolgt von den dargestellten Defiziten bei der Ausbildung von Strategiefähigkeit.[723]

---

[722] Vgl. Kapitel 13.2.
[723] Vgl. Kapitel 13.3.

13.2 Die Kampa-Strategie. Zweiter sozialdemokratischer Machtwechsel (1998)

Es gab *einen* Plan, aber drei Zentren und drei Projekte. Das Gerechtigkeits-Projekt von Lafontaine, das Modernisierungs-Projekt von Schröder und das zentristische Projekt der Kampa um Müntefering. Die organisierende und strategisch-konzeptionell planende Einheit waren Franz Müntefering und Matthias Machnig. Sie arbeiteten mit den Instrumenten der Kampa und politisch-strategischen Demoskopen sowie mit dem Mittel zweier richtig platzierter Spitzenleute. Oskar Lafontaine und Gerhard Schröder waren selbstbewusste, aktive Akteure, sie verfolgten konträre politische Projekte und standen zueinander in latenter Konkurrenz – Schröder wollte *nur*, Lafontaine *auch* Kanzler(kandidat) werden. Ohne ein strategisch-konzeptionell arbeitendes und koordinierendes Zentrum hätten sich die zentrifugalen Tendenzen, die in einer solchen Konstellation angelegt sind, wahrscheinlich deutlich bemerkbar gemacht. So aber entstand eine Machteroberungsstrategie, in der die sichtbaren Hauptakteure mit Überzeugung, Engagement und Authentizität ihre spezifischen Rollen spielen konnten, ohne sich der unsichtbaren, strategisch ordnenden Hand je ganz bewusst zu sein.

Die Hidden-Hand-These ist ansatzweise überprüfbar, wenn man die unterschiedlichen Erzählungen aus den drei Zentren miteinander vergleicht.[724] Dabei hatte Lafontaine als Parteivorsitzender eine hohe Prägungschance, der auch ein deutliches Profil der Gesamtstrategie beim Gerechtigkeitspol entsprach. Allerdings passte dies zu der Grundstimmung in der Wählerschaft spätestens seit Ende 1996 und fand ebenso in den Wähleranalysen der Kampa-Strategen Niederschlag. Das Gewicht, das die Kampa-Akteure dem Modernisierungsansatz gaben, passte nicht zur Erzählung Lafontaines. Sie konnten Lafontaine und Schröder nicht erfinden, aber da sie sie vorfanden, haben sie beide in ein Konzept eingebaut, das optimal auf diese Akteure und die Rahmenbedingungen zugeschnitten war.

Es gab keine sozialdemokratische Spitzenfigur, die zur Gesamtintegration der so unterschiedlichen Milieus und Wählersegmente fähig gewesen wäre.[725] Lafontaine repräsentierte Gerechtigkeitswerte und einen Postmaterialismus, der die Abwanderung zu den Grünen begrenzte. Schröder profilierte sich am Markt- und Modernisierungspol. Beide sendeten eher repressive Signale in Fragen innerer Sicherheit, Asyl- und Zuwanderungspolitik aus. Also stellte sich – ähnlich wie zu Zeiten der Troika – die Frage, wie die kollektive Führung von Repräsentanten der Teilintegration zu steuern wäre. Selbststeuerung ist zwar notwendig, zugleich aber ein nicht ausreichendes und zu anspruchsvolles Konzept. Es setzte Selbstbegrenzung der Hauptakteure, ein Verständnis funktionaler Repräsentation, die Zurückdrängung ideologischer und persönlicher Konkurrenz, die hohe Übereinstimmung bei den gemeinsamen Zielen und immer wieder Selbstdisziplin voraus. Um nach außen positiv zu wirken, bedarf es zusätzlich der gekonnten Inszenierung von Teil-Widersprüchen. Eine Möglichkeit, mit dieser komplexen Aufgabe fertig zu werden, ist die „interesselose" Hintergrundsteuerung. Was in den 1960er Jahren lange Zeit Herbert Wehner gemacht hatte, fiel nun Franz Müntefering als Aufgabe zu. Er hatte 1995, als er gerade erst Bundesgeschäftsführer geworden war, noch bei weitem nicht die Macht, aber er hatte

---

[724] Vgl. Lafontaine (1999) für die Lafontaine-Erzählung, für die Schröder-Erzählung Thörmer (1999) als seinem Vertreter in der Kampa, für die Kampa-Perspektive Machnig (1999). Ergänzende Informationen erhielten wir aus Interviews.

[725] Zu einer Systematisierung vgl. Leif/Raschke (1994).

von vornherein diese Steuerungsperspektive. Und die Macht wuchs, bis er 2004 selbst Parteivorsitzender wurde.

Die Erzählung von Lafontaine

Die Erzählung von Lafontaine (1999) sieht so aus: An einem Tiefpunkt der SPD hat er, trotz Vorlauf, putschistisch[726] – kleiner Schönheitsfehler, aber den Ernst der Lage unterstreichend – die Macht in der Partei übernommen. Er ist „derjenige, der die Wende in der Partei zu einer neuen Wirtschafts- und Finanzpolitik durchgesetzt" (113) hat. Dies war der Gegenentwurf zur Angebotspolitik, der Gerhard Schröder und Wolfgang Clement nahe standen und die – Kontinuität in der Kritik – später für die Regierung bestimmend wurde. Diesen Grundsatzkonflikt zwischen Neokeynsianismus und sozial abgefederter Angebotspolitik hielt er unter Sozialdemokraten für entschieden. Zwar ließe sich von einer Doppelstrategie von Angebots- und Nachfragepolitik sprechen (47), Nachfrage sei aber immer die entscheidende wirtschaftliche Größe (52).

Das Wahl- bzw. Regierungsprogramm war für Lafontaine ein Programm sozialer Gerechtigkeit und der Erhaltung des Sozialstaats – von „Modernisierung" ist da nicht die Rede (98). So war es *sein* Programm, das den Wählern unterbreitet wurde. Deshalb vertrat er eine dreifache Überzeugung: die richtige, die von der Partei gewollte und die von den Wählern ratifizierte Politik. Zudem galt, „dass erfolgreiche sozialdemokratische Politik nur in engem Schulterschluss zwischen Sozialdemokraten und Gewerkschaftern möglich ist." (115). Mit Policy-Projekten nahm er „strategische Weichenstellungen für die Bundestagswahl" (68) vor. So mit der Ausbildungsplatzabgabe – gegen die sich Schröder und Clement, „die ‚Modernisierer' und Freunde der Wirtschaft" aussprachen. So durch die Blockade bei der Steuerreform der bürgerlichen Regierung, eine „hervorragende Möglichkeit, bei unseren Stammwählern die Regierung Kohl vorzuführen" (60). Auch hier waren die Modernisierer in der eigenen Partei zurückhaltend. „Modernisierer" – das sind immer die innerparteilichen Gegner. Der gängige Begriff der Modernisierung bezeichne die „ökonomische und gesellschaftliche Anpassung an die vermeintlichen Zwänge der Globalisierung" (64) – und die sei zu bekämpfen.

Für Lafontaine galt die Programm-Priorität: „Zuerst die programmatische Erneuerung und dann die Personalentscheidung, hieß meine Formel." (82). Im Unterschied zu Schröder sah er bei sich auch immer den Vorrang inhaltlicher Arbeit (95). Überhaupt Schröder. Da der bei Wählern und Öffentlichkeit besser ankomme, habe er sich schon vorzeitig entschieden, Schröder den Vortritt zu lassen. Er hat es ihm aber nicht gesagt, damit der im Bundesrat nicht mit der Union stimme (87). Lafontaine hat also dem anderen Spitzengenossen schon früh nicht getraut.

Er ließ ihm den Vortritt als Kanzlerkandidat, weil es auch nach seiner Einschätzung unabdingbar war. Diese „Großzügigkeit" war für Lafontaine aber nur funktional zu verstehen und mit Erwartungen verknüpft: „Ich setzte darauf, dass Gerhard Schröder im Fall des Wahlsiegs zu einer Zusammenarbeit finden würde, die mir als Parteivorsitzendem die Möglichkeit gab, unbeschadet der Richtlinienkompetenz des Bundeskanzlers die politischen Entscheidungen der Regierung und der Koalition wesentlich mitzubestimmen. Ich wollte eine Arbeitsteilung, in die jeder seine Fähigkeiten voll einbrachte. Dabei wusste ich auch,

---

[726] Allerdings brauchte es dazu im Anschluss an Lafontaines erfolgreiche Attacke auf Rudolf Scharping nächtlicher Überredung, um am nächsten Tag auch gegen ihn zu kandidieren (so Schröder 2006: 128).

dass die von mir für richtig gehaltene Wirtschafts- und Finanzpolitik einen wirklichen Politikwechsel darstellen würde und dass sie auf erhebliche Widerstände treffen würde. Im Geheimen stellte ich mir daher oft die Frage, ob Gerhard Schröder als Bundeskanzler bereit wäre, einem solchen Druck standzuhalten." (86). Für Schröder sprach „nur" die Unterstützung bei Medien und Wählern, alles andere (Kompetenz, Erfahrung, programmatische Arbeit, Unterstützung der Partei) waren Gründe für Lafontaine, der daraus seinen legitimen Anspruch ableitete, „alle wichtigen Entscheidungen künftig gemeinsam zu treffen" (90). Eine erstaunliche institutionelle Naivität, die die verfassungsmäßige Machtverteilung durch einen Juso-Deal aushebeln wollte.[727]

Schröder war Verräter und Betrüger, Müntefering – das dritte Zentrum – ein Aufpasser, dem man auf die Finger sehen musste. Lafontaine nahm wahr, dass die Werbeagentur der Kampa ein Konzept vorgestellt hatte, „das deutlich auf den Kandidaten Gerhard Schröder zugeschnitten war" (69). „So wie der Wahlkampf angelegt war, war Gerhard Schröder der ideale Kandidat." (70). Mit Missbehagen sah er die Zentralbegriffe der Kampagne, „Innovation und Gerechtigkeit", und deren Zurechnung zu Schröder und Lafontaine: „Das Klischee, hier der Modernisierer, dort der Traditionalist, wurde durch diese beiden Begriffe gefestigt." (71). Müntefering galt als ein Mann, „der weder Schröder noch mir besonders verbunden war. Er pflegte in einer für mich fast provozierenden Weise zu sagen, ich bin nicht der Geschäftsführer des Vorsitzenden, sondern der Geschäftsführer der Partei." (123).

Nach der gewonnenen Wahl war Lafontaine im Herbst 1998 bei den Koalitionsverhandlungen mit den Grünen im Vergleich zum wie gelähmt wirkenden Schröder die treibende Kraft, die sich durchsetzte. Bei der Besetzung der Schlüsselpositionen aber verlor er das Spiel. Eigentlich sollte Müntefering Chef des Kanzleramts werden – tatsächlich wurde es Bodo Hombach, der Schröder als Modernisierer regieren sehen wollte. Lafontaine selbst wollte aus programmatischen Gründen Finanzminister werden, weil „derjenige, der die Wende in der Partei zu einer neuen Wirtschafts- und Finanzpolitik durchgesetzt hatte, auch in der Regierungsarbeit dafür geradestehen" (113) sollte. Seine einzige Chance, durch das Amt des Fraktionsvorsitzenden nachhaltigen Einfluss auf die Regierungspolitik zu nehmen, hat er zwar erwogen, aber nicht konsequent verfolgt.

Lafontaine verstand sich als Stratege, der „immer versucht habe, Politik in langen Zeiträumen zu denken" (79). Strategie ist aber nicht per se das Langfristige, mehr noch ist es das Übergreifende. Nicht zuletzt an Defiziten dieser übergreifenden Zusammensicht von Institutionen, Personen und inhaltlicher Politik ist Lafontaine gescheitert.

Die Erzählung von Schröder

Auch Schröder hatte teil an den Asymmetrien, die die Hauptakteure frustrierten. Lafontaine war frustriert darüber, dass er die Politik zwar durchsetzte, dafür aber nicht die Spitzenposition bekam. Schröder war frustriert, weil er glaubte, die Wähler zu holen, aber dafür kaum politischen Einfluss zu bekommen.

Dabei hatte Schröder klar die Linie des Modernisierers gezogen. Er schien wirklich davon überzeugt, dass es keine linke oder rechte, sondern nur eine moderne Wirtschaftspolitik gebe. Mit entsprechenden Instrumenten und großer Emphase hatte er Umrisse einer technologischen und ökonomischen Innovationspolitik gezeichnet. Auch vom Weg einer

---

[727] Dagegen, zu Recht, Schröder (2006: 113): „Gegen das Amt des Bundeskanzlers ist kein Kraut und auch kein noch so großes Ministerium gewachsen."

Einschränkung von Sozialleistungen war er damals überzeugt. Er suchte die Nähe zur Wirtschaft, verfasste mit ihren Vertretern und in ihrem Geist Resolutionen (z.B. die Dresdener Erklärung 1997) und mit Wolfgang Clement einen feurigen Modernisierungstext für den Parteitag („Innovationen für Deutschland"), der auf dem Hannoveraner Parteitag im Dezember 1997 angenommen wurde. All das zum Unbehagen der Parteilinken, aber mit der Rückendeckung von Lafontaine, der kritische Debatten darüber abwürgte (vgl. Anda/Kleine 2002: 206f.), weil er Schröder brauchte, um die Wahlen zu gewinnen.

Den Ärger, instrumentalisiert zu werden, richtete der Schröder-Stall nicht zuletzt gegen die Kampa: „Mit der Entscheidung über den Kanzlerkandidaten hätte die Strategie geändert werden müssen." (Thörmer 1999: 410). Die Kampa sollte „ausschließlich Dienstleisterin für den Kandidaten" sein. Darin habe sie versagt: „Der Kandidat und seine Vorstellungen wurden wenig, zuweilen gar nicht zur Kenntnis genommen." Die Kampa verwertete den schwelenden Grundsatzkonflikt, aber sie war nicht dafür da, ihn zu entscheiden. Dafür hätte Schröder selbst kämpfen müssen. Schröder sah sich damals als der nützliche Idiot für eine Politik, die andere machen wollten – in seinen Augen die unheilige Allianz von Lafontaine und der Kampa. Später, in seiner Autobiographie, wurde Gerhard Schröder die Differenz zu einer verabredeten Arbeitsteilung, entsprechend der Formel „Oskar für die Seele und Schröder für den Verstand" (2006: 102).

Die Erzählung von Müntefering und der Kampa

Solche Sicht war für den strategischen Doppelkopf der Kampa, Franz Müntefering und Matthias Machnig, abwegig. Sie hatten die Strategie nicht von der Problemanalyse oder dem ideologischen Horizont, sondern von den Wählerorientierungen und Konkurrenzverhältnissen her aufgebaut. Wählerorientierungen führten zur Formel „Innovation und Gerechtigkeit". Programm und Personal wurden, aus Sicht der Kampa, darauf abgestimmt. Lageanalyse und strategische Ziele waren relativ einfach, die Entwicklung des strategischen Gesamtkonzepts aber bedurfte einiger Kreativität. Sie erforderte Distanz zu den politischen Projekten der Hauptakteure – sowie zu ihnen selbst – und systematische Suche nach einem roten Faden, der alle wesentlichen Elemente für den Weg von einem desolaten zu einem (scheinbar) kohärenten, erfolgreichen Akteur verbinden konnte.

1996 gab es zwar kein komplettes, mehrjähriges Strategiekonzept, aber die Milestones für ein längerfristiges Rahmenkonzept waren für Müntefering und Machnig klar umrissen. Die nachträgliche Systematisierung, die sehr konsistent und geschlossen aussieht, gibt tatsächlich die wesentlichen strategischen Orientierungen der Leute um Müntefering angemessen wieder (vgl. Machnig 1999). Nie wurde dem Vorsitzenden oder dem Präsidium ein strategisches Gesamtkonzept zur Entscheidung vorgelegt. Die Reaktionen („So etwas geht nicht in der Politik") oder die Verletzung individueller Interessen waren vorausiehbar. Also musste man der Führung einzelne Schritte wie Häppchen schmackhaft machen[728] und vor allem im Prozess immer wieder zeigen, dass der Weg erfolgreich ist. So entstand durch eine Reihe von Einzelentscheidungen ohne strategische Begründungen eine strategische Gesamtlinie. Die Aushängeschilder Lafontaine und Schröder hatten bald keine Chance mehr, eine Alternativstrategie zu entwickeln. Die Zentralbegriffe waren gesetzt, der Diskurs lief, die Linie war festgelegt. Mit ihrer Beteiligung, aber sozusagen ohne ihr Wissen.

---

[728] Lafontaine zum Beispiel konnte man über Policy-Projekte gewinnen, deren von der Kampa gedachten strategischen Implikationen man nicht gleichzeitig offen legte.

Die Kampa-Strategie (1998)

Am Anfang stand, eine „geschlossene und handlungsfähige Partei" aufzubauen (Machnig 1999: 20). Zu dieser Rekonstruktion von Strategiefähigkeit gehörte, eine kooperative Führung zu organisieren und eine „einvernehmliche Kandidatenentscheidung" herbeizuführen. Darüber hinaus war ein neues Image der SPD zu entwickeln, programmatisch und kommunikativ. Wichtig war auch der Aufbau einer „wirksamen Kampagnenorganisation". Zudem sollte Ostdeutschland zu einem „Arbeitsschwerpunkt" gemacht werden. Diese Ziele antworteten auf die massiven Defizite, die zum Tiefpunkt Mannheim 1995 geführt hatten, und sie schufen Voraussetzungen für die weitere Strategiebildung. Grundlegend war zunächst aber der (Wieder-)Aufbau einer strategisch handlungsfähigen Partei.

(1) Strategiefähigkeit. Die Führungsfrage war stillgestellt. Lafontaine die Nr. 1. Das Initiativrecht zur Benennung des Kanzlerkandidaten lag bei ihm. Das Präsidium wurde wieder zum zentralen Koordinations- und Entscheidungsgremium, es gewann seine Leitfunktion auch gegenüber der Bundestagsfraktion und den SPD-regierten Ländern. Von der Spitze her fand die Gesamtpartei wieder zu Geschlossenheit und Motivation für einen neuen Anlauf der Machtgewinnung im Bund. Die Richtung der SPD wurde ohne nennenswerte Konflikte neu bestimmt. Die vorhandenen Differenzen wurden nicht ausgetragen. Durch Zentrierung und Modernisierung der Strategiekompetenz vor allem in den Zentren Lafontaine (Parteiführung) und Müntefering (Apparat/Funktionäre) gewann die Partei Handlungsfähigkeit gegenüber der Konkurrenz und der Öffentlichkeit, beim Aufbau einer effektiven Kampagnenstruktur und einer mittelfristigen Strategie des Machterwerbs. Die Ausgliederung der Kampa aus der Parteizentrale – eine Idee vom Dezember 1996, umgesetzt Juni 1997 – schuf Voraussetzungen für eine von richtungspolitischen Ambitionen des Apparats ungestörte, eigenständige Strategieentwicklung und Steuerung sowie für die Mobilisierung eines breiteren Strategiewissens.

(2) Profilierung. Auseinandersetzungen um Fragen von Lohnfortzahlung oder Kündigungsschutz brachten der Partei deutliche – demoskopische – Mehrheiten: „(...) die Frage der sozialen Gerechtigkeit wurde klar mit der SPD verbunden. In der zentralen Frage der Zukunftskompetenz ‚Wer kann dieses Land in eine sichere Zukunft führen?' lag die SPD jedoch immer noch deutlich hinter der CDU/CSU. Die SPD hatte also 1996 erreicht, ihr klassisches Image zu reaktivieren." (Machnig 1999: 22). Das war aber nur die Hälfte der Aufgabe: „Die SPD konnte mit einer Konzentration allein auf das Gerechtigkeitsthema die Bundestagswahlen nicht erfolgreich bestehen. Um eine Mehrheitsperspektive zu entwickeln, war es daher notwendig, neue Facetten sozialdemokratischer Programmatik und sozialdemokratischen Profils zu entwickeln, die Aufbruch, Zukunftsorientierung vermitteln und auf dieser Grundlage neue Wählersegmente erschließen." (23). Innovation und Gerechtigkeit war die kreative Formel, mit der sich Differenzen bei Wählern, Programmatik und Führungspersonen produktiv überspannen ließen, gleichzeitig diente sie als längerfristiges Kommunikationskonzept. Auf Innovation sprach das sozialdemokratische Wählerpotential besser an als auf Modernisierung. Nur mit dem Begriff der Innovation konnte Lafontaine – allergisch gegenüber „Modernisierung" – für diese Seite des sozialdemokratischen Konzepts gewonnen werden. Das machten die Kampa-Leute sichtbar und für die ganze Partei dadurch verbindlich, dass sie für Lafontaine wichtige Reden zum Innovationsthema vorbereiteten. Es hätte nicht genügt, nur Schröder oder „die Modernisierer" zu diesem Thema reden zu lassen. Lafontaine selbst musste als Parteivorsitzender – und sei es durch das Ablesen von Reden, die andere verfasst hatten, auf wichtigen, von der Kampa vorbereiten Kongressen – den Innovationsgedanken als zentralen Programmpunkt in der SPD durchset-

zen. Das hätte er aus eigenen Stücken nicht getan. Die Kampagne Innovation und Gerechtigkeit war für die SPD eine „strategische Leitkampagne" (Machnig 1999: 26). Ende 1997 hatte die SPD, wie Befragungen zeigten, „erreicht, die Chiffre Innovation und Gerechtigkeit eindeutig mit sich zu verbinden". Später zeigten Untersuchungen, dass diese Grundphilosophie zum Wahlsieg der SPD beigetragen hatte (vgl. Schmitt-Beck 2001).

(3) Kandidat. Gerade das lange Offenhalten in der Frage des Kanzlerkandidaten, das Spielen mit beiden Varianten, die behauptete Kompatibilität waren erfolgreich. Hätten die Wähler bei der Niedersachsen-Wahl anders entschieden, wäre Lafontaine Spitzenkandidat geworden, hätte Schröder – wie angekündigt – eine Beteiligung als Nr. 2 verweigert, hätte die Kampa enorme Schwierigkeiten bekommen. Die Kampa-Strategie war darauf angelegt, mit Schröder und Lafontaine für Innovation und Gerechtigkeit zu werben. Für den schönen Schein sozialdemokratischer Politik brauchte sie beide.

(4) Konkurrenz. Die Stärken/Schwächen-Heuristik (SWOT) fand konsequent Anwendung: auf die eigene Partei, den Gegner CDU/CSU und die Regierung Kohl, die als überlebt dargestellt wurde. Man vermied jeden Ansatz von Fundamentalopposition und Negativkampagne. Die Lancierung der „Neuen Mitte" „sollte der erwarteten Linksbündnisdebatte der Koalition präventiv und offensiv begegnen" (Machnig 1999: 30). Gleichzeitig diente sie der Kommunikation und Vermarktung des sozialdemokratischen Modernisierungssegments. „Neue Mitte" wurde nicht inhaltlich gefüllt, wie das zum Beispiel Bodo Hombach (1998) nach der Wahl versucht hat. Das hätte zu Konflikten mit Lafontaine geführt, der die SPD ja programmatisch im linken Spektrum verorten wollte. Auch der Slogan „Wir wollen nicht alles anders, aber vieles besser machen" gehörte zu dem Versuch, den von der Union ermüdeten und enttäuschten Wählern sanfte Übergänge zur SPD zu ermöglichen. Dazu ist auch das rhetorische Spiel mit der Möglichkeit einer Großen Koalition zu rechnen. Die Konkurrenz zur Union wurde schillernd aufgebaut: man forcierte das Gerechtigkeitsthema („Gerechtigkeitslücke", gegen „Abbau des Sozialstaats"), verband es aber mit reichlich Modernisierungs-Symbolen und Abschwächungen, so dass der Seitenwechsel leicht gemacht wurde. Die Kampa bezog keine Position im latenten Richtungskampf zwischen Modernisierern und Traditionalisten. Sie verband Themen, Programme, Personen, Symbole beider Seiten zu einem eigenständigen, erfolgsorientierten strategischen Konstrukt. Dessen Härtetest lag nicht im ideologischen, sondern demoskopischen Bereich.

Müntefering und Machnig sowie die Kampa haben mit einem strategisch hochprofessionellen Projekt[729] erheblich dazu beigetragen, dass die SPD einen ungewöhnlichen Sieg landen konnte (Zuwachs 4,5 Prozent). Der war zwar begünstigt durch den Abnutzungsgrad von Kohl und der bürgerlichen Regierung, aber auch gefährdet durch das erhebliche Spaltungspotential der SPD. Die Leistung von Müntefering und Machnig bestand darin, dieses Potential nicht nur zuzudecken, sondern produktiv zu wenden, zumindest für die Ebene des Wahlkampfs. Das Aufbrechen der zuvor instrumentalisierten Differenzen und Widersprüche gleich nach der Wahl konnten sie nicht verhindern.[730]

---

[729] Zu den weiteren Ausformungen des strategischen Konzepts und seiner Umsetzung vgl. vor allem Machnig (1999). Zum SPD-Wahlkampf 1998 vgl. insbesondere Bergmann (2002) und Timm (1999).

[730] Alternative Optionen wie die, die eigene Reformpolitik auf den ersten Einschnitten der bürgerlichen Regierung aufzubauen, wurden nicht erwogen. Die Rücknahme unter Kohl begonnener Reformen durch die rot-grüne Regierung wurde dann später durch dieselbe Formation wieder revidiert.

13.3 Situatives Regieren (Schröder 1998-)

Die fragmentierte Strategiefähigkeit der SPD erklärt einen Teil der Schwächen der Schröder-Regierung, insofern gibt es eine kollektive Verantwortung.[731] Der Schröder-Faktor kommt hinzu. Wir sehen bei ihm ein situatives, eher nicht-strategisches Regierungsmuster. Er selbst bleibt skeptisch und distanziert gegenüber elaborierteren Strategieansätzen, die er intern immer abgewehrt hat, wenn sie an ihn herangetragen wurden.

In Kissingers (1979: 103) Beschreibung eines anderen sozialdemokratischen Regierungschefs, des britischen Premiers Harold Wilson, sind Züge von Gerhard Schröder zu erkennen: „(...) interessierte er sich fast überhaupt nicht für abstrakte Ideen. Ihn faszinierte die Manipulation der politischen Macht, und es bereitete ihm besondere Freude, klar zu definierende Probleme zu lösen. Langfristige Ziele beachtete er nur ganz nebenbei. Weites Vorausplanen hielt er für sinnlos, denn er war fest davon überzeugt, mit seiner Geschicklichkeit durch jede Krise zu kommen."

Es gibt Politiker, die die von uns unterstellten Annahmen, dass Strategie möglich, sinnvoll, ja notwendig ist, nicht teilen. Von ihnen muss man sich als Strategie-Befürworter immer wieder herausfordern lassen. Ist ihr Ansatz dem strategischen überlegen? Oder ist er – bei manchen Stärken – mit spezifischen Defiziten verbunden, die gerade aus der Vernachlässigung antizipierender Strategiepolitik resultieren? Ein Insider sagt im Interview über Schröder: „Er denkt nicht über Profile nach. Er glaubt, über die Addition von personalen und sachlichen Einzelmaßnahmen würde sich ein Bild dessen ergeben, was man eigentlich will, welche Ziele man verfolgt und ähnliches. Und das ist, glaube ich, die fundamentale Fehleinschätzung. Denn man braucht einen wirklichen Diskurs, der versucht, den Rahmen oder das Dach dieser Einzelentscheidungen abzudecken und darüber auch die Öffentlichkeit für eine bestimmte Debatte zu gewinnen." Sein Biograph Reinhard Urschel legt nahe, dass die Situationsgebundenheit ein durchgängiges Muster ist: Schröder habe „bei allen politischen Vorhaben zuerst darauf geachtet, wie die Konstellationen waren. Er hat sich gefragt, wo er Verbündete findet im Umfeld, bei der Wirtschaft, bei den Gewerkschaften, den Verbänden. Dann hat er die politische Durchsetzbarkeit seiner Vorhaben erwogen und erst danach im Einzelnen festgelegt, was und wie viel er erreichen wollte. Wenn es dabei zu Fehleinschätzungen kam, dann galt das nächste Schröder'sche Prinzip: Politik nach dem Prinzip von Versuch und Irrtum." (2002: 390). Ziele ergeben sich also aus der Lage und Experimenten. Folgt man solchen Beobachtungen, wäre das Nicht-Strategische bei Schröder keine Unfähigkeit, sondern Konsequenz einer anderen Auffassung von Politik.

Gerhard Schröder gehört zu der eher selteneren Spezies von Politikern, die sich nicht nachträglich als Großstrategen aufspielen. Auch seine Autobiographie bestätigt seine situative und experimentelle Auffassung von Politik, die Insider an ihm immer beobachtet haben, und die auch für sein Regieren charakteristisch war. Verstehen wir also Gerhard Schröder als Vertreter einer situationsorientierten Politik, der selbstbewusst diesen Weg geht. Kommt er damit zu besseren Ergebnissen? Wir haben unser Modell der Strategieanalyse so weit entwickelt, dass wir damit – als essayistische Fallstudie – kritisch die Tragfähigkeit des Schröderschen Politikansatzes überprüfen können

---

[731] Vgl. Kapitel 13.1.

Eine Grenze wollen wir im Auge behalten: die einer „Rationalanalyse", die die Tragfähigkeit guter Gründe vermutet, wo ganz andere Triebkräfte das politische Verhalten bestimmen. Schröder selbst hat manchen Hinweis auf seine Motivlage gegeben (am wenigsten übrigens in seiner Autobiographie!), der demoskopische Berater Manfred Güllner, der ihn über Jahre und mit vielen Gesprächen (meist unter vier Augen bzw. telefonisch) begleitet hat, bestätigt eine autobiographisch geprägte Sicht. Danach wäre es eher die Biographie, die strategische Ziele gesetzt hat als eine vorgängige Richtungsbestimmung. Dann hätte es für Gerhard Schröder zwei biographisch motivierte Ziele gegeben: Kanzler werden und acht Jahre Kanzler bleiben. Ohne Wiederwahl bliebe das deklassierende Gefühl, „vom Hof gejagt zu werden", mit einer Wiederwahl aber hätte er soviel erreicht wie Willy Brandt und könnte mit sich und der Welt zufrieden sein. Schröder scheint ein besonderes Beispiel für das Muster „Biographie schlägt Strategie" gewesen zu sein, deshalb wollen wir auch diese Interpretationslinie im Auge behalten.

Schröder und das strategisches Zentrum

Gerhard Schröders Stärke war die Machteroberung, da hatte er sich am Ende trickreich und mit Unterstützung der Wähler gegen Oskar Lafontaine durchgesetzt. Beide schafften es aber nicht, ihre Beziehungen im Rahmen einer regierenden kollektiven bzw. dualen Führung zu klären. Schröder schob es auf Zeitmangel, dass „die Abklärung einer notwendigen Arbeitsteilung" (2006: 115) zwischen ihnen in der Regierung nicht zustande kam. Tatsächlich hatten sie es jahrelang versäumt, sich untereinander über die Politik zu verständigen, die sie in der Regierung – verbindlich und gemeinsam – verfolgen wollten.

Wie Manfred Güllner erzählt, gab es vor 1998 für Schröder bei allem nur das *eine* Ziel, Kanzler zu werden: „Alles andere war egal." Deshalb habe er Lafontaine die Programmarbeit überlassen, habe kein Problem damit gehabt, dass der das Wahlprogramm schreibt und dann noch im Wesentlichen den Koalitionsvertrag bestimmt.

Nach dem fluchtartigen Abgang Lafontaines im März 1999 hatte Schröder erreicht, was er immer gewollt hatte: er war die unangefochtene Nr. 1 der SPD – dazu noch in den schützenden Mauern des Kanzleramts. Jetzt zeigte sich, dass es für Schröder schwer war, die Ein-Mann-Führung auszufüllen. Es hätte eines integrierenden Leadership bedurft, das fähig gewesen wäre, in einer Person alles zusammen zu bringen, was zur Führung der heterogenen sozialdemokratischen Partei und Klientel notwendig war. Schröders harmonisierende Formel „Oskar für die Seele und Schröder für den Verstand" (2006: 102) trifft nicht zu. Tatsächlich hatte Lafontaine einen Programm-Willen, Schröder einen Macht-Willen. Die Partei aber braucht einen Macht- *und* einen Programmwillen. Sie scheitert, wenn die Programmrichtung quer zur Machtambition steht. Dieses Auseinanderfallen war der Baufehler: der inhaltlich reduzierte Machtwille Schröders reichte ebenso wenig wie der machtpolitisch frei schwebende Programmwille Lafontaines.

Schröder sträubte sich dagegen, Parteivorsitzender zu werden, schlug erst Franz Müntefering, dann Renate Schmidt vor (vgl. Urschel 2002: 294). Beide konkurrierten nicht mit ihm. Die Parteiführung bestand auf Personalunion, um neue Konflikte zu vermeiden. Von da an hätte sich Schröder neu definieren müssen: Innovation und Gerechtigkeit – in der Wahlkampagne auf zwei Leute verteilt – waren von jetzt an in einer Person zum Ausgleich zu bringen. Es zeigte sich, dass Schröders Instinkt Recht hatte: Er eignete sich nicht zum

Vorsitzenden der SPD und schon gar nicht zum Regierungs- und Parteichef in Personalunion.[732]

Zweimal holte Schröder Franz Müntefering zu Hilfe, das erste Mal erfolgreich, das zweite Mal schon in einer Rückwärtsbewegung, die auch Müntefering nicht aufhalten konnte. Dieser kehrte ab September 1999 ins Parteimanagement zurück, formell als Generalsekretär,[733] faktisch als Parteivorsitzender. Müntefering hat Schröder im Herbst 1999 gerettet, als die demoskopischen Werte im Keller waren, Wahlniederlagen sich häuften, man in NRW, wo Wahlen bevorstanden, schon Namen für einen Nachfolger Schröders ventilierte. Er schickte ihn – Canossagang und inszenierte Versöhnung mit der Partei – durch eine Serie von Regionalkonferenzen. Das half. Hinzu kam, dass die CDU-Spendenkrise die Position Schröders und der SPD im Jahr 2000 festigte.

Müntefering stabilisierte und integrierte in Richtung der Partei erfolgreich, als die Regierungspolitik noch integrierbar und der interne Richtungskonflikt noch kanalisierbar waren. Im Herbst 2002 zog Müntefering weiter zur Bundestagsfraktion, die ihren Vorsitzenden Peter Struck durch ein Überwechseln ins Verteidigungsministerium verloren hatte. Nun sah sich Schröder wieder – ohne das Scharnier Müntefering – direkt mit der Partei konfrontiert. Es zeigte sich, dass es schon wichtig war, wer die Partei managte. Die Berufung von Olaf Scholz als Generalsekretär – nach drei Jahren Müntefering – bewies: es gab weder für Schröder noch für Scholz eine Lektion Müntefering. Sie hatten keinen Sinn dafür, was es heißt, „die Partei mit zu nehmen".

Olaf Scholz bedeutete die Wiederaufnahme des harten Modernisierungskurses aus der Zeit von Bodo Hombach und des Schröder-Blair-Papiers. Dies war kein Gegengewicht, sondern die Verdoppelung Schröders und eine Provokation für die Partei. Obwohl Scholz daran gearbeitet hat, gelang es ihm nicht, Schröders Agenda-Politik mit einer nachholenden Gerechtigkeitsdebatte einen Überbau zu verschaffen (vgl. Fischer 2005, Meyer 2007). Die von Scholz vorgeschlagene Abschaffung des „demokratischen Sozialismus" als Parteiziel war genau das, worauf die Partei als Begleitung der Agenda 2010 gewartet hatte! So erschlug er mit einer Wortmeldung alle positiven Ansätze beim überfälligen Versuch, für die Sozialdemokraten etwas Klarheit in die Gerechtigkeitsfrage unter den Bedingungen des 21. Jahrhunderts zu bringen. Olaf Scholz, für Schröder „der Generalsekretär meines Vertrauens" (2006: 407), erhielt bei seiner Wiederwahl auf dem Bochumer Parteitag im November 2003 gerade mal 52,6 Prozent der Stimmen – eine Abstimmungskatastrophe. Das richtete sich gleichermaßen gegen ihn wie gegen Schröder.

Der Rückzug Schröders vom Parteivorsitz im Januar 2004 war das Eingeständnis seines Scheiterns bei der Integration der SPD. Er selbst hatte sie mit seinen Mitteln nicht geschafft, die Verdoppelung durch Scholz verschärfte die Misere. Ohne Müntefering kam Schröder mit der Partei nicht klar. In seiner Autobiographie platziert Schröder sein Lob für Müntefering dort, wo der ihn zum letzten Mal rettet, bei der Übernahme des Parteivorsitzes: „Ein solch enges Verhältnis habe ich im politischen Leben zu niemand anderem je entwickeln können." (2006: 410). Da das umgekehrt für Müntefering nicht galt, zeigt es, wie angewiesen Schröder auf ihn war. Schröder blieb großzügig im Delegieren dessen, was er für weniger wichtig hielt. Deshalb konnte er die Partei erst Müntefering, dann Scholz, schließlich wieder Müntefering überlassen. Aber er delegierte damit auch das Koordinaten-

---

[732] Das bestätigt – aus interner Blickrichtung und teilnehmender Beobachtung – die vorzügliche Analyse von Thomas Meyer (2007).
[733] Begleitet von seinem Alter Ego, Matthias Machnig, als Bundesgeschäftsführer.

system für Partei und Wählerschaft, die Verbindung von Markt- und Gerechtigkeitspolitik, Hintergrund für den Dauerstress seiner Regierung vor allem in der zweiten Legislaturperiode seit dem Herbst-Absturz 2002.

Man muss über Müntefering reden, wenn man die Regierung Schröder verstehen will. Franz Müntefering war ein Hoffnungsträger der Partei. Aktive und Wähler projizierten in ihn die Erwartung, den Gerechtigkeitspol, den Lafontaine verlassen hatte, fortzuführen. Dem hat er in Habitus, Sprache, Stil und mit kleineren Politikkorrekturen lange Zeit entsprochen. Gegen die Agenda 2010 aber, die für viele massiv Gerechtigkeitsvorstellungen verletzte, reichten die kleinen symbolischen Korrekturen nicht aus.

Müntefering wurde – zumal nach seiner persönlichen Wende zum (gemäßigten) Modernisierer 2002/2003 – ein Teil des Systems Schröder. Ohne programmatisch-politisches Eigengewicht und ohne die latente Drohung, Schröder als Kanzler im Falle des Versagens ersetzen zu können, verlor er die Funktion eines begrenzten Gegengewichts. Bei Schröders Neuwahl-Unternehmen im Mai 2005 zeigte sich definitiv: Müntefering war nicht die strategische Reserve der Partei, auf die viele gehofft hatten.

Müntefering kannte die strategischen Schwächen Schröders sehr genau. Er selbst war strategisch versiert und wusste, woran es fehlte. Es gab zwei Begrenzungen seiner Wirksamkeit: die der *Position* und die der *Person*. Selbst als formeller oder informeller Parteivorsitzender hat man letztlich wenig Einfluss auf die Regierungspolitik, die die Nr. 1 als Kanzler macht. Vor allem, wenn das zentrale Regierungs- mit dem wichtigsten Parteithema identisch ist.[734] Alle internen Versuche im Jahr 2004, den linken Flügel nach der harten Agenda-Politik wieder stärker mit einzubinden, scheiterten an Schröder. Möglicherweise wären zum Beispiel die Aussetzung der Senkung des Spitzensteuersatzes oder eine Mindestlohnpolitik effektive politische Maßnahmen gewesen, die Partei und Wähler an die soziale Ausgleichsbereitschaft der Regierung Schröder hätten glauben lassen können. Münteferings Versuche ausschließlich symbolischer Politik – einer nicht ganz ernst gemeinten Ausbildungsplatzabgabe und einer Heuschreckendebatte – reichten nicht aus. Schröder hat auch dem formellen Parteivorsitzenden Müntefering keine politischen Räume eröffnet. An dieser Stelle greift die zweite Restriktion: die Person Münteferings. Er war zu diszipliniert, um sich das Terrain – das die Partei für ein eigenes Profil auch gegenüber ihren Wählern brauchte – offensiv zu erkämpfen. Zudem war Müntefering immer „zweiter Mann" gewesen, keiner, der vorausgeht. Programmatik, ein wichtiger gewordenes Einflussmittel in der ideell entkernten Schröder-Ära (vgl. Meyer 2007), gehörte nicht zu seinen Stärken.

Aus der Sicht Gerhard Schröders hat Müntefering ihm die Kanzlerschaft über das Jahr 2004 gesichert: „Der Wechsel im Parteivorsitz hat die Basis dafür geschaffen, dass ich im Jahr 2004 den eingeschlagenen Reformkurs der Agenda 2010 durchhalten konnte. Denn ohne Zweifel wäre nach den verheerenden Wahlniederlagen für die SPD im Juni bei mehreren Kommunalwahlen und insbesondere bei der Europawahl, die mit 21,5 Prozent für die SPD desaströs endete, eine neue Personaldebatte aufgebrochen. Sie hätte mich gezwungen, auf Druck der SPD-Linken den Parteivorsitz aufzugeben. Ein solcher erzwungener Schritt wäre aber definitiv auch das Ende der Kanzlerschaft gewesen. Im Rückblick betrachtet war das Jahr 2004 wohl das schwierigste Jahr meiner Regierungszeit." (2006: 411f.).

---

[734] Das war auch schon bei Willy Brandt als Parteivorsitzendem so, dessen Spielraum am größten bei Themen war, die die Regierung Schmidt nur am Rande interessierten. Bei Helmut Schmidts Nachrüstungspolitik waren dann zweigleisige Regierungs- und Parteilinien nicht mehr durchzuhalten.

Aus der Sicht Franz Müntefering waren die entscheidenden Fehler alle schon gemacht. Die Abspaltung von der SPD und die Neugründung der WASG konnte auch er nicht aufhalten. Am Ende wurde Müntefering ein Symbol für enttäuschte Hoffnungen der Partei. Die Entkopplung von Regierungs- und Parteipolitik war mit den Mitteln der Partei nicht zu stoppen.

Es gab einen weiteren Grund, warum Schröder trotz seiner prinzipiell unangefochtenen Position als Nr. 1 Probleme hatte. Führung verschafft immer auch einen individuellen Nutzen. Wenn die Orientierung am eigenen Nutzen aber dominiert, wenn politische Führung zur Ego-Führung wird, ist die soziale Balance gestört. Wo Willy Brandt seine Führung stark auf die Partei bzw. das progressive Lager, Helmut Schmidt auf die (in seinen Augen) bodenständige Mehrheit des Volkes bezog, suchte Gerhard Schröder Führung zunächst für Bedürfnisse seines Ego: „Ich will hier rein" (als Juso am Zaun des Kanzleramts rüttelnd); „Ich oder er" (Wahlslogan gegenüber Stoiber); seine Verwunderung darüber, dass ihm Lafontaine 1998 den Vortritt bei der Kanzlerkandidatur gelassen hatte – obwohl nur das den Wahlsieg der SPD sicher machte[735] –; sein Abgang aus dem Kanzleramt, den man treffend mit „Ich will hier raus" unterlegen könnte und hinter dem sich, wie wir sehen werden, starke persönliche Motive vermuten lassen.

Das Motto „Erst ich selbst und dann die Partei" teilte Schröder mit anderen aus der Enkel-Generation (vgl. Micus 2005), aber mit ihm als Kanzler kam diese sozialpsychologisch erklärbare Tendenz auf den historischen Prüfstand – und scheiterte. Schröder gelang keine erfolgreiche Führung im Party-Government, weil er die Partei nur von oben und außen zu steuern versuchte, ohne Ansprüche auf Beteiligung an der Richtungsbestimmung anzuerkennen. Ohne deutliche Zeichen von Reziprozität aber ist unter Bedingungen moderner Sozialdemokratie innere Folgebereitschaft nicht herzustellen. Häufige Rücktrittsdrohungen waren Zeichen der Schwäche und eines belasteten Verhältnisses zur Partei. Schröder verdankte seinen Aufstieg so sehr der Profilierung *gegen* die Partei, dass er, nun an der Spitze, Schwierigkeiten hatte, *mit* ihr zu regieren.

Schröder glaubte an seine Art kraftvollen Regierens aus der Situation heraus. Deshalb suchte er keine Kompensation seiner Defizite auf der zweiten und dritten Ebene des regierenden strategischen Zentrums, die er unmittelbar kontrollieren konnte. In seinem Bedürfnis nach Selbstbestätigung bremste er kompensatorische Potentiale statt sie zu ermuntern.

Sein erster Kanzleramtschef, Bodo Hombach, war die Speerspitze Schröders gegenüber Oskar Lafontaine und der Partei. Hombachs emphatischer, eindimensionaler Modernisierungskurs[736] trug – verbunden mit seinem Intrigenspiel – zum Rücktritt Lafontaines bei. Er nervte die Genossen durch das von ihm inspirierte, an der Partei vorbei lancierte Schröder-Blair-Papier, aber als es erschien, war er – wegen vermuteter Unregelmäßigkeiten beim Bau seines Hauses – schon gegangen.

---

[735] Die Verwunderung Schröders (2006: 123ff.) darüber, dass Lafontaine ihm 1998 den Vortritt ließ, bedeutet ja, dass er an dessen Stelle auf der Kandidatur bestanden hätte – auch wenn die Wahlchancen der SPD dadurch deutlich gesunken wären.

[736] Hombach hatte im Herbst 1998 – mit einem unterstützenden Nachwort von Schröder – das Programm einer „Politik der neuen Mitte" als Buch herausgebracht, mit dem Appell-Titel „Aufbruch" (Hombach 1998). Er war der deutsche Mitautor des Schröder-Blair-Papiers, dessen Ausarbeitung schon begonnen hatte, als Lafontaine noch im Amt war. Es sollte also eine Funktion im Richtungskampf haben, kam aber erst heraus, als Schröder schon Parteivorsitzender war und nun nicht mehr nur für einen Teil der Partei reden konnte. Niemand schützte ihn mehr, als die geballte Kritik der Partei sich auf dieses Papier stürzte.

Ohne solide Arbeit hinter den Mauern des Kanzleramts, ohne die endlose politisch-administrative Koordination der vielen Themen und Projekte war Regierungssteuerung nicht zu machen. Deshalb war Frank-Walter Steinmeier eine unschätzbare Hilfe bei der Policy-Steuerung, dem Kernbereich des Regierens. Steinmeier hatte sich zuvor bei Manfred Schüler – Helmut Schmidts ehemaligem Kanzleramtschef – erkundigt, und so effizient-geräuschlos wie dieser steuerte er Kanzleramt und Regierung. Ein Glücksfall für Schröder, da er ihm zu einem Großteil die harte Arbeit an den Politikmaterien abnahm und in dieser handwerklich anfälligen Regierung jahrelang als Steuermann ohne Pannen wirkte. Steinmeiers Karriere orientierte sich von Anfang an politisch-administrativ: Partei, Parteienwettbewerb und öffentliche Kommunikation waren Randbedingungen, nicht der Kern seiner professionellen Arbeit. Man konnte also von ihm nicht alles kompensatorisch erwarten, was Schröder nicht leistete.

Die Fragmentierung strategischer Unterstützung und Beratung blieb das Charakteristische. Es gab im Regierungsteam Schröders und auf der Beratungsebene keinen strategischen Generalisten[737]. Auch die Funktion anspruchsvoller, eigenständiger strategischer Kommunikation war nicht besetzt.[738] Der Demoskopie-Experte Manfred Güllner war ein für Schröder wichtiger Berater, problematisch, dass er Schröder in den falschen Punkten bestärkte. Er sagte ihm, es komme nur auf ihn, nicht auf die Partei an, und er drängte ihn zu permanenten, entschiedenen Modernisierungsreformen, denen die Leute folgen würden, wenn man sie nur standhaft vertrete. Ein grundlegendes Spannungsverhältnis zwischen Modernisierung und Gerechtigkeit sah er nicht.

Auch für Gerhard Schröder gilt Egon Bahrs Diktum: „An ihren Beratern sollt ihr sie erkennen". Ihre Auswahl reproduziert Grunderfahrungen Schröders bei seinem Aufstieg. Den hat er als rein individuelle Aufstiegs- und Erfolgsgeschichte des sich durchbeißenden, aber immer gefährdeten Außenseiters verstanden: allein seinen Weg gehen, sich von niemandem abhängig machen, Organisationen misstrauen, Erfolge nicht mit anderen teilen.[739] Im nicht-strategischen Habitus spiegeln sich Zufall und Unplanbarkeit des Aufstiegs. Instinkt und Glück in Situationen, so erlebte es Schröder, geben den Ausschlag. Ohne Interesse an Ideen stellten sich auch nicht die anderen Abstraktionen ein, die hier – bei kollektiver Erfolgsorientierung – politische Strategie genannt werden.

Richtung

Gerhard Schröder ist ein Beispiel für Führung *ohne* Richtung. Er war immer macht- und situationsorientiert, nie programm- und richtungsorientiert. Da Politik ohne Richtung aber nicht funktioniert, blieben seine Richtungsansagen sprunghaft und wechselnd wie die Situationen, für die sie bestimmt waren. Eine Grundlage für kontinuierliche, antizipierende Strategiebildung konnte daraus nicht entstehen. Diesen Anspruch vertrat er allerdings auch nicht.

Der Richtungslose, der Schröder aufs Ganze gesehen war, startete 1997/1998 vom Modernisierungspol, auf den ihn die Wahlkampagne als Gegenpol zu Lafontaine gestellt

---

[737] Vgl. zu dieser Kategorie das Kapitel 8.2.1.
[738] Uwe-Karsten Heye war ein Mann von politischer Erfahrung und Urteilskraft. Am Anfang, in der Bonner Regierungszeit, war er wichtig, in Berlin aber kam er nicht richtig an (Müller/Walter 2004: 180ff.). Müller/Walter rechnen Heye zum „inneren Zirkel", nicht aber dessen Nachfolger Béla Anda.
[739] Vgl. auch die Zusammenfassung bei Fischer (2005: 40ff.).

hatte.⁷⁴⁰ Die Koalitionsverhandlungen mit den Grünen und das Regierungsprogramm 1998 bestimmte Lafontaine, den Schröder weitgehend gewähren ließ. Die daraus entstehende Linie war in wirtschafts- und sozialpolitischen Fragen eher traditionalistisch.⁷⁴¹ Nach dem Abgang Lafontaines stellte sich Schröder nicht der richtungspolitischen Aufgabe, die sich daraus ergab. Wenn der Gerechtigkeitspol nicht neu besetzt wurde und eine personifizierte Dialektik zwischen Modernisierung und Gerechtigkeit nicht zum Drehbuch des Regierens gemacht wurde (dafür gab es weder Person noch Konzept), musste er selbst von nun an die Gesamtintegration politisch gestalten und symbolisieren. Tatsächlich versuchte er im Widerspruch dazu, die Partei auf eine eher radikale Modernisierungslinie fest zu legen: ideologisch mit dem Schröder-Blair-Papier, problempolitisch mit Hans Eichels Spar- und Konsolidierungspolitik. Aber auch dies war nicht Überzeugungspolitik und erreichte nicht die Verbindlichkeit, die für Linienführung notwendig gewesen wäre.

Die Differenz zu Lafontaine war für Schröder ein psychologisches, kein politisches Problem.⁷⁴² Er sah nicht, dass die SPD nach dem völligen Rückzug Lafontaines ein massives Gerechtigkeitsproblem haben würde, primär nicht einmal wegen der Parteilinken, die sich – stellvertretend für Lafontaine – auf diese Frage fokussierte, sondern wegen enttäuschter Erwartungen sozialdemokratischer Wähler, wie dies schon früh der Wahlforscher Richard Hilmer (2001) auf den Punkt brachte. Das Schröder-Blair-Papier trug objektiv dazu bei, die Schwierigkeiten der Nach-Lafontaine-Phase zu vergrößern. Es blieb ohne Wertbegründung und ideellen Überbau, den Tony Blair und seine Leute für ihr Land geliefert hatten, so dass für sie in der bloßen Auflistung marktliberaler Instrumente kein Problem lag.⁷⁴³ Die Gerechtigkeitsfrage, die sich zudem in Großbritannien und Deutschland wegen unterschiedlicher kultureller Traditionen anders stellt, wurde ausgeblendet.⁷⁴⁴

Auffällig ist Schröders inhaltliche Anlehnungsbedürftigkeit. Er hatte weder Kraft noch Neigung zu eigener Richtungsbestimmung. Sein wechselndes inhaltliches Profil entstand durch Anlehnung an ausgearbeitete Positionen. So war er eine Weile festgelegt auf die Rolle als Gegengewicht zu Lafontaine. Als der ging, entwickelte er kein Gesamtkonzept aus eigenen Stücken, sondern lehnte sich an Blair an. Dann bezog er aus Eichels Zukunftsprogramm einiges an Sprache und Begründungen (z.B. Generationengerechtigkeit). Gleichzeitig lehnte er sich an das Bündnis für Arbeit an, von dem er die Aushandlung eines gemeinsamen Programms erwartete, das dann auch seins werden sollte. Eine eigene Linie gab er dort nicht vor. Sein Pragmatismus suchte Profil durch Ausbremsen der Grünen (zusammen mit Joschka Fischer)⁷⁴⁵, er schmückte sich aber mit deren Problemlösungsleistungen (Atomaus-

---

⁷⁴⁰ Als niedersächsischer Ministerpräsident war er bei Bedarf auch interventionistisch, ähnlich wie später bei der Holtzmann-Rettung – durchaus unter Verletzung marktwirtschaftlicher Regeln.

⁷⁴¹ Später stellte Schröder fest, „dass es weder bei der SPD noch bei den Grünen eine konsistente Vorstellung von einem gemeinsamen Regierungsprogramm gab." (2006: 103). Diese Aussage gilt aber weder für die gut vorbereiteten Grünen noch für Lafontaine, der ebenfalls wusste, was er wollte.

⁷⁴² Vgl. dazu die Darstellung bei Schröder (2006: 123ff.).

⁷⁴³ Tony Blair brauchte das Papier nicht. Die Initiative war von Schröder und Hombach ausgegangen, die sich an das Prestige, über das Blair damals auch in Deutschland verfügte, anhängen wollten (vgl. Fischer 2005: 69ff.).

⁷⁴⁴ Dass Schröder nach erneuter Lektüre das Papier unverändert „richtig" findet, „auch wenn einige Instrumente noch nicht ausgereift waren" (2006: 277), zeigt, wie wenig er in einem Koordinatensystem denkt, in dem gerade die Sozialdemokraten immer gemessen werden: an der Position, die sie zwischen Markt und Gerechtigkeit einnehmen.

⁷⁴⁵ Vgl. dazu im Einzelnen Raschke (2001a), Hufnagel (2004).

stieg, erneuerbare Energien etc.) zum Beispiel beim Nürnberger SPD-Parteitag 2001 oder beim Bundestagswahlkampf 2002 – die SPD hatte am Ende der 1. Legislaturperiode kaum vorzeigbare Erfolge.

Möglich war solches Lavieren auf dem Hintergrund des konzeptionellen Vakuums, mit dem die SPD 1998 ihr Regieren begann. Schröder hatte sich nicht an den Richtungskämpfen der europäischen Sozialdemokratie in den 1990er Jahren beteiligt. Lafontaine versuchte seit Mitte der 1990er Jahre, die SPD nahe bei den französischen Sozialisten neokeynesianisch zu positionieren (vgl. Lafontaine/Müller 1998). Die Parteitage hatten ihm zugejubelt, aber die Führung blieb richtungspolitisch gespalten, ohne den Dissens in vertiefender Programmarbeit zu klären. Diese Unklarheit der Partei wurde verschärft durch Schröders inhaltlich-programmatisches Desinteresse und seine nicht ausbalancierten modernisierungspolitischen Neigungen, mit denen er die Partei überfiel – beim Schröder-Blair-Papier wie später bei der Agenda 2010. Während andere Parteien der europäischen Sozialdemokratie, wie vor allem Wolfgang Merkel gezeigt hat, für ihre Länder eigene Wege unter Bedingungen von Globalisierung, Alterung, Individualisierung entwickelten, blieb die SPD bei ihrem wirtschafts- und gesellschaftspolitischen Traditionalismus stehen (vgl. Merkel 2000, Merkel et al. 2006). Dieser ließ sich weder von außen noch von oben oder über die Medien aufbrechen, nur weil die Partei an der Regierung war. Und schon gar nicht durch einen Kurs harter Modernisierung, dem alle Wertbegründungen und Anschlüsse an sozialdemokratische Identität fehlten. Thomas Meyer, Experte sozialdemokratischer Programmentwicklung, weiß, dass die „Dichotomie zwischen politischer Tagespraxis und Programmatik" die Sozialdemokratie immer begleitet hat (am wenigsten in den Jahren nach dem Godesberger Programm), das „beispiellose Ausmaß" einer Trennung dieser beiden Welten sei jedoch „das besondere Kennzeichen der Doppelherrschaft Gerhard Schröders als Bundeskanzler und Parteivorsitzender" (2007: 83).

Konsequenzen für Strategiekompetenz

Die geschilderten Voraussetzungen lassen für die Entwicklung von Strategiekompetenz wenig erwarten. Ego-Führung und Richtungsunsicherheit schließen Erfolge nicht aus, sie machen aber strategische Linienführung auf den verschiedenen Kompetenzfeldern unwahrscheinlich. Kaum überraschend fehlte ein strategisches Konzept und ein zusammenhängendes Steuerungskonzept für eine oder gar übergreifend für beide Legislaturperioden, bis dann im Jahr 2003 die Agenda 2010 – mit der lang gestreckten Durchsetzung und Implementierung – eine gewisse Strukturierung für zwei Jahre brachte.

„Für mich ist Wahlkampf die interessanteste Zeit im Politikerdasein. Ich habe zahllose Kampagnen mitgemacht, auf Hunderten von Marktplätzen gesprochen, Tausende von Händen geschüttelt, unzählige Autogramme gegeben. Sicherlich ist Politik gestalten, Politik machen, Entscheidungen treffen die zentrale Aufgabe für einen Politiker, sozusagen die Pflicht. Aber die Kür für mich ist der Wahlkampf, die direkte Begegnung mit dem Wähler, das Werben, das Kämpfen um Stimmen, der Austausch von Argumenten. Politische Beschlüsse fassen, das können auch Technokraten, es besser wissen, das können auch Journalisten; aber Wahlkämpfe führen, das können und müssen eben nur Politiker." (Schröder 2006: 496). Hier bestätigt er für sich selbst, was schon von außen auffiel: Schröder ist Verkäufer, nicht Produzent von Politik (Raschke 2001a: 128). Er ist nicht der Mann politischer Strategie, der Produktion und Verkauf von Politik in ihrem inneren Zusammenhang sieht. Seine Probleme beim Themen- und Organisationsmanagement, dazu noch seine Defizite bei strategischer Kommunikation werden hier greifbar. Er war stark bei direkter Kommunikation und im situativen Machtkampf. Das aber war für eine übergreifend angelegte, strategische Regierungspolitik zu wenig.[746]

Schröder fehlte eine feste Vorstellung davon, dass Führung auch nachvollziehbare Richtungsbestimmung umschließt. So war sein Sieg in den Ausscheidungskämpfen der Enkel vor allem ein Gewinn für sein Ego, weniger für seine Partei und die Wähler. Da er aber ein Glücksritter war und immer *bella figura* machte, sah er als Kanzler nicht einmal schlecht aus. Dreimal profitierte er von schweren Fehlern der Union, ohne die sein Regieren katastrophal hätte enden können. Nach dem ersten schweren Absturz rettete ihn 1999/2000 die Kohlsche Spendenaffäre; 2002 verhalf ihm Stoibers Unfähigkeit zu einem vernünftigen Krisenmanagement, eine schon verloren geglaubte Bundestagswahl zurück zu gewinnen; 2005 verschaffte ihm vor allem der Kirchhof-Fehler der Unionsführung,[747] was er am Ende suchte: einen ehrenvollen Abgang.

Strategiebildung

Schröder hatte *kein strategisches Konzept* für sein Regieren. Er empfindet das nicht als Mangel, für ihn ist das ein Beispiel politischer Klugheit: Da waren „die gesamten sieben Jahre rot-grüner Regierung auch ein Nachholen dessen, was uns zu Beginn unserer Arbeit nicht zur Verfügung stand – ein umfassendes reformerisches Konzept. Im Nachhinein war das vielleicht sogar ein Segen, denn wie hätte wohl das Design eines Reformprogramms ausgesehen, das intellektuell auf die politischen Erfahrungen der achtziger und neunziger Jahre gegründet gewesen wäre?" (Schröder 2006: 262).

Zu Beginn seiner Regierung hatte Schröder erklärt, die Zahl der Arbeitslosen unter dreieinhalb Millionen senken zu wollen. Das war schon durch die Quantifizierung überaus riskant, schlimmer noch: es blieb ein eher loses Versprechen, das nicht dem zentralen Fokus seiner Regierung entsprach, ihm am Ende aber kritisch vorgehalten werden konnte. Fahrlässig war die Delegation eines solchen erklärten Generalziels an die gute Konjunktur oder das Bündnis für Arbeit.[748]

Die nächstliegende Möglichkeit, „Innovation und Gerechtigkeit" als eingeführte, bei der Wahl 1998 bewährte sozialdemokratische Grundbegriffe, gerade in ihrem Spannungsverhältnis durch den Regierungsprozess hindurch zu führen, hat Schröder nicht genutzt. Ebenso war kein Ansatz erkennbar, der Rot-Grün auf das Konzept der drei Mehrheiten bezogen hätte, mit dem die Wahlsiege 1998 und 2002 erklärbar waren (vgl. Raschke 2003, 2004). Dann wären der Umbau des Sozialstaats ein sozialdemokratisches, der ökologische Umbau ein grünes Großprojekt gewesen, für das beide die ökonomischen Voraussetzungen hätten sichern müssen. Aber auch seine unverkennbaren Modernisierungsneigungen hat er lange nicht zu einem verbindlichen strategischen Ziel verdichtet, vor allem nicht in der ersten Legislaturperiode, als die Rahmenbedingungen dafür günstiger waren. Als er es mit

---

[746] Nebenbei bemerkt: Für Schröder war Lafontaine nichts als „Oppositionspolitiker". Er selbst sieht sich vor allem als Wahlkämpfer. Wenn sie ihren Wählern 1998 gesagt hätten „Lasst euch von einem geborenen Oppositionspolitiker und einem Wahlkämpfer regieren", wäre die Wahl wahrscheinlich anders ausgegangen.
[747] Vgl. dazu die empirische Illustration in den Kapiteln 6.6 und 7.3.
[748] Auch hierfür machte er Lafontaine verantwortlich: er habe nur auf dessen Versprechen, die Arbeitslosigkeit zu halbieren, reagiert! Das andere wirtschaftspolitische Konzept, das Lafontaine seiner Voraussage zugrunde legte, spielte hierbei keine Rolle (vgl. Lafontaine/Müller 1998: 322).

der Agenda 2010 im Frühjahr 2003 tat, zeigte sich, dass diese im sozialdemokratischen Koordinatensystem nicht ausbalanciert war.

Statt eines zwischen den Koalitionsparteien abgesprochenen Konzepts sachlicher Priorisierung und zeitlicher Reihung gab es ein Drauflosregieren. Ein Interviewpartner aus der rot-grünen Regierungsformation sagte mit Blick auf Schröder: „Ich habe die Grundüberzeugung, es gibt keinen systematischen Grund, dass in Deutschland die Strategiefähigkeit gehindert würde. Null. Zur Strategiefähigkeit des Regierungshandelns gehört, dass Sie einen Plan aufschreiben können, was über eine mittelfristige Zeit wann zu tun ist. Und da haben wir Schwächen. Zu einer Strategiefähigkeit gehört, eine Vorstellung zu haben für einen Ablauf, und dieses zusammenzuführen, weil Sie haben ja fünfzigerlei solche Dinge. Strategie heißt auch Überblick, und wenn Sie zu sehr im Tagesleben sind, haben Sie halt keinen Überblick." So war es möglich, um nur dieses Beispiel zu nehmen, dass das Staatsbürgerschaftsrecht ohne Vortestphase ganz früh auf die Agenda geriet, Roland Koch bei den hessischen Landtagswahlen eine Gegenmobilisierung erlaubte, mit der gleich zu Beginn von Rot-Grün die Bundesratsmehrheit verloren ging.

Trotz Bezügen zu einer „neuen Mitte" blieb in der Regierungserklärung – über den Koalitionsvertrag hinaus – unklar, wie die Positionsbestimmung der Schröder-Regierung aussehen sollte: viel Rhetorik, wenig Richtung (vgl. Zimmermann 2002). „Dritter Weg", „Modernes Regieren", „Zivilgesellschaft" – manches wurde ihm im Laufe des Regierens angedient. Schröder trug diese Texte öffentlich vor, aber sie erreichten ihn selbst nicht. Zudem waren diese Überschriften zu vage, als dass sie mit Projekten hätten verbunden werden können. So blieb es dabei: Viele Einzelthemen, aber keine Klammer des Regierens und kein inhaltlich-strategisches Ziel, das die Absicht, wieder gewählt zu werden, nennenswert präzisieren konnte.

In der zweiten Legislaturperiode hätte zur Konstellation (massive Wählerwanderung zur CDU, knappe Mehrheit) und Zielsetzung (marktliberaler Umbau des Sozialstaats) eine Dreiecks-Strategie gepasst. Dabei begibt man sich, angesichts von Stärken des Gegners bei Machtpolitik und Problemlösung, auf dessen Terrain, unterstreicht aber gleichzeitig durch entsprechende Politikmaßnahmen die eigene Identität. Man passt sich also an, ohne verwechselbar zu werden, und macht so aus der Not eine Tugend. Schröder versäumte es, das sozialdemokratische Profil in oder trotz der Agenda 2010 erkennbar zu machen.

Schröder verfügte über Techniken, sich von antizipierender Strategiebildung zu entlasten. Die eine bestand in der *Moderation ohne Vorgaben*. Motive für ein „Regieren als moderieren" können sehr unterschiedlich sein. Die Kräfteverhältnisse oder der Korporatismus mögen einen dazu zwingen. Außerdem gibt es möglicherweise zivilgesellschaftlich gute Gründe dafür. Man kann sich damit aber auch von strategischen Anforderungen entlasten.[749] Als Augenblickspolitiker und Krisenmanager setzte Schröder zudem auf die Technik *situativen Strategisierens*: aus einer schwierigen, vielleicht krisenhaften Situation heraus personelle, organisatorische, sachliche, symbolische Lösungen zu entwickeln, die in sich strategische Qualitäten, Versprechen oder auch nur Assoziationen enthalten. Die Bearbeitung von BSE- und BfA-Krisen waren solche Beispiele.

---

[749] Rolf G. Heinze, der – zusammen mit Wolfgang Streeck – gleich zu Beginn der Schröder-Regierung zu mutigen, vor allem arbeitsmarktpolitischen Reformen geraten hatte, kritisierte am Bündnis für Arbeit (an dem Heinze und Streeck beteiligt waren) ein Defizit an politischer Führung. Man habe es „gerade zu Beginn versäumt, eine gemeinsame Problemdiagnose und darauf aufbauende Handlungsschritte zu vereinbaren." „Es fehlte der Politik an einer Vision für eine Überwindung der Beschäftigungskrise und eine grundlegende Reform des Arbeitsmarktes." (Heinze 2003: 152).

Schröders strategisches Profil

In sieben Regierungsjahren hätte man es erkennen müssen, der anschließende autobiographische Text gab die Chance, es noch einmal zu erläutern, doch der Gesamteindruck bleibt: Gerhard Schröder hatte keinen *strategischen Kompass* für eine verlässliche Wegspur. Der fehlte für seine Partei, zu der er ein distanziert-instrumentelles Verhältnis hatte. Kein Kompass informierte über die Bündnispolitik. Noch 1998 hatte Schröder mehr Sympathien für eine Große Koalition als für Rot-Grün[750], nach sieben Jahren Rot-Grün erklärte er diese Koalition nachträglich zu einem Irrtum, 2000 irritierte das Techtelmechtel mit der Westerwelle-FDP seinen Koalitionspartner (Hufnagel 2004: 131ff.). Schröder verfolgte, bis zum Abgesang mit der Agenda 2010, kein einziges, großes Policy-Projekt. Er setzte keine Wert- und Zielakzente, die bei der Wegsuche hätten helfen können.

Primär auf Macht statt auf Inhalt zu achten und inhaltliche zu Machtfragen umzudefinieren – ein Markenzeichen Schröders – ist nicht Teil eines strategischen Kompasses, sondern eine reduktionistische Variante des Orientierungsschemas. Schröders Ideal ließe sich mit *Macht* und *Moderation* beschreiben. Da er das selbst nicht als defizitär empfand, suchte er auch keine Kompensation durch vertiefte Programm- und konzeptionelle Strategiearbeit.

Die von Schröder oft beschworene Herkunft aus widrigen Verhältnissen, sein Aufstieg durch Bildung (und die in diesem Zusammenhang nicht genannte SPD!) taugte mehr für Symbolik denn als politischer Kompass. Leitete sich daraus ein bestimmter sozial- oder bildungspolitischer Kurs oder ein Prioritätenschema ab? Das war nicht erkennbar. Auch ein biographisch gestütztes Lebensziel hat nicht die Qualität eines politisch-strategischen Kompasses.

Der *Strategiestil* Schröders weist eine *geringe Elaborierung* auf. Politischer Instinkt wird so hoch bewertet, dass jede antizipierende strategische Anstrengung auf Misstrauen und Unverständnis stößt. So entsteht das Bild eines Gelegenheits- und Zufalls-Strategen. Ein *Gelegenheits-Stratege*, der diskontinuierlich und letztlich unsystematisch mit Strategiefragen umgeht. Ein *Zufalls-Stratege*, der eher zufällig das Ziel trifft und Erfolg hat, oder – ebenso zufällig – daneben trifft. Der macht- und gelegenheitsorientierte Zug ist so stark, dass strategische Politikziele und ein inhaltlich steuernder Kompass das Handeln kaum beschweren. *Fragmentiert* ist der Strategiestil schon durch die isolierende Betonung von Machtfragen sowie durch einen Mangel an Voraussicht und Verfolgung von Strategien. Bei aller Gesprächsfreudigkeit Gerhard Schröders neigte er in strategischen Fragen zu Monologen und Dezisionismus. So ließen sich kurzfristige und begrenzte Gesichtspunkte, die der einsame Kämpfer sich zurechtgelegt hatte, nicht dialogisch aufbrechen.

Eine von Schröders Stärken lag im Operativen, in der zügigen, plausiblen, konstellationsadäquaten Leitungstätigkeit. Das Operative war aber nicht rückgebunden an „erdachte Strategien"[751], sondern meist unmittelbar auf die Situation bezogen oder auf das, was aus ihr folgen könnte. Es lag also in der Nähe zu Taktik.

---

[750] Das bestätigt Schröder in seiner Autobiographie: „Ich wäre auch kein Gegner einer Großen Koalition gewesen. Im Gegenteil (...)" (2006: 100).
[751] Ein Begriff von Schröder (2006: 391).

Strategische Steuerung

An drei Beispielen (Wahl-Regierungs-Konnex, Agenda 2010, vorgezogene Neuwahl) aus der zweiten Legislaturperiode, die Schröder vorzeitig beendete, lassen sich einige Schwächen seiner strategischen Steuerungskunst ohne konzeptionellen Unterbau illustrieren.

Wahl-Regierungs-Konnex

Es ist eine verbreitete Schwäche von Regierenden, den inneren Zusammenhang von Wahlkampf, Wahlentscheidung (Mandat), Regierungsbildung und Regieren nicht so scharf im Auge zu behalten, wie die Wähler das tun. Diese strukturell-strategische Schwäche wuchs sich 2002 für Schröder zu einem Desaster aus.[752] Demoskopisch verlor die SPD nach der Wahl in sechs Wochen zehn Prozent. Im Wahlkampf 2002 hatten von Schröder genährte hohe Erwartungen eines bevorstehenden wirtschaftlichen Aufschwungs, das Propagieren schneller, positiver, durchgreifender Wirkungen der Hartz-Reformen, das Reklamieren sozialer Gerechtigkeit ihm und der SPD – auf dem Hintergrund von Flut und Irak – noch einmal Vertrauen verschafft. Die massive Enttäuschung über die Wirtschafts- und Haushaltslage, der weithin gefühlte Wahlbetrug auch hinsichtlich des Schuldenrekords, die Ankündigung von Steuer- und Abgabenerhöhungen führten nach der Wahl in wenigen Wochen zu einer tiefgehenden Glaubwürdigkeits- und Vertrauenskrise, die der SPD, dem Kanzler Gerhard Schröder und dem Finanzminister Hans Eichel, nicht aber den Grünen zugerechnet wurde. Dies bildete den Grundstock für den Vertrauensverlust[753], der – durch die Agenda-Politik nur verschärft, aber nicht geschaffen – in Neuwahlkrise und Wahlniederlage 2005 endete. Wenn Strategie aus einer Verknüpfung mehrerer Prozesse und Gesichtspunkte besteht, so ist die isolierte Behandlung eng miteinander verbundener Ereignisse in besonderer Weise nicht-strategisch.

Gerhard Schröder erlebte die Wahl 2002 als tiefe Genugtuung. Sein persönlicher Einsatz in Irak- und Flutfrage hatte die Wahl herumgerissen. Und vor allem: er war wieder gewählt worden. Manfred Güllners Einschätzung dazu lautet: „Dann war es ihm egal, ob er jetzt länger als Schmidt Kanzler ist. Zweimal gewählt, da hatte er sein Ziel erreicht."

Agenda 2010

Nach Schröders Vorstellungen war die Agenda *das* innenpolitische Großprojekt mit strategischer Qualität. Tatsächlich war es ein tief greifender Einschnitt in den bisherigen Sozialstaat, mit grundlegenden Veränderungen auf allen drei Ebenen: der Instrumente (weitgehende Abkehr von einer Sicherheit verbürgenden Sozialversicherung), Ziele (aktivierender statt nachsorgender Sozialstaat) und Werte (Neudefinition von Gerechtigkeit). Ein „Pfadwechsel" – wie die Policy-Forschung sagt – der, lange bevor er als materielles Politiker-

---

[752] Das Muster von 1998 und 2002 ist verblüffend ähnlich. Schröder betrieb Wahlkampf bis zur Erschöpfung, die anschließenden Koalitionsverhandlungen ließ er – aus einer Mischung von programmatischem Desinteresse und Richtungsunsicherheit – schleifen, es folgt der Absturz bei Demoskopie und Wahlen, dann will er Schröder-typische „Handlungskompetenz" zeigen. Der anschließende Turnaround hieß im Februar 1999 Abgang Lafontaine, im März 2003 Agenda 2010.

[753] „Das gleich zu Beginn der neuen Amtsperiode verloren gegangene Vertrauen konnten die SPD und Schröder nie mehr ganz zurückgewinnen." Es wirkte sich aus, „dass die Koalitionsverhandlungen 2002 als konzeptionslos und das Regierungshandeln als sprunghaft empfunden wurden – eine Charakterisierung, die sich durch die gesamte zweite Amtsperiode von Rot-Grün zog." (Hilmer/Müller-Hilmer 2006: 187).

gebnis beim Einzelnen ankommt, dessen Vorstellungen aufwühlt und verstört. Und das galt für sozialdemokratische Wähler noch mehr als für andere, weil der Sozialstaat – wie man ihn kannte – vor allem einen Garanten hatte: die Sozialdemokratie – wie man sie kannte.

Die Agenda 2010 war ein komplexes Gesamtprojekt, das aus mehreren Teilprogrammen in verschiedenen Politikfeldern bestand (Arbeitsmarkt, Gesundheit, Rente, Bildung, Forschung). Schon sachlich lässt sie sich schwer auf den Punkt bringen, da sie bereits auf der Ebene der Fakten ein Potpourri aus zu vielen, beliebig zu wählenden Zielen ist. Eine inhaltliche Vereinfachung wäre durch Beschränkung und Zuspitzung der Ziele auf zwei verbindlich kommunizierte Zielen durchaus möglich gewesen. So aber hatte und hat jeder bei der Agenda 2010 etwas anderes im Kopf – beginnend mit der unterschiedlichen Aussprache des Projekts schon bei den Regierenden selbst.[754] Da eine kommunikative Linienführung fehlte, wurde die Agenda von einer breiten Öffentlichkeit mit den Augen der schärfsten Kritiker wahrgenommen– definiert durch die zwei, drei schlimmsten Punkte.

Was war dabei das *strategische Konzept*? Die Agenda war eine Art Notbremsung, die auf die anhaltende wirtschaftliche Krise und die dramatische Wählerkrise reagierte. Letztere hatte mit dem beispiellosen Vertrauensverfall der Regierung Schröder bei den Koalitionsverhandlungen im Herbst 2002 begonnen und zum Wahldebakel am 2. Februar 2003 in Hessen und Niedersachsen geführt. Anfang März meldete Infratest dimap den „historischen Tiefststand" der SPD: mit 27 Prozent lag sie 22 Punkte hinter der CDU/CSU. Man traute der SPD weder Wirtschafts- noch Gerechtigkeitskompetenz zu, man traute ihr – im Positiven – eigentlich gar nichts mehr zu. Am 17. Februar 2003 entschied Schröder sich, eine neue Politik zu machen, die in den Ministerien erarbeitet und von ihm am 14. März in einer Regierungserklärung vorgetragen wurde.

Mit dem Rücken zur Wand – den sicheren Niedergang bei einem Weiter-so vor Augen – wollte Schröder, ohne Rücksicht auf Partei(en) und Verbände, der Modernisierungspolitik einen Durchbruch verschaffen. Auch diesmal nicht ganz ohne Anlehnung, hatte er doch mit Wolfgang Clement den führenden sozialdemokratischen Modernisierer ins Kabinett geholt und ihm ein Ministerium gezimmert, das auf der Regierungsebene überhaupt erst die Durchsetzung von Hartz IV ermöglichte.[755] Erhaltung des Sozialstaats durch Anpassung an veränderte Rahmenbedingungen (Globalisierung, Alterung), Strukturreformen in den sozialen Sicherungssystemen und mehr Eigenverantwortung des Einzelnen waren die Leitvorstellungen. Ein Bewusstsein über die schmale Grenze zwischen Um- und Abbau des Sozialstaats war bei den Machern der Agenda nur schwach ausgeprägt, es hat sie bei ihrer Maßnahmenwahl nicht vorsichtig und risikobewusst gemacht: „Mit Kritik im Detail hatte ich sehr wohl gerechnet, aber nicht mit dem, was dann kommen sollte." (Schröder 2006: 398). Da Schröder davon überzeugt war, dass die Agenda 2010 eine „durch und durch sozialdemokratische Politik" (499) war, konnte er den Widerstand dagegen – der anfangs wesentlich aus der SPD und den Gewerkschaften kam – nur als uninformiert, dumm oder böswillig verstehen, bar jeden argumentativen Gehalts.[756]

---

[754] „Zweitausendzehn" oder, wie selbst der Kanzler im schlimmsten Bürokratendeutsch sagte: „Zwanzigzehn".
[755] So die von Manfred G. Schmidt ausgeführte These: „,Hartz IV' wäre höchstwahrscheinlich im interministeriellen Koordinationsprozess zwischen dem Wirtschaftsministerium und dem alten Bundesministerium für Arbeit und Sozialordnung aufgerieben worden." (2007: 306).
[756] Das ist der Tenor seiner Darstellung in der Autobiographie, in der Parteilinke und Gewerkschaften schuldig dafür gemacht wurden, dass die Agenda-Politik nicht so akzeptiert worden war, wie es – nach Meinung Schröders – ohne sie der Fall gewesen wäre.

Die biographische Interpretationslinie kann auch hier helfen, persönliche Motive zu erhellen. Da die Lebensziele – Kanzler- und Wiederwahl – erreicht waren, entstand ein neues Gefühl der Ungebundenheit. Aber die Wähler waren unerbittlich, sie schickten ihn in den Keller nach dem Desaster der Koalitionsverhandlungen. Die Agenda 2010 war sein Mittel, da wieder raus zu kommen: „Da hat er keine Rücksicht mehr auf irgendetwas genommen." (Güllner). Die Unterstützung konnte auch vom politischen Gegner kommen, jetzt ging es in jeder Hinsicht um das Ganze. Die Perspektive war nicht auf zwölf Jahre gerichtet, auf langlebige Beziehungen zur eigenen Partei und den Gewerkschaften. Das nun selbst in Einzelfragen Kompromisslose Schröders hatte eine High-Noon-Folie des „Ihr oder ich". Wobei zum Gegner immer mehr „die Funktionäre" der eigenen Partei, „die Parteilinken" wurden. Dazu kam: „Er hat dann gesehen, dass die großen Staatsmänner dieser Welt auch nur Menschen sind, und er ebenbürtig ist. Das relativierte die innenpolitischen Probleme, die kriegten alle eine ganz andere Dimension, die er dann unterschätzte." (Güllner).

Mit dem Projekt war offensichtlich keine genauere Vorstellung einer Zeit- und Erwartungssteuerung verknüpft. Ebenso wenig gibt es Hinweise auf eine Abschätzung potentieller Wählerwirkungen. Die Agenda startete zudem ohne jede Einbettung in einen sozialdemokratischen Werte- und Programmsdiskurs (vgl. Meyer 2007: 88f.).[757] Beispiele für die Defizite der *Zeitsteuerung* waren das Reden über kurzfristige Erfolge (vor allem von Wolfgang Clement), die Erwartung positiver Effekte rechtzeitig innerhalb der Legislaturperiode, die Gleichgültigkeit gegenüber entscheidenden Wahlterminen.[758] Es gab keine Antwort für den auch Schröder bekannten Mechanismus der aktuell negativen und erst mit zeitlicher Verzögerung positiven Effekten der Reformen.[759] So wären zeitliche Streckungen der Belastungen möglich gewesen. Zudem hätte die Kommunikationslinie bei einer längerfristigen Orientierung anders ausgesehen. Sie hätte aktuelle Grausamkeiten mit in die Zukunft verlagerten Verbesserungen verbunden, also Hoffnung gemacht. Dagegen setzte Schröder auf die normative Kraft des Faktischen, die weder ein Zeitmanagement noch Normbegründungen verlangt.

Eine *Erwartungssteuerung* war nicht erkennbar. Unrealistisch war nicht nur die Erwartung schneller Wirkungen der Reform, sondern ebenso die von oben verbreitete Annahme, dass Wirkungen von Hartz IV primär *auf Grund* der Maßnahmen und nicht erst in einer Konjunktur, durch die neuen Regelungen zusätzlich gestützt, zu erwarten wären. Frühe Informationen über die Ablehnung insbesondere von Hartz IV-Reformen erreichten offenkundig die Spitze nicht.[760] Auch die allgemein zugängliche, demoskopisch gemessene, differenzierte Reaktion der Wähler nach der Regierungserklärung am 14. März 2003 führte zu keiner strategischen Differenzierung. So standen die Wähler einer Verkürzung der Bezugsdauer des Arbeitslosengelds positiver gegenüber als der Absenkung der Arbeitslosen-

---

[757] Nach Geyer/Kurbjuweit/Schnibben (2005: 259) hatte Schröder am Schluss auch noch den letzten sozialdemokratischen Bezug aus der Regierungserklärung gestrichen.

[758] Nicht einmal der banalste Zeitbezug wurde berücksichtigt. Der Termin der Landtagswahl NRW stand ja fest, und sie war häufig vorentscheidend für die darauf folgende Bundestagswahl. Hartz IV trat nur wenige Monate vor der NRW-Wahl in Kraft, mit allen schmerzhaften Konkretisierungen, Unsicherheiten administrativer Turbulenzen und vor allem mit dem voraussehbaren, gesetzestechnisch bedingten Anschnellen der Arbeitslosenzahlen auf über fünf Millionen – Schock, vernichtendes Symbol und letzter Anschub für den Machtwechsel. Die Schere zwischen Union und SPD ging wieder weit auseinander.

[759] Zum hohen Zeitbedarf für die Wirkungen solcher Reformen kam hinzu, dass die aktuell negativ Betroffenen meist andere waren als die in Zukunft möglicherweise von den Reformen Profitierenden.

[760] So hatten Ergebnisse von Fokusgruppen, die im Sommer 2002 noch für das alte Arbeits- und Sozialministerium ausgeführt worden waren, bereits das ganze Ausmaß der Ablehnung sichtbar gemacht.

hilfe auf Sozialhilfeniveau.⁷⁶¹ Möglicherweise spielten bei ersterem eigene Beobachtungen zum Missbrauch als „soziale Hängematte" mit hinein, während das zweite Gerechtigkeitsvorstellungen verletzte und Ängste einer schnellen Verarmung auslöste – hier war die Ablehnung bei den Altersgruppen der 45-59-Jährigen besonders groß: „Nicht wenige Adressaten von ‚Hartz IV' sahen sich in ihrer Ehre als sozialversicherte Arbeitnehmer, die durch ihre Beitragszahlungen einen Rechtsanspruch auf Sozialleistungen erworben hatten, verletzt. Und nicht wenige von ihnen sahen sich in ihrer Vorsorge für das Alter irregeleitet. Wer viele Jahre lang in die Arbeitslosenversicherung eingezahlt hatte, würde bei längerer Arbeitslosigkeit mitunter gleich oder schlechter behandelt als ein Antragsteller, der nicht berufstätig war und keine Ersparnisse beiseite gelegt hatte. Auch ein langjährig versicherter Arbeitnehmer würde bei längerer Arbeitslosigkeit nur noch Fürsorgeleistungen erhalten, also Leistungen minderwertiger Form im Vergleich zur klassischen Sozialversicherungsleistung, womöglich obendrein in abgesenktem Umfang, und erst nachdem er zuvor einen Großteil seiner Ersparnisse aufgezehrt hatte." (Schmidt 2007: 301f.) Die Mehrheit der Wähler, die bei der Bundestagswahl die SPD unterstützt hatten, war gegen das Schrödersche Reformprogramm.⁷⁶² Zusätzlich und verknüpft damit lassen sich drei Hauptkritikpunkte hervorheben:

(1) *Schwächen des Strategie-Konzepts.* Auffällig ist das Fehlen eines übergreifenden strategischen Konzepts, das sich nicht damit begnügen kann, auf die Einführung neuer Policy-Instrumente zu setzen. Eine neue Politik braucht eine dafür geeignete „kontextsetzende Orientierung". Wenn sie sich auf dem Terrain des politischen Gegners bewegt und dessen Vorstellungen näher ist als denen der eigenen Anhängerschaft, bedarf es besonderer Maßnahmen, um das eigene Profil trotz Teilanpassung zu schärfen. Einerseits müssen eigene und gegnerische Instrumente verbunden werden, andererseits wäre bei Themen, die der eigenen Partei zugerechnet werden, Eigenständigkeit zu signalisieren. So hätte man bei der Zusammenlegung von Arbeitslosen- und Sozialhilfe das, was von vielen als erworbene Rechte gesehen wurde, mehr berücksichtigen, und gleichzeitig - zum Beispiel steuerpolitisch – eine stärkere Belastung der Besserverdienenden anstreben können.

Eine solche Dreiecksstrategie hätte die massiven Abwanderungen aus dem Kernwählerbereich möglicherweise begrenzt. Am Ende, im Wahlkampf 2005, sind Elemente des Konzepts erfolgreich praktiziert worden. Die Agenda 2010 wurde verteidigt, aber nur der kräftige Schuss Linkspopulismus (z.B. bei der Ablehnung der Mehrwertsteuer oder der Anti-Kirchhof-Kampagne) brachte der SPD ein zwar stark reduziertes, aber noch halbwegs passables Wahlergebnis. Allein mit der Agenda 2010, insbesondere Hartz IV, hätte die SPD auch die Bundestagswahl 2005 mit Pauken und Trompeten verloren.⁷⁶³ Warum verfolgte man solches Ausbalancieren nicht schon im Regierungsprozess, um unzufriedenen sozialdemokratischen Wählern die Abwanderung zu erschweren?

Die Agenda 2010 war nur mit Hilfe der bürgerlichen Parteien durchsetzbar, sowohl im Bundestag wie auch im Bundesrat (Egle/Zohlnhöfer 2007: 524ff.). Gerade hier gab es keine Blockade, sondern Ermöglichung – bei Verschärfungen durch die schwarz-gelben Oppositionsparteien, die der SPD zugerechnet wurden. Wenn schon eine Politik, die mehr im bürgerlichen als im eigenen Lager akzeptiert wurde, dann war es äußerst riskant, allein auf materielle Erfolge der eigenen Reformen zu setzen (die in der Regierungszeit Schröders

---

⁷⁶¹ Vgl. den DeutschlandTREND April 2003 von Infratest dimap.
⁷⁶² Vgl. DeutschlandTREND Mai 2003 von Infratest dimap.
⁷⁶³ So auch Schmidt (2007: 302).

ausblieben) und die Verkehrung von Parteienkonkurrenz und Bündniskonstellation (vgl. Weßels 2007) einfach hinzunehmen.

(2) *Policy-Schwächen*. Der Agenda 2010 fehlte zumindest ein vorzeigbares Element sozialer Symmetrie, und es fehlten die positiven Angebote für eine schnelle Arbeitsaufnahme, zu der die Betroffenen mit einer Vielzahl negativer Sanktionen gezwungen werden sollten. Der Staat forderte, aber er förderte nicht – so nahm man die Reformen wahr, ganz besonders in Ostdeutschland mit seiner hohen, strukturellen Arbeitslosigkeit.

Die Agenda wurde, weil aus der Not geboren, in der wirtschaftlichen Krise platziert. Dadurch konnten die restriktiven Eingriffe nicht durch einen günstigen Arbeitsmarkt aufgefangen werden. Tatsächlich kumulierten die Negativeffekte. War das Reformprojekt in sich gerecht, etwa im Sinne eines „Alles, was Arbeit schafft, ist gerecht."? Oder war die Agenda nur perspektivisch, das heißt auf längere Sicht gerecht? Etwa dadurch, dass sie den bedrohten Sozialstaat erhält, zukunftsorientierte Handlungsfähigkeit sichert (z.B. durch Umschichtung von Mitteln des Sozialetats für Forschung und Bildung) oder späteres Wirtschaftswachstum ermöglicht. Oder war die Agenda nur kompensatorisch gerecht? Durch das Gegengewicht eines „richtigen" Projekts sozialer Gerechtigkeit – das es nicht gab. Alle drei Positionen wurden vertreten, so dass auch in dieser Kernfrage Unklarheit bestand. Schröder und Clement propagierten die Reformen als in sich und von Anfang an gerecht. Die Parteilinke suchte Gegengewichte. Ein kluger, sozialdemokratischer Stratege wie Fritz W. Scharpf präzisierte ein Projekt schneller Arbeitsbeschaffung (Scharpf 2004) – aber Schröder hatte keine Antennen dafür.

Die Agenda 2010 polarisierte die Öffentlichkeit in zwei gleich große Lager, die einen meinten, die Sozialreformen „gehen zu weit", die anderen sagten, sie „gehen nicht weit genug". Nur wenige fanden die von der Regierung gewählte Dosierung richtig. Mehr als zwei Drittel der Bürger meinten im Juli 2004, die SPD kümmere sich „zu wenig um Ausgleich zwischen Arm und Reich". Vor allem die abgewanderten Wähler hatten die SPD als Partei der sozialen Gerechtigkeit abgeschrieben.[764]

Eine strategische Policy-Schwäche war es auch, zu viele Themen in ein Großprojekt zu packen, bei dem es an Verknüpfungen und Linienführung fehlte. Selbst Insider waren unfähig zu sagen, was alles zur Agenda 2010 gehört. Zwei, drei Einzelregelungen konnten das Gesamtprojekt diskreditieren. Für die meisten war Hartz IV ein Synonym der Agenda 2010.

(3) *Kommunikationsdefizite*. Programmatisch und diskursiv völlig unvorbereitet, war die Agenda ein Tabubruch in einem zentralen Identitätsbereich der SPD – vergleichbar etwa mit einer Empfehlung der Union für den Schwangerschaftsabbruch. Politisch schwierig, in großen Teilen zukunftsorientiert, unter Gerechtigkeitsaspekten durchaus begründbar, war sie kommunikativ eine Katastrophe. Auch „nachgeschobene" – allerdings immer noch nicht einheitliche – Argumente konnten diese nicht auffangen. Dreiviertel der Bürger kritisierten noch im Juli 2004, die SPD habe „den Bürgern nicht genug erklärt, warum die Reformen notwendig sind".[765] Dabei zählt vor allem, was die politische Spitze an überzeugenden Begründungen beizutragen hat, nicht was insgesamt geredet wird.

Der Redenschreiber Reinhard Hesse und der stellvertretende Regierungssprecher Thomas Steg hatten sich bei der Vorbereitung der Regierungserklärung um Wertanbindung und Sinnstiftung für den Instrumentenkasten bemüht, den Schröder dann ausbreitete.

---

[764] Vgl. DeutschlandTREND Juli 2004 von Infratest dimap.
[765] Vgl. DeutschlandTREND Juli 2004 von Infratest dimap.

Schröder hatte das als „Schmus" beiseite gewischt und eigenhändig aus dem Redetext gestrichen. Ihm fehlte das Verständnis für die Notwendigkeiten kommunikativer Vorbereitung und Begleitung. So gingen die in den Reformen enthaltenen, wichtigen Elemente des künftigen, mehr aktivierenden und qualifizierenden statt des nachträglich kompensierenden Sozialstaats weitgehend unter (vgl. Meyer 2004). Eine offensive Begründung und geduldige Erläuterung hätten dies verhindern können. Negativ wirkte sich auch aus, dass schon innerhalb des rot-grünen Lagers das Verhältnis der Agenda zur sozialen Gerechtigkeit unklar blieb. Wenn die Agenda und vor allem Hartz IV für „in sich gerecht" und genuin sozialdemokratisch gehalten wurden, waren die kommunikativen Probleme kaum zu lösen.

Die Einschätzungen eines Nahbeobachters, der bei Rot-Grün mitten drin war, decken sich mit unserem Urteil als externen Beobachtern: „Politik gerät in geringere Glaubwürdigkeitsprobleme, wenn sie den Willen zu Strategie hat. Glaubwürdigkeit ist ja auch eine Frage der Orientierung. Wenn die Leute spüren, da ist was dahinter, dann ist das glaubwürdig, selbst wenn sie es nicht teilen. (...) Es sind oft sehr wertvolle Sachen unter jedem Marktwert verkauft worden. Aus dieser Agenda 2010 hätte einer wie der Kohl ein Vierteljahrhundert-Programm gemacht. So vom Gedöns. Der hätte sich lange überlegt, wann er was macht. Wie oft diese Regierung gute Sachen in Blitzfeuerwerken verschossen hat, ist ja schon traurig."

Vorgezogene Neuwahl

Schröders Unternehmen Neuwahl war ein umstrittener, folgenreicher strategischer Schachzug. Mit *strategischer Kritik* lassen sich Konsistenz, Begründungen, Plausibilitäten überprüfen. Bei einer Frage, in die mehr als rationale Kalkulation einfließt, kann sie nicht über richtig oder falsch entscheiden.

Auffällig sind zunächst Unsicherheiten bei der Bestimmung des strategischen Ziels – von der ersten Stunde an. Franz Müntefering, der nach der schweren Wahlniederlage in NRW am 22. Mai 2005 um 18.28 Uhr vor die Medien ging und die Neuwahl mitteilte, sprach davon, das „strukturelle Patt zwischen Bundestag und Bundesrat" aufzulösen. Das war schon deshalb verwunderlich, weil der Bundesrat bei einer Bundestagswahl ja nicht neu zusammengesetzt wird. Gerhard Schröder begründete etwas später am Abend die Neuwahl mit einem Plebiszit über die Agenda 2010.

Erstaunlich sind diese Begründungsunterschiede, da Schröder gerade in dieser Frage immer wieder den engen Schulterschluss mit Müntefering reklamiert hat. Aber die Neuwahl war eine Schröder-Initiative und Produkt seines *monologischen Strategisierens*. Nach unseren Informationen aus dem Zentrum der Macht kam die Neuwahl-Entscheidung für Müntefering am Nachmittag des 22. Mai überraschend.[766] Er hatte mit Schröder zwar im Vorfeld schon mal über mögliche Alternativen nach der absehbar verlorenen NRW-Wahl gesprochen, aber nie waren sie eingehend Lage, mögliche Szenarien, Optionen und Konsequenzen durchgegangen.[767] Insofern war Müntefering, der Schröder in der Tat die uneingeschränkte Unterstützung der Fraktion nicht zusagen konnte, auf dessen Entscheidung nicht

---

[766] Noch um die Mittagszeit hatte der Kanzleramtschef nach Gesprächen mit Schröder den Eindruck, es komme nicht zu Neuwahlen („Wir machen weiter"). Danach trafen erste, für die SPD besonders schlechte Prognosen von Forsa ein (sie waren schlechter als das tatsächliche Ergebnis), daraufhin suchte Schröder mit Müntefering das Vieraugengespräch.

[767] Der „Deal" zwischen Schröder und Müntefering hieß: „Wenn einer von beiden ‚Nein' sagt, wird die Neuwahlidee nicht weiter verfolgt."

wirklich vorbereitet. Soweit man beurteilen kann, hat er diese Entscheidung nicht abgelehnt, ihr aber auch nicht überzeugt zugestimmt.[768]

Das strategische Ziel bleibt im Dunkeln, damit auch der Kern der ganzen Operation. Ist es schon eigenartig, auf dem Tiefpunkt der Wähler-Resonanz Neuwahlen anzustreben,[769] so ist die Begründung, es gehe um das „Überleben der SPD" (Schröder 2006: 489) erstaunlich. Auch die Begründung als patriotische Tat („staatspolitisch ohne Alternative") leuchtet nicht unmittelbar ein, spielen Fragen von Parlamentsauflösung doch üblicherweise auf einer eher machtpolitischen Ebene.

In seiner ersten Begründung – nach dem „bitteren Wahlergebnis für meine Partei" in NRW – erklärte Schröder, er suche für die „Fortführung der Reformen", für die mit der Agenda 2010 „entscheidende Weichen gestellt" seien, „eine klare Unterstützung durch eine Mehrheit der Deutschen" (Feldkamp 2006: 21). Das hieß also Plebiszit über die Agenda 2010. Abgesehen von den strukturellen Grenzen eines themenbezogenen Plebiszits im Rahmen von Wahlen: sollten Wähler SPD-Abgeordnete vom linken Flügel, die gegen die Agenda 2010 waren, abwählen und damit die SPD schwächen? Wie konnte man die widerstrebende Partei-Linke durch Wahl disziplinieren, wenn man gleichzeitig für die Gesamtpartei ein besseres Wahlergebnis wollte? Welche Aussichten kann man bei der Wahl haben, wenn das gewünschte Entscheidungsthema auf breite Ablehnung stößt, was gerade beim eigenen Wählerpotential der Fall war?

In den späteren Begründungen Schröders trat neben dieses Plebiszit- das Blockade-Argument. Die SPD-Politik werde von der bürgerlichen Mehrheit im Bundesrat blockiert. Die Bundesratsmehrheit verändert sich aber nicht durch Bundestagswahl. Dazu kommt, dass die bürgerlichen Parteien Schröder bei der Durchsetzung der Agenda 2010 in Bundestag und Bundesrat erst die erforderlichen Mehrheiten besorgt haben, die er mit der SPD nicht erreicht hätte.

Ein plausibles strategisches Ziel ist soweit also nicht erkennbar. Normalerweise will eine regierende Koalition bei einer Wahl bestätigt werden. Es war aber lediglich Joschka Fischer, der als in dieser Hinsicht eher einsamer grüner Spitzenkandidat für die Wiederwahl von Rot-Grün kämpfte. Schröder hatte im Interview mit Gunter Hofmann Rot-Grün nicht nur aufgegeben, sondern für unzeitgemäß erklärt: „‚Rot-Grün', sagt Schröder, ‚habe nicht wirklich zu den Problemen gepasst.' (...) Das ‚eigentliche Problem', darum macht er auch jetzt kein Geheimnis, bestand aus Schröders Sicht darin, dass die Kombination Rot-Grün zu dieser ‚gesellschaftlichen Situation', die wir haben, nicht wirklich passte." (Die Zeit vom 09.06.2005). Das klarste – sonst unausgesprochene strategische Ziel – war also negativ: einen Schlussstrich unter Rot-Grün zu setzen. Positiv formuliert hieß das Ziel dann Koalitionswechsel. Rot-Grün hatte seit der Bundestagswahl 2002 die Mehrheit verloren – bei starken Anteilen der Grünen.[770] Wie konnte Schröders Koalitionsvorstellung nach einer rot-

---

[768] Gunter Hofmann berichtete aus einem Gespräch mit Gerhard Schröder: „Hat er dann am Sonntag gemeinsam mit Franz Müntefering endgültig entschieden? Nein, er habe das ‚alleine gemacht', erwidert Schröder. ‚Mitgetragen' habe sein Nachfolger im Amt des Parteivorsitzenden diesen Entschluss." Hofmann nennt Schröder den „Alleine-Entscheider" (Die Zeit vom 09.06.2005). Die unterschiedlichen Begründungen am Wahlabend zeigen, dass noch nicht einmal Zeit für eine einheitliche Sprachregelung war.
[769] Der Meinungsforscher Horst Becker sprach von einer „Entscheidung in fensterlosen Räumen".
[770] Nur im Herbst 2004 gab es eine kurzfristige Erholung (vgl. Zohlnhöfer 2007: 136).

grünen Regierung aussehen? Es blieb eine bürgerliche Mehrheit – zum Zeitpunkt der Neuwahlforderung das Wahrscheinlichste – oder die immer mögliche Große Koalition.[771]

In der Diskussion waren außerdem einige Kalkulationen, die Entwicklungen bei gegnerischen Parteien betrafen. Dem Gründungsprozess der Linkspartei zuvorkommen und sie dadurch schwächen, war eine der vermuteten Überlegungen. Die Unionsparteien überraschen, weil sie zu der Zeit weder über einen Kanzlerkandidaten verfügten noch über ein Programm beschlossen hatten. Beides waren Fehleinschätzungen anderer strategischer Akteure, die auch als sekundäre strategische Ziele – wenn man sie denn verfolgt haben sollte – am Anfang höchst ungewiss und am Ende nicht zutreffend waren.[772] Auch der Hinweis auf den gefährdeten Haushalt 2006 war kein tragfähiger Gesichtspunkt (Zohlnhöfer/Egle 2007: 20f.).

Später, in seiner Autobiographie, zeichnete Gerhard Schröder ein Horrorszenario, zu dem gehörten: Totalblockade der Union; Massenagitation der Medien, bürgerlichen Parteien und Wirtschaftsverbände; Erzwingung des Kanzlerrücktritts durch die Parteilinke; „eine Zerreißprobe nach der anderen" und „Staatskrise" (2006: 489). Bei nüchterner Analyse wäre dies eins von drei oder fünf Szenarien gewesen, die man hätte prüfen müssen. Man spürt: Schröder wollte daran glauben, keine Denkvarianten oder auch nur Modifikationen zulassen. Sein Szenario war rein passiv, ja fast schicksalsmächtig skizziert. Nirgendwo auch nur die Erwägung, wie *Will and Skill* eines aktiven, selbstbewussten Akteurs der schwierigen Lage und weiteren Entwicklung hätten entgegenwirken können. Aber Schröder wollte wohl nicht mehr. Es fehlte ein eigener politischer Wille, der dagegenhält.

Dabei gab es Gesichtspunkte für ein Standhalten: der gerade von Schröder immer wieder beschworene Zeitbedarf für das Greifen der Reformen (der sprach für den spätestens möglichen Wahltermin); die eher zu erwartende Verbesserung der Konjunktur (die auch harte politische Maßnahmen in ein günstigeres Licht rückt); die Stimmungsdemokratie, von der man doch selbst so oft redete und die man beeinflussen kann (auf dem Hintergrund eigener positiver Erfahrungen mit den Stimmungsumbrüchen 1999/2000 oder 2002); schließlich die Grundorientierung erfahrener Politiker, dass man nicht vorzeitig aufgibt, weil man zu oft erlebt hat, wie auch in scheinbar ausweglosen Situationen Unerwartetes geschieht.[773]

Gerhard Schröder persönlich war am Ende mit seinem Latein. Die drei anderen starken Akteure des inneren Kreises folgten ihm nicht (Joschka Fischer und Frank-Walter Steinmeier) oder nur widerstrebend (Franz Müntefering). Sie hatten andere Lage-, Entwicklungs- und Optionseinschätzungen.[774] Wenn einer die Situation als verloren definiert, dann ist sie für ihn verloren. Dann macht es auch für Müntefering keinen Sinn, Schröder zum Weitermachen zu überreden. Wenn einer nicht mehr will oder glaubt, nicht mehr zu können, dann muss er als Regierungschef abgelöst werden.

---

[771] Auch Schröders „staatspolitische" Argumentation lässt sich so verstehen, dass die Reformpolitik eine neue parlamentarische Mehrheit brauchte, entweder eine bürgerliche oder eine der Großen Koalition.

[772] Die wahlentscheidenden Konsequenzen, die sich aus der Personalie Kirchhof ergaben, hätten ebenso bei einem regulären Wahltermin auftreten können.

[773] So generalisierte Willy Brandt seine Erfahrung, „dass es hoffnungslose Situationen kaum gibt, solange man sie nicht als solche akzeptiert." (1989: 83).

[774] Eine Option hätte zum Beispiel sein können, dass Schröder nach der verlorenen NRW-Wahl in die SPD-Bundestagsfraktion geht, dort eine Kabinettsumbildung und eine in Teilen neue Politik für die Zeit nach der Sommerpause ankündigt.

Ein Teil des unsichtbaren Prozesses ist, dass die SPD nicht den Kanzler wechseln und weitermachen konnte, wie sie das 1974 mit großem Erfolg getan hatte. Gerhard Schröder hatte wenige Tage vor der NRW-Wahl mit Matthias Platzeck telefoniert und ihn gefragt, ob er an seiner Stelle Kanzler werden wolle. Der winkte ab. Müntefering hat von sich aus immer erklärt, er komme als Bundeskanzler nicht in Frage. Und es gab keinen unabhängigen dritten Spitzenmann der Partei, der – wie Wehner in der Troika mit Brandt und Schmidt – eingreift, wenn einer nicht mehr will oder kann. Jetzt gab es keine strategische Reserve, auf die Müntefering hätte zurückgreifen können,[775] und niemanden, der Müntefering mit Druck an die Stelle Schröders hätte schieben können. Damit war diese „normale", naheliegende Möglichkeit verbaut, die Mehrheit durch Auswechseln der Nr. 1 zu halten und zu erneuern.[776]

Die rationale Strategieanalyse erreicht den Punkt, an dem die Person ins Spiel kommt. Im rationalen Prozess der Strategiebildung muss der Spitzenakteur prüfen, ob eine Strategie zu ihm passt. Die Doppelrolle (als Spitzenpolitiker und Stratege) verlangt eine Antwort auf die Frage: „Bin ich für eine strategische Konzeption geeignet, entspricht sie meinen Möglichkeiten, halte ich sie durch?" Anders ist es, wenn die persönlichen Eigenarten und Motive die Strategie bestimmen, ungeachtet der rationalen Analyse, und dann noch die Begründungen so manipuliert werden, bis sie mehr zum Akteur als zur Wirklichkeit passen. Etwas in dieser Art lag bei Schröder vor.

Gerhard Schröder hat im Interview mit Gunter Hofmann von einer „Vorwärtsstrategie" gesprochen. Das könnte etwas Licht bringen in ein Manöver, dem ein sicheres, nachvollziehbares, öffentlich kommuniziertes strategisches Ziel und – bei vermutbaren Kalkulationen – eine überzeugende Rationalität fehlt. Eine *kalkulierte* Vorwärtsstrategie, mit Erfolgsaussichten auf der Grundlage überlegener Ressourcen und Stärken, kann man ausschließen. Wohl eher als *Befreiungsschlag* lässt sich die Neuwahl-Aktion verstehen. Er befreit aus inneren Nöten und entspricht dem Persönlichkeitstyp Schröders, der auf schnelles, überraschendes, eindrucksvolles, jedoch kurzfristiges Handeln drängt.[777] Die Befreiung läge darin, aus der als schmachvoll erlebten Defensive[778] herauszukommen, den Gegner wieder angreifen zu dürfen, die eigene Person als einzige Ressource, an die man noch glaubt, ins Gefecht werfen zu können. Schröder – ein Regierungschef, der nicht weiter weiß, aber ein Spieler[779] und ein leidenschaftlicher Wahlkämpfer. Es ist wie beim Poker: biete nicht mehr, habe verloren, jetzt eine neue Runde.[780]

Resümee

Schröder kam als Regierungschef auf eine mittlere Zeitdauer. Erhard, Kiesinger und Brandt hatten kürzere Amtszeiten. Von der Koalitions- bzw. Regierungsformation her gesehen war

---

[775] Wolfgang Clement, von dem man sagte, dass Schröder ihn 2002 auch mit dem Versprechen nach Berlin geholt habe, er könne später sein Nachfolger werden, war 2005 nicht durchsetzbar – nicht bei der Partei, der Fraktion und gewiss nicht bei Müntefering.
[776] Auch unter diesen Gesichtspunkten basiert die Neuwahl-Entscheidung Schröders auf der Schwäche der SPD.
[777] Gunter Hofmann sprach von „einer Art Befreiungskapitulation" (Die Zeit vom 09.06.2005).
[778] Von allen Seiten getrieben, als Kanzler sichtbar gescheitert.
[779] Zur Charakterisierung von Schröder als Spieler vgl. unter anderem Hogrefe (2002)
[780] Auch Manfred Güllner findet in der Neuwahl-Initiative Schröders keinen rationalen strategischen Grund. Für ihn war sie ein „Strategiefehler". In den vorgetragenen Begründungen, da ist er sich sicher, kann das Motiv nicht gelegen haben, vorzeitig aufzugeben. Er vermutet, dass Schröder „keine Lust mehr hatte".

Rot-Grün die kürzeste. Eine abgebrochene, weil als ausweglos definierte Legislaturperiode kommt sicherlich nicht auf die Positivseite einer Bilanz.[781]

Insgesamt lässt sich ein mittleres Niveau bei der Problemlösung resümieren. In der ersten Legislaturperiode gab es, soweit sozialdemokratisch zurechenbar, eine nur schwache Leistungsbilanz, in der zweiten Periode wurde für die Sozialdemokraten alles überragt von der Agenda 2010 – wohingegen die Grünen fast leer ausgingen bzw. mit Verschlechterungen leben mussten.[782] Während bei der Agenda-Politik die Bewertung der Problemlösung kontrovers bleibt, sind die Nebenfolgen empirisch gehärtet.

Wahlpolitisch kam es zu einer Schleifspur der SPD. Es gab eine Serie von zum Teil schweren Niederlagen bei Landtags- und Europawahlen (mit Abstürzen in den 20-Prozentbereich). Bundespolitisch lagen die Wähleranteile am Ende mit 6,7 Prozent hinter dem 1998er und mit 4,3 Prozent hinter dem Wahlergebnis von 2002 zurück. Demoskopisch rutschte die SPD seit der Bundestagswahl 2002 regelmäßig unter die 35 Prozent.[783]

Schwerwiegender, aber damit verbunden war die Abspaltung von der SPD – als Reaktion auf die Agenda-Politik. Die Gründung der WASG speiste sich vor allem aus enttäuschten SPD- und Gewerkschaftsfunktionären. Die Linkspartei.PDS wurde zu einem erheblichen Anteil von SPD-Wählern der Bundestagswahl 2002 gewählt (im Westen ca. 40 Prozent). Ebenso wie die dramatischen Rückgänge bei den Mitgliederzahlen zeigt dies: die Agenda-Politik griff stark in den sozialdemokratischen Identitätsbereich ein.

Eine schwache Leistungsbilanz in der ersten, eine umstrittene Hauptaktion Agenda 2010 in der zweiten Periode, verbunden mit einer Erosion des sozialdemokratischen Wähler- und Parteibereichs, bei Verfestigung einer durch die eigene Politik entstandenen Linkskonkurrenz – Siege sehen anders aus. Die Gesamtbilanz der Grünen ist besser als die der SPD. Sie haben in der ersten Legislaturperiode wichtige Parteiziele, wenn auch mit starken Einschränkungen, durchgesetzt, haben sich – entgegen ihren friedenspolitischen Traditionen – an Kriegen beteiligt und konnten dennoch gleichzeitig ihre Partei zusammenhalten und den Anteil der Wähler am Ende der Regierungszeit gegenüber 1998 sogar noch steigern.

Auch die Bilanz von Schröders *strategischem Leistungsprofil* zeigt neben Stärken eine Reihe gravierender Defizite. Seine situationsorientierte Politik hat insgesamt nicht zu besseren Ergebnissen geführt, als sie bei einem strategischen Politikansatz denkbar waren. Die strategische Kritik konnte an mehreren Punkten vermeidbare Schwächen benennen. Schröders Überzeugung, Politik primär aus der Situation heraus zu machen, hat ihn von strategischem Quer- und Vorausdenken oder auch nur der aktiven Kompensation eigener strategischer Defizite abgehalten. So blieb Situationsstärke mit strategischer Schwäche verbunden. Das schließt freilich gelungene strategische Momente nicht aus.

Positiv waren zum Beispiel Teile seiner strategischen Personalsteuerung: mit Otto Schily die innenpolitische Flanke nach rechts abzusichern oder Rita Süßmuth zur Vorsitzenden der Zuwanderungskommission zu machen und damit der Sache zu helfen sowie die Union zu irritieren. Auch vermochte er verschiedentlich aus seiner Situationsstärke strategischen Gewinn zu schlagen. Dabei ging es um eine *in den Folgen* strategisch relevante Si-

---

[781] Zur möglichen Relativierung sagt der Wahlforscher Dieter Roth, jetzt habe man generell mit kürzerer Regierungsdauer zu rechnen (maximal acht Jahre).
[782] Vgl. dazu auch Egle/Zohlnhöfer (2007: 512ff.).
[783] Seit Oktober 2002 erreichte die SPD keine Werte mehr über 35 Prozent, blieb dagegen häufig unter der 30-Prozent-Marke.

tuations-, insbesondere Krisensteuerung. Dazu gehört das Irak-Thema mit seinen wahlpolitischen Effekten. Auf das Desaster der Bundesagentur für Arbeit mit Hartz, auf die BSE-Krise mit einem neuen Ministerium, einer neuen Landwirtschafts- und Verbraucherpolitik und einer neuen Ministerin zu antworten,[784] sind situationsstrategische Leistungen. Auch die Steuerreform 2000 oder die Vertrauensfrage 2001 zählen zu solchen gelungenen strategischen Manövern. Darüber hinaus finden sich in der Regierungszeit Schröders, was wir *strategische Fragmente* nennen möchten. Dazu gehören nicht voll entwickelte, aber strategisch intendierte Handlungsketten, zum Beispiel in den Beziehungen zu Müntefering, im Verhältnis zur Parteilinken[785], in der Steuerung der Grünen über Joschka Fischer, bei Teilen von Policy-Politics-Verknüpfungen.

Dem stehen strategische Defizite Schröders gegenüber, die hier nur noch einmal in Stichworten zusammengefasst werden: ein schwacher Kompass, geringe Verlässlichkeit des Koordinatensystems, Richtungsunsicherheit; fehlende thematisch-programmatische Linienführung; Schwanken in der Bündnispolitik; wenig kommunikative Linienführung (strategische Kommunikation); mangelnde Kompensation eigener Defizite; strategische Führungsschwäche gegenüber der eigenen Partei; keine erkennbaren Gesamtstrategien.

Die größte Herausforderung für die Strategieforschung wäre ein Beispiel durchweg erfolgreichen Regierens bei schwachem Strategieprofil des Hauptprotagonisten. Das ist bei Gerhard Schröder nicht der Fall. Eine Reihe von Schwächen seines Regierungsergebnisses sind auf Strategiedefizite zurückzuführen. Das gilt insbesondere für sein einziges längerfristiges, „großes", innenpolitische Projekt, die Agenda 2010, für die unzureichende Strategiebildung und unterkomplexe Steuerung charakteristisch waren. Dass die Biographie häufiger an die Stelle von Strategie treten konnte, ist menschlich sympathisch, politisch aber nicht überzeugend.

Regieren, schrieb Schröder sinngemäß, war ihm – anders als Wahlkampf – nicht Herzenssache. Selbst beim Wahlkampf zeigte er sich nicht als Stratege, der das Ganze antizipierend und konzeptionell angeht. Er war immer ein exzellenter Wahlkampfkommunikator, gelegentlich gut in situativer, dabei folgenreicher Themensetzung, die strategische Gesamtkonzeption haben aber andere gesetzt. Sein Credo „Mehr Schröder" ging eher auf das Ego- als auf das Strategie-Konto.

Willy Brandt sagte einmal auf die Frage ob er gewusst habe, dass er Bundeskanzler wird: „Ich wusste nicht, dass ich's werde, aber ich wusste, dass ich's könnte, wenn ich es würde." Gerhard Schröders Einlassung auf die Frage hätte lauten können: „Ich wusste, dass ich's werde, ob ich's kann, hat mich nie beschäftigt." Das Amt war das Ziel, nicht die Amtsführung.

---

[784] Wenn man hier einmal die Frage nach grünen Anteilen beiseite lässt.
[785] „Strategisch" ist es ja auch, wenn man die eigene Partei als von der Linken dominiert sieht, den Kampf nicht mit ihr aufzunehmen, sondern Wege an der Partei vorbei zu suchen – auch wenn es nicht erfolgreich ist. Vgl. dazu Meyer (2007).

Schluss

14 Resümee und Perspektiven

> *Mehr als einmal ist es in der Geschichte der Sozialwissenschaften vorgekommen, dass sich zunächst die Art, über einen Problemkreis nachzudenken, verändert hatte, ehe die präzise Formulierung einzelner Fragen und die Mobilisierung der verfügbaren Hilfsmittel einzelner Fragen und die Mobilisierung der verfügbaren Hilfsmittel zur Beantwortung dieser Fragen nachfolgen konnte.*
> Karl W. Deutsch

Wo stehen wir am Ende dieser Arbeit? Durchaus am Anfang der Forschung zur politischen Strategieanalyse, für die wir versucht haben, einige Trassen zu legen. „So ist denn in der Strategie alles sehr einfach, aber darum nicht auch alles sehr leicht." – man sieht die Mühen analytischer Arbeit und die Missverständnisse kommunikativer Vermittlung vor sich, die Clausewitz (1980: 347) in dieser Sentenz verdichtet.[786] Am Schluss schwieriger Abstraktionen, die an die verwirrenden Erscheinungen vielfältiger Praxis anschließen und das Bild einer anspruchsvollen Handlungsform entstehen lassen, soll Strategie ganz einfach sein.

Unsere Erfahrung ist, dass man auf den Kern der Sache nicht sofort kommt, sondern lange Wege gehen muss. Vieles haben wir erprobt und verworfen, um etwas Licht in die Strategiefrage zu bringen. Es war nicht immer so gradlinig, wie es – so hoffen wir – jetzt aussieht. Das Folgende ist keine „Zusammenfassung". Wir rufen uns wichtige Ergebnisse noch einmal auf, kommentieren sie kurz und fügen Perspektiven an.

Strategie neu denken

Wir selbst haben durch unsere Arbeit begonnen, *anders* strategisch zu denken. Aus Strategie als einem irgendwie mitlaufenden wurde ein systematisch entfaltetes Element der Politik. Regelmäßig verwendet, entsteht so auch ein anderes Bild von Politik. Beobachter und Akteure können sich damit auf eine gemeinsame Plattform stellen. Wenn wir uns rückblickend fragen, wie sich unsere strategischen Denkgewohnheiten durch die Arbeit an diesem Buch verändert haben, nennen wir das „neu", auch wenn wir damit rechnen, auf manchen zu treffen, der sagt: „So habe ich immer schon gedacht."

Strategiebegriff

Mehr noch als anderswo wird bei Strategiefragen ohne tragfähige *Definition* keine Klarheit zu gewinnen sein. Es gibt genug zu klären im Strategiezusammenhang, da ist es sinnvoll,

---

[786] Nach mehr als zehnjähriger, konzentrierter Arbeit hatte Clausewitz gerade mal *ein* Kapitel letztverbindlich abgeschlossen. Danach hätte der gesamte vorliegende Text noch einmal grundlegend überarbeitet werden müssen. „Sollte mich ein früher Tod in dieser Arbeit unterbrechen [was der Fall war, J.R./R.T.], so wird das, was sich vorfindet, freilich nur eine unförmliche Gedankenmasse genannt werden können, die, unaufhörlichen Missverständnissen ausgesetzt, zu einer Menge unreifer Kritiken Veranlassung geben wird (...)." (Clausewitz 1980: 180f.). Dies wurde dann *der* Klassiker der Strategie-Literatur.

sich einig zu sein, worüber man redet. Die Begriffsbestimmung muss für Akteurreflexionen und externe Kontexte offen sein, sich aber gleichzeitig von anderen Formen nutzen- bzw. erfolgsorientierten Handelns abgrenzen lassen. Das geschieht mit der Definition von Strategie als erfolgsorientiertem Konstrukt situationsübergreifender Ziel-Mittel-Umwelt-Kalkulationen. Die scheinbar grundlegende Ziel-Mittel-Relation gewinnt erst durch die Zusätze ihre eigentliche strategische Qualität.

Situationsübergreifend unterscheidet von der Taktik und anderen begrenzten Handlungsformen, lässt aber die Frage offen, wie ausgedehnt Handeln in zeitlicher Hinsicht sein muss, um als strategisch zu gelten. Strategisches Handeln findet immer in Situationen statt, ist aber situationsübergreifend orientiert. Strategische *Ziele* müssen geschärft werden, wenn sie die ganze Strategielogik in Gang setzen sollen. *Umwelt* ist häufig entweder zu breit oder zu eng gefasst; erst durch Filter – wie zum Beispiel das Orientierungsschema – können für den strategischen Akteur relevante Ausschnitte identifiziert werden. *Kalkulation* ist der theoretisch und praktisch schwierigste, am geringsten erforschte und vom Akteur am wenigsten systematisch reflektierte, aber höchst folgenreiche Punkt. Über den Begriff des Konstrukts betont unsere Definition den Akt konstruktivistischer Modellierung im Strategieprozess. Schließlich öffnen wir das Bedeutungsfeld des Strategischen über das strategische Kontinuum, das die Aufmerksamkeit auf unterschiedliche Grade strategischer Elaborierung richtet.

Strategie ist nicht per se das Langfristige oder das besonders Wichtige. Es gibt auch kurz- und mittelfristige Strategie sowie Strategien für weniger wichtige Fragen. Die jeweilige *strategische Einheit* legt den kalkulatorischen Rahmen fest. Die Kategorie einer strategischen Einheit erscheint simpel, hat aber für die Verständigung über Strategie weit reichende Folgen. Danach sind nicht mehr das Langfristige und Relevante als solche strategisch – wie verbreitete Annahmen sagen –, der jeweilige Anwendungsbereich von Strategie wird vielmehr vom Akteur selbst definiert. Das Element des Situationsübergreifenden bleibt charakteristisch für Strategie, über die jeweilige Ausdehnung entscheidet aber die strategische Einheit. Es kann gute Gründe geben, Strategien für einen Parteitag, eine Kampagne, einen Wahlkampf festzulegen (alles zeitlich eher begrenzte Handlungsketten), dann sind Situationen Subeinheiten dieses übergeordneten Handlungszusammenhangs.

In der Konsequenz ist Strategie keine Sonntagsfrage mehr, bei der über die ferne Zukunft und das ganz Bedeutende gesprochen wird. Strategie wird in den Alltag hineingezogen und zum Muss eines jeden Politikers. Damit kann man sich nicht mehr von dem Anspruch entlasten, selbst strategisch zu denken und zu handeln.

Strategisches Moment

Am besten ist, das *strategische Moment* geht in der strategischen Denkweise auf, sei es vorbewusst, sei es kognitiv schematisiert. Am zweitbesten ist, man macht es zu einem Merkposten, der aufgerufen wird, wenn das strategische Problem besonders schwierig und die gängigen Instrumente den Akteur etwas ratlos lassen. Am schlechtesten ist, bei Strategie fällt einem mal dies, mal jenes oder alles zugleich ein. Selektion, Abstraktion und Zuspitzung gehören immer zum Geschäft des Strategischen.

Merken muss man sich drei Begriffe, die das strategische Moment zusammenhalten: das Übergreifende, das ziel- und erfolgsorientiert Kalkulatorische und der springende Punkt. Das *Übergreifende* ist schon deshalb anspruchsvoll, weil fachliche Spezialisierung in der Wissenschaft und Ressortorientierung in der Politik prägende Muster sind, gegen die das Synoptische einen schweren Stand hat. Es bleibt, weil schwerer methodisch kontrollierbar und „messbar", dem Verdacht geringerer Professionalität ausgesetzt. Das *ziel- und erfolgsorientiert Kalkulatorische* baut auf dem Synoptischen auf und kommt als Leistung weder durch Formeln noch durch Rechenmaschinen zustande. Taugliches Kalkulationswissen ist rar, bleibt auch bei Weiterentwicklung nicht standardisierbar, vielmehr auf Verbindungen mit Intuition und Kreativität angewiesen. Erst im Zusammenhang von Methodik, Inspiration und Urteilsfähigkeit wird der Blick auf den *springenden Punkt* frei, der aus der Fülle von Gesichtspunkten den strategisch ausschlaggebenden Aspekt zeigt.

Der innere strategische Prozess

Der Strategieprozess ist kollektiv und sichtbar, ein wesentlicher Teil vollzieht sich aber über innere Prozesse individueller Akteure. Darüber wissen wir bisher fast nichts. *Strategische Denkweise* typisiert einen strategischen Denkmodus, den wir aus Interviews mit strategischen Akteuren gewonnen haben. Das *Orientierungsschema* ist ein empirisch gestütztes, systematisiertes und idealtypisch zugespitztes Schema, das Party-Government-Akteure im gesamten Strategieprozess orientiert. Ohne eine solch basale Orientierungshilfe wären Strategieakteure im breiten, unaufhörlichen Politikstrom von Parteiendemokratien verloren. Sicherheit entsteht aus dieser Rahmung allerdings nicht, bleiben die Akteure doch mit den inneren und äußeren Konflikten konfrontiert, die sich aus den Orientierungsgrößen ergeben. Das gilt vor allem für das grundlegende Spannungsverhältnis zwischen Problem- und Konkurrenzpolitik. In unübersichtlichem Terrain hilft ein personenspezifischer *strategischer Kompass* als Wegweiser. Er ist ein individuell aus bevorzugten Werten, grundlegenden Zielen, dominanten Wegen und Mitteln zusammengebautes, normativ-instrumentelles Instrument der Kursbestimmung. Auch der *Strategiestil* ist individuell gestaltbar, er zeichnet den charakteristischen Umgang mit strategischen Fragen. Was immer von außen an Einflussnahmen, Ereignissen, Beratungen auf ihn einwirkt, beim permanenten strategischen Selbstgespräch ist der Spitzenakteur allein.

Der kollektive strategische Prozess

Politische Strategie beginnt nicht mit der Strategiebildung, sondern mit dem Aufbau der Handlungsfähigkeit von Kollektivakteuren (Partei, Regierung, Opposition). Den dynamischen Gesamtprozess politischer Strategie, der aus den drei Grundelementen Strategiefähigkeit, Strategiebildung, strategische Steuerung besteht, haben wir – mangels eines geeigneten deutschen Begriffs – als *Strategy-Making* bezeichnet.

Strategiebildung ist eine große kognitive Herausforderung, *strategische Steuerung* braucht ein breites Spektrum von Leistungen, aber ohne Aufbau und ständige Reproduktion der *Strategiefähigkeit* des Kollektivakteurs laufen selbst bemerkenswerte Kompetenzen ins Leere. Aufbau und Sicherung eines *strategischen Zentrums* ist zentrale Voraussetzung von Strategiefähigkeit. Die Aktiven müssen ein solches Zentrum verstehen, akzeptieren, tragen – „unterwerfen" müssen sie sich nicht. Darin liegt auch eine der demokratischen Bindungen der Strategiefrage. Strategiefähigkeit allein oder auch nur primär als eine Frage von Leadership anzusehen, geht fehl. Immer kommt es auf strategiefähige Führungs- *und* Kollektivakteure an. Leader können nur im Zusammenspiel mit Kollektivakteuren ihr Potential realisieren. Der gesamte Strategieprozess, so unsere Position, ist vom Kollektivakteur her zu denken.

Systemdifferenzen

Das Strategy-Making zeigt ein europäisches Profil. Die stärker kollektiv-strategische Komponente unterscheidet das europäische Party-Government vom eher individualisierten US-amerikanischen Politiksystem und setzt damit auch Grenzen einer „Amerikanisierung" auf dem strategischen Feld.

Es ist nicht primär der institutionelle Unterschied zwischen parlamentarischen und präsidentiellen Systemen, der die Differenz zwischen den USA und Europa ausmacht (auch Frankreich mit seinem semi-präsidentiellen System tickt europäisch), es ist vor allem der Unterschied zwischen *europäischem Party-Government* und dem *US-amerikanischen Non-Party-Government*: das Wirken von Parteien, die den gesamten Politikprozess strukturieren (Europa) oder, wie Wüstenblumen, nur durch den warmen Regen des Wahlkampfs zum Leben erweckt werden (USA).

Die Schwäche der kollektiven Dimension bewirkt stärker individualisiertes politisches Rollenhandeln (als Präsident, Abgeordneter, Senator), dieses wiederum schwächt den Kollektivakteur Partei zusätzlich (vgl. Arterton 2007). Der Aufbau und Erhalt kollektiver Strategiefähigkeit – als Basiselement des gesamten Strategy-Making – ist für den Akteur Partei in den USA nur punktuell, in Europa aber durchgehend erforderlich. Auf der Systemebene enthält das europäische Party-Government, soweit es vitale Parteien ermöglicht, mehr kollektive Gegengewichte zu strategischer Verselbständigung als hoch individualisierte Systeme wie das der USA mit einem „politischen Kleinstunternehmertum, bei dem jeder für sich Strategie kauft. Bestimmte Elemente von Strategieentwicklung sind bei uns in die mehr kollektiven Politikformen eingebracht." (Reinhard Bütikofer). Die europäische Parteiförmigkeit von Politikprozessen erzwingt die fortwährende Rückbindung politischen Handelns an Parteiidentität und parteigetragene Richtungsbestimmungen sowie die Stabilisierung von Geschlossenheit – kollektive überformt individuelle Strategiefähigkeit.

Optimierung politischer Praxis

Unser Versuch einer Grundlegung denkt an Wissenschaft *und* an Praxis. Nun ist klar, dass die Praxis einerseits im Einzelnen weiter ist, andererseits mit Grundlagen unmittelbar nicht viel anfangen kann. Optimierung könnte bedeuten, von den Grundlagen aus im Horizont der Praxis weiter zu denken. Die Grenze der Generalisierung gilt nicht nur für Wissenschaft, sondern auch für Praxis. Praxis zerfällt in eine Vielzahl unterschiedlicher Akteure und Arenen. Selbst „Grundlagen" werden zum Steinbruch, in dem man sich je nach Interesse unterschiedlich bedient. In unserer Analyse von Akteuren des Party-Government sind zum Beispiel Konkurrenz und Wahl von hervorgehobener Bedeutung. Für Gewerkschaften, Bürgerinitiativen oder soziale Bewegungen sieht das in Teilen anders aus. Aber auch für die hier diskutierten parteiförmigen und parteifokussierten Akteure sind Optimierungen möglich. Fünf Vorschläge könnten lauten: Mehr Wertschätzung für Strategiefragen. Bei Rekrutierung Strategie berücksichtigen. Integriert institutionalisieren. Mehr strategische Gelegenheiten schaffen. Gezielte Vermittlung professionellen Strategiewissens.

Positive Wertschätzung

Es gibt Grenzen von Strategie, aber es existieren keine systematischen Gründe, die dagegen sprächen, den Strategiefaktor in der Politik auszubauen. Das beginnt bei der positiven

Wertschätzung von politischer Strategie als einem eigenen – bisher vernachlässigten – Feld mit diskursiven, personellen, professionellen Umrissen.

Im Vergleich zur Ökonomie oder dem Profisport ist der Aufholbedarf der Politik bei der Professionalisierung von Strategie erheblich. Oft erscheint die Politik überfordert. Erhebliche Teile der Überforderung resultieren aber auch aus dem Leerlauf des Dabeiseins, dem Sichzeigen und den vielen Zeit fressenden Routinen. Wir sehen einen falschen Umgang der politischen Praxis mit Strategiefragen, eine Selbstunterforderung auf einem für Politik zentralen Feld und problematische Priorisierungen. Für die politische Führung sind Strategiefragen ein letztes Quasi-Monopol, das sie gemeinsam nach außen abschirmen, ohne intern diskursfähig zu sein.

Angesichts der Verspätung von Politik und Politikwissenschaft in der Strategiefrage gibt es ein beträchtliches Potential von Rationalisierungsreserven. Es erschließt sich aber erst nach der Anerkennung von Defiziten – eine Mindestform positiver Wertschätzung.

Rekrutierungsprofil

Politische Führung braucht in dem, was wir Unterstützungskomplex nannten, verbreitete Qualifikationen. Die Stellenstrukturen lassen in den westeuropäischen Ländern mit ihren divergierenden Verfassungs- und Rechtstraditionen nur unterschiedliche Realisierungsgrade zu, aber für ein erweitertes Rekrutierungsprofil gibt es Konvergenzen. *Policy-Wissen* bleibt grundlegend, vor allem im staatlichen Bereich, verbunden mit vertieftem Wissen über Institutionen und Verfahren. Auf den Ebenen Regierung, Opposition, Partei tritt aber eine Trias von Kommunikations-, Demoskopie- und Strategiewissen in den Vordergrund. Intern muss davon soviel aufgebaut werden, dass auf diesen Feldern produktive Anschlüsse an extern angebotenes Spezialwissen möglich sind.

Kommunikation gewinnt angesichts der Verflüssigung struktureller Determinanten von Präferenzen immer mehr an Bedeutung, sie wird im legislativ-administrativen Gehäuse deutscher Politik aber immer noch verkannt. *Demoskopie* kann, vor allem wenn ihr eine kommunikative Wende zu Formen dialogischer Demoskopie gelingt, Brücken schlagen von der Policy-Produktion zur Politikvermittlung. *Strategie* erschließt ein Spezialwissen und ist zugleich Kandidat für die synoptische Klammer von Aspekten, die zu Spezialisierung und Situationsbegrenzung tendieren. Sie ist aber nicht eine „Königsdisziplin" mit offener oder heimlicher Führungsrolle, sondern bestenfalls eine neue Disziplin in einem politischen Teamwork.

Integrierte Institutionalisierung

Strategie wäre als spezialisierte Rolle im strategisch informierten Team zu institutionalisieren. Sie ist immer angewiesen auf interne und externe Zusammenarbeit mit Experten für Policy, Kommunikation, Demoskopie. Wichtig wird das funktionale Zusammenwirken dieser Kompetenzfelder, zu verhindern sind vom Politikprozess abgetrennte Strategieeinheiten – wie auch immer sie heißen mögen.

Spitzenpolitiker können, sie müssen aber nicht strategisch elaboriert sein. Man kann durchaus mit einem strategischen Minimum in solche Positionen kommen. Die Steuerungsakteure der zweiten Ebene sollten eine besondere Kompetenz darin haben, das Strategische mit dem Operativen zu verbinden. Erst die Unterstützung der ersten und zweiten Ebene, der institutionell an Spitzen- bzw. Steuermann angeschlossene Stab (dritte Ebene), verträgt die spezialisierte Rolle des Strategen als Teil eines Teams, in dem andere Grundqualifikationen präsent sind. Das Team kann auch – stärker kompensatorisch – entsprechend den Kompetenzprofilen (und -defiziten) auf der Ebene der Spitzen- und Steuerleute gebildet werden.

Eine Umfunktionierung von Stellen ist häufig sinnvoll, weil nicht von vornherein klar ist, wie die erforderlichen Kompetenzen personell verteilt (und miteinander verbunden) sind und in welchen Konstellationen man strategische Politik machen muss. Nicht selten bringt ein Regierungschef zum Beispiel eine Mannschaft mit, die sich zuvor auch strategisch in Partei, Wahlkämpfen oder Opposition bewährt hat. Sie wird nicht einem „idealen Organigramm" entsprechen, sondern muss auf zur Verfügung stehende Positionen verteilt werden.

Strategische Gelegenheiten

Man muss Gelegenheiten für strategische Arbeit, Gespräche, Beratungen schaffen und nutzen. Es gibt tausend Wichtigkeiten für Spitzenpolitiker – die Zeit für gezielte strategische Reflexion ist meist nicht dabei. Es geht nicht unbedingt um Änderungen von Strukturen, wichtiger sind erweiterte Kriterien bei der personellen Rekrutierung und eine integrierte – auf vorhandenen Strukturen aufbauende – Institutionalisierung. Nicht zuletzt gehören dazu Veränderungen des Terminkalenders von Spitzenpolitikern. In ihren Autobiographien bedauern sie hinterher, sich nicht genügend Zeit für strategische Fragen genommen zu haben, sprechen wie zum Beispiel Willy Brandt vom „Terror des Terminkalenders" (1978: 304) – allerdings bleibt solche sympathische Selbstkritik als Ritual nachträglichen Bedauerns für die Politik irrelevant.

Das Bild „strategischer Räume" soll die Befassung mit Strategiefragen in der Politik fördern. Das unterstützen wir. Die Metapher führte aber in die Irre, wenn man sie vor allem als zusätzliche Institutionalisierung verstünde. Uns geht es um strategische Dimensionierung und Professionalisierung des strategischen Prozesses, um die Verschiebung von Aufmerksamkeiten innerhalb vorhandener, nicht unbedingt zusätzlicher Strukturen.

Gezielte Vermittlung

Häufig wird elaboriertes Strategiewissen die Spitzenakteure nicht erreichen. Auswahlprozesse, massive Restriktionen politischer Praxis, Selbstüberschätzung relativieren die Bedeutung professionellen Strategiewissens und Know-hows für die Spitzenakteure. Die *Doppelrolle* als Spitzenpolitiker und Stratege erschwert nüchtern-analytische Strategiebildung und Steuerung zusätzlich. Obwohl man sich Formen eines strategischen Coaching vorstellen kann und Spitzenpolitiker gelegentlich selbst Neigungen vertiefter Strategieanalyse folgen, wird es für sie vor allem auf die Anschluss- und Kommunikationsfähigkeit gegenüber einem professionalisierten strategischen Sektor ankommen.

Im Mittelpunkt von Professionalisierungsprozessen der Praxis stehen die *strategischen Apparate* sowie die *externe Beratung*. Dort sind die Akteure, die durch Einfluss auf Spitzen- und Steuerleute zur sekundären Professionalisierung beitragen können. Wichtig ist aber auch ein *Strategizing* strategisch nicht spezialisierter Bereiche, um die wechselseitige Anschluss- und Kommunikationsfähigkeit zu verbessern. Dann entstehen Wissensbereiche wie strategische Politikfeldanalyse, strategische Kommunikation, strategische Demoskopie. Die Strategisierung der politischen Administration, nicht nur an der Spitze eines Ressorts, wäre ein großes Aufgabenfeld.

Für all das muss sich ein *Angebot* professionalisierten Strategiewissens entwickeln. Fraglich ist, ob das in verschulter Form durch feststehende Institutionen und Programme geschehen soll. Eher denken wir an lose Netzwerke fragmentierter Wissens- und Vermittlungsagenturen: teilspezialiserte akademische Forschungs- und Lehreinrichtungen, strategische Freelancer, öffentliche Strategieforen. Das entspräche vermutlich besser den Offenheitsstrukturen und Kreativitätserfordernissen strategischer Politik.

Ein neuer Approach: Politische Strategieanalyse

Wir haben keine sozialwissenschaftliche Theorie gefunden, aus der man den strategischen *Approach* unmittelbar hätte entwickeln können. Statt unsere Energie auf die Brücken- und Anschlussarbeit zu konzentrieren, haben wir im Grundlagenabschnitt ein eigenes, positives Rahmenkonzept entwickelt, das von politischer Praxis und komplexer Strategie ausgeht.

Strategie wurde politikwissenschaftlich bislang kaum oder – spieltheoretisch – durch Deduktion und Reduktion systematisiert. Wir schlagen eine Position vor, die zwischen bloßer Deskription und einer Theoriebildung mit minimalistischen und deterministischen Zügen liegt. Eine solche Position mittlerer Reichweite und Abstraktionshöhe hat auch am ehesten Aussicht, Erfordernissen politischer Praxis zu entsprechen. Man muss sich entscheiden, welcher Variante man folgen will und welche Kosten man damit zu tragen bereit ist. Wir sind gegen Deduktion und Reduktion, weil beides zu Übersimplifizierungen beiträgt, mit denen weder die Erklärung noch die Orientierung strategischen Handelns viel anfangen kann. Unsere Gegenbegriffe heißen Reflexion und Komplexität.

Deduktion leitet aus Positionen, Rollen, unterstellten Präferenzen, Umweltmerkmalen strategische Akteurintentionen ab, ohne sich auf die Erwägungen der Handelnden einzulassen. Damit wird der innere Prozess strategischer Akteure zu einer Black Box. Wir gehen nicht davon aus, a priori zu wissen, was Akteure bei ihren strategischen Handlungen antreibt. Unsere empirisch angeschlossene, systematisierende Suche gilt der praktisch-strategischen *Reflexion* aus strategischer Denkweise, strategischem Kompass, Strategiestil, Orientierungsschema und Kalkulation, mit denen der Akteur seinen inneren strategischen Prozess strukturiert.

Reduktion steht im Gegensatz zu einer wissenschaftlichen *Komplexität*, die auf die Höhe empirischer und praktischer Komplexität kommen will. Ein Mindestmaß an Reduktion ist notwendig, um Wissenschaft arbeitsfähig zu halten. Sie darf jedoch nicht falsch ansetzen oder zu simplifizierenden Fehlschlüssen führen. Das bewirkt Reduktion, wenn sie zum Beispiel die Umwelt des Akteurs durch einfache, formalisierbare Interaktionsbeziehungen stilisiert. Dagegen haben wir eine Vorstellung von Umwelt als dynamischen, widerspruchsreichen Kontexten, in denen sich reale Akteure orientieren müssen. Diese Umwelt ist zwar strukturiert (z.B. als Öffentlichkeit, Problem- oder Konkurrenzpolitik), die Ergebnisse aktiver und strategisch kalkulierender Auseinandersetzung mit ihr aber sind nicht determiniert.

Eine Besonderheit der hier entwickelten politischen Strategieanalyse liegt in ihrer theoretischen und praktischen Anschlussfähigkeit. *Politische Strategieanalyse* geht über das gängige Verständnis von Approach als Teil einer Erklärungswissenschaft hinaus. Sie will zur Erklärung *und* Orientierung strategischer Politik beitragen. Strategie könnte ein Schlüsselthema für eine stärkere Praxisorientierung der Politikwissenschaft sein. Man kann von anderen Ausgangspunkten zur Idee einer (auch) praktischen Politikwissenschaft kommen – vom strategischen Startpunkt aus erschien sie uns zwingend.

Grundlegende Voraussetzung für die Weiterentwicklung einer so angelegten politischen Strategieanalyse wäre eine – über das Gewohnte hinausgehende – Öffnung der Wissenschaft zur Praxis und eine Öffnung der Praxis hin zu Systematisierungs- und Strukturierungsangeboten der Wissenschaft.

Demokratisierung politischer Strategie

Strategie ist Teil von Demokratie, sie steht nicht gegen sie. Strategien waren in der Demokratie von Anfang an legitim. In der griechischen Polis wie in der neuzeitlichen Demokratie seit der Französischen Revolution von 1789 blieb Strategie nicht nur ein Mittel der Herrschenden, sondern wurde ein wichtiges Einflussinstrument der Politik von unten. Auch die Demokratisierung der (halb-)autoritären Systeme im 19. und 20. Jahrhundert war auf Strategien angewiesen.

Strategie ist ein Kind der Demokratie, aber ein schwieriges Kind. Rationale Zielverfolgung kann durch sie gewinnen. Aber in der modernen Konkurrenzdemokratie steht ihr auch einiges entgegen: Vertrauensmangel unter den Politikern einer Formation, Dauerkonkurrenz zwischen Parteien, der Kampf zwischen Regierung und Opposition, unterschiedliche Demokratievorstellungen und manches andere.

Wir unterstreichen drei Punkte. Strategie und Beteiligung schließen sich nicht aus. Strategischer Diskurs und strategische Kritik sind nur in der Demokratie möglich. Die Idee (und Praxis) balancierter Strategie schafft ein Gegengewicht zu strategischer Verselbständigung.

Beteiligung

Strategie ist zwar in besonderer Weise eine Führungs-Aufgabe, aber ohne Beteiligung kann Leadership nicht erfolgreich sein. Man muss sich kollektiv für Strategie fähig machen: ohne Strategiefähigkeit des Kollektivakteurs läuft nichts bei strategischer Politik. Insbesondere bei Programmfragen ist die breitere Beteiligung des Kollektivakteurs gewünscht und notwendig – sie schafft eine wesentliche Rahmenbedingung für die Entfaltung von Strategiekompetenz. Beteiligung ist in der Demokratie notwendig, um eine Strategie im Steuerungsprozess erfolgreich zu realisieren.

Wo Führung die Aktiven auch am Strategiefindungsprozess beteiligt, ist das „Rohlings-Modell" (Fritz Kuhn) ein Weg, trotz der notwendigen strategischen Initiativen und Vorschläge von oben inhaltliche Einflusschancen von unten zu ermöglichen. Auch das „Leitplanken-Modell" (Matthias Machnig) lässt Mitwirkungsmöglichkeiten. Danach können Gremien durch Beschlüsse strategische Leitplanken schaffen für die zentralen Multiplikatoren und deren Kommunikationsprozesse, ohne dass im Einzelnen der strategische Hintergrund bestimmter Vorschläge offen gelegt werden müsste. Wo Führung die Aktiven ganz aus dem Strategieprozess ausschließt, gar Richtung und Strategie ohne Mitwirkung gleichzeitig ändert, entstehen massiv Probleme von Reziprozität, ja Solidarität in Freiwilligenorganisationen. Innerhalb der Administration variiert die Beteiligung durch Spitzen- und Steuerleute, hier ist es aber keine Frage der Demokratie, sondern von Strategiestilen und Effizienzerwägungen.

Strategischer Diskurs und strategische Kritik

Transparenz und *Öffentlichkeit* sind zentrale Kriterien von Demokratie. Sie können ebenso gegenüber Strategie in Anspruch genommen werden. Strategie in der Demokratie muss sich lösen von der Arkantradition autoritärer Systeme. Das auch in der Demokratie, zum Beispiel aus Konkurrenzgründen, geheim zu Haltende bleibt prinzipiell der Verantwortung und Kontrolle unterworfen.

Anspruchsvolle *strategische Diskurse* sind auch gegen die Banalisierung von Strategie – als Talk und Passepartout – zu setzen. Es gibt noch keine Kultur strategischer Diskurse. Über Strategien kann aber, wie über Ziele, Führungspersonen, Ideen und vieles andere, öffentlich rational diskutiert werden. Da immer Kollektivakteure involviert sind, ist die Vermittlung interner und externer Öffentlichkeit wichtig. Strategien zum Beispiel in einer Großen Koalition und aus ihr heraus interessieren – fast „naturgemäß" – die gesamte Gesellschaft.

Man muss nicht alle Voraussetzungen, Begründungen, Hinterabsichten, Implikationen von Strategien mitteilen, um über strategische Leitgesichtspunkte gewinnbringend öffentlich diskutieren zu können. Nicht dass, sondern *wie* strategisch gedacht und gehandelt wird, muss zum Gegenstand *strategischer Kritik* werden. Begründete strategische Kritik ist der wichtigste Katalysator guter Diskurse.

Balancierte Strategie

Wir haben Licht- und Schattenseiten strategischer Politik betont. Wenn Strategie ein *notwendiges* Mittel erfolgreichen kollektiven Handelns in der Demokratie ist, so bleibt sie zugleich ein *gefährliches* Mittel. Immer geht es um die mangelnde *Balancierung* strategischer Politik, die aus komplexer Strategie Zerrbilder von Strategie macht.

Strategie besteht sowohl aus Komplexität wie aus Zuspitzung. Vereinseitigung aber greift den Komplexitätskern an und führt auf schiefe Ebenen. Sie fängt bei den Strategievorstellungen an, die Strategie auf Macht reduzieren. Die *Einbettung* in eine demokratische Ordnung responsiver Wechselbeziehungen zwischen Führung, Parteien und Bürgern ist gestört, wenn Strategie als ausschließendes Herrschaftsmittel verstanden wird. Die Machtbalance kann einseitig zu Gunsten der Herrschenden verschoben, Partizipation mit angeblichen strategischen Sachzwängen zurückgedrängt, Arkanpolitik ausgebaut werden. Zudem droht die Balance zwischen Gewählten und Beratern zu kippen, Demokratie zur Fassade für graue Eminenzen zu werden. Der Einsatz strategischer Mittel zur Herstellung innergesellschaftlicher Freund-Feind-Beziehungen, von denen sich Akteure Vorteile versprechen, unterminiert die Legitimität demokratischer Ordnung.

Wir haben schon im Demokratie-Kapitel auf ein weites Störpotential durch eine Verselbständigung von Strategie als Herrschaftsmittel hingewiesen. Es geht um die Möglichkeit eines doppelten Elitenversagens: zum einen das Versagen politischer Eliten (insbesondere der Spitzenleute) bei der Entwicklung eines konstruktiven Prozesses von Strategy-Making, zum anderen das Versagen beim verantwortlichen Umgang mit den Gefährdungen strategischer Politik.

Das Gefährdungspotential nimmt zu, wenn attraktive Teilkomponenten strategischer Politik ungleichzeitig expandieren. So wachsen Versuchungen durch verfeinerte Möglichkeiten der Markt- und Mediensteuerung (Public Relations, Marketing, Medienressourcen, Spin-Doctoring, Permanent Campaigning). Die Verbreitung des Repertoires symbolischer

Politik, insbesondere über extreme Personalisierung, schafft Ablenkungsmöglichkeiten für Politikversagen. Problemlösung ist schwieriger als die Produktion der Bilder von „Problemlösern". Der Professionalisierungszuwachs bei Marketing und Public Relations lenkt Aufmerksamkeiten und Ressourcen auf den schönen Schein von Politik. Die voranschreitende Mediatisierung kommt dem als Anreiz entgegen.

Die bisher überwiegende Herkunft von Strategieberatern aus diesem, im weitesten Sinne symbolischen Sektor tut ihr übriges. Eine strukturelle Schwäche von Policy-Akteuren bei komplexer Strategie, wie sie oben als These entwickelt wurde, gefährdet eine angemessene Balancierung schon auf der Beraterebene. Auch deshalb ist es gut, vertieftes Problemlösungswissen in die Strategiekompetenz einzubauen. Strategie ist nicht Machttechnik. Wir verstehen sie als ein integriertes Konzept, bei dem Gestaltungsziele und normative Prämissen Ausgangs- und Bezugspunkte sind.

Strategie prägt

Strategie entfaltet ihre Funktionen nicht nur als Hilfswissen emotionsloser Zweck-Mittel-Beziehungen, sie prägt diejenigen, die sich darauf einlassen. Strategie ist eine *Schule des Realismus*. Sie zwingt zur Auseinandersetzung mit Realitäten, die wesentlich über Erfolg und Misserfolg entscheiden. Wer die Lageanalyse mit Wunschdenken beginnt, hat schon verloren. Kräfteverhältnisse, eigene Schwächen, Stärken des Gegners – der Stratege muss „schonungslos" sein. Optionen, Kalkulationen, „harte Entscheidungen" nüchtern – in Sichtweite zu Realitäten – aus. Wer das „Reich der Gedanken" (Heinrich Heine) nicht verlassen will, muss es nicht, taugt aber auch nicht als Ratgeber für das Wirksamwerden von Ideen in der Wirklichkeit. Strategie ist ein *Feld intellektueller Disziplin*. Sie lädt dazu ein, eine Methodik zu entwickeln und zu praktizieren. Ordnung, die die Politik zwar nicht aufdrängt, die sie aber zulässt und die sie für erfolgreiches Operieren braucht, wird durch Strategie erleichtert. Die Strukturierungs- und Ordnungsgewinne, die in Strategie liegen, bedürfen intellektueller Disziplin. Strategie ist auch ein heiteres Feld, ein *Spiel der Kreativität*. Das schwungvolle Kombinieren, die nicht erzwingbaren, aber notwendigen Einfälle, das Aha-Erlebnis des springenden Punkts – alles Spiele gerichteter Phantasie. Immer gilt: Strategie wirkt, auch wenn man nicht darüber schreibt oder liest.

Glossar

Dieses Verzeichnis dient der Zusammenstellung von Zentralbegriffen politischer Strategieanalyse. Alle aufgeführten Begriffe werden im Text ausführlicher erläutert. Die Sammlung enthält sowohl Neologismen als auch hier mit spezifischer Bedeutung belegte Begriffe, die in anderen wissenschaftlichen Verwendungskontexten oder im allgemeinen Sprachgebrauch teilweise abweichend verwendet werden.

Adressat
Der Adressat strategischer Politik sind die Bürger/Wähler. Auch wenn sie häufig an den direkten Interaktionen politischer Akteure nicht beteiligt sind, bleiben sie zentraler Bezugspunkt strategischen Handelns. Für den Strategieakteur sind folgende Ausschnitte und Wirkungsformen des Bürgers besonders relevant: Wähler, Bürger als Befragte, medienvermittelte Bürger, Bürger als Organisierte, direkte Bürgerkontakte, Bürger-Proteste.

Arenen
Arenen sind abgegrenzte, institutionalisierte Felder von Aktionen und Interaktionen. Im hier verwendeten Sinne sind sie kein Ort, sondern Konfigurationen von Faktoren, die Handlungen strukturieren. Zu jeder Arena gehören spezifische institutionelle Rahmenbedingungen, Akteurskonstellationen und Arenenlogiken.

Eigenaktion
Eigenaktion bezeichnet die monologischen, idealtypisch von externer Beeinflussung gelösten Formen eines Für-sich-Handelns. Sie berücksichtigt in geringerem Maße potentielle Wechselwirkungen als die direkte Interaktion. Eigenaktion betrifft vor allem die Festlegung des Kollektivs in Bezug auf Themen, Personen, Symbole (Selbstdefinition) und die vom Akteur betriebene Selbstpräsentation. Bei der selbstbestimmten Handlungsorientierung, die die Eigenaktion prägt, nimmt das Eigeninteresse eine privilegierte Stellung ein. Das Eigeninteresse des Akteurs lässt eine Vielzahl von Interpretationen zu, die bereits innerhalb der Organisation umkämpft sein können und für den Gesamtakteur integriert werden müssen.

Führung/Leadership
Führung ist eine Zentralaufgabe und ein Erfolgsfaktor strategischer Politik. Führungsanforderungen durchziehen das gesamte Strategy-Making. Im Rahmen von Strategiefähigkeit wird Führung als Struktur verstanden, bei der es vor allem um positionelle und organisatorische Aspekte geht. Strategische Führung, vor allem ihre Zuspitzung im strategischen Zentrum, muss sich aus der breiteren, allgemeinen politischen Führung herausschälen. Für den Zusammenhang strategischer Steuerung dynamisiert sich Führung als Leadership. Leadership kennzeichnet die im Prozess zu realisierende Führung. Dabei stellen sich der strate-

gischen Führung fünf nach innen und außen gerichtete Leadership-Aufgaben: Führungssicherung, Richtungsnavigation, Entscheidungsdurchsetzung, Mobilisierung, Orientierung.

Horizonte

Die Horizonte (Zeit/Arenen) kennzeichnen und begrenzen im Orientierungsschema die „Sichtfelder" der Strategieakteure. Organisation, Adressat, Objekte und Referenzen werden in Bezug auf diese zeitlichen oder räumlich-funktional-sozialen Kontexte gedacht und kalkuliert. Zeit und Arenen sind die Horizonte, in denen sich die Akteure strategische Eigenaktionen und Interaktionen vorstellen.

Interaktion

Interaktion meint die wechselseitige Bezugnahme und Beeinflussung von Akteuren. Bei der Interaktion wird die eigene Position (im Hinblick auf Sachaspekte, Ideen, Interessen, Werte etc.) konfrontiert mit gedachten und realen Interaktionspartnern der externen Umwelt und muss sich in diesen Auseinandersetzungen bewähren (erweiterte Handlungsorientierung). Dadurch verändert sich in einem permanenten Prozess auch die eigene Position.

Kalküle

Kalküle sind elaborierte Vorteils- bzw. Erfolgsüberlegungen. Wirkungserwartungen können sich auf strategische Mittel oder auf Strategien selbst beziehen. Die Typisierung von Kalkülen zeigt unterschiedliche Ansatzpunkte: Bezugs-Kalküle beziehen sich auf ausgewählte Faktoren in Wirkungszusammenhängen. Basis-Kalküle bezeichnen basale, vielseitig anwendbare Vorteils- und Erfolgsüberlegungen.

Konkurrenzpolitik

Konkurrenzpolitik rankt sich um Zentralkategorien der Politics-Dimension von Politik: Macht, Mobilisierung, Konflikt, Kooperation. In Party-Government-Systemen wird sie durch die Wettbewerbsbeziehungen zwischen Parteien in Regierung und Opposition geprägt, die um die Unterstützung der Bürger/Wähler kämpfen.

Maximen

Strategische Maximen sind aufgrund von Erfahrungen, Reflexionen und Urteilen gewonnene subjektive Handlungsprinzipien, die die hochgradige Komplexität strategischer Operationen reduzieren und erfolgsorientiert zentrieren. Maximen enthalten bewertende Setzungen mit Orientierungsabsicht.

Objekte

Objekte sind vom strategischen Akteur unmittelbar kontrollierbare Einflussmittel (Themen, Personen, Symbole). In den Objekten spiegeln sich die Adressat-, Horizont- und Referenzkonflikte. Sie müssen an den Objekten entschieden werden. Mit Hilfe der Objekte versuchen Strategieakteure, ihre strategischen Intentionen zu realisieren. Die Beziehung des

Strategieakteurs zu den Objekten ist durch Eigenaktion und eine selbstbestimmte Handlungsorientierung geprägt.

Öffentlichkeit

Öffentlichkeit ist das zentrale Forum der Austragung des Spannungsverhältnisses von Problem- und Konkurrenzpolitik. Unterschiedliche Öffentlichkeitsbereiche sind etwa mediale Öffentlichkeit, interne Parteiöffentlichkeit, problembezogene Fachöffentlichkeit, Versammlungsöffentlichkeit. Die über Medien vermittelte Massenkommunikation ist die zentrale Bezugsgröße strategischer Akteure, ihr vorrangiges Öffentlichkeitsziel das Erreichen von Positivpublizität.

Operatives Handeln

Operatives Handeln meint Aus- und Durchführungshandeln des Kollektivakteurs aus der Leitungsperspektive. Soweit es sich allgemein an Plänen, Aufgaben, Aufträgen orientiert, ist es ist nicht per se strategisch. Das strategiegebundene operative Handeln bleibt in seiner tatsächlichen Orientierung an strategische Vorgaben angelehnt und wird als strategisch-operatives Handeln bezeichnet. Es ist ein Handlungsmodus im Rahmen von strategischer Steuerung.

Orientierungsschema

Das Orientierungsschema ist ein empirisch gestütztes, systematisiertes und idealtypisch zugespitztes Schema, das Akteure im gesamten Prozess des Strategy-Making orientiert. Es stellt eine basale Orientierungshilfe für strategisches Denken und Handeln dar. Das Orientierungsschema setzt sich aus insgesamt zehn besonders wichtigen Parametern strategischer Politik zusammen: Zeit, Arenen, Organisation, Wähler, Themen, Personen, Symbole, Problempolitik, Konkurrenzpolitik, Öffentlichkeit.

Problempolitik

Problempolitik bezieht sich auf die Bearbeitung gesellschaftlicher Problemlagen. Zentrale Bezugsgröße problempolitischen Handelns ist die Policy-Dimension von Politik. Die Suche gilt substantiellen, adäquaten Problemlösungen, die man durch- und umzusetzen versucht. Den Kern von Problempolitik bilden Leistungen der Problemlösung.

Referenzen

Referenzen sind die zentralen Bezugsgrößen der externen Umwelt des strategischen Akteurs in Party-Government-Systemen. Die strategischen Zentralreferenzen Problem- und Konkurrenzpolitik sowie Öffentlichkeit formen sich in Interaktionen und einer erweiterten Handlungsorientierung aus.

Richtung

Richtung bzw. Richtungsbestimmung ist eine grundlegende Komponente der Strategiefähigkeit. Richtung enthält Selbstdefinitionen und Positionsbestimmungen im politischen Koordinatensystem. In der Richtungsbestimmung politischer Kollektivakteure liegt eine wesentliche Quelle für Orientierung, Motivation und Legitimation. Zusammen mit Führung ist sie eine zentrale Voraussetzung für das Wirksamwerden von Strategiekompetenz. Die Richtung eines Akteurs lässt sich in Bausteine wie Werte, Ziele und Interessen zerlegen.

Strategie

Strategien sind erfolgsorientierte Konstrukte, die auf situationsübergreifenden Ziel-Mittel-Umwelt-Kalkulationen beruhen. Erfolgsorientierte Konstrukte werden hier als auf wirksame Zielverfolgung gerichtete, praxissteuernde Handlungsanleitungen verstanden. Ziel-Mittel-Umwelt-Kalkulationen bezeichnen auf gewünschte Zustände (Ziele) gerichtete, systematisierende und berechnende Denkoperationen (Kalkulationen) für zielführende Handlungsmöglichkeiten (Mittel), mit Blick auf den situationsübergreifend relevanten Kontext (Umwelt).

Strategiebildung

Strategiebildung bezeichnet das Grundelement des Strategy-Making, bei dem es um die Entwicklung von erfolgsorientierten Konstrukten geht. Konzeptionell-systematische Strategiebildung hat ihren Ausgangspunkt im strategischen Ziel und strukturiert sich über die Einzelschritte von Lageanalyse, Optionenbildung und Entscheidung.

Strategiefähigkeit

Strategiefähigkeit stellt ein Grundelement des Strategy-Making dar. Strategiefähigkeit besteht aus den drei konstitutiven Komponenten von Führung, Richtung und Strategiekompetenz. Politische Akteure verfügen über unterschiedliche Grade der Strategiefähigkeit. Drei markante Trends kennzeichnen moderne Party-Government-Systeme: Zentrierung bei der Führung, Entideologisierung in der Richtungsdimension, Professionalisierung bei der Strategiekompetenz.

Strategiekompetenz

Strategiekompetenz bezeichnet die Fähigkeit, Anforderungen an strategisch handelnde Kollektivakteure entsprechen zu können. Sie ist eine konstitutive Komponente der Strategiefähigkeit. Strategiekompetenz umfasst die Bestandteile von Wissen und Managementfertigkeiten. Wissen enthält die in der Praxis aufgebauten strategischen Kenntnisse sowie das professionelle Strategiewissen. Managementfertigkeiten zeigen sich in ausdifferenzierten Kompetenzfeldern, die eine systematischere Verfolgung strategischer Ziele ermöglichen.

Strategiestil

Strategiestile unterscheiden die besondere Art des Umgangs mit strategischen Fragen. Sie bleiben personenbezogen, sind aber typisierbar. Der eigene Strategiestil ist gestaltbar. Er setzt sich aus einer Verbindung persönlicher Fähigkeiten und Neigungen, Erfahrungen und Beobachtungen, institutioneller Chancen und erfolgsfördernder Bedingungen zusammen.

Strategische Denkweise

Strategische Denkweise typisiert einen strategischen Denkmodus. Elemente und Aspekte strategischer Denkweise werden aus Informationen politischer Akteure gewonnen. Komplementär dazu verhält sich die strategische Praxis. Sie beschreibt die Gesamtheit der Bedingungen und Gewohnheiten vor allem von politischen Spitzenakteuren bei der strategischen Politikgestaltung und die Muster ihres strategischen Handelns.

Strategische Einheit

Strategische Einheiten sind konstruierte Rahmen, in denen sich alle weiteren strategischen Überlegungen und Handlungen abspielen. Sie haben eine zeitliche, sachliche und soziale Dimension. Alle Einheiten, die eine Einzelsituation überschreiten, sind Strategien zugänglich. Dementsprechend können kurz-, mittel- und langfristige Strategien entwickelt werden.

Strategische Erfolgsfaktoren

Strategische Erfolgsfaktoren enthalten generalisiertes Wissen über die Faktoren, die für den Erfolg von Strategie in der Politik ursächlich sind. Als strategische Erfolgsfaktoren können Strategiefähigkeit, passende Strategie, gekonnte Steuerung, Problemlösungs-Performanz, Konkurrenzstärke, Leistungen öffentlicher Kommunikation und Führung/Leadership angesehen werden.

Strategische Kalkulationen

Strategische Kalkulationen lassen sich als systematisierende, berechnende Denkoperationen charakterisieren, die stabilisierte Sinnverbindungen zwischen einzelnen, erfolgsrelevanten Elementen herstellen. Strategische Kalkulationen als erfolgsorientierte Vorteilsberechnungen sind die basalen Denkoperationen im Strategieprozess. Sie durchziehen das gesamte Strategy-Making. Die im Abstraktions- und Elaborierungsgrad aufsteigende Hierarchie strategischer Kalkulationen umfasst einfache Vorteilsüberlegungen, Maximen, Bezugs- und Basis-Kalküle.

Strategische Kritik

Strategische Kritik stellt sich auf die Grundlage eines legitimen Strategy-Making in der Demokratie. Sie verurteilt nicht Strategie, sondern kritisiert konkrete strategische Praxis, so dass Chancen für Strategie-Diskurse entstehen. Strategische Kritik kann den offenen Charakter von Strategie und Strategieanalyse bewusst halten, institutionalisieren und durch Anwendungen schulen. Strategische Kritik ist, um voll wirksam zu werden, auf Öffentlichkeit angewiesen.

Strategische Lage

Strategische Lage ist die analytisch informierte Beschreibung der Ausgangsbedingungen, für die eine Strategie entwickelt werden soll. Die Lage setzt sich aus retrospektiven, aktuellen und zukünftigen Anteile zusammen. Ihre zeitliche Ausdehnung hängt von dem strategischen Ziel und der strategischen Einheit ab.

Strategische Mittel

Strategische Mittel sind Handlungsmöglichkeiten, die auf Wegen und Ressourcen beruhen. Handlungsmöglichkeiten stellen erfolgsorientierte Maßnahmen im Hinblick auf das strategische Ziel dar. Die Wege möglichen politischen Handelns sind formell oder informell konstituiert und folgen je eigenen Prozessdynamiken und Regelsystemen. Ressourcen sind dem Kollektivakteur zuzurechnende bzw. von ihm potentiell zu mobilisierende materielle und immaterielle Hilfsmittel des Handelns.

Strategische Politik

Strategische Politik ist ein Politiktyp, der an strategischen Bezügen orientiert und strategisch ausgerichtet ist. Er lässt sich von anderen Politiktypen (Routinepolitik, situative Politik etc.) abgrenzen.

Strategische Steuerung

Der Handlungsbereich strategischer Steuerung ist das letzte Grundelement im Prozessmodell des Strategy-Making. Strategische Steuerung bedeutet die Um- und Durchsetzung einer im konzeptionellen oder emergenten Modus entstandenen Strategie durch einen – in unterschiedlichen Graden – strategiefähigen Akteur. Die eigen- und interaktive Umsetzung einer Strategie erfolgt über ihre Anwendung in Form von Ausführung, Adaption und Revision.

Strategische Umwelt

Strategische Umwelt beschreibt den jeweils relevanten, sich dynamisch verändernden Kontextausschnitt, der für das strategische Handeln der Akteure in besonderer Weise Voraussetzung und Wirkungsfeld ist. Die Akteurumwelt besteht aus Interaktionsakteuren, Arenen sowie sonstigen institutionell verfestigten und gelegenheitsoffenen Gegebenheiten. Beziehungsgrößen der Umwelt sind in erster Linie andere (Interaktions-)Akteure, nicht Institutionen. Interne Umwelt meint die eigene Organisationsumwelt, externe Umwelt den außerhalb der eigenen Organisation liegenden Kontextausschnitt.

Strategische Ziele

Strategische Ziele sind von Akteuren gewünschte Zustände, die sie unter Ausschöpfung ihrer strategischen Handlungsmöglichkeiten zu erreichen suchen. Sie umfassen sowohl Macht- als auch Gestaltungsziele. Strategische Ziele sind operationalisierbare Ziele, die strategischen Ziel-Mittel-Umwelt-Kalkulationen zugänglich gemacht werden können.

Strategischer Apparat

Der strategische Apparat ist ein institutionalisierter Akteurzusammenhang für die professionell-methodische Strategieentwicklung und die Vorbereitung von Strategieentscheidungen. Zu ihm gehören Teile der operativen Leitung sowie im Apparat ausdifferenziert angesiedelte Strategieexperten.

Strategischer Kompass

Der strategische Kompass dient als kognitiv-normativer Wegweiser in unübersichtlichem Gelände. Er ist ein individuell aus präferierten Werten, grundlegenden Zielen, dominanten Wegen und Mitteln zusammengebautes Instrument normativ-instrumenteller Kursbestimmung. Mit der Verfestigung eines strategischen Kompasses sind persönliche Habitualisierungen verbunden, die Linien, strategisch relevante Verhaltensmuster und Strategiemuster des jeweiligen Akteurs festlegen.

Strategisches Handeln

Strategisches Handeln ist zeitlich, sachlich und sozial übergreifendes und an strategischen Kalkulationen orientiertes Handeln. Strategische Handlungen sind nur solche, denen Akteure strategische Qualität zumessen (Intentionalität). Sie erhalten ihren strategischen „Sinn" durch ihre Bedeutung für das jeweilige Konstrukt (Strategie). Dagegen können strategierelevante Handlungen auf zwei Wegen strategisch bedeutsam werden: durch Hervorbringung strategischer Konsequenzen oder durch Schaffung strategierelevanter Handlungsmuster.

Strategisches Kontinuum

Das strategische Kontinuum beschreibt unterschiedliche Formen und Ausarbeitungsgrade politischer Strategie. Sie reichen von strategischer Emergenz bis zu konzeptioneller Strategie. Die Entstehung, Bearbeitung, Manifestation von Strategie realisiert sich in einer großen Bandbreite von Graden strategischer Zielgerichtetheit, Reflexion und Strukturierung.

Strategisches Moment

Das strategische Moment bündelt das zentrale Charakteristikum des Strategischen. Es lässt sich als spezifische strategische Kognition kennzeichnen. Auf der Grundlage von Strategien als erfolgsorientierten Konstrukten besteht das strategische Moment aus dem Dreiklang des Kalkulatorischen, Übergreifenden und auf den springenden Punkt Zielenden.

Strategisches Zentrum

Das strategische Zentrum ist ein informelles Netzwerk von sehr wenigen Akteuren, die in formellen Führungspositionen platziert sind und über privilegierte Chancen verfügen, die Strategie einer Formation zu bestimmen und denen für die gesamte strategische Linienführung des Kollektivakteurs zentrale Bedeutung zukommt.

Strategizing

Strategizing (Strategisierung) bedeutet, politische Fragen in einen strategischen Zusammenhang zu bringen und sie in strategischer Perspektive weiterzuentwickeln.

Strategy-Making

Das Strategy-Making beschreibt den dynamischen Gesamtprozess politischer Strategie, der aus den drei Grundelementen von Strategiefähigkeit, Strategiebildung und strategischer Steuerung besteht.

Taktisches Handeln

Taktisches Handeln ist ausschließlich situationsbezogenes Handeln, das auf den Erfolg im Augenblick begrenzt bleibt.

Danksagung

Unser besonderer Dank gilt allen Interviewpartnern, die sich mehrstündig, einige auch mehrfach bohrenden Fragen gestellt haben: Egon Bahr, Günter Bannas, Horst Becker, Klaus Bölling, Reinhard Bütikofer, Bernt Farcke, Manfred Güllner, Klaus Hänsch, Fritz Kuhn, Matthias Machnig, Peter Radunski, Malte Ristau, Olaf Scholz, Bernd Schoppe, Michael Spreng, Frank-Walter Steinmeier, Ludger Volmer. Ohne sie wäre das Buch – zumindest in dieser Form – nicht entstanden.

Aussagen der Interviewpartner, die alle voll im „politischen Geschäft" stehen, haben wir anonymisiert, weil wir sie mit ihren durchaus kritischen Äußerungen zum Politikbetrieb vor genau diesem schützen wollten. Ausnahmen sind Egon Bahr, Klaus Bölling und Manfred Güllner, deren Interviews wir aufgrund ihrer besonderen Beziehungen zu den Kanzlern Brandt, Schmidt und Schröder auch als Beiträge zum zeitgeschichtlichen Hintergrund verstehen und sie deswegen erkennbar machen können. Neben den Interviews bilden unzählige, über viele Jahre hinweg geführte Hintergrundgespräche das empirische Fundament des Buches. Auch bei Vorträgen und Beratungsgesprächen trägt man nicht nur vor, sondern lernt durch Beobachten und Zuhören.

Langjährige, kumulative Strategiegespräche – die keine Kamin-, aber oft Telefongespräche waren – mit Robert Grübner, Klaus Hänsch, Matthias Machnig haben viel zur Klärung unserer Position beigetragen. Elmar Wiesendahl half uns sehr mit einem kritischen Zwischentest unserer Strategieüberlegungen. Thomas Saretzki und Ferdinand Müller-Rommel unterstützen die Arbeit neben inhaltlichen Inputs, indem sie Ralf Tils von vielen Aufgaben am Lüneburger Zentrum für Demokratieforschung freihielten. Rita Müller-Hilmer und Richard Hilmer brachten uns mit Daten, hier abgedruckten Schaubildern (TRI*M-Instrument), Interpretationen und Ermunterungen voran. Ebenso haben die Münchener Gespräche mit Horst Becker den Blick für Möglichkeiten strategischer Demoskopie geschärft.

Heide und Karin danken wir für ihr gewohnt umsichtiges und ausdauerndes Lektorat. Basil Bornemann, Clara Buer und Karina Korecky entlasteten uns nicht nur einmal bei der mühsamen Recherche und Literaturbeschaffung. Michael und Katja Gwosdz sowie Sybille Sändig haben kompetent und zuverlässig die Transkription der Interviews besorgt. Sascha Steiner erwies sich bei der Erstellung der Druckvorlage erneut als Computervirtuose. Frank Schindler gebührt schließlich ein herzliches Dankeschön für die professionelle Realisierung der Veröffentlichung und für seine philosophische Grundhaltung angesichts des anschwellenden Umfangs der Arbeit.

Abbildungsverzeichnis

Abbildung 1:   Empirische und praktische Politikwissenschaft 35
Abbildung 2:   Demokratie und Strategie 40
Abbildung 3:   Historische Strategieentwicklungen 45
Abbildung 4:   Grundmodell der Strategieanalyse 80
Abbildung 5:   Strategische Denkweise 99
Abbildung 6:   Restriktionen und Anreize kollektiver Strategieorientierung 100
Abbildung 7:   Ausdifferenzierung des Strategieakteurs 143
Abbildung 8:   Orientierungsschema im demokratischen Prozess 163
Abbildung 9:   Aktuelles Koordinatensystem 227
Abbildung 10: Strategische Ansatzpunkte im Koordinatensystem 231
Abbildung 11: Dimensionen öffentlicher Kommunikation 240
Abbildung 12: Vor- und Nachteile der *Verteidigung* bei Erfolgsfaktoren 263
Abbildung 13: Vor- und Nachteile des *Angriffs* bei Erfolgsfaktoren 264
Abbildung 14: Elemente von Strategiefähigkeit 281
Abbildung 15: Typologie von strategischem Know-how auf der Stabsebene 300
Abbildung 16: Strategisches Kontinuum 336
Abbildung 17: Organisationseinheiten, Umwelt und Strategie 340
Abbildung 18: Strategiebildung 345
Abbildung 19: Typen der Strategiebildung 346
Abbildung 20: Einzelelemente der Strategiebildung 347
Abbildung 21: Zeitbezüge von Lage und Potential 364
Abbildung 22: Das TRI*M-Instrument 367
Abbildung 23: Beispiele für Strategiearten 374
Abbildung 24: Strategische Steuerung 391
Abbildung 25: Erwartungsdimensionen 421

Verzeichnis empirischer Illustrationen

Empirische Illustration 1:	Strategischer Kompass von Helmut Kohl	112
Empirische Illustration 2:	(Miss-)Erfolgsfaktoren im Unions-Wahlkampf 2005	247
Empirische Illustration 3:	Angriff und Verteidigung im Bundestagswahlkampf 2005	265
Empirische Illustration 4:	Zyklen der Strategiefähigkeit in Deutschland	276
Empirische Illustration 5:	Strategische Führung – François Mitterrand	312
Empirische Illustration 6:	Strategiewerkstatt – Wahlkampfplanung	341
Empirische Illustration 7:	Strategiewerkstatt – Regieren vordenken	342
Empirische Illustration 8:	Strategiewerkstatt – „Siege kann man machen"	343
Empirische Illustration 9:	Strategie 18 der FDP	349
Empirische Illustration 10:	Bündnis- vs. Wachstumsstrategie (Kohl gegen Strauß)	360
Empirische Illustration 11:	„Neue Soziale Frage" als strategisches Projekt	370

Literaturverzeichnis

Ackermann, Eduard 1996: Politiker. Vom richtigen und vom falschen Handeln, Bergisch Gladbach: Gustav Lübbe.
Alemann, Ulrich von/Cepl-Kaufmann, Gertrude/Hecker, Hans/Witte, Bernd (Hg.) 2000: Intellektuelle und Sozialdemokratie, Opladen: Leske + Budrich.
Alemann, Ulrich von/Marschall, Stefan (Hg.) 2002: Parteien in der Mediendemokratie, Wiesbaden: Westdeutscher Verlag.
Alivizatos, Nicos C. 1995: Judges as Veto Players, in: Döring, Herbert (ed.), Parliaments and Majority Rule in Western Europe, Frankfurt/M.: Campus, 566-589.
Almond, Gabriel A./Verba, Sidney 1963: The Civic Culture. Political Attitudes and Democracy in Five Nations, Princeton: Princeton University Press.
Althaus, Marco/Geffken, Michael/Rawe, Sven (Hg.) 2005: Handlexikon Public Affairs, Münster: Lit.
Althoff, Gerd 1997: Spielregeln der Politik im Mittelalter. Kommunikation in Frieden und Fehde, Darmstadt: Wissenschaftliche Buchgesellschaft.
Anda, Béla/Kleine, Rolf 2002: Gerhard Schröder. Eine Biographie, München: Ullstein.
Anheier, Helmut K./Priller, Eckhard/Zimmer, Annette 2000: Zur zivilgesellschaftlichen Dimension des Dritten Sektors, in: Klingemann, Hans-Dieter/Neidhart, Friedhelm (Hg.), Die Zukunft der Demokratie. Herausforderungen im Zeitalter der Globalisierung, Berlin: Edition Sigma, 71-98.
Ansoff, Igor A. 1984: Implanting Strategic Management, New Jersey: Englewood Cliffs.
Apel, Hans 1991: Der Abstieg. Politisches Tagebuch eines Jahrzehnts, München: Knaur.
Argyris, Chris 1976: Single-Loop and Double-Loop Models in Research on Decision Making, in: Administrative Science Quarterly, Vol. 21, No. 3, 363-375.
Argyris, Chris/Schön, Donald A. 1978: Organizational Learning: A Theory of Action Perspective, Reading: Addison-Wesley.
Argyris, Chris/Schön, Donald A. 1996: Organizational Learning II. Theory, Method, and Practice, Reading: Addison-Wesley.
Aristoteles 2003: Politik, 2. Auflage, Reinbek: Rowohlt.
Aron, Raymond 1980: Den Krieg denken, Frankfurt/M.: Propyläen.
Arterton, F. Christopher 2007: Strategy and Politics: The Example of the United States of America, in: Fischer, Thomas/Schmitz, Gregor Peter/Seberich, Michael (eds.), The Strategy of Politics. Results of a Comparative Study, Gütersloh: Verlag Bertelsmann Stiftung, 133-171.
Attali, Jacques 2005: C'était François Mitterrand, Paris: Fayard.
Augustus 1975: Res Gestae. Tatenbericht, herausgegeben von Marion Giebel, Stuttgart: Reclam.
Axelrod, Robert (ed.) 1976: Structure of Decision. The Cognitive Maps of Political Elites, Princeton: Princeton University Press.
Bachrach, Peter/Baratz, Morton S. 1972: Power and Poverty. Theory and Practice, 3rd print, New York: Oxford University Press.
Bader, Veit Michael 1991: Kollektives Handeln. Protheorie sozialer Ungleichheit und kollektives Handelns, Teil 2, Opladen: Leske + Budrich.
Bahr, Egon 1998: Zu meiner Zeit, München: Goldmann.
Barber, James David 1972: The Presidential Character. Predicting Performance in the White House, Englewood Cliffs: Prentice-Hall.

Baring, Arnulf 1982 (in Zusammenarbeit mit Manfred Görtemaker): Machtwechsel. Die Ära Brandt-Scheel, Stuttgart: DVA.

Baringhorst, Sigrid 2004: Strategic Framing. Deutungsstrategien zur Mobilisierung öffentlicher Unterstützung, in: Kreyher, Volker J. (Hg.), Handbuch politisches Marketing. Impulse und Strategien für Politik, Wirtschaft und Gesellschaft, Baden-Baden: Nomos, 75-88.

Baum, Joel A. C./Dutton, Jane E. 1996: Introduction: The Embeddedness of Strategy, in: Advances in Strategic Management, Vol. 13, 1-15.

Bea, Franz Xaver/Haas, Jürgen 2001: Strategisches Management, 3. Auflage, Stuttgart: Lucius & Lucius.

Beck, Dieter 2004: Übersicht über Verfahren zum Umgang mit komplexen Aufgabenstellungen, in: Fisch, Rudolf/Beck, Dieter (Hg.), Komplexitätsmanagement. Methoden zum Umgang mit komplexen Aufgabenstellungen in Wirtschaft, Regierung und Verwaltung, Wiesbaden: VS Verlag für Sozialwissenschaften, 55-82.

Becker, Bernd 2000: Tony Blair in No. 10 Downing Street und die Probleme, Politik als Produkt zu verkaufen, in: Zeitschrift für Parlamentsfragen, Jg. 31, H. 4, 871-885.

Bell, David S. 2005: François Mitterrand. A Political Biography, Cambridge: Polity.

Bennett, W. Lance/Livingston, Steven 2003: A Semi-Independent Press: Government Control and Journalistic Autonomy in the Political Construction of News, in: Political Communication, Vol. 20, No. 4, 359-362.

Bentele, Günter 1998: Politische Öffentlichkeitsarbeit, in: Sarcinelli, Ulrich (Hg.), Politikvermittlung und Demokratie in der Mediengesellschaft. Beiträge zur politischen Kommunikationskultur, Bonn: Bundeszentrale für politische Bildung, 124-145.

Benz, Arthur 2003: Konstruktive Vetospieler in Mehrebenensystemen, in: Mayntz, Renate/Streeck, Wolfgang (Hg.), Die Reformierbarkeit der Demokratie: Innovationen und Blockaden, Frankfurt./M.: Campus, 205-236.

Bergmann, Knut 2002: Der Bundestagswahlkampf 1998. Vorgeschichte, Strategien, Ergebnis, Wiesbaden: Westdeutscher Verlag.

Bergmann, Torbjörn 1993: Formation Rules and Minority Governments, in: European Journal of Political Research, Vol. 23, No. 1, 55-66.

Bergsdorf, Wolfgang 1983: Herrschaft und Sprache. Studie zur politischen Terminologie der Bundesrepublik Deutschland, Pfullingen: Neske.

Bergstraesser, Arnold 1961: Die Stellung der Politik unter den Wissenschaften, in: Bergstraesser, Arnold, Politik in Wissenschaft und Bildung. Schriften und Reden, Freiburg: Rombach, 17-29.

Beyme, Klaus von 1994: Die Massenmedien und die politische Agenda des parlamentarischen Systems, in: Neidhardt, Friedhelm (Hg.), Öffentlichkeit, öffentliche Meinungen, soziale Bewegungen, Opladen: Westdeutscher Verlag, 320-336.

Beyme, Klaus von 1997: Der Gesetzgeber. Der Bundestag als Entscheidungszentrum, Opladen: Westdeutscher Verlag.

Birch, Anthony H. 1995: The Concepts and Theories of Modern Democracy, reprinted, London: Routledge.

Birchfield, Vicki/Crepaz, Markus M.L. 1998: The Impact of Constitutional Structures and Collective and Competitive Veto Points on Income Inequality in Industrialized Democracies, in: European Journal of Political Research, Vol. 34, No. 2, 175-200.

Bismarck, Otto von 1928: Gedanken und Erinnerungen, Stuttgart: Cotta.

Blau, Peter M. 1968: Interaction: Social Exchange, in: Sills, David L. (ed.): International Encyclopedia of the Social Sciences, Vol. 7, New York: Macmillan, 452-457.

Bleek, Wilhelm 2001: Geschichte der Politikwissenschaft in Deutschland, München: Beck.

Bleicken, Jochen 1995a: Die Verfassung der Römischen Republik. Grundlagen und Entwicklung, 7. Auflage, Paderborn: Schöningh.

Bleicken, Jochen 1995b: Verfassungs- und Sozialgeschichte des Römischen Kaiserreichs, Band 1, 4. Auflage, Paderborn: Schöningh.

Bleicken, Jochen 1995c: Die athenische Demokratie, 4. Auflage, Paderborn: Schöningh.

Bleicken, Jochen 1999: Augustus. Eine Biographie, 3. Auflage, Berlin: Fest.

Blessing, Karlheinz (Hg.) 1993: Die Modernisierung der SPD, Marburg: Schüren.

Blondel, Jean 1987: Political Leadership. Towards a General Analysis, London: Sage.

Blumler, Jay G./Kavanagh, Dennis 1999: The Third Age of Political Communication: Influences and Features, in: Political Communication, Vol. 16, No. 3, 209-230.

Bobbio, Norberto 1994: Rechts und Links. Gründe und Bedeutungen einer politischen Unterscheidung, Berlin: Wagenbach.

Böhret, Carl 1989: Die Zeit des Politikers – Zeitverständnis, Zeitnutzung und Zeitmandat, Rektoratsrede anlässlich der Eröffnung des Wintersemesters 1989/90, Speyerer Vorträge, Heft 14, Speyer: Hochschule für Verwaltungswissenschaften.

Böhret, Carl 2004: Hofnarren, Denkfabriken, Politik-Coach: Chancen und Schwierigkeiten der Politikberatung damals und heute, in: Fisch, Stefan/Rudloff, Wilfried (Hg.), Experten und Politik. Wissenschaftliche Politikberatung in geschichtlicher Perspektive, Berlin: Duncker & Humblot, 369-380.

Bölling, Klaus 1982: Die letzten 30 Tage des Kanzlers Helmut Schmidt. Ein Tagebuch, Reinbek: Rowohlt.

Borgwardt, Angela 2002: Im Umgang mit der Macht. Herrschaft und Selbstbehauptung in einem autoritären politischen System, Wiesbaden: Westdeutscher Verlag.

Bornemann, Basil 2005: Nachhaltigkeit und Politikintegration. Anforderungen und Bedingungen einer integrativen Politik der Nachhaltigkeit am Beispiel der deutschen Bundesregierung, Diplomarbeit, Universität Lüneburg.

Bösch, Frank 2002: Macht und Machtverlust. Die Geschichte der CDU, Stuttgart: DVA.

Bourdieu, Pierre 1979: Entwurf einer Theorie der Praxis, Frankfurt/M.: Suhrkamp.

Bourdieu, Pierre 1992: Rede und Antwort, Frankfurt/M.: Suhrkamp.

Bouvier, Beatrix W. 1990: Zwischen Godesberg und Großer Koalition. Der Weg der SPD in die Regierungsverantwortung, Bonn: Dietz.

Brandt, Willy 1974: Über den Tag hinaus. Eine Zwischenbilanz, Hamburg: Hoffmann und Campe.

Brandt, Willy 1978: Begegnungen und Einsichten. Die Jahre 1960-1975, München: Droemer Knaur.

Brandt, Willy 1989: Erinnerungen, Frankfurt/M.: Propyläen.

Brandt, Willy 2000: Auf dem Weg nach vorn. Willy Brandt und die SPD 1947-1972, bearbeitet von Daniela Münkel, Band 4 der Berliner Ausgabe, Bonn: Dietz.

Brandt, Willy 2001: Mehr Demokratie wagen. Innen- und Gesellschaftspolitik 1966-1974, bearbeitet von Wolther von Kieseritzky, Band 7 der Berliner Ausgabe, Bonn: Dietz.

Brandt, Willy 2002: Die Partei der Freiheit. Willy Brandt und die SPD 1972-1992, bearbeitet von Karsten Rudolph, Band 5 der Berliner Ausgabe, Bonn: Dietz.

Braun, Dietmar 1995: Steuerungstheorien, in: Nohlen, Dieter/Schultze, Rainer-Olaf (Hg.), Lexikon der Politik, Band 1: Politische Theorien, München: Beck, 611-618.

Bresser, Rudi K. F. 1998: Strategische Managementtheorie, Berlin: de Gruyter.

Brettschneider, Frank 1998: Agenda-Building, in: Jarren, Otfried/Sarcinelli, Ulrich/Saxer, Ulrich (Hg.), Politische Kommunikation in der demokratischen Gesellschaft. Ein Handbuch mit Lexikonteil, Opladen: Westdeutscher Verlag, 635.

Brettschneider, Frank 2002: Spitzenkandidaten und Wahlerfolg. Personalisierung – Kompetenz – Parteien. Ein internationaler Vergleich, Wiesbaden: Westdeutscher Verlag.

Brettschneider, Frank 2005: Massenmedien und Wählerverhalten, in: Falter, Jürgen W./Schoen, Harald (Hg.), Handbuch Wahlforschung, Wiesbaden: VS Verlag für Sozialwissenschaften, 473-500.

Brodie, Bernard 1968: Strategy, in: International Encyclopedia of the Social Sciences, Vol. 15, 281-288.

Brosius, Hans-Bernd 1994: Agenda-Setting nach einem Vierteljahrhundert Forschung: Methodischer und theoretischer Stillstand?, in: Publizistik, Jg. 39, Nr. 3, 269-288.

Buchheim, Hans 1991: Rationales politisches Handeln bei Thukydides, in: Der Staat, Jg. 30., Nr. 3, 323-347.

Budge, Ian/Farlie, Dennis J. 1983: Explaining and Predicting Elections. Issue Effects and Party Strategies in Twenty-Three Democracies, London: Allen & Unwin.

Budge, Ian/Klingemann, Hans-Dieter/Volkens, Andrea/Bara, Judith L./Tanenbaum, Eric 2001: Mapping Policy Preferences. Estimates for Parties, Electors, and Governments 1945-1998, Oxford: Oxford University Press.

Bülow, Adam Heinrich Dietrich von 1805: Lehrsätze des neuern Krieges oder reine und angewandte Strategie aus dem Geist des neuern Kriegssystems hergeleitet, Berlin: Frölich.

Burns, James McGregor 1978: Leadership, New York: Harper.

Burns, James McGregor 2003: Transforming Leadership. A New Pursuit of Happiness, New York: Grove Press.

Burth, Hans-Peter/Görlitz, Axel 2001: Politische Steuerung in Theorie und Praxis. Eine Integrationsperspektive, in: Burth, Hans-Peter/Görlitz, Axel (Hg.), Politische Steuerung in Theorie und Praxis, Baden-Baden: Nomos, 7-15.

Butler, David/Stokes, Donald 1969: Political Change in Britain. Forces Shaping Electoral Choice, London: Macmillan.

Caballero, Claudio 2005: Nichtwahl, in: Falter, Jürgen/Schoen, Harald (Hg.), Handbuch Wahlforschung, Wiesbaden: VS Verlag für Sozialwissenschaften, 329-365.

Caesar, Gaius Julius 2004: Der Bürgerkrieg, Stuttgart: Reclam.

Caesar, Gaius Julius 2006: Der Gallische Krieg, Stuttgart: Reclam.

Campbell, Angus/Converse, Philip E./Miller, Warren E./Stokes, Donald E. 1960: The American Voter, New York: Wiley.

Cecere, Vito 2002: Man nennt es Oppo. Opposition Research als systematische Beobachtung des Gegners, in: Althaus, Marco (Hg.), Kampagne! Neue Strategien für Wahlkampf, PR und Lobbying, Münster: Lit, 65-80.

Choate, Pat/Walter, Susan 1984: Thinking Strategically. A Primer for Public Leaders, Washington: Council of State Planning Agencies.

Cicero, Marcus Tullius 2001: De oratore/Über den Redner, 4. Auflage, Stuttgart: Reclam.

Cicero, Quintus Tullius 2001: Commentariolum petitionis, herausgegeben, übersetzt und kommentiert von Günter Laser, Darmstadt: WBG.

Clausewitz, Carl von 1937: Strategie aus dem Jahr 1804 mit Zusätzen von 1808 und 1809, herausgegeben von Eberhard Kessel, Hamburg: Hanseatische Verlagsanstalt.

Clausewitz, Carl von 1980: Vom Kriege, 19. Auflage, Bonn: Dümmler.

Clinton, Hillary Rodham 2003: Gelebte Geschichte, München: Econ.

Cole, Alistair 1994a: François Mitterrand. A Study in Political Leadership, London: Routledge.

Cole, Alistair 1994b: Studying Political Leadership: the Case of François Mitterrand, in: Political Studies, Vol. 42, No. 3, 453-468.

Conze, Werner/Geyer, Michael/Stumpf, Reinhard 1978: Militarismus, in: Brunner, Otto/Conze, Werner/Koselleck, Reinhart (Hg.), Geschichtliche Grundbegriffe. Historisches Lexikon zur politisch-sozialen Sprache in Deutschland, Band 4, Stuttgart: Klett-Cotta, 1-47.

Cottle, Simon (ed.) 2003: News, Public Relations and Power, London: Sage.

Crozier, Michel/Friedberg, Erhard 1979: Macht und Organisation. Die Zwänge kollektiven Handelns, Königstein: Athenäum.

Czempiel, Ernst-Otto 1999: Kluge Macht. Außenpolitik für das 21. Jahrhundert, München: Beck.

D'Angelo, Paul 2002: News Framing as a Multiparadigmatic Research Program. A Response to Entman, in: Journal of Communication, Vol. 52, No. 4, 870-888.

Dahl, Robert 1999: The Shifting Boundaries of Democratic Governments, in: Social Research, Vol. 66, No. 3, 915-931.

Dahlheim, Werner 1995: Die Antike. Griechenland und Rom von den Anfängen bis zur Expansion des Islam, 4. Auflage, Paderborn: Schöningh.

Dahlheim, Werner 2005: Julius Caesar. Die Ehre des Kriegers und die Not des Staates, Paderborn: Schöningh.

Dahrendorf, Ralf 1974: Aktive und passive Öffentlichkeit. Über Teilnahme und Initiative im politischen Prozess moderner Gesellschaften, in: Langenbucher, Wolfgang R. (Hg.), Zur Theorie der politischen Kommunikation, München: Piper, 97-109.

Dallek, Robert 2005: John F. Kennedy. Ein unvollendetes Leben, Frankfurt/M.: Fischer.

Dalton, Russel J./Beck, Paul A./Huckfeldt, Robert 1998: Partisan Cues and The Media: Information Flows in the 1992 Presidential Election, in: American Political Science Review, Vol. 92, No. 1, 111-126.

Dalton, Russell J./Wattenberg, Martin P. 2000: Partisan Change and the Democratic Process, in: Dalton, Russell J./Wattenberg, Martin P. (eds.), Parties without Partisans. Political Change in Advanced Industrial Democracies, Oxford: Oxford University Press, 261-285.

De Winter, Lieven 2002: Parties and Government Formation, Portfolio Allocation, and Policy Definition, in: Luther, Kurt Richard/Müller-Rommel, Ferdinand (Hg.), Political Parties in the New Europe. Political and Analytical Challenges, Oxford: Oxford University Press, 171-206.

Dearing, James W./Rogers, Everett M. 1996: Agenda Setting, Thousand Oaks: Sage.

Dinkin, Robert J. 1989: Campaigning in America. A History of Election Practices, New York: Greenwood.

Dittberner, Jürgen 2005: Die FDP. Geschichte, Personen, Organisation, Perspektiven. Eine Einführung, Wiesbaden: VS Verlag für Sozialwissenschaften.

Dodgson, Mark 1991: Technology Learning, Technology Strategy and Competitive Pressures, in: British Journal of Management, Vol. 2, No. 3, 133-149.

Dodgson, Mark 1993: Organizational Learning. A Review of Some Literatures, in: Organization Studies, Vol. 14, No. 3, 375-394.

Dombrowski, Ines 1997: Politisches Marketing in den Massenmedien, Wiesbaden: DUV.

Dowe, Dieter 1996: Herbert Wehner (1906-1990) und die deutsche Sozialdemokratie, Friedrich-Ebert-Stiftung, Gesprächskreis Geschichte, Heft 15, Bonn: Historisches Forschungszentrum der FES.

Downs, Anthony 1968: Ökonomische Theorie der Demokratie, Tübingen: Mohr.

Dreher, Klaus 1998: Helmut Kohl. Leben mit Macht, Stuttgart: DVA.

Dyson, Kenneth 1990: Chancellor Kohl as Strategic Leader: The Case of Economic and Monetary Union, in: German Politics, Vol. 7, No. 1, 37-63.

Easton, David 1965: A Systems Analysis of Political Life, New York: Wiley.

Edelman, Murray 2005: Politik als Ritual. Die symbolische Funktion staatlicher Institutionen und politischen Handelns, 3. Auflage, Frankfurt/M.: Campus.

Eden, Colin/Ackermann, Fran 1998: Making Strategy. The Journey of Strategic Management, London: Sage.

Egle, Christoph/Zohlnhöfer, Reimut 2007: Projekt oder Episode – was bleibt von Rot-Grün?, in: Egle, Christoph/Zohlnhöfer, Reimut (Hg.), Ende des rot-grünen Projektes. Eine Bilanz der Regierung Schröder 2002-2005, Wiesbaden: VS Verlag für Sozialwissenschaften, 511-535.

Ehmke, Horst 1994: Mittendrin. Von der Großen Koalition zur Deutschen Einheit, Berlin: Rowohlt.

Eichhorst, Werner/Profit, Stefan/Thode, Eric 2001: Benchmarking Deutschland: Arbeitsmarkt und Beschäftigung, Bericht der Arbeitsgruppe Benchmarking und der Bertelsmann Stiftung, Berlin: Springer.

Elcock, Howard 2001: Political Leadership, Cheltenham: Edward Elgar.

Elgie, Robert 1995: Political Leadership in Liberal Democracies, Houndmills: Palgrave Macmillan.

Elgie, Robert 1998: The Classification of Democratic Regime Types. Conceptual Ambiguity and Contestable Assumptions, in: European Journal of Political Research, Vol. 33, No. 2, 219-238.

Elgie, Robert 2000: Staffing the Summit: France, in: Peters, B. Guy/Rhodes, R. A. W./Wright, Vincent (eds.), Administering the Summit. Administration of the Core Executive in Developed Countries, Basingstoke: Macmillan, 225-244.

Endruweit, Günter 1981: Organisationssoziologie, Berlin: de Gruyter.

Entman, Robert M. 1993: Framing. Toward Clarification of a Fractured Paradigm, in: Journal of Communication, Vol. 43, No. 4, 51-58.

Eppler, Erhard 1996: Komplettes Stückwerk. Erfahrungen aus fünfzig Jahren Politik, Frankfurt/M.: Insel.

Etzioni, Amitai 1967: Soziologie der Organisation, München: Juventa.

Etzioni, Amitai 1975: Die aktive Gesellschaft. Eine Theorie gesellschaftlicher und politischer Prozesse, Opladen: Westdeutscher Verlag.

Falk, Svenja/Rehfeld, Dieter/Römmele, Andrea/Thunert, Martin (Hg.) 2006: Handbuch Politikberatung, Wiesbaden: VS Verlag für Sozialwissenschaften.

Falter, Jürgen W./Schoen, Harald (Hg.) 2005: Handbuch Wahlforschung, Wiesbaden: VS Verlag für Sozialwissenschaften.

Farrell, David M. 2006: Political Parties in a Changing Campaign Environment, in: Katz, Richard S./Crotty, William (eds.), Handbook of Party Politics, London: Sage, 122-133.

Farrell, David M./Webb, Paul 2000: Political Parties as Campaign Organizations, in: Dalton, Russell J./Wattenberg, Martin P. (eds.), Parties without Partisans. Political Change in Advanced Industrial Democracies, Oxford: Oxford University Press, 102-128.

Faucheux, Ronald A. (ed.) 2003: Winning Elections. Political Campaign Management, Strategy & Tactics, New York: M. Evans and Company.

Faul, Erwin 1964: Verfemung, Duldung und Anerkennung des Parteiwesens in der Geschichte des politischen Denkens, in: Politische Vierteljahresschrift, Jg. 5, H. 1, 60-80.

Fehér, Ferenc/Heller, Agnes 1986: Der Marxismus als kulturelle Bewegung, in: Neidhart, Friedhelm/Lepsius, M. Rainer/Weiß, Johannes (Hg.), Kultur und Gesellschaft, Opladen: Westdeutscher Verlag, 302-313.

Feldkamp, Michael F. 2006: Chronik der Vertrauensfrage des Bundeskanzlers am 1. Juli 2005 und der Auflösung des Deutschen Bundestages am 21. Juli 2005, in: Zeitschrift für Parlamentsfragen, Jg. 37, H. 1, 19-28.

Finley, Moses I. 1987: Antike und moderne Demokratie, Stuttgart: Reclam.

Finley, Moses I. 1991: Das politische Leben in der antiken Welt, München: DTV.

Fisch, Rudolf/Beck, Dieter (Hg.) 2004: Komplexitätsmanagement. Methoden zum Umgang mit komplexen Aufgabenstellungen in Wirtschaft, Regierung und Verwaltung, Wiesbaden: VS Verlag für Sozialwissenschaften.

Fischer, Sebastian 2005: Gerhard Schröder und die SPD. Das Management des programmatischen Wandels als Machtfaktor, München: Forschungsgruppe Deutschland.

Frenzel, Martin 2002: Neue Wege der Sozialdemokratie. Dänemark und Deutschland im Vergleich (1982-2002), Wiesbaden: DUV.

Friedrich der Große 1752: Das politische Testament von 1752, in: Volz, Gustav Berthold (Hg.), Die Werke Friedrich des Großen, Band 7, Berlin: Reimar Hobbing, 115-167.

Friedrich der Große 1758: Betrachtungen über die Taktik und einige Aspekte des Krieges oder Betrachtungen über einige Veränderungen in der Art der Kriegführung, in: Kunisch, Johannes (Hg.), Aufklärung und Kriegserfahrung. Klassische Zeitzeugen zum siebenjährigen Krieg, Frankfurt/M.: Deutscher Klassiker Verlag, 515-545.

Fuchs, Dieter/Pfetsch, Barbara 1996: Die Beobachtung der öffentlichen Meinung durch das Regierungssystem, in: van den Daele, Wolfgang/Neidhardt, Friedhelm (Hg.), Kommunikation und Entscheidung. Politische Funktionen öffentlicher Meinungsbildung und diskursiver Verfahren, Berlin: Edition Sigma, 103-135.

Furet, François/Ozouf, Mona (Hg.) 1996: Kritisches Wörterbuch der Französischen Revolution, 2 Bände, Frankfurt/M.: Suhrkamp.

Gablentz, Otto Heinrich von der 1964: Reaktion und Restauration, in: Gablentz, Otto Heinrich von der, Der Kampf um die rechte Ordnung, Köln: Westdeutscher Verlag, 283-302.

Gablentz, Otto Heinrich von der 1965: Einführung in die Politische Wissenschaft, Köln: Westdeutscher Verlag.

Gabriel, Oscar W. 2000: Partizipation, Interessenvermittlung und politische Gleichheit. Nicht intendierte Folgen der partizipatorischen Revolution, in: Klingemann, Hans-Dieter/Neidhart, Friedhelm (Hg.), Die Zukunft der Demokratie. Herausforderungen im Zeitalter der Globalisierung, Berlin: Edition Sigma, 99-122.

Gabriel, Oscar W./Keil, Silke I. 2005: Empirische Wahlforschung in Deutschland: Kritik und Entwicklungsperspektiven, in: Falter, Jürgen W./Schoen, Harald (Hg.), Handbuch Wahlforschung, Wiesbaden: VS Verlag für Sozialwissenschaften, 611-641.

Galbraith, John Kenneth 1987: Anatomie der Macht, München: Bertelsmann.

Gälweiler, Aloys 1987: Strategische Unternehmensführung, Frankfurt/M.: Campus.

Gamson, Wiliam A. 1992: Talking Politics, Cambridge: Cambridge University Press.

Gaus, Günter 1966: Staatserhaltende Opposition oder Hat die SPD kapituliert? Gespräche mit Herbert Wehner, Reinbek: Rowohlt.

Gaus, Günter 2004: Widersprüche. Erinnerungen eines linken Konservativen, Berlin: Propyläen.

Gebauer, Annekatrin 2005: Der Richtungsstreit in der SPD. Seeheimer Kreis und Neue Linke im innerparteilichen Machtkampf SPD, Wiesbaden: VS Verlag für Sozialwissenschaften.

Geißler, Heiner 1995: Gefährlicher Sieg. Die Bundestagswahl 1994 und ihre Folgen, Köln: Kiepenheuer & Witsch.

Gellner, Winand 1995: Ideenagenturen für Politik und Öffentlichkeit. Think Tanks in den USA und in Deutschland, Opladen: Westdeutscher Verlag.

Genscher, Hans-Dietrich 1997: Erinnerungen, München: Goldmann.

Gerhards, Jürgen 1998: Öffentlichkeit, in: Jarren, Otfried/Sarcinelli, Ulrich/Saxer, Ulrich (Hg.), Politische Kommunikation in der demokratischen Gesellschaft. Ein Handbuch mit Lexikonteil, Opladen: Westdeutscher Verlag, 268-274.

Gerhards, Jürgen/Neidhardt, Friedhelm/Rucht, Dieter 1998: Zwischen Palaver und Diskurs. Strukturen öffentlicher Meinungsbildung am Beispiel der deutschen Diskussion zur Abtreibung, Opladen: Westdeutscher Verlag.

Geschka, Horst 1999: Die Szenariotechnik in der strategischen Unternehmensplanung, in: Hahn, Dietger/Taylor, Bernard (Hg.), Strategische Unternehmensplanung – strategische Unternehmensführung. Stand und Entwicklungstendenzen, 8. Auflage, Heidelberg: Physica, 518-545.

Geyer, Matthias/Kurbjuweit, Dirk/Schnibben, Cordt 2005: Operation Rot-Grün. Geschichte eines politischen Abenteuers, München: DVA.

Gitlin, Todd 1980: The Whole World is Watching. Mass Media in the Making & Unmaking of the New Left, Berkeley: University of California Press.

Glotz, Peter 2005: Von Heimat zu Heimat. Erinnerungen eines Grenzgängers, Berlin: Econ.

Goergen, Fritz 2004: Skandal FDP. Selbstdarsteller und Geschäftemacher zerstören eine politische Idee, Köln: BrunoMedia.

Goffman, Erving 1974: Frame Analysis: An Essay on the Organization of Experience, Boston: Northeastern University Press.

Goffman, Erving 1990: The Presentation of Self in Everyday Life, reprinted, London: Penguin.

Göhler, Gerhard 2002: Politische Symbole – symbolische Politik, in: Rossade, Werner/Sauer, Birgit/Schirmer, Dietmar (Hg.), Politik und Bedeutung. Studien zu den kulturellen Grundlagen politischen Handelns und politischer Institutionen, Wiesbaden: Westdeutscher Verlag, 27-42.

Goldschmidt, Günther 1960: Die griechischen Taktiker, in: Hahlweg, Werner (Hg.), Klassiker der Kriegskunst, Darmstadt: Wehr und Wissen Verlagsgesellschaft, 29-54.

Görlitz, Walter 1967: Kleine Geschichte des deutschen Generalstabs, Berlin: Haude & Spener.

Gothe, Heiko/Müller-Hilmer, Rita 2002: Messen und Managen. Politik-Tri*M: Ein strategisches Instrument zur Analyse der Wählerbindung, in: Althaus, Marco (Hg.), Kampagne! Neue Strategien für Wahlkampf, PR und Lobbying, Münster: Lit, 97-102.

Gould, Philip 2001: The Unfinished Revolution. How the Modernisers Saved the Labour Party, London: Abacus.

Gouldner, Alvin W. 1960: The Norm of Reciprocity. A Preliminary Statement, in: American Sociological Review, Vol. 25, No. 2, 161-178.

Grafe, Peter 1994: Wahlkampf. Die Olympiade der Demokratie, Frankfurt/M.: Eichborn.

Grande, Edgar 2000: Charisma und Komplexität. Verhandlungsdemokratie, Mediendemokratie und der Funktionswandel politischer Eliten, in: Leviathan, Jg. 28, Nr. 1, 122-141.

Greenstein, Fred I. 2004: The Presidential Difference. Leadership Style from FDR to George W. Bush, 2nd edition, Princeton: Princeton University Press.

Greiffenhagen, Martin 1980: Kampf um Wörter? Politische Begriffe im Meinungsstreit, München: Hanser.

Greiffenhagen, Martin 1986: Propheten, Rebellen und Minister. Intellektuelle in der Politik, München: Piper.

Greven, Michael Th. 1994: Macht und Politik in der „Theorie des kommunikativen Handelns" von Jürgen Habermas, in: Greven, Michael Th., Kritische Theorie und historische Politik. Theoriegeschichtliche Beiträge zur gegenwärtigen Gesellschaft, Opladen: Leske + Budrich, 219-237.

Grimm, Dieter 1983: Die politischen Parteien, in: Benda, Ernst/Maihofer, Werner/Vogel, Hans-Jochen (Hg.), Handbuch des Verfassungsrechts, Berlin: de Gruyter, 317-372.

Groh, Dieter 1973: Negative Integration und revolutionärer Attentismus. Die deutsche Sozialdemokratie am Vorabend des Ersten Weltkrieges, Berlin: Propyläen.

Gros, Jürgen 1998: Politikgestaltung im Machtdreieck Partei, Fraktion, Regierung, Berlin: Duncker & Humblot.

Gueniffey, Patrice 1996: Robespierre, in: Furet, François/Ozouf, Mona (Hg.), Kritisches Wörterbuch der Französischen Revolution, Band 1, Frankfurt/M.: Suhrkamp, 503-527.

Guggenberger, Bernd 1995: Demokratie/Demokratietheorie, in: Nohlen, Dieter/Schultze, Rainer-Olaf (Hg.), Lexikon der Politik, Band 1: Politische Theorien, München: Beck, 36-49.

Güllner, Manfred 2002: Der Forsa-Meinungsreport 2002. Was Deutschland bewegt, Frankfurt/M.: Eichborn.

Günther, Klaus 1979: Sozialdemokratie und Demokratie 1946-1966. Die SPD und das Problem der Verschränkung innerparteilicher und bundesrepublikanischer Demokratie, Bonn: Verlag Neue Gesellschaft.

Habermas, Jürgen 1981: Theorie des kommunikativen Handelns, Handlungsrationalität und gesellschaftliche Rationalisierung, Band 1, Frankfurt/M.: Suhrkamp.

Habermas, Jürgen 1984: Erläuterungen zum Begriff des kommunikativen Handelns, in: Habermas, Jürgen, Vorstudien und Ergänzungen zur Theorie des kommunikativen Handelns, Frankfurt/M.: Suhrkamp, 571-606.

Habermas, Jürgen 1992: Drei normative Modelle der Demokratie: Zum Begriff deliberativer Politik, in: Münkler, Herfried (Hg.), Die Chancen der Freiheit. Grundprobleme der Demokratie, München: Piper, 11-24.

Hackenbroch, Rolf 1998: Verbände und Massenmedien. Öffentlichkeitsarbeit und ihre Resonanz in den Medien, Wiesbaden: DUV.

Hahlweg, Werner 1960: Klassiker der Kriegskunst, Darmstadt: Wehr und Wissen Verlagsgesellschaft.

Hahlweg, Werner 1980: Das Clausewitzbild einst und jetzt, in: Clausewitz, Carl von, Vom Kriege, 19. Auflage, Bonn: Dümmler, 1-172.

Hahlweg, Werner 1990: Der klassische Begriff der Strategie und seine Entwicklung, in: Fels, Gerhard (Hg.), Strategie-Handbuch, Band 1, Herford: Mittler, 9-29.

Hansen, Mogens Herman 1991: The Athenian Democracy in the Age of Demosthenes. Structure, Principles and Ideology, Oxford: Blackwell.

Harpprecht, Klaus 2000: Im Kanzleramt. Tagebuch der Jahre mit Willy Brandt, Reinbek: Rowohlt.

Hatzl, Gottfried 1977: Gesamtregister Der Kampf, Wien: Geyer.

Heberle, Rudolf 1967: Hauptprobleme der Politischen Soziologie, Stuttgart: Enke.

Heffernan, Richard 1999: Media Management: Labour's Political Communications Strategy, in: Taylor, Gerald R. (ed.), The Impact of New Labour, Houndsmill: Macmillan, 50-67.

Hegner, Friedhart 1986: Solidarity and Hierarchy. Institutional Arrangements for the Coordination of Actions, in: Kaufmann, Franz-Xaver/Majone, Giandomenico/ Ostrom, Vincent (eds.), Guidance, Control and Evaluation in the Public Sector, Berlin: de Gruyter, 407-429.

Heinrich, Gudrun 2002: Kleine Koalitionspartner in Landesregierungen. Zwischen Konkurrenz und Kooperation, Opladen: Leske + Budrich.

Heinze, Rolf G. 2003: Das „Bündnis für Arbeit" – Innovativer Konsens oder institutionelle Erstarrung?, in: Egle, Christoph/Ostheim, Tobias/Zohlnhöfer, Reimut (Hg.), Das rot-grüne Projekt. Eine Bilanz der Regierung Schröder 1998-2002, Wiesbaden: Westdeutscher Verlag, 137-161.

Helms, Ludger 1997: Wettbewerb und Kooperation. Zum Verhältnis von Regierungsmehrheit und Opposition im parlamentarischen Gesetzgebungsverfahren in der Bundesrepublik Deutschland, Großbritannien und Österreich, Opladen: Westdeutscher Verlag.

Helms, Ludger 1999a: Gibt es eine Krise des Parteienstaates in Deutschland?, in: Merkel, Wolfgang/Busch, Andreas (Hg.), Demokratie in Ost und West, Frankfurt/M.: Suhrkamp, 435-454.

Helms, Ludger (Hg.) 1999b: Parteien und Fraktionen. Ein internationaler Vergleich, Opladen: Leske + Budrich.

Helms, Ludger 2000: „Politische Führung" als politikwissenschaftliches Problem, in: Politische Vierteljahresschrift, Jg. 41, Nr. 3, 411-434.
Helms, Ludger 2002: Politische Opposition. Theorie und Praxis in westlichen Regierungssystemen, Opladen: Leske + Budrich.
Helms, Ludger 2005a: Politische Führung, in: Nohlen, Dieter/Schultze, Rainer-Olaf (Hg.), Lexikon der Politikwissenschaft: Theorien, Methoden, Begriffe, Band 2, 3. Auflage, München: Beck, 737-738.
Helms, Ludger 2005b: Presidents, Prime Ministers and Chancellors. Executive Leadership in Western Democracies, Houndmills: Palgrave Macmillan.
Helms, Ludger 2005c: Regierungsorganisation und politische Führung in Deutschland, Wiesbaden: VS Verlag für Sozialwissenschaften.
Hennis, Wilhelm 1963: Politik und praktische Philosophie. Eine Studie zur Rekonstruktion der politischen Wissenschaft, Luchterhand: Neuwied.
Hennis, Wilhelm 1965: Aufgaben einer modernen Regierungslehre, in: Politische Vierteljahresschrift, Jg. 6, Nr. 4, 422-441.
Hennis, Wilhelm 1981a: Rat und Beratung im modernen Staat, in: Hennis, Wilhelm, Politik und praktische Philosophie. Schriften zur politischen Theorie, Stuttgart: Klett-Cotta, 160-175.
Hennis, Wilhelm 1981b: Politik und praktische Philosophie. Schriften zur politischen Theorie, Stuttgart: Klett-Cotta.
Hennis, Wilhelm 1999: Regieren im modernen Staat. Politikwissenschaftliche Abhandlungen I, Tübingen: Mohr.
Hermann, Margaret G. 1986: Ingredients of Leadership, in: Hermann, Margaret G. (ed.), Political Psychology: Contemporary Problems and Issues, San Francisco: Jossey-Bass, 167-192.
Herzog, Dietrich 1975: Politische Karrieren. Selektion und Professionalisierung politischer Führungsgruppen, Opladen: Westdeutscher Verlag.
Herzog, Dietrich 1982: Politische Führungsgruppen. Probleme und Ergebnisse der modernen Elitenforschung, Darmstadt: Wissenschaftliche Buchgesellschaft.
Herzog, Dietrich 1989: Was heißt und zu welchem Ende studiert man Repräsentation?, in: Herzog, Dietrich/Weßels, Bernhard (Hg.), Konfliktpotentiale und Konsensstrategien. Beiträge zur politischen Soziologie der Bundesrepublik, Opladen: Westdeutscher Verlag, 307-335.
Herzog, Dietrich 1992: Zur Funktion der Politischen Klasse in der sozialstaatlichen Demokratie der Gegenwart, in: Leif, Thomas/Legrand, Hans-Josef/Klein, Ansgar (Hg.), Die politische Klasse in Deutschland. Eliten auf dem Prüfstand, Bonn: Bouvier, 126-149.
Herzog, Dietrich 1998: Responsivität, in: Jarren, Otfried/Sarcinelli, Ulrich/Saxer, Ulrich (Hg.), Politische Kommunikation in der demokratischen Gesellschaft. Ein Handbuch mit Lexikonteil, Opladen: Westdeutscher Verlag, 298-304.
Herzog, Dietrich/Rebenstorf, Hilke/Werner, Camilla/Weßels, Bernhard 1990: Abgeordnete und Bürger. Ergebnisse einer Befragung der Mitglieder des 11. Deutschen Bundestages und der Bevölkerung, Opladen: Westdeutscher Verlag.
Hetterich, Volker 2000: Von Adenauer zu Schröder – Der Kampf um Stimmen. Eine Längsschnittanalyse der Wahlkampagnen von CDU und SPD bei den Bundestagswahlen 1949 bis 1998, Opladen: Leske + Budrich.
Hetzler, Hans Wilhelm 1993: „Bewegung im erschwerenden Mittel" – Handlungstheoretische Elemente bei Carl von Clausewitz, in: Vowinckel, Gerhard (Hg.), Clausewitz-Kolloquium, Theorie des Krieges als Sozialwissenschaft, Berlin: Duncker & Humblot, 45-61.
Hilmar, Richard 2001: Die SPD im Spannungsfeld von Reformpolitik und Wählerinteressen, in: Müntefering, Franz/Machnig, Matthias (Hg.), Sicherheit im Wandel. Neue Solidarität im 21. Jahrhundert, Berlin: Vorwärts, 101-113.

Hilmer, Richard/Müller-Hilmer, Rita 2006: Die Bundestagswahl vom 18. September 2005: Votum für Wechsel in Kontinuität, in: Zeitschrift für Parlamentsfragen, Jg. 37, Nr. 1, 183-218.

Hinrichs, Jan-Peter 2002: Wir bauen einen Themenpark. Wähler werden doch mit Inhalten gewonnen – durch Issues Management, in: Althaus, Marco (Hg.), Kampagne! Neue Strategien für Wahlkampf, PR und Lobbying, 3. Auflage, Münster: Lit, 45-64.

Hinterhuber, Hans H. 1999: Planung der Führungskräfteentwicklung als Gegenstand der strategischen Unternehmensplanung, in: Hahn, Dietger/Taylor, Bernard (Hg.), Strategische Unternehmensplanung – strategische Unternehmensführung. Stand und Entwicklungstendenzen, 8. Auflage, Heidelberg: Physica-Verlag, 641-663.

Hirschman, Albert O. 1974: Abwanderung und Widerspruch. Reaktionen auf Leistungsabfall bei Unternehmungen, Organisationen und Staaten, Tübingen: Mohr.

Hobbes, Thomas 1997: Leviathan. Authoritative Text, Backgrounds, Interpretations, Flathman, Richard E./Johnston, David (eds.), New York: Norton.

Hoffmann, Jochen 2003: Inszenierung und Interprenetation. Das Zusammenspiel von Eliten aus Politik und Journalismus, Wiesbaden: Westdeutscher Verlag.

Hogrefe, Jürgen 2002: Gerhard Schröder. Ein Porträt, Berlin: Siedler.

Höhne, Roland 2006: Das Parteiensystem Frankreichs, in: Niedermayer, Oskar/Stöss, Richard/Haas, Melanie (Hg.), Die Parteiensysteme Westeuropas, Wiesbaden: VS Verlag für Sozialwissenschaften, 161-187.

Holborn, Hajo 1986: The Prusso-German School: Moltke and the Rise of the General Staff, in: Paret, Peter (ed.), Makers of Modern Strategy. From Machiavelli to the Nuclear Age, Princeton: Princeton University Press, 281-295.

Hölscher, Lucian 1978: Öffentlichkeit, in: Brunner, Otto/Conze, Werner/Koselleck, Reinhart (Hg.), Geschichtliche Grundbegriffe. Historisches Lexikon zur politisch-sozialen Sprache in Deutschland, Band 4, Stuttgart: Klett-Cotta, 413-467.

Hölscher, Lucian 1979: Öffentlichkeit und Geheimnis. Eine begriffsgeschichtliche Untersuchung der Öffentlichkeit in der frühen Neuzeit, Stuttgart: Klett-Cotta.

Holtz-Bacha, Christina 2001: Negative Campaigning: in Deutschland negativ aufgenommen, in: Zeitschrift für Parlamentsfragen, Jg. 32, Nr. 3, 669-677.

Hombach, Bodo 1998: Aufbruch. Die Politik der Neuen Mitte, München: Econ.

Howatson, Margaret. C. (Hg.) 1996: Reclams Lexikon der Antike, Stuttgart: Reclam.

Howlett, Michael 1998: Predictable and Unpredictable Policy Windows: Institutional and Exogenous Correlates of Canadian Federal Agenda-Setting, in: Canadian Journal of Political Science, Vol. 31, No. 3, 495-524.

Hufnagel, Judith 2004: Aus dem Blickwinkel der Macht. Die Grünen in der Regierungsverantwortung 1998-2002, München: Forschungsgruppe Deutschland.

Infratest dimap 2005: Wahlreport Bundestagswahl 2005, Berlin: Infratest dimap.

Ismayr, Wolfgang 2000: Der Deutsche Bundestag im politischen System der Bundesrepublik Deutschland, Opladen: Leske + Budrich.

Jäger, Wolfgang 1987: Die Innenpolitik der sozial-liberalen Koalition 1974-1982, in: Jäger, Wolfgang/Link, Werner, Republik im Wandel 1974-1982. Die Ära Schmidt, Geschichte der Bundesrepublik Deutschland, Band 5/II, Stuttgart: DVA, 9-272.

Jansen, Dorothea 1997: Das Problem der Akteurqualität korporativer Akteure, in: Benz, Arthur/Seibl, Wolfgang (Hg.), Theorieentwicklung in der Politikwissenschaft – eine Zwischenbilanz, Baden-Baden: Nomos, 193-235.

Jarren, Otfried/Donges, Patrick 2002a: Politische Kommunikation in der Mediengesellschaft. Eine Einführung, Band 1, Wiesbaden: Westdeutscher Verlag.

Jarren, Otfried/Donges, Patrick 2002b: Politische Kommunikation in der Mediengesellschaft. Eine Einführung, Band 2, Wiesbaden: Westdeutscher Verlag.

Jarren, Otfried/Sarcinelli, Ulrich/Saxer, Ulrich 1998 (Hg.): Politische Kommunikation in der demokratischen Gesellschaft. Ein Handbuch mit Lexikonteil, Opladen: Westdeutscher Verlag.

Joas, Hans 1992: Die Kreativität des Handelns, Frankfurt/M.: Suhrkamp.

Joas, Hans/Knöbl, Wolfgang 2004: Sozialtheorie, Frankfurt/M.: Suhrkamp.

Johnson, James 2006: Political Parties and Deliberative Democracy?, in: Katz, Richard S./Crotty, William (eds.), Handbook of Party Politics, London: Sage, 47-50.

Jordan, A. Grant/Richardson, Jeremy John 1987: British Politics and the Policy Process. An Arena Approach, London: Allen & Unwin.

Kaarbo, Juliet 1997: Prime Minister Leadership Styles in Foreign Policy Decision-Making: A Framework for Research, in: Political Psychology, Vol. 18, No. 3, 553-581.

Kaase, Max 1998a: Demokratisches System und die Mediatisierung von Politik, in: Sarcinelli, Ulrich (Hg.), Politikvermittlung und Demokratie in der Mediengesellschaft. Beiträge zur politischen Kommunikationskultur, Bonn: Bundeszentrale für politische Bildung, 24-51.

Kaase, Max 1998b: Politische Kommunikation – Politikwissenschaftliche Perspektiven, in: Jarren, Otfried/Sarcinelli, Ulrich/Saxer, Ulrich (Hg.), Politische Kommunikation in der demokratischen Gesellschaft. Ein Handbuch mit Lexikonteil, Opladen: Westdeutscher Verlag, 97-113.

Kaid, Lynda Lee (ed.) 2004: Handbook of Political Communication Research, Mahwah: Lawrence Erlbaum.

Kallscheuer, Otto 1995: Hegemonie, in: Nohlen, Dieter/Schultze, Rainer-Olaf (Hg.), Lexikon der Politik, Band 1: Politische Theorien, München: Beck, 174-180.

Karp, Markus/Zolleis, Udo 2004: Politisches Marketing. Eine Einführung in das Politische Marketing mit aktuellen Bezügen aus Wissenschaft und Praxis, Münster: Lit.

Katz, Richard S. 1986: Party Government: A Rationalistic Conception, in: Castles, Francis G./Wildenmann, Rudolf (eds.), Visions and Realities of Party Government, Berlin: de Gruyter, 31-71.

Katz, Richard S. (ed.) 1987: Party Governments: European and American Experiences, Berlin: de Gruyter.

Katz, Richard S. 2006: Party in Democratic Theory, in: Katz, Richard S./Crotty, William (eds.), Handbook of Party Politics, London: Sage, 34-46.

Kautsky, Karl 1909: Der Weg zur Macht. Politische Betrachtungen über das Hineinwachsen in die Revolution, Berlin: Vorwärts.

Kautsky, Karl 1909/10a: Was nun?, in: Die Neue Zeit, Jg. 28, 2. Bd., 33-40, 68-80.

Kautsky, Karl 1909/10b: Eine neue Strategie, in: Die Neue Zeit, Jg. 28, 2. Bd., 332-341, 364-375, 412-421.

Kellerman, Barbara (ed.) 1986: Political Leadership. A Source Book, Pittsburgh: University of Pittsburgh Press.

Keman, Hans 2006: Parties and Government. Features of Governing in Representative Democracies, in: Katz, Richard S./Crotty, William (eds.), Handbook of Party Politics, London: Sage, 160-174.

Kempf, Udo 2007: Das politische System Frankreichs, 4. Auflage, Wiesbaden: VS Verlag für Sozialwissenschaften.

Kepplinger, Hans Mathias 1991: Rezension zu Helmut Scherer: Massenmedien, Meinungsklima und Einstellung (1990), in: Politische Vierteljahresschrift, Jg. 32, H. 3, 551-552.

Kepplinger, Hans Mathias 1994: Publizistische Konflikte. Begriffe, Ansätze, Ergebnisse, in: Neidhardt, Friedhelm (Hg.), Öffentlichkeit, öffentliche Meinungen, soziale Bewegungen, Opladen: Westdeutscher Verlag, 213-233.

Key, Valdimer O. 1966: The Responsible Electorate. Rationality in Presidential Voting 1936-1960, New York: Vintage.

Kieseritzky, Wolther von 2001: „Mehr Demokratie wagen". Innen- und Gesellschaftspolitik 1966-1974, Einleitung in Willy Brandt: Mehr Demokratie wagen. Innen- und Gesellschaftspolitik 1966-1974, bearbeitet von Wolther von Kieseritzky, Band 7 der Berliner Ausgabe, Bonn: Dietz, 15-81.

King, Anthony 1993: Foundations of Power, in: Edwards III, George C./Kessel, John H./Rockman, Bert A. (eds.), Researching the Presidency: Vital Questions, New Approaches, Pittsburgh: University of Pittsburgh Press, 415-451.

King, Anthony (ed.) 2002: Leaders' Personalities and the Outcomes of Democratic Elections, Oxford: Oxford University Press.

Kingdon, John W. 1984: Agendas, Alternatives, and Public Policies, Boston: Little, Brown and Company.

Kissinger, Henry A. 1979: Memoiren 1968-1973, München: Bertelsmann.

Kissling-Näf, Ingrid/Knoepfel, Peter 1994: Politikorientierte Lernprozesse: Konzeptuelle Überlegungen, in: Bussmann, Werner (Hg.), Lernen in Verwaltungen und Policy-Netzwerken, Chur: Rüegger, 99-129.

Kitschelt, Herbert 1994: The Transformation of European Social Democracy, Cambridge: Cambridge University Press.

Kitschelt, Herbert 2000: Citizens, Politicians, and Party Cartellization: Political Representation and State Failure in Post-Industrial Democracies, in: European Journal of Political Research, Vol. 37, No. 2, 149-179.

Kitschelt, Herbert 2003: Diversification and Reconfiguration of Party Systems in Postindustrial Democracies, Berlin: Friedrich-Ebert-Stiftung
URL (30.01.2007): http://library.fes.de/pdf-files/id/02608.pdf

Klein, Josef 1998a: Politische Kommunikation als Sprachstrategie, in: Jarren, Otfried/Sarcinelli, Ulrich/Saxer, Ulrich (Hg.), Politische Kommunikation in der demokratischen Gesellschaft. Ein Handbuch mit Lexikonteil, Opladen: Westdeutscher Verlag, 376-395.

Klein, Josef 1998b: Politische Kommunikation – Sprachwissenschaftliche Perspektiven, in: Jarren, Otfried/Sarcinelli, Ulrich/Saxer, Ulrich (Hg.), Politische Kommunikation in der demokratischen Gesellschaft. Ein Handbuch mit Lexikonteil, Opladen: Westdeutscher Verlag, 186-210.

Klein, Markus 2005: Gesellschaftliche Wertorientierungen, Wertewandel und Wählerverhalten, in: Falter, Jürgen W./Schoen, Harald (Hg.), Handbuch Wahlforschung, Wiesbaden: VS Verlag für Sozialwissenschaften, 423-445.

Klingemann, Hans-Dieter/Hofferbert, Richard I./Budge, Ian 1994: Parties, Policies, and Democracy, Boulder: Westview Press.

Klingemann, Hans-Dieter/Volkens, Andrea 2002: Struktur und Entwicklung von Wahlprogrammen in der Bundesrepublik Deutschland 1949-1998, in: Gabriel, Oskar W./Niedermayer, Oskar/Stöss, Richard (Hg.), Parteiendemokratie in Deutschland, 2. Auflage, Wiesbaden: Westdeutscher Verlag, 507-527.

Klingemann, Hans-Dieter/Volkens, Andrea/Bara, Judith L./Budge, Ian/McDonald, Michael D. 2006: Mapping Policy Preferences II: Estimates for Parties, Electors, and Governments in Eastern Europe, European Union, and OECD 1990-2003, Oxford: Oxford University Press.

Klotzbach, Kurt 1982: Der Weg zur Staatspartei. Programmatik, praktische Politik und Organisation der deutschen Sozialdemokratie 1945-1965, Bonn: Dietz.

Knieper, Thomas/Müller, Marion G. (Hg.) 2004: Visuelle Wahlkampfkommunikation, Köln: von Halem.

Knoll, Thomas 2004: Das Bonner Bundeskanzleramt. Organisation und Funktionen von 1949-1999, Wiesbaden: VS Verlag für Sozialwissenschaften.

Kohl, Helmut 2004: Erinnerungen 1930-1982, München: Droemer.

Kohl, Helmut 2005: Erinnerungen 1982-1990, München: Droemer.

Korte, Karl-Rudolf 1998: Deutschlandpolitik in Helmut Kohls Kanzlerschaft. Regierungsstil und Entscheidungen 1982-1989, Stuttgart: DVA.

Kosselleck, Reinhart 1984: Revolution, in: Brunner, Otto/Conze, Werner/Koselleck, Reinhart (Hg.), Geschichtliche Grundbegriffe. Historisches Lexikon zur politisch-sozialen Sprache in Deutschland, Band 5, Stuttgart: Klett-Cotta, 653-656, 689-788.

Krebs, Thomas 1996: Parteiorganisation und Wahlkampfführung. Eine mikropolitische Analyse der SPD-Bundestagswahlkämpfe 1965 und 1986/87, Wiesbaden: DUV.

Kreyher, Volker J. (Hg.) 2004: Handbuch politisches Marketing. Impulse und Strategien für Politik, Wirtschaft und Gesellschaft, Baden-Baden: Nomos.

Kriesi, Hanspeter 2003: Strategische politische Kommunikation: Bedingungen und Chancen der Mobilisierung öffentlicher Meinung im internationalen Vergleich, in: Esser, Frank/Pfetsch, Barbara (Hg.), Politische Kommunikation im internationalen Vergleich. Grundlagen, Anwendungen, Perspektiven, Wiesbaden: Westdeutscher Verlag, 208-239.

Kriesi, Hanspeter/Koopmans, Ruud/Duyvendak, Jan Willem/Giugni, Marco G. 1995: New Social Movements in Western Europe, Minneapolis: University of Minneapolis.

Kropp, Sabine 2001: Regieren in Koalitionen. Handlungsmuster und Entscheidungsbildung in deutschen Länderregierungen, Wiesbaden: Westdeutscher Verlag.

Krotz, Friedrich 1998: Diskurs, in: Jarren, Otfried/Sarcinelli, Ulrich/Saxer, Ulrich (Hg.), Politische Kommunikation in der demokratischen Gesellschaft. Ein Handbuch mit Lexikonteil, Opladen: Westdeutscher Verlag, 646-647.

Krystek, U./Müller-Stewens, G. 1999: Strategische Frühaufklärung, in: Hahn, Dietger/Taylor, Bernard (Hg.), Strategische Unternehmensplanung – strategische Unternehmensführung. Stand und Entwicklungstendenzen, 8. Auflage, Heidelberg: Physica-Verlag, 497-517.

Kuhn, Fritz 2002: Strategische Steuerung der Öffentlichkeit?, in: Nullmeier, Frank/Saretzki, Thomas (Hg.), Jenseits des Regierungsalltags. Strategiefähigkeit politischer Parteien, Frankfurt/M.: Campus, 85-97.

Kunisch, Johannes 2004: Friedrich der Große. Der König und seine Zeit, München: Beck.

Kutz, Martin 1990: Realitätsflucht und Aggression im deutschen Militär, Baden-Baden: Nomos.

Kutz, Martin 2001: Historische Voraussetzungen und theoretische Grundlagen strategischen Denkens, Bremen: Temmen.

Lafontaine, Oskar 1999: Das Herz schlägt links, München: Econ.

Lafontaine, Oskar/Müller, Christa 1998: Keine Angst vor der Globalisierung. Wohlstand und Arbeit für alle, Bonn: Dietz.

Lake, David A./Powell, Robert 1999: International Relations: A Strategic-Choice Approach, in: Lake, David A./Powell, Robert (eds.), Strategic Choice and International Relations, Princeton: Princeton University Press, 3-38.

Lange, Stefan/Braun, Dietmar 2000: Politische Steuerung zwischen System und Akteur. Eine Einführung, Opladen: Leske + Budrich.

Langguth, Gerd 2005: Angela Merkel, München: DTV.

Lanir, Zvi 1993: The ‚Principles of War' and Military Thinking, in: The Journal of Strategic Studies, Vol. 16, No. 1, 1-17.

Larocca, Roger 2004: Strategic Diversion in Political Communication, in: The Journal of Politics, Vol. 66, No. 2, 469-491.

Lawrence, Paul R./Lorsch, Jay W. 1967: Differentiation and Integration in Complex Organizations, in: Administrative Science Quarterly, Vol. 12, No. 1, 1-47.

Lehmbruch, Gerhard 1988: Parteiensysteme, in: Görres-Gesellschaft (Hg.): Staatslexikon: Recht, Wirtschaft, Gesellschaft, Bd.4, Freiburg: Herder, 311-318.

Lehnert, Detlef 1977: Reform und Revolution in den Strategiediskussionen der klassischen Sozialdemokratie. Zur Geschichte der deutschen Arbeiterbewegung von den Ursprüngen bis zum Ausbruch des 1. Weltkriegs, Bonn-Bad Godesberg: Verlag Neue Gesellschaft.

Leif, Thomas/Raschke, Joachim 1994: Rudolf Scharping, die SPD und die Macht. Eine Partei wird besichtigt, Reinbek: Rowohlt.

Lenschow, Andrea (ed.) 2002: Environmental Policy Integration. Greening Sectoral Policies in Europe, London: Earthscan.

Leugers-Scherzberg, August H. 2002: Die Wandlungen des Herbert Wehner. Von der Volksfront zur Großen Koalition, Berlin: Propyläen.

Levitt, Barbara/March, James G. 1988: Organizational Learning, in: Annual Review of Sociology, Vol. 14, 319-340.

Lipset, Seymour Martin 1962: Soziologie der Demokratie, Neuwied am Rhein: Luchterhand.

Lipset, Seymour Martin/Rokkan, Stein (eds.) 1967: Party Systems and Voter Alignments: Cross-National Perspectives, New York: Free Press.

Livius, Titus 1999: Ab urbe condita Liber I/Römische Geschichte 1. Buch, Stuttgart: Reclam.

Lombriser, Roman/Abplanalp, Peter A. 1998: Strategisches Management. Visionen entwickeln, Strategien umsetzen, Erfolgspotenziale aufbauen, 2. Auflage, Zürich: Versus.

Lord, Carnes 2003: The Modern Prince. What Leaders Need to Know Now, New Haven: Yale University Press.

Lorenz, Kuno 1976: Kalkül, in: Ritter, Joachim/Gründer, Karlfried (Hg.), Historisches Wörterbuch der Philosophie, Band 4, Basel: Schwabe, 672-681.

Lowi, Theodore J. 1964: American Business, Public Policy, Case-Studies, and Political Theory, in: World Politics, Vol. 16, No. 4, 677-715.

Luhmann, Niklas 1968: Vertrauen. Ein Mechanismus der Reduktion sozialer Komplexität, Stuttgart: Enke.

Luhmann, Niklas 1981: Politische Theorie im Wohlfahrtsstaat, München: Olzog.

Luhmann, Niklas 1984: Soziale Systeme. Grundriss einer allgemeinen Theorie, 4. Auflage, Frankfurt/M.: Suhrkamp.

Luhmann, Niklas 1989: Politische Steuerung: ein Diskussionsbeitrag, in: Politische Vierteljahresschrift, Jg. 30, H. 1, 4-9.

Luhmann, Niklas 2000: Die Politik der Gesellschaft, Frankfurt/M.: Suhrkamp.

Machiavelli, Niccolò 1990: Politische Schriften, herausgegeben von Herfried Münkler, Frankfurt/M.: Fischer.

Machnig, Matthias 1999: Die Kampa als SPD-Wahlkampfzentrale der Bundestagswahl '98. Organisation, Kampagnenformen und Erfolgsfaktoren, in: Forschungsjournal Neue Soziale Bewegungen, Jg. 12, H. 3, 20-39.

Machnig, Matthias 2001: Vom Tanker zur Flotte, in: Machnig, Matthias/Bartels, Hans-Peter (Hg.), Der rasende Tanker. Analysen und Konzepte zur Modernisierung der sozialdemokratischen Organisation, Göttingen: Steidl, 101-117.

Machnig, Matthias (Hg.) 2002a: Politiker – Medien – Wähler. Wahlkampf im Medienzeitalter, Opladen: Leske + Budrich.

Machnig, Matthias 2002b: Politische Kommunikation in der Mediengesellschaft, in: Machnig, Matthias (Hg.), Politik – Medien – Wähler. Wahlkampf im Medienzeitalter, Opladen: Leske + Budrich, 145-152.

Machnig, Matthias 2002c: Strategiefähigkeit in der beschleunigten Mediengesellschaft, in: Nullmeier, Frank/Saretzki, Thomas (Hg.), Jenseits des Regierungsalltags. Strategiefähigkeit politischer Parteien, Frankfurt/M.: Campus, 167-178.

Mair, Peter/Müller, Wolfgang C./Plasser, Fritz (Hg.) 1999: Parteien auf komplexen Wählermärkten. Reaktionsstrategien politischer Parteien in Westeuropa, Wien: Signum.

Malek, Tanja/Hilkermeier, Lena 2003: Überlegungen zur Bedeutung organisationaler Lernansätze in der und für die Politikwissenschaft, in: Maier, Matthias Leonhard/Hurrelmann, Achim/Nullmeier, Frank/Pritzlaff, Tanja/Wiesner, Achim (Hg.), Politik als Lernprozess? Wissenszentrierte Ansätze in der Politikanalyse, Opladen: Leske + Budrich, 78-97.

Marcinkowski, Frank 2002: Agenda Setting als politikwissenschaftlich relevantes Paradigma, in: Gellner, Winand/Strohmeier, Gerd (Hg.), Freiheit und Gemeinwohl. Politikfelder und Politikvermittlung zu Beginn des 21. Jahrhunderts, Baden-Baden: Nomos, 159-170.

Marx, Stefan 2006: Das Heer der Sprecher und Berater. Eine Bestandsaufnahme von Akteursgruppen in der Regierungskommunikation, in: Köhler, Miriam Melanie/Schuster, Cristian H. (Hg.), Handbuch Regierungs-PR. Öffentlichkeitsarbeit von Bundesregierungen und deren Beratern, Wiesbaden: VS Verlag für Sozialwissenschaften, 85-98.

Mathes, Rainer/Freisens, Uwe 1990: Kommunikationsstrategien der Parteien und ihr Erfolg. Eine Analyse der aktuellen Berichterstattung in den Nachrichtenmagazinen der öffentlich-rechtlichen und privaten Rundfunkanstalten im Bundestagswahlkampf 1987, in: Kaase, Max/Klingemann, Hans-Dieter (Hg.), Wahlen und Wähler. Analysen aus Anlass der Bundestagswahl 1987, Opladen: Westdeutscher Verlag, 531-568.

Mauß, Alexander 2002: Filtern, Fragen und Beraten. Das Ohr an der öffentlichen Meinung durch strategische Umfrageforschung, in: Althaus, Marco (Hg.), Kampagne! Neue Strategien für Wahlkampf, PR und Lobbying, Münster: Lit, 81-96.

Mayntz, Renate 1988: Funktionelle Teilsysteme in der Theorie sozialer Differenzierung, in: Mayntz, Renate/Rosewitz, Bernd/Schimank, Uwe/Stichweh, Rudolf (Hg.), Differenzierung und Verselbständigung. Zur Entwicklung gesellschaftlicher Teilsysteme, Frankfurt/M.: Campus, 11-44.

Mayntz, Renate 1996: Politische Steuerung. Aufstieg, Niedergang und Transformation einer Theorie, in: Beyme, Klaus von/Offe, Claus (Hg.), Politische Theorien in der Ära der Transformation, Opladen: Westdeutscher Verlag, 148-168.

Mayntz, Renate 2001: Zur Selektivität der steuerungstheoretischen Perspektive, in: Burth, Hans-Peter/Görlitz, Axel (Hg.), Politische Steuerung in Theorie und Praxis, Baden-Baden: Nomos, 17-27.

Mayntz, Renate 2002: Zur Theoriefähigkeit makro-sozialer Analysen, in: Mayntz, Renate (Hg.), Akteure – Mechanismen – Modelle. Zur Theoriefähigkeit makro-sozialer Analysen, Frankfurt/M.: Campus, 7-43.

Mayntz, Renate 2004: Governance im modernen Staat, in: Benz, Arthur (Hg.), Governance – Regieren in komplexen Regelsystemen. Eine Einführung, Wiesbaden: VS Verlag für Sozialwissenschaften, 65-76.

Mayntz, Renate/Lex, Christa 1982: Voraussetzungen und Aspekte administrativer Praktikabilität staatlicher Handlungsprogramme, Studie im Rahmen der Schriftenreihe Verwaltungsorganisation, Band 6, Bundesministerium des Innern (Hg.), Bonn.

Mayntz, Renate/Neidhart, Friedhelm 1989: Parlamentskultur: Handlungsorientierungen von Bundestagsabgeordneten – eine empirisch explorative Studie. In: Zeitschrift für Parlamentsfragen, Jg. 20, Nr. 3, 370-387.

Mayntz, Renate/Scharpf, Fritz W. 1995: Der Ansatz des akteurzentrierten Institutionalismus, in: Mayntz, Renate/Scharpf, Fritz W. (Hg.), Gesellschaftliche Selbstregelung und politische Steuerung, Frankfurt/M.: Campus, 39-72.

Mayntz, Renate/Scharpf, Fritz W. 2005: Politische Steuerung – Heute?, MPIfG Working Paper 05/1, Januar 2005, Köln: Max-Planck-Institut für Gesellschaftsforschung.

McCombs, Maxwell/Shaw, Donald L./Weaver, David (eds.) 1997: Communication and Democracy. Exploring the Intellectual Frontiers in Agenda-Setting Theory, Mahwah: Lawrence Albaum Associates.

McDonald, Michael D./Budge, Ian 2005: Elections, Parties, Democracy. Conferring the Median Mandate, Oxford: Oxford University Press.

Meckel, Miriam 2002: Das Mismatch der Mediendemokratie. Anmerkungen zu den Spielregeln der politischen Kommunikation, in: Schatz, Heribert/Rössler, Patrick/Nieland, Jörg-Uwe (Hg.), Politische Akteure in der Mediendemokratie. Politiker in den Fesseln der Medien?, Wiesbaden: Westdeutscher Verlag, 277-284.

Meier, Christian 1982: Caesar, Berlin: Severin und Siedler.

Meier, Christian 1983: Die Entstehung des Politischen bei den Griechen, Frankfurt/M.: Suhrkamp.

Meng, Richard 2006: Merkelland. Wohin führt die Kanzlerin?, Köln: Kiepenheuer & Witsch.

Mergel, Thomas 2003: Der mediale Stil der „Sachlichkeit". Die gebremste Amerikanisierung des Wahlkampfs in der alten Bundesrepublik, in: Weisbrod, Bernd (Hg.), Die Politik der Öffentlichkeit – Die Öffentlichkeit der Politik. Politische Medialisierung in der Geschichte der Bundesrepublik, Göttingen: Wallstein, 29-53.

Merkel, Angela 2004: Mein Weg. Angela Merkel im Gespräch mit Hugo Müller-Vogg, Hamburg: Hoffmann und Campe.

Merkel, Wolfgang 1993: Ende der Sozialdemokratie? Machtressourcen und Regierungspolitik im westeuropäischen Vergleich, Frankfurt/M.: Campus.

Merkel, Wolfgang 2000: Die dritten Wege der Sozialdemokratie ins 21. Jahrhundert, in: Berliner Journal für Soziologie, Jg. 10, H. 1, 99-124.

Merkel, Wolfgang 2003: Institutionen und Reformpolitik. Drei Fallstudien zur Vetospieler-Theorie, in: Egle, Christoph/Ostheim, Tobias/Zohlnhöfer, Reimut (Hg.), Das rot-grüne Projekt. Eine Bilanz der Regierung Schröder 1998-2002, Wiesbaden: Westdeutscher Verlag, 163-190.

Merkel, Wolfgang/Egle, Christoph/Henkes, Christian/Ostheim, Tobias/Petring, Alexander 2006: Die Reformfähigkeit der Sozialdemokratie. Herausforderungen und Bilanz der Regierungspolitik in Westeuropa, Wiesbaden: VS Verlag für Sozialwissenschaften.

Merseburger, Peter 2002: Willy Brandt. 1913-1992, Visionär und Realist, Stuttgart: DVA.

Metzinger, Peter 2004: Campaigning – politische Kommunikation in Wort und Tat, in: Kreyher, Volker J. (Hg.), Handbuch Politisches Marketing. Impulse und Strategie für Politik, Wirtschaft und Gesellschaft, Baden-Baden: Nomos, 63-73.

Meyer, Christoph 2006: Herbert Wehner. Biographie, München: DTV.

Meyer, Thomas 2003: Was ist Politik?, 2. Auflage, Opladen: Leske + Budrich.

Meyer, Thomas 2004: Die Agenda 2010 und die soziale Gerechtigkeit, in: Politische Vierteljahresschrift, Jg. 45, H. 2, 181-191.

Meyer, Thomas 2007: Die blockierte Partei – Regierungspraxis und Programmdiskussion der SPD 2002-2005, in: Egle, Christoph/Zohlnhöfer, Reimut (Hg.), Ende des rot-grünen Projektes. Eine Bilanz der Regierung Schröder 2002-2005, Wiesbaden: VS Verlag für Sozialwissenschaften, 83-97.

Meyer, Thomas/Scherer, Klaus-Jürgen 1994: Parteien in der Defensive? Plädoyer für die Öffnung der Volkspartei, in: Meyer, Thomas/Scherer, Klaus-Jürgen/Zöpel, Christoph (Hg.), Parteien in der Defensive? Plädoyer für die Öffnung der Volkspartei, Köln: Bund, 18-144.

Michelet, Jules 1988: Geschichte der Französischen Revolution, 5 Bände (I-V), Frankfurt/M.: Eichborn.
Michels, Robert 1957: Zur Soziologie des Parteiwesens in der modernen Demokratie. Untersuchungen über die oligarchischen Tendenzen des Gruppenlebens, Neudruck der 2. Auflage, herausgegeben von Werner Conze, Stuttgart: Kröner.
Micus, Matthias 2005: Die „Enkel" Willy Brandts. Aufstieg und Politikstil einer SPD-Generation, Frankfurt/M.: Campus.
Mintzberg, Henry 1990: Strategy Formation: Schools of Thought, in: Fredrickson, James W. (ed.), Perspectives on Strategic Management, New York: Harper Business, 105-235.
Mintzberg, Henry 1991: Mintzberg über Management. Führung und Organisation, Mythos und Realität, Wiesbaden: Gabler.
Mintzberg, Henry 1995: Die Strategische Planung. Aufstieg, Niedergang und Neubestimmung, München: Hanser.
Mintzberg, Henry/Ahlstrand, Bruce/Lampel, Joseph 1999: Strategy Safari. Eine Reise durch die Wildnis des strategischen Managements, Frankfurt/M.: Redline Wirtschaft bei Ueberreuter.
Mintzel, Alf 1977: Geschichte der CSU. Ein Überblick, Opladen: Westdeutscher Verlag.
Möllemann, Jürgen W. 2003: Klartext. Für Deutschland, München: Bertelsmann.
Morris, Dick 1999a: Behind the Oval Office. Getting Reelected Against All Odds, Los Angeles: Renaissance Books.
Morris, Dick 1999b: The New Prince. Machiavelli Updated for the Twenty-First Century, Los Angeles: Renaissance Books.
Morris, Dick 2002: Power Plays. Win or Lose – How History's Great Political Leaders Play The Game, New York: Regan Books.
Morsey, Rudolf 1994: Die Vorbereitung der Großen Koalition von 1966. Unionspolitiker im Zusammenspiel mit Herbert Wehner seit 1962, in: Kocka, Jürgen/Puhle, Hans-Jürgen/Tenfelde, Klaus (Hg.), Von der Arbeiterbewegung zum modernen Sozialstaat, München: Saur, 462-478.
Mühleisen, Hans-Otto/Stammen, Theo/Philipp, Michael 1997: Fürstenspiegel der Neuzeit, Frankfurt/M.: Insel.
Müller, Albrecht (in Zusammenarbeit mit Hermann Müller) 1997: Willy wählen '72 – Siege kann man machen, Anweiler: Plöger.
Müller, Kay/Walter, Franz 2004: Graue Eminenzen der Macht. Küchenkabinette in der deutschen Kanzlerdemokratie. Von Adenauer bis Schröder, Wiesbaden: VS Verlag für Sozialwissenschaften.
Müller, Marion G. 1994: Politische Bildstrategien im amerikanischen Präsidentschaftswahlkampf 1828-1996, Berlin: Akademie.
Müller, Marion G. 2002: Parteitagskommunikation: Funktionen, Strukturen, Trends in Deutschland und den USA, in: Schatz, Heribert/Rössler, Patrick/Nieland, Jörg-Uwe (Hg.), Politische Akteure in der Mediendemokratie. Politiker in den Fesseln der Medien?, Wiesbaden: Westdeutscher Verlag, 65-77.
Müller, Marion G. 2003: Grundlagen der visuellen Kommunikation. Theorieansätze und Analysemethoden, Konstanz: UVK Verlagsgesellschaft.
Müller, Wolfgang C. 2005: Die Relevanz von Institutionen für Koalitionstreue. Theoretische Überlegungen und Beobachtungen zur Bundesrepublik Deutschland, in: Ganghof, Steffen/Manow, Philip (Hg.), Mechanismen der Politik. Strategische Interaktion im deutschen Regierungssystem, Frankfurt/M.: Campus, 73-107.
Müller, Wolfgang C./Strøm, Kaare (eds.) 1999: Policy, Office or Votes? How Political Parties in Western Europe Make Hard Decisions, Cambridge: Cambridge University Press.

Müller, Wolfgang C./Strøm, Kaare (eds.) 2000a: Coalition Governments in Western Europe, Oxford: Oxford University Press.

Müller, Wolfgang C./Strøm, Kaare 2000b: Coalition Governance in Western Europe. An Introduction, in: Müller, Wolfgang C./Strøm, Kaare (eds.), Coalition Governments in Western Europe, Oxford: Oxford University Press, 1-31.

Müller-Hilmer, Rita 2006: Gesellschaft im Reformprozess, Studie von TNS Infratest Sozialforschung, Berlin.

Müller-Rommel, Ferdinand 1982: Innerparteiliche Gruppierungen in der SPD. Eine empirische Studie über informell-organisierte Gruppierungen von 1969-1980, Opladen: Westdeutscher Verlag.

Müller-Rommel, Ferdinand 1994: The Chancellor and his Staff, in: Padgett, Stephen (ed.), Adenauer to Kohl. The Development of the German Chancellorship, London: Hurst, 106-126.

Müller-Rommel, Ferdinand 2000: Management of Politics in the German Chancellor's Office, in: Peters, B. Guy/Rhodes, Roderick A. W./Wright, Vincent (eds.), Administering the Summit. Administration of the Core Executive in Developed Countries, Basingstoke: Macmillan, 81-100.

Münkel, Daniela 2005: Willy Brandt und die „Vierte Gewalt". Politik und Massenmedien in den 50er bis 70er Jahren, Frankfurt/M.: Campus Verlag.

Münkler, Herfried 1985: Staatsraison und politische Klugheitslehre, in: Fetscher, Iring/Münkler, Herfried (Hg.), Pipers Handbuch der politischen Ideen, Band 3, München: Piper, 23-72.

Münkler, Herfried 1987: Im Namen des Staates. Die Begründung der Staatsraison in der Frühen Neuzeit, Frankfurt/M.: Fischer.

Münkler, Herfried 1991: Analytiken der Macht: Nietzsche, Machiavelli, Thukydides, in: Greven, Michael Th. (Hg.), Macht in der Demokratie. Denkanstöße zur Wiederbelebung einer klassischen Frage in der zeitgenössischen politischen Theorie, Baden-Baden: Nomos, 9-45.

Münkler, Herfried 1995: Machiavelli. Die Begründung des politischen Denkens der Neuzeit aus der Krise der Republik Florenz, Frankfurt/M.: Fischer.

Münkler, Herfried 2003: Clausewitz' Theorie des Krieges, Baden-Baden: Nomos.

Münkler, Herfried 2004: Über den Krieg. Stationen der Kriegsgeschichte im Spiegel ihrer theoretischen Reflexion, 3. Auflage, Weilerswist: Velbrück.

Münkler, Herfried/Krause, Skadi 2001: Der aktive Bürger – Eine Gestalt der politischen Theorie im Wandel, in: Leggewie, Claus/Münch, Richard (Hg.), Politik im 21. Jahrhundert, Frankfurt/M.: Suhrkamp, 299-320.

Murphy, Detlef/Nullmeier, Frank/Raschke, Joachim/Rubart, Frauke/Saretzki, Thomas 1981: Haben „links" und „rechts" noch Zukunft? Zur aktuellen Diskussion über die politischen Richtungsbegriffe, in: Politische Vierteljahresschrift, Jg. 22, Nr. 4, 398-414.

Napoleon 1852: Napoleon's Maximen der Kriegsführung, Weimar: Voigt.

Narr, Wolf-Dieter 1966: CDU – SPD. Programm und Praxis seit 1945, Stuttgart: Kohlhammer.

Naschold, Frieder 1968: Demokratie und Komplexität, in: Politische Vierteljahresschrift, Jg. 9, Nr. 4, 494-518.

Naschold, Frieder 1969a: Organisation und Demokratie. Untersuchung zum Demokratisierungspotential in komplexen Organisationen, Stuttgart: Kohlhammer.

Naschold, Frieder 1969b: Demokratie wegen Komplexität. Zu Niklas Luhmann: Komplexität und Demokratie, in: Politische Vierteljahresschrift, Jg. 10, Nr. 2/3, 326-327.

Neidhardt, Friedhelm 1994a: Öffentlichkeit, öffentliche Meinung, soziale Bewegungen, in: Neidhardt, Friedhelm (Hg.), Öffentlichkeit, öffentliche Meinungen, soziale Bewegungen, Opladen: Westdeutscher Verlag, 7-41.

Neidhardt, Friedhelm 1994b: Die Rolle des Publikums. Anmerkungen zur Soziologie politischer Öffentlichkeit, in: Derlien, Hans-Ulrich/Gerhardt, Uta/Scharpf, Fritz W. (Hg.), Systemrationalität und Partialinteresse, Baden-Baden: Nomos, 315-328.

Neidhardt, Friedhelm/Eilders, Christian/Pfetsch, Barbara 1998: Die Stimme der Medien im politischen Prozess: Themen und Meinungen in Pressekommentaren, Discussion Paper FS III 98-106, Berlin: Wissenschaftszentrum Berlin für Sozialforschung.

Neumann, Franz 1965: Die Parteien der Weimarer Republik, Stuttgart: Kohlhammer.

Neustadt, Richard E. 2001: The Weakening White House, in: British Journal of Political Science, Vol. 31, No. 1, 1-11.

Neustadt, Richard E./May, Ernest R. 1988: Thinking in Time. The Uses of History for Decision-Makers, New York: Free Press.

Neveu, Erik 1998: Media and Politics in French Political Science, in: European Journal of Political Research, Vol. 33, No. 4, 439-458.

Niclauß, Karlheinz 2004: Kanzlerdemokratie. Regierungsführung von Konrad Adenauer bis Gerhard Schröder, Paderborn: Schöningh.

Niedermayer, Oskar 2001: Bürger und Politik. Politische Orientierungen und Verhaltensweisen der Deutschen, Wiesbaden: Westdeutscher Verlag.

Noelle-Neumann, Elisabeth 2006: Die Erinnerungen, München: Herbig.

Nohlen, Dieter/Schultze, Rainer-Olaf 1994: Methode, in: Kriz, Jürgen/Nohlen, Dieter/Schultze, Rainer-Olaf (Hg.), Lexikon der Politik, Band 2: Politikwissenschaftliche Methoden, München: Beck, 262-264.

Nolte, Kristina 2005: Der Kampf um Aufmerksamkeit. Wie Medien, Wirtschaft und Politik um eine knappe Ressource ringen, Frankfurt/M.: Campus.

North, Douglass C. 1990: Institutions, Institutional Change and Economic Performance, Cambridge: Cambridge University Press.

Nullmeier, Frank 2005: Nachwort, in: Murray, Edelman, Politik als Ritual. Die symbolische Funktion staatlicher Institutionen und politischen Handelns, 3. Auflage, Frankfurt/M.: Campus, 199-219.

Oberndörfer, Dieter 1962: Politik als praktische Wissenschaft, in: Oberndörfer, Dieter (Hg.), Wissenschaftliche Politik. Eine Einführung in Grundfragen ihrer Tradition und Theorie, Freiburg: Rombach, 9-58.

Offe, Claus 1975: Berufsbildungsreform. Eine Fallstudie über Reformpolitik, Frankfurt/M.: Suhrkamp.

Osterroth, Franz/Schuster, Dieter 1975: Chronik der deutschen Sozialdemokratie, Band II, Berlin: Dietz.

Ostrom, Elinor 1990: Governing the Commons. The Evolution of Institutions for Collective Action, Cambridge: Cambridge University Press.

Ostrom, Elinor/Gardner, Roy/Walker, James 1994: Rules, Games, and Common-Pool Resources, Ann Arbor: University of Michigan Press.

Page, Benjamin I. 1996: The Mass Media as Political Actors, in: Political Science & Politics, Vol. 29, No. 1, 20-24.

Page, Benjamin I./Shapiro, Robert Y./Dempsey, Glenn R. 1987: What Moves Public Opinion?, in: American Political Science Review, Vol. 81, No. 1, 23-43.

Paige, Glenn D. 1977: The Scientific Study of Political Leadership, New York: Free Press.

Palmer, Robert R. 1986: Frederick the Great, Guibert, Bülow: From Dynastic to National War, in: Paret, Peter (ed.), Makers of Modern Strategy. From Machiavelli to the Nuclear Age, Princeton: Princeton University Press, 91-119.

Palonen, Kari 2002: Eine Lobrede für Politiker. Ein Kommentar zu Max Webers „Politik als Beruf", Opladen: Leske + Budrich.

Panebianco, Angelo 1988: Political Parties: Organization and Power, Cambridge: Cambridge University Press.

Paret, Peter (ed.) 1986a: Makers of Modern Strategy. From Machiavelli to the Nuclear Age, Princeton: Princeton University Press.

Paret, Peter 1986b: Napoleon and the Revolution in War, in: Paret, Peter (ed.), Makers of Modern Strategy. From Machiavelli to the Nuclear Age, Princeton: Princeton University Press, 123-142.

Paret, Peter 1986c: Clausewitz, in: Paret, Peter (ed.), Makers of Modern Strategy. From Machiavelli to the Nuclear Age, Princeton: Princeton University Press, 186-213.

Paret, Peter 1993: Clausewitz und der Staat. Der Mensch, seine Theorien und seine Zeit, Bonn: Dümmler.

Paterson, William E. 2000: Darstellungspolitik in einer parlamentarischen Demokratie – Das Westminster-Modell im Medienzeitalter, in: Korte, Karl-Rudolf/Hirscher, Gerhard (Hg.), Darstellungspolitik oder Entscheidungspolitik? Über den Wandel von Politikstilen in westlichen Demokratien, München: Hanns-Seidel-Stiftung, 146-156.

Patzelt, Werner J. 2003: Einführung in die Politikwissenschaft. Grundriss des Faches und studiumbegleitende Orientierung, 5. Auflage, Passau: Rothe.

Patzer, Harald 1966: Die Entstehung der wissenschaftlichen Politik bei den Griechen, Wiesbaden: Steiner.

Pelinka, Anton 1997: „Leadership": Zur Funktionalität eines Konzepts, in: Österreichische Zeitschrift für Politikwissenschaft, Jg. 26, Nr. 4, 369-376.

Peters, B. Guy/Rhodes, Roderick A. W./Wright, Vincent (eds.) 2000: Administering the Summit. Administration of the Core Executive in Developed Countries, Basingstoke: Macmillan.

Peters, John Durham 1999: Speaking into the Air. A History of the Idea of Communication, Chicago: University of Chicago Press.

Peterson, Fabian 1998: Oppositionsstrategie der SPD-Führung im deutschen Vereinigungsprozess. Strategische Ohnmacht durch Selbstblockade?, Hamburg: Kovac.

Pfetsch, Barbara 1999: Government News Management – Strategic Communication in Comparative Perspective, Discussion Paper FS III 99-101, Berlin: Wissenschaftszentrum Berlin für Sozialforschung.

Pflanze, Otto 1998: Bismarck. Der Reichskanzler, München: Beck.

Pflüger, Friedbert 2000: Ehrenwort. Das System Kohl und der Neubeginn, Stuttgart: DVA.

Plasser, Fritz 2003 (mit Gundula Plasser): Globalisierung der Wahlkämpfe. Praktiken der Campaign Professionals im weltweiten Vergleich, Wien: WUV.

Plasser, Fritz (Hg.) 2004: Politische Kommunikation in Österreich. Ein praxisnahes Handbuch, Wien: WUV.

Plasser, Fritz/Hüffel, Clemens/Lengauer, Günther 2004: Politische Öffentlichkeitsarbeit in der Mediendemokratie, in: Plasser, Fritz (Hg.), Politische Kommunikation in Österreich. Ein praxisnahes Handbuch, Wien: WUV, 309-350.

Plasser, Fritz/Ulram, Peter A. 2004: Parteienwettbewerb in der Mediendemokratie, in: Plasser, Fritz (Hg.), Politische Kommunikation in Österreich. Ein praxisnahes Handbuch, Wien: WUV, 377-428.

Poguntke, Thomas/Webb, Paul (eds.) 2005: The Presidentialization of Politics. A Comparative Study of Modern Democracies, Oxford: Oxford University Press.

Popper, Micha 2004: Leadership as Relationship, in: Journal for the Theory of Social Behaviour, Vol. 34, No. 2, 107-125.

Powell, Robert 1999: In the Shadow of Power. States and Strategies in International Politics, Princeton: Princeton University Press.

Pütz, Christine 2004a: Parteien in parlamentarischen und präsidentiellen Demokratien. Zu den Systemfunktionen der Parteien in der V. Republik, in: Kaiser, André/Zittel, Thomas (Hg.), Demokratietheorie und Demokratieentwicklung, Wiesbaden: VS Verlag für Sozialwissenschaften, 215-238.

Pütz, Christine 2004b: Parteienwandel in Frankreich. Präsidentschaftswahlen und Parteien zwischen Tradition und Anpassung, Wiesbaden: VS Verlag für Sozialwissenschaften.

Pütz, Christine 2005: „Wenn der Teufel im Beichtstuhl sitzt ..." Präsidentschaftswahlen, Parteien und Stabilität in der V. Republik, in: Schild, Joachim/ Uterwedde, Henrik (Hg.), Frankreichs V. Republik. Ein Regierungssystem im Wandel, Wiesbaden: VS Verlag für Sozialwissenschaften, 127-144.

Raaflaub, Kurt 1974: Dignitatis contentio. Studien zur Motivation und politischen Taktik im Bürgerkrieg zwischen Caesar und Pompeius, München: Beck.

Radunski, Peter 1980: Wahlkämpfe. Moderne Wahlkampfführung als politische Kommunikation, München: Olzog.

Raschke, Joachim 1974: Innerparteiliche Opposition. Die Linke in der Berliner SPD, Hamburg: Hoffmann und Campe.

Raschke, Joachim 1980: Politik und Wertewandel in den westlichen Demokratien, in: Aus Politik und Zeitgeschichte, B 36/80, 23-45.

Raschke, Joachim 1985: Soziale Bewegungen. Ein historisch-systematischer Grundriss, Frankfurt/M.: Campus.

Raschke, Joachim 1993: Die Grünen. Wie sie wurden, was sie sind, Köln: Bund.

Raschke, Joachim 1998a: Die Erfindung von Links/Rechts als politisches Richtungsschema, in: Greven, Michael Th./Münkler, Herfried/Schmalz-Bruns, Rainer (Hg.), Bürgersinn und Kritik, Baden-Baden: Nomos, 185-206.

Raschke, Joachim 1998b: Vom Sinn des Wählens, in: Merkur, Jg. 52, Nr. 7, 598-609.

Raschke, Joachim 2001a: Die Zukunft der Grünen. „So kann man nicht regieren", mit einem Beitrag von Achim Hurrelmann, Frankfurt/M.: Campus.

Raschke, Joachim 2001b: Die Zukunft der Volksparteien erklärt sich aus ihrer Vergangenheit, in: Bartels, Hans-Peter/Machnig, Matthias (Hg.), Der rasende Tanker. Analysen und Konzepte zur Modernisierung der sozialdemokratischen Organisation, Göttingen: Steidl, 14-25.

Raschke, Joachim 2002: Politische Strategie. Überlegungen zu einem politischen und politologischen Konzept, in: Nullmeier, Frank/Saretzki, Thomas (Hg.), Jenseits der Regierungsalltags. Strategiefähigkeit politischer Parteien, Frankfurt/M.: Campus, 207-241.

Raschke, Joachim 2003: Zwei Lager, drei Mehrheiten und der regierende Zufall. Zur Einordnung der Bundestagswahl 2002, in: Forschungsjournal Neue Soziale Bewegungen, Jg. 16, Nr. 1, 14-24.

Raschke, Joachim 2004: Rot-grüne Zwischenbilanz, in: Aus Politik und Zeitgeschichte, B 40, 25-31.

Riker, William H. (ed.) 1993: Agenda Formation, Ann Arbor: University of Michigan Press.

Rockman, Bert A. 1996: Leadership Style and the Clinton Presidency, in: Campbell, Colin/Rockman, Bert A. (eds.), The Clinton Presidency. First Appraisals, Chatham: Chatham House Publishers, 325-362.

Rockman, Bert A. 1997: The Performance of Presidents and Prime Ministers and of Presidential and Parliamentary Systems, in: Mettenheim, Kurt von (ed.), Presidential Institutions and Democratic Politics. Comparing Regional and National Contexts, Baltimore: John Hopkins University Press, 45-64.

Rockman, Bert A. 2000: Administering the Summit in the United States, in: Peters, B. Guy/Rhodes, Roderick A. W./Wright, Vincent (eds.), Administering the Summit. Administration of the Core Executive in Developed Countries, Basingstoke: Macmillan, 245-262.

Roller, Edeltraut 2004: Performanz, in: Göhler, Gerhard/Iser, Matthias/Kerner, Ina (Hg.), Politische Theorie. 22 umkämpfte Begriffe zur Einführung, Wiesbaden: VS Verlag für Sozialwissenschaften, 297-314.

Roller, Edeltraut 2005: The Performance of Democracies. Political Institutions and Public Policy, Oxford: Oxford University Press.

Roose, Jochen 2006: Lobby durch Wissenschaft. Umweltverbände und ökologische Forschungsinstitute im Vergleich, in: Online Journal for Environmental Policy Studies (OJEPS), 1/2006. URL (16.03.2006): http://web.fu-berlin.de/ffu/akumwelt/download/OJEPS_01_Roose.pdf

Roth, Dieter 2006: Warum immer mehr Wechselwähler? Neuere Trends im Wählerverhalten, in: Meyer, Gerd/Sulowski, Stanislaw/Lukowski, Wojciech (Hg.), Brennpunkte der politischen Kultur in Polen und Deutschland, Warschau: Elipsa, 156-173.

Roth, Dieter/Wüst, Andreas M. 2006: Abwahl ohne Machtwechsel: Die Bundestagswahl 2005 im Lichte längerfristiger Entwicklungen, in: Jesse, Eckhard/Sturm, Roland (Hg.), Bilanz der Bundestagswahl 2005, Wiesbaden: VS Verlag für Sozialwissenschaften, 43-70.

Rotteck, Carl von 1835: Bewegungs-Partei und Widerstands- oder Stillstands-Partei, in: Rotteck, Carl von/Welcker, Carl (Hg.), Staats-Lexikon oder Encyklopädie der Staatswissenschaften, in Verbindung mit vielen der angesehensten Publicisten Deutschlands, Altona: Hammerich, 558-565.

Röttger, Ulrike (Hg.) 2001: Issue Management. Theoretische Konzepte und praktische Umsetzung. Eine Bestandsaufnahme, Wiesbaden: Westdeutscher Verlag.

Rowold, Manfred 1974: Im Schatten der Macht. Zur Oppositionsrolle der nicht-etablierten Parteien in der Bundesrepublik, Düsseldorf: Droste Verlag.

Rüdig, Wolfgang 2000: Phasing Out Nuclear Energy in Germany, in: German Politics, Vol. 9, No. 3, 43-79.

Rupps, Martin 1997: Helmut Schmidt. Politikverständnis und geistige Grundlagen, Bonn: Bouvier.

Rupps, Martin 2004: Troika wider Willen. Wie Brandt, Wehner und Schmidt die Republik regierten, Berlin: Propyläen.

Russell, Meg 2005: Building New Labour. The Politics of Party Organisation, Houndmills: Palgrave Macmillan.

Saalfeld, Thomas 1995: Parteisoldaten und Rebellen. Fraktionen im Deutschen Bundestag 1949-1990, Opladen: Leske + Budrich.

Sarcinelli, Ulrich 1987: Symbolische Politik. Zur Bedeutung symbolischen Handelns in der Wahlkampfkommunikation der Bundesrepublik Deutschland, Opladen: Westdeutscher Verlag.

Sarcinelli, Ulrich 1994: Mediale Politikdarstellung und politisches Handeln. Analytische Anmerkungen zu einer notwendigerweise spannungsreichen Beziehung, in: Jarren, Otfried (Hg.), Politische Kommunikation in Hörfunk und Fernsehen, Opladen: Leske + Budrich, 35-50.

Sarcinelli, Ulrich 1998: Symbolische Politik, in: Jarren, Otfried/Sarcinelli, Ulrich/Saxer, Ulrich (Hg.), Politische Kommunikation in der demokratischen Gesellschaft. Ein Handbuch mit Lexikonteil, Opladen: Westdeutscher Verlag, 729-730.

Sarcinelli, Ulrich 2005: Politische Kommunikation in Deutschland. Zur Politikvermittlung im demokratischen System, Wiesbaden: VS Verlag für Sozialwissenschaften.

Saretzki, Thomas 1996: Wie unterscheiden sich Argumentieren und Verhandeln? Definitionsprobleme, funktionale Bezüge und strukturelle Differenzen von zwei verschiedenen Kommunikationsmodi, in: Prittwitz, Volker von (Hg.), Verhandeln und Argumentieren. Dialog, Interessen und Macht in der Umweltpolitik, Opladen: Leske + Budrich, 19-39.

Saretzki, Thomas 1997: Demokratisierung von Expertise? Zur politischen Dynamik der Wissensgesellschaft, in: Klein, Ansgar/Schmalz-Bruns, Rainer (Hg.), Politische Beteiligung und Bürgerengagement in Deutschland, Baden-Baden: Nomos, 277-313.

Saretzki, Thomas 2005: Welches Wissen – wessen Entscheidung? Kontroverse Expertise im Spannungsfeld von Wissenschaft, Öffentlichkeit und Politik, in: Bogner, Alexander/Torgersen, Helge (Hg.), Wozu Experten? Ambivalenzen der Beziehung von Wissenschaft und Politik, Wiesbaden: VS Verlag für Sozialwissenschaften, 345-369.

Sartori, Giovanni 1976: Parties and Party Systems. A Framework for Analysis, Volume I, Cambridge: Cambridge University Press.

Scarrow, Susan E. 2006: The Nineteenth-Century Origins of Modern Political Parties. The Unwanted Emergence of Party-Based Politics, in: Katz, Richard S./Crotty, William (eds.), Handbook of Party Politics, London: Sage, 16-24.

Scarrow, Susan E./Webb, Paul/Farrell, David M. 2000: From Social Integration to Electoral Contestation. The Changing Distribution of Power within Political Parties, in: Dalton, Russel J./Wattenberg, Martin P. (eds.), Parties without Partisans. Political Change in Advanced Industrial Democracies, Oxford: Oxford University Press, 129-153.

Scharpf, Fritz W. 1973: Planung als politischer Prozess. Aufsätze zur Theorie der planenden Demokratie, Frankfurt/M.: Suhrkamp.

Scharpf, Fritz W. 1975: Demokratietheorie zwischen Utopie und Anpassung, Kronberg/Ts.: Scriptor.

Scharpf, Fritz W. 1985: Die Politikverflechtungs-Falle. Europäische Integration und deutscher Föderalismus im Vergleich, in: Politische Vierteljahresschrift, Jg. 26, Nr. 4, 323-356.

Scharpf, Fritz W. 2000: Interaktionsformen. Akteurzentrierter Institutionalismus in der Politikforschung, Opladen: Leske + Budrich.

Scharpf, Fritz W. 2004: Wenn Verteilungssymbolik in die Irre führt, in: Berliner Republik, Jg. 6, H. 5, 64-68.

Scharpf, Fritz W./Reissert, Bernd/Schnabel, Fritz 1976: Politikverflechtung. Theorie und Empirie des kooperativen Föderalismus in der Bundesrepublik, Kronberg/Ts.: Scriptor.

Schattschneider, Elmer E. 1975: The Semisovereign People. A Realist's View of Democracy in America, 2nd edition, Hinsdale: Dryden.

Scheer, Hermann 2003: Die Politiker, München: Verlag Antje Kunstmann.

Schimank, Uwe 2002: Theoretische Modelle sozialer Strukturdynamiken. Ein Gefüge von Generalisierungsniveaus, in: Mayntz, Renate (Hg.), Akteure – Mechanismen – Modelle. Zur Theoriefähigkeit makro-sozialer Analysen, Frankfurt/M.: Campus, 151-178.

Schimank, Uwe 2005: Die Entscheidungsgesellschaft. Komplexität und Rationalität der Moderne, Wiesbaden: VS Verlag für Sozialwissenschaften.

Schindel, Ulrich 1992: Ursprung und Grundlegung der Rhetorik in der Antike, in: Clasen, Carl Joachim/Müllenbrock, Heinz-Joachim (Hg.), Die Macht des Wortes. Aspekte gegenwärtiger Rhetorikforschung, Marburg: Hitzeroth, 9-27.

Schlesinger, Arthur M. 1968: Die tausend Tage Kennedys, 2 Bände, München: Droemer Knauer.

Schmid, Josef 1990: Die CDU. Organisationsstrukturen, Politik und Funktionsweise einer Partei im Föderalismus, Opladen: Leske + Budrich.

Schmidt, Helmut 1975: Kontinuität und Konzentration, Bonn: Verlag Neue Gesellschaft.

Schmidt, Helmut 1998: Weggefährten. Erinnerungen und Reflexionen, 2. Auflage, Berlin: Siedler.

Schmidt, Manfred G. 2000: Demokratietheorien. Eine Einführung, 3. Auflage, Opladen: Leske + Budrich.

Schmidt, Manfred G. 2002: Politiksteuerung in der Bundesrepublik Deutschland, in: Nullmeier, Frank/Saretzki, Thomas (Hg.), Jenseits des Regierungsalltags. Strategiefähigkeit politischer Parteien, Frankfurt/M.: Campus, 23-38.

Schmidt, Manfred G. 2003: Die „komplexe Demokratietheorie" nach drei Jahrzehnten, in: Mayntz, Renate/Streeck, Wolfgang (Hg.), Die Reformierbarkeit der Demokratie: Innovationen und Blockaden, Frankfurt./M.: Campus, 151-172.

Schmidt, Manfred G. 2004: Wörterbuch zur Politik, 2. Auflage, Stuttgart: Kröner.

Schmidt, Manfred G. 2007: Die Sozialpolitik der zweiten rot-grünen Koalition (2002-2005), in: Egle, Christoph/Zohlnhöfer, Reimut (Hg.), Ende des rot-grünen Projektes. Eine Bilanz der Regierung Schröder 2002-2005, Wiesbaden: VS Verlag für Sozialwissenschaften, 295-312.

Schmidt, Vivien A. 2002: Does Discourse Matter in the Politics of Welfare State Adjustment?, in: Comparative Political Studies, Vol. 35, No. 2, 168-193.

Schmidt, Vivien A./Radaelli, Claudio M. 2004: Policy Change and Discourse in Europe: Conceptual and Methodological Issues, in: West European Politics, Vol. 27, No. 2, 183-210.

Schmidt-Deguelle, Klaus-Peter 2002: Mehr als nur reaktives Handeln. Die Praxis der Medienberatung, in: Nullmeier, Frank/Saretzki, Thomas (Hg.), Jenseits des Regierungsalltags. Strategiefähigkeit politischer Parteien, Frankfurt/M.: Campus, 99-108.

Schmitt, Annette 2005: Die Rolle von Wahlen in der Demokratie, in: Falter, Jürgen W./Schoen, Harald (Hg.), Handbuch Wahlforschung, Wiesbaden: VS Verlag für Sozialwissenschaften, 3-29.

Schmitt, Horst 1995: Politikwissenschaft und freiheitliche Demokratie. Eine Studie zum „politischen Forschungsprogramm" der „Freiburger Schule" 1954-1970, Baden-Baden: Nomos.

Schmitt, Rüdiger 1990: Die Friedensbewegung in der Bundesrepublik Deutschland. Ursachen und Bedingungen der Mobilisierung einer neuen sozialen Bewegung, Opladen: Westdeutscher Verlag.

Schmitt-Beck, Rüdiger 1992: Wertewandel, in: Schmidt, Manfred G. (Hg.), Lexikon der Politik, Band 3: Die westlichen Länder, München: Beck, 527-533.

Schmitt-Beck, Rüdiger 1998: Wähler unter Einfluss. Massenkommunikation, interpersonale Kommunikation und Parteipräferenzen, in: Sarcinelli, Ulrich (Hg.), Politikvermittlung und Demokratie in der Mediengesellschaft. Beiträge zur politischen Kommunikationskultur, Bonn: Bundeszentrale für politische Bildung, 297-325.

Schmitt-Beck, Rüdiger 2000: Politische Kommunikation und Wählerverhalten. Ein internationaler Vergleich, Wiesbaden: Westdeutscher Verlag.

Schmitt-Beck, Rüdiger 2001: Ein Sieg der „Kampa"? Politische Symbolik in der Wahlkampagne der SPD und ihre Resonanz in der Wählerschaft, in: Klingemann, Hans-Dieter/Kaase, Max (Hg.), Wahlen und Wähler. Analysen aus Anlass der Bundestagswahl 1998, Wiesbaden: Westdeutscher Verlag, 133-161.

Schmitt-Beck, Rüdiger 2003: Wirkungen politischer Kommunikation: Massenmediale und interpersonale Einflüsse auf die Wahlentscheidung, in: Esser, Frank/Pfetsch, Barbara (Hg.), Politische Kommunikation im internationalen Vergleich. Grundlagen, Anwendungen, Perspektiven, Wiesbaden: Westdeutscher Verlag, 337-368.

Schmitt-Beck, Rüdiger 2007: New Modes of Campaigning, in: Dalton, Russell J./Klingemann, Hans-Dieter (eds.), Oxford Handbook of Political Behavior, Oxford: Oxford University Press (im Erscheinen).

Schneider, Volker 2003a: Akteurkonstellationen und Netzwerke in der Politikentwicklung, in: Schubert, Klaus/Bandelow, Nils C. (Hg.), Lehrbuch der Politikfeldanalyse, München: Oldenbourg, 107-146.

Schneider, Volker 2003b: Komplexität und Policy-Forschung: Über die Angemessenheit von Erklärungsstrategien, in: Mayntz, Renate/Streeck, Wolfgang (Hg.), Die Reformierbarkeit der Demokratie. Innovationen und Blockaden, Frankfurt/M.: Campus, 291-317.

Schneider, Volker/Janning, Frank 2006: Politikfeldanalyse. Akteure, Diskurse und Netzwerke in der öffentlichen Politik, Wiesbaden: VS Verlag für Sozialwissenschaften.

Schoen, Harald 2005a: Soziologische Ansätze in der empirischen Wahlforschung, in: Falter, Jürgen/Schoen, Harald (Hg.), Handbuch Wahlforschung, Wiesbaden: VS Verlag für Sozialwissenschaften, 135-185.

Schoen, Harald 2005b: Wechselwahl, in: Falter, Jürgen/Schoen, Harald (Hg.), Handbuch Wahlforschung, Wiesbaden: VS Verlag für Sozialwissenschaften, 367-387.

Schoen, Harald 2005c: Wahlkampfforschung, in: Falter, Jürgen/Schoen, Harald (Hg.), Handbuch Wahlforschung, Wiesbaden: VS Verlag für Sozialwissenschaften, 503-542.

Schoen, Harald 2005d: Wahlsystemforschung, in: Falter, Jürgen W./Schoen, Harald (Hg.), Handbuch Wahlforschung, Wiesbaden: VS Verlag für Sozialwissenschaften, 573-607.

Schoen, Harald/Weins, Cornelia 2005: Der sozialpsychologische Ansatz zur Erklärung von Wahlverhalten, in: Falter, Jürgen W./Schoen, Harald (Hg.), Handbuch Wahlforschung, Wiesbaden: VS Verlag für Sozialwissenschaften, 187-242.

Schön, Donald A./Rhein, Martin 1994: Frame Reflection. Toward the Resolution of Intractable Policy Controversies, New York: Basic Books.

Schönbohm, Wulf 1990: Parteifreunde. Ein Roman aus der Provinz, Düsseldorf: Econ.

Schönhoven, Klaus 1998: Entscheidung für die Große Koalition. Die Sozialdemokratie in der Regierungskrise im Spätherbst 1966, in: Pyra, Wolfram/Richter, Ludwig (Hg.), Gestaltungskraft des Politischen, Berlin: Duncker & Humblot, 379-397.

Schönhoven, Klaus 2004: Wendejahre. Die Sozialdemokratie in der Zeit der Großen Koalition 1966-1969, Bonn: Dietz.

Schreiber, Hermann 2003: Kanzlersturz. Warum Willy Brandt zurücktrat, München: Econ.

Schröder, Gerhard 2006: Entscheidungen. Mein Leben in der Politik, Hamburg: Hoffmann und Campe.

Schröder, Wilhelm 1910: Handbuch der sozialdemokratischen Parteitage von 1863 bis 1909, München: Birk.

Schulz, Winfried 1997: Politische Kommunikation. Theoretische Ansätze und Ergebnisse empirischer Forschung zur Rolle der Massenmedien in der Politik, Opladen: Westdeutscher Verlag.

Schumacher, Hajo 2004: Roland Koch. Verehrt und verachtet, Frankfurt/M.: Fischer.

Schumacher, Hajo 2006: Die zwölf Gesetze der Macht. Angela Merkels Erfolgsgeheimnisse, München: Blessing.

Schüttemeyer, Suzanne S. 1998: Fraktionen im Deutschen Bundestag 1949-1997. Empirische Befunde und theoretische Folgerungen, Opladen: Westdeutscher Verlag.

Schwarz, Hans-Peter 1983: Die Ära Adenauer. Epochenwechsel 1957-1963, Bd. 3 der Geschichte der Bundesrepublik Deutschland, Stuttgart: DVA/Brockhaus.

Sebaldt, Martin/Straßner, Alexander 2004: Verbände in der Bundesrepublik Deutschland. Eine Einführung, Wiesbaden: VS Verlag für Sozialwissenschaften.

Seebacher, Brigitte 2004: Willy Brandt, München: Piper Verlag.

Seibel, Wolfgang 1992: Funktionaler Dilettantismus. Erfolgreich scheiternde Organisationen im „Dritten Sektor" zwischen Markt und Staat, Baden-Baden: Nomos.

Sjöblom, Gunnar 1968: Party Strategies in a Multiparty System, Lund: Studentlitteratur.

Sjöblom, Gunnar 1986: Problems and Problem Solutions in Politics. Some Conceptualisations and Conjectures, in: Castles, Francis G./Wildenmann, Rudolf (Hg.), Visions and Realities of Party Government, Vol. 1, Berlin: de Gruyter, 72-119.

Smeddinck, Ulrich/Tils, Ralf 2002: Normgenese und Handlungslogiken in der Ministerialverwaltung. Die Entstehung des Bundes-Bodenschutzgesetzes: eine politik- und rechtswissenschaftliche Analyse, Baden-Baden: Nomos.

Soell, Hartmut 1976: Fritz Erler. Eine politische Biographie, 2 Bände, Berlin: Dietz.

Soell, Hartmut 2003: Helmut Schmidt 1918-1969. Vernunft und Leidenschaft, München: DVA.

Spörndli, Markus 2004: Diskurs und Entscheidung. Eine empirische Analyse kommunikativen Handelns im deutschen Vermittlungsausschuss, Wiesbaden: VS Verlag für Sozialwissenschaften.

Spreng, Michael 2005: Vortrag zum CDU-Bundestagswahlkampf vor der Hamburger CDU im Dezember 2005, unveröffentlichtes Manuskript.

Stahel, Albert A. 1996: Klassiker der Strategie – eine Bewertung, 2. Auflage, Zürich: Hochschulverlag.

Steffani, Winfried 1973: Parlamentarische Demokratie – Zur Problematik von Effizienz, Transparenz und Partizipation, in: Steffani, Winfried (Hg.), Parlamentarismus ohne Transparenz, 2. Auflage, Opladen: Westdeutscher Verlag, 17-47.

Steffani, Winfried 1978: Opposition, in: Sontheimer, Kurt/Röhring, Hans H. (Hg.), Handbuch des politischen System der Bundesrepublik Deutschland, 2. Auflage, München: Piper, 427-433.

Steinberg, Hans-Josef 1967: Sozialismus und deutsche Sozialdemokratie. Zur Ideologie der Partei vor dem 1. Weltkrieg, Hannover: Verlag für Literatur und Zeitgeschehen.

Stimson, James A./Mackuen, Michael B./Erikson, Robert S. 1995: Dynamic Representation, in: American Political Science Review, Vol. 89, No. 3, 543-565.

Stokes, Donald E. 1963: Spatial Models of Party Competition, in: American Political Science Review, Vol. 57, No. 2, 368-377.

Stöss, Richard 1997: Stabilität im Umbruch. Wahlbeständigkeit und Parteienwettbewerb im „Superwahljahr" 1994, Opladen: Westdeutscher Verlag.

Stöss, Richard 2002: Parteienstaat oder Parteiendemokratie?, in: Gabriel, Oskar W./Niedermayer, Oskar/Stöss, Richard (Hg.), Parteiendemokratie in Deutschland, 2. Auflage, Wiesbaden: Westdeutscher Verlag, 13-35.

Stöss, Richard/ Haas, Melanie/ Niedermayer, Oskar 2006: Parteiensysteme in Westeuropa: Stabilität und Wandel, in: Niedermayer, Oskar/Stöss, Richard/Haas, Melanie (Hg.): Die Parteiensysteme Westeuropas, Wiesbaden: VS Verlag für Sozialwissenschaften, 7-37.

Strauß, Franz Josef 1998: Die Erinnerungen, Berlin: Siedler.

Strecker, David/Schaal, Gary S. 2001: Die politische Theorie der Deliberation: Jürgen Habermas, in: Brodocz, André/Schaal, Gary S. (Hg.), Politische Theorien der Gegenwart II. Eine Einführung, Opladen: Leske + Budrich, 89-128.

Streeck, Wolfgang 1987: Vielfalt und Interdependenz. Überlegungen zur Rolle von intermediären Organisationen in sich ändernden Umwelten, in: Kölner Zeitschrift für Soziologie und Sozialpsychologie, Jg. 39, Nr. 3, 471-495.

Strøm, Kaare 1989: Inter-Party Competition in Advanced Democracies, in: Journal of Theoretical Politics, Vol. 1, No. 3, 277-300.

Strøm, Kaare 2000a: Delegation and Accountability in Parliamentary Democracies, in: European Journal of Political Research, Vol. 37, No. 3, 261-289.

Strøm, Kaare 2000b: Parties at the Core of Government, in: Dalton, Russel J./Wattenberg, Martin P. (eds.), Parties without Partisans. Political Change in Advanced Industrial Democracies, Oxford: Oxford University Press, 180-207.

Strøm, Kaare/Müller, Wolfgang C. 1999: Political Parties and Hard Choices, in: Müller, Wolfgang C./Strøm, Kaare (eds.), Policy, Office or Votes? How Political Parties in Western Europe Make Hard Decisions, Cambridge: Cambridge University Press, 1-35.

Sturm, Daniel Friedrich 2006: Uneinig in die Einheit. Die Sozialdemokratie und die Vereinigung Deutschlands 1989/90, Bonn: Dietz.

Sturm, Roland 2003: Zur Reform des Bundesrates. Lehren eines internationalen Vergleichs der Zweiten Kammern, in: Aus Politik und Zeitgeschichte, B 29-30, 24-31.

Stüwe, Klaus 2002: Das Bundesverfassungsgericht als Vetospieler. Der Erfolg oppositioneller Verfahrensinitiativen vor dem Bundesverfassungsgericht (1951-2000), in: Oberreuter, Heinrich/Kranenpohl, Uwe/Sebaldt, Martin (Hg.), Der deutsche Bundestag im Wandel. Ergebnisse neuerer Parlamentarismusforschung, 2. Auflage, Wiesbaden: Westdeutscher Verlag, 145-167.

Sun Tsu 1993: Über die Kriegs-Kunst, übersetzt und kommentiert von Klaus Leibnitz, 2. Auflage, Karlsruhe: INFO.

Tarrasch, Siegbert 1931: Das Schachspiel. Systematisches Lehrbuch für Anfänger und Geübte, Berlin: Habel.

Tarrow, Sidney 1994: Power in Movement. Social Movements, Collective Action and Politics, Cambridge: Cambridge University Press.

Tenscher, Jens 2002: Verkünder – Vermittler – Vertrauensperson. Regierungssprecher im Wandel der Zeit, in: Schatz, Heribert/Rössler, Patrick/Nieland, Jörg-Uwe (Hg.), Politische Akteure in der Mediendemokratie. Politiker in den Fesseln der Medien?, Wiesbaden: Westdeutscher Verlag, 245-269.

Tenscher, Jens 2003: Professionalisierung der Politikvermittlung? Politikvermittlungsexperten im Spannungsfeld von Politik und Massenmedien, Wiesbaden: Westdeutscher Verlag.

Thies, Jochen 1988: Helmut Schmidt's Rückzug von der Macht. Das Ende der Ära Schmidt aus nächster Nähe, 2. Auflage, Stuttgart: Bonn Aktuell.

Thörmer, Heinz 1999: Kampa '98 – Zweierlei Wahlkampf?, in: Die Neue Gesellschaft/Frankfurter Hefte, Jg. 46, H. 5, 409-414.

Thukydides 1991: Geschichte des Peloponnesischen Krieges, herausgegeben von Georg Peter Landmann, München: DTV/Artemis.

Thunert, Martin 2006: Politikberatung in Großbritannien, in: Falk, Svenja/Rehfeld, Dieter/Römmele, Andrea/Thunert, Martin (Hg.) 2006, Handbuch Politikberatung, Wiesbaden: VS Verlag für Sozialwissenschaften, 599-617.

Tils, Ralf 2002a: Der rot-grüne Atomausstieg als Herausforderung für die CDU/CSU-Opposition. Eine Strategieanalyse, in: Beck, Hans-Peter/Brandt, Edmund/Salander, Carsten (Hg.), Handbuch Energiemanagement (HbE), Stand: Oktober 2002, Heidelberg: C. F. Müller, Ziff. 3611.

Tils, Ralf 2002b: Politische vs. administrative Gesetzgebung. Über die Bedeutung der Ministerialverwaltung im Gesetzgebungsverfahren, in: Recht und Politik, Jg. 38, Nr. 1, 13-22.

Tils, Ralf 2003: Politische Logik administrativen Handelns? Handlungskontexte, Orientierungen und Strategien von Ministerialbeamten im Gesetzgebungsprozess, in: Grande, Edgar/Prätorius, Rainer (Hg.), Politische Steuerung und neue Staatlichkeit, Baden-Baden: Nomos, 83-106.

Tils, Ralf 2005: Politische Strategieanalyse. Konzeptionelle Grundlagen und Anwendung in der Umwelt- und Nachhaltigkeitspolitik, Wiesbaden: VS Verlag für Sozialwissenschaften.

Timm, Andreas 1999: Die SPD-Strategie im Bundestagswahlkampf 1998, Hamburg: Kovac.

Timmermans, Arco 1998: Conflicts, Agreements, and Coalition Governance, in: Acta Politica, Vol. 33, No. 4, 409-432.

Tsebelis, George 1995: Decision Making in Political Systems: Veto Players in Presidentialism, Parliamentarism, Multicameralism and Multiparty, in: British Journal of Political Science, Vol. 25, No. 3, 289-325.

Tsebelis, George 1999: Veto Players and Law Production in Parliamentary Democracies: An Empirical Analysis, in: American Political Science Review, Vol. 93, No. 3, 591-608.

Tsebelis, George 2000: Veto Players and Institutional Analysis, in: Governance: An International Journal of Policy and Administration, Vol. 13, No. 4, 441-474.

Tsebelis, George 2002: Veto Players. How Political Institutions Work, Princeton: Princeton University Press.

Tucker, Robert C. 1995: Politics as Leadership, revised edition, Columbia: University of Missouri Press.

Urschel, Reinhard 2002: Gerhard Schröder. Eine Biografie, Stuttgart: DVA.

Ventriss, Curtis/Luke, Jeff 1988: Organizational Learning and Public Policy: Towards a Substantive Perspective, American Review of Public Administration, Vol. 18, No. 4, 337-357.

Vogel, Hans-Jochen 1996: Nachsichten. Meine Bonner und Berliner Jahre, München: Piper.

Vogt, Joseph 1960: Divide et impera – die angebliche Maxime des römischen Imperialismus, in: Vogt, Joseph, ORBIS. Ausgewählte Schriften zur Geschichte des Altertums, Freiburg: Herder, 199-218.

Vollrath, Ernst 1984: „Neue Wege der Klugheit". Zum methodischen Prinzip des Handelns bei Clausewitz, in: Zeitschrift für Politik, Jg. 31, Nr. 1, 53-76.

Vollrath, Ernst 1993: Carl von Clausewitz: Eine mit dem Handeln befreundete Theorie, in: Vowinckel, Gerhard (Hg.), Clausewitz-Kolloquium, Theorie des Krieges als Sozialwissenschaft, Berlin: Duncker & Humblot, 63-78.

Vorrink, Catrin/Walther, Antje 2002: Willy Brandt: Visionen, in: Korte, Karl-Rudolf (Hg.), „Das Wort hat der Herr Bundeskanzler". Eine Analyse der Großen Regierungserklärungen von Adenauer bis Schröder, Wiesbaden: Westdeutscher Verlag, 171-192.

Vowe, Gerhard 1993: Qualitative Inhaltsanalyse – Cognitive Mapping – Policy Arguer. Demonstration systematischer Vorgehensweise zur Analyse politischer Kognition, Forschungsbericht zum Projekt „Handlungsorientierungen", Köln: Max-Planck-Institut für Gesellschaftsforschung.

Vowe, Gerhard 1994: Politische Kognition. Umrisse eines kognitionsorientierten Ansatzes für die Analyse politischen Handelns, in: Politische Vierteljahresschrift, Jg. 35, Nr. 3, 423-447.

Vowe, Gerhard 2003: Interessenkommunikation. Lobbyismus als „fünfte Gewalt" im Interaktionsfeld von Politik und Medien, in: Sarcinelli, Ulrich/Tenscher, Jens (Hg.), Machtdarstellung und Entscheidungsmacht. Beiträge zu Theorie und Praxis moderner Politikvermittlung, Baden-Baden: Nomos, 105-112.

Vowe, Gerhard 2007: Das Spannungsfeld von Verbänden und Medien: Mehr als öffentlicher Druck und politischer Einfluss, in: Winter, Thomas von/Willems, Ulrich (Hg.), Interessenverbände in Deutschland, Wiesbaden: VS Verlag für Sozialwissenschaften, 465-488 (im Erscheinen).

Vowinckel, Gerhard 1993: Einleitung, in: Vowinckel, Gerhard (Hg.), Clausewitz-Kolloquium, Theorie des Krieges als Sozialwissenschaft, Berlin: Duncker & Humblot, 7-19.

Walter, Franz 1997: Führung in der Politik. Am Beispiel sozialdemokratischer Parteivorsitzender, in: Zeitschrift für Politikwissenschaft, Jg. 7, Nr. 4, 1287-1336.

Weber, Hermann 1981: Hauptfeind Sozialdemokratie. Strategie und Taktik der KPD 1929-1933, Düsseldorf: Droste.

Weber, Max 1919: Politik als Beruf, in: Gesammelte politische Schriften, herausgegeben von Johannes Winckelmann, 2. Auflage, Tübingen: Mohr, 493-548.

Weber, Max 1980: Wirtschaft und Gesellschaft. Grundriss der verstehenden Soziologie, 5. Auflage, Tübingen: Mohr.

Wehner, Herbert 1968: Wandel und Bewährung. Ausgewählte Reden und Schriften 1930-1967, herausgegeben von Hans-Werner Graf Finckenstein und Gerhard Jahn, Frankfurt/M.: Ullstein.

Weibler, Jürgen/Peter, Alexander 2001: Strategische Führung von politischen Parteien, in: Oelsnitz, Dietrich von der/Kammel, Andreas (Hg.), Kompetenzen moderner Unternehmensführung, Bern: Haupt, 361-386.

Weingart, Peter 2006: Erst denken, dann handeln? Wissenschaftliche Politikberatung aus der Perspektive der Wissens(chaft)soziologie, in: Falk, Svenja/Rehfeld, Dieter/Römmele, Andrea/Thunert, Martin (Hg.), Handbuch Politikberatung, Wiesbaden: VS Verlag für Sozialwissenschaften, 35-44.

Weisbrod, Bernd 2003: Öffentlichkeit als politischer Prozess. Dimensionen der politischen Medialisierung in der Geschichte der Bundesrepublik, in: Weisbrod, Bernd (Hg.), Die Politik der Öffentlichkeit – Die Öffentlichkeit der Politik. Politische Medialisierung in der Geschichte der Bundesrepublik, Göttingen: Wallstein, 11-25.

Weiß, Ulrich 1995: Macht, in: Nohlen, Dieter/Schultze, Rainer-Olaf (Hg.), Lexikon der Politik, Band 1: Politische Theorien, München: Beck, 305-315.

Weßels, Bernhard 1993: Mobilisieren Interessengegnerschaften? Die „Hostilitiy"-Hypothese, Wahlbeteiligung und Wahlentscheidung bei der Bundestagswahl 1990, Discussion papers, FS III 93-206, Berlin: WZB.

Weßels, Bernhard 2000a: Gruppenbindung und Wahlverhalten: 50 Jahre Wahlen in der Bundesrepublik, in: Klein, Markus/Jagodzinski, Wolfgang/Mochmann, Ekkehard/Ohr, Dieter (Hg.), 50 Jahre empirische Wahlforschung in Deutschland. Entwicklung, Befunde, Perspektiven, Daten, Wiesbaden: Westdeutscher Verlag, 129-158.

Weßels, Bernhard 2000b: Verbände, Parteien und Interessenvermittlung – Erosion oder Stabilität?, in: Klingemann, Hans-Dieter/Neidhart, Friedhelm (Hg.), Die Zukunft der Demokratie. Herausforderungen im Zeitalter der Globalisierung, Berlin: Edition Sigma, 27-49.

Weßels, Bernhard 2007: Organisierte Interessen und Rot-Grün: Temporäre Beziehungsschwäche oder zunehmende Entkopplung zwischen Verbänden und Parteien?, in: Egle, Christoph/Zohlnhöfer, Reimut (Hg.), Ende des rot-grünen Projektes. Eine Bilanz der Regierung Schröder 2002-2005, Wiesbaden: VS Verlag für Sozialwissenschaften, 151-167.

Weßler, Hartmut 1998: Issue, in: Jarren, Otfried/Sarcinelli, Ulrich/Saxer, Ulrich (Hg.), Politische Kommunikation in der demokratischen Gesellschaft. Ein Handbuch mit Lexikonteil, Opladen: Westdeutscher Verlag, 666.

Wewer, Göttrik 1998: Zum Bedeutungswandel des Demokratiebegriffs im Laufe der Geschichte, in: Wewer, Göttrik (Hg.), Demokratie in Schleswig-Holstein. Historische Aspekte und aktuelle Fragen, Opladen: Leske + Budrich, 17-82.

Wiesendahl, Elmar 1998: Parteien in Perspektive. Theoretische Ansichten der Organisationswirklichkeit politischer Parteien, Opladen: Westdeutscher Verlag.

Wiesendahl, Elmar 2001: Berufspolitiker zwischen Professionalismus und Karrierismus, in: Arnim, Herbert von (Hg.), Politische Klasse und Verfassung, Berlin: Duncker & Humblot, 145-166.

Wiesendahl, Elmar 2002: Parteienkommunikation parochial. Hindernisse beim Übergang ins Online-Parteienzeitalter, in: Alemann, Ulrich von/Marschall, Stefan (Hg.), Parteien in der Mediendemokratie, Wiesbaden: Westdeutscher Verlag, 364-389.

Wiesendahl, Elmar 2006: Mitgliederpartei am Ende? Eine Kritik der Niedergangsdiskussion, Wiesbaden: VS Verlag für Sozialwissenschaften.

Wiesenthal, Helmut 1990: Unsicherheit und Multiple-Self-Identität, MPIfG Discussion Paper 90/2, Köln: Max-Planck-Institut für Gesellschaftsforschung.

Wiesenthal, Helmut 1991: Elemente einer Theorie rationaler politischer Akteure, unveröffentlichte Habilitationsschrift, Universität Hamburg.

Wiesenthal, Helmut 1993a: Akteurkompetenz im Organisationsdilemma. Grundprobleme strategisch ambitionierter Mitgliederverbände und zwei Techniken ihrer Überwindung, in: Berliner Journal für Soziologie, Jg. 3, Nr. 1, 3-18.

Wiesenthal, Helmut 1993b: Konventionelles und unkonventionelles Organisationslernen. Ein Literaturbericht, Arbeitspapier 93/6 der Arbeitsgemeinschaft Transformationsprozesse in den neuen Bundesländern (Max-Planck Gesellschaft), Berlin: Humboldt Universität.

Wiesenthal, Helmut 1995: Konventionelles und unkonventionelles Organisationslernen: Literaturreport und Ergänzungsvorschlag, in: Zeitschrift für Soziologie, Jg. 24, Nr. 2, 137-155.

Wiesenthal, Helmut 2003: Konjunkturen des Machbaren – Beobachtungen auf der Fährte der rationalitätskritischen Theorie, in: Nassehi, Armin/Schroer, Markus (Hg.), Der Begriff des Politischen, Baden-Baden: Nomos, 519-536.

Wiesenthal, Helmut 2006: Gesellschaftssteuerung und gesellschaftliche Selbststeuerung. Eine Einführung, Wiesbaden: VS Verlag für Sozialwissenschaften.

Will, Wolfgang 1995: Perikles, Reinbek: Rowohlt.

Will, Wolfgang 2003: Thukydides und Perikles. Der Historiker und sein Held, Bonn: Habelt.

Willms, Johannes 2005: Napoleon. Eine Biographie, München: Beck.

Windhoff-Héritier, Adrienne 1987: Policy-Analyse. Eine Einführung, Frankfurt/M.: Campus.

Wirz, Ulrich 1997: Karl Theodor von und zu Guttenberg und das Zustandekommen der Großen Koalition, Grub am Forst: Menzner.

Wohlrapp, Harald 1998: Strategie, in: Ritter, Joachim/Gründer, Karlfried (Hg.), Historisches Wörterbuch der Philosophie, Band 10, Basel: Schwabe, 261-266.

Wolf, Dieter 2001: Deutscher Bauernverband: Einfluss und Rechtsbefolgung, in: Zimmer, Annette/Wessels, Bernhard (Hg.), Verbände und Demokratie in Deutschland, Opladen: Leske + Budrich, 183-208.

Wolinetz, Steven 2006: Party Systems and Party System Types, in: Katz, Richard S./Crotty, William (eds.), Handbook of Party Politics, London: Sage, 51-62.

Woodward, Bob 2003: Bush at War. Amerika im Krieg, Stuttgart: DVA.

Woodward, Bob 2004: Der Angriff. Plan of Attack, München: DVA.

Woodward, Bob 2006: State of Denial. Bush at War Part III, New York: Simon & Schuster.

Wüthrich, Hans A. 1991: Neuland des strategischen Denkens. Von der Strategietechnokratie zum mentalen Management, Wiesbaden: Gabler.

Zimmermann, Nina C. 2002: Gerhard Schröder: Neue Mitte, in: Korte, Karl-Rudolf (Hg.), „Das Wort hat der Herr Bundeskanzler". Eine Analyse der großen Regierungserklärungen von Adenauer bis Schröder, Wiesbaden: Westdeutscher Verlag, 247-273.

Zohlnhöfer, Reimut 2007: Zwischen Kooperation und Verweigerung: Die Entwicklung des Parteienwettbewerbs 2002-2005, in: Egle, Christoph/Zohlnhöfer, Reimut (Hg.), Ende des rot-grünen Projektes. Eine Bilanz der Regierung Schröder 2002-2005, Wiesbaden: VS Verlag für Sozialwissenschaften, 124-150.

Zohlnhöfer, Reimut/Egle, Christoph 2007: Der Episode zweiter Teil – ein Überblick über die 15. Legislaturperiode, in: Egle, Christoph/Zohlnhöfer, Reimut (Hg.), Ende des rot-grünen Projektes. Eine Bilanz der Regierung Schröder 2002-2005, Wiesbaden: VS Verlag für Sozialwissenschaften, 11-25.

Personenregister

Ackermann, Eduard 116, 299
Ackermann, Fran 162
Adenauer, Konrad 106f., 112ff., 118, 202, 209, 221, 276ff., 290f., 294f., 297f., 306, 348, 372, 415, 423, 456f., 459, 462, 490, 493
Ahlers, Conrad 474
Anda, Béla 512
Ansoff, Igor 378
Apel, Hans 204, 480
Aquin, Thomas von 58
Aristoteles 51, 58, 60
Attali, Jacques 301, 303
Augustus 43, 53, 56
Auken, Svend 332
Axelrod, Robert 162
Bahr, Egon 21, 28f., 203, 252f., 300, 306, 310, 342, 455, 460, 462, 464ff., 468f., 475f., 479, 489, 512
Baker, James 118
Barschel, Uwe 207
Barzel, Rainer 277, 291f., 295, 463
Beck, Kurt 202, 279, 415
Becker, Horst 161, 175, 341, 524
Bérégovoy, Pierre 303
Berger, Roland 306
Bergstraesser, Arnold 31
Bernstein, Eduard 72, 121
Biedenkopf, Kurt 113, 196, 277, 305
Bisky, Lothar 292
Bismarck, Otto von 71f., 253
Blair, Tony 13, 26, 106, 117, 119, 204, 288, 292, 294f., 303f., 311, 322, 332, 385, 427, 513
Bleicken, Jochen 51

Bloch, Ernst 364
Blüm, Norbert 204
Bohl, Friedrich 299, 304
Bölling, Klaus 302, 481f., 490ff.
Börner, Holger 305f., 343, 472
Brandt, Willy 90, 112f., 118f., 122, 203f., 207, 209f., 258, 277, 292f., 295, 297f., 301, 305, 312, 322, 332ff., 338, 342ff., 368, 372, 433, 442f., 445ff., 455, 458, 459ff., 462ff., 480ff., 486ff., 495f., 508, 510f., 525f., 528, 534
Brecht, Bertolt 183
Brown, Gordon 204, 292, 294f.
Bülow, Heinrich Dietrich von 64
Bush, George W. 26, 120, 207, 247, 301, 307, 311, 382
Bütikofer, Reinhard 107, 532
Campbell, Alastair 427
Carstens, Carl 309
Caesar, Julius 53, 55f.
Chirac, Jacques 313
Chruschtschow, Nikita 452
Cicero, Marcus Tullius 52, 55
Cicero, Quintus Tullius 55
Clausewitz, Carl von 9, 11, 13, 21, 45f., 48, 64, 67, 71, 74ff., 84, 90, 92, 132, 146, 159, 246, 257ff., 262, 266, 270f., 529
Clement, Wolfgang 103, 349, 502, 504, 519f., 522, 526
Clinton, Bill 13, 83, 117, 119, 124, 236, 299, 307
Clinton, Hillary Rodham 119, 270
Czempiel, Ernst-Otto 127
Dahlmann, Friedrich Christoph 72

Dahrendorf, Ralf 178
Danton, Georges Jacques 68
Deaver, Michael 118
Dettling, Warnfried 308
Deutsch, Karl W. 529
Eden, Colin 162
Ehmke, Horst 297f., 309, 463ff., 474f., 478, 488f.
Ehrenberg, Herbert 475
Eichel, Hans 330, 333, 338, 513, 518
Elgie, Robert 401f.
Engels, Friedrich 121
Engholm, Björn 204, 489, 496f.
Eppler, Erhard 201, 481, 487, 489
Erhard, Ludwig 106, 113, 120, 174, 208, 276, 291, 294, 370, 456f., 460, 526
Erler, Fritz 292, 305, 445f., 450, 452, 458
Feldmeyer, Karl 463
Fischer, Joschka 108, 118, 210, 324, 372, 500, 513, 524f., 528
Friedrich der Große 46, 57, 62ff., 90, 157, 247, 258
Funke, Karl-Heinz 333
Gablentz, Otto Heinrich von der 77
Gaulle, Charles de 209, 290, 292, 313, 415
Gaus, Günter 459, 471, 474f.
Geißler, Heiner 90, 94, 113, 173, 201, 204, 277, 308, 341
Genscher, Hans-Dietrich 326, 349, 459, 471, 485, 489f., 492
Gerson, Michael 301
Gibowski, Wolfgang 116
Giscard d'Estaing, Valéry 287
Globke, Hans 107, 118, 276, 297f.
Glotz, Peter 204, 300, 341
Goergen, Fritz 349f.
Goethe, Johann Wolfgang von 387

Gould, Philip 96, 301, 383
Grabert, Horst 475, 478
Gruhl, Herbert 116
Guillaume, Günter 474, 476f.
Güllner, Manfred 306, 385, 508, 512, 518, 520, 526
Guttenberg, Karl Theodor von und zu 454, 457
Gysi, Gregor 292
Habermas, Jürgen 20f.
Haffner, Sebastian 73
Hamilton, Alexander 70
Hamm-Brücher, Hildegard 380
Harpprecht, Klaus 301, 475f.
Heberle, Rudolf 77
Heine, Heinrich 538
Heinemann, Gustav 461
Heinze, Rolf G. 516
Helms, Ludger 289
Hennis, Wilhelm 22, 31, 33, 57, 92
Herzog, Dietrich 42
Herzog, Roman 204
Hesse, Reinhard 522
Heuss, Theodor 350
Heye, Uwe-Karsten 302, 512
Hilmer, Richard 513
Höhenberger, Michael 207
Honecker, Erich 115
Hofmann, Gunter 524, 526
Hombach, Bodo 96, 309, 496, 503, 506, 509, 511, 513
Howlett, Michael 186
Huonker, Gunter 489
Inglehart, Ronald 368, 472
Jackson, Andrew 70
Jäger, Wolfgang 362, 490
Joas, Hans 21

Jochimsen, Reimut 297, 467
Kaarbo, Juliet 312
Kaiser, Jakob 295
Karsli, Jamal 350
Kauder, Volker 304
Kautsky, Karl 65, 72, 121
Keman, Hans 42
Kennedy, John F. 83, 120, 297, 299, 301, 310
Kessel, Martin 249
Kiesinger, Kurt Georg 106, 174, 276f., 291f., 309, 458f., 526
King, Anthony 284
Kirchhof, Paul 247f., 265, 269, 515, 525
Kissinger, Henry 28, 310, 336, 370, 465, 495
Kitschelt, Herbert 233
Kluge, Jürgen 306
Knieper, Werner 297
Knöbl, Wolfgang 21
Knoeringen, Waldemar von 445
Koch, Roland 93, 102, 279f., 308, 516
Kohl, Helmut 107, 112ff., 166, 173f., 201f., 204, 209, 276ff., 290f., 294f., 297ff., 304, 306, 308, 311f., 326, 360ff., 372, 385, 416, 473, 490, 493, 495, 502, 506, 523
Koschnik, Hans 488
Krone, Heinrich 276, 290, 454
Kuhn, Fritz 273, 536
Künast, Renate 333
Kutz, Martin 74
Lafontaine, Oskar 95, 173, 204, 242, 291f., 294f., 305, 309, 333, 383, 442, 495ff., 508, 510ff., 518
Lassalle, Ferdinand 70, 121, 154, 228
Leber, Georg 460
Lenin 13, 121
Lipset, Seymour 11

Livius, Titus 55
Lowi, Theodore 187
Lübke, Heinrich 454, 457, 459
Lücke, Paul 454
Luhmann, Niklas 18, 20
Luxemburg, Rosa 66, 72, 121
Machiavelli, Niccolò 9, 13, 44, 46f., 53, 55, 57ff., 90, 186, 252
Machnig, Matthias 83, 175, 266, 305f., 308, 324, 341, 501, 504, 506, 509, 536
Madison, James 70
Maier, Reinhold 349f.
Maizière, Thomas de 298
Mandelson, Peter 301
Mao Tse-tung 91
Marx, Karl 73f., 121
Mayer, Gustav 73
Mayntz, Renate 19, 65, 78
Meese, Edward 118
Merkel, Angela 107, 119, 192, 203f., 247, 252, 278ff., 291, 294f., 304, 306, 333, 398, 406, 415, 418, 423
Merkel, Wolfgang 514
Merseburger, Peter 458
Merz, Friedrich 207, 279, 291, 323
Meyer, Laurenz 252, 304
Meyer, Thomas 514
Michelet, Jules 69
Michels, Robert 66, 73
Mintzberg, Henry 84, 133, 336ff.
Mitterrand, François 13, 26, 118, 120, 204, 209, 254, 270, 289, 292, 303f., 311ff.
Mohl, Robert 72
Möllemann, Jürgen 349ff.
Möller, Alexander 470f., 481
Morris, Dick 83, 124, 236, 254, 301, 307, 327, 375, 383, 441

Müller, Albrecht 469, 472, 482
Müller, Peter 406
Müller-Hilmer, Rita 230
Münkler, Herfried 59
Müntefering, Franz 174, 201f., 278, 291, 295, 305f., 324, 442, 498, 500f., 503ff., 508ff., 523ff., 528
Nahles, Andrea 201
Napoleon 46, 67, 84, 333
Naschold, Frieder 38
Neumann, Franz 73
Neustadt, Richard E. 310
Nixon, Richard 310
Noelle-Neumann, Elisabeth 116, 306, 385
Nolte, Claudia 89
Oberndörfer, Dieter 31, 79
Ollenhauer, Erich 444ff.
Ostrogorski, Moisei 73
Ostrom, Elinor 187
Palonen, Kari 26
Pauli, Gabriele 207
Perikles 47ff., 55
Pferdmenges, Robert 306
Pflüger, Friedbert 204
Platon 51
Platzeck, Matthias 202, 210, 279, 526
Pofalla, Ronald 280
Pompeius 56
Pompidou, Georges 303
Radunski, Peter 201, 308
Rasmussen, Poul Nyrup 332
Rau, Johannes 90, 380, 492, 495
Reagan, Ronald 115, 117f.
Reston, James 83
Reuter, Ernst 210

Robespierre, Maximilien de 68
Rockman, Bert A. 284, 299
Rokkan, Stein 11
Roth, Claudia 107
Roth, Dieter 527
Rotteck, Karl von 72
Rove, Karl 26, 120, 301, 307
Rüttgers, Jürgen 280, 349, 406, 415
Scharnhorst, Gerhard 71
Scharon, Ariel 352
Scharpf, Fritz W. 38, 78, 141, 522
Scharping, Rudolf 89, 174, 204, 496f., 502
Schäuble, Wolfgang 94, 107, 118, 278ff., 294f., 297ff., 304
Scheel, Walter 461, 472, 479, 490
Schiller, Karl 137, 470f.
Schily, Otto 210, 338, 395f., 527
Schimank, Uwe 17f.
Schlei, Marie 482
Schlesinger, Arthur M. 83
Schlieffen, Alfred 71
Schmid, Carlo 174, 445, 452
Schmidt, Helmut 90, 92, 108, 112f., 115, 118f., 166, 203f., 210, 226, 251, 292, 295, 297ff., 305, 309, 312, 368, 442f., 446, 450, 458ff., 466ff., 470ff., 479ff., 493, 495f., 510ff., 518, 526
Schmidt, Manfred G. 77, 491, 519
Schmidt, Renate 508
Schmitt-Beck, Rüdiger 246
Schmollinger, Horst 485
Scholz, Olaf 500, 509
Schönbohm, Wulf 108, 308
Schreckenberger, Waldemar 297, 299
Schreiner, Otmar 500

Schröder, Gerhard 93, 95, 107f., 112, 117, 174, 185, 200, 202ff., 210, 242, 259, 265, 270, 278f., 291, 294f., 297f., 306, 309, 312, 326, 333, 338, 385, 400, 415, 442, 496ff., 501ff., 507ff.

Schüler, Manfred 297f., 482, 512

Schumacher, Kurt 291, 443f., 446, 449, 452

Schütz, Klaus 451

Seehofer, Horst 107, 248

Seiters, Rudolf 299, 304

Selten, Reinhard 31

Sjöblom, Gunnar 187

Sorensen, Theodore 301

Späth, Lothar 173

Spreng, Michael 247f., 306

Stalin, Josef 65

Steg, Thomas 522

Steinmeier, Frank-Walter 297f., 308, 512, 525

Stoiber, Edmund 93f., 103, 107, 279, 291, 294f., 306, 333, 511, 515

Stöss, Richard 233, 485

Strauß, Franz Josef 277, 291, 294f., 349, 360ff., 458, 460, 491

Streeck, Wolfgang 516

Streibl, Max 361

Struck, Peter 253, 509

Sulla 55

Sun Tsu 46f.

Süßmuth, Rita 113, 527

Teltschik, Horst 299

Thatcher, Margaret 115, 310, 318, 415

Themistokles 48, 50

Thukydides 13, 44, 46ff., 53, 55

Tilly, Charles 364

Töpfer, Klaus 204

Trittin, Jürgen 423

Tsebelis, George 407f., 410ff.

Tucker, Robert 398

Urschel, Reinhard 507

Verheugen, Günter 380

Vogel, Bernhard 204, 278

Vogel, Hans-Jochen 333, 480, 483, 495f.

Wasserhövel, Kajo 201, 278

Weber, Max 26, 73, 156f., 167, 274, 291

Wechmar, Rüdiger von 475

Wehner, Herbert 90, 119, 122, 174, 259, 276, 292, 295, 333, 372, 406, 441f., 443, 445ff., 451ff., 459ff., 466f., 472, 474ff., 480ff., 492f., 496, 498, 501, 526

Weingart, Peter 335

Weizsäcker, Richard von 113, 204, 479

Weßels, Bernhard 182

Westerwelle, Guido 242, 352

Westrick, Ludger 120

Wiesendahl, Elmar 38, 316

Wiesenthal, Helmut 17ff., 78, 274, 438

Will, Wolfgang 48

Wilson, Harold 297, 507

Wischnewski, Jürgen 461, 464, 482, 489

Woodward, Bob 311

Wulff, Christian 203, 279f.

Neu im Programm Politikwissenschaft

Maria Behrens (Hrsg.)
Globalisierung als politische Herausforderung
Global Governance zwischen Utopie und Realität
2005. 359 S. (Governance Bd. 3)
Br. EUR 32,90
ISBN 3-8100-3561-0

Der Band setzt sich kritisch mit dem Konzept der Global Governance auseinander. Ausgehend von dem Problem einer scheinbar unkontrollierten Globalisierung gehen die AutorInnen der Frage nach, ob und wie die politische Handlungsfähigkeit im internationalen System durch multilaterale Koordinationsmechanismen zurückgewonnen werden kann. Damit liefert der Band eine umfassende Einführung in das Thema und ermöglicht ein tieferes Verständnis von Global Governance.

Ludger Helms
Regierungsorganisation und politische Führung in Deutschland
2005. 237 S. mit 8 Tab. (Grundwissen Politik 38) Geb. EUR 19,90
ISBN 3-531-14789-7

Der Band bietet eine politikwissenschaftliche Gesamtdarstellung der Bedingungen und Charakteristika der Regierungsorganisation und politischen Führung durch Kanzler und Bundesregierung in der Bundesrepublik Deutschland. Im Zentrum der Studie steht eine vergleichende Analyse der politischen Ressourcen und Führungsstile deutscher Kanzler seit Konrad Adenauer. Diese werden auf zwei Ebenen – innerhalb des engeren Bereichs der Regierung und auf der Ebene des politischen Systems – betrachtet. Historische Rückblicke und ein internationaler Vergleich runden die Studie ab.

Richard Saage
Demokratietheorien
Historischer Prozess – Theoretische Entwicklung – Soziotechnische Bedingungen. Eine Einführung
2005. 325 S. mit 3 Abb. (Grundwissen Politik 37) Br. EUR 24,90
ISBN 3-531-14722-6

Dieser Band stellt die Entwicklung der Demokratie und der Demokratietheorien von der Antike bis zur Gegenwart dar. Er erläutert die Veränderungen des Demokratiebegriffs und der wissenschaftlichen Diskussion über die Herrschaftsform und erklärt den Übergang von der alten, auf die Selbstbestimmung des Volkes abzielenden (direkten) Demokratie zur reduzierten Demokratie als Methode der Generierung staatlicher Normen und effizienter Elitenrekrutierung, wie sie sich in der Folge von Kontroversen und politischen Kämpfen herausgebildet hat.

Erhältlich im Buchhandel oder beim Verlag.
Änderungen vorbehalten. Stand: Januar 2006.

www.vs-verlag.de

VS VERLAG FÜR SOZIALWISSENSCHAFTEN

Abraham-Lincoln-Straße 46
65189 Wiesbaden
Tel. 0611.7878-722
Fax 0611.7878-400

Neu im Programm Politikwissenschaft

Wilfried von Bredow
Die Außenpolitik der Bundesrepublik Deutschland
Eine Einführung
2006. 297 S. (Studienbücher Außenpolitik und Internationale Beziehungen)
Br. EUR 17,90
ISBN 3-531-13618-6

Dieses Studienbuch gibt eine systematische und umfassende politikwissenschaftliche Einführung in alle wichtigen Aspekte der deutschen Außenpolitik.

Gunther Hellmann
Deutsche Außenpolitik
Eine Einführung
Unter Mitarbeit von Rainer Bauman und Wolfgang Wagner
2006. 260 S. (Grundwissen Politik 39)
Br. EUR 21,90
ISBN 3-531-14906-7

Im Zentrum dieses Lehrbuchs steht die Analyse deutscher Außenpolitik. Der Schwerpunkt liegt auf einer problemorientierten Einführung anhand gängiger theoretischer und methodischer Instrumentarien, wie sie in der Außenpolitikanalyse zumeist zur Anwendung kommen. Die Leserinnen und Leser sollen mit unterschiedlichen Herangehensweisen vertraut gemacht werden, damit sie die Zusammenhänge zwischen theoretischen Perspektiven und entsprechenden Forschungsmethoden auf der einen Seite und konkreten Gegenständen der empirischen Analyse deutscher Außenpolitik auf der anderen Seite besser verstehen und dabei sowohl die Chancen wie auch die Grenzen der jeweiligen Perspektiven erkennen lernen.

Manfred G. Schmidt
Sozialpolitik in Deutschland
Historische Entwicklung und internationaler Vergleich
3., vollst. überarb. und erw. Aufl. 2005.
330 S. (Grundwissen Politik 2)
Br. EUR 21,90
ISBN 3-531-14880-X

In diesem Buch wird die Politik der sozialen Sicherung in Deutschland vom 19. Jh. bis in das Jahr 2005 analysiert und mit der Entwicklung der Sozialpolitik in anderen Staaten verglichen. Entstehung und Ausbau der sozialen Sicherung, ihre Antriebskräfte und ihre Auswirkungen auf die Politik, die Wirtschaft und die Gesellschaft sind die Hauptgegenstände dieses Buches. Es basiert auf dem neuesten Stand der historischen und der international vergleichenden Sozialpolitikforschung. Es ist als Einführung in die Sozialpolitik gedacht und zugleich als problemorientierte Hinführung zur entwicklungsgeschichtlich und international vergleichenden Analyse von Innenpolitik.

Erhältlich im Buchhandel oder beim Verlag.
Änderungen vorbehalten. Stand: Januar 2006.

www.vs-verlag.de

VS VERLAG FÜR SOZIALWISSENSCHAFTEN

Abraham-Lincoln-Straße 46
65189 Wiesbaden
Tel. 0611.7878-722
Fax 0611.7878-400